图书在版编目（CIP）数据

济南市历城区志．1986—2007/济南市历城区地方史志编纂委员会编．— 北京：方志出版社，2014.12
ISBN 978-7-5144-1474-5

Ⅰ．①济…　Ⅱ．①济…　Ⅲ．①区（城市）—地方志—济南市—1986—2007 Ⅳ．① K295.21

中国版本图书馆 CIP 数据核字（2014）第 282774 号

济南市历城区志（1986—2007）

编　　者：	济南市历城区地方史志编纂委员会
责任编辑：	陈　菁
出 版 人：	冀祥德
出 版 者：	方志出版社 地址　北京市朝阳区潘家园东里 9 号（国家方志馆 4 层） 邮编　100021 网址　http://www.fzph.org
发　　行：	方志出版社发行中心 电话（010）67110500
经　　销：	各地新华书店
设计制作：	济南黄氏印务有限公司
印　　刷：	济南黄氏印务有限公司
开　　本：	889×1194　　1/16
印　　张：	57.25
字　　数：	1356 千字
版　　次：	2014 年 12 月第 1 版　　2014 年 12 月第 1 次印刷
印　　数：	0001 ~ 5000 册

ISBN　978-7-5144-1474-5/K・1209　　定价：618.00 元

魅力历城
MEILI LICHENG

☆ 齐鲁首邑

☆ 省城后花园

☆ 中国现存最古老的单层亭阁式石塔——四门塔

☆ 南宋抗金英雄、豪放派词人辛弃疾故里

☆ 大辛庄商代古文化遗址

☆ 全国乡镇企业百强区

☆ 全国科技工作先进区

☆ 全国粮食生产先进区

☆ 全国科普示范区

☆ 全国林业先进区

☆ 全国体育先进区

☆ 全国计划生育优质服务先进区

☆ 全国社区服务建设先进区

☆ 全国法制创建活动先进区

☆ 全国无公害农产品生产示范基地区

济南市历城区地方史志编纂委员会

（2014年4月16日）

《济南市历城区志（1986—2007）》编审人员

中共济南市历城区委书记　李胜利

序

《济南市历城区志（1986—2007）》历经六载潜心编纂，今付梓出版，这是全区广大党员、干部和人民群众政治生活中的一件大事，也是精神文明建设结出的又一丰硕成果，可喜可贺！

22年是短暂的，他只是浩瀚历史长河中的倏忽瞬间；22年是辉煌的，因为历城人用智慧和汗水将这瞬间化作了历史的永恒，在历城发展史上留下了浓墨重彩的一页。22年来，历城人民以敢闯敢试、勇于担当的改革精神，以积极主动、胸襟博大的开放姿态，凝聚共识、合力攻坚，不断推进经济发展、社会事业和人民福祉的繁荣与进步，开创了建设省会现代化中心城区的新局面。如今的历城，经济健康发展、民生持续改善、社会安宁祥和，各项事业繁荣兴旺，城乡面貌焕然一新，1298平方公里的土地上处处跳动着和谐的音符，呈现出一派生机蓬勃、文明富裕的新气象。

《济南市历城区志（1986—2007）》秉承“存史、资政、教化”的宗旨，客观全面地记述了22年来全区政治、经济、文化和社会各项事业的发展变化，集中展示了其间走

济南市历城区人民政府区长　吴承丙

过的光辉历程和取得的辉煌成就，是一部有益当代、惠及后世的重要历史文献，为各级党委、政府研究区情、治区理政提供了宝贵借鉴；同时，为海内外社会各界关注历城、了解历城、开发建设历城，提供了一部翔实可靠的系统资料，对于吸引各方投身历城建设都将起到巨大的推动和借鉴、服务作用。

志载盛世，继往开来。坚信93万历城人民必将以史为鉴、开拓创新，在新的历史征途中续写新篇章、开创新局面、铸就新辉煌。

谨书数言，是为序。

中共济南市历城区委书记　李胜利

济南市历城区人民政府区长　吴承丙

历城县行政区划图（1986）

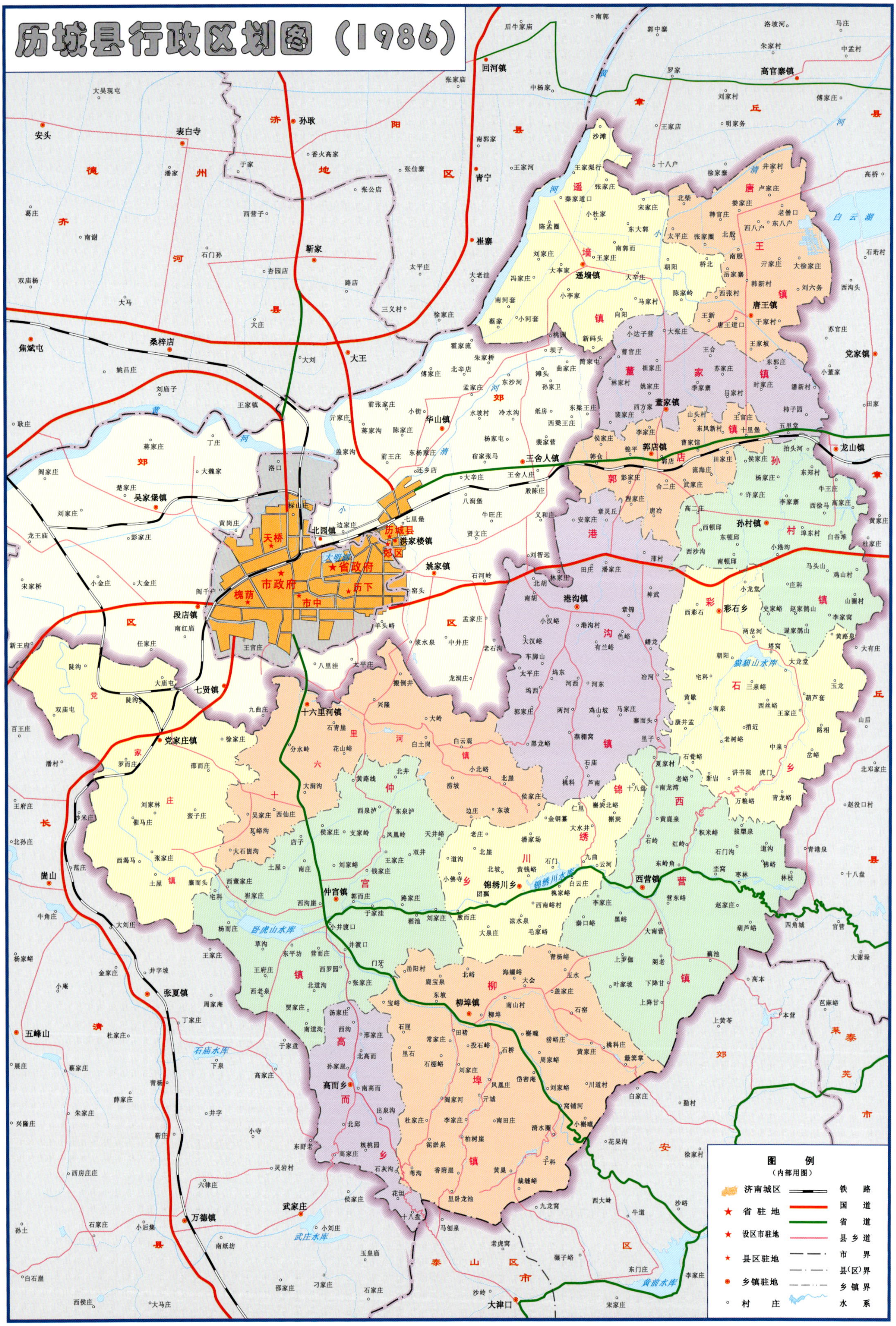

历城区行政区划图（2007）

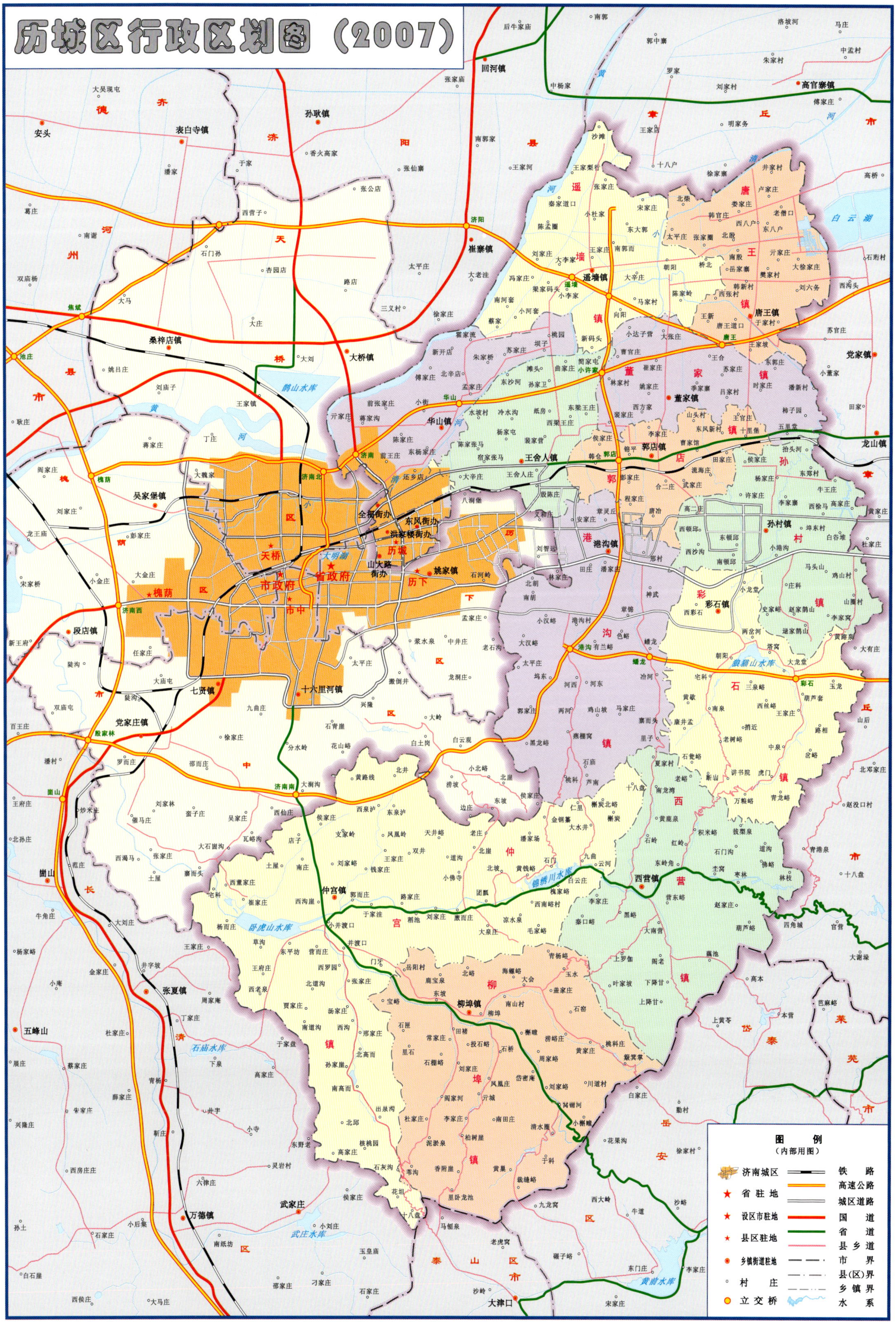

济南遥墙国际机场（2007年摄）

AIRPORT
HTX

黄河历城段（2005年摄）

四门塔（2005年摄）

洪家楼天主教堂（2010年摄）

2005年3月28日，省委书记张高丽（前中）出席济南国际机场新航站楼启用仪式

2007年4月25日，省委书记李建国（前中）到力诺集团检查工作

2004年2月1日，省委副书记、省长韩寓群（前中）到董家镇检查禽流感预防工作

2004年6月9日，省委副书记、济南市委书记姜大明（左三）到唐王镇检查麦收和农业结构调整工作

绕城高速公路小许家立交桥（2007年摄）

经十东路（2005年摄）

高而盘山公路（2010年摄）

胶济铁路（2011年摄）

港西路（2012年摄）

二环东路（2012年摄）

花园路（2007年摄）

唐冶新城——恒大名都住宅小区（2012年摄）

唐冶小区（2012年摄）

西营镇藕池生态村（2011年摄）

洪楼广场（2002年摄）

联合收割机械作业（2007年摄）

遥墙镇万亩荷塘（2010年摄）

唐王镇“大白菜状元”评比活动（2012年摄）

王舍人镇冷水沟村奶牛小区挤奶车间（2002年摄）

董家镇草莓种植（2007年摄）

济南庚辰钢铁有限公司（2006年摄）

齐鲁制药厂（2007年摄）

济南趵突泉酿酒有限责任公司（2012年摄）

济南钢铁集团有限公司（2005年摄）

力诺科技园区（2012年摄）

济南临港经济开发区（2012年摄）

东港安全印刷股份有限公司（2012年摄）

花园路商贸区（2006年摄）

大润发超市（2007年摄）

济南高科技市场（2005年摄）

东环国际广场（2010年摄）

七里堡茶城（2012年摄）

蓝海大饭店（2007年摄）

贵和购物中心洪楼店（2007年摄）

济南市盖家沟配货中心（2010年摄）

2007年中央电视台《激情广场》走进历城

省级非物质文化遗产——港沟梆鼓秧歌（2009年摄）

山东省图书馆（2012年摄）

社区文体活动
(2012年摄)

老年门球队
(2012年摄)

历城体育馆(2009年摄)

历城双语实验学校（2009年摄）

历城第二中学（2005年摄）

山东大学（2005年摄）

历城职业中等专业学校实训中心（2006年摄）

历城区中医医院（2007年摄）

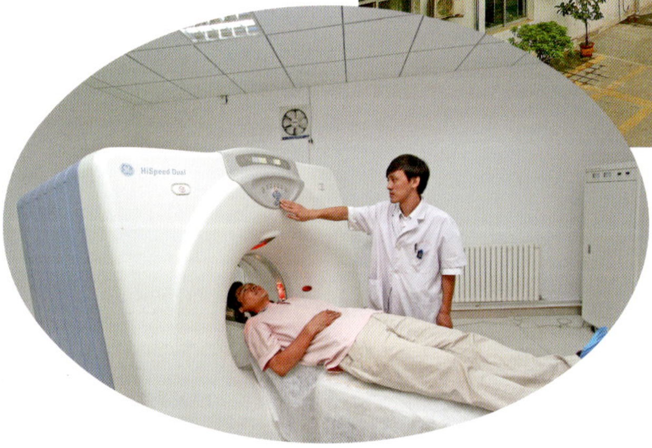

CT诊察

济南市第三人民医院（2007年摄）

百户安居工程（2012年摄）

劳务中心职业介绍（2003年摄）

培训月嫂（2009年摄）

轿车进农家（2009年摄）

新型农村合作医疗（2008年摄）

自来水“户户通”（2008年摄）

农民喜领粮食直补款
（2004年摄）

历城区首届残疾人集体婚礼（2006年摄）

洪楼晨钟（洪楼广场　2011年摄）

孤峰凌霄（华山　2007年摄）

古塔松风（四门塔　2007年摄）

稼轩故里（辛弃疾故居　2007年摄）

金象踏雪（金象山滑雪场　2012年摄）

红叶醉秋（红叶谷　2012年摄）

九如听瀑（九如山　2012年摄）

三川锁岳（锦阳川　2002年摄）

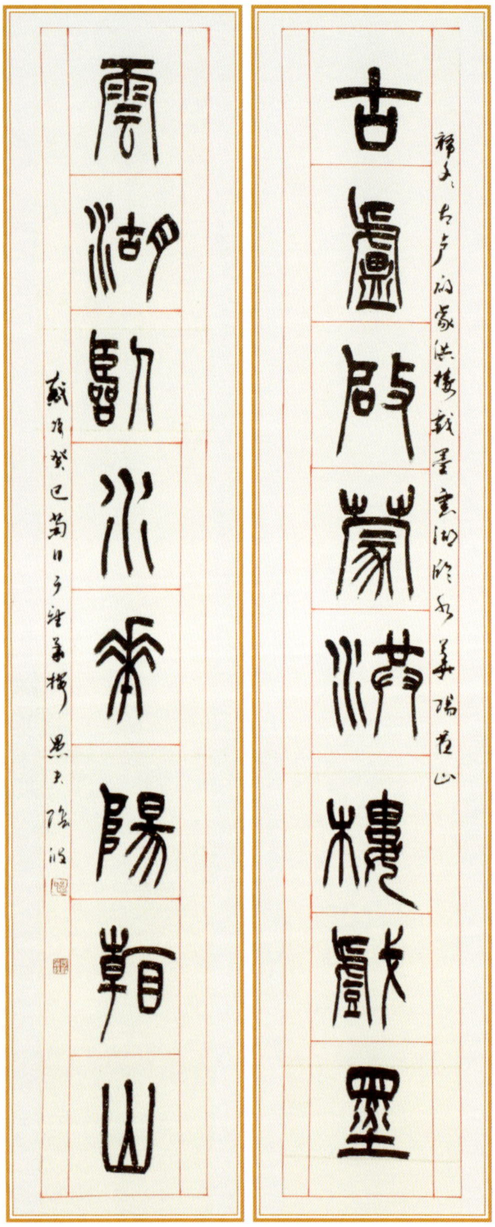

书法 阴波

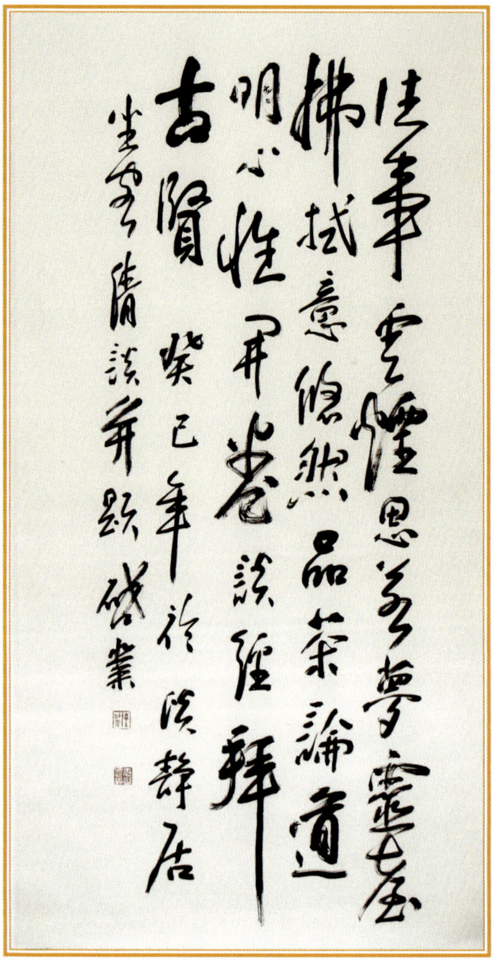

书法 陈启业

篆刻 王瑞

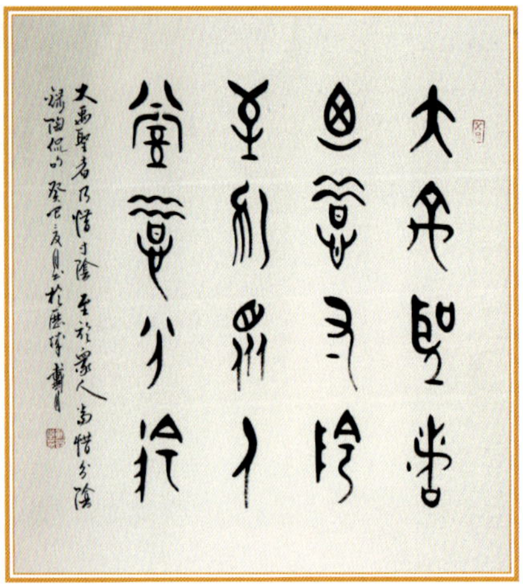

书法 戴月

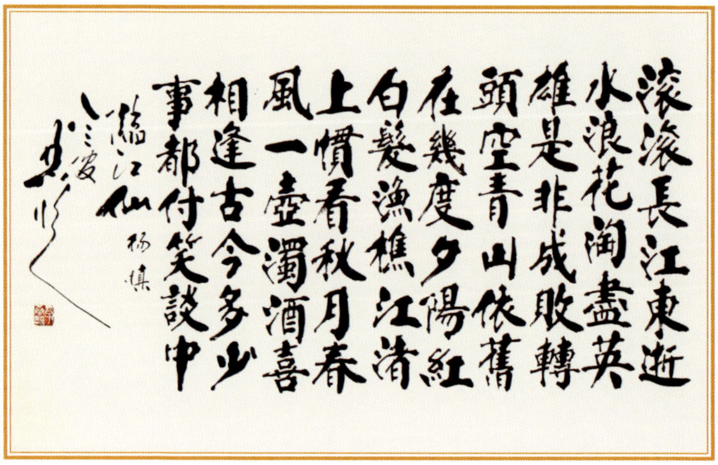

书法 李恭临

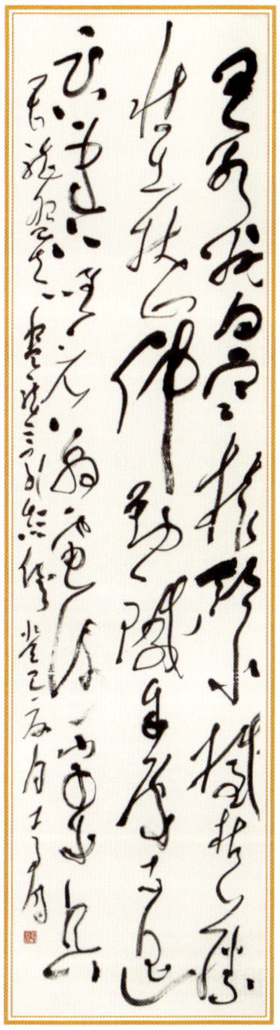
书法 李明

国画 陈玉圃

国画 刘怀勇

国画 张宝珠

国画 张振武

国画 李兆彩

2014年9月4日，《历城区志（1986—2007）》志稿评审会召开

历城区史志办公室工作人员（2014年9月摄）
前排左起：张慎新　王守芳　韩士春　韩会水　蒋　慧
后排左起：侯　越　赵世锋　张吉强　李国靖　吕宇翔　韩淑梅

《历城区志（1986—2007）》志稿评审会合影

2014.09.04

前排左起：韩士春　王笃银　吕福堂　郭能勇　付修琍　李胜利　翟世林　郭建群　李　刚　李德辉　邵鸿志　丁爱军

后排左起：吕宇翔　韩淑梅　孙　杰　李国靖　王守芳　陶明东　韩会水　蒋　慧　张慎新　张吉强　侯　越　赵世锋

凡　例

一、本志以马克思列宁主义、毛泽东思想、邓小平理论、“三个代表”重要思想和科学发展观为指导，全面系统地记述本行政区域内自然、政治、经济、文化和社会的历史与现状，力求思想性、科学性、资料性的统一。

二、本志为《历城县志（1840—1985）》的续志，上限1986年，下限2007年；为反映事物的完整性，部分内容适当上溯或下延。

三、本志记述地域范围为2007年济南市历城区行政区域。1987年5月历城撤县建区，之前称历城县，之后称历城区。为简化行文，叙事时间纵跨历城撤县建区前后两个时段时，全境地域统以“历城区”“全区”或“区××”表述。

四、各种组织、机构、法律、法规、文件、会议等专有名称使用全称或规范简称。

五、本志由述、记、志、传、图、表、录和索引组成，以志为主；采用编、章、节、目体结构，横排门类，纵述史实。

六、本志使用规范的现代语体文记述。大事记采用编年体为主，结合纪事本末体记述。

七、本志采用公元纪年，使用历史纪年的，括注公元纪年。公元年、月、日用阿拉伯数字书写，农历年、月、日用汉字书写。

八、本志入志人物，坚持“生不立传”原则，以本籍人物为主，兼记对本行政区域有重大影响的客籍人物。人物传略以卒年为序，人物简介以生年为序，人物表以表彰（授予）先模称号时间为序。

九、本志统计数据，以统计部门公布的数据为准；统计部门没有统计的，采用业务主管部门的统计数据。表格中标“—”符号表示没有数据。计量单位使用中华人民共和国法定计量单位，个别地方沿用习惯用法。

十、本志资料主要来源于区直各单位、街道、镇，部分资料来自档案、文献、媒体等，文中不再注明出处。

目　录

第四编　城建 环保

第五编　交通 邮电

第六编 开放 开发

第七编 农业综述

第八编 种植业

第九编 林 业

第十编 畜牧业 渔业

第十一编 水 利

第十二编　工　业

第十三编　商贸服务业

第十四编　旅　游

第十五编 财政 税务 金融

第十六编 经济综合管理

第十七编　中共地方组织

第十八编　地方人民代表大会

第十九编　地方人民政府

第二十编　政协地方组织

第二十一编　民主党派　工商联　群众团体

第二十二编 公安 司法 军事

第二十三编　民　政

第二十四编　劳动　人事

第二十五编　教　育

第二十六编 科学技术

第二十七编 文化 体育

第二十八编　卫　生

第二十九编　精神文明建设

第三十编 社会生活

第三十一编 街道 镇

人 物

附 录

概　述

历城区机关办公大楼（2007年摄）

一

历城区位于山东省中部，济南市区东、南部。地处北纬36° 19′ ～36° 53′ ，东经116° 55′ ～117° 22′ 。东接章丘市；西与长清区、市中区、历下区、天桥区相邻；北临黄河，与济阳县相望；南依泰山，与泰安市泰山区、岱岳区接壤。区境南北最长62.98公里，东西最宽40.10公里，总面积1298.57平方公里，是济南市最大的市辖区。2007年，辖4个街道、12个镇，有42个社区、655个行政村（858个自然村），总人口93.51万人。

辖区地势南高北低。自南向北地貌类型主要为低山、丘陵、平原三部分，分别占总面积的67%、16.4%、16.6%。低山海拔在500米～976.2米，最高为西营镇梯子山，海拔976.2米；丘陵海拔在200米～500米；平原海拔在200米以下，最低地为唐王镇韩官庄，海拔20米。历城区属暖温带半湿润大陆性季风气候，春季干旱多风，夏季高温多雨，秋季天高气爽，冬季寒冷少雪。常年平均日照2328.3个小时，平均气温14.9℃，平均降水量712.4毫米。

境内自然资源丰富。2007年，区国土资源局土地调查，全区土地总面积1303.19平方公里，其中，耕地面积374.80平方公里。大小山头1387座，其中，海拔在600米以上的513座。山脉多呈近东西走向，山势蜿蜒起伏，沟谷开阔。有“柳埠红”“济南青”花岗岩及遥墙、华山地热等矿藏资源23种，矿产地130处，主要矿产保有资源储量34238.81万吨；多年平均水资源总量35027万立方米，地下水占40.4%；已查明泉水200余处，其中华泉、白泉等11处入选济南新七十二名泉。黄河横亘北部区境，小清河流经北部平原，玉符河、巨野河等发源于南部山区的河流达数十条。植被以华北林木区系为主，有树种47个科、12个亚科、98个属、234个种，自然草种150余种，药用植物60科、200多个品种，全区林木覆盖率42%。野生动物资源有200余种，两栖类6种，爬行类10种，鸟类160余种，哺乳类36种，鱼类10目16科60种。野生微生物8门31科50余属。

二

历城历史悠久，素有“齐鲁首邑”之称。西周时，属谭国。鲁庄公十年（前684），属齐国，称泺邑。秦朝时，属济北郡。西汉景帝四年（前153）始设历城县，属济南郡。西晋永嘉之后，历城成为历代郡国、州府治所。北宋政和六年（1116），属济南府。元代属济南路。明洪武九年（1376），山东布政使司由青州迁至历城，历城成为山东省政治中心，至清代，属山东省济南府。民国2年（1913）废府设道，为道治所，属山东省岱北道（后称济南道）。民国17年（1928）废道，属山东省。民国27年（1938），属山东省第十二行政督察区。1940年4月，抗日民主政府区划下，属鲁中行政专区泰山专区。1950年5月，属泰安专区。1958年1月，属济南市。1987年4月，撤销历城县，设立济南市历城区。

历城文物古迹众多。有国家级文物保护单位4处，分别是被称为“华夏第一塔”的中国最古老石塔——隋代柳埠四门塔，极具艺术价值的唐代千佛崖造像、雕刻精美的唐代龙虎塔、结构独特的九顶塔（上述3个为1处），闻名历史的春秋齐长城遗址，典型哥特式建筑——洪家楼天主教堂；省级文物保护单位5处，被誉为甲骨学史上具有界标意义的重大考古发现的大辛庄遗址，位于“齐烟九点”之首华山脚下的道教宫观——华阳宫，唐代宰相房玄龄之父房彦谦墓等；有名列七十二贤，以孝名天下的先贤人物闵子骞墓等市级文物保护单位10处。

历城名人志士辈出。典型代表人物有汉代主动请缨出使南越的终军，南宋抗金英雄、豪放派词人辛弃疾，明代“后七子”领袖李攀龙，清代文献辑佚家马国翰，中共济南特支委首任书记、革命烈士李敬铨，抗日英雄苏勋卿，“一门七烈士”侯万和，抗美援朝特等功臣、烈士陈亮等；新中国成立后，涌现出中国显微外科开拓者之一、世界一流显微外科专家杨东岳，著名书法家张立朝，五音戏表演艺术家邓洪山，保家卫国、对越自卫反击英勇牺牲的一等功臣王长林，舍己救人的烈士陈登汉，“20世纪90年代新愚公”、全国劳动模范马广业等一大批先模人物。

三

1986年后，全区深化农村经济体制改革，进一步巩固和完善家庭联产承包责任制；工商业引入竞争机制，实行租赁承包经营，鼓励发展外向型经济。1992年后，贯彻落实《全民所有制工业企业经营机制条例》，破除“三铁”（铁饭碗、铁工资、铁交椅）经营机制，改革工商业所有权、决策权、经营权。1996年后，以市场经济为主体，深化经济体制改革，以公司制发展为方向，加快产权制度改革，逐步建立起“产权清晰、权责明确、政企分开、管理科学”的现代企业制度。至2005年，国有集体工商企业改制基本完成，形成以公有制为主体、多种经济成分并存的经济发展格局。经过22年努力发展，经济总量由小到大，运行质量持续提高，经济结构不断优化，经济环境更加开放，经济增长方式由主要依靠二产拉动逐步向依靠二、三产共同拉动转变，经济结构呈现二产比重下降、三产比重上升趋势，使历城由传统的农业大县发展为山东省工业强区，实现了历史性跨越。2007年，全区完成国内生产总值515.96亿元；其中，第一、二、三产业增加值分别为22.20亿元、336.47亿元、157.28亿元，三次产业比重为4.3∶65.2∶30.5；实现地方财政一般预算收入13.58亿元。

农村经济持续发展。1986年后，深化以家庭联产承包为中心的土地使用制度改革，推行“双田制”和适度规模经营，充分调动了农民种粮的积极性，认真落实各项支农、惠农政策，优化农业内部结构，促进了农业生产和农村经济的良性发展。1990年后，开展减轻农民负担、建立农村社会化服务体系、“农工贸一体化”“农业产业化”等工作，实现了“农业增效、农民增收”的发展目标。2002年后，实施农村税费改革、种植补贴、取消农业税等一系列政策，引进推广农业新技术、新品种，发展都市农业，鼓励支持发展农业龙头企业，农业发展步伐进一步加快，全区现代农业体系基本形成，农业标准化体系初步建立，农产品质量安全体系日臻完善。2007年，全区粮食总产量25.95万吨，蔬菜总产量90.76万吨，果品总产量13.15万吨，肉、蛋、奶总产量24.42万吨，渔业总产量4610吨；农业总产值38.36亿元；粮经比例调整为6∶4；农业龙头企业发展到62家，认证无公害产品50个、绿色产品22个、有机食品10个，拥有南山小米、唐王大白菜、遥墙莲藕、鸡爪绵核桃、董家草莓、西营板栗、王家峪大樱桃等多个名优特色产品。

工业经济快速增长。1986年后，全面推进经济体制改革，鼓励工业企业开展多种形式的横向联合，加快外向型经济发展，促进工业结构调整，提高经济效益。1996年后，加快济南临港经济开发区建设步伐，大力发展高新技术产业，促进产业结构调整；推进企业产权制度改革，进行企业股份制改制，建立现代企业制度。2000年后，确立“一带两区”（辖区东部产业带及洪家楼中心商贸区、南部山区生态经济区）发展布局和“立足区位优势，融入省会经济”的总体思路，调整工业布局，加快新兴工业发展。2007年，全区实现工业总产值921.6亿元，其中276家规模以上工业企业总产值883.82亿元；主要产业为冶金钢铁、机械制造、医药化工、包装印刷、食品加工、新型建材、新型能源、汽车配件等；“将军”“趵突泉”“宏济堂”被评为中国驰名商标，“维尔康”“德馨斋”“力诺瑞特”等25个品牌被评为山东省著名商标。

商贸服务业发展迅速。1986年后，商业体制改革通过推行多种形式的承包经营责任制和租赁制，激活了商业运营机制。1996年后，深化商业体制改革，实行破产、兼并、转让、股份合作等，建立现代企业制度，促进经营方式多元化，逐步形成了多种经济成分、多种经营方式、多条流通渠道并存的格局。2000年后，优化整合交通运输业，多措并举发展连锁经营、专卖店、大型超市等商贸服务业，鼓励发展多种经济成分的餐饮业，大力发展以现代物流、电子商务、邮电通信、金融保险、房屋中介、信息、文化艺术等为主的现代服务业。2007年，实现社会商品零售总额149.47亿元。全区建有各类市场126个，大润发超市、苏宁电器、华联超市等一大批知名连锁企业均在历城建有营业网点，七里堡蔬菜批发市场被农业部列为鲜活农产品定点流通市场，盖家沟配货市场被交通部认证为全国最大公路主枢纽货运站。

旅游业方兴未艾。1986年后，历城区旅游业逐步兴起。1990年后，区政府将旅游业纳入国民经济发展规划，推动了旅游业的快速发展。2001年，区委、区政府提出在南部山区建设“省城后花园”构想，实施“南控”战略，利用丰富的自然资源，建设生态旅游景区。济南跑马岭野生动物世界、九顶塔民族风情园等一批大型旅游景区相继建成开放，并成为旅游热点。至2007年，全区建成开放柳埠国家森林公园、红叶谷生态文化旅游区、九如山瀑布群风景区等自然资源旅游景点16处，四门塔风景区、华山风景区、九顶塔民族风情园等名胜资源旅游景点47处，旅游交通路网四通八达，服务设施日臻完善；有旅行社21家，星级宾馆16家，农家乐508家，当年接待游客509万人，实现旅游综合收入14.2亿元。

四

22年来，历城社会各项事业繁荣兴盛。民主法治建设更加完善，城乡教育均衡发展，科技进步日新月异，文化产业呈现出勃勃生机，医疗技术水平不断提高，城乡医疗卫生服务体系基本建成，社会保障基本实现全覆盖，社会发展成果由人民共享。

民主法治建设扎实推进。1986年起，实施全民普法五年规划，法治教育深入开展，基层民主不断扩大，涌现出以王舍人镇沙三村、锦绣川乡艾家村为典型代表的“全国民主法治示范村”。1998年起，实行村务公开，确定村务公开程序，完善村务公开制度，推进民主政治建设，人民群众的知情权、参与权、表达权和监督权得到更好保障。2004年后，建立经常化、制度化的治安纠纷调处机制，开展“平安历城”建设活动，社会治安综合治理状况进一步改善，人民群众的安全感和幸福指数持续提高。2007年，历城区被省委、省政府评为“平安山东建设先进区”。

教育事业全面进步。1986年，深化教育体制改革，实行分级办学、分工管理的教育体制。1987年起，全区加大资金投入，加快农村中小学“六配套”（校舍、课桌凳、操场、院墙、大门、厕所）建设和城镇中小学校舍“五达标”（规模、校舍、操场、课桌凳、校园环境）改造。1993—1995年，实施基本普及九年义务教育和基本扫除青壮年文盲教育，顺利通过省级评估验收。1995年，实行教育经费预算单列，设立扶持贫困地区实施义务教育专项经费。1999年起，开展创新教育。2004年，创建“全国区域教育发展特色示范区”。2006年9月起，全部免除农村义务教育阶段学生杂费；次年9月，全部免除城市义务教育阶段学校学生杂费。2007年，全区有完全小学100所，中学20所，高中5所，基本普及了高中阶段教育，形成集义务教育、高中教育、职业教育、成人教育、特殊教育等于一体的教育体系。

科技创新步伐加快。1986年后，发挥驻区高等院校、科研院所众多的优势，加快对科技人才的引进、培养、使用、开发工作步伐。1993年起，实施“科技兴区”战略，各乡镇成立科普协会，民办科研机构发展迅速，达到45家。1998年，山东省首家民营科技市场——中国济南高科技市场在历城区成立，促进了科研事业的多元化发展。2000年起，实施“十、百、千”农业科技富民安康工程，加快了全区农业专业化、规模化、产业化发展。2007年，区域人才资源总量10.19万人，有科研机构97家，省、市高新技术企业62家、高新技术产品83个，实现产值122.18亿元。

文体事业更加繁荣。京剧、吕剧、山东快书、评书等传统戏、曲创作不断推陈出新；龙灯、高跷、秧歌等民间艺术进一步得到传承、发扬；对文化遗产的考古研究日益重视，文物保护措施不断加强；文化产业蓬勃发展，“魅力历城”获山东省社会文化活动知名品牌称号；多种组织形式、多种表演方式的群众艺术团体发展迅速，专业队伍、业余队伍、庄户剧团等不断发展壮大，群众广场文化活动日益红火，《中国文化报》2次刊登专题，介绍历城庄户剧团。1990年，舞蹈《戴银铃的小马驹》在全国少儿舞蹈赛上获创作、表演2个一等奖。2000年，小品《卖报的小哥哥》在全国首届“蒲公英”邀请赛中获创作金奖和表演银奖。2003年3月，在大辛庄商代古文化遗址发现的甲骨文，是中国考古学史上具有界标意义的发现。2005年，歌曲《鸭绿江》获“文化之春·中国民俗歌曲演创大奖赛”精品金奖。档案、广播、电视、电影等，为宣传党的方针政策、丰富人民群众的文化生活，发挥了巨大作用。至2007年，全区有文物保护单位98处，其中国家级4处、省级5处、市级10处；印刷经营单位315家，出版物经营单位140家；庄户剧团、秧歌队等业余艺术团队200余支；文化、娱乐、健身广场17处；体育设施日臻完善，群众体育表现形式丰富多彩，规模日益壮大，全民健身运动蓬勃发展，涌现出以王博青等为代表的一大批优秀运动员。

卫生事业持续发展。1988年，推行卫生管理体制改革。1991年，对区、镇、村医疗机构实行一体化管理，药品统一招标采购。1993年，进行公费医疗制度改革。1995年，0岁～12岁儿童疫苗接种率均在95%以上，实现计划免疫“第三个85%”目标。1999年后，孕产妇住院分娩率99.5%以上，建立起一套科学、规范、完整的妇幼保健管理体系。2002年，企事业单位职工实行基本医疗保险制度。2004年，推行新型农村合作医疗试点工作，遥墙、董家、西营3镇先行试点。2006年后，全面实行新型农村合作医疗，农民医疗看病得到保障。2007年，有区属医疗卫生机构10个、镇卫生院13个、行政村卫生室545个、社会和个体医疗机构143个，区镇两级医疗单位有床位971张；省市驻区医疗机构42家，床位1454张。

五

22年来，历城城乡规划从无到有，从城区到镇村，由局部到全局，逐步科学合理。城乡建设步伐加快，城乡面貌日新月异，人民生活水平明显提高。

城乡建设统筹发展。1985年，编制乡镇总体规划。1986年，编制村庄建设规划。1987年，制定历城区总体规划。1992年，济南遥墙国际机场建成通航。2000年前，村居建设以提高建筑质量、增加居住面积为目的，主要形式为整齐划一的平房或二层楼房，独立成院；2000年起，以改善环境、拓展功能、追求美观、节约资源的旧村改造开始兴起，主要形式为设施配套齐全、资源高度共享、现代气息浓厚的高档住宅楼房。城区和近郊地区32个村实现旧城（村）改造，交通、通信、水、电、暖、气等基础设施不断完善，城市面貌焕然一新，建成了富翔天地、泉印兰亭、东方花园、东环科技城等一批现代化居住区及高档商务楼聚集区。2006年，实施农村道路“村村通”、街巷道路硬化“户户通”工程。2007年，全区公路总通车里程1631.1公里，形成以国道309、济青高速、济南绕城高速、济莱高速、胶济铁路及济南遥墙国际机场为主的四通八达的陆空交通网络。城区、乡镇规划全部完成，实现了城镇控规全覆盖，城镇化率47.3%。

人民生活幸福安康。1986年后，改革开放、经济发展取得巨大成就，城乡面貌发生翻天覆地变化，形成了政治安定、民族团结的大好局面。少数民族各项事业得到广泛扶持，取得长足发展；宗教政策充分落实，宗教活动自由开放。弱势群体及老年人生活显著改善，“五保”老人、低保对象应保尽保；建立了老年优待、养老补贴发放制度；制定了残疾人就业优惠政策，设立“148”法律服务热线，为老年人和残疾人提供法律援助。人民群众的衣、食、住、行条件发生显著变化，精神文化生活日益丰富，健康水平显著提高。2007年，全区城镇基本养老、基本医疗、失业、工伤、生育保险及住房公积金体系均已建成；农民人均纯收入6950元，人均住房面积45.8平方米；城镇在岗职工平均工资29403元，人均住房面积28平方米。

六

22年来，历城区委、区政府认真贯彻落实中央一系列方针政策，坚持“一个中心、两个基本点”的基本路线不动摇，坚持“两手抓、两手都要硬”的工作方针，逐步推进政治体制改革，不断巩固中国共产党的执政地位，促进政治文明。

中共历城地方组织执政能力不断增强。坚持开展社会主义道路和党的路线、方针、政策教育及党的宗旨教育。组织开展邓小平理论、“三个代表”重要思想、“科学发展观”宣讲教育活动，开展“察民情、办实事、爱民为民服务”“作风建设年”等活动，加强同人民群众的联系。坚持理论中心组学习制度，提高领导干部政治理论水平。按照“政治坚定，求真务实，开拓创新，勤政廉政，团结协作”的要求，加强对干部的选拔任用和管理。坚持“集体领导，民主集中，个别酝酿，会议决定”的原则，规范决策程序和领导行为。坚持推行党风廉政建设责任制，建立、完善惩治和预防腐败体系，实行党员干部述职述廉、重大事项报告制度；坚持开展批评与自我批评，开好民主生活会；公开信访举报电话，加强群众监督；坚持对项目招标、干部选拔任用等重大事项进行监督，从源头上防止腐败现象发生。

民主政治建设不断完善。坚持和完善人民代表大会制度，通过人民代表大会，审议国民经济和社会发展总体规划、政府工作报告、检察院工作报告、法院工作报告、财政预算和决算报告，对以上工作提出质询和建议；在企业推行职工代表大会制度。坚持依法行政，通过人民代表大会，依法选举人大及政府领导成员；按照《中华人民共和国村民委员会组织法》进行村委会换届，保证人民依法实行民主选举、民主决策、民主管理和民主监督。坚持共产党领导的多党合作和政治协商制度，发挥人民政协的参政议政职能，加强民主监督。

行政管理体制改革不断深化。以转变政府职能为重点，按照精简、统一、效能和依法行政原则，调整和完善政府机构设置，以公正透明，廉洁高效为目标，建立行政审批中心，推行电子政务，转变政府职能。深化干部人事制度改革，党政机关招收公务员实行“凡进必考”，事业单位人员向社会公开招考，建立干部选拔、任用、考核、奖惩机制，从制度上防止和克服用人上的不正之风。

社会在发展，事业在进步，人民群众的期盼在提高。勤劳智慧的历城人民将站在新的历史起点上，坚持以马克思列宁主义、毛泽东思想、邓小平理论和“三个代表”重要思想为指导，深入贯彻落实科学发展观，进一步解放思想、改革创新、求真务实、拼搏进取，为建设富强、民主、文明、和谐的现代化中心城区而努力奋斗！

1986—2007年历城区国内生产总值统计表

表概述-1

单位：万元

年份（年）	国内生产总值	年份（年）	国内生产总值	年份（年）	国内生产总值
1986	60892	1994	428915	2002	980027
1987	74259	1995	517883	2003	1112942
1988	89474	1996	704442	2004	3156021
1989	108590	1997	840412	2005	3899142
1990	114611	1998	979565	2006	4530400
1991	135577	1999	1028772	2007	5159613
1992	177862	2000	816054		
1993	274467	2001	894005		

1986—2007年历城区第一、二、三产业增加值统计表

表概述-2

单位：万元

年份（年）	第一产业增加值	第二产业增加值	第三产业增加值	年份（年）	第一产业增加值	第二产业增加值	第三产业增加值	年份（年）	第一产业增加值	第二产业增加值	第三产业增加值
1986	38083	11853	10956	1994	75110	227716	126089	2002	140715	488466	350846
1987	40514	21551	12194	1995	114211	223621	180051	2003	150159	562308	400475
1988	47882	27340	14252	1996	132861	343581	228000	2004	171756	2204261	780004
1989	52191	40211	16188	1997	142941	407421	290050	2005	186188	2674326	1038628
1990	49280	44648	20683	1998	153600	486726	339239	2006	202743	3021864	1305793
1991	49417	57824	28336	1999	159822	502153	366797	2007	222025	3364746	1572842
1992	59554	74942	43366	2000	132442	397004	286608				
1993	70216	130384	73867	2001	135993	442849	315163				

1986—2007年历城区若干年份总人口数示意图

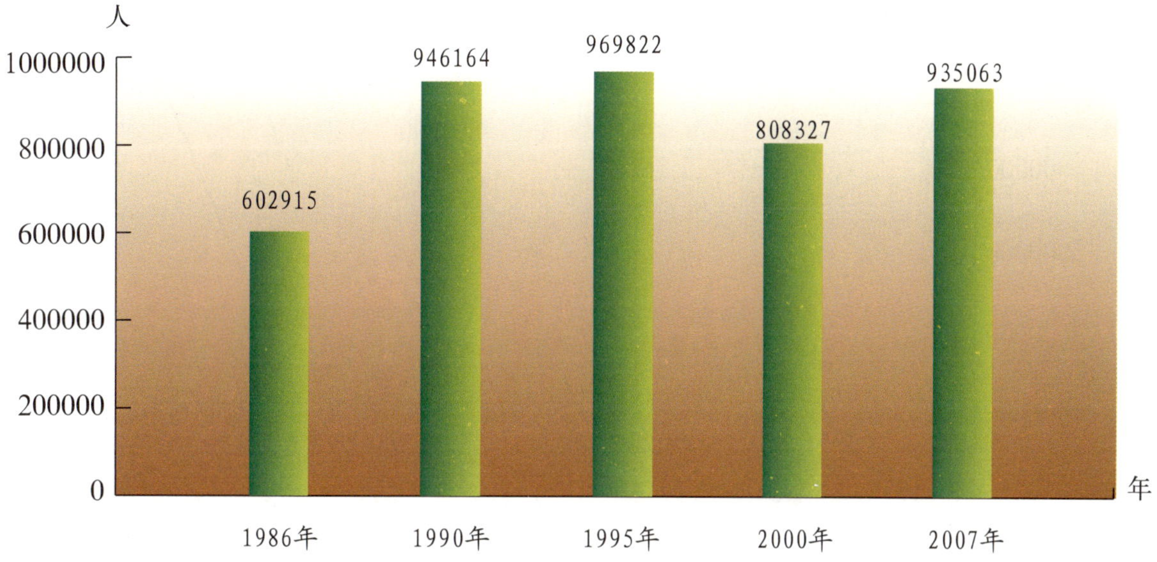

图概述-1

1986—2007年历城区若干年份人口状况示意图

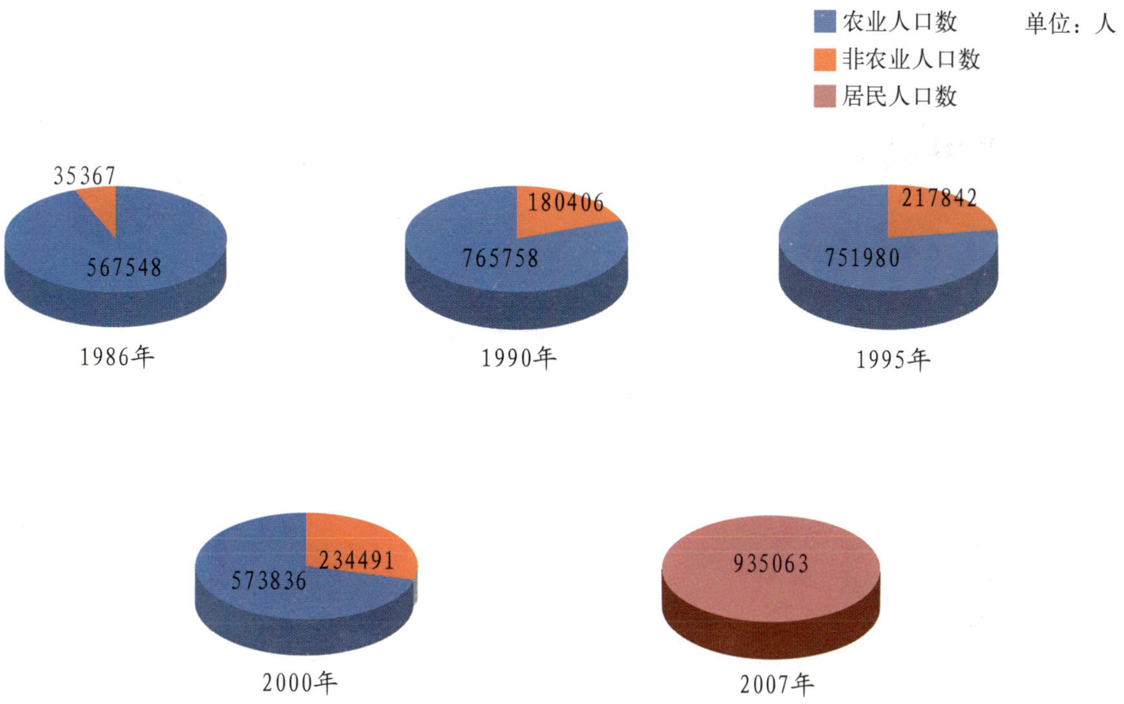

图概述-2

1986—2007年历城区若干年份国内生产总值示意图

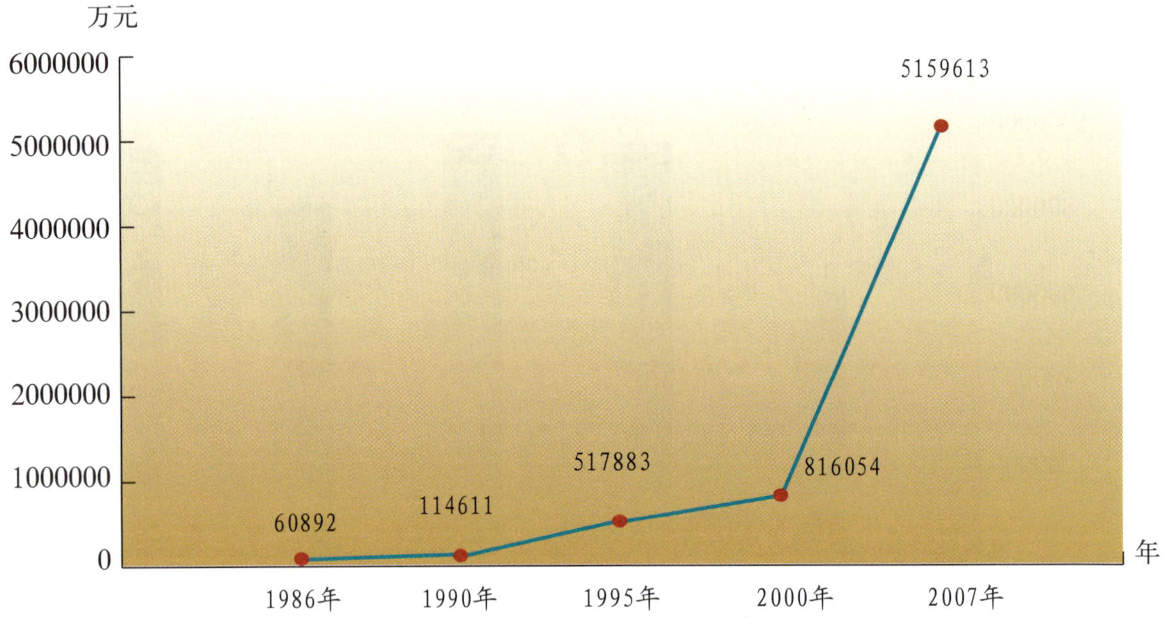

图概述-3

1986—2007年历城区若干年份第一、二、三产业构成比例示意图

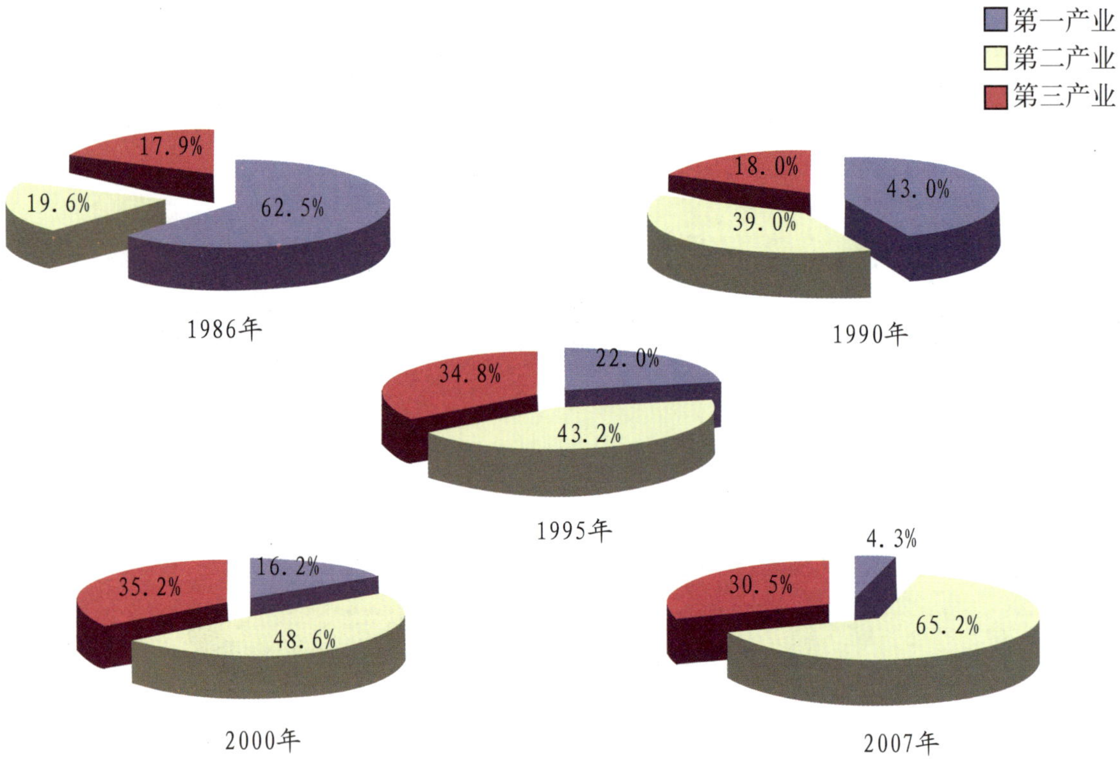

图概述-4

1986—2007年历城区若干年份地方财政收入示意图

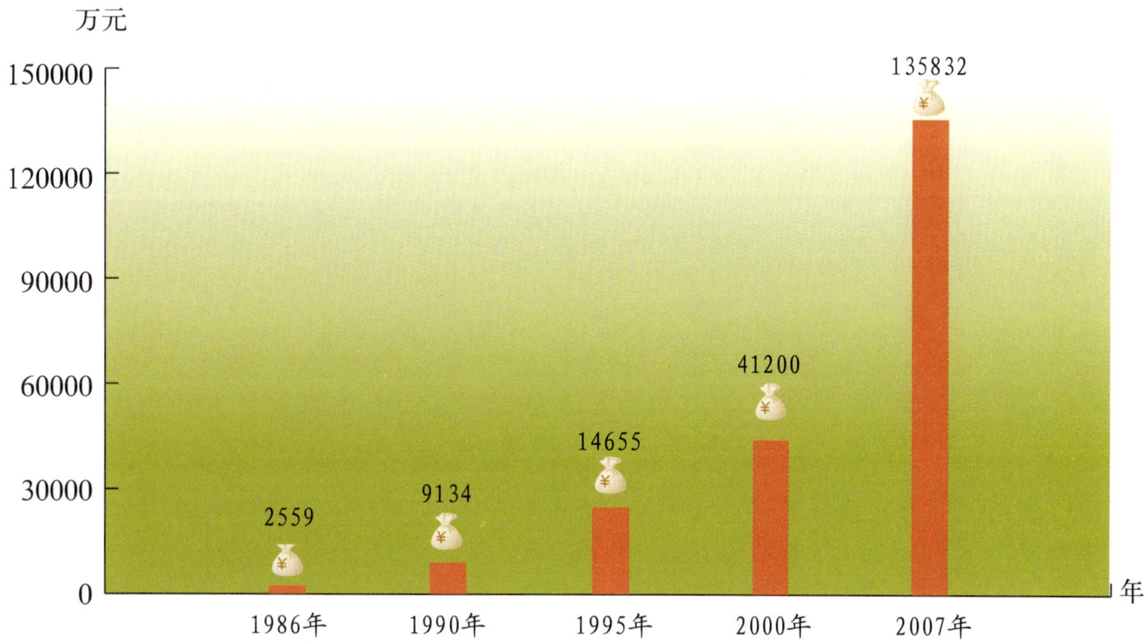

图概述-5

1986—2007年历城区若干年份农民人均纯收入示意图

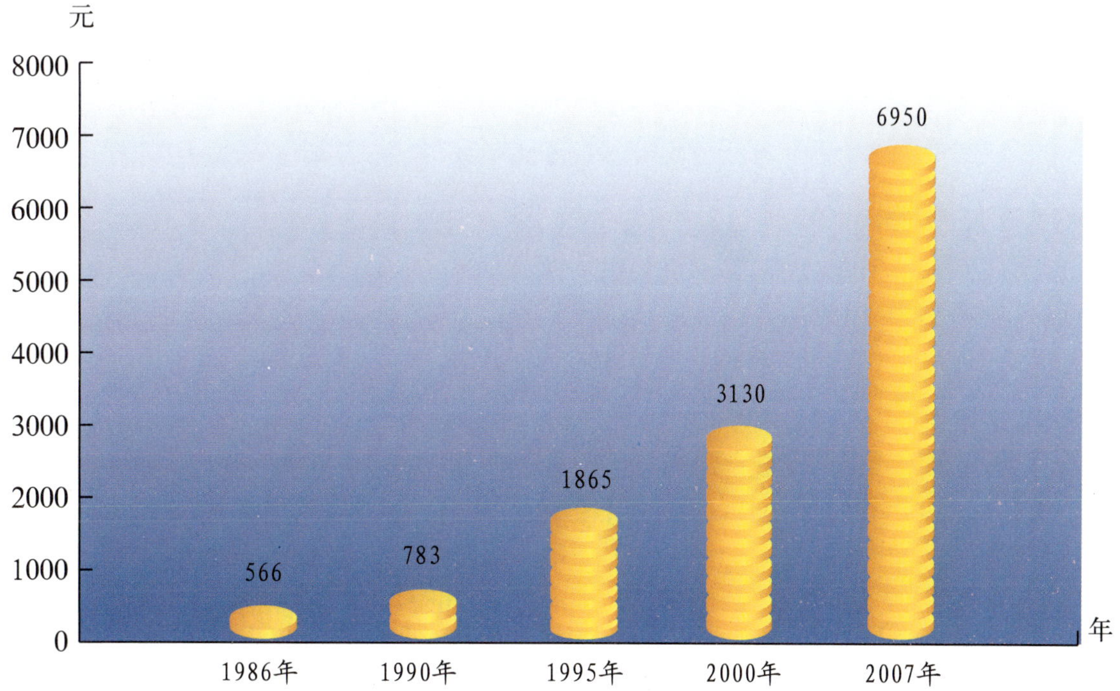

图概述-6

大 事 记

2007年8月29日，历城区建区二十周年成就展开幕式

1986年

1月1日 全县纽秤、16两秤改为千克秤。

3月24日—28日 县政协一届三次会议在县工人文化宫召开。会议补选侯金水为政协主席。

3月25日—29日 县人大十届三次会议在县招待所礼堂召开。会议补选谢传仁为县长，孙继鑫、杨振刚为副县长。

5月29日 由新加坡第二副总理王鼎昌率领的政府访华团一行8人，到四门塔参观游览。

5月30日 经县政府批准，14个乡镇建立财政所。

6月20日 县委、县政府、县人民武装部在县政府招待所召开历城县人民武装部移交地方大会。自此，县武装部改为地方建制。

8月10日 在新疆维吾尔自治区乌鲁木齐市召开的第三届全国少数民族传统体育运动会上，党家庄镇被评为“全国少数民族地区体育先进单位”。

9月15日 历城县被农牧渔业部评为“农业技术经济效益评价先进县”。

10月22日 孙村镇谢家庄农民赵殿卿出资3000元，在镇驻地举办中国式摔跤邀请赛。《人民日报》《中国体育报》等全国35家报纸作了报道。

10月26日 省环境水文地质总站、省地矿局第五探矿工程队和县政府在遥墙镇联合召开鸭旺口地热井开发汇报会。

1986年 历城县政府被民政部评为“全国双扶先进单位”。

1987年

2月21日 历城县被市委、市政府评为1986年度“社会主义物质文明和精神文明建设先进单位”。

2月 历时1年零9个月的全县整党工作基本结束。全县共有20146名中共党员参加整党。

4月1日 历城县第一个与联合国粮食开发计划署合作开发的国际合作工程——白云湖开发工程开工。

4月4日 16时至次日8时，柳埠林场藕池林区大高尖山因村民吸烟引起特大森林火灾。火灾过火面积102.87公顷，烧死烧伤树木14.9万株。

4月11日 国务院批准，撤销济南市郊区和历城县建制，设立济南市历城区，以历城县和郊区的洪家楼镇、华山镇、王舍人镇为历城区行政区域。自5月1日起，正式以历城区名义对外办公。

5月12日 全国首次辛弃疾学术讨论会在济南举行。

5月13日—18日 区政协二届一次会议在区工人文化宫召开。会议选举侯金水为区政协主席，李焜祥、穆荣璋、卫敏行、郭锐、赵绪昌、董毓鑫为副主席。

5月14日—19日 区人大十一届一次会议在区招待所礼堂召开。会议选举于进渭为人大常委会主任，许淑源、周传信、孙文成、田学东为副主任；选举谢传仁为区长，高洪勋、孙继鑫、杨振刚、王泉慧（女）为副区长；选举吉全寿为区法院院长，郭凤岩为区检察院检察长。

6月4日 山东省第二届伤残人运动会在王舍人镇文体中心举行。

6月4日—6日 中共济南市历城区第七次代表大会在区招待所礼堂召开。大会选举中共济南市历城区第七届委员会和历城区纪律检查委员会。区委七届一次会议选举姬广文为区委书记，曹维新、谢传仁、胡玉岭为副书记；区纪委一次会议选举于正齐为纪委书记。

6月9日 省委副书记兼济南市委书记姜春云，市委副书记、市长翟永浡到仲宫镇考察小城镇建设情况。

7月 全区17个乡镇732个村委会进行换届选举，改选成功率99.3%。

8月26日 下午至次日凌晨，境内大部分地区降大到暴雨，平均降雨量174.3毫米，其中，华山、王舍人、洪家楼3镇平均降雨量302.3毫米，华山镇降雨量达334毫米。这是历城区自1962年以来最大的一次降雨。全区有13个乡镇、582个村庄、13700名农户受灾，经济损失1938万元。

9月3日 省委常委、济南市委书记贺国强到西营镇查看冰雹灾情，慰问受灾群众。

9月26日 市政府在区招待所召开会议，研究王舍人镇滩头等6个村人畜吃水问题，确定筹措资金148万元，用于解决人畜吃水问题。

11月16日 历城区与青岛市崂山县结为友好区县。

11月12日—24日 卧虎山水库供水工程建成通水。

12月18日 济南洗衣机厂引进的滚筒式、波轮式洗衣机改造项目投产。该厂成为国内第一家独立生产全自动滚筒式洗衣机的企业。

1987年 历城区被省委、省政府评为“社会治安综合治理先进单位”。

同年 唐王镇樊家村发现约2900枚古钱币，共重13公斤，经考古工作者鉴定，其铸造年代为汉代、隋、唐、五代至北宋末年。

1988年

1月19日 国家乡镇企业局局长马杰三到历城区考察。

1月 柳埠镇境内的千佛崖造像（包括龙虎塔、九顶塔）被国务院公布为第三批全国重点文物保护单位。

3月10日—14日 区人大十一届三次会议在区招待所礼堂召开。会议补选张景培为区人大常委会副主任，陈学科为副区长。

4月13日 山东省第一届农民体育运动会在历城区体育馆和王舍人文体中心举行。

4月 历城区政府被省政府评为“山东省农村中小学校校舍改造先进单位”。

5月22日 国家计划生育委员会主任彭珮云到历城区检查计划生育工作。

6月7日 历城区黄河修防段盖家沟21号坝拆改工程竣工。

7月3日 区政府印发《关于“开发历城、振兴经济”若干试行优惠政策的意见》。

8月5日 历城区与桓台县结为友好区县。

8月 全区乡镇企业推行全员风险抵押承包制。第一轮承包制自1988年起，承包期一般为3年—5年。

9月3日 历城区被国家体委评为“全国体育先进县”。

9月7日 16时50分，孙村、彩石、董家、遥墙、唐王、华山、王舍人、郭店、西营9个乡镇遭受特大暴风、冰雹袭击，局部风速11级，冰雹最大直径3厘米。

10月1日 卧虎山水库供水工程竣工，向济南市区供水。

10月16日 中共中央政治局委员、中组部部长宋平到十六里河镇大涧沟东村考察。

10月27日 国家体委主任李梦华，副主任路金栋、徐寅生等到历城区检查体育工作，观看全国城市运动会在历城洪楼体育馆举行的摔跤比赛。

11月7日 国家科委常务副主任李绪鄂到历城区检查科技工作，听取关于建立新技术产业开发试验区的汇报。

同日 历城区聋童学校成立，该校改写了历城区无聋童学校的历史。

11月8日 以朝鲜社会主义劳动青年同盟中央委员会大学生青年部部长阎锡富为团长的朝鲜青少年科学技术活动代表团一行5人，到仲宫镇参观访问。

11月11日 历城区早期共产党组织负责人尹天佑烈士纪念碑，在郭店镇武家庄落成。

11月19日 区政府和洪楼体育馆受到全国城运会组委会和省委、省政府表彰，被授予“团结协作，振兴体育”锦旗。

12月4日 省军区司令员阎琢带领检查组到历城区检查指导民兵正规化建设、“以劳养武”等工作。

12月7日 省委常委、市委书记贺国强到王舍人镇宿家张马开关厂、张马屯蔬菜开发区检查指导工作。

12月14日—16日 区委七届三次全委（扩大）会议召开，会议通过了《关于治理经济环境，整顿经济秩序，全面深化改革的实施意见》《历城区1989年国民经济和社会发展计划安排意见》《关于加强和改进企业思想政治工作的意见》。

12月15日 林业部副部长徐有芳等检查柳埠林场和仲宫、柳埠、锦绣川等乡镇的荒山绿化和山区开发工作。

1988年 全区976名公办教师办理了家属“农转非”手续。

同年 郭店铁路立交桥建成通车。

1989年

2月 黄河安全度过凌汛，是新中国成立后第12个未封河年。

3月2日 全区普降大雪。全区65.8公顷大棚有57.4公顷受到不同程度危害，风障阳畦、中小拱棚几乎全部倒塌，洪楼、黄台、郭店农贸市场顶棚均被压塌。

3月28日 省委书记姜春云，副书记马忠臣，省委常委、市委书记贺国强到济南钢铁厂考察生产情况。

3月 省林业勘察设计院与市、区有关部门共同制定“省委万亩绿化区”规划设计方案。该方案涉及港沟、孙村、彩石、郭店4个乡镇，济王公路两侧的20个行政村，全部工程3年完成。

4月30日 省文物局拨款对锦绣川大佛寺石窟造像进行加固保护、维修。

6月15日 全区党员领导干部会议召开，传达邓小平接见首都戒严部队军以上干部时的重要讲话和省、市委会议精神。

7月20日 黄河公路大桥被评为“1978—1988泉城十大景观（建筑）”之一。

9月15日 省人大常委会主任李振，市委副书记、市长翟永溥考察历城区陈孟圈引黄工程。

9月29日 百花公园建成开放。

10月5日 中共济南钢铁总厂委员会被评为“全国先进基层党组织”。

10月7日 济南钢铁厂、济南卷烟厂、济南炼油厂被国务院发展研究中心、管理世界杂志社、中国企业评价中心和国家统计局工交司列入1988年全国500家大企业名单。

11月20日 山东省星火计划办公室受国家星火计划办公室委托，对华山镇济南青花岗石开发公司承担的花岗石精加工技术开发项目进行验收，认为该研究成果处于国内先进水平。

12月14日 仲宫镇被评为“全国文明集镇”。

12月22日 国务院批准，德州地区齐河县的靳家乡、大王乡、桑梓店镇划归历城区。自1990年1月1日起，历城区执行新的行政区划。

1989年 锦绣川乡荒山绿化工程被国家计委和林业部列为济南市“保泉工程”一期工程。

1990年

2月9日—11日 历城区首届花灯展在洪楼市场举办。此后每年元宵节前后均举办迎春花灯展。

2月27日—3月3日 区政协三届一次会议在区工人文化宫召开。会议选举侯金水为区政协主席，张延钊、卫敏行、赵绪昌、董毓鑫、牛锡江为副主席。

2月27日—3月4日 区人大十二届一次会议在区招待所礼堂召开。会议选举高洪勋为人大常委会主任，孙文成、张景培、吉全寿、王玉泉、由守才为副主任；选举孙继鑫为区长，李福水、杨振刚、马荣亮、朱世金（女）、张廷林、杜延林为副区长；选举张玉贵为区法院院长，郭凤岩为区检察院检察长。

3月28日—31日 中共济南市历城区第八次代表大会在区招待所礼堂召开。选举产生中共济南市历城区第八届委员会和纪律检查委员会。区委八届一次会议选举谢传仁为区委书记，孙继鑫、陈学科、于正齐为副书记；区纪委一次会议选举贾兆菊为纪委书记。

4月4日 历城区创建全国卫生城动员大会召开。从市容卫生管理、窗口单位卫生管理、城区环境、绿化、美化、加快农村饮用水6个方面开展创建工作。

4月17日 省人大常委会主任李振到历城区考察社会治安及普法工作。

5月24日 市委副书记、市长翟永淳考察历城铁厂、济南雪松冷冻厂、东郑电缆厂和引黄工程。

7月3日 济青高速公路开工典礼在华山镇洪家园村北举行。交通部副部长王展意，省市领导姜春云、李春亭、翟永淳出席开工典礼。

7月27日 市、区领导贺国强、孙常印、谢传仁、孙继鑫等到港沟镇桃花岭参加植树造林活动。

7月 由区委党史委编写的《中共济南市历城区党史大事记》出版。该书主要记述中共历城地方党组织领导下的党、政、军、民组织，从1925年至1949年9月发生的重大革命活动及重要事件。

8月26日 孙村电信支局在孙村镇安装开通240门程控电话小交换机，成为全区第一个实现国内电话直拨的乡镇。

9月8日 省农业厅组织省市有关专家对“历城区优质水稻综合开发项目”（黄淮海农业开发项目）进行实地考察。考察认为，该项目种植技术、病虫害防治的综合管理水平为全国先进水平。

9月13日 经省科委、省体改委批准，全省第一家星火集团——山东省济南青花岗石材星火技术开发集团在华山镇成立。

10月11日 北方7省市（北京、天津、山西、陕西、河南、山东、河北）主管蔬菜工作的负责人到历城区考察大白菜生产情况。

10月12日 联合国粮农组织援建的“WFP-2814工程”在唐王渔场竣工。联合国粮食计划署官员黄斌在农牧渔业部有关领导陪同下到唐王渔场考察验收。14日，该工程通过终审评估，其硬件建设在全国居领先地位。

10月23日 副省长高昌礼到王舍人镇慰问抗美援朝战斗英雄郭传才。

11月15日 济南遥墙国际机场开工典礼在遥墙镇施工现场举行。省、市、区领导赵志浩、张全景、刘众前、严庆清、李春亭、翟永淳、谭永青、孙继鑫等参加典礼。

11月24日 济南锦绣川保健食品厂研制生产的“芦笋糖浆”通过省食品药品监管局鉴定，填补国内空白。

11月 区史志办编纂的《历城县志》由济南出版社出版发行。该书为新中国成立后在全市率先出版的第一部地方志书。

12月 历城区被省委、省政府评为“山东省精神文明建设工作先进区”。

同月 仲宫镇被建设部确定为全国小城镇建设试点镇。

1991年

3月27日 区委、区政府召开全区实施第二个五年普法教育有线广播动员大会。

3月28日 区委、区政府印发《关于“南北抓开发、中间大发展”战略构想的实施意见》。

4月2日 历城区与广州市白云区结为友好区。

4月13日 历城区首届春季赏花会在仲宫镇举办。

4月 济南市镁碳砖厂生产的120吨镁碳砖运抵日本，这是中国镁碳砖产品首次打入日本市场。

5月10日 历城区在京科技协作难题招标悬

谈会在北京国家科委科技情报中心技术信息发布厅举行。

5月17日 农业部农业司总农艺师丁保华到历城区检查指导真姬菇种植工作。

6月18日 历城区举行《毛泽东选集》（1—4卷）第二版首发式。

6月20日 全国农技推广经营服务工作现场会在仲宫镇召开。农业部农机推广总站站长张跃宗及省、市农机部门负责人参加会议。

6月25日 全国沿黄渔业综合开发现场经验交流会的与会人员到唐王渔场参观。

7月1日 省委副书记、省长赵志浩，市委书记、市长翟永滓考察济青高速公路历城段建设情况。

8月15日 联合国粮油开发署官员梁学礼到仲宫镇考察玉米制种工作。

8月28日—30日 28日晚，孙村地区降暴雨107毫米。29日早8时，狼猫山水库大坝出现裂缝，上午11时大坝东部有40米滑坡，15时，西部有150米滑坡。区委、区政府组织万余人抢险救灾，30日上午10时，险情基本得到控制，随后对大坝进行加固治理。

10月5日 西汉时期著名外交家终军铜像在仲宫镇落成。

11月14日 省市领导姜春云、赵志浩、陆懋曾、李启万、谭永青等到港沟镇南北两个绿化点参加义务劳动。

12月5日 区委八届四次全委（扩大）会议召开，通过《历城区“八五”末工农业总产值实现60亿元规划纲要》《关于组织全区人民奔小康的计划及主要措施》。

1992年

2月26日 省委书记姜春云、省人大常委会副主任卢洪、副省长王建功等到锦绣川乡北坡村参加植树活动。

3月7日 全区深化改革、转换企业经营机制动员大会召开。

3月20日 市政府批准仲宫镇为济南市经济计划单列镇。

4月11日 区委、区政府举行双拥工作顾问受聘仪式。济南军区原政委任思忠，68军原副师长、一级战斗英雄杨育才，济南军分区原司令员张希祝等被聘为双拥工作顾问。

5月6日 全区举行吉尼斯孔孟之乡齐鲁儿女保护环境10万人签字活动。当代青年楷模张海迪参加签字活动。

5月12日 区机关办公大楼建成启用。办公楼位于山大北路47号。

7月1日 济南遥墙国际机场一期工程竣工。7月26日举行通航典礼，中共中央政治局委员、国务院副总理邹家华出席典礼并剪彩。

7月 全区商业、粮食、供销、物资等系统全面推行流通领域的经营、价格、用工、分配“四放开”。

9月26日 历城区与内蒙古自治区呼和浩特市郊区结为友好区。

10月19日 黄台农贸市场被评为“全国文明集贸市场”。

11月1日 全省首家种子市场——济南市种子市场在王舍人镇建成开业。

11月14日 林业部批准历城区政府关于在柳埠林场筹建国家森林公园的报告，并命名该公园为“柳埠国家森林公园”。

12月10日 全区“村办企业年”活动动员大会召开。

12月11日 《济南日报》报道，济南酿酒厂生产的39度趵突泉特酿获首届曼谷国际名酒博览会金奖。

12月28日 历城区第一个国家级推广项目——“优质镁碳砖制造技术”通过省科委鉴定验收。

1992年 历城区被省委、省政府评为“双拥模范区”。

同年 历城区被农业部列为“八五”前3年

（1991—1993年）新建粮食生产基地县。

同年 区博物馆办公楼在仲宫镇落成，占地面积1472平方米。

同年 历城区与安徽省长丰县结为友好区县。

1993年

1月8日—12日 区政协四届一次会议在区供电局会议室召开。会议选举孙继鑫为政协主席，杨振刚、张立泰、卫敏行、赵绪昌、董毓鑫、张淑珍（女）为副主席。

1月9日—13日 区十三届人大一次会议在区招待所礼堂召开。会议选举高洪勋为人大常委会主任，王玉泉、张现昌、朱世金（女）、王方平、李凤忠为副主任；选举李福水为区长，刘炳泽、张廷林、刘在传、党培珍（女）为副区长；选举张玉贵为区法院院长，傅光仁为区检察院检察长；选举出市十一届人大代表72名。

2月26日 区委、区政府印发《关于切实减轻农民负担 保护和调动农民生产积极性的决定》。

同日 区政府印发《关于印发公费医疗制度改革试行办法的通知》。

3月5日—11日 全国首次新编地方志成果展览会在北京中国革命历史博物馆举行。《历城县志》被中国地方志指导小组、中国革命历史博物馆、山东省地方史志编纂委员会评为全国地方志优秀成果奖和山东省地方志书二等奖。

4月12日 姜春云、赵志浩、王怀远等省、市领导考察东南外环路建设工程。

4月28日 省委书记姜春云到党家庄镇参加春季生产劳动。

4月29日 济南军区司令员张太恒、政委宋清渭率领700余名官兵到孙村、彩石、港沟3个乡镇参加抗旱劳动。

5月10日—15日 全省社会文化先进县经验交流会在济南召开。历城区被省委、省政府评为“社会文化先进区”。

6月12日 国家防汛总指挥部副总指挥、国家计委副主任陈耀邦带领黄河防汛检查团到历城区考察大吴泄洪闸。

8月11日 零时，黄河第一次洪峰到达历城区段（3300立方米/秒），有4处险工、8处坝岸出现根石走失，经及时抢护，洪峰安全通过境内河段。

8月 王舍人镇梁王二村砖瓦厂在施工时，挖出汉代陶磨盘1套（直径50厘米，上下两层），陶罐2件，陶壶、陶匾各1件，汉五珠钱数枚；唐代陶罐2件；元代瓷罐、黑釉罐各1件。

9月18日 市政府召开全市南部山区开发建设座谈会，作为市长二号林果工程的南部山区开发建设正式启动。该工程涉及仲宫、锦锈川、西营、高而、柳埠5个乡镇。

9月 区委、区政府决定每年9月为全区尊师重教月。

10月5日 区委印发《关于树立工业战线“十一面红旗”并开展学习红旗单位活动的决定》。

10月20日 王舍人、华山、孙村3镇被评为“全省经济百强乡镇”。

10月 历城区被评为“全国特殊教育先进区”。

12月2日 济南第八棉纺织厂因严重亏损、无力清偿到期债务提出破产申请，经区法院审理后宣告破产。

12月18日 济青高速公路全线通车。中共中央政治局委员、国务院副总理邹家华，中共中央政治局委员、省委书记姜春云参加通车典礼。

12月30日 济南市东南外环路竣工通车。省长赵志浩、市长谢玉堂为通车典礼剪彩。

同日 历城区被省委、省政府评为“全省精神文明建设先进区”。

1993年 历城区被农业部评为“推广省柴节煤先进县（区）”。

同年 历城区被国家林业局评为“全国平原绿化先进县（区）”。

1994年

1月18日 历城有线电视台正式开播。

3月30日 全区拍卖荒山使用权动员大会召开。

4月9日 区物资集团总公司率先在全区实行全员劳动合同制。

4月22日 区委、区政府召开推行股份制工作会议。

4月 区检察院被最高人民检察院记集体一等功。

5月25日 《济南日报》报道，国家科委“火炬计划”项目、亚洲最大的无特定病原鸡实验种鸡场在历城区建成投产。

6月18日 济南新华造纸厂实行股份合作制改革，成为全区第一个实行股份制的国有企业。

7月20日 洪家楼小学与加拿大里贾纳市迪埃普小学正式结为友好学校，成为济南市第一个与国外学校建立正式友好关系的小学。

8月7日 全区普降大暴雨，局部特大暴雨。降雨量最大的高而乡220毫米，降雨量最小的唐王镇120毫米，全区平均降雨163.7毫米。

8月13日 济南市第一起环保行政诉讼案——山东省烟草高新技术开发公司与区环保局的环保行政处罚案，由市中级人民法院审结。

9月28日 ’94济南金秋经贸洽谈会历城区招商发布会在格兰大酒店举行。

10月18日 在1994年成都全国星火科技精品展示会上，历城区节能研究所的“黑化液”项目，获全国星火科技精品金奖。

10月28日 历城区与江西省铅山县结为友好区县。

11月4日 市委书记、市长谢玉堂考察柳埠镇闫家峪水利工程、四门塔至跑马岭公路拓宽工程。

11月15日 洪家楼镇与驻区某部队被中共中央宣传部、解放军总政治部评为“全国军民共建社会主义精神文明先进单位”。

11月17日 农村社会养老保险工作在全区全面展开。

11月26日 洪家楼镇七里堡村投资870万元，建成以蔬菜经营为主的综合批发市场。

11月 区法院少年法庭被最高人民法院评为“全国法院少年案件审判工作先进集体”，并受到通令嘉奖。

同月 在全国乡镇企业表彰大会上共评出1000家最佳乡镇企业，济南市镁碳砖厂、济南青花岗石集团公司、山东甸柳集团、济南金菱造锁有限公司名列其中，其中济南通讯电缆厂列全国第65位。

12月12日—15日 非法组织“圣灵重建荣耀教会”被取缔。

12月27日 历城区与德州地区庆云县结为友好区县。

1994年 黄河出现二次断流。第一次在5月31日至6月27日，共28天；第二次在10月7日至11日，共5天。

同年 全区实现电话程控化。

1995年

1月20日 区政府印发《关于建立和完善农村合作医疗保健制度的通知》。

1月30日 省委副书记李文全，副省长王玉玺等到洪家楼派出所慰问公安民警。

2月18日 《济南日报》报道，济南钢铁集团总公司被认证为全国特大型工业企业。

2月19日—22日 区政协四届三次会议在区供电局会议室召开。会议补选贾兆菊为区政协副主席。

3月1日 历城区公安分局刑警大队被公安部评为“全国公安战线先进集体”。

同日 历城区青年志愿服务总队成立。

3月2日 经省民政厅批准，撤销大王乡，以原行政区域设立大桥镇。

3月20日—23日 中共济南市历城区第九次代表大会在区招待所礼堂召开。选举产生中共济南市历城区第九届委员会和纪律检查委员会。区委九届一次会议选举谢传仁为区委书记，李福水、于正齐、潘忠田为副书记；区纪委一次会议选举苏传梁为纪委书记。

3月 区政府拨款对历城区革命烈士陵园进行维修。

4月9日 区公安分局破获一起新中国成立以来全区最大的特大保险柜撬盗案件，被盗现金折合人民币16万余元。

4月26日 区委印发《关于在全区广泛开展向孔繁森、王廷江、韩素云同志学习活动的通知》。

5月16日 区政府在唐王镇召开首批“电话村”命名大会。唐王镇刘六务、小徐家庄等10个村成为全市首批“电话村”。刘六务村为全市第一个电话村。

7月18日 济南市第一个科技兴农示范基地——济南市白云实业总公司科技兴农示范基地举行命名揭牌仪式。

8月5日 区委、区政府在港沟镇田庄村召开纪念抗日战争胜利50周年大会，并在“田庄惨案”旧址建立田庄“三五”惨案铭恨碑。

9月15日 区政府印发《历城区科技发展“九五”规划及到2010年科技兴区规划纲要》。

9月16日 经省农村电气化建设领导小组检查验收，历城区达到全国农村电气化区标准。

9月22日 历城区公安分局刑警大队被公安部评为“全国模范刑警队”。在北京召开的全国公安战线先进集体表彰大会上受到表彰。

10月1日 历城有线电视台与济南有线电视台联网，转播市有线电视台4套节目、省有线电视台4套节目。

10月9日 省委副书记、副省长宋法棠考察东郊养猪场、七里堡蔬菜综合批发市场。

10月16日 公安部部长陶驷驹到区公安分局考察工作。

10月22日 历城区被国家计委、农业部、水利部确定为全国商品粮基地区。历城区是全市唯一被确定为全国商品粮基地区的县（市）区。

11月17日 区政府发布《济南市历城区基本农田保护管理暂行办法》。

11月28日 济南黄河公路大桥大修工程竣工并恢复通车。

11月 王舍人镇、仲宫镇被民政部、农业部等部委评为“首届中国乡镇投资环境100强”。

12月18日 济南大正乡镇企业示范小区挂牌成立。

同日 山东将军烟草（集团）有限公司挂牌成立。

1995年 仲宫镇穆家村、柳埠镇周家峪村被全国绿化委员会、林业部评为首批“全国造林绿化千佳村”。

同年 在全省村镇建设“十、百、千”活动中，历城区被评为“全省村镇建设先进区”。

1996年

1月19日 历城区被国家教委列为全国第二批实现“两基”(基本普及九年义务教育、基本扫除青壮年文盲)县(市、区)。

1月27日—28日 省经委、省电力工业局在历城区召开节电先进县(区)验收报告会，历城区被省电力工业局评为“山东省节电先进县(区)”。

1月 区纪委、监察局制定《关于对我区部分重点企业、重点工程实行挂牌保护的意见》。

2月8日 区委、区政府召开会议，部署住房制度改革工作，并印发济南市《关于实施提高公有住房租金的具体意见》《关于做好住房困难户调查登记工作的通知》。

3月6日 全区159个行政村被区政府命名为小康村。

3月12日—16日 区政协四届四次会议在区供电局会议室召开。会议补选冯邦尧、王兆文为区政协副主席。

4月1日 根据中共中央〔1996〕12号文件关于县(市、区)人民武装部由地方武装建制改为部队建制的指示精神，历城区武装部改归部队建制。

同日 在全区推行生猪定点屠宰。区政府印发《济南市历城区生猪定点屠宰管理办法》《〈济南市历城区生猪定点屠宰管理办法〉实施细则》。

4月13日 省高级人民法院院长宇培杲到历城区法院洪家楼法庭、东郊法庭、中心法庭考察工作。

4月18日 国家计划生育委员会副主任、中国计划生育协会副会长刘汉彬，省计划生育协会会长孟云，副市长赵志冰等检查历城区计划生育工作。

4月23日—27日 农业部农技推广服务中心在历城区召开全国"FVA"大棚膜现场观摩及研讨会，组织全国19个城市109名与会代表参观董家镇张而村、柳埠镇石桥村的"FVA"膜应用现场。

5月2日 历城区被省委、省政府评为"第三届精神文明建设先进区"。

5月5日 22时，省委副书记李文全，副省长王玉玺，省政法委书记张惠来，省公安厅厅长孟庆丰，市委副书记孙常印，副市长王丕俊等到区公安分局慰问坚守在"严打"工作岗位上的公安民警。

5月 历城区被省委、省政府评为"全省计划生育工作'三为主'工作先进县(区)"。

6月20日 新建的历城区看守所启用。该所位于郭店镇韩仓三村。

6月28日 中国保安协会保安服装制式研讨会在历城标志服厂召开。该厂被确定为全国两家保安服装定点生产厂家之一。

7月5日 历城区通过全国初级卫生保健合格区验收。

7月10日 上午10时10分，锦绣川乡金钢纂村为开山筑路，在北山梁完成装有80吨炸药的定向爆破。这是济南南部山区有史以来最大的一次定向爆破。

7月24日 历城区被国家科委评为"全国科技工作先进区"。

8月12日—18日 历城区9个黄河滩区被淹进水，共淹耕地1479公顷，受灾村庄6个，受灾人口2.879万人，损坏房屋604间，淹没机水井449眼，冲毁桥梁4座，损失粮食818.2万公斤，外迁人口1496人。灾情发生后，各级党政领导亲临指导抗洪救灾，调集专、群、军、警防汛队伍及防汛物资，使险情得到控制，滩区群众得到妥善安置，确保了堤防和群众的生命安全。

8月28日 历城区新华书店新营业楼建成开业。

9月10日 区委、区政府颁布《济南市历城区文明单位建设管理暂行办法》。

9月25日 德国巴伐利亚州内务部副部长海尔曼·雷根斯伯格一行6人，在省公安厅副厅长柳志敏等陪同下，到历城区公安分局参观访问。

11月2日 省科委专家鉴定委员会对历城区首次育成的作物杂交种——抗热早熟大白菜"优夏王""优夏二号"进行鉴定，认为历城区抗热早熟大白菜技术在全国居领先水平。

11月5日 以越南共产党中央委员、海兴省委书记范文寿为团长的越共海兴省委代表团一行10人，在中共中央对外联络部、省市外办领导陪同下，参观济南通讯电缆厂。

11月10日 济南军区司令员张太恒、副司令员刘伦贤，省军区司令员张齐红，济南军区副参谋长韩永禄到历城区武装部检查征兵工作。

11月11日 历城区人民检察院被山东省人民检察院记集体一等功。

11月19日 省委常委、山东省军区政委刘国福，市委常委、济南军分区政委张肇一到洪家楼镇检查指导征兵工作。

12月8日 历城区七里堡蔬菜综合批发市场被农业部指定为"全国鲜活农产品中心批发

市场”。

12月25日 华山镇法律服务所被司法部评为“文明服务示范窗口”，是全国60个法律服务行业文明服务示范窗口之一。

1996年 区粮食局东郊粮库在全市区县级粮食部门中率先被命名为山东省济南历城国家粮食储备库。

同年 区委、区政府作出《关于命名表彰历城区首批专业技术拔尖人才的决定》，命名拔尖人才11名。

1997年

1月20日 卧虎山水库城市供水渠道改造工程竣工。

3月16日 历城区委党员电化教育中心成立。

4月13日 省高级人民法院院长宇培杲到历城区法院考察工作。

5月1日 华山镇还乡店村投资建设的全市第一家农民公园——龙凤公园建成开放。

5月9日 省委副书记、省长李春亭，在市领导的陪同下考察小清河治理工程历城段施工情况。

5月14日 历城区公安分局洪家楼派出所被公安部记集体一等功。

5月18日 历城区建区十周年庆祝大会在区会议中心举行。省市领导郭长才、谭永青、刘耀华等，省市老领导李发荣、房立，区领导，副区级以上离退休干部出席大会。

5月29日 济南军区坦克训练基地积极响应市妇联发起的救助贫困女孩上学“春蕾计划”的号召，一次性捐款12万元资助高而乡300名女童。捐款仪式在高而乡中心小学举行。

5月31日 历城区小清河干流治理工程竣工庆祝表彰大会在区会议中心召开。

6月10日 区委、区政府在鑫都大厦举行《历城年鉴(1986—1995)》首发式。该书由区史志办公室编纂，中央文献出版社出版。

7月24日 区政府印发《济南市历城区预算外资金管理制度规定》。

7月31日 区政府印发《济南市历城区农村最低生活保障暂行规定》。

8月6日 区委、区政府印发《关于党政机关厉行节约、制止奢侈浪费行为的规定》。

8月14日 区政府发布《关于实行区集中和定点办理婚姻登记的通知》。

8月18日 济南市地下水位出现历史同期最低水位(23.94米)。锦绣川、卧虎山两水库库容分别为400万立方米和1500万立方米，其中锦绣川水库为“死库容”。

9月3日 济空文明希望小学竣工暨救助失学儿童仪式在彩石乡讲书院村举行。济空司令部参谋长徐俊宝出席活动。

9月20日 全区2678名公务员参加国家公务员行为规范考试。

9月26日 省政协主席陆懋曾、市长谢玉堂、市政协主席刘耀华等到王舍人镇考察秋种工作。

9月30日 省道002线分水岭至仲宫路段改建工程竣工通车。

10月1日 19时，遥墙镇四风闸村村民任可众家发生煤气泄漏爆炸事故，10人被烧伤，其中8人被烧成三度重伤。事发后，区文明委发出倡议，动员全区各界人士共捐款18万余元。

10月1日—12月底 区农村能源办公室在王舍人镇陈西村建成一处大型秸秆气化工程，投资54万元，一次试车成功。

10月2日 中共中央政治局委员、国务院副总理姜春云考察002线分水岭至仲宫路段拓宽改建工程。

10月8日 由中央军委副主席张震题写校名的济南蓝天希望小学在锦绣川乡石门村落成。

10月10日 区老干部活动中心落成并投入使用。

10月 历城标志服厂被中国人民解放军总后勤部服装研究所评定为总后勤部服装生产基地。

同月 区纪委、区监察局为全区106个局级单位和1000余名局级领导干部建立廉政档案。

12月3日 中外合资企业齐鲁安替比奥制药有限公司正式投产。副省长邵桂芳，意大利驻华大使亚历山德罗·夸罗尼参加开工典礼。

12月6日 济南通讯电缆厂通过ISO 9000系列标准认证，成为全市乡镇企业第一家通过该认证的企业。

12月11日 王舍人镇被国家体委评为“全国群众体育活动优秀乡镇”。

1997年 历城区通过全国科技工作先进区(县)复查。

1998年

1月4日 经省委批准，郭作贵任中共济南市历城区委书记，谢传仁不再担任中共济南市历城区委书记职务。

1月12日—16日 区政协五届一次会议在区会议中心召开。会议选举潘忠田为区政协主席，贾兆菊、杨振刚、冯邦尧、董毓鑫、张淑珍（女）、王兆文、单廷骅为副主席。

1月13日—17日 区十四届人大一次会议在区会议中心召开。会议选举李福水为人大常委会主任，刘炳泽、张玉贵、张现昌、于德浩、翟长庆、马兴云、朱世金（女）为副主任；选举冯光文为区长，秦承安、徐明梅（女）、刘在传、孟涛、王志平、王志刚为副区长；选举杨进富为区法院院长，张红齐为区检察院检察长。

2月2日 由农业部出资10万元为七里堡蔬菜批发市场配备的2台微机与全国价格信息中心并网，实现与全国35家大中城市重点蔬菜批发市场的价格信息共享。该市场成为国家重点扶持的国家级市场之一。

2月 历城区人民检察院被最高人民检察院评为“全国模范检察院”。

3月24日 中共中央政治局委员、省委书记吴官正带领省直和济南市有关负责人察看位于历城区境内的绕城高速公路、济南机场等重点建设项目。

4月16日—19日 中共济南市历城区第十次代表大会在区会议中心召开。大会选举中共济南市历城区第十届委员会和历城区纪律检查委员会。区委十届一次会议选举郭作贵为区委书记，冯光文、于正齐、马荣亮、谭延伟为副书记；区纪委一次会议选举谭延伟为纪委书记。

4月22日 3时30分至6时30分，全区普降中到大雨，平均降雨量为21.5毫米。孙村镇、王舍人镇、彩石乡遭到冰雹袭击。受灾面积达2601.3公顷，造成经济损失110余万元。

4月 历城区3.68万公顷小麦普遍发生红蜘蛛和麦叶蜂虫害，虫情偏重面积达1.73万公顷。

5月1日 区委、区政府印发《关于进一步加快个体私营经济发展的决定》。

5月14日 区政府印发《关于加强小城镇暨“三个一”工程建设的通知》。

5月 历城区被省委、省政府评为“山东省社会文化先进县(区)”。

6月5日 全国蔬菜科技成果开发联合体第二届代表大会暨春夏大白菜新品种应用现场观摩会在历城区召开。有北京、上海、黑龙江、甘肃、四川等20个省、市，40余个城市的专家出席会议。

6月9日 全国政协常委、济南军区原司令员张太恒到济南市镁碳砖厂和董家镇就如何依靠科技发展振兴企业、致富农民进行调研。

6月16日 由省农业厅、财政厅共同组织，历城区农村能源办公室、区农委具体实施的省级重点科技示范项目——秸秆气化工程在王舍人镇陈西村通过验收。

6月26日 《济南日报》以《人民的好公仆——杨振刚》为题报道历城区政协副主席杨振刚的先进事迹。

7月3日 历城区大王庙引黄灌区SIDD项目供水工程在大王庙引黄灌溉区正式实施。该项目是中国利用世行贷款建设农业灌溉工程项目之一，也是全省“经济自立灌排区”的唯一试点。

7月10日 全市第一个农村电气化村在大正示范小区东郑二村建成。

7月 省农业厅在唐王镇韩西村建立“山东省农业名、优、特、新资源科苑”示范区，该示范区是全省第一家省、市、区、镇、村五级共同开发的科技试验示范区。

8月1日 省委副书记吴爱英，市委副书记雷建国，市委常委、政法委书记谢传仁等到历城区荷花路口公安岗检查指导工作。

8月2日 历城区利用世行贷款加强灌溉农业二期项目通过省开发办的评估。该项目位于历城区东北部沿黄平原，计划改造中低产田1.6万公顷，涉及7个乡镇、195个行政村。计划总投资6982万元，其中世行贷款2489万元。

8月26日 区长冯光文、副区长徐明梅在区政府会议室会见日本民间团体花甲协会的市原荣和盐畸三郎。日本客人此行代表日本邮政储蓄协会向锦绣川乡石门村进行扶贫捐款活动，帮助该村发展果树种植业。

8月28日 洪家楼高级中学举行落成典礼。

9月8日 历城区消灭企业无标准生产试点工作通过省级验收。

9月26日 洪家楼至华山镇孟家村的71路公交线路正式开通。

同日 新西兰华侨农业总会考察团一行12人到历城区考察蔬菜业、畜牧业发展情况。

9月 历城区被电力部评为“全国节电先进县(区)”。

10月1日 历城将军广场落成。省委副书记、省长李春亭，副省长林廷生，市委副书记、市长谢玉堂出席落成典礼。

10月10日 中共济南市委授予历城区离休干部陈登汉“一心为民、忘我奋斗的共产党员”称号，并号召开展向陈登汉学习的活动。

10月16日 辛弃疾纪念馆建成开馆，开馆仪式在遥墙镇四风闸村举行。

10月24日 中共中央政治局委员、全国人大常委会副委员长田纪云在中共中央政治局委员、山东省委书记吴官正，省人大常委会主任赵志浩等陪同下，考察历城将军广场。

10月 由区党史委编纂的《中共历城地方史(征求意见稿)》完成编纂任务。1999年11月，该书由济南出版社出版发行，书名为《历城革命斗争史》。

11月8日 全省首家民营高科技市场——中国济南高科技市场在山大路正式开业。

11月 历城区农村用电管理实行重大改革，设立用电管理区，整顿电工队伍，电费直接到户结算，不再设村级电费账目。

12月 历城区被省委、省政府评为“第四届精神文明建设工作先进区”。

1999年

1月12日 中共中央政治局常委、书记处书记胡锦涛在中央组织部副部长王旭东、中央政策研究室副主任郑科扬，省市领导吴官正、李春亭、王修智、谢玉堂、赵正平等陪同下，考察位于董家镇的济南绕城高速公路小许家立交桥。

1月19日 位于洪家楼东部的辛甸建筑陶瓷批发市场开业。

1月24日 洪家楼至董家镇的10路公交线路开通。

3月12日 由共青团省委联合省绿化委、林业厅、水利厅、省黄河河务局、省青少年事业发展基金会等单位共同组织实施的山东省保护“母亲河”行动启动仪式，在黄河公路大桥北东侧大堤上举行。

同日 济南军区司令员钱国梁，省、市、区领导吴爱英、张肇一、刘克昌、马荣亮等与驻济南部队3000余名官兵一起，在南外环路八一园林基地参加植树活动。

3月14日 历城区与哈尔滨市太平区结为友好区。

4月5日 济南历丰大白菜研究所开发的“四

季栽培大白菜”新品种，在北京举行的第七届中国专利技术及新品种博览会上，获博览会金奖。

4月7日 省政府决定追认陈登汉为革命烈士。

4月26日 洪家楼至新世纪商城的75路公交线路开通。

4月28日 全省最大的高科技生物工程项目——山东科益人生物工程有限公司在仲宫镇动工兴建。

同日 洪家楼至郭店镇十里堡村的10路公交支线开通。

5月14日 陈孟圈引黄灌区一期配套工程一次性试通水成功。

5月16日 霍家溜引黄闸通过省黄河河务局检查验收并交付使用。

5月20日 历城区首届人民好公仆表彰大会在区会议中心举行。

5月31日 锦阳川综合治理工程全线竣工。该工程是济南野生动物世界建设重点配套项目，也是市委、市政府加快山区综合治理与开发的富民工程。

同日 由区交通局和唐王镇政府联合开通的全区第一条城乡客运专线正式投入营运。该专线由唐王镇老僧口至洪家楼。

6月2日 省委副书记、副省长宋法棠，副市长陶安岭考察建设中的洪楼广场。

6月9日—7月15日 济南酿酒厂改制组建为济南趵突泉酿酒有限责任公司。

6月23日 中共中央总书记、国家主席、中央军委主席江泽民在中共中央政治局委员、中央书记处书记、国务院副总理温家宝，省委书记吴官正、省长李春亭等陪同下，考察黄河济南段盖家沟险工，观看黄河抢险训练汇报表演。

7月28日 全省秸秆菇类高产栽培技术培训班在遥墙镇举办。

8月17日 历城区被评为“全省民族团结进步先进集体”，在山东省第四次民族团结进步表彰大会上受到表彰。

8月18日 编号为001的历城区交通稽查站被共青团中央、交通部评为“全国青年文明号”，挂牌仪式在区交通稽查站举行。

8月 历城区被省政府复查评审为“两基”工作先进区。

同月 区公路局承担的援藏项目山东路工程开工建设。该路位于西藏日喀则市，全长4.23公里，投资4850万元，11月3日建成通车。

9月1日 由市妇联启用“春蕾基金”建设的全市第一所“春蕾小学”——锦绣川乡“春蕾小学”正式落成。

9月2日 党家庄镇党东回族村被省政府评为“全省民族团结进步先进单位”。

9月16日 洪家楼镇被中央精神文明建设委员会评为“全国创建文明村镇先进乡镇”。

9月18日—19日 历城区第三届全民运动会在区体育场举行。

9月21日 济南分水岭水厂建成供水。每天供水量5万立方米，省城南部地区40万名居民用水问题基本得到解决。

9月24日 省长李春亭、副省长韩寓群在齐鲁宾馆会见到历城区考察的瑞典工业委员会主席、法玛西亚·普强集团董事长学仁·居乐一行。

9月25日 神通寺博物馆建成开馆。

9月26日 中共中央政治局委员、中央军委副主席、国务委员兼国防部部长迟浩田考察济南绕城高速路、济青高速零点立交桥。济南军区司令员钱国梁、政委张文台，省委副书记吴爱英，市委常委、秘书长赵正平等陪同考察。

同日 济南野生动物世界正式对游人开放。

同日 以仲宫镇为起点、跑马岭为终点的省道103线暨济南野生动物世界专用公路建成通车。

同日 洪家楼镇祝甸村至泉城广场的80路公交线路开通。

9月28日 洪楼广场建成开放。

同日 济南遥墙国际机场互通立交桥(小许家立交桥)工程竣工通车。

同日 济青高速公路零点立交桥改建工程竣工通车。

9月29日 县道518线仲宫至高而段竣工通车。

9月 国道309线济王公路石河岭至邢村拓宽改建工程竣工通车。

10月2日 国家工商行政管理局局长王众孚、副局长韩新民及省市工商局领导考察洪家楼工商所市场巡查工作。

10月12日 历城区被省委、省政府、省军区评为“双拥模范区”。

10月18日 济南市盖家沟配货中心市场开业。该市场是经交通部认证的全国最大的公路主枢纽山东济南货运站。

10月 历城区仲宫镇先行种业有限公司送展的先行牌“鲁单50”玉米新品种，在北京举办的庆祝新中国成立50周年农业和农村经济成就展暨中国国际农业博览会上，被评为国际名牌产品。

11月9日 大连市甘井子区与历城区经贸洽谈会暨友好区签订仪式在中豪大酒店举行。

12月6日 以副市长陈泽为团长的德国莱比锡市经贸代表团到历城区访问。代表团一行参观洪楼广场。

同日 历城区电影公司被国家广播电影电视总局评为“全国农村电影放映工作先进单位”。

12月29日 历城区十六里河、党家庄2个镇整建制划归市中区，桑梓店、大桥、靳家3个乡镇整建制划归天桥区。

1999年 历城区实行新一轮农业结构调整，新发展优质果品基地4466公顷，新建大棚3975个。

同年 仲宫镇、遥墙镇被省政府确定为小城镇建设中心镇。

同年 港沟镇大官庄发现金元墓葬。

同年 华阳宫古建筑群被依法收回。山东化工厂同意局部迁出华阳宫古建筑，交由市文物局维修保护。

同年 历城第一职业中专被评为国家级重点职业学校，历城第二职业中专被评为省级重点职业学校。

2000年

1月23日—25日 区政协五届三次会议在农丰宾馆召开。会议补选邢介安为区政协副主席。

1月30日 历城区、章丘市边界勘定签字仪式在区政府二楼中厅会议室举行。副区长丁新力、章丘市副市长巩宪群分别代表两地政府在协议书及附图上签字。

2月15日 全区“三讲”(讲学习、讲政治、讲正气）教育动员大会在区会议中心召开。

2月 在由省林业局等单位举办的“名优经济林”和“花卉之乡”评选中，历城区获“红荷包杏之乡”称号。

3月1日 历城区南水北调人畜饮水工程启动。该工程以西营镇积米峪水库为水源，建提水站1处，同年12月底竣工，西营镇北部和彩石乡南部20个自然村、近3000人吃水困难问题得到解决。

3月7日 在首都各界妇女纪念“三八”国际劳动妇女节90周年大会上，区工商银行中心储蓄所获全国“巾帼文明示范岗”、全国“三八红旗集体”称号。

3月8日 锦绣川水库加固增容工程正式开工。同年9月30日竣工。

3月30日 中央“三讲”教育检查组到历城区检查指导“三讲”教育工作。

3月31日 历城宾馆被省旅游局批准为二星级涉外旅游宾馆。

4月10日 福建省党政考察团到大正小区参观考察。

5月5日 省委副书记、省长李春亭，市委副书记、市长谢玉堂到仲宫镇、高而乡检查指导农业抗旱工作。

5月6日 世界诺贝尔特别奖获得者巴西的何塞·卢岑贝格博士及伊丽莎白博士，到董家镇考察“两高一优”农业示范基地大棚生产建设情况。

5月22日 美国住房与发展部部长安德鲁参观考察华山镇前王村农民住房情况。

5月28日 全区600余名符合条件的年轻干部参加“一推双考”选拔年轻干部笔试。6月9日，全区48个单位、1143名机关干部，在洪家楼小学、区实验小学参加闭卷考试，公开竞争全区400多个科级职位。

5月30日 市委副书记、市长谢玉堂率领全市铁路沿线容貌综合治理工作检查团，实地察看胶济铁路花园小区路段的容貌治理情况。

6月1日 董家镇邢家希望小学教学楼落成典礼举行。省教委开发中心命名该校为“山东省尝试教育实验基地”。

6月6日 区政府颁布《济南市历城区科学技术进步奖励暂行办法》。

6月19日 历城区接收安置250名三峡库区农村外迁移民，安置工作分别由孙村、郭店、唐王、遥墙、董家5个镇和大正小区承担。

6月30日 省委副书记、省长李春亭，副省长陈延明，市委副书记、市长谢玉堂检查历城区黄河防汛暨防汛工程建设工作。

7月4日 由区人事局聘请的德国SES专家组织的化工专家威廉·施罗德，到历城区潜力化工厂任技术指导。

7月15日 解放桥至四门塔风景区的22路公交线路开通。

7月22日 经教育部批准，原属不同管理体制下的山东大学、山东医科大学、山东工业大学3校正式合并组建为新的山东大学。是日，3校合并暨新山东大学成立大会在济南举行。

7月27日 历城区高考本科上线率居全市首位，共有考生1508人，本科上线人数433人，上线率28.7%。

8月2日 区法院与区妇联联合设立历城区家庭暴力致伤鉴定中心。

9月6日 王辛—唐王、郭店—章灵丘公路竣工通车。

9月11日 全区第四期造绿暨“一环九射”工程动员大会在区会议中心召开。区委、区政府与6个有关乡镇签订全区“一环九射”（“一环九射”指二环路及经十西路—220国道段、济微路段、英雄山南路—省道002线路段、经十东路—济王路段、工业南路、工业北路、大桥路段、济泺路、济齐路段等城市9大出口，全长174.93公里，计划建设绿地2230公顷）拆迁绿化责任书。

同日 市文物局在闵子骞墓保护整修工程中发现一座东汉时期的画像石墓。

9月16日 祝甸村至山东轻纺城的30路公交线路开通。

同日 全省2000年玉米制种暨新品种观摩会在仲宫镇召开。

9月26日 全市首家合资大型超市人民大润发商业有限公司历城店开业。

9月30日 省道327线仲宫至垛庄路段改建工程竣工通车。

同日 仲宫镇终军广场建成开放。

9月 历城区体校被国家体委确定为全国青少年体育俱乐部试点单位，是全省唯一区(县)级试点单位。

10月1日 区公路局通过ISO 9002国际质量体系认证。

10月23日 省委常委、山东大学党委书记朱正昌到历城区参加区委常委专题民主生活会并到区大棚经济示范园、济南通讯电缆厂、三联虎山开发区检查指导工作。

10月26日 中宣部原副部长、文化部原代部长、中国毛泽东诗词研究会会长贺敬之，到幸福柳广场、鲍叔牙墓、辛弃疾纪念馆参观。

10月27日 市委、市政府在历城区召开现场会，决定在大正小区建立济南外商投资科技工业园。

11月1日 全国第五次人口普查现场登记工作开始。全区近4000名人口普查工作人员对全区人口进行全面普查登记。

同日 柳埠镇白虎山发现巨型赑屃，约长3米，宽2米，高1米，为整体大青石。

11月17日 区委、区政府在区会议中心举行发展旅游业、建设省城后花园宣传活动新闻发布会。

11月22日 全区农村集中开展社会主义民主法制教育活动动员大会在区政府第一会议室召开。

11月30日 历城区消灭无标准生产试点县(市)工作通过国家技术监督局复核验收。

12月1日 全区首家民族小学在仲宫镇并渡口村挂牌成立。

12月9日 历城区首次医疗机构药品集中采购评标会在区卫生局举行。

12月15日 公安部等级达标检查验收小组到历城区看守所检查验收。经验收，区看守所达到一级看守所等级达标标准。

12月22日 历城区建成“电话区”，户均电话普及率达到60%以上。

12月28日 区法院被最高人民法院授予全国法院系统“人民满意的好法院”称号。

同日 齐鲁医院至仲宫的88路公交线路开通。

12月31日 济南绕城高速公路南线黑龙峪隧道工程贯通。

2000年 历城区被国家林业局评为“全国经济林示范县（区）”。

2001年

1月3日 市委副书记、市长谢玉堂率市第四期造绿工程领导小组成员、市直有关部门负责人到王舍人镇检查“一环九射”绿化美化工作。

1月17日 省委副书记、省长李春亭到孙村镇敬老院看望老人，并到董家镇谢家屯村走访慰问贫困户。

1月19日 区直机关将军小区宿舍楼入住仪式举行。该小区1999年年底开工建设，占地1.33公顷，建住宅楼4幢，住房180套。为区直机关部分工作人员解决住房问题。

2月2日 历城区被省政府评为“全省林业工作先进单位”。

2月17日—20日 区政协五届四次会议在农丰宾馆召开。会议补选于正齐、秦承安、陈茂棠、贺光幸为区政协副主席。

2月18日—21日 区十四届人大四次会议在区会议中心召开。会议选举王志义、郑学胜为区人大常委会副主任；选举谭延伟为区长，刘连儒、田德昌为副区长。

2月23日 经市政府批准，历城区撤销洪家楼镇，设立山大路、洪家楼、东风、全福4个街道。

3月13日 区政府办公室印发《关于鼓励机关、事业单位工作人员辞职或离职从事个体私营经济的通知》。

3月27日 全区农村税费改革工作动员大会在区会议中心召开。

4月4日 省政协主席韩喜凯到历城南部山区考察省城后花园建设工作。

5月1日 华阳宫修葺后对外开放。

5月28日 区检察院承办的全国部分城区检察院第一届协作网会议在济南召开。

6月6日 全区“三五”依法治区动员大会在区会议中心召开。

6月8日 以林中青雄为团长的日本北海道国际农业考察团一行14人，到遥墙镇食用菌精品园、杜氏食用菌开发公司参观考察。

7月4日 由团市委捐资10万元建设的济南市保护母亲河绿色工程“仲宫五四青年林项目”开工签字仪式在仲宫镇举行。

7月27日 中国重汽集团向历城区政府捐赠客车仪式在丰汇源宾馆举行。

8月4日 济南市记者林工程建设启动仪式在四门塔风景区举行。

8月9日 南全福小区至省体育中心的16路公交线路开通。

9月5日 共青团中央、最高人民法院授予区法院“优秀青少年维权岗”称号。

同日 区政府印发《关于给予三峡库区移民优惠政策的通知》。

9月19日 位于锦绣川乡的红叶谷生态旅游景区正式向游人开放。

9月25日 十里堡至唐王暨荷花路拓宽改造工程竣工通车。

9月29日 工业北路拓宽改造工程竣工通车。

同日 历城区交通稽查站被交通部授予全国交通系统“文明示范窗口”称号。

10月15日 山东大学建校100周年庆典大会在山东大学举行。

10月25日 中共济南市历城区委机关报《历城报》创刊。

10月26日 王舍人镇被中宣部、中央文明办、建设部、农业部、国家环保总局等部门评为“全国创建文明小城镇示范点”。

11月3日 区政府对区直部门在机关作风整顿中被收缴的65部超规定所配的车辆，实行集中拍卖。

11月7日 全区村级“三个代表”重要思想学习教育活动动员大会在区会议中心召开。

11月17日 洪楼广场被评为全省“十佳文化广场”。

11月19日 高而至药乡国家森林公园旅游公路竣工通车。

11月28日 济南市出口加工区发展中心落户港沟镇签字仪式在济南留学人员创业园举行。

12月8日 位于华山镇傅家庄的济南东郊黄河浮桥通车。

12月13日 山东教育出版社图书物流中心落户彩石乡签字仪式在彩石乡政府举行。

12月26日 区政府印发《关于乡镇中小学教师工资由区统一发放的通知》。

12月27日 区委印发《关于历城区机构改革的实施意见》。

12月30日 区政府印发《关于撤销彩石乡设立彩石镇的通知》。

2001年 历城一中、二中被教育部确定为全国高中数学实验基地第一批挂牌学校，并被教育部授予“2001年度高中数学实验教学先进集体”称号。

同年 区林业局被国家林业局评为“全国经济林建设先进单位”。

同年 历城区被省政府评为“全省村镇建设先进区”。

同年 历城区“夕阳红”艺术团参赛歌曲《祖国颂》，在文化部主办、中国合唱协会与威海市委承办的“2001年中国（威海）老年合唱节”比赛中，荣获最高奖——“冬梅金质奖”和演唱新作品奖。

同年 济南钢铁集团总公司实现销售收入突破100亿元大关，成为济南市第一个销售收入过百亿元的企业。

2002年

1月10日 省人大常委会主任赵志浩考察历城区乡镇人大换届选举工作。

1月12日 省委副书记、代省长张高丽，市委副书记、市长谢玉堂等省市领导到济钢集团总公司考察工作。

1月22日 区委印发《中共济南市历城区委、济南市历城区人民政府关于争创全国文明城市的实施意见》。

2月22日 为做好供水保泉及回灌补源工作，济南市自来水公司停用卧虎山水库的水向市区供水，以其为水源的南郊水厂同时关闭。

2月27日 以尼日利亚人民民主党全国书记文森特·奥布拉雷为团长的尼日利亚人民民主党代表团到孙村镇辛庄村参观考察。

2月28日 区政务中心成立，区直25个部门（单位）的156个行政审批和收费项目在政务中心设立办公窗口。

4月4日 副省长邵桂芳到历城二中考察。

4月6日 以芬兰万达市市长兰塔拉为团长的经贸团一行13人到历城区友好访问。

5月1日 济南市重点工程——济南机场路改造和环境整治工程竣工。

5月1日—7日 历城区组团参加省政府在香港举办的招商会——山东省重点项目推介会。

5月17日 西藏白朗县党政代表团到历城区参观学习。

6月26日 孙村镇辛庄村党支部被表彰为全国农村"三个代表"重要思想学习教育活动先进集体。

7月16日 中共中央政治局委员、山东省委书记吴官正到济钢集团总公司慰问坚持高温生产的一线职工。

7月 "联千户，访万家，察民情，送温暖"活动在全区党政机关领导干部中广泛开展。

同月 省道103线柳埠至南长城岭公路（泰安界）建成通车。

8月16日 位于花园路东首的历城区环卫公寓落成。该公寓建筑面积500多平方米，可容纳90人居住，是历城区首次大规模实施的环卫工人安居工程。

8月19日 由于持续干旱，导致锦绣川水库干涸见底，以其为水源的分水岭水厂同时停用。

8月27日 济南驻军为历城区捐赠70万元援建"八一希望小学"。

8月 《济南市历城区考选国家公务员和机关工作者简章》公布。历城区面向社会公开招考国家公务员和机关工作者15名。

9月15日 山东建筑工程学院新校区奠基仪式在港沟镇举行。

9月24日—10月15日 在全区范围内开展"救灾慈善一日捐"活动。

9月25日—26日 中共中央政治局委员、国务院副总理温家宝在旱情严重的山东省考察工作，在中共中央政治局委员、山东省委书记吴官正的陪同下，先后考察济南卧虎山水库和鹊山水库。

9月27日 花园路商业街改建工程主车道通车暨山大路北段综合改造工程竣工。

9月30日 卧虎山水库续建一期工程竣工。

9月 济南市国家级秸秆养畜示范区项目启动，历城区被列为秸秆养畜中心区。

同月 省道102线（郭店立交至济南铁厂）拓宽改建工程竣工通车。

10月 历城区组团参加"山东·济南（深圳）招商引资洽谈会"。

11月9日 港西公路、十里堡至济王公路、荷花路3条重点道路竣工通车。

11月12日 省军区司令员张齐红、参谋长金培昌，济南军分区政委傅振宽、副司令员仝脉连到历城区检查指导征兵工作。

11月21日 中共中央政治局委员、书记处书记、中央组织部部长贺国强在省委书记、省长张高丽及姜大明、刘伟、谢玉堂等省、市领导陪同下，先后考察经十东路建设情况和高新技术开发区齐鲁软件园。

11月 以色列蔬菜专家茨维·阿密特应邀到历城区进行生产技术指导和学术交流活动。

12月17日 台湾法鼓山文教基金会参访团圣严法师一行10余人，专程护送1997年3月被盗流失海外多年的四门塔阿閦佛石雕佛首到四门塔文物管理委员会。21日，在四门塔隆重举行四门塔石雕阿閦佛首回归、修复揭幕式。

2003年

1月9日 历城区被省委、省政府、省军区命名为"全省双拥模范区"。

1月19日—23日 区政协六届一次会议在农丰宾馆召开。会议选举谭传友为区政协主席，邓良和、张淑珍（女）、王兆文、邢介安、陈茂棠、贺光幸为副主席。

1月20日—24日 区十五届人大一次会议在区会议中心召开。会议选举于正齐为区人大常委会主任，彭玉华、张红齐、孟涛、王志平、王志义、郑学胜、王富莲（女）为副主任；选举许强为区长，丁新力、王志刚、刘桂祯、李季孝、袁长奎、宫玉玲（女）为副区长；选举孙兆远为区法院院长，郭绪庭为区检察院检察长。选举出席济南市十三届人代会代表60名。

1月30日 全国人大常委会副委员长姜春云到济南钢铁集团总公司考察。

2月 区人事局人才交流服务中心邀请日本果树专家上野良九到高而、锦绣川、仲宫3个乡镇，为果农进行技术指导。

3月4日—6日 中共济南市历城区第十一次代表大会在区会议中心召开。大会选举中共济南市历城区第十一届委员会和历城区纪律检查委员会。区委十一届一次会议选举谭延伟为区委书记，许强、马荣亮、黎越（女）、刘传勇为副书记；区纪委十一届一次会议选举刘传勇为纪委书记。

3月11日 福建省泉州市委书记施永康率领泉州市党政考察团到历城区参观考察。

4月8日 山东大学与山东省文物考古研究所在区会议中心举行大辛庄遗址重大考古发现新闻发布会，宣布在历城区境内大辛庄遗址发现商代甲骨文。

4月18日 位于柳埠镇的济南市九顶塔民族风情园对外开放。

4月21日 区委、区政府在区会议中心召开全区领导干部紧急会议，传达中央、省、市会议精神，部署全区非典型性肺炎防治工作。

6月6日 济南国际机场股份有限公司召开成立大会。省、市领导黄可华、赵克志、林书香、鲍志强等出席大会。

6月18日 省委副书记、市委书记姜大明到黄河泺口险工、卧虎山水库施工现场检查工作。

同日 东部新区与历城新一轮发展大讨论动员大会在区会议中心召开。

6月 区人事局协助、锦绣川乡石门村投资建设的引进国外智力示范园被评为省级引进国外农业成果示范园。

同月 2003年高考成绩公布，历城区本科市线、省线上线率在全市均为第一名。

8月15日 国务院治理整治土地市场秩序联合督查组到历城区检查指导工作。

8月16日 祝甸至天桥纬一路北口的113路公交线路开通。

8月26日 省委书记、省人大常委会主任张高丽，省委副书记、省长韩寓群检查济南国际机场扩建工程和黄河济南段绿色风貌带建设情况。

9月24日 历城革命烈士陵园改造建设工程竣工。

9月 洪家楼至济南国际机场的历城9路公交线路开通。

10月1日 全区婚姻登记工作开始由区民政局统一办理。

10月12日 中央军委原副主席迟浩田、济南军区副司令员叶爱群、济南军区原副政委曲继宁、山东省军区副政委幸胜标及参加过济南战役的部分老领导，考察重新规划建设后的历城革命烈士陵园。

10月21日—22日 津巴布韦旅游部部长恩荷玛及津巴布韦驻华大使姆斯汪瓦一行5人，参观考察济南野生动物世界和将军集团，并与济南野生动物世界签署动物交流合作备忘录。

10月26日 历城区第四届全民运动会在东风体育场开幕。

10月27日 以英国考文垂市议长约翰·马顿为团长的考文垂市友好文化访问团到洪家楼小学参观访问。

10月28日 中共济南市历城区委机关报《历城报》改称为《历城》。

11月6日 由济南市京剧院根据南宋著名词人辛弃疾事迹编创的大型历史京剧《长剑歌》，在区会议中心举行首演。

11月17日 全国政协副主席、全国工商联主席黄孟复到大正小区考察民营企业发展工作。

11月26日 全区农村公路“村村通”工程动员大会在区会议中心召开。区委、区政府与各乡镇党委、政府签订《2004—2005年度农村公路建设目标责任书》。

12月31日 柳埠镇凤凰集中供水工程落成。

同日 济南新七十二名泉评出，历城区有11处位列其中。

12月 区史志办编纂的《历城年鉴（1996—2001）》由中央文献出版社出版发行。

2004年

1月8日 中央农村工作领导小组办公室主任陈锡文到历城区调研农村工作。

1月15日 洪家楼至西营镇枣林、道沟的历城12路公交线路开通。

1月18日 历城区被科技部评为“全国科技进步先进区”。

2月1日 省委副书记、省长韩寓群到历城区检查禽流感预防工作。

2月17日 区政府印发《济南市历城区农村承包土地流转暂行办法》。

3月18日 枣庄市山亭区党政考察团到历城区考察。

3月19日 济钢集团董事长、总经理李长顺代表济钢集团捐资200万元支持历城区公路“村村通”工程建设。

4月12日 位于遥墙镇北部、济南国际机场西北方向的济南黄河东城浮桥建成通车。

4月27日 省委副书记、市委书记姜大明考察历城区街巷道路整治工作。

5月18日—19日 德国ZF公司副总裁路德维希·拉普在历城区考察投资事宜。

5月21日 天津市农村基层组织党建工作考察组在历城区考察“三级联创”活动开展情况。

6月3日 全省最大的民营钢铁深加工企业——山东永君翼板有限公司在董家镇建成投产。

6月4日—7日 韩国农业技术协会会长姜春成率韩国农业代表团访问济南，考察历城区农业发展情况。

6月9日 省委副书记、市委书记姜大明到历城区考察麦收和农业结构调整工作。

6月30日 美国联邦商务部大使馆中心主任威廉·斯波德勒率领美国经贸代表团到力诺工业园、历城标志服厂、兰桥医学科技有限公司参观考察。

6月 区蔬菜局承担的山东省冬暖大棚草莓标准化示范区项目通过省级农业标准化示范区验收。

7月16日 山东力诺瑞特公司为新落成的亚洲最大的太阳能生产车间剪彩。正在中国访问的德意志联邦共和国副总理兼外长约施卡·菲舍尔与德国驻华大使薄德磊，省委副书记、省长韩寓群，市委副书记、市长鲍志强，共同为新厂房落成剪彩。

7月31日 历城区首届荷花节开幕。

7月 区委党史委编辑的《历城建设与改革》（历城区党史资料第五辑）出版。

8月5日 来自重庆三峡库区开县的移民到历城区安家落户，此次共接收安置三峡库区移民23户、115人。

8月16日 历城区“创文明城·魅力历城”系列文化活动开幕。

8月 区委书记谭延伟率区党政代表团赴西藏白朗县参观考察并慰问援藏干部。

9月3日 全区城市总体规划和土地利用总体规划修编工作会议在区会议中心召开。

9月7日 省委副书记、市委书记姜大明到历城一中看望慰问教职工。

9月10日 安哥拉新闻代表团一行6人到孙村镇参观考察。

9月25日 历城区旅游暨绿色农产品展示会在泉城广场开幕。

9月29日 遥墙—唐王渔场、彩石—西营、柳埠摩天岭—苇沟3项重点公路建设工程竣工通车。

9月 遥墙镇万头奶牛基地建成。

10月1日 仲宫镇波罗峪休闲度假区正式对游客开放。

10月17日 国家天文台向山东大学颁发“山东大学星”命名证书，并赠送该星运行轨迹图铜牌。“山东大学星”是由国家天文台施密特CCD小行星项目组发现的。因为这个小行星被发现的时间，恰好是山东大学建校九十六周年校庆日，国家天文台因此决定将其命名为“山东大学星”。

10月18日 全国首家专业化大型钢结构及配件物流中心——山东钢结构配件市场在华山镇落成。

10月22日 七里堡蔬菜综合批发市场进入“中国农副产品批发市场2003年度行业排名百强”行列，在“全国蔬菜综合批发市场百强”中排名第64位。

10月30日 共青团中央书记处第一书记周强到历城区考察工作。

11月10日 经一路延长线（历城段）主车道竣工通车。

11月11日—13日 世界著名物理学家、诺贝尔奖获得者杨振宁教授访问山东大学。

11月18日 祝甸至营市街的118路公交线路开通。

11月 历城区被确定为全国14个“通过加强结防机构与医院的合作，提高肺结核病人发现”试点（县）区之一。

12月26日 位于锦绣川乡商家庄的济南金象山滑雪场建成开业。

2005年

1月14日 区委、区政府在区会议中心召开侦破“12·12”雇凶伤害案庆功表彰大会。

1月23日 位于仲宫镇北道沟村的卧虎山国际滑雪场建成开业。

2月2日 全区保持共产党员先进性教育活动动员大会在区会议中心召开。

2月3日 省委副书记、市委书记姜大明到高而乡走访慰问。

2月9日 省委书记、省人大常委会主任张高丽到济南钢铁集团总公司慰问干部职工。

2月18日 历城区在洪楼广场举行大型农村劳动力专场招聘洽谈会，专门为进城农民工提供就业服务的“春风行动”正式启动。

2月21日 全区粮食直补工作会议在区政府北三楼会议室召开。截至4月10日，全区粮食直补资金全部发放到位。共计发放14.15万户，补贴资金471.24万元。

2月25日 省委副书记、市委书记姜大明到历城区检查指导党员先进性教育活动。

3月15日 世界卫生组织（WHO）驻中国办事处官员王丽霞，国家结核病预防控制中心监测部主任杜昕到历城区考察结防机构与综合医院合作提高结核病人发现试点工作。

3月19日 全省农村公路改造工作现场会在历城区召开。历城区被评为全省农村公路改造工作先进区。

3月28日 济南遥墙国际机场新航站区正式启用。

3月 历城区被省政府授予“全省农民增收先进县（区）”称号，郭店镇李西村李风图、唐王镇大徐村邢德平、孙村镇许家村王成获“全省粮食生产大户”称号。

4月6日 济南市历城第六中学举行挂牌仪式。历城六中原名济南客车厂职工子弟学校，2000年划归历城区，2003年改称现名。

4月7日 “魅力历城”文化旅游年活动动员会在区政府三楼会议室召开。

4月28日 柳埠镇水帘峡风景区开园。

4月 港沟镇党校被评为“山东省示范基层党校”。

5月16日 西藏白朗县委书记靳磊率考察团到历城区考察畜牧业发展工作。

5月19日 区政府召开农业机械购置补贴工作会议。

5月29日 位于柳埠镇的山青世界开园。山青世界是团省委委托山东省青少年活动中心建设并管理的山东省青少年教育实践基地。

5月 历城区被农业部认定为2003—2004年度全国创建第二批无公害农产品生产示范基地县（区）达标单位。

同月 西藏白朗县选派11名中小学领导和骨干教师到历城区进行为期3个月的挂职培训。

6月12日 山东省民俗协会社会实践基地在柳埠镇槲树湾景区挂牌成立。该基地也是山东大学教育教学校外实践基地。

6月17日 区法院东郊法庭举行“全国青年文明号”揭牌仪式。

同日 新疆维吾尔自治区伊吾县县长亚森·斯地克率考察团一行18人到历城区参观考察城建工作和奶牛养殖业发展情况。

6月18日 由山东省将军书画院主办、历城区政府等单位协办的《百将书虎图》在北京中国革命军事博物馆开展。中央军委原副主席、国防部原部长迟浩田为展览剪彩。区工商分局老干部郭玉水从1990年开始，历经14载，共收集老虎图129幅，邀请百位将军题字。

7月1日 全区保持共产党员先进性教育活动第一批总结和第二批动员大会在区政府北三楼会议室召开。

7月8日 辽宁省辽阳市委书记孙远良率党政考察团到历城区考察。

7月14日 省军区司令员谈文虎到历城区人武部检查工作。

7月 历城区被省委、省政府评为2004年度“山东省县域经济社会发展先进单位”。

8月9日 新泰市委书记辛显明率党政考察团到历城区考察。

8月15日 韩国（株）木友建设、明进建设代表理事朴柱哲率韩国考察团到历城区考察工业园区、保税物流园区、娱乐休闲业建设等工作。

8月24日 中美可持续发展示范项目会、济南唐冶新城规划研讨会在力诺集团召开。

8月27日 省委副书记、市委书记姜大明考察洪家楼街道背街小巷综合整治工作。

8月 洪家楼至王舍人镇滩头村的历城15路公交线路开通。

9月10日 2005年“山东省慈善烛光基金”救助项目启动仪式在西营镇中学、中心小学举行。西营镇10名特困教师每人获救助金2000元。

9月29日 锦绣川乡金钢纂村至港沟镇桃科村的金刚路正式通车。

9月 洪家楼至唐王北段的历城16路公交线路开通。

10月23日 考古工作者在孙村镇卢家寨村抢救性发掘一处较完整的西周时期古窟遗址。

11月1日 历城区“全国1%人口抽样调查”入户登记工作开始。人口抽样调查入户登记工作时间为11月1日至11月10日。

11月26日 由联合国国际交流协调与合作委员会江南·温彻斯特女士带领的考察团到历城区考察可持续发展项目。

11月 “魅力历城·文化旅游年”活动被省文化厅评为“山东省社会文化活动知名品牌”。

12月3日 唐冶新城基础设施建设工程开工建设。

12月9日 全区第三批保持共产党员先进性教育活动动员大会在区会议中心召开。

12月15日 在省政府办公厅举办的全省优秀年鉴（2004—2005年度）评奖活动中，《历城年鉴（1996—2001）》囊括此次评奖所设的综合奖和框架设计、条目编写、印刷装帧3个单项奖的全部特等奖，并获“山东省优秀年鉴奖”。

12月26日 唐冶新城一期基础设施建设范围内村庄整合及住宅新区方案设计国内竞赛专家评审会在舜耕山庄召开。

12月 经省政府批准，撤销高而乡、锦绣川乡，整建制并入仲宫镇。

同月 董家镇被中宣部、国家人口计生委等10部委评为“全国婚育新风进万家活动先进乡镇”。

2005年 历城区被评为“全省县域经济社会发展先进单位”“全省农业产业化工作先进

区”“全省发展民营经济先进区”“全省农民增收先进区”“全国森林资源管理先进单位”。

同年 全区投资6000万元，首批建成100个文明生态村。

同年 全区以公路、客车、有线电视、自来水为主要内容的“四通”工程基本完成。

同年 锦绣川办事处艾家村被评为“全省民主法治示范村”“全国生态旅游示范村”“全国争创文明村镇先进单位”。

同年 王舍人镇沙三村被评为“全国民主法治示范村”。

2006年

2月11日 省委副书记、省长韩寓群到位于董家镇柿子园村的省科学院生物质气化实验示范基地调研。

2月14日 历城区被省政府评为“引进国外优质草莓标准化生产示范区”。

2月 英国利兹大学结核病控制项目专家到历城区考察结核病防治工作。

3月 在2003—2004年度全国市、县、区科技进步考核中，历城区被评为“全国科技进步先进区”。

4月25日 全国政协常委、民革中央副主席史培康，省政协副主席、民革山东省委主委周鸿兴到董家镇季家村、张安村考察秸秆生物反应堆技术推广情况。

4月 日本花甲协会蔬菜专家宫本应邀到唐王、董家、仲宫3镇传授日本最新的种植模式和先进技术，并带来5个优秀鲜食瓜果品种。

5月 历城区残疾人自行车运动员井普春，在全国第七届残疾人运动会上，代表山东省夺得LCI级男子1公里竞速和男子奥林匹克团体竞速赛2枚银牌。

6月 洪家楼天主教堂被国务院公布为第六批全国重点文物保护单位。

7月25日 15时，华山、王舍人、郭店、唐王、董家、遥墙等镇突遭11级暴风袭击，造成1400.7公顷玉米及其他经济作物减产或绝产，直接经济损失984.1万元。

7月 历城区被中国奶业协会评为“全国牛奶生产强县”，为全市唯一获此荣誉的县（市）区。

同月 水帘峡景区的小天池发现上千只桃花水母。

8月2日 全区“户户通”自来水工程竣工典礼暨全市农村自来水工程建设现场会在董家镇召开。历城区在全市、全省率先实现“户户通”自来水的目标。

8月16日 由济南遥墙国际机场飞往东京、法兰克福、洛杉矶、旧金山的4条国际航线正式开通。

8月21日 全省玉米收获保护性工作机械化推广演示现场会在董家镇召开。

8月28日 历城区与莱芜市钢城区结为友好区。

9月9日 历城一中举行建校50周年庆典。

9月14日 内蒙古呼和浩特市政府职业教育考察团到历城职业中专参观考察。

9月28日 山东建筑大学举行建校50周年庆典。

9月 旅游路历城段全面通车。

10月29日 全市“法律六进”（进机关、进乡村、进社区、进学校、进企业、进单位）活动启动暨《公民法律知识读本》首发仪式在东风街道祝甸社区举行。

11月2日—3日 韩国首尔市江南区区厅长孟廷柱一行到临港开发区、历城一中参观访问。历城区与韩国首尔市江南区结为友好区意向书签字仪式在舜耕山庄举行。

11月14日 国家税务总局局长谢旭人考察历城区地税工作。

11月18日 “身残志坚心相印——新人携手向明天”全区首届残疾人集体婚礼在洪楼广场举行，7对新人喜结良缘。

11月28日 济南市商业银行历城区支行开业。

12月21日—23日 中共济南市历城区第十二次代表大会在区会议中心召开。大会选举中共济南市历城区第十二届委员会、历城区第十二届纪律检查委员会和出席中共济南市第九次党代会代表。区委十二届一次会议选举谭延伟为区委书记，许强、刘传勇为副书记；区纪委一次会议选举孔杰为纪委书记。

2006年 历城区被省委、省政府评为“山东省县域经济社会发展先进单位”。

同年 历城区被省政府列为2006年省级新型农村合作医疗试点县（市、区）。

同年 历城区被省委、省人大、省政府评为“全省‘四五’普法依法治理先进区”。

2007年

1月18日 首届山东迎春精品花卉展销会在工业北路山东花卉市场举行。山东花卉市场被国家林业局评为“国家重点花卉市场”。

1月28日—31日 区政协六届五次会议在区机关北三楼会议室召开。会议补选黎越（女）为区政协副主席。

1月29日—30日 区人大五届四次会议在区会议中心召开。会议补选马荣亮、王永和为区人大常委会副主任。

1月 历城区被省政府评为“安全生产先进单位”。

2月 区政协文史委与区民政局编纂的《历城地名溯源》出版发行。

同月 由省名牌战略推进委员会、省农业厅、省海洋与渔业厅、省林业局等部门联合评出的首批山东名牌（林、水）产品公布。区林业局推荐的锦绣川牌红灯樱桃、红荷包杏、绣丰梨、大红袍花椒4个系列产品名列其中，实现全区名牌林产品零的突破。

同月 历城区被省委、省政府、省军区评为“全省双拥模范区”。

3月8日 省委常委、市委书记焉荣竹到历城区调研县域经济发展工作。先后考察力诺集团、唐冶新区建设现场、易初莲花超市、东港安全印刷股份有限公司等单位。

3月14日 韩仓村庄整合（一期）暨102线（韩仓段）改建工程动员大会在郭店镇政府召开。

3月29日 中华慈善总会与美国LDS慈善协会在洪楼广场举行仪式，为历城区20名残疾人捐赠了轮椅。

3月 东港安全印刷股份公司在深圳证券交易所挂牌上市，股票简称“东港股份”，股票代码“002117”。

4月1日 市委副书记、市长张建国到历城区考察节水保泉和森林防火工作。

4月4日 省委副书记姜大明到历城区考察文化产业发展工作。

4月25日 省委书记李建国到力诺集团考察工作。

5月7日 市委副书记、市长张建国到历城区考察第十一届全运会有关场馆建设工作。

5月25日 2007年山东省象棋锦标赛（团体赛）在历城区天雨宾馆闭幕。

5月28日 教育部部长周济到历城职业中专考察工作。

5月29日 济钢周边片区村庄整合建设项目开工奠基仪式举行。

5月30日 晚上，韩国首尔市江南区艺术家合唱团在区会议中心举行友好访问演出，祝贺历城撤县建区20周年。

5月 济南趵突泉酿酒有限责任公司的“趵突泉”品牌通过省经贸委组织的专家评审，被认定为第一批“山东老字号”并被推荐参评全国第二批“中华老字号”。

同月 历城区被省委、省政府评为“全省信访工作先进单位”。

6月1日 区委副书记、区长许强在区政府北一楼接待室会见到历城区访问的葡萄牙谢尔兹投资集团中国ROUNDG公司总经理罗安密欧·卡塔诺。

6月5日 历城区与武城县结为友好区县。

6月7日 济南市政府、历城区政府与深圳航空有限责任公司，在舜耕山庄举行深航在历城区建立基地公司合作框架协议签字仪式。

6月24日 历城区“万村千乡市场工程”中邮物流第一个日用品配送站在遥墙镇建立。

6月30日 由区党史委编纂、中共党史出版社出版的《历城区（县）委书记话改革开放口述史》首发座谈会在区政府北三楼会议室召开。

7月7日 遥墙镇农民冯月荣夫妇舍己救人事迹座谈会在区政府北二楼会议室召开。区委号召学习冯月荣夫妇弘扬见义勇为、舍己救人的精神。

7月10日 中国重汽集团(德国VOSS项目)与济南临港经济开发区项目合作签字仪式在重汽集团举行。

同日 区委、区政府在政府北三楼会议室举行撤县建区20周年庆祝活动新闻发布会。

7月17日 区政府印发《关于调整新型农村合作医疗财政补助资金的通知》。

7月18日 17时到22时，济南降特大暴雨，历城区平均降雨量115毫米，造成全区低洼地区积水，部分地区受灾。19日上午，副省长郭兆信，副市长张泽，区领导谭延伟、许强、杨玉军、孙德顺等到全福街道看望部分受灾单位和受灾居民。

7月23日 民政部部长李学举到历城区考察“7·18”特大暴雨受灾情况。

7月25日 《历城县志正续合编》首发式暨济南社科调研基地揭牌仪式在区政府北三楼会议室举行。市区领导向省市区图书馆、档案馆赠送《历城县志正续合编》。

8月7日 省慈善总会赈灾捐助仪式在历城区举行。省慈善总会拨50万元专款，连同30万元的社会捐赠药品，用于济南市“7·18”特大暴雨灾害救援工作。

8月9日 晚上，历城区突降大雨，局部地区出现龙卷风、冰雹等灾害性天气，彩石、王舍人等多个乡镇局部地区受灾。10日，区领导谭延伟、许强等冒雨到彩石镇路相村察看受损房屋及农田、果园受损情况，并看望慰问受灾群众。

8月17日 济南临港经济开发区与韩国京畿道始兴市友好合作签约仪式在临港开发区管委会举行。

8月21日 市委副书记、市长张建国考察历城区防汛和安全生产工作。

8月25日 济南市首届核桃文化节在仲宫镇高而办事处万亩核桃基地开幕。

8月27日 区政府下发《关于印发区产品质量和食品安全专项整治行动方案的通知》。

8月29日—30日 历城区在舜耕国际会展中心举办建区20周年成就展。

8月 山东省文化厅公布第三批山东省民间文化艺术之乡，历城区被评为“民间戏曲”之乡。

9月6日 中央电视台《激情广场》大型广场歌会——“走进历城”在洪楼广场举行。来自国内的众多著名演员与观众一起，庆祝历城建区20周年。

9月9日 中宣部理论局、山东省委宣传部向历城区基层干部群众赠送《理论热点面对面·2007》一书。赠书仪式在东风街道祝甸社区举行。

9月11日 济南市公交总公司与历城客运公司进行整合，历城客运交市公交总公司经营，历城客运公司及历城公交注销。

9月24日 由区政府、山东大学、市社会科学院、市文化局、中国李清照辛弃疾学会等单位共同举办的“纪念辛弃疾逝世800周年国际学术研讨会”在舜耕山庄召开，来自国内外的60多位专家、学者齐聚辛弃疾的故乡，共同研讨著名豪放派词人辛弃疾的历史贡献及其作品的学术价值。

9月26日 市委副书记、市长张建国带领市直有关部门负责人检查历城区秸秆禁烧工作。

9月27日 区委印发《关于开展农村社区建设试点工作的实施意见》。

同日 区委印发《关于进一步加强城市社区建设的意见》。

9月 区史志办公室编纂的《历城建区20年大事记》由中央文献出版社出版发行。

10月2日 市委副书记、市长张建国到历城区看望慰问节日期间坚持生产的干部群众，检查历城区学习贯彻落实“9·29”省委常委扩大会议精神情况。

10月12日—14日 由区政府、省美术家协会共同主办的陈玉圃国画艺术家乡汇报展在省美术馆举行。

10月17日 历城区农村信用合作联社“村大联保体”贷款启动仪式在唐王镇娄家村举行。

10月27日 全国土地执法百日行动互检互查组到历城区检查土地执法百日行动工作。

10月30日 省委常委、市委书记焉荣竹到历城区就全福河河道整治工程进行调研。

10月 国家质量监督检验检疫总局党组书记李传卿到历城区考察食品生产小作坊监管工作。

同月 历城区被中央教育科学研究所教育督导与评估研究中心评为“全国区域教育发展特色示范区”，并成为全国区域教育发展特色示范区中唯一的以农村教育为主体的城区。

11月6日—7日 韩国首尔市江南区区厅长孟廷柱率领代表团在历城区考察访问。6日晚，双方举行互派公务员协议签字仪式。7日，由历城区政府、韩国首尔市江南区、韩国贸易协会主办的“2007韩·中通商促进贸易洽谈会”举行。

11月9日 第五轮全球基金流动人口结核病防治项目在历城区启动。

11月17日 第十一届全运会济南赛区比赛场馆——历城区体育中心在唐冶新区奠基。

11月29日 参加全省“法律五进”工作现场经验交流会的与会人员到王舍人镇陈家张马西村观摩“法律进乡村”开展情况。司法部法制宣传司司长肖义舜，省司法厅厅长陈明甫，市委常委、政法委书记李家政及全省17个地市有关负责人参加活动。

11月 历城区被省政府评为“发展中小型企业先进县（市、区）”。

12月4日 省道102线历城段拓宽改建工程竣工通车。

12月5日—9日 区政协七届一次会议在区机关北三楼会议室召开。会议选举谭传友为区政协主席，黎越（女）、王兆文、王志刚、邢介安、贺光幸、王钢城为副主席。

12月6日—10日 区人大十六届一次会议在区会议中心召开。会议选举谭延伟为区人大常委会主任，马荣亮、王永和、王志平、郑学胜、王富莲（女）、王连平为副主任；选举许强为区长，马玉星、杨玉军、李季孝、袁长奎、宫玉玲（女）、黄晓广为副区长；选举郑玉（女）为区法院院长，亓浩为区检察院检察长。

12月20日 市委副书记、市长张建国到历城区调研东联供水工程建设情况。

同日 区政府办公室印发《关于开展第一次全区污染源普查工作的通知》。

12月25日—27日 省教育督导验收组对历城区创建“山东省教育工作示范区”进行初评。

12月29日 唐冶新区一期工程村民安置中心启用仪式举行，5000名村民迁入新居。

12月30日 历城区迎第十一届全运会重点建设项目——仲宫污水处理厂奠基。

2007年 历城区被省委、省政府评为2007年度“平安山东建设先进区”。

第一编

政　区

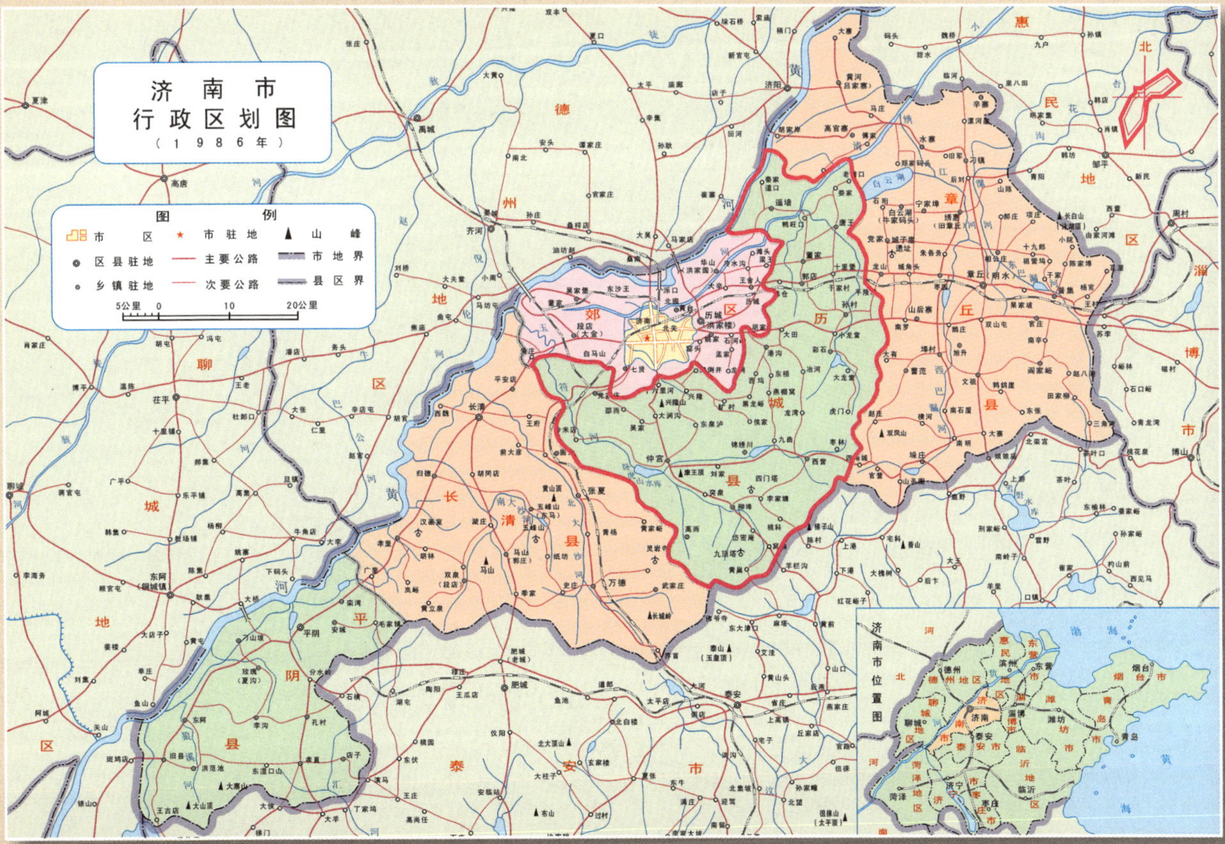

历城县位置图（1986年）

历城自西汉景帝四年（前153）设县，后历经变迁，至明代，属山东济南府，洪武九年（1376）山东布政使司迁至历城后，历城成为山东省政治中心，被称为山东“首邑”。1928年废道，历城县由山东省济南道改属山东省。1958年1月，历城县改属山东省济南市。1987年4月，国务院批准撤县设区。境域位于山东省中部，济南市区东、南部，面积1298.57平方公里，是济南市最大的市辖区。2007年，辖4个街道、12个镇，42个社区，655个行政村，858个自然村。

第一章　位置境域

第一节　位　置

历城区位于山东省中部，济南市区东、南部。地处北纬36°19′～36°53′、东经116°55′～117°22′。南依泰山，与泰安市泰山区、岱岳区接壤；北临黄河，与济南市济阳县相望；东接济南市章丘市；西与济南市长清区、市中区、历下区、天桥区相邻。

第二节　境　域

1986年，历城县境南起高而乡十八盘村，北至遥墙镇大沙滩村，南北最长62.98公里；西起党家庄镇杜家庙村，东至孙村镇山张庄，东西最宽49公里；总面积1381.8平方公里。1987年4月11日，国务院批准撤县设区，以原历城县和济南市郊区的洪家楼镇、华山镇、王舍人镇的行政区域为历城区的行政区域。辖区东西最宽49公里，南北最长62.98公里，总面积为1518.52平方公里。1989年12月，德州地区齐河县的桑梓店镇、靳家乡、大王乡划入历城区，辖区东西最宽50公里，南北最长64公里，总面积为1694.25平方公里。1999年12月，大桥镇、桑梓店镇、靳家乡和党家庄镇、十六里河镇分别划归济南市天桥区和市中区。2007年12月，境域南起仲宫镇十八盘村，北至遥墙镇大沙滩村，南北最长62.98公里；西起仲宫镇西董家庄，东至孙村镇山张庄，东西最宽40.1公里；总面积为1298.57平方公里，是济南市最大的市辖区。

第二章　建置区划

第一节　建置沿革

历城因地处历山（今千佛山一带）而得名。

1964年，历城西郊田家庄发现的远古时期的古文化遗址（位于田家庄村南，玉符河畔，属北辛文化）表明：距今约6500—7400年，这里已有先民繁衍生息。历经新石器时代的北辛文化、龙山文化和夏、商两代。

西周，属谭国。鲁庄公十年（前684），齐灭谭，属齐国，称泺邑。

战国，属齐国，称历下邑。

秦统一中国后，属济北郡。

西汉景帝四年（前153）始设历城县，属

济南郡。武帝元封五年（前106）设青州刺史部后，属青州济南郡。

东汉初，属青州济南郡，后属济南国。

三国，属魏国青州安平郡，又属青州济南国。

西晋，属青州济南郡。永嘉之后，济南郡治所从东平陵迁至历城。此后，历城为历代郡国、州府治所。

十六国、刘宋，属青州济南郡。

北魏、东魏、北齐、北周，属齐州济南郡。

隋代，属齐州、齐郡。开皇三年（583）废济南郡，属齐州。大业三年（607）齐州改称齐郡。

唐代，属河南道齐州（天宝时，齐州曾称临淄郡、济南郡）。

五代梁国时，因避朱温之父名讳，历城曾一度改称历山县。至后唐复为历城县，属河南道齐州。

后晋、后汉、后周，仍属河南道齐州。

北宋，先后属京东路齐州、京东东路齐州。政和六年（1116）齐州升为济南府后，属京东东路济南府。

金代，属山东东路济南府。

元代，属中书省直辖的济南路。

明代，属山东省济南府。洪武九年（1376）山东布政使司由青州迁至历城，历城从此又成为山东省政治中心，被称为山东“首邑”。

清代，仍属山东省济南府。

民国二年（1913）废府设道，历城县属山东省岱北道，并为道治所。1914年岱北道改称济南道，历城县属济南道。1928年废道，历城县属山东省。1929年7月，国民政府析历城县城及四郊设立济南市，历城仍属山东省。1936年11月，历城县治所由济南城迁至王舍人庄。1938年，山东省国民政府划全省为17个行政督察区，此后至1948年9月，历城县属山东省第十二行政督察区。其间，在1938年至1945年8月日军侵占时期，历城县曾先后于1938年3月和1940年6月，被划属日伪设立的山东省鲁北道和济南道。

抗日战争爆发后，中国共产党领导的抗日民主政权建立。在民主政权的政区设置中，历城县自1940年4月起属山东省鲁中行政区泰山专区。1941年11月，析出历城县南部及与之相邻的泰安县北部，设立为泰北县，亦属泰山专区。1943年5月，泰北县改称泰历县，仍与历城县同属泰山专区。1945年9月，析出胶济铁路迤北的历城县东北部、章丘县西北部，设立章历县，属泰山专区；1946年6月后改属渤海行政区第三专区。1946年年底，撤销泰历县，原属历城县的区域复入历城县。1948年7月，山东省鲁中、鲁南行政区合并为鲁中南行政区后，历城县属鲁中南行政区第一专区（亦称泰山专区）。

1949年10月中华人民共和国成立后，历城县属山东省鲁中南行政区泰山专区，章历县属山东省渤海行政区清河专区。1950年5月，历城县属泰安专区，章历县属淄博专区。1953年7月，章历县撤销并入章丘县，原划出的历城县东北部随之归入章丘县。

1958年1月，历城县改属山东省济南市。同年5月，县政府驻地由王舍人庄迁至洪家楼（此前历经多次迁移，详见1990年11月版《历城县志·政区》第四章第一节“县城”）。

1987年4月11日，国务院批准，撤销历城县，设立济南市历城区。5月1日正式对外办公。

第二节 区划变动

1986年，全县辖11个镇、3个乡：遥墙镇、唐王镇、董家镇、郭店镇、孙村镇、彩石乡、党家庄镇、十六里河镇、港沟镇、仲宫镇、锦绣川乡、西营镇、高而乡、柳埠镇。

1987年4月11日，经国务院批准，撤销历城县和济南市郊区，设立济南市历城区，以历城县和郊区的洪家楼镇、华山镇、王舍人镇为历城区的行政区域。全区共辖14个镇、3个乡：洪家楼镇、华山镇、王舍人镇、遥墙镇、唐王镇、董家镇、郭店镇、孙村镇、彩石乡、党家庄镇、十六里河镇、港沟镇、仲宫镇、锦绣川乡、西营镇、高而乡、柳埠镇。

1989年12月，经国务院批准，德州地区齐河县的桑梓店镇、靳家乡、大王乡划入济南市历城区。

1995年3月，经山东省政府批准，大王乡更名为大桥镇。同年12月，经市政府批准，成立济南大正乡镇企业示范小区（以下简称为大正小区），管理区域为孙村镇的11个行政村。

1999年12月，经山东省政府批准，大桥镇、桑梓店镇、靳家乡划归济南市天桥区，党家庄镇、十六里河镇划归济南市市中区。

2000年12月，济南大正乡镇企业示范小区更名为济南大正科技工业示范区（以下简称为大正示范区）。

2001年2月，经山东省政府批准，撤销洪家楼镇，设立山大路、洪家楼、东风、全福4个街道。同年12月，经山东省政府批准，撤销彩石乡，设立彩石镇。

2005年11月，经济南市政府批准，孙村镇（含大正示范区）由济南高新技术产业开发区管委会代管。同年12月，经山东省政府批准，撤销高而乡、锦绣川乡，将其行政区域并入仲宫镇。

2007年9月，经济南市政府批准，撤销大正示范区，其区域复归孙村镇管理。同年年底，全区辖4个街道、12个镇：山大路街道、洪家楼街道、东风街道、全福街道，王舍人镇、华山镇、遥墙镇、唐王镇、董家镇、郭店镇、孙村镇（高新区代管）、港沟镇、彩石镇、西营镇、柳埠镇、仲宫镇。

第三节 区划现状

2007年12月，全区辖4个街道、12个镇，有42个社区，655个行政村，858个自然村。

2007年历城区街道（镇）所辖社区（村）情况表

表1-1 单位：个

街道（镇）	社区（行政村）数	自然村数	社区（行政村、自然村）名称
山大路街道	10	0	利农、甸柳、殷家小庄、区直东、区直西、洪北、建鑫、闵子骞、百花公园、山大新校
洪家楼街道	8	0	洪家楼、七里堡、花园南区、花园中区、花园北区、洪楼广场、鑫达、海蔚
东风街道	12	0	葡萄园、东风、世纪园、七里堡南北、洪苑、化纤、七里河、辛甸、西周、祝甸、百花、火炬
全福街道	12	0	南全福、北全福、小辛、福鑫苑、航运路、桑园南、桑园北、新井、电厂、烟厂、电建一、农科院
王舍人镇	38	33	王舍人庄、东沙河三（东沙河）、东沙河四（东沙河）、东沙河五（东沙河）、北滩头、南滩头、曲家庄、刘家庄、川流、简家屯、西沙河一（西沙河）、西沙河二（西沙河）、孙家卫、水坡（大水坡、小水坡）、小张马庄、冷水沟、李家庄、纸房、裴家营、路家庄、西梁王庄二(西梁王庄)、西梁王庄四(西梁王庄)、东梁王庄三(东梁王庄)、东梁王庄一(东梁王庄、毛庄)、陈家张马东（陈家张马）、陈家张马西（陈家张马）、张马屯、宿家张马、郭家庄、杨家屯南（杨家屯）、杨家屯北（杨家屯）、赵仙庄、苏家庄、大辛庄、靳家庄、东周家庄、赵家庄、殷陈庄

续表1-1-1

街道（镇）	社区（行政村）数	自然村数	社区（行政村、自然村）名称
华山镇	46	62	洪家园、霍家流、西李家庄、桃园、傅家庄、新开店、刘姑店（刘姑店、田家庄）、北辛店、朱家桥、苏家庄、朱家庄、坝子（坝子、马家庄）、苌家庄、程家庄、西河崖头、南小街、东河崖头、北小街、堰头、孟家庄、王家闸、姬家庄、亓家庄（亓家庄、小张庄）、蒋家沟（蒋家沟、张褚窝）、前张家庄（前张家庄、后张家庄、路家庄、韩家桥）、小洼庄、卧牛山西村（卧牛山西村、小马家桥）、卧牛山中村、卧牛山东村、高墙王庄、高家庄、石门李家庄、前王庄（前王庄、后王庄）、郅家庄（郅家庄、山根郅家庄、山北陈家庄）、陈家庄、王保庄、山东陈家庄、驴山庄、还乡店、东杨家庄、菜园庄、盖家沟、西杨家庄、马家桥、山头店、宋刘（大刘家庄、宋家庄、西冯家堂、小张褚窝、小刘家庄、东冯家堂）
遥墙镇	59	74	辖遥墙（遥墙、刘家野场）、幸福庄、沙滩（大沙滩、小沙滩）、兴荣（兴荣、骚沟）、姚家庄、王家梨行（小王家梨行、大王家梨行）、范家庄、张家庄（张家庄、十户）、赵家庄、胡家庄（胡家庄、聂家、李家庄）、刘家庄（刘家庄、清河寺）、小孙家、大李家、大杜家、王家庄、大辛庄（大辛庄、小辛庄）、东河北、朝阳、小陈家、张越家、北河套、南河套、王家楼（东河套、大王楼、小王楼）、赵何（赵庄、何庄）、秦家道口、李牌、宋家庄、时家庄（时家庄、鹿家庄）、陈孟圈、马官寨、杨史道口、小杜家、北郭而、南郭而、西大郭、东大郭、尚家行、湛家庄、油家庄、阎家坊、冯家庄、梁家码头、大孙家、小李家、马家村、鸭旺口（鸭旺口、小河东）、西河北、大陈家、陈家岭、云家村、蔡家、谷家庄、小河套、大码头、向阳、四风闸、新码头、桥北（桥北、小于家）、桥南
唐王镇	46	43	韩家庄东（韩家庄）、韩家庄西（韩家庄）、井家村、娄家庄、康家庄、卢家庄、老僧口南（老僧口）、老僧口北（老僧口）、樊家村、亓家庄、大徐家庄、西张村、西王村、东王村、司家庄、韩新村、刘家庄（大刘家庄、小刘家庄）、南柴东（南柴）、南柴西（南柴）、北柴、太平庄、田家庄、韩官庄、北殷、渡口、张家圈、小郭家、南殷、西八户、东八户、岳家寨、崔家庄、刘六务、小徐家庄、王新、唐王道口东（唐王道口）、唐王道口西（唐王道口）、东张村、颜家村、纸坊村、于家村、王家坡、段家庄、石徐村、周家村、河阳店
董家镇	49	52	董家庄、小达子营、西折腰（西折腰柳树村）、东折腰（东折腰柳树村）、大张庄（大张庄、小张庄）、小许家庄、曹官庄、江家庄、崔家庄、苏新村、王新村、路家洼、寇家庄、林家村、谢家屯、任家庄、邢家洼、赵家桥、姚家庄、荀于村（荀家庄、于家屯）、院后、裴家庄、西方家、张安村、王合、张而庄、城角巷、东郭庄、城子村、季家寨、东杨家、徐家庄、苏家庄、吕家村、西郭庄、时家庄、温家庄、甄家庄、三官庙、袁家庄、全节河、潘新村、卫东新村、曹家庄、前二舍、后二舍、柿子园（柿子园、师官庄）、西杨家、五里堂
郭店镇	31	24	郭店西（郭店）、郭店东（郭店）、相公庄、李家庄东（李家庄）、李家庄西（李家庄）、胥家庄、韩仓一（韩仓）、韩仓二（韩仓）、韩仓三（韩仓）、侯家庄、刘家庄、锦平一（锦平）、锦平二（锦平）、山前庄、彭家庄、程家庄、西枣园、合二庄、武家庄、唐冶南（唐冶）、唐冶北（唐冶）、唐冶西（唐冶）、山头村、东方家庄、东风新村、耿家庄、王官庄、十里堡、曹家馆、田家庄、流海庄
孙村镇	48	57	孙村、侯家庄（侯家庄、于家庄、张家庄、郑家庄）、卢家寨（卢家寨、小寨）、抬头河、东郑村、许家庄、东徐马、高家庄（高家庄、小张庄）、白谷堆、刘官庄、西沙沟、东沙沟、南顿邱、东顿邱、方家庄、谢家庄、李家庄、杨家庄、李家寨、西卢、东卢、东枣园、湖中坡、北徐马、牛王庄、界沟河、高二庄、西顿邱一（西顿邱）、西顿邱二（西顿邱）、西顿邱三（西顿邱）、升官庄、辛庄、埠东、西徐马、新村、左家洼、东港沟、山庄、庄科、马头山（北马头山、南马头山）、鸡山村、史家峪、孙家鹊山、赵家鹊山、逯家鹊山、王家鹊山、李家窝、山圈（山张庄、西隗、东隗、西杜、东杜、李家楼）
港沟镇	40	45	港沟、安家庄、北官庄、章灵丘一（章灵丘）、章灵丘二（章灵丘）、章灵丘三（章灵丘）、田庄、伙路、高家洼、蟠龙、坞西、坞东、冶河、河西、潘家庄（潘家庄、小田庄）、大官庄、西邢村（邢村）、东邢村（邢村）、北胡、南胡、神武（西神武、东神武）、大汉峪、小汉峪、章锦、色峪、车脚山、太平庄、有兰峪、石庙、河东、郭家庄（郭家庄、亓家庄、龙庄峪）、黑龙峪（黑龙峪、猪耳顶）、两河、燕棚窝、鸡山坡（鸡山坡、朱家）、马家庄、寨而头、芦南（芦芽岭、南沟）、桃科、里子（里子、长海套）

续表1-1-2

街道（镇）	社区（行政村）数	自然村数	社区（行政村、自然村）名称
彩石镇	44	52	两岔河、东彩石、康井孟（孟家庄、康泉、井子峪）、西小龙堂、东小龙堂、朝阳、塔窝、黄路泉、捎近（外捎近、西捎近、东捎近）、杏峪、葫芦套、韩家峪、潘河崖、平房、路相、岔峪、老树峪、西彩石一（西彩石）、西彩石二（西彩石）、西彩石三（西彩石）、西彩石四（西彩石）、西彩石五（西彩石）、西彩石六（西彩石）、南宅科（宅科）、北宅科（宅科）、东泉、三泉峪、西丝峪（西丝峪、凤落峪、王家峪）、大龙堂、玉龙、黄歇（下黄歇、上黄歇）、南泉、王家庄、石瓮峪（石瓮峪、白蜡滩）、磨盘峪（吴家、肖家、韩家、陈家、芦家）、柳泉、中泉、断岩、讲书院（讲书院、岭后、马驹子）、玉河泉、万粮峪、虎门、徐家场、青龙峪
西营镇	38	99	西营、黄鹿泉、夏家村（夏家村、齐家庄）、东峪（东峪、营东峪）、秦口峪（秦口峪、孤峰庵、东大峪、石佛峪、围泉子峪、老泉）、南龙湾（龙湾）、北龙湾（龙湾）、石岭（石岭、丁家峪）、红岭（红岭、河口、鸭子泉）、乔峪、李家庄、汪家场（汪家场、庙子沟）、西岭角（西岭角、小角岭）、老峪（老峪、花家峪、花园岭、后岭子、花金箐、窝棚峪）、东岭角、积米峪（东积米峪、西积米峪、弯弯地、黄鹿泉顶、孔老峪、遛马岭、火窝子、灰泉子）、拔槊泉（拔槊泉、宝山）、天晴峪、石门沟（石门沟、小葫芦峪）、大南营、上罗伽（上罗伽、石灰峪、智公泉、刘家门前、野鸡坡）、小南营、下罗伽（下罗伽、杏行子）阁老（中阁老、下阁老、上阁老、山东头庄、阁老庵）、叶家坡（叶家坡、草沟、藏主庵、西水峪、东水峪、杜家坡、黄土岭）、赵家庄（赵家庄、野河沟）、葫芦峪、道沟、佛峪（佛峪、小东沟）、坐窝、枣林、黑峪（黑峪、苗家峪、苗峪口、傅家峪、栗行）、白炭窑、林枝、营南坡、下降甘（下降甘、后降甘、黑牛窝、八十崖、王家庄）、上降甘（上降甘、吴家小庄、栗林沟、南沟、北沟、南石灰峪、梯子山）、藕池（下藕池、上藕池、北碾槽、南碾槽、岭子后、算盘）
柳埠镇	87	158	柳埠东（柳埠）、柳埠西（柳埠）、柳埠中（柳埠、南园、南康泉、南台、南羊栏）、青杨峪、岳阳村、突泉、松家山、鹿宝泉、北峪（北峪、后庄、桃园、羊栏）、南山（朝阳地、泉子峪、凸凹村、苏家庄、西南山、东南山）、上海螺峪（上海螺峪、海螺峪北台）、下海螺峪、北坡、三岔村（三岔村、三岔西坡、里沟村）、川道村（川道村、辛宅、范家庄、川道北峪）、黄家庄（黄家庄、月阳）、簸箕掌、蔡家庄、亓城、秦家庄（秦家庄、傅家庄）、石桥（石桥、软枣峪）、凤凰庄、孟家庄、长岭（长岭村、北田庄）、南田庄（南田庄、山根）、岱密庵（岱密庵、岔密西坡、小山）、刘家峪（小刘家峪、河西、大刘家峪、西台、后行、团山）、阎家河、杜家庄、大会（大会、拐把湾、望仙庄、大会北涝洼、小会）、李家塘、曲吕峪、大峪、盖家庄、玉水（玉水、涝洼）、王家峪（小王家峪、大王家峪、李家窝坡、牛把）、宝峪、西坡、外石、东坡、垚庄、红旗（红旗、南崖头、百而崖、东山）、金牛山（金牛山、三角地、西庄、东岭）、龙门庄（龙门庄、龙门李家庄）、吴家沟、石窑、马家峪（马家峪、孙家坡）、枣园（枣园、杨家沟、上园子）、吴家、李家庄南（李家庄）、李家庄北（李家庄、叶北庄、张家庄）、柏树崖（柏树崖、安子峪、核桃园）、里卧龙池、香附崖（香附崖、外卧龙池）、西山（赵家庄、马家沟、西山石桥、黄路泉、东顶）、窝铺河西（窝铺）、窝铺河东南（窝铺）、窝铺河东北（窝铺）、唐家沟、小槲疃、清水圈、泥淤泉东（泥淤泉）、泥淤泉西（泥淤泉）、赵官峪、苇沟、柴家庄（柴家庄、冬冻台）、东升、石匣、里石、水泉、石棚峪、常家庄、田褚（田家庄、褚家庄）、刘家庄、投石峪、槲疃（槲疃、北由角）、周家峪（大周家峪、小周家峪）、桃科庄（桃科庄、北涝洼）、绰沟（大绰沟、小绰沟）、涝峪庄（涝峪庄、水峪）、黄巢、车子峪（车子峪、东土门、井家沟）、蔡峪（大蔡峪、小蔡峪、罗泉崖、上黄瓜峪、下黄瓜峪）、于科（于科、龙王崖、于科南峪）、葫芦套、栽缝峪（上栽缝峪、下栽缝峪、陈家庄、黄巢张家庄、小黄巢）、长峪（长峪、斜峪）

续表1-1-3

街道（镇）	社区（行政村）数	自然村数	社区（行政村、自然村）名称
仲宫镇	129	159	仲宫南（仲宫）、仲宫北（仲宫）、二仙、店子（上店子、下店子）、南庄、西董家庄、朱家庄、左而庄、土屋、黄路线、傅家庄上（傅家庄）、傅家庄下（傅家庄）、上坡、北井、侯家庄南（侯家庄）、侯家庄北（侯家庄）、河圈、支家岭、凤凰村、西许庄、东许庄、北草沟、南草沟、先锋店、西平坊、东平坊、穆家庄（穆家庄、冯家庄、得泉沟）、王府庄、东老泉、西老泉、郑家庄、西沟崖、西郭而庄、东郭而庄、于家洼、南杨家庄、邱家庄、许家坡、西泉泸、东泉泸、东刘家峪（刘家峪）、北刘家峪（刘家峪）、南刘家峪（刘家峪）、泉子峪、太平庄、李家庄、东董家庄、凤凰岭、王家庄南（王家庄）、王家庄北（王家庄）、北杨家庄、双井、天井峪、韩家庄、钱家庄、崔家庄、杨而庄、西路家庄、东路家庄、稻池、刘家庄、营而庄、并渡口东（大并渡口）、并渡口西（大并渡口）、小并渡口、东罗园、北道沟、西罗园、张家庄、尹家店、门牙（大门牙庄、小门牙庄）、南道沟、贾家庄、马家庄、金钢纂、大佛寺、道沟（道沟、康庄）、北崖、东崖、老庄、小佛寺、潘家场（潘家场、北峪、西峪、韩家泉）、杨家洼（杨家洼、水山坡）、廒而庄、东商家庄（商家庄）、西商家庄（商家庄）、凉水泉（凉水泉、三洼）、毛家峪、黄崖、牛家庄、团瓢、后沟、艾家庄、傅家峪、车川、黄钱峪、石门、槐家峪、白云庄、北坡（北坡、教场、灰泉、北坡西峪、东坡、南庄、阎家峪）九曲（九曲、纸房）、云河（云河、庙子沟）、大泉庄（大泉东崖、七峪、贤堂峪、两家峪、北寺、四角嘴、大泉庄、西崖）、十八盘、大水井南（大水井）、大水井北（大水井）、北峪（槲炭北峪）、槲炭（槲炭、大安村）、仁里、西南峪（纪家庄、麻池庄、赵家庄、大洼、二洼、黑豆峪、山头庄、白菜滩、后黄金石屋、前黄金石屋）、南高而、汤加庄（汤加庄、韩家沟）、西沟、东沟（东沟、倪家庄）、邢家庄、北高而、孙家崖、出泉沟、西邱、高家庄、南邱、北邱、东邱、核桃园（核桃园、小核桃园）、石灰沟、陈家庄、花坦（花坦、大西沟）、十八盘、菜峪沟

第二编
自然环境

药乡国家森林公园（2003年摄）

历城区处于鲁中山地与鲁北平原的过渡地带，属暖温带半湿润大陆性季风气候。1986—2007年，年平均气温14.9℃，年平均降水量712.4毫米，年平均日照时数2328.3个小时。境内地形呈扇形，南高北低，自南至北为山地、丘陵、平原三种地质地貌。有大小山头1387座，最高山为西营镇梯子山海拔976.2米，平原最低地为唐王镇韩官庄海拔20米。境内河道众多，自然资源丰富。黄河横亘区境北部，自华山镇入境流向东北由遥墙镇出境；小清河自全福街道入境流经北部平原，从东北方向入章丘；玉符河发源于南部山区，流向北折西部出境入黄河；全区泉水有200余处，多年平均水资源总量35027万立方米；能源、金属和非金属矿藏有23种，矿产地130余个，主要矿产资源保有储量34238.81万吨；野生动植物有300余种，林木覆盖率42%。

第一章　地质 地貌

第一节　地　层

历城区为泰山断块突起北翼，地层南老北新，按地层形成学分类，自南而北依次分布为：前震旦系、寒武系下统、寒武系中统、寒武系上统、奥陶系下统、奥陶系中统、闪长岩、石炭系、二迭系、第四系，并依次上覆沉积岩类。地层倾向北西—北东倾角为8°～20°。

最南端属前震旦系变质岩类，为花岗片麻基性酸岩出露地表。该区北连寒武系下统紫及褐红页岩夹薄层灰岩，厚度约100米～160米，为易透水层。分布于西营镇、柳埠镇南部一带。

寒武系下统以紫红、鲜红色页岩夹绿色页岩和泥灰岩组成，厚度260米～280米。分布于仲宫镇、彩石镇等地带。

寒武系中统以灰、深灰色巨厚层状，鲕状灰岩夹密质灰岩组成。分布于仲宫镇、西营镇少部分地带。

寒武系上统以灰白色薄、中厚层泥质条带状灰岩、白云质灰岩、鲕状灰岩、页岩为主，厚度220米～250米，岩层紧密，含水性差。分布于彩石镇南宅科、港沟镇龙洞、仲宫镇东泉泸、大涧沟一带。

奥陶系下统在境内卧虎山水库—锦绣川—西营凹陷边缘以北，为灰色、粉色中厚层、巨厚层微密灰岩、硅质条带灰岩和少量石遂石结核灰岩组成。分布于港沟镇港沟至郭店镇韩仓、孙村镇孙村至彩石镇大龙堂一带。

奥陶系中统以灰白色厚层含石遂石结核白云质灰岩夹结晶灰岩、粉灰白色巨厚层白云岩组成，厚度703米～785米，含水性强。分布于港沟镇、郭店镇港沟至韩仓、孙村镇、彩石镇孙村至大龙堂一带。

闪长岩岩性为表层青沙粒状结构，分布于西顿丘、西隗、唐冶、章灵丘一带出露零星。

石炭系至二迭系，因下沉受海浸，形成大面积海陆交互堆积，岩层由砂岩、页岩组成，中夹煤层。石炭系分布于董家镇谢家屯、郭店镇郭店村、孙村镇孙村、白谷堆一带。二迭系分布于郭店镇十里堡以东地段、董家镇、遥墙镇至黄河一带。

第四系为冲洪积层，以灰黄色、棕黄色粉砂质黏土、亚黏土、砾石层及松散冲积、沉积物组成，厚度一般在0米～140米。分布于北部胶济铁路两侧地带。

第二节　构　造

一、褶皱

历城区受泰山断块凸起的影响，岩层呈北倾单斜构造，褶皱强烈，形成了“三川十大峪”的山脉地势。“三川十大峪”主要包括锦绣川、锦阳川、锦云川，刘家峪、亓城峪、窝铺峪、王家峪、金刚峪、涝坡峪、燕棚峪、虎门峪、里子峪、宅科峪。

图2-1　柳埠镇跑马岭石灰岩地面上的溶沟（2000年摄）

二、断裂

境内有多条较大断裂带。近南北走向的有千佛山—莲花山—东彩石—桃花沟断裂带；近东西走向的有店子—汤家—大水井断裂带。断层延伸长度在5米～10000米以上，断距约50米～100米，多为正断层，是地下水富集的主要结构。东梧—刘智远—冷水沟断层，东侧为石灰岩，岩溶水受断层西侧岩浆岩和北部上覆砂页岩阻隔，透过较厚的第四系沉积物，上升形成白泉泉群。

三、岩浆岩

境内岩浆岩岩性为闪长岩、斑状闪长岩和辉长岩，二氧化硅的含量为45%～52%。铁和镁含量较高的岩浆岩，主要分布在鸡山圈、西彩石、顿丘、章灵丘、王舍人庄、洪家楼一带，厚度在150米～450米之间。范围、面积各有不同，一般在3平方公里～15平方公里。

第三节　地　貌

一、类型

低山　海拔500米～976.2米，地形坡度多在35°～60°，面积870.04平方公里，占全区总面积的67%。主要分布在柳埠镇、西营镇和港沟镇的南部地区，最高为西营镇梯子山，海拔976.2米，山地沟壑纵横复杂多变，形成了“三川十大峪”。低山、荒坡岭生长着生态林、自然灌木、草丛，岭坡梯田多为林地或干果林。

丘陵　海拔在200米～500米，地形坡度多在15°～35°，面积212.97平方公里，占全区总面积的16.4%。主要分布在仲宫镇、柳埠镇、港沟镇和彩石镇北部一带，以坡麓沟谷梯田、阶地、沿河阶地居多。坡麓沟谷梯田地块大、土层厚，土质较肥沃，主要种植一年一作粮食作物或果树。阶地地势平缓开阔，土层较深厚，土质较肥沃，为山区的主要作物种植区。沿河阶地分布在诸河河道两侧，地块略大，地势较平坦，土层较厚，土质肥沃，水源充足，是粮、果、菜生产区。

平原　海拔在200米以下，坡度多在3‰～10‰，面积215.56平方公里，占全区总面积的16.6%。分布在胶济铁路以北的王舍人、华山、郭店、董家、唐王、遥墙等镇一带，平原最低地为唐王镇韩官庄，海拔20米。小清河以南为冲洪积平原，小清河以北为黄河冲积平原，残留少量沙岗、沙丘、坑塘洼地及缓岗和古河道，夏季易积水，土壤有不同程度的盐渍化，20世纪80年代改种水稻后，自然面貌彻底改变，是历城主要农田所在地。

二、山岭

历城南部山区属鲁中低山丘陵，系泰山背坡余脉，有大小山头1387座，其中海拔在600米以上的513座。山脉多呈近东西走向，如长城岭、梯子山、康王顶、卧虎山、孤山、云台山、狼猫山等。近南北走向的有跑马岭、摩天岭、穆柯寨、青铜山、玉皇山等。山势蜿蜒起伏，沟谷开阔，河谷发育谷底覆有第四系沉积物，自然形成的大型冲沟常年流水。

主要山岭：

长城岭　位于柳埠镇南11公里处。主峰海拔869.8米。因山上存有战国时期的齐国长城遗迹而得名。

跑马岭　位于柳埠镇东9公里处。海拔804.3米，面积约15平方公里。岭顶宽阔平坦。因相传战国和隋唐时在此练兵驯马而得名。

梯子山　位于西营镇南10公里处，又称云梯山，海拔976.2米，面积约4平方公里。因山峰陡峭险要、爬山如上云梯而得名。

孤山　位于仲宫镇锦绣川办事处驻地西3公里处。海拔333米，面积约1平方公里。因此处山孤立较突凸而得名。

青铜山　位于仲宫镇锦绣川办事处驻地西北4.5公里处。海拔754.7米，面积约2平方公里。山西南有大佛寺石刻造像。因岩石含有青铜矿质而得名。

九女山　位于仲宫镇东北7.5公里处。海拔460米，面积约2平方公里。山北有几处泉眼，天旱不涸，相传有“九位天仙女”在此沐浴而得名。原称仙台山，亦称九女泉山，后沿称九女山。

云台山　位于港沟镇南13公里处。海拔609米，面积约1.5平方公里。因山上建有云台寺而得名。

桃花岭　位于港沟镇南10公里处。海拔481

图2-2　梯子山雪景（2007年摄）

米，面积约1平方公里。因山上多植桃树，春来时桃花满山而得名。

康王顶　位于仲宫镇南2.2公里处，海拔534.8米，面积约2平方公里。山南侧有醴泉寺遗址。山东南侧有明代宁海王墓。因相传山顶有康王墓而得名。

穆柯寨　位于仲宫镇西南5公里处。海拔525.9米，面积约3平方公里。相传穆桂英曾在此占山为王而得名。

卧虎山　位于仲宫镇西3.5公里处。海拔353.6米，面积约3平方公里。因山形似卧虎得名。

黑峪山　位于港沟镇东南6公里处。海拔498.2米，面积约8平方公里。山近处有黑峪林场和东龙洞。

莲花山　位于港沟镇北1公里处。海拔377米，面积约2平方公里。因山形似莲花而得名，俗称棉花山。

狼猫山　位于彩石镇东彩石村东南。海拔

343.6米，面积约6平方公里。因相连两山头，一个像狼头，一个似猫头而得名。

玉皇山　位于孙村镇西南4.5公里。海拔282米，面积约3平方公里。因山上建有玉皇庙而得名。

武将山　位于孙村镇西北5公里处。海拔145.6米，面积约1平方公里。相传唐朝武将马三保、段志贤战死于此而得名。

鱼山　位于董家镇南2公里处。海拔101.5米，面积约2平方公里。土质多为耐火土，是炼铁、制陶瓷器的好原料。因形似鱼而得名，俗称虞山。

华山　位于华山镇洪家园村西北3公里处。海拔197米，面积约1.3平方公里。呈东北西南走向，为济南齐烟九点之首，古称华不注山。因形似含苞待放的花骨朵而得名。

图2-3　华山（2007年摄）

第二章　气候 物候

第一节　气　候

一、气候特征

历城属暖温带半湿润大陆性季风气候，夏热冬冷，光照充足，降水集中。年平均气温山区比平原、丘陵低2℃左右。四季特征为春季干旱多风，夏季高温多雨，秋季天高气爽，冬季寒冷少雪。

1986—2007年，累年各季气候概况：

春季（3月—5月）平均气温15.6℃。月均最高为16.7℃，出现在2001年；月均最低为14℃，出现在1991年。常年平均降水总量为108.7毫米，占全年降水总量的15.3%。平均日照总时数687.1个小时，占全年日照总时数的29.5%。春季冷暖空气交替频繁，天气多变，空气干燥，大风天气较多，土地失墒较快，常发生春旱。

夏季（6月—8月）平均气温26.7℃。月均最高为28.8℃，出现在1997年；月均最低为25℃，出现在2004年。常年平均降水总量为469.6毫米，占全年降水总量的66%。平均日照总时数614个小时，占全年日照总时数的26.4%。夏季平均气温最高，比年均气温高11.8℃，降水量最多，湿度最大，雨热同行。

秋季（9月—11月）平均气温15.56℃。月均最高为18.2℃，出现在1998年；月均最低为14.3℃，出现在2000年。常年平均降水总量为112毫米，占全年降水总量的15.7%。平均日照总时数为553.2个小时，占全年日照总时数的23.8%。9月份开始多晴好天气，秋高气爽，进入11月份冷空气开始活跃，降温较快。

冬季（12月—次年2月）平均气温1.8℃，月均最高为3.4℃，出现在1998年；月均最低为−0.4℃，出现在2004年。常年平均降水量为22.1

毫米，占全年降水量的3%。平均日照总时数为474个小时，占全年日照总时数的20.3%。冬季气候寒冷干燥，平均气温比年均气温低13.1℃。

二、气候要素

气温 1986—2007年，累年平均气温14.9℃。1998年最高为15.98℃，较平均值偏高1.08℃；2003年最低为13.9℃，较平均值偏低1℃，年际差为2.08℃。年内最冷月是1月份，平均气温为-0.04℃；最热月是7月份，平均气温为27.7℃。一年之中4月份气温回升最快，月平均气温比3月份高7.7℃；11月份气温下降最快，月平均气温比10月份降低7.7℃。月平均最高气温30.4℃，出现在1997年7月；月平均最低气温-3.3℃，出现在2000年1月。

1986—2007年历城区累年月平均气温表

表2-1 单位：℃

年份（年）	1月	2月	3月	4月	5月	6月	7月	8月	9月	10月	11月	12月	年均
1986	-0.1	0.9	9.1	16.5	22.8	27.0	28.2	25.6	22.3	14.2	7.3	1.2	14.58
1987	0.1	3.1	6.9	15.7	21.9	25.0	28.2	26.7	22.9	17.1	7.9	3.1	14.88
1988	0.7	1.3	6.6	16.6	21.3	27.4	26.3	26.1	22.7	16.6	9.2	2.2	14.75
1989	0.3	3.1	8.8	17.2	22.6	26.3	27.5	26.5	22.0	17.2	7.3	2.9	15.14
1990	-1.8	2.1	8.9	15.2	20.7	26.1	28.0	26.7	22.7	17.7	10.0	2.6	14.90
1991	0.8	2.7	5.8	15.7	20.4	25.8	28.4	26.1	22.6	16.1	9.2	1.7	14.58
1992	0.8	4.3	7.2	16.9	21.8	25.5	29.1	26.1	21.6	14.2	7.7	2.4	14.80
1993	-0.8	4.7	9.2	15.8	21.0	26.5	25.4	25.8	22.7	16.2	6.5	1.9	14.60
1994	1.8	3.1	7.6	18.5	23.2	27.7	29.5	27.7	22.5	15.9	9.5	1.9	15.70
1995	1.4	4.0	9.3	16.1	21.9	25.9	27.2	26.4	21.4	16.6	10.4	1.9	15.20
1996	0.2	2.5	7.4	15.1	22.6	26.1	27.1	25.7	22.5	15.9	6.9	4.0	14.67
1997	-0.2	4.0	10.3	15.9	21.7	27.6	30.4	28.3	20.9	17.0	7.5	2.5	15.49
1998	-0.5	4.5	9.5	17.8	20.6	26.5	28.2	26.6	25.5	18.6	10.6	3.7	15.98
1999	1.7	4.8	8.0	16.9	21.8	26.1	26.6	25.6	23.4	15.4	8.6	2.8	15.14
2000	-3.3	0.7	10.6	16.7	21.6	26.6	28.5	26.4	22.1	14.5	6.4	3.7	14.50
2001	-1.5	1.6	9.6	15.8	24.6	27.3	27.4	25.7	21.0	16.2	8.4	-0.5	14.60
2002	2.5	7.0	11.8	15.9	20.6	26.3	28.6	26.9	21.7	14.7	6.4	-0.8	15.18
2003	-1.3	3.1	7.8	15.3	21.4	25.8	25.9	24.9	21.5	14.8	6.8	1.3	13.90
2004	-0.2	5.8	10.2	17.5	20.7	24.3	26.2	24.4	21.9	15.2	8.8	1.6	14.70
2005	-1.5	-1.4	7.3	17.9	21.6	28.6	27.6	25.5	21.3	15.5	10.8	-0.8	14.40
2006	0	2.1	10.2	16.5	21.5	27.0	27.4	26.0	21.4	19.5	10.0	1.6	15.30
2007	0	7.0	8.8	16.0	23.3	26.2	26.6	25.4	21.8	14.7	8.3	2.3	15.00
平均	-0.04	3.2	8.7	16.4	21.8	26.4	27.7	26.1	22.2	16.1	8.4	2.0	14.90

1986—2007年历城区累年各月平均气温及月均气温极值表

表2-2 单位：℃

项目	1月	2月	3月	4月	5月	6月	7月	8月	9月	10月	11月	12月	平均
累年平均气温	-0.04	3.2	8.7	16.4	21.8	26.4	27.7	26.1	22.2	16.1	8.4	2.0	14.9

续表2-2-1

项目		1月	2月	3月	4月	5月	6月	7月	8月	9月	10月	11月	12月	平均
月均最高气温	极值	2.5	5.8	11.8	18.5	24.6	28.6	30.4	28.3	25.5	19.5	10.8	3.7	—
	年份	2002	2004	2002	1994	2001	2005	1997	1997	1998	2006	2005	1998 2000	—
月均最低气温	极值	-3.3	-1.4	5.8	15.1	20.4	25.0	25.9	24.4	20.9	14.2	6.4	-0.8	—
	年份	2000	2005	1991	1996	1991	1987	2003	2004	1997	1986 1992	2000	2002 2005	—

降水　1986—2007年，累年平均降水量为712.4毫米。最多年为1090毫米，出现在2004年；最少年为347毫米，出现在1986年，相差3倍。年际间降水变率为51%～53%。四季降水为夏季最多，冬季最少，春、秋降水相近，夏季降水是冬季降水的21倍，差别明显。

1986—2007年历城区累年月平均降水量表

表2-3　　单位：毫米

年份（年）	1月	2月	3月	4月	5月	6月	7月	8月	9月	10月	11月	12月	年总量
1986	0.3	3.7	12.5	6.8	12.8	69.9	88.1	97.8	24.3	17.8	2.0	11.0	347.0
1987	13.5	0.4	4.4	76.4	17.4	121.8	88.9	503.2	17.1	42.2	24.5	0	909.8
1988	3.0	0	5.3	2.6	71.9	20.5	287.2	114.8	32.7	10.5	0	2.0	550.5
1989	10.5	0.4	45.0	7.9	18.8	55.6	147.2	10.0	51.0	6.3	10.0	2.3	365.0
1990	22.6	29.1	16.4	18.4	68.4	91.1	240.8	204.2	58.4	9.9	16.9	3.5	779.7
1991	1.6	1.8	31.4	39.0	53.1	24.0	329.0	161.5	86.1	23.7	7.7	17.1	776.0
1992	10.1	10.4	6.0	3.4	68.4	6.8	166.1	174.4	46.7	34.8	8.2	5.8	541.1
1993	3.2	5.1	3.7	22.6	118.0	133.4	224.8	120.2	53.3	39.6	110.3	0	834.2
1994	1.2	4.0	5.6	32.4	40.7	140.8	279.1	248.1	19.2	50.0	27.6	23.5	872.2
1995	0	7.6	12.5	19.4	19.0	62.5	208.2	155.5	58.9	50.7	2.5	0	596.8
1996	0.3	0	14.3	10.6	12.9	174.0	417.9	157.1	7.7	35.6	3.4	0.2	834.0
1997	0.4	15.9	29.0	27.5	93.6	4.6	121.5	148.1	102.3	26.3	39.4	9.5	618.1
1998	2.3	20.7	18.8	40.0	91.2	40.0	140.2	386.9	8.7	17.2	0	6.5	772.5
1999	0.2	0.6	20.7	10.9	91.8	112.9	113.9	123.4	24.6	67.2	8.6	0	574.8
2000	17.2	17.0	0.3	25.8	40.3	138.4	90.3	218.6	40.4	103.9	28.8	0.2	721.2
2001	37.8	23.7	8.2	12.0	16.8	191.4	167.3	48.5	56.9	24.5	7.2	5.0	599.3
2002	3.5	0	6.6	29.5	138.2	75.1	28.3	91.7	53.9	11.4	0	18.4	456.6
2003	5.1	8.9	15.9	104.5	34.6	50.3	251.4	221.6	126.6	110.6	45.9	10.2	985.6
2004	1.9	17.7	0.1	34.8	147.4	198.6	386.6	182.4	71.6	9.7	30.9	8.3	1090.0
2005	0	20.6	0.2	28.9	65.6	118.8	252.9	161.0	286.9	19.2	6.8	4.5	965.4
2006	2.2	5.3	0.7	13.9	192.7	104.3	99.9	198.9	16.0	0.1	16.9	1.6	652.5
2007	0	9.4	47.4	18.0	55.9	80.2	241.4	217.8	63.7	47.9	0	15.4	797.1
累年月均	6.3	9.2	13.9	26.6	66.8	91.4	198.7	179.4	59.4	34.5	18.1	6.6	712.4

日照 1986—2007年，累年平均日照时数2328.3个小时。其中，平均5月份最多，为255.4个小时，平均12月份最少，为147.3个小时；春季日照时数最多，冬季最少，平均春季比冬季多213.1个小时。

1986—2007年历城区累年月平均日照时数表

表2-4　　单位：个小时

年份（年）	1月	2月	3月	4月	5月	6月	7月	8月	9月	10月	11月	12月	年总量
1986	208.0	198.2	218.3	252.6	295.8	267.8	260.3	246.4	264.5	217.6	172.7	143.3	2745.5
1987	161.4	174.3	211.2	272.9	269.9	227.6	259.4	236.0	246.7	196.4	162.2	209.6	2627.9
1988	177.2	171.5	184.0	243.9	252.8	284.0	152.0	248.7	219.0	195.7	244.2	154.8	2527.8
1989	125.5	170.9	235.9	255.4	298.4	238.7	190.6	258.0	189.2	239.4	156.5	114.3	2472.8
1990	126.8	133.9	173.8	239.9	236.4	234.0	197.3	226.3	234.2	258.5	147.0	175.2	2383.3
1991	166.2	130.2	157.6	248.1	231.5	246.1	236.7	188.7	201.8	242.7	208.6	111.3	2369.5
1992	163.4	212.1	172.1	271.8	278.7	299.2	263.1	210.0	185.3	209.3	190.2	138.1	2593.3
1993	174.9	182.2	233.9	251.6	263.6	247.1	191.8	212.5	221.5	214.5	109.3	188.4	2491.3
1994	171.1	157.8	212.8	220.3	286.4	233.2	212.2	176.0	237.8	199.5	93.1	110.8	2311.0
1995	194.0	170.7	212.9	253.7	262.9	212.0	183.3	144.9	176.2	193.6	226.5	180.1	2416.2
1996	145.9	205.0	178.8	194.6	284.9	207.0	138.8	167.5	213.0	170.2	138.0	179.8	2223.0
1997	169.6	176.2	223.4	236.0	257.1	250.8	228.5	225.1	229.3	256.2	106.9	139.1	2497.9
1998	147.2	152.5	176.6	200.6	199.6	241.9	163.9	198.9	245.6	169.5	180.6	152.0	2228.9
1999	174.3	149.6	137.2	199.1	203.5	208.8	104.4	185.5	125.3	145.1	160.3	168.1	1961.2
2000	129.1	183.7	239.5	236.9	245.5	205.3	192.3	198.3	208.3	120.1	140.7	134.2	2233.9
2001	112.6	125.2	233.2	227.2	270.0	218.2	209.7	232.3	175.1	169.4	196.9	144.2	2314.0
2002	183.2	177.0	224.5	228.3	211.9	175.0	241.1	244.6	213.8	200.4	187.3	94.9	2382.0
2003	183.3	136.6	142.9	180.1	240.8	199.5	159.9	162.0	139.1	183.1	119.9	170.1	2017.3
2004	183.6	227.9	196.0	219.7	246.3	164.4	151.2	126.7	176.4	192.6	184.0	110.9	2179.7
2005	197.7	115.5	219.6	249.1	286.5	254.1	159.3	185.7	139.9	194.4	183.9	183.8	2269.5
2006	101.8	158.0	220.2	230.4	242.8	237.4	152.6	152.7	147.5	173.8	129.0	142.2	2088.4
2007	156.3	153.5	145.9	234.8	253.8	135.9	137.3	106.6	149.7	101.2	150.4	94.4	1819.8
累年月均	161.5	166.5	197.7	233.9	255.4	226.7	190.3	197.0	197.2	192.9	163.1	147.3	2328.3

季风 1986—2007年，年均大风（8级以上）日数为18天，其中1987年大风日数最多，为41天；1997年大风日数最少，为3天。一年之内，4月大风日数最多，累年月均为4.1天；1月、8月大风日数最少，累年月均为0.6天。

积温 1986—2007年，累年平均≥10℃气温初日在3月26日，终日在11月5日，间隔日数为225天，累年平均≥10℃积温为4892.4℃。年≥10℃积温最高为5268.5℃，出现在2006年；最低为4673.7℃，出现在1993年。

霜期 1986—2007年，累年平均无霜期为244天。终霜期最早日期为1月18日，出现在2002年；初霜期最晚日期为11月27日，出现在2004年。一般年份无霜始期出现在3月上旬，无霜终期出现在11月中旬。无霜期最长年份为307天，出现在2002年；最短年份为209天，出现在1987年和1991年。

1986—2007年历城区累年无霜期及终霜期表

表2-5

年份（年）	无霜期日数（天）	终霜期		初霜期		年份（年）	无霜期日数（天）	终霜期		初霜期	
		终霜月份	终霜日期	初霜月份	初霜日期			终霜月份	终霜日期	初霜月份	初霜日期
1986	220	3	24	10	29	1998	216	4	3	11	4
1987	209	3	24	10	18	1999	249	3	12	11	15
1988	216	3	27	10	28	2000	242	2	27	10	25
1989	238	3	8	10	31	2001	225	3	29	11	8
1990	249	3	5	11	8	2002	307	1	18	11	20
1991	209	4	1	10	26	2003	246	3	8	11	8
1992	232	3	22	11	8	2004	269	3	4	11	27
1993	258	3	8	11	20	2005	256	3	4	11	14
1994	245	3	25	11	24	2006	274	2	10	11	10
1995	247	3	18	11	19	2007	253	3	8	11	15
1996	270	2	19	11	14	累年均值	244	—	—	—	—
1997	245	3	18	11	17						

1986—2007年历城区年平均地表温度及冻土深度表

表2-6

年份（年）	地表温度（℃）	最大冻土深度（厘米）	年份（年）	地表温度（℃）	最大冻土深度（厘米）
1986	17.2	28	1998	16.9	16
1987	16.8	30	1999	16.7	30
1988	16.3	16	2000	16.1	42
1989	16.9	19	2001	16.1	35
1990	16.1	28	2002	16.8	34
1991	16.1	20	2003	14.8	38
1992	16.5	17	2004	15.5	31
1993	15.9	27	2005	15.9	34
1994	17.3	11	2006	16.6	27
1995	16.4	12	2007	16.6	25
1996	16.0	10	累年均值	16.4	25
1997	17.4	20			

地温　1986—2007年，累年平均地面温度16.4℃。年平均地表温度最高17.4℃，出现在1997年；最低14.8℃，出现在2003年。

冻土　1986—2007年，累年平均冻土深度为25厘米。最大冻土深度为42厘米，出现在2000年；最小冻土深度10厘米，出现在1996年。没有无冻土年份。

雾　1986—2007年，累年平均大雾日数为16

天。最多为27天，出现在1992年；最少为7天，出现在2006年。

降雪　1986—2007年，全区降雪日数共272天，累年平均降雪日数为12天；累年平均积雪日为10.2天，累年平均积雪深度为6.9厘米。年降雪日数最多为26天，出现在2001年；年降雪日数最少为4天，出现在1996年。年际间最多降雪日数与最少降雪日数相差22天，差异明显。

积雪　年积雪日数最多为29天，出现在2001年；年积雪日数最少为0，出现在1999年。年最大积雪深度为22厘米，出现在1993年；年最小积雪深度为0，出现在1999年。

第二节　物候和农谚

一、物候

春季　初春柏树返青，野菊展叶，野草发青，丁香发芽，水面冰融，土表开始解冻，小麦返青。仲春榆树盛花，毛桃、小叶杨始花，车前子变绿，丁香展叶开花，蒲公英始花，大雁南来，青蛙初鸣，蛇出土，霜雪终止，小麦起身拔节。季春初雷开始，家燕南来，苹果、花椒、核桃树开花、毛白杨落花，榆钱散落，冬小麦拔节孕穗，枣树芽开放。

夏季　初夏刺槐、花椒盛花并终花，桑椹初熟，家燕出雏，小麦、灌浆，棉花分杈，马铃薯始花。仲夏杏收摘，早桃成熟，蟋蟀、蝉初鸣，龟下蛋，小麦成熟收获，春玉米抽穗开花，棉花现蕾开花，棉铃虫出现，布谷鸟终鸣。季夏炎热多雨，春玉米成熟收获，棉吐絮，苹果、花椒收摘，芦苇扬花，蝉终鸣。

秋季　初秋秋作物黄熟，收获，秋耕种麦，家燕南去，柏籽成熟，芦苇盛花，雷暴终止。仲秋冬小麦出全苗，枣树、柿树、苹果树叶初落，大雁南飞，蟋蟀终鸣。季秋早霜出现，枣树、楸树、柿树普遍落叶，蚯蚓封洞，蛇入土冬眠。

冬季　初冬杨树叶落尽，柳树落叶，冬小麦分蘖盛期，收藏大白菜，薄冰初见。隆冬土壤表面冻结，湖泊、河流封冻，北风呼啸，大雪纷飞，天寒地冻。

1986—2007年历城区小麦、玉米、甘薯、棉花四季物候表

表2-7

作物	春	夏	秋	冬
冬小麦	候平均气温2℃～3℃开始返青；候平均气温12℃～16℃起身、拔节；天气晴朗，光照充足，气温18℃～22℃，抽穗扬花	天气晴朗，气温20℃～28℃，灌浆、成熟	小麦种子发芽最适温度20℃～30℃；候平均气温16℃～18℃，小麦出苗需6天～7天；适宜播期为日平均气温16℃～18℃；日均温低于10℃，或高于20℃，难形成壮苗。	气温降到3℃以下进入越冬期；严冬分蘖节处最低温度不得低于-13℃到-15℃；降雪少，多风干旱，会加重冻害、死苗
玉米	候平均气温12℃～14℃，播种出苗；候平均气温15℃～24℃，拔节、抽穗	气温24℃～26℃，抽穗、开花、授粉。此时干旱（卡脖旱）会延迟抽丝	高温（30℃以上）低温（16℃以下）影响籽粒灌浆。干旱造成秕粒	—
棉花	最低发芽温度10.5℃～12℃；最适温度20℃～30℃	现蕾开花最适温度为25℃～30℃。低于20℃，高于36℃，花粉生活力下降	适宜温度为20℃～30℃。低于15℃，影响纤维伸长。秋雨多，易烂铃	—
甘薯	候平均气温16℃以上，适期栽苗；平均土温在20℃～30℃范围，土温愈高，块根形成快，数量多	晴天多、光照足，地上、地下生长协调；阴天光照差、削弱光合强度，减少养分合成	块根膨大适温为20℃～30℃。昼夜温差大，有利于养分积累；土温低于20℃，高于32℃，不利块根膨大	—

二、农谚

关于播种收获的有："清明早，小满迟，谷雨种棉正当时""麦到芒种谷到秋，寒露才把豆子收""清明秫秫，谷雨花，立夏以前栽地瓜""立冬不倒股（小麦不分蘖），不如土里捂""立冬除萝卜，小雪搬白菜""七宿麦子，八宿谷，玉米六宿就出土"等。

启示人们因地制宜种植的有："种地办法千万条，宜土因时头一条""地瓜花生山坡种，旱年涝年有收成""洼地种地瓜，十年九年瞎""水稻上山，地瓜下洼，只种不打""庄稼脾气犟，你犟他更犟，地土不对眼，忙也瞎白忙"等。

帮助人们预测气候变化的有："蜻蜓成群绕天空，不过三日雨蒙蒙""蚂蚁垛高楼，下雨没有头""蚰蚓路上爬，雨水多如麻""蛤蟆哇哇叫，大雨将来到""鸡不安，要变天""燕子低飞山戴帽，蚂蚁搬家蛇过道，半夜三更知了叫，不等天明雨就到""朝霞不出门，晚霞行千里""朝看东南，晚看西北""先打雷，后刮风，有雨也不凶"等。

第三章　水　文

第一节　河　流

一、黄河流域

黄河　自华山镇盖家沟入境，流向东北，由遥墙镇沙滩村出境，是历城北部重要客水资源。境内河道长31.21公里，宽一般1公里～2公里。1986—2007年，年平均流量420亿立方米，多年平均流量547.2立方米/秒，多年平均输沙量3.45亿吨。共有滩区7个，总面积1246.6公顷，其中耕地面积953.3公顷（老滩）。

玉符河　汇集锦绣、锦云、锦阳三川和泉泸河之水，经仲宫镇西汇入卧虎山水库，由水库下游4公里处（董家庄）出境，出库始称玉符河，《水经注》称之为玉水。均为山洪型河道，来水量集中于汛期。上游"三川"骨干河道，除特枯年外，常有基流。

锦绣川　在仲宫镇以东，位于"三川"最

图2-4　仲宫镇并渡口村附近的玉符河河谷（2003年摄）

北，又称北川。源头有三，主源头是西营镇东部1.5公里佛峪东山下的盛泉，次源头是上降甘村梯子山下的洪泉，另一源头在夏家村。三源头于西营村附近汇流后，水势渐大，向西流经汪家场、云河、九曲村入锦绣川水库。出水库西流，经商家庄、刘家庄、邱家村在郭而庄与泉泸河水汇集，过仲宫大桥，入卧虎山水库。境内全长36公里，流域面积221.6平方公里，河道宽20米～300米不等，属常年性山洪河道。

锦阳川　在仲宫镇东南方向，位于锦绣川之南，又称南川。源头为柳埠镇黄巢水库，出黄巢水库后，流经窝铺村转向西北，经过岱密庵、槲疃村，在柳埠村与发源于长城岭、东北峪（李家塘峪）、亓城峪（卧龙池村）、西南峪（柴家庄）的四股水流相聚成川，水势大，经突泉、门牙村在仲宫镇大并渡口村西与锦云川汇合，入卧虎山水库。境内全长32公里，流域面积181.9平方公里，河道宽50米～220米不等，最大流量690立方米/秒。

锦云川　在仲宫镇南部，锦阳川西，又称西川、锦银川。源头在长城岭北仲宫镇高而办事处小核桃园村和南邱村，北流经南高而村入八达岭水库，出库后经邢家庄、汤家庄，在仲宫镇并渡口村，后流入锦阳川，汇合后入卧虎山水库。锦云川是三川中最短、流域面积最小的一条河流，境内全长16公里，流域面积55.2平方公里，河道平均宽度20米。

图2-5　汇集锦绣川、锦阳川、锦云川之水的卧虎山水库（2007年摄）

泉泸河　俗称泉泸峪，发源于市中区十六里河镇义和庄，流至涝坡庄折向西南，经历城区仲宫镇河圈村、东（西）泉泸、凤凰村、钱家庄在西郭而庄与锦绣川汇合，入卧虎山水库。境内全长20公里，流域面积60平方公里。上游建有泉泸水库，库容85.8万立方米。

二、小清河流域

小清河　发源于济南市“四大泉群”（趵突泉、五龙潭、黑虎泉、珍珠泉），玉符河右岸睦里闸（属槐荫区）分流之水为其辅助水源。自全福街道北全福庄流入境内，蜿延曲折向东北流经华山、王舍人、遥墙、唐王4个镇，从唐王镇井家村东出境流入章丘市。境内全长33.8公里，流域面积825.16平方公里。

巨野河　古称巨合水、巨冶河，发源于彩石镇玉河泉和老树峪两地，汇流于狼猫山水库，水经孙村镇抬头河村东出境，入章丘市杜张水库，是一条古老的山洪河道。境内全长48.5公里，流域面积111.2平方公里。

杨家河　又名杨家石河，因流经董家镇杨庄而得名。发源于彩石镇小龙堂村北，流经许家庄、流海庄，过胶济铁路北流，又经杨家庄、院后、四风闸村，在遥墙镇王家河东村东入小清河。是一条季节性区间排水河道。境内全长16公里，流域面积74平方公里。

土　河　又名洪沟，发源于港沟镇邢村，是一条排泄田间积水的季节性河道，河口宽阔、河底狭窄，过董家镇姚家村后，几无河形。境内全长20公里，流域面积38.5平方公里。

刘公河　又名鲁公河，发源于港沟镇长海套村和里子村的两个泉眼，河道经过冶河村后，进入蟠龙水库，出水库北流，经章锦村入神武水库，再北流穿过胶济铁路，过四风闸在遥墙镇鸭旺口村注入巨野河，流入小清河。境内全长30.7公里，流域面积60.7平方公里。

石　河　又名韩仓河，发源于港沟镇与锦绣川交界处的麒麟山，向北流经燕棚水库、港沟水库，过经十东路，再穿胶济铁路，由王舍人镇曲家庄入小清河。境内全长27.2公里，流域面积89.7平方公里。

大辛河　又名大辛石河，发源于市中区钬村东猪耳顶，与马蹄峪、黑峪、虎峪、龙洞西峪、陈家峪、老石峪等九条山峪之水汇集而成，经历下区石河岭村、历城区西周家庄、过胶济铁路、由王舍人镇大辛庄入小清河。该河为季节性山洪河道，经十东路以北为城市排污河道。境内全长21公里，流域面积44.71平方公里。

赵王河　发源于王舍人镇的曲家村，流向东北，在董家镇的曹官庄汇入刘公河，境内全长7.9公里。

其他支流　有龙脊河、张马河、华山排水沟、遥墙排水沟、全福河等。

第二节　地下水

境内地下水多为岩溶水，南部山地、中部丘陵的寒武系砂岩、页岩、灰岩裂隙岩溶都比较发达，含水丰富。全区地下水资源量为14134万立方米，其中深层水10105万立方米，浅层水4029万立方米。基岩裂隙潜水在柳埠、西营一带形成变质岩风化构造，河谷风化厚度一般在10米～20米，河道基流比较丰富。

南部山区接受大气降水后，部分沿裂隙层面渗透向深层运动。当达到一定的区域水位后，由北倾的单斜构造，变为顺水力坡度向北部运动，部分顶托补给第四系潜水形成自流泉，或以人为开采形式排泄。全年地下水丰水期出现在8月—10月。

第三节　泉　水

境内泉水主要分布在南部山区和辖区东部的街镇，已查明泉水达200余处。2004年4月，济南市评定出新的七十二名泉，历城境内的华泉、玉河泉、苦苣泉、避暑泉、大泉、缎华泉、泥淤泉、涌泉、突泉、白泉、圣水泉11处名泉收录其中。

华　泉　位于华山镇华山南侧山脚下，华阳公园华阳宫前，也称华水，因临华山而得名。战国时期《春秋左传·成公二年》即有记载。北魏《水经注》亦载：华泉，在“华不注山下也”。为最早见于我国古代文献的济南名泉之一。历史上的华泉经历了喷涌、淤塞、复涌、再淤塞、再复涌的过程。2001年春，进行清淤挖掘，发现两处泉眼，泉水从黏土中涌出，出露形态为渗流，在济南地区尚属罕见。为保护华泉，在出水处砌筑了泉池。池呈长方形，石砌，长17.6米，宽10米，深3.5米，常年不涸，流向华山湖，华山湖又名金光湖，早称广平湖，现存水域1330多平方米，其水甚清，植有荷莲，华山倒影入波，充满诗意。

图2-6　华泉（2007年摄）

白　泉　位于王舍人镇纸房村北约150米处。金《名泉碑》、明《七十二泉诗》、清《七十二泉记》均收录。清乾隆《历城县志卷九·山水考四》载：“白泉出纸房庄北，方十亩，中有大泉，间数刻一发，声如隐雷。多涌白沙，故

名。”泉周围汇集着唐家泉、张家泉、李家泉等众多小泉，形成长约9000米、宽约3000米的狭长水坡，白泉为众泉之首，当地百姓又称为“百泉”。昔日，白泉周围是一片湿地，水美土肥，历有鱼米之利。随着地下水开采量增加，众泉断涌，水面缩小。

图2-7　白泉（2007年摄）

涌　泉　位于柳埠镇四门塔景区，四季村宾馆东侧。清乾隆《历城县志》载：“在神通寺西，瀑布飞悬，流入锦阳川”。泉水自白虎山山腰岩隙涌出，出露形态为线状水流，是当地居民饮用水源。泉池呈长方形，石砌，长5.1米，宽4.8米，常年不涸。池旁立明代《重修涌泉碑

图2-8　涌泉（2007年摄）

记》载，此泉池建于明天启三年（1623）。2004年，仲宫、柳埠、西营、锦绣川、高而一带120处泉，统称为“涌泉泉群”。

苦苣泉　位于柳埠镇亓城袁洪峪北侧崖下，别名苬苣泉。金《名泉碑》、明《七十二泉

图2-9　苦苣泉（2007年摄）

诗》、清《七十二泉记》均收录。出露形态为涌状水流，常年不涸，此处地质结构为木鱼石，故水质甘美，最宜泡茶。泉池为圆形，石砌，直径0.7米，石板覆盖，水经暗渠伏流，最后注入茶臼河，为锦阳川源头之一。

避暑泉　位于柳埠镇亓城袁洪峪度假村避暑泉生态园内。明清《历城县志》、清《七十二泉记》均载。因气候凉爽，宜于盛夏避暑而得名。出露形态为涌状水流，常年不涸。泉池为半露于

图2-10　避暑泉（2007年摄）

地上的封闭式水泥石砌圆池，直径5米，深2.1米，水由石壁圆孔外泄，顺势西流，入半圆自然水湾中，再顺山坳蜿蜒而下，注入亓城峪中的茶臼河中。盛水期日涌量可达千立方米以上。

突　泉　位于柳埠镇突泉村皇姑庵旧址处，别名都泉，金《名泉碑》、明《七十二泉诗》、清《七十二泉记》均收录。出露形态为涌状水流，常年不涸，清澈甘醇。泉池为方形，水泥砌

图2-11　突泉（2007年摄）

成，长0.85米，宽0.6米，深3.4米，水经池壁石洞沿暗渠向东再折向南，串街而过，涌入路南石砌长方形池内，入明渠西流，形成“溪抱渠绕”景观，汇入锦阳川。

泥淤泉　位于柳埠镇西南峪泥淤泉村，曾名印度泉。清《七十二泉记》收录。出露形态为涌状水流，常年不涸。泉池为方形，石砌，深6米，流向河道，为村民主要饮用水源。村中有三个泉池“品”字型分布，泥淤泉最深，泉源竞流，哗哗有声。泉水涌出后，分为两股，一股流向东南，一股流向西北。村民们作饮用水、洗衣、洗菜、浇灌田园等，尽得其便。

图2-12　泥淤泉（2007年摄）

大　泉　位于仲宫镇大泉村，因水流量大且连续大旱之年从未干涸而得名。泉水从九曲河西侧岩孔涌出，顺势西流，三迭而下，至孤山脚下折向南，沿街缓流，汇入面积近4000平方米的池塘中。出露形态为涌状水流，常年不涸。泉池为不规则形，石砌，直径5.4米，深2.2米，水盛时从溢水口流出，沿九曲河北流入锦绣川。泉池安装抽水设备，为6个自然村、600余人提供饮用水，并作浇灌农田、果园所用。

图2-13　大泉（2005年摄）

圣水泉　位于仲宫镇红叶谷生态文化旅游区内，泉址处有兴教寺（民间称朱老庵），传说泉水有灵气，饮用能长寿，故名圣水泉。泉水源自山崖一自然洞穴内，如漱玉珠玑跌落泉池中，然

图2-14　圣水泉（2007年摄）

后溢出池口，穿过小石桥，形成瀑布注入另一泉池中。出露形态为涌状水流，常年不涸。泉池为不规则形，假山石驳岸，深0.45米，丰水年最大涌流量达每日近千立方米。水质清冽甘美，是红叶谷景区内最古老的天然名泉，也是村民主要饮用水源。

缎华泉　位于柳埠镇九顶塔风景区内，原称段华泉，明崇祯、清乾隆《历城县志》和清道光《济南府志》俱载，称其“在九塔寺南”。1997年版《济南市志》记载：段华泉“在与九塔寺隔岭的南峪北侧，北距九塔寺300余米……泉池呈井形，片石砌岸，常年不涸。水盛时溢出，沿山沟漫流”。1998年，山东华洋置业集团开发建设九顶塔民族风情园，将其收入园内，整修泉池，段华泉改称缎华泉。出露形态为涌状水流，常年不涸。泉池为长方形，石砌，长5.1米、宽4.05米、深2.4米，盛水季节，泉池水满溢出，漫流于山沟之中。

图2-15　缎华泉（2005年摄）

玉河泉　位于彩石镇玉河泉村内河底，别名榆科泉，为巨野河源头。元代于钦《齐乘》载：“巨合水出龙山镇南五十里，曰榆科泉。”出露形态为涌状水流，常年不涸。泉池为长方形，石砌，长1.7米、宽1.2米，泉水自河边岩孔涌出，穿街过户，与周围的牛头泉、响呼噜泉、晴天泉、门口泉、院内泉、西老泉和东老泉共8处泉水相汇，沿河北流，是村民主要饮用水源。

图2-16　玉河泉（2005年摄）

2007年历城区泉水一览表

表2-8

序号	泉　名	泉　址	泉池结构形状	泉水出露形态及流向
1	圣池泉	仲宫镇北道沟村	石砌方形	线流，常年不涸，积水成池
2	上水泉	仲宫镇马家庄杨家寨山西南	自然形状	线流，常年不涸，积水成池
3	东老泉	仲宫镇东老泉村南	石砌长方形	渗流，常年不涸，积水成池
4	西老泉	仲宫镇西老泉村东	水泥长方井	井泉，常年不涸，积水成井
5	犁峪泉	仲宫镇王府庄西	自然形	涌流，常年不涸，积水成池
6	犁峪泉	仲宫镇王府庄西	石砌长方池	涌流，常年不涸，积水成池
7	西　泉	仲宫镇王府庄西	自然形	涌流，常年不涸，流入水池

续表2-8-1

序号	泉　名	泉　址	泉池结构形状	泉水出露形态及流向
8	穆家泉	仲宫镇穆家庄西山脚	自然形	线流，常年不涸，积水成池
9	打虎泉	仲宫镇北草沟村南峪	自然井形	渗流，季节性泉，积水成洼
10	崔家泉	仲宫镇崔家庄东卧虎山	自然形	渗流，常年不涸，积水成洼
11	簸箩泉	仲宫镇朱家庄西南	自然圆池	断流，季节性泉
12	蜜脂泉	仲宫镇西董家庄西	自然岩缝	断流，季节性泉
13	南　泉	仲宫镇左而庄南	石砌不规则形	渗流，常年不涸，流入河道
14	醴　泉	仲宫镇康王山南坡	水泥方池	渗流，常年不涸，积水成池
15	崔家泉	仲宫镇小并渡口村北	石砌长方池	渗流，常年不涸，积水成池
16	青龙泉	仲宫镇仲南大桥南	半石砌不规则形	渗流，常年不涸，积水成池
17	南　泉	仲宫镇南泉寺旧址	石砌方池	渗流，常年不涸，积水成池
18	永清泉	仲宫镇南泉寺旧址	石砌长方池	渗流，常年不涸，积水成池
19	泉子峪泉	仲宫镇于家洼村	石砌方池	涌流，常年不涸，积水成池
20	水石屋泉	仲宫镇邱家庄南青龙山脚	石凿不规则形	渗流，常年不涸，积水成洼
21	小峪泉	仲宫镇稻池村南	石砌长方池	涌流，常年不涸，积水成池
22	朱家峪泉	仲宫镇稻池村牛尾山根	自然形	断流，季节性泉，流入河道
23	四清泉	仲宫镇廒而庄南明真观	石砌方池	涌流，常年不涸，积水成池
24	大　泉★	仲宫镇大泉庄	石砌不规则形	涌流，常年不涸，积水成塘
25	悬　泉	仲宫镇大泉庄南	石砌不规则形	断流，季节性泉，流入河道
26	凉水泉	仲宫镇凉水泉村南	水泥长方池	涌流，常年不涸，积水成池
27	白云泉	仲宫镇白云村	水泥长方池	涌流，常年不涸，积水成池
28	阴阳泉	仲宫镇孤山西侧	半石砌长方形	涌流，常年不涸，积水成池
29	道士泉	仲宫镇大佛寺村南拦河坝下	自然岩缝	线流，常年不涸，流入河道
30	清　泉	仲宫镇大佛寺村南道士泉北	自然形	线流，常年不涸，积水成池
31	陈老家泉	仲宫镇大佛寺村东	石砌圆井	井泉，常年不涸，积水成井
32	莲花泉	仲宫镇大佛寺村北	水泥长方形	线流，常年不涸，积水成池
33	老庄泉	仲宫镇老庄村内	石砌长方形	井泉，常年不涸，积水成井
34	南甘露泉	仲宫镇老庄村东沟	半石砌长方池	涌流，常年不涸，积水成池
35	百花泉	仲宫镇北崖村	石砌长方池	涌流，常年不涸，积水成池
36	灰　泉	仲宫镇东崖村	半石砌长方池	涌流，常年不涸，积水成池
			自然形	断流，季节性泉
37	老　泉	仲宫镇东崖村东中段	半石砌长方形	滴状，常年不涸，积水成池
38	琵琶泉	仲宫镇黄崖村北	自然岩缝	滴状，常年不涸，流入河道
39	柳　泉	仲宫镇北坡村柳泉观	石砌椭圆井	井泉，常年不涸，积水成井
40	凤凰泉	仲宫镇北坡村	石砌长方形	涌流，常年不涸，积水成池
41	灰　泉	仲宫镇灰泉村北	石砌长方井	涌水，常年不涸，积水成池
42	林　泉	仲宫镇灰泉村北	石砌长方形	滴水，常年不涸，积水成池

续表2-8-2

序号	泉 名	泉 址	泉池结构形状	泉水出露形态及流向
43	车 泉	仲宫镇车川村东车泉广场北	石砌不规则形	涌流，常年不涸，积水成池
44	黄钱峪泉	仲宫镇黄钱峪村正北	水泥长方池	涌流，常年不涸，积水成池
45	韩家泉	仲宫镇韩家村南	石砌方池	渗流，常年不涸，积水成池
46	杨家泉	仲宫镇金钢纂村东	水泥长方池	涌流，常年不涸，积水成池
47	枯 泉	仲宫镇仁里村南	半石砌不规则形	渗流，常年不涸，积水成塘
48	圣水泉★	仲宫镇红叶谷景区内	假山石砌不规则形	涌流，常年不涸，流入河道
49	月牙泉	仲宫镇上核桃园村	石砌不规则形	渗流，常年不涸，积水成洼
50	南 泉	仲宫镇西邱村南	水泥长方形	渗流，常年不涸，积水成池
51	香炉泉	仲宫镇出泉沟水库下	自然岩缝	渗流，常年不涸，积水成洼
52	五岭泉	仲宫镇出泉沟村南500米处	石砌长方形	渗流，常年不涸，积水成洼
53	谢家泉	仲宫镇出泉沟村村南	水泥井形	井泉，常年不涸，积水成井
54	双盆泉（南泉）	仲宫镇南高而村南黑山寨北	石砌长方池	断流，季节性泉，流入河道
55	白花泉	仲宫镇孙家崖村泉子岭	水泥长方池	渗流，常年不涸，积水成池
56	咋呼泉	仲宫镇孙家崖村北60米处	自然状态	渗流，季节性泉，流入河道
57	双 泉	仲宫镇孙家崖村北400米处	自然岩缝	渗流，常年不涸，流入河道
58	葫芦泉	仲宫镇孙家崖村北450米处	自然状态形	渗流，常年不涸，流入河道
59	圣水泉	仲宫镇北高而村南河边	石砌长方池	渗流，常年不涸，积水成池
60	杨家井	仲宫镇北高而村北	石砌圆井	井泉，常年不涸，积水成井
61	青龙泉	仲宫镇北高而村青龙峪中部	石砌长方形	渗流，常年不涸，流入河道
62	天帘泉	仲宫镇西沟村泉子峪	自然状态	渗流，常年不涸，流入河道
63	双虎泉	仲宫镇东沟子村房峪东端	石砌井形	井泉，常年不涸，积水成井
64	水池泉	仲宫镇汤家庄东河边	石砌方池	渗流，常年不涸，积水成池
65	北池泉	仲宫镇汤家庄东北河边	自然状态	渗流，常年不涸，积水成洼
66	盛 泉	西营镇佛峪村东	石砌长方池	涌流，常年不涸，积水成池
67	无名泉	西营镇佛峪村东	石砌长方池	渗流，常年不涸，积水成池
68	南 泉	西营镇道沟村南	水泥长方池	渗流，常年不涸，积水成池
69	枣林泉	西营镇白炭窑村西	无泉池	涌流，季节性泉，流向水库
70	朝阳泉	西营镇赵家庄朝阳寺旧址	石砌井形	井泉，常年不涸，积水成井
71	拔槊泉	西营镇拔槊泉村东	水泥圆口方井	线流，常年不涸，积水成池
72	灰 泉	西营镇灰泉子村东	石砌方井	井泉，常年不涸，积水成井
73	饮马泉(浆水泉)	西营镇哭姑顶山顶	石砌长池	渗流，常年不涸，积水成池
74	黄路泉	西营镇黄鹿泉顶村	石砌井形	井泉，常年不涸，积水成井
75	积米泉（渍米泉）	西营镇积米峪村北	水泥井形	井泉，常年不涸，积水成井
76	鸭子泉	西营镇鸭子泉村北	石砌圆井	井泉，常年不涸，积水成井
77	永盛泉	西营镇鸭子泉村北	石砌井形	井泉，常年不涸，积水成井
			石砌井形	井泉，常年不涸，积水成井

续表2-8-3

序号	泉　名	泉　址	泉池结构形状	泉水出露形态及流向
78	红岭泉	西营镇红岭村	石砌井形	渗流，常年不涸，积水成洼
79	河口泉	西营镇红岭村	自然状态	渗流，常年不涸，积水成洼
80	马鞍泉	西营镇红岭村	石砌不规则形	渗流，常年不涸，积水成池
81	滴嗒泉	西营镇龙湾村弹房峪内	水泥不规则形	渗流，常年不涸，积水成池
82	咋呼泉	西营镇龙湾村，港西路西侧	石砌方形	渗流，季节性泉
83	黄鹿泉	西营镇黄鹿泉村	石砌不规则形	线流，常年不涸，积水成池
84	历甲泉	西营镇石岭村	水泥井形	井泉，常年不涸，积水成井
			石砌长方池	渗流，常年不涸，积水成池
			石砌长方池	渗流，常年不涸，积水成池
85	雪花泉	西营镇丁家峪村西北峪	自然状态	渗流，常年不涸，积水成洼
86	白云泉	西营镇丁家峪村西北岭	自然状态	渗流，常年不涸，积水成池
87	寒　泉	西营镇梯子山村	自然岩缝	渗流，常年不涸，流入河道
88	南　泉	西营镇梯子山村南	石砌长方形	渗流，常年不涸，积水成塘
89	墨林古井	西营镇梯子山村南	石砌圆井	井泉，常年不涸，积水成井
90	柳　泉	西营镇梯子山腰	石砌不规则形	渗流，常年不涸，积水成洼
91	无名泉	西营镇王家庄东	水泥井形	渗流，常年不涸，积水成洼
92	洪　泉	西营镇降甘村洪泉峪	石砌不规则形	渗流，常年不涸，积水成洼
93	胭脂泉	西营镇后降甘村北	自然状态	渗流，常年不涸，积水成洼
94	玉　泉	西营镇上阁老村玉泉寺旧址	水泥长方池	涌流，常年不涸，积水成池
95	藕池泉	西营镇藕池村大石梁	自然状态	涌流，常年不涸，流入河道
96	石佛峪泉	西营镇石佛峪村东南	水泥长方形	渗流，常年不涸，积水成池
97	秦口泉	西营镇秦口峪村口	水泥井形	井泉，常年不涸，积水成井
98	老　泉	西营镇秦口峪村	石砌长方池	涌流，常年不涸，积水成池
99	小　泉	西营镇秦口峪村	水泥井形	线流，常年不涸，积水成池
100	智公泉（朱公泉）	西营镇智公泉村北	水泥长方池	涌流，常年不涸，积水成池
		西营镇智公泉村南	水泥长方池	线流，常年不涸，积水成池
101	下罗伽泉	西营镇下罗伽村入口东侧	石砌方池	渗流，常年不涸，积水成池
102	长　泉	西营镇下罗伽村	石砌长方池	断流，季节性泉，积水成池
103	杏行泉	西营镇杏行子村泉子沟内	石砌井形	井泉，常年不涸，积水成井
103	栗行泉	西营镇栗行村南	自然状态	线流，常年不涸，积水成洼
104	黑峪泉	西营镇黑峪村	水泥长方池	断流，季节性泉，积水成池
105	会仙泉	西营镇营南坡村东	石砌长方池	断流，季节性泉，积水成池
106	下　泉	西营镇营南坡村东	石砌长方池	渗流，常年不涸，积水成池
107	林商泉	西营镇营南坡村东	石砌井形	井泉，常年不涸，积水成井
108	虎洞泉	西营镇西营村村南河边	自然岩缝	涌流，常年不涸，流入河道
109	甘泉（箭杆泉）	西营镇西营村村南河边	自然岩缝	渗流，常年不涸，积水成洼

续表2-8-4

序号	泉 名	泉 址	泉池结构形状	泉水出露形态及流向
110	三江峪泉	西营镇西营村	石砌方池	断流，季节性泉，积水成池
111	水帘洞泉	柳埠镇水帘峡风景区内	石砌不规则形	渗流，常年不涸，积水成洼
112	淘米泉	柳埠镇水帘峡风景区养生谷	水泥圆形	渗流，常年不涸，积水成池
113	公主泉	柳埠镇水帘峡风景区南侧	石砌长方池	滴流，常年不涸，积水成池
114	饮马泉	柳埠镇水帘峡风景区双腰山	石砌方池	渗流，常年不涸，积水成池
115	苇 泉	柳埠镇水帘峡风景区石画园	石砌方形	渗流，常年不涸，积水成洼
116	无名泉	柳埠镇水帘峡风景区药王庙	石砌圆池	渗流，常年不涸，积水成池
117	安子沟泉	柳埠镇簸箕掌水库东北峪	石砌长方形	渗流，常年不涸，积水成洼
118	枪杆泉	柳埠镇桃科水库南	水泥长方池	渗流，常年不涸，积水成池
			土石水湾	渗流，常年不涸，积水成池
			石砌长方形	渗流，常年不涸，积水成池
119	跑马泉	柳埠镇跑马岭野生动物世界景区内	自然方形	涌流，常年不涸，积水成池
120	涌清泉	柳埠镇涝峪庄东南	自然状态	渗流，常年不涸，积水成溪
121	南园泉	柳埠镇涝峪庄南沟	自然状态	渗流，常年不涸，积水成洼
122	老鼠洞泉	柳埠镇涝峪村东南大涝峪	自然状态	渗流，常年不涸，积水成溪
			石砌长方	渗流，常年不涸，积水成池
123	石窑泉	柳埠镇石窑村东	水泥圆池	涌流，常年不涸，流入水库
124	无名泉	柳埠镇石窑村西南	石砌井形	井泉，常年不涸，积水成井
125	牛蹄泉	柳埠镇孙家坡村东	石砌井形	井泉，常年不涸，积水成井
126	染池泉	柳埠镇龙门庄东	石砌长方池	渗流，常年不涸，积水成洼
127	苦梨泉	柳埠镇涝洼村东	石砌方池	渗流，常年不涸，积水成井
128	新开泉	柳埠镇青杨峪村东北	石砌长方池	渗流，常年不涸，积水成池
129	泛 泉	柳埠镇青杨峪村西北	水泥长方形	渗流，常年不涸，积水成池
130	无名泉	柳埠镇曲吕峪村内	半石砌井形	井泉，常年不涸，积水成井
131	泉子峪泉	柳埠镇泉子峪村西南	水泥长方池	渗流，常年不涸，积水成池
132	锡杖泉	柳埠镇下海螺峪村	自然岩缝	渗流，常年不涸，积水成池
133	涌 泉★	柳埠镇四门塔景区内	石砌长方池	线流，常年不涸，流入河道
134	神异泉	柳埠镇四门塔景区滴水峪	石砌圆井	井泉，常年不涸，积水成井
135	滴水泉	柳埠镇四门塔景区滴水峪	半石砌不规则形	断流，季节性泉，积水成池
136	牛膝泉	柳埠镇南山村45号东	石砌长方池	渗流，常年不涸，积水成池
137	丰乐泉	柳埠镇柳东村	半石垒长方池	断流，季节性泉，积水成池
138	黄巢泉	柳埠镇黄巢村西	石砌长方池	渗流，常年不涸，汇入河流
139	金 泉	柳埠镇下黄瓜峪东南角	石砌不规则形	渗流，常年不涸，积水成池
140	三龙潭	柳埠镇龙王崖村黄巢水库	天然石潭	渗流，常年不涸，流入水库
141	黄路泉	柳埠镇黄路泉村	水泥井形	井泉，常年不涸，积水成井

续表2-8-5

序号	泉 名	泉 址	泉池结构形状	泉水出露形态及流向
142	赵家泉	泉1在柳埠镇赵家庄西南	水泥井形	井泉，常年不涸，积水成井
		泉2在泉1西	无泉池	断流，季节性泉
		泉3在泉1东	石砌长方池	渗流，常年不涸，积水成池
		泉4在泉1南	石砌长方池	渗流，常年不涸，积水成池
		泉5在泉1南	水泥长方池	渗流，常年不涸，积水成池
143	永乐泉	柳埠镇小槲疃村东山山腰	水泥长方形	渗流，常年不涸，积水成池
144	无名泉	柳埠镇小槲疃村东山山腰	石砌不规则形	渗流，常年不涸，积水成洼
145	川道泉	柳埠镇川道村北峪	石砌井形	井泉，常年不涸，积水成井
146	马家沟子泉	柳埠镇马家沟子村南	石砌圆井	井泉，常年不涸，积水成井
			石砌圆井	井泉，常年不涸，积水成井
			石砌圆井	井泉，常年不涸，积水成井
147	无名泉	柳埠镇周家峪村东北	石砌圆井	井泉，常年不涸，积水成井
148	周家峪泉	柳埠镇周家峪村西北	石砌不规则形	井泉，常年不涸，积水成井
149	永乐泉	柳埠镇槲疃村西南	石砌长方池	涌流，常年不涸，积水成池
150	朱砂泉	柳埠镇槲树湾公园东北	石砌圆池	井泉，常年不涸，积水成井
151	卧龙池（龙居泉）	柳埠镇里卧龙池村北	石砌方池	渗流，常年不涸，积水成洼
		柳埠镇外卧龙池村西南山腰	石砌不规则形	渗流，常年不涸，积水成池
152	琴 泉	柳埠镇亓城苦洪峪口南侧	石砌长方池	渗流，常年不涸，积水成池
153	苦苣泉★	柳埠镇亓城袁洪峪度假村内	石砌圆形	涌流，常年不涸，入茶白河
154	避暑泉★	柳埠镇亓城袁洪峪度假村内	水泥圆井	涌流，常年不涸，积水成井
155	试茶泉	柳埠镇亓城村茶白河边	石砌长方形	渗流，常年不涸，积水成池
156	咋呼泉	柳埠镇亓城村南	长方池	渗流，常年不涸，积水成洼
157	大花泉	柳埠镇北田庄村北山崖下	石砌长方池	渗流，常年不涸，积水成池
158	响 泉	柳埠镇凤凰庄东峪中段南坡	石砌长方池	渗流，常年不涸，积水成池
159	缎华泉★	柳埠镇九顶塔风景区内南边	石砌长方池	涌流，常年不涸，流入河道
160	圣水泉	柳埠镇九顶塔风景区内南边	石砌圆井	井泉，常年不涸，积水成井
161	尼姑庵泉	柳埠镇孟家村东北	石砌长方池	涌流，常年不涸
162	观山泉	柳埠镇石桥村东南观山下	石砌长方形	渗流，常年不涸，积水成池
163	无名泉	柳埠镇石桥村西南	石砌井形	井泉，常年不涸，积水成井
164	康 泉	柳埠镇康泉村北	石砌方池	渗流，常年不涸，积水成池
165	冰冰泉	柳埠镇冬冻台村南	石砌长方形	渗流，常年不涸，积水成池
166	泥淤泉（印度泉）★	柳埠镇泥淤泉村街旁	石砌方井	涌流，常年不涸，流入河道
167	水 泉	泉1在柳埠镇水泉村中部	石砌方形	滴状，常年不涸，积水成池
		泉2在柳埠镇水泉村南	石砌方形	渗流，常年不涸，积水成池
		泉3在柳埠镇水泉村村南	石砌方形	井泉，常年不涸，积水成井
168	熨斗泉	柳埠镇石匣村子房庵遗址处	石砌井形	井泉，常年不涸，积水成井
169	风斗泉	柳埠镇子房庵遗址	石砌不规则形	断流，季节性泉，积水成井

续表2-8-6

序号	泉 名	泉 址	泉池结构形状	泉水出露形态及流向
170	鹿跑泉	柳埠镇鹿跑泉村西	石砌不规则形	渗流，常年不涸，流入水库
171	无名泉	柳埠镇鹿跑泉村西	石砌井形	井泉，常年不涸，积水成井
172	无名泉	柳埠镇鹿跑泉村西	石砌井形	井泉，常年不涸，积水成井
173	突 泉（都泉）★	柳埠镇突泉村皇姑庵遗址	水泥方形	涌流，常年不涸，流入河道
174	凉湾泉	柳埠镇突泉村西南河崖下	石砌方池	渗流，常年不涸，流入河道
175	水帘泉	柳埠镇突泉村西南河崖下	半石砌不规则形	渗流，常年不涸，积水成池
176	淌豆泉	港沟镇伙路村南淌豆寺旧址	自然状态	渗流，常年不涸，积水成池
177	玉漏泉	港沟镇芦芽岭村南云台寺	自然岩洞	渗流，常年不涸，积水成池
178	甘露泉	港沟镇芦芽岭村南云台寺	水泥长方形	渗流，常年不涸，积水成池
179	大 泉	港沟镇桃科村麒麟山阴	石砌方形	渗流，常年不涸，积水成池
180	东流泉	港沟镇朱凤山乡义寺	石砌不规则形	渗流，常年不涸，积水成洼
181	西天神泉	港沟镇郭家庄乡义寺	自然状态	渗流，常年不涸，积水成洼
182	大 泉	港沟镇坞西村西	自然状态	线流，常年不涸，积水成洼
183	滴水泉	港沟镇坞东村北	自然岩壁	滴状，常年不涸，积水成洼
184	老井泉	港沟镇坞东村东南	石砌圆井	井泉，常年不涸，积水成井
185	灰 泉	港沟镇坞东村东	土石岩缝	渗流，常年不涸，流入河道
186	东峪泉	港沟镇坞东村东	自然状态	渗流，常年不涸，积水成池
187	小井子泉	港沟镇坞东村南	石砌井形	井泉，常年不涸，积水成井
188	玉河泉★	彩石镇玉河泉村内河底	石砌长方池	涌流，常年不涸，流入河道
189	老玉河泉	彩石镇玉河泉村内	石砌长方池	渗流，常年不涸，积水成洼
190	响呼噜泉	彩石镇玉河泉村西南	石砌圆井	渗流，常年不涸，积水成池
191	东 泉	彩石镇玉河泉村内幸福路旁	石砌长方池	渗流，常年不涸，积水成池
192	院内泉	彩石镇玉河泉村56号院内	水泥长方池	渗流，常年不涸，积水成池
193	炸鼓泉	彩石镇万粮峪村	石砌长方形	断流，常年不涸，积水成池
194	下雨泉	彩石镇万粮峪村	自然状态	断流，季节性泉，流入河道
195	无名泉	彩石镇万粮峪村47号院内	水泥井形	断流，季节性泉，积水成井
196	南小泉	彩石镇徐家场村东南	石砌井形	井泉，常年不涸，积水成井
197	南山泉	彩石镇磨盘峪陈家村	石砌井形	井泉，常年不涸，积水成井
198	北井泉	柳埠镇突泉村西南河崖下	石砌井形	井泉，常年不涸，积水成井
199	三井泉	彩石镇磨盘峪吴家村	石砌井形	井泉，常年不涸，积水成井
200	芦井泉	彩石镇磨盘峪芦家村	石砌井形	井泉，常年不涸，积水成井
201	肖南井	彩石镇磨盘峪肖家村	石砌井形	井泉，常年不涸，积水成井
202	青龙泉	彩石镇青龙峪村东沟	半石砌方形	渗流，常年不涸，流入河道
203	青龙峪南泉	彩石镇青龙峪村南	石砌方池	渗流，常年不涸，积水成池
			石砌长方池	渗流，常年不涸，积水成池
			石砌方池	渗流，常年不涸，积水成池

续表2-8-7

序号	泉　名	泉　址	泉池结构形状	泉水出露形态及流向
204	虎门泉	彩石镇虎门村东南峪	水泥长方形	渗流，常年不涸，积水成池
205	猪拱泉	彩石镇虎门村北河东崖	石砌不规则形	渗流，常年不涸，积水成洼
206	忠　泉	彩石镇中泉村东南峪	水泥长方形	渗流，常年不涸，积水成池
207	咋呼泉	彩石镇中泉村南河东	自然状态	渗流，常年不涸，积水成洼
208	鸡跑泉	彩石镇中泉村南河西	自然状态	渗流，常年不涸，流入河道
209	柳　泉	彩石镇柳泉村	石砌井形	渗流，常年不涸
210	无名泉	彩石镇柳泉村西	石砌圆井	井泉，常年不涸，积水成井
211	黑虎泉	彩石镇岔峪村	自然状态	涌流，季节性泉，流入河道
212	仙人堂泉	彩石镇路相村北	石砌井形	井泉，常年不涸，积水成井
213	响　泉	彩石镇西捎进村河边东南	石砌井形	井泉，常年不涸，积水成井
214	义和泉	彩石镇韩家峪村南	石砌长方形	渗流，常年不涸，积水成池
215	白胡子老头泉	彩石镇韩家峪村南	自然井形	断流，季节性泉，积水
216	虎啸泉	彩石镇杏峪村南	石砌不规则形	断流，季节
217	南峪泉	彩石镇西丝峪村南	石砌圆井	井泉，常年不涸，积水成井
218	黄路泉	彩石镇黄路泉村东	石砌长方池	渗流，常年不涸，积水成井
219	无名泉	彩石镇黄路泉村	石砌井形	渗流，常年不涸，积水成井
220	断苕泉	彩石镇断苕村	石砌井形	井泉，常年不涸，积水成井
221	无名泉	彩石镇断苕村药王庙南	水泥长方形	渗流，常年不涸，积水成池
222	石瓮泉	彩石镇石瓮峪村	石凿成圆形	渗流，常年不涸，积水成池
223	康　泉	彩石镇康泉村北	石砌长方池	渗流，常年不涸，积水成池
224	无名泉	彩石镇康泉村	石砌圆井	渗流，常年不涸
225	井子峪泉	彩石镇井子峪村西北	石砌圆井	井泉，常年不涸，积水成井
226	无名泉	彩石镇井子峪村	水泥井形	井泉，常年不涸，积水成井
227	黄歇泉	彩石镇黄歇村西	石砌长方形	渗流，常年不涸，积水成池
228	无名泉	彩石镇黄歇村西北	半石砌不规则形	井泉，常年不涸，积水成洼
229	老井泉	彩石镇南泉村河南崖	石砌井形	井泉，常年不涸，积水成井
230	滴水泉	彩石镇南泉村北	自然岩缝	常年不涸，积水成池
231	冰心泉	彩石镇南泉村西北河南崖	石砌长方形	断流，季节性泉，积水成池
232	南　泉	彩石镇南泉村	自然状态	渗流，常年不涸，流入河道
233	孔　井	彩石镇南泉村北	自然状态	断流，季节性泉
234	东　泉	彩石镇东泉村村河西南岸	石砌圆井	井泉，常年不涸，积水成井
235	饮马泉	彩石镇东泉村河西南岸	自然岩缝	渗流，常年不涸，积水成洼
236	无名泉	彩石镇东泉村东南	自然状态	断流，季节性泉，积水成洼
237	无名泉	彩石镇东泉村正南	自然状态	断流，季节性泉，流入河道

续表2-8-8

序号	泉 名	泉 址	泉池结构形状	泉水出露形态及流向
238	三泉峪北泉	彩石镇三泉峪村南北峪	自然岩洞	渗流，常年不涸，积水成洼
239	三泉峪上泉	彩石镇三泉峪村泉子峪南	自然岩洞	渗流，季节性泉，积水成洼
240	三泉峪南泉	彩石镇三泉峪村泉子峪	岩洞	渗流，常年不涸，积水成洼
241	玉河泉	彩石镇北宅科村东	水泥长方池	渗流，常年不涸，积水成池
242	红柿泉	彩石镇北宅科村东	水泥长方池	渗流，常年不涸，流入水库
243	咋呼泉	彩石镇北宅科村西	石砌不规则形	断流，常年不涸，流入河道
244	清 泉	彩石镇北宅科村西	自然状态	渗流，常年不涸，积水成池
245	七井泉	彩石镇东彩石村南	石砌井形	井泉，常年不涸，积水成池
246	罐子泉	彩石镇东彩石村西南	自然状态	断流，季节性泉，流入河道
247	饮马泉	王舍人镇大辛庄西北	长方形	渗流，常年不涸，积水成池
248	双宝泉	王舍人镇冷水沟村西南	自然状态	渗流，常年不涸，积水成池
249	白 泉★	王舍人镇纸坊村北	不规则形	渗流
250	草 泉	王舍人镇纸坊村北	不规则形	涌流，常年不涸，积水成洼
251	团 泉	王舍人镇纸坊村北	长方池	渗流，常年不涸，积水成池
252	丫丫葫芦泉	王舍人镇纸坊村北	不规则形	淤塞
253	鸭旺温泉	遥墙镇鸭旺口村	人工钻孔	涌流，常年不涸
254	华 泉★	华山镇华山风景区华阳宫南	石砌长方池	渗流，常年不涸，入华山湖

说明：本表用★标记，系2004年新评济南七十二名泉之一

第四章 土壤 植被

第一节 土 壤

一、棕壤

棕壤性土 分布于柳埠镇李家塘、黄巢，西营镇降甘东南地区的低山丘陵中上部地带，面积64.63平方公里。一般厚度仅10厘米～30厘米，下部为半风化的母岩。土壤呈微酸性，无石灰反应，颜色随岩性不同而异，质粗砾多，孔隙大，疏松，不抗旱，保水保肥能力差，养分贫瘠，是山地丘陵区最瘠薄的土壤。因山高坡陡，植被稀疏，水土流失严重，是一种侵蚀类型严重的土壤，适宜栽植针叶松和板栗。

普通棕壤 集中分布于柳埠镇李家塘、窝铺，西营镇藕池，仲宫镇高而办事处的花坦等村的砂石山缓坡或丘陵中下部及山麓地带，面积26.03平方公里。棕壤所处地形较平缓，土层比较深厚，除部分土壤土层厚60厘米左右外，多在1.5米以上。成土母质多为花岗岩或花岗片麻岩风化物的残坡积与厚层洪积物，土壤颜色以棕色为主，表层质地多为砂壤土或轻壤土，并有较多的石砾和石英、长石风化碎屑。土壤肥力水平较好，保水、保肥能力中等，绝大部分已经开垦为农田，其中林地和果园面积较大。但因地形起

伏，地块小而不平，受侵蚀威胁，又因灌溉条件差，作物产量受到很大的限制。该土壤适宜种植板栗、马尾松等。

二、褐土

褐土性土　广泛分布于石灰岩或砂页岩以及基性岩组成的低山丘陵的中上部，面积94.56平方公里。其成土母质为岩石风化的残坡积物，土层厚度均小于30厘米，并含有大量的母岩碎石，层薄砾多特征明显。土壤肥力水平低，水土流失严重，属荒坡岭地，以种植耐旱柏树居多。

普通褐土　广泛分布于石灰岩山地丘陵和山前倾斜缓平地及平原的大部分地区，面积674.81平方公里。成土母质为坡洪积、洪积、洪冲积物。此土壤土层深厚，质地适中，养分含量较丰富，是历城种植粮食、蔬菜的主要土壤。部分土壤由于多次洪积的结果，土体较浅的部位出现砾石、砂层或砂姜及厚层黏土等障碍层次，影响作物根系下扎，对作物生长不利。

淋溶褐土　零星分布于西营镇东峪及西营村东至枣林的沿河阶地，柳埠镇的黄巢峪、苇沟西北，高而办事处的西丘至高家庄、核桃园南部等石灰岩低缓丘陵及山前倾斜平地地带，与褐土镶嵌，面积27.1平方公里。该土壤土层深厚，质地中壤，下部稍紧，保水、保肥，无障碍因素。一般种植玉米、小麦、谷子。

潮褐土　分布于董家镇的许家、邢家、大张、苏新，唐王镇的王新、南北殷、亓家、大小徐，遥墙镇的鸭旺口、小陈家、桥北等山前缓平地，褐土与潮土交界的地带上，面积22.8平方公里。土层深厚，质地适中，耕性良好，基本无干旱威胁，加之耕作比较精细，故土壤熟化程度高，是境内最好的土壤类型。

三、潮土

普通潮土　分布于黄泛平原的遥墙镇大杜家、大李家一带，面积4.32平方公里。此区地势高于周围，潜水埋深3米～4米，该土壤多种植小麦、玉米、棉花、花生、西瓜等作物。

标准潮土　分布于唐王镇北部，董家镇西北部，遥墙镇的南郭而、东大郭、大码头一带黄泛平原靠近黄河的封闭洼地上，面积55.99平方公里。地下水埋深仅0.5米左右，是在较长期积水或较高位潜水条件下形成的土壤。土层深厚，土色较暗，土质黏重。潮土开垦利用晚，土壤熟化程度低，存在着湿、凉、黏、紧等不利因素，多种植小麦、水稻、莲藕、芦苇等植物。

盐化潮土　分布于黄泛平原上，面积27.06平方公里。是潮土中附加盐化过程的土壤。因地下水位浅，多在1.5米～2米之间。土壤呈碱性，是障碍因素较大的低产土壤。由于实行稻改，灌排设施的改进和增施有机肥料，加强耕作管理，消除了盐化现象，主要种植小麦、水稻。

四、砂姜黑土

分布于唐王镇大徐家村以东的白云湖附近，土壤面积4.1平方公里。历城砂姜黑土多为黄土覆盖类型，表层质地适中，易于耕作。通常在100厘米左右出现砂姜，下部有黑土层，砂姜多为面砂姜、不成层，一般不影响耕作。因受人为耕作影响，部分土壤较肥沃，产量较高。局部土壤质地黏重并有内涝危害。

第二节　植　被

一、绿针叶林植被

主要分布在山丘地区的山坡中上部。主要树种为侧柏、松类(油松、赤松、黑松)，面积253.33平方公里，占全区土地总面积的19.51%。

二、落叶阔叶林植被

主要分布在山丘地区的山坡中下部和平原田路旁。主要树种为板栗、核桃、山楂、苹果、梨、桃、杏、樱桃、李子、杨、柳、泡桐、刺槐、榆、桑、枣、香椿树等，面积317.40平方公里，占全区土地总面积的24.44%。

三、灌木草丛植被

主要分布在山丘地区未成林的山坡、树下和梯田地隔上，以多年生宿根性耐旱草本植物为主、间生灌木。草本植物种类较多，主要有黄

图2-17 南部山区柳埠镇繁茂的植被（2005年摄）

草、白草、胡子草、结缕草、爆竹草、野菊和有药用价值的柴胡、远志、黄芩等；灌木主要有酸枣、荆条、杞柳、郁李、鼠李、卫茅、金鸡尔等，面积109平方公里，占全区土地总面积的8.4%。

第五章 自然资源

第一节 土地资源

一、土地面积

1991年全区土地普查，总面积171064.01公顷，其中，耕地64033.26公顷，园地10799.61公顷，林地19217.94公顷，居民及工矿用地18094.24公顷，交通用地3897.54公顷，水域8643.13公顷，未利用土地46378.29公顷。

2007年，全区土地总面积130319.49公顷（区国土资源局土地调查数），其中，耕地37479.69公顷，园地13866.37公顷，林地17439.26公顷，居民及工矿用地22777.21公顷，交通用地2476.44公顷，水域3741.07公顷，未利用地24671.44公顷，其他7868.01公顷。

二、土地分布

农用地中的耕地主要分布在东部平原和沿黄地区，在丘陵和山区也有少量分布；园地主要分布在南部山区以及丘陵地区；林地主要分布在山区、丘陵沿黄地区；城乡居民点及工矿用地分布较为均匀；交通用地分为铁路、公路和农村道路用地，主要分布在平原地区；水域面积主要集中在沿黄4个镇，平原地区次之，山区最低；未利用土地中，山丘荒草地和田坎所占比重较大，多分布在南部山区，大部分开发利用难度较大。

第二节 矿产资源

一、能源矿产

煤　历城属于济东煤田，主要分布于郭店镇及以东。查明资源量矿区3个，全区保有资源储量3666.4万吨。

地热　查明地热田1个，位于遥墙镇、华山

镇，地热田资源量7.183×10^{15}焦耳。均为温水地热井，水温28℃～42℃。

二、金属矿产

铁　查明资源量矿区6个，其中勘探中型2处，详查中型1个、小型3个。主要分布于郭店镇及王舍人镇一带。保有资源量3385.3万吨。其中储量898.1万吨，基础储量1398.1万吨，资源量1987.2万吨。

三、非金属矿产

熔剂用灰岩　查明大型矿区1个，位于港沟镇有兰峪。保有资源储量9567.8万吨，其中储量7654.3万吨。

冶金用白云岩　查明资源量矿区2个，主要分布于港沟镇南部。保有资源储量3033.4万吨。

饰面用辉长岩　查明资源量矿区2个，其中勘探大型1个、小型1个，主要分布于华山镇一带，出产的“济南青”闻名中外。保有资源储量1098万立方米，其中，储量409万立方米，基础储量913万立方米，资源量185万立方米。

饰面用花岗岩　查明资源量矿区2个，其中勘探大型、小型各1个，主要分布于柳埠镇刘家峪至于科，出产的“柳埠红”花岗石与“印度红”、“四川红”并称世界三红。保有资源储量790万立方米，其中，储量55万立方米，基础储量217万立方米，资源量573万立方米。

饰面用灰岩　普查大型木纹石矿区1个，主要分布于仲宫镇高而办事处南部。保有资源储量3392万立方米。

矿泉水　全区详查矿泉水水源地19个，其中大型1个，中型11个，小型7个。在全区分布较广。

四、未探明储量的矿产

境内尚未探明储量的矿产12种，矿产地93处。

第三节　水资源

一、水资源量

全区水资源来自大气降水和过境河流。大气降水形成当地地表水、地下水；客水有自然入境客水（黄河等）；其他水源有集雨和污水（小清河）回用。全区多年平均水资源总量为35027万立方米，其中地表水资源量为18010万立方米，地下水资源量为14134万立方米，其他水源2883万立方米（含污水回用）。

二、水资源开发利用

全区多年平均可供水量为27587万立方米，其中，地表水15243万立方米（其中黄河水6530万立方米），地下水9461万立方米（其中深层地下水4369万立方米），其他水源2883万立方米（其中污水回用2762万立方米）。

三、水资源供需平衡

全区境内多年平均需水量21286万立方米，其中，生活用水1643万立方米，工业用水1562万立方米，农业生产用水17851万立方米，其他用水230万立方米。对外供水年平均4290万立方米（由卧虎山、锦绣川、狼猫山水库供给）。

第四节　野生生物资源

一、野生植物资源

境内野生植物资源有150余种，野生药用植物有银杏、柏子仁、麻黄、胡桃、紫参、土大黄、牛膝、杜仲、地榆、黄芪、葛藤、花椒、酸枣、柴胡、益母草、丹参、枸杞、地黄、车前、红花、土三七、旋覆花、蒲公英、芦苇、半夏、土茯苓等；野生纤维植物有苎麻、南蛇藤、胡枝子、朴树等；野生油脂类植物有侧柏、播娘蒿、苍耳、小檗、野大豆、蒺藜等；野生芳香油类植物有野花椒、菖蒲、野薄荷、藿香、百里香、黄花蒿等；野生淀粉糖类植物有绵枣儿、薯蓣、芡、香蒲等；野生鞣质植物有地榆、多花蔷薇、槲树、赤松等；野生土农药植物有枫杨、臭椿、南蛇藤、苦参、猫儿眼、毛桃、瞿麦、牡蒿等；野生饲料植物有桑、蓖麻、尖叶铁扫帚、野苜蓿、野豌豆、羊草、白羊草、虎尾草、牛筋草、画眉草、狗尾草等。

二、野生动物资源

境内野生动物资源有200余种，两栖类有大蟾蜍、黑斑蛙(青蛙)、金线蛙、花背蟾蜍、泽蛙、北方狭口蛙6种；爬行类有麻蜥、无蹼壁虎、石龙子、赤链蛇、黄脊游蛇、红点锦蛇、白条锦蛇、棕黑锦蛇、黑眉锦蛇、虎斑游蛇10种；鸟类有麻雀、大山雀、喜鹊、乌鸦、野鸽子、斑鸠、啄木鸟、老鹰、百灵、燕子、白鹭、杜鹃、黄鹂、鹪鹩、黄莺、天鹅、白鹳等160余种；哺乳类有刺猬、蝙蝠、鼠、狐、獾、黄鼬、狸等36种；鱼类有10目16科60种，有鲤鱼、草鱼、青鱼、鲫鱼、鲢鱼、鲶鱼、罗非鱼、黄鳝、泥鳅等。

三、野生微生物资源

境内野生微生物资源主要是藻类，种类有绿藻门、蓝藻门、眼虫藻门、甲藻门、黄藻门、金藻门、硅藻门、红藻门等共8门31科50余属。

第六章　自然灾害

第一节　旱　灾

1986—2007年，全区共发生13次严重干旱。一般季节性、阶段性干旱几乎年年发生，故有历城十年九春旱的说法。主要几次较大的春旱情有：1988年1月—4月，降雨量仅10.9毫米，造成30多个自然村人畜用水困难，旱情几十年罕见。1989年，全年降水量仅365毫米，全区农作物受旱面积达36685公顷。1995年1月—5月，降雨量仅58.5毫米，造成大面积农作物特别是小麦受灾严重，绝产面积达到6003公顷。2001年3月—5月，降雨量仅23.2毫米，受旱面积18009公顷，造成1.5万人、5000头牲畜饮水困难。

第二节　水　灾

1987年8月26日13时10分至次日2时30分，全区普降大暴雨，降水量平均174.3毫米。华山镇最大，为334毫米；狼猫山水库最小，为68.7毫米。此次暴雨受灾村庄582个，倒塌房屋3892间，死10人，伤18人。受灾面积13306.65公顷，树木刮倒或折断，少数公路、桥梁、电线杆被冲坏，小清河漫溢成灾，部分水利工程被冲垮，工业北路以北地区厂企多数停产，直接经济损失1938万元。暴雨过后，狼猫山水库大坝出现纵向裂缝，裂缝长286米，宽12毫米~130毫米，深2.5米。

1994年6月29日2时至8时，南部山区平均降雨达120毫米。柳埠、西营、高而、十六里河、锦绣川5个乡镇受灾严重，全区直接经济损失881.65万元。

1996年，境内汛期发生严重的洪涝灾害，全区农田积水面积达13473.4公顷，占全区耕地总面积的24.7%；成灾面积达9671.5公顷，占17.7%；绝产面积5202.6公顷，占9.5%。洪水冲倒地堰1.2万处、5.4万米，冲毁渠道450米，冲毁生产路2000余处、2.4万米，冲毁河坝500米，房屋倒塌或造成危房1404间，冲走刮倒树木3万余株，冲毁桥梁7座，黄河滩区淹没机井、手压井450眼。

1997年夏季，降雨量达到203毫米，同时出现7级~9级大风及冰雹，全区受灾面积47023.5公顷，折损树木6345株、电线杆23根，房屋倒塌1283间。西营镇积米峪村出现山体滑坡。

2000年，境内先旱后涝。1月—7月全区平均降雨31.8毫米，8月降雨235.6毫米。8月9日至10日，全区平均降雨103.4毫米，南部山区平均降雨在160毫米。西营、柳埠、高而、仲宫、锦绣川、王舍人6个乡镇受灾，共倒塌房屋1179间，农作物受害面积3287.3公顷（其中粮食作物624.6公顷），绝产面积108.8公顷（其中粮食作物107公顷），死亡大牲畜200头，冲毁路基73公里、堤防16.58公里，损坏灌溉设施215处，直接经济损失3027.26万元，其中，农作物经济损失1449.4万元，工业交通运输业经济损失947万元，水利设施经济损失463.81万元。全区481个村（6.4万户、22万人）缺粮，因灾缺水的行政村达190个（1.9万户、5.9万人，家畜8万余头）。西营镇枣林村山体滑坡，毁坏倒塌房屋

图2-18 2007年7月18日，特大暴雨后王舍人镇受灾的农田

142间，死亡1人。

2007年7月18日，济南市普降特大暴雨。17时至21时，全区平均降雨115.23毫米，港沟最大163毫米，柳埠最小75毫米，城区降雨148毫米。据统计，全区共倒塌房屋99间，房屋进水480户，造成危房314间，粮田受灾面积1823.33公顷，菜地受灾353.33公顷，蔬菜大棚被淹56个，果树减产30万公斤（其中干果减产7万公斤），粮食减产410万公斤，冲毁乡村道路2620平方米，冲毁地堰12540米，冲垮桥梁1座（港沟镇龙康桥），家禽死亡2000羽，猪圈被淹2个，1万余公斤猪饲料被水浸泡，折损树木4500余株，合计经济损失约1300余万元。

第三节 风 灾

1986—2007年，大风天气共发生389次（风力≥8级），年平均17.7次。1987年发生最多，为41次；1997年最少，为3次。每年4月发生次数最多，年平均4.1次。风力强度最大一般发生在7月—9月。2003年7月8日凌晨，遥墙、王舍人镇一带发生10级大风，部分大棚被刮坏，大片玉米植株倒伏，农作物减产或绝产面积226.67公顷。2005年8月1日22时左右，西营镇、港沟镇、孙村镇、唐王镇一带遭遇12级大风和暴雨袭击，造成195间房屋倒塌，石门等十几个村很多直径达60厘米～80厘米的香椿、核桃、梨、柿子等树木被连根拔起或折断。2006年7月25日15时，华山镇、王舍人镇、郭店镇、唐王镇、董家镇、遥墙镇突遭11级暴风袭击，造成1400.7公顷玉米、莲藕、蔬菜及其他经济作物减产或绝产，直接经济损失984.1万元。

第四节 雹灾 雪灾

一、雹灾

1986—2007年，降雹共发生7次。境内发生降雹时间一般从每年4月下旬开始，9月上旬结束，多发生在下午。冰雹路径主要有两条，一条是从东北方向的济阳县过黄河，经章丘北部进入历城；一条是从西北方向的齐河而来，经市区八里洼进入南部山区。主要几次大雹灾有：1987年8月17日18时30分，王舍人镇一带遭遇冰雹袭击，并伴有8级大风。200公顷菜田、420公顷粮田受灾，27间房屋损坏。同年，9月1日16时，西营、彩石、港沟、锦绣川、孙村5个乡镇，遭受严重雹灾。冰雹落地厚度为10厘米，最深达20厘米，冰雹直径一般2厘米，最大达6厘米。全区受灾村庄336个，死亡10人，伤24人，直接经济损失386.5万元。1988年9月7日16时30分，唐王、遥墙、华山、王舍人、郭店、孙村、彩石、西营

等乡镇遭冰雹袭击，并伴有11级大风。冰雹最大直径3厘米，20分钟内堆积厚度12厘米，局部地区20厘米，历史罕见。造成12006公顷粮田、2801.4公顷菜田、620公顷林地受灾，1人死亡，67人受伤，800多间房屋倒塌。1998年4月22日6时30分，王舍人、孙村、彩石3个镇发生冰雹灾害，冰雹直径15毫米，降雹时间27分钟，损坏蔬菜大棚20余个，受灾面积2601.3公顷，直接经济损失110余万元。2003年7月13日14时，董家镇、遥墙镇一带发生冰雹灾害，西折、东折两村冰雹大如核桃，大片玉米植株被砸成光杆，冬瓜地等菜田被砸坏。2005年5月21日20时，高而乡遭受冰雹袭击达15分钟，造成12个村的660余公顷小麦绝产，各种果树绝产750万公斤，综合经济损失160多万元。2007年8月9日晚，彩石镇、王舍人镇等局部地区降冰雹，大片农作物倒伏、林果

图2-19 2007年8月9日，彩石镇降冰雹后受损的果树

落地，部分电力通信设施被毁。彩石镇路相村、平房村部分村民房屋受损，财产损失较大。

二、雪灾

1989年3月2日，全区普降大雪。洪楼、黄台、郭店农贸市场顶棚均被压塌，出现部分人员伤亡事故，全区有57.4公顷大棚受到不同程度损坏，其中，风障阳畦、中小拱棚几乎全部倒榻。2001年积雪日数最多，为29天，对道路交通等影响较大。2004年，最大积雪深度15厘米，造成部分蔬菜大棚被压坏。

第五节 虫 灾

全区农作物害虫主要有小麦蚜虫、红蜘蛛、玉米螟、水稻稻飞虱、稻纵卷叶螟等，虫害每年都有不同程度的发生。小麦蚜虫主要有二叉蚜、麦长管蚜等，麦田常年发生程度均为大发生。水稻虫害主要是稻飞虱，1991年大发生，受灾面积2668公顷；1992—1997年中等偏重发生。1997年，孙村、港沟、彩石镇一带发生东亚飞蝗虫灾，部分农作物叶子被吃光，受灾面积800.4公顷。1998年4月，全区3.68万公顷麦田普遍发生红蜘蛛和麦叶蜂虫害，虫害偏重面积1.73万公顷。

第三编

人　口

2005年7月30日，历城区农村部分计划生育家庭奖励扶助金发放仪式

20世纪80年代后，历城区坚持计划生育基本国策不动摇，控制了人口过快增长。随着改革的不断深入，人口流动性增大，2000年，全区民族达到40个。2006年1月起，取消农业人口和非农业人口户籍划分，统一登记为“居民户口”。2007年，全区总人口935063人，人口出生率为11.77‰，自然增长率为5.31‰。全民文化程度普遍提高，整体素质得到提升。

2003—2007年，区人口和计划生育局获全国计划生育协会工作先进单位、全国人口和计划生育信息化建设先进单位、全国人口和计划生育系统药具工作先进集体、全国流动人口计划生育信息化建设先进单位等称号。2004年，历城区被省委、省政府命名为全省计划生育优质服务先进区。

第一章 人口规模

第一节 人口数量

1986年，全县有136433户、602915人。其中，男性305787人，女性297128人；非农业人口35367人，农业人口567548人。1987年5月撤县建区，划入洪家楼镇、王舍人镇、华山镇，年底，全区有200717户、835943人，其中，非农业人口157689人，农业人口678254人。1989年12月区划调整，划入桑梓店镇、靳家乡和大王乡。1990年，全区有246383户、946164人，其中非农业人口180406人，农业人口765758人。1999年12月区划调整，划出大桥镇、桑梓店镇、靳家乡、党家庄镇和十六里河镇。2000年，全区有243644户、808327人，其中，非农业人口234491人，农业人口573836人。2007年年底，全区有270706户、935063人，其中，男性474039人，女性461024人。

1986—2007年历城区人口数量一览表

表3-1 单位：人

年份（年）	户数（户）	总人口			非农业人口	农业人口
		合计	男	女		
1986	136433	602915	305787	297128	35367	567548
1987	200717	835943	427708	408235	157689	678254
1988	207294	844508	432291	412217	163357	681151
1989	213319	856892	438529	418363	171860	685032
1990	246383	946164	484283	461881	180406	765758
1991	251817	950672	486649	464023	183845	766827
1992	257360	945642	483890	461752	178138	767504
1993	262717	949667	485516	464151	186700	762967
1994	273324	962795	492244	470551	205038	757757
1995	277584	969822	495860	473962	217842	751980
1996	280425	972551	497325	475226	226749	745802

续表3-1-1

年份（年）	户数（户）	总人口			非农业人口	农业人口
		合计	男	女		
1997	281814	978834	500654	478180	230867	747967
1998	287319	981271	501948	479323	239098	742173
1999	289999	985000	503876	481124	242607	742393
2000	243644	808327	414573	393754	234491	573836
2001	246822	820812	420710	400102	248777	572035
2002	249596	833262	427310	405952	361729	471533
2003	250634	849963	435310	414653	388114	461849
2004	252008	880493	450584	429909	415400	465093
2005	258514	905664	462665	442999	507202	398462
2006	262988	923553	470060	453493	524455	399098
2007	270706	935063	474039	461024	—	—

说明：按当时区划统计，包括历城区托管高新区的所有村居；2007年起，取消按农业、非农业人口性质划分统计

第二节　人口分布与密度

1986年，全县602915人，分布于14个乡镇，人口密度为437人/平方公里。其中，仲宫镇人口最多为63470人，高而乡人口最少为14241人；唐王镇人口密度最大为800人/平方公里，西营镇人口密度最小为249人/平方公里。1987年撤县建区后，全区835943人，分布于17个乡镇，人口密度为551人/平方公里。其中，王舍人镇人口最多为90884人，高而乡人口最少为14297人；洪家楼镇人口密度最大为5244人/平方公里，西营镇人口密度最小为249人/平方公里。1989年12月区划调整后，1990年，全区946164人，分布于20个乡镇，人口密度为559人/平方公里。其中，洪家楼镇人口最多为102629人，高而乡人口最少14939人；洪家楼镇人口密度最大为6288人/平方公里，西营镇人口密度最小为256人/平方公里。1999年12月区划调整后，2000年，全区808327人，分布于15个乡镇，人口密度为622人/平方公里。其中，洪家楼镇人口最多为138844人，高而乡人口最少为14281人；洪家楼镇人口密度最大为8507人/平方公里，西营镇人口密度最小为243人/平方公里。2007年年底，全区935063人，分布于4个街道、12个镇，人口密度为720人/平方公里。其中，王舍人镇人口最多为112848人，洪家楼街道人口最少为26463人；山大路街道人口密度最大为20908人/平方公里，西营镇人口密度最小为247人/平方公里。

2007年历城区人口分布与密度一览表

表3-2

街镇名称	户数（户）	总人口(人)			面积（平方公里）	人口密度（人/平方公里）
		合计	男	女		
合　计	270706	935063	474039	461024	1298.57	720
山大路街道	15192	60842	31442	29400	2.91	20908
洪家楼街道	9361	26463	13328	13135	2.44	10845

续表3-2-1

街镇名称		户数（户）	总人口（人）			面积（平方公里）	人口密度（人/平方公里）
			合计	男	女		
全福街道		14266	45944	23721	22223	5.07	9062
东风街道		16446	49092	24817	24275	5.90	8321
王舍人镇		36925	112848	57382	55466	59.62	1893
华山镇		17198	59954	29389	30565	60.81	986
仲宫镇		34129	107755	55252	52503	256.01	421
其中	高而办事处	4945	14606	7630	6976	47.44	308
	锦绣川办事处	6948	20505	10555	9950	65.65	312
柳埠镇		16716	55908	29110	26798	172.61	324
西营镇		10493	31322	16273	15049	126.72	247
港沟镇		17701	81700	42969	38731	127.85	639
彩石镇		8778	41314	20736	20578	109.14	379
郭店镇		13815	44309	22105	22204	59.78	741
董家镇		13204	47139	23174	23965	64.45	731
唐王镇		17163	59726	29725	30001	72.74	821
遥墙镇		15581	51284	25360	25924	91.28	562
孙村镇		13738	59463	29256	30207	81.24	732

第二章 人口变动

第一节 自然变动

1986年，全县人口自然增长率为6.31‰。1987年撤县建区，当年全区人口自然增长率为6.7‰。1989年12月区划调整后，1990年，全区人口自然增长率为5.56‰。1999年12月区划调整后，2000年，全区人口自然增长率为3.4‰。2007年，全区人口自然增长率为5.31‰。

第二节 机械变动

1986年，全县迁入6598人，迁出9530人，机械增长率为-4.62‰。1987年撤县建区后，全区迁入12893人，迁出12212人，机械增长率为0.92‰。1989年12月区划调整后，1990年，全区迁入9163人，迁出6720人，机械增长率为2.71‰。随着改革开放的不断深入，人口流动环境逐渐宽松，1995年迁入12534人，迁出7104人，机械增长率为5.62‰，有了较大幅度的增长。1999年12月区划调整后，2000年，迁入11376人，迁出6490人，机械增长率为18.3‰。2003年，因各大院校招生计划增多，落户人数也大幅上升，全区迁入30873人，迁出6857人，机械增长率为2.86‰。2003年后，实行大中专院校录取新生入学时户口迁移自愿政策，大中专学生落户人数逐年减少。2007年，全区迁入18836人，迁出21105人，机械增长率为-2.44‰。

1986—2007年历城区人口变动情况表

表3-3

年份（年）	总户数（户）	总人口数（人）	出生数（人）	死亡数（人）	迁入数（人）	迁出数（人）
1986	136433	602915	9672	4569	6598	9530
1987	200717	835943	15016	4911	12893	12212
1988	207294	844508	13487	5395	7585	6138
1989	213319	856892	15855	5223	8015	5914
1990	246383	946164	19344	6238	9163	6720
1991	251817	950672	10270	5791	8270	6032
1992	257360	945642	10441	6324	8365	6690
1993	262717	949667	8922	6191	10010	6448
1994	273324	962795	11149	6231	11210	6451
1995	277584	969822	11438	6068	12534	7104
1996	280425	972551	11910	6793	10629	7739
1997	281814	978834	11885	6586	10162	6810
1998	287319	981271	10886	6841	11368	7358
1999	289999	985000	9945	6075	11701	7490
2000	243644	808327	8655	5666	11376	6490
2001	246822	820812	8021	5418	14045	6883
2002	249596	833262	8244	5205	16781	6820
2003	250634	849963	7640	5526	30873	6857
2004	252008	880493	10083	5208	32586	7011
2005	258514	905664	9975	5273	29458	11684
2006	262988	923553	10209	5950	27638	16408
2007	270706	935063	10953	5960	18836	21105

说明：按当时区划统计，包括历城区托管高新区的所有村居

第三章　人口构成

第一节　性别、年龄构成

1986年，全县人口男女性别比为103（女为100，下同）。1990年，全区人口男女性别比为105，2000年为105，2007年为106.6。

1990年，第四次全国人口普查时，全区常住人口966144人，其中，0岁～14岁人口228303人，占总人口的23.63%；15岁～59岁人口646771人，占总人口的66.94%；60岁及以上人口91070

人，占总人口的9.43%。

2000年，第五次全国人口普查时，全区常住人口878131人，其中，0岁～14岁人口149053人，占总人口的16.97%；15岁～59岁人口629505人，占总人口的71.69%；60岁及以上人口99573人，占总人口的11.34%。

第四、五次全国人口普查历城区人口年龄构成情况表

表3-4 单位：人

年龄组别（周岁）	第四次人口普查			第五次人口普查		
	合计	男	女	合计	男	女
0～4	81159	42964	38195	44868	23483	21385
5～9	79183	41153	38030	40538	21383	19155
10～14	67961	35045	32916	63647	33470	30177
15～19	89093	47039	42054	75453	39207	36246
20～24	102517	55001	47516	70547	37012	33535
25～29	101480	53174	48306	79564	40811	38753
30～34	85735	44995	40740	88543	46406	42137
35～39	83678	42831	40847	87921	46930	40991
40～44	61319	31033	30286	71522	37945	33577
45～49	44048	22425	21623	69563	36010	33553
50～54	41303	21036	20267	50308	25477	24831
55～59	37598	18512	19086	36084	17938	18146
60～64	31672	15517	16155	32187	15834	16353
65～69	25564	11963	13601	26079	12315	13764
70～74	17115	7571	9544	19657	9091	10566
75～79	9913	3934	5979	12561	5295	7266
80～84	4848	1685	3163	6230	2293	3937
85～89	1684	536	1148	2216	707	1509
90～94	243	56	187	536	120	416
95～99	28	3	25	101	24	77
100以上	3	2	1	6	0	6

第二节 文化构成

1990年，第四次全国人口普查时，全区6岁及6岁以上人口870675人，具有大学（指大专及大专以上）、中学（指高中、中专、初中）及小学文化程度的人口分别为27645人、355382人、321773人。文盲、半文盲人口165875人，其中15岁及15岁以上人口中，文盲、半文盲人口155005人，占总人口的16.04%。

第四次全国人口普查历城区人口文化程度构成情况表

表3-5 单位：人

	合计	男	女
6岁及6岁以上人口数	870675	446027	414648
大学本科	15253	10709	4544
大学专科	12392	8431	3961
中专	20919	12535	8384
高中	67947	41630	26317
初中	266516	164675	101841
小学	321773	162481	159292
文盲、半文盲	165875	45566	120309

2000年，第五次全国人口普查时，全区6岁及6岁以上人口中，具有小学文化程度的222495人，初中文化程度的326636人，高中文化程度的80626人，中专51379人，大专及大专以上（专科、本科、研究生）71540人。15岁及15岁以上人口中，文盲59848人，占15岁及以上人口的8.21%，其中，男12501人，女47347人。

第五次全国人口普查历城区人口文化程度构成情况表

表3-6 单位：人

	合计	男	女
6岁及6岁以上人口数	823941	423313	400628
研究生	3525	2216	1309
大学本科	30277	19634	10643
大学专科	37738	22004	15734
中专	51379	25979	25400
高中	80626	47771	32855
初中	326636	187743	138893
小学	222495	102121	120374
扫盲班	10746	2840	7906
未上过学	60519	13005	47514

第三节　民族构成

1990年，第四次全国人口普查时，全区共有23个民族，常住人口966144人。在总人口中，汉族人口952506人，占98.59%；少数民族人口13638人，占1.41%。在少数民族中：回族人口13024人，占少数民族人口的95.50%；其次是满族310人，蒙古族71人，朝鲜族63人，分别占少数民族人口的2.27%、0.52%、0.46%；其他少数民族所占人口比例很小。

2000年，第五次全国人口普查时，全区共有汉、蒙、回、藏等40个民族，常住人口878131人。其中，汉族人口871786人，占99.28%；少数民族人口6345人，占0.72%。少数民族中回族人口最多，为3994人，占少数民族人口的62.95%；其次是哈尼族636人，满族563人，蒙古族405人，朝鲜族113人，壮族106人；其他少数民族人口均不足百人。

第四、五次全国人口普查历城区各民族人口构成情况表

表3-7　　　　单位：人

序号	民族	第四次人口普查	第五次人口普查	序号	民族	第四次人口普查	第五次人口普查
1	汉族	952506	871786	23	拉祜族	0	34
2	蒙古族	71	405	24	纳西族	3	2
3	回族	13024	3994	25	景颇族	0	1
4	藏族	4	47	26	柯尔克孜族	0	1
5	维吾尔族	0	21	27	土族	4	2
6	苗族	24	73	28	达斡尔族	0	2
7	彝族	7	81	29	仫佬族	0	3
8	壮族	33	106	30	布朗族	0	10
9	布依族	12	45	31	仡佬族	3	1
10	朝鲜族	63	113	32	锡伯族	5	6
11	满族	310	563	33	塔吉克族	0	1
12	侗族	2	37	34	怒族	0	1
13	瑶族	5	8	35	俄罗斯族	4	2
14	白族	19	17	36	鄂温克族	0	3
15	土家族	10	44	37	塔塔尔族	0	1
16	哈尼族	18	636	38	独龙族	0	2
17	傣族	0	23	39	鄂伦春族	0	2
18	黎族	2	2	40	基诺族	0	3
19	傈僳族	3	8	41	其他未识别民族	2	1
20	佤族	0	36	42	外国人加入中国籍	0	1
21	畲族	0	5	合计		966144	878131
22	高山族	10	2				

第四节　从业人员行业构成

1986年，全县年末劳动力资源总数42.33万人，其中从业人员26.72万人。从业人员较多的行业主要有：农、林、牧、渔业16.23万人，工业3.93万人，商业、饮食、物资供销业3.22万人，交通、邮电业0.97万人，教育、文化事业0.62万人。

1986年历城县城乡劳动力资源配置情况表

表3-8　　单位：万人

指标名称	城乡合计	城镇	乡村
一、年末劳动力资源总数	42.33	1.54	40.79
（一）年末劳动年龄内全部人数	38.52	1.54	36.98
其中：参加社会劳动的人数	37.52	1.26	36.26
（二）不足和超过劳动年龄参加社会劳动的人数	4.16	0.04	4.12
（三）劳动年龄内丧失劳动能力的人数	0.35	0.04	0.31
（四）其他	—	—	—
二、年末劳动力分配总数	40.63	2.22	38.41
(一）社会劳动者总数	26.72	1.70	25.02
1. 按经济类型分组			
全民所有制单位职工	1.33	1.33	—
城镇集体所有制单位职工	0.37	0.37	—
农村乡（镇）劳动者	23.91	—	23.91
个体劳动者	1.11	—	1.11
2. 按国民经济行业分组			
农、林、牧、渔业	16.23	0.07	16.16
工业	3.93	0.50	3.43
交通、邮电业	0.97	0.06	0.91
商业、饮食、物资供销业	3.22	0.34	2.88
房地产、公用事业、服务业	0.06	0.01	0.05
卫生、体育和福利事业	0.18	0.07	0.11
教育、文化事业	0.62	0.38	0.24
科研、技术服务业	0.01	—	0.01
金融、保险业	0.03	0.02	0.01
机关、团体	0.33	0.24	0.09
其他	1.14	—	1.14
（二）城镇待业人员	0.02	0.02	—
（三）16岁以上在校学生	2.38	0.42	1.96
（四）宗教职业者	—	—	—
（五）退休补差人员、城镇民办教师等按劳动统计制度规定未包括在职工中的其他社会劳动者	0.21	0.01	0.20
（六）家务劳动者	11.30	0.07	11.23
劳动力资源大于劳动力分配的差额	2.37	—	2.37
劳动力资源大于劳动力资源的差额	0.68	0.68	—

1990年，全区年末劳动力资源总数47.36万人，其中从业人员35.36万人。从业人员较多的行业主要有：农、林、牧、渔水利业24.35万人，工业5.80万人，交通运输、邮电通信业1.59万人，商业、公共饮食业、物资供销和仓储业1.79万人，教育、文化艺术和广播电视事业0.88万人。

1990年历城区城乡劳动力资源配置情况表

表3-9　　　　单位：万人

指标名称	城乡合计	城镇	乡村
一、年末劳动力资源总数	47.36	3.29	44.07
（一）年末劳动年龄内全部人数	43.46	3.26	40.20
其中：参加社会劳动的人数	43.07	3.06	40.01
（二）不足和超过劳动年龄参加社会劳动的人数	4.30	0.07	4.23
（三）劳动年龄内丧失劳动能力的人数	0.39	0.03	0.36
（四）其他（包括劳动年龄内在押犯人及机械变动差额跨地区调整数）（+、-）	-0.01	-0.01	—
二、年末劳动力分配总数	47.19	3.38	43.81
（一）社会劳动者总数	35.36	2.54	32.82
1. 按经济类型分组			
全民所有制单位职工	1.81	1.81	—
城镇集体所有制单位职工	0.50	0.50	—
其他各种所有制单位职工	0.05	0.05	—
农村乡（镇）劳动者	32.82	—	32.82
城镇个体劳动者	0.18	0.18	—
2. 按国民经济行业分组			
农、林、牧、渔、水利业	24.35	0.07	24.28
工业	5.80	0.65	5.15
地质普查和勘探业	—	—	—
建筑业	0.004	0.004	—
交通运输、邮电通信业	1.59	0.07	1.52
商业、公共饮食业、物资供销和仓储业	1.79	0.62	1.17
房地产管理、公用事业、居民服务和咨询服务业	0.06	0.03	0.03
卫生、体育和社会福利事业	0.30	0.13	0.17
教育、文化艺术和广播电视事业	0.88	0.57	0.31
科学研究和综合技术服务事业	0.02	—	0.02
金融、保险业	0.06	0.04	0.02
国家机关、政党机关和社会团体	0.51	0.36	0.15
（二）城镇待业人员	0.28	0.28	—
（三）16岁以上在校学生	1.13	0.43	0.70
（四）宗教职业者	0.002	0.002	—
（五）退休补差人员、城镇民办教师等按劳动统计制度规定未包括在职工中的其他社会劳动者	0.24	0.01	0.23

续表3-9-1

指标名称	城乡合计	城镇	乡村
（六）家务劳动者	10.18	0.12	10.06
三、劳动力资源与劳动力分配的计算差额（+、-）	0.17	-0.09	0.26

2000年，全区年末劳动力资源总数36.78万人，其中从业人员35.47万人。从业人员较多的行业主要有：农林牧渔业19.72万人，制造业3.55万人，建筑业2.96万人，交通运输、仓储及邮电通信业1.66万人，批发和零售、餐饮业2.89万人，教育、文化艺术及广播电影电视业0.79万人。当年失业人员0.05万人。

2000年历城区城乡劳动力资源配置情况表

表3-10　单位：万人

指标名称	城乡合计	城镇	乡村
一、年末劳动力资源总数	36.78	3.90	32.88
其中：当年新增加的劳动力资源	1.54	0.04	1.50
1. 年末16岁以上全部人数	41.99	4.31	37.68
其中：不计入劳动力资源人数	5.21	0.41	4.80
2. 机械变动差额跨地区调整数	—	—	—
二、经济活动人口			
（一）就业人口	35.47	3.74	31.73
1. 按就业身份分组			
全部职工	2.41	2.41	—
再就业离退休人员	—	—	—
私营业主	0.22	0.06	0.16
个体户主	4.21	0.45	3.76
私营企业和个体从业人员	5.25	0.82	4.43
乡镇企业从业人员	8.46	—	8.46
农村从业人员	13.12	—	13.12
其他	1.80	—	1.80
2. 按经济类型分组			
国有经济	2	1.79	0.21
集体经济	7.15	0.24	6.91
私营经济	2.05	0.50	1.55
个体经济	7.75	0.95	6.80
联营经济	—	—	—
股份制经济	1.35	0.20	1.15
外商投资经济	0.20	—	0.20
港澳台投资经济	0.24	0.04	0.20
其他经济	14.73	0.02	14.71

续表3-10-1

指标名称	城乡合计	城镇	乡村
3. 按国民经济行业分			
农、林、牧、渔业	19.72	0.02	19.70
采掘业	0.76	0.04	0.72
制造业	3.55	0.65	2.90
电力、燃气及水生产和供应业	0.23	0.05	0.18
建筑业	2.96	0.03	2.93
地质勘探业、水利管理业	0.05	0.02	0.03
交通运输、仓储和邮电通信业	1.66	0.05	1.61
批发和零售贸易、餐饮业	2.89	1.29	1.60
金融、保险业	0.09	0.05	0.04
房地产业	0.07	0.03	0.04
社会服务业	0.12	0.10	0.02
卫生、体育和社会福利业	0.35	0.13	0.22
教育、文化艺术和广播电影电视业	0.79	0.76	0.03
科学研究和综合技术服务业	0.03	0.01	0.02
国家机关、政党机关和社会团体	0.70	0.48	0.22
其他行业	1.50	0.03	1.47
（二）失业人员	0.05	0.05	—
三、非经济活动人员			
其中：16岁以上在校学生	1.40	0.25	1.15
家务劳动者	4.15	2.15	2.00

2007年，全区年末劳动力资源总数53.64万人，其中从业人员52.69万人。从业人员较多的行业主要有：农、林、牧、渔业13.88万人，制造业11.92万人，建筑业10.23万人，批发和零售业3.91万人，交通运输、仓储和邮政业2.17万人。当年失业人员0.26万人。

2007年历城区城乡劳动力资源配置情况表

表3-11　　单位：万人

指标名称	城乡合计	城镇	乡村
一、常住人口总数	86.70	33.01	53.69
其中：暂住人口			
1. 16岁以上全部人口	59.87	21.62	38.25
其中：不计入劳动力资源人数	5.32	1.31	4.01
2. 16岁以下全部人口数	26.83	11.39	15.44
二、年末劳动力资源总数	53.64	19.18	34.46
其中：当年新增加的劳动力资源	2.47	0.40	2.07
三、经济活动人口			

续表3-11-1

指标名称	城乡合计	城镇	乡村
(一)就业人口	52.69	19.90	32.79
1. 按经济类型分组			
国有经济	9.02	7.87	1.15
集体经济	6.19	1.24	4.95
私营经济	4.03	0.98	3.05
个体经济	10.15	1.30	8.85
联营经济	3.45	2.04	1.41
股份制经济	3.47	0.82	2.65
外商投资经济	0.97	0.64	0.33
港澳台投资经济	0.60	0.29	0.31
其他经济	14.81	4.72	10.09
2. 按国民经济行业分			
农林牧渔业	13.88	0.04	13.84
采矿业	0.42	0.10	0.32
制造业	11.92	7.08	4.84
电力、燃气及水生产和供应业	0.49	0.39	0.10
建筑业	10.23	5.06	5.17
交通运输、仓储和邮政业	2.17	0.25	1.92
信息传输、计算机服务和软件业	0.66	0.26	0.40
批发和零售业	3.91	1.58	2.33
住宿和餐饮业	1.77	0.33	1.44
金融业	0.25	0.18	0.07
房地产业	1.15	0.34	0.81
租赁和商务服务业	0.24	0.14	0.10
科学研究、技术服务、地质勘查业	0.23	0.19	0.04
水利、环境和公共设施管理业	0.20	0.17	0.03
居民服务和其他服务业	1.20	0.26	0.94
教育	1.90	1.88	0.02
卫生、社会保障和社会福利业	0.36	0.23	0.13
文化、体育和娱乐业	0.20	0.11	0.09
公共管理和社会组织	1.51	1.31	0.20
国际组织			
(二)失业人员	0.26	0.26	—
四、非经济活动人员			
其中:16岁以上在校学生	2.16	0.91	1.25
家务劳动者	2.82	0.78	2.04
离退休人员数	0.55	0.55	—

第四章 人口控制

第一节 计划生育管理

一、政策规定

1986年2月，按照省委、省政府《关于农村独女户实行有间隔地生育第二胎的决定》，全县在农村独女户中逐步推行有计划、有间隔地生育第二胎的政策。凡农村独女户（母女均系农业人口），母亲年龄满30周岁者，允许生育第二胎。1988年7月，《山东省计划生育条例》颁布实施。按照条例规定提倡晚婚、晚育，少生优生。男年满25周岁、女年满23周岁以上结婚为晚婚，晚婚后生育为晚育。提倡一对夫妻只生育一个孩子，对确有实际困难和特殊情况的夫妻，可以允许有间隔地再生育一个孩子。1990年12月，区政府印发《关于计划生育工作的若干规定》，大力提倡晚婚晚育，实行生育证制度，并提出若干奖惩措施。

1996年10月，省人大常委会修订的《山东省计划生育条例》实施后，历城区对生育政策规定进行了修改完善和补充。2000年12月30日，区委、区政府印发《关于加强人口与计划生育工作稳定低生育水平的实施意见》，对完善有利于人口与计划生育工作的调控体系和相关社会经济政策，建立健全适应社会主义市场经济体制要求的人口与计划生育工作管理机制，加强对人口与计划生育工作的领导作出详细规定。2002年6月，区计生局印发《关于退二胎生育指标的有关意见》，明确自愿退二胎生育指标的夫妇需符合《山东省计划生育条例》，终生只生育一个孩子等6个条件，规范了办理退二胎指标的相关手续。9月，《山东省人口与计划生育条例》颁布实施后，区计生局印发了学习宣传意见。2003年10月，区计划生育领导小组制定《关于进一步做好晚婚晚育工作的意见》，继续提倡晚婚晚育，加大晚婚晚育、少生优生政策导向力度，落实各项奖励和优先、优惠政策，稳定低生育水平。2005年4月，区委印发《关于加强人口和计划生育工作平抑人口出生高峰 稳定低生育水平的意见》，要求强化基础，抓好七项措施的落实，确保稳定低生育水平，有效平抑第四次人口出生高峰。2006年3月，区委印发《关于建立完善人口和计划生育工作新机制的实施意见》，提出计划生育工作新机制的目标是：2006—2010年，全区全面建立起“依法管理、村（居）民自治、优质服务、政策推动、综合治理”的计划生育新机制，继续保持低生育水平，年均人口出生率控制在11.5‰，自然增长率控制在5.5‰以内，出生婴儿性别比控制在正常值以内，出生缺陷率逐年下降。要求建立完善人

图3-1 2006年6月5日，省计生委主任班开庆（左二）调研历城区计划生育工作

口和计划生育宣传教育、依法管理、村（居）民自治、优质服务、政策推动、综合治理6个工作机制，提出了建立人口和计划生育新机制的保障措施。同年12月17日，中共中央、国务院发布《关于全面加强人口和计划生育工作统筹解决人口问题的决定》，成为指导全区新时期人口和计划生育工作的纲领性文件。

二、生育指标管理

1986年，根据济南市生育计划管理规定，继续执行审批二胎生育指标。1988年，根据《山东省计划生育条例》规定，全区开始对一胎、二胎实行“出生计划通知书”和“准生证”制度，持有准生证的夫妇方可生育。一孩生育证由乡镇审批发放，二孩生育证由区人口计生部门审批发放。2002年9月，《山东省人口与计划生育条例》颁布实施，规定生育第一个子女实行免费登记制度，生育第二个子女实行行政审批制度。一胎《计划生育服务手册》由所在单位、村申报，街道办事处或乡镇人民政府登记发放，二胎生育证由女方户籍所在的县级计划生育主管部门审批发放，区计生局负责二胎生育指标的审批发放工作。1988—2007年，区人口计生部门严格执行生育证的审批、发放、管理制度，并对街道、乡镇计生部门的人口计划执行情况进行监督、考核，确保生育指标全部落实到村、发证到人。

1988—2007年历城区生育证发放情况统计表

表3-12　　单位：份

年份（年）	发放数量	其中		年份（年）	发放数量	其中	
		一胎证	二胎证			一胎证	二胎证
1988	—	—	—	1998	10086	7297	2789
1989	10613	7373	3240	1999	10117	7457	2660
1990	—	—	—	2000	8406	5986	2420
1991	8228	6483	1745	2001	8018	5671	2347
1992	8121	6534	1587	2002	8118	5651	2467
1993	7666	5915	1751	2003	6186	4281	1905
1994	9066	6675	2391	2004	10490	8093	2397
1995	10476	7701	2775	2005	8235	6596	1639
1996	10961	7937	3024	2006	8685	6969	1716
1997	10458	7422	3036	2007	10162	8113	2049

三、已婚育龄妇女管理

1986年，全县继续对已婚育龄妇女实行手工档簿卡片管理，通过村级计生人员入户调查，收集育龄妇女基础信息资料，建立已婚育龄妇女档簿卡片，根据管理对象的生育信息变更情况，进行分类指导、动态监控。1998年，全区已婚育龄妇女信息实行微机化管理，取消村级已婚育龄妇女手工档簿卡，建立已婚育龄妇女基础信息档案，主要表现形式为“一卡、三单、五表、一板”：“一卡”即已婚育龄妇女基础信息卡，“三单”即村、居人口和计划生育信息报告单、村级计划生育奖惩信息报告单、乡级计划生育技术服务信息报告单，“五表”即育龄妇女基础信息一览表、村级计划生育工作信息反馈表、村级当前情况一览表、村级流出人口信息反馈表、村级流入人口信息反馈表，“一板”即村计划生育信息公开板。2002年，全区实现已婚育龄妇女信息专线联网，建成集信息采集、网上传输、综合分析、信息发布、育龄妇女综合管理、流动人口异地查询为一体的信息综合管理系统。至2007

图3-2 2003年8月1日，副省长王军民（右三）调研历城区计划生育信息化建设工作

年，全区基本形成国家、省、市、区、街镇五级联网的已婚育龄妇女计划生育信息网络系统。

四、工作目标管理

责任目标 1986年，依据县政府《关于实行人口发展计划指标包干的通知》进行管理。1988年，区委、区政府对区计生部门实行目标管理，签订《计划生育承包责任书》，主要责任目标有全区计划生育率、统计合格率、人口自然增长率、多孩率、晚婚晚育率、综合节育率、乡镇计划生育服务站及行政村计划生育办公室建设、无计划外出生的乡镇和行政村比例等指标。1991年，区、乡镇、行政村三级层层实行计划生育目标管理。区与乡镇签订《计划生育工作目标管理责任书》，所列主要责任目标有人口自然增长率、计划生育率、统计合格率、避孕节育措施落实率等。各乡镇与行政村签订《计划生育目标管理责任书》。1992—2007年，区、乡镇（街道）、村（居）每年签订《计划生育目标管理责任书》，内容不断修订、充实、完善。

考核 1986—1993年，实行半年和年终两次考核。考核内容为年初与各乡镇签订的《计划生育人口目标责任书》所列指标。1993年后，考核内容变更为《人口与计划生育目标管理责任书》所列指标。考核办法主要是现场随机抽取样本点，对照微机资料，进村入户调查，由区直接考核至行政村。

奖惩 1986年以来，每年召开全区计划生育奖惩大会，对完成目标任务好的单位进行奖励，差的给予通报批评。1991年，中央首次提出计划生育“一票否决”制度，区委、区政府将计划生育“一票否决”制度列入区委、区政府全方位目标考核。至2007年，全区坚持落实计划生育工作“一票否决”制度。对完不成计划生育指标的乡镇（街道），计划生育考核总分低于全市平均水平线的乡镇（街道），省、市考核时影响全区成绩的，取消该单位本年度一切评先受奖资格，即“一票否决”。对被“一票否决”的单位，由上级党委、政府给予通报批评，并责成其领导班子写出检查，单位党政主要负责人及主管副职不得提升、调动。

五、流动人口生育管理

20世纪80—90年代，全区流动人口计划生育管理工作与固定人口计划生育一同实行综合管理。1999年，区计生委制定《流动人口属地单位计划生育管理意见》，成年育龄妇女在流出时，必须办理国家统一标准的“流动人口婚育证明”；与已婚育龄妇女签订合同，并要求其每季度提供一次妇检证明；与未婚育龄妇女签订协议书，约其每半年提供一次联系函。同年，依据《山东省流动人口计划生育信息计算机管理实施方案》，区、乡镇两级计生部门配备流动人口计划生育信息计算机管理软件，乡镇配备流动人口计划生育专管员，加强与流入、流出地的联系，建立完善流动人口管理档案。2000年7月，成立历城区流动人口计划生育管理办公室，隶属区计生委，负责全区流动人口计划生育管理工作。2004年，区计生局制定《历城区流动人口计划生育技术服务免费暂行办法》，按照居住地管理、同等待遇、费随事转、费随事走的原则，使流动人口享受与当地居民同等待遇的免费查孕查环、发放避孕药具、计划生育技术服务等服务政策。2005年1月起，全区启用《山东省流动人口避孕节育情况报告单》，免费向流入已婚育龄妇女发放，并取消流动人口婚育证明收费。通过开展流动人口生育管理服务年活动、流动人口清理清查攻坚活动、“关怀关爱促进和谐”主题专项行动、便民维权法律咨询宣传活动、每年召开流动人口代表座谈会和走访贫困户等活动，协调公

图3-3　2004年6月25日，国家计生委法规司司长党小青（左二）检查历城区流动人口计划生育属地管理工作

安、工商、劳动、建设（房管）等部门，对流动人口违法生育等问题进行综合施治。2007年，依据《山东省流动人口计划生育信息管理规范》，全区全面启用省流动人口计划生育信息交换平台，及时掌握流动人员动态，客观分析情况，探索出“分类管理、综合施治”（分区、分类、分管、分责）的流动人口计划生育管理模式，建立计生系统上下之间、职责部门横向之间、流入流出地双向之间计划生育“一盘棋”管理机制，提出对流动人口给予“三送、五提供”（送知识、快乐、服务和提供介绍居住公寓、商业经营场地、生殖健康查体、免费计生药具上门、娱乐活动场所）优质服务，全区流动人口计划生育发证率、建档率、审验率、信息联系率均达98%以上。同年年底，全区共管理登记流动人口育龄妇女7280人，其中，流入育龄妇女4439人，含已婚育龄妇女2617人、未婚育龄妇女1822人；管理登记流出育龄妇女2841人，含已婚育龄妇女1715人、未婚育龄妇女1126人。

第二节　宣传教育

一、宣传教育组织网络

1986年，各乡镇均设有计划生育办公室，每个行政村有1～2名计划生育专管干部。主要通过大喇叭、小分队形式对群众进行宣传教育。随着计划生育形势的变化和国家有关政策的制定，计划生育宣传教育形式更加多样化，内容更加丰富，组织网络日益健全完善。至1995年，全区基本形成区、乡镇、村三级计划生育宣传教育网络。区计生委设宣传教育科，各乡镇计生委设计划生育宣传教育站，配有专职宣传员，各行政村设专（兼）职宣传员。全区20个乡镇、861个行政村全部建立一室多用的人口理论学校。1996年起，在乡镇（街道）实施计划生育电化教学，先后投资800万元，为各人口理论学校配备电视机、VCD、微机等设备。2001年9月起，在村级计划生育教育中倡导电化教学，至2007年，全部实现电化教学。

二、教育培训

1986—2001年，全区先后开展3次大规模的计划生育干部培训，培训干部8444人次。举办各级各类计划生育学习、培训班3000多期，培训20余万人次。1996年，以人口理论学校为载体，实施素质教育工程。各级人口理论学校，将不同婚育状况的育龄群众按年龄分别编入青春期班、孕产班、新婚班、育儿班及更年期班，定期开课，进行人口理论、婚育知识、计划生育政策法规及优生优育知识教育。育龄群众参学率达90%以上。自2000年起，组织全区村计生主任参加省人口学校中专函授班学习。至2007年，组织干部培训600期，培训8万人次；组织育龄群众培训2400

期，培训14万人次。全区60%以上村计生主任达到省人口学校中专以上学历。

三、计划生育宣传

1986年以来，以宣传计划生育政策法规和优生优育、晚婚晚育、计划生育知识为内容，在《中华人民共和国人口与计划生育法》和《山东省人口和计划生育条例》颁布日、全国13亿人口日、“7.11”世界人口日等纪念日及元旦、春节、元宵节等节日，通过举办展板展览、知识竞赛、元宵节花灯，以及组织计生科技服务下乡、计生文艺演出下乡、魅力历城广场文艺演出等宣传形式，广泛开展计划生育社会宣传活动。每年举办1期全区计生通讯报道员培训班，坚持开办《历城计生通讯》（月刊）。1997年，在区有线电视台开设《人口与计划生育》专题栏目，每周1期。1998年，在乡镇、村普遍建立灯箱、公益广告牌，建设计生科普知识一条街。同年，成立计生文艺宣传队。1999年，区计生委被省委宣传部评为文化、科技、卫生“三下乡”先进集体。同年起，以计划生育宣传品为载体，实施计划生育知识进家入户工程，开展婚育新风进万家活动，至2000年，投资100余万元，编写了《婚育家庭》小册子，印制宣传品袋20余万个、婚育新风进万家活动系列读物19万余册。2000—2001年，计生文艺宣传队与省柳子剧团联合，下乡宣传计划生育国策，演出100余场，观众6万多人。2001年11月，在《历城报》开设《人口与计划生育》专栏，每周2期。2003年，区计生委获全省“宣传教育进村、婚育新风进家”建设新型生育文化建设文明幸福家庭先进单位称号。2004年起，围绕平抑2004—2015年第四次人口出生高峰，开展救助贫困女孩成才、魅力历城计生风采展、泉城首届人口文化节文艺汇演、关爱女孩行动知识竞赛、婴幼儿早期教育示范点创建等活动。同年2月，《历城计生通讯》停办，创办《人口之窗》（季刊）。至2007年，全区累计印发各种宣传资料300余万份，举办影视宣传2000余场，自编自演文艺节目220余场，在市级以上报刊、电台、电视台发表稿件1500余篇。

图3-4 王舍人镇冷水沟村计生人员入户宣传计划生育知识（2005年摄）

第三节 计划生育服务

1989年3月，建立区计划生育宣传技术服务指导站（以下简称为区计划生育服务站）。同年，全区各乡镇开始建立计划生育服务站，主要开展避孕节育、优生优育、查环查孕等技术服务，重点开展咨询服务、药具指导、避孕节育术等服务项目。1995年，区计生服务站有专业技术服务人员19人，所设22个科室均按照区县级服务站标准，配齐各种器械设备。同年，乡镇服务站共有专业技术服务人员150人，配有B超机18台、显微镜19台、手术床18张、无影灯18架、输氧设备20套、电动吸引器18台，具备了常规技术服务能力。全区861个行政村全部建有计生服务室。区、镇两级计划生育服务站每年开展3～4次育龄妇女查环查孕健康查体，每年查体50余万人次。1995—1997年，区计生服务站列为“山东省优生工作计划可行性研究”试点单位之一，该课题研究成果被鉴定为“国内领先水平”。1998—1999年，区计生服务站立项并完成对“先天性耳聋患者婚育状况回顾性调查与研究”，该课题成果对指导临床优生提供了可靠依据，被鉴定为“国内领先水平”，获省计生委科技进步二等奖。1998年，区计生服务站在全省“节育技术大比武”中获第一名；在市计生委举办的技术知识竞赛和医疗文书质量评比中，分别获第一名和第二名。1999年，区计生服务站被省计生委列为省政府可持续发展“十大”战略“关于提高婴儿出生质量综合技术研究开发与示范项目工程”试点单位之一，先后4次在省科技工作会、省生殖保健经验交流会以及华东地区生殖保健经验交流会上作典型发言与交流。2001年，制定出生缺陷干预方案实施意见，深入开展“避孕节育优质服务、出生缺陷干预、生殖道感染干预”三大工程，提升计划生育优质服务水平。1995—2005年，乡镇服务站技术服务工作由过去单纯的避孕节育技术服务，逐步

图3-5　2003年9月27日，甸柳社区计生办设立咨询站解答群众优生优育问题

转变为融避孕节育、优生优育和生殖保健等服务为一体的综合服务。2006年起，区、镇两级服务站按照省、市对计生服务机构基础设施和形象规范的统一要求，从“标识、外观、科室布局、装备、被装、字体、档案、标牌、宣传、绿化”十个方面进行规范化建设。至2007年，区计生服务站投入300余万元进行改建，投资90余万元购置彩色B超、血生化分析仪、精子分析仪等设备；11个镇级服务站累计投资800余万元进行新建、扩建和改建，平均新建、扩建和改建600平方米以上，累计投资100余万元配置血、尿分析仪，更新B超和显微镜等设备。各服务站均设置女性诊室、手术室、化验室等15个科室，并配备了计划生育流动服务车。对全区640个行政村（居）计生服务室进行了标准化建设，建筑面积均达到15平方米以上，配有统一的避孕节育指导手册、医用妇检床、档案柜、办公桌椅等设备。

区计生服务站自1989年建立以来，至2007年，各项避孕节育手术未出现任何医疗技术和责任事故，有5名工作人员获卫生部和国家计生委万例手术无事故表彰；1996年，获全省计划生育优秀服务站称号；2002—2006年，获山东省计划生育技术服务先进集体、全省人口和计划生育科技工作先进集体等称号。

第四节　优生优育

随着人口和计划生育工作的深入发展，优生优育工作成为人口计生工作的一项新的重点工作。1995年4月，王舍人镇、郭店镇被省计生委列入优生项目试点乡镇。按照试点方案要求，在全区范围内开展逐村、逐户、逐人、逐项调查，历经一年多时间，共筛查各类遗传病和先天性出生缺陷34种，患者7841人，患病率占全区农业总人口的8.2‰。1997—1998年，在全区范围内开展对先天性聋哑患者婚育状况的调查，筛查出各类聋哑患者842人，占全区总人口的1.06‰。1999年年底，历城区被省计生委确定为“提高婴儿出生质量综合技术研究开发与示范工程”试点单位，对5个试点乡镇的16414名0岁～7岁的儿童进行筛查，确诊272例病残儿患者，病残阳性率为16.57‰。2000年，优生优育工作全面展开。加强对优生优育的宣传，不断完善优生咨询、孕前优生培训制度，加大对病残儿再生育家庭的监护力度，监护率达100%。同

时，在全区开展“福格森”应用、“四项病原体”检测、“唐氏综合症”筛查及“风疹疫苗”注射等优生干预项目，出生缺陷发生率逐年下降。至2007年，出生缺陷发生率降至3‰以下。

1986—2007年历城区人口和计划生育工作情况表

表3-13

年份（年）	已婚育龄妇女数（人）	出生（人）			出生性别比（女性为100）	出生率（‰）	计生率（%）	自然增长率（‰）	死亡率（‰）	晚婚率（%）	初婚人数（人）	晚婚人数（人）
		总人数	计划内出生数	计划外出生数								
1986	—	8125	7879	246	—	13.50	97.0	6.31	7.19	—	—	—
1987	—	15479	15297	182	—	12.64	98.8	6.70	5.94	42.1	—	—
1988	140256	11695	11623	72	—	13.92	99.4	7.70	6.22	81.7	—	—
1989	150439	10631	10443	188	—	12.49	98.2	6.60	5.89	85.2	723	649
1990	163014	19344	—	—	—	12.21	97.1	5.56	6.65	86.4	—	—
1991	165996	8252	8076	176	—	8.70	97.8	2.80	5.80	87.3	6573	5740
1992	201076	8123	8092	31	—	8.57	99.6	2.20	6.36	92.5	6782	6274
1993	203676	7677	7585	92	—	8.10	98.8	1.70	6.40	94.4	6998	6603
1994	198929	9074	8906	168	—	9.52	98.1	3.17	6.35	97.1	8474	8226
1995	209829	10480	10369	111	—	10.87	98.9	4.78	6.09	98.3	8081	7761
1996	214194	10972	10897	75	—	11.30	99.3	4.66	6.64	96.8	7480	7241
1997	228411	10470	10360	110	—	10.73	98.9	4.35	6.38	96.7	7136	6898
1998	223854	10095	10032	63	—	10.24	99.4	3.51	6.73	97.6	6982	6811
1999	232271	10126	10083	43	—	10.26	99.6	4.39	5.87	97.7	6720	6567
2000	173925	8413	8392	21	—	10.41	99.8	3.40	7.01	97.8	5347	5227
2001	177454	8021	8007	14	107.2	9.77	99.8	3.17	6.60	96.0	5212	5006
2002	175470	8121	8107	14	105.2	9.82	99.8	3.52	6.30	96.0	5063	4863
2003	179486	6188	6181	7	105.7	7.32	99.9	0.78	6.54	65.5	7991	5231
2004	180844	10495	10478	17	106.1	12.13	99.8	5.93	6.20	62.9	9617	6051
2005	169244	8243	8218	25	106.9	9.68	99.7	4.08	5.60	64.3	7756	4989
2006	169823	8702	8657	45	106.2	10.18	99.5	3.75	6.43	70.5	9745	6868
2007	169371	10177	10114	63	106.6	11.77	99.4	5.31	6.46	67.0	7860	5264

第四编

城建 环保

汇科旺源住宅小区（2010年摄）

1985年，全县开始编制乡镇驻地和镇域总体规划。1986年，开始编制村庄建设规划。1987年后，全区制定“三轴、六区、五中心”总体规划方案，并被纳入济南市总体规划范围。2006年，负责和参与编制济南市控制性规划中涉及历城的19个片区规划。

1986年，仲宫镇进行小城镇道路、供水、供电、通信等基础设施及商品房开发建设试点，之后，全区推广仲宫镇经验，加快全区小城镇建设步伐。1990年，在遥墙、唐王等镇开展民房“四统一”（统一规划、设计、施工、质监）建设试点，该模式被省建委在全省推广。1996年，开始城市住房制度改革。1999年，城区近郊村庄探索实施旧村（居）改造，推进城市化进程。2000年后，实施一系列城市综合整治工程，提升城市综合服务水平。2006年，启动全区控制性规划编制工作，调整完善村庄建设规划，开展社会主义新农村建设。至2007年，全区有25个村（居）实施旧村（居）改造，建成富翔天地、泉印兰亭、东方花园等一批现代化住宅小区，道路、供水、供电、通信、公共活动场所等基础设施配套齐全。

1986—1989年，开展废水、废气、废渣及噪声污染治理，推行环境保护目标责任制，关、停、并、转小型污染企业。1990年起，实施系列环境治理工程，落实环保“三同时”，加强监察执法。至2007年，城区空气质量基本维持二级标准，声环境维持二级，部分地区达到一级标准。

第一章　城乡规划

第一节　城区规划

1986年，全县未形成系统的城区建设规划。1987年5月撤县建区后，区政府制定“三轴、六区、五中心”历城区总体规划方案。“三轴”，即北园路—工业北路发展轴、花园路—花园庄发展轴、大桥路—二环东路发展轴。“六区”，即华山居住和绿化空间功能区、黄台化学轻工业区、农科院科教居住综合功能区、洪家楼经济文化综合功能区、祝甸及辛甸居住区、七里河高新技术产业工业园区。“五中心”，即洪家楼区级中心、花园路市级高科技开发服务中心、全福庄片区级中心、甸柳庄片区级中心、华山片区级中心。2004年，根据济南市“东拓、西进、南控、北跨、中疏”的城市空间发展战略，聘请市规划设计研究院和德国地杰公司，按照济南市总体规划，完成经一路延长线历城段两侧洪家楼城区6平方公里概念性规划和城市设计。2006年，济南市控制性规划编制工作正式启动，包括中心城建设范围内52个片区、总建设用地约541平方公里，涉及历城区的片区规划19个。历城区负责编制王舍人、郭店、唐冶、彩石、遥墙、唐王6个片区规划，建设用地约94平方公里；配合市规划局编制华山、农科院、科技城、雪山、莲花山、黄台6个片区规划；配合历下区编制山大路、长岭山2个片区规划；配合高新区编制孙村、两河、庄科、章锦、贤文5个片区规划；配合市规划局编制南部山区保护与发展规划（东片区）方案。至2007年，上述规划全部编制完成。

第二节　镇村规划

一、乡镇建设规划

1985年，全县开始编制乡镇驻地和镇域总体规划。至1992年，全区有17个乡镇编制完成乡镇总体规划（济南市总体规划范围内的洪家楼、华山、王舍人镇除外）。1992—1995年，聘请山东省建筑工程学院、山东省规划设计研究院、北京大学等规划设计单位，对唐王、董家、大桥、仲宫、十六里河、党家庄、郭店、遥墙、孙村、港沟10个镇的总体规划进行调整完善，并通过专家论证评审和各相关乡镇人民代表大会审查批准。至2007年，所有乡镇均完成总体规划编制及修订工作。

二、村庄建设规划

1986年，全县开始村庄建设规划编制工作。至1992年，全区有740个村庄制定村庄建设规划。2006年10月起，对村庄建设规划进行调整完善。至2007年，有72个村完成新一轮村庄规划编制，其中仲宫镇杨而村、韩家村、刘家峪村、小佛村、邢家村，西营镇西营村、藕池村、葫芦峪村、黑峪村、汪家场村，柳埠镇柳埠村、南山村、投石峪村、里石村、红旗村15个村被列为济南市首批新农村规划试点村；正在编制和调整规划的村有28个。

第二章　城区建设

第一节　市政设施

一、市政设施建设

道路　1987年，历城区所辖城市道路包括工业北路、工业南路东段、花园路、闵子骞路、山大北路、山大南路、洪家楼路、洪楼西路、洪楼南路、黄台北路、黄台南路、大桥路、北园路东段、历城货场路、北外环路东段、益寿路、济临公路历城段17条，总长34.2公里，沥青路面70.47万平方米。1988—1991年，改建洪家楼南路、闵子骞路，建设长2782米、宽50米的花园路东段，拓宽改造黄台南路。1992年8月，投资700万元，建设树德路，南起工业南路，北接花园路，全长1646米，路宽30米，同年12月竣工。1993年4月，建设二环东路花园路至七里堡段和解放路至山大南路路段，总长1300米，宽50米，同年9月竣工。1994年6月，建设北园路东段道路改造工程，全长1357米，宽50米，同年8月竣工。1996年，投资476万元，建设济南电力高等专科学校道路和花香路工程。1998年4月，投资230万元，建设山大南路东段道路，西起山东大学南门，东至二环东路，全长1020米，10月1日竣工通车。同年5月，投资470万元，实施小清河北路历城段拓宽改造工程，西起济南齿轮厂，东至洪家园桥，全长5000米，平均路宽10米，9月竣工。1999年，拓宽改造工业北路，由9米拓宽为60米。2002年5月，实施花园路商业街改造工程，长1100米，宽35米；维修改造二环南路、洪家楼南路人行道、华龙路西段、山大北路、桑园路、辛祝路、七里堡西路、辛北路、洪兴路9条道路。2005年，改造洪家楼南路、黄台南路、七里堡东路、山大南路、洪家楼西路5条道路。2006年，改造祝甸路、西周南

图4-1　拓宽改造后的山大南路（2005年摄）

路、花洪路、学府路、海蔚路5条道路。同年，华龙路、华信路、华阳路、华能路、七里河路、飞跃大道、兴港路、凤岐路、凤鸣路、世纪大道等10条道路移交历城区管理，总长24.6公里，总面积65.16万平方米。2007年，拓宽改造七里河路，长1666米，宽30米。年末，城区有主要道路47条，总长64.48公里，总面积191.75万平方米。其中，主干道5条，长27公里；次干道10条，长13.95公里；支路16条，长16.33公里；宽度10米以上街巷道路16条，长7.2公里。

主干道路简介：

花园路　东起化纤厂医院，西至山大路，长3187米。1988年5月25日至1989年8月18日，对洪楼广场至化纤厂医院路段（原名洪楼东路）宽6米的乡土路进行拓宽改造。改造后与原花园路连接，统一命名为花园路，宽30米，其中车行道宽18米，两侧各设宽4米绿化带、2米人行道，车行道为沥青路面。2002年5月，实施花园路商业街改造工程。西起山大路，东至洪家楼南路，全长1100米，改建以35米红线为基准，沿路两侧三层以下建筑物全部拆除，机动车道采用高标准沥青油面铺设，管线全部埋入地下，排水实行雨、污分流，增加两条雨水沟，新设污水管道，两侧人行道由2.5米～3米统一加宽到7米，用“济南青”花岗岩火烧板铺设，面积1.6万平方米，路沿石用“济南青”花岗岩铺装。2002年10月1日，车行道通车。2004年3月，济南市实施经一路延长线工程，对花园路（洪楼广场至化纤医院段）进行拓宽改造，长2240米，按红线50米建设，11月车行道通车。

工业北路　东起韩仓桥，西至全福立交桥，长11074米。该路为沥青混凝土路，宽11米～22米。1995年，投资1.3亿元，拓宽改造全福立交桥至还乡店路段，长1225米，宽30.8米。1999年，拓宽改造还乡店至坝王路段。以深圳“深南大道”为样板，长6755米，宽60米，双向10车道，中间设8米宽绿化带，两侧各设宽22米快车道、3米人行道和23米绿化带，2001年9月通车。共计拆迁各类建筑物31万平方米，迁移更新管线10余种，征占土地25.8公顷，铺装人行道花砖5.6万平方米，绿化面积30.4万平方米。2006年，拓宽改造坝王路至济钢铁路桥段，长928米，规划红线60米，中间隔离带宽8米，两侧各设宽15米快车道、3米绿化带、8米慢行一体车道，2007年6月10日通车。

图4-2　拓宽改造后的工业北路（2002年摄）

工业南路　东起工业北路，西至义和庄桥，长3000米。该路为沥青路面，主路宽21米～23米，土副道宽9米～11米。1994年4月—9月，济南市拓宽改造工业南路，宽35米，其中，快车道宽21米，两侧各设宽0.5米隔离带、4.5米慢车道、2米人行道。2005年，再次对工业南路进行拓宽改造，规划红线70米，快车道宽30米，两侧各设宽4.5米隔离带、7米慢车道、5.5米人行道和3米绿化带。2006年3月，交历城区管理。

二环东路　南起工业南路，北至济青高速零点立交，长8666米。1992年8月，建设花园路至山大南路段工程，长1.5公里，同年12月15日通车。1993年4月，投资1188万元，建设花园路至七里堡段和解放路至山大南路段，总长1300米，宽50米，其中车行道35米，两侧各设宽3米隔离带、4.5米人行道，路面下设14条管线设施。9月通车。

北园大街　东起全福立交桥，西至北园大街界碑。1994年6月，济南市投资535万元，对北园路历城段进行改造，长1357米，宽50米，8月通车。2006年，济南市实施北园大街快速公交（BRT）工程，拆除全福立交桥，采用“双快”设计，上层是快速车道，下层是快速公交线路，2007年8月底通车。

2007年历城区城市主、次干道情况表

表4-1　　单位：米

道路名称	等级	起止地点	种类	长度	宽度
花园路	主干	山大路—化纤医院	沥青	3187	50
工业北路	主干	全福立交桥—韩仓桥	沥青	11074	60
工业南路	主干	工业北路—义和庄桥	沥青	2636	70
北园大街	主干	全福立交—北园大街界碑	沥青	2601	50
二环东路历城段	主干	济青零点立交—解放路	沥青	7500	50
洪家楼南路	次干	花园路—闵子骞路	沥青	1062	30～15
山大北路	次干	二环东路—山大路	沥青	1550	25
山大南路	次干	山大路—二环东路	沥青	1511	35
闵子骞路	次干	洪家楼南路—益寿路	沥青	646	16
辛祝路	次干	花园路—祝舜路	沥青	985	35
七里河路	次干	工业南路—花园路	沥青	1667	30
华信路	次干	工业南路—花园路	沥青	1646	30
华阳路	次干	省监狱北墙—花园路	沥青	1165	15
华龙路	次干	二环东路—化纤厂路	沥青	2155	30
华能路	次干	七里河路—化纤厂路	沥青	1568	21

2007年历城区城市支路和主要街巷道路情况表

表4-2　　单位：米

名称	等级	起止地点	种类	长度	宽度
洪家楼西路	支路	山大北路—胶济铁路	沥青	1406	15
黄台南路	支路	黄台车站—泵站	沥青	1373	25
花洪路	支路	山大路—洪家楼北路	沥青	1043	16
益寿路	支路	闵子骞路—二环东路	沥青	789	10
历城货场路	支路	工业北路—铁路货场	沥青	1300	10
区劳动局路	支路	花园路—劳动局	沥青	338	11
东兴小区路	支路	闵子骞路—城建开发宿舍	沥青	213	10
七里堡东路	支路	二环东路—祝舜路	沥青	425	25
洪家楼路	支路	洪家楼北路—洪家楼西路	沥青	277	15
洪家楼北路	支路	花园路—七里堡西路	沥青	700	15
七里堡西路	支路	洪家楼西路—二环东路	沥青	690	25

续表4-2-1

名称	等级	起止地点	种类	长度	宽度
桑园路	支路	二环东路—科院路	沥青	1508	20
祝甸路	支路	辛祝路—西周南路	沥青	1341	30
西周南路	支路	祝甸路—祝舜路	沥青	922	30
祝舜路	支路	七里堡东路—西周南路	水泥	3150	20
辛甸西路	支路	花园路—祝舜路	沥青	850	13
丝绸厂宿舍路	街巷	闵子骞路—丝绸厂宿舍	沥青	171	10
区实验小学路	街巷	山大北路—实验小学	沥青	214	7
政府宿舍西路	街巷	花园路—区土产杂品公司	沥青	271	11
海蔚路	街巷	花园路—花洪路	沥青	226	13
辛北路	街巷	小辛庄桥—工业北路	沥青	510	13
洪兴路	街巷	花园路—花洪路	沥青	280	12
花蕾路	街巷	花洪路—黄台南路	沥青	460	10
佳宝路	街巷	二环东路—佳宝公司	沥青	600	9
东晨大街	街巷	祝舜路—祝甸路	沥青	650	26
农干院路	街巷	祝舜路—十里河界	沥青	1100	21
祝苑路	街巷	农干院路—东晨大街	沥青	420	17
历城林业局路	街巷	花园路—工商所	沥青	260	9
区委党校路	街巷	花园路—东风地税局	沥青	220	13
花仙路	街巷	二环东路—百花小区	沥青	400	15
东港路	街巷	洪家楼南路—东港公司	沥青	240	12
南全福大街	街巷	北园路—二环东路	沥青	1100	10~20

桥梁　1986年，主要分布于工业北路、旅游路、窑头大沟沿线。有前进桥、殷陈立交桥、殷家小庄桥、大辛桥、韩仓桥、引水桥、南全福庄桥、北全福庄桥、东方红桥、分水岭石拱桥10座，涵洞38座。2007年，有殷家小庄桥、南全福桥、北全福桥、花仙路桥、殷陈铁路立交桥等桥梁37座。

2007年历城区城市桥梁情况表

表4-3

名称	所在道路	位置	类型	长(m)	宽(m)	面积（m^2）
二环东路通道桥	二环东路	清河南路	小桥	17.50	53.35	933.63
迎济桥	二环东路	窑头大沟	小桥	31.00	64.75	2007.25
百花小区桥	百花小区9号楼	窑头大沟	小桥	15.95	15.60	248.82
华龙路桥	华龙路	窑头大沟	小桥	—	—	—
小庄桥	二环东路迎济桥西北	窑头大沟	小桥	17.90	10.25	183.48
兴泉桥2号桥	殷家小庄桥南2号桥	窑头大沟	小桥	16.00	15.00	240.00
兴泉桥	殷家小庄桥南1号桥	窑头大沟	小桥	15.50	8.70	134.85
殷家小庄桥	花园路	窑头大沟	中桥	58.40	45.25	2642.60

续表4-3-1

名称	所在道路	位置	类型	长(m)	宽(m)	面积（m^2）
洪家楼北路桥	七里堡路	窑头大沟	小桥	28.20	20.70	583.74
七里堡桥	洪家楼北路	窑头大沟	小桥	27.00	11.10	299.70
南全福桥	南全福大街	窑头大沟	小桥	26.80	15.00	402.00
北全福桥	北园大街	窑头大沟	中桥	40.00	71.40	2856.00
北全福村委桥	北全福庄	窑头大沟	小桥	25.00	10.00	250.00
祝舜路涵	祝舜路	排水沟	涵洞	5.00	22.20	111.00
引水桥	工业北路	三道河	小桥	7.80	53.40	416.52
大辛桥	工业北路	大辛河	中桥	68.00	53.00	3604.00
张马屯桥	工业北路	张马河	小桥	16.10	72.20	1162.42
工业北路小汉峪桥	工业北路	小汉峪	小桥	32.00	54.40	1740.80
工业北路韩仓河桥	工业北路	韩仓河	中桥	20.00	46.05	921.00
工业北路龙脊河桥	工业北路	龙脊河	小桥	13.60	55.80	758.88
韩仓河桥	旅游路	韩仓河	中桥	68.00	25.00	1700.00
韩仓河支沟桥	旅游路	龙门沟	小桥	5.80	29.00	168.20
护理学院桥	旅游路	—	小桥	44.50	25.40	1130.30
彩石桥	旅游路	—	小桥	8.90	25.10	223.39
大汉峪中桥左幅	旅游路	小汉峪	中桥	66.00	14.00	924.00
大汉峪中桥右幅	旅游路	小汉峪	中桥	66.00	14.00	924.00
小汉峪支沟桥	旅游路	小汉峪支沟	小桥	9.20	37.20	342.24
章锦涵洞	旅游路	排水沟	涵洞	5.50	40.20	221.10
潘庄桥	经十东路	韩仓河	中桥	42.80	84.80	3629.44
林家庄涵洞	经十东路	排水沟	涵洞	13.00	84.85	1103.05
林家庄西涵	经十东路	排水沟	涵洞	9.70	86.15	835.66
田庄桥（中幅旧桥）	经十东路	田庄东	小桥	7.00	16.80	117.60
田庄加宽桥	经十东路	田庄东	小桥	7.00	67.80	475.00
北胡加宽桥	经十东路	小汉峪	小桥	21.25	65.85	1399.31
世纪大道建筑大学桥	世纪大道	世纪大道与凤鸣路口西	小桥	8.00	61.50	492.00
世纪大道韩仓河桥	世纪大道	韩仓河	中桥	64.00	44.00	2816.00
安家庄桥	凤岐路	龙脊河	小桥	10.30	54.20	558.26

排水设施　主要包括雨水、污水排水管沟和构筑物。1987年，城区排水管沟长7358米，雨污合流。1989年，殷陈铁路立交桥泵站由济南市市政局移交历城区管理。1997年3月，黄台铁路立交泵站建成投入使用。2007年10月，对小清河支流全福河历城段进行整治，南起工业南路，北至小清河，长约3300米。整治一期工程北起胶济铁路，南至二环东路，长约900米，拆除各类建筑物1.1万平方米。年末，城区排水管沟长124.8公里，有检查井3447眼、雨水斗2801座。

图4-3 整治后的全福河道（2007年摄）

二、市政设施管理

1987年，历城区市政工程管理养护所成立。所辖道路17条，总长34.2公里，沥青路面70.47万平方米,花砖人行道5.91万平方米，雨、污水管道长33.7公里，检查井541眼，雨水斗667个。桥梁10座，涵洞38座。1997年9月，成立区市政管理局。所辖城市道路包括工业北路、工业南路东段、花园路、北园大街东段、闵子骞路、益寿路、二环东路等20条，道路总长31.9公里，沥青路面55.14万平方米，花砖人行道9.57万平方米，雨污水管道长41公里，有检查井911眼、雨水斗1080个。桥梁有殷陈立交桥、韩仓桥、南全福桥、北全福桥、殷家小庄桥等5座，涵洞7座。2000年，济南市《市政工程设施管理条例》颁布实施。2003年8月，市政设施管理行政处罚权下放至区城市管理行政执法局。主要管理城市道路养护、城市排水设施、道路挖掘工程，查处破坏市政设施的违法行为。同年10月，开通“12319”市政服务热线。至2007年，受理“12319”市政服务热线2600余件。

第二节 公用事业

一、路灯

1987年，花园路历城段、山大北路、洪家楼路、洪家楼西路、洪家楼南路安装有琵琶灯250多盏，灯距50米。1994年起，实施城区亮化工程，花园路沿街680个单位、经营业户门头设置霓虹灯，装灯率达85%以上，形成花园路霓虹灯一条街。2000年开始，以城区主次干道两侧、沿街广告牌匾、主要建筑为重点，协调融基大厦、鑫都大厦、智慧大厦等高层建筑和富翔天地、泉印兰亭、齐鲁世纪园等居住小区的建筑产权单位安装建筑轮廓灯、泛光灯和射灯。同年，拆除沿街业户违章、破旧、不合格广告牌匾640余块，进行内置光源灯箱式或霓虹灯式广告牌匾改造；对临街落地门窗店面一律增设橱窗灯和内透灯，提高灯亮效果。2004年，投资200余万元，对洪楼广场灯光组团进行改造。2006年，投资10万元，更换广场灯光地下电缆，增设80多盏草坪灯和庭院灯；投资8万元，安装二环东路与花园路节点庭院灯43盏。2007年，投资400余万元，对花园路、二环东路、山大北路等城区主要道路两侧的21栋高大建筑的装饰灯进行改造。同年底，城区有路灯5099盏，供电线路长137.36公里，有100余幢多层和高层建筑完成灯光装饰改造，1000余家沿街业户完成广告牌匾改造。

图4-4 二环东路夜景（2007年摄）

二、供气

1986年3月，管道煤气第一期工程在东郊王舍人庄动工，1988年通气点火。至1995年，管道煤气发展缓慢，用户有2955户。1996—2001年，铺设煤气管线210公里，铺设中压管线17.84公里，建设调压站60座、阀门井211眼，新建液化石油气充装站11个。2001年，在黄台建立液化石油气汽车加气站。12月，国家“十五”计划重点工程“西气东输”济南—淄博齐鲁石化天然气工程（历城段）开工，涉及王舍人、华山、郭店、董家、孙村5个镇，铺设天然气管道39公里，在华山镇和董家镇建2座天然气门站。2002年9月，济南市东部第一座天然气接入门站——董家天然气门站正式投入运行，设计年供气能力2.6亿立方米。2007年，城区居民用气以管道燃气和液化石油气瓶组供气站为主。城区有液化石油气瓶组供气站25个，瓶组供气用户6139户，管道燃气用户6412户。

三、供热

辖区集中供热工程由济南开发区热力公司负责建设。1991年6月—1992年11月，建设一期蒸气管网工程，铺设主管网6公里，支管网3公里。1992—1995年，建设二期热水采暖管网工程，铺设方式为架空与地下直埋相结合。1994年，开始采暖，供热面积10万平方米。1995年，有13个热水交换站，低温水管网长16公里，用热单位50家，供热面积38万平方米。2001年后，供热热源以热电厂为主，区域供热锅炉房为辅。2007年，供热单位有东新供热、济南热力、黄泰热力3家公司，供热面积710万平方米，供热用户8.8万余户。

四、供水

1986—1988年，利用卧虎山、锦绣川水库地表水，建成日供水5万立方米的南郊水厂，为52545户居民供水。1989年，改造花园路历城影剧院—洪楼市场段、洪家楼南路历城影剧院—闵子骞路段2条供水管道。1990年4月，建设七里河加压站。1994年，修建锦绣川水库专线供水管道，长2580米。1998年，建设分水岭水厂，次年9月供水，占地面积3.32公顷，进水管道直径900毫米，出水管道直径700毫米。生产工艺采用计算机全自动闭环控制模式，对滤池进行相对恒速调控，日供水能力5万立方米。1999年5月8日，开工建设鹊山调蓄水库，2000年4月24日，正式向黄河水厂送水。2001年8月，雪山水厂开工建设，设计日供水量2万立方米。2002年2月，卧虎山水库停止向南郊水厂供水。同年8月，雪山水厂建成供水。2004年，改造花园路供水管道，直径由200毫米改为500毫米，长3000米。2005年，改造七里河加压站，解决洪家楼南路、山大南路、山大北路、闵子骞路片区水压低的问题。2005年7月，实施“一户一表”城市自来水户表计量工程。2006年，升级改造学府路自来水管道，直径200毫米，长800米。2007年，城区供水用户达10万户。

五、节水管理

1991年，历城区节约用水管理办公室成立，主要协助市节水办下达用水计划，进行节水检查。1991—2001年，区节水办每年不定时对辖区基建工地、大专院校、餐饮业户用水情况进行检查，查处无计划用水单位82家，宾馆、饭店、浴池180余家，查封自备井80个。2002年6月27日起，市公用事业管理部门委托历城区节水管理部门，对辖区内100余家单位用水进行计划管理和用水考核，代发用水计划和代收超计划加价水费。2005年7月，实施户表工程，在每个住宅用户的住宅外安装由供水企业统一编号和管理的计量水表，按户计量，收费到户。

第三节　绿化美化

一、城区绿化

道路绿化　1986年，城区内道路两侧基本空白，仅在花园路上有少量行道树。1988年，闵子骞路建成，两侧绿地宽1.5米，面积1810平方米，栽种法桐258株，种植百日红、连翘、冬青球、桧柏等苗木。1989年，实施花园路绿化，长6000米，种植大叶黄杨、丰花月季、桧柏、绿蒿、法桐等苗木，绿化面积7735平方米。1994年，实施东外环路绿化，长3200米，2条分车带各宽3米，总长4915.6米，配植上乔下灌，乔木中红叶梨178株，冬青球473株，剑麻6689株；行道树为毛白杨，共1067株。1997年起，实施“见缝插绿、三季有花、四季常青”的造绿工程，相继对小清河两岸、山大南路、山大北路、闵子骞路、洪家楼南路、工业北路、机场路、洪家楼西路、洪家楼北路、桑园路、花园路东段、西周南路、东晨大街、祝舜路等道路进行绿化。2007年，城区公共绿地397.51万平方米，其中，道路绿地177.9万平方米，城区绿化覆盖率38.98%。

图4-5 机场路绿化（2005年摄）

庭院、小区绿化　1987—1995年，驻区单位的爱绿增绿意识逐步增强，在庭院内种植绿化苗木的单位增多，部分单位拆墙透绿，提升主干道绿化率。1997—2001年，连续五年实施造绿工程，新增绿地256.9万平方米。至2007年，全区庭院、小区绿地总面积619.7万平方米，济钢集团、黄台电厂等9个庭院被评为省级花园式庭院，永大小区、上海花园、东方花园3个小区被评为省级花园式小区。

街头节点和游园绿地　1990年，对洪楼广场以南1500平方米三角形空地实施绿化，建成历城城区第一个三角绿地。1998年，完成花园路路口绿化，面积5000平方米。1999年，区政府做出城区绿化建设向小区、乡镇发展的决定，全年新增节点和游园绿地面积36.6万平方米。2000年，对二环东路、省道102线、国道309线、工业南路、工业北路、大桥路6条道路的8个节点广场进行绿化。2001年，实施“绿化进庭院、进机关、进学校、进企业、进街道”造绿工程，全年新增绿化面积27.6万平方米。2002年后，按照道路建设改造与街头节点和游园绿地同时进行的原则，对桑园路节点、还乡店节点、北外环道路节点及七里堡小区街心小游园等8处节点绿地和游园进行绿化，面积4.03万平方米，栽植苗木6.9万株。

二、广场、公园

洪楼广场　位于洪家楼天主教堂南侧，地处历城区政治、经济和文化活动中心地带，由九鹤泉街心公园扩建改造而成。九鹤泉街心公园始建于1987年，占地8876平方米，有绿色植物47种，绿地面积5500平方米，设石桌、石凳等休闲设施14组，建有面积950平方米的喷泉，其中9只栩栩如生的灰鹤雕塑嬉戏水中，故名九鹤泉街心公园。1999年3月扩建改造，并更名为洪楼广场。东西长233米，南北宽96米，占地2.24万平方米。建有花岗石雕塑——天使沐浴喷泉，花岗石娱乐活动平台3600平方米，彩色花砖曲径小路4500平方米，花岗石嵌草1268平方米，安装草坪灯78盏、庭院灯50盏、音箱22个。种植草坪13000多平方米，苗木3万余株。2001年，入选“全省十佳文化广场”。

将军广场　位于济青高速公路零点以南，1998年3月开工建设，10月竣工开放。总占地面

图4-6 将军广场（1999年摄）

积10.8公顷，分东西两大部分，其中东广场占地5公顷，西广场占地5.8公顷。栽植各类乔灌花木5.6万株，草坪5.5万平方米，设置广场灯58组，草坪灯40盏。东广场东北侧，以白皮松、毛白杨等高大乔木和常青树为主，形成长450米，宽25米～30米的绿色长廊背景；广场中间，用丰花月季、瓜子黄杨等灌木植物组成不规则图案造型；广场前侧是长近300米，宽约50米的草坪，绿色草坪中间，建有一处观景鸳鸯亭，石桌、圆凳置于其中。西广场内，用雪松、毛白杨等大型乔木形成长430米、宽25米～30米的绿色屏障，广场中间用花岗石铺装成1750平方米的游乐平台。

幸福柳广场　位于王舍人镇大辛村，2000年9月开工建设，2001年7月竣工开放。占地5万平方米，总投资1200万元，分幸福柳雕塑群、世纪鼎殷商文化、柳荷园三大园区。1959年４月13日和９月21日，毛泽东主席曾两次到大辛村视察，在田间一棵大柳树下，与干部群众亲切交谈，干部群众把这棵大柳树称为“幸福柳”，并专门刻制石碑作纪念，广场由此而得名。

华山公园　1996—1998年，区园林局投资205万元，在华山进行山体绿化、打井和铺设引水上山管道等工作。1999年，实施华山公园一期工程建设，按照8米、6米、3.6米、1.8米四种宽度，修上山路750米，陡峭处安装铁链栏杆70多米，种植黑松、蜀桧、国槐、连翘等苗木10967株，铺草坪500平方米；对位于南侧山体半山腰最险要处的吕祖庙（建于明代，已倾塌）进行重修，长6.11米、宽5.81米，建筑面积约31平方米；在山南侧中部，新建成一座方攒仿古四角尖亭——祥云亭，内置石桌、石凳。2001年，进行华山公园二期工程建设，完成华泉修复和牌坊建设，建成长20米、宽15米、高4.65米的泉池；泉水由泉池中流出形成华山瀑布，总落差110米，是济南市唯一一处落差过百米的大型人造瀑布。

百花公园　东临二环东路，西至闵子骞路，始建于1986年，1989年竣工开放，总面积17.87万平方米，是济南市区东部唯一一个集休闲、健身、植物观赏于一体的综合性市级公园。公园以花木观赏、休闲健身为特色，植被丰富，树木品种多，形成玉兰、牡丹、碧桃、木瓜等多个具有观赏性的精品园。

烈士山公园　位于王舍人镇赵家庄东南。1950年开始筹建，1954年破土动工，1955年正式落成。2003年，投资1500万元对陵园进行改造，拓宽烈士山东路、北路，新建3300平方米的悼念广场、2400平方米的停车场和壮观的汉白玉大门牌坊，以及无名烈士碑、“前仆后继”主题雕塑、“无坚不催”“鱼水情深”巨型花岗石浮雕、1500平方米的健身运动区及园林绿地等景观。改造后的历城革命烈士陵园，占地面积30万平方米，是济南市重要的爱国主义教育基地和东部新区的“红色公园”。

鲍山公园　位于济钢厂区以南，1992年济南钢铁厂建设，先后栽植各类树木35万株，铺设引水上山管道，建成总长4000米的内外环山路，修建7条总长3700米的登山台阶，按照唐、宋、元、明、清五个朝代的不同建筑风格，构建了五组亭廊，建成2400平方米的人工湖。2003年，投资300多万元建成鲍山瀑布，落差38米，流量每小时400立方米～700立方米，人工湖扩建为5000

图4-7　鲍山公园（2006年摄）

平方米，湖周边修建了八角亭及3座石桥。公园郁郁葱葱，花草遍地，景色优美，成为市民休憩、娱乐、健身的好去处。

第四节 环境卫生

一、环卫作业

道路保洁 1987年，区环卫局承担的道路保洁面积为90万平方米。采取承包到人、分段保洁方式，实行面积、人员、工具、奖罚四落实。建立“区局一月两查、环卫所长十天一查、管理干部一日两查”三级检查制度，实施保洁员一日两普扫、全天守岗拣扫道路保洁制度。1988年，实行单位门前卫生有偿服务，单位门前保洁和道路保洁质量同步提高。1995年，城区范围内的21条道路，10条厂企、乡镇路，均纳入保洁管理范围，保洁面积达380万平方米。1998年起，主要道路实行机械化清扫。道路两侧的花坛绿地被纳入正常保洁范围，建立“五净”（墙根净、树坑净、电线杆净、花坛绿地净、路牙和下水道口净）、“五无”（无乱堆乱放、无摊点污染和施工污染、无垃圾死角、无渣土杂物堆积、无积水和污水排放）标准。2005年，开展“环卫进社区”工作，将社区内道路纳入保洁范围。2006年，增加唐冶新区和旅游路道路保洁工作。2007年，开展“环卫进农村”工作，全区道路保洁面积640万平方米。

垃圾清运 1986年，县环卫局有垃圾清运车辆3辆，日清运垃圾24吨，以土建垃圾池收集、翻斗车散装清运为主。1987年，有生产车辆5部，垃圾清运工12人，日清运垃圾90吨。1995年，有生产车辆12部，垃圾清运工16人，日清运垃圾120吨。1997年5月，区环卫所成立，将企、事业单位生活垃圾纳入统一管理，由各企事业单位自行运到专用垃圾场；对无能力自运的单位，由环卫部门有偿代运。1998年起，推行居民和沿街门头垃圾收集袋装化，购置压缩车，实行垃圾压缩密闭收集运输。2000年起，区环卫局不再设立垃圾处理厂，生活垃圾运往济南市济阳垃圾无害化处理厂。对有能力运输的单位，区环卫局为其办理垃圾准倒证和车辆准运证；对无自运能力的单位，环卫部门实行有偿代运。2007年，区环卫局有环卫车42辆，垃圾统管单位241个，代运单位233个，日清运垃圾400吨。

二、环卫设施

公厕 1986年，城区有公厕4座，建筑面积150平方米，均有管理制度、保洁标准、服务时间。1992年，在历城影剧院东邻建成195平方米2层高标准公厕，投资30万元。1997年，建设百花公园公厕。按一类公厕设计，内设无障碍残疾人间、婴儿车、梳洗台等服务设施。2005年8月，在二环东路与花园路交叉口三角绿地处和环联小商品市场北门建设一类水冲公厕2座，并对城区6座公厕进行改造，全部达到一类水冲厕所标准。同年10月，在大润发超市附近和洪楼广场设置免冲环保移动公厕2座。至2007年，城区共有固定公厕11座，移动公厕9座，建筑面积1185平方米。

垃圾中转站 1987年，有土建垃圾池20个，电动升降垃圾台4个。1990—1998年，以铁质高架垃圾台取代土建垃圾池。1998年，在二环东路汽车客运中心建成第一座生活垃圾中转站。1999年，拆除沿街铁质高架垃圾台，设置新型清洁房27个。2002年，拆除旧式沿街清洁房12座，建设垃圾中转站10座，实现垃圾全密闭收集和运输。2007年，全区有垃圾中转站57座，中转箱82个。

环卫公寓 2002年7月，投资70多万元，建设环卫公寓1座。按欧式风格设计，共3层，建筑面积502平方米。2003年1月，因经一路延长线拓宽，公寓被拆除。2005年，山大路、洪家楼、全福、东风4个环卫所分别建成小型环卫公寓。为解决双职工保洁员分居问题，区环卫局在胶济铁路全福段建环卫公寓1处，建筑面积1200平方米，可供56对夫妻居住。2007年6月，区环卫局在辛祝路北端建设板房结构的环卫公寓1处，建筑面积200平方米，可供40人居住。

三、环卫管理

环卫执法　1992年8月1日起执行《城市市容和环境卫生管理办法》，济南市成立市容环境卫生监察大队，历城区设中队，负责辖区内建筑工地、商业摊点、车辆撒漏、生活和建筑垃圾倾倒等管理工作。1999年11月16日，开始实施环卫“110”热线电话服务社会联动，主要受理道路保洁、垃圾清运、公厕管理、生活垃圾乱倒等环境卫生方面的问题。区环卫局成立环卫“110”办公室，设立联动热线电话“88902321”，接受市环卫局“110”指挥中心统一指挥。当年接热线34次，处结率100%。2007年，接环卫“110”急办件207件，处结率、答复率100%。

环卫进社区　2005年，全区推行“环卫进社区”，对村改居的社区实行环境卫生有偿委托管理，区环卫专业队伍负责社区道路保洁和垃圾袋装化清运。2006年，区环卫局分别与祝甸、北全福、南全福、西周、殷家小庄、七里堡、洪苑小区、洪家楼等11个社区签订有偿服务协议。至2007年，实行“环卫进社区”居委会14个。

第五节　城管执法

1987年，城区管理工作由区建委城管科负责。5月，对城区9条主干道、52条街巷道路进行治理，拆除乱搭乱建设施3760平方米。1991年，按照创建国家卫生城市标准，开展市容综合治理，拆除破旧广告牌匾、残墙断壁，粉刷改造部分沿街建（构）筑物，取缔违章摊点。1996—2002年，对花园路、洪家楼南路、山大北路、二环东路、山大南路、闵子骞路等9条主要道路和34条街巷道路进行综合治理，拆除各类违章建筑60多万平方米，清洗粉刷墙面近百万平方米，取缔违章摊点上万个（次），没收违章摊点器具2000余件。2003年8月，区城市管理行政执法局成立。当年取缔马路市场20余个、沿街露天烧烤90余个，清除乱贴、乱画3000余处。2004年，开展市容环境综合整治活动，整治城市“八乱”（乱搭、乱建、乱摆、乱放、乱贴、乱画、乱占道经营、乱倒垃圾污物），清理占道经营摊点4000余个，取缔马路市场230余个，清除露天烧烤860余个，清理乱贴、乱画17000余处，查处违章渣土运输车辆1080辆次，清理违规广告设施1000余件。2005年，对驻区大企业、大专院校、科研单位周边环境进行综合整治，清理占道经营摊点800余个，取缔马路市场40余个，清除露天烧烤380余个，没收烧烤炉具800余件。同年5月，将清除乱贴乱画城市“牛皮癣”工作承包给保洁公司，变突击性清除为经常性清除。2006年3月起，开展“执法大延伸，城管进社区”活动，在鑫达小区、南全福小区等10个社区进行试点；下半年，在龙岱花园、洪苑小区等15个社区进行推广。是年，取缔占道经营摊点1700余个，清除露天烧烤260余个，清理违章广告灯箱740余块，查处不文明施工工地100余处，查处违章渣土运输车辆80余辆。2007年7月，全区开展依法整治违法违章建设工作。拆除华坤汽修车间、郭店镇山前村旧村改造项目、百花小区内违章建筑和占压全福河河道等违章建筑，清理经十东路武警总队两侧、102线两侧、董家和唐王镇非法占地，共计20余万平方米。取缔占道经营摊点600余个，清除露天烧烤120余个，没收经营物品

图4-8　大桥路环境综合整治成果（2005年摄）

1500余件，整治违章广告牌匾550余块，规范广告牌匾200余块；整治小区41个，拆除乱搭、乱建520余处、面积6000余平方米，清理乱贴乱画7万余处，粉刷楼体、墙面8万余平方米，清除垃圾死角150余处、清运垃圾210余车次。年底，城区20余条主次干道违章固定商摊平均每公里不超过0.5处，流动商贩和店外经营平均每公里不超过1个（户），临街建筑墙体和设施乱贴、乱画平均每公里不超过2处。

第三章 镇村建设

第一节 小城镇建设

1986年，区委、区政府在仲宫镇进行小城镇开发试点，对镇政府驻地进行商品房开发及道路、供水、排水、供电、通信等基础设施建设。1990年，仲宫镇被建设部列为全国12个小城镇建设试点镇之一。党家庄、十六里河、唐王、遥墙、西营等乡镇，借鉴仲宫镇经验，进行乡镇政府驻地商品房开发建设，开发下店上宅式商品房20余万平方米。同年，区建委针对民房建设无规划、质量差和互相攀比、抬高标高易引起纠纷的现状，在遥墙、唐王等镇进行民房建设“四统一”试点，1991年在全区推广。同年，省建委在全省推广该模式。1994年，全区实施小城镇建设“三个一”工程，即每个乡镇建设一条商业街，兴办一个农贸市场，逐步形成一个工业小区。洪家楼镇建成七里堡蔬菜批发市场、北全福汽车配件城、洪楼商业批发市场三大市场；仲宫镇建成宏福商场、西苑小区、二仙工业小区；王舍人镇建成宿家张马和梁王两个工业小区，有14个企业入驻；十六里河镇建成英雄山南路商业街；柳埠、孙村、党家庄、唐王、郭店、港沟、大桥等镇均建成一定规模的商业街和专业批发市场；党家庄、孙村、唐王等镇均制定工业小区建设规划，并开始建设。1999年，仲宫镇、遥墙镇被省政府确定为小城镇建设中心镇；历城区被省政府评为“全省村镇建设先进区”。2004年，全区实施乡镇驻地文明商业街建设工程，开展容貌工程进乡镇活动。至2007年，累计投入资金过亿元，新建商住街1.2万米，铺装人行道花砖2万平方米，铺设地下排污管道4.9万米，安装路灯1000余盏，新建、改建商住设施2万余平方米。

第二节 村居建设

1999年前，全区村庄建设以“小康屋”建设试点为重点。1999—2005年，洪家楼、全福、东风、山大路4个街道和近郊地区32个村（居）实施旧村（居）改造，累计总投资超过10亿元，开工建设楼房270栋、建筑面积160万平方米，拆除房屋面积132万平方米，置换土地128公顷，安置村（居）民1.3万户。2005年，遥墙镇张越家村、华山镇高墙王村、柳埠镇投石峪村、仲宫镇艾家村、王舍人镇张马屯村、孙村镇辛庄村、唐王镇老南村、西营镇李家庄村8个村庄被省政府评为村庄建设示范村。2006年，以村镇建设规划、基础设施建设、农村环境整治为重点，开展社会主义新农村建设。32个村被确定为省、市、区三级村庄整治试点，其中，西营镇黑峪村为省级村庄整治试点村，西营镇葫芦峪、李家庄，仲宫镇艾家村、杨而村，柳埠镇秦家村、投石峪村，遥墙镇云家村为市级村庄整治试点村。至2007年，全福街道北全福社区、华山镇苏家村、王舍人镇王舍人村和张马屯村、港沟镇神武村、董家镇裴家村等旧村（居）改造总体策划方案，通过济南市旧村（居）改造工作领导小组审查；彩石片区11个村庄整合总体策划方案，唐冶新区郭店镇程庄村、彭庄村等7个村庄整合总体策划方案，港沟镇色峪村、有兰峪村、田庄村等25个村庄改造总体策划方案，上报市旧村（居）改造工作领导小组。

第三节　唐冶新区建设

2003年，区委、区政府将唐冶新区可持续发展列入全区发展规划。唐冶新区北至胶济铁路，南至经十东路，东至围子山山脊线，西至济南绕城高速公路东环线，规划用地总面积2139.99公倾。2004年2月，区政府委托美国威廉·麦克唐纳及合伙人有限公司，按照可持续发展理念编制唐冶新区总体概念性规划。同年，科技部及中美可持续发展中心专家对方案进行评审，将唐冶新区列入中美可持续发展示范项目。为提高唐冶新区规划设计水平，在美国威廉·麦克唐纳公司所做可持续发展规划的基础上，区政府委托英国ARUP（奥雅纳）公司和上海上实城市发展有限公司对唐冶新区规划设计进一步完善。唐冶新区规划设计为“一心三轴、两带多团”。“一心”，是指唐冶新区行政中心；“三轴”，分别是指世纪大道城市功能发展轴、飞跃大道东部城区产业发展轴和唐冶大道山水景观轴；“两带”，是指沿刘公河和土河所形成的两条滨河景观带；“多团”，是指构成片区的多个城市功能组团。按照规划，唐冶新区将建设“6纵11横1环线”共18条道路，改造土河和刘公河；对11个行政村实施村庄整合，建设行政、商务、文化、体育及居民建设安置中心21个街坊；同时启动污水处理厂和10平方公里的围子山公园等配套设施建设。根据建设时序，整个新区基础设施建设分两期实施。一期基础设施建设主要是实施“102141”工程。“10”是指建设10条路；“2”是指对土河和刘公河两条河道进行整治；“1”是指建设经十东路与唐冶大道相交的互通下沉式唐冶立交桥；“4”是指对港沟镇东邢、西邢、大官、北官4个村庄进行整合；“1”是指实施110千伏韩潘线高压走廊落地。

2005年12月3日，唐冶新区基础设施工程开工建设。2006年7月，对新区内的东邢、西邢、大官、北官4个村庄进行集中整合，建设安置中心。至2007年，完成纵一路、纵二路、唐冶大道、土河路、纵五路、世纪大道、横六路、横七路、横八路、横九路道路及地下管网工程，安装道路交通信号和路灯。建成通车道路总长度21.23公里，铺设沥青路面45万平方米。道路工程累计完成投资2.52亿元。唐冶立交桥工程完成投资0.6亿元。完成新区内道路、唐冶立交桥，以及四村整合安置中心、世纪大道东延山体绿化工程，栽植苗木450万株。安置中心56栋住宅楼全部竣工，建筑面积26万平方米，总造价3.47亿元。安置中心内水、电、煤气、太阳能热水器、道路、排水、绿化、村委办公楼、小学、幼儿园、中水处理站等各项公建附属设施齐备。

第四章　房地产

第一节　住房制度改革

1986年，全县城镇职工住房继续实行“统一管理、统一分配、以租养房”的公有住房实物分配制度。县直公房管理由县建委房管科负责，乡镇、企事业单位公房由各单位自行管理，按每平方米0.12元标准收取租金。1988年11月，区直管公房交区房管局管理。1992年4月，区房地产管理局成立房改办公室。1993年3月，区房管局成立房管所，对所管房屋按济南市公用住房、居民住宅租金标准收取租金，负责维修和水电管理。1996年7月，开始第一期住房制度改革。按照市政府“关于职工购房控制标准、售房价格、付款折扣、售房评估、售房程序”等要求，对符合房改条件的单位进行调查摸底，举办房改培训班8期，培训业务人员900余人。当年，有9个单位、658户职工按房改政策购买公有住房，领取房屋所有权证，其中，单位自管房539户、直管公房119户，面积39480平方米；有231家单位为34342名职工建立住房公积金。同年，公房租金标准提高到每平方米0.90元。1999—2001年，房改售房价格分别作了相应提高。2005年3月，执行《济南市城镇最低收入家庭廉租住房管理办法》，对租住公有住房人均使用面积低于6平方米的最低收入家庭，每人每月每平方米发放9.2元住房补贴。至2007年，全区有269家单位参加房改，5万余户居民购买公有住房并领取房产证，占应参加房改户数的95%，其中，区房管所管理的房屋有869户参加房改；公房租赁885户、建筑面积6.7万平方米；累计补贴困难家庭102户，发放补贴款29.81万元，户均年发补贴2923元，被保障家庭人均住房使用面积达到14平方米以上。

历城区1～4期房改住房价格核定标准情况表

表4-4　　单位：元/平方米

实施期限	价格类别	钢混结构住房		砖混一等住房					砖混二等住房
		一等	二等	甲级	乙级	丙级	丁级	丁级外	成套住房
第一期 1996.2.10—1996.4.30	成本价	1168	1022	845	712	669	632	—	—
	标准价	788	690	570	535	503	475	—	—
	最低限价	290	250	210	170	150	130	120	—
第二期 1999.1.1—2000.6.30	成本价	1425	1247	1035	868	816	771	694	617
	最低限价	350	300	250	200	180	155	140	125
第三期 2000.7.1—2001.6.30	成本价	1568	1372	1138	955	898	848	763	679
	最低限价	420	360	300	240	216	186	168	150
第四期 2001.7.1—	成本价	1881	1646	1365	1146	1077	1017	915	814
	最低限价	504	432	360	288	259	223	201	180

第二节　产权、产籍管理

1986年，房屋产权、产籍由县建委房管科管理。1987年，开始房屋确权发证，当年为2453户房屋所有权者发放房产证，确权面积671.53万平方米。1988年11月，房屋产权、产籍划归区房管局管理。1989年，开始房屋档案建档工作，建档2453户。1990年7月，对直管公房进行确权发证工作，发证850户。1991年4月—1992年2月，对洪家楼镇所辖村的公私房进行确权发证。1992年3月后，确权发证工作扩展到桑梓店、华山、仲宫、王舍人等乡镇。1995年11月，成立区房地产交易市场，办理房地产买卖、租赁、抵押、评估、咨询及房产增减变动、确权发证等事项。1996年1月起，按照市房管局《关于加强房屋产权产籍统一管理的通知》规定，区房管局不再独立核发有关房屋产权、产籍证书，只负责初审上报。1998年1月1日起，启用由国家建设部统一监制且具有仿伪标志的新房屋权属证书。1999年3月28日起，根据市政府、市房管局有关通知精神，开始对全区1997年12月31日前颁发的《房屋所有权证》《房屋共有权证》《房屋他项权证》进行重新审定并换发全国统一的新房屋权属证书。2000年4月起，根据区旧城（村）改造工作领导小组意见，停止办理历城区近郊乡镇村居范围内新建、扩建、翻建房屋的产权登记手续。同年11月，开始办理个人贷款房产抵押登记手续。至2007年，共完成公、私房确权87669户，面积1158.8万平方米；共建立房屋档案17.7万卷，其中房屋产权交易档案12万卷，房屋抵押档案1.2万卷，房改档案4.5万卷，廉租住房保障档案102卷。

第三节　住宅小区开发

1987年起，开始进行住宅小区开发建设，规模较小。1992年11月，区房地产管理局开发公司对区直机关东家属院进行开发改造，1993年5月竣工，投资600万元，开发面积8600平方米。1993年4月，对区直机关西家属院3号楼进行开发改造，1994年1月竣工，投资98万元，开发面积1400平方米。1993年7月对区委党校宿舍楼进行开发改造，1994年8月竣工，投资357万元，开发面积5100平方米。1994年11月对畜牧局住宅楼进行开发改造，1995年12月竣工，投资403.2万元，开发面积5760平方米。1996年，对区文化局大院进行开发改造，投资270万元。1997年，对区畜牧局大院进行改造，投资564万元，开发面积9400平方米。1998年，对区直东居委会危房进行改造，投资300万元，改造面积5000平方米。1999年，与济南市畜禽良种繁育中心合作，在佳宝路9号进行开发，一期工程开发面积5400平方米，投资324万元。2000年，与济南市美术总厂进行合作开发，建两幢住宅楼，面积1.4万平方米，投资700万元。2001年，与济南市畜禽良种繁育中心合作，在佳宝路9号进行二期工程开发，面积1万平方米，投资600万元。至2007年，区城建综合开发公司开发建设七里堡小区、铜件厂小区、历东小区、将军小区、环东佳苑小区、

图4-9　东方花园住宅小区夜景（2007年摄）

环东新苑小区、杏林苑小区、天舒居小区等11个住宅小区，累计开发6万余平方米，区鑫达房地产开发公司建设鑫达小区和彩石商业街，区房地产开发公司建设洪美新居，区村镇服务中心建设智慧大厦、将军花园等；区外开发公司在历城相继开发建设建鑫花园、泉印兰亭、富翔天地、齐鲁世纪园、爱特公寓、汇科旺园、锦绣泉城、彼岸新都、上海花园等大型住宅小区。

住宅小区选介

富翔天地小区　位于花园路45号，西距二环东路200米，2004年竣工交付使用，占地面积3万平方米，建筑面积6万平方米，钢筋混凝土结构，板楼、塔楼、多层、小高层综合型住宅，700户。富翔天地以德国风情社区著称，地理位置优越，交通便捷，与百年山大为邻，充满浓厚的人文气息。

图4-10　富翔天地住宅小区（2005年摄）

齐鲁世纪园小区　位于花园路80号，2005年竣工交付使用，占地面积2.3万平方米，建筑面

积4万平方米，钢筋混凝土结构，板楼、多层型住宅，1200户。

锦绣泉城小区　位于花园路80-1号南临华龙路、北靠华能路、西临七里河路、东临华信路，2005年竣工交付使用，占地面积10.75万平方米，建筑面积26万平方米，绿化率45%以上，钢筋混凝土结构，塔楼、多层、小高层综合型住宅，2200户。

彼岸新都小区　位于山大路2号，2006年竣工交付使用，占地面积3.9万平方米，建筑面积7万平方米，钢筋混凝土结构，板楼、多层、小高层型住宅，中高档欧式社区，700户。

上海花园小区　位于东晨大街100号，2006年竣工交付使用，占地面积17.32万平方米，建筑面积28万平方米，钢筋混凝土结构，板楼、多层、高层型住宅，欧式社区，2230户。

图4-11　上海花园住宅小区（2007年摄）

第四节　房屋拆迁

2003年，经一路延长线拓宽改造，对沿线房屋实施拆迁，涉及单位35家、居民29户，拆除房屋11万平方米。2005年，拆除经十东路田庄村建筑2.3万平方米和解放路甸柳居委会沿街建筑1万平方米。2006年3月，对唐冶新区东邢、西邢、大官、北官4个村庄进行整合拆迁，涉及居民1380户，拆除宅基地房屋32万平方米。同年7月，对北园大街历城段沿线占压道路红线房屋实施拆除，拆迁17.64万平方米。其中，拆迁居民576户、房屋3万平方米；收回（购）土地52宗，拆迁建筑12.55万平方米；拆除无证建筑2.09万平方米。2006年10月，拓宽改造省道102线，对沿线房屋实施拆除，拆迁居民400余户、房屋11万平方米。2004—2007年，对山大南路、山大北路、闵子骞路、七里河路、黄台南路等城区道路周边实施整治，拆除房屋面积10万余平方米。

第五节　物业管理

1994年5月，区开发公司成立区城建开发物业公司，具有法人资格，实行独立核算。下设七里堡小区管理站、铜件厂小区管理站、历东小区管理站。物业管理总面积25万平方米，居民1380户，绿化面积5万平方米。物业公司管理人员持证上岗，维修人员昼夜值班。百花苑、铜件厂、历东3个小区实行封闭式管理。2000年7月，济南齐华物业管理有限公司落户齐鲁世纪园小区，注册资金300万元。企业从业人员20余人，主要从事保安、保洁、房屋维修等工作。2003年前，物业管理企业由济南市房管局物业处负责指导、监督及资质年审。2003年3月，区房管局成立物业管理科，负责全区物业管理企业资质核准初审及从业人员培训工作，协调业主与物业管理企业关系，受理业主投诉。2007年，全区具有物业管理资质的企业31家，从业人员2700余人；实施物业管理的项目113个，项目类型有住宅小区、写字楼、商场、医院、院校、企业等，其中住宅小区有37个，面积近1000万平方米；有16个小区成立了业主大会和业主委员会。

第五章　建筑业

第一节　建筑设计

1984年，以县基本建设委员会技术科为基础成立县建筑设计室，是全县唯一专业建筑设计单位，主要设计普通砖混办公楼、多层住宅等小型工程。1992年7月，区建筑设计室更名为区规划建筑设计院。1994年晋升为乙级设计院。2003年，设计院由自收自支事业单位改制为有限责任公司，更名为山东恒信建筑设计有限公司。2005年，晋升为甲级设计院，集建筑设计甲级资质、规划丙级资质、工程监理丙级资质于一体，从事工业与民用建筑工程设计、城市规划、工程建设监理及相关专业技术咨询。2006年，通过ISO 9000质量管理体系认证。2007年，有职工71名，其中，高级工程师9名，工程师34名，国家一级注册建筑师3名，二级注册建筑师2名，国家一级注册结构工程师6名，二级注册结构工程师1名，注册规划工程师1名，注册监理工程师8名，其他待注册工程师7名；配有先进的CAD网络系统、高配置计算机及各专业设计软件。

至2007年，山东恒信建筑设计有限公司累计完成工程项目约3000余项，建筑面积1500余万平方米。设计完成历城区会议中心、洪楼广场、区档案馆、唐冶新区一期村庄整合安置楼单体楼等多个历城区重点工程；“二十一世纪新四合院”项目获山东省建设厅齐鲁新农居设计竞赛二等奖，“新世纪的和谐社区”项目、“山东省贫困地区新居住模式”项目，获第三届中国威海国际建筑设计大奖赛优秀设计奖；被评为山东省十佳建筑设计院、山东省勘察设计精神文明建设先进单位、山东省十佳规划院。

第二节　建筑施工

一、建筑企业

1986年，全县有建筑企业30家，均没有资质证书。1987年区划调整后，增加原郊区的洪家楼、王舍人、华山3个镇的8家建筑企业，共有建筑队伍38支。1997年，区第一建筑安装工程公司成立，成为全区首家建筑施工二级企业。2001年7月，建设部实施新建筑资质管理规定，资质标准相应提高，对全区建筑企业冲击较大，有5家企业进行资产重组，合并改制。2007年，全区拥有资质证书的建筑企业26家，其中区属建筑企业13家。

2007年历城区建筑企业情况表

表4-5

序号	企业名称	主项资质
1	济南市历城区建筑安装工程公司	房屋建筑二级
2	济南市历城区第一建筑安装工程公司	房屋建筑二级
3	济南市防震建设工程公司	房屋建筑二级
4	济南元田建工有限公司	房屋建筑二级
5	济南坤淇建筑工程有限公司	房屋建筑二级
6	济南大隆建设工程有限公司	房屋建筑二级

续表4-5-1

序号	企业名称	主项资质
7	济南舜泰建筑安装工程有限公司	房屋建筑三级
8	济南市历城区第八建筑安装工程公司	房屋建筑三级
9	济南市华山建筑安装工程公司	房屋建筑三级
10	济南市历城区港沟建筑安装工程公司	房屋建筑三级
11	济南神齐建筑装饰有限公司	房屋建筑三级
12	济南市兴源建筑安装工程处	房屋建筑三级
13	山东天拓建设有限公司	房屋建筑三级
14	济南鲍丰建筑工程有限公司	房屋建筑三级
15	济南市历城区彩石建筑安装工程公司	房屋建筑三级
16	济南鸿舜古建筑工程有限公司	房屋建筑三级
17	济南忠诚建筑安装有限公司	房屋建筑三级
18	济南大正水泥制品有限公司	混凝土预制构件三级
19	济南光大科创信息技术有限公司	电子工程三级
20	济南临港恒丰实业有限公司	园林古建筑三级
21	济南历源实业有限公司	送变电三级
22	济南民惠劳务有限公司	砌筑作业分包一级
23	济南映志建筑工程有限公司	水电暖安装企业分包
24	济南舜泰建筑劳务有限公司	砌筑作业分包二级
25	济南诚宜建筑劳务有限公司	砌筑作业分包一级
26	济南鑫安建筑劳务有限公司	砌筑作业分包一级

二、建筑材料

1996年前，建筑材料主要是砖、瓦、灰、砂、石、钢筋等。1996年10月，市政府颁布《济南市发展应用新型墙体材料管理规定》，禁止生产、使用实心黏土砖。高层（10层以上）建筑工程填充墙必须全部使用新型墙体材料，主要是能够循环利用的黄河淤泥砖、煤矸石砖和蒸压粉煤灰砖；框架结构高层以外的工程使用新型墙体材料的比例，应占墙体材料总用量的30%以上。1997年起，开展新型墙体材料推广应用和禁止使用实心黏土砖的政策宣传及执法检查。2007年，全区有新型墙材与建筑节能产品生产企业17家，其中，生产煤矸石砖、蒸压粉煤灰砖厂4家，普通混凝土小型空心砌块和轻集料混凝土空心砌块以及外墙保温材料等生产企业13家；年产承重墙材1.01亿块标准砖，非承重墙材3.4亿块标准砖。

三、建筑机械

20世纪80年代，随着建筑业的发展，建筑企业机械设备迅速增加。90年代起，区属建筑企业场外材料运输使用拖拉机、汽车，场内用小翻斗车和井字架；用拌和机制作混凝土砂浆；打夯机、捣振器、水泵、磨石机普遍使用，钢筋工使用电焊机、切割机、调直机、弯曲机和卷扬机；木工使用圆盘机、刨板机、凿孔机和电钻。2000年后，逐步淘汰井字架等机械设备，外装阶段主要以物料提升机和施工升降机为主，塔机、挖掘机、推土机、混凝土搅拌机、混凝土输送泵等现代化施工机械设备普遍使用。

第三节　建筑管理

一、资质管理

1988年，全区开始实施资质管理，区建委对26家建筑施工企业、7家市政施工企业、33家预制构件企业颁发资质证书。1996年，按建设部要求，对所有建筑施工企业重新审查，有23家建筑施工企业、11家市政施工企业、37家预制构件企业通过审查取得资质证书。2001年7月，建设部实施新的建筑资质管理办法，资质标准相应提高，有5家建筑企业、2家市政企业进行资产重组，合并改制，预制构件企业减为15家。2007年，拥有资质证书的建筑企业26家、市政企业7家、预制构件企业15家、装饰企业13家。

二、质量监督管理

1986年前，工程质量由各建筑公司质量科室自行负责，县建委采取定期检查和随机抽查相结合的方式对工程实施质量监督。1987年3月，济南市建筑工程质量监督站历城分站成立，主要应用百格网、靠尺、米尺等简单工具，对建设单位申报的工程，从基础、主体到工程竣工，实施质量监督检查。1996年，工程质量监督实行验评分离和备案制度，配备钢筋扫描仪、砂浆回弹仪、混凝土回弹仪、测距仪等监督设备，检测手段从单纯的观感检测向观感检测与数据检测相结合过渡。

1996年12月，按照建设部对建设工程实施强制性监理的要求，成立区建设工程监理服务中心，隶属于区建委。主要从事建筑工程监理及咨询服务，逐步建立起“企业自控、政府监督、社会监理”的质量保证机制。2005年起，除对工程基础、主体实行分部必监外，增加对施工过程的巡检频率，制定结构层、样板层检查制度，实行施工图审查制度、住宅工程分户质量验收制度。至2007年，对洪家楼、七里堡、南全福等多个村（居）改造工程，东兴益寿嘉园、幸福苑等多个住宅小区住宅楼工程，英才学院、燕山学院、历城二中等多所学校校区单体楼工程，维尔康公司、洪家楼工业园等厂房建设项目及智慧大厦商住楼、二建融基大厦等高层建筑工程实施监督监理，累计监督单位工程2031个，建筑面积720万平方米；累计监理建筑工程面积480余万平方米。

三、建筑市场管理

1988年4月，区建筑市场管理办公室在全区建筑工地开展宣传学习建筑市场法律法规活动，重点对区域内的违章工程进行检查与整顿，采取组织各部门联合检查，分期分片抽查和专职人员不定期巡查等方法，发现违章工程及时处理。1989年，全区违章工程占在建工程的50%左右。通过罚款、停工限期整顿等措施，违章工程逐年下降。1995年，违章工程比率下降到在建工程的10%左右。1996年5月，按照《关于改革山东省建筑企业劳动保险费用提取办法的报告》要求，成立济南市建筑行业劳保费用管理办公室历城分站，负责辖区内建筑企业劳保费用代收、代付工作。同年10月，成立济南市招标投标办公室历城办事处，负责全区计划内建设工程和区重点工程的招投标监督管理、建设项目合同备案，查处辖区内招投标违法行为。同年，区建委举办建设工程质量验收标准与规范培训班，培训项目经理人、技术员人、技术工人。之后，每年定期举办培训班。2003年6月，济南市建设工程交易中心历城分中心成立，制定招投标程序和服务指南，在开标厅和评标室安装监控设备和屏蔽设备，购置数码照相机、摄像机、投影仪、笔记本电脑等设备，对招投标实行计算机控制，实现与市交易中心网络互连。扩大招投标业务范围，招标业务由较单一的房建施工、监理招标，拓展到居住区规划设计、房建工程、市政工程、绿化工程、监理、材料采购、项目管理、拆迁等。同年11月，根据国务院办公厅《关于切实解决建设领域拖欠工程款问题的通知》精神，对全区建设单位资金不能按时到位的，督促其与施工方协商签订还款计划协议；对恶意拖欠工程款的，停止建设单位在建项目施工，限制其新项目开工；拖欠农民工工资的，对施工承包企业采取通报批评、限制招投标、降低企业资质等级直至清理出建筑市场等方式，督促其及时支付农民工工资。区项目执法办公室和区城建监察大队，在贯彻落实《建筑法》《规划法》等法律法规的基础上，组织有关部门采取联合拉网式检查、分期分片抽查和专职人员不定期巡查等方法，查处违法违章工程，制止建筑市场的不规范行为。至2007年，累计完成工程项目单项工程招标406个，办理合同备案300余份，查处违章违法建设工程150多个，追缴拖欠农民工工资1729万元，为17家建筑企业建立养老保障金管理手册。

四、安全生产管理

1999年前，建筑安全生产监督管理工作由各建筑企业自行负责。1999年9月，成立济南市建筑安全生产监督站历城分站，负责全区建筑工程安全生产管理工作。同年，开展安全生产大检查、安全生产月、施工现场专项整治、创建优秀文明工地等活动，督促企业建立安全生产管理制度。至2007年，累计监督工程3983个，争创省级优秀文明工地3个。

第六章　环境保护

第一节　环境监测

一、监测队伍和设备

1983年，县环保办公室建立环境监测室，配置玻璃器皿、电烘箱、药品试剂等监测设备。1989年8月，成立区环境保护监测站，有检测人员9人，主要设备有大气例行监测、锅炉烟尘监测和部分水质项目监测仪器。1992年，检测人员增加到11人，区环境保护监测站检测人员增加到11人，设实验室2个、仪器室2个、质控室1个，有各类设备仪器35台（套）；具备45个监测项目的监测资格，其中，大气9个，水质32个，噪声4个。1994年，增加HS6280A噪声频谱分析仪、烟黑测试仪、溶解氧仪、HS5633声级计等仪器设备。2000年，监测站有职工10人，设有办公室、第一分析室、第二分析室、档案室、质控室、噪声室，配有WFX-1E2型原子级收分光光度计、3012H型自动烟尘（气）测试仪、PHS-3C型酸度计等仪器设备36台（套）。2004年，监测站有职工9人，设有综合室、采样室、分析室，配有梅特勒电子天平、AWA6218B型噪声统计分析仪等仪器设备28台（套）。2007年，站内设监测管理室、现场监测室、中心实验室3个科室，有职工10人；监测用房建筑面积300平方米，其中实验室面积240平方米；拥有各类监测设备16台（套），仪器设备固定资产总值20多万元。

二、 环境监测点

大气监测　1986—1989年，大气例行监测点有16个。1990年，保留济南第四十三中学、省种子仓库2个监测点。2004年，大气例行监测点取消。

大气降尘监测　1994年，在百花公园、省种子仓库设立2个省控降尘采样点，每月5日前采样检测。

大气降水监测　1986—1991年，监测点设于山大北路87号区建委院内，属市控点，逢雨雪必测。1992—2007年，迁至七里河路13号区环境保护局办公楼楼顶。

地表水监测　1991年，区环境保护监测站开始对小清河及其支流进行检测，共设6个点位，分别在大辛河、张马河、沙河、滩头、曲家和石河，属市控点，每月5日前采样检测。1997年，增设济南化纤厂排水干管点位。2000年，取消沙河点位，设立济南钢铁厂排水干管点位。2004年，增设巨野河点位。2007年，对小清河支流9个点位进行监测，分别是小汉峪沟、全福河、大辛河、石河、巨野河、华山大沟、张马河、化纤干管和济钢干管。

噪声监测　辖区内环境噪声监测点均为市控点。1986—1992年，噪声监测分为两类，一类是区域环境噪声，按500米×500米网格布点21个；另一类是噪声达标小区，按180米×180米网格布点，全部设在1类区（昼55分贝，夜40分贝），共计102个点位。1993—1996年，道路交通噪声监测布点8个；区域环境噪声监测布点21个，每年5月监测1次；洪黄噪控区按1000米×1000米网格布点100个，每年5月或10月监测1次；建筑施工噪声监测布点23个，固定噪声源监测布点310个，每年6月底、12月底前各监测1次。2000年，区域环境噪声监测按1000米×1000米网格布点48个，贯穿于3类区和1类区；固定噪声源监测布点109个；道路交通噪声监测布点10个。2004年，区域环境噪声监测按1000米×1000米网格布点48个，贯穿于3类区（昼65分贝，夜55分贝）和1类区；固定噪声源监测布点48个；道路交通噪声监测布点9个。2007年，区域环境噪声监测按1000×1000米网格布点48个，贯穿于3类区和1类区；洪黄噪控区按1000米×1000米网格布点141个；道路交通噪声布点10个点位。

2007年历城区小清河支流监测采样点位情况表

表4-6

支流名称	监测断面具体位置	控制级别	功能
小汉峪沟	入高新区断面、殷陈村西入河口	市控	排污
全福河	历下大厦、全福河桥	市控	排污
大辛河	小陈家、西周	市控	排污
石河	梁王桥	市控	排污
巨野河	鸭旺口巨野河桥	市控	排污
华山大沟	入小清河口	市控	排污
张马河	张马河桥	市控	排污
化纤干管	入小清河口	省控	排污
济钢干管	入小清河口	省控	排污

第二节　污染防治

一、大气污染防治

1986—1989年，治理区级重点污染源10个，其中工业粉尘5项，烟尘5项；建设历城铁厂冶炼煤气回收设施、历城水泥厂生料磨布袋收尘、第二水泥厂水泥磨电收尘、洪家楼综合加工厂和洪家楼热处理厂炉窑改造等项目，年回收煤气1亿多立方米、粉尘2000多吨。1989年起，开展洪家楼烟尘控制区建设，拆除不合格锅炉16台、火烧心茶炉12台，治理窑炉3台，推广型煤炉38台。1991—1992年，建成3.6平方公里的七里河烟控区，推广型煤炉28台。1994年，开展以“气清”为重点的环境保护，检查驻区单位排烟设施131台，处罚22个单位，提出警告和限期治理34个单位，取缔清理各式烟煤散煤花盆炉和自制炉160台，淘汰二次风茶水炉180台。1995—1998年，完成废气治理项目24个，建成5.3平方公里黄台烟控区，治理改造12家单位的13台锅炉、窑炉，年减少排放粉尘3800吨，废气处理率85%。1999年，实施容貌工程，创建济南市最长的清洁燃料示范一条街——花园路；取缔济王路、省道102、国道104等主要线路两侧1000米内的小石灰窑、小石子粉碎点35个，露天烧烤经营户386个，燃煤饮食摊点1120个，没收各类燃煤炉具1030台。2000—2002年，实施蓝天工程。封存超标煤1万多吨，取缔4吨以下各类燃煤炉具224台，拆除闲置烟囱42座，安装油烟净化装置10台。2003—2006年，创建国家环保模范城市，取缔摊点燃煤炉具1500多个次，创建洪家楼禁燃煤区1.5平方公里、七里河禁燃煤区1.8平方公里；关停历山水泥有限责任公司、安家水泥厂、盘龙山水泥有限责任公司、莲花山福利建材厂水泥立窑生产线；济南卷烟厂、山东华光日化集团有限公司等100余家单位更换清洁炉具或建设高效污染防治设施。2007年，依法关停省道103线仲宫镇二仙桥周边违法采石场19家、华山镇150余家花岗石厂；济南庚辰钢铁有限公司投资1800万元，安装烧结机脱硫除尘和高炉出铁场除尘装置，二氧化硫排放量削减1000吨；完成济南重工机械有限公司、济南鲁东耐火材料厂、历城区董家镇福利冶炼厂等排污治理。

图4-12 关停南部山区违法采石场（2007年摄）

二、水污染防治

1986—1989年，治理废水污染源19个，关停9家电镀厂，取缔非法电镀点5个，年节水120万立方米，每日减少有毒废水排放100吨左右，提高白水复用率60%。1991—1995年，完成废水治理项目8个，关停污染项目7个，对大丘山电镀厂进行污水治理工艺改造。1996—1998年，完成废水治理项目28个，关停小电镀厂6家，取缔土炼油厂2家，转产小印染厂2家、小造纸厂3家，废水处理率88%。

图4-13 历城一中污水处理厂（2006年摄）

2000—2005年，以南部山区水源地、卧虎山水库、锦绣川水库、狼猫山水库、锦阳川河和锦绣川河水源环境保护为中心，完成仲宫污水处理厂建设论证，开展周边环境综合整治，拆除违法建筑和餐饮点38处，取缔锦绣川河两岸淀粉加工业户48家，建成日处理量120吨的锦阳川门牙景区污水处理厂和日处理量1000吨的历城一中污水处理厂；在北部平原地区开展整治违法排污企业保障群众健康环保专项行动，对济南光明纸业有限公司、济南绿霸化学品有限公司实施挂牌督办，对济南维维乳业有限公司、济南群康食品有限公司等违法排污企业给予行政处罚，关停杨北造纸厂、唐王小塑料作坊等污染严重企业，并在济南绿霸化学品有限公司安装废水在线监测系统。2007年，开展以化学需氧量减排为目标的废水综合治理，建设仲宫污水处理厂，济南光明纸业有限公司安装污水治理配套设施，废水全部回用。

三、噪声污染防治

1986—1992年，开展噪声区划调查，划分四个噪声功能区：山大居民文教区、洪家楼1类区、黄台工业区、七里河工业区。开展山大居民文教区和洪家楼1类区声环境达标工作，治理噪声源3处，摘除商业性喇叭8处。1991年，增建4平方公里的七里河、黄台噪控区，对噪控区内11个超标噪声源进行治理，90%以上达标。1995年，对扰民严重的餐饮油烟机噪声、沿街高音喇叭等进行整治。1999年，成立区环保监察大队，对未办理环境审批手续的建筑施工单位进行查处。2003年起，加强中、高考期间的声环境治理，停止办理夜间建筑施工作业环保审批手续，当年中、高考期间，加强执法巡查，防止噪声污染，取缔居住区及学校周边的铝合金加工店15家。2007年，治理建筑施工噪声，规范企业行为。

四、固体废物及医疗放射源防治

工业固体废物防治　济南钢铁集团公司、山东黄台火力发电厂、济南铸材集团有限责任公司是辖区内工业固体废弃物重点污染源。1986—1992年，对冶炼废渣、煤碎石、酒糟等主要工业固体废弃物开展综合利用试验。1993年后，对工业固体废弃物进行综合利用。2007年，工业固体废弃物产生量717.34万吨，综合利用量701.23万吨，其中冶炼废渣综合利用率99.95%，炉渣利用率70.9%，粉煤灰利用率89.1%。

医疗放射源防治　2001年，对全区16家医疗卫生单位放射源情况进行调查。2002年起，制定重大放射源污染事故应急处理预案，加强放射源申报登记和检查工作，每个季度对驻区7个放射源单位使用情况进行检查。至2007年，辖区内无放射源污染和放射性事故的发生。

五、节能减排

1986年，以节能降耗、增产节约为重点，在县直企业中建立三级节能网络，历城铁厂、历城水泥厂、历城酒厂等企业被评为省级节能企业。1990年，开展能量平衡工作。1998年1月1日起，执行《中华人民共和国节约能源法》，淘汰落后工艺、设备，推广节能“四新”（新产品、新技术、新工艺、新材料），开展节能行政执法检查。每年对锅炉、炉窑、风机、水泵等设备开展能源利用测试，对浪费能源的企业进行整改，并对能源管理人员和主要能耗设备操作人员开展节能培训。2006年，市政府制定《济南市节能目标责任考核办法》，与区政府及辖区内15家重点用能企业签定节能目标责任书。是年，全区万元GDP能耗2.08吨标准煤，比上年下降4%；万元GDP取水29.03立方米，较上年下降14.28%；规模以上工业万元增加值能耗2.8吨标准煤，比上年下降4.95%；规模以上工业万元增加值取水量23.92立方米，比上年下降17.09%。根据产业政策关闭高耗能、高污染的盘龙山水泥有限公司、莲花山水泥厂、安家水泥厂、历山水泥厂和济南涌泉造纸厂等企业。华山花岗石全面禁采，关停石料厂19个。2007年，成立区发展循环经济、建设节约型社会推进委员会，建立联席会议制度，制订《历城区发展循环经济实施方案》。淘汰落后产能，督促济南钢铁集团落实《山东省关停和淘汰落后钢铁生产能力（第一批）责任书》要求。济南钢铁集团第二工业区2座16吨转炉、2座128立方米高炉、2座小型加热炉停产；治理、关闭高耗能、浪费资源和破坏环境的小冶炼企业。年末，全区万元GDP电耗下降4.45%，万元GDP取水下降5.74%，规模以上工业万元增加值能耗下降6.84%，规模以上工业万元增加值取水下降3.6%。

第三节　环境质量

一、大气环境质量

20世纪80年代，境内环境空气质量属于重度污染，类型为煤烟型污染。冬春季重于夏秋季，东部重工业区重于西、南部。主要污染物为总悬浮颗粒物，其次为二氧化硫和氮氧化物。污染源主要源自钢铁、炼油、化工、建材、造纸等企业及居民生活产生的废气、废水、烟尘。污染物排放量较大的企业有济南钢铁总厂、济南炼油厂、济南造纸厂唐王分厂等104个单位；汽车尾气、道路扬尘、施工工地扬尘和胶济铁路扬尘等，也对大气环境质量产生很大影响。1989年，二氧化硫年均0.111毫克/立方米，超国家标准0.9倍；总悬浮颗粒物年均0.59毫克／立方米，超国家标准1倍。1993年，大气例行监测结果评价分析，大气污染处于警戒水平(Ⅰ＝1.6)，总悬浮颗粒物年均0.342毫克/立方米，超标0.14倍；氮氧化物年均0.034毫克/立方米，低于国家标准；二氧化硫年均0.135毫克/立方米，超标1.25倍。1996—2000年，主要污染物是总悬浮颗粒物。2001—2006年，空气质量为三级，主要污染物为可吸入颗粒物、二氧化硫、二氧化氮，其中二氧化硫、二氧化氮达到国家环境空气质量二级标准。2007年，二氧化硫、可吸入颗粒物分别超过国家环境空气质量二级标准0.03、0.45倍，二氧化氮达到环境空气质量二级标准。

1986—2007年，大气降水pH范围5.62~6.89，pH均值呈中性。

二、水环境质量

地表水　1994年检测数据，全区37座水库，除卧虎山水库个别项目超标外，其余水库水质符合一、二类地面水标准；小清河及其支流污染类型以工业废水和生活污水为主，主要污染物为化学需氧量和氨氮。水质污染综合指数ΣP大于2.0，属严重污染。1996—1997年，小清河污染严重，感官性状极差，属劣五类水质，重度污染。1998年，对小清河进行治理，污染程度有所缓解。1999—2006年，小清河水化学需氧量、氨氮均超标100%，感官性状极差，水体呈黑褐色，有臭味，污染综合指数大于2.0，属重度污染。2007年，卧虎山、锦绣川和狼猫山水库，污染综合指数均小于1，水质良好，宜作饮用水源地；其余小型水库，未进行水质监测；小清河水化学需氧量32.8毫克/升~328毫克/升，氨氮3.07毫克/升~79毫克/升，总磷0.03毫克/升~7.89毫克/升，溶解氧0.09毫克/升~6.47毫克/升，均超标100%；pH值6.13~8.17，污染综合指数ΣP大于2.0，属重度污染。

地下水　地下水污染区域分布于小清河沿岸、巨野河中下游、唐王镇漏斗区，浅层地下水氯化物、总硬度、细菌总数等超饮用水标准。

三、声环境质量

1986年，噪声分城市功能区噪声和道路交通噪声，功能区噪声基本达到功能区环境噪声等效声级标准，道路交通噪声环境质量为“坏”级。1993年，辖区平均等效声级52.4分贝。1995年监测结果，交通噪声超标准平均0.4分贝，等效声级52.4分贝。1997年，噪声分功能区噪声、道路交通噪声和区域环境噪声。全区均达到昼、夜等效声级标准，其中洪家楼镇区域环境噪声达国家1类标准，洪黄噪声区达国家1类标准，七里河、黄台噪声区达国家3类标准；平均道路交通噪声72.3分贝，高于国家标准。2004年，洪家楼地区环境噪声达国家1类标准；平均道路交通噪声70.5分贝。2007年，道路交通噪声平均等效声级69.3分贝；区域环境噪声平均等效声级昼间50.3分贝、夜间41.6分贝，达国家1类区标准；洪黄噪声达标区平均等效声级昼间55.47分贝、夜间43.99分贝，达国家2类标准。

2007年历城区城市环境质量状况一览表

表4-7

环境要素	执行标准	环境质量现状	主要污染物质	污染类型	污染趋势
大气	环境空气质量（GB3095-1996）二级标准	超过国家环境空气质量二级标准，属轻微污染	可吸入颗粒物	扬尘污染	逐年加重
小清河	地表水环境质量（GB3838-2002）V类标准	超过国家地表水V类标准，属严重污染	氨氮、化学需氧量	有机物污染	污染趋势初步得到控制
饮用水源	地表水环境质量（GB3838-2002）II类标准	达到国家地表水II类标准（除总氮超标），水质良好	总氮	有机污染	逐年改善，宜作饮用水源
声环境	声环境质量标准（GB3096-2008）1类标准	达到国家1类标准，声环境质量良好	道路交通和建筑施工噪声	道路交通和建筑施工噪声污染	污染趋势有所加重

第四节　环保管理

一、目标管理

1988年，试行环境保护目标责任制。1989年8月，区政府与区直有关部门、乡镇政府35个单位签订1989—1990年度环保目标责任书，完成环保指标任务38项。之后，区政府每年与有关责任单位签订年度环境保护目标责任书，对完成情况进行考核，奖优罚劣。2006年10月，区政府与济南庚辰钢铁有限公司等26家企业签订“十一五”期间企业水、大气污染物总量削减目标责任书，把化学需氧量、二氧化硫、烟尘和粉尘四项削减指标分解到企业。

二、监察执法

1986—1988年，日常监理对象为工业污染源，以企业锅炉、生产窑炉为主，其次为印染、电镀、造纸企业废水，检查单位78个次，检查锅炉、茶炉133台次。1989年起，实施环境影响评价制度和“三同时”（污染防治设施与主体工程同时设计、同时施工、同时投产使用）管理。1994年1月，区环境监理站成立，负责全区企事业单位环境监察工作。1995，围绕烟尘控制区、环境噪声达标区创建，进行现场监理和督促企业治理污染。对辖区内180家重点排污单位进行摸底调查，污染企业监理率达100%；对45家违反环保规定的单位给予处罚和警告。1997年，实行排污申报登记制度，调查各类排污单位2277家、排污设施925台，对被查单位污染物排放情况进行登记，共监理单位1200余个次，查处违反环保法律、法规案件101件。2005年，开展整治违法排污、保障群众健康专项行动，对40家重点排污单位进行现场检查，处罚6家，限期整改3家。2006—2007年，对全区工业园和电镀、造纸等重点污染行业进行检查，查处各类违法排污单位190余家，依法处罚101家。

三、排污收费

1983—1985年，县建委按照国务院《征收排污费暂行办法》，对县属19个工业企业征收排污费。1986年起，执行省政府《山东省征收排污费实施办法》，征收排污水费、超标准排污费和采暖锅炉烟尘超标准排污费26.79万元。1991年，执行国家《超标污水排污费征收标准》《超标环境噪声排污费征收标准》，征收排污费209.19万元。2003年7月1日起，按国家《排污费征收使用管理条例》征收排污费。2007年，征收排污费691.53万元。

四、宣传教育

1986—2007年，区环保局每年在“6·5”世界环境日开展环保宣传活动，采取编印《环保法律法规文件汇编》、悬挂宣传标语、媒体宣传、举办各类培训班、组织小学生环保科技夏令营、创建绿色学校等形式，广泛宣传环保法律、法规，提高居民环保意识。至2007年，共发放《环保法律法规文件汇编》8000册，举办各类培训班50余期、培训2000多人次，创建省级绿色学校6所、市级绿色学校40所。

图4-14　区环保局在仲宫镇民族小学开展环保宣传（2007年摄）

第五编

交通 邮电

济青高速公路零点立交（2007年摄）

1986年，全县公路通车里程386.6公里；境内有胶济铁路和京沪铁路，设郭店、历城、党家庄3个火车站。1987—2007年，对辖区所有国道、省道及县乡道路实施了升级改造工程，客运公交逐步实现了市、区一体化。1992—2007年，济青高速公路、济南绕城高速公路、济莱高速公路历城段先后建成通车。1992年，济南遥墙国际机场建成通航。2003—2007年，区委、区政府大力实施“村村通”工程，累计投资5.7亿元，新(改)建县、乡、村公路498条1157公里。2006年起，实施农村街巷道路硬化“户户通”工程。2007年，年末全区公路总通车里程1631.1公里，铁路里程25公里。

1986年，县邮政局实现邮政业务收入139.8万元。2000年，邮政业务收入突破千万元。2007年，区邮政局下设邮政支局28个、邮政所7个，完成邮政业务收入4648.49万元。

1986年，全县农话年末用户为661户，业务收入42.7万元。1990年起，大力发展程控电话。1996年后，移动电话和互联网逐步得到发展。2000年，户均电话普及率达到60.51%。2007年，全区有固定电话用户20.6万户，移动电话用户39.6万户，互联网宽带用户6.4万户。

第一章 交通基础设施

第一节 公 路

1986年，年末全县公路通车里程386.6公里，其中，国道、省道124.7公里，县道114.3公里，乡道147.6公里。1992年，山东省首条高速公路济青高速公路建成通车，境内路段长26.9公里。2003年，区委、区政府全面启动“村村通”柏油（水泥）路工程。2007年，年末全区公路通车里程1631.1公里。

一、高速公路

济青高速公路　总里程367.6公里，是山东省第一条高速公路。境内西起零点立交，东至章丘历城界，途经华山、王舍人、遥墙、董家、唐王5个镇41个行政村，长26.9公里，设零点立交、华山立交、小许家立交3个出入口。沥青混凝土路面，路基宽26米，双向四车道，全封闭、全立交，设计时速100公里～120公里。济青高速公路历城段于1990年1月开工，1992年10月28日建成通车。

济莱高速公路　总里程75.5公里，是国道主干线北京—上海公路、北京—福州公路山东境内重合段的重要辅线。历城境内长16.9公里，西起港沟镇南，经济南绕城高速公路南线，跨港西路、狼猫山水库、玉龙垭口接章丘市曹范镇，设港沟、蟠龙、彩石3个出入口。路基宽度33米，双向六车道。2005年6月1日开工建设，2007年12月22日竣工通车。

济南绕城高速公路　全长108公里，为全立交、全封闭高速公路。历城境内分两段，全长38.2公里，设遥墙机场、小许家互通立交、郭店互通立交、邢村互通立交4个出入口。第一段，北起济南遥墙国际机场，南至济王公路（国道309线）邢村立交桥，全长19.6公里，又称绕城高速东线，双向四车道，路基宽28米。1997年12月29日开工建设，1999年9月28日竣工通车。第二段，邢村立交桥至市中区十六里河镇，又称绕城高速南线，长18.6公里，路基宽度26米。1999年8月开工建设，2002年5月底竣工通车。

济南绕城高速公路北环线　是青(岛)银(川)高速公路的一部分，济南境内全长38.8公里（含黄河三桥），其中历城段长14.2公里，路基宽度

图5-1　济南绕城高速公路北环线（2007年摄）

50米～54米，途经董家、唐王、遥墙3个镇18个行政村。历城境内线路走向为东起董家镇城角巷村，北向西与济青高速公路交叉设唐王立交，向西经唐王镇南，遥墙镇四风闸村南，在向阳村北与济南机场高速公路交叉设机场枢纽立交，北跨小清河，在大李家村南与荷花路交叉设荷花立交，在刘家村南向北跨过黄河。2005年开工建设，2008年12月28日全线竣工通车。

二、国道

G104线（北京—福州）　境内长17.6公里，分为黄河北段（1989年因区划调整由德州市公路段划归济南市公路段养护管理）、党家庄段。2000年6月，黄河北段、党家庄段分别划入天桥区和市中区。

G220线（滨州—郑州）　境内长3.4公里。1989年，因区划调整由德州市公路段划归历城区公路局养护管理。2000年6月，划入天桥区。

G308线（青岛—石家庄）　境内长14.8公里。1989年，因区划调整由德州市公路段划归历城区公路局养护管理。2000年6月，划入天桥区。

G309线（荣成—兰州）　境内长30.8公里，共分为两段。第一段起点章丘界，从鸡山村起由东向西，经白谷堆、山庄、庄科、小龙堂、东港沟、邢村、潘庄、田庄、北胡9个村至历下区石河岭界。1987年，进行大修改造。1998年，对石河岭至潘庄段5.3公里进行拓宽改建，设计标准为一级路、双向六车道，1999年9月竣工通车。2001年，经全国公路第二次普查测量，G309线历城段为19.6公里。2002年，石河岭至邢村立交桥进行拓宽改建，当年竣工通车。设计标准为一级路、双向十车道，路基宽84米，路面宽74米，沥青混凝土路面。2003年，邢村立交桥至历下区石河岭4.9公里交由济南市城建部门养护。是年，邢村立交桥至章丘段进行拓宽改建，当年竣工通车。设计标准为一级路、双向八车道，路基宽40.5米，路面宽32.5米，沥青混凝土路面。第二段是黄河北段（又称为GF309线），长11.2公里。1989年，因行政区划由德州市公路段划归历城区公路局养护管理。2000年6月，因区划调整划入天桥区。

三、省道

S101线（济南—德州）　境内长6.3公里，1989年年底由德州市公路段划归历城区公路局养护管理。2000年6月，因区划调整划入天桥区。

S102线（济南—青州）　原名省道106线，

图5-2　省道102线（2007年摄）

1998年更名为省道102线。历城段全长13.8公里，西起郭店镇韩仓桥，经刘家、锦平、郭店东、郭店西、山前、曹家馆、东风新村、十里堡、五里堂村至章丘市龙山桥界。1994年，郭店镇路口至章丘龙山桥9.3公里拓宽改建，设计标准为二级路、双向四车道，当年竣工通车。1995年，市公路局对韩仓桥至郭店镇路口4.6公里实施中修罩面补强工程。2007年，历城段全程拓宽改建，设计标准为一级路、双向六车道，当年竣工通车。

S103线（济南—临沂） 原名省道002线，1998年更名为省道103线。境内原长38.2公里，北起东方红大桥，南至泰安界。1990年，东方红大桥至分水岭段2.8公里拓宽改建。1995年，东方红大桥至二环路口1.2公里调整至市城建部门管理。1995年，分水岭至仲宫段10.3公里拓宽改建，设计标准为一级路、双向四车道，1997年9月竣工通车，是全省公路系统第一个按照事权划分由历城区自行采取公开招投标的公路建设工程。1999年，仲宫至李家塘段15.8公里拓宽改建，设计标准为山区二级路、双向两车道，当年竣工通车。2000年6月，因行政区划调整，南外环路口至店子岭6.9公里划入市中区。至此，省道103线历城境内全长28.8公里，走向由北向南，从店子村起，经二仙、仲北、仲南、并渡口、门牙、东坡、突泉、红旗、柳中、槲疃、岱密庵、刘家峪、窝铺村至泰安界。2001年，柳埠至泰安界11.6公里拓宽改建，设计标准为山区二级路、双向两车道，2002年7月竣工通车。

S327线（临朐—仲宫） 原名省道012线，1998年更名为省道327线。境内走向由东南向西北，长31.9公里。东起章丘界，经枣林、坐窝、东岭角、西岭角桥、西营、纸坊、白云、槐家峪、艾家、牛家、东商家、西商家、稻池、东路家、秋家、杨家、于家洼、东郭而、仲宫南村至仲宫大桥，交于省道103线。该路分别于1988年、1990年、1997年分段实施中修罩面工程，其中，1989年枣林至西营段6公里由砂石路改建为沥青路面。2000年，历城段全线进行拓宽改建，设计标准是山区三级、二级路，双向两车道，当年10月竣工通车。其中，章丘界至枣林桥段4.6公里设计标准是山区三级路，路基宽8米，路面宽7米，水泥混凝土路面。枣林桥至仲宫段27.3公里设计标准是山区二级路，路基宽15米，路面宽12米，沥青混凝土路面。

四、旅游路

济南市旅游路全长28.42公里。东段西起港西公路，东至孙村镇让古戎大道接国道309线，全长9公里。其中，历城段8.24公里，贯穿港沟、彩石2个镇8个行政村。按城市道路一级公路技术标准设计，控制红线50米，路基宽25米，路面宽20米，两侧人行道各宽2.5米，绿化带各宽12.5米。2005年9月开工，2006年9月正式竣工通车。

图5-3 济南市旅游路历城段（2007年摄）

五、县乡道路

X051线（老僧口—柳埠，简称老柳线） 2000年，全国第二次公路普查路线编号为XA11，2006年统一为X051。起点为唐王镇老僧口村，经董家、郭店、彩石、西营至柳埠大桥，路线重合G309线1.628公里、S327线2.792公里，实际里程70.274公里，路面宽6米～18米。2001年11月，对郭店镇十里堡村至G309线济王路段7.9公里进行改扩建，按平原二级公路标准设计，沥青混凝土路面，路宽12米～20米，2002年10月竣工通车。2004年，彩石—西营段列入全区重点公路建设工程进行改建。全长31公里，工程总投资3500万元，总占地面积9.24公顷。北起G309线彩石镇政府驻地，南至S327线西营镇东岭角村，途经彩石、西营2个镇20个行政村，直接受益人口21730人。按山区二级、三级公路标准设计拓宽改建，路基宽8米～12米，路面宽7米～9米，山岭路段为水泥混凝土路面，其余路段为沥青混凝土路面。2004年年初开工，9月底竣工通车。

X052线（滩头—九曲，简称滩九线） 全国第二次公路普查路线编号为XA12，2006年统一为X052。起点为王舍人镇滩头村，经港沟镇至锦绣川乡九曲村，全长30.352公里，路面宽5米～30米。2003年4月—9月，对滩九线港沟—九曲段进行改扩建，总投资1780万元。该段全长16.8公里，南起S327线，向北跨过锦绣川，经大水井、仁里，过桃花岭垭口，途经石庙、燕棚窝、两河、河西至港沟。按山区三级公路标准设计，沥青混凝土路面，路基宽9米，路面宽7米。

图5-4 2003年9月，滩九线港沟—九曲段改扩建工程竣工通车

X053线（鸭旺口—西营，简称鸭西线） 全国第二次公路普查路线编号为XA13，2006年统一为X053。起点为遥墙镇鸭旺口村，经董家、郭店、港沟至西营镇西营村，路线重合S102线0.959公里，实际里程40.361公里，路面宽6米～20米。2002年，区政府将港沟—西营段列入重点工程实施改建。工程北起国道309线邢村立交桥东，途经港沟镇神武、寨而头村、西营镇夏家、龙湾至西营村，全长20.5公里。工程按山区二级公路标准设计，沥青混凝土路面，路面宽9米～16米。当年10月底竣工通车，总投资3221万元。

X054线（前进桥—鸭旺口，简称前口路，又名荷花路） 全国第二次公路普查路线编号为XA14，2006年统一为X054。荷花路是历城区北部东西向的一条主动脉，西起将军路，东至济南国际机场专用路，贯穿历城北部华山、王舍人、遥墙3镇，全长24.361公里，宽12米～22米。2001年，对荷花路东、西两段进行高标准整修，全长7.83公里。2002年4月，对荷花路中段进行改建，全长10公里，按平原二级公路标准设计，沥青混凝土路面，当年7月竣工通车。2003年，对荷花路全线进行绿化并完善附属设施。2004年，修建荷花路至唐王平原森林公园公路，东起唐王平原森林公园，西接荷花路遥墙段，全长12.5公里。按二级公路标准设计拓宽改建，路基宽15米，路面宽12米，总投资2375万元。

X055线（并渡口—药乡，简称并药路） 全国第二次公路普查路线编号为XA15，2006年统一为X055。起点为S103线仲宫镇并渡口村，终点泰安界，全长20.704公里。路面宽6米～12米，全部为高级路面。1999年3月27日，仲宫至高而路段拓宽改建工程开工，全长9.6公里，10月1日竣工通车。2001年，仲宫至药乡林场公路18公里建设工程被列入市政府重点工程，其中历城境内12.75公里，总投资3000万元，当年竣工通车。2005年，对仲宫至高而10.1公里路段进行改建，总投资709万元。

X056线（摩天岭—苇沟，简称摩苇路） 全国第二次公路普查路线编号为XA16，2006年统一为X056。该路北起柳埠镇摩天岭村，途经刘家、蔡家等10个行政村，南至苇沟村，全长10.632公里，路面宽6米。2004年年初，该路列入区政府重点工程实施改建，投资764万元，当年7月建成通车。

济南野生动物世界专用公路　全长11.3公里，是一条典型的盘山旅游公路。按二级公路标准设计，修建性质为拓宽改建，总投资2600万元，1999年8月竣工。

2007年历城区县乡道路基本情况表

表5-1

路线编码	路线名称	起点	终点	总里程（公里）	行政等级
X051	老柳线	老僧口南村	柳埠东村	70.274	县道
X052	滩九路	滩头村	九曲村	30.352	县道
X053	鸭西线	鸭旺口村	西营村	40.361	县道
X054	前口路	前进桥	鸭旺口村	24.361	县道
X055	并药路	并渡口村	泰安界	20.704	县道
X056	摩苇路	摩天岭桥	线苇沟村	10.632	县道
Y001	孟霍路	孟家村	霍家流村	3.872	乡道
Y002	驴堰路	驴山村	堰头村	5.577	乡道
Y003	港兴路	港沟村	黑龙峪村	6.440	乡道
Y004	老陈路	老僧口南村	大陈家村	11.255	乡道
Y005	仲市路	仲宫村	市中界	8.405	乡道
Y006	南武路	南高而村	长清万德镇	5.409	乡道
Y007	温泉路	遥墙镇	马家村	3.173	乡道
Y008	李桃路	李家塘村	泰安市界	8.563	乡道
Y009	窝黄路	S103线	泰安市界	8.631	乡道
Y010	大李家—秦家道口	大李家村	秦家道口村	5.007	乡道
Y011	唐王—向阳	唐王道口西村	向阳村村	8.688	乡道
Y012	幸福庄—梁王	沙滩村	简家屯村	16.366	乡道
Y013	店子—泉泸	店子村	波罗峪	7.823	乡道
Y014	大龙—玉龙	大龙堂村	玉龙村	3.864	乡道
Y015	济青路—城角巷	济青路	城角巷村	5.986	乡道
Y016	仲兴路	西郭而庄村	市中界	9.953	乡道
Y017	十八盘路	九曲村	十八盘村	3.685	乡道
Y018	大辛—十八户	大辛村	宋家村	4.853	乡道
Y019	金钢纂路	锦绣川水库	燕棚窝村	12.619	乡道
Y020	东沟—子房洞	东沟村	子房洞	1.704	乡道
Y021	枣林—葫芦峪	赵家庄村	葫芦峪村	1.611	乡道
Y022	枣林—林枝	白炭窑水库	林枝村	3.727	乡道
Y023	枣林—道沟	枣林村	佛峪村	3.788	乡道
Y024	唐王渔场—小陈家	唐王渔场	小陈家村	12.604	乡道

续表5-1-1

路线编码	路线名称	起点	终点	总里程（公里）	行政等级
Y025	济青路—温家	东郭村	卫东村	4.527	乡道
Y026	仲宫—杨而	X055	卧虎山水库坝北端	7.174	乡道
Y027	老僧口—王家梨行	老僧口南村	王家梨行村	3.774	乡道
Y028	朱家—遥墙	小河套村	大李家村	7.827	乡道
Y029	西营—降甘	小南营村	上降甘村	7.360	乡道
Y030	张家圈—娄家	张家圈村	娄家庄村	5.734	乡道
Y031	洪园—大桥路	洪家园村	高墙王东村	5.636	乡道
Y033	大辛—潘辛	大辛村	潘辛村	24.365	乡道
Y034	西营—藕池	降甘口村	藕池村	2.628	乡道
Y035	郭店—济王路	郭店东村	西沙沟村	8.556	乡道
Y036	仲宫—柳埠	仲宫北村	柳埠村	10.280	乡道
Y037	大佛路	S327	老庄村	5.179	乡道
Y038	郭店外环路	机场路	济青路	7.284	乡道
Y039	二支路	二仙庄(S103线)	支家岭村	2.239	乡道
Y040	中南路	刘家峪南村	C012黄崔路	3.732	乡道
Z013	机场路	S102线	机场	15.594	专用路

说明：2000年5月，原由历城区管辖的十六里河、党家庄、大桥、靳家、桑梓店5乡镇分别划归市中区和天桥区，其范围内的国道、省道、县乡道整建制划归济南市公路局济南管理处，划出国道35.8公里，省道28.35公里，县道3.7公里，乡道95.2公里，总里程158.25公里，占全区养护考核里程的30.7%

六、公路村村通工程

2003年，在基本完成区内各级干线公路建设改造的基础上，全面启动“村村通柏油（水泥）路”工程。是年，全区共投入农村地方公路建设资金8000多万元，完成18条90.8公里公路建设工程。至2007年年底，累计投入建设资金5.7亿元，新（改）建县、乡、村公路498条，总长1157公里，全区基本实现柏油（水泥）路“村村通”的目标。

图5-5　“村村通”工程彩石至西营公路西营段（2005年摄）

七、农村街巷道路硬化“户户通”工程

2006年年初，区委、区政府下发《关于加快实施农村“户户通硬化路”工程的意见》，率先在全市启动实施农村街巷道路硬化“户户通”工程，要求用三年时间全面完成（按照时序，三年分别完成总任务的30%、40%和30%）。是年，全区累计完成投资12082万元，226个村完成路面硬化330万平方米，58187户村民、近20万人告别了“泥巴路”。至2007年年底，全区共有422个行政村实现“户户通”，直接受益人口40多万人，完成三年计划任务的73.6%，工程合格率达100%。

1986—2007年历城区公路通车里程统计表

表5-2

年份（年）	通车里程（公里）						
	合计	国道	省道	县道	乡道	村道	专用路
1986	386.6	124.7		114.3	147.6	—	0
1987	477.4	26.8	97.6	164.7	188.3	—	0
1988	520.3	26.8	97.6	164.5	231.4	—	0
1989	520.3	26.8	97.6	164.5	231.4	—	0
1990	570.3	66.8	103.9	168.2	231.4	—	0
1991	570.3	66.8	103.9	168.2	231.4	—	0
1992	614.7	66.8	103.9	168.2	271.0	—	4.8
1993	646.1	93.7	103.9	168.2	275.5	—	4.8
1994	718.2	93.7	103.9	168.2	347.6	—	4.8
1995	718.2	93.7	103.9	168.2	347.6	—	4.8
1996	746.9	93.7	103.9	168.2	376.3	—	4.8
1997	754.0	93.7	103.0	168.2	384.3	—	4.8
1998	778.0	82.5	114.2	168.2	408.3	—	4.8
1999	846.4	107.5	114.2	168.2	442.7	—	13.8
2000	684.1	66.2	84.9	164.5	354.7	—	13.8
2001	692.6	66.2	84.9	164.5	363.2	—	13.8
2002	852.8	46.5	123.7	195.2	252.0	220.5	14.9
2003	891.7	46.5	123.7	195.2	260.5	251.2	14.6
2004	1080.4	46.5	123.7	196.5	260.5	438.6	14.6
2005	1391.8	46.5	123.7	194.5	287.4	724.1	15.6
2006	1681.5	46.5	123.7	194.5	287.4	1013.8	15.6
2007	1631.1	46.5	123.7	194.5	287.4	963.4	15.6

第二节 铁 路

1986年，县境内有胶济铁路和京沪铁路。胶济铁路横贯辖区东部，境内长14.9公里，由东向西经过孙村、郭店、王舍人3镇，设郭店、历城2个火车站。21世纪初，撤销郭店火车站。京沪铁路由北向南穿过党家庄镇，设党家庄火车站。1999年12月，随区划调整划入市中区。

图5-6 历城火车站（2006年摄）

历城火车站位于王舍人镇境内，胶济线K367+278米至K371+413米处，中心里程胶济线K368+281米；东端衔接平陵城站，站界点为K348+277米，两站相距13.312公里；西端衔接黄台站，站界点为K352+413米，两站相距9.365公里。历城火车站是段管二等站，按技术作业为中间站，按业务性质为客货运站。1994年，增加2条到发线。2005年，延长部分到发线长度，其中4条到发线有效长度达到1050米。2007年，有到发线11条，调车线9条，货物线3条，专用线路15条。境内胶济铁路里程25公里。

第三节　济南遥墙国际机场

一、规划建设

济南遥墙国际机场位于历城区遥墙镇境内，距市中心约33公里。1990年11月15日，济南遥墙国际机场一期工程正式动工，按年旅客吞吐量50万人次～80万人次，年货邮吞吐量2.3万吨，机场等级4D级，跑道长2600米、宽60米设计规模建设。机场占地面积200公顷，候机楼面积10351平方米。候机楼呈以圆形为母体的“如意”形，二层框架结构，坐东朝西，长180米、宽45米。1992年7月26日建成通航。济南遥墙国际机场是国内干线机场和国家批准的国际机场，机场的建成结束了山东省没有专用民航机场的历史。

1998年，实施飞行区扩建工程，新建1条长3600米、宽60米的主跑道，将原2600米跑道延长1000米，改建成平行滑行道；主跑道与滑行道之间新建7条联络道，跑道、滑行道间新建快速出口滑行道4条、垂直联络道3条，济南遥墙国际机场成为山东境内最大民用机场。同时，增加机场仪表着陆系统、气象观测系统、灯光设备等保障安全运行的设施设备；迁建和改造了相关的通信导航台及灯光工程，使机场飞行区等级达到了4E级。2001年7月，济南机场建设指挥部整建制划归济南机场有限公司。同年10月1日，济南遥墙国际机场新航站区扩建工程奠基。2002年12月，经国家民航总局批准，济南遥墙国际机场飞行区新标准升至4F级，可起降国内外任何机型的飞机，成为山东省唯一一家4F级机场。2003年4月26日，地面工程全面开工。新建航站楼坐东朝西，呈“鲲鹏展翅”形；二层钢架结构，一层是国际、国内到达厅，二层是国际、国内出发厅，长465米，宽在50米～120米区间变化，屋面最高点32.8米，建筑面积8万平方米；按年旅客吞吐量1000万人次、高峰小时3200人次规模设计。2003年11月，国家民航总局与山东省政府签订协议，将济南机场等3个民用机场正式移交地方管理。2004年11月，省政府批复同意建立山东机场有限公司与济南国际机场股份有限公司的母子公司体制。2005年3月28日，新航站区正式投入使用。扩建后的济南机场，达到国内同类机场一流水平。

图5-7　济南遥墙国际机场停机坪（2007年摄）

二、空中航线

1992年7月26日，济南遥墙国际机场通航。至1998年10月，济南机场先后开辟5条航线：济南—福州—深圳线，济南—重庆—贵阳线，济南—合肥—南昌线，济南—合肥—武汉线，济南—合肥—长沙线。到2003年11月机场实行属地化改革前，机场共有航线43条，其中，国内航线42条、地区航线1条，分别通往北京、香港等31个城市；与厦航、海航等13家航空公司签订货物运输代理协议，取得美联航、大韩、全日空等25家国外航空公司的销售文件，建立直接结算关系。机场属地化改革、尤其是新航站区建成投产后，在航空运输市场开发上，确立并实施“请进来、走出去，整合资源、共赢发展”的航线开发战略，飞机数量增多、机型增大，航线网络迅速扩展。2006年8月16日，由济南国际机场飞往东京、法兰克福、洛杉矶、旧金山的4条国际航线正式开通。截至2007年年底，济南国际机场共执行航线81条，其中，国内航线75条，国际航线5条（首尔和东京、洛杉矶、旧金山、法兰克福4条国际虚拟航线），地区航线1条（中国香港），通往50个城市和地区。

三、机场服务

济南国际机场坚持“重在建设、持之以恒、从严要求、务求实效”的创建原则，运输服务保障的软、硬件建设不断强化。新航站区启用后，机场内部实行“首问”负责制、“一站式”服务，成立服务质量管理小组，聘请社会监督员加强质量检查；开通“96888”客服热线，提供航班查询、机票预订、货运查询、酒店、旅游、班车、旅客投诉等服务便利。地面交通保障方面，开通直达淄博、东营、泰安、济宁、德州、青州等周边地市的旅客班车，在泰安、淄博、济宁等地设立了济南国际机场城市候机楼。2005年和2006年，在中国民航协会举办的“旅客话民航”评比活动中，济南国际机场连续两年荣获“用户满意优质奖”。2007年12月，济南国际机场高标准、高质量地完成日本首相专机保障任务，得到国家和省领导及外宾的高度评价。是年，济南国际机场获“全国文明机场”“全国最佳服务质量”“全国最佳候机环境”“全国最佳餐饮服务”“全国最佳购物服务机场”称号，被评为山东口岸精神文明建设先进单位；通过了世界卫生组织的实地测评，成为全国第8个国际卫生机场。截至2007年，济南国际机场服务保障满意率一直保持在98%以上，连续7年被评为省级文明单位。

第四节 桥 涵

一、桥梁

公路桥梁　1986年，境内共有公路桥梁90座，其中，大桥6座、中桥7座。至1999年年底，经过对国道308、309线和省道102、103线的拓宽改造，以及济青高速公路、绕城高速公路东线的建成通车，增加特大桥4座、大桥8座、中桥19座，共有桥梁215座／11824.8米，其中，特大桥4座／5780米，大桥18座／2424.5米，中桥29座／1430.4米。2000年受区划调整影响，境内桥梁减少，共有桥梁183座／11396.4米，其中，特大桥7座／4471.9米，大桥16座／3366.3米，中桥25座／1685.7米。2007年年底，境内有公路桥梁201座／1444.1米，其中，特大桥1座／1057米，大桥22座／7592.3米，中桥36座／3437米，小桥142座／2354.8米。

济南黄河三桥(青银高速济南黄河大桥)　是

图5-8　建设中的黄河三桥（2007年摄）

青银高速公路济南绕城北线工程的控制性工程，南起历城区遥墙镇小孙家村，北至济阳县崔寨镇。桥型为独塔斜拉桥，桥面为双向八车道，桥梁宽度40.50米，全长4473.04米，投资9500万元。2005年3月20日开工，2008年12月28日建成通车。

小许家立交桥　是济南绕城高速公路东线的一座主要交通枢纽桥梁。桥梁上部结构类型是空心板梁，桥面为双向四车道，桥梁宽度24米，全长725.44米，投资3900万元。1998年3月开工，1999年10月建成通车。

二、浮桥

黄河浮桥　位于华山镇傅家庄，北接G220线，南通济青高速公路、将军路、荷花路、工业北路等。由历城区黄河河务局和济阳县黄河河务局联合修建，总投资2000万元。2001年9月开工，同年12月建成通车。浮桥全长343米，桥体为双体钢质承压舟，单舟通行承载80吨；日通行能力为5000车次，实际日均流量2000车次。

济南东郊黄河浮桥　位于遥墙镇秦家道口村。由济南黄河工程局、济南历城兴利水利水电工程局、济南黄河水利水电工程局共同修建，总投资500万元。2004年3月开工，同年4月建成通车。该桥全长214米，由11对承压舟、2对防凌舟连接而成，单舟设计通行承载120吨，日通行能力4000车次。

图5-9　济南东郊黄河浮桥（2007年摄）

三、涵洞

1986年，境内有公路涵洞640道/7508.9米，其中，干线公路215道/2844米，县公路153道/1608.3米，乡公路272道/3056.6米。1999年，有涵洞1249道/21074.6米，其中，国道280道/7279.5米，省道245道/4095.6米，县道341道/4893.1米，乡道379道/4689.4米。2002年，第二次公路普查，全区共有涵洞595道，其中，国道129道/3834.1米，省道165道/3805.1米，乡、村道涵洞301道。2007年，国道、省道有涵洞270道/8420.2米，其中，国道113道/3962.2米，省道157道/4458米；县道涵洞37道，乡、村道涵洞200道。

四、公路隧道

2007年，境内高速公路有建成隧道6条，全长13289米。

绕城高速公路济南隧道　又称黑龙峪隧道，

图5-10　绕城高速济南隧道（2002年摄）

是济南市第一条公路隧道，位于绕城高速南线K32+348米—K33+538米处。1999年10月开工，2002年5月建成通车。该隧道根据微丘区高速公路的车道技术标准修建，设计时速100公里/小时，双洞全长2336米，北隧道长1189米，南隧道长1147米。

济莱高速公路隧道　境内共设隧道5处，均为左右双洞，净宽14.3米，净高5米。其中，长隧道总长7461米，中隧道总长3492米。2007年12月22日建成通车。

2007年历城区国、省道路大中型桥梁基本情况表

表5-3

桥梁名称	路线编号	路线名称	跨径分类	桥梁长度（米）	桥梁净宽（米）	上部结构类型	设计荷载等级	通车时间
巨野河桥	G035	济南—青岛	中桥	80	22	空心板梁	汽车-超20级挂车-120	1993年10月
机场互通立交跨线桥	G035	济南—青岛	中桥	76	9	箱形梁	汽车-超20级挂车-120	1993年10月
小许家西分离立交桥	G035	济南—青岛	中桥	64	7	空心板梁	汽车-超20级挂车-120	1993年10月
石河桥	G035	济南—青岛	中桥	32	22	空心板梁	汽车-超20级挂车-120	1993年10月
滩头东分离立交	G035	济南—青岛	中桥	64	7	空心板梁	汽车-超20级挂车-120	1993年10月
滩头西分离立交桥	G035	济南—青岛	中桥	64	7	空心板梁	汽车-超20级挂车-120	1993年10月
小清河桥	G035	济南—青岛	中桥	90	22	T形梁	汽车-超20级挂车-120	1993年10月
华山互通立交桥	G035	济南—青岛	中桥	76	15	箱形梁	汽车-超20级挂车-120	1993年10月
华山桥	G035	济南—青岛	中桥	26	22	空心板梁	汽车-超20级挂车-120	1993年10月
小港沟中桥	G309	荣成—兰州	中桥	96	45	空心板梁	汽车-超20级挂车-100	2003年11月
小龙堂大桥	G309	荣成—兰州	大桥	113	45	空心板梁	汽车-超20级挂车-120	2003年11月
杨家河分离立交桥	G309	荣成—兰州	中桥	84	51	箱形梁	汽车-超20级挂车-120	2003年11月
土河中桥	G309	荣成—兰州	中桥	21	62	空心板梁	汽车-超20级挂车-100	2003年11月
港西分离立交桥	G309	荣成—兰州	大桥	110	40	箱形梁	汽车-超20级挂车-100	2003年11月
邢村桥	G309	荣成—兰州	中桥	20	56	空心板梁	汽车-超20级挂车-100	1999年9月
潘庄桥	G309	荣成—兰州	中桥	43	83	空心板梁	汽车-超20级挂车-100	1999年9月
韩仓中桥	S102	济南—青州	中桥	20	46	空心板梁	汽车-20级挂车-100	2007年10月
二仙大桥	S103	济南—临沂	大桥	180	22	石拱桥	汽车-超20级挂车-120	1997年8月
仲宫立交桥	S103	济南—临沂	中桥	39	21	空心板梁	汽车-超20级挂车-120	1998年3月
仲宫大桥	S103	济南—临沂	大桥	240	21	T形梁	汽车-超20级挂车-120	1998年5月
柳埠桥	S103	济南—临沂	大桥	140	13	空心板梁	汽车-20级挂车-100	2002年6月
窝铺桥	S103	济南—临沂	中桥	80	14	空心板梁	汽车-20级挂车-100	2002年6月
2.648分离式桥	S105	济南—菏泽	中桥	53	24	空心板梁	汽车-超20级挂车-120	1999年11月
中桥	S105	济南—菏泽	中桥	44	24	空心板梁	汽车-超20级挂车-120	1999年11月
小清河大桥	S105	济南—菏泽	大桥	331	24	T形梁	汽车-超20级挂车-120	1999年4月
小许家主线桥	S105	济南—菏泽	大桥	725	24	空心板梁	汽车-超20级挂车-120	1999年11月
10.334中桥	S105	济南—菏泽	中桥	44	24	空心板梁	汽车-超20级挂车-120	1999年6月
12.373中桥	S105	济南—菏泽	中桥	54	24	空心板梁	汽车-超20级挂车-120	1999年6月
郭店立交主线桥	S105	济南—菏泽	大桥	117	24	空心板梁	汽车-超20级挂车-120	1999年7月
胶济铁路桥	S105	济南—菏泽	大桥	666	24	T形梁	汽车-超20级挂车-120	1999年7月
邢村主线桥	S105	济南—菏泽	大桥	112	24	空心板梁	汽车-超20级挂车-120	1999年7月
通道2	S105	济南—菏泽	中桥	64	23	空心板梁	汽车-超20级挂车-120	2002年5月
通道3	S105	济南—菏泽	中桥	80	23	空心板梁	汽车-超20级挂车-120	2002年5月

续表5-3-1

桥梁名称	路线编号	路线名称	跨径分类	桥梁长度(米)	桥梁净宽(米)	上部结构类型	设计荷载等级	通车时间
分离立交1桥	S105	济南—菏泽	中桥	80	23	空心板梁	汽车-超20级挂车-120	2002年5月
分离立交2桥	S105	济南—菏泽	中桥	60	23	空心板梁	汽车-超20级挂车-120	2002年5月
分离立交3桥	S105	济南—菏泽	中桥	60	23	空心板梁	汽车-超20级挂车-120	2002年5月
通道7	S105	济南—菏泽	中桥	40	23	空心板梁	汽车-超20级挂车-120	2002年5月
港沟1桥	S105	济南—菏泽	大桥	200	23	空心板梁	汽车-超20级挂车-120	2002年5月
港沟2桥	S105	济南—菏泽	大桥	240	23	空心板梁	汽车-超20级挂车-120	2002年5月
通道11	S105	济南—菏泽	中桥	20	23	空心板梁	汽车-超20级挂车-120	2002年5月
齐家庄大桥	S105	济南—菏泽	大桥	510	23	箱形梁	汽车-超20级挂车-120	2002年5月
黑龙峪大桥	S105	济南—菏泽	大桥	560	23	箱形梁	汽车-超20级挂车-120	2002年5月
33K+730号桥	S105	济南—菏泽	中桥	60	23	空心板梁	汽车-超20级挂车-120	2002年5月
34K+044号桥	S105	济南—菏泽	大桥	182	23	空心板梁	汽车-超20级挂车-120	2002年5月
34K+384通道	S105	济南—菏泽	中桥	20	23	空心板梁	汽车-超20级挂车-120	2002年5月
36K+204桥	S105	济南—菏泽	中桥	90	23	其他桥	汽车-超20级挂车-120	2002年5月
泉泸大桥	S105	济南—菏泽	大桥	144	23	空心板梁	汽车-超20级挂车-120	2002年5月
37K+800号桥	S105	济南—菏泽	中桥	33	23	空心板梁	汽车-超20级挂车-120	2002年5月
港沟互通立交桥	S291	济南—莱芜	大桥	582	31	连续箱梁	公路Ⅰ级	2007年12月
有兰峪大桥	S291	济南—莱芜	大桥	232	31	箱梁	公路Ⅰ级	2007年12月
蟠龙互通立交桥	S291	济南—莱芜	中桥	52	31	直连式T型	公路Ⅰ级	2007年12月
伙路大桥	S291	济南—莱芜	大桥	217	31	箱梁	公路Ⅰ级	2007年12月
蟠龙水库大桥	S291	济南—莱芜	大桥	847	31	箱梁	公路Ⅰ级	2007年12月
彩石互通立交桥	S291	济南—莱芜	中桥	1160	31	单喇叭A型	公路Ⅰ级	2007年12月
宅科特大桥	S291	济南—莱芜	特大桥	1057	31	箱梁	公路Ⅰ级	2007年12月
三泉峪大桥	S291	济南—莱芜	大桥	257	31	箱梁	公路Ⅰ级	2007年12月
大龙堂大桥	S291	济南—莱芜	大桥	557	31	箱梁	公路Ⅰ级	2007年12月
玉龙中桥	S291	济南—莱芜	中桥	67	31	空心板梁	公路Ⅰ级	2007年12月
汽车通道	S291	济南—莱芜	中桥	48	31	空心板梁	公路Ⅰ级	2007年12月
西营中桥	S327	临朐—仲宫	中桥	54	12	实心板梁	汽车-20级挂车-100	2000年9月
汪家场大桥	S327	临朐—仲宫	大桥	106	12	箱形梁	汽车-20级挂车-100	2000年9月
云河桥	S327	临朐—仲宫	中桥	60	12	实心板梁	汽车-20级挂车-100	2000年9月

2007年历城区农村公路大中型桥梁基本情况表

表5-4

桥梁名称	路线编号	路线名称	跨径分类	桥梁长度(米)	桥梁净宽(米)	上部结构类型	设计荷载等级	通车时间
朝阳桥	Y024	唐王渔场—小陈家	大桥	210	15	实心板梁	汽-20，挂-100	2004

续表5-4-1

桥梁名称	路线编号	路线名称	跨径分类	桥梁长度（米）	桥梁净宽（米）	上部结构类型	设计荷载等级	通车时间
仲南大桥	C017	龙山路	大桥	217	9	实心板梁	汽-20，挂-100	—
柴家小清河大桥	C536	南柴—北柴	大桥	40	7	肋拱	汽-20，挂-100	—
梁家码头桥	C618	荷花路—机场路	大桥	175	8	实心板梁	汽-20，挂-100	2005
码头跨绕城高速桥	C618	荷花路—机场路	大桥	88	20	实心板梁	汽-20，挂-100	1999
菜园桥	C992	工业北路—菜园	大桥	64	10	桁架拱	汽-20，挂-100	1998
洪家园桥	C993	洪家园—水坡	大桥	60	6	双曲拱	汽-20，挂-100	1973
滩头桥	X052	滩九路	大桥	70	8	双曲拱	汽-20，挂-100	1971
九曲桥	X052	滩九路	大桥	100	8	双曲拱	汽-20，挂-100	1971
巨野桥	X053	鸭西线	大桥	40	8	实心板梁	汽-20，挂-100	1973
鸭旺口桥	X054	前口路	大桥	70	8	双曲拱	汽-20，挂-100	1972
并渡口大桥	X055	并药路	大桥	114	13	实心板梁	汽-20，挂-100	1971
还乡店桥	Y002	驴堰路	大桥	70	8	桁架拱	汽-20，挂-100	2007
营而大桥	Y026	仲宫—杨而	大桥	230	7	T形梁	汽-20，挂-100	1978
柴家桥	Y030	张家圈—娄家	大桥	50	5	石拱	汽-20，挂-100	1973
潘新桥	Y033	大辛—潘辛	大桥	40	6	石拱	汽-20，挂-100	1994
跨济青高速大桥	Z013	机场路	大桥	100	10	实心板梁	汽-20，挂-100	1990
机场路小清河桥	Z013	机场路	大桥	200	12	桁架桥	汽-20，挂-100	1973
唐王桥	X051	老柳线	中桥	36	21	实心板梁	汽-20，挂-100	1976
水库泄洪桥	X051	老柳线	中桥	50	7	实心板梁	汽-20，挂-100	1992
东岭角桥	X051	老柳线	中桥	40	7	石拱	汽-20，挂-100	1985
西营大桥	X051	老柳线	中桥	60	7	实心板梁	汽-20，挂-100	2004
西营A桥	X051	老柳线	中桥	30	11	空心板	汽-20，挂-100	2005
西营B桥	X051	老柳线	中桥	54	11	空心板	汽-20，挂-100	2005
滩头南桥	X052	滩九路	中桥	88	9	组合式梁	汽-20，挂-100	1991
寨而头桥	X053	鸭西线	中桥	25	10	实心板梁	汽-20，挂-100	1999
西营村北桥	X053	鸭西线	中桥	32	18	实心板梁	汽-20，挂-100	2002
孟家桥	X054	前口路	中桥	88	15	箱形梁	汽-20，挂-100	1992
跨东绕高速桥	X054	前口路	中桥	88	10	T形梁	汽-20，挂-100	1999
张家桥	X055	并药路	中桥	45	14	实心板梁	汽-20，挂-100	1997
出泉沟桥	X055	并药路	中桥	64	9	实心板梁	汽-20，挂-100	1999
摩天岭桥	X056	摩泥路	中桥	89	11	实心板梁	汽-20，挂-100	1967
小清河遥墙大桥	Y012	幸福庄—梁王	中桥	60	7	双曲拱	汽-20，挂-100	1975
简家屯高速路桥	Y012	幸福庄—梁王	中桥	88	10	T形梁	汽-20，挂-100	1999
西泉泸桥	Y013	店子—泉泸	中桥	46	19	石拱	汽-20，挂-100	2003
凤凰岭桥	Y016	仲兴路	中桥	22	7	石拱	汽-20，挂-100	1979
东泉泸桥	Y016	仲兴路	中桥	54	8	石拱	汽-20，挂-100	1970

续表5-4-2

桥梁名称	路线编号	路线名称	跨径分类	桥梁长度（米）	桥梁净宽（米）	上部结构类型	设计荷载等级	通车时间
枣林大桥	Y023	枣林—道沟	中桥	40	5	实心板梁	汽-20，挂-100	1985
铁路桥	Y035	郭店—济王路	中桥	20	20	实心板梁	汽-20，挂-100	1984
柳埠老大桥	Y036	仲宫—柳埠	中桥	47	7	实心板梁	汽-20，挂-100	2001
王北桥	C004	王北—天井峪	中桥	46	6	石拱	汽-20，挂-100	2003
炮司桥	C018	于家洼—西郭	中桥	116	12	实心板梁	汽-20，挂-100	1976
西郭桥	C020	西崖—邱家	中桥	80	9	实心板梁	汽-20，挂-100	1982
云河桥	C061	云河路	中桥	50	8	实心板梁	汽-20，挂-100	2000
李家庄东桥	C084	汪家场—石佛峪	中桥	46	5	实心板梁	汽-20，挂-100	1975
老黑峪桥	C085	黑峪路	中桥	36	5	实心板梁	汽-20，挂-100	2004
一中南桥	C123	柳西—柳埠一中	中桥	35	5	石拱	汽-20，挂-100	1978
四季村桥	C124	柳东外环路	中桥	34	3	实心板梁	汽-20，挂-100	2005
刘家峪大桥	C131	刘家峪路	中桥	45	7	石拱	汽-20，挂-100	1985
岱密庵桥	C131	刘家峪路	中桥	47	8	实心板梁	汽-20，挂-100	2007
槲疃A桥	C133	S103线—槲疃	中桥	34	4	实心板梁	汽-20，挂-100	2008
金牛山桥	C145	S103线—金牛山	中桥	36	5	实心板梁	汽-20，挂-100	2007
柳中桥	C147	柳埠—药乡	中桥	60	7	实心板梁	汽-20，挂-100	1997
常家桥	C156	常家—石棚	中桥	43	5	实心板梁	汽-20，挂-100	1982
石匣桥	C158	S103线—里石	中桥	59	5	实心板梁	汽-20，挂-100	1975
宝峪桥	C161	S103线—宝峪	中桥	52	5	实心板梁	汽-20，挂-100	1997
铁路桥	C636	济青路—田家	中桥	20	5	实心板梁	汽-20，挂-100	1955

2007年历城区境内隧道情况表

表5-5

隧道名称	路线编号	路线名称	长度（米）	净宽（米）	净高（米）	通车时间（年—月—日）
济南隧道1号	S105（绕城高速公路南线）	济南—菏泽	1147	13	7	2002-05-31
济南隧道2号	S105（绕城高速公路南线）	济南—菏泽	1189	13	7	2002-05-31
有兰峪中隧道（左）	S291（济莱高速公路）	济南—莱芜	519	14	5	2007-12-22
有兰峪中隧道（右）	S291（济莱高速公路）	济南—莱芜	551	14	5	2007-12-22
伙路长隧道（左）	S291（济莱高速公路）	济南—莱芜	1222	14	5	2007-12-22
伙路长隧道（右）	S291（济莱高速公路）	济南—莱芜	1229	14	5	2007-12-22
蟠龙长隧道（左）	S291（济莱高速公路）	济南—莱芜	2563	14	5	2007-12-22
蟠龙长隧道（右）	S291（济莱高速公路）	济南—莱芜	2447	14	5	2007-12-22
三泉峪中隧道（左）	S291（济莱高速公路）	济南—莱芜	659	14	5	2007-12-22
三泉峪中隧道（右）	S291（济莱高速公路）	济南—莱芜	719	14	5	2007-12-22
大龙堂中隧道（左）	S291（济莱高速公路）	济南—莱芜	535	14	5	2007-12-22
大龙堂中隧道（右）	S291（济莱高速公路）	济南—莱芜	509	14	5	2007-12-22

第二章 运 输

第一节 公路运输

一、货运

1986年，全县共有社会营运机动车2709辆、4822个吨位，完成货运量757万吨，货运周转量8164万吨公里。1994年5月，区属唯一一家运输公司历城运输公司被历城筑路公司兼并。2007年，全区共有营运货车11766辆、20608吨位，其中普通货运汽车7466辆、17208吨位（大型货车901辆，中型货车213辆，小型货车6208辆，专用载货汽车144辆），农用汽车1800辆、900吨位，拖拉机2500辆、2500吨位；完成货运量1979万吨，货运周转量86150万吨公里。辖区内规模最大的汽车运输企业济南鲍德汽车运输有限公司为济南钢铁集团总公司全资子公司，是以货运为主的大型专业化运输公司，有货运车辆398部，总计9600吨位。

图5-11 济南鲍德汽车运输有限公司的货运车辆（2007年摄）

1986—2007年历城区营运性农用汽车、拖拉机年末拥有量统计表

表5-6

年份（年）	农用汽车		拖拉机		年份（年）	农用汽车		拖拉机	
	数量（辆）	吨位（吨）	数量（辆）	吨位（吨）		数量（辆）	吨位（吨）	数量（辆）	吨位（吨）
1986	80	210	2155	2509	1997	1390	695	5482	5536
1987	117	305	2961	3293	1998	1450	725	3540	3590
1988	145	470	4799	5023	1999	1400	700	3770	3820
1989	172	586	4082	4214	2000	1080	540	3100	3130
1990	401	701	4344	4432	2001	1150	575	3250	3280
1991	713	857	5194	5248	2002	1600	800	3100	3130
1992	810	904	5342	5396	2003	1570	785	2800	2850
1993	940	970	5573	5627	2004	1900	950	3000	3000
1994	1092	1046	5806	5860	2005	2000	1000	3000	3000
1995	1194	1097	5986	6040	2006	1800	900	2500	2500
1996	1294	647	5783	5873	2007	1800	900	2500	2500

1986—2007年历城区营运性货运汽车年末拥有量及全区货运完成情况表

表5-7

年份（年）	数量（辆）	吨位（吨）	货运量（万吨）	货运周转量（万吨公里）	年份（年）	数量（辆）	吨位（吨）	货运量（万吨）	货运周转量（万吨公里）
1986	512	2107	757	8164	1997	3150	13366	1874	85045
1987	1059	4545	933	9120	1998	3355	14141	1876	88196
1988	1209	4058	1009	10654	1999	3865	14207	1902	86157
1989	844	3657	1064	11478	2000	3511	10117	1582	70304
1990	1154	4912	1005	11170	2001	4142	12509	1590	71705
1991	1720	7537	1198	12809	2002	6171	16345	1598	73019
1992	1963	8423	1262	13098	2003	6093	16479	1650	75916
1993	2315	9261	1277	13417	2004	7457	20965	1713	78964
1994	2559	10098	1489	15522	2005	8013	19508	1975	82148
1995	2749	10817	1601	15900	2006	7431	17432	1965	84203
1996	2908	11156	1686	73069	2007	7466	17208	1979	86150

二、客运

1986年，全县有客运班车7辆，客位227个，营运线路4条（解放桥—老僧口、洪家楼—高而、洪家楼—虎门、洪家楼—仲宫），年客运量18万人次，客运周转量721.2万人公里。市公共汽车公司通县内客运线路9条，营运里程204.9公里，日发65班130次。1991年，历城区客运中心管理站成立。同年8月，筹建历城客运中心。1994年4月，客运中心投入试运营，当年运送旅客43万人次。1999年10月，建成历城区客运中心长途北站。2007年，完成公路客运量189万人次，客运周转量10125万人公里。济南市客运出租业整合重组后，历城境内有南天蓝、永昌、泉府3家客运出租公司，共有出租车320辆。

村村通客车工程　2003年年初，区政府启动“村村通客车”工程。同年5月，开通第一条“历城公交”线路（洪家楼—孙村），全程35公里，投入大型客车6辆，每天20班次，票价2元。2003—2005年，通过政策扶持，市场化运作，全区“村村通客车”工程共投入资金4200万元，新开辟通往偏远村庄客运线路11条，整合开通“历城公交”客运线路16条，填补了123个行政村未通客运班车的空白，使362个行政村开通了城乡公交客车，41.9万人直接受益。2004年后，投入资金460万元，建设独立客运站2个（唐王镇老僧口站、彩石镇虎门站），建设前（客运）站后（交管）所客运站4个（遥墙、董家、华山、郭店）。至2006年年底，全区共开通客运线路41

图5-12　2003年4月8日，村村通客车工程洪楼-卧龙村线开通

条，拥有客运班车153辆，其中“历城公交”客车128辆，“村村通客车”覆盖率99.2%，基本形成以区政府驻地洪家楼为中心，辐射各镇、村的客运网络，满足了区内和济南近郊群众的出行需要。

市、区公交整合 由于市、区公交线路交叉重合，经常因争夺客源造成摩擦。2006年起，根据济南市市政公用事业局和历城区政府联合下发的《关于对济南公交与历城客运整合意见的批复》，由市公交公司对历城客运公司所属的全部营运线路、车辆实施整合，对历城客运公司给予适当补偿。2007年9月11日，双方签订整合协议，12月底完成线路、车辆交接，历城客运公司注销。2007年年底，市公交总公司在历城辖区内共有公交客运线路37条，公交车337辆，日发2127个班次，初步实现了城乡客运一体化、公交化，为城乡居民提供了更加方便、舒适、快捷的出行条件。

1986—2007年历城区营运性客运汽车年末拥有量及客运完成情况表

表5-8

年份（年）	数量（辆）	座位（个）	客运量（万人次）	客运周转量（万人公里）	年份（年）	数量（辆）	座位（个）	客运量（万人次）	客运周转量（万人公里）
1986	7	227	18	721	1997	55	1155	100	6089
1987	6	183	25	994	1998	75	2025	93	6443
1988	19	553	39	1415	1999	110	2191	101	6481
1989	26	435	46	1966	2000	121	2420	103	6785
1990	24	689	42	1745	2001	134	2731	137	7089
1991	29	548	64	3130	2002	136	3896	135	7123
1992	44	1056	69	3436	2003	139	3968	132	8012
1993	53	1199	77	4799	2004	130	3820	144	7912
1994	50	1103	80	5448	2005	132	3880	160	8013
1995	50	1103	90	6172	2006	153	4298	182	10623
1996	52	1139	99	5677	2007	150	4238	189	10125

2007年济南市区通往历城各镇公交客运线路情况表

表5-9

序号	公交线路	起止点		单程（公里）	全程（公里）	配车数量（辆）	日班次
		主站	副站				
1	10	洪家楼	王辛、十里堡	25.5	51.0	32	222
2	307	全福立交桥	韩西	32.4	64.8	7	40
3	308	洪家楼	大正路	26.0	52.0	13	96
4	309	全福立交桥	机场	30.9	61.8	7	40
5	311	洪家楼	鸡山村	30.3	60.6	9	54
6	313	全福立交桥	相公吉祥苑	17.5	35.0	4	34
7	315	全福立交桥	大码头	20.9	41.8	2	16
8	316	全福立交桥	娄家	42.5	85.0	7	38
9	318	洪家楼	老僧口	47.7	95.4	11	42

续表5-9-1

序号	公交线路	起止点		单程（公里）	全程（公里）	配车数量（辆）	日班次
		主站	副站				
10	319	洪家楼	柿子园	31.4	62.8	2	12
11	321	洪家楼	孙村	26.7	53.4	10	70
12	322	洪家楼	潘新	33.3	66.6	6	36
13	136	公交驾校	济南职业学院	16.8	33.6	3	54
14	99	谢家屯	工业南路西口	20.0	40.0	20	140
15	116	解放桥北	邢村立交桥	17.5	35.0	24	208
16	67	无影山	李家塘	41.7	83.4	24	100
17	88	仲宫	齐鲁医院	21.0	42.0	40	310
18	881	仲宫	九顶塔	16.0	32.0	2	20
19	882	仲宫	高而	12.6	25.2	2	20
20	883	齐鲁医院	黄巢	47.8	95.6	6	24
21	885	齐鲁医院	卧龙池	46.1	92.2	2	8
22	886	齐鲁医院	石庙岭	42.6	85.2	2	8
23	887	仲宫	四邱	15.7	31.4	1	1
24	888	仲宫	核桃园	17.7	35.4	1	4
25	889	齐鲁医院	金钢纂	43.0	86.0	1	2
26	65	公交燕山车场	西营	48.0	96.0	21	76
27	303	文化东路东口	虎门	38.1	76.2	7	40
28	305	文化东路东口	南泉	32.3	64.6	2	12
29	306	文化东路东口	商职学院	25.1	50.2	20	110
30	312	公交燕山车场	九如山	46.3	92.6	10	40
31	323	公交燕山车场	黑龙峪	23.1	46.2	10	68
32	325	公交燕山车场	西营	32.9	65.8	1	4
33	310	孟家	秦家道口	17.0	34.0	7	40

第二节　铁路运输

1986—2000年9月，历城火车站年均货物发送量为350万吨，装车6.2万车，卸车1.1万车；旅客发送人数7000人。主要办理周边地区旅客乘降、行李发送和货物运输。2000年10月，车站停办客运业务，成为货运站。2003年，车站到达量89561车。2005年，发出75764车。2007年，开行历城站与济钢工厂站直通货物列车，实现了铁路与企业货物列车的对开。2007年，车站到达量217695车，发出80551车，运输收入3.7亿元。

第三节　航空运输

1992年，济南遥墙国际机场旅客发运量

14.77万人次，货邮发运量1955吨。1997年，旅客吞吐量超过100万人次，在全国机场旅客吞吐量排序中位居第27位。2004年10月，济南国际机场年度旅客吞吐量首次突破200万人次大关。2005年、2006年，分别突破300万人次、400万人次。2007年，济南国际机场完成旅客吞吐量436.3万人次、货邮吞吐量4.49万吨，吞吐量位列全国机场第24位。

图5-13 济南遥墙国际机场候机大厅（2005年摄）

第三章 交通管理

第一节 公路养护

一、养护机构

1986年，国道、省道、县乡道的养护由县公路管理局负责，县交通局负责指导和监督。境内设18个养路工班。1988年，组建7个公路养护分站和2个养护队。1991年，组建高而、彩石公路养护所。1992年，组建唐王公路养护所。1994年，养路工班改称分站，组建郭店、仲宫、大王3个养护工区，辖18个分站、3个养护所。1998年2月，区公路局成立县乡道路养护科，负责县乡道路养护工作；成立干线公路专职养护队2个，撤销3个养护工区。2002年7月，县乡公路管理划归区交通局直接负责，成立区县乡道路养护管理办公室，下设唐王、王闸、彩石、高而4个县乡公路养护所。2006年7月，区政府下发《历城区农村公路养护管理规定》和《历城区农村公路养护质量考核内容及评定标准》，明确县、乡公路由镇负责养护，村级公路由村负责养护，区交通局负责技术指导和监督检查。之后，各镇相继成立农村公路养护管理办公室，配备3人～5人的专职管理人员，组织开展农村公路管护。2007年，区公路局下设鸡山、十里堡、云河、刘家峪4个干线公路站，有正式养路工30人。

二、养护范围

1986年，养护里程423.5公里。2002—2007年，区公路局列养国、省道里程89.223公里。其中，国道309线513K+152米～527K+895米，省道102线11K+074米～24K+787米、103线11K+900米～40K+733米，达到一级路标准；省道327线165K+400米～197K+334米，达到二级路标准。区交通局指导各镇养护县乡公路470.5公里，其中县级公路194.5公里、乡级公路276公里，全部达等级公路标准。

三、养护机械

2005年以前，主要机械有2台压路机及铣刨机、割草机、割缝机等简陋机具。2005年，对国道309线的养护，投资102.3万元，购置扫路车1辆和洒水车2辆；对省道102线、103线的养护，投资153.4万元，购置扫路车和洒水车各1辆。

四、养护方式

公路养护早期实行专业养护与民工养护相结合的制度，以养护小修为主。2005年，按照“事企分开，管养分开”的基本思路，改革养护体制，成立济南金天舜公路养护有限责任公司，对公路养护小修保养工程等实行公开招标。同年，对国道、省道实行分类保洁。国道309线、省道102线为一类保洁路线，以清扫车清扫为主，人工找补和拣拾为辅，洒水车采取高压清洗和洒水降尘方式作业。省道103线、327线为二类保洁路线，配置保洁设备的路段采用机械保洁和人工保洁相结合的方式进行；其余路段采取人工保洁的方式进行，保洁人员进行全幅保洁作业。

五、公路绿化

1986年始，每年对国道空白地段进行绿化。1995年8月，全面实施国道104线历城段文明样板路的建设工程，空白路肩全部绿化；11月20日，通过交通部公路司的检查验收。1998年，省道103线栽植桧柏、桧柏球2500余株，柏球树苗800余株。2000年2月，区公路局对省道103线仲宫至柳埠李家塘按照GBM样板路标准进行绿化美化。由省林业厅设计，沿线绿化设3个风景点：22k＋200～22k＋600栽植紫叶李和枝柏，22k＋600～23k栽植洒金柏、花柏球、冬青球，27k＋300～27k+700栽植小叶红柏和小龙杯、贴杆海棠。全线共栽植树木2.4万多株，换土方1.5万立方米，整修路肩边坡1760立方米。2002年，对省道327线按照GBM文明样板路标准规划设计，对两侧边沟、平交道口、护坡等进行全面治理、绿化美化，共建成7个特色风景点，绿化面积17895平方米。绿化公路两侧路肩31.8公里，栽植紫叶李、桧柏、冬青等花木1.2万株；省道103线绿化补植小叶女贞苗木25535株，新植苗木2281株。2003年，绿化区内主要干线公路，共栽植桧柏、桧柏球、蜀桧等4500余株，毛白棕1000株，五叶地锦43200株。2004年，补植桧柏780株、桧柏球156株。2005年，省道103线种植各类苗木12.2万株，种植草皮4.3万平方米。省道103线、327线3处劈山荒坡种植各类苗木2593余株，爬山虎1100余株，沿线补植桧柏521株，桧柏球652株，火炬树6513株。2006年，省道103线种植各类苗木21279株；省道327线栽植百日红4853株，冬青200余株，补植桧柏478株；省道103线在沿线桧柏球之间栽植百日红1700余株，补植桧柏405株、桧柏球510株，火炬1007株。2007年，省道103线补植桧柏、桧柏球1196株，百日红2967余株，月季2338株，种植杨树及各种果树509株；省道327线补植桧柏384株，百日红2050株，景点补植红叶桃76株。

第二节　路政管理

1990年以前，路政管理工作由区公路站路工股分管养护的人员兼管，各工班长为兼职路政员，有专职路政员1人，配备三轮摩托车1辆。在路政管理中，统一使用省交通厅发放的赔（罚）票证。1990年，区公路站成立路政科，有专职路政人员4人，兼职路政人员10人。1993年，由市公路局统一配备路政巡查专用车1辆、摄像机1部、照相机1架。1994年，为保护路权成立公路巡回法庭，与各乡镇地方道路养护所配合，对国、省、县道进行巡查，有专职路政人员8人。2002年7月开始，由区交通局所属区县乡道路养护管理办公室具体负责全区农村公路路政管理工作，区公路局负责国、省道路政管理工作。2002年年底，根据省交通厅规定成立超限运输检查站。2003年，配备路政专用车辆4辆，专职路政人员12人，超限运输检查站人员12人；同时，购置数码照相机4部、摄像机1部，路政科配备专用微机，路政内业实现了办公自动化。

1998年起，以《中华人民共和国公路法》为依据，严格执法程序，加大执法力度，运用广播、电视、报刊、标语及召开座谈会等形式，对公路法律法规政策进行广泛宣传。针对违章建筑、公路集市贸易市场、穿村路段“三大难”和在公路上打场晒粮、摆摊设点等问题，按照《中华人民共和国公路法》和路政管理规定进行处理。同时，对侵犯路产路权违法行为拒不接受处理的“钉子户”，申请人民法院强制执行。坚持每天上路巡查，特别是加强雨雪天的巡查，对路政事案发现一起、查处一起。设立路政事案举报电话，发挥社会监督作用，及时发现和查处侵犯路产的行为，维护了路产路权，保障了公路畅通。1991—2003年，路政案件结案率均达到100%。2004年，路政巡查3.7万公里，清除路障2.1万立方米，处理侵犯公路产权案件244起，路赔回收165.9万元。2005年，路政巡查3.75万公里，清除路障1.95万立方米，处理侵犯公路产权案件120起，路赔回收162万元。2006年，路政巡查5.5万公里，清除路障1.75万立方米，处理侵犯公路产权案件240起，路赔回收203.75万元。2007年，路政巡查9.1万公里，清除路障1.6万立方米，处理侵犯公路产权案件82起，路赔回收204.64万元。

图5-14　区公路局路政人员宣传公路法规（2001年摄）

第三节　运政管理

一、管理机构

1986年，县运输管理所下设交通管理所14个，对道路运输行业实行县、镇分级管理。1990年4月，接管大王交通管理所。1993年1月，组建董家交通管理所。1996年4月，组建桑梓店交通管理所。2000年5月，因行政区划调整，党家庄、十六里河、大桥、桑梓店交通管理所划归市交通局管理。2006年12月，孙村交通管理所划归高新区代管。2007年11月，济南庚辰钢铁有限公司、港沟建材基地驻站管理办公室成立，并通过省交通厅验收。

二、年度审验

1989年起，每年4月—6月对全区营业性客、货运输车辆进行年度审验，审验内容包括运输业户的经营资质、开业技术条件、营运证件、票据、路单的使用、各项规费缴纳，新增、过户、更新、报停手续，运价执行，定期强制车辆维护，车辆技术状况，危险货物运输标志、手续，驾驶员资质等。2006年7月，区运管所集中开展2006年道路运输查（审）验及换发新版道路运输证件工作。按照全国统一要求，此次年度审验工作与换发新版道路运输证一并进行，首次现场采集车辆照片。

三、化学危险品运输管理

2001年5月，取消道路化学危险品个体运输，整合、集约化学危险品运输车辆175辆、从业人员316人，组建化学危险品运输公司6家。2005年，实行化学危险品运输专业分类管理，整合组建化学危险品运输企业9家，分别为特种气体运输、易燃易爆气体运输、爆炸物品运输、易腐蚀物品运输、易燃物品运输、钢水运输等，共有化学危险品运输车辆176辆、载重1271.5吨，从业人员428人。2007年12月，取缔一家钢水危险品运输企业。

四、机动车驾驶员培训管理

2006年9月，正式把辖区内5所机动车驾驶员培训学校由区车管所转入区交通局管理。5所驾校共拥有教练车197辆，其中，大车10辆、小车187辆。

五、机动车辆维修行业管理

1987年3月，县交通局根据交通部、国家工商局和国家经委制定的《汽车维修行业管理暂行办法》，对全县汽车维修行业进行治理整顿，对2家大修厂、3家小修厂和8家专项修理厂稽核颁发市交通局汽车维修生产许可证。1989年，根据《济南市机动车辆维修行业管理规定》，将摩托车修理和汽车综合性能检测纳入管理范围；对机动车维修行业统一结算凭证、统一收费标准、统一技术标准、统一检验表格、统一维修合格证，使3家大修企业、10家小修企业和21家专项修理企业做到规范化服务，提高了维修质量。1992年3月，根据交通部13号令和省交通厅《汽车运输车辆技术管理规定实施细则》，对2200多辆汽车进行技术状况等级评定，并实行定期检测、强制维护和视情修理的维修制度。同年2月，在汽车维修行业推行合同化管理，将经营管理纳入合同化管理轨道，进一步规范了承修方与托修方的行为。1993年，全省交通系统汽车维修合同管理现场会在历城区召开，推广区交通局的经验。1995年3月，区交通局投资90万元，建成现代化汽车综合性能检测站，对辖区汽车进行定期综合性能检测，结束了靠人工检测的历史。是年，检验营运性运输车辆3100多辆，车辆平均等级由1992年的1.8级提高到1.43级。1996年4月，成立历城区机动车辆维修行业管理所，专职负责全区机动车辆维修行业监督管理和道路运输车辆技术状况管理等工作。2007年，全区共有机动车维修企业448家，其中，一类维修企业3家、二类141家、三类275家，从业人员近万人。区机动车辆维修行业管理所成立后，连年被评为“全省道路运输管理先进单位”；先后获省级“巾帼文明岗”“模范职工小家”“青年文明号”“杰出青年文明号”等荣誉；2005年，被授予全国“青年文明号”称号；2007年2月，被授予全国“巾帼文明岗”称号。

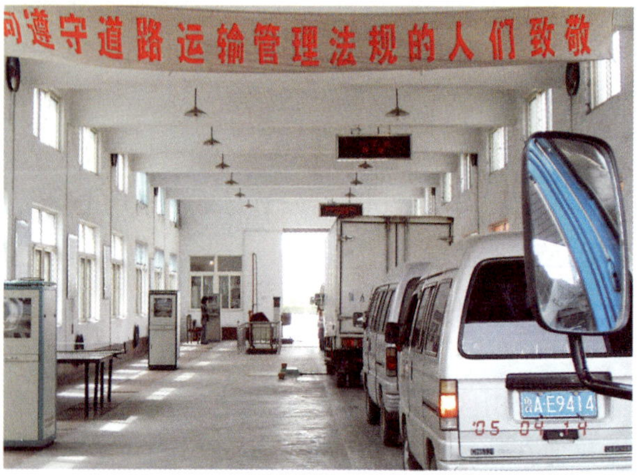

图5-15　营运车辆上线维护（2005年摄）

六、交通稽查及超限超载治理

1996年以前，驻镇各交通管理所负责对运管费、养路费、营运证等进行检查。1996年10月，经省政府批准，设立区交通稽查站，全省编号为“001”号。该站北临济南黄河公路大桥，南靠济青高速公路零点立交桥，是从国道104线进出济南市的必经之站。具体承担全区运政稽查、路政稽查、规费征收稽查、委托代查、监督检查和治理公路“三乱”等六项职能，是区交通局委托派出的交通综合执法机构。建站之初，全站有执法人员14人。1999年5月，该站被授予全国“青年文明号”称号。2001年10月，被评为“全国交通系统文明示范窗口”。2001年年底，全站共有执法人员31人，下设2个中队、1个办公室。2004年6月起，按照全国统一开展治理车辆超限超载工作部署要求，区交通稽查站与公安交警部门密切配合，深入开展治理车辆超限超载和联合整治道路交通秩序工作，加大治理超限超载车辆行驶公路尤其是绕行农村道路的路检路查和教育处罚力度。2007年，省政府批准区交通稽查站为超限运输Ⅰ类B型检测站。截至2007年，车辆超限超载率由80%左右降低到不足10%，恶性超限超载现象得到有效遏制，道路通行秩序和道路交通安全状况明显好转。

七、交通物流管理

2001年12月，区交通局编制完成全区物流业建设发展站场规划。2002年5月，设立区交通局驻大桥路货运站管理办公室，主要负责宣传贯彻国家有关货运的政策法规，负责站场内货运经营业户开、停业手续的审核、报批，维护正常的经营秩序，处理运输纠纷等。截至2007年年底，全区共审批物流企业53家、运输服务企业137家。

八、海事执法管理

2002年12月，设立历城区地方海事处，负责行政区域内内河、湖泊、水库等通航水域的水上交通安全监督管理。2003年起，根据国家、省、市关于水路运输及水上安全管理的标准要求，指导、协助区内浮桥、水库和塘坝等管理单位建立健全了各项安全管理制度，对从业人员进行上岗培训，并定期对浮桥、游船进行安全检查，特别是在汛期、凌汛期，加强对浮桥的安全监管，提高水上交通抗自然灾害的能力。截至2007年，境内未发生重大水上交通安全事故。

图5-16　区交通稽查站交通稽查人员准备上岗（2007年摄）

九、专项整治

1994年起，每年开展“道路运输管理年”和客货运输市场秩序整顿活动，清理整顿驻地经营机构、审核货运企业的经营资格、经营范围、运输质量和技术业务规范，整顿货运出租市场、对危险货物运输进行规范化管理，清理搬家运输、打击非法经营，加强交通运输从业人员资格培训。2005年7月1日至9月底，由区交通局牵头，区城管、交警、公安、工商等部门配合，联合集中开展执法行动20余次，共查处违章车辆620辆，补罚费款35万元，区内货运市场秩序明显好转。2006年后，进一步加强客运出租行业管理，多次对南部山区、机场周边的“黑出租”进行整治。2006年12月10日至2007年1月31日，联合工商部门对区内机动车驾驶员培训市场进行专项整治，共取缔以倒卖生源方式非法获利的招生专业户1家，查处以他人名称进行招生活动的代办点10余处，以虚假信息欺骗学员的案件3例。2007年9月1日至10月31日，对区内搬家运输市场进行了专项整治。

第四节　规费征收

1979年起，拖拉机及汽车养路费由县公路站征收，配备专职征收人员4人。1985年，开征车辆购置附加费，由县交通局征收。1987年，拖拉机及其他车辆（不含汽车）公路养护费由车籍所在地交通管理所征收。1987—1997年，客运基金由区运输管理所征收。1990年，开征货运基金，由各交通管理所征收。同年9月，汽车养路费征收标准调整为每月每吨位160元。1992年，养路费征收开始使用计算机办公。1994年7月，汽车养路费征收标准调整为每月每吨位190元。1996年开始，区公路管理局对辖区内汽车征收铁路道口安全费，拖拉机及其他车辆铁路道口安全费由交通局征收。同年，开征路港费（不含汽车），由各交通管理所征收。1998年，停止征收机动车辆维修行业管理费。2001年1月，车辆购置附加费改为车辆购置税。2004年，共有专职征收人员15人，配备征收专用车1辆，机动车1辆，征收工作纳入正规化、规范化目标管理。2005年1月，车辆购置税交由国税部门直接征管。2006年11月，交通部门所有业务点实现计算机联网征费。2007年，征收人员增加至18人。

1986—2007年历城区各类交通规费征收情况表

表5-10　　单位：万元

年份（年）	养路费		客运基金	货运基金	路港费	铁路道口安全费	运输管理费
	汽车	拖拉机及其他车辆					
1986	417.8	208.8	2.4	—	—	—	63.3
1987	490.9	276.3	1.9	—	—	—	96.6
1988	685.6	321.9	5.8	—	—	—	112.5
1989	858.0	241.2	17.4	—	—	—	130.8
1990	1003.0	239.4	27.6	319.4	—	—	136.1
1991	1675.0	300.6	21.9	398.2	—	—	171.2
1992	2102.8	328.4	42.2	460.5	—	—	307.8
1993	2585.7	358.1	48.0	505.8	—	—	435.0
1994	3170.0	418.3	44.1	525.0	—	—	525.9
1995	3930.0	369.0	44.2	558.0	—	—	621.5
1996	4362.0	357.0	91.1	677.6	—	0.2	773.4
1997	5100.0	273.6	92.4	626.9	—	0.2	940.2
1998	5156.0	226.0	162.0	642.0	—	25.2	1056.0
1999	5098.0	208.0	180.0	684.0	175.0	24.2	1250.0
2000	5774.0	222.0	206.0	783.0	162.0	28.2	1168.2
2001	5970.0	219.0	190.0	766.0	155.0	29.2	1075.0
2002	6984.0	258.0	167.0	873.0	150.0	34.2	897.0
2003	8010.0	260.0	119.0	901.0	143.0	39.2	777.0
2004	9300.0	295.2	121.6	1125.9	145.0	45.2	793.0
2005	11800.0	307.7	89.0	1186.0	134.6	55.2	875.7
2006	11770.0	260.0	67.0	1048.0	97.0	54.2	755.0
2007	12740.0	263.0	—	1082.0	95.0	63.2	802.0

第四章　邮　政

第一节　邮政业务

一、函件

1986年，函件业务主要有信函、明信片、邮简、印刷品及盲人读物等。1987年5月1日，开办有声信函（邮寄信函磁带）收寄业务。同年11月10日，恢复办理快递（件）信函业务。1988年1月1日起，对盲人读物实行免费收寄，挂号函件只收挂号费。同年4月1日，开办国际快递信函业务。5月1日，开办邮政快件业务（1998年7月1日停办）。7月1日开始，推广邮政编码。1990年7月31日，保价信函保价金额上限调整为每件人民币1万元。1991年1月，国际保价信函规定每件限重2000克，保价最高额不得超过人民币2000元。同年7月1日开始，收寄挂号信函贴用条码标签。12月1日，邮政总局首次发售中国邮政贺年（有奖）明信片，次年2月开奖，2月20日至6月20日兑奖，其后每年发售一次。同年，开办商业信函业务。1992年7月1日，开办国内邮政电子信函业务。1993年5月29日起，开始收寄寄往台湾的挂号函件。挂函采取各自理赔方式，不相互结算。同年6月1日起，收寄寄往台湾地区的信函和文件资料类特快专递邮件。1994年4月1日起，推广国家标准信封。同年8月8日，增办国际电子信函业务，至1995年年底与24个国家的50多个城市开通电子信函业务。1995年5月，开办中国邮政礼仪（邮资）信函业务。同年7月10日，开办高考录取通知书寄递业务。1999年12月28日，开办邮政限时信函业务，利用电子信函机进行传递。2000年1月1日，邮政快件业务恢复在省内办理。2003年4月1日，停办与日本间国际电子信函业务。2007年年底，国内函件业务开办有信函、明信片、印刷品、盲人读物、保价（险）信函、快递信函、特种挂号信函、有声信函、商业信函、混合信函、电子信函、中国邮政礼仪（邮资）信函、邮政限时信函、邮简、代发广告等。

二、包件（包裹）

1986年7月，将包裹分为民用包裹（含纸质品包裹）和商业（品）包裹两类。民用包裹每件重量以5公斤为限，用户专用袋包裹划入商品包裹类。1987年12月10日，开办大件商品包裹业务，每件重量以25公斤为限。1990年7月31日，取销甲类保价包裹和乙类保价包裹的规定，各类包裹全部改为按保价收寄；价值1000元以上的包裹，按贵重包裹收寄；撤销“用户专用袋包裹”业务和“代收货价”业务。1992年，开办台湾快件包裹业务。1995年起，收寄脆弱包裹只限寄往同意接收这类包裹的国家（地区）。同年，国际保价包裹只限与中国互寄这类包裹的国家（地区），保价金额为人民币500元。1996年12月1日，停办商品包裹、纸质品包裹和航空包裹国际业务。2001年8月1日，开办国内快递包裹业务，形成普通、快递、特快专递包裹3种业务。

三、汇兑

国内业务　1986年，汇兑业务主要有普通汇款和电报汇款两种。1987年7月1日，开办邮政快件汇兑业务。1996年6月1日，每笔汇款最高限额由0.5万元提高为1万元。1999年3月1日，每笔汇款限额提高至5万元。2001年7月26日，开办邮政电子汇兑业务。2002年1月1日，取消“邮政汇款单”，改用计算机网络的方式传递汇款，全面实现电子汇兑。2007年年底，国内电子汇款业务可办理邮局投单汇款、自行通知汇款、入账汇款、加急汇款、实时汇款、二十四小时取款等汇兑业务。2007年，开发汇票15.95万件。

国际业务　1992年7月1日，恢复办理国际邮政汇兑业务，开始与美国、日本通汇。与日本开发汇票用日元，每张汇票最高限额为20万日元。日本开发中国兑付的汇票用美元，每张汇票最高限额2000美元。中国与美国开发和兑付汇票，每张汇票最高限额为7000美元。1993年9月1日，开始与芬兰通汇，每张汇票最高限额为1000美元。1994年1月1日，开通与意大利、比利时、瑞士、巴西通汇业务，每张汇票最高限额为1000美元；开办与日本互换汇票业务，款额改为使用美元。同年3月1日与韩国通汇，11月1日与泰国通汇。1995年1月1日，与新加坡通汇。2000年8月，与巴基斯坦通汇。2003年6月，开通西联国际汇款业务。同年11月，开通国际银邮汇款业务。汇款通达世界19000多个银行。2007年，国际汇款业务可办理实物汇款、银联汇款和西联汇款，汇率实时变化。

四、邮政储蓄

1986年5月20日，恢复办理邮政储蓄业务。

邮政收储存款全部缴存人民银行，人民银行按月存累计日平均余额的2.2‰向邮政局支付手续费。1990年1月1日，收储存款由缴存银行改为转存银行，银行向邮局支付存款利息。1997年，开始“绿卡工程”（邮政储蓄计算机联网）建设。1998年，全区邮政储蓄网点实现联网，并与全国50多个城市的2300多个邮政储蓄网点实现邮政储蓄活期存款通存通取。异地存取款按存取款额的0.5%收取手续费，每笔存取款额最低收费2元。2000年4月1日，按照人民银行要求，邮政储蓄开始实行个人存款账户实名制度。2001年，实现全国行业内邮政储蓄活期存款异地通存通取。2005年6月，实现邮政储蓄计算机网和电子汇兑系统两网互通，并可跨行交易。2007年年底，区邮政局设有邮政储蓄网点27个，与全国2716个网点实现联网；有邮政储蓄用户31.15万户，期末存储余额72049.66万元。

五、报刊发行

1986年，经营方式分为订阅和零售两种，采用窗口收订、上门发行、发行站（员）收订3种订阅方式。各邮政支局均办理报刊发行业务。1990年，报刊发行工作采用计算机作业，并实行微机收订。2007年，发行报刊达10696种，订阅报刊70.74万份，实现收入342.87万元。

1986—2007年历城区邮政局报刊发行业务完成情况表

表5-11

年份（年）	报刊发行种类（种）	报纸订阅份数（份）	杂志订阅份数（份）	年份（年）	报刊发行种类（种）	报纸订阅份数（份）	杂志订阅份数（份）
1986	1443	28700819	1365566	1997	6326	11635935	809312
1987	1744	32439652	1443172	1998	6693	10759631	689124
1988	2052	29151050	1282198	1999	7061	9998937	597281
1989	4395	15519949	883134	2000	7428	11163270	537565
1990	4689	16234817	864738	2001	7871	10289250	537065
1991	4990	17086776	919073	2002	8001	11366438	489957
1992	5182	15752712	902410	2003	8220	11112668	662093
1993	5345	12958709	780947	2004	8398	12766777	580847
1994	5420	11607064	761543	2005	8544	12204517	431552
1995	5592	12792274	835026	2006	9589	—	—
1996	5959	11415789	799268	2007	10696	—	—

六、集邮

1983年，县邮政局设立集邮门市部，在各营业网点设立集邮柜台，开办新邮票预订业务，销售纪念邮票、特种邮票、指定的普通邮票和欠资邮票等。1988年，历城集邮协会成立。2007年，全区有集邮协会会员320多人，集邮爱好者近万人，实现集邮收入330.91万元.

七、特快专递

国内业务　1993年12月，开办特快专递邮件业务。凡信函、文件、资料、物品、商品等，均可作为国内特快专递邮件寄递，分为“定时业务”和“特需业务”两种。邮件体积要求：最小尺寸为长14厘米，宽9厘米；最大尺寸为长不得超过115厘米，长度以外最大横周不超过150厘米。限重每件邮件不得超过15公斤。特快专递邮件收费标准：每件起重200克的收费8元，续重每200克或其零数加收2元。2003年8月30日，调整国内特快专递邮件资费标准。计费单位由200克调为500克，并对续重部分，由每个计费单位6元，调整为按空间距离分区计费。2007年，完成特快

图5-17 1993年12月，区邮政局开办特快专递业务

投递文件类23.25万件，物品类2.65万件，收入627.19万元。

国际业务 1987年7月10日始，办理国际特快专递业务，按寄达区域、内件质量和业务种类计费。1991年10月1日，寄递范围为文件资料类、物品类，体积重量以6000立方厘米折合1公斤计算，每件重量不得超过30公斤，特殊情况下可放宽至45公斤。1994年10月，放宽对化工产品的收寄，对非爆炸性、易燃性、腐蚀性、放射性、毒性等化工产品可以收寄，单件重量不得超过10公斤。2005年7月25日，中国（含中国香港地区邮政）、澳大利亚、日本、韩国、美国邮政共同推出邮政快件承诺服务，承诺传递时限，逾期退还邮资。

八、邮政代办业务

1988年4月1日至9月30日，办理代销国库券业务。1989年7月1日，开办代销保值公债业务。1999年7月28日，代理保险业务。2001年11月16日，开办代收代扣电话费用业务。2002年4月2日，开办特快送汇业务。2003年3月20日，开办邮政电子汇款回执业务；5月12日，开办邮政汇款回音卡业务；6月1日，开办邮政礼仪业务。2005年6月，开办商务汇款业务；8月11日，开办电费代扣（收）业务。

九、投递

邮政自开办起，即办理投递邮件业务。邮件投递方式分按窗口投交和按址投递两种。区邮政局根据区位发展的实际，分别设有城市投递段道和乡镇投递段道(全部为自行车段道)。2003年，在城区实现大客户机动车投递。2007年，区政府驻地及乡村邮件投递，以邮电支局为中心，辐射支局辖区的各个行政村庄。全区所有的行政村全部通邮，设立城市投递段道33条(日投二班)，农村投递段道81条(日投一班，每周投递6次或7次)，投递总里程(单程)3450公里。

第二节 邮政设施与设备

一、信筒信箱

历城邮政自开办起，即在距离邮政局较远的街市和农村遍设信筒、信箱。1986年，设有信筒、信箱65个。1986—2007年，随着城市发展，道路不断拓宽改造，沿街所设信筒、信箱不断让道，先后拆除沿街信筒22个。1990年后，随着城建开发项目的大量增加，不断增设信筒、信箱。2007年，服务辖区共设有信筒、信箱156个。

二、运输车辆

1986年，有邮政机动车9辆，其中两轮摩托车6辆。1995年起，随着邮政新业务的开展，逐步更新运输车辆，并购置上级调拨的标准邮政专用车和邮政储蓄解款防弹专用车。1996年，全部淘汰摩托车，汽车达到12辆，其中邮政储蓄专用车3辆。2007年，有邮政专用标准车24辆。其中，邮政储蓄用车5辆，邮政EMS用10辆，邮政运输用5辆，物流、投递等其他运输用4辆。

三、作业场地

1986年，用于营业窗口、邮件分拣封发、运输、投递等生产场地13895平方米。1989年邮政、电信分设后，区邮政局继承原邮电局办公院内全部房产。1994年，扩建邮政局北楼、更新改造原锅炉房，增加房屋面积700平方米。1996年，改造局大院南平房，增加房屋面积300平方米。2000年，按照区政府要求，配合洪家楼南路“欧式”一条街的建设，对局大院西侧平房进行更新改造，新增房屋面积800平方米。截至2007年，新设立支局6个，增设投递网点2处，对所属城市支局和农村支局(所)营业网点生产作业场地进行更新和扩建，生产作业面积增加1842平方米，共有房屋面积16742平方米，并对15个支局进行了标准化装修。

四、作业设备

1986年，邮件内部处理生产作业过程全靠手工操作。1988年4月20日起，在各营业窗口配置多功能电子秤。1990年，在洪家楼、山大路2个支局配备邮资机，在洪家楼、山大路、工业北路等支局配备邮票过戳机，并在区局营业部门增设挂号登单机。同年，开始实行单点微机操作，办理邮政储蓄业务。1994年4月1日，开始使用微机开发汇票。1997年，在洪家楼等10个邮政储蓄网点设置自动柜员机（ATM机）。2003年9月1日，历城邮政与济南邮政办公网对接，实现无纸化办公。2007年，拥有微机40台、终端120台，ATM机8台，35个营业窗口全部实现电子化。

第三节　邮政网络

1986年，县邮电局共设工业北路、洪家园(华山)、遥墙、唐王、董家、郭店、孙村、大龙堂、港沟、西营、锦绣川、柳埠、高而、仲宫、邵而、党家庄、吴家堡、大金庄、王舍人、山东大学20个邮电支局和工业南路、济南消防器材厂、周王庄、腊山、济南炼油厂、济南钢铁厂、王舍人庄7个邮电所。邮路9条、206公里（单程），其中自办汽车邮路2条、89公里，摩托车及自行车邮路7条、117公里。1989年，邮政、电信分设，邮政支局和邮政所均予保留。1990年6月，吴家堡、大金庄邮政支局及腊山邮政所因区划调整划出。同年，因行政区划调整，大王、靳家、桑梓店3个乡镇邮政支局划入历城邮政，邵而与党家庄邮政支局合并，新增黄台、大桥邮政支局，全区共有22个邮政支局和6个邮电所。1993年，邮路总长度增至325公里（单程）。其中，自办汽车邮路198公里。1997年，邮路总长度增至565公里（单程）；由于机动车的使用，邮路条数下降2条。2001年，增设工业南路、济钢和华龙路邮政支局，撤销工业南路、济钢邮政所，共有25个邮政支局和4个邮政所。2003年，增设商学院邮政支局和山东英才学院邮政所。2004年，增设山东建筑大学、高新技术开发区邮政支局和山东职业学院、山东经济学院燕山分院邮政所，共有28个邮政支局和7个邮政所。至2007年，全区各街、镇全部通机动车邮路。

第五章　电　信

第一节　电　报

一、设备 报路

1986年，历城县至济南自动转报中心有洪家楼、王舍人庄、工业北路3条直达报路。县局至工业北路、王舍人支局的电报靠电传，其他各乡镇支局的电报靠人工话传。年内，配合济南“256”自动拨号工程，安装4路载波电报机及附属设备，完成电报进网，发往外省的电报经济南自动转报中心自动转接。1987年，安装4202电子电传机2部，实现了译报自动化，同时淘汰电传收发报机。1994年，农村乡镇电报全部采用传真方式进入省会自动转报中心。

二、电报业务

1986年，全县电报业务交换量35.15万份，其中，出口10.96万份，进口13.23万份，转口10.96万份。1987年，开办国际电报业务。1988年2月1日零时起，开办礼仪电报业务，年业务交换量17.59万份。1989年，电报业务年业务交换量19.18万份。1990年，开办请柬电报，当年电报业务交换量18.22万份。1991年，电报业务年业务交换量18.01万份。1992年，程控电话业务开通后，区电信局所管辖的电报业务划归市电信局营业分局管理。

第二节 固定电话

一、农村电话

1986年，县局交换机容量为1820门（磁石电话），农话年末到达数为661户，农话业务收入42.7万元。全县739个行政村有276个行政村通电话。1990年，孙村电信支局率先开通240门程控交换机，成为全区第一个甩掉“摇把子”话机的乡镇。1991年7月1日，遥墙电信支局开通“BH-01Ⅱ”型240门程控自动电话交换机，用户可直拨济南市内和全国600个县以上城市电话，成为全区第二个进入国内长途自动电话拨号网的支局。1995年，农话交换机容量达到25184门，期末农话用户数8049户，农话业务收入1263.39万元。1996年9月，历城区取消农话收费，统一实行市话资费标准。

二、市内电话

1988年，市话年末用户数640户。同年，增加无绳电话业务，用户小交换机增加集团电话业务。1992年，全区有市话包月制用户589户，市话专线平均对数2.5对。1993年，历城区与平阴县、长清县、章丘市等地建成本地网（C4网），实现了市局到乡镇传输光缆载波数字化。至年底，全区15个乡镇淘汰磁石交换机，结束了通信交换磁石化的时代，大大缓解了长期以来打电话难的问题。1994年9月2日12时30分，开通历城区仲宫支局8600门市话程控交换机，系全区乡镇开通的第一个程控独立局。随后，相继建成开通党家庄、郭店程控交换局。13个农村电信支局开通环路史立克6360线，全区通信杆路1210公里，光缆达到208对公里，有581个行政村通上了电话。1995年年初，历城电信分局为唐王镇刘六务村一次性优惠装机114部，建成济南市第一个电话村，5月16日举行命名仪式。同年，唐王镇小徐家庄、党家庄镇大庙屯、孙村镇辛庄、仲宫镇南杨家庄、王舍人镇简家屯、桑梓店镇桑梓店、靳家乡蒋家村和郭店镇刘家庄、西枣园村被首批命名为“电话村”。1993年12月12日零时起，电话号码由6位升7位，升位方法为在原电话号码首位数后插“9”。1996年，区电信局实施“一户一线”工程，开通“110”“120”特服电话业务，开放程控电话新业务。1998年，电信业务分营，区电信局剥出无线寻呼业务。同年7月，历城区全部完成通信电缆、光缆到村工程，消灭了偏远乡镇的“装机盲区”，实现“村村通”电话，配线比例达到农村户数的55%。2000年，区电信局期末电话用户总数达到14.68万户，区电信局有交换所22个，实有交换机总容量13.92万线，接入网点201个/153090线，通信光缆902皮长公里，通信电缆46270.66皮长公里，通信管道190.29管程公里，通信杆路2492杆程公里。电话主线普及率达到19.76%，户均电话普及率达到60.51%，历城区建成“电话区”。2002年，电话净增25590部，来电显示用户发展35384户，占电话总用户数的23.59%。2005年5月21日零时起，

图5-18 工作人员受理固话、宽带装拆障碍业务（2007年摄）

固定电话、小灵通号码升8位，升位方法为在固定电话、小灵通号码前加“8”，电话号码资源比升位前扩大6倍。同年，推出网通“一号双机”（固定电话、小灵通共用一个号码）业务。2007年，年末全区固定电话用户20.6万户，其中住宅电话15.8万户，分别比2006年减少7.8%和8.2%。

三、长途电话

1986年，长途电话出口、进口共计10余万张。1987年，区邮电局成功安装长途电话自动拨号对端设备，实现对北京、上海、广州等城市去话自动拨号。1988年，新增长途电路16路，长途电话达到11.78万张。1989年，长途电路达到43路，长途电话11.56万张，国际电话8张，港澳电话47张。1990年1月25日，区电信局开通国际及港澳台长途电话直拨业务。同年11月29日，开办国际及港澳台长途电话半自动台。是年，长途电话达到17.52万张。1991年，由于程控电话数量的快速增加，长途电话发展迅猛，年内长话共计32.8万张。同年，实现国际直拨电话来话对长途台的自动拨号，国际电话11张，港澳电话102张。1993年，长途交换和传输实现数字化。1995年，长途自动交换机容量6000路端，比1994年末增长17.64%，比“七五”期末翻了五番；长途业务电路3200路，比1994年末增长55.94%，比“七五”期末翻了三番多。2000年，区电信局开通IP业务。“九五”期间，全区电信通信网络形成大容量、多业务网络并存的局面。2001年，完成交换机扩容7项/13000门，新架和改造光缆、电缆线路工程196项/2010公里，新建通信管道工程25项/45公里，总投资1.5亿元。2003年，接入网设备实现网管监控。同年，区电信局推出固话语音短信业务。2004年，共有交换模块局30个，实有交换机总容量317855门，主要设备为S1240、5ESS、EWSD等。

第三节　数据通信

1991年始，开办中国公用分组交换数据网（CHINAPAC）业务。至1993年，部分乡镇开通UM2000数据接入节点，主要应用于电信局内部网络信令及远程终端控制等工作。1996年，区电信局安装DPN-100型分组交换接点机1台，用于高吞吐量的中转和接入模块（AM）。同年，开通中国公用数字数据网（CHINADDN）业务，引进加拿大北电公司生产的新桥3600DDN设备。此设备的开通，标志着在全区范围内能够开通用户数字电路可以达到2M，成为高速数据通信业务的开始。1998年，有全部分组交换用户120个，数字数据（DDN）用户18个。2001年年底，全区有中继用户756户，数据专线724条。2002年，安装10个点的DDN设备。2004年，各乡镇电信营业部、各乡镇（街道）相继开通DDN接入设备。此后，随着中国公用数字数据网和宽带业务的开通，公用分组交换数据网用户逐渐减少。2005年，分组交换用户1个，数字数据用户154个。2006—2007年，组织完成LAN资料普查，为做好LAN资源的动态管理奠定了基础。

图5-19　历城测量台中的配线架（2007年摄）

第四节 无线通信

一、无线寻呼

1986年，试用邮电部第一研究所研制的YCF-121型无线寻呼系统中心设备。1987年11月13日，开办无线寻呼业务，设业务专用电话，号码为615555，昼夜服务。1988年1月1日，人工无线寻呼系统正式开通。年底，有寻呼业务用户62户。1990年，使用SF-3000型无线寻呼通信设备。采取集中编码器方式工作，呼叫准确率高，同时具有群呼、定时呼、追呼、覆台查询及用户管理等性能，发射功率100瓦，覆盖面为半径20公里。1992年5月3日，中文无线寻呼系统扩容工程竣工开通。1993年，境内开通无线寻呼（BP）机业务，建立人工寻呼台，使用特服号码“126”，实行昼夜服务。此后，寻呼机用户大量增加。至1996年前后，机关事业人员、企业经营人员几乎达到了人手一机的规模。1998年后，随着移动电话的兴起，寻呼机用户快速减少。2005年10月，随着手机的普及，无线寻呼业务停止。

二、移动电话

1995年年末，模拟移动电话与30个省市联网和自动漫游，并开通数字移动电话。1996年末，模拟移动电话及数字移动电话（GSM）交换机总容量达1.8万门，均实现全国联网和自动漫游。1997年年末，完成模拟移动通信五期工程及数字移动通信（GSM）三、四期工程。1998年年末，完成模拟移动通信六、七期工程及数字移动（GSM）五期工程，模拟移动电话交换机容量0.75万门，模拟移动电话接通率达到50.72%。1998年9月16日，市电信局试开通1861移动电话费自动查询系统，模拟移动电话用户可通过该系统查询话费。年末，数字移动电话交换机容量达20万门，比上年增加1倍；数字移动电话接通率达到60.64%。1999年7月，区境内移动电话网的运营划归济南移动通信公司。2000年后，移动电话用户快速增加。2007年，境内移动电话年末用户39.6万户。

三、无线市话（小灵通）

2002年2月，无线市话（小灵通）业务开通试用，5月17日向社会试放号，7月1日正式放号。小灵通业务实行单向收费。小灵通品牌系列分为：普通小灵通、泉灵通、V灵通、校园通、灵通在线、一网通、事事通、灵通短信、灵通伴侣等。2003年，推出为商务成功人士量身定做的个人虚拟通信号码系列业务“一号通”。2005年，完成小灵通第七期扩容工程、全省小灵通悦铃平台建设工程。当年推出“灵通伴侣”“灵通秘书”“随身邮”“灵通在线”“灵通悦铃”等业务。同年，推出网通“一号双机”（固定电话、小灵通共用一个号码）业务。2006年，推出网通新业务“亲情1+”。该业务以固定电话为核心，捆绑小灵通、宽带、增值业务等多种产品，针对目标客户群不同需要，分别推出“亲情随身”“亲情无限”两种家庭优惠通信“套餐”。2007年，小灵通实现营业收入2619.89万元。

第五节 互联网

1996年7月，开通163国际互联网(CHINANET)、169（中国公众信息网）电话拨号上网业务。1998年，发展拨号上网用户81户。1999年12月，由市电信局新上ISDN设备，建成覆盖区境内各乡镇的窄带ISDN(2B+D)综合业务数字网，为用

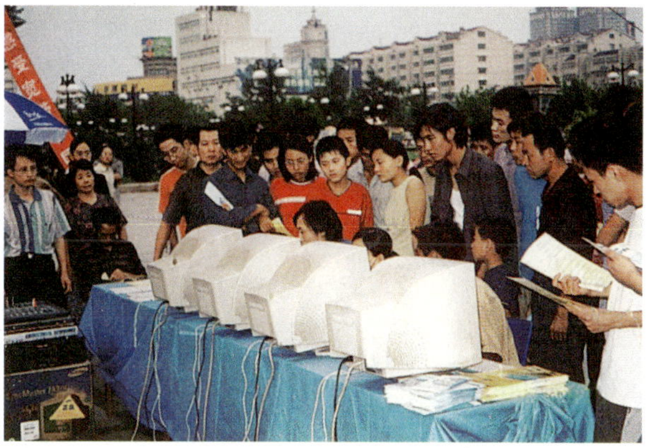

图5-20 宽带上网演示（2000年摄）

户提供128K双信道信息接入。年末，上网用户481户。2000年5月，建设小区局域网，年末有互联网用户6000余户。2001年，宽带综合布线完成41个单位住宅和小区，共计9960户。安装完成城域网接入层交换机15个；安装开通7个支局的17个接入网点的ADSL设备。发展宽带用户475户，其中洪家楼458户、王舍人11户、郭店6户。截至2001年，区电信局形成了以光纤数字传输为主要手段的现代化通讯网络，可以开通音频、数据、图像和视频等多媒体综合通信业务，初步实现信息传输的高速化、宽带化。2002年，推出ADSL、ADSL+LAN、FTTX+LAN等多种宽带接入方式，发展宽带用户1685户，总用户数达到2004户。2003年，宽带用户净增2642户；新增网吧用户19家，累计达到76家，其中使用通信接入的网吧用户45户。同年，对永大百花园等住宅小区进行光纤接入改造。2004年，宽带用户总数达到17213户，ADSL节点数量达到240个，ADSL容量达到14196线，三层交换机节点达到47个，楼宇交换机超过2000个，LAN用户端口达到10654个。2005年，全区在互联网上建立主页的企业单位45家，互联网用户3.5万余户。2006年，全区互联网宽带用户发展到4.3万户。2007年，全区互联网宽带用户达到6.4万户。

第六编

开放 开发

济南遥墙国际机场（2007年摄）

1986年，县委、县政府鼓励以工业企业为主，广泛开展多种形式的横向经济联合。1988—1992年，区委、区政府制定各种招商引资、发展外向型经济的优惠政策，加大招商引资、对外贸易工作力度，不断扩大对外开放。至1993年，“三资”企业批办出现“井喷”式增长，新办“三资”企业71家，累计达到121家。同年，经省政府批准始建济南临港经济开发区。1998年起，区委、区政府将招商引资工作纳入单位考核目标，不断调整招商引资工作重点，加大考核力度，逐步形成了“人人都是投资环境，事事关系招商引资”的工作格局。2007年，全区有“三资”企业391家，从业人员8555人，固定资产12.4亿元，实现销售收入43.6亿元；有出口实绩企业60家，出口商品涉及8个门类，远销70多个国家和地区，实现出口总额96113万美元。

第一章　招商引资

第一节　招商政策

1986年，县委、县政府制定优惠政策，鼓励以工业企业为主，广泛开展多种形式的横向经济联合。1988年3月7日，区政府印发《关于“开发历城，振兴经济”若干试行优惠政策的意见》，对来历城开发的企业，从经营方式、开办手续、土地征用、配套服务措施、审批制度、税收、奖励及应聘人员待遇等方面，向全社会发布优惠政策及有关奖励政策。3月29日，区政府印发《关于发展外向型经济和“三来一补”项目的具体意见》，对发展外向型经济和“三来一补”(来料加工、来件装配、来样定货，补偿贸易)提出14条奖励规定。5月，区委、区政府成立济南市历城区对外经济贸易委员会，加强利用外资招商工作。1991年4月3日，区委、区政府印发《关于“南北抓开发，中间大发展”战略构想的实施意见》，对战略构想的提出、规划目标、主要措施、有关政策及组织领导等进行了明确阐述。1992年，区委、区政府印发《关于贯彻〈省委、省政府关于进一步扩大对外开放，加快发展外向型经济的决定〉的实施意见》，要求“南北开发，中间发展，全面开放，重点突破，抓住机遇，跳跃前进”。

1998年，区委、区政府将招商引资工作纳入区直各单位、乡镇年度考核目标，成立招商引资工作领导小组，制定《关于引进资金、项目及外贸出口的鼓励政策》，招商目标重点是引进区外税源，项目投资规模没有限制。1999年，区委、区政府印发《关于开展’99投资环境年活动的实施意见》，在全区开展“’99投资环境年活动”，将活动开展情况纳入全方位工作目标考核。同年6月，区政府印发《济南市历城区引进外资、促进出口创汇及兴办海外企业鼓励政策》，对外商投资企业在用地、纳税、供水、供电、劳动用工、子女上学等方面所享受的优惠政策，对外资项目引进人、完成外贸出口任务及到海外办企业的单位的奖励政策等做出具体规定。

2000年，区委、区政府加大招商引资工作力度，实行全员招商，在全区构建“人人都是投资环境，事事关系招商引资”的工作格局。2001年2月，区招商局成立，建立起一支年轻化、知识化、专业化的招商队伍，积极实践网上招商、以商招商、委托招商等招商方式。4月，区招商引资工作领导小组制定《关于引进引办招商引资的奖励政策》，进一步明确对项目引进单位及引进人的奖励办法，招商重点目标转向引进市外投资项目。对需征地的招商引资项目，除征地享受最低地价外，根据投资额大小，按应缴土地出让金数额给予奖励；加大对区外投资人的扶持，按区外资金占企业注册资金的比例和企业纳税形成的区级财政收入，对企业给予奖励，区外资金所占比例越高，奖励幅度越大；规定引进项目规模为注册资本15万元以上。2002年1月，区委、区政府印发《关于招商引资工作考核奖惩意见》，将招商引资工作列入全方位目标责任制考核。同年2月，区政务中心投入使用，27个职能部门合署办公，实行一站式服务，办理事项限时答复、限期办结。同时，在区直部门清理压缩审批事项和收费项目，制止“三乱”（乱收费、乱罚款、乱摊派），改善投资环境。

2003年12月，区委、区政府制定《关于对招商引资项目引荐人的奖励政策》和《关于招商引资项目奖励政策》，将招商引资工作重点转向鼓励引进大项目、外资项目和高新技术项目。2004年3月，区政府印发《关于统筹安排招商引资大项目及外资项目的实施意见》，引导招商项目向东部产业带和济南临港经济开发区等符合市、区产业规划的地区聚集。同年6月，下发《关于切实做好大项目协调服务工作的通知》，确定实行大项目组负责制，要求大项目组切实做好招商引资大项目跟踪服务工作，为投资者创造良好的发展环境。同时，选出部分企业集团建立区长联系企业集团制度。10月，印发《关于对招商引资大项目实行集中签约的意见》，规定对投资额1000万元以上（工业项目投资500万元以上）的国内投资项目、外商（含港、澳、台商）投资项目及投资1亿元以上的意向项目，经筛选实行集中签约。集中签约的项目列为区大项目组调度项目，明确由副区长为组长的协调小组每月对项目进展情况进行调度，帮助投资者解决遇到的困难和问题。2006年1月，市公安局出入境管理处在区公安分局设立全市首个区级出入境管理接待大厅，方便了辖区出入境人员相关手续的办理。同年7月，区委、区政府制定《关于2006年招商引资内资项目核查办法》，突出对引进市外资金完成情况的考核，将引进市外资金任务完成情况、大项目集中签约情况作为全年招商引资考核加分因素。

2007年，区委、区政府将招商政策由“招商引资”导向“招商选资”。5月23日，印发《关于2007年招商引资工作考核奖励办法》《关于2007年度招商引资内资项目核查办法》《关于鼓励产业项目向重点片区聚集的意见》《关于完善招商引资大项目落地推进制度的意见》，修订完善《关于招商引资项目奖励政策》《关于对招商引资项目引荐人的奖励政策》。实行考核环节前移，同时考核项目签约率、落地成功率和资金到位率。加强对大项目及市外投资项目核查，明确了核查及招商项目认定范围。鼓励引导符合市、区产业规划的各类招商引资项目向重点片区聚集，推进重点片区发展。完善招商服务代理机制，对投资规模大、技术含量高、外向型的“大、高、外”项目实行招商服务代办员推进制度。确定引荐人奖励范围，对新建、扩建或兼并收购项目单位，根据产业类别给予3年～5年、不同比例的财政奖励。对引进工业项目的引荐人，由同级受益财政按项目第一个完整投资年度固定资产投资额3‰～7‰的比例，一次性奖励项目引荐人；引进非工业企业项目，按项目第一个完整纳税年度纳税形成区内地方财政收入的5%～10%，由同级受益财政一次性奖励引荐人；对投资规模大、外向度高、效益好的项目引荐人，促成项目成功落户辖区的关键人员，采取一事一议的办法给予奖励。

第二节　招商活动

1986年前，招商活动以企业为主体，县经委、乡镇企业局等经济主管部门负责组织协调工作。1987年5月，“济南市横向经济联合洽谈会”在历城区政府招待所召开。全区乡镇企业共洽谈项目259个，签订意向书165个，落实投产33

项。到1995年，全区共有400多个乡镇企业同山东省农科院、山东大学、山东工业大学、济南钢铁集团总公司、济南汽车制造总厂、中国轻骑集团等180多个单位进行联合，引进资金1亿多元，嫁接改造企业100多个。

1988年起，区政府每年组织企业参加广交会、青交会等交易会，以及在深圳、上海、北京、厦门、哈尔滨等地和济南市内举办的各种大型经贸洽谈活动。1994年3月18日—25日，历城区首次在香港举办招商会，发放《历城概况》《历城区对外招商项目》等宣传资料1000余份，签订利用外资项目8项。同年9月19日—21日，在济南金秋经贸洽谈会上，历城区举办招商发布会暨项目签字仪式。1996年9月，参加济南金秋经贸洽谈会，历城区共签订协议项目22个，项目总投资3223.6万美元，其中外资额2047万美元，合同利用外资950万美元；共签订出口合同10个，成交额789万美元。1997年7月8日—15日，参加'97中国青岛对外经济贸易洽谈会，历城区重点推出10个招商项目，与来自英、美、日、韩、巴西等国的驻华商务参赞和大企业驻华代表进行广泛洽谈，并到外商所住宾馆和外国商社驻青机构登门招商，共签订利用外资项目4项，利用外资额737.4万美元。1999年6月26日—27日，历城区招商引资暨人才交流洽谈会在区会议中心举行，有140余家大中型企业、9所大中专院校和科研单位参加，与会人员达3000余人，共洽谈项目75个，意向投资4.2亿元。2001年，区委、区政府在全区开展“学习城阳经验，加快历城发展”活动，学习青岛市城阳区招商引资工作经验。2005年，参加济南（香港）经贸洽谈会，签约项目9个，合同外资额7075.5万美元，协议外资额6.66亿美元。2006年6月12日—23日，组团参加市政府组织的赴韩国、日本以及中国香港招商活动，共签约项目24个，项目总投资额4.75亿美元，外资额2.21亿美元。此次招商活动规模之大、签约项目之多，为历年之最。2007年，历城国际商会与香港文汇报国际公关顾问有限公司、韩国江南区商工会、东京贸易株式会社签订委托招商协议。截至2007年，全区共组织参加各类大型招商活动100余次，锦绣泉城、田园新城、维维乳业、宝世达等一批投资过亿元项目落户辖区，累计实际利用外资近4亿美元，内资144.1亿元。

图6-1　1994年9月21日，济南金秋经贸洽谈会历城招商发布会签字仪式

第三节　开发区建设

1992年6月，区委、区政府成立历城区经济技术开发建设管理委员会，在济南遥墙国际机场附近辟建济南临港外商投资小区，在仲宫等乡镇筹建工业园区。1993年3月，经省政府批准，济南临港外商投资小区升格为省级外向型工业加工区（详见本篇第三章）。截至2001年，辖区内有省级开发区1个，即济南临港经济开发区；市级工业园区1个，即济南大正科技工业示范区；区级工业园区7个，即仲宫、郭店、港沟、王舍人幸福柳工业园区和济南临港经济开发区南区（位于港沟镇）、东区（位于董家镇）、西区（位于华山镇）。2003年3月，由国务院批准，济南市政府在港沟镇设立国家级济南出口加工区，规划占地面积3.2平方公里。同年4月，贯彻国家清理开发区的有关规定，结合土地清查工作，对不符

图6-2 济南出口加工区（2007年摄）

合规划的工业园区进行取缔。区委、区政府印发《关于撤销临港经济开发区东区等工业园区的通知》，除保留济南临港经济开发区、临港南区外，其他区级工业园区被撤销；要求各街道、乡镇今后不经国务院或省政府批准，一律不得以任何名义擅自设立工业园区。

2000年7月，济南临港经济开发区南区设立。区委、区政府成立济南临港经济开发区南区管委会，负责开发区的园区建设管理工作。临港南区位于港沟镇田庄村，西至历下区刘智远村，东至泉港路，南至经十路，北至世纪大道。开发区起步区规划面积243公顷，其中发展用地113公顷，教育用地120公顷，其他用地10公倾。当年引进济南固锝电子器件有限公司、山东银企电子有限公司、山东地质探矿机械厂、山东景屹贸易有限公司、山东华牧药业有限公司、山东泰雅木制家私有限公司、济南雪山供水有限公司7家企业。至2002年，基础设施建设完成投资4200万元，建成日供水2万立方米的济南雪山水厂，引入1万伏的园区用电专线，贯通了园区内的两纵两横长3.5公里、宽30米的交通主干道，完善了通信、供水、排污、照明等配套设施。7家企业全部建成投产，总投资1.11亿元。2002年至2005年7月，山东飞洋水设备有限公司、济南鲁冠混凝土有限公司、山东中建建筑设备有限公司、济南第三仪表厂、济南建筑机械厂、山东黄金鑫意首饰有限公司、山东银座汽车贸易有限公司7家落地企业全部建成投产，总投资2.4亿元。2006年，大众报业集团有限公司、双星集团济南分公司、山东三融实业有限公司、山东四化环保设备有限公司等7家签约企业落地，计划投资额超过20亿元。至此，临港南区招商引资工作目标全面完成，开发区形成以机械制造、精密电子器件、建筑材料、设备加工、服装生产、环保设备生产、汽车贸易为主体的经济体系。

图6-3 位于临港南区的山东地质探矿机械厂（2003年摄）

第二章 对外经贸

第一节 三资企业

1985年，山东浪潮电子信息产业集团、大涧沟东村、北京“四通”公司、香港喜多来集团有限公司合资成立全县第一家（全市第二家）合资企业——东港实业公司。1989年，济南鲁兴隆纸制品有限公司、济南华兴石材有限公司、济南宫艺化工有限公司、济南华岳石产有限公司4家合资企业领取批准证书。1990年，全区“三资”企业增加到11家，投资总额747.7万美元，注册资本715万美元，合同利用外资434.3万美元，实际利用外资233.5万美元，历城区被评为山东省对外经贸工作先进单位。1992年，总投资额在1000万美元以下的外商投资企业审批权由市下放到区(县)，简化了“三资”企业审批程序。1993年，“三资”企业批办出现“井喷”式增长，全区新办“三资”企业71家，合同利用外资4047.6万美元；“三资”企业累计达到121家，总投资1.7亿美元，合同利用外资6380万美元；已开业“三资”企业54家，完成年产值2.85亿元，实现利税4533万元，涉外税收入库1403万元。1995年，对“三资”企业进行履约大检查，对不符合条件的予以督促整顿；对无资金、无人员、无场所的“三无”企业废止其批准证书。至1995年年底，共注销不符合规定的“三资”企业9家，全区有开业“三资”企业85家，当年实现产值103470万元，利税7511万元，出口创汇2732.5万美元；在全区排出的20家骨干企业中，有“三资”企业17家。1996年，成立济南市历城区外商投资企业管理办公室、历城区地税局涉外稽征处，加强“三资”企业后期管理和税款征管工作。1997年12月，中外合资齐鲁安替比奥制药有限公司正式投产。该公司总投资6000万美元，是全省医药行业最大的中外合资制药企业，全国最大的头孢菌素原料药生产企业，年生产能力100吨，居世界第三位，可满足国内需求的50%左右，每年可为国家节约外汇7000万美元，被市政府列为外商投资形象企业。年末，全区“三资”企业发展到220家，合同利用外资1.2亿美元，当年出口创汇3550万美元。1998—2007年，全区新批“三资”企业171家，合同利用外资6.43亿美元，实际利用外资4.17亿美元。2007年，全区共有“三资”企业391家，从业人员8555人，固定资产12.4亿元，实现销售收入43.6亿元。其中规模以上工业企业41个，实现销售收入31.6亿元。

1993—2007年历城区实际利用外资额（含港、澳、台资）统计表

表6-1　　单位：万美元

年份（年）	实际利用外资额	年份（年）	实际利用外资额
1993	45	2001	1204
1994	1146	2002	2046
1995	1117	2003	3681
1996	535	2004	12480
1997	1248	2005	3742
1998	489	2006	19838
1999	1717	2007	5025
2000	1114		

第二节　出口贸易

1986年，全县对外贸易主要由县外贸公司组织农副产品收购出口，当年完成外贸收购总额538万元。同年6月，为调动企业出口商品生产及增加出口商品货源的积极性，县政府办公室印发《关于鼓励出口商品生产扩大出口创汇的若干规定》，就落实外汇留成、出口奖励、对出口企业实行“五优先”(原材料供应、项目安排、外销产品、资金使用、商品运输优先)、外贸商品购销等做出10项规定。1988年，外贸收购总额首次突破千万元大关，完成1526万元。1989—1991年，外贸收购总额严重下滑，分别完成928万元、258万元、364万元。

1992年，取消外贸指令性计划，工业产品出口大量增加，全区完成社会出口商品供货总值9407万元，其中工业产品交货值7776万元。1993年，完成出口商品供货总值15780万元。1994年起，打破外贸公司独家经营外贸出口业务的局面，开展企业自营进出口权申报工作，当年完成出口商品供货总值45247万元。至1995年，济南市镁碳砖厂、济南晨美玻璃制品有限公司、济南铸造材料实业总公司、历城外贸公司等8家企业取得自营进出口权，全区逐步形成外贸收购、代理出口、自营出口和“三资”企业出口的多渠道出口创汇体系。年末，全区有出口创汇500万元以上的企业25家，其中过千万元的18家，形成10大出口创汇骨干企业和果品、蔬菜、畜牧、养殖、粮食5个农业出口创汇基地，出口商品涉及机电、轻工、化工、建材、服装、食品、农副产品等13个大类、130个品种，远销欧美、东南亚等30多个国家和地区，其中工业制成品占出口商品总量的92.2%。是年，全区实现外贸出口供货值7.13亿元；自营出口实现零的突破，完成出口额124.8万美元；“三资”企业出口额2732.5万美元。1996年、1997年，全区自营出口额分别完成706.9万美元、2758万美元（海关数）。1998年，区委、区政府印发《关于引进资金、项目及外贸出口鼓励政策的通知》，引导企业自营出口，培植出口创汇骨干企业，壮大出口创汇队伍。是年，全区自营出口额完成1252万美元。1999年，完成自营出口额2309万美元。2000年10月，济南铸材集团有限公司出口达到1068万美元，成为全区第一个出口额过1000万美元的企业。是年，全区完成自营出口额3084万美元。2001年，具有综合进出口权的济南华美环球进出口公司、济南龙祥铸材进出口公司相继成立，改变了历城区没有综合性进出口公司的局面。年底，全区出口实绩企业发展到19家，全年实现自营出口额4031万美元。生铁、镁碳砖、玻璃制品、冷冻水产品、医药产品、机电产品、纺织服装成为出口拳头产品，远销50多个国家和地区。山东省山海水产贸易中心、济南市镁碳砖厂、齐鲁安替比奥制药有限公司、济南台有玻璃制品有限公司，年出口额均在400万美元以上，并连续多年被评为济南市出口创汇明星企业；历城标志服厂、济南派克线缆有限公司、济南庚辰钢铁有限公司、济南嘉华服装有限公司，年出口额均在100万美元以上，成为全区出口骨干企业。2002年、2003年，分别完成自营出口额5126万美元、6308万美元。

图6-4　济南华美环球进出口公司（2001年摄）

2004年，市属以上驻区企业实行在地统计，全区完成出口总额54518万美元。2005年、2006年，分别完成出口总额54518万美元、65180万美元。2007年，全区有出口实绩企业60家，实现出口总额96113万美元；出口商品涉及8个门类，远销70多个国家和地区。

第三章　济南临港经济开发区

第一节　开发区建立

1992年6月，区委、区政府成立历城区经济技术开发建设管理委员会，在济南遥墙国际机场驻地遥墙镇设立济南临港外商投资小区。1993年3月，省政府对外经济工作协调小组第十一次会议决定将济南临港外商投资小区纳入济南外向型工业加工区规划范围内，对外统按济南外向型工业加工区发布招商，名称为济南临港外向型工业加工区。同年11月，区委下发《关于印发加快临港经济开发区建设的实施意见的通知》，将开发区命名为济南临港经济开发区；撤销区经济技术开发建设管理委员会，成立济南临港经济开发区管理委员会。

济南临港开发区位于历城区东北部，距区政府驻地(洪家楼)16公里，因临靠济南遥墙国际机场而得名。地处济青高速公路和机场路两侧，南临胶济铁路、济青公路，北靠济南遥墙国际机场，区域涉及遥墙、董家、华山、王舍人4个镇，总规划面积58平方公里。其中，起步区东至机场路、西至济南纸浆厂、南至济青高速公路、北至小清河，面积3平方公里。2002年2月8日，省政府下发《关于部分经济开发区更名的通知》，开发区正式定名为济南临港经济开发区。2005年4月，在全国各类开发区清理整顿工作中，济南临港经济开发区通过国家发展改革委员会和国土资源部的审核验收，成为山东省第一批通过验收的省级开发区之一。2007年4月、10月，为促进开发区集群发展，经省对外贸易经济合作厅批准，在临港开发区设立韩国工业园、欧洲工业园。

图6-5　济南临港经济开发区雕塑标志（2007年摄）

第二节　基础设施建设

1993年起，实施临港经济开发区起步区基础设施建设。1994年春，开发区管委会组织遥墙、董家、唐王、华山、王舍人、洪家楼6个镇的万余名民工和百余台机械，实施首期道路建设工程会战，完成了温泉路、中心街4000多米主要道路的土方工程，挖掘土方28万立方米。至1995年，共埋设供水、排水管线10多公里，架设电力线、通信电缆10多公里，起步区及温泉片区基本达到供电、供水、排水、通信和道路“四通一平”。1997年，完成基础设施投资3000万元，部分地区达到供电、供水、排水、供暖、通信和道路“五通一平”条件。其中，道路建设投资380万元，修路26公里；新安装变压器4台，总功率1000千伏安，实现双回路供电；电信投资600万元，架设无线寻呼、无绳电话发射塔2座，埋设通信光缆32公里，开通程控电话4000门；水利设施投资800万元。2000年，拓宽绿化机场路，新铺水泥路面8公里，并架设高标准路灯；拓宽整修荷花路、遥墙路，新铺高标准柏油路8公里；架设供电线路16公里，制作大型广告牌2个。全年基础设施总投资1000多万元。同年6月底，开通K97路公交车。2003年，完成投资1000多万元，新修、延伸、拓宽临港西街、防汛路、白云湖路、机场路4条公路，总长12.5公里，建设完成了以临港路、临港西路、稼轩路、温泉路、机场路、遥墙路、遥墙南路、幸福路为主的“四纵四横”道路交通网络。同时，对所修道路进行绿化，新安装路灯200盏。

2005年，实施机场路遥墙段（小清河以北）提升改造工程。工程总投资3100万元，占地面积14.6公顷，设计为双向六车道，设置高标准双臂式路灯146盏，道路两侧分别设4米绿化分隔带、3.5米人行道、12米道路绿化景观带。新建道路面积8.3万平方米、人行道面积2.4万平方米，绿化面积11.2万平方米。同年5月底，开始A区路网建设，工程总投资6000余万元，总占地面积253公顷。新建道路4条、总长5.8公里，提升道路3条、总长8公里，形成“三纵五横”为骨架的开发区A区道路网；新建提升道路总面积12万平方米，绿化总面积11.5万平方米，铺设彩色花砖人行道7800平方米，安装路灯370盏。2006年，对机场路部分路段进行改造，并修建B区刘公河路、马家西路、温泉路、临港北路、临港南路“二纵三横”5条道路，总长10.4公里。工程总投资10565万元，其中，机场路改造投资2600万元、B区路网建设投资7965万元。2007年，开发区内有K97路、K309路、318路、K99路4条公交线路，基本形成了铁路、公路、航空为一体的交通网络。

第三节　项目引进

济南临港经济开发区管委会成立后，积极参加各种招商会、展示会、经贸洽谈会，加强与各类协会、研究会的联系。1995年，引进第一家外商独资企业——日本独资济南希森美康医用电子有限公司。1997—1999年，共引进万信实业公司、神龙公司万利达新型建材公司、东航服务公司绿色食品配餐基地、东方光明机器产业园等项目25个。

图6-6　济南希森美康医用电子有限公司（2006年摄）

2000年，区委、区政府加大开发区招商力度，制定《济南临港经济开发区招商引资优惠政策》，对进区企业从服务、收费、征地、基建、财政扶持等方面做出具体优惠政策。全年引进项目16个（含增资项目），协议投资人民币3.2亿元、3000万美元。其中，山东华盛置业有限公司注册资金5168万元，兰桥生物工业园投资1200万美元，东方光明机器产业园投资1亿元人民币，台商独资山东富骅电子有限公司项目投资390万美元，省、市地税培训中心投资5000万元人民币，山东鲁强实业公司投资1亿元人民币。2001—2004年，共引进各类项目80多个，包括济南维维乳业有限公司、济南莱钢钢结构有限公司、济南优力邦高分子有限公司、济南国际机场股份有限公司、济南弗斯特工程有限公司、济南克莱依波有限公司、山东柯华健康科技有限公司、济南三箭外国语学校、山东中加学院等一批大项目。

2005年4月，为突出临港经济开发区在全区招商引资工作中的龙头带动作用，区招商引资工作领导小组制定《关于鼓励向临港经济开发区引荐项目的有关政策》，规定全区各单位引进工业项目后，应优先引导投资者到临港开发区择址落户。当年新入区项目18个，追加投资项目18个。入区企业累计达到65个，有规模以上工业企业20个。其中，采埃孚商用车转向机（山东）有限公司由德国ZF集团投资建立，是全区引进的首家世界500强企业，2006年11月建成投产。2006年，引进台湾台橡（济南）实业有限公司、济南兴旺新型建材厂、济南成泰模塑公司、济南新日经贸有限公司。2007年，引进德国独资福士汽车零部件（济南）有限公司、空港置业公司、济南大华环保有限公司等项目。全年新签约项目15个，其中，内资项目12个、外资项目3个；投资2亿元以上的项目5个，5000万元以上项目2个。1993—2007年，累计实际利用内资15.07亿元人民币，实际利用外资1000万美元，完成固定资产投资12.57亿元人民币。

图6-7 采埃孚商用车转向机（山东）有限公司（2007年摄）

第四节 开发区管理

一、管理机构

1993年，区委下发《关于印发加快临港经济开发区建设的实施意见的通知》，决定设立济南临港经济开发区管理委员会（副区级）。开发区管委会作为区政府派出的常设管理机构，在区委、区政府直接领导下开展工作，对临港经济开发区行使统一管理、统一规划、统一征地、统一政策的领导职权。同年，建立管委会“一室四处一公司”的工作机构，即办公室、经济发展处、土地规划管理处、财务处、劳动人事处和开发建设实业总公司。1996年，区委、区政府对开发区管委会机构进行调整，管委会由副区级降格为正处级，办事机构仅保留办公室、财务处。1997年，区机构编制委员会下发《关于确定临港经济开发区“三定”方案的通知》，明确开发区管委会内设机构不超过2个。同年7月，开发区管委会重新升格为副区级。1998年，市机构编制委员会下发《关于济南临港经济开发区管委会配备领导职数的批复》，同意济南临港经济开发区管委会配备主任1人（副区级），副主任2人（正处级）。2006年10月，市编委下发《关于规范理顺各县（市）区所属省级经济开发区（工业园区）管理体制机构编制的通知》，济南临港经济开发区管委会建制级别定为正区级，内设机构为正处级。2007年，区委、区政府印发《关于进一步加快济南临港经济开发区建设和发展的若干意见》，明确开发区的建制级别为正区级，为区政府独立设置的派出机构，区委在开发区设立党的工作委员会。根据区委、区政府意见，结合开发区实际情况，管委会建立健全了工作机构，下设办公室、规划建设局、经济发展局、财政局、建设发展服务中心，开发区新的管理体制正式开始运行。

二、规划编制

1993年，开发区管委会委托济南市规划设计院按照外向型、现代化小城市的要求，完成总体规划设计方案，将开发区规划为温泉度假区、外商独资区、商业城区、科技工业园区4个功能区。1994—1995年，开发区管委会与济南市测绘院、济南市规划设计院对商业城区、温泉路两侧500米范围进行全面测绘，绘制开发区主要道路条状图，完成了临港开发区的总体规划设计方案

（未审批）。2005年开始，开发区管委会聘请中国城市规划设计研究院编制《济南市空港地区控制性详细规划》。2006年3月18日，《济南市空港地区控制性详细规划》通过专家组论证。2007年1月30日，向社会公示。同年8月，通过上级部门评审，成为控制、引导临港经济开发区规划建设的依据。规划中的空港新城以济南临港经济开发区和济南国际机场为中心，总控制面积145.5平方公里，先期重点建设济南临港经济开发区中的A、B、C三个区域，总面积约25平方公里。A区地处绕城高速公路以西，临港西路以南，小清河以东；B区地处稼轩路以西，济青高速公路以北，机场路以东，大辛路以南；C区地处绕城高速公路以西，荷花路以北，遥墙镇中学—大杜家村东—李牌村以东，李牌村南路以南。

三、经济发展

1993年临港开发区管委会成立后，始终将改善基础设施条件、优化投资环境作为首要工作，先后制定了一系列优惠政策，促进开发区经济发展。1999年，开发区规模以上工业企业发展到5个，实现增加值6231万元、销售收入17658万元、利税3782万元。2003年，开发区实现工业总产值12.6亿元，工业增加值3.82亿元，利税1.45亿元，被市委、市政府评为“先进工业园区”。2005年起，根据《关于鼓励向临港经济开发区引荐项目的有关政策》，进区项目纳税所形成的区内地方财政收入，实行先上交区财政、再由区财政统筹分配的财政体制。其中，引进项目的街镇财政留成60%，区、遥墙镇财政各留成20%；区直部门引进项目形成的税收，区财政留成80%，遥墙镇财政留成20%；进区项目有实际投资后形成的税收，项目引进单位和开发区管委会按8：2的比例分配。2007年，开发区管委会财政、规划等职权得到全面落实。开发区共有驻区企业97家，其中，规模以上工业企业22家。全年完成生产总值9.95亿元，其中第二产业完成8.33亿元、第三产业完成1.62亿元；实现地方财政一般预算收入3339万元；规模以上工业企业增加值7.66亿元，实现利税6.04亿元；出口创汇410万美元。是年，开发区管委会被市政府评为“发展园区经济标兵单位”。

第七编

农业综述

西营镇藕池村蔬菜良种繁育基地（2005年摄）

1986年，全县深化以家庭联产承包为中心的土地使用制度改革，推行“双田制”(口粮田、承包田)和适度规模经营，粮食产量24.37万吨，蔬菜19.81万吨，果品2.29万吨，肉、蛋总产量1.31万吨，渔业总产量286吨，农业总产值3.54亿元。1990年，全区建立农村社会化服务体系，为农民种粮提供技术指导。1993—2001年，开展减轻农民负担工作，提高农民种粮积极性。1995年，改革农村财务管理制度，推行“村账镇管”。2002年，实施农村税费改革，农民人均减负43%。2003年后，制定和完善农业区划，发展都市生态农业，促进农业产业结构调整。2005年，取消农业税、特产税。2007年，全区农业总产值38.36亿元；粮食总产量25.95万吨，蔬菜90.76万吨，果品13.15万吨，肉、蛋、奶总产量24.42万吨，渔业总产量4610吨，农业龙头企业62家，农民人均纯收入6950元。

第一章　农村经济体制改革

第一节　农村土地承包制度改革

1986年，全县贯彻中央农村工作会议和中央1号文件精神，进一步巩固和完善家庭联产承包责任制，推行“双田制”和适度规模经营，农、林、牧、副、渔各业承包率95%以上。1987年，区、乡镇普遍成立农业承包合同管理机构（农、林、水、司法等部门参与），建立承包合同档案管理制度。1991年，共完善、签订各种农业承包合同14.4万份，发包土地面积54000公顷；实行“双田制”村249个，土地面积15330余公顷；适度规模经营村7个，土地面积200余公顷；实行区域种植村16个，土地面积470余公顷。1994年，规范土地承包合同16万份，调解处理合同纠纷36起，签订新承包合同2.33万份。1995年，发展村办农场22个，占用土地730余公顷。1999年，开展二轮土地延包工作（承包期限30年），完成土地延包村647个，占应延包村数的94%；续签土地承包合同14.13万份，占应签合同的89.3%；完成土地延包面积46000公顷，发放土地承包经营权证书12.55万份。2000年后，由于存在承包地块分散、种田效益不高、农村劳动力富余等问题，逐步出现农民自愿互换、转包、转让、租赁、入股等多种形式的土地流转现象。2004年，区政府下发《济南市历城区农村承包土地流转暂行办法》，探索农村土地使用权流转机制，规范土地使用权流转市场，加快发展蔬菜、林果、花卉苗木规模种植及奶牛规模养殖业。2007年9月，开展农村土地突出问题专项治理及农村土地承包经营权证书补发换证工作，纠正和查处农村土地承包、征占农村集体土地和农民承包地中的违法违纪行为，补签合同1.8万份，为全区11个镇配置土地承包系统管理软件，实现土地承包合同管理制度化、信息化和规范化。是年，流转土地面积4330余公顷，涉及农户2.36万户，分别占耕地总面积的13.5%和农户总数的15.1%。

第二节　农村集体财务管理制度改革

1983—1992年，实行家庭联产承包责任制后，农村集体财务管理模式没有及时进行调整，出现不同程度的混乱，造成部分集体财产流失。1993年，区政府下发《关于印发村合作经济组织财务管理暂行规定的通知》，开展村级财务清理整顿工作，废除收支记账法，实行借贷记账法。1995年，区政府下发《济南市历城区农村集体合作经济组织财务管理暂行规定》。同年4月，在郭店镇推行“村账镇管”试点，统一账簿设置、统一记账方法、统一记账科目、统一记账凭证，镇经管站建立农村财务办公室和档案室。5月，全区实行“村账镇管”制度。1996年，区农业局下发《关于进一步健全和完善农村财务“双代管”的实施意见》，全面推行委托代理制，各乡镇经管站负责农村财务代理工作。1999年7月，区农业局下发《关于加强村级民主理财的工作意见》，各村成立3人～5人组成的民主理财小组，对村级财务运行进行监督。至2007年，11个镇535个行政村实行了“村账镇管”制度，占行政村总数的88%；49个行政村实行会计委派制，占总数的8%。

第三节　农民负担监督管理

1986—1990年，农民负担主要表现为“三提五统”。“三提”：指村级提留，村集体经济组织按规定从农民生产收入中提取的用于村级维持或扩大再生产、兴办公益事业和日常管理开支费用的总称，即公积金、公益金和管理费；“五统”：指乡镇统筹费，乡镇合作经济组织依法向所属单位和农户收取的费用，即农村教育事业费附加、计划生育、优抚、民兵训练、修建乡村道路等费用。实行家庭联产承包责任制后，个别村对“三提五统”规定限额执行不严，出现乱摊派、乱收费、乱罚款“三乱”现象。1991年11月，区政府成立农民负担监督管理领导小组，加强对农民负担工作的监督管理。1993年3月25日，下发《关于开展减轻农民负担“四清理三整顿”工作的通知》，成立清理整顿领导小组，清理各种文件、项目365件，其中，涉及农民负担的文件41件，废除16件。同年6月—7月，区人大常委会对减轻农民负担情况进行全面视察，共组织区、乡镇两级人大代表346人，视察101个村，走访调查463户。7月，区政府下发《济南市历城区关于切实减轻农民负担若干规定》。1995年，实行农民负担监督卡制度，农民负担一卡一清。1997年，废止区级不合理收费文件1件，清理乡级不合理收费文件4件，停止达标升级活动5起，减轻农民不合理负担260万元。2001年，区委、区政府下发《关于下达2001年村提留、乡统筹费及“两工”最高限额的通知》，对村提留、乡统筹费及“两工”标准做出具体规定。2002年后，实行税费改革，税改后农民人均负担50.4元，减负率43%。2004年，开始对种粮农民实施粮食直补，同时减征农业税3个百分点。2005年，取消农业税、特产税，开启农民种粮没有任何负担且能享受国家补贴的新时代。

第四节　农村社会化服务体系建设

1988年4月，区委、区政府组织17个乡镇主要负责人到淄博市参观学习农村社会化服务体系建设经验。7月，郭店镇建立农村社会服务站，设水电、农机、购销3个技术服务组，为群众提供产前、产中和产后服务。1990年5月，区政府下发《关于建立健全系列化服务体系的实施意见》。至1995年，共建立区级服务组织50个，乡镇级服务组织180个，村级集体服务组织1720个，个体服务专业户、联合体6500多个。1996年，区农业局设立农村合作基金管理办公室，下发《关于加快发展农村合作基金会的通知》。董家镇、华山镇、遥墙镇、仲宫镇、靳家乡、大桥镇、港沟镇、锦绣川乡、王舍人镇、党家庄镇、孙村镇及大正小区等成立农村合作基金会。2002年，区农业局建立历城都市农业信息网站，乡镇建立信息服务站，形成比较完整的农村信息服务网络。2004年，历城电视台开办《祝您致富》农业教育有线电视栏目，每周播放6期，推广普及新产品、新技术。2005年，区政府下发《关于加快发展农民专业合作经济组织的意见》，成立农民专业合作经济组织建设工作领导小组。是年，撤销农村合作基金会。2006年2月，召开全区农民专业合作经济组织建设工作动员大会，推动农民专业合作经济组织发展，全区当年发展农民专业合作经济组织150家。至2007年，全区农民专业合作经济组织发展到220家，其中，农民专业合作社50家，市级以上农民专业合作经济组织25家；加入农民专业合作经济组织的农户4.5万户，占全区农户总数的28%；农业信息网站专（兼）职管理和服务人员260余名，收集涉农法律法规40余部，专家论文50余篇，年均发布农产品供求信息1000余条，农业生产指导意见500余条。

第二章　农业区划及产业结构调整

第一节　农业区划

1986—1990年，区委、区政府确定在党家庄镇、董家镇、孙村镇、遥墙镇、唐王镇建设商品粮及蔬菜种植基地；南部山区乡镇退耕还林，发展果园种植基地。1991—1995年，确定“南部山区发展优质干鲜果品，东部平原一带发展设施农业，济南绕城高速公路两侧发展规模饲养奶牛和苗木花卉生产，城区近郊发展壮大市场流通服务业”发展思路。1996—2000年，加快发展高产、优质、高效农业，调整农业结构，推进农业产业化，实施“退粮还经、退耕还果”发展战略。2001年，以优化农业内部结构，增加农民收入为目标，加快推进农业现代化进程。2003年，区委、区政府提出“一带两区”农业发展布局：在东、北部，包括孙村镇、港沟镇、郭店镇、王舍人镇、彩石镇、遥墙镇、唐王镇、董家镇及大正小区等建设东部产业带，重点发展都市农业精品园区、奶牛养殖和花卉苗木种植；以洪家楼为中心，辐射华山和王舍人镇建设中心商贸区，重点发展现代工业和商贸业；在南部山区，包括柳埠镇、仲宫镇、西营镇、锦绣川乡、高而乡、彩石镇、港沟镇等镇建设南部生态经济区，重点发展高效经济林、生态农业、观光旅游等绿色产业。至2007年，全区农业基本形成南部生态经济区、北部临港都市农业区、城区洪家楼商贸服务区发展格局。

图7-1　仲宫镇无公害蔬菜种植基地（2007年摄）

第二节　农业产业结构调整

1986—1989年，是城郊型农业探索阶段。根据自然条件，宜农则农，宜林则林，宜牧则牧，或一业为主，做好多种经营，对农业产业结构进行适应性、开发性和延伸性调整。1986年起，主要以粮、蔬、果间作立体高效种植模式调整种植结构，蔬菜种植面积和产量逐年增加，果园面积和果品产量不够稳定，起伏较大。1989年，粮食播种面积81013公顷，产量25.20万吨；蔬菜8473公顷，产量41.95万吨；果园4187公顷，干鲜果品总产量1.48万吨。农、林、牧、副、渔产业增加值比重为56.54%、4.27%、23.09%、15.48%、0.62%。

1990—1997年，是城郊型农业发展阶段。农业产业结构向城郊服务型方向发展，蔬菜、鲜食作物种植规模扩大。1990年3月，中共历城区第八次党代会确定“以提高经济效益为中心，以调整经济结构、优化资源配置为突破口，建设城郊型现代化市区”的指导思想。1994年，区委、区政府提出“一调四建”农业发展战略，即调整农业产业结构，加快建设各类流通市场、龙头企业、农副产品生产基地和社会化服务体系，推进农业产业化发展。济南斯达乳品厂、锦绣川果品交易市场、七里堡蔬菜综合批发市场等相继建成开业。1996年10月，全区粮食总产量突破40万吨，被确定为全国商品粮基地县（区）。1997年，粮食播种面积83277公顷，产量35.66万吨；蔬菜11106公顷，产量60.74万吨；果园6670公顷，干鲜果品总产量4.50万吨。农、林、牧、渔产业增加值比重为60.93%、3.65%、34.28%、1.13%。

1998—2001年，是城郊型农业向都市农业过渡发展期。粮食面积稳中有降，品质逐步提高，蔬菜、瓜类面积逐年扩大。2000年4月，区政府下发《关于加快农业结构调整的实施意见》。2001年，粮食播种面积49886公顷，产量23.63万吨；蔬菜12771公顷，产量85.00万吨；果园8430公顷，干鲜果品总产量7.26万吨。同年，历城区被确定为省级放心菜生产基地县（市）和生态农业基地县（区）。农、林、牧、渔产业增加值比重为66.98%、2.49%、29.54%、0.99%。

2002—2007年，是都市农业建设初级阶段。农业向集“生产、生活、生态”功能于一体的都市农业方向发展。2004年7月，区委、区政府制定《关于树立和落实科学发展观搞好城乡统筹 增加农民收入的决定》，要求制定农产品质量监控标准，逐渐改造传统农业生产方式，发展都市农业，推进农业结构战略性调整。2007年，粮食播种面积47596公顷，产量25.95万吨；蔬菜13450公顷，产量90.76万吨；果园9322公顷，干鲜果品总产量14.13万吨；建成王舍人镇、遥墙镇2个“千亩万头”奶牛基地，奶牛存栏量3.71万头；农民人均纯收入6950元。农、林、牧、服务、渔产业增加值比重为59.83%、5.79%、31.27%、2.22%、0.9%。

图7-2 董家镇张而草莓种植基地（2007年摄）

第三节　农业产业化

1986年后，农业产业发展主要由农民根据市场情况自发调节，相继出现种植、养殖大户及专业村。1994年，济南斯达乳品厂建成投产，带动了周边村奶牛养殖业的发展，奶牛存栏量达到5000余头。1995年3月，中共历城区第九次党代会首次提出农业向产业化发展的目标，加快发展“菜篮子”“果园子”等“高产、高效、优质”农业。1998年4月，中共历城区第十次党代表会提出“以富民强区为目标，强农重工兴三产，推进农业产业化、城乡一体化”发展目标，重点发展大棚经济、林果业、畜牧业、观光农业四大支柱产业。1999年8月18日，区委、区政府下发《关于全面推进农业产业化的指导意见》，强调推进全区农业产业化的五项工作重点：一是因地制宜确定主导产业，在调减和优化粮食生产的基础上，着力培育发展五大主导产业，即蔬菜园艺业、林果业、畜牧业、水产业和旅游观光农业；二是大规模建立商品基地；三是高起点建设龙头企业；四是多渠道开拓市场；五是完善运行机制。2004年，区委、区政府下发《关于扶持农业龙头企业发展促进农业产业化经营的若干意见》，成立区农业产业化经营工作领导小组。同年，济南维维乳业有限公司、济南华鲁食品有限公司、济南先行种业有限公司通过第一批市级重点龙头企业认定。2005年，济南维维乳业有限公司、济南华鲁食品有限公司被认定为省级重点龙头企业，历城区被省政府评为全省农业产业化工作先进县（区）。2006年，区农业龙头企业协会成立，是全市第一个农业龙头企业协会，出版会刊《龙头企业之家》。2007年，全区农业龙头企业固定资产总值10.34亿元，年销售收入28.34亿元人民币，出口创汇196万美元，年销售收入过500万元的农业龙头企业48家。

第三章 农业综合开发

第一节 综合项目开发

1988年后，全区利用世界银行贷款及国家、省、市财政等资金，实施农、林、牧、渔、水利等一系列农业综合开发项目。至2007年，开发、改造中低产田31096.67公顷，总投资15574.3万元。主要开发项目有：

一、黄淮海平原农业开发

1988年5月，历城区被省黄淮海平原农业开发办公室列为重点开发区。区政府成立黄淮海平原农业开发领导小组，负责项目实施。第一期开发项目涉及仲宫、十六里河、党家庄、彩石、华山、遥墙等15个乡镇，有24个子项目，其中，农田水利7个、农业科技7个、开荒与土壤改良3个、畜牧建设3个、林业建设2个、淡水养殖1个、农业机械化建设1个。项目于1990年完成，总投资2507万元，其中，财政拨款774万元，银行贷款159万元，区以下自筹674万元，群众投劳折资900万元。开垦荒地266.67公顷，改造盐碱地400公顷，深翻平整土地400公顷，配方施肥330余公顷，秸秆还田130余公顷；新建改建农田防护林网930余公顷；开挖渔塘57公顷，改造渔塘13公顷；购置大型拖拉机3台，配套农机具57台（件）。

第二期开发项目于1991—1993年实施，涉及董家、郭店、唐王、华山、遥墙、桑梓店等镇，分井灌区农业综合开发及引黄灌区农业综合开发项目。项目总投资1811.6万元，其中，财政拨款657万元，银行贷款109.8万元，群众集资227.7万元，区以下自筹212.1万元，群众投劳折资605万元。建设小麦良种基地730余公顷，水稻良种基地200公顷，种子晒场1400平方米，购置良种检验加工机械设备44台；建农田林网200公顷，补植农田林网200公顷，植树37万株；开挖鱼池50公顷，改造旧鱼池67公顷；购置大中型拖拉机8台，小型拖拉机21台，配套农机具76台；修建各种道路218公里，桥、涵闸359座。项目区内新增灌溉面积3600公顷，旱涝保收面积3730余公顷，新增排涝面积470公顷，改造中低产田12700公顷，年新增生产能力折粮2.85万吨，林木覆盖率14%，社会总产值增加2.4亿元。

第三期开发项目于1994—1996年实施，涉及唐王、董家、遥墙、王舍人4个镇。主要开发农田水利、整地改土、农业科技建设、林业建设、

图7-3 陈孟圈引黄灌区干渠（2007年摄）

畜牧建设、淡水养殖、农业机械化建设及保鲜农产品加工项目等。项目总投资1110万元，其中，财政拨款418万元，区配套180万元，银行贷款400万元，群众自筹112万元。

二、世行项目

1998年8月2日，历城区利用世界银行贷款加强农业灌溉二期项目（简称世行项目）通过省开发办评估。涉及唐王、董家、遥墙、华山、王舍人镇。主要任务是改造中、低产田1200公顷，新增粮食生产能力3万吨。项目于2002年年底完成，总投资5219.7万元，其中，世行贷款资金1787万元，省配套资金1122.9万元，市配套资金571.1万元，区配套资金288万元，镇、村自筹资金1450.7万元。

2005年，实施世行三期农业灌溉项目。涉及柳埠、仲宫镇67个行政村，面积4667公顷。主要任务是平整梯田、加深耕层、秸秆还田、平衡施肥、发展节水灌溉。项目于2007年年底完成，总投资3591万元。

三、山区农业综合开发

2003—2007年，实施西营镇藕池小流域生态治理示范项目、锦绣川土地治理项目、葫芦峪小流域生态治理项目等。共新建拦河坝91座、排灌站58座、机电井39眼，开挖疏浚沟渠80.5公里，埋设管道2721公里，建防渗渠道59公里、渠系建筑物49座、小型蓄水工程257座、溪流护岸4.6公里，改良土壤540公顷，修机耕路118.19公里，新增生态林11533公顷、经济林267公顷，改建果园313公顷，技术培训1.03万人次。累计投资4926万元，水土流失治理程度92%。

第二节　扶贫开发

1990年前，扶贫开发的主要任务是解决贫困乡镇村民的温饱问题。1991年起，全区每年投入资金100万元以上，帮助贫困乡镇村民解决吃水、交通、用电等困难。1993年后，主要帮助贫困乡镇村民劳务输出，解决部分剩余劳力就业问题。每年贫困乡镇劳务输出500人以上，人均增加收入1000元以上。1996年，区直部门与贫困村结对子。根据区委组织部下达的包村任务，安排专职干部驻村，有针对性地帮扶解决问题。2003年，高而乡被市政府确定为重点扶贫乡。2004年1月，区扶贫开发办对高而乡贫困村进行调查摸底，建立贫困户、贫困人口档案，编制《高而乡2004—2007年农村扶贫开发规划》。投入扶贫专项资金230万元(其中，市财政58万元，区财政58万元，乡、村自筹114万元)，建设肉羊养殖基地（存栏量2300只）、桃树种植基地35公顷，帮助8个贫困村1016人脱贫。2005年，产业扶贫范围增加西营镇部分村，投入扶贫专项资金355万元（其中，市财政81万元，区财政81万元，镇、村自筹193万元），建成优质核桃基地130余公顷，优质板栗基地280公顷。培训农业科技带头人3000人次，转移劳动力250余人。2006年，扶持仲宫镇高而办事处和西营镇16个村7251人，计划扶贫专项资金549万元（其中，市财政110万元，区财政110万元，镇、村自筹329万元），实际投资551.6万元，建成干鲜果品基地6530余公顷，培训农业科技示范带头人2000人次，农村劳动力技能培训3000人次，转移农村劳动力300人。2007年，计划扶贫专项资金648万元，实际投资655.3万元（其中，市级财政扶贫资金154万元，区级配套资金154万元，镇、村自筹347.3万元），扶持仲宫镇高而办事处和西营镇18个村7506人，建成干鲜果品精品园190余公顷，改造果树中低产田45公顷，种植旱地蔬菜13公顷，培训农业科技带头人3000人次，转移农村劳动力100人。

第四章 生态农业

第一节 生态农业试点

1991—1993年，历城区与山东农业大学共同承担“山东省柳埠镇窝铺山区生态农业建设研究课题”，投资36万余元，建立13平方公里生态农业研究试验区，对种植、养殖、能源、水利、电力5个方面34个项目进行研究试验，举办各类培训班51期，培训人员800多人次。试验结果，农业增产1.8倍，养殖业增收2.3倍，沼气节能（省柴节煤）6.3万元，生态环境得到改善。该项目获省科技进步三等奖。

1995年，董家镇张而村、院后村开展以蔬菜大棚为单元的生态循环农业试点，利用太阳能、生物质能进行种植、养殖试验，形成农业生态良性循环，每个大棚单元增收节支1844.60元。之后在唐王、董家、高而等乡镇进行推广。

2002年，锦绣川乡艾家村进行“生态家园富民工程”试点，投资10万元，建设新型强回流沼气池100个，改厨、改厕、改圈各100个，实现户户通自来水、水泥路、有线电视、太阳能，农民人均增收2000元。2005年，济南市“生态家园富民工程现场会”在艾家村召开；同年，艾家村被评为全国文明生态旅游示范村和全国争创文明村镇先进单位。

第二节 生态农业建设

2000年9月，仲宫镇建设济南市首家无公害农产品标准化生产基地。2002年，开展省级生态农业示范区（县）建设工作，涉及14个乡镇。建成无公害蔬菜标准化生产基地3000公顷，无公害苹果、梨标准化生产基地3200公顷，无公害板栗、核桃标准化生产基地1000公顷，无公害食用菌标准化生产基地670公顷，无公害小杂粮标准化生产基地330公顷，全区标准化生产基地达到12500公顷，被省政府评为农业标准化生产先进县（区）。2003年，全区标准化生产基地达到19200公顷，被农业部确定为第二批全国无公害农产品生产示范基地县（区）。2004年，实施旱作农业示范基地建设项目，建成旱作农业基地775公顷。按照统一环境质量，统一关键技术，统一操作规程，统一监测方法，统一产品标识的标准，开始建设蔬菜、果品、草莓等10个万亩标准化生产基地。2006年，在唐王镇无公害蔬菜基地开发示范田330余公顷，仲宫镇无公害蔬菜、果品生产基地推广安装杀虫灯，防治面积5200公顷，占全区标准化基地的22.3%。2007年，全区累计建成农业标准化基地33000余公顷。

图7-4 华山镇黄河大米标准化种植基地（2007年摄）

第三节 农产品质量管理

2000年9月，仲宫镇无公害农产品基地注册“卧虎山”商标，认证茄子、甘蓝、鲜食大豆、鲜食玉米四个无公害农产品。2002年，柳埠镇认证板栗、核桃，锦绣川乡认证苹果、梨、山鸡蛋，唐王镇认证黄瓜、西红柿，郭店镇认证雪枣、多彩甘薯，孙村镇认证小米，遥墙镇认证食用菌（鸡腿菇、杏鲍菇、真姬菇），全区共认证13个无公害农产品，注册“柳埠绿”“锦绣川”“唐王”“东诚”“鹊山”“天丰”等商标。同年，区农产品质量综合检验检测中心成立。2004年，在泉城广场举办了第一届“历城旅游暨绿色农产品展示招商会”，推广宣传无公害、绿色农产品。是年，区农产品质量综合检验检测中心通过省级计量认证和省质量技术监督局、省农业厅监督考核。2005年，制定《济南市历城区无公害农产品生产技术操作规程汇编》，收集草莓、甘蓝、茄子、白莲藕、黄瓜、番茄、西葫芦、鸡腿菇、杏鲍菇、真姬菇蔬菜类农产品10个，鲜食玉米、花生、甘薯、大豆鲜食类农产品4个，苹果、梨、板栗、核桃、桃干鲜果品类5个，杂粮类（小米）1个，水产类2个（中华绒螯蟹、中华鳖），中草药1个（大青叶），共23个农产品无公害生产技术规程，为农业生产提供技术标准。同年，在各乡镇、专业批发市场建立农产品质量检测站、检测室和检测点，形成较为完善的农产品质量检测体系，区农产品质量综合检验检测中心被省农业厅确定为全省15个区域性检测站之一。同年，承担“农业质量检测及信息溯源体系研究与开发”项目，年底通过专家鉴定。2006年，贯彻落实农产品质量安全法，建立“服务、管理、监督、处罚、应急”五位一体的农产品质量安全工作机制，开展农产品质量安全专项整治行动，对农业投入品和农产品质量进行执法检查及安全抽查，年检测蔬菜样品90余个。至2007年，全区认证无公害农产品50个、绿色食品22个、有机食品10个，总量居全市首位；每年分上、下半年各举办一届“历城旅游暨绿色农产品展示招商会”。

第四节 生态农业能源

1986年，全县发展户用沼气池3992个，总容积3.19万立方米，分布在唐王、董家、港沟、仲宫、柳埠、西营、锦绣川、高而等乡镇；改造农村锅灶12.22万户，完成国家和省部署的节柴灶试点推广任务。1989年，仲宫镇能源办制造出太阳能灶，在仲宫、港沟镇推广。1992年，董家镇林场及张而村、港沟镇奶牛场先后建成50立方米沼气池23个。董家镇林场安装40千瓦沼气发电机组1台。至1993年，累计省柴节煤改灶18.5万户，节约柴草230万吨，被农业部评为推广省柴节煤先进县（区）。1997年10月，王舍人镇陈西村建设秸秆气化示范工程，一次点火成功。1998—2001年，王舍人、董家、遥墙3个镇建成秸秆气化站6个，年消耗秸秆9000吨，产气1500万立方米，可供2400户村民用气。2002年，开始在南部山区进行风能利用，通过风力提水、风力发电用于山区农田灌溉。2003年，实施“国债资金农村沼气项目”，涉及38个村。2006年，力诺集团免费为仲宫镇艾家村安装110台太阳能热水器，全村实现“阳光屋顶”；同时为仲宫镇艾家村、刘家村安装太阳能路灯65盏。至2007年，建设“一池三改”（沼气池，改厨、改厕、改圈）2730户，推广太阳能利用面积7.6万平方米，建成风力提水站近200个。

图7-5 王舍人镇沙三村秸秆气化站（2001年摄）

第五章 农业技术推广

第一节 农民培训

1986年后，区农广校根据农业生产发展实际，每年对农民开展新技术、新品种技术培训，年均组织实用技术培训15000余人次。2004年，实施农村扶贫开发项目，为贫困乡镇、村开展就业转移技能培训。根据市场用工需求，举办缝纫、焊接、酒店管理等非农技术培训班，提高农民就业技能。2005年，启动国家农村劳动力转移培训阳光工程项目。2007年，首次针对农民开展创业教育培训，组织40名农业龙头企业和农民专业合作社负责人，参加省农业厅、财政厅联合举办的新型农民创业培训班。集中培训时间10天，培训内容包括创业知识、法律法规、企业管理、如何发展农民专业合作社、农产品企业市场开发等。培训方式采取专家讲座、经验介绍、实地考察交流和结合实际编写创业方案等形式。同年，开展农业实用技术培训，培训农民17970人次，其中农业新技术推广与配方施肥技术培训6280人次，农业生态与沼气应用技术培训6500人次，水产健康养殖技术培训620人次，种子技术应用与病虫防治技术培训200人次，农民扶贫科技培训与转移技能培训3150人次，农村村级财务培训400人次，农村合作组织培训200人次，农业行政法律、法规知识培训620人次。至2007年，农业实用技术培训总计达30多万人次；总计利用国家项目补助资金210多万元，阳光工程培训农民9280人，实现转移就业8890人。2005—2007年，历城区连续三年被省委、省政府评为农村劳动力转移培训阳光工程项目先进县（市）。

第二节 技术推广

1986—1990年，全区总结出3类、12种立体种植模式，推广间作套种，年均推广面积18670公顷。1988年，实施“10万亩小麦、玉米增产技术开发项目”“10万亩旱地麦田综合增产技术推广项目”“优质水稻综合开发项目”“31万亩玉米丰收计划项目”。1989年，实施“历城区10万亩地瓜综合增产技术开发项目”“小麦根基联合固氮菌试验推广项目”。推广多效唑、增产菌、叶面宝2330公顷，平均每公顷增产544.5公斤；推广地瓜增产菌1000公顷，平均每公顷增产457.5公斤；落实多效丰产灵、植物营养素330公顷，平均每公顷增产436.5公斤。1991年，设施农业种植开始起步，以区蔬菜技术推广站为主成立冬暖棚技术承包集团，推广蔬菜塑料大棚综合丰产高效技术。1991—1993年，实施旱作小杂粮开发，面积6870公顷，平均每公顷增558公斤。1994年，简易大棚种植草莓试验取得成功，亩产值2.5万元。1994—1997年，实施“鲜食花生、玉米、甘薯”基地规范化栽培技术开发项目，建成3000公顷“三鲜”作物生产基地；推广选育大白菜抗热新品种12个，解决了夏季大白菜供应问题。1997年，开展选育和推广小麦新品种技术，旱地小麦生产突破“三百”（每亩节水100立方米、增产100斤、增效100元）。1998—2001年，实施“四鲜”基地新品种、新技术定向引进试验研究与开发项目，采取边引进、研究、示范，边推广、应用、销售，鲜食玉米名特优新品种普及率90%以上，鲜食花生、甘薯、大豆新品种普及率85%以上，累计推广面积1.44万公顷。2001年，推广立体多茬高效栽培和无公害栽培技术，引进试验新品种19个，示范推广鲜食花生新品种农大818，鲜食玉米紫香糯、中糯一号，鲜食甘薯17、豫薯10号、美国黑薯等，累计开发面积5430公顷。2002—2004年，实施“历城区20万亩无公害四鲜农产品新品种引进及配套技术”推广项目，累计推广面积14000公顷。2004年，推广旱地深耕深松、平衡施肥、秸秆地膜覆盖保水面积1730公顷，“W”覆膜（把土地整理成“W”型垄沟，覆盖地膜）集雨高效种植面积80公顷，林果畜禽立体种养和无公害标准化生产面积80公顷，建成旱作农业基地面积775公顷。2006年，推广杀虫灯、防虫网等物理防治技术，可降低农药使用量70%以上。2007年，完成小麦配方施肥面积15420公顷，玉米配方施肥面积2730公顷，水稻配方施肥面积730公顷。

第六章　农业机械

第一节　农业机械化

1983年，中央1号文件《当前农村经济政策的若干问题》允许农民自主购买、经营农业机械，农民自买自用小型农业机械数量和品种迅速增加。1993年，全区农业机械总值16784.3万元，农业机械总动力449022千瓦，比1983年增长76.9%。

1994年，出现小麦跨区作业农机社会化服务现象，提高了农业机械利用率，激发了农民购买联合收割机和大型农业机械的热情。1998年，全区农业机械总值30594.4万元，农业机械总动力585538千瓦，达到历史最高点，农业机械总量基本饱和。

2000年，农业机械开始优化结构、提升水平、科学发展。2005年，开始实施“购机补贴”“作业补贴”等惠农政策，玉米机收和保护性耕作机械化水平得到提高。2007年，全区农业机械总值27762.13万元，农业机械总动力581198千瓦，农业生产基本实现机械化。各类配套机具13550台套，机具配套比1∶1.6。

图7-6　区农机局在郭店镇推广玉米机收暨保护性耕作机械（2007年摄）

1986—2007年历城区农业机械情况表

表7-1

年份（年）	农业机械总值（万元）		农业机械总动力（千瓦）	农用拖拉机（台）		农用运输车（辆）	排灌机械（台）		耕作机械（台）				播种机械（台）				收获机械（台）			
	原值	净值		大中型	小型		柴油机	电动机	犁	旋耕机	耙	秸秆还田机	玉米播种	小麦		水稻插秧机	玉米收割	小麦		水稻
														总计	精少量播种机			割晒机	联合收割机	
1986	7577.9	5089.2	253866	812	5547	133	2258	6139	3108	89	577	11	—	496	15	—	—	108	—	0
1987	8186.7	5998.6	296859	885	5969	192	2560	6502	3465	112	580	12	—	573	21	—	—	196	—	0
1988	9820.9	6546.8	314874	877	6518	254	3018	6527	4231	159	862	13	—	726	85	—	—	327	—	0
1989	10029.7	7258.5	326988	879	7136	388	4168	6533	5024	219	956	11	—	963	152	—	—	465	—	0
1990	12233.1	8973.2	354546	885	8752	971	5620	6538	6401	422	1083	30	—	1126	215	2	—	652	8	0
1991	24363.1	19038.3	422973	889	9505	1581	5814	6890	6479	542	1035	12	—	1285	220	2	—	882	9	0
1992	15969.4	12068.3	450636	730	9642	3028	6228	9053	6773	521	1358	9	—	1457	266	1	—	1060	33	0
1993	16784.3	12793.6	449022	751	10015	3912	5784	9092	6810	512	1245	13	—	1548	457	1	—	1110	48	0
1994	19945.8	15680.9	484671	748	10306	5418	6180	7885	7050	588	1477	12	—	1773	445	1	—	1330	57	0
1995	23584.3	18907.5	509287	845	10321	6609	6277	8204	7177	650	1502	12	—	1963	459	1	—	1457	77	0
1996	26382.6	19985.4	527769	895	10101	7207	6311	8359	7238	786	1525	12	—	1989	502	1	—	1521	98	0
1997	27319.9	20580.8	549294	923	10210	7439	6338	8505	7339	891	1556	14	50	2234	635	1	—	1603	143	0
1998	30594.4	23539.7	585538	1122	10095	8126	7052	8499	6693	1041	1294	21	165	2111	696	1	—	1369	318	0
1999	31404.5	24031.5	464641	1248	10249	9502	7543	8976	6193	1146	1745	53	354	2157	890	1	—	1173	508	0
2000	21211.7	14916.5	486800	940	7369	9258	4011	7578	4124	937	1280	48	445	2191	1037	1	—	844	501	0
2001	21317.1	14823.2	484599	1889	7199	7683	3219	8840	4329	999	1626	75	502	1948	720	1	7	621	528	0
2002	24648.3	17912.6	515371	1572	7699	8080	2656	7867	4187	1538	1344	62	533	1925	1283	—	3	873	613	0
2003	25647.7	19316.6	508138	1621	7668	8658	2554	5659	4147	1736	1282	44	548	1928	1210	—	3	508	629	0
2004	26142.6	18931.8	511632	1610	7449	8797	2559	5396	4481	1788	1335	44	555	1990	1091	—	2	438	636	0
2005	26966.7	19970.8	491402	1664	7469	8849	2481	7664	4345	2249	1264	46	565	1880	978	—	19	443	645	0
2006	26899.8	20208.3	517406	1714	7079	7874	2725	7563	5321	1183	1198	48	588	1126	717	—	61	143	647	0
2007	27762.1	20338.2	581198	1803	6666	7733	2682	5221	3213	1427	1273	98	612	1309	759	—	117	98	650	2

1986—2007年历城区农业机械作业情况表

表7-2　　　　单位：公顷

年份（年）	机耕面积	机耕作业面积		机播面积		机收面积		
		深耕	小麦机耕	小麦	玉米	小麦	玉米	水稻
1986	27320	15770	23800	16600	—	3350	—	—
1987	27640	16590	25200	17360	—	3820	—	—
1988	31930	19030	27070	20150	—	6410	—	—
1989	37150	20110	28270	22340	—	9770	—	—
1990	39650	22420	30570	25070	300	12230	—	13
1991	41200	21330	33670	24830	1820	19220	—	—
1992	39990	19740	32800	24870	22	20700	—	—
1993	40300	20400	33310	25200	40	20890	—	—
1994	39890	26590	34300	26330	190	21310	—	—
1995	39110	2240	33590	26630	210	21690	—	—
1996	37990	24360	33070	26790	500	23750	—	—
1997	37710	26350	32450	28150	890	25770	—	—
1998	37980	27230	33420	27620	5650	26110	—	240
1999	37480	25370	34550	28750	6950	26550	—	310
2000	24030	18250	21830	19600	8370	19550	150	—
2001	21680	17240	20740	18480	11190	16950	160	—
2002	18490	18840	19020	15440	12170	17840	160	—
2003	19420	9440	16750	15800	8350	14160	1340	—
2004	20070	9510	17740	15860	8230	13950	1140	—
2005	19940	9410	17110	16420	8340	13950	1350	—
2006	21210	9380	17010	16710	9580	16070	3450	—
2007	21480	6980	15920	16520	13570	16030	7000	800

第二节　农机推广

1986—1989年，主要推广小麦精量播种机械化技术。1988年，推广小麦旱田沟播机械化技术。同年9月，成立区农机推广站，区镇两级农机推广人员共50余人，根据农业生产需求，进行新技术、新机具的推广工作。1990—1993年，推广L型油量限制器；1991年，推广水稻规格育秧及机械化插秧技术；1992年，推广机械化深耕技术；1996—1997年，推广玉米联合收获机械化技

图7-7　区农机局在郭店镇推广演示玉米联合收获机械（2005年摄）

术、小麦联合收获机械化技术；1997—1998年，推广BKD-904柴油节油剂；1998—1999年，推广小麦秸秆还田及玉米播种机械化技术；1998—2000年，推广旱地小麦地膜覆盖机械化增产技术；2000年，推广农作物秸秆机械化还田示范工程建设项目；2005—2007年，推广保护性耕作试验示范项目。

第三节 农机购置及作业补贴

1985年起，国家取消农机产品由农机部门统购包销的方式，农业机械购销市场化。农机供应渠道多元化发展，农机部门所占市场份额逐年缩小。2005年起，贯彻国家支农惠农政策，开始对农机购置实行资金补贴。2006年起，为杜绝秸秆焚烧现象，历城区对境内高速公路、济南国际机场周边等重点区域实施农机作业补贴，主要用于补贴玉米秸秆机械化还田和保护性耕作项目。至2007年，累计落实农机购置补贴资金320万元，拉动农机投资1000余万元；实施农机作业补贴资金420万元，补贴面积9333.33公顷。

2005—2007年历城区农机购置补贴情况表

表7-3

补贴机具	2005年		2006年		2007年	
	数量（台）	补贴金额（万元）	数量（台）	补贴金额（万元）	数量（台）	补贴金额（万元）
玉米联合收割机	17	14.29	42	34.74	53	72.50
大型拖拉机	19	30.76	42	74.40	32	56.79
秸秆还田机	14	2.30	12	2.70	5	0.96
青贮收获机	10	2.34	0	0	0	0
田园管理机	0	0	10	0.82	0	0
铡草机	0	0	21	4.83	41	9.43
旋耕机	0	0	0	0	12	1.40
免耕播种机	0	0	0	0	7	2
水稻联合收割机	0	0	0	0	1	3
合计	60	49.69	127	117.49	151	146.08

第四节 农机管理与服务

一、安全监理

2004年5月1日前，区农机监理站受公安部门委托，依照国家相关法律、法规和《山东省农业机械安全监督管理办法》，对农业机械实施安全监理。其后，区农机监理站依照《中华人民共和国道路交通安全法》规定，直接行使农机安全监理职权。2006年，区农机监理站被省农机办评为“文明监理、优质服务”示范窗口单位。至2007

图7-8 区农机监理人员开展安全检查（2005年摄）

年，全区建设农机安全示范乡镇2个（郭店、柳埠镇），示范村20个，示范户100户。

二、管理与服务

1995年前，农机管理的主要内容是：各类农业机械牌、证审核发放，对申请办理驾驶证和操作证人员的考核，农业机械和驾驶操作人员的年检、年审，各类农业机械及驾驶操作人员档案管理及上报，各类农业机械事故处理，无牌、无证及未检审农业机械和驾驶操作人员的综合治理，纠正各类农业机械违规违章驾驶操作等。1995年，农机管理工作由纯管理型向全面服务型过渡，工作重点转向各乡镇农机站的管理、维修、供应、培训、推广、开发。2006年7月，成立区农机协会，主要提供信息中介、技术培训、维修配件、油料供应、机具调配、调机引援等服务。2007年，区农机局组织成立农机驾驶员协会。

三、农机人员培训

1986年，县农机总站培训农机管理人员77人次，农机技术人员128人次，农机修理人员127人次，拖拉机驾驶员357人次。1988年9月，区农业机械化学校成立，当年，培训乡镇农机管理人员79人，农机技术人员127人，农机维修人员278人，农机驾驶操作人员8783人。1991年12月，区农业机械化培训学校在王舍人镇陈西村建成，占地面积7500平方米，建筑面积890平方米。主要培训形式有集中办班、乡镇站联合办班、短期培训。1994—2000年，培训各类技术人员99709人。2006年，开展各类农村实用技术（电气焊、工程机械操作等）培训，受训人员4378人。2007年，培训农机管理人员51人次，农机技术人员1354人次，农机修理人员452人次，拖拉机驾驶员2201人次。

图7-9　区农机局开展三秋农机实用技术培训（2007年摄）

1986—2007年历城区农机人员培训情况表

表7-4　　单位：人次

年份（年）	管理人员	技术人员	修理人员	拖拉机驾驶员及操作员	
				新训	复训
1986	77	128	127	357	7984
1987	86	136	225	474	7693
1988	79	127	278	428	8255
1989	88	146	329	397	8726
1990	88	150	392	475	8936
1991	94	170	442	749	8945
1992	92	169	469	1531	9157
1993	96	173	479	916	9551
1994	99	199	312	529	9479
1995	99	189	312	620	9218
1996	96	188	323	650	9327

续表7-4-1

年份（年）	管理人员	技术人员	修理人员	拖拉机驾驶员及操作员	
				新训	复训
1997	109	209	419	442	7990
1998	111	234	488	300	7293
1999	98	209	462	904	7275
2000	110	215	387	526	7359
2001	105	106	368	419	4830
2002	98	67	355	428	4213
2003	99	730	426	218	3154
2004	85	693	532	187	3266
2005	83	774	525	152	2895
2006	46	815	498	124	2667
2007	51	1354	452	45	2156

第五节 农机跨区作业

农机跨区作业始于1994年，相邻县（区）之间为抢农时、确保粮食快速安全收获，互相调动农机支援作业，成为农民增收的重要途径。1997年麦收期间，区农机局组织背负式小麦联合收割机20台，远赴河南、安徽等省地作业，历时20余天，行程1万余公里，完成作业面积12000公顷。之后，每年三夏三秋期间，区农机局与河南、安徽等省农机部门合作，签订用机合同，及时了解各地农作物的耕种收获时间、种植种类规模、作业高峰、结算方式、交通状况乃至风俗习惯等，根据不同地域需求情况，组织跨区编队；将作业技巧、作业安全、机手健康、作业准备及各地农机和公安部门联系方式等编造成册，免费发放给机手，指导跨区作业。2007年，组织小麦跨区作业队20余支，背负式、自走式小麦联合收割机420台，远赴河南、安徽、江苏、河北等地，历时1个月，行程2万公里，完成作业面积25000公顷，为机手增收650万元；组织玉米跨区作业队7支，玉米联合收割机80台，历时20余天，完成作业面积5300公顷，为机手增收100余万元。

图7-10 区农机局组织的跨区作业队伍出征（2006年摄）

第八编

种 植 业

唐王镇大白菜标准化种植基地（2006年摄）

1986年，全县农作物播种面积73360公顷，农村人均耕地1.13亩。1986—1990年，良种引进与培育速度加快，种植技术由单一种植模式向间作套种、立体种植模式方向发展，农作物综合效益逐年提高。1991年后，随着科技进步，农业科学技术得到广泛推广和应用，设施农业种植开始起步，种植品种逐年增加，特色种植、专业种植业逐步兴盛。1997年，开展选育和推广小麦新品种技术工作，粮食连年增产。2001年，以发展城郊农业为目标，实施鲜食作物新品种引进、研究与开发项目，示范推广无公害“四鲜”农产品及配套技术，面积达14000公顷，每公顷增加产值7500元～15000元。2004年起，对种粮农民实施粮食直补。2006年起，对种粮农民实施农资综合补贴及小麦良种推广补贴。2007年，全区农作物播种面积63264公顷。

第一章 作物品种

第一节 粮食作物

1986年，全县粮食作物播种面积65020公顷，总产量24.37万吨。2007年，全区粮食作物播种面积47596公顷，总产量25.95万吨。主要粮食作物有小麦、玉米、水稻、谷子、甘薯等。

小麦 境内主要粮食作物之一。主要分布在平原及沿黄河各乡镇。1986—1989年，年均播种面积29983公顷，年均单产3037公斤/公顷。1990—1999年，年均播种面积36789公顷，年均单产3945公斤/公顷。2000—2007年，年均播种面积21342公顷，年均单产4292公斤/公顷。

玉米 播种面积仅次于小麦，主要分布在平原及丘陵各乡镇。1986—1989年，年均播种面积21122公顷，年均单产4380公斤/公顷。1990—1999年，年均播种面积25530.60公顷，年均单产5435公斤/公顷。2000—2007年，年均播种面积17318公顷，年均单产5705公斤/公顷。

水稻 主要分布在黄河沿岸一带。1986—1989年，年均播种面积3914公顷，年均单产4901公斤/公顷。1990—1999年，年均播种面积4245公顷，年均单产4912公斤/公顷。2000—2007年，年均播种面积2205公顷，年均单产6386公斤/公顷。

图8-1 遥墙镇黄河水稻（2002年摄）

谷子 主要分布在南部山区各镇。1986—1989年，年均播种面积4673公顷，年均单产2455公斤/公顷。1990—1999年，年均播种面积3453公顷，年均单产3211公斤/公顷。2000—2007年，年均播种面积1694公顷，年均单产3110公斤/公顷。

甘薯 俗称地瓜，主要分布在南部山区各镇。1986—1989年，年均种植面积10137公顷，年均单产4624公斤/公顷。1990—1999年，年均种植面积9425公顷，年均单产5994公斤/公顷。2000—2007年，年均种植面积4556公顷，年均单产5172公斤/公顷。

豆类 包括大豆、绿豆、红小豆等，主要分

布在南部山区各镇。1986—1989年，年均种植面积1587公顷，年均单产1581公斤/公顷。1990—1999年，年均种植面积2620公顷，年均单产1890公斤/公顷。2000—2007年，年均种植面积831公顷，年均单产2072公斤/公顷。

第二节　瓜菜作物

1986年，全县瓜菜作物播种面积5540公顷，总产量25.02万吨。2007年，全区瓜菜生产形成5大基地，分别为：以保护地为主的常年菜基地，分布在王舍人、仲宫、唐王、董家等镇；以大白菜、土豆（马铃薯）、萝卜为主的季节菜基地，分布在唐王、董家、遥墙等镇；以莲藕为主的水生菜基地，分布在遥墙、华山等镇；以各种蘑菇为主的食用菌基地，分布在遥墙、董家等镇；以山区为主的度淡菜基地，分布在仲宫、西营等镇。建成6大精品园区，分别为：区农业科技示范园、华山镇水生菜及莲藕精品园、董家镇保护地鲜食瓜果精品园、遥墙食用菌精品园、仲宫有机蔬菜生产加工精品园、王舍人及唐王镇耐储运优质品种展示精品园。瓜菜播种面积14385公顷，总产量92.25万吨。主要瓜菜作物品种有：

莲藕　主要分布在遥墙、华山等镇。1986—1989年，年均种植面积347公顷，年均单产27789公斤/公顷。1990—1999年，年均种植面积533公顷，年均单产31223公斤/公顷。2000—2007年，年均种植面积667公顷，年均单产38586公斤/公顷。

图8-2　遥墙镇莲藕种植基地（2006年摄）

大白菜　主要分布在唐王、遥墙、董家、仲宫镇及西营镇藕池村。1986—1989年，年均种植面积2467公顷，年均单产60940公斤/公顷。1990—1999年，年均种植面积1667公顷，年均单产63504公斤/公顷。2000—2007年，年均种植面积2267公顷，年均单产63086公斤/公顷。

西红柿　各乡镇均有种植。1986—1989年，年均种植面积527公顷，年均单产63000公斤/公顷。1990—1999年，年均种植面积1667公顷，年均单产82628公斤/公顷。2000—2007年，年均种植面积1867公顷，年均单产98178公斤/公顷。

马铃薯　主要分布在唐王、遥墙、董家、华山、王舍人、郭店等镇。1986—1989年，年均种植面积258公顷，年均单产51428公斤/公顷。1990—1999年，年均种植面积517公顷，年均单产59266公斤/公顷。2000—2007年，年均种植面积480公顷，年均单产61028公斤/公顷。

萝卜　主要分布在唐王、遥墙、董家、华山、王舍人、郭店、仲宫等镇。1986—1989年，

图8-3　遥墙镇萝卜（2001年摄）

年均种植面积292公顷，年均单产90000公斤/公顷。1990—1999年，年均种植面积411公顷，年均单产112500公斤/公顷。2000—2007年，年均种植面积467公顷，年均单产96499公斤/公顷。

甘蓝　主要分布在仲宫镇卧虎山水库周边和唐王镇司家村一带。1986—1989年，年均种植面积606公顷，年均单产53997公斤/公顷。1990—1999年，年均种植面积1067公顷，年均单产61877公斤/公顷。2000—2007年，年均种植面积

1333公顷，年均单产65998公斤/公顷。

黄瓜 各乡镇均有种植。1986—1989年，年均种植面积501公顷，年均单产72000公斤/公顷。1990—1999年，年均种植面积933公顷，年均单产97497公斤/公顷。2000—2007年，年均种植面积1067公顷，年均单产99753公斤/公顷。

图8-4 唐王绿色农业发展中心生产的黄瓜（2007年摄）

瓜类 包括西瓜、草莓等作物。主要分布在唐王、遥墙、董家、郭店等镇。1986—1989年，年均种植面积1337公顷，年均单产34313公斤/公顷。1990—1999年，年均种植面积411公顷，年均单产39653公斤/公顷。2000—2007年，年均种植面积745公顷，年均单产35715公斤/公顷。

第三节 油料作物及棉花

1986年，全县油料作物播种面积1433公顷，总产量2088吨，主要油料作物为花生；棉花播种面积120公顷，总产量150吨。2007年，全区油料作物播种面积879公顷，总产量3563吨；棉花播种面积181公顷，总产量299吨。

花生 主要分布在唐王、遥墙、柳埠、西营镇等沙壤土地区。1986—1989年，年均种植面积974公顷，年均单产1874公斤/公顷。1990—1999年，年均种植面积1169公顷，年均单产1930公斤/公顷。2000—2007年，年均种植面积964公顷，年均单产3343公斤/公顷。

棉花 主要在旱薄地零星种植。1986—1989年，年均种植面积122公顷，籽棉年均单产813公斤/公顷。1990—1999年，年均种植面积1811公顷，年均单产536公斤/公顷。2000—2007年，年均种植面积213公顷，年均单产1327公斤/公顷。

第四节 名优特产选介

黄河大米 产于境内黄河之滨，自明清时期大面积种植，历史悠久。水稻因用黄河水灌溉，加上特殊地理环境因素，产出的大米清香适口，有“一家做饭、十里闻香”之说，属地方特产，传统名吃。主要栽植品种有豫粳6号、豫粳5号、京引119和新香糯、紫香糯等。2004年，推广富硒大米技术，据化验，富硒大米每公斤含硒192微克～272微克，比普通大米高24～45倍。主要产地：华山、遥墙、唐王镇等。

遥墙莲藕 是境内沿黄河一带有名的地方特产，相传三国时期即有栽培。每百克中含有水分77.9克、蛋白质1.0克、脂肪0.1克、碳水化合物19.8克、热量84千卡、粗纤维0.5克、灰分0.7克、钙19毫克、磷51毫克、铁0.5毫克、胡萝卜素0.02毫克、硫胺素0.11毫克、核黄素0.04毫克、尼克酸0.4毫克、抗坏血酸25毫克。具有清热凉血、通便止泻、健脾开胃、止血散瘀等功效。栽培的主要品种是大卧龙、鄂莲4号、大青秸、雪莲。主要产地：遥墙、华山镇等。

唐王大白菜 为“济南四美蔬”之一，有一千多年的种植历史。原产于唐王镇巨野河沿岸，主要分布在唐王道口、韩家、东张、石徐等20多个村庄，后扩展至全镇46个行政村。唐王道口生产的大白菜以质优、味美而驰名省内外。栽培品种有唐王小根，北京新3号等。大白菜营养丰富，每100克白菜中含蛋白质1.7克、脂肪0.2克、碳水化合物3.4克、粗纤维1克、灰分0.8克、水分93.6克、钾130毫克、钙10毫克、磷30毫克、铁0.5毫克、锌0.21毫克、钠89.3毫克、镁12毫克、锰0.21毫克、铜0.03毫克、硒0.33微克、胡萝卜素0.25毫克、维生素B10.06毫克、维生素B20.07毫克、尼克酸0.8毫克，热能41.8千焦。其所含的粗纤维，具有润肠、促进排毒、刺激肠胃蠕动、帮助消化的功能，对预防肠癌有良好作用。

张而草莓　1994年起，董家镇张而村开始引进草莓种植技术。张而村及周边区域为主要产区，品种以丰香为主。草莓营养丰富，富含多种有效成分，每百克鲜果肉中含60毫克维生素C。此外，草莓还含有丰富的维生素B_1、B_{12}及钙、磷、铁、钾、锌、铬等人体必需的矿物质和部分微量元素。维生素C含量比柑橘高3倍，比苹果、葡萄高10倍以上。苹果酸、柠檬酸、维生素B_1、

图8-5　张而草莓（2007年摄）

维生素B_{12}及胡萝卜素、钙、磷、铁含量比苹果、梨、葡萄高3～4倍。

水果萝卜　皮薄，肉质翠绿，口感细腻，甜辣可口，水分充足，味如水果，为远近闻名的地方特产。主要产地：遥墙、唐王、董家等镇。

南山小米　是济南著名特产，全国四大名米之一，南山“三珍”之首，素有龙米之称。南山小米产自风景秀丽的南部山区，色泽金黄，煮成稀饭后有一层黄色的米油，香味浓郁，食之醇香可口。南山小米民间称“阴天旱”，因其阴天时叶子卷曲貌似天旱而得名。主要产地：仲宫、柳埠、西营、港沟、彩石镇等。

仲宫莴苣　肉质脆嫩，味道清新爽口，且含有多种维生素和矿物质，能刺激消化，增进食欲，并具有镇痛和催眠作用，是有名的地方特产。主要产地：仲宫镇营而村及其周边地区。

图8-6　仲宫营而莴苣（2006年摄）

第二章　作物种植

第一节　种　子

一、良种引进与推广

1986—1990年，区种子公司按计划制定制种面积，冲减良田面积，以粮换种。每年组织夏秋两季小麦和玉米制种田、新品种展示田观摩会，乡镇农技站负责本辖区内的良种零售。1990年后，区种子公司和种子管理站分离，种子管理站对种子生产、经营等行为进行监督管理，种子公司成为独立经营单位。全区供种体系由原来的区种子公司单一供种模式逐步发展为区种子公司、山东省农科院、区农技站、区土肥站、民营企业等涉农单位多元供种模式。1992年，全国首家种子专业市场在王舍人镇成立，外地进驻经营企业26家。1993年5月，第一届全国种子交易会在该种子市场举办。至1995年，小麦品种以引进推广济南13、鲁麦5号、鲁麦8号、济南16、山农辐63为主；玉米以掖单2号、掖单4号、烟单14、西玉3号为主；水稻以京引119为主；花生以

白沙1016、海花3号、鲁花系列为主；甘薯以徐薯18、北京553为主；谷子以鲁谷4号为主；白菜以山东4号、山东6号为主；全区良种推广普及率95%。1996年后，省农科院科技服务中心和南全福庄种子大世界陆续建成开业。品种引进与更新换代速度加快，种植年限缩短。2001年，在种子大世界和农科院科技服务中心推广良种的经营单位达120余家。旱地小麦先后推广济旱044、山农45；水浇地推广济核02、稳千1号、白玉149、济麦19、济麦20、济麦21、济麦22、ph85-16、鲁麦21、鲁麦22、鲁麦23、山农664等。玉米推广鲁原单14、鲁单50、农大108、鲁单981、郑单958、金海5号、登海11、竣单20、竣单21等，良种普及率100%。水稻以焦选D2、9407、豫粳6号为主，香血糯、黑米、鲁香糯等特色品种为辅。甘薯引进黑甘薯川山紫、鲜食甘薯9664。谷子引进千斤黄、鲁谷4号、鲁谷8号、鲁谷10。大豆引进鲁豆4号、鲁豆10、鲁豆11，齐黄24、齐黄28，千斤豆等。花生引进花育16、花育17、花育18。白菜引进鲁白4、鲁白5、鲁白6、鲁白7、鲁白8号和天津绿等冬季品种，培育夏阳白等春夏白菜。保护地栽培引进推广草莓品种丰香、济南早小长茄、济南长茄、郭庄长茄、五彩甜椒、牛角椒、羊角椒、西红柿毛粉802、樱桃西红柿等。特色种植引进南方的木耳菜、空心菜等。至2007年，成功举办29届全国种子交易会，经营辐射范围覆盖全国各地，年交易额2亿多元。

二、良种繁育

1986—1994年，良种繁育主要有区良种繁育场集中繁育及乡镇农技站自主繁育。区良种繁育场位于济兖路（经十西路）536号，占地面积35.73公顷，其中耕地面积33.27公顷，主要繁育小麦、玉米等作物良种，每年提供小麦生产用种近300吨，玉米杂交种近100吨。仲宫镇、西营镇、锦绣川乡、党家庄镇以玉米制种为主，组合为烟单14、掖单2号、掖单4、掖单12、掖单13、鲁原单14、鲁原单8号、鲁单50、鲁单981；柳埠镇桃科村、西营镇藕池村等以大白菜、萝卜制种为主。仲宫镇农技推广站育成先行2、3、5号玉米品种；孙村镇农技站育成高淀粉甘薯品种孙薯1号。1995年，国家种子工程项目开始实施，历城区主要实施“125”小麦种子繁育工程，每年繁育小麦良种面积670公顷左右。2000年后，繁育面积逐年减少。2005年，大白菜制种面积200公顷、大葱制种面积130公顷。2006年后，境内只培育小麦、玉米种子。历丰大白菜研究所（济南世珍种业花卉有限公司）共育成春夏大白菜品种15个，通过国家和省有关部门审定。

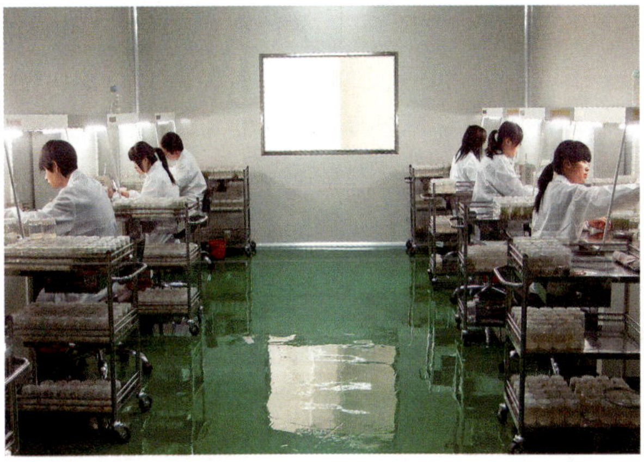

图8-7 区蔬菜局进行草莓育苗实验（2007年摄）

三、种子加工

1986年，境内种子加工主要采用药剂拌种，使用麻袋包装，90公斤／袋。1989年，全区第一台种子精选、包衣、包装全自动加工机械在区种子公司投入运转，加工能力5吨/小时，使用塑料编织袋包装，每袋50公斤。随着复合材料和塑料薄膜的出现，蔬菜种子开始使用复合材料小包装，每袋50克。1993年，区种子公司在将军路新建大型种子加工设备一套，每小时加工能力为8吨。1998年，棉花、小麦种子开始采用种衣剂卫福包衣技术（将干燥或湿润状态的种子，用含有粘结剂的卫福系列农药组合物所包，在种子外形成具有一定功能和包覆强度的保护层）。2001年，大田种子开始实施小规格包装，每袋1公斤～5公斤，包装材料为复合材料和塑料薄膜。2002年后，玉米种子采用机械包衣技术，包装质量、标识更加规范，规格呈现多样化。2007年，省棉花研究所投资500万元，购进一套种子包衣加工成套设备。

第二节　种植技术

一、粮食作物种植

境内粮食作物有小麦、玉米、水稻、甘薯等。一年两作种植模式：小麦—玉米，每年10月（秋分）种植小麦，次年6月（芒种）收割，再种植玉米；小麦—水稻，每年10月（秋分）种植小麦，次年6月（芒种）收割，再种植水稻。一年一作种植模式：春甘薯、春谷或春大豆等每年春夏交季时种植，秋冬交季时收获。

小麦种植　传统播种方式以人工耧播为主，稻茬麦有部分人工撒播。一般采用起畦种植方法，畦宽2米～4米不等，行距12厘米～18厘米。20世纪80年代中期开始机械化播种，推广精播、半精播种植技术，并实施配方施肥。在旱地推广旱作栽培综合配套技术；稻茬地推广晚茬麦综合增产技术。90年代初，机械播种完全取代人工耧播（山坡地除外）。在高产地块实施吨粮田开发，统一供种、统一机播、统一拌种，降低播种量，采用精播、半精播栽培技术；旱地小麦推广地膜覆盖栽培技术，精细整地、施足基肥，覆膜播种。

玉米种植　传统播种方式以人工点播为主。1986年后，实施玉米密植和配方施肥综合技术，增加种植密度，一般4500株/亩；施肥改为配方肥。种植规格，采用大小行和等行距种植，行距大行1米，小行0.6米，主要用于套种；行距均为0.8米。2001年后，逐渐发展为机械播种为主。

水稻种植　主要分布在沿黄河和小清河一带，传统种植方式以水育秧、人工插秧移栽。2000年后，推广旱育秧及机械插秧移栽技术，未获得大面积推广。

甘薯种植　春甘薯为主，起垄种植，垄距0.6米，亩栽植3500株左右，立夏前完成栽植。

二、瓜菜作物种植

1986—1995年，推广间作套种立体种植。东北部平原水浇地主要模式为小麦—菠菜—玉米；小麦—菠菜—玉米—大豆；小麦—春玉米—大白菜。南部丘陵山区为小麦—玉米—芸豆，小麦—玉米—西红柿，春玉米—地云豆—玉米—架云豆，春玉米—地云豆—玉米—豆角等一年三作三收或四作四收。1995年后，推广保护地栽培，主要有塑料大棚、小拱棚、地膜覆盖栽培3种方式；塑料大棚，一般为宽8米～12米、长30～60米，面积240平方米～720平方米，种植黄瓜、西红柿、甜椒、草莓、油桃、杏等，分布在唐王、遥墙、董家、郭店、王舍人、仲宫等镇；小拱棚，宽2米，长短不等，种植早春西葫芦、莴苣、卷心菜、西瓜等，分布在唐王、遥墙和仲宫等镇；地膜覆盖主要种植“四鲜”作物，提前上市。

图8-8　董家镇立体种植草莓（2003年摄）

三、花生及棉花种植

花生种植　早春化冻后耕地、整地，3年～4年深耕1次，4月底至5月初播种，每亩8000穴～10000穴左右，每穴2粒，起垄种植，配方施肥，主要采用地膜覆盖技术、化学除草技术。2002年后，春花生栽培实施双膜覆盖，夏季收获食用鲜果。

棉花种植　早春化冻后耕地、整地，4月底至5月初播种，起垄种植，点播，每穴4粒～5粒，每亩用种2公斤～2.5公斤。行距60厘米～70厘米，株距25厘米左右，每亩定植苗1700株～2000株。施足底肥，并根据不同阶段进行追肥，适时打顶、整枝、中耕、除草、防虫。

第三节　种植管理

一、种子管理

1989年起，落实国务院颁布的《中华人民共和国种子管理条例》，推行种子生产许可证、种子经营许可证制度，规范种子生产经营行为。1998年，建立种子标准化检验室，加强种子质量监督检验，年均检验种子生产田面积133.33公顷，室内检测玉米、小麦、棉花、蔬菜等种子样品300余个。2000年，《中华人民共和国种子法》实施后，依法打击销售假劣种子、未审先推、虚假标注、掺杂使假、以次充好以及伪造、涂改生产经营单位名称、地址、有效期等坑农害农行为。2003年，区种子管理站被省农业厅评为种子管理先进集体。至2007年，检查种子经营单位2800余家（次），查处无证调运的种子430批次、7800吨。

二、农药肥料管理

1997年，国务院《中华人民共和国农药管理条例》颁布实施后，区农药检定所组织实施农药管理条例宣传普及，查处生产经营假劣农药、无登记证生产、添加未登记成份、扩大使用范围、一证多用、套证或冒证、标签不符合规定以及肥料产品标有农药功能等行为，开展打击非法生产、销售和使用高毒农药等活动。2002年，开始对肥料生产企业和肥料经营市场实施登记管理，依法监督指导肥料生产经营市场的运行。2004年，区农药检定所被省农业厅评为先进集体。至2007年，没收不合格农药14吨，捣毁无证生产劣质假冒农药"黑窝点"10余家；累计检查肥料生产经营单位300余家（次），没收假肥料2100余公斤。

图8-9　在华山镇依法查扣的假冒伪劣农药（2007年摄）

三、植物检疫

1986年后，全区贯彻《中华人民共和国植物检疫条例》，组织开展植物检疫技术推广、境内种子及其他繁殖材料检疫、国外新引进种子隔离试种，承担省间植物调运检疫和省内植物调运检疫。开展农业植物有害生物疫情普查和防治，重点对小麦全蚀病、小麦腥黑穗病、十字花科根肿病、苹果棉蚜、黄瓜绿斑驳花叶病毒病、红火蚁、苹果蠹蛾、梨枯梢病、美国白蛾、大豆疫病、假高粱等检疫性有害生物进行普查监测，确保了农业生产安全和农民利益。到2007年，累计签发植物检疫证书2206份，办理、更换新检疫登记证600余份；调运检疫种苗2206批次，种子19600吨、种苗5.56万株；完成室内检疫检验任务2986批次，调查有害生物面积66670公顷。

四、种植补贴

2004年，开始对种粮农民实施粮食直补。3月22日，区政府下发《关于核定2004年小麦种植面积的通知》，对全区小麦种植面积进行登记核实。经核定，小麦种植面积21359.47公顷。按照195元／公顷标准，对种粮农民实施补贴，涉及农户131187户，落实补贴资金共计416.51万元。2005年，核定小麦种植面积24166.07公顷，落实补贴资金共计471.23万元。2006年，核定小麦种植面积21557公顷，每公顷补贴210元，落实补贴资金共计452.7万元。同年，开始对种粮农民实施农资综合补贴及小麦良种补贴。农资综合补贴以小麦种植核定面积为依据，对种粮农民实施柴油、化肥综合补贴，每公顷补贴213元，共计补贴459.16万元；小麦良种补贴以小麦良种推广面积为依据，每公顷补贴150元，共计补贴100万元。2007年，核定小麦种植面积21132.60公顷，每公顷补贴210元，落实补贴资金共计443.79万元；农资综合补贴每公顷补贴457.5元，共计补贴966.16万元；小麦良种推广面积6733.33公顷，每公顷补贴150元，共计补贴101万元。

1986—2007年历城区农作物

表8-1

年份(年)	农作物总播种面积	一、粮食作物		(一)夏粮		(二)秋粮		(1)稻谷		(2)玉米		(3)谷子		(4)高粱		(5)豆类		其中:大豆	
		播种面积	总产量	播种面积	总产量	播种面积	总产量	播种面积	总产量	播种面积	总产量	播种面积	总产量	播种面积	总产量	播种面积	总产量	播种面积	总产量
1986	73360	65020	243660	26660	83325	38360	160335	2007	10812	18987	82978	5033	13716	1047	2411	1393	2386	1393	2386
1987	83327	73467	280938	30460	72517	43007	208421	3747	16752	20920	106739	4793	15198	1013	2664	1700	2998	1700	2998
1988	85460	73140	287619	30673	101989	42467	185630	3993	19319	21280	97629	4493	11969	880	2025	1500	2632	1500	2632
1989	82580	71353	216512	28407	90859	42947	125653	4047	19976	21087	71145	4327	4849	867	817	1500	1596	1500	1596
1990	98173	83607	330939	35633	118447	47973	212492	4473	23133	25227	112186	4160	13415	833	1888	2020	3049	2020	3049
1991	98293	83667	356279	36300	132550	47367	223729	4853	11448	24893	132808	4020	12237	793	1781	1940	3512	1940	3512
1992	98430	83760	352255	36950	143738	46810	208517	4240	16457	25120	128833	4080	10556	650	1052	2210	4139	2090	3926
1993	98042	84553	394113	37520	141735	47033	252378	3899	22176	25610	150099	3852	13260	606	1392	2969	6595	2849	6358
1994	97987	83706	391416	37433	148615	46273	242800	4033	24213	24848	138508	3539	12605	611	1465	3083	5810	2911	5434
1995	96808	82674	397807	37339	151916	45335	245891	3726	19009	24989	147846	3261	11503	601	1593	3048	6228	2863	5885
1996	96858	83651	403405	37254	149814	46397	253591	4514	24552	25897	145005	3023	12013	564	1582	2826	5622	2655	5258
1997	96933	83277	356618	37010	158591	46267	198027	4240	19018	26180	123662	3026	7889	544	1115	3091	4086	2947	3780
1998	96484	82174	408555	36674	153040	45500	255515	4213	24041	26731	156094	2860	10178	537	1410	2694	5655	2569	5351
1999	96200	80489	404649	35777	153546	44712	251103	4255	24447	26446	152638	2710	7211	524	1347	2322	4829	2199	4558
2000	69860	54295	260248	24653	102803	29642	157445	3154	20297	16107	87031	1747	5217	447	1053	981	2108	914	1990
2001	64879	49886	236333	21307	90740	28579	145593	2771	17748	15963	83905	1831	5658	436	1227	1060	2253	986	2085
2002	65450	49401	157978	21071	46035	28330	111943	2807	19116	16993	72314	1878	3507	277	582	907	1162	828	1066
2003	62125	45747	222082	20043	83053	25704	139029	2120	13469	16117	92177	1530	5475	278	1001	823	1175	747	1064
2004	62362	46231	248024	19911	95222	26320	152802	1563	11019	18364	113025	1787	6594	244	878	754	1631	653	1449
2005	62992	47252	254413	21342	104866	25910	149547	1663	9213	18339	113274	1555	5386	225	590	726	1754	623	1546
2006	60989	45627	248438	20530	102606	25097	145832	1698	10570	18025	111144	1647	5213	209	536	714	1859	637	1672
2007	63264	47596	259495	21881	107489	25715	152006	1862	11206	18635	117400	1576	5087	217	567	691	1828	588	1564

播种面积与产量情况表

单位：公顷、吨

（6）甘薯		（7）其他谷物		二、油料作物		其中：花生		三、棉花		四、蔬菜		五、瓜类		其中：西瓜		六、其他农作物播种面积
播种面积	总产量	播种面积	总产量	播种面积	总产量	播种面积	总产量	播种面积	总产量	播种面积	总产量	播种面积	总产量	播种面积	总产量	
9460	46875	433	1157	1433	2088	1327	2001	120	150	3940	198143	1607	52051	1607	52051	1240
10440	62835	393	1235	1067	2369	987	2265	73	67	5907	259019	1587	58400	1587	58400	1226
9967	51053	353	1003	880	2239	807	2182	80	65	8547	373780	1620	55329	1620	55329	1193
10633	26645	387	625	840	885	773	851	213	113	8520	413524	533	17699	473	16136	1121
10647	57471	613	1350	1053	1512	1000	1465	2813	1359	9133	481578	493	12751	427	11027	1074
10260	60592	607	1351	1033	2069	980	2005	3193	2722	9173	463184	400	12798	327	11589	827
9970	46580	540	900	980	1567	910	1506	2610	984	9740	475859	540	19614	530	18802	800
9663	57987	434	869	1077	2055	1009	2002	1828	904	9405	535098	490	20696	393	17658	689
9639	59471	420	728	1101	2227	1024	2164	2454	557	9786	448373	350	9137	280	8081	590
9304	58771	406	941	1198	2538	1120	2463	2442	1251	9747	530709	326	16505	295	15718	421
9273	64281	300	536	1262	2400	1196	2352	1184	538	10010	560256	392	16998	359	16483	359
8928	41835	258	462	1167	2207	1087	2157	593	557	11106	607443	375	15692	354	15217	415
8251	57568	214	569	1478	3436	1426	3374	545	520	11833	795050	349	17599	331	17172	105
8317	60368	138	263	1997	4146	1934	4065	460	322	12711	883814	417	20898	388	20321	126
7168	41621	38	118	1070	2754	1036	2713	161	214	13555	862704	124	6503	111	6161	643
6488	34683	30	119	1074	3444	1046	3392	210	263	12771	850078	827	2766	136	7133	83
5458	15236	10	26	991	2837	964	2818	126	134	14020	903251	686	30576	97	4526	150
4824	25689	12	43	1001	2668	977	2632	182	173	13863	923562	1041	9147	122	5389	175
3577	19540	31	115	987	3076	954	3031	319	372	13874	944770	559	22255	105	4498	188
3400	19326	2	4	971	3891	940	3868	280	398	13237	913884	980	50515	260	14096	100
2798	16498	6	12	935	3777	918	3763	243	406	13150	900883	808	42652	77	4299	50
2732	15914	2	4	879	3563	874	3557	181	299	13450	907632	935	48450	168	9383	50

第三章 作物病虫害

第一节 病虫害种类

境内农作物主要病害有小麦条锈病、叶锈病、纹枯病、白粉病、赤霉病、全蚀病；玉米大小叶斑病、粗缩病、青枯病、黑粉病、花叶病毒病；水稻稻瘟病、纹枯病、恶苗病、胡麻斑病等；地瓜茎线虫病、根腐病、黑斑病等。主要虫害有小麦蚜虫、红蜘蛛；玉米螟、玉米蚜、土蝗；水稻稻飞虱、稻纵卷叶螟、稻苞虫、稻蝗、稻象甲、二化螟等；地瓜天蛾；大豆造桥虫、豆天蛾、大豆蚜、食心虫等；东亚飞蝗、土蝗以及蛴螬、蝼蛄、金针虫等地下害虫。

第二节 病虫害防治

小麦白粉病　境内均有发生，水浇地发生较重。一般采用粉锈宁防治。1986年后，基本控制该病危害。

小麦锈病　以叶锈小发生为主。条锈病在1991、1992年发生较重，达2级发生程度，发生面积5330公顷左右。防治措施主要有：推广抗病良种、使用粉锈宁等高效杀菌剂以防代治，控制危害发生。

小麦纹枯病　1990年后，呈逐年加重趋势，发生程度3级以上，发生区域主要在沿黄河稻茬麦及平原水浇地。主要措施用20%粉锈宁拌种及在小麦拔节期用20%粉锈宁和井冈霉素喷雾。

小麦蚜虫　主要有二叉蚜、麦长管蚜、禾谷缢蚜，麦田常年发生。2000年前，采用氧化乐果防治，后多用吡虫啉及部分菊酯类药剂喷雾防治。

玉米粗缩病　1998年、2007年发生严重。一般地块病株率10%～20%，重病地块70%，发病地块平均减产20%左右。采用氧化乐果防治喷雾防治。

玉米青枯病　1995年，发生面积1333公顷。采用氧化乐果防治喷雾防治。

稻飞虱　1991年，发生面积2670公顷左右。1992—1997年，发生程度中等偏重，其后有所减轻。防治所用药剂有吡虫啉、扑虱灵等喷雾防治。

水稻纹枯病　常年发生，程度在4级以上，发生严重。一般用井冈霉素，或甲基托布津等药剂基部喷雾防治。

东亚飞蝗　1997年发生，面积800公顷。使用75%马拉硫磷原油等药剂喷洒防治。

地下害虫　南部山区金针虫发生较重，北部沿黄等地蝼蛄较多，蛴螬各乡镇发生普遍。一般用辛硫磷等药剂拌种防治。

第三节 病虫害测报

1986年后，区植保站重点围绕加强病虫害测报网络体系建设，做好病虫害防治工作。共建立基层病虫预警测报点10个，每个测报点设测报员，配置虫情测报灯、微机、显微镜、数码相机、交通工具（电动自行车）、文件柜等。建立定期测报、定期汇总、综合分析、及时发布病虫害情况工作制度。2005—2006年，区植保站研制的“农药增效剂”“印楝包衣缓释肥”“杀线虫颗粒制剂”等科研成果，均获国家发明专利。至2007年，全区病虫预警测报体系基本健全，总计发布农作物病虫情报400多期。

专记

援藏工作

1998年8月，历城区蔬菜局承担了济南市选派技术干部援助西藏自治区白朗县建设蔬菜大棚的任务。所派干部向当地县委、县政府提出的“小面积试验、示范，建立集农、科、教一体的科技示范园”建议得到采纳。同年，科技示范院内8个大棚的黄瓜、西红柿、西葫芦等13个蔬菜品种越冬栽培获得成功，于1999年元旦前上市，填补了西藏地区海拔3800米高原无冬季生产喜温性蔬菜的空白，棚均产值1.2万元。为尽快推广蔬菜生产技术，白朗县副县长刘桂祯（历城区援藏干部）返回历城，选拔种菜技术员进藏指导。同年7月3日，唐王镇农民技术员张峰、韩道坤飞赴白朗县，开展大棚蔬菜生产和扩建新棚技术指导工作。11月，两人的妻子同去白朗县，负责管理县蔬菜种植示范园大棚。2000年，巴扎乡和洛江乡发展蔬菜大棚200多个。2004年，白朗县蔬菜大棚发展到2000多个，覆盖巴扎乡、洛江乡、强堆乡和戈东乡4个乡。2005年，在离县城较远的马乡、杜琼乡、曲奴乡建设大棚300多个。2006年，在离县城更远的东喜乡、者下乡和王嘴乡3个牧区，建设大棚100多个。至2007年，历城区有69户农民进藏，帮助白朗县11个乡镇建设大棚4000多个。栽培品种包括黄瓜、西葫芦、西红柿、白菜、油菜、西瓜、香瓜、豆角、芸豆、草莓等20多个。每个大棚（40米×8米）平均年收入2万多元。白朗县成为西藏自治区最大蔬菜基地，白朗县绿色蔬菜发展有限公司成为西藏自治区的龙头企业和科技示范点。

图8-10　白朗县现代农业科技示范园（2000年摄）

第九编

林　业

西营镇九如山荒山绿化（2001年摄）

1986年，全县林地面积38140.20公顷，林木覆盖率13%。1988—1990年，全区开展林业资源调查，制定“八五”林业发展规划和“九五”林业发展总体设想，适度发展规模种植、特色种植。1989年后，通过实施造林绿化工程、建设植树基地、开展义务植树活动，全区林木覆盖率逐年增长。1999年，通过承包、租赁、合作、股份制等形式，加快新一轮林业产权制度改革，促进林果业发展。2001年，制订《历城区“十五”林业发展规划和2010年林业发展远景规划》，实施退耕还林，加快林果业发展。2002年，组建济南市第一支森林消防专业队伍，建立区、镇、村三级护林防火网络体系。2007年，全区林地面积42648.9公顷，活立木蓄积量为139.6万立方米，林木覆盖率42%，干鲜果品总产量14.13万吨，林业总产值11.27亿元。

1993年，历城区被国家林业局评为全国平原绿化先进县（市），2000年被评为全国经济林示范县（市），2001年被评为全国经济林建设先进县（市），2005年被评为全国森林资源管理先进单位。

第一章　林业资源

第一节　林　地

1986年，全县林地面积38140.20公顷，林木覆盖率13%。1988年4月—1989年5月，区林业局对全区林业资源进行全面调查。1990年，对调查数据进行整理，全区林业用地面积45242.2公顷，其中，林地面积20467.5公顷，疏林地1425.8公顷，未成林造林地5806.8公顷，宜林荒山荒地17542.1公顷；宜林面积37125公顷，已林网化面积15423.3公顷，地堰已开发面积18471公顷；村庄四旁植树594万株；林木覆盖率16.1%。同年，制订全区“八五”林业发展规划和“九五”林业发展总体设想，获省林业厅优秀设计一等奖。

1997年4月，开展林业资源普查，全区林业用地面积48676.2公顷，其中，林地面积28959公顷，疏林地3322.2公顷，未成林造林地4529.8公顷，苗圃地28.2公顷，无林地11837公顷；宜林面积41865.7公顷，已林网化面积16729公顷；全区林木覆盖率24.7%，其中，山区林木覆盖率29.9%，平原地区林木覆盖率7%；锦绣川乡林木覆盖率最高，为51.6%，郭店镇林木覆盖率最低，为3.7%。

1999年，在彩石乡万粮峪、西营镇积米峪建立规模666.67公顷森林植被恢复基地，被省林业厅列为全省森林植被恢复样板基地。

2000年，开展林业资源调查，全区林业用地面积42109.4公顷，其中，林地38457.8公顷，疏林地918.4公顷，灌木林地58.9公顷，无立木林地2504.5公顷，苗圃地169.8公顷；全区林木覆盖率30.6%，其中，南部山区林木覆盖率超过40%，西营镇林木覆盖率最高，为63.5%，郭店

图9-1　西营镇拔槊泉村荒山造林（2007年摄）

镇林木覆盖率最低，为4.0%。同年，被国家林业局评为全国经济林示范县（市）。

2001年，实施退耕还林1.32万公顷。制订《历城区“十五”林业发展规划和2010年林业发展远景规划》，获省林业厅优秀设计一等奖。同年9月，被国家林业局评为全国经济林建设先进县（市）。2007年，全区林地面积42648.9公顷，活立木蓄积量139.6万立方米，林木覆盖率42%，其中，西营镇林木覆盖率最高，为67.5%，王舍人镇林木覆盖率最低，为8.7%。

第二节 林 场

1986年，全县有国营柳埠林场、黑峪林场2处，以村为单位的集体林场980余公顷，家庭林场1200余公顷。2007年，全区有3个国有林场，分别是柳埠林场、黑峪林场、唐王森林公园，以村为单位的集体林场2.8万余公顷，林地流转面积1500余公顷（家庭或公司承包）。

柳埠林场　1987年，柳埠林场设办公室、林场派出所、森保站、财务室和10个林区。林场分别与莱芜、章丘及长清县的6个乡镇、60个村接壤，总面积2466.7公顷，其中，林地2400公顷，活立木蓄积量115051立方米。主要树种有侧柏、油松、赤松、黑松、刺槐、麻栎，以松类为最多。1992年11月14日，林业部批准历城区政府关于在柳埠林场筹建国家森林公园的报告，命名为柳埠国家森林公园。1994年1月25日，由省林业勘察设计院负责编制的森林公园总体规划设计通过省、市专家论证。1998年10月，柳埠国家森林公园被济南市政府批准为生态公益型林场。1999年，历城区国营柳埠林场更名为历城区国有柳埠林场。同年9月26日，经市政府批准开发建设的跑马岭野生动物世界（柳埠林场内）建成并对外开放。2000年5月，柳埠林场与四门塔文物管理所合并成立四门塔景区管理委员会。2001年10月，市政府批准建设市级自然保护区，以柳埠林场为核心区。2002年8月，柳埠林场与四门塔管委会分离，恢复原来的管理体制。

图9-2　柳埠林场林木培育（2001年摄）

黑峪林场　1987年，黑峪林场设办公室、森保站、财务室和4个林区。林场总面积551.7公顷，其中，林地545.9公顷，活立木蓄积量27796立方米，森林覆盖率95%以上。除少量刺槐及散生木外，皆为侧柏纯林，是全区侧柏母树林。1999年，黑峪林场申建蟠龙山省级森林公园。2002年，黑峪林场与山东鲁建世纪集团合作，开发建设蟠龙山森林公园。2003年，蟠龙山森林公园正式开园，主要经营特色旅游项目。2006年9月，省国土资源厅批准在黑峪林场建设济南蟠龙山省级地质公园。

唐王森林公园　2001年，市林业局批准建设。规划为垂钓、珍禽观赏、花卉观赏、森林、休闲度假、特色农业观赏、生活服务娱乐、儿童乐园8个功能区，占地260公顷，森林覆盖率达69.1%，有“天然氧吧”之称。公园内种植有毛白杨、垂柳、箭柳等100余种木本植物，以及南北名贵花木500多个品种；养殖四声杜鹃、大杜鹃、柳莺、啄木鸟等31种鸟类。茂密的森林与相邻的白云湖融为一体，极具田园风光，是全市唯一的平原森林公园，年接待游客3万多人。

第三节 古树名木

2007年，区园林局对古树名木进行普查，编号挂牌。普查结果为：全区古树名木品种有26

个树种，计493株；树龄100年～300年的260株，300年～1000年的230株，1000年（含1000年）以上的3株。古树名木群有板栗树群2个，侧柏树群5个。板栗树群分布情况为：西营镇藕池村、上降甘村，102株，树龄约300年。侧柏树群为：华山镇华阳宫内，500年～1000年的60余株，300年～500年的古树20余株；彩石镇石翁峪村，17株，树龄约300年；柳埠林场，20余株，树龄约200年；柳埠镇千佛崖，20余株，树龄约200年；西营镇丁家峪村，35株，树龄约100年以上，其中4株达到300年以上。

具有代表性的古树名木有：

编号A5-0093：侧柏，别名九顶松，柏科，

图9-3 四门塔九顶松（2005年摄）

树龄约2000年，位于柳埠镇四门塔景区内，四门塔北侧。树高25米，胸围580厘米，胸径184.7厘米，树冠呈伞状，冠高17米，冠幅平均16米，长势良好，伸展方向及动势均匀。树干粗大，枝杈茁壮，因树上有九股平伸枝干，被称为“九顶松”。传说，此树由当年朗公寺创始人朗公亲手栽植，故又称为“千岁柏”。历史悠久、高大粗壮、枝叶繁茂的九顶松“遮荫一十八倾”，被誉为“齐鲁第一树”。

编号A5-0133、A5-0134：侧柏2株，柏科，树龄1000年以上，位于柳埠镇九顶塔景区内，九顶塔北侧、观音殿前两侧。西侧为茶柏，东侧为烟柏。树高均为17米，胸围平均为428厘米，胸径平均为136.1厘米，冠幅平均东西10米、南北15米，长势良好、干形通直。由于两树间距较近，除内侧外，两树树枝分别向四外伸展。传说，该2株侧柏由唐朝大将尉迟敬德建造九顶塔时亲手栽植。

编号A5-0116：五角枫，槭树科，树龄约800年，位于西营镇阁老庄山坡玉泉寺旁。树高20米，胸围225厘米，胸径71.6厘米，树干通直，气势雄伟，树皮呈黑色，开裂，质地坚硬，长势优良。

编号A5-0110：银杏，别名白果树，银杏科，树龄约600年，位于仲宫镇北道沟普门寺。树高30米，胸围361厘米，胸径115厘米。树冠呈长方形，长势良好，枝繁叶茂。树干通直，树皮呈浅褐色，纵裂、质地较软。

编号B5-0198～0201：千头柏4株，柏科，树龄约200年，位于彩石镇捎近村，成一字形东西排列，树干通直，树冠呈蘑菇形，垂直生长，十分旺盛。

编号B5-0223：石榴，石榴科，树龄150年以上，位于华山镇华阳宫。树高5.7米，胸围56.5厘米，胸径18厘米，树冠呈伞状张开，长势良好。树干通直，树皮灰白色，片状开裂，质地坚硬。

编号B5-0191～0194：圆柏4株，柏科，树龄均在250年以上，位于柳埠镇槲疃村，同植于一院。树高平均21米，树冠平均11米，胸径平均0.12米，树冠均呈松散形。干形扭曲，无枯枝，长势良好。

编号B5-0218：丁香，木犀科，树龄约150年，位于柳埠镇四季村宾馆，树冠呈长椭圆形。

编号B5-0227：石楠，蔷薇科，树龄约100年，位于柳埠镇四季村宾馆，树干质地坚硬，整个树冠呈伞形。

编号A5-0106：油松，别名迎客松，松科，树龄约300年，位于西营镇赵家庄山坡上。树高25米，胸围215厘米，胸径65.5厘米，树干通直，树冠呈伞形，姿态优美，长势良好。

第二章 植树造林

第一节 树种 林种

境内林木树种有47个科、12个亚科、98个属、234个种。主要有侧柏、龙柏、蜀桧、毛白杨、三倍体毛白杨、I-69杨、I-72杨、I-107杨、I-108杨、I-109杨、中林-46、中林-28、黄金柳、垂柳、黄榆、白榆、榔榆、刺槐、香花槐、泡桐、国槐、龙爪槐、黄金槐、梧桐、臭椿、苦楝、白皮松、水杉、悬铃木、紫穗槐、白蜡、雪松、黄栌、火炬、黄连木、栾树、皂荚、紫荆、楸树、构树、合欢、紫叶李、流苏、连翘、迎春、樱花、榆叶梅、大叶黄杨、小叶黄杨、紫藤、女贞、红叶小檗。果树主要有苹果、梨、桃、杏、山楂、核桃、柿子、大枣、葡萄、石榴、樱桃、无花果、花椒、香椿、软枣、酸枣、银杏、杜仲等。

境内林木95%以上为人工林。林中有防护林、用材林、经济林和特种用途林。防护林有两种类型：一类是农田防护林，分布在华山、遥墙、王舍人、董家、郭店、唐王6个镇，以农田林网为主，主要树种是杨、柳、泡桐等；另一类是水土保持林，分布在仲宫、柳埠、西营、港沟、彩石等镇的山上，主要树种为松、柏、刺槐等纯林，少部分为刺槐、松树混交林。用材林分布在华山、遥墙、唐王等镇，主要树种为杨、柳、榆、泡桐等。经济林主要分布在仲宫、柳埠、西营、港沟、彩石等镇，主要是苹果、梨、桃、杏、樱桃、核桃、柿子、板栗、软枣等集中成片的果园及梯田地堰栽植的各类果树。特种用途林主要是风景林、纪念林和公园绿化林等，分布在各个旅游景区、公园、烈士陵园等，树种多为松、柏、黄栌、火炬混交林。

第二节 花卉苗木

1986年，全县利用国有苗圃、镇办苗圃、家庭苗圃，采取大田常规育苗和容器袋装育苗并举方式，育苗384.6公顷。1989年起，推广秋季容器袋装育苗。1990年，十六里河、唐王、仲宫镇分别建立联营苗圃，港沟、西营镇分别建立良种核桃、板栗苗木生产基地。1996年，郭店、唐王等镇开始发展大面积花卉苗木种植。1997年，实行基地工厂化育苗和良种苗木繁育相结合方式育苗，唐王、董家等镇培育毛白杨、杂交杨、I-72杨等大苗和园林花卉苗木；柳埠、西营、港沟等镇培育核桃、板栗、桃、杏等果树苗木；国有林场培育侧柏、火炬、黄栌、刺槐等荒山绿化苗木。2003年起，区政府制定“政府引导、招商引资、种植大户带动、市场信息拉动”发展策略，东、北部平原发挥近郊优势，通过积极引导、引进企业推动、当地种植大户带动等形式，发展花卉苗木培育，全区花卉苗木种植规模不断扩大。2004年，区花卉苗木协会成立，会员单位40多个，会员140多人。2005年，区林业局指导发展仲宫水培花卉、华山君子兰、遥墙切花月季及

图9-4 唐王镇花卉苗木基地（2007年摄）

玫瑰等10余个特色花卉种植专业户（村）。2007年，全区有济南花木联合公司、世珍花卉、华达园林、阳光种苗、省花木研究中心、百合花卉等花卉苗木企业70余家，花卉苗木种植面积3350公顷，占全市花卉苗木种植面积的50%，构成以济南花木联合公司为产业代表、唐王镇为基地龙头、济青高速公路为轴线的花卉苗木产业链条，形成市场连基地、基地带专业户的发展格局。

第三节　绿化工程

省委万亩绿化区　1989年3月，省林业勘察设计院与济南市、历城区林业部门组成调查组，对历城区林业状况进行调查，制订“省委万亩绿化区”规划设计方案。涉及港沟、孙村、彩石、郭店4个乡镇20个行政村，总面积1133.5公顷，其中，林业用地1019.5公顷、有林地135.3公顷、疏林地35公顷、宜林荒山849.2公顷、未利用地114公顷。区委、区政府成立省委万亩绿化区指挥部，把任务分别落实到4个乡镇。区直机关、企事业单位职工每年到绿化区义务整地造林。省委、省政府每年在植树节前后组织省直机关干部到绿化区参加植树活动。1991年底，完成绿化区规划建设任务，成为瘠薄山地造林绿化样板。

济南市保泉绿化工程　1989年实施。总面积99315.7公顷。涉及仲宫、柳埠、西营、高而、锦绣川、港沟、党家庄、十六里河8个乡镇，面积88312公顷，其中，宜林地造林118825.1公顷、林分补植改建1150.2公顷。1993年完成。1994年通过国家计委、林业部联合检查验收。

平原绿化达标工程　1991年起，全区实施平原绿化达标工作。区委、区政府每年与各乡镇党委、政府签订责任书，检查验收，兑现奖惩。各乡镇将任务落实到地块、沟渠、路旁。全区12个乡镇共建成农田林网面积29816.3公顷，占宜林网面积的91%；林网覆盖面积2245.9公顷，农林间作面积319.5公顷，覆盖面积34.1公顷；有林地面积4638.7公顷，占宜林地面积的94%；村镇植树523.7万株，绿化折实面积3460.1公顷，占村镇占地面积的33.7%；林木总覆盖面积10378.8公顷，林木覆盖率14.7%。1992年年底，各项指标达到部颁平原绿化县（区）标准，通过省、市检查验收。1993年，被国家林业局评为全国平原绿化先进县（市）。

“八五”绿化达标工程　1991年，按照省委、省政府规定的“八五”绿化各项指标要求，全区实行全党动员，全民参战，大打造林绿化歼灭战。每年发动2次会战，一次会战于3月—4月开展，山区以治山整地、发展梯田堰边果树为重点，平原以开展沟、渠、路旁植树，建设农田林网为重点；二次会战于7月—8月开展，山区各乡镇以荒山造林为主，集中时间和人力、物力，对绿化难度大、集中连片的荒山，大打植树造林突击战。每次会战上阵劳力10万人以上。区委、区政府除组织区直机关干部开展义务植树活动外，还积极协调省、市机关、驻济南部队、厂企包山头，开展义务植树活动。至1995年年底，完成荒山荒地造林16565公顷，各项绿化指标达到省“八五”绿化标准；成立治山造林、抚育管理为重点的长年综合治理专业队伍15个、季节性专业

图9-5　南部山区荒山绿化（2005年摄）

队350多个，共1.75万人；1996年6月，通过省政府组织的检查验收。

市长二号工程　1993年，市政府确定于当年秋冬实施重点林业工程。涉及西营、柳埠、仲宫、锦绣川、高而5个乡镇。至2000年年底，完成荒山造林10759公顷、补植造林7330公顷；栽植侧柏、黄栌、火炬等绿化苗木5811万株；退耕还果6203公顷，建成核桃、板栗、樱桃、柿子、苹果、红荷包杏、石榴、梨、桃、小杂果等数十个果品生产基地。

“八一”园林基地　1994年3月，十六里河镇搬倒井村东南的220公顷山地，被市委、市政府规划为军民共建“八一”园林基地，驻济南部队官兵数千人、区机关干部和十六里河镇干部群众2600余人到园林参加植树活动，植树53万株，造林成活率80%以上。济南军区、省军区部队官兵及省、市、区机关干部群众，每年植树节和雨季造林季节，到“八一”园林基地开展义务植树活动。1999年，“八一”园林基地划入市中区。

蓝天工程大环境绿化　2000年，市委、市政府确定，涉及孙村、彩石、港沟、仲宫、柳埠5个乡镇的国道399、绕城高速公路南线省道103旅游专线两侧的67座山头。2002年完成，共计荒山造林1267公顷，退耕还果400公顷，补植造林1000公顷。

国债造林工程　2000年起，仲宫、柳埠、西营、港沟、彩石、高而等南部山区乡镇，利用国债造林资金（每亩国债投资100元，区级配套25元）实施造林。2000年，造林543.8公顷，其中，防护林438.5公顷、经济林105.3公顷；2001年，造林377.3公顷；2002年，造林300公顷；2003年，造林533.3公顷；2004年，造林500公顷；2005年，造林366.7公顷。累计完成国债造林2621.1公顷。

“三川增绿”工程　2006—2008年，实施锦绣川、锦阳川、锦云川“三川增绿”工程。完成荒山造林4400公顷，退耕还林1400公顷，建设经济林2300公顷，发展花卉苗木1866.7公顷。

第四节　全民义务植树

1982年起，全区贯彻落实五届全国人大四次会议做出的《关于开展全民义务植树运动的决定》，号召境内广大群众自觉在房前屋后、沟渠路旁植树造林，绿化美化环境。1989年起，义务植树活动主要围绕植树基地开展，每年植树节前后，区委、区政府组织干部群众到植树基地开展义务植树活动。1991年起，落实《济南市关于在市区实行义务植树登记制度的规定》，男18岁～60岁、女18岁～55岁，每人每年应植树3株～5株，或以资代劳缴纳代植费。1992年2月，省委书记姜春云、省人大副主任卢洪、副省长王建功等参加锦绣川乡义务植树活动。1993年起，义务植树与重点绿化工程相结合，相继建成“八一林”“三八林”“五四林”“记者林”等植树造林绿化基地。2000年10月，《济南市历城区封山育林管理办法》发布施行，全区从培育森林资源、改善生态环境出发，打破行政界限，跨乡镇、林场实施综合封育，组织机关、企事业单位干部职工及各界群众，到封育地区突击植树造林。2001年，义务植树围绕公路、铁路、河道及干渠两侧开展，以常绿与落叶相结合，乔灌与花卉相结合，建设绿色通道，绿化美化环境。至2007年，省市领导、党政机关、企事业单位、社会

图9-6　西营镇上罗伽村义务植树造林（2003年摄）

各团体通过义务植树活动，带动全区人民建成一大批植树造林绿化基地，同时利用南部山区的资源多样性，建设“省城后花园”，成为市民休闲、娱乐、游玩的旅游胜地。

第三章 果品生产

第一节 果品种类

1986年，境内果树有12个属、36个种、151个品种。随着消费者需求以及市场变化，果品种类不断优胜劣汰。至2007年，境内果树有14个属、45个种、500多个品种。

2007年历城区果树树种和品种情况表

表9-1

属	种（变种）	主要栽培品种（栽培类型）
苹果	道生苹果、西府海棠、三叶海棠、山定子、沙果、苹果	金帅、富士、烟富1-6号、短枝富士、嘎拉、早珊夏、松本锦、滕木一号、红香蕉、美国8号、萌、世界一、乔纳金、红乔纳金、红将军、红星、新红星、玫瑰红、超红、首红、国光
梨	秋子梨、杜梨、砂梨、朝鲜梨、河北梨、日本梨、新疆梨、西洋梨、白梨、褐梨	泰山小白梨、谢花甜（红宵）、鸭梨、酥梨、砀山酥梨、茌梨、秋白、大香水、小香水、长把梨、茄梨、巴梨、黄金梨、水晶梨、苹果梨、丰水、幸水、金花、红安久、新高、晚三吉、红巴梨、绿宝石、雪花梨、绣丰梨、新梨七号
桃	桃（油桃、蟠桃、寿星桃）、秋桃	蟠桃、肥城桃、大久宝、玉龙雪桃、中华寿桃、川中岛、新川中岛、早露蟠桃、中秋蟠桃、雪桃、曙光、瑞光、五月火、瑞蟠、早红珠、秋白、沙子早生、红甘露、青州水蜜、上海水蜜、寒露蜜、城阳鲜、雨花露、夏晖、早红宝石、冬桃、甜丰、章丘水蜜、华光、青研1号
杏	普通杏、山杏、杏梅	红玉杏、红荷包、白玉杏、关爷脸、麦黄、巴蛋、金太阳、红丰、新世纪、凯特、济丽红水杏、山杏、杏梅、车头、历选2、3号、大黄
核桃	核桃、核桃秋	鸡爪绵、香玲、丰辉、元丰、鲁光、美国黑核桃、绵核桃、辽海1号、薄壳、纸皮、隔年
板栗	板栗、茅栗	华光、红光、金丰、海丰、石丰、华丰、上丰、处暑红、泰山红、大毛栗、小毛栗、红栗、明栗、小青棚、青毛软刺、泰安薄壳、临沂短枝
柿	柿、君迁子（软枣）	磨盘柿、镜面柿、牛心柿、车头柿、馍馍柿、大面糊、小面糊、小萼子、大萼子、富有、次郎、罗田、西村早生、伊豆、巢南、新世纪1-3号、无核软枣、有核软枣、母猪奶
枣	枣（龙须枣、葫枣）、酸枣	脆枣、金丝小枣、园玲、长红、扁枣、沾化冬枣、河北梨枣、临沂雪枣、马牙、金丝三号、妈妈枣、枣庄雪枣、酸枣、脆酸枣、大果酸枣
葡萄	葡萄(欧洲种、美洲种、欧美杂交种、欧亚杂交种)、山葡萄	玫瑰香、巨峰、六月紫、大粒六月紫、红提、绿提、山东早红、京秀、京亚、山葡萄
石榴	红石榴、白石榴、黄石榴、玛瑙石榴	大青皮甜、大红石榴、大马牙、冻糖、泰山红、大红袍、玛瑙、大红皮酸、青皮、三白石
樱桃	中国樱桃、樱桃（大樱桃）、酸樱桃、毛樱桃	红灯、早红宝石、早大果、拉宾斯、意大利早红、大紫、那翁、短枝大果、芝罘红、宾库、泰山樱桃、抉择、大黄、雷尼、先锋
李	中国李、欧洲李、美洲李	香蕉李、黑宝石、秋姬、布朗、早美丽、大石早生、密斯李、黄李、红心、灰李
花椒	花椒	秋椒、大红袍、小红袍、狮子头
山楂	山楂、山楂石榴	大金星、敞口山楂、大货、山楂石榴

第二节 技术推广

1990年，区林业局承担完成玉龙雪桃丰产栽培扩种试验、金帅苹果优质丰产栽培标准化研究；1994年，承担完成苹果幼树丰产综合技术推广；1995年，承担完成苹果、梨改劣换优技术推广；1997年，推广良种杏优质丰产栽培技术，获省农业丰收一等奖；同年，锦绣川乡石门村建立全省第一家引进国外智力林果科技示范园；1998年，开展红荷包杏优质丰产综合技术研究与推广；2004年，进行日本甜柿引种试验；2006年，引进推广高光效苹果管理技术，推广面积130公顷。至2007年，累计引进中林46杂交杨、三倍体毛白杨、I-107及I-108速生杨、红富士苹果、三水梨、大红灯樱桃、香铃核桃等20余个树种、300多个品种，全区果树良种率75%以上，先后有20余处果园被评为省级样板园；实施树盘覆草、穴贮肥水、配方施肥、大棚育苗、容器育苗、摘叶转果、高光效、叶面喷肥、套袋、铺反光膜等30多项新技术；平均每年举办各种科技培训班40期，年培训果农6000余人次。

图9-7 区林业局为彩石镇果农进行技术培训（2007年摄）

第三节 基地建设

1986年，全县林果面积5547.87公顷，干鲜果品产量2.29万吨。1986—1995年，锦绣川乡、西营镇先后建成1000公顷优质苹果种植基地，西营、柳埠、高而等乡镇分别建成1000公顷良种板栗种植基地，彩石乡建成267公顷玉龙雪桃种植基地，卧虎山水库周边地区建成200公顷石榴种植基地，柳埠镇、锦绣川乡建成70公顷大樱桃种植基地。1996年，仲宫、柳埠等镇建成万亩红荷包杏种植基地。1998年起，实施“退耕还果”战略，至1999年，果园面积增加1300余公顷。2001年，仲宫镇建成500公顷良种梨种植基地。2004年，仲宫、柳埠2个镇建成70公顷良种柿种植基

图9-8 西营藕池万亩板栗基地（2007年摄）

地；同年区政府印发《济南市历城区农村承包土地流转暂行办法》，果园面积进一步扩大。2005年，仲宫、港沟、西营、柳埠4个镇建成400公顷良种核桃种植基地。至2007年，全区果园种植面积9322公顷，干鲜果品总产量14.13万吨，产值突破5亿元。

1986—2007年历城区果品产量情况表

表9-2

年份（年）	面积（公顷）	产量（万吨）			年份（年）	面积（公顷）	产量（万吨）		
		合计	干果	鲜果			合计	干果	鲜果
1986	5547.87	2.29	0.18	2.11	1997	6670.00	4.50	0.31	4.19
1987	6824.13	2.34	0.16	2.18	1998	6953.00	6.24	0.35	5.89
1988	7050.20	2.57	0.19	2.38	1999	8300.00	6.75	0.42	6.33
1989	4185.13	1.48	0.09	1.39	2000	8201.00	7.08	0.53	6.55
1990	5716.47	2.11	0.14	1.97	2001	8430.00	7.26	0.12	7.14
1991	5899.93	2.23	0.15	2.08	2002	8397.00	5.42	0.34	5.08
1992	5988.00	2.28	0.16	2.12	2003	8570.00	9.51	0.92	8.59
1993	6922.00	2.50	0.15	2.35	2004	8998.00	10.14	0.92	9.22
1994	7334.00	2.65	0.13	2.52	2005	9325.00	11.97	0.94	10.83
1995	6754.00	2.97	0.13	2.84	2006	9450.00	13.09	1.24	11.85
1996	6670.00	2.89	0.20	2.69	2007	9322.00	14.13	0.98	13.15

第四节 名优果品选介

鸡爪绵核桃　境内种植鸡爪绵核桃有近2000年历史。果树因枝短、形似鸡爪而得名。果实为坚果，圆形、皮薄，出仁率42%左右，果仁淡黄白色、洁净、质脆、味香，生食无涩味，含油率70%以上、蛋白质15%，是核桃中的上品。鸡爪绵核桃适应性强、耐干旱、丰产、寿命长，南部山区乡镇有150年以上的大树，单株产量50公斤以上。主要分布地区为柳埠镇、西营镇、彩石镇、港沟镇、仲宫镇等，种植面积4000公顷，年产量2500吨。

图9-9　柳埠镇鸡爪绵核桃（2001年摄）

仲宫红荷包杏　红荷包杏以形似“荷包”而得名，有200余年栽培历史，是境内珍贵早熟杏资源。红荷包杏幼树生长旺盛，成形快，一般3年见果，5年～6年进入盛果期。以短枝结果为主，比较丰产，盛果期平均亩产1500公斤。3月上旬开始萌动，3月20日—25日开花，5月下旬果实成熟，果实生育期56天左右。果实椭圆形，纵径4.12厘米，横径3.56厘米，平均单果重43克，缝合线明显，果面底色全桔红，阳面有片状紫色，有光泽；果肉桔红色，离核，肉质柔细，味酸甜带浓香，果汁略少，果肉可食率80%～90%，含糖12%～15%，每百克含维生素C4.1毫克，总酸1.83毫克，果酸0.67毫克；果皮较厚，种核轻，耐贮运，主要为鲜食。红荷包杏以成熟期特早、果实个大、色艳、汁多、肉细、味香甜等特点受到人们的青睐，被誉为质、味双优的珍果佳品。1985年被编入《山东名产》，1987年被农业部列为名、优、特品种。2000年，历城区被省林业局命名为“红荷包杏”之乡。主要分布地区为仲宫镇、西营镇、仲宫镇等。

彩石玉龙雪桃　1953年发现于彩石乡玉龙村，是一实生变异品种，因于冬季下雪时成熟而得名。桃树四月中旬开花，10月底至11月初，果实成熟，呈浅黄绿色；果肉白至浅绿色，离核，肉软、细腻、多汁，独具冰糖风味，风味浓，可食率90%。品质优良，风味独特，1985年被评为山东名优特产，在全国晚熟桃品种中名列前茅。主要分布地区为彩石镇。

图9-10　彩石镇玉龙雪桃（2005年摄）

仲宫小白梨　又称泰山小白梨，历史上称“白梨”或“白皮梨”，俗称“线穗子梨”（形如农村织布用的线穗子），亦称“泰山美人梨”。有200多年栽培历史，以其早熟、皮薄、质脆而久负盛名。据清乾隆三十六年（1771）《历城县志》记载：梨有红俏、秋白、香水、鹅梨、瓶梨诸种。该品种是境内栽培的特产树种，蔷薇科，属白梨系，落叶乔木，抗性强、结果早、丰产，7月下旬至8月上旬成熟，成熟果实呈黄色卵圆形，果肉乳白色，皮薄、肉细、质脆、味甜、果汁多，可溶性固形物10%～13%，成熟后常温贮存10天左右食之更佳。平均单果重100克～150克，最大单果重400克。全区14个乡镇均有栽培，总面积135公顷左右。南部山区仲宫、柳埠、西营等镇是集中分布区，约占全区种植面积的80%以上。其中仲宫镇种植面积最大，有百年以上泰山小白梨近百株，枝叶茂盛，长势良好。

历城大红袍花椒　又名大椒、秦椒、狮子头，是花椒优良品种之一。树势高大、刺大而稀；果疏、粒大、着色较深，呈大红色，颜色鲜艳。2年～3年开花结果，4年～6年进入盛椒期，较耐寒、抗旱，耐瘠薄瘦地，寿命长。荒山坡地、河滩．路旁、房前屋后均可栽植，是保持水土、美化环境的理想树种。主要分布地区为港沟镇、西营镇、柳埠镇、仲宫镇及锦绣川办事处等。

历城红玉杏　红玉杏又名峪杏、大峪杏、红杏，历史上称金杏、汉帝杏，有2000多年栽培历史，是目前国内优良品种之一。据《西京杂记》记载：“济南金杏，大如梨，黄如桔，熟最早，味最胜，一名汉帝杏、蓬莱杏，花五色，盖异种也。”唐代《酉阳杂俎》记载：“汉帝杏，济南郡之东南有分流山，山上多杏，个大如梨，色黄如橘，土人谓之汉帝杏，亦曰金杏。”红玉杏6月中旬成熟，果实生育期70天左右。果实较整齐，个大，平均纵径5厘米～5.4厘米，平均横径5.2厘米～5.5厘米，圆形或椭圆形，果顶平，缝合线明显，平均单果重115克，最大可达150克；果皮果肉均为桔红色，向阳面浓红，果皮厚而韧，果肉厚而细，离核，仁苦，肉质较脆硬，纤维多，果汁中多，有芳香，味酸甜。果实较耐贮运，适于鲜食和加工。以其加工的红玉杏脯因质地好、透明度高而受到国内外

图9-11　锦绣川红玉杏（2005年摄）

市场的欢迎。据测定，每百克果肉中含糖10克、蛋白质0.9克、胡罗卜素1.67毫克、维生素C7毫克。1985年被山东省列为名、优、特产品，被编入《山东名产》。主要分布地区为柳埠镇、西营镇、彩石镇、仲宫镇等。

仲宫磨盘柿　柿树是历城的乡土树种，广种于梯田堰边。历史上有“仲宫济南有多远，手攀柿枝上济南”的描述。磨盘柿较丰产、抗旱、

图9-12　仲宫镇磨盘柿（2005年摄）

抗寒、寿命长；树势强健、干性强、半开张、圆锥形；枝条粗壮、稀疏、叶大、叶片粗短。果实极大，扁圆形，中部有缢痕，形若磨盘，果顶平或凹，十月上中旬成熟，耐储运，主要以生食为主，可制饼、造酒。平均单果重250克，最大单果重500克以上。柿蒂深陷，果柄粗短，萼片大而平，基部连合；果皮橙黄色到橙红色，有腊质；果肉淡黄色，果肉松、纤维少、汁多味甜、无核，含蛋白质0.7%、脂肪0.1%、碳水化合物11%、钙10%、铁0.2%、磷19%，含有多种维生素。主要分布地区为仲宫镇、锦绣川办事处、高而办事处、柳埠镇、西营镇等。

历城大货山楂　又名矼砧辘，是中国特产。“大货”，是指果实个头大。果树抗逆性强、适应性广、树势强健、病虫害少、管理简便、易繁殖；早产、高产，4年～5年亩产可达1500公斤；寿命长，柳埠镇三岔村有株100多年的“寿星”树，叶茂枝繁，年产果实500公斤以上。果实每公斤80个左右，耐储运，贮后果肉渐松糯、酸味轻，且微有甜味，酸甜适口；可食率为92.7%，出干率为34%，总糖量为10.6%。每百克果肉中含维生素C48.1毫克，总酸量3.66%，果胶3.7%。主要分布地区为柳埠镇、西营镇等。

锦绣川绣丰梨　1993年，锦绣川乡果树站从一农户中选出，属于巴梨中一个特早熟品种，具有每年开三次花结三次果的奇特生物学特性，亦称“三季梨”，被省市专家称之为“梨园奇品”。绣丰梨属大型果，呈粗颈葫芦形，上市早、果实大，平均单果重280克，最大果重520克；果实呈黄白色，光滑美观；果心很小，果肉呈乳白色，肉质细，味浓甜，含可溶性固形物15.4%。采收后室内存放20天左右生食。主要分布地区为仲宫镇锦绣川办事处。

西营板栗　又名栗子、大栗、栗果，是山毛榉科栗属中的乔木。栗树是20米～40米高落叶乔木，雌雄同株，雄花为直立柔荑花序，雌花单独或数朵生于总苞内，单叶，椭圆或长椭圆状，10厘米～30厘米长，4厘米～10厘米宽，边缘有刺毛状齿；果实为坚果，包藏在密生尖刺的总苞内，总苞直径为5厘米～11厘米，一个总苞内有1个～7个坚果，果熟期在9月底至10月初。栗子富含钾、锌、铁等矿物质。主要分布在西营镇。西营板栗因色泽好、糖分高、口味正，颇具盛名。镇域内有树龄约300年板栗古树群，被列入古树名木录进行保护。

王家峪大樱桃　又名莺桃、含桃等，属蔷薇

图9-13　王家峪大樱桃（2007年摄）

科，落叶小乔木。树高可达8米，叶卵形至卵状椭圆形，长7厘米～12厘米；花白色，径约1.5厘米～2.5厘米，萼筒有毛，花期4月，先叶开放，3～6朵簇生成总状花序；果红色，近球形，径1厘米～1.5厘米，5月底至6月初成熟。樱桃营养丰富，含铁量特别高，具有调中益气、健脾和胃之功效。2001年，被中国绿色食品发展中心认定为绿色食品A级产品。主要分布地区为柳埠镇王家峪村及周边，因其个大、色艳、味佳而名闻遐迩，是国内早熟樱桃品种中的极品。

第四章　林业管理

第一节　林权制度改革

1985年春，港沟镇桃科村制定“以山带地，以地养果，以果养林”优惠政策，实行大户承包，发包荒山193公顷、荒地9.7公顷。1994年，区委、区政府制定《关于拍卖荒山使用权的决定》，拍卖荒山5333公顷。1999年，推行新一轮林业产权制度改革，通过承包、租赁、合作、股份制等多种形式，将荒山荒坡、堰边果树、疏林地、平原地区的林网、林带全部纳入改革范围。2000年3月，柳埠镇柳西村村民孙广泉购买柳东村35公顷荒山开发使用权，进行治理开发，政府给予技术、苗木扶持，成为济南市荒山治理典型。2001年3月—5月，对全区林业资源进行现场界定，划定公益林地面积2.95万公顷，其中有林地2.17万公顷，宜林荒山（地）7800公顷；商品林用地2.68万公顷。2005年，推行集体林权登记发证工作，登记发放林权证2138份，登记林地2.54万公顷。至2007年，共拍卖宜林荒山1667公顷，承包3300余公顷，其他形式开发林地670公顷，拍卖或承包沟渠道路257条（200公里），树木17万株，发放林权证488份，登记林地2.97万公顷，占全区林地总面积的52%。

第二节　林业执法

1986年，县林业局设林政股、林业站、种苗站、森保站，负责全县林业行政执法。1988年，区林业局设立林业公安科和柳埠林场派出所，依法对林业资源予以监督管理。实行限额采伐审批制度，征收育林基金。1989年起，贯彻落实《中华人民共和国野生动物保护法》，每年爱鸟周和野生动物保护宣传月期间进行宣传。1994—1995年，依法查处盗伐、滥伐林木案件23起。1998年6月28日，承办山东省及济南市《中华人民共和国森林法》宣传月活动开幕式，之后，每年4月

图9-14　区林业局执法大队查获非法盗运树木运输车（2007年摄）

和11月定为“林业法律法规宣传月”，采用多种形式宣传林业法律法规。2000年，对驯养和经营野生动物专业户进行规范整顿。同年10月，区政府制定《济南市历城区封山育林管理办法》。2005年，林业公安科、森保站联合执法，对南部山区市场、饭店进行检查，查处非法收购运输青蛙案件2起。同年，区林业局被国家林业局评为全国森林资源管理先进单位。至2007年，共查处

违法案件700多起。

第三节 森林防火

1986年前，森林防火主要措施为宣传引导、村级为主巡查护林等，没有专业防火护林队伍。1987年4月4日16时至次日8时，西营镇藕池林区大高尖山发生一起因放羊村民吸烟引起的特大森林火灾。火灾发生后，省、市、区领导李昌安、姜春云、翟永淳、姬广文、谢传仁等赶赴现场指挥灭火，当地干部群众、解放军和武警官兵、公安干警2000余人，经过16小时奋战，将大火扑灭。火灾过火面积102.87公顷，烧死烧伤树木14.9万株，直接经济损失19.3万元。

图9-15 区林业局森林消防大队开展森林防火演练（2007年摄）

1988年，贯彻落实国务院颁布的《森林防火条例》。每年防火期期间，成立专门森林防火指挥部，统一安排部署森林防火工作。1995年后，区政府成立以分管副区长为组长，公安、农委、林业等有关部门负责人参加的护林防火指挥部（常设机构），各乡镇成立以乡镇长为组长的护林防火领导小组。区、乡镇、村层层签订责任状，实行乡镇镇长、派出所所长、林业站站长、村主任“四长”负责制。柳埠、黑峪两林场实行与驻地乡镇、村联防联治的护林防火制度。同时，坚持封山育林制度，防止林木火灾和各种毁林现象的发生。2002年，区林业局组建济南市第一支森林消防专业队伍（柳埠林场20人、黑峪林场10人）。至2007年，全区森林消防专业队伍有6支120人，形成区、镇、村三级护林防火网络。

第四节 病虫害防治

境内主要虫害有松毛虫、柏毒蛾、松针卷叶蛾、扁叶蜂、红蜘蛛、天牛、松梢螟、杨树天社蛾、天蛾、舞毒蛾、潜叶蛾、吉丁虫、木囊蛾、蝉、金龟子、椿象、避债蛾、蚜虫、叶蝉、舟形毛虫、柿蒂虫、草履介壳虫、柿粉蚧、食心虫、尺蠖等400余种。主要病害有松针落叶病、叶斑病、锈病，苹果心腐病、腐烂病、干腐病、轮纹病、根瘤、立枯病，泡桐丛枝病，枣疯病等330多种。

1986年，柳埠镇三岔村进行山楂果实害虫共性同步防治试验。果实虫果率由试验前的90%下降到2%。1987年5月—11月，开展森林植物检疫对象普查。全区分散设置调查点120个，对出入境的木本花卉、苗木、木材、果品及其林副产品，严格进行检疫。1989年，区政府下发《森林植物检疫布告》。当年，检疫林木种子2.5吨，苗木30万株，建立林果病虫害测报点5个，定期发布虫害预报。同年6月，柳埠林场发生松毛虫危害，林场职工对667公顷松林进行毒笔涂环防治。1990年，发生柏毒蛾虫灾，共喷洒农药2000多公斤，防治面积1600公顷。1992年，平原乡镇

图9-16 遥墙镇在小清河两侧片林防治美国白蛾（2007年摄）

杨树潜叶蛾、柳埠林场松扁叶蜂发生严重，区林业局为各测报站配备放大镜、高枝剪等器械，加大预测和防治。1993年，全区病虫害监测站点扩大到246个，病虫害监测率100%。1995年，全区林木病虫发生率、监测率、防治率及林木种苗产地检疫率均达到省林业厅制定的管理目标。1999年，黑峪林场侧柏纯林发生双条杉天牛危害，通过药物防治，消除危害，防治面积530公顷。2000年4月，黑峪林场引进肿腿蜂50万只，进行双条杉天牛防治试验。2007年10月，美国白蛾传入遥墙镇，很快蔓延到唐王、华山、王舍人、董家、彩石等镇，危害面积30余公顷，危害树种以法桐、白蜡、杨树为主。区林业局及时指导乡镇采取措施防治，美国白蛾危害得到有效控制。

第十编

畜牧业 渔业

王舍人镇冷水沟村奶牛养殖小区一角（2005年摄）

1986—1991年，全区通过采取推广新技术，引进新品种等措施，加快畜牧业发展。开展奶牛、肉牛秸秆青贮氨化饲料养殖试验，并进行推广普及。1990年10月，历城区被农业部确定为商品瘦肉型猪基地县(区)。1996年起，开始摆脱传统家庭饲养方式，向规模化、集约化、工厂化饲养方向发展，形成猪、鸡、牛、羊、兔等畜禽全面发展新格局。2006年，制定《关于加快我区畜牧业现代化建设的意见》，推广畜禽规模化、标准化、生态化养殖技术。2007年，全区存栏大牲畜6.67万头，其中奶牛3.71万头；存栏生猪28.91万头、羊19.31万只、家禽748.00万只、兔41.01万只；肉蛋奶总产量24.42万吨；畜牧业总产值11.99亿元，占全区农业总产值的31.27%。同年，被评为全国牛奶生产强县（市）。

1986—1990年，开展商品鱼标准化生产基地建设，推广池塘精养高产技术应用。1992年后，推广“池塘模式化增长技术”“池塘精养高产技术”等。2007年，全区渔业养殖面积1059公顷，其中，水库养殖553公顷，年产量300吨；池塘养殖506公顷，年产量3900吨；渔业总产值3460万元。

第一章　畜牧业

第一节　畜禽种类

1986年，境内牲畜种类有牛、驴、马、骡、猪、羊、兔等，家禽有鸡、鸭、鹅等。2007年，境内畜禽种类70余个，骡几乎绝迹。

牛　1986—1990年，以本地牛和鲁西黄牛养殖为主。1991年，从山东省畜禽良种中心引进西门塔尔种牛、利木赞牛。1992年，从黑龙江引进黑白花奶牛。1997年，从北京引进荷斯坦奶牛。境内养牛业主要分布在北部的遥墙、王舍人、唐王、郭店、董家镇。其中奶牛主要分布在遥墙、王舍人、唐王镇；西门塔尔、利木赞杂交牛多分布在董家、郭店、港沟镇。

马　主要是本地马与阿尔登马、苏重境马、苏高血马、澳尔罗夫马和伊犁马等良种杂交后的品种。2003年，从美国引进矮马。2005年，从内蒙引进蒙古马。至2007年，境内马匹主要是观赏马。主要分布在遥墙、董家、唐王镇。

驴　主要是本地驴与德州驴杂交繁殖品种。主要分布在北部沿黄的遥墙、唐王镇。

猪　1986—1989年，主要是本地家猪。1990—2000年，引进推广大约克猪、长白猪、皮特兰猪、杜洛克猪等。养猪业在各乡镇均有发展。

羊　1986年后，先后数次从菏泽、济宁等地引进小尾寒羊、波尔山羊良种与本地绵羊进行杂交繁育，推广率85%以上。2005年，从澳大利亚引进优质杜泊羊，用于胚胎移植科技攻关。小尾寒羊和经改良的波尔山羊主要分布在港沟、唐王镇；本地山羊主要分布在南部山区各乡镇。

鸡　品种分为蛋用型、肉用型两种。1995年，从北京引进京白904罗曼父母代蛋用种鸡。1996年，引进海兰白蛋鸡、爱拔益加（AA）肉食鸡。1997年，引进乌骨鸡。养鸡业在全区各乡镇均有发展。

鸭　主要品种为肉蛋兼用型麻鸭和肉用型北京鸭，境内各地皆有饲养，主要分布在遥墙、唐王镇。

鹅　品种有白鹅和狮头鹅，白鹅较多，主要分布在南部山区及沿黄乡镇。

兔　主要品种有本地兔和引进的加里福尼亚兔、德国花巨兔、安哥拉兔、日本大耳白兔、青紫蓝兔等。20世纪90年代，引进力克斯兔（即獭兔）。主要分布在华山、王舍人、遥墙、唐王、西营镇。

第二节　畜禽生产

1986年，全县大牲畜存栏2.10万头，其中牛1.13万头、驴0.41万头、马0.32万匹、骡0.22万头；生猪存栏15.12万头；羊存栏3.81万只；家禽存栏134.16万只，其中，鸡127.85万只、鸭3.21万只、鹅3.10万只；家兔存栏7.58万只。同年，境内第一家大型规模化养殖场——济南彭庄养鸡场建成投产，总投资1170万元。该场占地16.8公顷，建筑面积2.86万平方米，设计生产规模：饲养父母代种鸡1万套、商品蛋鸡20万只。鸡场采用吊笼育雏、平网育成、三阶梯产蛋、集中供暖、自动饮水、机械送料、自动照明等现代化饲养方式，配有先进的防疫检测设备；建有年产2万吨饲料加工厂、年处理鸡粪1000吨的复合肥厂和小型养猪场各1个。1993年被济南铸造材料实业总公司兼并。

1986—1988年，王舍人镇水坡村开展青贮氨化饲料喂养奶牛试验，每头奶牛平均每天增产牛奶5公斤左右。1988年，在全区普及奶牛青贮氨化饲料喂养。1989—1991年，孙村镇开展青贮氨化饲料喂养肉牛试验，利木赞肉牛育肥日增重明显高于本地黄牛，成本低于本地黄牛。1991年，全区推广普及秸秆青贮氨化饲料。同年，历城区被农业部畜牧局、全国畜牧兽医总站评为“秸秆青贮氨化工作先进集体”。

1990年，区政府制订《商品瘦肉型猪基地县(区)建设实施方案》，投资75万元，建立良种繁育、饲料加工及产后服务体系；区畜牧局先后引进246头以大约克、斯格为主的优良种猪，淘汰全部劣质种猪；在党家庄、遥墙镇建立优良母猪核心群2个、扩繁群5个；建立小型浓缩饲料加工厂，郭店、靳家、遥墙、党家庄等乡镇建立9个预混料加工厂；洪家楼镇、大王乡兽医站建立2家生猪屠宰加工厂。同年10月，历城区被农业部确定为商品瘦肉型猪基地县(区)。1992年10月，全区优良瘦肉型猪覆盖率达83%，配合饲料利用率达到56%，瘦肉型猪基地县(区)项目通过省市有关部门验收。

1996年起，畜牧业开始摆脱传统的家庭饲养方式，逐步向规模化、集约化、工厂化饲养方向发展，形成猪、鸡、牛、羊、兔等畜禽全面发展的新格局。桑梓店镇、十六里河镇大涧沟村、王舍人镇冷水沟奶牛小区分别是济南市最大的养牛专业镇、蛋鸡饲养专业村、奶牛专业养殖小区。1997年，王舍人、郭店、董家、孙村等镇分期分批设计建设奶牛、生猪规模饲养小区，由镇、村负责通水、通电、通路，吸引群众到小区投资养殖。区畜牧局与郭店镇政府帮助郭东村建设占地2.6公顷的养猪小区，存栏生猪1万头，年出栏生猪达到2.5万头。

1998年，制定畜牧用地政策，将畜牧用地划归农业用地范畴，以村为单位，划出部分土地作为畜牧小区。洪家楼镇祝甸村建起1处容纳24个养殖户、饲养量达5000头的养猪小区。1999年，董家镇院后村建成30万只蛋鸡生产基地，遥墙镇北郭而村建成大棚养鸡小区。2000年，全区规划建设以近郊乡镇为重点的奶牛养殖基地，以山丘地区为重点的肉牛、肉羊养殖

图10-1　王舍人镇进行秸秆饲料青贮（2002年摄）

基地，以平原乡镇为重点的蛋鸡、肉鸡和三元杂交猪养殖等6大基地，建有标准饲养殖小区8处、养殖场49处，发展养殖专业村64个、专业户4400户，规模饲养率达75%。

图10-2 董家镇院后村养鸡场防疫（2004年摄）

2006年4月27日，区政府印发《关于加快畜牧业现代化建设的意见》，引导鼓励各镇以村为单位规划建设畜禽规模饲养小区，推广畜禽规模化、标准化、生态化养殖技术。2007年，全区存栏大牲畜6.67万头，其中奶牛3.71万头；存栏生猪28.91万头、羊19.31万只、家禽748.00万只、兔41.01万只；肉、蛋、奶总产量24.42万吨；畜牧业总产值11.99亿元，占全区农业总产值的31.27%。

1986—2007年历城区畜牧生产情况表

表10-1

年份（年）	肉（万吨）	蛋（万吨）	奶（万吨）	畜牧业产值（亿元）	年份（年）	肉（万吨）	蛋（万吨）	奶（万吨）	畜牧业产值（亿元）
1986	0.78	0.45	0.08	0.40	1997	6.83	6.09	2.78	5.22
1987	1.00	0.90	0.14	0.71	1998	5.04	6.88	4.61	6.03
1988	1.59	3.30	0.20	0.76	1999	5.73	7.62	4.88	6.62
1989	1.64	2.13	0.88	0.80	2000	4.42	5.51	4.27	6.52
1990	1.78	2.42	0.58	0.82	2001	4.66	5.67	4.27	7.08
1991	2.39	3.16	0.83	2.38	2002	4.99	6.90	4.80	7.76
1992	2.70	3.55	0.71	2.81	2003	5.17	6.12	5.02	9.22
1993	3.04	3.57	0.63	3.47	2004	5.44	6.36	6.83	10.52
1994	3.90	3.78	1.60	4.70	2005	5.75	6.66	8.50	10.65
1995	5.62	4.23	2.32	4.95	2006	5.80	6.52	10.87	11.11
1996	5.65	4.53	2.10	5.31	2007	5.75	6.55	12.12	11.99

第三节 品种引进与改良

1986年后，全区逐步实施畜禽新品种引进与改良，改变以养猪为主的单一养殖模式，促进畜牧养殖多元化发展。1990年，先后从山东省农科院、北京、江苏、济宁引进推广大约克猪500头、长白猪200头、皮特兰猪51头、杜洛克猪46头。大约克猪胴体瘦肉率达到53%～58%，成年公猪300公斤～500公斤；长白猪发育快（6月龄体重达90公斤）、瘦肉多，胴体瘦肉率达56%～63%。大约克母猪繁殖能力强，产仔多，平均每胎产11头。利用杜洛克猪作父本进行杂交改良的二元商品猪胴体瘦肉率达到50%～55%，杜洛克猪在三元杂交中作为终端父本更好。1991年，从山东省畜禽良种中心引进西门塔尔种牛、利木赞牛等肉牛，之后每年采用西门塔尔牛、利木赞牛冻精液进行黄牛改良。1992年，从黑龙江引进黑白花奶牛，每头奶牛年产奶3000公斤～4000公斤。先后数次从菏泽、济宁等地引进小尾寒羊、波尔山羊良种与本地绵羊进行杂交繁育，推广率85%以上。小尾寒羊属半圈半牧类绵羊，体格高大、尾脂短、成熟早、耐粗饲、易管理，屠宰率达50.8%，母羊产羔多，产羔率达260%～270%。1996年，引进海兰白蛋鸡2万套，爱拔益加（AA）肉食鸡2万套。1997年，从北京引进荷斯坦奶牛，该奶牛产奶量居各奶牛品种之冠，每头奶牛年产奶5000公斤～6000公斤；同年，引进乌骨鸡。2000年，在港沟镇建立区良种繁育中心，引进部分纯种波尔山羊，用于改良本地山羊品种，共投资20余万元。波尔山羊体躯肥大（呈圆桶状）、成熟早、生长快（12月龄公羊体重达80公斤～100公斤，母羊达60公斤～75公斤）。2005年，区畜牧局与省农科院合作，从澳大利亚引进优质肉毛两用杜泊羊22只，在唐王镇开展胚胎移植科技攻关，成功生产42只羔羊。2007年，联合省农科院等科研单位，开展奶牛胚胎移植科技攻关，引进200支性控冻精，在唐王、王舍人镇等开展奶牛胚胎移植试验。年底，全区肉乳牛良种覆盖率达到95%以上，主要品种为黑白花、利木赞、西门塔尔等；生猪良种覆盖率达到100%，主要品种为荷斯坦、大约克、斯格等；肉鸡良种覆盖率为100%，主要品种为AA、艾维因等；蛋鸡良种覆盖率为100%，主要品种为京白系列、海兰系列、罗曼、伊莎、迪卡等品种；肉羊良种覆盖率达到60%，主要品种为波尔山羊、小尾寒羊等。

第四节　奶牛产业建设

1982年，王舍人镇水坡村开始养殖奶牛，经过10年发展，于1992年，建成全市第一个规模化奶牛养殖小区。1993年，该村投资235万元，建成济南市首家引进国内先进技术，集奶牛饲养、乳品加工于一体的生产企业——济南斯达乳品厂。该厂占地30公顷，建筑面积2890平方米，设计能力为年加工鲜奶2000吨，生产均质巴氏消毒奶、巧克力鲜奶、咖啡奶、保健奶、酸奶等9种产品，带动了王舍人、遥墙、唐王、董家、港沟等镇奶牛养殖业的发展。1998—2000年，实施欧盟奶业援助项目，主要援助建设奶业综合服务站，开展技术人员培训。新建王舍人镇冷水沟奶牛服务站，培训技术人员1000余人次，项目区奶牛增加0.7万头，发展奶牛专业户280户。2001年，规划20个奶牛养殖小区，以王舍人镇为中心，辐射华山、遥墙、董家、唐王、郭店5个

图10-3　遥墙镇奶牛生态养殖小区（2007年摄）

镇，发展奶牛养殖和牧草种植；王舍人镇冷水沟村建成存栏奶牛3000头的养殖小区，占地5.5公顷。2002—2004年，历城区连续3年实施国家级秸秆养殖奶牛示范项目。

2003年，维维集团济南维维乳业有限公司落户遥墙镇，总投资1.6亿元，占地5.13公顷，拥有国际领先的全自动、全封闭、全无菌灌装利乐枕生产线6条，法国百利包生产线8条，家庭奶生产线12条，日处理鲜奶300吨。同年，济南斯达乳品厂建成机械化挤奶厅，扩充牛舍10000平方米，奶牛总存栏5000头。

2005年，实施省级良种奶牛补贴项目（15元／只冻精），有158户奶农受益，共计补贴资金20万元。2006年，实施国家级奶牛良种补贴项目(20元/只冻精，期限3年)，对全区良种奶牛进行改良。2007年，补贴资金132万元，完成奶牛配种2.1万头，受胎奶牛1.9万头，出生改良母牛0.9万头，有985户奶农受益。8月，全国政协委员、中国奶业协会理事长刘成果到历城区考察奶牛业发展工作。至年底，全区建成23个奶牛养殖小区、18个现代化挤奶厅，存栏奶牛3.71万头。奶牛养殖小区全部建立推广系谱档案，40%以上的奶牛档案录入微机，历城区被评为全国牛奶生产强县（市）。

第五节　疫病防控

1986年7月，县、乡镇两级畜牧兽医工作站开始负责畜禽及其产品的检疫检验工作。1988年起，乡镇政府统筹防疫经费，推行畜禽防疫技术承包，提高畜禽防疫密度。1991年后，全区动物疫病防治工作主要由区、乡镇畜牧兽医站兽医人员具体实施，实行春、秋两季计划免疫和平时补针、强制免疫相结合方式，每年组织开展疫情普查、消毒灭源、疫病监测、动物防疫监督等防控工作。1998年，动物防疫工作由过去单纯以免疫治疗为主，走上防、检、监一体化的法制管理轨道。2001年起，全区动物防疫经费列入乡镇政府财政预算，基本实现免费防疫。2006年，建成区动物疫病监测中心，开展动物疫病监测，项目建设投资总计140万元。2007年，在洪楼广场承办市畜牧局开展的《中华人民共和国动物防疫法》宣传活动。至年底，全区建立健全重大动物疫病防控、防控应急预案、疫情报告、档案管理等制度；建立区政府与各镇政府签订动物防疫责任状，落实防控责任制等长效管理机制，组建604人的村级动物防疫员队伍，全区畜禽防疫密度常年保持在100%，没有暴发过恶性传染病。

第六节　执法管理

1986后，全区深入贯彻落实《中华人民共和国动物防疫法》《兽药管理条例》《饲料和饲料添加剂管理条例》《山东省动物防疫条例》等法律、法规，健全、完善动物防疫、种畜禽、兽药、饲料四大执法体系，实现规范化、程序化管理。1995年，全区有兽医卫生监督员8人，兽医卫生检疫员80人，负责全区畜禽及其产品市场的检疫、监督、检查工作。2001年，对洪家楼镇辖区内的畜禽产品市场进行直管，实施产地检疫工作，从源头上杜绝病害肉类的流通。采取对经营业户进行审查，发放经营许可证，不定期对其经营产品进行抽检等方式，保证畜禽产品的质量安全。对境内10余家种畜禽生产业户的制种程序进行定期审查及不定期抽查，保证畜禽品种的纯度。2006年，贯彻落实《中华人民共和国畜牧法》，开展畜禽产品市场管理整顿，规范畜牧业生产经营行为，保障畜禽产品质量安全。至2007年，全区有各类兽药厂、饲料厂20余家，饲料兽药经营业户100余家，畜禽生产企业10余家；处理违法案件238起，无害化处理病死畜禽产品68吨，销毁假冒伪劣兽药、饲料产品85吨，取缔非法经营业户37家。

第二章 渔 业

第一节 资 源

一、鱼类

境内养殖鱼类有10目16科60余种，其中以鲤科鱼类为主，有40余种。主要种群有草、鲢、鳙、建鲤、黄河鲤、锦鲤、彭泽鲫、金鲫、鲫鱼、团头鲂、鲶鱼、乌鳢、黄颡鱼、罗非鱼、淡水白鲳等20余个品种，其余品种数量少，均不成群体。1986—2007年，引进品种有：建鲤、锦鲤、彭泽鲫、金鲫、五彩鲫、黄金鲫、太阳鱼、史氏鲟、匙吻鲟、虹鳟、大银鱼、池沼公鱼、美国大口胭脂鱼、南方大口鲶、瓦氏黄颡鱼、淡水白鲳16个名优新品种，其中，建鲤、彭泽鲫、锦鲤、金鲫、瓦氏黄颡鱼、淡水白鲳、虹鳟鱼、史氏鲟鱼形成优势种群。

二、水生动植物

水生动物　境内水生动物（鱼类之外）有4门8纲40余种。人工养殖的种类：甲壳类有沼虾、红螯螯虾、中华绒螯蟹，爬行类有甲鱼。

水生维管束植物　境内水生植物有2门18科13属40余种。多分布于小水沟、水渠等潮湿地方，普生性较强，绝大部分可被草食性鱼类利用。水生维管束植物分为挺水植物，主要有莲藕、芦苇、蒲草、慈姑、荆三穗等；浮叶植物，主要有睡莲、荇菜等；漂浮植物，主要有紫背浮萍、水浮莲、水花生、凤眼莲等；沉水植物，主要有马来眼子菜、轮叶黑藻、聚草、金鱼藻、轮生藻、苦草等。

浮游动物　主要有轮虫、枝角类和挠足类。大多数浮游动物可作为鱼类饵料，其中轮虫是鱼苗孵化后开口最佳天然饵料。

第二节 苗种培育

一、鱼苗培育

1989年前，境内无鱼苗生产单位。1989年12月，位于桑梓店镇东南的齐河县淡水养殖试验场划归历城区，更名为历城区淡水养殖试验场。该试验场是从事水产苗种、引进、繁育、推广的国营事业单位渔场，总面积27.13公顷，养殖水面13.33公顷。1990年，渔场共孵化草鱼、花鲢、鳙鱼、鲤鱼等苗种4200万尾。1993年，增建鱼类产卵、孵化设施1套，鱼苗孵化生产能力扩大一倍。1994年后，鱼苗年产量基本稳定在8500万尾。所孵化鱼苗除供应当地渔业养殖外，还远销到河北、天津等地。1995年，建设5600平方米甲鱼养殖繁育场1个，年产稚甲鱼种9000只。2003年，由于市场原因，人工孵化稚甲鱼产量锐减。2005年后，人工孵化稚甲鱼基本停产。

二、鱼种培育

池塘育种　池塘育种是历城区鱼种培育的主要方式，主要分布于北部平原及沿黄河乡镇。1986年，全县池塘育种面积10.33公顷，产量190万尾，其中大规格鱼种占57.8%。1991年后，大面积推广大规格鱼种高产培育技术，通过合理密养、混合施肥、增加精青饲料投喂量等措施，提高1龄鱼种出塘规格及单产。1995年，全区池塘育种面积35公顷，产量500万尾，其中大规格鱼种占71%。1998年，随着颗粒饲料的推广应用及池塘水体增氧机等渔业生产设施的配套，鱼种生产有了较大发展。至2007年，全区池塘育种面积达53公顷，产量1050万尾，大规格鱼种占82.6%以上。

成鱼池套养　1991年，唐王渔场、历城

区淡水养殖试验场开始成鱼池套养育种生产。1995年，全区鱼种套养面积20公顷，占成鱼池的5%，年产鱼种30万尾。2000年，全区鱼种套养面积30公顷，占成鱼池的7.5%，年产鱼种45万尾。至2007年，全区鱼种套养面积50公顷，占成鱼池的12.5%，年产鱼种100万尾。

第三节　渔业生产

一、池塘养殖

池塘养殖是境内主要渔业生产方式。1986年，全县池塘成鱼养殖面积123公顷，产量210吨。养殖户普遍采用以白鲢养殖为主，适当搭配草、鲤、鲫鱼的粗养模式。1987—1989年，唐王镇渔场获得联合国粮食计划署2814项目援助，对场内原有40公顷养鱼池进行改建，在刘家村，老僧口南村、大徐村新开发建设标准鱼池60公顷，建成历城区北部商品鱼生产基地，总面积达100公顷。1989年，区水产站与唐王渔场协作，开展池塘精养高产技术应用，推广面积93.33公顷，投放草鱼为主，利用台田种草、苏丹草等作物，辅以化肥肥水，精料投喂，年底产鱼347.2吨。1990年，全区池塘成鱼养殖面积513.33公顷，产鱼1089吨。1992年后，推广实施“池塘模式化增长技术”及“池塘精养高产技术”，养鱼总产、单产稳步提高。1998年起，逐步推广颗粒饲料喂鱼，配备鱼池增氧机等设备，精养高产池塘面积333.33公顷。进入21世纪，由于城市规划建设逐步向近郊扩展以及沿黄乡镇利用黄河水资源的减少，北部部分乡镇池塘养殖面积减少，华山镇减少近80%。2003年后，成鱼养殖由追求数量型向效益型、生态型转变。至2007年，全区池塘成鱼养殖面积420公顷，产量3400吨，占全区养殖总产量的80.95%。

图10-4　唐王渔场（2003年摄）

二、水库养殖

主要分布在南部山区。养殖方式为“人放天养”，养殖品种有白鲢、鳙鱼、草鱼等。1986年，全县水库养殖面积433.33公顷，产量75吨，平均单产173.08公斤/公顷。1988年，卧虎山、锦绣川水库等先后设置机械化投饵，网箱养殖鲤鱼，网箱养殖总面积2000平方米，产鱼78吨，单产39公斤/平方米。1989年，锦绣川、卧虎山水库先后向市区水厂供水，减少了鱼种投放量，水库总产和单产随之降低，同时取消网箱养殖。1995年，卧虎山水库从江苏东海县引进大银鱼卵20万粒，投放水库养殖成功。同年，狼猫山水库放置300平方米网箱，养殖罗非鱼，产鱼20吨，单产66.66公斤/平方米。1996年，狼猫山水库引进大银鱼养殖，年采集大银鱼卵3000万粒，产大银鱼2吨。1998年，狼猫山水库引进池沼公鱼养殖，年采集池沼公鱼卵3100万粒，产量7.4吨。1999年后，锦绣川水库和柳埠、西营等乡镇的小型水库，先后投放大银鱼卵。至2007年，卧虎山、锦绣川等水库均形成大银鱼种群；水库网箱养鱼仅有600平方米，产鱼60吨，单产为100公斤/平方米。

三、渔场养殖

历城区黄台渔场　位于工业北路中段，始建于1979年。1987年，划入历城区。该渔场有流水鱼池81个，面积2700平方米。渔场利用黄台发电厂冷却水进行流水养殖，养殖品种主要有罗非鱼、淡水白鲳等，年产成鱼100吨左右，被誉为“泉城活鱼库”。1995年，建设270平方米双层结构温室，进行工厂化养殖中华鳖。1998年8月，因工业北路拓宽，征用渔场面积2200平方米，报废鱼池14个。2001年6月，渔场因黄台发电厂停供流水，终止养殖。

济南市涌泉虹鳟渔场　位于王舍人镇杨北村，始建于1986年，流水养殖面积1140平方米，利用地下冷流水（常年水温18℃左右）从事冷水鱼类工厂化流水养殖的研究和开发。1987年，涌泉虹鳟渔场划入历城区，先后承担省科委《冷流水纯氧供氧高产养殖虹鳟鱼亩产6万公斤》科研项目、省水产局《亩产3万公斤虹鳟鱼》推广项目。1995年，引进名优品种史氏鲟。1996年，承担《泰山赤鳞鱼异地人工繁殖》科技攻关课题，引进泰山赤鳞鱼试养并获得成功。2002年，与中国水产科学院黑龙江水产科研所合作承担《史氏鲟幼鱼人工驯化》科技攻关项目，人工繁育史氏鲟鱼首获成功，年均产量20吨。2003年，引进养殖大鲵（娃娃鱼）。2004年后，养殖规模逐渐缩小。

历城区遥墙镇鸭旺口罗非鱼越冬保种场　位于遥墙镇鸭旺口村，始建于1987年10月，有流水鱼池8个，面积1454平方米。渔场利用地热水（400立方米/日）进行罗非鱼越冬保种，年保种量5吨。1995年，因地热井损坏，终止养殖。

济南钢铁厂养殖场　位于济南钢铁厂内。1987年，养殖场划入历城区。渔场流水养殖面积1000平方米，利用工业余热水养殖。养殖品种主要有罗非鱼、淡水白鲳，年均产量50吨。

黄台发电厂渔场　位于黄台发电厂院内，始建于1990年，流水养殖面积1867平方米，利用电厂冷却水养殖。渔场养殖品种为罗非鱼、淡水白鲳等，年均产量70吨。2001年6月，渔场因黄台发电厂停供流水，终止养殖。

小辛庄渔场　位于工业北路中段，始建于1990年。渔场利用黄台发电厂冷却水养殖，养殖面积1334平方米，养殖品种为罗非鱼、淡水白鲳等，年均产量60吨。2001年6月，渔场因黄台发电厂停供流水，终止养殖。

1986—2007年历城区渔业生产情况表

表10-2

年份（年）	养殖面积（公顷）	产量（吨）	年份（年）	养殖面积（公顷）	产量（吨）
1986	567	286	1997	1166	3940
1987	720	580	1998	1166	4500
1988	747	810	1999	1133	4900
1989	500	1248	2000	980	3918
1990	707	1153	2001	986	3970
1991	733	1442	2002	986	4019
1992	933	1634	2003	1026	4110
1993	933	1928	2004	1040	4160
1994	933	2332	2005	1040	4160
1995	1000	2740	2006	1059	4200
1996	1040	3760	2007	1059	4200

第四节　鱼病防治

一、水产病害

1990年前，水质基本无污染，养殖鱼类发病较少。1990年后，随着工业经济的发展，水质出现不同程度的污染，逐步出现草鱼肠炎病、烂鳃病、赤皮病、鲤鱼竖鳞病、水霉病、打印病、鱼虱、锚头蚤、车轮虫病等。20世纪末，部分养殖水体水质恶化，病毒性疾病（如草鱼出血病、溶血性腹水病等）呈上升趋势，给渔业生产造成较大损失。

二、鱼用药物

1986年，境内池塘养殖开始使用鱼用药物防治、治疗鱼病。最初用漂白粉、生石灰、氯霉素、孔雀石绿等进行水体杀菌，治疗肠炎病、烂鳃病、赤皮病、打印病等细菌性疾病；用敌百虫、敌敌畏、硫酸铜、硫酸亚铁等杀灭鱼体寄生虫病。随着鱼用药物的发展，逐渐使用鱼康、鱼服康、二氧化氯、二溴海因、光合细菌、底质改良剂等药效更高、残毒更小的药物。2000年后，水产品质量安全、无公害水产品日益受到重视，氯霉素、红霉素、孔雀石绿、硝酸亚汞、磺胺噻唑、呋喃唑酮等药物被禁用。

第五节 技术推广

一、池塘高产精养技术

1986年，北部平原及沿黄河乡镇推广大面积成鱼养殖高产技术，推广面积66公顷，平均单产由900公斤/公顷提高到1125公斤/公顷。1987—1988年，唐王渔场推广水产养殖成鱼高产技术，推广面积33公顷，单产由2625公斤/公顷提高到3750公斤/公顷。1993年，推广池塘模式化增产技术及池塘精养高产技术。1995年，区水产站《淡水养鱼大面积高产技术开发》项目获山东省科技进步三等奖。1998年，推广全价颗粒饲料投喂，池塘配备增氧机、自动投饵机，健全池塘配套设施，单产水平逐年提高。2007年，全区平均单产7600公斤/公顷，最高单产达45000公斤/公顷。

二、名优水产品养殖技术

1990年后，通过实施“名特优水产、畜禽产品生产基地综合开发”项目，加快新品种引进步伐，对名优新品种进行试养、养殖、繁育、推广，品种有中华鳖、红螯螯虾、俄罗斯鲟、牛蛙、日本锦鲤、河蟹等。1996年后，引进美国大口胭脂鱼、史氏鲟、澳洲尖塘鲤、泰山赤鳞鱼、黄颡、彩虹鲷等名优品种。2007年，全区名优

图10-5 唐王镇锦鲤养殖（2007年摄）

水产品养殖面积373公顷，占池塘养殖总面积的73.72%。

三、生态渔业生产模式

1990年，全区推广“上粮下渔”“上林下渔”“上畜下渔”“鱼鸭混养”等生态渔业生产模式，使渔、农、林、畜有机结合。1995年，实施“哈白兔”及名特优水产、畜禽产品生产基地综合开发项目，使水产业与畜牧业有机结合，实现共生互补，获得水产品与畜牧产品双丰收，获省星火计划三等奖。1998年，实施鱼、鳖、禽、蛋规模开发与深加工项目，对水产品、畜牧产品的养殖及深加工进行综合开发，研制出淡水鱼丸、鱼肉香肠等深加工食品。2007年，全区生态渔业面积400公顷。

四、休闲渔业生产经营模式

1990年后，以垂钓为主，集休闲、餐饮、娱乐于一体的休闲渔业发展迅速。全区推广休闲渔业生产经营模式，促进渔业与旅游业、餐饮业的有机结合，增加渔业收入与发展后劲。2007年，全区休闲渔业户数70余家，面积130公顷。

五、健康养殖技术推广

2002年，推广渔业标准化生产技术，对渔业生产过程中的环境、水质标准及苗种、渔药、饲料等投入品进行规范，促进水产品健康养殖模式的发展。2006年，唐王渔场因养殖规模较大，且池塘成方连片，配套设施齐全，管理组织健全，技术措施先进，被省海洋与渔业厅列为标准化渔

业生产基地。2007年，实施以健康养殖为主的省级渔业科技入户工程项目，组织技术指导员，推广淡水池塘健康无公害养殖技术及标准。

第六节　渔政管理

1986年，历城县渔政管理机构为县水产站，负责渔业日常事务管理。1990年起，每年3月，县水产站采取多种形式宣传《中华人民共和国渔业法》《山东省内陆渔业管理条例》《济南市淡水渔业管理办法》等法律法规。配合公安部门查处违法炸鱼、毒鱼案件等渔业违法活动。配合环保部门，查处工业和生活污染引起的死鱼事故，维护养殖户利益。2005年起，全区实行“淡水渔业养殖许可证”制度，规范业户经营和利用水生野生动物行为。水产站采取定期检查和不定期抽查方式，依法对境内经营和利用水生野生动物的单位和个人进行监督检查，重点检查酒店、宾馆、超市、公园等场所。

第十一编
水　利

小清河前进桥至还乡店河段（2011年摄）

1986年后，历城区以构筑“水资源供给、防洪减灾、水环境保护、高效节水、现代水利管理”五大体系为总抓手，全面提升水利为经济社会发展服务的综合能力。坚持实施河道涝洼治理、大中型水库扩（增）容、小型水库安全达标工程，兴修农田水利基本建设工程，实施节水灌溉技术项目，为农业生产服务；以人畜用水安全为重点，开展农村人畜饮水解困和“户户通”自来水建设，基本解决区内人畜用水问题；以保护生态环境为目标，实施小流域综合治理、水土保持等项目建设；落实黄河防指精神，开展黄河防汛工程建设，防汛防凌、调水调沙，在保证区内河段安全情况下，积极对外进行防汛支援。2007年，主要水利工程设施有大型水库1座，中型水库2座，小型水库32座，塘坝230座，引黄闸1座，机电井7174眼（配套机电井6066眼），装机总功率5.94万千瓦，节水灌溉面积11590公顷。

第一章　河道治理

第一节　小清河治理

小清河历城段自前进桥至章丘界，全长33.8公里。1996年11月26日，区委、区政府召开小清河干流治理工程动员大会。干流（历城段）设计防洪标准为砌石河段50年一遇，土方河段20年一遇，沿河农田排涝标准5年一遇。其中，上游砌石护岸河段长4.9公里，下游土方河段长28.9公里。动用土方756.34万立方米，浆砌石16.09万立方米；清运拆迁房屋垃圾52万立方米；永久性占地面积465.7公顷；新、改建建筑物218座。工程于1997年汛前完成，总投资3.8亿元，总工日144.3万个。2007年11月，济南市再次实施小清河综合治理工程。西起槐荫区睦里庄闸，东至历城区巨野河入口，长约46公里。横向治理范围按规划六线控制，总占地面积约12平方公里。工程包括防洪除涝、城市排水、截污治污、道路桥梁、管线复建、河道补水、景观营造及两岸城市开发建设等，征用、收储土地面积约404.5公顷。2007年12月29日，历城区小清河整治工程拆迁动员大会在华山镇政府召开，成立小清河综合治理工程建设指挥部，小清河综合整治工程历城段正式开始。建设内容包括：河道由30米拓宽至70米～100米，防洪标准由20年一遇提高到100年一遇；南岸建设滨河观光路，北岸建设双向六车道清河北路；新建污水管网、污水倒虹、排水沟渠截污井，全部封堵污水直排口；新建电力、自来水等9种管线；对小清河沿线进行高标准绿化，新建绿地面积200余公顷，形成开放式滨河公园；对小清河周边区域实施开发，建设环境优美、交通便捷、产业聚集、功能完善、特色鲜明、优势突出的滨河新区。一期工程历城段西起华山镇前进桥下游400米，东至济青高速孟家立交桥，总长7.5公里，共7个施工标段，涉及全福街道办事处、华山镇（9个村）及王舍人镇（4个村）。

第二节　“三川”河道治理

1998年11月—1999年6月，实施锦阳川河道治理工程。工程位于仲宫及柳埠镇，是济南野生动物世界配套工程，集防洪、灌溉、补源、交通、绿化、旅游治理于一体。自柳埠镇柳中大桥至仲宫镇并渡口桥，全长10公里，主要实施河道防护、河道清淤筑路、拦河灌溉等工程，总投资2973万元，动用土石方115万立方米。河道防护工程为修建高标准浆砌石护岸，总长16公里，砌石总量10万立方米。护岸型式有3种，分别为重力式挡土墙，长度230米；仰斜式挡土墙，长度12270米；护坡式护岸，长度3500米。共清淤80万立方米，河道平均挖深1.5米，填筑高标准二级公路路基13.8公里。沿河建浆砌石截流拦河坝28座，形成自流灌溉面积200公顷，高效益节水灌溉面积800公顷。河道防洪标准由原来的不足5年一遇，提高到左岸10年一遇，右岸20年一遇。

2001年5月—6月，实施锦绣川河道上、下游河段和锦阳川河道下游河段治理工程。锦阳川河道并渡口桥以下，设计防洪标准右岸20年一遇，左岸10年一遇，最小设计宽度为80米；锦绣川河道仲宫段，以原有河道为基础进行治理，设计防洪标准10年一遇，宽度为60米；锦绣川西营镇河段，设计宽度为30米～50米。工程投工8.8万个，投资560万元。完成河岸护砌9公里，新建拦河坝3道（锦阳川），疏通、拓宽河道4.6公里。挖运土石方15万立方米，水泥砂浆砌石3.5万立方米，浇注混凝土600立方米。

2002年2月—10月，柳埠镇建设柳埠人工湖橡胶坝工程。工程位于柳埠村南锦阳川河道内，占地面积4.7公顷，其中人工湖水面4.1公顷，设计蓄水量8.5万立方米。拦河坝为橡胶袋—砌石混合坝，坝体长60米，高3米，其中橡胶坝坝袋高为1.5米。

图11-1　柳埠镇人工湖（2007年摄）

2005年汛期前，实施“锦阳川沿岸亲水风景区综合治理工程”，总投资1236万元。新建4座交通桥、1座生产桥、3座橡胶坝、11座拦河坝，维修24座拦河坝，铺设左岸旅游路；建设日处理能力120立方米的污水处理厂1个，河道左岸铺设污水管道；建成沿河绿化带3.8公里，面积2000平方米生态停车场2个。

第二章　蓄供水工程

第一节　蓄水工程

1986年，全县有大、中、小型水库37座，总库容18851.1万立方米。其中大型水库1座，库容11640万立方米；中型水库2座，库容5203万立方米；小（一）型水库4座，库容842.7万立方米；小（二）型水库30座，库容1165.4万立方米。共有塘坝79座，总面积40.78公顷。2007年，境内有大、中、小型水库35座，总库容19261.7万立方米。其中大型水库1座（市管），库容11640万立方米；中型水库2座，库容5658万立方米；小（一）型水库5座，库容1059.5万立方米；小（二）型水库27座，库容904.2万立方米；容积1万立方米以上的塘坝230座。

一、大型水库

卧虎山水库　位于仲宫镇，是济南市唯一大型水库，始建于1958年。2002年5月8日，实施扩库增容工程，当年7月31日完成主体工程，9月底全面竣工，总投资5500万元。在南、北、东三面挖库、筑堤，修筑围堤5220米，增容2500万立方米，永久性占地36.5公顷，临时性占地92.5公顷，新建营而交通桥。为满足库区群众复耕要求，抬高整修围堰外土地93.3公顷，设置田间排水系统。共动用土石方607万立方米，砌石3.5万立方米，浇筑混凝土1546立方米。竣工后，兴利库容由3700万立方米增加到6200万立方米。2005年11月25日，划归济南市水利局。

二、中型水库

锦绣川水库 位于仲宫镇，始建于20世纪60年代。2000年，实施加固增容工程。同年3月8日

图11-2 锦绣川水库大坝（2001年摄）

开工建设，9月30日竣工，投资2110万元，移民6户24人，增容700万立方米，总库容达到4100万立方米。加固后，坝体长378米，最大坝高47.38米，坝顶高程254.18米，坝后边坡1：0.7，坝顶宽6米。溢流坝段位于原位置，溢流堰堰顶抬高0.5米，高程为248.5米。10个溢流桥孔增建3米×10.78米的液压启闭控制平面钢闸门。防洪能力达到百年一遇防洪标准，千年一遇校核标准。

狼猫山水库 位于彩石镇，属于小清河水系巨野河上游，1959年11月兴建。大坝坝顶高程192.5米，最大坝高32.5米，坝顶宽7.5米；副坝坝顶高程为190.5米，最大坝高为6米。总库容1558万立方米，兴利库容1253万立方米，兴利水位187.0米。大坝为均质土坝（坝后坡面为河卵石贴坡），总长585米，其中主坝530米、副坝55米，迎水坡平均为1：2.89，背水坡平均为1：2.77。溢洪道进口宽48米，设泄洪闸4孔，均安装10×3.5米平面钢闸门，采用油压启闭方式。水库设计防洪标准五十年一遇，校核防洪标准千年一遇，最高水位189.65米。2001年2月，被市政府批准为城市地表饮用水水源地，一级保护区面积为13.99平方公里。

三、小型水库与塘坝

小（一）型水库 2007年，境内有小（一）型水库5座。其中，玉符河水系4座（黄巢水库、八大岭水库、白炭窑水库、桃科水库），小清河水系1座（燕棚水库）。

小（二）型水库 2007年，境内有小（二）型水库27座，其中，玉符河水系19座（锦阳川域内8座，锦绣川域内9座，锦云川域内1座，泉泸河域内1座），小清河水系8座（石河1座，刘公河2座，巨野河5座）。合计总库容904.2万立方米，兴利库容686万立方米。

塘坝工程 2007年，境内建有容积1万立方米以上的塘坝230座。

图11-3 八大岭水库（2005年摄）

2007年历城区水库情况表

表11-1

类型	水库名称	所在水系或支流名称	所在地区	流域面积（平方公里）	防洪标准（x年一遇）	总库容（万立方米）	兴利库容（万立方米）
大型	卧虎山水库	玉符河	仲宫镇	557	1000	11640	6200
中型	锦绣川水库	锦绣川	仲宫镇	166	100	4100	3700
	狼猫山水库	巨野河	彩石镇	82	50	1558	1253
小（一）型	黄巢	锦阳川	柳埠镇	15	30	485	350
	桃科	锦阳川	柳埠镇	5	50	113	98
	白炭窑	锦绣川	西营镇	7	20	117	85
	燕棚	石河	港沟镇	9	30	104	78
	八大岭	锦云川	仲宫镇	26	30	241	128
小（二）型	榆科	锦阳川	柳埠镇	1	20	12	9
	川道	锦阳川	柳埠镇	2	20	10	7
	园子台	锦阳川	柳埠镇	2	20	15	12
	柏树崖1号	锦阳川	柳埠镇	6	20	14	13
	柏树崖2号	锦阳川	柳埠镇	5	20	20	19
	亓城	锦阳川	柳埠镇	12	20	27	23
	龙门	锦阳川	柳埠镇	4	20	34	21
	吴家沟	锦阳川	柳埠镇	1	20	11	7
	大会	锦绣川	柳埠镇	6	20	15	29
	大南沟	锦绣川	柳埠镇	1	20	11	10
	下罗伽	锦绣川	西营镇	3	20	33	29
	藕池	锦绣川	西营镇	2	20	13	12
	枣林	锦绣川	西营镇	15	20	72	50
	葫芦峪	锦绣川	西营镇	5	20	21	12
	积米峪	锦绣川	西营镇	5	20	27	19
	下降甘	锦绣川	西营镇	1	20	86	45
	龙湾	锦绣川	西营镇	10	20	26	15
	出泉沟	锦云川	仲宫镇	11	20	48	39
	泉泸	泉泸河	仲宫镇	25	20	49	45
	徐家场	巨野河	彩石镇	7	20	15	13
	潘河崖	巨野河	彩石镇	22	20	54	50
	宅科	巨野河	彩石镇	23	20	25	14
	神武	刘公河	港沟镇	22	20	37	31
	港沟	石河	港沟镇	35	20	39	9
	蟠龙	刘公河	港沟镇	12	20	71	50
	庄科	巨野河	孙村镇	100	20	38	27
	徐马	巨野河	孙村镇	24	20	82	76

第二节 供水工程

一、保泉供水工程

为保证市区泉群常年喷涌，1986年3月5日，市委、市政府研究决定建设卧虎山水库向市区供水工程，工程于12月5日启动，1988年10月1日竣工通水，设计日供水能力9.5万立方米，年供水能力3000万立方米。工程总投资600万元，其中市财政拨款200万元。1987年起，锦绣川水库向市自来水公司南郊水厂供水，每年供水时间为3个月，年均供水900万立方米。2000年起，锦绣川水库独立担负起向市自来水公司分水岭水厂全年供水任务，年均供水1700万立方米。2001年2月，狼猫山水库被市政府批准为城市地表饮用水水源地，开始向市区供水。2002年2月，卧虎山水库，停止向市区供水。

二、南部山区农村饮水工程

2000年前，受资金制约，解决农村饮水工作进展较慢，除少数村庄有零星的打井、挖井、截潜流、自建供水设施外，大部分村庄依然靠天吃水。2000年，建设积米峪水库集中供水、拔槊泉集中供水工程，解决西营、彩石等乡镇人畜饮水问题。2002年上半年，港沟、西营、孙村镇及高而乡39个行政村（47个自然村）建成“户户通”自来水。工程总投资589.2万元，区以上投资占40%。2002年下半年，仲宫、柳埠、西营、彩石镇及锦绣川、高而乡100个村解决人畜饮水问题，其中，39个村用上自来水。工程总投资635.9万元，区以上投资占40%。2003年，锦绣川、彩石2个乡镇实施“自来水村村通”工程。工程总投资287.2万元，其中，区以上投资120万元。2004年，建成柳埠、仲宫、高而3个乡镇110个村庄“户户通”自来水工程，完成其他5个乡镇90个村庄“户户通”扫尾工程，工程总投资1300万元。至2007年，南部山区人畜饮水解困及“自来水户户通”工程累计投资4300万元，其中，市以上专项资金700万元，区政府投入专项资金1200万元，受益乡镇和群众自筹资金2400万元。

2000—2007年历城区南部山区人畜饮水工程情况表

表11-2

乡镇	实施年份（年）	村庄（个）	户数（户）	人口（人）	完成情况
西营镇	2000	6	1520	5180	新打深井11眼，浅井6眼，新开挖大口井、地下截流45处，新建水池47座(容积2900立方米)，架设钢管4300米，铺设各类塑料管370公里
	2001	9	2277	7792	
	2002	12	2970	10295	
锦绣川乡	2002	7	1227	4216	新打深井13眼，浅井11眼，新开挖大口井、地下截流27处，新建水池34座(容积3100立方米)，架设钢管5700米，铺设各类塑料管290公里
	2003	18	3125	10145	
仲宫镇	2002	15	4113	14245	新打深井22眼，浅井13眼，新开挖大口井、地下截流31处，新建水池74座(容积8900立方米)，架设钢管16公里，铺设各类塑料管610公里
	2004	28	7597	25191	
港沟镇	2002	22	8571	29490	新打深井18眼，浅井4眼，新开挖大口井、地下截流8处，新建水池33座(容积3100立方米)，架设钢管14公里，铺设各类塑料管450公里
高而乡	2002	13	3210	10953	新打深井9眼，浅井717眼，新开挖大口井、地下截流12处，新建水池36座(容积3100立方米)，架设钢管4300米，铺设各类塑料管260公里
	2004	5	1205	4019	

续表11-2-1

乡镇	实施年份（年）	村庄（个）	户数（户）	人口（人）	完成情况
孙村镇	2002	27	7323	25155	新打深井10眼，浅井8眼，新建水池35座(容积3900立方米)，架设钢管11公里，铺设各类塑料管440公里
彩石镇	2002	11	2720	9533	新打深井17眼，浅井14眼，新开挖大口井、地下截流19处，新建水池59座(容积4400立方米)，架设钢管9700米，铺设各类塑料管440公里
	2003	20	4749	16832	
柳埠镇	2002	11	2187	7719	新打深井23眼，浅井27眼，新开挖大口井、地下截流55处，新建水池162座(容积1.2万立方米)，架设钢管190米，铺设各类塑料管640公里
	2004	41	8062	28190	

三、平原地区集中供水工程

2004年，郭店镇实施“山头群井”供水工程，解决曹家馆、耿家庄、王官庄、山头村、山前庄、十里堡、东风新村、东方家村、田家庄等9个村和1所学校饮用水问题，工程投资230万元。2005年至2006年6月，实施平原5镇集中供水工程，以王舍人镇滩头水厂为水源地，向王舍人、华山、遥墙、董家、唐王镇加压站供水，各镇加压站二次加压供水到村入户。工程总投资12160万元，基本实现“农村供水城市化、城乡供水一体化”目标。

图11-4　董家镇集中供水加压站（2007年摄）

2004—2006年历城区平原地区集中供水工程情况表

表11-3

镇	实施年份（年）	村庄（个）	户数（户）	人口（人）	完成情况
郭店镇	2004	9	2571	8975	维修深井并配套1眼，新建水池1座、容积500立方米，架设钢管1200米，铺设各类塑料管530公里
王舍人镇	2005	7	2982	9949	新打深井并配套2眼，维修、配套机井3眼，建水厂1处，自动化管理系统5套，埋设通向加压站DN300-400球墨铸铁主管35公里，建设加压站4座，铺设加压站到村头DN90-400PE塑料主管约280公里，村内管网PE管DN20-160约810公里
华山镇	2005	45	13417	45891	
遥墙镇	2005	29	6849	23787	
董家镇	2005	37	8755	30413	
唐王镇	2005	33	11711	39716	
小计		160	46330	158731	

第三节　水资源管理

1986年11月3日，县政府发布《关于加强水利工程设施和水利渔业资源保护的布告》。1989年起，区水利局依法对区属以下企事业单位征收水资源费。1990年10月，历城区作为全省第三批水利执法试点单位，组建由59人组成的水政监察队伍，开展水利执法试点工作。先后制定下发《历城区水资源管理暂行规定》《历城区水资源费征收管理使用办法》《历城区取水许可制度实施办法》和《历城区水库水费计收管理办法》4个规范性文件。1991年，区水利局成立水政监察所，开始对区属企业征收水资源费。1993年下半年起，对乡镇企业及部分村办个体企业征收水资源费。驻区单位均实现装表计量，计划取水，按用量缴费。水费征收严格执行票款分离制度。1989—2003年，年征收水资源费30万元～1400万元不等，2004—2007年，年征收230万元～260万元不等。1998年，成立水政监察大队，工作重点主要包括汛前执法检查、打击近堤取土、开展水法宣传、加强河道巡查、治理乱搭乱建、河道清障等，违法事件逐年下降。

1994—2007年历城区取水许可证审批情况表

表11-4

年份（年）	审批取水许可证（件）	年份（年）	审批取水许可证（件）
1994	91	2001	20
1995	61	2002	28
1996	56	2003	33
1997	19	2004	9
1998	30	2005	18
1999	42	2006	17
2000	69	2007	17

1991—2007年历城区查处水事违法案件情况表

表11-5

年份（年）	查处违法案件（起）	年份（年）	查处违法案件（起）
1991	62	2000	21
1992	37	2001	27
1993	127	2002	17
1994	51	2003	49
1995	28	2004	45
1996	26	2005	48
1997	6	2006	32
1998	9	2007	6
1999	7		

第三章　农田灌溉

第一节　机井及水库灌溉

一、井灌

1986年，全县有机井3864眼，总灌溉农田面积34.95公顷。每年各乡镇均对旧机井进行维修，安排计划新打适量机井。在干旱严重年份，为保证农田灌溉，投入大量资金新打机井。2001年，全区干旱严重，区委、区政府安排专项资金，新打机井180眼。2007年，有机井7174眼，年计划供水能力9000万立方米，实际供水能力4200万立方米，灌溉农田14670公顷，其中节水灌溉占69.05%。

二、水库塘坝灌溉

1986年，全区有水库塘坝固定机电排灌站388个，装机总量610台。1988—1990年，投资831万元，翻修新建各类水泥浆砌石防渗渠93.9公里、水泥预制板防渗渠道34.6公里、各类排水沟11公里，修建桥涵闸637座，新建蓄水池5个，铺设地下输水管道168.5公里。1991年9月起，开展以“四线三片”为主的山水林田路综合治理。“四线三片”，即济王(港沟、彩石、孙村)、济微(党家庄)、济新(十六里河、仲宫、柳埠)、308国道(大王、桑梓店)4线沿途和黄河以北中低产田开发、南部山区小流域治理及中部平原黄淮海项目开发，完成工程项目2000余个。对卧虎山、锦绣川、狼猫山3座大中型水库灌区，进行干支渠和配套建筑物新扩建和维修；引黄灌区以除涝治碱为目标进行灌排综合治理；大王乡建成万亩稻改区；华山、遥墙两镇建成万亩荷花园；唐王镇完成WFP-中国项目2814白云湖治理工程。至1995年，塘坝达到216座，库容698万立方米；固定机电排灌站达到488个。1996年后，全区加大农田水利投资力度，促进传统水利向现代水利转变，加快发展节水灌溉，扩大改善农田灌溉条件。2001年2月，狼猫山水库向市区水厂供水，用于农田灌溉的水量相应减少，灌溉面积出现萎缩。2005年，利用土地整理项目对汇流干渠进行管道化改造，灌溉面积134公顷。至2007年，全区主要水库塘坝工程设施有大、中、型水库37座，容积1万立方米以上的塘坝230座，固定机电排灌站525个，装机总量807台，实际灌溉面积2.09万公顷。

1986—2007年历城区机电排灌及机电井情况表

表11-6

年份（年）	固定机电排灌站			机电井	配套装机		
	数量（个）	装机		数量（眼）	数量（眼）	装机	
		台	千瓦			台	千瓦
1986	388	610	17880	3864	3537	4267	38570
1987	435	716	21800	4902	4436	5280	45230
1988	437	718	21900	4952	4456	5305	45300
1989	449	735	22090	6226	5220	6080	50660
1990	466	740	21400	6441	5438	6503	52460

续表11-6-1

年份（年）	固定机电排灌站			机电井	配套装机		
	数量（个）	装机		数量（眼）	数量（眼）	装机	
		台	千瓦			台	千瓦
1991	466	740	21400	6441	5438	6503	52460
1992	470	744	21520	6601	5558	6620	52600
1993	483	763	21900	6739	5687	6761	54770
1994	486	766	21970	6839	5733	6827	55410
1995	488	767	21880	6915	5849	6947	57210
1996	493	773	21940	6985	5942	7040	58860
1997	494	776	22010	7345	6851	7325	60620
1998	497	780	22150	7352	6126	7594	61940
1999	498	781	22180	7500	6257	7755	64930
2000	480	760	20740	6779	5677	7175	57510
2001	481	761	20760	6933	5772	7270	57860
2002	481	761	20760	6933	5772	7270	57860
2003	485	768	20790	6972	5880	7185	57570
2004	500	782	20910	6990	5900	7210	57610
2005	517	800	21030	7020	5931	7243	57770
2006	521	804	21210	7108	6014	7365	58270
2007	525	807	21400	7174	6066	7370	59360

1986—2007年历城区水库塘坝灌溉面积情况表

表11-7　　　　单位：万公顷

年份（年）	设计灌溉面积	有效灌溉面积	实际灌溉面积	年份（年）	设计灌溉面积	有效灌溉面积	实际灌溉面积
1986	3.52	3.50	2.97	1997	3.72	3.48	3.00
1987	4.43	4.21	3.80	1998	3.67	3.45	3.02
1988	4.42	4.22	3.80	1999	3.68	3.45	3.10
1989	4.43	4.29	4.06	2000	2.77	2.57	2.36
1990	3.38	3.25	2.81	2001	2.69	2.57	2.34
1991	3.39	3.25	2.81	2002	2.77	2.57	2.34
1992	3.42	3.27	2.86	2003	2.66	2.47	2.20
1993	3.48	3.30	2.92	2004	2.67	2.47	2.23
1994	3.50	3.32	2.96	2005	2.68	2.47	2.26
1995	3.59	3.38	2.81	2006	2.68	2.47	2.07
1996	3.69	3.44	3.05	2007	2.69	2.49	2.09

第二节 引河灌溉

1986—1988年，境内个别邻近河道的村庄，临时安装水泵抽水灌溉农田，规模小，分布零散。1989年12月，大王庙引黄虹吸工程由齐河县划归历城区。该工程建于1981年，共有8条虹吸管道，设计引水流量4立方米/秒，灌溉面积2670公顷。工程年久失修，仅能启用3条虹吸管道。1994年11月，经水利部黄河水利委员会批准，拆除原虹吸工程改为引黄闸。闸中心轴线位于左(北)岸临河堤131+680米处，设计引水流量15立方米/秒，相应水位28.05米，闸底高程25.2米，控制灌溉面积2万公顷。1995年3月1日开工，同年10月20日竣工，总投资530万元。1999年12月，大王庙引黄灌区划归天桥区。

1994年，柳埠镇利用河道截流发展灌溉面积70公顷。1995年，遥墙镇河套办事处建成小清河引河灌溉工程，设计提水流量0.7立方米/秒，装机功率75千瓦，设计灌溉面积330公顷。1996年，遥墙镇遥墙办事处建成小清河引河灌溉工程，设计提水流量2立方米/秒，装机功率260千瓦，设计灌溉面积1300公顷。

1997年12月，经水利部黄河水利委员会批准，拆除霍家溜原虹吸工程改为引黄闸。霍家溜引黄闸位于黄河大堤右岸，桩号为49+300米处。设计引水流量15立方米/秒，引水位24.42米，使用年限30年。闸涵洞全长89.26米，分9节，闸首段长11.5米，其余8节均为9.7米，为一联两孔箱式涵洞，每孔净宽2.6米，净高2.8米，涵洞上部大堤本期工程回填至35.53米高程，堤顶宽9米，临河坡修有浆砌石护面，以1：2的边坡在30.82米高程与胸墙后的干砌石平台相接，背河以1：3边坡与后戗相接于34.13米高程，后戗宽33.89米，再以1：5边坡与涵洞出口处的洞顶挡土墙交于28.92米高程。工程于1998年2月28日开工，同年10月竣工，总投资650万元。

图11-5 陈孟圈引黄灌区霍家溜引黄闸（1999年摄）

1999年2月，实施陈孟圈引黄灌区工程。灌区包括华山、遥墙、唐王、董家、王舍人、郭店6个镇，222个行政村，灌溉面积2.05万公顷。主要配套工程：渠道为输沙区230米、沉沙区1万米，干渠1940米、分干渠23.8公里、支渠13.93公里；建设公路桥6座、分水闸201座、生产桥30座、进水闸5座、出水闸2座、提水站3座、节制闸7座、涵闸14座、渡槽1座、泄水闸2座、压水桥4座、排水涵洞1座、测桥3座、量水槽156处；设备安装189套。2001年10月完成，总投资2330万元。2002年1月，通过省水利厅、省计委验收。

1999—2007年陈孟圈引黄灌区引黄灌溉情况表

表11-8

年份（年）	引黄水量（万立方米）	灌溉面积（公顷）	年份（年）	引黄水量（万立方米）	灌溉面积（公顷）
1999	880	1667	2004	910	1600
2000	960	1867	2005	820	1400
2001	935	1800	2006	840	1400
2002	900	1733	2007	810	1333
2003	960	1600			

第三节 节水灌溉

1988年，引进低压管道节水灌溉技术。1989年，董家镇建成666.67公顷的管灌示范区。1995年，董家、唐王、王舍人、党家庄、彩石、郭店、华山7个乡镇，建成不同管材类型、不同布设方式的管灌示范区面积8530公顷，占井灌面积的58.2%。1996年，全区灌溉向高效节水方向发展，大棚滴灌、果树微灌、大田喷灌等新技术开始试验推广。1997年，发展果园微灌120公顷、大田喷灌130余公顷、管灌2000公顷。1999年，实施国家节水增效示范项目，总投资308.9万元，发展灌溉面积650余公顷。2001年，实施节水灌溉精品园项目，推广大棚滴灌、大田喷灌、果树微喷、管灌等技术，发展节水灌溉面积800公顷。同年10月，历城区中标省节水灌溉项目，设计灌溉面积800公顷（包括大棚滴灌、微喷灌和拱棚管灌），首次引进电脑控制灌溉系统、“射频卡”灌溉计费系统、变频恒压自动供水系统、行走式微喷灌等新科技项目，工程总投资930万元。

图11-6 董家镇草莓大棚滴灌（2002年摄）

第四章 防汛抗旱

第一节 防汛抗洪

境内春旱夏涝特点十分明显，每年汛期均有暴雨、大暴雨发生，且易成灾。全区防汛工作坚持“安全第一，常备不懈，以防为主，全力抢险”的方针，每年汛前调整充实各级防汛指挥机构，实行行政首长包防汛工程岗位责任制，制定防汛方案，建立防汛队伍，检查水利工程，抢修防洪设施，备足防汛料物。

1987年8月26日，全区普降大暴雨，降雨量平均174.3毫米。全区受灾乡镇13个，村庄582个，受灾面积1.33万公顷。灾情发生后，区委、区政府成立抗灾救灾指挥部，抽调大批干部投入抗灾斗争，帮助灾区群众尽快恢复生产和生活秩序。受灾乡镇制定抗洪排涝措施，组织群众抗灾救灾。王舍人镇组织2500人奋战12天，疏挖主干排水沟10条4.5万米、田间排水沟2.5万米，完成土方7万立方米，提高防洪排涝能力。

1991年8月28日，彩石乡降雨达115毫米，导致狼猫山水库大坝出现险情。8月29日，水库大坝背水坡先后出现大面积滑坡，总长度271米，总面积1.7万余平方米，滑动土方8.07万立方米。国务院副总理田纪云对狼猫山水库抢险工作做出批示，山东省省长赵志浩、副省长李春亭发布抢险护坝命令，并亲临抢险工地视察，市委市政府、省水利厅、市水利局和区委、区政府主要负责人及有关专家多次到现场指挥抢险。大坝抢险加固得到社会各界全力支持，500多名解放军、武警官兵及有关乡镇3000多名基干民兵，日夜突击修筑长204米、宽14米排水棱体。从莱芜、潍坊、章丘、天桥等市县区和有关企业调来大批防汛抢险物资。区直机关15个部门和16个乡镇先后组织人员到工地抢险和慰问。抢险动用机动车辆2万余辆次，运送砂石料1.26万立方米，搬动土石方1.91万立方米。至9月底抢险阶段结束，转入工程建设阶段。同年，区防汛指挥部被省防指授予抗洪抢险先进集体称号。

2003年7月7日—8日、7月20日—21日、10月9日—12日，境内发生暴雨、冰雹、大风等灾害，经济损失近2000万元。灾情发生后，区委、区政府立即派出救灾指导组，现场帮助受灾群众开展救灾工作，降低受灾损失。

2007年7月18日，全区普降特大暴雨，致使1.67万户、5.36万人受灾。区委、区政府连夜召开抢险工作会议，组织民政、市政、环卫、卫生、交通、执法等部门迅速行动，开展救灾、救助工作。累计清挖雨水井110个、污水井47个，清理、冲刷道路10余条，消毒受灾建筑20.45万平方米，排查旧宿舍楼31幢。

第二节　抗旱救灾

境内冬春降水少，冬春连旱时有发生。1987年1月—5月，平均降雨量22.42毫米，地下水位持续下降，造成大批机电井不能发挥作用和提水机具出水量不足。农村缺水村庄增加20个，受灾人口1.6万人，受灾面积3万余公顷。1987年，年内共组织劳动力14万人次，下派干部800余人，投入抗旱资金68万元、油料180吨，利用机井3650眼、扬水站290个、水库塘坝90座及其他设施300余处投入抗旱。灌溉用水量1.65亿立方米，灌溉面积4.67万公顷，春夏秋三季造墒3.3万余公顷。

1988年1月—5月，境内基本无降雨，汛期降雨346毫米，全年降雨550.5毫米，旱情几十年罕见，受旱面积2.9万余公顷。区委、区政府加强对卧虎山、锦绣川、狼猫山3座水库灌区和遥墙、华山引黄灌区用水调度，最大限度地利用水资源。建成小截流、小塘坝1300多座，维修旧机井540眼、扬水站60个，维修灌溉机械1700余台。发展“小白龙”（塑料软管）和低压管道输水灌溉3300余公顷。因地制宜组织多种形式的灌溉服务组织200余个，如柳埠镇组成以小电机水泵配套的“卫星扬水站”30多套，先后到100多个村庄服务。在市防汛指挥部统一指挥下，成功实施两次人工降雨。提引水量1.18亿立方米，抗旱灌溉面积累计6.3万余公顷，造墒4.67万余公顷。建设人畜饮水工程项目800余项，解决旱区21个缺水村庄1.79万人、760头大牲畜饮水困难问题。

1993年1月—4月，境内平均降雨量仅8.7毫米，地下水位大幅下降，春季生产和人民生活用水非常困难。全区开展小型农田水利建设和固水保土、涵养水源的水土保持工作，维修、新建各类水利工程800余项，搬动土石方125万立方米，投入工日98万个，完成投资750万元，其中群众自筹500万元。增加提水能力122立方米/秒，提引水量1.35亿立方米，扩大和改善灌溉面积1700余公顷，改造中低产田15余公顷，灌溉面积4万余公顷，造墒2.6万余公顷。

2001年1月—5月，境内平均降雨量仅15.7毫米，加之气温高，干热风天气多，土壤失墒快，农田春旱面积达1.8万余公顷，绝产面积5300余公顷，有1.5万人、5000头大牲畜饮水困难。遥墙、华山2镇引黄水量2200万立方米，灌溉农田1.67余万公顷。全区动用机井5000余眼，新打机井180眼，出动劳动力20万人次，用电3600万千瓦时、汽柴油50吨。采取管道灌溉、喷灌、滴灌、渗灌等节水灌溉技术措施，挽回粮食损失3.8万吨、经济作物及林果损失3025万元。

2003年1月—4月，境内降雨稀少，气温高、大风天气多，土壤失墒快，小型水库和塘坝干涸率70%，农田春旱面积8670余公顷，其中绝产面积1300余公顷，有1.5万人、0.3万头大牲畜饮水困难。抗旱共动用劳动力15万人次，用电量20万千瓦时，用油料30吨。实施引黄灌溉4次，总引水量960万立方米，灌溉面积8000余公顷；启用机井4500余眼，投入各种抗旱机具4000余台，提水300万立方米保苗保种，灌溉面积1.33万余公顷。西营镇藕池小流域首次使用风力气压自控扬水机抗旱救灾。此后，风力扬水机在南部山区得到推广。

图11-7 西营镇山区风力扬水机（2003年摄）

第五章 水土保持

第一节 水土流失治理

一、流失状况

境内水土流失主要分为风力和水力两类。2007年，全区水土流失程度：微度侵蚀面积929.14平方公里，占总面积的71.55%；轻度侵蚀面积84.69平方公里，占总面积的6.52%；中度侵蚀面积180.72平方公里，占总面积的13.92%；强度侵蚀面积92.05平方公里，占总面积的7.09%；极强度侵蚀面积11.54平方公里，占总面积的0.88%；剧烈侵蚀面积0.43平方公里，占总面积的0.03%；中度、强度和极强度侵蚀需要进行治理。全区已治理水土流失面积644.83平方公里，尚未治理面积284.31平方公里。

二、小流域治理

1980年后，全区水土保持工作重点开展小流域综合治理，实施水土保持全面规划，实行山、坡、沟、川综合治理，先后对窝铺、卧虎山、李家塘、枣林、涝坡等11个小流域进行综合治理。1988年，仲宫镇水利水保站获全国水土保持工作先进单位称号。1992年，柳埠镇周家峪小流域综合治理经验在全市推广。1993—1995年，卧虎山、枣林、窝铺、涝坡、四道沟5条小流域治理通过有关部门验收，治理水土流失面积达到595平方公里，占原流失面积950.4平方公里的62.6%。

1997—1999年，实施营造水保林和兴建小型拦蓄水设施综合治理工程。西营、柳埠、锦绣川、仲宫、高而5个乡镇建成塘坝25座、蓄水坝320道、水池1100个、旱井1.12万眼，增加蓄水库容87.6万立方米，总投资2650万元。1997年，降甘小流域治理项目通过省水利厅立项，连续治理4年，治理水土流失面积14.83平方公里，占该流域总面积的59%；总投资746万元，其中，材料费369.3万元，投工折款376.7万元。2001年4月通过省级验收，被列为山东省水土保持示范项目。

1998—2001年，实施柳埠镇四门塔小流域治理工程。四门塔小流域位于玉符河支流锦阳川上游，流域面积40.5平方公里。域内有22个行政村，总人口13069人。经过连续治理，新增水平梯田200公顷，新植水保林720公顷，新植经济林587公顷，完成疏林补植227公顷、草类间作400公顷，发展节水灌溉200公顷，新建塘坝15座、拦河坝10座、谷坊200道、水池水窖500个，完成沟道护岸5公里，新建或改造道路15公里。2001年7月31日，柳埠镇四门塔小流域治理项目被水利部、财政部命名为“全国水土保持生态环境建设示范小流域”。

图11-8　锦阳川河道拦蓄水工程（2007年摄）

1999年，实施突泉小流域治理，由国家计委和水利部立项，利用中央财政预算内水土保持专项资金，治理水土流失面积12.56平方公里，治理程度92.7%；项目总投资617.36万元，其中，材料费389.45万元(国家投资100万元，其余自筹)，人工费227.91万元。2001年通过省级验收，被评为优等工程。

2000年，水利部黄河水利委员会将仲宫小流域治理列为水土保持生态工程。2003年6月13日，《仲宫水保项目初步设计》在西安通过水利部黄河水利委员会上中游局专家审查。项目区总面积72平方公里，总投资1139.74万元，其中水利部黄河水利委员会投资200万元，市政府投资200万元，地方配套739.74万元。于2006年9月通过验收。治理水土流失面积17.66平方公里，包括水平梯田200公顷，新增水保林730公顷，补植水保林330公顷，新增经果林435公顷，补植经果林20公顷，种草50公顷，新建蓄水池31座，新建环山路4公里，新建谷坊80道、拦河坝4座、水窖629眼，新建并配套泵站12座，建成灌溉渠系2.8公里、塘坝5座，机井配套5眼。

第二节　水土保持监督管理

1987年，区政府下发《历城区水土保持试行规定》，要求在辖区内开矿、采石、烧窑、修路或开展其他生产建设活动的，必须制定防治水土流失实施方案，对已造成水土流失的单位实施限期治理。1990年8月，区水务局设立水土保持监督管理站，对水土保持工作实行常态化管理。1991年6月起，全区开展水土保持监察执法工作，严查水土保持违法事件，纠正处理违法事件20余起。1993年8月，贯彻落实《中华人民共和国水土保持法实施条例》，加强对辖区内造成水土流失单位的检查。1995年3月，下发《历城区水土保持管理办法》，制定水土流失治理规划和措施。同年，区水利局被省水利厅评为全省第二批水土保持监督执法工作试点先进单位。1996年后，水保管理开始与发展生态农业相结合，对各乡镇实行属地管理。各乡镇通过发展生态农业园区、开展植树造林、建设蓄水工程等措施，引导当地居民改变传统采石、烧窑等发展方式，发展生态循环经济，造福后代。至2007年，水保违法事件发生率大大降低。

第六章　黄河治理

第一节　黄河洪峰及断流

一、黄河洪峰

1988年大汛期间，黄河历城段出现8次洪峰。前4次洪峰流量小，没有造成损害。第5次洪峰最大，泺口站洪峰流量为5780立方米/秒，水位31.22米，盖家沟22号坝根石顶部被揭去3米多。第6次～8次洪峰期间，盖家沟险工30、33、45号坝，后张险工3、4号坝，傅家庄险工5、7号坝，陈孟圈险工46、48号坝，王家梨行险工36号坝，相继出现根石走失、下沉等险情。张褚窝护滩、骚沟护滩，分别于8月18日7时、10时漫滩进水，堤根偎水长5公里，最深2.6米，两段堤防背河出现渗水，25段坝出险。

1989年7月27日10时10分，出现当年第一次洪峰，泺口站流量为5000立方米／秒，水位31.16米，王家梨行险工11时最高水位28.38米。8月23日22时42分，出现第二次洪峰，泺口站流量为4230立方米／秒，水位30.44米，比第一次洪峰水位低0.72米，超出警戒水位0.16米，王家梨行险工水位27.88米（连续8小时）。

1990年7月12日0时30分，出现当年第一次洪峰，泺口站流量为3670立方米／秒。8月20日—21日两天，连续出现第二、三次洪峰，洪峰流量分别是2640立方米／秒和2690立方米／秒。9月2日23时，出现第四次洪峰，流量为2800立方米／秒，水位29.86米。

1991年8月2日，泺口站出现当年唯一的一次洪峰，流量2440立方米／秒，水位29.86米。

1992年8月20日13时，泺口站出现当年唯一的一次洪峰，流量2980立方米／秒，水位30.45米。

1993年8月11日0时，泺口站出现当年唯一的一次洪峰，流量3330立方米／秒，水位30.73米。

1994年7月14日21时，泺口站出现当年第一次洪峰，流量3290立方米／秒，水位31.04米，超过警戒水位0.04米。8月11日16时出现第二次洪峰，流量3410立方米／秒，水位30.65米。

1995年8月5日16时24分，泺口站出现当年唯一的一次洪峰，流量1410立方米每秒，相应水位29.82米。

图11-9　黄河历城盖家沟段（2000年摄）

1996年8月12日，黄河历城段八里滩区开始进水；8月18日，泺口站洪峰流量为4700立方米／秒，水位32.24米，比1976年洪水水位高0.1米，属历史最高水位。9月1日，埝头滩区最后漫滩。黄河防洪工程49.5公里临黄堤全部偎水，平均水深3.2米，最深达5米～7米，秦家道口和新开店两处险点渗水，王窑险工34号、36号，大王庙险工33号、35号和陈孟圈险工27号坝均发生坝身下沉、裂缝，有8段坝根石走失；

大堤桩号58＋100米～60＋200米处出现临河顺坡裂缝10余条，最长50多米，深1米多，裂缝宽3厘米；付家庄1号坝基被冲走土方200余立方米。全区险工出现各类险情120次。

1997年8月5日16时24分，泺口站出现当年唯一的一次洪峰，流量1410立方米／秒，水位29.82米。

1998年7月21日8时，泺口站出现当年唯一的一次洪峰，流量2750立方米／秒。

2003年10月20日8时，黄河历城段出现当年最大洪峰，流量2850立方米／秒，盖家沟险工水位30.69米，比警戒水位仅低0.51米。是年，流量超过2000立方米/秒的天数达54天，其中超过2500立方米/秒的天数达26天。

二、黄河断流

20世纪90年代，黄河历城段受上游降水量减少和用水量急剧增加的影响，多次出现断流。1997年断流时间最长，多达132天。

1992—1999年济南黄河大桥站黄河断流情况表

表11-9

年份（年）	断流次数（次）	断流天数（天）	起止时间	年份（年）	断流次数（次）	断流天数（天）	起止时间
1992	3	36	6.3—7.19	1996	4	71	2.14—6.29
1993	1	3	6.13—15	1997	7	132	2.7—11.14
1994	2	31	5.30—10.8	1998	7	42	2.13—12.5
1995	2	77	3.25—7.22	1999	4	16	2.5—5.19

第二节　防洪工程

历城区黄河堤防工程位于黄河下游右岸，相应大堤桩号32+800米～64+574米，工程长度31.21公里。1999—2004年，开展山东黄河第一期标准化堤防建设。建设要求堤顶宽8米～12米，堤顶高程36.44米～33.71米，临背河边坡均为1∶3；堤顶道路为三级柏油路，宽6米，两侧设纵向排水沟1条，临背河堤坡每隔100米建横向排水沟1条，与堤顶纵向排水沟相连；堤顶两侧种植行道林，临河种植防浪林，宽度30米，植柳树并埋设界桩；淤区顶宽80米～100米，种植适生林（树种为杨树、泡桐、黄金梨）；堤脚外10米柳荫地，植杨柳树并埋设界桩。至2007年，境内31.21公里黄河大堤共建设险工7处，坝(岸)228段；控导工程5处，坝(垛)62段。大堤全部加高加宽，堤顶超出2000年设防水位2.1米；盖家沟、后张、付家庄、霍家溜、陈孟圈、王家梨行6处险工加高改建，原有重力坝拆改为干丁口或乱石粗排结构，险工埽面顶超出2000年设防水位1.1米。

第三节　防汛防凌

一、防汛

黄河汛期分桃汛、伏汛、秋汛和凌汛。桃汛较小，在4月上旬和中旬；伏汛和秋汛最大，在7月—10月；凌汛在1月—2月。枯水期在11月至次年1月和5月下旬至6月上旬。

黄河历城段属于黄河下游弯曲型窄河道，自华山镇盖家沟入境，由遥墙镇沙滩村出境。河道全长31.21公里，宽一般2公里左右。1986年前主槽过洪能力（平摊流量）5000立方米／秒，1986年后，下游来水状况发生很大变化，主槽淤积加重，河槽急剧萎缩。2002年，河道主槽过洪能力为2500立方米～3000立方米／秒左右，部分河段1800立方米／秒就可漫滩。

为降低汛情灾害，扩大河道过洪能力，2002—2004年，水利部黄河水利委员会实施调水调沙试验，通过加大黄河小浪底水库泄水量，形成人造洪峰，对下游河床进行冲刷。2005年开始，水利部黄河水利委员会将调水调沙转为生产运行。是年，境内河道主槽的过洪能力恢复到3000立方米／秒～3500立方米／秒。至2007年，共进行4次调水调沙试验及3次调水调沙生产运行，境内河槽累计平均刷深1米左右。

黄河防汛队伍主要由专业防汛队伍、群众(民兵)队伍和中国人民解放军、武装警察部队组成。每年组织召开全区防汛工作会议，安排部署防汛工作，组织各界群众、民兵抗洪抢险队伍5万余人，进行防汛抢险知识培训、实战演练、工程普查、根石探测、防洪预案修订完善、国家防汛料物储备和管理、通信设备维修养护、防洪工程巡查、防汛队伍抢险技术指导、防汛责任制落实等。1999年6月23日，中共中央总书记、国家主席、中央军委主席江泽民到黄河济南历城段考察，到盖家沟险工视察了军警民联合防汛演习。至2007年，黄河防汛工作基本实现安全度汛。

图11-10 黄河浮桥防汛演练（2004年摄）

二、防凌

1986—2007年，历城河段有12年封河。封河形式为平封和插封。平封冰厚一般5厘米～15厘米，插封冰厚一般10厘米～30厘米；有9年淌凌，淌凌密度在40%～80%，凌块在7立方米～20立方米。黄河防凌主要措施是：加强监测，提高根石探测频次，加固堤防工程建设，准备物资随时破冰等。

每年凌汛前组织落实防凌队伍1万余人，主要有基干班、防汛班、抢险连、肩负防凌汛抢险任务的各大型厂企抢险队，组建冰凌爆破队、爆土队、专业队伍等。至2007年，境内未发生较大险情。

三、对外支援

1998年8月19日16时，历城区接省、市防指紧急命令，要求调运石料支援长江抗洪抢险。区防汛指挥部迅速召集会议，制定实施方案，连夜组织人员，至次日8时前，调运石料2410吨，将防洪物资运往江西省九江市。

2003年，东明县黄河滩区发生洪涝灾害。10月14日18时，历城区接市防指紧急电话，要求紧急调集车辆赶赴东明黄河滩区，支援抗洪抢险救灾。区委、区政府迅速组成支东抗洪指挥部，成立前线运输、保卫协调、后勤保障3个实施小组。当晚21时，调动就近乡镇及驻区大型厂企大吨位自卸车33部，分3批发往东明灾区。支援车辆分别于15日晨4时30分、中午13时30分、傍晚18时到达兖州许厂煤矿，抢运煤矸石，投入抗洪抢险。本次抢运路途单程210公里，运输车辆“歇人不歇车”，连续往返运输物料。至16日上午10时，共运送煤矸石约1200立方米，圆满完成任务。

第四节 水政监察

1991年3月11日，历城黄河水政监察大队成立。主要职责：按照水利部《水行政处罚实施办法》规定的水行政处罚程序，对行政管理范围内的水事活动进行监督、检查，对违反水法规的行为依法做出行政裁定、行政处罚或采取其他行政措施。同年8月5日，华山镇埝头村村民马某某、刘某某、孟某某3人，分别在桩号为43+050米、43+400米、43+600米处河道内，违章建房各1间。水政监察大队接到举报后，立即联系黄河派出所，与派出所警察联合进入现场调查，掌握事实证据，对3名当事人进行法律、法规教育，指出河道内违章建房对造成汛期行洪障碍的危害和应负的法律责任。3名当事人当场承认错误并表示接受法律、法规的处罚，于15日内拆除所建房屋，恢复河道工程原貌。2003年5月30日，黄河防汛总指挥部下达黄河河道行洪障碍清除令，限6月30日前完成清除任务。黄河河务局领导经过现场调查，确定清障区域，与华山镇、遥墙镇政府领导商定清障方案，派出人员对华山镇、遥墙镇清障工作给予业务指导。华山镇、遥墙镇各组织100余人的基干民兵清障突击队，镇政府主要领导现场组织指挥，历时19天，河道内违章阻水片林全被清除。至2007年，累计处理违法事件150余起。

第十二编

工　业

山东黄台火力发电厂夜景（2001年摄）

1986年，历城县有工业企业5899个，其中县直及乡镇直工业企业128个，主要产业有冶炼、造纸、机械加工、食品、建材、化工、纺织等，实现工业总产值3.4亿元。1988—1993年，全区95%以上的乡镇直属以上企业实行了一、二轮承包经营。1992年起，在乡镇企业推行股份制与股份合作制。1994年5月，对区属企业进行改制试点。1998年，以明晰产权关系为突破口，以“公退民进”为重点，开展第二轮企业改制工作。2000年起，区委、区政府按照“一带两区”发展布局和“立足区位优势，融入省会经济”的总体思路，调整工业布局，加快推进新型工业化发展。2004年国家实行属地管理后，当年全区完成工业总产值507.9亿元，位居全省区（县）第一位。2005年年底，区属企业全部完成改制，建立起现代企业制度。2007年，全区实现工业总产值921.6亿元，形成了冶金钢铁、机械制造、医药化工、包装印刷、食品加工、新型建材六大主导产业和新型能源、汽车配件两大新兴产业的工业体系，有规模以上工业企业276个。

第一章 工业体制改革

第一节 生产承包责任制

1986年，工业生产经营仍以计划经济为主，市场调节为辅。1987年10月，区委、区政府印发《关于小型企业实行租赁经营的暂行规定》，在全区乡镇企业中推行租赁承包经营。同年底，175个乡镇办工业企业有119个实行租赁经营。1988年起，按照所有权与经营权分离的原则，在全区乡镇企业推行全员风险抵押承包制，承包期一般为3年～5年。风险抵押承包的主要步骤是：从企业和社会上公开招聘承包者，综合考核承包者素质、经营业绩和承包额等因素，确定中标人；根据企业资产，由承包者和全体职工缴纳一定数量的风险抵押金；利润超额部分，按规定比例兼顾企业承包人和劳动者利益进行分配；经营亏损或未完成任务(政策性亏损除外)，不足部分从抵押金中扣除。至1988年年底，全区95%以上的乡镇直属以上企业实行承包经营。同年，国营、集体企业开始破“三铁”（铁饭碗、铁工资、铁交椅），逐步实行厂长(经理)负责制，企业用人权、生产经营权、工资分配权基本下放到企业。1991年3月，第一轮承包到期的企业全部签订第二轮承包合同，其中，实行风险抵押的企业98个，实行租赁的14个，实行目标责任制的70个。通过承包经营，选聘出经营素质高的企业负责人，调动了全体职工的积极性，实行承包经营的乡镇、村企业生产经营情况明显好转。1992年，贯彻落实《全民所有制工业企业转换经营机制条例》，在区直企业进行干部人事、劳动用工、内部分配“三项制度”改革，彻底打破“三铁”。

第二节 产权体制改革

1989年8月起，在全区开展企业兼并工作。至1995年，全区共兼并企业39个，其中，区直企业5个，乡镇直企业16个，村办企业18个，盘活资产4200多万元，安置职工900余人。

1990年9月，经省体改委、省科委批准，全区第一个企业集团“山东省济南青花岗石材星火技术开发集团”成立。至1998年年底，全区组建企业集团达到21个，注册资金4.3亿元。其中，市及市级以上企业集团19个，区级企业集团2个。

1992年4月，区委、区政府制定《历城区关于在乡镇企业逐步推行股份合作制的意见》和股份合作制企业示范章程、方案，在镇村骨干企业、外向型企业、新办企业和高新技术企业中推行股份合作制，对企业的利益分配、管理体制、实施步骤等提出具体要求。1993年11月，全区第一个股份合作制企业——“济南市历城区大正经济开发股份合作有限公司”成立。同年12月，济南第八棉纺织厂破产，是全市首家破产的国有企业。1994年5月，区政府发出《关于选择部分区属企业进行建立现代企业制度改革试点的通知》，确定在13个区属企业进行建立现代企业制度的试点。试点内容包括：确定企业法人财产权；健全完善企业组织制度，建立股份有限公司或有限责任公司等，逐步形成以产权联结为主要纽带的母子公司体制的组织制度；建立董事会、现代企业财务制度、劳动人事制度及工资制度等。主要政策措施：还经营自主权于企业；合理调整资产负债结构，解除试点企业的部分债务负担；增强企业自我积累、自我发展的能力。同年6月，济南新华造纸厂实行股份合作制，成为全区第一个股份合作制的国有企业。至1995年，全区村以上企业改制1405个，占企业总数的42%。325个企业实行股份制和股份合作制，股本金总额6.4亿元。其中，组建股份合作制企业276个，包括区直企业2个、乡镇企业84个、村办企业190个，股本金3.3亿元；有限责任公司49个，包括区直企业6个、乡镇直企业18个、村属企业25个，股本金总额2.8亿元。

1996年，按照“积极引导、整体推进、重点突破”的原则和“抓大放小”的方针，以建立现代企业制度、提高经济效益为目标，以产权制度改革为重点，加强企业产权体制改革。至1997年，全区村级以上企业1824个，改制1762个。同年，根据市体改委《关于转发〈国家体改委关于企业集团建立母子公司体制的指导意见〉的通知》，区政府印发《关于对我区企业集团进行公司制改组的通知》，对企业集团进行公司制规范。全区19个市及市级以上企业集团中，有18个完成公司制改造，初步建立现代企业制度。

1998年起，坚持“因企制宜、分类指导、鼓励创新、注重实效”的原则，按照“不求所有、但求所在”的总体要求，以明晰产权关系为突破口，以“公退民进”为重点，大胆探索企业资本个人化、企业股份集中化、企业产权多样化的改革路子，对企业进行第二轮改制。在改制形式上，按照“实事求是，因地制宜，一厂一策，逐步规范”的原则，对规模大、效益好的企业以股份制、股份合作制为主，对规模大、效益差的企业以兼并联合为主，对城区内的企业以租赁经营为主，对微利、小型、亏损企业以卖为主，对资不抵债、无法经营的企业以破产为主。1999年4月30日起，对济南酿酒厂、历城区供电局、济南东港安全印务有限公司、济南历泰电子有限公司、济南市历城区造纸集团总公司、济南铸材集团有限公司、济南历城水泥厂等7家企业进行改制。1999年7月15日，济南酿酒厂采用经营者持大股、职工多持股的股权设置方法，一次性买断90%的国有净资产，改制为职工持股的济南趵突泉酿酒有限责任公司，成为全市县（市）区属企业中改制较为完善的股份制企业。至2000年，全区改制工业企业1061个，其中有限责任公司27个，股份合作制100个，出售拍卖185个，承包经营262个，租赁经营295个，托管经营1个，破产19个，其他改制形式172个。2001年，除关系国计民生的电力部门外，全区国有、集体所有制企

图12-1　历城水泥厂（1998年摄）

业改制工作基本完成。通过改革，较好地解决了国有、集体资产保值增值问题。2002年11月，东港印务有限公司整体变更设立外商投资股份有限公司。2003年，济南历泰电子有限公司破产。2004年11月1日，济南铸材实业有限公司由历城区人民法院裁定进入破产还债程序，2005年11月破产终结。2005年5月，济南市将山东塑料试验厂、山东造纸机械厂、济南东泰包装厂、济南蓄电池厂、济南电筒厂、山东博世磨具实业有限公司、济南灯具有限公司、济南鲁光灯具总厂8家市属企业划归历城区（后3家企业年末交高新开发区代管）。区政府成立市属下放企业改革改制领导小组，负责企业改制管理工作。同年10月，历城区供电局变更为历城区供电公司，作为独立法人从事供电营销活动。年底，除上述下划企业，区属企业全部完成改制，实行自主经营，成为完全意义上的市场经济主体。2007年，山东造纸机械厂完成改制，变更为中外合资企业。

第二章　工业企业

第一节　企业布局

1986年，全县工业呈现“村村点火，户户冒烟”的分散格局，孙村、仲宫、十六里河、党家庄4个镇工业企业较为集中。20世纪90年代中期，区委、区政府根据历城区地处城郊和资源分布特点，实施集中发展“两带一区”的战略。“两带”，即“经济主导产业带”和“资源开发产业带”。“经济主导产业带”东起孙村镇山东大正集团，沿胶济铁路、济微公路西至党家庄镇。该产业带依托济南铸造材料实业总公司、济南新华纸业总公司、历城水泥厂、济南通讯电缆厂、济南汽车制造总厂车厢厂等骨干企业和优势产品，培植一批大规模、高技术、外向型的企业集团。“资源开发产业带”南起柳埠镇，沿省道002线向北，经东南外环路和黄河大桥，北至靳家乡，向东北延伸至唐王镇。该产业带以济南柳埠红花岗石公司、济南酿酒厂等重点企业为依托，突出发展建材、农副产品加工等产业。“一区”，即济南临港经济开发区，以发展工业品加工出口为主要目标，构建对外开放的窗口和外向型经济示范区，重点引进高科技、高附加值、低能耗、无污染的高科技企业，包括医药、电子、机械、化工、食品加工、旅游产品等行业门类。

2000年，区委、区政府调整经济发展布局，实施“一带两区”战略。“一带”，即在辖区东部、北部的港沟、郭店、王舍人、彩石、遥墙、唐王、董家等乡镇形成东部产业带；“两区”，即以洪家楼城区为中心、辐射华山镇和王舍人镇的区域内建设“中心商贸区”，在南部山区的柳埠、仲宫、西营、锦绣川、高而和彩石、港沟的部分区域建设“南部生态经济区”。2001年后，随着政区的调整和产业的优化，以及南部山区控制发展工业，历城工业企业在布局上更加集中至东部产业带。至2007年，已形成“一区五基地”发展新格局。“一区”，即以采埃孚商用车转向机（山东）有限公司、莱钢集团济南钢结构公司、山东富骅电子科技有限公司等先进制造业企业为主的济南临港经济开发区。“五基地”，即围绕济钢集团、济南庚辰钢铁有限公司等骨干企业的钢铁加工物流基地，以力诺瑞特新能源有限公司、力诺光伏高科有限公司为骨干企业的以太阳能利用为主的新能源产业基地，以及由济南华阳精密机械有限公司、济南力鲁特实业有限公司、山东华河纸业有限公司等骨干企业聚集的华山镇，济南宝世达实业发展有限公司、山东中德设备有限公司、济南高新华能气动有限公司等骨干企业聚集的王舍人镇，济南重工股份有限公司、齐鲁天和惠世制药有限公司、济南鲍德翼板有限公司等骨干企业聚集的董家镇3个中小企业创业发展基地。全区共有规模以上工业企业276个，主要集中在王舍人、华山、港沟、董家等镇。

第二节　企业规模

一、区直企业

1986年，全县有县直企业13个，固定资产总值3256万元；实现工业总产值5953万元，占全县工业总产值的17.5%；实现利税943万元，占全县工业实现利税的49.4%。其中，全民所有制企业8个，分别是历城铁厂、历城煤矿、历城酒厂、历城水泥厂、历城砖瓦一厂、历城砖瓦二厂、仲宫粮食加工厂和郭店粮食加工厂；集体所有制企业4个，分别是历城县纺织机械厂、历城县服装厂、华联服装厂和历城县磷肥厂；中外合资企业1个，东港实业公司。是年，历城县纺织机械厂与济南第一机床厂联营，更名为济南第二纺织机械厂（后被民营企业兼并）。同年，历城砖瓦一厂转产成立济南第八棉纺织厂。1987年，历城煤矿由于继续开采难度大，转产改建为历城造纸厂。1988年10月，历城服装厂场地被东港实业公司租用，华联服装厂注销。1989年9月，历城服装厂变卖设备，人、财、物全部被东港实业公司接收。是年，区工业供销公司与香港锦华隆公司合资成立济南鲁兴隆纸制品有限公司，总投资10万美元。1991年，郭店粮食加工厂、仲宫粮食加工厂（区粮食局下属企业）分别变更为历城区第二、第三面粉厂，历城酒厂更名为济南酿酒厂。1992年，区经济技术协作总公司与新加坡福海工业股份有限公司合资成立济南历泰电子产品有限公司，总投资240万元。历城铁厂更名为济南铸造材料实业总公司，次年晋升为国家大型（一）类企业。至1993年，历城造纸厂先后兼并了济南卫生纸厂、唐王造纸厂、历城区造纸厂3个镇办造纸厂，租赁了宁阳县东庄乡造纸厂，组建成立济南新华纸业总公司，并晋升为国家中型（二）类企业。12月，济南第八棉纺织厂破产。1994年，历城水泥厂整体收购济南第八棉纺织厂，在其原址与齐鲁制药厂合资新建齐鲁安替制药有限公司。1995年，济南新华纸业总公司更名为济南市历城区造纸集团总公司。1996年，东港实业公司更名为济南东港安全印务有限公司，济南酿酒厂晋升为国家大型（二）类企业。1997年12月，因环保要求、资不抵债等原因，经区法院批准，济南市历城区造纸集团总公司破产。1999年7月，济南酿酒厂改制为济南趵突泉酿酒有限责任公司，保留济南酿酒厂名称。2000年，历城磷肥厂因区划调整划归市中区，历城区第三面粉厂停产，历城水泥厂改制为济南盘龙山水泥有限责任公司。2001年，济南鲁兴隆纸制品有限公司因建设海蔚广场占用生产经营场地停业。2002年11月18日，经对外经济贸易合作部批准，济南东港安全印务有限公司依法整体变更设立外商投资股份有限公司，更名为济南东港安全印刷股份有限公司。2003年，济南历泰电子产品有限公司停业。2004年，第二面粉厂重组改制为济南金粮面粉有限公司。按照省环境保护规划和市创建国家环保模范城的要求，济南盘龙山水泥有限责任公司停产关闭。2007年3月2日，济南东港安全印刷有限公司在深圳证券交易所挂牌上市，成为区属第一家上市公司。2007年，全区有济南庚辰钢铁有限公司、济南趵突泉酿酒有限责任公司、济南东港安全印刷有限公司（合资）、济南珍珠造型材料有限公司、济南市历城区供电公司、齐鲁安替制药有限公司（合资）6家区属企业（企业的生产、销售、人事完全独立，自主经营，自负盈亏），固定资产32亿元，当年实现销售收入44.44亿元，利润1.34亿元，分别占全区规模以上工业的5.1%和2.2%。

二、乡镇企业与私营企业

1986年，全县有乡镇工业企业5866个，其中，乡镇、村以上企业1726个（乡镇直115个），个体私营企业4140个，从业人员5.7万人；当年完成工业产值21480万元，其中，乡镇直工业完成7015万元，村办工业完成10510万元。同年7月，县委、县政府下发《关于进一步加快乡镇企业发展的试行规定》，推进乡镇企业快速发展。1992年12月，区委、区政府印发《关于开展“村办企业年”活动的意见》，要求在“村办企业年”活动中，必须放宽政策、加强领导、大跨度开展横向联合活动，以工业为主体，以第三产业和商品农业为重点，大上村办企业，加速农村企业化进程。1994年，区政府作出《关于大力发展个体私营经济的决定》，鼓励发展个体私营企业。是年，全区净增私营企业610个，个体私营企业从业人员达72096人，占全区总人口的8%，完成税收2000余万元。同年，济南通讯电缆厂等5个企业被农业部评为“全国1000家最佳经济效益乡镇企业”。1995年，济南市镁碳砖厂等5个企业被农业部评为“全国最大经营规模乡镇企业”。截至1995年，全区新增乡镇企业19646个，从业人员增加12.8万人，乡镇企业增加值占全区国内生产总值的26%以上；有27个企业进入全国大中型乡镇企业行列，其中大型企业8个，占全市县、区乡镇大型企业的50%；有山东大正集团有限公司等5个省级企业集团，济南玉函集团等11个市级企业集团。年末，全区共有乡镇企业25512个，其中乡镇、村企业3334个，从业人员18.5万人。全年完成产值67.6亿元，实现利润1.6亿元。1995年后，随着市场经济体制的确立，乡镇企业普遍存在的规模小、管理差、产品技术水平低、市场开发能力弱等内部固有的问题越来越突出，乡镇企业起步阶段的机制、政策、市场环境等优势日渐丧失，导致大批企业亏损关停，乡镇企业进入转轨阶段。1996—1997年，按照“抓大放小”的方针，以提高经济效益、建立现代企业管理制度为目的，重点对乡镇企业集团进行公司制改组。1998—2000年，在以“公退民进”为重点的第二轮改制中，通过兼并、破产、出售、联营、股份制等方式，实现了乡镇企业向民营企业的转型。至2001年年底，乡镇企业基本改制为私营企业。2007年，全区共有私营工业企业3158个；其中规模以上企业155个，当年实现总产值128亿元，增加值47.6亿元，利税13.9亿元，利润8.1亿元。

三、驻区企业

1986年，辖区内有山东水泥试验厂、大丘山石料厂、济南重型机械厂等市及市属以上工业企业。1987年5月，市及市属以上企业集中的王舍人、华山、洪家楼3个镇划入历城区。2004年国家实行属地统计后，济南钢铁集团有限公司、将军烟草集团济南卷烟厂等22个市及市属以上企业纳入历城区统计。2007年，纳入历城区统计的企业共有29个，其中中央企业2个；共有职工65411人，当年实现销售收入582亿元，利税60亿元。

图12-2　将军烟草集团济南卷烟厂（2000年摄）

第三节　企业管理

一、行政管理

1986年，县直属企业归口各部门管理，企业人员、资金、生产、供销全部由主管部门统一安排、调配，企业只负责生产，职工实行档案工资，分配吃“大锅饭”。乡镇企业由县乡镇企业局、乡镇政府管理，主要管理企业生产计划的安排实施，新建及改扩建项目的审批、申报，相关政策的贯彻执行等。1988年，随着厂长（经理）负责制和承包经营责任制的广泛实行，企业用人权、生产经营权、工资分配权基本下放到企业。1992年，区直有关部门依据《全民所有制工业企业转换经营机制条例》赋予企业的14项经营自主权对照检查放权情况，制定转变职能、搞好服务的具体措施，改善了企业走向市场的外部环境。至2001年底，全区企业改制工作基本结束，建立起较为完备的现代企业制度。各主管部门的主要职能转变为：贯彻执行国家、省、市发展经济和宏观调控的方针政策，参与全区经济发展战略目标制定及中长期规划的编制工作；监测分析全区工业经济运行态势，组织解决工业经济运行中的重大问题；负责全区工业生产调度、安全生产监管、电力行政管理；根据国家产业政策，指导企业发展、技术改造和创新等工作，对各种经济成份的企业实施宏观管理和指导。

二、企业内部管理

1986年，在全县企业开展“抓管理，上等级，全面提高企业素质”活动，广泛开展全面质量管理（QC）工作。在县直企业中，结合企业内部分配制度改革，推行优化劳动组合。县经委多次组织企业领导赴邯郸、海南、胶东等地考察学习，举办厂长(经理)、企业管理人员培训班，提高企业干部业务素质和管理水平，共培训1200人次。同年5月，在济南雪松冷冻设备厂进行企业整顿试点，建立起比较完善、系统的管理体系。6月初，在该厂召开全县乡镇企业管理现场会，推广其管理经验，企业整顿工作全面铺开。1988年年初，全区乡镇企业开展“抓管理、上等级，全面提高企业管理水平”活动，进一步强化企业管理，提高企业经济效益。是年，全区有120个乡镇企业通过了企业整顿验收。1989年1月，贯彻农业部颁布的《乡镇企业管理基础工作试行办法》，提出乡镇企业管理基础工作的7项具体考核要求，包括标准化工作、计量工作、定额管理工作、信息工作及规章制度、基础教育和班组建设，并对考核内容做出具体明确的量化细化标准。1989—1991年，先后开展“企业管理年”“产品质量效益年”“市场效益年”等活动，建立和完善企业现场管理制度及其他各项规章制度，12个企业被市政府授予“市级先进企业”称号，济南通讯电缆厂、济南市镁碳砖厂被省政府授予“省级先进企业”称号，济南市镁碳砖厂被农业部授予“全国乡镇企业系统先进企业”称号。至1995年，有160个企业达到农业部考核合格以上标准，其中济南汽车制造总厂车厢厂等50个企业达到一级标准。

1990年起，全区乡镇企业主要应用ABC分析法、量本利分析法、市场预测、经营决策、价值工程等管理方法，进行企业现代化管理。1990—1995年，连续举办6届企业管理现代化成果与QC（质量管理）成果发布会，共发布(发表)成果(论文)100余项(篇)，推荐市级管理现代化成果(论文)20余项(篇)、市级QC成果30余个，取得管理效益6000万元。

1991年，对区直企业进行全面整顿，年底全部通过考核验收。1993年起，以“三改一加强”(改组、改造、改制，加强企业管理)为主线，坚持“三改联动”(改组、改造、改制同时进行)，加强企业内部管理，使区直企业经济实力和管理水平得到提高。济南铸造材料实业总公司、济南含章印务有限公司晋升为国家大型(一)类企业，济南新华纸业总公司、济南酿酒厂、历城水泥厂等晋升为国家中型(二)类企业。在区直企业进行现代企业制度改革试点，先后成立济南铸材集团总公司和济南新华纸业集团总公司。加强对亏损企业的内部管理，及时调整和充实企业领导班子，实行各级领导责任制，采取领导干部包企业等措施，扭转了困难企业被动局面。到1995年底，区直企业中亏损企业的扭亏幅度在全市同行业名列前茅。

1993—1995年，在全区乡镇企业中开展“管理效益年”和“村办企业年”活动。认真贯彻执行产品质量法，推行全面质量管理，实行质量否决权制度，使产品质量不断提高；推行从产品设计到售后服务全过程的责任成本管理制度，进一步挖掘资金潜力，加快资金周转；通过现场管理，加强乡镇企业的工艺纪律和劳动纪律，改善生产秩序。1996年起，围绕提高企业素质和经济效益，开展“以人为本、降低成本”管理活动，企业管理效益逐年提高。是年，全区获市级表彰的管理创新成果18项、省级表彰的2项，15个企业获市级企业管理先进单位称号；在全市“企业管理状态评价”工作中，获得A类和B类的企业各有2个。至2001年，有13人次分别获得省、市优秀企业家称号。

1999年，开展“比质比价采购”工作，在区直企业中建立起比较完善的“比质比价采购”体系和“验收程序”，明显降低了采购成本，提高了采购原材物料的质量，缩短了企业采购时间。是年，济南趵突泉酿酒有限责任公司节支800多万元，济南庚辰钢铁有限公司节支2000多万元。同时，继续深入开展“三改一加强”工作。济南趵突泉酿酒有限责任公司、济南东港安全印务有限公司、济南含章印务有限公司通过ISO 9000认证，齐鲁安替比奥制药有限公司、济南古塔兽药有限公司等企业通过GMP体系认证。

第四节　企业选介

济南钢铁集团有限公司　位于工业北路21号。始建于1958年，是山东省建厂最早、规模最大的国家特大型钢铁企业，逐步形成中板、中厚板、热轧薄板、冷轧薄板、镀锌板、彩涂板等现代化生产线，建设ERP、MES、SPC、OA、能源管控中心等管理信息系统，被确定为全国第一批循环经济试点单位和国家“十一五”规划重点建设的循环经济示范企业。先后通过质量、安全、环境管理国际认证，并在全国冶金行业率先实现三体系整合和营销服务体系认证，计量管理通过ISO 10012认证。建有国家级技术中心、国家级实验室和博士后科研工作站，技术中心获得国家认定企业技术中心成就奖。产品出口到日本、美国、欧洲等50多个国家和地区。主要产品有中板、中厚板、热轧薄板、冷轧薄板，高技术含量、高附加值的品种板比例超过80%，锅炉容器钢板、高强度建筑结构用中厚钢板被评为中国名牌产品，造船用钢板、碳结中板、钢筋混凝土用热轧带肋钢筋、锅炉容器钢板和球墨铸铁管等主导产品获得冶金产品“金杯奖”。2007年，有在岗职工3.8万人，生产钢1212万吨、钢材1147万吨，实现销售收入572亿元、利税60.9亿元、利润30.1亿元，出口创汇8.1亿美元，进出口贸易总额17.2亿美元。

图12-3　济钢中厚板生产线（2007年摄）

济南庚辰钢铁有限公司　位于郭店镇。公司前身为始建于1968年的历城铁厂，1984年被国家计委、经贸委确定为铸造材料专业化生产厂。1993年，更名为济南铸造材料实业总公司，次年晋升为国家大型（一）类企业。1995年，组建为济南铸材集团总公司。1996年8月，变更为济南铸材集团有限责任公司，2001年12月，更名为济南铸材实业有限公司。2000年，由部分职工成立济南庚辰钢铁有限公司。2005年，济南铸材实业有限公司破产终结后，全部职工整体转入济南庚辰钢铁有限公司。济南庚辰钢铁有限公司是球墨铸铁的专业化生产企业，济南市50强、历城区10强企业。占地面积35万平方米，注册资本7399万元。公司主要生产球墨铸铁、覆膜砂、树脂、铸件等产品，其中球墨铸铁产品以低硫、低磷著称，质量达到国际先进水平。已形成年产球墨铸铁100万吨、覆膜砂3万吨、酚醛树脂4000吨、铸件1万吨的生产能力，年出口创汇达6000万美元以上。2004年，实现销售收入12亿元，上缴税金5000万元，成为全市县域经济中首个销售收入过10亿元的工业企业，全国同行业产量最大的球墨铸铁生产企业。2007年，有在岗职工2263人，实现销售收入25亿元。

图12-4　济南庚辰钢铁有限公司集中铸铁生产线（2001年摄）

济南趵突泉酿酒有限责任公司　位于仲宫镇。山东省粮食酒重点生产企业。公司酒文化底蕴深厚，酿酒历史可追溯到明崇祯年间，1958年收为国有。主导产品“趵突泉特酿”，沿用已有370余年酿酒历史的仲宫白酒传统五粮酿制技艺，利用被誉为“天下第一泉”的趵突泉源头之优质矿泉水精工酿造而成，1993年被评为“中国公认名牌”，1994年被市政府命名为“济南市佳宾酒”和“济南市市酒”。1999年7月，济南酿酒厂改制为济南趵突泉酿酒有限责任公司。公司下设2个控股子公司，分别为济南趵突泉包装有限责任公司、济南泉华包装制品有限公司，产品涉及白酒、印刷、食品包装等领域，年产商品白酒10000吨。被国家统计局列入中国白酒工业百

图12-5　济南趵突泉酿酒有限公司瓷缸贮存酒窖（2005年摄）

强企业，中国500家最大饮料制造企业。“趵突泉特酿”被评为“山东省名牌产品”“山东省著名商标”。2004年推出的54度“趵突泉芝麻香”型白酒，在第三届苏鲁豫皖白酒峰会上获“风格金奖”，成为芝麻香型白酒生产企业的旗帜性代表。2005年，被认定为“中国驰名商标”，是山东省白酒行业的第一个中国驰名商标。2007年，“趵突泉”产品通过山东省第一批“山东老字号”的认定。年末，有在岗职工900人，全年实现销售收入3.1亿元。

济南东港安全印刷股份有限公司　位于山大北路23号。1985年，由浪潮电子信息产业集团、大涧沟东村、北京“四通”公司、香港喜多来集团有限公司合资成立东港实业公司。1996年3月完成股份制改造，更名为济南东港安全印务有限公司，注册资本362万美元。2002年11月18

图12-6　东港印刷股份有限公司（2007年摄）

日，经对外经济贸易合作部批准，依法整体变更设立外商投资股份有限公司，更名为济南东港安全印刷股份有限公司，注册资本1.1亿元。2007年3月2日，东港股份在深圳证券交易所挂牌上市，融资2.8亿元。公司是集安全票证印刷、防伪印刷、标签印刷、数据处理、数码印刷、彩色印刷、试卷印刷为一体的综合性印刷企业集团，在国内票据印刷行业居领先地位。公司拥有市级技术中心和山东省名牌产品“东港”牌信息记录纸。2007年，有在岗职工640人，实现销售收入3.67亿元。

山东力诺瑞特新能源有限公司　位于经十东

路8168号。由中国力诺集团与德国Paradigma公司合资兴办，2001年7月4日成立，注册资金6000万元。厂区占地面积6.2万平方米，建筑面积5.6万平方米，产品涉及太阳能及其他新能源领域，是集科研、生产、销售、国际贸易于一体的综合型高科技企业。主要产品包括太阳能热水器、中高温CPC集热器、高效太阳能电池、光伏发电系统工程及太阳能采暖、制冷系统等，具有年产100万台普通太阳能热水器和200万平方米太阳能热水系统的生产能力。“力诺瑞特”牌太阳能热水器被评为中国名牌产品，“力诺瑞特”牌家用真空管太阳能热水器被评为山东省名牌产品。2007年，有在岗职工923人，其中，中高级技术人员260余人，实现销售收入4.1亿元。

图12-7　山东力诺集团生产的太阳能热水器（2001年摄）

采埃孚商用车转向机（山东）有限公司　位于济南临港经济开发区欧洲工业园内。2005年10月，由世界500强企业德国ZF集团和中国重汽集团投资成立。先期投资1.4亿元，注册资本8410.75万人民币，占地面积3.3万平方米。公司主要产品为世界最先进的商用车动力转向机，相关产品和零部件的开发，工程应用、生产、装配、试验和销售；以及前述及相关产品的贸易和售后服务。2006年11月8日建成投产，设计能力为年产商用车转向机18万套。当年，被评为山东省先进技术企业、济南市高新技术企业。2007年，有在岗职工130人，实现销售收入5.1亿元，利税4316万元。

1986—2007年历城区工业主要经济指标完成情况表

表12-1　　　　单位：万元

年份（年）	工业总产值（现价）	工业增加值	销售收入	利税	利润	年份（年）	工业总产值（现价）	工业增加值	销售收入	利税	利润
1986	33955	—	9423	1907	1089	1997	1368852	128561	385918	40718	25202
1987	53100	—	14765	5756	3685	1998	1629000	404326	346746	34070	19520
1988	86042	—	24545	7028	5061	1999	1499265	407616	407391	40629	24507
1989	120096	—	31612	8657	6002	2000	1193554	336434	420311	45843	33013
1990	142620	—	34221	9919	7051	2001	1281400	369699	481081	53096	34803
1991	187953	—	44522	14948	9439	2002	1396128	398966	651537	69225	41969
1992	380473	—	75360	8273	4769	2003	1507235	439808	911029	97411	55505
1993	788213	—	120701	14836	8697	2004	5079356	1952312	4949140	717855	344587
1994	1616059	197686	218773	217716	10764	2005	6493492	2355491	6229237	785541	374422
1995	872981	178135	215929	16355	7615	2006	7155400	2678644	7109015	910384	382684
1996	1192806	283647	278386	29017	15503	2007	9216450	2968747	8597176	1284511	605753

2007年历城区规模以上工业企业一览表

表12-2

企业名称	主要产品	企业名称	主要产品
济南钢铁集团总公司	钢材	济南历元铁矿有限公司	铁矿石
山东中烟公司济南卷烟厂	卷烟	济南隆泰鑫工贸有限公司	铸钢件
济南青花岗石集团总公司	花岗石	济南鲁昂新型建材有限公司	矿渣
济南庚辰钢铁有限公司	生铁	济南华阳精密机械有限公司	花岗石平板
济南中大瑞源实业有限公司	钢结构加工	济南诺尔环保科技有限公司	环保设备生产
济南永君物资有限责任公司	钢材	济南市历城区仲宫酿酒厂	白酒
济南信赢煤焦化有限公司	焦化产品	济南鲁宝金属制品有限公司	钢砂、钢丸生产
山东鲍德永君翼板有限公司	锻件	济南兴旺新型建材有限公司	熟料研磨
蓝星石油有限公司济南分公司	原油加工	济南永宁制药股份有限公司	胶囊
济南鲍德气体有限公司	氧气	山东唐王御泉饮品有限公司	纯净水
济南市历城区供电公司	电力供应	山东省溯源塑料有限公司	PE产品
齐鲁安替制药有限公司	头孢菌素	山东冰冰泉饮品有限公司	矿泉水
济南维维乳业有限公司	乳制品	济南天河酿酒厂	白酒
济南重工股份有限公司	矿山设备	济南凤河电力辅机有限公司	空冷器
济南莱钢钢结构有限公司	钢结构	济南历城区福利橡胶制品厂	橡胶制品
采埃孚商用车转向机（山东）有限公司	商用车转向机	济南同协工贸有限公司	钢铸件加工
济南众诚化工有限公司	练纶助催化剂	济南捷彩佳特工贸有限公司	摩托车配件
济南宝世达实业发展有限公司	电线电缆	山东凯莱电气设备有限公司	电控设备
济南东信日用化工有限公司	十二烷基苯磺酸	山东精彩香料科技开发有限公司	特种香精助剂
济南巨源游乐设备制造有限公司	塑料游乐设备	济南云川机械设备有限公司	冶金设备制造
山东力诺瑞特新能源有限公司	太阳能热水器	昭和塑料(济南)有限公司	电视机机壳
济南钢铁集团新事业有限公司	防水处理剂	济南嘉兴园食品有限公司	面包
济南市九威塑钢门窗有限公司	塑钢门窗	济南永泰工贸中心	清洁废钢
齐鲁天和惠世制药有限公司	化学原料药	山东恩惠花饰有限公司	人造花
济南东港安全印刷有限公司	纸制品	济南永昌利化工有限公司	油漆
济南趵突泉酿酒有限责任公司	白酒制造	济南鑫钟声衡器有限公司（济南鑫钟衡器厂）	衡器
济南市镁碳砖厂	镁碳砖	人民日报社山东印务中心	报纸印刷
济南钢铁集团总公司生产服务公司	橡胶加工	山东省包装印刷技术开发公司	阳图预涂感光板
济南绿霸化学品有限责任公司	化学农药原药	山东老万热能科技有限公司	家用锅炉
济南鑫磊石材有限公司	花岗石	济南茂茸电子有限公司	二极管
济南化肥厂有限责任公司	合成氨	济南银鑫铝塑门窗有限公司	铝合金门窗
济南宝胜鲁能电缆有限公司	电线	济南海鹰机电有限公司	配套氧气管
齐鲁动物保健品有限公司	兽用疫苗	济南银星纸业有限公司	机制纸
济南科赛基农化工有限公司	乙草胺乳油	济南锦绣川化纤厂	涤伦短纤

续表12-2-1

企业名称	主要产品	企业名称	主要产品
济南固锝电子器件有限公司	整流二极管	济南市历城区联达化工厂	酚醛树脂
济南市历城区新星助剂厂	H发泡剂	济南市历城区泰山金属颜料厂	铝粉
济南历城区柳埠红花岗石加工厂	花岗石荒料	山东飞洋水设备有限公司	稳压膨胀器
济南力鲁特实业有限责任公司	坯钢	济南兴祥源有限公司	铁精粉
山东方正元建材有限公司	混凝土	山东天海气体有限公司	氧气
济南沃德机械制造有限公司	斯太尔配件	济南隆盛有限责任公司	医药中间体
济南市历城区泓泰纺织制品厂	加工销售服装	海乐—西亚泽食品有限公司	香料
济南弗斯特数控设备有限公司	数控设备	济南鹏宏电子机械有限公司	电子产品加工
重汽集团济南华盛专用汽车有限公司	汽车	济南中产纸品有限公司	纸制品
山东塑料试验厂	烧碱	济南康泰混凝土有限公司	混凝土
济南小松齿轮箱有限公司	齿轮箱	济南市历城区历泰恒通机械厂	机械配件
济南三龙制衣有限公司	床上用品	济南新先锋彩印有限公司	印刷品
济南一通锦泓科技有限公司	医药化工	济南市历城区顺兴铸造材料厂	腹膜砂
济南天荣祥混凝土有限公司	混凝土	济南柏洋铝业有限公司	铝材加工
济南华鲁食品有限公司	烟熏香味料	济南民峰塑料有限公司	塑料袋
济南长春汽车散热器有限公司	汽车散热器	山东泉城阀门有限公司	阀门
济南新三塑业有限公司	农地膜	济南岳峰机械有限公司	丝杠、丝母
济南宏润达化工有限公司	铝粉银浆	山东众海公共安全器材有限公司	智能火灾报警器
济南东舜制桶有限公司（新大舜包装）	钢桶	济南锦绣川制药厂	复方芦荟合机剂
山东华河纸业有限公司	铜板纸	济南森泰复合材料有限公司	不干胶纸
济南古塔兽药有限责任公司	兽药	济南豪星金属制品有限公司	船用五金
济南市开发区热力公司	蒸汽热水供应	济南市洪楼福利纸箱厂	纸箱制造
济南历城区港沟定点屠宰厂	生猪屠宰	济南奥科信密封材料有限公司	金属密封垫片
将军经贸有限公司	生产过滤嘴棒	山东可莱依泊绣品有限公司	桌、台布、枕套
山东水利工程机械总厂	轮式装载机	济南元泰钢结构有限公司	钢结构
济南历城安家水泥厂	水泥	济南星火实业有限公司	摩托车车架
济南市正大有限公司	配合饲料	山东朝阳塑业有限公司	塑料品
济南群康实业有限公司	食品加工	济南华国花岗石精密量具有限公司	花岗石
济南钢铁集团冶金辅料厂	耐火材料	济南瑞特纺织有限公司	纺织用品
山东迪瑞华冶金机械制造有限公司	机床配件	济南晨灿机械有限公司	机械加工
济南振兴塑料有限公司	塑料瓶	济南冠益制衣有限公司	西裤
济南小松焊接材料有限公司	CO_2焊丝	济南科苑牧业发展有限公司	饲料添加剂
济南九州纸业有限公司	纸箱	济南蓝天钢结构有限公司	钢结构
山东黄泰热力有限公司	热力技术开发	山东力诺科峰制药有限公司	异氟烷
济南野风酥食品有限公司	野风酥	济南德洋特种气体有限公司	氧气
济南磨料磨具工业公司	陶瓷砂轮	济南银联新型建材有限公司	水泥

续表12-2-2

企业名称	主要产品	企业名称	主要产品
济南钢铁集团总公司测温仪器厂	快速测温热电偶	济南大三惠实业有限公司	饴糖系列
山东伏安电器有限公司	高低压成套设备	济南信和家具有限公司	木制家具
济南合成塑料厂	塑料制品	济南永丰钢结构有限责任公司	钢压延加工
山东宏基混凝土有限公司	混凝土	山东兰桥医学科技有限公司	医用试剂
山东西部牛仔家具有限公司	家具	山东中德设备有限公司	啤酒设备
济南杨柳木制品有限公司	木制品生产	济南聚大药业有限公司	兽药生产
济南新诚信包装有限公司	纸板加工	济南市鲁星锅炉厂	锅炉
济南成瑞电力设备有限公司	电力变器生产	山东龙新建材股份有限公司	新型建材
济南圣华甲醛有限公司	甲醛	齐鲁东方航空食品有限公司	食品
山东恒益佳园木业有限责任公司	木器制品	济南绿鑫源食品有限公司	山楂制品
山东英格利实业有限公司	混凝土	济南冠和西装有限公司	西装
济南宏美文具礼品有限公司	文具礼品	济南永达净化彩钢板业有限公司	1150型企口板
山东兴达工业管业有限公司	防腐保温管	山东春鹏彩虹电器有限责任公司	配电柜，配电箱
济南市现代装饰油墨有限公司	液体油墨	济南高孚工贸有限责任公司	三氯化铁
济南三鑫聚新型建材有限公司	人造板材	济南市东郊福利塑料编织厂	塑料编织袋
济南净化通风设备厂	空调风机	济南升晓精密机械有限公司	电子精密磨具
山东济钢阿科力化工有限公司	彩板漆	济南哈勒汽车制造有限公司	压缩式垃圾车
榆次油研液压有限公司济南分公司	液压机械系统	济南重工专用汽车有限责任公司	制造专用汽车
济南市历城区锡国水泥厂	水泥	山东富原化工有限公司	间苯二胺
山东特诺发新材料有限责任公司	户外卷帘窗	济南市历城区弘扬酿酒厂	突泉特酿
济南东郊汽配有限公司	加工汽车配件	济南天硕建材有限公司	保温材料
济南重工工程有限公司	工矿配件	济南大明方正实业有限公司	喷涂
济南鲁新新型建材有限公司	矿渣微粉	济南牡丰兽药有限公司	环丙沙星
济南市历城区社会福利综合厂	铸件	济南乾正工贸有限公司	精密量具
济南市永发塑料厂	塑料制品	济南市历城区志诚塑料制品厂	塑料制品
济南华丽真空镀膜厂	镀膜制品	济南市赫德门窗有限公司	塑钢门窗
山东鲁能瑞华电气有限公司	变压器	济南方源啤酒有限公司	啤酒
山东潜力化工厂	酚醛树脂	济南美熔玻璃工艺制品有限公司	玻璃工艺品
济南若尘鹿业有限公司	营养酒	济南杜邦橡胶制品有限公司	橡胶制品
济南东方兴业工贸有限公司	钢材	山东银企电子开发有限公司	安装线
浙江双环塑胶阀门有限公司济南分公司	PVC管材管件	济南珍珠造型材料有限公司	覆膜砂
济南万瑞制衣有限责任公司	服装、床上用品	济南格润新型建材有限公司	矿渣煤粉
山东喜万年电器有限公司	灯泡	济南玉宁杰实业有限公司	塑料颗粒
济南周佳实业总公司	机制品	济南新创摩托车有限公司	摩托车配件

续表12-2-3

企业名称	主要产品	企业名称	主要产品
济南白云集团有限责任公司	矿泉水	济南世纪豪艺家具有限公司	家具
济南市华阳实业总公司应用技术有限公司	薄片添加剂	山东造纸机械厂	天然花岗石榨辊
山东永益复合材料有限公司	复合纸	山东百味堂中药饮片有限公司	中药饮片
济南趵突泉饮品有限公司	矿泉水	济南信泰建材有限公司	塑胶制品
济南迪瑞华经贸有限公司	耐火材料制品	济南鲁润新型建材有限公司	矿渣粉、水泥
济南富瑞德塑胶有限公司	塑料制品	山东天一中药饮片有限公司	中药材加工
济南冠龙纺织服饰有限公司	精纺呢绒	济南天成堂制药有限公司	利凡诺创伤膏
济南市历城区绣川农业机械有限公司	管钳	济南市历城区顺达特种油厂	润滑油
济南德馨斋食品有限公司	酱油	济南春钢磨料有限公司	钢铸件
山东名豪管业发展有限公司	塑料管	济南巨业精细化工有限公司	清洗剂
济南市华龙兴实业公司	机械加工	济南锦绣铆焊机械加工厂	机械加工
济南德山粉煤灰技术开发有限公司第一建材公司	粉煤灰砖	山东寿山特种塑料有限公司	超高分子量
济南金趵泉酿酒有限责任公司	白酒	济南希森美康医用电子有限公司	稀释液
山东鲁桥建材有限公司	混凝土制品	济南旭春锅炉容器有限公司	低压锅炉
济南忠意置业有限公司门窗分公司	塑钢门窗	济南金三沅饲料有限公司	配合饲料
济南泉华包装制品有限公司	牛奶盒	济南三泰工艺品有限公司	工艺盆景
济南先河科技开发有限公司	聚乙烯管材	山东青华颐和建材科技有限公司	外墙保温材料
山东小鸭电器有限公司	洗衣机	济南福泰热处理有限公司	焊割气技术
济南美利特装饰工程有限责任公司	建筑门窗	济南瑞云科信电器有限公司	油压传感器
济南历城唐王学明钢砂厂	铸造	济南诺信日新化工有限公司	皮革整理剂
济南金源镀业有限公司（郭店电镀厂）	镀锡加工	济南老田万友炉业有限公司	炉具生产
山东龙腾炉料有限公司	球团矿	济南绣川擎天网具有限公司	安全网
济南锦绣龙泉纯净水厂	纯净水	历城区兴华钢砂厂	钢砂
济南锦洙工艺品有限公司	玩具	济南市历城区宏源钢砂厂	钢砂加工
济南高新华能气动有限公司	气动元件	山东伟池有限公司	工艺灯
山东富骅电子科技有限公司	电子计算机	山东柯华健康科技有限公司	制氧机
济南奥仕制衣有限公司	服装	济南市东郊耐火材料厂	绝热板
济南福临门门业有限公司	门窗	山东华光日化集团有限公司	肥皂
济南亿昌印刷有限公司	包装装潢	济南金粮面粉有限公司	小麦粉
济南派伦机械制造有限责任公司	升降机	山东宝通建材有限公司	混凝土
济南市历城区中源选矿厂	精矿粉	山东省农业科学院实验添加剂厂	饲料药物添加剂
山东玮峰机电有限公司	磁电机	济南永泽建材有限公司	混凝土
山东森华吉科丝精密机械有限公司	花岗石精密构件	山东瑞驰建筑安装工程有限公司	建筑安装工程
济南优力邦高分子科技有限公司	聚流密封胶	山东华起防伪科技有限公司	防伪标识

第三章　工业门类

第一节　冶金钢铁

1986年，县属冶金钢铁业以历城铁厂为主，年产生铁39713吨，实现产值1050万元，占全县工业总产值的30.8%。2003年，济南力鲁特实业有限责任公司建成投产，是以生产高品质、多品种合金钢为主的专业企业。2004年，济南庚辰钢铁有限公司实现销售收入12亿元，成为全市县域经济中首个销售收入过10亿元的工业企业。同年，驻区的济钢集团纳入历城统计，冶金钢铁产业成为历城区最大的产业。济钢集团是国内最大的中厚板生产和出口企业，以中厚板、冷轧宽钢带及特型板材等产品为主，2005年钢产量突破1000万吨。2007年，全区冶金钢铁业主要产品包括钢材、生铁、锻件、铸件、矿粉等，有规模以上工业企业15个，实现销售收入596.4亿元。

图12-8　济南庚辰钢铁有限公司炼铁高炉（2001年摄）

第二节　机械制造

1986年，全县机械制造业完成产值2600万元，占全县工业总产值的7.6%。规模较大的企业有历城县纺织机械厂、济南雪松冷冻设备厂、仲宫第二农机厂、西营热水锅炉厂等。1997年，山东中德设备有限公司成立，快速发展成为国内最大、种类最多的啤酒设备制造商和发酵设备

图12-9　山东中德设备有限公司生产的酒店型自酿啤酒设备（2007年摄）

生产商，主导产品为啤酒设备、生化制药设备、食品饮料设备、环保设备。2000年12月，济南宝世达实业有限公司成立，是国内大型潜油泵及抽油泵电缆、特种线材、电磁线生产基地，主导产品为油田专用特种电缆及发电设备厂大型电机专用电磁线。2004年，驻区全省最大的通用机电产品生产企业济南重工股份有限责任公司纳入历城统计，主导产品有钢球磨煤机、凿井绞车、无缝钢管生产线、日产5000吨水泥生产线等，其中钢球磨煤机市场占有率占中国市场的70%以上。截至2007年，全区机械制造业已形成金属制品、通用设备、专用设备、交通运输设备、电气机械及器材、通讯设备及电子设备、仪器仪表制造7个子行业，能制造近百个品种、数千个规格型号的产品。主要产品包括矿山设备、环保设备、变压器、洗衣机、齿轮箱、数控设备、机床配件、气动元件等。年末，全区有机械制造业规模以上企业53个，实现销售收入29.4亿元。

第三节 医药化工

1986年，全县医药化工业完成产值720万元，占工业总产值的2%。规模较大的企业有仲宫镇第二制药厂、柳埠兽药厂。随着国内经济体制改革的不断深化和国际经济一体化的发展，医药生产企业不再受所有制门槛的限制，得到高速发展。至2007年，齐鲁天和惠世制药有限公司、齐鲁安替制药有限公司、济南绿霸化学品有限责任公司等企业在历城成立，驻区的蓝星石油有限公司济南分公司、济南化肥厂有限责任公司等企业纳入历城统计，全区医药化工企业由不足10个发展到41个，其中销售收入过10亿元的企业1个（蓝星石油有限公司济南分公司），过亿元企业13个。其中，济南绿霸化学品有限责任公司是国内唯一拥有高效氟吡甲禾灵和精吡氟禾草灵中间体及产品生产技术的厂家，生产能力位居国内第一。齐鲁安替制药有限公司是中国最大的头孢菌素原料药生产厂之一，中国首家通过欧洲药品管理局认证的无菌头孢原料药企业。齐鲁天和惠世制药有限公司拥有世界上最大的氨基糖甙类半合成抗生素–阿米卡星生产车间和抗肿瘤原料药–羟基脲、替加氟生产车间，全国最大的青霉烷砜类β-内酰胺酶抑制剂–他唑巴坦生产车间，产品主要出口美国、日本、欧洲等国家和地区。是年，全区医药化工业主要产品有头孢菌素、十二烷基苯磺酸、化学原料药、医用试剂、兽用疫苗、乙草胺乳油、兽药、石油制品等，有规模以上企业41个，实现主营业务收入52.7亿元。

图12-10 济南化肥厂有限责任公司30万吨浓硝酸装置（2006年摄）

第四节 食品加工

1986年，全县有食品工业企业292个，从业人员6402人，实现产值2500万元，占全县工业总产值的7.4%。规模较大的企业有历城酒厂、柳埠果品加工厂、柳埠食品加工厂、仲宫轻工试验厂，主要产品有白酒、糖酥煎饼、山楂饼、水果罐头、糕点、副食调料等，历城县位列全国食品工业百强县。20世纪90年代初，受企业规模小、产品档次低及经济体制制约等因素影响，全区食品工业进入萧条时期。1996年后，通过调整产品结构、改革经济体制等措施，济南趵突泉酿酒有限公司、济南华鲁食品有限公司、济南野风酥食品有限公司等一批食品加工企业得到快速发展。到21世纪初，历城区重新成为食品加工业强区。济南趵突泉酿酒有限公司是全省粮食酒重点生产企业，年产商品白酒1万吨。济南华鲁食品有限公司和济南野风酥食品有限公司均是山东土特产的重点生产企业。华鲁食品公司生产的板栗系列产品、山楂系列产品、核桃系列产品和野风酥食品公司生产的糖酥煎饼、高粱饴，是山东土特产的代表产品。2004年，驻区的济南将军烟草集团公司、济南维尔康食品有限公司等市属以上企业纳入历城统计。济南维尔康食品有限公司是集生猪屠宰、肉制品加工、速冻食品加工、冷藏物流、农业部定点肉类水产批发市场、生化药品及国际贸易于一体的大型企业集团，拥有全国最大的9.5万吨冷库群，建有年产肉制品2.6万吨、屠宰生猪300万头的国内一流现代化厂房，年出口总额和综合实力居全国同行业前列。2007年，全区食品工业主要产品有卷烟、白酒、烟熏香味料、肉制品、乳制品、矿泉水、副食调料等，有济南将军烟草集团公司、济南维尔康食品有限公司、济南趵突泉酿酒有限公司、济南普利思矿泉水有限公司、济南维维乳业有限公司、济南群康实业有限公司等规模以上工业企业25家，实现主营业务收入72.2亿元。

图12-11 济南普利思矿泉水有限公司瓶装生产线（2006年摄）

第五节 包装印刷

1986年，全县有造纸、印刷企业10家，实现产值720万元，占全县工业总产值的2%。骨干企业为唐王、遥墙两个镇办造纸厂。1993年，历城造纸厂通过企业兼并组建为济南新华纸业总公司，成为国家中型（二）类企业。1997年，因环境污染重、经济效益差等原因破产。成立于1985年的东港公司，通过1996年、2002年的两次股份制改造，逐步发展成为全省最大的综合性印刷企业集团，主要从事安全票证印刷、防伪印刷、数码印刷、试卷印刷等生产，在国内票据印刷行业居领先地位。2007年，全区包装印刷业主要产品有钢桶、纸板制品、印刷制品、塑料制品等，有

图12-12 东港公司官腰印刷机机群（2007年摄）

东港安全印刷股份有限公司、济南泉华包装有限公司、山东华河纸业有限公司等规模以上工业企业14个，实现销售收入9.32亿元。

第六节 汽车配件

1986年，全县有多家制造汽车配件的乡镇企业，产品主要为济南汽车制造总厂配套，生产规模小，产品档次低。20世纪90年代中期，受济南汽车制造总厂经营困难的影响，汽车配件制造业逐渐萎缩。2001年起，随着中国重汽集团的发展，历城汽车配件业重新兴起。2006年，采埃孚商用车转向机（山东）有限公司建成投产，年产

图12-13 采埃孚转向机（山东）有限公司生产车间（2007年摄）

转向机能力18万套，国内市场占有率3.3%，其产品80%以上为济南重汽集团配套，是全区引进的首家世界500强企业。2007年7月，德国VOSS(福士汽车系统)公司在中国投资设立的第一家子公司“福士汽车零部件（济南）有限公司”，总投资420万美元，主要生产汽车管路插接系统、阀门和管线、自动变速箱等。2007年，全区汽车配件业主要产品有汽车转向机、斯太尔汽车配件、汽车散热器等，有规模以上工业企业6个，实现主营业务收入10亿元。

第七节 新型能源

20世纪90年代中期，历城区开始发展太阳

图12-14　力诺集团（2007年摄）

能产业。到2007年，沿经十东路，在港沟镇、彩石镇约5公里半径范围内集聚了力诺集团、桑乐公司和豪特公司等多家在全国具有知名度的太阳能制造企业，逐步形成了以力诺集团为核心，桑乐公司、豪特公司、金太阳公司为骨干，与山东省科学院、山东建筑大学、山东大学等科研单位、高校产学研合作的全国最大的太阳能热利用特色产业基地，总体达到国内同行业先进水平。同年年末，区委、区政府制定《关于优化发展环境、加快力诺集团发展、推动太阳能基地建设的工作方案》，促进太阳能基地建设。全区有太阳能生产企业10个，实现主营业务收入4.1亿元，其中规模以上工业企业2个（山东力诺瑞特新能源有限公司、山东力诺光伏高科技有限公司），当年生产太阳能热水器69万台，太阳能电池片6兆瓦。

第八节　建　材

1986年，全县建材工业重点企业有历城水泥厂、历城砖瓦一厂、砖瓦二厂等，主要产品有水泥、砖瓦、石料等，实现产值6000万元，占全县工业总产值的17.6%。2000年起，取缔环境污染重、破坏大的建材企业，先后关停济南盘龙山水泥有限公司等所有水泥立窑生产企业及规模以上的石料厂、砖瓦厂，大力发展节能型、环保型的新型建材企业，重点发展优质塑钢门窗和塑料型材等产品，形成了以济南莱钢钢结构有限公司、济南永达净化彩钢板业有限公司、山东鲁桥建材有限公司、济南天荣祥混凝土有限公司、济南银联新型建材有限公司、济南兴旺新型建材有限公司等为骨干企业的新型建材业，全区建材工业彻底摆脱了以砖、瓦、灰、砂、石为代表的传统建材业发展模式。2007年，全区建材业主要产品有花岗石及其制品、钢结构制品、塑钢门窗、混凝土等，有规模以上工业企业41个，实现主营业务收入57.9亿元。

图12-15　济南莱钢钢结构有限公司（2007年摄）

第九节　电　力

一、发电

历城区境内的山东黄台火力发电厂是国家大型（一）类企业，是山东电网的主力电厂之一，年发电量近60亿千瓦时，主要担负济南地区电力负荷。1998年，被国家电力公司评为“全国一流火力发电厂”。

二、供电

1986年，历城电网拥有35千伏变电站7座，主变压器13台，容量31400千伏安，配电变压器255500千伏安，高低压线路6041.4公里。1990年，建设投运35千伏唐王变电站，35千伏靳家变电站由齐河县电业局移交历城区供电局管理（2006年移交济南供电公司）。1991年，110千伏郭店变电站划归历城区供电局管理，成为历城电网第一座110千伏变电站。1993年，建设投运

图12-16 110千伏郭店变电站（2001年摄）

110千伏仲宫变电站，同期建成南康、桑梓店2个35千伏变电站。1994—1995年，相继建成投运孟家、潘庄2个110千伏变电站。1997年，投资2000万元异地重建110千伏郭店变电站。2000年，35千伏彩石变电站建成投运。2004年，35千伏王舍人变电站建成投运。2006年，110千伏华山变电站、神武变电站由济南供电公司移交历城区供电公司管理。

1998—2003年，区供电局分两期进行农村电网建设与改造工程。2000年6月，第一期农网改造工程竣工。主要实施完成：潘庄变电站新增主变1台，新建110千伏线路1条；仲宫变电站新增主变1台；孟家变电站新增主变1台，新建110千伏线路1条；35千伏更换高耗主变5台，并增设相应的变电配套设施；新建35千伏彩石变电站，新增主变1台，新建35千伏线路1条；35千伏柳埠变电站扩建，新建35千伏线路1条；改造10千伏线路48条；完成15个乡镇876个行政村0.4千伏低压电网改造，改造配电台区846个，改造低压线路4998.04公里。2002年6月第二期农网改造开工，2003年6月竣工。主要实施完成：新建110千伏仲南线；新建35千伏遥唐线；新建35千伏孙彩线；新建10千伏线路3条，改造26条；完成15个乡镇439个行政村0.4千伏低压电网改造，改造配电台区474个，户表改造76520户。

2004年1月，县城农网改造工程开工，2005年竣工。主要实施完成新建110千伏南康输变电工程，新建线路长度1.78公里，改造线路长度4.2公里；110千伏孟家变电站扩建工程，更换50兆伏安变压器1台，新增31.5兆伏安变压器1台（为旧变压器）；新建110千伏泉港输变电工程，安装50兆伏安变压器2台（为旧变压器），新建线路2公里；新建35千伏沙河输变电工程，新建35千伏线路7.2公里，新架10千伏线路4.06公里；新建10千伏线路2条16.1公里，改造4条72.1公里；0.4千伏项目共改造台区16个，新增变压器11台，容量3.99兆伏安，改造配电盘共计27面，改造照明线路共计62.84公里，户表改造共计3953只。

2007年，历城电网拥有110千伏变电站6座（郭店、潘庄、神武、华山、孟家、仲宫变电站），主变容量460.5兆伏安；35千伏变电站8座（唐王、遥墙、西营、港沟、彩石、柳埠、王舍人、跑马岭变电站），主变容量130.4兆伏安，变电容量590900千伏安，配电变压器容量1024990千伏安。110千伏输电线路43.83公里，35千伏输电线路163.2公里；10千伏配电线路1295.6公里。

三、用电

1986年，对农村公用变压器、村办、户办企业收取农村电力管理费，标准为0.01元／千瓦时（1992年调整为0.04元／千瓦时）。同年8月1日起，取消基本电价、电度电价“两部制”电价，执行以纯电量计价的单一制电价。是年，全

图12-17 区供电公司电力调度中心（2001年摄）

县供电量24759.8万千瓦时，售电量23713.3万千瓦时。1987年1月1日起，对用电单位每月实际用电量，除居民生活照明用电量、用户自筹燃料加工或换电电量及议价煤（油）电量外，其余各类电量均实行煤炭加价，标准为0.009元/千瓦时，由国家物价局、能源部每年审定加价标准。同年，历城区在全市率先实现行政村村村通电。1988年1月1日起，除城乡居民个人生活用电、地方小电厂、热电厂所发电量，企业自备电厂自给电量和用高价油、高价煤加工的电量外，凡由山东电网供电的所有单位（包括中央驻鲁单位和外商投资企业），按照实际用电量加收0.02元/千瓦时，作为山东省地方电力建设基金。1993年3月1日起，对城乡居民生活用电征收三峡基金，标准为0.003元/千瓦时。1994年，全区实现自然村村村通电。1996年，调整三峡基金收取范围：自1996年2月1日起，对除国家扶贫地区的农业排灌和县及县以下集资建设、自行管理的孤立电网电量以外的各类电量收取三峡基金；自1996年4月1日起，对居民用电收取三峡基金，标准为0.004元/千瓦时。同年，三峡基金收取标准由0.004元/千瓦时调整为0.007元/千瓦时。2000年年初，实施以加强行风建设为主要内容的“彩虹工程”。2003年，实施“彩虹工程”常态运行机制。2004—2006年，建立起“彩虹工程”信用评价机制。2004年始，为解决煤炭价格上涨对发电企业的影响，调节电力供应，实施煤电价格联动，分别于2004年6月、2005年5月、2006年7月调整销售电价。2007年，开展“优质服务年”暨“真情彩虹、和谐山东”供电服务活动，建立“95598”客户服务平台。是年，全区供、售电量创造历史纪录，分别达到156164.8万千瓦时、152700万千瓦时。

2006年历城区销售电价一览表

表12-3　　单位：元/千瓦时

电价类别		目录电价	基金附加合计	电度电价
非普	不满1千伏	0.5771	0.0737	0.6508
	1～10千伏	0.5731		0.6468
	35～110千伏	0.5661		0.6398
农业	不满1千伏	0.4314	0.0339	0.4653
	1～10千伏	0.4254		0.4593
	35～110千伏	0.4164		0.4503
一般照明	不满1千伏	0.6302	0.0727	0.7029
	1～10千伏	0.6222		0.6949
	35～110千伏	0.6212		0.6939
生活照明	不满1千伏	0.5016	0.0453	0.5469
	1～10千伏	0.4476		0.4929
	35～110千伏	0.4476		0.4929

说明：本表所列电价自2006年7月1日起执行，不包含力率调整电费、峰谷分时电价

1986—2007年历城区电量指标完成情况表

表12-4 单位：万千瓦时

年份（年）	供电量	售电量	线损电量	线损率（%）	变损电量	变损率（%）	功率因数
1986	24759.8	23713.3	1046.5	4.23	707.0	6.37	0.85
1987	13479.9	12982.5	497.4	3.69	1206.4	6.19	0.86
1988	16052.8	15398.4	654.4	4.08	1034.8	6.45	0.87
1989	18419.0	17653.2	765.8	4.16	1036.7	5.63	0.87
1990	18328.8	17491.7	837.1	4.57	786.1	4.29	0.87
1991	22447.2	21383.6	1063.6	4.74	638.5	2.84	0.88
1992	27135.5	26170.9	964.6	3.55	671.4	2.47	0.88
1993	29158.5	28123.7	1034.8	3.55	678.3	2.33	0.88
1994	33365.2	31982.7	1378.5	4.13	720.4	2.15	0.90
1995	35643.3	34401.1	1242.2	3.49	706.6	1.98	0.95
1996	36492.6	35326.1	1166.5	3.20	696.8	1.91	0.96
1997	37514.9	36493.3	1021.6	2.72	694.0	1.85	0.96
1998	39690.6	38046.6	1644.0	4.14	906.4	2.28	0.97
1999	41963.8	40254.7	1709.1	4.07	698.7	1.66	0.97
2000	50239.4	48196.1	2043.3	4.07	651.5	1.30	0.98
2001	56002.9	53774.3	2228.6	3.98	622.0	1.11	0.98
2002	66757.6	63929.2	2828.4	4.24	1215.0	1.82	0.98
2003	83733.5	80237.9	3495.6	4.17	1538.2	1.81	0.98
2004	96013.8	92148.1	3865.7	4.03	1885.5	1.96	0.98
2005	115825.2	111206.5	4618.7	3.99	2231.0	1.93	0.98
2006	139370.0	133823.1	5546.9	3.98	2676.0	1.92	0.98
2007	156164.8	152700.0	3464.8	2.22	4256.8	2.73	0.98

1986—2007年历城区供用电设备情况表

表12-5

年份（年）	变电站						高压线路(公里)			低压线路（公里）	配电变压器	
	110千伏			35千伏			110千伏	35千伏	6～10千伏		数量（台）	容量（千伏安）
	变电室（座）	变压器（台）	容量（千伏安）	变电室（座）	变压器（台）	容量（千伏安）						
1986	0	0	0	7	13	31400	0	49	1345	4647	2583	255500
1987	0	0	0	7	13	31350	0	49	1001	4661	1620	150220
1988	0	0	0	7	13	31350	0	49	1049	2444	1643	156845
1989	0	0	0	7	14	34500	0	49	1095	2444	1661	158155
1990	0	0	0	11	19	47800	0	118	1271	2044	1871	175425

续表12-5-1

年份（年）	变电站						高压线路（公里）			低压线路（公里）	配电变压器	
	110千伏			35千伏			110千伏	35千伏	6～10千伏		数量（台）	容量（千伏安）
	变电室（座）	变压器（台）	容量（千伏安）	变电室（座）	变压器（台）	容量（千伏安）						
1991	1	2	35000	11	19	47800	0	118	1294	2065	1907	180960
1992	1	2	35000	11	20	55950	0	129	1310	2076	2011	202255
1993	2	3	51000	11	20	64400	14	150	1256	2095	2089	232165
1994	3	4	82500	11	20	66550	15	150	1337	2276	2150	246930
1995	4	5	114000	10	19	63350	22	129	1352	2391	2178	258615
1996	4	5	114000	10	17	56650	22	131	1332	2867	2226	269335
1997	4	5	114000	10	17	56650	22	131	1336	3125	2303	287130
1998	4	6	173500	9	17	56650	22	126	1354	3095	2344	295275
1999	4	7	193500	9	18	60950	33	126	1381	4150	2046	307920
2000	4	8	213500	10	19	66100	35	125	1546	5983	2486	316290
2001	4	8	213500	10	19	66100	35	122	1465	7189	2546	338735
2002	4	8	213500	10	19	80950	35	134	1469	7705	2715	396330
2003	4	8	213500	10	19	95800	31	151	1535	7821	2989	481995
2004	5	10	295000	10	19	114350	43	154	1564	7845	3118	534100
2005	5	10	313500	11	21	122650	43	176	1585	7998	3337	620775
2006	5	10	332000	11	22	138850	43	176	1644	7704	3516	737175
2007	6	12	460500	8	16	130400	44	163	1296	4981	3468	1024990

1986—2007年历城区农村用电管理指标统计表

表12-6

年份（年）	供电站（个）	通电乡镇（个）	用电村（个）	电动机功率（千瓦）		村电工（人）	低压线损率（%）
				合计	其中农业生产		
1986	14	14	637	278010	133438	1561	—
1987	17	17	753	278116	80846	1518	—
1988	13	17	753	103316	92050	1100	—
1989	13	17	733	114600	13522	1231	—
1990	16	20	828	132253	15989	1321	8.75
1991	16	20	834	153300	20000	1392	8.82
1992	17	20	834	166320	21395	1733	10.50
1993	17	20	834	186808	30000	1356	10.80
1994	17	20	834	198867	32345	1281	10.70
1995	17	20	834	219200	34768	1680	10.96
1996	17	20	835	227986	34854	1450	10.21

续表12-6-1

年份（年）	供电站（个）	通电乡镇（个）	用电村（个）	电动机功率（千瓦）		村电工（人）	低压线损率（%）
				合计	其中农业生产		
1997	17	20	839	238083	36397	1456	10.06
1998	17	20	854	247300	37095	1500	10.25
1999	15	20	864	255335	42435	956	10.40
2000	15	20	864	265113	45000	956	10.08
2001	15	23	856	271002	56910	850	10.37
2002	15	23	856	271232	57060	821	10.35
2003	14	23	856	304665	57860	750	10.31
2004	14	23	856	442154	67503	750	10.29
2005	14	23	856	442916	67503	468	10.19
2006	14	23	856	458048	67500	464	10.18
2007	11	17	597	426488	52413	341	10.08

说明：2001—2007年，“通电乡镇”含山大路、洪家楼、全福、东风4个街道

第十节 电子通讯 纺织服装

电子通讯 1986年，历城县电子及通讯器材制造业主要从事电子元件、半导体器件、通讯电缆等产品的生产。2007年，电子及通讯器材制造业主要产品有二极管、电线电缆等，有规模以上工业企业3个，实现主营业务收入1.7亿元。

纺织服装 1986年，全县服装鞋帽工业完成产值1500万元，占全区工业总产值的5%。2007年，全区纺织、服装业主要产品包括服装、床上用品、精纺呢绒装饰用品等，有山东可莱依泊绣品有限公司、济南瑞特纺织有限公司等规模以上工业企业7个，实现主营业务收入1.6亿元。

图12-18 济南瑞特纺织有限公司生产的系列坤包（2007年摄）

第十三编

商贸服务业

二环东路商贸带（2011年摄）

1986年，全县有各类商贸服务经营单位7465个，实现社会商品零售总额2.1亿元。在计划经济占主导地位的双轨制经济体制下，国有、集体单位仍在商贸服务领域发挥着主渠道作用。县商业、物资、粮食、供销社等部门，以改革经营方式、引进竞争机制为重点，以搞活市场为目的，在所属经营单位中广泛推行多种形式的承包经营责任制和租赁制。1990年后，旅游、房屋中介、婚介、娱乐、物流、信息传输及计算机软件等服务业得到快速发展。1992年，区委、区政府在全区推行“四放开”制度，区商业局、物资局、粮食局、供销社在保留原机构设置的情况下，分别组建成立以商贸经营为主的实体总公司。1993年，区政府将市场建设纳入第三产业发展规划范围，鼓励兴办各类市场，引导市场建设向专业化、规模化方向发展。至1996年，随着市场经济体制的基本确立，国有、集体企业因体制等原因，导致普遍经营困难，部分企业出现严重亏损。区属各商贸系统以产权制度改革为重点，对所属企业以破产、兼并等形式进行改制改造，并由商品经营向资产经营转变。2007年，全区实现社会商品零售总额149.47亿元。

第一章 商 业

第一节 商业体制改革

1986年，县商业局以引进竞争机制、深化企业改革为重点，推行多种形式的承包经营责任制和租赁制；在进货上，由单一进货渠道变为多渠道进货，打破经济区划和条块分割封锁，大力发展横向经济联合，实行厂店直接挂钩、产销直接见面的经营模式。1987年，对局属6个企业的44个门店全部实行指标到组、销售到人的承包责任制，其中12个门店签订了租赁合同。1988年，制定《承包经营责任制试行办法》，以进一步完善企业承包经营责任制作为改革的重点，对7个公司、场、站实行公开招标、全员抵押承包，以4种承包形式（上缴利税基数包干、超收分成或分档分成，上缴利税基数包干、超收全留，亏损自补、盈利分成，亏损自补、盈利全留）签订了为期3年的承包合同。至1990年，累计完成销售收入1.43亿元，实现利润258万元，利税647万元。1990年，进一步补充修订《承包经营责任制试行办法》，与各企业签订为期3年的第二轮承包合同。

1991年9月，区政府转发区财办等部门《关于商业实行“四放开”改革试点有关问题的意见》，就放开经营范围、内部分配、开展流动销售等6个问题做出规定。1992年，商业系统全面推行经营、价格、分配、用工“四放开”制度，减少商品流通限制，除食盐、烟草、成品油、民爆器材及部分粮食等关系国计民生的商品实行专营外，其他商品放开经营。在干部任用上由任命制改为聘任制；在分配上实行不同的分配办法，对零售实行百分计奖、工资浮动、百元销售工资含量内部分配办法，对批发实行任务到组“三捆”（捆工资、奖金、出发费）、“两联”（联销售、毛利）的分配办法，对服务行业实行利润提成、分成、计件、计时分配办法，职工收入明显增加。1992年2月，成立历城区商业总公司，与区商业局合署办公。1993年，在22个边、远、微、亏门店推行国有民营承包改革，即在企业性质不变、隶属关系不变的前提下，有偿使用国有资产和经营场所，实行全员风险抵押、包死上缴利润、自主经营、自主分配、亏损自补的承包经营。是年，商业局系统实现商品销售收入5728万元，利税269万元，在全省128个区县级商业局中人均创利税名列第7位。1994—1995年，对企业实行经营目标责任制。

1996年，区商业局以产权制度改革为重点，以企业产权主体多元化、资源配置市场化和经营方式多元化为发展方向，进行企业组织结构、产权结构、资产结构和经营结构的调整重组。1998年，先后对20余个面临亏损的柜组、门店实行“费用自负，毛利大包干”“定毛利联销联利计酬”“资产承租、分期收回流动资金”等方式，签订合同，确保上缴，统一纳税，风险抵押，将经营权与所有权分离，为企业减少费用40余万元，增加利润30余万元。同时，开展租赁经营，引进山东省胜利股份有限公司资金80万元，对山大路加油站进行扩建装修改造。

2000年始，按照“先易后难、一企一策、压茬进行”的原则，对局属6个企业推行企业改制工作。对各企业的资产、债权、债务等进行全面清理，共清理资产损失约1500万元，债务4300万元；补办了6个企业的13个网点的土地证、房产证，制定企业改制方案，并对2个企业进行了资产评估。2004年12月，区饮食服务公司转变经营模式，改自主经营为资产经营，引进集商务、休闲、办公、住宿为一体的山东丽舍商务酒店，具有地方风味特色的山东舜世粗粮王酒店。2005年6月，区副食品公司注销。区商业局直属公司共有5个，分别是百货公司、食品公司、饮食服务公司、石油公司、历城商场，资产实现全面对外出租，商品自主经营业务基本结束；全年实现资产经营收入782万元，比上年增加82万元。2006年，实现经营收入873万元。2007年，历城商场、百货公司实行社会公开竞标招租，分别增加收入3.5万元、28万元，全系统完成经营收入912万元。

第二节 网点 市场

一、商业网点

1986年，全县有各类商业网点4706个，从业人员9021人。其中，全民所有制商业网点47个，从业人员781人；集体所有制商业网点606个，从业人员2380人；个体有证商业网点4053个，从业人员5860人。1988年年末，28个全民所有制商业企业管理机构有26个兼营业务，全区全民所有制商业企业经营网点发展到151个，个体有证商业网点达7053个。1990年8月，区百货公司投资15万元在仲宫镇建起综合批发部，成为济南市第一家国营商业下伸网点。年末，全区共有商业网点6354个，从业人员8988人，每万人拥有商业零售网点66个。

1995年11月，区政府印发《关于贯彻落实济南市城市商业网点管理办法的通知》，成立区商业网点管理办公室，负责全区市场、商贸网点建设的规划管理和商业网点配套费的征收工作。截至年底，全区有商业网点8000余个，占地面积约109万平方米，其中建筑面积过万平方米的大型商业设施12个，总面积16万平方米。1996年，历城商场投资170万元续建营业大楼，安装了中央空调，新增营业面积1000余平方米。同年3月，区政府印发《济南市历城区生猪定点屠宰管理办法》和《〈济南市历城区生猪定点屠宰管理办法〉实施细则》。自4月1日起，在全区推行生猪定点屠宰。至7月上旬，全区除洪家楼镇由市政府主管部门明确暂不建站外，其他19个乡镇均建立生猪定点屠宰站。1998—2000年，在全区各乡镇开展“三个一”工程建设（建设一条商业街、一个专业批发市场、一个综合商场），新建锦绣川乡、彩石乡2条商业街，改扩建商业街18条，乡镇商业街建筑面积达31万平方米，综合商场达到每个乡镇至少1个。

1999年，国美电器洪楼店开业。2000年，辖区内首家会员制国际连锁平价自选式综合超

图13-1 海蔚商城（2006年摄）

市——大润发超市在花园路建成开业。2004年12月，苏宁电器连锁店落户洪家楼。2006年，贵和商场洪楼店、海蔚商城、华联王舍人店等一批大中型商业企业投入运营。洪家楼商业中心区花园路商业街成为全市最繁华的商业街之一。2006—2007年，实施“万村千乡”市场工程，全区共建设农家店272家，配送站7个。2007年9月，花园路沿线、二环东路以东第一家大型超市——银座购物广场华信店建成开业。2007年，全区批发零售贸易业实现零售额115.35亿元，共有限额以上批发零售企业95个，从业人员7517人。

历城区百货公司　位于花园路97号。1995年2月，撤销区百货公司和区五金交电化工公司，组建历城区百货公司。公司拥有固定资产590万元，流动资产360万元，经营面积4300平方米，经营品种2万余种，当年完成商品销售额1800万元，实现利税69万元。是年，被评为省级“消费者满意单位”。1996—2001年，投资520万元，改造营业楼、增加服务设施，新增经营面积2850平方米，年均增加营业额1000万元，实现利润20万元。1999年2月，区百货公司被评为“山东省第二届消费者满意单位”。1999—2001年，区百货公司先后在7个乡镇建立连锁店。2003年起，公司对所属经营场地全部实行租赁经营。

历城商场　位于洪家楼南路6号。1987年5月，济南市郊区百货公司随区划调整划归历城区商业局，更名为历城百货批发部。1988年1月，经区政府批准，利用历城百货批发部场地建立历城商场。1989年4月，商场零售营业大楼建成开业，经营品种达3000多个。1990年，国家放开批发经营业务，商场业务重点从批发转向零售。1994年3月，投资20万元，建成400平方米办公楼。1995年，投资30万元，装修改造营业大楼，扩大营业面积120平方米，实现年商品销售额932万元、利税39万元，被市消费者协会评为“消费者满意单位”。1996年，投资190万元，续建营业楼1500平方米。1998年，在“百城万店无假货活动”中获“全省争创无假冒商店活动先进单位”称号。2001年，拥有固定资产632万元，流动资产31万元，经营面积5800平方米，经营业务以商品零售为主。2003年3月起，历城商场实行租赁经营。

图13-2 历城商场（1995年摄）

二、商贸市场

1986年，全县有各类商贸市场54个。1987年，全区第一个专业批发市场——王舍人木材专业市场建成开业。1992年，济南市种子市场在王舍人镇建成开业。该市场每年5月8日、10月8日，分别举办一届为期3天的种子交易会，成为全国唯一以市场为依托、现货交易的全国性种子交易例会。

1993年9月，区政府发布《关于印发第三产业发展规划的通知》，提出“八五”后3年第三产业发展规划。规划以“三条线、十大片”为主要发展方向，即以洪家楼地区为中心，以花园路、大桥路、济青路3条交通干线为依托向外

图13-3　济南市第25届全国种子交易会开幕
（2005年10月摄）

延伸，连接华山、王舍人、孙村、十六里河、仲宫、郭店、遥墙、柳埠、党家庄、大王10个乡镇驻地，建成各具特色、优势互补、点线连片、城乡结合的第三产业体系。1995年，对市场发展规划进行调整，形成“二五一”（两条线、五大片、一个市场群体）市场规划。两条线：一是南起甸柳庄，经东外环路、大桥路至大桥镇沿线，二是由北园路东段，经工业北路到郭店镇沿线，主要培育高标准、规模大的专业市场。五大片：南片在仲宫镇，扩大蔬菜果品为主的批发市场；东片在王舍人镇，建立以生产资料为主的批发市场；东北片在唐王镇，建立和扩大蔬菜和废旧物资批发市场；北片在大桥镇、靳家乡，建立家具、牲畜批发市场；西南片在党家庄，建立以粮油为主的批发市场。一个市场群体：即全市五大市场群体之一的花园路市场群体。为实现“二五一”规划，相继提出市场建设“三个结合”“三个为主”和“三先三后”的原则：大中小相结合，以中型为主；批零相结合，以批发为主；专业与综合相结合，以专业为主。市区市场建设以建大市场为主，近郊以建立专业批发市场为主，远郊以建立集市为主，搞活集贸市场。先成市后建设，先起步后发展，先繁荣后规范。1995年年底，七里堡蔬菜综合批发市场建成开业。市场占地面积5.3公顷，建筑面积9200平方米。1997年11月，全省首家汽车维修配件有形市场——济南市洪楼汽车维修配件市场开业。1999年，投资2亿元，新建盖家沟配货市场、华山建材市场、济南高科技市场、洪楼陶瓷市场、山东环联小商品批发市场等10个市场，新增面积32万平方米。

2000年4月，全市规模最大的建材市场——济南高科建材市场正式开业。该市场占地面积10万平方米，建筑面积7万平方米，设有工商、税务、银行、保险、邮电等“一条龙”服务体系，是中国建材市场协会认证的规范化建材市场。9月，全市首家特价市场——齐鲁商贸特价市场开业。2001年，建成山东黄河巨龙机械市场、山东永君钢材市场两个大型专业市场，以省农科院为中心的农资市场发展成为全省知名的农资集散地。其中，黄河巨龙机械市场占地面积1.3万余平方米，拥有营业房、写字间、展示大棚及大型维修车间等设施，是全省第一家大型专业工程机械市场。2005年9月21日，位于济南临港经济开发区南区的银座国际汽车广场正式营业。市场占地面积9.93公顷，建筑面积5.1万平方米，总投资2亿元，是集整车销售、维修服务、汽车交易、车辆年检、驾驶员培训、汽车文化传播等于一体的全省规模最大、档次最高、功能最全的现代化汽车服务贸易设施。2007年1月18日，首届山东迎春精品花卉展销会在工业北路山东花卉市场开幕，国内各大知名花卉企业代表1000余人参

图13-4　永君钢材市场（2001年摄）

加展销会。开幕式上，山东花卉市场被国家林业局命名为“国家重点花卉市场”。

2007年，全区共有各类商贸市场126个，总占地面积256万平方米。其中，消费品市场106个，生产资料市场20个。

第三节 商业经营

1986年，全县商业网点经营范围包括粮油、食品、副食品、日用百货、图书、五金交电、化工、农业生产资料、燃料等，经营品种8500余种，完成商业零售额（含供销社）14497万元。其中，全民所有制商业企业完成社会商品零售额6255万元，集体所有制商业企业完成社会商品零售额5734万元，个体有证商业网点完成社会商品零售额2508万元。区商业局系统每年组织“大蓬车队”深入农村，赶集摆摊，送货到基层。1988年8月，全国性商品“抢购风”波及济南市，区商业局系统充分发挥国营商业主渠道作用，狠抓购销环节，搞好计划商品的货源调运和供应，抓好人民生活必需品供应，全月实现销售额195万元，较上年同期增加108万元。9月初，市场商品销售额恢复正常。1992年，管理机构不再兼营商品购销业务。1995年，开展“行风万人评”活动，规范零售企业接待服务用语和服务忌语。1996年7月，18个生猪定点屠宰站通过市检查验收，获准进城经营。12月，七里堡蔬菜综合批发市场交易摊位发展到4000多个，蔬菜日成交量40多万公斤，果品10万多公斤，水产品近万公斤，被农业部命名为“全国鲜活农产品中心批发市场”；2000年，成交额达到8亿元，被市政府评为全市十大市场之一。2006年，在限额以上批零贸易企业统计的21类商品中，零售额比上年增长的有19类，多数商品类别增幅超过20%。2007年，全区实现社会消费品零售总额149.47亿元；有限额以上批发、零售企业91个，其中批发业63个、零售业28个，实现销售额214.35亿元；各类商贸市场完成总成交额194亿元，其中成交额过亿元的市场有济南七里堡蔬菜综合批发市场、山东汽车城、山东济南维尔康肉类水产综合批发市场、山东永君钢材市场、齐鲁东方建材博览中心、山东钢结构配件市场等。

1986—2007年历城区社会消费品零售总额一览表

表13-1　　　　单位：万元

年份（年）	1986	1987	1988	1989	1990	1991	1992	1993	1994	1995	1996
社会消费品零售总额	23594	27539	43798	38209	40302	43551	60972	84337	120997	156419	217885
年份（年）	1997	1998	1999	2000	2001	2002	2003	2004	2005	2006	2007
社会消费品零售总额	242181	264225	295097	311091	352413	383843	445258	879290	1049250	1226869	1494706

第二章 服务业

第一节 住宿餐饮业

1986年，全县共有住宿餐饮业经营网点2732个，从业人员6133人，完成零售额1153万元。1988—1992年，区饮食服务公司以洪家楼旅社、洪家楼饭店为经营主体。1995年后，一批规模大、档次高的餐饮服务企业落户辖区。1999年，金马大酒店、平惠娱乐城及洪家楼地区第一家穆斯林饭店——清真穆斯林饭店开业。2002年，区饮食服务公司对洪家楼西路沿街房进行加层改造，增加营业面积近2000平方米，吸引各地名优小吃店15家进场经营。同年，位于花园路的丽舍商务酒店正式开业。2005年9月，全市最大的火锅店——华府四季火锅城开业。2007年，全区住宿餐饮业实现零售额27.9亿元。年末，全区有星

图13-5　环联商务酒店（2007年摄）

级住宿业和限额以上餐饮业法人企业27个，产业活动单位32个，从业人员3256人，餐饮营业面积5万平方米，床位0.3万个，餐位1.3万个，完成营业额3.83亿元。环联、兴泉、鸿腾等酒店在辖区内开办了多家分店。

第二节　社会服务业

1986年，全县有服务业经营网点1167个，其中，理发业323个、摄影业53个、修理业704个、其他服务业83个，从业人员2404人。1990年后，旅游、房屋中介与租赁、婚介、娱乐、物流、信息传输及计算机软件、科学技术等服务业逐步兴起。1995年起，房地产业的快速发展，带动了物业管理及居民服务业的发展。1999年10月18日，山东盖世物流集团物流园区投入运营。占地面积32万平方米，总投资2.6亿元，被交通部认证为全国最大的公路主枢纽货运站。2000年10月，全国首家专业化大型钢结构及配件物流中心——山东钢结构配件市场在华山镇落成。截至2007年，盖世物流、零点物流港、佳怡物流等物流企业，已建成100万平方米的储运区，吸引海尔、三联、长虹等500多家国内外知名企业入驻，日均货流量超过5万吨；山大路科技市场、东环科技城发展成为科技聚集区和商务服务区。是年，全区现代服务业实现增加值64.9亿元；物业管理业实现收入2.04亿元，居民服务和其他服务业实现收入19.87亿元。

图13-6　1999年10月18日，山东盖世集团成立暨物流园区招商新闻发布会召开

第三节　济南东环科技城建设

济南东环科技城是济南高新区的起步区，其区域范围东至华阳路，西至二环东路，北至花园路，南至工业南路，面积2.4平方公里，供排水、供电、煤气、热气、通信等设施齐全；有8条主干道路，呈“四纵四横”状：“四纵”为二环东路、七里河路、华信路、华阳路；“四横”为花园路、华能路、华龙路、工业南路。区内有山东电力咨询院、山东省图书馆、孔子基金会等教育、科研、文化机构16家，金融分支机构12

图13-7　东环国际广场（2007年摄）

家，大型商务酒店13家、营业面积10万平方米，大型超市及物流设施9处、经营面积15.7万平方米。嘉恒商务大厦、发展大厦、东方丽景、东环国际广场、新龙大厦等一批建筑体量大、环境档次高的商务楼宇相继建成，5000平方米以上楼宇达15栋，楼宇商务面积达到45万平方米。2006年7月1日，济南东环科技城由济南高新区移交历城区管理。同年9月，区政府成立济南东环科技城发展服务中心，负责区域内招商服务工作。至2007年，引进济南蓝海大饭店、山东新美置业有限公司、济南聚宝德典当行有限公司、银座购物广场、山东倪氏海泰大酒店等11个重点项目，总投资约3亿元人民币。2007年，有企业1700多家，实现区级税收收入6047万元，东环科技城成为现代服务业、总部经济及科技孵化器相对聚集的特色发展区域。

第三章 粮油贸易

第一节 粮食体制改革

1985年，县政府贯彻国务院《关于进一步活跃农村经济的十项改革》，进行第一次粮食流通体制改革。除个别品种外，国家不再向农民下达农产品统购派购任务，按照不同情况分别实行合同定购和市场收购。1987年，调减粮食定购任务，逐步压缩统销粮食供应范围，用“议转平”（议价转平价供应）平衡粮食收支，市场调节范围随之扩大。同年10月，成立区粮油供应公司。1988年，国家上调小麦收购价格。1989年，再次上调小麦、玉米、粳稻、精炼食用油的价格。1990年，全市压缩行业用粮油计划销售，增加议价销售，历城区除党家庄、洪家楼、东郊、郭店粮所及区政府招待所保留一定比例粮油供应指标外，对糕点、酿造行业全面实行粮油议价供应。1991年，国家将粮油合同定购改为国家定购。12月，国务院发出《关于进一步搞活农产品流通的通知》，对粮食实行长年放开经营政策，第二次粮食流通体制改革启动。1992年，国家首次实行购销同价。4月，组建历城区粮油总公司，与区粮食局“一套班子、两块牌子”。总公司与区政府签订总承包合同，仍行使行政管理职能。11月，除军队用粮油暂时按统销价由粮食部门供应外，其他粮油销售价格全部放开。年底，历城区放开城镇居民粮油销售价格，停止城镇居民基本口粮计划供应，粮票封存，购粮本保存，粮食部门仍保留居民定量供应标准档案。1993年2月，根据国务院《关于加快粮食流通体制改革的通知》，建立粮食购销保护价制度，粮食保护价的数量确定在国家定购粮食和各项储备粮的范围内，其余部分随行就市，实行了40年的城镇居民粮食供应制度至此被取消。粮食销售价格放开后，按照国务院要求，建立粮食储备制度，历城区各项储备规模11704吨。年底，全国粮食价格大波动，国家重新恢复和加强对粮食购销、价格、市场的控制和干预。1994年，国家要求国有粮食部门必须掌握60%～70%的社会商品粮源，定购计划仍作为国家任务，实行国家定价，对城镇居民基本粮供应恢复国家管理，实行限量限价供应。是年6月起，随着粮食市场稳定，逐步减少城镇居民口粮供应数量。1995年，全国实行粮食工作行政首长责任制，改变粮食价格管理办法，省内调拨价格自行确定，省际调拨价格由供求双方协定，以确保粮食供求价格保持平衡。

1996年，在全系统推行全方位目标管理责任制。国有粮食部门推行政策性和商业性经营两线运行机制，政策性业务执行粮食收购保护价，商业性业务按市场价，在管理上分账不分家。

区粮食局东郊粮库经国家粮食储备局批准，在全市区县级粮食部门中率先被确定为国家粮食储备库，命名为山东省济南历城国家粮食储备库。1997年，粮食市场价格回落，比国家定价低16%左右。年底，取消城镇人口定量供应，粮食经营再次放开，粮食流通体制向市场经济转轨。1997年12月，区政府批准区粮食局制定的《关于贯彻十五大精神，深化粮食流通体制改革方案》，全系统通过采取承包小型企业、租赁门头、停薪留职、内部退养等形式，分流人员628人，占职工总人数的37%。1998年起，以“四分开、一完善”（政企分开、储备与经营分开、中央与地方分开、新老挂账分开，完善粮食价格机制）为原则，贯彻落实“三项政策、一项改革”（按保护价收购农民余粮、顺价销售、收购资金封闭运行三项政策和深化粮食流通体制改革），对粮食系统进行改革。2个粮库、19个粮所实行人、财、物彻底分离，区粮食局和粮油总公司实现政企分开。21个企业共分流740人，其中购销企业390人，附营企业350人。1999年3月，区粮食局组建历城区粮食收储公司，由其统管系统内的粮食收储企业，按保护价敞开收购农民余粮；由区粮油总公司统管附营企业。2000年始，对合同用工合同到期的职工依法终止劳动关系，至2001年年底，解除劳动合同468人。

2001年8月，国务院发布《关于进一步深化粮食流通体制改革的意见》，全部取消指令性种植计划和粮食定购任务，粮食市场全面放开，允许多种所有制主体参与粮食经营，粮食补贴逐步取消，粮食价格随行就市。2002年，历城区各项储备计划全部抽走。2003—2006年，粮食部门进一步深化粮食流通改革，进行投资主体多元化的国有资产置换和职工身份置换，建立法人治理结构，完善企业内部运营机制，逐步提高企业市场化进程。全区18家国有粮食购销企业，除山东济南历城国家粮食储备库和济南市历城区粮食储备库2个国有独资储备库外，其余国有粮食购销企业全部置换改制。9个非政策性的生产经营企业实施了优化重组，其中6家企业破产（区粮油贸易公司2001年1月破产，区粮油供应公司2004年2月破产，第一面粉厂2005年4月破产，高而粮所2005年1月破产，华龙面粉厂2007年5月破产，大桥养殖公司2007年12月破产）。2006年12月，成立历城区国粮资产管理中心，负责国有粮食购销企业资产管理。2007年，区粮食局直属管理的单位有7个，分别是山东济南历城国家粮食储备库、济南市历城区粮食储备库、历城区国粮资产管理中心、历城区军粮供应中心（包括金德利快餐历城分公司）、济南金粮粮食收储有限公司、济南金粮面粉有限公司、历城区良友收储中心。

图13-8 历城区粮食储备库（2001年摄）

第二节 粮油购销

一、粮油收购

收购任务 1986年，县粮油合同定购计划指标由市政府下达，定购品种主要有小麦、玉米、大米、花生米等。1987年，因区划调整，增加华山镇、王舍人镇粮食合同定购任务1835吨，“议转平”计划3500吨。1988—1990年，历城区合同定购和议转平计划一定三年不变，粮食合同定购计划18985吨，其中，小麦10860吨、大米575吨；粮食议转平计划5875吨，其中，小麦2725吨、大米500吨。1989年，因受72年未有的大旱影响，全区粮食作物受灾面积达85%，丘陵、山区基本绝产，调减粮食合同定购任务4500吨。1990年，因区划调整，增加大王、靳家、桑梓店

3个乡镇粮食定购计划2070吨、卫生油（脱脂棉籽油）43吨。1991—1992年，实行收购任务包干，计划周期缩短为2年，粮食定购量20950吨，其中，小麦12980吨、大米575吨，小麦议转平计划662吨。1991年，历城区增加收购小麦专项储备计划750吨，玉米专项储备计划2000吨，玉米全部调往烟台。1992年，增加国家专项储备小麦收购454吨，地方储备粮（市级）8500吨。1997年，粮食收购实行保护价敞开收购（不拒收、不停收、不限收）、顺价销售、收购资金封闭运行的三项政策。因国家制定的保护价过高，保护价与市场价形成倒挂，粮仓爆满，粮食滞销。1998年，调整农业产业结构，免去柳埠、高而、仲宫、西营、锦绣川、王舍人等乡镇部分粮食定购任务，共调减1250吨。2000年，玉米和等外小麦退出保护价收购范围。2004年，彻底放开粮食收购（放开市场、放开价格），结束了持续半个世纪的国家粮食定购历史。2006年起，粮食部门按高于市场价托市收购粮食，当年完成托市收购1500多万公斤。

1986—2003年历城区粮油收购情况表

表13-2　　　　单位：吨

年份（年）	粮食				油料	
	定购		议转平		花生仁定购	
	计划	完成	计划	完成	计划	完成
1986	18000	18347	3000	3163	150	150
1987	19035	19389	5875	5875	150	150
1988	18985	18990	5875	5875	150	150
1989	18985	14490	6375	6646	150	150
1990	20090	20100	11620	11620	150	150
1991	20950	20950	8120	10876	150	150
1992	20700	20700	6620	9822	—	—
1993	20090	20090	—	—	—	—
1994	20090	20117	—	—	—	—
1995	20090	20117	—	—	—	—
1996	20650	20260	—	—	—	—
1997	21750	22385	—	—	—	—
1998	20500	21135	—	—	—	—
1999	20500	20500	—	—	—	—
2000	19400	19400	—	—	—	—
2001	19400	19400	—	—	—	—
2002	19400	15620	—	—	—	—
2003	19400	19416	—	—	—	—

收购价格　1986—1987年，粮食收购价格变化较大，一直呈上升趋势，粮食价格不突破“倒三七”（30%按原统购价，70%按原超购价）、“倒四六”（40%按原统购价，60%按原超购价）比例价总水平；代购粮食执行原超购价（在合同定购价基础上加价50%）；对农民出售的余粮随行就市收购，不低于比例价，最高不超过原超购价。粮油合同定购价为每50公

斤小麦22.60元，玉米15.60元，稻谷19.20元，粳米26.50元，谷子15.60元，大豆34.50元，花生仁62.40元，花生果40.56元，花生油149.50元。1988年，国家对小麦合同定购价由每50公斤22.60元上调为24.10元。1989年，粮油价格再次上调，每50公斤小表上调为25.80元，玉米上调为17.60元，粳米上调为27.00元，精炼棉籽油上调为190.00元，平均提幅26.79%。1992年4月1日，调高粮油统销价格，相应调高收购价格。每50公斤小麦收购价32.00元，玉米21.00元，粳稻32.00元，谷子23.80元，平均提幅24.27%。1993年，按国家统一部署放开粮食销售价格和经营，执行保护价的范围仅限于国家定购和专项储备的收购。确定每50公斤小麦定购价35.65元，玉米24.15元；小麦最低保护价32.50元，玉米21.00元；各价外加价、预购定金利息补贴2.85元、0.30元，并兑付抵顶价外加价1.35元的平价化肥；稻谷定购价38.475元，包括最低保护价35.00元，价外加价3.175元，预购定金利息0.30元，并兑付抵顶价外加价2.025元的平价化肥。粮食销售和经营放开后，多渠道收购竞争激烈，因粮源减少，市场粮价飙升，供应矛盾突出。1994年，为平抑粮价，解决收粮难的问题，再次调高小麦、玉米、稻谷三大品种定购价格：每50公斤小麦54.00元，玉米41.00元，稻谷56.00元，平均提幅46.69%。1996年，市场粮价居高不下，国家再次上调三大品种定购价格。每50公斤小麦76.00元，玉米63.00元，稻谷78.00元，平均提幅44.6%。1998年5月，国家再次调整粮食定购价和保护价格。每50公斤小麦定购价73.00元，保护价64.00元；玉米定购价61.00元，保护价54.00元；大米定购价111.00元，保护价100.00元；大豆定购价100.00元，保护价90.00元。在完成定购任务后，对保护价收购坚持做到常年、常时挂牌收购。1999年，省政府确定小麦定购价按保护价执行64.00元。2001年，从新粮上市起，实行保护价收购的品种只保留小麦、玉米、稻谷，等外小麦退出保护价收购范围。2006年，粮食部门实施按最低保护价托市收购，定价为每公斤高于市场价0.08元，在东郊、郭店建设收购库点，董家、唐王设立延伸库点。

奖售政策　1986年，对签订粮食定购合同任务的农户交售粮食后，实行奖售平价化肥、柴油和发放预购定金的奖售政策：每交售100元粮食奖售化肥40公斤（其中，保证兑现平价化肥30公斤）、奖售平价柴油2公斤；每交售50公斤花生仁奖售平价化肥15公斤；年初，按照合同定购粮食价款总金额的20%发放预购定金。1987年，交售50公斤粮食奖售优质化肥6.5公斤、柴油1.5公斤。1989年，调整奖售标准，每交售100公斤小麦、玉米、大豆，分别奖售平价优质化肥22公斤、20公斤、30公斤；交售100公斤粮食（大米折合稻谷计算），奖售平价柴油3公斤；交售花生仁包括油果折仁（含棉籽油）50公斤，奖售化肥20公斤。1990年，粮食部门不再向合同种粮户单独发放粮食预购定金，农民种粮困难，可向农业银行和农村信用社申请贷款，预购定金利息补贴和粮食价款届时一并付清。1993年起，取消平价化肥、柴油挂钩供应，改为在粮食收购价之外将化肥、柴油的平议差价以价款形式付给农民，即找补差价，每50公斤粮食收购差价返还标准为小麦、玉米4.2元，大米5.2元，大豆5.5元。1995年，恢复粮肥销售挂钩奖售政策，交售50公斤粮食（不分品种）奖售尿素5公斤。1996年，大米收购按省定标准，交售50公斤粮食奖售尿素5公斤。1997年，奖售政策取消。

二、粮油供应

1986年，粮食部门担负着全县非农业人口、菜农人口、驻军、工商行政单位的粮油供应任务。根据国家规定，对集体伙食单位的不同类型人员实行定量供应，居民每月分等定量按平价供应；非农业人口细、粗粮供应比例为8∶2，菜农细、粗粮供应比例为4∶6。1988年，历下区粮食局、槐荫区粮食局8个粮店和部分企事业单位及行业用粮供应计划划归历城区。区粮油供应公司下属13个粮店担负城区（西至洪家楼、东到重型机械厂）非农业人口共24396户、68069人的粮油供应任务，年供应粮油122万公斤；各乡镇非农业人口及4.3万名菜农的粮油供应由驻地粮所负责。8月，发生居民商品抢购风，全区面粉日销售量达150吨。从12月1日起，市政府规定城镇居民限购当月粮，并公布居民定量口粮不涨价，粮票不作废，居民购粮本不作废，口粮供应计划节余归己。10日后，粮食供应恢复正常。1990年11月，全市压缩行业用粮油统销价销售，增加议价销售。1992年11月起，除军队用粮油暂按统销价由粮食部门供应外，其他粮油销售价格全部放开；供应城镇居民和农村返销粮的粮油，按比例价加费用和微利，略低于市场价销售。1994年，全区城镇居民生活用粮油实行凭卡限量限价供应，面粉限量每人每月10公斤，特一粉限价2.13元/公斤，花生油限价9.6元/公斤。1995年2月1日起，继续使用居民粮油供应证。1997年，粮食市场价格回落，比国家定价低16%左右，城镇居民和集体食堂单位用粮油退出计划供应进入市场，粮票、粮本停止使用。1997—2001年，仍办理粮食供应转移手续。2001年5月底，取消“城镇居民粮食供应转移证”“农转非供粮审批凭证”“农村粮食关系转移证明”等粮食转移手续。

1986—1997年历城区平价粮食销售（包干）执行情况表

表13-3　　单位：吨

年份（年）	包干基数指标		实际销售		年份（年）	包干基数指标		实际销售	
	数量	其中农业	数量	其中农业		数量	其中农业	数量	其中农业
1986	14250	4650	11425	2727	1992	41550	10900	17523	5218
1987	32750	10900	32402	10620	1993	—	—	20278	—
1988	43850	10900	42134	10642	1994	—	—	29261	—
1989	44195	10900	47536	14682	1995	—	—	24840	—
1990	44545	10900	39537	8724	1996	—	—	12641	—
1991	41550	10900	45420	12442	1997	—	—	307	—

说明：（1）1986—1992年是包干计划和销售数
（2）1993—1997年是限价保量供应数

1986—1996年历城区平价油脂销售（包干）执行情况表

表13-4　　单位：吨

年份（年）	包干基数指标		实际销售		年份（年）	包干基数指标		实际销售	
	数量	其中农业	数量	其中农业		数量	其中农业	数量	其中农业
1986	450.0	25.0	362.4	19.4	1992	440.0	6.8	174.1	9.7
1987	800.0	75.0	763.9	27.2	1993	—	—	9.1	—
1988	1036.0	75.0	948.3	28.3	1994	—	—	11.0	—
1989	1042.5	75.0	988.2	36.2	1995	—	—	225.0	—
1990	1049.1	75.0	719.9	28.5	1996	—	—	7.0	—
1991	186.7	6.8	762.9	25.7					

说明：1993—1996年是销售价放开后的限价销售数量

三、议购议销

1986年，全县粮油议购议销以县粮油贸易公司为龙头，以基层粮所为依托，批零兼营。是年，议购粮食12527吨、议销6302吨，议购油脂77吨、议销105.3吨。1990年7月，区粮食局建立驻广东佛山办事处，开展议购议销粮油贸易。1992年，国家放开平价粮油供应，放开粮油销售价格，实行“平退议进”，粮油议价经营完全进入市场调节。8月，历城区粮食局与黑龙江省呼兰县粮食局、吉林省吉林市粮食局环城分局建立友好关系，打开了北方粮油贸易渠道。11月，与内蒙古呼和浩特电视台联合成立原东公司，专营粮油贸易。1993年3月，建立驻上海浦东办事处，议销粮油。区粮食局所属基层单位广设粮油贸易网点，开展跨区、跨省经营。1998年9月，全区25个粮油站(库)获粮食批发资格。2004年，区粮食局成立济南金粮粮食收储公司，到2007年，年均完成粮油贸易1.3亿公斤。

1986—2007年历城区议价粮油购销情况表

表13-5　　　　单位：吨

年份(年)	粮食		油脂		年份(年)	粮食		油脂	
	收购	销售	收购	销售		收购	销售	收购	销售
1986	12527	6302	77	105	1997	78164	82804	811	887
1987	2095	14012	351	459	1998	33220	23328	172	198
1988	19974	15308	792	753	1999	74963	85479	60	91
1989	24328	9609	658	681	2000	51076	102370	27	55
1990	50278	22639	1234	2366	2001	49562	67500	18	17
1991	95465	45595	2442	2623	2002	36057	72857	8	9
1992	99955	94688	3056	3701	2003	12923	70809	5	13
1993	139791	145262	7203	7204	2004	56609	62120	0	1
1994	132816	111142	10656	10477	2005	84094	87710	0	0
1995	89963	77568	8184	8226	2006	58127	57350	0	0
1996	92316	90441	867	1046	2007	59364	56303	0	0

第三节　粮油加工

一、面粉加工

1985年，县属面粉加工企业有仲宫粮食加工厂、郭店粮食加工厂两套生产机组，日处理加工小麦30吨。1986年，投资250万元，对郭店粮食加工厂进行技术改造，使小麦日加工能力由15吨增加到150吨，日产等级粉100吨。1987年，东郊粮食加工厂划归历城区。1988年10月，投资274万元，对该厂进行技术改造，使生产规模由原来的日产面粉75吨，增加到日处理小麦150吨。1991年，该厂投资230万元，为制粉车间配套建成500万公斤仓容的立体筒。同年4月，投资93万元，对仲宫粮食加工厂车间进行技术改造，试运行分层研磨制粉工艺，1992年7月生产出符合国家标准的特一粉、特二粉和标准粉。是年，东郊、郭店、仲宫3个加工厂分别更名为历城区第一、第二、第三面粉厂。1993年5月，第三面粉厂承担省经委下达的新技术、新产品开发任务，在全省首创富养颗粒系列小麦粉。1995年7月，区粮食局工业处与第三面粉厂联合研制成功小麦脱皮机，每小时产量3吨，居世界领先水平。同年，3个面粉厂生产的特一粉、特二粉、特精粉打入济南市场，并实现跨省、市经营。1996年7月，国内贸易部、国家粮食局在历城第一面粉厂召开小麦脱皮新工艺国际研讨会，德国、法国、意大利等7国制粉专家和国内几家大型面粉生产厂家的专家和技术人员参加。通过鉴定，第一面粉厂生产的双网逆转轴流式小麦脱皮机、间歇筋式小麦脱皮机、喷风式麦仁清理机得到专家的认可，获得实用新型专利。1998年，利用第一面粉厂设备建成华龙面粉厂。2000年，第一面粉厂、第三面粉厂全面停产。2004年，第二面粉厂改制为济南金粮面粉有限公司。2005年，济南金粮面粉有限公司被市政府确定为济南市农业龙头企业，“大明湖”牌面粉系列产品进入济南各大超市。

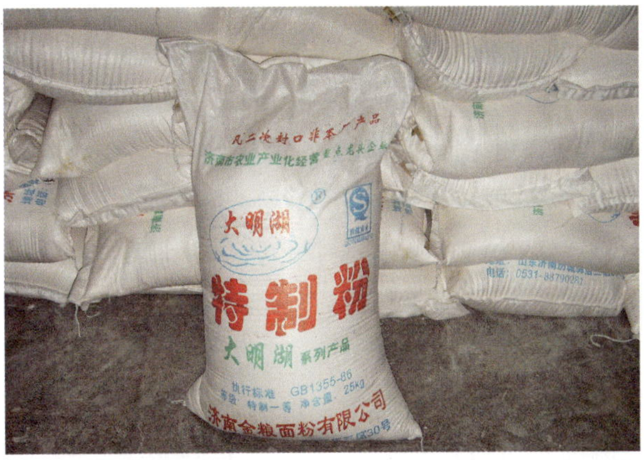

图13-9 济南金粮面粉有限公司生产的“大明湖”牌面粉（2005年摄）

二、饲料加工

1986年，县粮食局在各粮所设有13个饲料加工机组。1987年，在十六里河镇大涧沟村建设全区第一家区属饲料加工厂——历城区饲料加工厂，总投资164万元。1988年1月投产，使全区粮食系统年饲料生产能力达到3万吨。1997年，13个小型饲料机组全部停产。2004年7月，区饲料加工厂停产。

三、多种经营

1986年，县粮食局按照“以食品工业为主，多种经营”的发展思路，在全系统提倡前店后厂、生熟兼营。是年，投资70万元，在柳埠粮所建成955平方米糖酥煎饼生产车间，采用介质油循环供热新技术，生产出8个系列21个品种的“三龙潭”牌糖酥煎饼，畅销全国。年末，全系统共有饭店15家，食品加工厂3个，熟食部7个，各种食品生产机械设备82台。1988年，“三龙潭”牌糖酥煎饼被全国城市运动会指定为标志食品；1990年，被第11届亚运会组委会指定为标志食品；1991年，在深圳举行的首届中外名特优新食品博览会上获“鹏城杯”奖；1992年，获“中国旅游商品天马金奖”。同年，区粮食局投资360万元，建成府前大酒店。1993年，区粮油供应公司投资120万元，建成集办公、饮食、商店为一体的综合商业楼，开设万谷大酒店。1997年，酒店全部转型停业。2003年，区粮食系统进行投资主体多元化改革。11月，区粮食局开展居民厨房工程试点工作，帮助济钢粮店加盟“金德利快餐”，成立金德利民快餐连锁71店。2004年11月，在洪家楼南路开设金德利民快餐连锁91店。是年，以区军粮供应中心为依托，成立金德利快餐历城分公司。截至2007年，全区有金德利民快餐店9个，承包大中专院校学生食堂3家，外卖网点6处，安置进城务工人员和下岗职工500余人。

图13-10 2004年11月，金德利民快餐91店开业

第四节　粮油储存与保管

一、粮油储存

1986年，全县共有粮油仓储单位14个，其中，粮所（站）13个、粮库1个。13个粮所（站）下设25个粮店，仓容42221吨。粮所（站）、粮库担负着全县粮油定购、议价粮购进和各级储备粮油的储备任务，并备有应急露天货台。1987年，王舍人粮所、华山粮所和东郊粮库划归历城区，全区增加仓容21300吨。1990年，大桥、桑梓店、靳家粮所划归历城区，增加仓容3185吨。1992年，建新仓363平方米，增加仓容1200吨。1995年，东郊粮库为加工车间配套，贷款292万元，新建立筒仓12个，容量5000吨，1997年投入使用。1998年，全区粮食收购量较大，仓库紧张，租赁社会简易仓房9个；贷款47.6万元，为2个粮库购买活动仓20个，容量4000吨。1999年，利用贴息贷款499.3万元，在东郊粮库建设1360平方米仓房、仓容4000吨，在郭店粮库建仓2645平方米、仓容1800吨，在港沟粮所建仓588平方米、仓容1125吨，在彩石粮所建仓196平方米、仓容375吨，在遥墙粮所建仓192平方米、仓容450吨，在华山粮所建仓152平方米、仓容375吨。2007年，全区实有粮油仓库容量71820吨。

图13-11　唐王粮所粮库（1999年摄）

二、粮油保管

1986年起，县粮食局粮油保管工作贯彻落实“预防为主、综合防治”的保粮方针，以及“三定一包”粮油保管责任制（定仓、定人员、定工具，从粮食入库到出库一包到底），坚持查仓制度，入库粮油收得下、不变质，保证了市场供应。20世纪90年代，粮油保管实施“一符、三专、四落实”管理制度，即账实相符，专人、专仓、专账管理，数量、品种、等级、地点落实。全部粮仓严格质量标准，均达到“四无”的标准（无鼠雀、无霉变、无害虫、无事故）。2003年后，粮油保管由规范化进入科学化管理，实施机械通风、电子测温、槽管密闭等科学保粮新技术，推行低温、低氧、低剂量“三低”综合防治技术和环流熏蒸技术，确保了粮食安全。截至2007年，全区储粮单位经自查、互查、迎查，“一符、三专、四落实”及“四无”粮仓率达100%。

第五节　粮食执法

2004年5月26日，国务院颁布《粮食流通管理条例》，赋予县级以上粮食行政管理部门监管辖区全社会粮食流通市场的职责。年底，区粮食局设立市场执法大队，开始行使粮食执法职能。每年对辖区内从事粮食购销、加工的业户进行专项检查，对经营业户的粮食收购许可证、统计台账、统计报表进行监督检查。2005年，成立历城区粮食局质量检测站，配备粮食行政执法车2辆，在全市县（市）、区率先实现一局、一科、一队、一站、一车“五个一”要求。8月，对一家违反《粮食流通管理条例》的粮食经营业户依法进行行政处罚，开出全省粮食行政处罚第一张罚单。是年，办理粮食经营许可证21个，区粮食局被评为山东省唯一的县级全国粮食流通监督检查工作先进单位。2006年11月，区粮食局增设市场督查科（挂执法大队牌子），加强市场督查，维护辖区粮食流通秩序和消费者合法权益。

第四章　物资流通

第一节　物资流通体制改革

1986年，物资供应仍实行计划调拨与市场调节“双轨”经营体制，以计划调拨为主。县物资局下设金属材料、燃料、机电化轻建材、生产资料服务、金属回收、木材公司6个专业公司和仲宫、郭店2个物资供应站，承担全县计划物资供应任务，并开展自主经营业务。1988年，区物资局在全系统实行承包经营责任制。3月，仲宫、郭店两个供应站分别更名为区物资综合公司、区第二物资综合公司。1990年3月，撤销第二物资综合公司，其人、财、物划归区金属材料公司，改称历城区金属材料公司仲宫经营处。1992年，国家取消指令性物资供应计划，推行物资经营“四放开”（经营范围放开、价格管理放开、劳动用工放开、收入分配放开），物资供应全部转为市场经营。4月，区物资局在全市物资系统率先组建济南市历城区物资总公司，与区物资局“一套班子、两块牌子”。总公司实行总经理负责制，与区政府签订总承包合同。同年8月，先后成立历城区物资总公司大桥分公司及上海浦东、广州、沈阳、福州4个分公司。1993年6月，在区物资总公司基础上组建济南历城物资集团总公司，是具有独立法人资格的全民所有制企业，实行独立核算，自负盈亏。集团总公司由14个单位组成，实行二级核算，统一纳税；组成单位实行工效挂钩，由集团总公司调控管理工资总额。1994年4月，改革用工制度，制定《关于实行全员劳动合同制的实施细则》等6项规定，对总经理以下干部一律实行聘任制，职工实行全员劳动合同制。1995年1月，撤销区金属材料、物资再生综合利用、机电化轻建材、生产资料服务、物资综合、木材等6个专业公司，重新组建历城区金属材料公司、历城区机电化轻建材公司、历城区物资综合公司。1996年12月，济南历城物资集团总公司改建为济南腾鑫物资集团有限公司，由12个单位组成。2001年10月起，对14家国有物资流通企业进行清算改制。截至2007年，改制为股份制的2家，破产7家，注销2家，清算2家，清算解散1家。分流企业职工175人，其中，改制分流53人，解除劳动合同、享受失业保险待遇的122人。2007年12月，撤销区物资局，其人、财、物并入区经贸局及下属事业单位。

第二节　物资经营

1986年，县物资局系统经营的物资主要有钢材、木材、煤炭、生铁、平板玻璃、汽车等。1988年，承包经营责任制的实行，调动了经营者的积极性，物资系统全年销售额突破亿元，实现销售额10273万元，利润210万元。1992年，物资市场全面放开，市场供需两旺，区物资局系统当年实现销售额20849万元，利润278万元。1992年12月至1994年12月，区物资局投资2200万元，建成集营业、办公、饮食、住宿、娱乐为一体的

图13-12　位于王舍人镇的区燃料公司货场（1995年摄）

鑫都大厦。大厦高61米，共17层，总建筑面积10320平方米。1993年，全系统实现销售额32157万元，利润289万元，创历史最高水平。同年12月，拓宽服务领域，成立济南历城物资集团总公司汽车出租公司，有“面的”车10辆。到1995年底，“面的”发展到90辆（包括挂靠车辆），成为济南市出租汽车协会常务理事单位。

1994年后，物资经营市场竞争日趋激烈，区物资系统销售额、利润逐渐下滑。1995年，全系统销售额下降到1.2亿元，实现利润1万元。1996—2001年，区物资局在物资经营困难的情况下，实施“腾笼换业”资产变资本的策略，在花园路黄金地段联合开发了面积1.7万平方米的商品住宅楼，收入552万元；在仲宫经营处院内兴建3380平方米的宿舍楼，除解决部分职工住房外，剩余的对外销售作为改制成本；在区物资局建成二层沿街楼房，建筑面积460平方米；拆除郭店门市部，建成6层沿街商住楼，建筑面积4800平方米，除解决职工住房外，其余对外租售。同时，通过租赁原有房屋、闲置场地和设备，增加收入，解决日常支出和房屋、设备维修等费用。1997年3月—12月，腾鑫物资集团有限公司通过化小经营单位，先后剥离分立和分流出济南市历城区鑫星钢材销售中心、济南鑫月民用爆破器材销售中心等8个企业。1998年7月至2001年9月，由于经营额下滑、亏损等原因，区物资集团总公司、汽车出租公司等9个企业被吊销营业执照。2001年，全系统实现销售额472万元，利润2.7万元。至2002年，除区燃料公司和济南鑫月民用爆破器材销售中心勉强维持经营外，其他经营单位均已停业。

第五章　供销合作社

第一节　供销社体制改革

1986年，县供销社对基层供销社门店主要实行利奖挂钩经营责任制。1987年，对各门店、区直公司分别实行“一人挑头，集体承包，独立核算，自负盈亏，自主经营”和以经理为主的全员抵押承包经营。1990年，区政府成立棉花办公室，设在区供销社。1991年，在19个基层供销社全面实行经营、价格、分配、用工“四放开”。1992年6月，成立区供销集团总公司，与区供销社合署办公。1993年10月，在全系统普遍推行国有民营改革，采取集体或个人承包方式，自主经营，自负盈亏，有232个门店签订了承包合同，占全部门店的70%。1995年9月，区供销社贯彻中共中央、国务院《关于深化供销合作社改革的决定》，通过了以“坚持供销社集体所有制性质，确保资产的增值保值和社员的经济利益，壮大集体经济”为指导思想的新一轮承包方案。10月起，对3年合同到期的门店，停止国有民营的经营方式，转变为统一核算、利润包干、超利润税后分成，利润大包干、超利润税后归己及租赁经营3种承包经营形式。同年年底，签订承包合同322个，上交的承包金额比上一轮承包增加260万元。1999年11月，按照所有权与经营权“两权分离”的原则，在基层社实行“抽本经营”，把承包门店改造成“自主经营，自负盈亏，自我约束，自我发展”的新型门店，使各基层社、公司由资金运营逐步过渡到资产经营，全年共抽回社有资金430.2万元。2001年3月，贯彻区委、区政府《关于对国合流通企业进行改革的决定》，将区供销社所属农业生产资料公司、土产杂品公司、糖业烟酒公司、再生资源公司合并改制为济南社兴供销有限责任公司，以产权制度改革为主体，量化企业资产964.3万元；原4个公司的职工身份置换为全员劳动合同制，实行全员入股。至2002年8月，入股金额89.9万元。

第二节　网点建设

1986年，县供销社有农业生产资料、土产杂品、联购分销、废旧物资回收、果品食杂公司5个直属专业公司，十六里河英雄山、柳埠、仲宫、邵而、彩石、孙村、西营、港沟、董家、唐王、遥墙11个基层供销社，经营网点238个，在职职工2137人。1987年5月，区划调整，王舍人、华山供销社划归区供销社。1988年，邵而供销社更名为党家庄供销社。同年4月，区供销社成立贸易公司（1990年7月撤并到联购分销公司）。1989年4月，成立郭店供销社，恢复建立锦绣川、高而供销社。同年12月，齐河县桑梓店、靳家、大王供销社随行政区划调整划归历城区供销社，区供销社共有19个基层供销社。1990年2月，区供销社成立区棉麻公司，与棉油加工厂合署办公。同年，废旧物资回收公司更名为再生资源公司。1991年5月，果品食杂公司撤并到土产杂品公司。1993年4月，区供销集团总公司将王舍人、十六里河、华山、郭店、大王5个基层供销社分别组建为区供销集团总公司东郊公司、英雄山公司、华山公司、郭店公司、大王公司（1995年3月更名为大桥公司）。1997年4月，将高而供销社并入仲宫供销社，撤社留店。2004年6月，将锦绣川供销社并入仲宫供销社，撤社留店。2007年年底，区供销社共有17个基层供销社（桑梓店、靳家、大桥、十六里河、党家庄、孙村等基层供销社虽然行政区划已调整，6处基层供销社仍隶属于区供销社），经营网点171个，在职人员575人。

1991年起，基层供销社对陈旧的经营设施实施改建、扩建、新建。是年，十六里河英雄山供销社新建5层综合商业楼，建筑面积5200平方米，投资268万元。1997年，王舍人供销社新建

图13-13　王舍人供销商城外景（2001年摄）

3层供销商城，建筑面积6584平方米，投资800万元。2006年，仲宫供销社新建3层综合商业楼，建筑面积3700平方米，投资280万元；郭店供销社建4层综合商业楼，建筑面积4036平方米，投资300万元。截至2007年，有12处基层供销社新建、改建综合商业楼24座，建筑面积共计58440平方米，建设总投资4522万元，经营设施的规模和档次得到很大提升，综合服务功能和市场竞争力明显增强。

1993年3月，区供销社按照上级关于农贸市场退路进厅的指示精神，在农业生产资料公司仓库院内改建农贸市场大棚4000平方米，设固定摊位106个、流动摊位300个，将洪家楼西路的马路市场迁入农贸市场大厅。1995年8月至1996年6月，投资350万元，建设4层供销商厦，建筑面积2700平方米。2003年6月，投资30万元，改造洪家楼西路沿街商业房450平方米。

1996年9月，在仲宫、董家供销社进行建立专业合作社的试点，筹建果品专业合作社和蔬菜专业合作社。1997年，仲宫、靳家、郭店、董家、唐王5个基层社成立果品、养猪、薯类、粮油、蔬菜等不同类型的专业合作社8个，共有专业社社员415户，入社股金110万元。1998年，锦绣川、港沟供销社分别成立农资专业合作社，共有专业社社员347户，入社股金12.84万元。2004年始，大力发展农村现代流通网络，当年在基层供销社建立农资服务站33个。2005年，实施超市进乡镇、综合服务中心进村工程。2007年10月，

区供销社成立区商业物资流通协会，会员单位57个。年末，区供销社系统共有专业合作社10个，基层供销社开办的超市11个，村级综合服务中心2个，村级农家店126个。是年，区供销社被人事部、中华全国供销合作总社评为先进集体。

第三节 商品购销

一、农业生产资料供应

1986年，国家对农业生产资料仍实行计划管理，由省、市、县供销社三级调拨经营，一律执行省、市物价部门核定的价格，经营品种主要有化肥、农膜、农具、农药（械）等，主要经营渠道为供销社的农业生产资料公司和基层供销社经营网点。1994年，省级调控化肥由三级批发、一级零售（省、市、区批发，基层社零售）改为一级批发、一级零售（省农资公司批发，区农资公司与基层供销社批零结合）。1995年后，农用塑料薄膜、中小农具及农药(械)经销市场逐步放开，经营渠道增多，供销社系统销售量有所下降。1996年起，实行化肥经营许可证制度，区供销社系统增加零售网点120个。2002年，实行农药经营许可证制度，全系统办理专营门店35个。2005年4月，成立济南市农资协会历城分会，共有会员单位130家。

图13-14 为“三农”服务下乡送货（2001年摄）

1986—2007年历城区供销社系统主要生产资料销售情况表

表13-6　　单位：吨

年份（年）	化肥	农药	农膜	年份（年）	化肥	农药	农膜	年份（年）	化肥	农药	农膜
1986	34295	137	216	1994	22174	62	105	2002	21468	75	137
1987	47638	133	214	1995	23854	68	420	2003	40635	141	133
1988	56601	127	205	1996	31729	92	119	2004	36874	81	207
1989	53091	120	204	1997	60340	235	122	2005	39450	85	194
1990	58735	136	199	1998	45416	278	57	2006	46115	147	218
1991	52074	152	233	1999	34277	176	96	2007	47192	111	291
1992	47207	121	234	2000	33090	209	127				
1993	39566	106	217	2001	26040	47	123				

二、农副产品收购

1986年，县供销社系统的农副产品收购业务，由市、县果品公司、外贸公司在各基层社设点，县供销社代收。主要收购品种，南部山区、丘陵地带有苹果、核桃、山楂片（果）、梨、花椒、柿饼、中药材、畜产品、蜂蜜等，平原、沿黄地带有西瓜、红麻、芦苇、条编、蔬菜等。是年，完成农副产品收购总值587万元。1995年，区供销社系统农副产品收购达到最高值1209万元。此后，随着市场的逐步放开，区供销社系统农副产品收购数量下降。2007年，完成收购额219万元。

1986—2007年历城区供销社农副产品收购情况表

表13-7　　单位：万元

年份（年）	农副产品收购额	年份（年）	农副产品收购额	年份（年）	农副产品收购额	年份（年）	农副产品收购额
1986	588	1992	663	1998	644	2004	366
1987	516	1993	1250	1999	853	2005	303
1988	618	1994	625	2000	595	2006	251
1989	554	1995	1209	2001	438	2007	219
1990	740	1996	679	2002	275		
1991	500	1997	120	2003	398		

三、生活资料销售

1986年，县供销社系统的生活资料经营，主要是从市、县国营商业批发公司组织货源，属于计划分配的商品自上而下逐级分配销售指标；由各基层社到外地市、县专业批发公司（站）组织选购计划外的商品。供应品种有日用百货、布匹、服装鞋帽、针织品、五金化工、陶瓷、副食品、土杂产品等。当年完成生活资料销售额3009.5万元。1989年后，彩电、冰箱等家用电器及摩托车、家具等商品纳入经营范围。1995年后，经过几次改革，经营方式发生重大转变，统一采购、分配销售的比重下降，购销方式以门店自采、自销经营为主。2002年，实行烟花爆竹经营许可证制度，供销社系统办理烟花爆竹经营许可证56个。2004年10月，区供销社成立区烟花爆竹协会，强化烟花爆竹经营管理工作，发展集体会员69个、个人会员21个、厂家会员5个。2007年，全系统完成生活资料销售额4240.9万元。

1986—2007年历城区供销社系统主要生活资料经营情况表

表13-8

年份（年）	电风扇（台）	电视机（台）	电冰箱（台）	摩托车（辆）	洗衣机（台）	空调（台）	电话（部）	音响影碟机（台）	缝纫机（台）	自行车（辆）
1986	2743	2514	3	0	214	0	0	153	2379	7390
1987	2090	3302	5	0	120	0	0	262	3374	7852
1988	3803	3363	3	0	76	0	0	341	3142	10277
1989	5000	1905	33	0	25	0	0	613	3254	7832
1990	4919	2324	6	12	2	0	0	391	1358	6134
1991	6798	2887	62	46	18	62	0	728	1928	8045
1992	8479	3617	94	49	11	94	0	588	1689	8422
1993	5457	3008	18	194	24	18	0	792	1468	6876
1994	7275	2416	101	188	50	101	0	1077	1235	5826
1995	5646	2348	257	182	134	257	0	917	1531	6760
1996	7909	2907	349	38	105	1	0	940	1597	6021
1997	5652	1960	200	64	127	4	0	1081	1134	4598

续表13-8-1

年份（年）	电风扇（台）	电视机（台）	电冰箱（台）	摩托车（辆）	洗衣机（台）	空调（台）	电话（部）	音响影碟机（台）	缝纫机（台）	自行车（辆）
1998	6074	1436	242	173	240	7	0	1363	1186	4321
1999	4012	1385	261	159	233	6	0	1098	864	4164
2000	3003	1180	145	160	125	8	1219	1086	930	4255
2001	2862	299	54	116	73	32	1667	92	1059	4362
2002	3140	253	26	102	144	1	1872	204	822	3886
2003	3110	204	37	85	69	52	1983	153	937	4059
2004	2969	154	12	53	9	43	1344	91	1083	3794
2005	3055	215	15	7	20	26	1355	130	884	3974
2006	3072	186	23	19	25	37	1478	174	947	3742
2007	3588	197	34	25	38	46	1554	205	522	3384

四、废旧物资回收

1986年，县供销社系统废旧物资回收业务以县废旧物资回收公司为主，基层设收购站68个，主要收购品种有废旧钢铁、有色金属、造纸原料、橡胶、塑料等，由物价部门统一制定收购指导价格。是年，收购废钢铁963吨、有色金属77吨、造纸原料694吨。1988年，废旧物资经营市场放开，价格按市场指导价。1995年，对从事废旧物资经营的业户取消免税政策，实行增值税先征后返政策。对从事废旧物资经营的增值税一般纳税人，按入库增值税税额的70%返还企业；对不具备一般纳税的小型收购网点，由当地税务部门按收购经营额定税。2005年4月，成立济南市再生资源协会历城分会，入会会员215家。2007年，区供销社系统收购废钢铁1983吨、有色金属11吨、造纸原料352吨。

1986—2007年历城区供销社系统废旧物资收购情况表

表13-9　　单位：吨

年份（年）	有色金属	钢铁	造纸原料	年份（年）	有色金属	废钢铁	造纸原料
1986	77	963	694	1997	18	7957	—
1987	99	2147	558	1998	23	5230	17
1988	60	4019	344	1999	8	8485	21
1989	47	4782	345	2000	548	4422	31
1990	45	5940	106	2001	2	2040	4
1991	41	5702	488	2002	11	1631	57
1992	61	4661	482	2003	7	1753	56
1993	54	5538	565	2004	20	1431	110
1994	48	5700	466	2005	55	1658	75
1995	65	4225	580	2006	3	129	23
1996	15	5090	4	2007	11	1983	352

第四节 社办产业

一、社办饮食服务业

1986年，县供销社系统有饭店31家，其他服务业13个（旅馆8个，照相馆4个，理发店1个），从业人员350人，年营业额140万元。1990年后，受市场影响，营业额逐年下降。2007年年底，有饮食服务网点15处，从业人员61人，年营业额50.6万元。

二、社办工业

1986年，县供销社系统有酿造加工厂10个，糕点加工厂4个，生产品种35个，拥有注册商标8个，完成产值200万元。1993年，建花岗石厂4个。1995年后，由于设备陈旧、技术落后、工艺水平低，导致社办工业企业相继停产。2000年，4个花岗石厂全部停产。至2007年，社办工业企业仅存5处，完成产值203万元。

1986—2007年历城区供销社系统饮食服务业、社办工业产值完成情况表

表13-10

年份（年）	饮食业服务业营业额（万元）	社办工业产值（万元）	棉花加工量（吨）	年份（年）	饮食业服务业营业额（万元）	社办工业产值（万元）	棉花加工量（吨）
1986	140	200	0	1997	56	3452	45
1987	158	167	0	1998	52	3400	290
1988	172	294	0	1999	45	2924	190
1989	209	345	0	2000	31	2374	485
1990	260	406	1300	2001	37	1532	500
1991	186	347	1900	2002	42	1874	115
1992	172	2300	400	2003	52	1200	105
1993	230	4290	135	2004	47	720	120
1994	83	3200	550	2005	44	186	65
1995	60	3017	900	2006	40	187	280
1996	50	3109	290	2007	51	203	200

第六章 专卖品贸易

第一节 石油经营

1986年，石油供应分为两部分，一部分是计划内平价油，由县政府安排供应计划；另一部分是议价油，由市石油公司提供油源，向社会公开销售。是年，县供销社在11个乡镇设有11个石油供应组，县商业局投资20万元建成郭店加油站。供销社购进销售汽油827吨，煤油326吨，柴油3930吨，润滑油287吨，合计5370吨，总销售额1300万元；商业局实现石油销售收入207万元。1987年5月区划调整后，区供销社石油供应组增加到13个。同年，区商业局投资102万元建起遥墙加油站、仲宫加油站。1990年12月，区商业局成立区石油公司。1991年9月，取消平价油供应，实行全国统一最高出厂价，零售价由物价部门核定销售限价，进销渠道趋向多形式、多样化。1992年，石油产品价格完全放开，石油经营向社会开放，价格上升，市场经营竞争激烈。区供销社、商业局加大石油经营批发业务，不断扩大经营范围。1993年，区石油公司实现年销售额1477万元，利税113万元，利润57万元。2000年起，区供销社、商业局停止成品油批发经营，所属石油经营部门，充分发挥网络优势，注意培育、完善和提升加油站营销功能，树立“大站做强、小站做活”的理念，加大促销力度。2004年，区石油公司所属经营设施全部实现租赁经营。2007年，全区有限额以上机动车燃料零售企业3个，完成销售总额5256万元。区供销社系统有加油站10个，销售柴油3914吨、汽油4074吨，总价值9300万元。

第二节　烟草经营

1986年，全县完成卷烟零售量13141箱，主要销售渠道为全民所有制商业企业和供销社。其中，县供销社系统共有烟草经营销售网点120个，全年销售卷烟10409箱，销售额92万元。各烟草经营单位按照各级烟草专卖局的要求，不断规范烟草市场经营秩序，坚决杜绝无证经营和非法批发零售假烟、走私烟、非法渠道卷烟等违法违规现象。1987—1990年，全区每年卷烟销售量分别完成36159箱、3736箱、8900箱、19743箱。1991年起，个体私营卷烟经营网点增多，区供销社系统卷烟销售量呈逐年下降趋势。2002年起，区供销社通过在农村发展连锁超市和综合服务中心、农家店等经营网络，卷烟经营渠道实行统一购进、集中配送的经营模式，卷烟市场占有率稳步提高。

1997年4月，济南市历城区烟草专卖局（公司）成立，下设仲宫、郭店、唐王、港沟、王舍人、华山6个批发部，当年销售卷烟4634箱。2001年1月15日起，按照上级要求，区烟草专卖局（公司）所属卷烟批发部停止卷烟零售业务。同年11月，区烟草专卖局开始实行客户经理、送货员、稽查员“三员互控”及教育、制度、监督“三级督察”制度；建立专卖经营“一三一”模式，即一个主体——卷烟经营、专卖管理及内部考核依据以市场（卷烟零售户）为主体；三线成网——访销线、送货线、专卖稽查线交织成城市卷烟经营管理网络；一个系统——功能强大、信息齐全、准确高效的计算机信息系统。12月，撤销济南市历城区烟草公司，保留济南市历城区烟草专卖局。2002年11月至2003年2月，区烟草专卖局以端窝打点、堵源截流为突破口，在全区范围内开展卷烟市场净化“百日行动”，共查处非法经营案件270起，查扣非法经营卷烟16923条，查获烟丝、卷烟盒皮、滤嘴棒等造假敷料1宗。2003年12月，根据市烟草专卖局统一部署，开展“文明执法树新风”活动。2005年，区烟草专卖局制定《中队工作流程》《考核中队流程》《办理烟草专卖零售许可证流程》，使内部考核管理工作更趋规范化、合理化，方便了卷烟零售客户办理烟草专卖证。2007年，在全市开展的货运站及高档卷烟经营场所非法经营烟草专卖品专项集中整治行动中，区烟草专卖局在历城区委、区政府的大力支持和公安、工商、交通等部门的通力配合下，共查处货运站及高档卷烟经营场所各类涉烟案件35起，查获假冒“555”“中华”“苏烟”“云烟”等各类非法卷烟9924.9条，案值284.25万元，有效地打击了货运站及高档卷烟经营场所非法经营烟草专卖品的违法行为。是年，区烟草专卖局销售卷烟35697箱，实现销售收入43494万元。

1986—2007年历城区供销社卷烟销售情况表

表13-11　　单位：箱（5万支）

年份（年）	销售数量	年份（年）	销售数量	年份（年）	销售数量	年份（年）	销售数量
1986	10409	1992	1747	1998	756	2004	1071
1987	16858	1993	1802	1999	678	2005	1604
1988	13186	1994	924	2000	479	2006	2167
1989	8023	1995	651	2001	480	2007	2377
1990	10202	1996	754	2002	585		
1991	4563	1997	926	2003	964		

1997—2007年历城区烟草专卖局卷烟销售及案件查处情况表

表13-12

年份（年）	销售量（箱）	销售额（万元）	查处案件（件）	查扣量（条）	罚没金额（万元）
1997	4634	—	956	57245	11.9
1998	8365	—	1123	61230	13.4
1999	16600	—	1020	58246	12.0
2000	16600	—	1330	69850	12.4
2001	15678	—	—	—	—
2002	—	—	—	—	—
2003	—	—	1936	—	144.7
2004	30875	23771	1562	—	—
2005	30778	28664	2008	30350	68.9
2006	29419	32860	1055	38720	140.1
2007	35697	43494	1409	41200	443.3

第三节　盐业经营

1986年，全县食盐零售量4317吨，其中全民商业和供销社系统销售食盐3492吨。1987—1992年，全区年食盐零售量分别为4286吨、4713吨、4146吨、4296吨、3670吨、2420吨（1993年起，不再统计全区食盐零售量）。1993年2月，区政府设立盐业行政管理办公室，负责辖区内的盐业管理和运销，办公室设在区供销社。至2000年4月，共查没私盐2350吨。2000年4月底，盐业行政管理办公室移到区土产杂品公司，由土产杂品公司代管。2001年5月，区盐业行政管理办公室行政职能合并到济南市盐务局，人员由市盐务局接管。2007年，区供销社系统有食盐经营网点90个，年销售食盐651吨。

第十四编

旅　游

波罗峪景区（2007年摄）

历城旅游资源丰富，南部山丘区域林地广布，风光秀美，旅游资源分布相对集中，被誉为“省城后花园”。历城区旅游业发端于20世纪80年代中期。90年代后，区政府加大发展旅游业的工作力度，将旅游业纳入国民经济发展规划，多次制定鼓励政策，举办各种宣传活动，推动了旅游业的快速发展。济南跑马岭野生动物世界、华山风景区、九顶塔民族风情园等一批大型旅游景区相继建成开放，并成为旅游热点。辖区内旅游交通路网四通八达，旅游服务设施日臻完善。旅行社从无到有，从业队伍不断壮大，宾馆、饭店接待能力逐年增强，作为旅游接待设施主要补充的农家乐获得了长足发展，旅游业逐步成为全区、特别是南部山区的支柱产业之一。2007年，全区共有旅行社21家，星级宾馆16家，农家乐508家，当年接待游客509万人次，实现旅游综合收入14.2亿元。

第一章 旅游资源

第一节 人文旅游资源

1986年，辖区内有人文旅游资源点47处，仅有四门塔景区一处收费景点。自20世纪90年代起，以各级文物保护单位和名胜古迹为依托，本着保护与开发并重的方针，华山风景区、辛弃疾纪念馆等旅游景点相继建成开放。2007年，以人文旅游资源为主题的景点达到30余处。

四门塔风景区 位于柳埠镇，占地面积约7.5公顷，是历城区开放最早的旅游景区。景区内有1600多年历史的神通寺遗址，中国现存最古老的亭阁式单层石塔——隋代四门塔，雕刻精美的唐代龙虎塔，保存完好、极具艺术价值的千佛崖石窟造像和形式多样的墓塔林，景区

图14-1 神通寺博物馆（2005年摄）

内有1000多年树龄的侧柏和九顶松，长江以北最大面积的竹林，济南新七十二名泉之一的涌泉。1999年，四门塔文管所筹措资金450万元，在神通寺遗址前建成神通寺博物馆，是齐鲁第一家仿唐建筑群。

辛弃疾纪念馆 又名辛弃疾故居。位于遥墙镇四风闸村南，景区占地面积近2公顷。1998年10月16日，纪念馆工程竣工，馆内建有石坊、仿宋六角碑亭、辛弃疾塑像、辛弃疾纪念祠、刻石碑廊等景点，建筑面积4000平方米，建设总投资900多万元。石坊正门横额镌刻“辛弃疾故里”，由著名书法家武中奇书写，景区内集中展示有明代大书法家董其昌以及当代全国各地书法名家的辛词书法、刻石。

华山风景区 位于华山镇郅家村，占地面积40公顷。景区以历史名山华山为依托，1999年由区政府开发建设，2000年5月对游人开放。华山古称“华不注”，为春秋时期齐晋“鞌”之战的古战场，是济南名胜“齐烟九点”诸山之首。唐代大诗人李白、宋代著名文学家曾巩都曾登临此山，元代大书画家赵孟頫曾做《鹊华秋色图》盛赞其境。景区内有“飞仙岩”“五指石”“蛙石”“一线天”“仙人桥”等多处奇石景观及济南市最大、最古老的道教宫观华阳宫。华阳

宫位于华山南侧，占地面积2.6公顷。金兴定四年（1220），全真教宗师丘处机的弟子陈志渊在山南建华阳宫，后被誉为“历下胜景”“济南巨观”。华阳宫由10余个院落组成，2001年5月1日，经修缮后正式对外开放，由济南市文管所管理。主体建筑四季殿由卷棚、正殿、高台组成，高台绕以石栏，13级台阶的中心斜铺石为云朵深浮雕；卷棚3间，连为一体的正殿为硬山式，面阔5间，进深3间，内供春（句芒）、夏（祝融）、秋（蓐收）、冬（玄冥）四季神像，前中内柱上各塑一盘龙浮雕，以苍龙探爪势从明栿月梁伸探而下，为国家龙雕珍品。

图14-2　华山风景区（2007年摄）

九顶塔民族风情园　位于柳埠镇秦家庄，占地面积约67公顷。由山东华洋置业集团独家投资近亿元，按AAAA级景区标准建设，2003年1月28日开业。该民族风情园以名胜古迹唐代九顶塔为依托，是集民族风情、风景名胜、游乐探险、休闲度假于一体的大型民族文化景区。民族风情区由傣、佤、壮、苗、哈尼、布依等16个少数民族村寨组成，游乐区内设有溜索、攀岩、速降、滑车、滑草等娱乐项目，风景名胜区内有九顶塔、观音庙、圣水泉、圣水潭、灵鹫山摩崖石刻、金鸡窝、石炕等景点。九顶塔为国家重点保护文物，始建于唐代，明人许邦才《九塔寺记》称此塔“一茎上而九顶各出，构缔诡巧，他寺所未经有。”九顶塔后灵鹫山悬崖上有80多尊龛佛像，雕凿精美，系盛唐风格。至2007年，九顶塔民族风情园先后推出了赶秋节、中秋赏月、篝火

图14-3　九顶塔民族风情园傣族村寨（2005年摄）

狂欢等特色旅游项目。

大佛寺石窟　位于仲宫镇锦绣川办事处老庄村北青铜山南麓悬崖上，是山东省重点文物保护单位。石窟内大佛造像高9.05米，是山东省现存最大的石刻造像，有“齐鲁第一大佛”之称。大佛的建造年代有隋、唐二说，是中国最早的佛教造像之一。

朱凤山旅游风景区　位于港沟镇郭家庄朱凤山，占地面积135公顷。由济南国商旅行社开发建设，2005年5月正式对游人开放。景区内的乡义寺有1460多年历史，是历城区重点文物保护单位。寺院之内有千年的古桧松两株，方形攒尖名曰“紫金”古石塔一座，明清两代镌碑八通。整个景区群山环抱，被誉为世外桃源。朱凤山深处，分布着茂密的各类古藤箩，盘绕在树林中，酷似南方特有的热带雨林生态景观，令人称奇，

图14-4　朱凤山风景区（2006年摄）

山东绝无仅有，北方极为罕见。自然、古朴、生态、野趣，是朱凤山四大旅游主题。

闵子骞衣冠冢　位于百花公园西邻，济南孝文化博物馆内。闵子（前536—前487），名损，字子骞，春秋时期孔子高徒，名列七十二贤，德行与颜渊齐名。闵子以孝名天下。孔子赞曰：“孝哉！闵子骞，人不间于其父母昆弟之言。”明朝编撰的《二十四孝图》，闵子骞排在第三位。

鲍叔牙墓　位于王舍人镇政府东2公里处。是济南市重点文物保护单位。20世纪90年代初建成，属开放式景点。相传，昔日附近有一座古城，名叫“鲍城”，春秋时期齐国大夫鲍叔牙死后葬于此地。鲍叔牙墓为圆形土坟，高2米多，直径10米，四周砌垒方方正正的城垛式围墙。墓碑书刻“齐大夫鲍叔牙之墓”，碑前设有供奉台1个，两侧置石麒麟。

第二节　自然旅游资源

历城区南部山区是泉城济南的水源涵养地，生态绿化环境良好，自然旅游资源十分丰富。20世纪80年代末期开始，按照统一规划、合理布局、有序开发、可持续发展的原则，结合四荒拍卖、森林资源开发、农业结构调整，提升老景区，开发新景区，建设了多处特色鲜明的观光、休闲、生态旅游项目。同时，位于辖区东北部的唐王平原森林公园等旅游资源，逐渐发展成为旅游热点。截至2007年，全区近20处自然旅游资源得到了有效开发利用。

柳埠国家森林公园　公园以柳埠林场为基础，地跨柳埠、西营、仲宫3镇，总面积2465.5公顷，是省内最大的国家级森林公园。景区峰峦叠嶂，谷壑深秀，泉溪瀑布，云林如画，风光殊佳。园内树木茂密，林海莽莽，有树种27科80余种，长青的松柏是公园主体，占总林地面积的70%。

济南跑马岭野生动物世界　位于柳埠镇跑马岭柳埠国家森林公园内，占地面积约670公顷。1998年由市政府投资建设，1999年9月26日对外开放，2001年被评为国家首批AAAA级景区。跑马岭，相传因唐代武德年间李世民率军东征在此操练兵马而得名。景区内植被茂密，最高处海拔898米，造就了跑马岭独特的自然环境，历史上曾有“小云南”之美誉。跑马岭野生动物世界分为步行游览区、食草动物区、森林休闲区、猛兽探险区和综合服务区。游览路线总长约12公里，并设有跨度1500余米的索道直通山顶。园内建有御马亭、望岳亭、游禽湖、生态馆等景点近百处。有动物400余种、1万余只，均为野生放养，

图14-5　济南野生动物世界（2005年摄）

是国内规模最大、海拔最高、野味最浓、自然环境最美的森林野生动物园。2003年，获“山东省十佳景区”称号。2004年，被评为“齐鲁新十景”。2006年，被定为“山东省中小学生科普教育基地”。

红叶谷生态文化旅游区　位于仲宫镇锦绣川办事处，占地面积约270公顷，是一处以生态和文化为主题的城市近郊风景旅游区。由济南市园林管理局和济南园林开发建设集团共同开发建设，2001年9月开放。国家首批AAAA级景区。2003年，顺利通过ISO 9000、ISO 14000质量环境管理体系认证，被评为“山东省十大新景点”。2005年，被评为“济南五年大变样十佳建设工程”。红叶谷风景区由大门景区、蔷薇园、天趣苑、蔓园、欧洲风情谷、万叶塔等景点组成，景区内的圣水泉为济南新七十二名泉之一；先后设立郁金香花节（4月2日—5月10日）、百合展（6月—8月）、红叶节（10月1日—11月12日）、踏雪寻梅等特色旅游项目，形成了“春来郁金争香，夏至消夏避暑，秋赏万山红遍，冬临玉树琼花”的四季景观，尤以秋季红叶满山景致殊佳。

蟠龙山森林公园　位于旅游路东段，地跨彩石、港沟2镇，总面积540公顷，森林覆盖率达98%。1999年10月，被省林业厅批准为省级森林公园。2002年7月，由山东天建世纪集团开发建设。园内分为世界风情区、休闲度假区、娱乐区，有擎天柱、佛隐寺、淌豆泉及大型森林浴场等景点，设有少数民族风情表演和动物大联欢等娱乐节目。

图14-6　蟠龙山森林公园（2007年摄）

锦云川乐园　位于仲宫镇高而办事处，占地面积约670公顷。由济南市房地产开发公司投资建设，2002年10月1日对外开放。景区分为东区极限运动乐园与西区生态旅游区两大部分，是融极限运动、休闲娱乐、拓展培训、生态养生于一体的大型旅游区。极限运动乐园设有高空蹦极、彩弹搏击、滑翔飞翼、溜索、攀岩等游乐项目。生态旅游区有百花湖、碧波池、合欢林、祈雨台等众多景点。

图14-7　锦云川乐园（2003年摄）

槲树湾旅游度假区　位于柳埠镇周家峪村，占地面积约135公顷。由济南神州旅行社投资开发建设，2003年10月开业。景区以青山绿水、乡村民俗为主题，注重自然生态与乡村风情，以山、水、田园著称，集中展现南部山区百年流传的民间技艺，如摊煎饼、手工织布等。定期举办济南南部民间特色工艺大展演、农活大赛、南山豆腐节、瓜果采摘节等活动。2007年，被山东省旅游局批准为省级农业旅游示范点。

金象山滑雪场　位于仲宫镇锦绣川办事处商家村，总占地面积200公顷，是济南市第一家滑雪场。由济南金象山旅游发展有限公司开发建设，总投资近亿元，2004年12月26日正式对外开放。雪场建有5条总计长达3公里的初、中、高级雪道和滑雪圈道，可以容纳上千人同时滑雪、赏雪。部分雪道配置空中缆车，成为华东地区唯一安装空缆的雪场。同时拥有5条专业天然攀岩岩道、多间独立的培训教室、大中小型多功能会议厅、高档商务会所（三星级标准）等完整配套的活动设施，可以完成大型高空拓展项目10余个，地面、室内各种拓展项目200余个。2006年，相继投入3000多万元，建成雨林谷、欢乐谷、东方乐园等旅游项目，可提供拓展—内训—会议接待—休闲旅游—俱乐部活动—冬季滑雪“一站式”服务。

水帘峡风景区　位于柳埠镇簸箕掌村，占地面积约670公顷。由山东水帘峡生态旅游有限公司开发建设，2004年4月25日开业。2006年，实施二期扩建工程，累计投资近亿元。景区划分为水韵奇石、生态养生、娱乐休闲、宗教文化、户外探险五大园区，古齐长城自景区蜿蜒而过。景区内泉眼众多，以水帘洞泉、龙虎泉、饮马泉、淘米泉、公主泉、苇泉为最；有小天池、水帘洞、药王庙、天然石画园等景点，其中小天池内发现最古老的无脊椎动物桃花水母；有济南第一高峰——海拔976.2米的梯子山，济南峡最深、峰最险的第一大峡谷——水帘峡。

图14-8　水帘峡风景区（2005年摄）

山青世界　位于柳埠镇大会村，总面积64公顷。原名千禧乐园，1999年12月由个人投资建

图14-9　山青世界（2005年摄）

设。2000年5月，一期工程竣工开园，为一处以自然山水、田园风光、民俗文化为特色的民间乐园。2003年9月，其开发经营权移交共青团山东省委，更名为“山青世界”，确定为“山东省青少年教育实践基地”，由省青少年活动中心负责改建管理，2005年5月建成对外开放。园内设有快乐大本营区、青少年素质拓展区、假日农庄实践区、科技畅想区、森林探险区五大区域，是少年儿童体验教育、磨练意志、享受童年的乐园，青年团队拓展训练的基地。

波罗峪旅游度假区　位于仲宫镇东泉泸村村东，是济南南部近郊最近的一处景区，占地面积约170公顷。由济南佳汇旅游发展有限公司投资建设。2004年10月1日，一期工程建成对外开放，总投资6000万元。风景区内环境清幽，空气清新，森林覆盖率达70%以上。景点有香山寺遗址、三圣佛洞、不老泉、

图14-10　波罗峪香山书院酒店（2007年摄）

情侣树、弥勒佛山、八亩地、知青村旧址等。

九如山瀑布群风景区　位于西营镇葫芦峪村，占地面积1200公顷。由济南九如山瀑布群自然公园有限公司投资8000万元建成，是济南市最大的自然景观公园。九如山景区山体属泰山山脉，落差较大，最高峰海拔886米，森林覆盖率达90%以上，负氧离子含量极高。景区内水资源丰富，有24个自然泉眼，一年四季喷涌。泉水由上而下，形成九道规模较大的瀑布和许多山涧溪流，被称为山东省最大的瀑布群落。整个景区分为清泉飞瀑区、江湖文化区、儿童游乐区、峡谷探幽区和高山度假区等五大功能区，分别由实木栈道连接，形成了“八潭、九瀑、二十四泉、三十六峰”，呈现出层峦叠嶂、飞瀑清泉、木屋栈道、幽谷深潭的独特自然景观。

卧虎山滑雪场　位于仲宫镇北道沟村，占地面积约47公顷。由山东君创休闲运动俱乐部有限公司投资建设，2004年12月对外开放。设有滑雪场、高尔夫球练习场、美食城等。滑雪场由中、美、加、日等国专家共同规划设计，设有雪道12条，其中高级道2条、中级道6条、初级道4条，拥有进口先进造雪设备和完善的服务设施，是济南市第二家建成开放的滑雪场。

图14-11　卧虎山滑雪场（2007年摄）

卧虎山水库景区　位于仲宫镇政府西南2公里，1960年7月建成。水库汇集锦绣、锦阳、锦云三川之水于卧虎山与黄花山之间，为集灌溉、城市用水、蓄水保泉、垂钓休闲、观光旅游为一体的多功能综合水库，逐步发展成为济南短程旅游热线之一、济南市著名的开放式免费风景游览区。旅游景点主要有：环抱水库的山花，春有桃花、梨花，夏有石榴花，秋有漫山红叶，冬有黄野菊；黄花山天然岩洞内，有金代石佛造像和清乾隆五十六年（1791）重修的碑文；位于水库附近的终军故里、杨家寨等古迹。

图14-12　卧虎山水库梨花观赏区（2002年摄）

药乡国家森林公园　位于仲宫镇高而办事处，总面积1233公顷。1992年，被林业部批准为国家级森林公园，是省林业厅直属的国有林场。由市政府出资6000余万元建设，市农业高新技术开发区负责经营管理。景区以自然生态为主，森林覆盖率达到98%以上。景点有齐长城、马刨泉、药王庙、秋千台等历史遗迹。天池景区位于海拔720米以上，是山东内陆最高的

图14-13 药乡国家森林公园天池景区（2005年摄）

一座天然蓄水池。

东龙洞 位于港沟镇蟠龙村，由港沟镇政府于1993年建成开放。东龙洞又称蟠龙仙洞，是一处历史悠久的天然石灰岩洞。据地质学家考证，此洞是在远古造山运动时期随着地壳变化而形成。东龙洞分上、中、下三层，可以欣赏到的中间层深达千余米，实属罕见的空山龙洞。其山如盘龙、洞似游龙、石状为龙，更有中华独有的洞中佛隐寺，是一处集佛文化、龙文化以及自然景观完美结合的综合景观，被誉为“江北第一洞”，为寻古探幽的旅游圣地。

唐王平原森林公园 位于唐王镇，白云湖西岸，是济南市唯一的平原森林公园，面积240公顷。拥有73公顷林木花卉和100公顷垂钓水面，植有300多种植物，栖息野生鸟类30余种，森林覆盖率达到95%。公园内设有多家风味餐厅，尤以全鱼宴和农家饭为特色，适合游人观光、垂钓、休闲、娱乐。

图14-14 唐王平原森林公园林荫道（2006年摄）

第二章 旅游开发

第一节 旅游发展规划

1992—2005年，按照历城区国民经济和社会发展规划的总体要求，先后4次编制全区旅游发展规划。

一、济南市历城区旅游业“八五”计划后三年发展规划

1992年3月编制完成。规划主要内容是以区政府驻地洪家楼为中心，构建“南部山区两点带三川，建成锦绣大公园；东、北部地区两点两条线，逐步开发新景观”的旅游开发体系。南部山区“两点带三川”，即以四门塔、卧虎山两个旅游景点带动开发锦绣川、锦阳川、锦云川的景点，实现仲宫至跑马岭、仲宫至锦绣川、仲宫至黄巢、仲宫至子房洞4条旅游线路，形成集水上游乐、文物古迹、自然山川和革命战争纪念地于一体的“锦绣大公园”。东、北部地区“两点两条线”，即东部地区以东龙洞为主，形成一条由洪家楼经东龙洞、云台寺、淌豆寺、乡义寺、房彦谦墓、鲍叔牙墓的游览线路；北部地区以遥墙温泉为主，形成一条洪家楼经黄河大桥、华山、华阳宫、万亩荷花园、遥墙温泉、辛弃疾故里至唐王渔场的游览线路。

二、济南市历城区旅游业“九五”发展规划

1995年3月编制完成。规划主要内容是建设“五景两线”旅游格局。“五景”即华山风景区、柳埠古迹旅游区、仲宫绣川山水旅游景

区、温泉度假旅游景区和东龙洞探幽旅游景区。“两线”即仲宫—柳埠—锦绣川水库山水旅游专线，华山公园—万亩荷塘—桃园温泉—鸭旺口温泉—辛弃疾故居—东龙洞寻古、探幽、疗养旅游专线。

三、济南市历城区旅游业“十五”发展规划

2000年1月编制完成。规划主要内容是建设省城后花园“十景三线”的旅游大框架。

“十景”即跑马岭景区、四门塔景区、药乡森林公园、蟠龙山森林公园、仲宫赏花区、锦绣川红叶谷、七星台万亩植物园、华山景区、遥墙万亩荷塘、唐王平原森林公园。“三线”即南部生态文化休闲度假旅游专线，东部龙洞探险、工业园区游览专线，北部黄河风情、田园风光旅游专线。2003年，在规划实施中期，根据全区旅游业迅猛发展的形势，将原规划中的“十景”调整为“双十景”，即在原“十大自然景观”的基础上，增加“十大人文景观”，全区形成“双十、三线”旅游发展大格局。“十大人文景观”即神通寺遗址、洪楼广场、幸福柳广场、闵子骞墓、房彦谦墓、辛弃疾纪念馆、济南战役山东兵团指挥部纪念馆、齐鲁第一石刻大佛、子房洞和鲍叔牙墓。

四、济南市历城区旅游业“十一五”发展规划纲要

2005年3月编制完成。规划范围以“双十、三线”旅游大格局所涉及的乡镇为核心区，主要包括仲宫镇、西营镇、柳埠镇、彩石镇、港沟镇、华山镇、遥墙镇、唐王镇和洪家楼城区等；以其他乡镇为辐射区，主要包括王舍人镇、董家镇、孙村镇、郭店镇和大正示范区等。规划按照“念好山水经、发展大旅游、构筑大产业”的总体要求，坚持开发与保护并重的原则，提出“十一五”规划期间全区旅游业发展的总体目标是：将历城旅游建设成为以省城后花园为品牌，以自然资源和人文景观为基础，以休闲度假和民俗体验为主体，以农家乐游为亮点，以现代工业旅游为补充，融生态化、个性化和专题化为一体，具有全国影响力、竞争力和可持续发展的新型旅游目的地。规划期内将旅游业培育成历城区国民经济的新兴支柱产业。力争到2010年，旅游业接待国内外游客700万人次，实现旅游总收入18亿元人民币。同时，对旅游业发展的空间布局、旅游产品开发体系、旅游线路做出全面规划，并对区域分工与协作和生态环境保护提出了具体措施。

第二节　旅游商品开发

1986年起，辖区内相继开发出农产品杂粮、天然香料、特产名吃等旅游产品。1990年后，随着旅游业的发展，旅游商品开发逐渐形成产业化。1994年，济南华鲁食品有限公司成立，创立“华鲁”和“柳埠绿”两个品牌。1996年，济南野风酥食品有限公司成立，主要生产绿色无公害农副产品。1997年，济南大三惠食品有限公司成立，产品以饴糖、香酥煎饼等山东特产食品为主。2005年，在“泉城杯”第二届山东省旅游商品创新设计大赛和济南市首届旅游商品展示暨旅游文化博览会上，济南九顶塔民族风情园的少数民族特色工艺品获旅游工艺品类一等奖，济南历城区食品研究所、济南野风酥食品有限公司、济南华鲁食品有限公司生产的旅游系列食品获得食品土特产品类一等奖。

图14-15　济南野风酥食品有限公司生产的“野风酥”系列产品（2007年摄）

第三节 旅游市场开发

2000年前，历城区旅游市场基本处于自然发展状态，开发主体为各旅行社。2000年11月，区政府邀请中央、省、市各大新闻媒体参加，在区会议中心召开“发展历城旅游业，建设省城后花园”的新闻发布会，对全区旅游资源进行全面推介。此后，区政府将旅游市场开发纳入正常工作范围。2001年，区旅游局分别参加省、市旅游局组织的“山东人游泉城”赴17个地、市大型宣传促销活动和“济南人游泉城”大型广场宣传活动，并在每年的两个“旅游黄金周”到来之前，组织各景点进行广场推介活动。2002年，区旅游局在全省首创旅游宣传大蓬车的宣传方式，先后两次组织景区（点）到烟台、潍坊、泰安、济宁、聊城、德州、枣庄、临沂等省内各地、市进行巡回宣传，与300多家旅行社签订了组团协议，并得到13个地、市的回访。2004年，区旅游局承办首届“荷花节”及旅游推介会、历城区旅游暨绿色农产品展示会。同年，在《济南时报》和市旅游局联合举办的“我喜爱的泉城十大旅游景区”评选活动中，跑马岭野生动物世界、红叶谷风景区、九顶塔民族风情园获“泉城十大旅游景区”称号。2005年11月，区政府举办的“魅力历城·文化旅游年”活动，被省文化厅评为“山东省社会文化活动知名品牌”。

图14-16　2005年4月24日，“’2005魅力历城·文化旅游年”活动，在泉城广场举行

第四节 旅游线路开发

一、“两点带三川”“两点两线”旅游线路开发

1992年3月，制定并实施南部山区“两点带三川”、东北部地区“两点两线”的旅游开发战略。南部山区以四门塔、锦绣川大佛为主要旅游景点，以锦绣、锦阳、锦云三川自然山水和名胜古迹为依托，开发形成4条旅游线路：仲宫卧虎山水库—四门塔—跑马岭；仲宫卧虎山水库—四门塔—九顶塔—黄巢水库；仲宫卧虎山水库—绣川大佛—锦绣川水库；仲宫卧虎山水库—子房洞。东部地区以东龙洞为主要旅游点，形成一条洪家楼—东龙洞—云台寺—淌豆寺—乡义寺—房彦谦墓—鲍叔牙墓的旅游线路；北部地区以遥墙温泉为主要旅游点，形成一条洪家楼—黄河大桥—华山—华阳宫—万亩荷花园—遥墙温泉—辛弃疾故里—唐王渔场的旅游线路。

二、“五景两线”旅游线路开发

1996年4月，按照旅游业“九五”发展规划开发出“五景两线”旅游线路，以华山风景区、柳埠古迹旅游区、仲宫绣川山水旅游景区、温泉度假旅游景区、东龙洞探幽旅游景区为连接点，形成仲宫—柳埠—锦绣川水库山水旅游专线，华山公园—万亩荷塘—桃园温泉游泳池—鸭旺口温泉区—辛弃疾故居—东龙洞寻古探幽疗养旅游专线。

三、“十景三线”旅游线路开发

2000年8月，按照旅游业“十五”发展规划，利用全区的十大景观开发出3条旅游线路：仲宫（南泉寺、万亩梨园）—锦绣川（大佛、红叶谷、水库）—西营（七星台万亩植物园、西营山水）—柳埠（跑马岭野生动物世界、四门塔、黄巢水库）—高而（药乡森林公园、子房洞）—仲宫（济南战役山东兵团指挥部纪念馆、卧虎山水库、水上酒家）南部生态文化休闲度假旅游专线，港沟（临港经济开发区南区、东龙洞佛隐寺、神泉寺）—彩石（房彦谦墓、蟠龙山森林公园、狼猫山水库、万亩桃园）—大正工业园区—王舍人（工业北路、幸福柳广场、鲍叔牙墓）东部龙洞探险、工业园区游览专线，华山（华山风景区）—遥墙（万亩荷塘、济南遥墙国际机场、济南临港经济开发区、温泉、辛弃疾纪念馆）—唐王（白云湖、唐王平原森林公园）—董家（大棚经济采摘区）—郭店辅城—洪楼广场—闵子骞墓—北部黄河风情—田园风光旅游专线。

四、一日游、二日游、滑雪游、工业游专线开发

2003年9月，开发出两条一日游专线：仲宫锦阳川门牙农家乐景区—柳埠九顶塔—四门塔—跑马岭一日游；华山华阳宫—遥墙辛弃疾纪念馆—唐王渔场一日游。

2004年4月，开发出三条一日游专线、一条二日游专线：仲宫波萝峪景区—高而锦云川乐园—药乡森林公园一日游；仲宫波罗峪景区—锦绣川红叶谷—跑马岭野生动物世界一日游；洪家楼教堂—港沟东龙洞—彩石蟠龙山景区一日游；仲宫波萝峪景区—锦阳川门牙农家乐景区—柳埠九顶塔—槲树湾—四门塔—山青世界—水帘峡景区二日游。

2005年12月，开发出一条滑雪游专线、一条工业游专线：仲宫金象山滑雪场—卧虎山滑雪场—柳埠九顶塔滑雪场滑雪游专线；洪楼广场—轻骑集团—力诺集团—小鸭集团—济南炼油厂—济钢集团—将军集团工业旅游专线。

2007年10月，开发出仲宫波罗峪景区—金象山滑雪场—红叶谷景区—九如山生态旅游区—西营农家乐二日游专线。

第三章　旅游服务

第一节　旅行社

1985年后，历城旅游业逐渐升温。1992年1月7日，为适应全区旅游业发展的需要，济南市历城旅游服务中心成立，成为区内第一家旅游综合服务机构。5月，旅游服务中心成立历城旅行社，同年7月更名为济南假日旅行社。1994年起，旅行社得到快速发展，山东神州旅行社、山东立达旅行社、济南园丁旅行社等相继成立，同时多个连锁旅行社在辖区内设立分支机构。1996年3月，济南假日旅行社注销。2000年后，山东济南齐鲁风情旅行社、山东假日之旅旅行社等落户辖区。2002年后，济南市历城旅游公司基本停止经营。2006年5月20日，全市首家村级旅游服务中心——济南艾家旅游服务中心在仲宫镇艾家村揭牌成立。2007年年末，全区共有旅行社21家，导游117人，年接待游客10.2万人次，年营业收入1.5亿元。

2007年历城区旅行社基本情况表

表14-1

名称	地址	机构性质	成立年份（年）
山东神州旅行社有限公司	花园路历下软件园	非出境旅行社	1994
山东立达旅行社有限公司	花园路170号银储大厦908	非出境旅行社	1994
济南园丁旅行社济南园丁旅行社	山大北路42号	非出境旅行社	1998

续表14-1-1

名称	地址	机构性质	成立年份（年）
济南齐鲁风情旅行社有限公司	花园路168号融基大厦2307	非出境旅行社	1999
山东国商旅行社	花园路220号	非出境旅行社	2000
济南友情旅行社有限公司	花园路107号鑫都大厦	非出境旅行社	2000
济南人仁旅行社有限公司	花园路200号	非出境旅行社	2000
济南嘉业银河旅行社有限公司	辛甸花园37号楼4单元402室	非出境旅行社	2000
济南跑马岭旅行社	万寿路12号	非出境旅行社	2002
济南东航假日旅行社有限公司	遥墙国际机场东航山东分公司办公楼内	非出境旅行社	2002
山东假日之旅旅行社有限公司	工业南路103号	非出境旅行社	2003
济南温馨旅行社有限公司	花园路142号	非出境旅行社	2004
山东金旅假日旅行社有限公司	花园路101号海蔚广场办公写字塔楼5-509室	非出境旅行社	2004
济南海天假日旅行社有限公司	华龙路1561号创业大厦附属商务楼705室	非出境旅行社	2004
济南金宇旅行社有限公司	仲宫镇龙山路北段路西	非出境旅行社	2004
济南远东旅行社有限公司	花园路168号融基大厦2202室	非出境旅行社	2004
山东济钢国际旅行社有限公司	工业北路21号	非出境旅行社	2005
济南大自然旅行社有限公司	花园路146号	非出境旅行社	2005
济南景华旅行社有限公司	华龙路1号嘉恒商务大厦B座402室	非出境旅行社	2005
济南东方红旅行社有限责任公司	花园路168号融基大厦2006室	非出境旅行社	2005
济南众信国际旅行社有限公司	花园路101号4栋2202室	非出境旅行社	2007

第二节 旅游宾馆 饭店

1992年，由台商投资175万美元，按三星级标准兴办的宝岛大饭店建成开业，是全区首家台商独资经营的酒店。宝岛大饭店拥有标准间、单人间等115间，有能够容纳300人共同就餐的餐厅，是一处集餐饮、住宿、娱乐为一体的高标准酒店。1993年，被市旅游局评为旅游涉外定点饭店。1997年9月，隶属于山东航空集团公司的济南丹顶鹤大酒店开业，是济南国际机场区域内唯一一家三星级旅游空港酒店。截至2004年12月，全区共有旅游定点饭店40家，其中旅游涉外饭店21家。2005年，国家旅游局取消旅游定点单位及旅游涉外饭店的评定与挂牌。2007年，辖区内有二星级饭店9家、三星级饭店7家。

图14-17　丹顶鹤大酒店（2005年摄）

2007年12月历城区星级饭店基本情况表

表14-2

单位名称	单位地址	星级	开业时间	餐位（个）	床位（个）
丹顶鹤大酒店	济南遥墙国际机场	三星	1997年9月	400	222
济南国际机场宾馆有限公司	济南遥墙国际机场	二星	1997年	200	159
济钢宾馆	工业北路21号	三星	1997年	1000	460
济南富华饭店	轻骑路108号	三星	1999年5月	400	274
学人大厦	山大南路27号	三星	2001年	260	360
华滨环联大酒店	北园大街18号	三星	2001年11月	800	170
鸿腾福乐聚大酒店	华龙路1110号	二星	2001年	150	105
袁洪峪度假村	柳埠镇袁洪峪村	二星	2003年	200	160
华府大饭店	花园路40号	二星	2003年12月	400	149
七里河生态旅游度假村	西营镇秦口峪村	二星	2005年5月	300	126
山青世界	柳埠镇大会村	二星	2005年5月	260	100
微山湖鱼馆	山大路138号	三星	2005年	300	175
天雨宾馆	花园路200号	三星	2006年	600	280
金象山会所	仲宫镇商家村	二星	2006年5月	370	198
兴泉花园商务大酒店	花园路9号	二星	2007年	350	110
历城宾馆	花园路142号	二星	2007年5月	300	190

第三节　农家乐

1998年后，随着区境内“十景三线”旅游大格局的逐步形成，游客大量增加，南部山区成为名副其实的“省城后花园”，农家乐饭店应运而生。2004年，区政府发布《关于南部山区“十村百户”农家乐示范工程的实施意见》，在南部山区7个乡镇扶植农家乐的发展。实施意见规定：对建设农家乐旅游设施的单位和个人，城建部门免收或减收相关费用；对新从事农家乐旅游经营的业户，自营业之日起，第一年相关费用免收，所形成的地方财政收入全额返还；第二年相关费用减半收取，所形成的地方财政收入返还50%；第三年起纳入正常管理。区财政每年拿出30万元专项资金，对验收合格的农家乐示范户给予奖励；对验收合格的标兵经营业户，每户由区政府补助3000元，镇政府补助2000元。农家乐示范工程的实施，使农家乐旅游成为历城旅游业的新亮点，农民增收致富的新途径，形成了休闲、养生、垂钓、游艺、写生、度假、美食、民俗、体验、田园农家乐等“魅力农家”十大特色品牌。年末，南部山区有农家乐经营业户321家，从业人员3826人，全年接待游客91.2万人次，综合经

图14-18　八里峪农家乐服务大姐（2005年摄）

济收入2368万元。2005年7月30日，区政府在门牙风景区举办“农家乐之夜”焰火晚会暨旅游推介会。10月1日，历城区首届农家乐旅游文化美食节暨“水上酒家”杯农家乐招牌菜大赛在卧虎山水库水上酒家举行。2006年国庆长假期间，农家乐旅游共接待游客69.9万人次，实现综合经济收入2436万元。2007年年底，历城南部山区农家乐经营户发展到508户，从业人员3100人，年接待游客260万人次，实现综合经济收入8000万元。

第四章　旅游管理

第一节　行业管理

一、旅游景区质量与等级评定

1999年，国家旅游局颁布《旅游景区质量与等级的划分与评定》国家标准，区旅游局将旅游景区质量与等级评定纳入行业管理范围。2001年，区旅游局对照标准对辖区内的景区进行督促指导，协助景区完善有关资料，制定整改措施，强化景区旅游接待中心的建设，实施旅游厕所改造工程，使跑马岭野生动物世界和红叶谷生态文化旅游区达到了AAAA级景区标准，并通过国家旅游局验收。

二、星级酒店评定

1993年，辖区内的宝岛大饭店、乔治大酒店、格兰大酒店、香贝尔大酒店被评为旅游涉外酒店。1998—2007年，先后有丹顶鹤大酒店、富华饭店、济钢宾馆、学人大厦被评为三星级酒店。2001年，历城宾馆、射击俱乐部、袁洪峪度假村、济南机场宾馆、富乔大酒店被评为二星级旅游酒店。2003年3月起，按照国家旅游局颁布的《星级饭店访查规范》，加强对星级饭店的管理。2007年下半年，为迎接第十一届全国运动会的召开，市旅游局将二星级以下星级饭店的评定和管理权限下放到区（县）旅游局。区旅游局在全区范围内开展星级饭店的提升改造工作，使10家酒店达到星级标准。其中，微山湖鱼馆、华滨环联大酒店、天雨宾馆被评为三星级酒店，金象山商务会所、鸿腾福乐聚大酒店、华府大饭店、七里河生态旅游度假村、兴泉商务大酒店、兴泉花园商务大酒店、山青世界酒店被评为二星级酒店。

三、农家乐评定

2003年之前，农家乐建设管理处于无序状态。2003年7月，区委、区政府成立南部生态经济区建设管理领导小组，并设立南控办公室，加强南部山区的开发建设管理。2004年，为保证“十村百户”农家乐示范工程实施，确保农家乐旅游健康有序的发展，区旅游局制定发布《历城区农家乐行业管理标准》。2005年开始，由区旅游局牵头，对农家乐经营户登记备案，实施挂牌动态管理，规范农家乐旅游的经营行为，提升农家乐的经营水平。对申请达标验收的农家乐旅游经营户进行集中检查，符合行业管理标准的颁发“农家乐示范户”标牌，对设施配套齐全、服务质量高的典型户颁发“农家乐标兵户”标牌。2007年，西营镇成立全市第一个农家乐协会。

第二节　质量管理

2003年前，历城区旅游业质量监督管理工作由区旅游局行业管理科负责。2003年4月，区政府发布《济南市历城区旅游行业管理暂行规定》。5月，区旅游局增设旅游质量监督管理科（挂区旅游投诉中心牌子），全区旅游市场的质量监督管理、旅游投诉的调查取证处理工作逐步正规。是年，有3名工作人员经培训考核取得行政执法证，受理游客投诉案件6起，结案处理率100%。2005年6月，成立济南市历城区旅游执法监察大队，建立起首问负责、一次性告知、AB角、限时办结、协查协办、执法过错责任追究等工作制度，完善了各类行政执法文书。2007年4月，区物价局、旅游局联合开展“价格服务进景区”活动。6月—7月，开展全区旅游综合整治提升行动，对辖区内旅游景区、农家乐（含经旅游局挂牌的农家乐经营户和未挂牌的农家小餐馆、农家院等）、星级酒店、原旅游定点饭店、原涉外酒店、商务酒店、商务会所、度假村、培训中心、旅游购物商店及各种与旅游有关的600多家餐饮娱乐单位进行全面摸底，完善档案，从管理、经营、卫生、安全、服务等方面进行综合整治，下达整改通知书62份，取缔不符合质量要求的农家小餐馆4家。是年，5名工作人员取得行政执法证，持证人员达到8人。截至2007年年底，在各景区、农家乐、星级酒店设置旅游咨询、投诉电话牌60余块；在泉城广场、洪楼广场开展“诚信旅游、合法维权”宣传咨询活动5次，发放“诚信旅游、合法维权”及“旅游小贴士”宣传材料2万余份；配合市旅游局评选辖区内“旅游行业诚信单位”15家；受理游客和旅游从业单位投诉40起，涉及景区、旅行社等旅游行业单位31个，结案处理率100%，为游客挽回损失15814元；协助市旅游局查处了辖区内的4家外地旅行社驻济办事处非法开展组团业务的行为。

第三节　安全管理

2000年前，全区旅游行业安全管理的工作重点是对辖区内的旅游涉外酒店、星级饭店开展不定期安全检查和专项检查，排查隐患，保障安全。此后，随着全区旅游业的发展，旅游景区建设步伐加快，安全管理工作侧重点转向旅游景区。2001年，区旅游局对红叶谷景区进行了开业前的安全专项检查。2002年，区旅游局制订《关于深入开展安全生产专项整治，实现安全生产年目标的实施方案》，与辖区内的旅行社、景区、旅游涉外酒店和星级饭店共28家行业单位签订安全责任状。同时，按照“法人是安全第一责任人”的要求，开始在全区建立旅游安全预防机制。2003年，组织开展旅游交通安全、景区游览设施安全、旅游治安及卫生安全检查。4月—6月防控“非典”期间，区旅游局制订实施《历城区旅游系统预防控制“非典”应急预案》《首见报告制度》《情况报告制度》《24小时值班制度》，加大检查力度。同年“五一”黄金周前，区政府办、旅游局、建委、国土、工商、卫生、物价、公安、消防、林业、安监、质监、环保、水务、文化、交通、公路、广电、报社19个区旅游业发展领导小组成员单位，对辖区内旅游景区、部分农家乐进行联合执法检查。2004年，在全区旅游行业开展“安全质量年”活动，会同有关部门对辖区内景点安全情况、旅游资源开发情况和重点地区的管理情况，进行了11次综合检查和16次单项检查，对旅行社抽查5次，对宾馆酒店抽查3次。2006年，区旅游局制订实施《历城区黄金周旅游公众突发性事件应急预案》。4月24日—27日，组织21个执法部门分4个组，重点检查仲宫、柳埠、港沟、彩石、西营5个镇的4个水库、17个景区，103线、518线、327线、港西路、彩西路等道路周边的建设项目，以及出租客运车辆管理、“红蓝绿”三线占压、食品卫生安全、污水排放环境污染、消防森林防火、乱挖山体、广告牌匾乱贴乱设、景区设施安全、旅游市场管理等10个方面的问题。共查处占压“红蓝绿”三线问题53处、面积近1万平方米，违章建设工程76处、18万平方米，违规餐饮、服务业户36家（当场取缔10家），不按规定排放污水业户55家，消防隐患34处，乱挖山体工程3处，乱贴乱设广告牌匾63处，不符合旅游市场管理及价格管理规定的经营业户40余家，共下达整改指令书或现场责令整改400份次。截至2007年年底，全区未发生旅游安全重大事故。

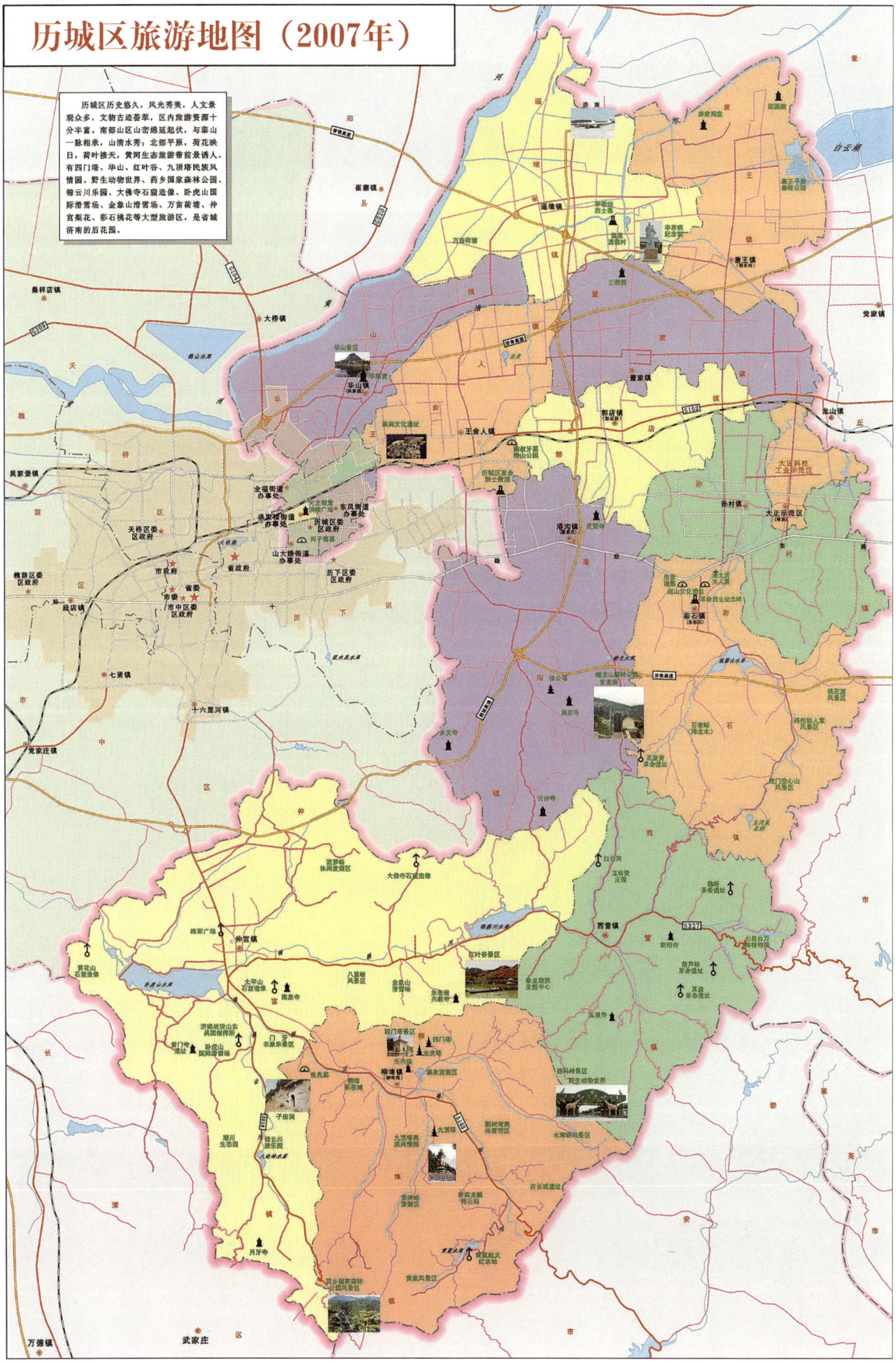

图14-19 2007年历城区旅游地图

第十五编

财政 税务 金融

华龙路金融中心（2012年摄）

1986年以来，全区财政工作立足科学发展，改革创新不断深化，财政收入结构明显改善，年年完成或超额完成预算任务，财政支出日趋合理，保障能力显著增强。至2007年，全区一般预算收入年均增长20.82%，一般预算支出年均增长21.12%，连续22年实现财政收支平衡。

1986年，全县完成税收2671.4万元。1992年，税收收入在全市各县（市）、区中率先突破亿元大关，跨入全国190个税收过亿元区（县）行列。1993年，区税务局被国家税务总局、人事部评为“全国税务系统先进集体”。1994年1月，进行分税制改革。同年8月，国税、地税机构分设。2004年，税收体制实行完全属地管理，税收总额大幅度提高。2005年，区地税局被人事部、国家税务总局评为“全国税务系统先进集体”；2007年，被国家税务总局授予“全国税务系统文明单位”。2007年，全区完成税收收入86.72亿元，其中，国税收入65.52亿元、地税收入21.2亿元。

1986—2007年，辖区内金融机构不断增加，业务范围不断扩大，对促进当地经济发展起到了强有力的支持作用，中国人民财产保险有限公司济南市历城支公司、中国人寿保险公司济南市历城支公司业务收入一直位列全省各县级公司前列。

第一章 财政

第一节 财政体制

一、县级财政体制改革

1986年始，县级财政实行“划分税种、核定收支、分级包干”的管理体制。1988年，财政体制改革，实行财政包干体制，采取“定额上解”办法：即按原来核定的收支基数，收大于支的部分，确定固定的上解数额。1994年1月1日起，财政体制由“财政包干”改为“分税制”财政管理体制：增值税为中央和地方共享，中央分享75%、地方分享25%，以1993年净上划中央的收入为基数，核定县（区）级税收返还基数，后据每年上缴中央两税（增值税75%和消费税）数额，按1：0.3的比例增加税收返还，继续保留定额上解和专项上解。2002年起，地方各级企业缴纳的企业所得税和个人所得税，全部实行中央和地方共享，并把营业税纳入省、市、县分享范围。2004年1月1日起，实行“税收属地管理，主体税种两级分享”的新财政管理体制。按照新财政体制改革的要求，重新划分了市、区两级的收入范围。2007年起，为加快济南临港经济开发区发展，对临港开发区实行“核定收支基数，增收全留，超支不补，自求平衡，一定五年不变”的财政管理体制。

二、乡镇财政体制改革

1986年，建立乡镇财政所，负责乡镇一级财政的收支管理，并制定“定收定支，收支挂钩、总额分成（或定额补助），超支不补，结余留用，一年一定”的财政管理体制。随着经济发展及收入形势的变化，改为“定收定支，收支挂钩，总额分成，超支不补，结余留用”的财政体制。1994年，根据分税制的要求，对全区乡镇财政体制进行调整。收入基数按1993年乡镇实际收入即税制改革和各级收入划分情况测算固定收入为基数，支出基数按1993年实际支出适当考虑政策性增支因素为基数。1998年，对乡镇实行“超收全留，短收不补，自求平衡，一定五年不变”的管理体制。2000年，区政府对大正示范小区财政管理体制进行调整，实行“超收全留，短收不补，自求平衡，一定三年不变”的财政管理体制。2001年，区政府制定街道办事处财政管理体制试行办法，对办事处实行“税收比2000年增长20%以上的增收部分，按重新确定后的隶属关系全部留给办事处，对当年3月10日以后新建企业形成的地方收入按区30%、办事处70%分成”的财政体制。2002年，街办体制调整为“确定收支基数，以收定支，超收全留”。2003年，对体制进一步调整与完善，将体制定为“核定收支基数，收支挂钩，超计划按比例返还，一定三年不变”。2005年起，对镇实行“核定收支基数，上解递增，补助递减，超收全留，自求平衡，一定三年不变”的财政管理体制。2006年，进一步理顺区与街办的财政收入划分办法和分配关系，对4个街道办事处实行“收入按属地协助征管，收支按增幅比例挂钩”的财政管理体制。

三、农村税费改革

2001年年初，全区农村税费改革起步，2002年4月全面铺开。改革的主要内容为“三取消、两调整、一改革”。“三取消”，即取消乡统筹费、农村教育集资等专门面向农民征收的行政事业性收费、政府性基金、集资；取消屠宰税；逐步取消劳动积累工和义务工。“两调整”，即调整农业税政策：核定农业计税土地面积和计税常年产量，计税价格为每公斤标准粮1.14元；新的农业税适用税率为6%，不再征收实物，一律征收代金。调整农业特产税政策：对大田生产的西瓜、甜瓜、甜叶菊等产品改征农业税。“一改革”，即改革村提留征收使用办法：原由农民按人均纯收入上缴的村提留，改按新的农业税和农业特产税附加形式收取，农业税附加比例为正税的40%，农林特产税附加比例为正税的20%；两项附加属村集体资金，由乡镇财政专户存储，村委会安排使用，乡镇经管部门实施监督管理。至2002年年底，全区有55.5万名农民参加农村税费改革，共核实计税土地面积50.3万亩，平均计税常年产量596公斤／亩。改革后比改革前人均减负64.29元，减负率达70%。2003年，按照农村税费改革的要求，全区一次性取消农业特产税。2005年，全区一次性取消农业税。

第二节　财政收入

1986年，全县实现地方财政一般预算收入2559万元。1987年，洪家楼、王舍人、华山3个镇划入历城区，全区财政收入实现5160万元。1991年，财政收入首次突破亿元。1996年，财政收入突破2亿元。2005年，财政收入突破10亿元大关。2007年，全区实现地方财政一般预算收入135832万元。

1986—2007年历城区农业四税征收情况表

表15-1　　单位：万元

年份（年）	农业税	农业特产税	耕地占用税	契税	合计
1986	203.00	—	—	0.07	203.07
1987	236.33	14.99	0.60	0.19	252.11
1988	235.53	24.67	251.72	1.29	513.21
1989	239.55	106.65	99.25	1.88	447.32
1990	274.74	105.82	209.00	0.70	590.26
1991	289.25	99.09	209.60	30.62	628.57
1992	256.38	93.32	191.86	10.41	551.96
1993	407.91	95.90	230.93	20.13	754.87
1994	651.37	170.42	39.51	28.06	889.36

续表15-1-1

年份（年）	农业税	农业特产税	耕地占用税	契税	合计
1995	645.05	192.21	91.92	48.57	977.75
1996	919.04	225.32	155.85	64.21	1364.41
1997	941.47	203.12	191.24	78.24	1414.08
1998	935.99	256.49	109.88	197.05	1499.41
1999	894.67	295.61	528.22	298.82	2017.31
2000	618.64	225.56	237.47	577.86	1659.53
2001	585.81	222.21	491.95	594.02	1893.99
2002	1601.61	185.80	462.09	1253.78	3503.28
2003	1932.47	—	982.66	1502.05	4417.18
2004	918.40	—	252.87	1442.35	2613.62
2005	—	—	1005.63	3003.54	4009.17
2006	—	—	1157.30	5874.69	7031.99
2007	—	—	2334.32	6806.89	9141.21
合计	12787.20	2517.20	9233.84	21835.41	46373.66

1986—2007年历城区一般预算收入情况表

表15-2　　单位：万元

年份（年）	地方收入合计	工商税收	农业四税	企业所得税	国有企业调节税	国有企业上交利润类	国有企业亏损补贴	专款收入类	罚没及行政性收费收入类	其他收入类
1986	2559	2210	203	281	8	11	-220	18	—	48
1987	5160	4680	252	320	2	82	-260	44	—	40
1988	6395	5653	512	231	9	6	-156	66	—	74
1989	8014	7125	448	240	34	41	-40	63	—	103
1990	9134	8183	590	253	14	-8	-45	105	—	42
1991	10041	9050	628	240	-16	-20	-42	146	—	55
1992	11380	10420	555	318	9	-24	-133	214	—	21
1993	15100	13710	755	269	-90	4	-4	338	—	118
1994	11273	7387	1245	898	—	0	—	420	—	1323
1995	14655	8905	978	984	—	1	—	549	2947	291
1996	20018	10187	1364	2174	—	—	—	801	3646	1846
1997	25313	13040	1413	3068	—	—	—	—	4319	3473
1998	31969	17487	1499	2572	—	—	—	976	4984	4451
1999	40198	21521	2018	2824	—	—	—	1167	6938	5730
2000	41200	21088	1661	4980	—	—	—	1189	9288	2994
2001	51083	25736	1894	6549	—	—	—	1384	11830	3690
2002	52997	27536	3504	2525	—	—	—	1456	13882	4094
2003	64584	34532	4417	2340	—	—	—	1953	19244	2098

续表15-2-1

年份（年）	地方收入合计	工商税收	农业四税	企业所得税	国有企业调节税	国有企业上交利润类	国有企业亏损补贴	专款收入类	罚没及行政性收费收入类	其他收入类
2004	73606	35774	2614	8468	—	—	—	3219	19671	3860
2005	100238	48719	4008	9828	—	—	—	3854	26603	7226
2006	116718	60803	7032	10582	—	—	—	4187	29710	4404
2007	135832	73783	9141	13274	—	—	—	4446	28772	6416
合计	847467	467529	46731	73218	-30	93	-899	26595	181834	52397

1986—2007年历城区非税收入情况表

表15-3　单位：万元

年份（年）	收入金额	年份（年）	收入金额	年份（年）	收入金额	年份（年）	收入金额
1986	66	1992	235	1998	10551	2004	31928
1987	84	1993	456	1999	13969	2005	36721
1988	140	1994	1743	2000	16525	2006	39625
1989	166	1995	3787	2001	20909	2007	41108
1990	148	1996	6293	2002	37527	合计	302272
1991	201	1997	8558	2003	31532		

说明：非税收入包括行政事业性收入、罚没收入、基金收入、国有资源（资产）有偿使用收入等

第三节　财政支出

1986年，全县实现财政支出3036万元。2007年，全区实现财政支出169712万元，支出项目主要有一般公共服务支出、教育支出、社会保障和就业支出、医疗卫生支出、城乡社区事务支出、农林水事务支出等。

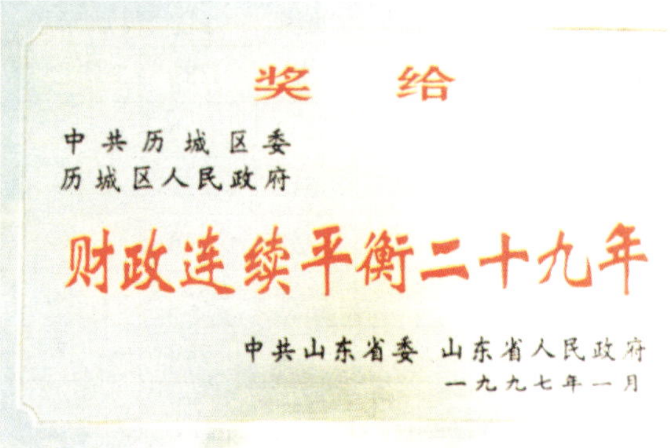

图15-1　获奖奖牌（1998年摄）

1986—2007年历城区地方财政支出情况表

表15-4　单位：万元

年份（年）	金额	年份（年）	金额	年份（年）	金额	年份（年）	金额
1986	3036	1992	9072	1998	36247	2004	102522
1987	3790	1993	11965	1999	44227	2005	130590
1988	5311	1994	13048	2000	48434	2006	148022
1989	6109	1995	18210	2001	60147	2007	169712
1990	7149	1996	23576	2002	72591	合计	1038613
1991	8399	1997	29186	2003	87270		

第四节 财政管理

一、财政支农资金管理

全区财政支农资金使用，坚持“因地制宜、规划先行、合理分配、择优扶持、突出重点”的原则，采取有偿资金与无偿资金投放结合、逐级申报审批、层层签订合同、落实责任的方式进行拨付，保证了财政资金使用的完整性和效益性。1986—2007年，累计支出支农资金70351万元。

图15-2 2006年，区财政局在全区开展财政管理法律法规宣传活动

1986—2007年历城区财政支农资金支出情况表

表15-5 单位：万元

年度（年）	支援农村生产支出	农业综合开发支出	农林水气象等部门事业费支出	农业支出	林业支出	水利和气象支出	支援不发达地区扶贫支出	合计
1986	204	—	124	—	—	—	—	328
1987	221	—	183	—	—	—	—	404
1988	397	—	182	—	—	—	2	581
1989	527	—	218	—	—	—	2	747
1990	757	—	277	—	—	—	2	1036
1991	937	—	326	—	—	—	1	1264
1992	1201	—	318	—	—	—	—	1519
1993	786	—	430	—	—	—	—	1216
1994	849	—	462	—	—	—	—	1311
1995	415	—	489	—	—	—	—	904
1996	978	513	778	—	—	—	1	2270
1997	855	570	1287	—	—	—	—	2712
1998	1516	724	1191	—	—	—	40	3471
1999	1374	381	1303	—	—	—	—	3058
2000	1266	450	1153	—	—	—	—	2869
2001	1369	498	1310	—	—	—	—	3177
2002	1587	562	2000	—	—	—	—	4149
2003	—	560	—	2308	781	1078	33	4760
2004	—	1037	—	2281	1192	1620	73	6203
2005	—	1104	—	3143	1164	1586	101	7098
2006	—	1459	—	5200	1477	1976	145	10257
2007	—	678	—	5683	2455	1853	348	11017
合计	15239	8536	12031	18615	7069	8113	748	70351

二、行政政法经费管理

行政管理经费包括人员经费、公用经费、专项经费、公检法司经费等。人员经费的核定遵循足额保障的原则，对其中的工资、津贴补贴据实足额核定。严格核定财政供养人员范围，实行新增人员工资审批制度，凡是新增人员一律由区长签批。公用经费支出，在规范财政供给范围的基础上，结合单位收支状况，采取定额补助形式，确定相应的供给标准，严格控制公用经费的供给。2000年，区财政局制定《关于2001年区直部门预算支出定额暂行办法》，初步确定经费支出项目的测算标准与定额。2002年起，对部门专项资金实行审批制度，根据区长签批意见拨付款项。2006年，对区直单位公用经费定额标准进行了调整、修订。

三、教科文经费管理

教育经费管理　1986年起，区直属学校教育经费，主要由区财政拨付；农村初中和小学教育经费，国拨部分以1985年正常经费为基数，按省定编制实行定额包干到乡镇，缺额部分主要由乡镇负责筹集。1990年起，区直教育经费预算安排年递增不低于8%。1995年，区委、区政府下发《关于实施〈中国教育改革和发展纲要〉的意见》，确定教育经费实行预算单列，由区教育局提出年度预算计划建议，报区财政局批准后实施。2006年，全面落实“以县为主”义务教育管理体制，将教职工工资、养老保险、失业保险、住房补贴、住房公积金上划区级管理，区财政局建立农村义务教育资金特设专户，专项核算改革资金；教育局成立教育财务集中核算中心，对全部农村中小学财务实行“校账局管”。

科技经费管理　1986年，设立县科学技术进步奖。1997年起，全区每年安排科技三项费用，由财政、科技部门共同管理。2006年，财政预算安排专利专项经费，支持各类专利特别是发明专利的研发、申请以及实施转化。2007年，区政府修订科学技术奖励办法，规定区“科学技术奖”奖励经费由区财政列支。2007年，区财政局、区科技局联合制定《济南市历城区应用技术研究与开发资金管理暂行办法》，进一步规范了应用技术研究与开发资金的管理。

计划生育事业费管理　1980年起，执行《山东省关于计划生育若干问题的试行规定》，由乡镇人民政府统一征收社会抚养费，收入缴入同级财政，全部用于计划生育事业。1990年，按照区、镇各负担50%的比例，将区计划生育事业费专项经费纳入财政预算。区本级计划生育事业费专项经费预算按区人口年人均0.3元安排，2006年提高到人均5元。1999年，明确社会抚养费属于预算外资金，实行“县级征收，财政专户储存，省、市（地）、县分成使用”的管理体制。2002年9月，省政府颁布《山东省人口和计划生育条例》，进一步明确和规范了社会抚养费的征收标准。2005年，区财政局与区计生委联合制定《济南市历城区农村部分计划生育家庭奖励扶助制度资金管理办法》，对年满60周岁、只有一个子女或两个女孩的农村计划生育家庭的老人，每月发放50元的奖励扶助金。2007年起，根据区政府《关于制定全区“十一五”期间计划生育经费收入规划的通知》文件精神，计划生育事业费专项经费每年递增10%。

四、经济基础财务管理

1988年，由于粮食企业亏损额和价格补贴额加大，区政府采取积极措施控制平价粮油销售，放开行业用粮，减少财政补贴。1989—1993年，为清理和抵补企业亏损，开征补粮基金。1992年，将外商投资企业纳入区财政管理，并建立外商投资企业财务会计报表制度、会计决算年度检查制度和企业财政登记制度。1993年7月，执行《企业会计准则》和《企业会计通则》，对全区企业财会人员进行培训，按程序对所属工业企业、商业企业、粮食企业、供销企业、物资企业、农机企业、文化企业财务进行调账。1994年起，国家开征外商投资企业“场地使用费”和

“中方职工物价补贴”，根据历城区实际，对外商投资企业的“中方职工物价补贴”予以免收。1999年，企业试行统一决算报表，不再分行业编报。2004年下半年，区政府组成联合清查小组，对粮食企业1998年6月1日至2004年5月31日期间的财务经营情况进行了全面审计，政策性粮食财务亏损挂账停息合计金额3227.7万元，全部由政府负担，2007年年底前每年支付利息120万元。2007年1月1日起，全国正式实施企业会计准则和审计准则体系。2007年年底，纳入区财政财务管理的企业有125个，其中，区直国有企业37个，集体企业22个，外商投资企业59个，其他企业7个。

五、预算外资金管理

1986年始，对县直行政事业单位的预算外资金实行“集中代储，计划管理，财政审批，银行监督”的管理办法。1994年，将20个单位88项收费项目纳入财政预算管理。1995年，区政府下发《关于进一步加强行政性收费、罚没收入预算管理的通知》，由年终结余四六分成改为实行按单位性质确定解交比例的办法，全区纳入预算外资金管理的单位共65个。1997年，区政府印发《济南市历城区预算外资金管理暂行规定》，对全区行政事业性收费收入全部纳入预算管理，规定对未纳入预算管理的其他预算外资金，实行“收入专户代储，支出按计划拨付，政府适当统筹”的管理办法。1998年年底，全区纳入财政预算外资金管理的户数为68家。其中，纳入预算管理的单位51家，纳入财政专户管理的单位17家。1999年，根据国务院、省、市文件要求，区政府制定《济南市历城区预算外资金管理规定》，对行政事业性收费和政府性基金的征收管理实行“票款分离”的资金管理办法，以防范贪污、挪用。2004年，区政府办公室下发《关于对全区非税收入全面推行票款分离实施意见的通知》，从2004年4月1日起，对全区所有执行收费的单位全部实行“票款分离”的资金管理办法。2005年，上级财政部门将全区83家行政事业单位的住房资金下放，实行分级管理。2005年4月1日起，区各行政事业单位出售国有住房收取售房款或售房定金时，按规定为个人开据国有住房出售收据，由单位将资金缴入区级财政住房资金专户。单位在支用住房资金时，根据房管部门的审核意见，报区财政部门审批，由财政部门办理拨款手续。2005—2007年，全区85个单位缴纳住房资金2767余万元。

六、社会保障

城乡居民最低生活保障资金管理　1997年开始，历城区在部分乡镇实行农村最低生活保障制度，低保对象主要集中在南部山区5个乡镇，保障标准为每人每年720元。2001年7月，历城区实施城市最低生活保障制度。按照属地化管理原则，即在历城辖区内的城市非农业户口居民，家庭人均月收入低于208元的给予差额补助。2005年，全面实行农村最低生活保障制度，并确定在“十一五”期间，农村低保标准按照每人每年120元的幅度逐年递增。至2007年，农村低保标准已提高到每人每年1200元，累计发放农村低保金1084万元；城市最低生活保障标准提高到月人均280元，累计发放城市低保金2250万元。

农村合作医疗资金管理　2004年以前，历城区实行的是农村合作医疗制度，并将资金列入年初预算。按照人均0.5元计算，每年预算支出25万元，累计支出136万元。2004年，在西营、董家、遥墙3个镇进行新型农村合作医疗市级试点。2006年开始，全区13个镇均列入新型农村合作医疗省级试点，对参合农民实行省、市、区、镇四级财政每人每年补助30元，农民个人每年缴纳10元，人均总筹资额40元。2007年，对参合农民补助由每人每年30元提高到41元，人均总筹资51元，“新农合”参合率达到93.54%，累计筹资4232.41万元，报销农民医药费支出3497.48万元。

再就业资金管理　1999年起，区财政按照“三三制”原则缴纳失业保险金，由财政、企业、社会筹集各负担三分之一，用于国有企业下岗职工基本生活保障和再就业工作。至2002年，共支付下岗职工生活保障金236万元。2003年起，区财政不断加大对再就业工作的资金投入，用于再就业人员的社会保险补贴、公益性岗位补贴、就业培训补贴，为劳动力市场建设及小额担保贷款等扶持性政策提供资金保障。截至2007年，累计拨付再就业资金1688万元。

公费医疗资金管理　1993年，历城区规定公费医疗定额标准为在职、退休人员年人均240元，离休人员定额年人均为480元。1996年，区财政对公费医疗经费实行“定点医院、定额报销，按年龄定比例与个人承担挂钩”的管理办法，并按每人每年在职及退休人员400元、离休人员1000元的定额标准纳入年初财政预算。2001—2007年，全区行政事业单位公费医疗资金预算支出8193万元。

残疾人就业保障资金管理　2004年，残疾人保障金作为一项政府性基金，由区财政设立财政专户，实行收支两条线管理，专款专用。主要用于每年的残疾人百户安居工程、就业培训、扶贫救助、康复等经费支出。截至2007年，残保金累计支出409万元。

其他社会保障基金管理　1999年起，历城区对社会保障资金实行“收支两条线”管理，将原来分属于劳动局、劳动服务公司管理的基本养老金、失业保险金等全部纳入财政专户管理。2001年年底，企业社会保险经办机构上划济南市管理。截至2007年，历城区累计拨付社会保障资金9284万元。

2007年，区政府将机关事业单位养老保险基金纳入财政专户管理，基金所有收支均按照社会保障基金财务核算制度执行。是年，养老保险基金共收入13175.6万元，实际支出12210万元。

七、会计管理

1988年9月，区财政局设立会计管理科，负责全区的会计管理工作。2000年7月，组建区会计事务管理局，隶属于区财政局。2006年7月，撤销区会计事务管理局，重新设立会计管理科，其职责不变。

会计职称评审　1992年前，按照会计人员工作年限及专业技术水平进行职称评审。1992年起，实行会计专业技术资格全国统一考试制度。截至2007年，全区累计取得高级会计师资格的有8人、会计师资格的429人、助理会计师资格的798人。

会计从业资格管理　1997年起，全区实行会计人员从业资格证属地管理，会计专业毕业生可在其毕业2年内直接换取会计证。2005年起废止该办法，规定凡申请领取会计从业资格者必须参加全省统一考试，经考试合格后持有关证件到区财政局办理会计从业资格申请手续。截至2007年年底，全区申请注册的会计人员共12705人。

会计函授与培训　1994年，省财政学院委托济南市财政职业中等专业学校对部分会计人员进行会计学函授教育，学制为三年。全区参加函授教育的学员456人，均取得山东省干部业余班学业证书。此后，按照省、市财政部门继续教育内容，对所有持有会计从业资格证的会计人员每年进行一次培训，并记录继续教育信息。

会计基础工作管理　1992年起，全区开展会计工作“抓基础、达标准、上等级”达标活动，主要考核会计基础、会计核算、财务管理、职业道德等。至1994年，全区300多个单位达到会计基础工作标准。1997年起，开展会计基础工作规范化活动。至1999年，200多家单位达到规范化标准，区供电局被省财政厅评为会计基础工作规范化单位。

八、财政监督

1998年11月，成立区财政监督局，挂靠区财政局，同时撤销区税收财务物价大检查办公室。2001年12月，根据区委、区政府《关于历城区机构改革的实施意见》，区财政监督局撤销，其职能并入区财政局。

2000年，区政府印发《历城区财政监督管理办法》，区财政局与区审计局联合开展全区财政监督检查，查处各种违纪资金200余万元，有效维护了全区财政经济秩序。2001年，区财政局与区监察、审计等部门联合，对全区行政事业单位的银行账户进行清理，涉及191个单位482个账户，解决了银行账户过多过滥的问题，将各单位的财务收支纳入财政监督轨道。2002年，委托中介机构审查工程项目16项，定案6项，申报工程决算额4845万元，工程审核定案额4149万元，工程核增额144.6万元，工程核减额840.6万元。同年，对全区11个单位的财务收支、票据使用及“收支两条线”管理情况进行监督检查，共查出各种违纪资金80余万元；按照省市要求，对区百货公司等3个单位进行了《中华人民共和国会计法》执法情况检查，共查出各种欠税244万元。2003年，委托中介机构审查工程项目9项，定案5项，申报工程决算额3531万元，工程审核定案额2713万元，工程核增额2万元，核减额820万元。2004年，区财政局与区纪检、审计部门组成联合检查组，对全区国债资金使用情况进行专项检查，对检查中发现的问题提出了整改意见。2005年，配合区法制办完成了区直54个部门对《中华人民共和国行政许可法》贯彻执行情况的监督检查。2006年，配合市财政局完成农村公路“村村通”专项资金的监督检查，检查乡镇8个、公路28条，涉及资金4000余万元。2007年，区财政局印发《关于重申加强财政专项资金管理的通知》，并对上年度区财政专项资金的拨付使用情况进行全面监督检查，涉及各街道、镇及16家企业，各类专项资金7512万元。

九、政府采购

1999年8月，区政府采购中心成立。2003年1月1日《中华人民共和国政府采购法》颁布实施后，区政府采购工作逐步制度化、规范化，采购金额呈现逐年快速增长态势，当年采购金额突破1000万元。2005年，全区政府采购工作实现重大突破，全年完成采购预算5824万元，实际采购金额4891.96万元，节约预算资金932.03万元。2006年，政府采购已涵盖全区各部门、各行业。是年，实现政府采购合同金额3223.88万元，按可比口径较上年同期增长12.3%(剔除2005年平原供水项目)，节约采购资金367.89万元，节约率达10.24%。2007年，完成采购预算3106.78万元，实现采购合同金额2702.85万元，节约资金403.92万元，节约率13%。截至2007年，全区累计实现实际采购金额约14700万元，节约预算资金约2100万元。

第五节　国有资产管理

一、企业国有资产管理

1994年3月区国有资产管理局成立后，着手进行企业资产评估、产权登记和产权界定。是年，对济南第八棉纺厂、济南新华纸业总公司进行了资产评估。1998年，对区工商局大桥路市场股份制改造进行资产评估。1999年，对济南酿酒厂进行资产评估，将其改制为有限责任公司。2002年，对济南东港安全印务有限公司整体变更为股份有限公司进行资产评估。2005年起，对市属下放企业及粮油商贸系统企业进行改革改制。在企业改制改革中，精心策划，慎重操作，严把资产审计评估、产权界定、资产处置、不良资产核销、剥离费用5个关键环节，保证了国有资产的真实、完整和安全。截至2007年，先后对济南锅炉除尘设备厂、济南铸造材料实业总公司、济南鑫钟衡器厂等40多家企业进行资产评估。年末，全区共有国有及国有参股企业38户，企业国有资产总额6.4亿元。

1998—2007年历城区国有企业国有资产总量一览表

表15-6

年份（年）	单位户数（户）	资产总额（亿元）	国有资产总额（亿元）	年份（年）	单位户数（户）	资产总额（亿元）	国有资产总额（亿元）
1998	20	16.90	4.10	2003	40	7.92	0.07
1999	49	11.50	0.90	2004	37	6.12	0.38
2000	46	11.88	1.14	2005	40	5.59	0.37
2001	49	9.93	1.19	2006	39	6.50	0.41
2002	40	8.32	0.55	2007	38	6.40	0.45

二、行政事业单位国有资产管理

1994年起，区国有资产管理局开展行政事业单位产权界定、产权登记和资产处置等工作。1997年，制定《历城区行政事业单位国有资产管理暂行办法》。2001年2月，撤销洪家楼镇后，在全面清产核资的基础上，及时将其资产划拨到新成立的4个街道办事处。2002年，印发《历城区关于机构改革中国有资产处置的意见》，制定《行政事业单位国有资产处置办法》。2003年，对区直123户行政事业单位资产进行全面清查，资产总额17.83亿元，国有资产总额12.46亿元。2007年，根据财政部、省、市有关规定，以2006年12月31日为基准日，对全区146家行政事业单位进行全面资产清查。清查结果为：全区行政事业单位资产总额为25.39亿元，负债总额为8.9亿元，国有资产总额为16.49亿元。同年7月，在资产清查的基础上，制定《历城区行政事业单位资产核实暂行办法》，当年共核销不良资产272万元，处理资金挂账（主要是房改房资金）2178万元。2007年，区直行政事业单位126户，资产总额25.89亿元，国有资产总额16.46亿元。

1998—2007年历城区行政事业单位国有资产总量一览表

表15-7

年份（年）	单位户数（户）	资产总额（亿元）	国有资产总额（亿元）	年份（年）	单位户数（户）	资产总额（亿元）	国有资产总额（亿元）
1998	272	11.70	8.70	2003	123	17.83	12.46
1999	238	13.80	11.10	2004	121	19.81	13.70
2000	188	13.08	9.87	2005	123	23.37	15.16
2001	157	14.15	10.67	2006	146	25.39	16.49
2002	129	16.55	10.98	2007	126	25.89	16.46

第六节　政府投融资管理

2005年9月，根据市政府“关于成立政府投融资管理中心”的要求及《关于政府投融资管理体制改革的意见》，区政府设立历城区政府投融资管理中心，注册成立历城区政府国有资产运营有限公司，注册资本金1.2亿元。区政府投融资管理中心成立后，积极拓展投融资渠道，加强资金监管，逐步健全资金运行及政府监督机制，建立有效的资金还款机制；承担区重点项目建设资金的管理，协助有关部门做好项目区内土地的“招、拍、挂”及土地收益返还工作，加速推进土地熟化进程，进一步实现了区级重点项目投融资工作的“自求平衡，滚动发展”；按照市政府投融资管理中心的模式，资金投向与可行性项目对接，建立“借、用、还”良性循环机制的融资平台，形成政府主导、市场运作、社会参与的多元化投融资格局。截至2008年6月，投融资中心相继承担了唐冶新区、旅游路东沿线、济南市东区二期安置房扫尾工程、济钢周边片区村庄整合、全国第11届运动会历城分中心体育场馆及赛马场等重点项目建设资金的筹集、管理、使用和监督工作，监督、管理、拨付各类重点工程建设资金累计达10.87亿元。

第二章 税 务

第一节 税收体制

1986年，在全县开征的税种有：工商税、工商所得税、屠宰税、增值税、建筑税、奖金税、城市维护建设税、能源交通重点建设基金、产品税、营业税、调节税、房产税、车船使用税、集体和国营企业所得税等；同年，新开征城乡个体工商户所得税、个人收入调节税。1987年，开征耕地占用税。1988年，开征私营企业所得税、印花税、城镇土地使用税、筵席税。1991年，开征固定资产投资方向调节税。1993年，全区实行以流转税为主体的多税种、多环节课征的复合税制体系。

1994年1月，进行分税制改革，设立中央税、地方税、中央和地方共享税；共享税中，中央分享75%，地方分享25%。同时对税种、税率进行调整：取消产品税改征增值税；将集体企业所得税、私营企业所得税、国营企业调节税合并为企业所得税，税率统一调整为33%；将个人所得税、个人收入调节税、城乡个体工商业户所得税并入个人所得税；将盐税并入资源税；取消特别消费税和燃油特别税，设立消费税；取消外资企业工商统一税，将农、林、牧、水产行业的产品税改为农业税和屠宰税；新开征土地增值税，取消集市交易税、牲畜交易税、国营企业奖金税、国营企业工资调节税、集体企业奖金税、行政事业单位奖金税和国家能源交通建设基金、国家预算基金；将由增值税、产品税、营业税组成的流转税改为由增值税、消费税、营业税组成的流转税。同年8月，税务系统机构分设，成立济南市历城区国家税务局、济南市地方税务局历城分局。

区国税局主要负责征收的税种有增值税、消费税、外商投资企业和外国企业所得税。2000年，开征车辆购置税，实现了费改税的历史性突破。2002年后，新办企业缴纳的所得税由国税局征收。2007年，征收税种有增值税、消费税、企业所得税、外商投资企业和外国企业所得税、车辆购置税。

区地税局主要负责征收和管理的税种有营业税、企业所得税、个人所得税、土地增值税、城市维护建设税、车船使用税、车船使用牌照税、房产税、城市房地产税、城镇土地使用税、固定资产投资方向调节税、屠宰税、印花税、按地方营业税附征的教育费附加。1996年4月，个体、“三资”企业的地方税收、国有企业的所得税及教育费附加纳入地税征收管理。1998年，开征资源税。2000年起，暂停征收固定资产投资方向调节税；农村税费改革取消屠宰税。2002年1月起，新办企业的所得税由国税局征收。2004年起，实行“收入归属不变，完全属地管理”的财税体制。2007年年底，地税局主要负责营业税、个人所得税、土地增值税、城市维护建设税、车船使用税、房产税、资源税、城镇土地使用税、企业所得税、印花税以及地方税收的滞补罚收入、教育费附加和地方教育附加的征收管理。

第二节　税收征管

1986年，县税务局农村税收征管办法，由建国以来实行的分片管理改为按行业、分门类管理。同年7月1日起，执行《中华人民共和国税收征收管理暂行条例》。1987年4月起，对办理税务登记的单位和个人以及各税种实行纳税鉴定制度。1987年4月、1990年7月—9月、1993年11月—12月3次换发税务登记证。1988年，推行“主动申报、上门纳税”的申报征收模式，实行“征管”两条线征管方法。1992年，区税务局创造性地对纳税企业实行“三类管理”，即采取“支持一类、引导督促二类、强化征管三类”的措施，提高了征管质量。同年9月，取消纳税鉴定制度。1993年起，按照新颁布的《中华人民共和国税收征收管理法》开展征管工作。

国税征管　1994年8月，区国税局共有管控户10086户。在税源管理上，按照分级管理的原则，实行“重点税源三级管控”，采取“抓住大户、严管中户、稳住小户”的方法，积极推行税收征管改革。1995年7月，贯彻落实《山东省国税系统税收征管改革实施意见》，建立以纳税人自核自缴为基础的申报纳税制度和“申报、代理、稽查”三位一体的征管新体制。1996年6月1日至9月20日，统一纳税人识别号，进行税务登记证件的换发工作。同年10月，按照“属地管理、集中征收、重点稽查”的要求进行税收征管改革，将部分税务所合并成8个农村分局，直属分局、洪家楼分局合并成立洪家楼分局，王舍人分局、港沟税务所合并成立王舍人分局，西营、柳埠、高而、锦绣川、仲宫税务所合并成立仲宫分局，党家庄、十六里河税务所合并成立十六里河分局，彩石、孙村税务所合并成立孙村分局，郭店、董家、唐王税务所合并成立郭店分局，遥墙、华山税务所合并成立华山分局，桑梓店、靳家、大桥税务所合并成立大桥分局；取消专管员分户管理制度，实行片管员制度，实行征、管、查“三分离”，实现由“专管户”到“专管事”的职能转变。2000年9月，全区推广增值税一般纳税人电子申报、小规模企业电话申报、个体双定户银行网点申报，使多元化申报户达到总纳税户的90%以上。2001年7月，CTAIS征管软件成功上线，实现了税收信息化的集中。2002年，开展集贸市场税收专项整治活动。2004年3月，推广应用山东省国家税务局外部信息应用系统，初步实现国税与工商行政管理、地税登记信息比对的计算机处理。2004年4月起，市国税局、地税局联合开展纳税信用等级评定工作，历城区16户企业被评定为2002—2003年度A级纳税企业。

图15-3　2003年第12个税法宣传日，区国税局征管人员深入田间地头开展宣传活动

2005年，实行税收管理员制度。2006年9月，根据市政府《关于济南高新区在历城区郭店等镇用地及科技城经济管理职能移交问题的通知》，对高新技术产业开发区国家税务局与历城区国家税务局的税收管辖范围进行调整，原高新区科技城属历城区区划部分的全部纳税户移交历城区管理，共1418户，其中，一般纳税人410

户、小规模纳税人603户、所得税企业220户、个体工商业户185户。2007年10月，自动办税终端（ARM机）投入使用。年末，共有管控户13402户。

地税征管　1994年，区地税局开展税源普查和个人所得税专项检查。1995年，开展税务登记证换发工作，实现了纳税人档案资料的微机管理。1996年1月，对旧版发票进行清缴，启用新版发票。7月—9月，对个体工商业户换发税务登记证，并与区工商局建立工商登记业户信息传递制度。9月，与区农机局联合制定加强农用车辆车船使用税征管工作措施，建立起联合办公及代征制度。1997年1月，餐饮业发票换版启用无碳压感发票。3月，对行政事业单位收费进行认定登记。7月—9月，对国家机关及事业单位自1996年以来的纳税情况进行清理检查。1998年，加强公路客、货运输行业的税收征管，委托各乡镇交通管理所代征除实行自行申报纳税业户以外的交通运输业户地方税收。1999年，开展税务登记换证和普通发票清理检查工作。8月，制定《济南市地税局历城分局个体工商户税收征收管理规定》，对实行定期定额征收的个体工商户重新核定和调整定额；制定《对外来施工企业的税收征收管理办法》；在全市地税系统率先实现了区县级农村税收征管的三级网络贯通及数据、信息的资源共享。2000年3月，采取属地验证方法，规范税务登记验证管理；开展土地使用税和房产税税源普查及漏征漏管户清理工作。7月，对欠税业户进行普查，建立呆账和往年陈欠、本年新欠微机台账，将清欠工作纳入动态管理。7月—8月，在个体双定户中实行电话报税，在服务业和娱乐业中全面推行税控收款机。8月起，在全局范围内实施分时段工作法，在稽查局内部建立起选案、稽查、审理、执行“四分离”工作机制。2001年4月，率先在全国税务系统实行“双委托”纳税申报：由纳税人委托银行代缴税款，税务机关委托银行代收税款。11月起，实行网上报税。是年，在内部将征管“七率”（登记率、申报率、入库率、申报准确率、欠税增减率、滞纳金加收率、处罚率）列入全方位目标考核，外部则强化对纳税人素质培训，全年共培训办税员3140名。通过内外结合，私营以上企业、个体业户综合申报率分别保持在95%和90%以上。同时，紧紧围绕压欠难点，大力开展清欠工作，全年共清理欠税2062.5万元。

图15-4　2001年春，地税工作人员在仲宫镇梨花节期间，向游人发放税法宣传材料

2002年，在税收征管中引入ISO 9001质量认证体系，依托信息化系统，开展重点税源分析，加强对零星申报、异常申报、零申报、未申报、虚假申报、征管“七率”、未申报处理率等异常情况的适时监控，建立起严密的税源监控体系，使税收管理基础得到加强。2003年，把基础数据作为信息化工作支撑下税收征管工作的重点，坚持对纳税人基础信息实施动态管理，通过不间断的开展税务登记基础信息、个人所得税和申报方式鉴定信息、房产税、土地使用税、车船使用税税源登记信息核查工作，进一步提高信息数据的真实可靠程度。同时，成立由区长任组长的综合治税领导小组和督察小组，建立起覆盖全区的全方位、立体化社会综合治税网络体系。2004年，按照全市财税体制改革的要求，先后实施片区管理、抓大控中定小、纳税评估、纳税信用等级评定、发票改革、社会综合治税等一系列加强税收征管的新举措，实现了税务人员由“管户”向“管事”的重大转变。2005年，强化重点税源和重点税种控管，健全重点税源管理分析体系，对营业税、企业所得税、个人所得税等对收入影响

较大的主体税种根据其特点分别采取措施，促进了税收总量的增长和结构的改善。2006年，全系统开展“管理年”活动，建立网上监控与实地巡查相结合的双监控机制。2007年，重点开展以建房、售房、租房、装房为主体的房地产税收一体化营业税管理，以年所得12万元以上纳税人自行纳税申报和汇算清缴为主体的所得税管理，以餐饮、网吧为主体的零散税收管理。

图15-5　2002年6月，区地税局通过ISO 9001认证

第三节　税收收入

1986年，全县实现税收2671.4万元。1987年5月，洪家楼、华山、王舍人3个镇划入历城区，全区实现税收5133.9万元，比上年超收2462.5万元，增长92.18%。1992年，在全市各区县中率先突破亿元税收大关，实现税收10938.2万元，跨入全国190个税收过亿元区（县）行列。1993年，实现税收14458.6万元。

1986—1993年历城区税收完成情况表

表15-8　　单位：万元

年份（年）	实现税收数	比上年增长（%）	比上年超收	备注
1986	2671.4	39.27	753.2	
1987	5133.9	92.18	2462.5	郊区3镇划归历城区
1988	5685.3	10.74	551.4	
1989	7492.6	31.79	1807.3	
1990	8618.9	15.03	1126.3	
1991	9501.9	10.24	883.0	
1992	10938.2	15.12	1436.3	
1993	14458.6	32.18	3520.4	

国税收入　1994年，区国税局完成税收21600万元。2000年，受区划调整及体制改革影响，国税收入比上年减收907万元。1994—2003年，税收收入年均增长19.71%。2004年，实行属地管理，济钢、济南卷烟厂、黄台电厂等大型企业纳税划入历城区，当年完成税收396277万元。2007年，完成税收655154万元。2004—2007年，税收收入年均增长18.24%。

图15-6　区国税局纳税服务厅（2005年摄）

1994—2007年历城区国税各项税收完成情况表

表15-9　　　　单位：万元

年份（年）	合计	其中				增值税	营业税	消费税	企业所得税	外企所得税	个人所得税	车辆购置税	税款滞纳金补税罚款
		中央级	省级	市级	区级								
1994	21600	16177	—	—	5423	19936	0	873	228	439	—	—	123
1995	27707	21350	—	—	6357	24469	85	2895	18	240	—	—	0
1996	17268	12945	—	—	4323	15674	0	768	326	405	—	—	96
1997	21600	16177	—	—	5423	19936	0	873	228	439	—	—	123
1998	27707	21350	—	—	6357	24469	85	2895	18	240	—	—	0
1999	31868	24161	—	—	7707	29268	113	2201	16	264	6	—	0
2000	30961	22636	—	—	8325	26240	130	1550	1283	774	984	—	0
2001	42735	32061	—	—	10674	36072	277	1445	2493	590	1858	—	0
2002	53007	37411	1945	3422	10229	39917	109	1730	8634	565	2052	—	0
2003	60196	43847	1735	1938	12676	48234	22	1195	7067	937	2741	—	0
2004	396277	331342	4989	45189	14757	219793	—	151517	20236	1175	3556	—	0
2005	471521	387484	5945	58065	20027	268388	—	160704	34380	4062	3914	73	0
2006	524277	425569	7403	67248	24057	312460	—	160292	42142	4432	4908	43	0
2007	655154	525417	8050	92792	28895	401830	—	179590	62334	5276	5604	520	0

地税收入　1994年，区地税局完成税收4838万元。1996年，年度地税税收计划为6280万元。年内两次调整税收计划，地税目标调整为8162万元，当年实际完成收入8549.3万元。2000年，十六里河、党家庄、大桥、靳家、桑梓店5个乡镇的税款分别划转市中区和天桥区征收，小鸭电器股份公司企业所得税划归国税征收，固定资产投资方向调节税暂停征收、技改投资抵免所得税、对外商及高科技企业一系列优惠政策的出台，税源不足的矛盾突出，增收潜力减少。全年共完成税收收入18720.6万元。2004年，财税体制改革，完成2461户交叉户（调入1101户，其中按属地原则调入795户、政策调入229户、涉外企业调入77户；调出企业1360户，其中按属地原则调出289户、科技城调出1071户）的调整和登记变更工作，全区地税收入突破10亿元，达到118290万元，比上年增长62.6%，是历年来税收规模最大、增收最多、增幅最高、进度最快的一年。2007年，地税收入突破20亿元，达到212318万元，税收总量、市级收入、区级收入分列全市第三位、第一位和第三位。

图15-7　区地税局办税服务厅（2001年摄）

1994—2007年历城区地税各项税收完成情况表

表15-10　　单位：万元

年份(年)	合计	年度增长%	其中区级	营业税	企业所得税	个人所得税	资源税	城建税	房产税	印花税	土地使用税	土地增值税	车船税	其他各税	教育费附加	地方教育附加	罚款	文化事业费
1994	4838.0	—	—	2475.6	558.2	135.8	33.4	677.7	206.1	47.3	343.3	—	42.3	252.0	66.3	—	—	—
1995	6170.0	27.5	—	3248.6	752.4	249.9	60.4	697.3	248.5	35.6	370.2	—	71.2	355.7	80.2	—	—	—
1996	8549.3	38.6	—	3090.0	2173.7	645.1	74.3	893.2	382.5	43.2	388.6	—	130.8	379.1	348.8	—	—	—
1997	11161.1	30.5	—	3657.2	3068.0	958.7	101.6	1097.5	530.7	58.8	370.0	—	136.3	729.0	453.3	—	—	—
1998	14299.4	28.1	—	5700.6	2572.3	1218.0	119.0	1698.3	745.9	81.7	614.1	—	115.0	855.0	576.2	—	—	3.3
1999	17473.4	22.2	—	7161.7	2560.0	1582.4	349.9	2114.8	744.5	89.5	932.0	—	116.9	1000.6	818.1	—	—	3.0
2000	18720.6	7.1	—	7768.5	3261.9	1609.1	743.1	2215.2	904.6	108.1	789.2	—	160.7	229.0	910.7	—	5.5	15.0
2001	22839.0	22.0	—	8898.2	4892.6	2629.2	396.9	2713.7	983.0	155.3	693.1	—	128.4	176.9	1130.4	—	5.0	36.3
2002	28851.5	26.3	21108	12973.5	5687.5	3363.1	287.7	2789.9	1315.9	189.7	688.7	—	182.5	91.0	1227.5	—	8.0	46.5
2003	37375.5	29.5	25716	18150.8	5581.7	5236.4	273.5	3608.4	1251.0	339.0	830.0	352.0	110.7	—	1549.0	—	36.0	57.0
2004	118290.0	62.6	32203	30435.0	32928.0	16632.0	231.0	23023.0	2624.0	1564.0	2311.0	622.0	144.0	—	7649.0	—	55.0	72.0
2005	143796.0	21.6	41025	41563.0	28774.0	20166.0	261.0	28982.0	4249.0	1105.0	3677.0	1895.0	343.0	—	9861.0	2784.0	50.0	86.0
2006	169610.0	15.0	52463	52872.0	23156.0	19825.0	205.0	36549.0	5478.0	3114.0	3660.0	3126.0	499.0	11.0	15635.0	5267.0	58.0	155.0
2007	212318.0	21.2	61394	60484.0	27920.0	32023.0	292.0	43710.0	6727.0	5812.0	5987.0	3586.0	401.0	—	18851.0	6292.0	33.0	200.0

第四节　税务执法

1986年起，区（县）政府组织财税、工商、物价等部门每年开展税收财务物价大检查。1987年，区税务局成立税务稽查队，各基层单位配备专职或兼职检查人员，形成以稽查队为核心的税务稽查网络。1988年，检查12328户，补税568.94万元。1989年8月初至9月底，开展个体税收专项检查，检查工商业户13965户，补税罚款242万元。1990年，检查工商企业2337户，查补税款313.38万元。1991年，区公安分局与区税务局联合设立税务治安办公室，区检察院在区税务局设立税务检察室。9月，在全区集中开展个体税收专项检查，检查14414户，补税419.9万元，列全省税务系统第一名，被省税务局评为全省个体税收专项检查先进单位。1993年9月—10月，在全区开展个体、私营、“八假”企业税收专项检查，查补税款312.4万元，被省、市税务局评为专项检查先进单位。

国税执法　1995年，对1837户一般纳税人的专用发票进行检查，查处问题户30户，补税罚款4.2万元；对1218户一般纳税人的期初存货已征税款运用情况进行审查，查出多计期初存货款2307.3万元，多分离已征税款323万元，擅自抵扣税款38万元，应补税款279万元。1999年，组织开展各类税收检查，促进以查增收，共计检查纳税人200余户，补税罚款达1278万元。2000年，规范税收执法，要求“责任到人、责任到岗”，对各分局进行专项考核，考核结果与年终评先选优、奖金发放挂钩。组织开展日常税收检查、商业企业增值税专项检查、个体税收专项检查，共计检查纳税人200余户，补税罚款1013万元。2001年，根据国家税务总局《关于全面推行税收执法责任制的意见》等制度规定，明确岗位责任，规范税收执法人员行为。开展商贸企业专项检查，共检查商贸企业522户，查补税款217.3万元，罚款、滞纳金收缴合计23.5万元。2005年，根据国家税务总局《税收执法责任制评议考核办法（试行）》《全国国税系统税收执法责任制岗位职责和工作规程范本（试行）》《税收执法过错责任追究办法（修订）》等规章，以普通发票专项检查为重点，开展税收执法检查工作，自查面达到100%，共查补税款16.6万元，罚款7万元，收缴滞纳金1万元。2006年，稽查案件57户，重大税务案件审理6户，审理率10.52%，查补税款257.3万元，罚款56万元，移送司法机关3户。同年，税收执法信息管理系统上线试运行，全年共监测税收执法过错100余次，涉及100余人，并对考核结果进行通报。2007年，稽查案件67户，重大税务案件审理7户，审理率10.44%，查补税款合计89.8万元，罚款合计62.9万元，移送司法机关6户。税收执法信息管理系统正式上线运行，全年共监测税收执法过错25次，涉及23人，扣发奖金270元，并对考核结果进行通报。复查、复审税务稽查案件4户，发现2户案件存在文书不规范等问题，责令稽查局进行了整改。

地税执法　1994年区地税分局成立后，认真贯彻国务院提出的“加强征管、惩治腐败、清缴欠税、堵塞漏洞”的十六字税收征管方针，依法开展各种税收专项检查，以查促管、以查促收，有效维护了纳税秩序。是年，针对地税征管中的薄弱环节，开展了个人所得税、固定资产投资方向调节税、土地使用税、房产税、资源税等多个税种的专项检查。1995年，设立检察院驻地税办公室、公安局驻地税办公室，形成了“专业治税、部门协税、群众护税”的良好局面。2月，重点对宾馆、招待所、饭店等饮食业及娱乐业进行专项检查，查补税款129万元。11月，进行财税大检查，共检查重点纳税单位77个，查补税款389.2万元。是年，对全区建筑安装企业进行普查，查补入库税款214.5万元。1997年，在对外地施工、出租房屋、土地使用权转让、金融保险行业日常检查的基础上，全年共组织开展国家机关及事业单位纳税情况专项检查、建筑施工企业承包人和代扣代缴单位及高收入行业个人所得税专项检查、税务登记和发票管理专项检查、投资方向调节税和印花税专项检查6次，查补各项税收1250.4万元，罚款32万元，案件结案率100%。1999年，开展普通发票清理检查工作，检查发票用户1193户，罚款60.50万元，处罚率达到100%。

2000年，在稽查局内部建立选案、稽查、审理、执行“四分离”的工作机制，进一步加大稽查力度，完善稽查措施，全年查补入库税款1653.4万元。2003年，开展行政效能监察工作，按照“层级管理、部门配合、责权一致”的原则，建立由决策层、执行层、监督层和评价层组成的四级闭合式网络管理体系。2004年，开展税收执法责任制试点工作，实现各项执法过错的微机自动记录、自动处理，减少了执法过程中的随意行为和人为因素。2006年，执法岗位全员签定规范执法责任书，落实依法组织收入原则，坚持依法征管，无预收、引税、挖税等违法行为发生；建立执法预警机制和执法过错追究制，对18类问题进行预警，减少了执法过错行为，在一定程度上预防了税收管理人员失职、渎职等职务犯罪行为的发生。2007年，组织开展对重点行业、重点税源的税收专项检查和重点区域的整治，以查处大要案为突破口，规范税收秩序。全年共对17户纳税人实施查前评估工作，评估入库税款144万元，对214户纳税人实施专项检查，查补税款、滞纳金、罚款287万元，查结举报案件31起，查补各类税款284万元，处以罚款93万元。

第三章　金　融

第一节　货币业务

一、货币发行

1987年4月27日，中国人民银行采取一次公布分次发行的办法发行第四套人民币，与第三套人民币在市场上同时流通。至1988年9月22日，陆续发行壹圆、贰圆、伍圆、拾圆、伍拾圆、壹佰圆六种主币和壹角、贰角、伍角三种辅币。1992年6月1日，发行1991年版壹角、伍角、壹元流通金属币。1992年8月20日，发行1990年版带安全线的伍拾圆和壹佰圆券人民币。1995年3月1日，发行1990年版壹佰元券。1999年9月20日，为庆祝中华人民共和国成立五十周年，国家首次发行纪念钞，发行面值伍拾圆纸质流通纪念钞一套（1张）。同年10月1日，发行第五套人民币，与第三套、第四套人民币在市场上混合流通。2000年7月1日起，停止第三套人民币在市场上流通使用。同年10月16日起，陆续发行第五套人民币纸币贰拾圆券和壹圆、壹角硬币。2005年，发行2005年版伍拾圆、壹佰圆券人民币。

二、货币流通

现金收入　1986年，全县现金收入21059万元，现金支出24422万元。县人民银行协同各专业银行和其他金融机构，按照市行对单位现金管理不得低于25%的规定履行现金管理职责。1987—1990年，全区每年现金收入均大于现金支出。1991—1994年，每年现金收入均低于现金支出。1995年起，现金收支规模不断扩大。是年，现金总支出为568803万元。

反假货币　1986年6月中国人民银行历城县支行恢复后，组织、协调金融、司法部门积极做好反假、反破坏人民币工作。截至1995年，区人民银行共查处假币案1210起，其中造假、贩假币大案1起。1996年起，中国人民银行历城区支行每年组织辖区内各金融机构集中开展“反假货币宣传周”活动，普及人民币知识，提高城乡居民的识假反假能力，维护人民币流通市场秩序。

三、存款

1986年，全县各项存款余额13820万元。1987年，因王舍人、华山、洪家楼3镇划入历城区，全区存款总额大幅提高，各项存款余额达到35965万元。1991年，全区各项存款余额突破10亿元，完成110455万元。2007年，全区各金融机构各项存款余额1927759万元。

四、贷款

1986—2007年，各银行贯彻执行适度从紧的国家信贷政策，围绕区委、区政府的发展思路，积极筹措资金支持历城经济发展。各金融机构采取“控制总量、调整结构、优化投向、扶优限劣”等信贷措施，严格计划管理和信贷纪律，充分发挥信贷杠杆作用，控制信贷总量的过快增长，贷款规模均没有突破上级行下达的控制指标。2007年，全区各金融机构贷款余额988014万元。

1986—2007年历城区存款、贷款及现金流量情况表

表15-11 单位：万元

年份（年）	存款余额	贷款余额	现金收入	现金支出	年份（年）	存款余额	贷款余额	现金收入	现金支出
1986	13820	10090	21059	24442	1997	525931	280152	972655	984689
1987	35965	23017	43681	42860	1998	611948	336256	1606687	1599831
1988	46532	30481	65602	64237	1999	661101	330372	1547477	1561447
1989	61240	35312	78020	75997	2000	—	—	—	—
1990	89488	49734	94225	92040	2001	—	—	—	—
1991	110455	62675	117549	121306	2002	—	—	—	—
1992	142128	81464	174411	188593	2003	—	—	—	—
1993	175707	112227	275835	300806	2004	1292402	619704	—	—
1994	156039	83902	375802	387714	2005	1469091	714942	—	—
1995	383359	184424	588361	568803	2006	1686767	801599	—	—
1996	488301	272572	834425	817020	2007	1927759	988014	—	—

说明：2000—2003年，历城区未统计存贷款及现金收支情况，2005年起恢复存贷款情况统计

第二节 保险业务

一、财产保险

机构人员 1984年，中国人民保险公司历城县支公司成立。1987年区划调整后，与中国人民保险公司济南市郊区办事处合并，更名为中国人民保险公司济南市历城区办事处。1994年，更名为中国人民保险公司济南市历城支公司。1996年，中国人民保险公司产、寿险分业经营，公司更名为中国人民财产保险有限公司济南市历城支公司。2003年，中国人民财产保险有限公司实行股份制改造，更名为中国人民财产保险股份有限公司济南市分公司历城支公司。2007年，公司贯彻落实中共中央国务院《关于积极发展现代农业扎实推进社会主义新农村建设的若干意见》，将保险服务向农村延伸，在部分镇成立了农村营销服务部。年末，历城支公司下设营业部、营销部、综合部及仲宫镇、港沟镇、彩石镇、郭店镇、遥墙镇、孙村镇6个农村营销服务部，有正式员工17人，营销员60人。

保险险种 1986年，县保险公司开办的险种主要有企业财产险、家庭财产险、货物运输险、机动车及第三者责任险、麦场火灾险、人身意外险等。1989年，开办儿童意外险、厂长经理意外险。1990年，开办个体工商户保险、干部综合险。1991年，开办棉花保险、养鱼保险、财会人员意外险及金融意外险。2006—2007年，开发各类农业保险产品，主要有能繁母猪保险、平安家园保险、农村村民团体意外险等险种。2007年年末，保险险种发展到财产险、家财险、机动车险

图15-8 2001年5月19日，中国人民财产保险公司济南市历城支公司在英雄山广场开展家庭财产保险宣传活动

等8大类共500多个保险产品。

保费收入　1986年，县支公司保费收入117万元，成为全省第一个保费过百万的县级公司。在全部保费收入中，机动车险是公司的龙头险种，保费收入80万元，占保费收入的68%。2007年，历城支公司保费收入2800万元，其中机动车险保费收入2400万元，占全部保费收入的85%。

保险理赔　1986—2007年，区支公司本着“主动、迅速、准确、合理”的理赔原则，积极开展理赔无忧、车险快捷服务承诺活动，对发生的各类灾害事故，及时组织力量抢险救灾，给予经济补偿。22年间累计支付赔款近2亿元，其中机动车赔款占90%以上。

1986—2007年中国人民财产保险股份有限公司济南市历城支公司保险收入与赔付情况表

表15-12

年份（年）	保费（万元）	保额（万元）	赔款件数（件）	赔款金额（万元）	年份（年）	保费（万元）	保额（万元）	赔款件数（件）	赔款金额（万元）
1986	117	20607	293	60	1997	1602	119571	1063	958
1987	193	46283	787	143	1998	1607	113164	1294	955
1988	200	49058	675	128	1999	1604	82643	1468	965
1989	335	49669	990	156	2000	1724	117550	1895	1000
1990	352	56292	797	160	2001	1861	192784	2209	1028
1991	411	75107	857	223	2002	1800	115764	2415	1131
1992	1039	—	—	558	2003	2311	210030	3153	1248
1993	1072	138066	1885	605	2004	2287	890366	2666	1899
1994	1096	—	—	730	2005	2366	—	—	2431
1995	1341	—	—	1047	2006	2370	278198	6468	2839
1996	1443	63385	901	906	2007	2800	710588	6344	1837

二、人寿保险

1996年，中国人民保险公司产、寿险分业经营，中国人寿保险有限公司济南市历城支公司成立，当年保费收入888.5万元，理赔128.7万元。2003年，更名为中国人寿保险（集团）公司中国人寿济南市分公司直属营销三部。2004年，更名为中国人寿保险公司济南市分公司历城支公司。截至2007年，历城支公司由单纯的营销业务发展成为个险营销、中介代理和团体业务三大业务渠道，客户服务部和综合部两大后勤保障部门的综合性县级支公司，业务收入位居全省县域排名第二位。支公司下设个险部、收展部、团险部、中介部、客户服务部和综合部6个部门，内勤管理员工53人，营销外勤员工650多人，中介专管员50多名，团险专职人员4名。公司在历城农行、建行、中行、交通银行等国有商业银行和股份制银行系统及历城农信社和历城邮政分别开设了中介代理合作机构；在王舍人、郭店、董家、遥墙、唐王、孙村、仲宫、西营、高新区设立营销服务部。主要经营险种有人身保险、健康保险、意外险、分红险、少儿险、养老险、年金保险等个人和团体保险。当年，实现保费收入23097万元，理赔441.9万元。

1996—2007年中国人寿济南市分公司历城支公司保费收入和理赔金额情况表

表15-13　　单位：万元

年份（年）	保费	理赔金额	年份（年）	保费	理赔金额
1996	888.5	128.7	2002	1897.3	134.5
1997	2788.5	167.7	2003	7786.3	183.5
1998	2218.7	155.7	2004	15001.0	214.5
1999	1403.1	180.8	2005	15605.0	413.8
2000	2224.2	192.5	2006	15476.0	434.3
2001	1710.9	307.2	2007	23097.0	441.9

第三节　金融监管

一、金融机构管理

1985年，县内有中国农业银行历城县支行、中国工商银行历城县支行、中国建设银行历城县支行、中国人民保险公司历城县支公司等各级金融机构25个。1986年5月20日，县邮政局恢复办理邮政储蓄业务。同年6月，恢复成立中国人民银行历城县支行，履行对辖区金融机构、金融业务的监管职能。7月1日，县人民银行正式对外办公。1987年5月，区划调整，中国人民银行历城县支行更名为中国人民银行济南市历城区支行（简称区人行），中国工商银行济南市郊区办事处和中国工商银行历城县支行合并成立中国工商银行济南市历城区支行。区人行本着服务经济、方便群众的原则，对金融机构的发展按照“新建按计划，申报按程序，初审按条件”进行申报审批，对金融机构的设立、迁址、更名、撤并或移交等均进行实地考察，对机构的地理位置、周围的经济状况和业务发展前景进行分析研究，慎重提出初审意见，对辖区金融机构按时进行年检。1988年10月，济南市历城区黄台城市信用合作社成立。1989年，区人行按照“农行不进城，工行、建行、城市信用社不下乡”的要求进行金融机构布局管理。1990年9月，中国银行济南分行历城分理处成立。同年12月31日，升格更名为中国银行济南分行历城办事处。1992年7月，国家外汇管理局历城支局成立。1994年，山东省国际信托投资公司在历城区设立山东省国际信托投资公司展业证券营业部。同年5月，中国农业银行济南市历城区支行与济南市历城区农村信用合作社分设，组建成立济南市历城区农村信用合作社联社，隶属于区农行。10月，中国银行济南分行历城办事处更名为中国银行济南市历城支行。1995年，区人行按照市人行“总量控制，从严审批，建管并重，优生优育”的要求开展金融机构初审工作。年末，全区金融机构发展到226个。1996年，中国人民保险公司产、寿险分业经营，中保人寿保险有限公司济南市历城支公司成立。同年10月，区农村信用合作社与区农行正式脱离隶属关系。1998年6月至2001年9月，济南市商业银行在辖区内先后设立6家支行，分别是高新支行、洪楼支行、历城支行、电厂支行、城东支行、东环支行、大桥路支行、济钢支行。1999年，按照“积极、稳妥、防风险”的原则，完成了辖区农行、农信社机构撤并任务，共撤并储蓄代办机构185家。2000年1月，由工商银行历下支行东郊办事处和历城区支行部分营业网点组建成立中国工商银行济南东郊支行。2001年5月，山东省国际信托投资公司展业证券营业部改组更名为齐鲁证券济南山大路证券营业部。2001年年末，中国人民银行历城区支行撤销，辖区金融机构管理职能划归中国人民银行济南分行。至2007

年，中国工商银行、中国农业银行、中国银行、中国建设银行、山东省农村信用社、济南市商业银行、中国交通银行、兴业银行、民生银行、中国邮政储蓄、中信银行、招商银行、中国财产保险公司、中国人寿保险公司、齐鲁证券、海通证券等在辖区内设有分支机构，辖区内共有各类各级金融机构（网点）300多个。

图15-9　区农行营业厅（2001年摄）

二、金融业务管理

1986年中国人民银行历城县支行成立后，逐步建立健全金融联席会议制度、日常和年度巡检制度等金融管理制度，在对辖区金融系统国库、会计核算、银行账户、结算、利率、外汇等业务开展情况进行普遍稽核的同时，针对不同时期出现的突出问题，按照上级要求有效开展专项稽核与稽核再监督工作。1989年，开展以调整贷款机构和贷款投向为重点的5项稽核，查处不合规贷款17笔222.7万元，不合规存款771万元。1990年，为控制银行间不正当竞争行为，对企业多头开户问题进行清理、整顿。将企业集资纳入人民银行计划管理，乱集资现象基本消除。在各专业银行重点开展逾期贷款清理工作，全年清理逾期贷款2248万元。1991年6月至1992年6月，全区金融系统开展“教育、清理、整顿队伍”活动。1993年，按照中央6号文件要求，执行全国金融工作会议提出的“从严控制总量，优化市场，转换机制，提高效益”的工作方针，彻底清理各金融机构的违章拆借资金，制止社会乱集资的现象，制止变相提高利率问题，对各金融机构违规经营问题进行处理，对新的账户进行规范化管理，企业单位多头开户、多头贷款、多头提现等扰乱金融秩序的现象得到控制。对60个金融机构进行了17项稽核，共查处不合规存款1049.1万元，不合规贷款3396.23万元，不合规存款账户905户。加强利率管理、结算管理，成立历城区结算举报咨询中心、历城区利率政策举报中心，制定金融机构监管联络员制度。1994年，加强业务人员技能培训，参加市行9个专业的百分评比，获7项第一名。创办历城区金融信息网，与全国多个单位建立了信息协作关系。开展稽核再监督工作，对27个金融机构16项业务进行合法性检查，查出违规金额2203.6万元。

1995年7月1日起，全面实行贷款证制度，全年审核“贷款证”1100本，发放504本。1996年，对非法提高利率和违规开办存款开展专项检查，共查出9类14个方面的问题，涉及单位10个，违规金额68224万元；组织开展结算专项检查，查出4大类问题，违规结算800余笔；对区各外汇指定银行进行外汇业务专项检查，查出不合格账户23户。1998年，完成稽核检查18项，查出违规金额93133万元。组织力量对辖区保险机构进行现场检查，对查出的保险资金存入非银行金融机构、不按规定执行保险费等问题，提出了限期整改意见。1999年，按照《中国人民银行济南分行金融监管实施细则》的要求，区人行制定落实了“金融监管责任书”和“金融监管第一责任人”制度。根据国务院的工作部署，在区政府的支持下，对辖区农村合作基金会进行全面清理。2000年，重点落实国有商业银行不良资产和呆、坏账核销政策，共剥离不良资产46893万元。2001年，中国人民银行济南市历城区支行撤销，辖区金融监管工作划归中国人民银行济南分行。

第十六编

经济综合管理

历城区行政审批服务中心大厅（2006年摄）

1986以来，区政府各经济综合管理部门，结合历城实际，认真履行职能，严格依法行政，科学编制规划，创新工作方法，不断完善服务管理体系，为保障和促进历城经济及社会事业健康发展发挥了重要作用。1990年起，审计范围由国家审计、内部审计扩大到社会审计，项目拓展到财政、金融、基建、离任审计等领域。1992年，计划管理由指令性计划转变为指导性计划，市场价格监督检查工作转向以服务为主。同年11月，区政府开始进行土地使用制度改革。1994年，统计调查方法由以全面调查为主改为以周期性普查为基础、以经常性抽样调查为主。1998年，国家工商局在全国工商系统推广历城工商分局实行市场巡查制度的经验。2000年，历城区成为全国首批消灭无标准生产区。2002年，安监管理范围扩大到社会事业的各个领域。至2007年，历城区国民经济及社会发展年度计划得到全面落实，统计、工商、物价、审计、国土、质监、安监管理工作多次被评为全国、全省先进单位。

第一章　计划管理

第一节　计划管理体制

1986年，计划管理处于计划经济体制向有计划的商品经济体制转变时期。工业生产以计划经济为主，市场调节为辅，指令性计划与指导性计划并存，年度计划与长期规划并重；农业生产实行联产承包责任、统分结合的双重经营体制，指令性计划向指导性计划转轨；流通体制实行计划内与计划外双轨管理，物资流通实行计划安排与市场调节相结合，商品物资流通由原来的计划分配逐渐向市场调节过渡；投资管理体制由政府包揽一切向多元化投资体制转变，建设投资由拨款改为贷款，变无偿使用为有偿使用。1988年，除少部分救灾及支农物资仍实行计划安排外，国家取消计划物资供应。1992年，全面落实经营、用工、价格、分配“四放开”政策，除部分统购粮食和人口发展指标实行指令性计划外，其他指标均实行指导性计划。1995年，区政府制定《历城区固定资产投资管理办法》，对企业及社会投资实行源头控制，对投资项目进行分类指导和区别对待。办法的实施，加强了固定资产调节税的征管工作，改变了过去单一计划体制下，投资决策和管理分工政府包揽过多、统管过死的状况。1997年，取消所有物资计划供应和大中专毕业生分配，分别转为由市场供应和毕业生与用人单位双向自主选择就业。1999年年底，取消固定资产投资方向调节税。2002年，对区属竞争性和经营性领域且投资2000万元以下的项目，由审批制改为备案制。2006年起，为控制固定资产投资过快增长，抑制经济过热，对新开工项目加强立项、用地、规划、信贷、环评等管理工作。

第二节　计划编制

1986—2007年，历城区每年编制国民经济和社会发展年度计划，按上级部署编制中长期计划（规划）。在年度计划编制过程中，按照区委、区政府的总体部署，立足历城实际，坚持既体现加快发展、又留有余地的原则，保持经济发展的持续性，在对上年度主要经济指标完成情况进行测算的基础上，结合全市计划安排情况，并征求区直有关部门的意见，综合平衡后，制订年度国民经济和社会发展计划。中长期计划（规划）的编制，综合考虑辖区范围比较大、城乡环境复杂、经济社会发展存在各种不确定因素，坚持计划(规划)编制既与全市发展计划（规划）相衔接，又体现历城特色和保持历城发展思路的连续性。编制过程中，区发改委（原计划委员会）在大量调查研究、分析测算并与上级计划（规划）衔接的基础上，根据区委、区政府的总体要求，完成五年计划（规划）纲要初稿。区委、区政府召开座谈会，广泛征求各方面的意见，并组成专家组，参加专题研究和综合计划（规划）的论证评审，深入分析发展环境，把握发展规律，突出发展理念，科学谋划计划（规划）期内发展的重大问题，切实增强计划（规划）的前瞻性和指导性。编制出的中长期计划（规划）和年度计划报区长办公会、区委常委会专题研究，形成计划（规划）草案。计划（规划）草案经区委扩大会议原则通过后，提交区人代会审议通过。

一、中长期计划

历城县国民经济和社会发展第七个五年计划（1986—1990） 1986年3月28日，县第十届人民代表大会第三次会议审议通过。计划要点：调整好农业结构，着重抓好党家庄、董家、唐王、遥墙、孙村5个镇商品粮基地建设，扩大蔬菜种植面积1333.33公倾，退耕还林发展果树1.33万公倾，牧业产值达到5220万元；加快企业技改，发挥建材、建筑、食品加工优势，加快发展乡镇工业、新兴工业，加大固定资产投入，加快发展第三产业；财政支出优先安排能源、交通、教育和农业发展。“七五”期间，工农业总产值年平均递增11.9%，其中农业总产值平均递增9.8%，工业总产值平均递增17%；粮食播种面积1990年3.73万公倾，粮食总产量平均递增8%；人均收入平均递增9.3%；人口自然增长率控制在7‰以内。

历城区国民经济和社会发展第八个五年计划（1991—1995） 1991年3月15日，区第十二届人民代表大会第二次会议审议通过。计划提出：按照“注重效益、提高质量、协调发展、稳定增长”的战略要求和“持续稳定、协调发展经济”的总方针，稳定发展农村经济，确保粮食稳定增长，林、牧、副、渔全面发展；调整工业产业结构和产品结构，重点发展食品、建材、冶金铸造、轻纺、机械加工五大产业和出口创汇、战略后勤、适销对路产品，提高经济效益；大力发展外向型经济，初步实现全区经济由内向型向外向型战略转变；加强城镇基础设施建设，改善投资和生活环境；深化经济体制改革，特别是企业改革，完善市场机制，建立有计划商品经济新秩序；社会主义物质文明和精神文明一起抓，发展各项社会事业。“八五”期间，国民生产总值、国民收入、农业总产值、工业总产值、社会消费品零售总额、外贸出口供货值、地方财政收入、粮食总产量、农民人均纯收入分别年均增长11.5%、10.8%、4.6%、11.1%、11.8%、20.1%、8.1%、2.1%、5.9%。

历城区国民经济和社会发展第九个五年计划（1996—2000）及2010远景目标计划 1996年3月16日，区第十三届人民代表大会第四次会议审议通过。计划提出：(1) 强化农业基础地位，推进农村经济产业化，加快发展高产优质高效农业，大力发展农村二、三产业。(2) 调整优化工业结构，坚持以提高经济效益为中心，大力培植主导工业、新兴工业和名牌产品。(3) 积极发展建筑业，大力推行工程总承包制度，建立健全“政府监督、社会监理、企业内控”的质量保证体系。(4) 大力发展第三产业，以建设大市场、发展大流通、搞好大服务为目标，发展商品流通、信息咨询、旅游和社会保障事业。(5) 加强交通、通讯设施建设，集中力量加快二级公路以上的高等级公路建设，建成覆盖面广的现代通信网，积极搞好城镇公用设施建设。(6) 全面实施科教兴区战略。计划强调，经济体制改革要坚持以公有制为主体，多种经济成分共同发展，深化国有企业改革，建立现代企业制度，逐步建立起社会主义市场经济体制的框架。到2000年，国内生产总值达到98.2亿元，财政收入5.2亿元，城镇职工人均收入9000元，农民人均纯收入4350元；到2010年，国内生产总值达到328亿元，财政收入14.8亿元，城镇职工人均收入23000元，农民人均纯收入11000元。

历城区国民经济和社会发展第十个五年计划（2001—2005） 2001年2月21日，区第十四届人民代表大会第四次会议审议通过。计划提出：（1）优化农业内部结构，增加农业投入，长期稳定农村基本政策，加快农业现代化进程，千方百计增加农民收入。（2）加快第二产业结构优化升级，大力发展服务业。（3）全面实施科教兴区战略，加快推进科技教育与经济发展的高效融合，突出科技创新，确立教育优先发展的战略地位，构建高素质的大教育格局。（4）实施城镇带动战略，加快推进城市化进程。（5）发展开放型经济，加快经济国际化进程。（6）坚持以人为本的发展观，全面实施可持续发展战略。（7）进一步深化体制改革，加快形成市场经济运行机制，加快所有制结构调整，大力发展个体私营等非公有制经济，积极推进政府机构改革，进一步转变政府职能。（8）全面发展文化等各项社会事业，促进经济和社会协调发展。（9）完善社会保障体系，不断提高人民生活总体水平与质量。（10）积极推进精神文明和民主法制建设，促进社会文明、公正、健康发展。到2005年，计划实现国内生产总值150亿元，其中第一产业增加值16亿元，第二产业增加值71亿元，第三产业增加值63亿元；财政总收入12.4亿元，地方财政收入8.9亿元；农民人均可支配收入4500元。

图16-1 区政务中心发改委审批窗口（2005年摄）

历城区国民经济和社会发展第十一个五年总体规划纲要（2006—2010） 2006年1月13日，区第十五届人民代表大会第四次会议审议通过。“十一五”期间经济社会发展的主要任务是：（1）按照生产发展、生活宽裕、乡风文明、村容整洁、管理民主的要求，坚持以工促农、以城带乡、城乡统筹的原则，推进以“建设新房舍、完善新设施、营造新环境、造就新农民、形成新风尚、健全新保障”六个新为主要内容的社会主义新农村建设；（2）按照“大规划、大整合、大投入、大发展”的要求，遵循“充分发挥优势、合理配置资源、与区域功能定位相适应”的原则，精心搞好四大片区的开发建设，引导要素聚集，构建产业集群，推进集约发展。（3）围绕立足区位优势，融入省会经济，加快转变经济增长方式，推进经济发展的规模化、集约化，发展高效益、低消耗、循环节约型经济，加快产业结构优化升级，提高区域竞争力。（4）按照“新区开发、老城提升、整体推进”的基本思路和“高起点规划、高标准建设、高效能管理”要求，加强规划管理，大力提升城镇现代化水平。（5）坚持内抓改革、外抓开放，全面深化重点领域改革，着力解决影响经济社会发展的体制机制障碍，增强经济社会发展活力。（6）以促进人的全面发展为宗旨，努力构建民主法治、公平正义、诚信友爱、充满活力、安定有序、人与自然和谐相处的社会主义和谐社会。到2010年，全区生产总值达到800亿元，年均增长16%左右；地方财政一般预算收入21亿元，年均增长16%左右；全社会固定资产投资年均增长22%，五年累计达到1700亿元；全区城市化率达到50%左右；出口创汇12亿美元，年均增长13%左右；利用外资9000万美元，年均增长20%左右；农民人均纯收入8000元，年均增长10%左右；城镇登记失业率控制在4%以内；人口自然增长率控制在5‰左右；高中阶段教育普及率达到90%以上。

二、年度计划

1986年，计划坚持农业基础地位，加快工业生产，促进内外贸易，保证钢材、煤炭、水泥等物资供应。1987年，坚持把改革放在首位，努力增强企业活力；大力发展乡村工业，全面提高经济效益；重视粮食生产，加快林、牧、渔各业的发展。1988年，调整产业结构，大力发展商品生产和外向型经济；合理调整农村产业结构，积极发展建筑业和村镇建设。1989—1991年，计划提出大力发展外向型经济，提高出口创汇水平；控制投资规模，保证重点项目和城镇基础设施建设；开展“双增双节”运动，搞好财政信贷平衡；积极发展科技、教育和各项社会事业。1992年，将旅游业、国民生产总值指标纳入年度计划。1993年，首次提出大力发展第三产业。1995年，将国内生产总值及第一产业、第二产业和第三产业指标纳入年度计划。1998年，提出搞好南部山区综合开发，大力发展旅游业。2003年，提出大力发展都市农业和物流业的目标。2004年，将城镇登记失业率指标纳入年度计划。2007年，提出以自主创新、节能降耗和环境保护为突破口，积极转变经济增长方式。

第三节　计划执行

“七五”期间，坚持以经济建设为中心，积极进行治理整顿和深化改革，努力扩大对外开放，积极调整产业结构，农业生产稳定发展，工业生产保持了较高增长速度，财政收入稳定增长。1986年，农业生产克服50年不遇的大旱，获得较好收成，粮食总产达到24366万公斤，完成年计划的92.8%。1987年，通过加快和深化企业改革，工业实现了持续稳定增长，全区完成工业总产值53100万元，占全年计划的102.5%。1988年，工业总产值达到81851万元，占年计划的114.1%，比上年增长54.1%。1989年，贯彻“四保四压”（保证能源、交通、通信、重要原材料和农业等短线产品项目，压缩一般加工工业长线产品的项目；保证国家计划内安排的、各方面配套条件已落实的项目，停建计划外项目；保证必需的生产性建设项目，压缩非生产性建设项目，特别是楼堂馆所建设项目；保证重要引进技术、列入国家计划的重大企业改造和生产市场急需产品所必需的技术改造项目，压缩一般技术改造项目，特别是以外延扩大再生产为主的项目）方针，加强固定资产投资管理，清理、压缩在建项目，固定资产投资规模得到控制，全社会固定资产投资2565万元，比上年下降21.8%。1990年，粮食总产量33094万公斤，创历史最好水平，完成计划的105.1%；农民人均纯收入785元；工农业总产值222510万元，完成年计划的148.3%；社会消费品零售总额40302万元，占计划的100.8%；外贸收购总值2315万元，比上年增长34.1%；完成科技成果242项，比上年增加82项。

“八五”期间，农村经济稳定增长，农民收入增幅逐年加大，工业结构调整步伐加快，工业生产高速增长，第三产业发展步伐明显加快，交通、通信等基础设施建设明显加强，财政收入稳步增长，固定资产投资持续快速增长，城乡市场繁荣，外贸出口进一步扩大，外向型经济取得新突破，科技、教育、计划生育等社会事业有了新的发展。1991年，财政收入突破亿元，达到10041万元，比上年增长9.93%。外贸收购总值3031万元，比上年增长30.9%。1992年，完成工农业总产值33.17亿元，比上年增长36.5%；林、牧、副、渔业产值在农业总产值中的比重由45%提高到50%；提前三年实现消灭“断头路”的目标；有10个乡镇开通程控电话，程控电话达到2.2万门，进入全国长途电话自动拨号网；电视覆盖面积达95%以上。1993年，农民人均纯收入超过千元，达到1093元，比上年增长16.3%。1994年，社会消费品零售额达到113584万元，比上年增长57.5%。1995年，社会消费品零售额17.57亿元，增长54.7%；“三资”企业出口创汇2733万美元，增长64.8%；固定资产投资完成9亿元，增长28.6%；财政收入24900万元，增长19%；实施各类科技项目31项，其中，国家级1项、省级18项。

“九五”期间，以“退耕还林，退耕还菜”为重点的农业结构调整步伐加快。至“九五”期末，全区经济林总面积2万公顷，各类大棚3万个、2666公顷，粮经比例由“八五”期末的8.5：1.5调整为6：4。工业生产发展迅速，科技含量和运行质量显著提高。先后开展了管理效益年和以学习《管理技术》与《品质管理》两本书为内容的“两本”管理活动，实施乡镇企业第二次创业和骨干企业膨胀战略，实现了由速度数量型向质量效益型的转变。以建立现代企业制度为目标，全区865个企业完成产权制度改革。共完成技改投入15亿元，一批高新技术项目建成投产，产品的市场竞争力不断提高。市场体系不断完善。初步形成以洪家楼为中心，乡镇驻地为重点，以大中型商业网点、专业市场、商业街为主体，以集贸市场为辅助的统一开放、布局合理、竞争有序的市场体系。有各类市场127个，年交易额达8亿元的2个。固定资产投资快速增长，重点项目建设成效显著。实施大王庙引黄闸及配套工程等7项重点水利工程，商品粮基地县等综合开发项目取得预期效果，齐鲁安替比奥等重点工业项目相继建成投产，洪楼广场等城建工程建成投入使用，实施安居工程、旧村改造工程，完成绕城高速公路历城段等6条公路的新建或拓宽工程，计174.56公里。农村电网改造工程基本完成，党政信息网建成并投入使用，有线电视基本实现了村村通。开放型经济有了新的发展。累计实际利用外资1.03亿美元，批准外资企业233个，投产86个。社会事业蓬勃发展，人民生活水平不断提高。取得各类科技成果58项，实施科技计划87项，开发新产品146种。各类教育事业迅速发展，素质教育得到加强，教育投入不断增加。卫生事业取得长足发展，覆盖城乡的医疗保障体系初步形成。文化事业更加繁荣，新闻、体育等有了新的发展。2000年，完成国内生产总值81.6亿元，其中第一产业增加值13.2亿元、第二产业增加值39.7亿元、第三产业增加值28.7亿元；粮食总产量26000万公斤，农民人均纯收入3079元；外贸出口3198万美元，比上年增长36.7%；完成固定资产投资26.1亿元，社会消费品零售总额31.1亿元，地方财政收入4.26亿元。

“十五”期间，国民经济持续发展，综合实力进一步增强，农业和农村经济取得新进展，工业生产质量和效益明显提高，第三产业全面发展，固定资产投资持续增长，城乡建设步伐加快，招商引资成效显著，外向型经济快速发展，科技、教育、卫生等各项社会事业发展步伐加快。2001年，完成国内生产总值89.4亿元，比上年增长9.6%，其中，第一产业增加值13.6亿元、第二产业增加值44.3亿元、第三产业增加值31.5亿元；农民人均纯收入3273元，增长6.3%；外贸出口4031万美元，增长26%；完成固定资产投资32.1亿元，增长23%；社会消费品零售总额35.2亿元，增长13.2%。2002年，财政总收入超过10亿元，完成10.98亿元（老口径），增长31.67%。2003年，完成固定资产投资63.34亿元；实际利用外资3681万美元，增长79.9%。2004年，旅游业共接待游客达242万人次，增长30%；旅游业综合收入达6.9亿元，增长41%。2005年，生产总值达到389.9亿元，其中，第一产业增加值18.6亿元、第二产业增加值267.4亿元、第三产业增加值103.9亿元；地方财政一般预算收入完成10.02亿元，增长36.14%；农民人均纯收入达到5186元，增长22.1%；实现出口创汇65180万美元；高中阶段学校基础设施建设投资2520万元，基本实现普及高中阶段教育的目标。

“十一五”期间的头两年，全区综合经济实

力进一步增强，产业结构更趋优化。2006年，完成生产总值453亿元；地方财政一般预算收入完成11.67亿元，同比增长16.4%；农民人均纯收入达到6040元，同比增长16.5%；城镇登记失业率3.9%；粮食总产达24840万公斤，单产创历史最高水平，达到363公斤；46.3万人参加了新型农村合作医疗，参合率达94.3%。2007年，全区完成生产总值516亿元，其中，第一产业增加值22.2亿元、第二产业增加值336.5亿元、第三产业增加值157.3亿元；地方财政一般预算收入完成13.58亿元，同比增长16.4%；农民人均纯收入达到6950元；旅游总收入14.2亿元，共接待游客509万人次，同比增长18.3%和10.6%；免除全区7万名中小学生义务教育阶段学杂费，成为全市首个“全国区域教育发展特色示范区”；人口自然增长率控制在5.6‰以内。

第二章　统　计

第一节　统计业务改革

1986年，统计业务主要有经济和社会发展统计调查、汇总和分析，统计报表主要有社会总产值、国民收入统计表，统计数据主要涉及农业和县以上工业、商贸、建筑业企业。1991年，改革农业统计报表制度，在农村基层统计中推行“一套表”制度，内容涉及农、林、牧、副、渔生产及农田水利、农业机械、农村社会、科技、文教卫生等各个方面，并层层上报。1992年，实施新国民经济核算体系，统计报表增加工业经济效益指标及建筑、批发零售、服务等行业财务指标。1993年，推行国家新统计报表制度，由基层表和各专业综合表组成，基层表由基层报表单位填写，综合表由计算机超级汇总形成。1994年，统计调查方法由以全面调查为主，改为以周期性普查为基础、以经常性抽样调查为主体，并以必要的统计报表、重点调查等为补充，搜集整理基本统计资料；“一套表”的统计内容保留，搜集资料的方式由按单位性质布置改为按专业内容分别进行统计调查。1996年，区内五级以上建筑业企业按资质等级纳入建筑业统计范围。同年起，区统计局负责全区各部门、乡镇全方位目标（经济部分）完成情况综合考核工作，每年写出考核报告上报市、区有关部门。

1998年起，工业、商贸、餐饮服务业企业按规模进行全面统计和抽样调查，国有及年销售收入500万元以上的工业企业纳入日常统计报表范围，年销售收入2000万元以上的批发商业企业、年销售收入500万元以上的零售商业企业和年销售收入200万元以上的餐饮企业实行定期报表制度；对达不到规模以上的工业、商业和餐饮服务业企业定期抽样调查，并根据抽样调查数据推算全部规模以下企业数据。2000年，规模以上工业企业实施“一套表”统计制度，规模以下工业企业实行抽样调查，农民收入、粮食产量、畜牧业、蔬菜生产、农村固定资产投资等实施“多目标”抽样调查。2004年1月1日起，年度、季度GDP核算由初步核实和最终核实，改为按初步核算、初步核实和最终核实三个步骤进行，年末不再公布当年的预计数；月度GDP数字，原则上不再对外公布。2004年，实行在地统计制度，驻区市属及市属以上工商企业纳入历城区统计范围。2006年，规模以上工业企业的统计范围，调整为只统计销售收入500万元以上的工业企业。2007年起，在相关专业实行网上直报统计表，上报的定期报表和年报统计表主要有农村统计表、工业统计表、建筑业统计表、固定资产投资统计表、批发零售贸易及餐饮业统计表、对外贸易统计表、劳动工资统计表及综合平衡统计表等。规模以上工业企业、资质以上建筑企业、限额以上批零贸易企业，均基本实现网上直报统计表。

图16-2　2005年7月20日，历城区工业企业在地统计会议召开

第二节　统计调查

一、普查

（一）人口普查

全国第四次人口普查，普查时点为1990年7月1日零时。1989年10月，区政府成立区人口普查领导小组，抽调普查人员5000余名，1991年10月普查结束。普查结果：1990年7月1日，全区20个乡镇总户数256194户，其中家庭户254590户，集体户1604户；总人口966144人，其中男性496465人、占总人口的51.39%，女性469679人、占总人口的48.61%，男女性别比（女性按100计算）为105.70。1989年7月1日至1990年6月30日，全区出生13593人，出生率14.13‰，死亡5851人，死亡率6.08‰，人口自然增长率8.05‰。

全国第五次人口普查，普查时点为2000年11月1日零时。1999年10月，区政府成立区第五次人口普查工作领导小组，抽调普查人员4300余人。全区共划分714个普查区、3122个调查小区。普查工作历经普查试点、人员培训、资料开发、区域图绘制、户口整顿、调查摸底、普查登记、快速汇总、抽查验收、编码光电录入、评估审核、编印汇总资料等过程，2001年5月普查结束。普查结果：2000年11月1日，全区15个乡镇共有263274户，总人口878131人；其中，家庭户251409户，人口803267人，平均家庭户规模为3.2人；男性451751人、占总人口的51.44%，女性426380人、占总人口的48.56%，男女性别比为105.95；汉族人口872376人、占99.34%，少数民族人口5755人、占0.66%；与1990年第四次全国人口普查相比，文盲率由15.88%下降为6.69%。1999年11月1日至2000年10月31日，全区出生8887人，出生率10.17‰；死亡3684人，死亡率4.22‰；人口自然增长率5.95‰。

（二）工业普查

全国第二次工业普查，1985年组建县工业普查领导小组，1986年组织实施，1987年普查结束。普查结果：1985年年末，全县有独立核算的工业企业100家，其中，县属工业企业12家、乡镇工业企业88家；从业人员13324人，资产总额11735.5万元，销售收入10305.7万元；非独立核算工业生产单位17个，村办工业企业361个。

全国第三次工业普查，普查对象是境内所有独立核算的工业企业和附营工业单位，普查时点为1995年12月31日，普查内容包括工业企业生产经营基本条件、财务状况、经营行为、技术进步等7个方面的400个指标，以及与之相应的7个目录、1个技术标准。历城区普查工作从1995年9月开始，1996年8月完成普查数据汇总。普查结果：1995年末，全区共有工业企业5064个，其中，区直工业61家、乡镇直工业150家，全部从业人员49411人，资产总额235270万元，年末所有者权益总额76837万元；1995年，实现销售收入742352万元，上缴税金16355万元，工业增加值71035万元；其中，区直工业增加值21931万元，乡镇直工业49104万元。

（三）第三产业普查

1993年全国第三产业普查，普查范围是境内所有从事第三产业的单位，普查内容是1991年度和1992年度数据。普查结果：1991年，全区有第三产业单位3986个，从事第三产业的个体户15722户，第三产业从业人员81880人，第三产业增加值55422.1万元。1992年，全区有第三产业单位4161个，从事第三产业的个体户16623户，第三产业从业人员88944人，第三产业增加值78366.9万元。

（四）基本单位普查

全国第一次基本单位普查，普查范围是境内所有法人单位和产业活动单位，普查标准时间是1996年12月31日。1996年11月1日，普查登记开始，1997年7月完成数据处理。普查结果显示：1996年年底，全区有法人单位2950个，产业活动单位1230个。

2001年12月31日至2002年12月31日，开展全国第二次基本单位普查。普查结果：2001年年底，全区共有法人单位3794个，从业人员246696人；产业活动单位1717个，从业人员5217人；个体工商户14644户，从业人员52770人。

（五）农业普查

全国第一次农业普查，普查对象是境内所有农业生产经营单位、农村住户、行政村和乡镇。普查时点指标的标准时间是1996年12月31日，时期指标的标准时间是1996年1月1日至1996年12月31日。普查结果：1996年年底，全区共有农村住户203727户，农村人口757734人，耕地956946亩，农作物播种面积1247502亩，大牲畜存栏72482头（匹）。全区有机电井6036眼，泵站366个。有非农乡镇企业单位2203家，从业人员70462人。

全国第二次农业普查，普查标准时点为2006年12月31日。全区划分普查区604个，普查小区2267个，选调普查员3000人，普查指导员604人。普查结果：全区农业家庭户15.54万户，农业人口54.63万人，小麦播种面积301151亩，棉花播种面积3089亩，蔬菜种植面积141316亩，花生种植面积4556亩。猪存栏量225640头，羊存栏量134292只，牛存栏量（含奶牛）51070头，鸡存栏量5373888只。

（六）经济普查

全国第一次经济普查，普查标准时间是2004年12月31日，普查对象是境内所有从事第二产业、第三产业的法人单位、产业活动单位和个体工商户。普查结果：全区共普查单位6567个，其中法人单位4953个，产业活动单位1614个。全区共普查个体经营户35270户。2004年，开始实行在地统计，统计结果表明，当年全区GDP实现3258967万元。其中，第一产业增加值174356万元，第二产业增加值2194910万元，第三产业增加值889701万元。

图16-3　2005年1月1日，全国第一次经济普查入户调查启动宣誓仪式

二、抽样调查

（一）农村住户抽样调查

1984年起，每年从全县抽选4～6个村，每村抽10户，进行农村住户抽样调查，主要目的是调查农民人均纯收入。调查内容包括户所在村和家庭基本情况，人口与就业情况，农业生产结构和技术应用情况，总收入与总支出，现金收入支出，生活消费现金支出，农产品出售，食品消费，商品购买，粮食收支情况。

（二）农产品产量调查

1986—1997年，每年从全区抽选10个村，每村抽7个地块，分两季对小麦、玉米、地瓜产量进行实割实测，用来推算小麦、玉米、地瓜的亩产量。1998年始，调查村个数增加到15个。

（三）畜牧业调查

1998—2007年，每年对全区农业生产经营单位、农户规模户（猪存栏5头或出栏20头及以上、牛存栏5头或出栏10头及以上、羊存栏5只或出栏30只及以上）进行全面统计；对规模以下户，每镇抽取3个村民小组实行抽样调查，获取全区牲畜存栏及出栏情况。

（四）人口抽样调查

1985年起，每逢“10”的年份开展一次人口普查，每逢“5”的年份开展一次1%人口抽样调查，作为对人口普查的补充。

（五）规模以下工业抽样调查

1999年起，每年对年产品销售收入500万元以下的非国有工业企业和个体经营工业单位进行抽样调查。调查内容包括：500万元以下的非国有工业企业的详细名称、地址、企业法人代码、登记注册类型、人员及生产经营状况等基本情况，个体经营工业单位人员及生产经营状况等基本情况。

（六）限额以下贸易、住宿餐饮业抽样调查

2005年，开展限额以下（批发业年营业收入2000万元以下、零售业年营业收入500万元以下、住宿餐饮业年营业收入200万元以下）贸易业抽样调查。在全区抽选批发、零售、住宿、餐饮业企业及个体经营户各8家，总计64家单位进行调查监测，推算全区限额以下贸易、住宿餐饮业零售额。

第三节　统计资料整理

1986—1998年，区统计局编印各年度《济南市历城区国民经济统计资料》，每年1册。1987年，编印出版《济南市历城区第二次全国工业普查资料汇编》。1991年，创办《历城统计月报》，每月1期。1994年，编印出版《济南市历城区第三产业普查主要数据资料》。1999年起，《济南市历城区国民经济统计资料》改版为《历城统计年鉴》，每年1册。2000年起，增编《历城统计手册》，每年1册。2002年，创办《历城统计信息》，编印出版《济南市历城区第五次全国人口普查资料》。2005年起，每年定期发布年度国民经济和社会发展公报。

第四节　统计培训教育

1987年，区统计局成立统计职称初级评审委员会。至1995年，共推荐、评审统计技术人员156人，其中，统计师14人、助理统计师87人、统计员55人；举办培训班30余次，培训2000余人（次）。1998年起，在全区统计人员中实行持证上岗制度，每年进行统计人员从业资格考试及统计人员继续教育。截至2007年，共组织统计上岗培训班10期，统计继续教育培训班12期，培训7800余人次。年末，全区共有统计技术人员872人，其中，统计师57人、助理统计师132人。

第三章　审　计

第一节　国家审计

一、财政金融审计

乡镇财政审计　1990年，区审计局首次开展乡镇财政审计工作，对彩石乡、唐王镇财政所1989年度财政收支情况进行审计。1991年，对十六里河镇、孙村镇、郭店镇财政所1990年度的财政、财务收支进行审计，并延伸审计了镇经委、税务所等7个单位。1993年，对王舍人、港沟等6个乡镇1992年度财政决算及乡镇直有关部门的财务收支进行审计，并加强对预算外资金的审计监督，查处虚列支出115.72万元、挤占挪用专项资金和统筹资金115.08万元、自行发放各种补贴11.53万元，向区政府提交了乡镇财政审计综合报告。1994年，对洪家楼、仲宫等7个乡镇的财政决算进行审计，同时对部分专项资金和乡镇政府机关的财务收支进行审计。1995年，对华山镇1月—6月财政预算执行及其他财政收支情况进行审计。1997—1999年，先后对24个（次）乡镇财政进行决算审计，查出虚列支出挂暂存资金1570万元，以及漏缴税金、财政收入不入账等问题。2002年，对5个乡镇财政进行审计，发现乡镇政府债务负担较重，其中，4个乡镇至2001年年底政府债务负担总额4339万元，占4个乡镇当年全部预算收入5512万元的79%。2003—2007年，对21个（次）乡镇财政进行审计，查出违规金额3979万元，管理不规范金额7948万元，上缴财政78万元。

区级财政审计　1996年起，区审计局每年对上年区级财政预算执行情况和其他财政收支情况进行审计，向区政府提交审计结果报告，并代表区政府向区人大常委会做审计工作报告，反映预算执行和其他财政收支中存在的问题，提出加强财政财务管理的意见和建议。是年，共审计17个单位，延伸审计23个单位，查出违纪金额750万元，查增财政收入196.3万元。1997—2007年，对195个（次）预算组织、管理单位以及一级预算单位进行审计，延伸审计企业、部门的分支机构、派出机构、经济实体590个，查出违规资金28798万元，上缴财政10028万元。

金融审计　1990年起，区审计局开展金融审计业务，对区农业银行、工商银行1989年度的财务收支情况进行审计。1991年，对区建设银行、工商银行、农业银行1990年度的财务收支情况进行审计，对存在的问题进行了纠正。1993年，对区保险公司1992年度的财务收支情况进行审计，对区人民银行及农业银行的夏粮收购资金管理使用情况进行审计调查。1994年，对区农业银行、工商银行1993年度财务收支情况进行审计，查处了违控购买商品、虚列支出、挤占成本等问题。1994年后，国有金融机构审计划归市审计局。1999年，对区农村信用社联合社1998年度资产、负债损益情况进行审计，发现漏交固定资产投资方向调节税69.74万元等问题。

二、企业审计

1984年起，县审计局开展企业审计业务，当年对历城县商店1982年以来盈亏情况进行审计，是全县第一个企业审计项目。1987年，对区百货公司1986年度财务收支经营情况进行经济效益审计。1988年，重点开展国有工业企业审计工作，对历城铁厂、历城酿酒厂进行财务收支审计，对区第一饲料厂进行生产经营审计。1989—1991年，贯彻执行审计署《关于全民所有制工业企业承包经营责任审计的若干规定》，开展对区属重点国有企业的承包经营责任审计，共审计区属重点国有企业20个（次），为承包合同兑现提供了重要依据。1991年，对历城水泥厂、历城造纸厂、历城铁厂1991年上半年的经济效益进行审计，找出了企业经营管理中存在的问题，提出合理化建议，使3个企业当年经济效益得到不同程度的提高。1992年，对历城第二面粉厂、济南第二纺织机械厂开展内控制度审计，对6个工业企业和外贸系统历年潜亏及形成原因进行审计调查。1995年，对集团性公司经营管理情况、商品房积压情况进行审计调查，调查房地产开发企业6个，找出了房地产开发中存在的问题，提出了针对性很强的审计建议。1997年，对济南珍珠造型材料有限公司进行审计，探索对中外合资企业进行审计的路子。1998年，对1家拒不执行审计决定的企业申请法院进行强制执行，是全市首例审计决定强制执行案，《济南日报》对此进行了报道。1999年，在搞好企业财务收支审计的同时，对济南铸材集团有限责任公司1998年末的财务成果进行真实性审计。2001年，对6家企业进行审计，查出违规行为资金2067万元，应上缴财政67万元；查出其中1个企业销售货物不入账及货款被个人私吞的问题，当事人被移送司法机关处理。同年，对全区企业改制情况进行审计调查，共调查不同类型企业21家，摸清了企业改制的进展情况，针对企业改制中存在的问题和困难，向区政府提交调查报告。2002—2004年，对9家企业进行审计，查出违规金额1995万元，应上缴财政38万元。2005—2007年，对历城水泥厂、历城盘龙山建材厂等6家企业进行资产、负债审计，查出违规金额2226万元、管理不规范金额838万元，应上缴财政71.4万元。2007年，对区粮油贸易公司进行破产清算审计，监督检查了清算及破产程序是否合法、破产财产处置是否得当、有无侵害职工及债权人利益的问题。

三、建设项目投资审计

1990年起，区审计局开展基本建设项目审计工作，主要是对基建计划批复、资金筹集、开工前准备及基本建设项目财务收支情况进行审计监督。截至1992年，对12个基本建设项目进行审计，发现开工手续不完备，建筑面积、投资超计划，个别项目资金来源不正当、资金不落实等问题。1993年，对全区当年新开工的基建工程进行开工前审计，保证了资金的合理使用。同年，对二环东路、二环南路工程投资活动实行全过程跟踪审计监督。1995年，对全区城建资金进行从征收、缴库到分配、管理、使用全过程、全方位审计，共审计单位17个，审计资金总额7122万元；对济南酿酒厂技改项目进行审计。2003年起，开展建设项目投资（基建决算）审计工作，在对港西公路建设工程资金管理及使用情况进行监督检查的同时，对工程造价进行审计，审减工程造价113.65万元。随后，相继开展了花园路、洪家楼西路、洪家楼北路等建设项目审计。同时，加大对民生工程的审计力度，重点监督与群众生活息息相关的锦阳川河道门牙段综合治理工程、仲宫门牙污水处理厂工程、平原供水一期工程等建设项目。

2005年6月，区政府制定《济南市历城区建设项目投资审计暂行办法》，规定区级及区属各街道办事处、乡镇政府、行政事业单位、社会团体、国有及国有控股企业实施以国有资产投资或者融资为主的办公楼、住宅、技术改造、装修和城乡道路、农业、林业、水利、旅游等基础设施建设项目，必须接受区审计局的审计监督，其审计结果作为支付并结算工程款项的依据，明确了审计机关的权限、审计的主要内容及其他有关事项。2005年年底，对唐冶新区建设项目从招投标、队伍选择、拆迁补偿，到项目管理、现场施工、变更签证、资金拨付等进行全过程跟踪审计监督，是全区第一个跟踪审计项目。跟踪审计由被动的事后审计提前到事中、事前监督，对工程建设过程中发生影响造价的事项，均及时提出意见和建议，将造价降低在施工过程中，有效控制了工程投资。2006—2007年，相继开展了旅游路、祝甸路、七里河路、西周路、济钢项目四村整合、区体育中心等重点建设工程的跟踪审计。2003—2007年，共完成结算审计项目46项、跟踪审计项目6项，审查工程建设资金总额13.54亿元，审减1.13亿元。

四、任期经济责任审计

1993年、1996年，区审计局分别对历城新华造纸厂、历城水泥厂法定代表人进行离任审计。1999年9月，根据国家《县级以下党政领导干部任期经济责任审计暂行规定》《国有企业及国有控股企业领导人员任期经济责任审计暂行规定》，区委、区政府下发《关于对领导干部实行任期经济责任审计的意见》，正式建立领导干部任期经济责任审计制度。该意见对领导干部任期经济责任审计的范围、内容、程序、纪律、结果运用和组织领导做出具体规定。2000年7月，区政府召开纪委、组织部、监察局、人事局和审计局五部门经济责任审计工作联席会议，成立五部门联席会议办公室，正式建立经济责任审计五部门联席会议制度。2001年，历时3个多月，对柳埠镇广播站原主要负责人1988—2000年的任期经济责任进行审计，向区政府提交了内容翔实的审计结果报告，是第一个按照“意见”规定进行的经济责任审计项目。2002年4月，济南市历城区经济责任审计领导小组成立；同月，五部门联席会议办公室印发《历城区领导干部任期经济责任审计实施办法（试行）》，对经济责任审计的范围、内容、分工、程序和方法、审计结果的运用、审计纪律和组织领导做出详细规定。6月，区经济责任审计办公室成立，具体负责全区经济责任审计工作。2003年，五部门联席会议办公室下发《济南市历城区领导干部任中经济责任审计实施意见（试行）》。该意见对任中审计的目的要求、审计范围、审计项目计划的确定做出具体规定，正式建立任中经济责任审计制度。2004年，对7名部门主要负责人进行任中经济责任审计。2005年后，任中经济责任审计工作全面开展，实现了监督工作的关口前移。2007年，区委、区政府下发《关于进一步规范经济责任审计工作的意见》，确定了“以任中审计为主，逢离必审，逐步向先审后离过渡”的经济责任审计工作总原则，建立起经济责任审计工作计划、定期报告、协调配合、结果运用等工作机制。是年，对38名领导干部进行任期经济责任审计。1999—2007年，共审计领导干部78名，审查资金总额84.97亿元，查出各类违纪违规金额4.8亿元，应上缴税款金额226.07万元，应上缴财政金额257.30万元，移交纪检监察部门处理1人。

1984—2007年，区审计局共完成审计项目1380个，查出违规金额78080万元，上缴财政13130万元，向司法机关和纪检监察机关移送处理7人。

第二节 内部审计

1985年起，在乡镇政府、县直主管部门、县直企业建立内部审计机构，开展内部审计工作。截至1989年年底，全区建立正式内审机构25个，配备专职审计人员54名。是年，共完成内部审计项目304个，查处违纪资金379.85万元，查增利润72.75万元，查减利润67.3万元，促进增收节支9.5万元。1991年，区审计局进一步加强对内审工作的指导，完善内审例会制度，建立巡回指导制度；举办内审档案培训班，为95名内审人员办理了审计证。同年，区政府下发《关于在乡镇实行审计监督制度的暂行规定》，为内审工作逐步实现制度化、法制化、规范化打下了坚实的基础。1993年，区审计局制定内审工作先进集体、先进个人的目标考核办法，进一步规范内审工作的程序，提高内审工作人员的积极性。是年，共完成内审项目650个，审计资金总额5.5亿元，查出违纪违规金额1102万元、损失浪费金额239万元，提出审计建议312条，促进增收节支305万元。1995年，郭店镇审计办公室规范村级财务工作，对村级财务管理实行“村账镇管”。1998年，共完成内部审计项目771个，纠正违纪金额661万元，促进增收节支245万元。1999年，区审计局印发《历城区内部审计机构审计档案工作实施意见》，采取统一购置档案用品、召开全区内审机构档案观摩会等方法，加强内审档案规范化建设。2002年，共完成审计项目720个，纠正违规资金1320万元，提高效益245万元。2004年，遥墙镇审计办公室代表历城区参加全省乡镇审计经验交流会，并做典型发言。2005年，区政府下发《关于进一步加强内部审计工作的意见》。2007年，完成内部审计项目360个，纠正违规金额600多万元，促进增收节支207万元。

图16-4 历城区内审工作学习班（1987年摄）

第三节 社会审计

1990年，历城区审计事务所成立，面向社会依法独立承办审计查证和咨询服务业务。1991年，完成服务项目34个，其中，验资23个、承包审计1个、财务收支审计7个、经济案件鉴证1个、建账建制2个。1992年，开展基建决算审计，共完成基建决算审计6项，审减支出额169万元，其中校改工程审减资金91万元。1993年，结合“村办企业年”活动，区审计事务所积极拓宽服务领域，共完成服务项目565个，其中，验资529个，基建决算审计19个，承包、离任、财务收支审计17个。1994年，着重开展资产评估工作和基建决算审计，对36家企业进行资产评估，完成基建决算审计121项，审计投资额6917万元，审减支出额1230万元。1995年，区审计事务所升格为区属副局级单位，更名为审计师事务所，设立仲宫、郭店、孙村3个分所，在区工商局设立业务部，从业人员（含兼职）共20名，当年完成服务项目392个。1998年，完成服务项目35个，其中验资250项，核减虚假注册资金5000万元，开展承包、财务收支审计40项，开展基建决算审计60项，审减工程决算额3500万元。1999年，区审计师事务所改制，成立山东正义会计师事务所有限责任公司，仍保留区审计师事务所牌子。2002年，区审计师事务所撤销。

第四章 物价管理

第一节 价格管理

1985—1988年，区物价管理工作贯彻国家“调放结合，以放为主”的物价政策，以转换价格形成机制为重点，放开大部分农产品价格和多种工业消费品价格，工业生产资料实行价格双轨制，适当提高粮食收购价格、部分烟酒价格和城市4种主要副食品价格，打破传统计划价格体制，市场调节在价格体系中占据了重要地位。1985年，取消粮油统购，改为合同订购。调整农村粮油购销价格，小麦、玉米、稻谷较原统购价分别上升35.3%、33.3%、41.2%；取消生猪派购，实行有指导的议购议销，放开蔬菜、鸡蛋、牛羊肉、水产等鲜活商品的价格。是年，零售物价总水平上涨指数为8.8%。1986年，制定生猪收购指导价格，搞活季节差价、地区差价和肥瘦肉差价。1987年，国家第三批放开小商品价格，由市场进行调节。随后，区政府开展价格放开企业试点，试点企业所经营商品价格全部放开。1988年，基本放开猪肉、鸡蛋、大路菜价格，调整白糖零售价格，放开13种名烟、13种名酒价格；制定区政府招待所新建招待楼客房、会议室收费标准及四门塔景区门票价格。是年，出现全国性抢购风波，市场物价总水平大幅上涨，全区物价上涨指数达到23.5%。

1989年，贯彻国家“治理经济环境、整顿经济秩序、全面深化改革”的方针，随着治理整顿措施逐步落实，物价涨幅逐渐回落。是年，全区市场零售物价指数18%。同年，对历城水泥厂包装纸袋、历城磷肥厂小化肥、济南第三毛纺厂粗毛呢、瓜干酒价格进行调整。1990年年底，全区市场零售物价指数下降到2.1%。1991年，社会商品零售总额政府定价的比重为21%，市场调节价为69%，政府指导价为10%；农产品政府定价的比重为36%，市场调节价为45.7%，政府指导价为18.3%。年底，市场零售物价指数接近3%。1992年4月1日起，小麦、玉米、稻谷定购综合平均价格每50公斤提高5.74元，提幅为23%；同时把供应城镇居民和返销农村的粮食销价提高到与购价持平，实现了购销同价，3种粮食销价提幅为43.1%。同年第四季度起，陆续放开除军供粮以外的粮食销售价格和相关制品价格。1993年上半年，由于基建规模投资过大，导致建筑材料价格急剧上涨，尤其是钢材价格从每吨不到2000元逐步上涨到3000元、4000元、5000元。年底，出现全国性粮油涨价风波。是年，价格指数达到12.9%。1994年，全部放开统配煤炭价格，取消原油计划内外多种价格，实行统一两档价，成品油由政府定价。从新粮上市起，提高国家定购的小麦、玉米、稻谷收购价格，综合平均由每50公斤35.8元提高到53.8元，提幅为48.3%，同时相应理顺了以上3种粮食及相关制品的销售价格。从新棉上市起较大幅度提高棉花收购价格，标准级皮辊棉每50公斤由342元提高到500元，提幅为46.2%。年内，连续出现三次市场物价大波动：3月，以粮油为主的市场物价波动；8月，以肉蛋菜为主的市场物价波动；11月，再次出现以粮油为主的市场物价波动。是年，全区市场零售物价指数达到23%。1995年，根据国务院召开的电视电话会议部署，通过建立物价总水平控制目标责任制，严格控制出台新的涨价项目，对粮食、石油、糖、民用燃料、教育、医疗、托幼、房租收费等19种（类）居民生活必需品和服务价格实行监审制度，加强价格监督检查，整治价格违法行为，对城镇居民的口粮实行定量供应，并严格执行国家规定的销售价格，对食用油实行限价定量供应等措施，使价格上涨过快问题得到缓解，物价总水平得到控制。是年，全区市场零售物价指数下降为14.8%，实现市政府确定的15%的物价上涨控制目标。年底，政府直接定价的比重占社会商品零售总额的8.8%，占农副产品收购总额的17%。

1996年，实行价格总水平调控责任制，全区零售物价水平总体回落。1997—2007年，绝大部分商品和服务价格放开，国家价格管理的重点转向与国民经济和人民生活关系重大的极少数商品价格、稀缺资源价格、重要公益及公用事业价格、垄断行业价格。1997年，在保持经济快速增长的同时，全区商品零售价格总水平涨幅降低0.8%，居民消费总水平涨幅降低2.8%。2001年，物价总水平小幅攀升。2002年，物价总水平基本平稳，略有波动。2003年12月，市场粮油、肉蛋等农副产品、工农业生产资料价格出现异常波动。至2004年上半年，部分生活必需品价格大幅上涨，尤其是粮价上涨24.3%，带动了肉禽、蛋、水产品及农业生产资料价格上涨。是年起，价格工作的重点转向加强市场价格监测预警和市场价格监管，做到“放得开、管得好”。2005年年底，除水、电、食盐、烟草、部分药品和部分生产资料由国家定价外，其余商品价格全部实行市场调节价。2006—2007年，猪肉价格波动异常。2007年下半年，受国际、国内各种因素影响，粮油价格出现不同程度上涨。全国3种粮食平均市场收购价每50公斤81.45元，同比上涨9.76%。其中，小麦平均收购价每50公斤80.24元，比上年同期上涨5.56%；稻谷平均收购价为86.23元，同比上涨11.52%；玉米平均收购价为73.59元。年末，猪肉价格高位运行，境内瘦肉平均价格27.48元／公斤，同比上涨60.3%，猪肉价格上涨带动牛羊肉等副食品价格上涨，全年价格总水平上涨4.6%。

第二节　收费管理

1988年起，执行《山东省收费许可证管理暂行办法》，行政性事业性收费实行收费许可证制度。1988年10月至1989年年底，通过自查自清、审议核定、建立健全管理体制3个步骤，对行政事业性收费进行全面整顿。共清理整顿收费单位252个，发放收费许可证正本225个，副本254个，清理收费项目646个，收费金额960万元，其中取消85项、保留561项、调整9项、新增12项。1990年，区物价局联合区财政局，对全区收费项目进行重点清理。至1991年，共检查主管部门61

个、收费单位260个，清理收费项目883个，其中属省级文件的585个、市级文件的248个、区级文件的50个，清理收费总金额9993万元。1992年，执行《山东省收费许可证管理办法》，共审核收费许可证252个，核发新收费许可证254个，申请收费立项24项，废止取消45项。1993年起，对行政性事业性收费实行收费年审制度，当年审验收费单位252个。同年，区政府批转区物价局、区财政局《关于取消涉农负担行政事业性收费项目的报告》，取消农村宅基地有偿使用、农机管理、林政管理、村镇规划建设管理等8项涉农收费；12月，批转区物价局、财政局、监察局《关于取消调整一批行政事业收费项目收费标准的报告》，取消教育、农机、司法、环卫等系统的33项收费。1995年年底，全区有行政事业收费单位520个，收费金额8000余万元。1996年，结合收费许可证换发工作，对原收费项目、收费标准进行重新审核，新核发收费许可证10个，变更公安、教育、卫生、土管等8个部门收费标准。1998年，执行财政部、监察部、审计署、国务院纠风办联合下发的《收费许可证管理办法》，按办法规定收费许可证由国务院价格主管部门负责统一制定样式，中央和省两级价格主管部门印制，有效期3年。2001年起，实行涉农价格和收费公示制度；截至2007年，共对41个社区的收费进行了公示。2002年7月，按照省物价局统一要求，使用“收费许可证”微机管理程序，重新审核换发收费许可证463个。2003年，取消教育、公安、财政、人事等系统的59项收费；年审收费单位460个，收费金额1.17亿元，其中违规金额628万元。2004年，审验收费单位460个，收费金额1.12亿元，查处乱收费金额120万元。2005年，取消司法、交通、文化、人事等系统的41项收费，预算外收入资金全部纳入财政管理；共审验收费单位460个，审验收费金额1.2亿元。2006年，对13处旅游景点门票和停车场收费进行摸底调查，对其中1处景点门票价格和2处停车场收费进行审核，变更、核发收费许可证13个；审验收费单位420个，审验收费金额1.5亿元。2007年，全区行政、事业性收费单位31个，审验收费单位430个，审验收费金额2.67亿元，占全区地方财政收入的19.31%，其中违规收费金额600余万元。

1988—2007年，不定期举办收费员培训班7次，培训人员2100余人次。

第三节 价格监督检查

一、专业物价检查

市场价格检查　1984年，县物价、工商、税务、工业、商业、供销等主管部门组成物价检查团，主要对百货、副食、饭店、五金、调料、粮油供应、果品工业展销门市部及生猪收购价格进行检查，共检查各类商品价格200余种。1988年，对“涨价风”和“抢购风”中出现的价格违法行为进行检查，共检查生产经营企业及个体工商户40个。1992年起，随着商品价格不断放开，市场价格监督检查工作转向以服务为主，将价格政策宣传放在首位，当年印发价格政策手册305份。1994年，为抑制肉、蛋、菜等主要副食品价格上涨过快的势头，重点对集贸市场肉、蛋、菜价格及各种收费进行监督检查，对不按规定执行明码标价、乱涨价、乱收费、乱摊派以及扰乱市场、哄抬物价、欺行霸市的行为进行严厉打击。1996年，重点开展劳动、卫生、农机、交通等收费专项检查，共计检查行政、事业单位和国营、集体、私营企业、个体工商户420家，查处价格违法案件81起。同时，开展“物价计量信得过”活动，全区评出市级“双信”单位1个，区级“双信”单位23个。1997年，对“米袋子、菜篮子”的市场价格进行经常性监督检查，检查个体工商户400家。同年，狠刹柴油涨价风，对辖区58个加油站进行普查，查处违法金额5万元。2006年，开展“推进价格诚信、打击价格欺诈”为内容的价格执法活动，组织12家商场召开商业价格欺诈提醒会议，检查经营单位340个。2007年，对洪家楼地区主要干道繁华地段进行“拉网式”物价检查，共检查经营单位250个。

1984—2007年，区物价检查所在坚持不定期开展日常性价格检查的同时，在重大节日期间对群众生活必需品进行重点检查，配合政府重大价格政策调整对政策执行情况进行检查，并根据群众举报对商品价格和收费情况进行检查。

专项价格检查　1987年，开展化肥、农药等生产资料价格检查。检查重点是国家规定化肥出厂价格执行情况，供销社系统调拨价格和国家规定零售价格执行情况，共检查经营单位和个体工商户83家。1988年5月，开展工业生产资料最高限价专项检查，重点检查汽油、柴油价格执行情况，共检查单位8家。1989年7月，开展棉花供应价格专项检查。检查范围是区棉麻公司及所属棉花加工厂、各乡镇供销社棉花收购站，检查重点是棉花收购过程中以次充好、抬级抬价、乱收费用、掺杂使假等价格违法行为，共检查单位10家。1991年，配合治理“三乱”，对全区行政事业单位收费情况进行专项检查，重点检查教育、医疗、工商、邮电等单位。1996年，开展农村用电价格专项检查，重点检查农村用电搭车收费问题。1997年5月—11月，开展卫生、教育、公安、计生收费情况专项检查。1998—1999年，重点加强对教育、卫生、建设等系统涉农收费项目的检查。2000年，开展石油、医疗、土管、教育、公安收费专项检查。2001年，开展交通、房管、农机等价格专项检查。2002年，开展计生、卫生、教育、自来水价格专项检查。2003年防控“非典”期间，对防“非典”相关物资价格进行专项检查，共接到举报56起，检查单位及个体户295个，立案处理28起，收缴罚没款8.5万元，为稳定市场物价起到了重要作用，区物价检查所被市政府记“集体二等功”。2004年，济南市采取交叉检查的方式，由章丘市物价局检查组对历城区民政、房管、计生、通信、卫生5个部门的收费价格情况进行专项检查。2006年，开展以“七进”（价格服务进社区、进企业、进农家、进校园、进医院、进景区、进商场）为主要内容的“价格服务进万家”活动，重点开展“价格服务进景区”活动，并重点对化肥、农药、农业用水、农村用电等农业生产性收费进行专项检查。2007年，重点对化肥价格、成品油价格、农村建房收费、药品和医疗服务价格进行专项检查。11月，对成品油价格进行专项检查，查处违价金额20余万元。

1988—1996年，每年春耕备播期间，进行农用生产资料、涉农收费价格检查。1996年后，随着价格逐步放开及农用生产资料供求关系变化，改为间断性检查。1988—1993年，检查的主要内容是农用柴油、化肥、农药、种子、地膜及农机服务价格。1994年后，增加农村计划生育、结婚登记、殡葬收费、农民建房等收费项目。

二、物价大检查

物价大检查工作，一般从每年10月开始到次年1月结束。1986年，检查重点是：国家定购和计划收购与调拨的粮食、棉花、油料、烟叶、蚕茧等农副产品价格，有无压价、提级提价；农药、农机、化肥和农用柴油等农业生产资料价格，有无平价转议价牟取暴利；计划内钢材、生铁、木材、水泥等工业资料生产资料价格，有无计划内转计划外销售或不按规定进行串换；国家定价（包括浮动价格）的紧俏日用品价格等。1987年，检查重点是大宗副食品（肉、蛋、鱼、菜、米等）价格，紧俏日用消费品（卷烟、粮食、彩电、西药等）价格，重要农业生产资料（钢材、有色金属化纤等）价格，交通、邮电、医疗卫生等重要收费标准，以及对市场价格影响较大、群众反映强烈的价格违法行为。1988年，检查重点是各类经营单位钻“双轨制”价格空子转手倒卖铜、铝等重要生产资料牟取暴利、扰乱市场的行为。1989年，物价大检查围绕稳定经济、稳定市场、保证改革开放和经济建设顺利进行的需要进行检查。重点检查与安定人民生活密切相关的重要商品价格，同时检查煤炭、议价粮油及交通、运输、中小学杂费等价格，以及已颁发收费许可证的行政事业性收费情况。1990年，检查重点是电力、煤炭、棉花价格及医疗、环保、交通、劳动等部门收费、工农业生产资料价格和消费品价格。1991年，检查重点是群众反映较多的教育、医疗、公安、交通管理、土地、城建、劳动等部门收费标准执行情况，棉花收购、供应、调拨、销售价格及国家价格标准执行情况，农用柴油、化肥等农业生产资料价格。1992年，检查重点是国家管理的生产资料以及生活资料价格执行情况，企业定价权落实情况及行政事业性收费标准执行情况。1993年，检查重点是农资、土地管理、环保、电力等部门和行业的价格及收费执行情况。1994年，为整顿经济秩序，遏制市场物价总水平过快上涨的问题，开展了两次物价大检查。检查重点是居民基本生活必需品特别是粮食、食用油、肉、蛋、菜等副食品价格执行价格监审情况，以化肥为主的农业生产资料价格执行情况，国家计委、财政部及地方政府明令取消的收费项目和降低收费标准的落实情况。1995年，检查重点是各级政府及有关部门违反规定擅自出台调价项目的情况，国务院、省政府明令废止的收费项目的执行情况，居民生活必需品最高限价和执行价格监审规定情况，棉花经营企业执行国家价格情况。1996年，检查范围包括企业、个体工商户和有收费行为的行政事业单位，检查重点是粮食、食用油、居民生活必需品执行价格监审规定情况，中小学收费、医疗收费及药材价格执行情况；汽车维修行业政策法规执行情况，居民燃料、房租、邮电等价格和服务收费政策执行情况。1997年，检查重点是中小学收费和医疗卫生收费政策执行情况，农村电价、农民建房、婚姻登记等价格和收费执行情况，公安、工商、城建等部门收费执行情况。1998年，大多数商品价格已放开，一年一度的物价大检查结束。2000年，区物价检查所被评为“全省规范化检查所”。2001年，被授予“全国规范化检查所”称号。截至2007年，共检查各类价格执行单位31000个次，查处价格违法案件1112起，违价金额899万元，收缴罚没款719.52万元，退还消费者215.87万元。

图16-5 2000年，历城区物价检查所被国家计委命名为规范化物价检查所

1987—2007年历城区价格监督检查情况表

表16-1

年份（年）	案件数（件）	违价金额（万元）	没收非法收入（万元）	罚款（万元）	退还（万元）	年份（年）	案件数（件）	违价金额（万元）	没收非法收入（万元）	罚款（万元）	退还（万元）
1987	42	23.86	18.43	0.52	5.43	1998	51	43.03	29.02	0.01	14.01
1988	36	47.72	26.60	0.78	21.12	1999	82	63.64	25.58	0.50	38.06
1989	31	37.62	37.62	—	—	2000	76	60.39	44.19	0.03	16.20
1990	67	53.73	30.80	0.23	22.93	2001	27	23.64	19.24	0.60	4.40
1991	61	26.47	19.89	—	6.58	2002	19	10.34	10.33	0.52	0.01
1992	64	32.47	28.87	1.50	3.60	2003	41	124.99	122.05	6.79	2.94
1993	37	24.25	18.32	—	5.52	2004	37	42.59	42.54	9.24	0.05
1994	67	53.30	29.40	0.82	23.90	2005	29	30.32	30.32	3.80	—
1995	86	37.56	36.81	—	0.75	2006	30	32.43	23.40	6.80	9.03
1996	53	43.58	23.66	0.42	19.92	2007	36	46.76	36.96	3.21	9.80
1997	34	40.72	29.10	0.62	11.62	合计	1112	899.00	683.13	36.39	215.87

第四节　农产品成本调查

1984年起，县物价局开展农产品成本调查工作。是年，选择调查点4个，对小麦、大白菜、玉米、红薯干生产成本及收益情况进行调查。1985年，将生猪、山楂、核桃成本及收益纳入调查范围，调查点由4个增加到8个。1987年年初，调查发现化肥、农药等生产资料价格上涨过快，使农产品成本呈上升趋势，由于农产品比价不合理，部分农民生产积极性不高。调查人员及时向县政府和市物价局写出报告，建议对这一情况进行纠正。1988年，增加对鸡蛋、棉花、大豆、稻谷等品种的调查。1989年，在完成汇总资料的基础上，对每个品种都写出了详细的分析报告，特别是对产量、产值、生产成本及收益等主要指标，利用对比分析的方法，找出了其增、减变化的原因，并提出了解决问题的建议。1991年，重点开展蛋鸡、鸡饲料和部分副食品成本的专题调研。年底，对棉花、大棚西红柿、陆地黄瓜等7个调查品种进行全面汇总，写出有情况、有分析的调查材料16篇，其中3篇被省市级刊物采用。1993年，建立主要农产品市场价格跟踪监测制度：每5天向省市物价局及有关部门报一次市场价格情况；如情况异常，随时报告。截至1994年年底，共报送价格报表60余份，分析资料30余份。1996年，加强对农业生产资料价格和农民购买农资情况调查，尤其是加大农业购肥、用肥高峰期化肥价格监测力度；完成芸豆、茄子、菜花、豆角等6种蔬菜的生产成本及效益分析；监测86种农副产品价格，写出市场调查分析材料12篇，提出控制副食品市场价格的建议8条；完成24个品种成本调查任务，写出农本调查报告11篇，提出发展农业生产建议20条。1997年，完成调查品种24个，写出调查报告11篇。

2000年，对农户种植结构变化情况进行跟踪调查。调查结果显示：粮食作物种植面积呈下降态势，蔬菜播种面积呈上升趋势。2001年，按照市物价局“优化样本设置，确保调查数据的代表性”的要求，重新审定和调整部分农调点，并对记账户制定《记账规则》和《先进调查户评比办法》。2002年，建立农产品调查资料向农调户反馈制度。2003年，建立健全农产品成本调查资料档案库，完成“农户种植意向”“农户存粮情况”“农资购买情况”“农户收支情况调查”4个专项调查及19个调查品种的成本调查和直报工作，报送分析资料35份，提出农产品价格方面信息59条。2004年，对所有农产品调查户进行一次全面的业务知识培训；除完成4项专题调查外，还完成“农户售粮调查”“2004年小麦产销及播种面积调查”“2004年农民收支预测专题调查”“化肥生产成本调查”4个专题调查；完成小麦、玉米、棉花成本收益预测；完成奶牛、散养生猪、规模饲养生猪、蛋鸡成本收益情况汇总上报及黄瓜、西红柿等7种蔬菜品种生产成本的常规调查报表。2005年，完成调查报告39篇。2006年，把产品价格下乡、服务新农村建设作为农产品成本调查工作重点，及时开展了农户种植意向、收支情况、存粮情况、售粮情况、农户农资购买情况5个方面的专题调查，完成小麦、鸡蛋、生猪等20个品种生产成本的常规调查，写出调查报告43篇。2007年，全区有定点调查品种20个，专项调查任务5个，调查点涉及8个镇13个自

图16-6　区物价局被评为全省物价系统2006—2007年度农产品调查工作优秀集体

然村、37个调查户。是年，对23个品种的生产成本及效益情况进行常规调查，完成小麦成本预测调查，写出调查报告16篇。截至2007年，共上报农产品成本调查报告和专题调查材料500余篇，提出反映农业生产、农产品价格方面建议900余条，区物价局连续19年被评为全省物价系统农产品成本调查工作先进集体，3次被评为全国农产品成本调查先进集体。

第五节　价格监测

1995年起，区物价局开展价格监测工作，监测重点是主要农产品副食品价格，每半月填报一次《济南市主要农产品副食品价格监测表》。1995—1997年，监测品种包括肉禽蛋类、水产海味类、粮油及相关制品、蔬菜类、干果类、调味咸菜类、其他类（絮棉、鸡饲料）等8类65种。1998年2月，监测品种调整为粮油及相关制品、肉禽蛋奶类、水产品类、鲜菜类、干鲜果品类、其他6大类。2003年，加强防控“非典”期间药品、药械价格监测，共报送药品监测品种47种。2004年1月，上报济南市的价格监测表增加“涉农产品价格和涉农收费监测表”“粮食价格监测表”两种月报表。2005年1月，加强价格监测网络建设，设立国家定点价格监测点15个、备用监测点7个，对粮、棉、油及生产资料等268个品种进行价格监测。禽流感期间，加强对鸡蛋、活鸡及其相关产品价格的监测。是年，上报信息56条，其中被省、市政府采用28条。2006年，对粮油等农副产品价格，尿素、化肥等主要农资市场价格及钢材等工业生产资料价格进行重点监测，共监测品种286个，上报价格监测材料43篇，其中，被国家采用3篇、省市政府采用3篇、区委区政府采用9篇。2007年，建立监测点单位动态备案制度。4月底，针对生猪、猪肉、食用油、粮食价格持续大幅上涨的情况，扩大价格监测品种，增加监测点和监测品种价格的自采量，开展临时价格监测，对生猪、猪肉、食用油、粮食价格及副食品价格进行超常规监测，改月报、旬报、周报为日报。全年形成价格监测报告39篇，其中被国务院办公厅采用7篇、省政府采用7篇、市政府采用17篇。

第六节　价格认证

1992年起，区价格信息中心开展价格认证业务，主要业务是涉案物品价格评估，过期、无主物价格评估，破产、合并、转让、租赁等企业资产价格评估及交通肇事车辆的价格评估。2002年3月，历城区价格认证中心成立，在所属行政区内，具有刑事、民事、经济、行政一级仲裁案件涉及的各种扣押、追缴、没收及纠纷财务的价格鉴定，价格行为合法性和价格水平合理性、价格纠纷调解的资质。中心在承担本辖区内刑事案件价格认证任务外，还承担着鲍山公安分局、公交公安分局一部分刑事案件价格鉴定任务。2005年10月起，承担济南高新技术开发区公安分局的刑事案件价格鉴定任务。截至2007年年底，认证中心共完成价格鉴证案件7853件，鉴证总价值6795万元。

2002—2007年历城区价格认证情况表

表16-2

年份（年）	刑事案件		经济案件		车损案件		社会认证案件		涉贿财务案件	
	数量（件）	金额（万元）	数量（件）	金额（万元）	数量（件）	金额（万元）	数量（件）	金额（万元）	数量（件）	金额（万元）
2002	150	70	55	160	1500	1500	0	0	0	0
2003	208	90	29	65	1600	1600	0	0	0	0

续表16-2-1

年份(年)	刑事案件		经济案件		车损案件		社会认证案件		涉赌财务案件	
	数量(件)	金额(万元)	数量(件)	金额(万元)	数量(件)	金额(万元)	数量(件)	金额(万元)	数量(件)	金额(万元)
2004	350	180	39	170	1700	1600	0	0	0	0
2005	350	180	30	65	360	100	0	0	1	3
2006	490	220	45	150	190	60	1	10	2	12
2007	550	260	58	170	140	40	5	90	0	0
合计	2098	1000	256	780	5490	4900	6	100	3	15

第五章　工商行政管理

第一节　市场管理

1986年起，县工商局每年开展一次“五好文明集市”评选活动。是年，有30%的集贸市场被评为区级以上文明市场。1990年，在全区推行市场规范化管理。1992—1995年，黄台市场连续四次被国家工商局评为文明市场。

1986—1999年，重点查处销售假冒伪劣商品和无中文标明产品名称、无生产厂厂名、无生产厂址的“三无”商品。1995年，济南市工商行政管理局历城分局在黄台市场探索推行市场巡查制取得成功。1996年，贯彻国家工商局《商业交易市场登记管理暂行办法》，对新建市场实行先登记后建设，对符合条件的市场发放市场登记许可证。同年，实施“管办分离”，市工商局历城分局将自办的大桥路市场、黄台市场、洪家楼工业品市场移交给历城区光彩实业总公司。同年4月，将市场巡查制引向农村集市，实行经营者“定位入场制”（对号入市），较好地解决了乱占摊位、堵塞交通等难点问题。1998年，国家工商总局《工商调研》刊登历城分局的经验和做法。同年3月和6月，中央电视台两次对历城分局的市场巡查制度给予专题报道。2000年2月，改革基层工商所监管机制，推行“三式三制”（一站式服务制、流动式巡查制、监督式督查制）综合监管模式。

2000年，对生肉市场实行“一把关、二规范、三统一”的管理措施，即严把市场准入关，规范经营环境、规范消费环境，统一执照和制度悬挂、统一经营人员工作服帽、统一计量器具。对进入市场的经营户、生肉产品查验“两证两章”（肉品品质检验合格证、动物产品检疫合格

图16-7　2007年7月，历城工商执法人员在七里堡市场检查入市猪肉制品

证，肉品品质检验合格针刺章、动物产品检疫合格章)。在七里堡市场、维尔康市场设立商品质量检测室，对入市产品进行抽检。同年，开展队伍、市场“两整顿”活动，打击各种经济违法违章行为。按省政府要求，加强对批准入市收购玉米企业的管理，组织粮食市场专管员培训，完善“三账两书一卡一报表”(原粮购进台账、成品粮销售台账、代农加工台账，守法经营责任书、保证书，农民存粮卡，经营加工情况月报表）制度和各项管理规范，统一印制“集贸市场粮食交易台账”“集贸市场购粮跨地区运销证明”，配制专项台账386本，使粮食市场管理工作步入正规。

2000—2005年，开展以规范市场主办者的开办行为、经营者的经营行为和工商行政管理者的监管执法行为为具体内容的市场规范化管理活动。强化消防安全责任制，加强集贸市场消防安全管理，解决了经营区和仓库区明火及吃、住、经营三位一体问题。其间，加大对棉花购销中违法行为打击力度，强化对废旧棉市场监管；开展“退路进厅”工作，减少占道经营；清理市场联办协议，对市场主办单位违反企业登记行为依法进行查处；在农村集市继续推行入场定位制，对农村集市的收费管理进行调查，按照区域不同、集市条件不同、集市大小不同的原则，制定具体收费方案。

2001年，将经纪人纳入管理范畴，开展经纪人行业普查，对经纪人实行分类监管；加强对经纪人主体资格的登记管理，对已经从事经纪人行业但未办理营业执照的，通过责令限期改正或处罚等形式，全部纳入登记范围。至2007年，全区共有经纪人组织537个。

2003年，建立经济片警责任制。2004—2005年，完善经济片警责任制，制定《经济片警区域监管服务及经济户口管理系统运用工作规范》《建立区域监管服务书式档案实施办法》，建立定期定时浏览经济户口系统制度、已认领企业排查落实责任制度、经济户口认领管理工作记录制度、经济户口管理不定期抽查制度。2006年起，对经济片警实行“八率考核”（经济户口建档率，验照、年检、回访率，分类监管到位率，帮扶服务率，违法违规处结率，高风险企业规范率，到所缴费率，辖区无照经营率）制度。

2006—2007年，市场整治活动主要由市场主办单位实施。市工商局历城分局加强和规范全区市场建设，落实市场主办、经营、管理三方责任，在全区农贸市场开展文明市场评选活动。在七里堡市场、维尔康市场、新国道超市设立商品质量检测室，探索实行生肉产品当日检查登记制度和肉类市场管理“八项制度”（市场主体准入制、商品场厂挂钩协议准入制、入市商品来源证明制、商品购销登记台账制、商品质量监管复查制、不合格商品退市制、商品质量公示承诺制、监督管理责任制），严防“注水肉”“病害肉”“私屠滥宰”等违法肉类产品入市的渠道，净化了生肉市场。在全区生肉销量最大的七里堡市场生肉入市口实行生肉产品票、证查验登记制度，严查“两证两章”。随后，将此做法在全区市场推行。继续开展“红盾护农行动”。对经营农资产品的各类企业、个体工商户的经营行为进行全面规范，监督指导农资经营户建立健全农资商品“两账两票一卡一书一留样”制度（农资商品进、销货台账，进销货发票，质量信用卡和责任书，售后留样），重点治理农业生产资料市场存在的假冒伪劣等各类违法经营行为。

第二节 企业登记管理

1986年，工商登记范围扩大到科学技术开发和技术服务企业。3月始，对各专业银行、保险公司进行登记。4月，对联合经营组织进行登记。年末，全县共有各类注册登记企业2861个，其中，营业单位2359个、法人单位502个，注册资金30033万元。同年，在全县范围内开展对公司的清理整顿工作，以清理各类民办公司为重点，撤销行政公司，改组政企合一公司，取缔

“皮包公司”。1988年，执行《中华人民共和国企业法人登记管理条例》，企业登记范围进一步扩大，登记对象包括全民所有制企业、集体所有制企业、联营企业、私营企业，以及在中华人民共和国境内设立的中外合资经营企业、中外合作经营企业和外资企业。同年10月至次年8月，按照国务院发布的《关于清理整顿公司的决定》，重点对1986年下半年以来成立的公司进行清理整顿。1989年8月至1990年年底，贯彻中央《关于进一步清理整顿公司的决定》，对不符合社会需要、重复设置、不具备开办条件、严重违法乱纪的公司，以及长期经营不善、严重亏损、业不抵债的公司予以撤销。1989年后，“工商企业年检报告书”改为“企业法人年检报告书”，年检时间为每年2月至5月，不再实行5年换照，对已登记的企业换发新版营业执照。1992年起，个体工商业户执照审批权限由区工商局下放到各工商所。1994年，贯彻《中华人民共和国公司法》和《公司登记管理条例》，规范企业登记、年检程序。1995年起，实行审查、核准“一审一核”制，方便了企业登记注册。同年5月，区委印发《关于大力发展个体私营经济的决定》，全年新登记个体工商户1.2万户，私营企业1190家。

1997年，对《中华人民共和国公司法》施行前登记的有限责任公司和股份有限公司重新进行规范登记。1998—1999年，根据《山东省股份合作试行办法》，办理了部分集体企业改制后的登记注册。1999年8月起，实行注册登记窗口式服务。2000年，根据国家工商局关于整顿市场秩序的要求，对无资金、无场所、无机构的“三无”企业进行清理。2002年，结合年检对小娱乐、小化工、小加工、小餐饮、小旅店、小门店“六小”企业进行清理、整治。2005年，试行企业注册官制度，历城工商分局有12人被授予企业注册官。2007年，对不能提交环境影响评价报告和环保部门批准文件的小造纸、小制革、小电镀等“十五（土）小”和小水泥、小火电、小炼油、小煤矿、小钢铁“新五小”企业，一律不予登记。年末，全区共有各类注册登记企业6900个，个体工商户16920户。

1986—2007年历城区工商注册登记情况表

表16-3　　单位：个

年份（年）	企业数量	个体工商户数量	年份（年）	企业数量	个体工商户数量
1986	2861	9522	1997	4226	43149
1987	3073	14055	1998	4065	41895
1988	2658	15624	1999	3827	42145
1989	3730	12189	2000	3230	35570
1990	2817	13833	2001	2714	15008
1991	3150	16265	2002	2643	13034
1992	3612	18113	2003	2855	17980
1993	5407	27950	2004	2985	14057
1994	5645	39616	2005	3513	15455
1995	6257	51482	2006	4895	16241
1996	6351	57420	2007	6900	16920

第三节 经济合同管理

1986年，在工商企业中继续开展重合同、守信用活动，全县有市级“重合同，守信用”企业6个。对金额10万元以上的购销合同进行鉴证。县工商局全年鉴证经济合同31例，鉴证金额271万元，处理合同争议案12起。协助11个县直部门、14个乡镇、332个企业配备合同专管员443人。经过培训，颁发“法人代表证书”173份。实行凭“法定代表人证明书”或“法人授权委托书”签订经济合同制度，对联营合同进行管理。经济合同仲裁由县工商局经济合同仲裁委员会行使仲裁权。1988年，开展企业承包、租赁合同和技术合同监督管理工作。在华山、仲宫、董家、孙村、王舍人、唐王、十六里河、西营8个工商所设立派出仲裁庭。1990年，实行经济合同“统一文本”制度。1991年，区工商局对全区统一合同文本使用情况进行检查摸底，有620家企业领取统一合同文本3780本。1992年起，每年为企业、个体户和其他经济组织提供各类合同文本3万份左右。1993年4月，区工商局、区法院联合建立全省第一家法院驻工商局执行室，在济南花岗石集团公司和区粮食局设立两个专业仲裁派出庭，加大经济合同管理工作的行政执法力度。1995年，工商行政管理部门的仲裁业务取消。是年，鉴证经济合同3710份，金额7.2亿元，居全市首位。同年，全区抵押物登记管理工作全面展开。1997年，区工商分局与金融部门配合，开展企业动产抵押物登记工作。同年，市工商局在历城分局成立省内首家从事经济合同保障业务的机构——济南市经济合同保障中心。历城区企业合同管理协会成立。1998年，打破“重合同，守信用”企业称号终身制，实行每年认定年审制度和申报认定制度，当年推荐认定市级“重合同，守信用”企业34家。2001年，开展房地产行业专项治理整顿工作，查处虚假出资、抽逃出资、超经营范围等违法行为。同时，区工商分局利用抵押登记管理，实施合同帮扶工程。2002年，“重合同，守信用”活动改为“守合同，重信用”企业认定评选。当年全区推荐认定市级“守合同，重信用”企业34家、省级5家。2003—2004年，对经济合同欺诈行为进行重点检查，共检查企业655家，经济合同2829份，金额13438万元；查处案件13起，结案12起，其中，大、要案6起，罚没款42.77万元。2005年，成立济南市工商局历城分局经济合同争议调解中心和23个经济合同争议调解站，统一印制10种调解文书。是年，调解经济合同争议104起，争议金额21万元，为企业追回欠款24.5万元。当年，全区推荐认定“守合同，重信用”企业市级36家、省级5家。同年，开展打击经济合同欺诈专项执法行动，共检查各类企业807家，检查各类经济合同6431份，查处经济合同欺诈案件8起，罚没款2.61万元。2006年，开展订单农业合同帮扶工作，指导农产品订单收购，推行格式合同文本，726家农户受益。是年，受理各类合同纠纷投诉26起，处结率100%。2007年，对246家企业的合同签定履行和管理情况进行检查，检查经济合同1413份，合同金额88564万元，未发现不合格合同；开展拍卖行业监管和拍卖备案工作，共办理拍卖备案登记23件，审查拍卖经济合同27份，拍卖物总价值2.08亿元；受理各类经济合同纠纷投诉8起，挽回损失7.8万元。2006—2007年，申报“守合同，重信用”企业24家，其中，省级6家、市级12家；查办违法经济合同案件20起，罚没款10.86万元。1986—2007年，共鉴证各类经济合同3.5万份，鉴证金额64.72亿元。2002—2007年，推荐认定“守合同，重信用”企业46家。

第四节 商标广告管理

一、商标管理

1985年年底，全县有使用商标43件，其中注册商标34件。1986年7月1日起，商标注册实行“县—省”二级核转。1987年，在工商所设商标广告专管员，并在辖区内建立起商标维权网络。1988年后，主要开展企业商标注册指导工作。1992年，历城区春林台球厂的“春林”商标被评为省著名商标。1997年7月，对辖区内商标印制单位业务人员进行培训，核准43家印刷企业为商标印制点。1998年，先后应美国“AMP”“马力精”、“青岛”啤酒、“五粮液”等国际品牌商标权人、商标使用权人的申诉请求，制止了侵权人的不法行为。2000年后，指导企业实施“商标战略”。2004年，推荐认定省著名商标6件，注册“西营”“冶河香玲”等农产品商标。2005年9月，在全区开展保护“十三香”注册商标专项行动，查处侵犯“十三香”“十六香”注册商标专用权案件12件，罚没款1342元，没收、销毁侵权调料品238盒、166袋。至2005年年底，共查处商标侵权案件215起，收缴侵权商标标识和外包装累计30.8万余件（套），罚款84.071万元。2006年年底，全区共有注册商标1104件，其中中国驰名商标3件，山东省著名商标20件。2007年，实施“建设品牌历城”发展战略，在各基层工商所建立完善了驰名商标培育库、山东省著名商标培育库和济南市著名商标培育库，建立企业商标联络员制度。4月—5月，对全区印刷企业进行商标印制专项检查，共检查印刷单位122家，下达责令改正通知书19起，立案17起。是年，新认定省著名商标5件、续展4件，未续展2件。全年共查处各类商标侵权案件44起，罚款19.87万元。年末，全区共有注册商标1510件，其中中国驰名商标3件、省著名商标25件、市著名商标9件。

2007年历城区中国驰名商标统计表

表16-4

认定时间（年）	商标名称（商品/服务类别）	商标所有权人
2005	将军（卷烟）	将军烟草集团有限公司济南卷烟厂
2005	趵突泉（白酒）	济南酿酒厂（济南趵突泉酿酒有限公司）
2006	宏济堂（制药）	济南宏济堂制药有限公司

2007年历城区山东省著名商标统计表

表16-5

商标名称	商品/服务类别	商标所有权人
2004年认定6件		
九州	卷烟	将军烟草集团有限公司济南卷烟厂
将军	卷烟	将军烟草集团有限公司济南卷烟厂
大鸡	卷烟	将军烟草集团有限公司济南卷烟厂
琥珀	卷烟	将军烟草集团有限公司济南卷烟厂
趵突泉	白酒	济南酿酒厂
维尔康	肉制品	山东省济南肉类联合加工厂
2005年认定7件		
德馨斋	酱油、食醋、甜面酱	济南德馨斋食品有限公司
济钢	中厚钢板	济南钢铁集团总公司
泉城	硝酸	济南化肥厂有限责任公司
力诺瑞特	太阳能热水器	山东力诺瑞特新能源有限公司

续表16-5-1

商标名称	商品/服务类别	商标所有权人
三箭	建筑、房地产	山东三箭置业集团有限公司
力诺	玻璃制品、抗热管	力诺集团有限责任公司
宏济堂	中成药	济南宏济堂制药有限公司
2006年认定7件		
鲁棉研	棉花种子	山东棉花研究中心
东港	打印纸、复印纸	东港安全印刷股份有限公司
绿霸	农药	济南绿霸化学品有限责任公司
鲁冶	中心暖气散热器	山东冶金散热器厂
济钢及图	金属建筑材料（钢筋）	济南钢铁集团总公司
济重牌	绞车、石油开采设备	济南重工股份有限公司
含章及图形	复印纸，打印纸	济南含章印务有限公司
2007年认定5件		
胶东人家	饭店、餐馆	山东胶东人家大酒店有限公司
维尔康	肉、猪肉食品	济南维尔康食品有限公司
佳怡物流	货运经纪、货物运输	山东佳怡物流有限公司
昌利及图形	油漆、漆稀释剂	济南永昌利化工有限公司
图形	印刷出版物、书籍	山东星火文化发展有限公司

2007年历城区济南市著名商标统计表

表16-6

商标名称（形式）	商标所有权人
力诺	力诺集团有限责任公司
图形	力诺集团有限责任公司
鹤灵	济南永宁制药股份有限公司
济	济南镁碳砖有限公司
兴桥	济南新三塑业有限公司
佳怡	山东佳怡物流有限公司
图形	山东永大房地产开发有限公司
昌利	济南永昌利化工有限公司
孚信超越	山东孚信信息科技有限公司

二、广告管理

1991年，全区有广告经营单位1家。1994年10月，在全区开展《中华人民共和国广告法》宣传咨询活动。1996年4月，开始户外广告登记审查工作，将印刷品广告、店堂牌匾广告以及广告经营单位和发布单位等纳入管理范围。同年5月，对辖区内户外广告进行清理整顿。1998年，对18家广告经营单位进行年检，4家单位因资质条件达不到标准被责令停业。同年7月8日，成立历城区广告协会。至1999年年底，纳入登记管理的户外广告1000余条。自是年起，以媒体广告和关系社会稳定及人身健康的药品、医疗器械、保健食品广告为重点，开展“反误导，打虚假”专项整治活动。2000—2005年，多次对大桥路、花园路等繁华地段“脏、乱、差”广告进行集中整治。2005年10月，第50届全国秋季糖酒商品交易会在济南举办期间，检查路牌、灯箱、条幅、门楼等形式的户外广告500余条，屏蔽交易会外楼宇视频违规广告2处。2007年，全区有广告经营单位142个。1994—2007年，区工商分局累计查办广告案件291起，罚款102.36万元。

第五节　经济监督检查

1986—1995年，经济监督管理的重点是打击投机倒把和查处假冒伪劣产品。1986年，查处投机倒把案件43起，立案金额294万余元，罚没款11.4万元。1991年7月，区工商局对个体工商业和私营企业全面实行申报纳税制度，改变了沿袭几十年的定期、定额的税金征收办法。是年，全区个体申报纳税率和征收款入库率均由1990年的95%提高到98%以上。1992年，在华山镇石门村查处45户制造假冒“大鸡”牌香烟黑窝点。1993年，将打击投机倒把的重点放在打击走私汽车和走私卷烟上，查处走私进口小汽车22辆，总价值652.9万元；查处贩卖走私香烟案76起，查获走私香烟2250条。1994年，依据《中华人民共和国反不正当竞争法》打击各种不正当竞争行为，对工程建设、土地出让、产权交易、医药品购销、政府采购、资源开发经销6大领域进行重点整治。1994—1995年，在辖区开展“无假冒伪劣商品一条街”创建活动。1995年，共查办各类经济违法案件956起，罚没款17.32万元，无一起复议案和行政诉讼案；查获假冒伪劣商品13类、151个品种，为企业和消费者挽回经济损失26.8万元。查办经济案件数量列全市各县（市）区之首，区工商分局被省打假领导小组评为“山东省惩治生产销售假冒伪劣商品违法行为先进单位”。1996年，开展“公平交易执法年”活动。同年起，把农资（化肥、农药、种子、农膜）市场监管列为每年两次定期专项清理整顿工作计划。

1996年后，监管重点转移至严把市场准入关、规范主体登记行为、打击制售假冒商品行为，对强制交易、商业贿赂、恶意仿冒、误导欺骗性虚假标示等不正当竞争行为，“两虚一逃”（虚报注册资本和股东虚假出资、股东抽逃出资）、商标侵权等严重扰乱市场经济秩序行为进行打击。1997年，实施“打假冒、打欺诈、打非法传销”专项执法行动。1998—1999年，采取厂企联手打假的方法，先后开展“打假冒、保两节”活动，白酒生产、流通企业专项治理，农贸市场专项检查，药品、保健品市场专项检查，夏季食品、饮料、防暑降温食品专项检查等5次治理活动。2002年，撤销济南市工商行政管理局历城分局经济检查科，成立济南市工商行政管理局历城分局公平交易局，加强公平交易执法管理。2003年7月29日，区工商分局制订《关于改进公平交易执法工作的意见》，成立“两虚一逃”、产品质量、化学危险品等专案组，实行相对集中

图16-8　2005年，山东省红盾护农行动启动仪式在历城区举行

的归口办案模式。2004年，推行计划办案制度。同年9月16日起，对消费储值及类似活动进行查处，共清查出代理商5家，加盟商584户，消费储值卡1304张。截至2005年5月12日，5家从事消费储值的代理商全部向持卡人退款完毕。2005年起，在全区开展“红盾护农行动”，强化经济户口管理，加大涉农案件查处力度。2007年3月，以区公平交易局为依托，组建山东省工商行政管理经济检查总队历城大队，确立以经济检查大队为主，分局相关职能科室、基层工商所相互配合，相对集中的归口办案新体制。10月28日开始，协助政府有关部门调查济南济正保健品有限公司非法融资案（“10·28”专案），共登记举证人员3098名，涉案金额2.36亿元。

1986—1995年历城区工商局经济案件查处情况表

表16-7

年份（年）	案件数量（件）	罚没款（万元）	投机倒把案件（件）	年份（年）	案件数量（件）	罚没款（万元）	投机倒把案件（件）
1986	—	11.4	43	1991	—	—	28
1987	91	15.9	—	1993	—	45.4	—
1988	—	33.0	40	1994	—	—	138
1989	—	—	40	1995	—	6.0	167
1990	—	—	31				

1996—1999年历城工商分局经济案件查处情况表

表16-8

年份（年）	案件（件）	罚没款（万元）	制售假冒伪劣案件所占比例（%）	制售假冒伪劣案件（件）	假冒伪劣商品总值（万元）
1996	719	54	22.2	160	323
1997	672	34	12.5	84	24
1998	498	42	6.4	32	33
1999	498	17	8.8	44	205

2000—2007年历城工商分局经济案件查处情况表

表16-9

年份（年）	案件总量（件）	简易程序案件（件）	一般程序案件（件）	大要案件（件）	罚没款（万元）	案件总值（万元）
2000	590	334	256	12	29	120
2001	692	275	417	12	209	227
2002	1074	392	682	70	243	3805
2003	2665	1693	972	70	260	8727
2004	1003	855	148	96	221	4500
2005	817	592	148	108	214	3940
2006	2235	843	1392	105	495	9120
2007	2479	1051	1428	149	740	13500

第六节　消费者权益保护

1989年3月18日，成立历城区消费者协会（简称区消协）。1990—1993年，区消协先后在20个乡镇成立分会。1995—1999年，按照省、市消协“关于在全省发展消费者协会会员”的要求，共发展会员27200余名。1999年3月15日，开通“12315”电话举报服务热线。此后，每年3月15日均集中开展消费者维权宣传咨询服务活动。2000年12月，历城区“12315”申诉举报指挥中心成立，在17个工商所设立“12315”申诉受理室，24小时接听“12315”热线电话，加大对消费者合法权益的保护力度。2002年8月，区工商分局成立消费者权益保护科。2003年，全面开展“12315”进社区、进农村、进校园、进景点工作。年内，共设立农村“12315”申诉举报联络站112个、城区15个；在山东大学校园及跑马岭野生动物世界、九顶塔民族风情园、四门塔、红叶谷4处景点设立“12315”申诉举报联络点。2004年，在食品经营户中推行“一账两卡一承诺”（商品进货登记台账，进货卡与信誉卡，服务承诺书）。2005年，区工商分局制定《关于加强食品企业自律制度建设的意见》，在全区商场、超市及食品经营单位实行流通领域食品质量信息公示制度。2006年，区消协对14个消协分会、489个投诉站（服务站）进行了规范。2007年3月14日，国家工商总局通过省市局转给历城分局和历城区消协一起投诉案件。在被投诉方已停产的情况下，区消协与被投诉方小鸭集团北京办事处取得联系，于第二日为消费者提供维修服务，消费者表示非常满意。4月始，在全区农村食品经营业户中建立“一户多档制”“实名登记制”“标牌公示制”和“熟食制品证明登记制”四项制度，至年底基本实现全覆盖。

图16-9　2004年3月10日，区工商局在九顶塔民族风情园开展消费法律知识宣传

2002—2007年，相继开展了节日市场、含苏丹红食品、腐竹以及肉类市场、水产品市场等7次专项整治活动，共出动执法人员4139人次，检查业户7814户，查处、取缔违法违章业户389户，罚没款36万余元。共受理消费者申诉举报2235起，为消费者挽回经济损失78.74万元，处结率99.3%。2007年，历城区共有消费者服务站（点）528个，区工商分局“12315”受理中心实现了与市局、申诉投诉人的三方通话，市局、分局、工商所三级实现了网上通话，消费维权网络基本建成。

第六章　质量技术监督

第一节　计量管理

1986年，在全县宣传贯彻《中华人民共和国计量法》。1988年5月，区政府发布《关于加强计量管理的通告》，区标准计量所举办《中华人民共和国计量法》学习班20余次，印发法定计量单位宣传图表、宣传画和其他材料1.18万份。是年，结合企业计量定级升级、计量标准考核、市场检查、计量器具检定和其他日常管理工作，对法定计量单位使用情况进行督促检查，对在用的3137件非法定计量单位的计量器具进行改制。1990—1995年，分3次对全区实施法定计量单位情况进行检查，被检查的201个单位普遍使用了法定计量单位；对全区47个单位的133项计量标准进行到期考核；为50个企业进行计量升级工作，其中，1个企业定为一级计量企业，5个企业定为二级计量企业，8个企业定为三级计量企业，36个企业定为计量验收合格企业。1992—2005年，加强对加油站的计量管理，对辖区内的加油机按规定周期进行检定，共检定加油机1.3万余台（次）。1998年4月，购置检衡汽车1辆，为辖区大型衡器检定服务。2000年起，加油机使用税控装置。2003年7月，衡器计量检定和定量包装计量检定业务上划市技术监督局。2005年8月，计量检定工作全部上划市技术监督局。

图16-10 区质监局工作人员对在用加油机进行周期检定（2003年摄）

1990年起，开展“计量信得过”竞赛评选活动。截至2005年，全区共有100多个单位参加评选。其中，有5个单位被评为省级计量信得过单位，有8个单位被评为市级计量信得过单位；洪楼百货大楼、历城黄台农贸市场被评为全省先进单位。

1986—2005年，全区共建立公用计量标准6项，考核企业单位最高计量标准4项；对用于贸易结算、安全防护、医疗卫生、环境监测的计量器具进行强制检定备案，共登记备案单位1527个，登记各种计量器具5万余台（件）；共检定木杆秤60万只，台案秤9万台，地秤5000台（次），天平5000架（次），压力表1.7万支（次），医用血压计5000支，温度计15万支，长度量具8000件（次），大质量砝码1000吨。

第二节 标准化管理

1985年起，开展标准化管理工作，对企业配备标准和执行标准情况进行监督检查，帮助企业完善技术标准；对没有国家标准和专业标准的，督促企业制定地方标准。1988年起，推行“双采”（采用国际标准和国外先进标准）工作。1993年6月，对全区660个企业、831种产品执行标准情况进行登记，登记标准831个。其中，420个企业、509种产品执行国家标准，79个企业、92种产品执行行业标准，68个企业、106种产品执行地方标准，93个企业、124种产品执行企业标准；达到国家A级水平的2个，B级水平的9个，C级水平的21个。全区生产企业产品标准覆盖率达到85%以上。1996年，制定《历城区技术监督局产品标准备案管理制度》，强化企业产品标准的动态管理。

1993年，实行统一代码标识制度。1995年7月起，全区机关、企业、事业单位和社会团体在银行开立账户和办理各项金融业务，到车辆检验部门办理核发、换发车辆牌照以及向统计部门填报统计报表，必须使用统一代码证书（1998年更名为组织机构代码）。至1998年年底，有6458个单位办理了代码证。其中，企业法人1523个、企业非法人3081个，事业法人203个、事业非法人666个，社团法人11人、社团非法人580个，机关法人84个、机关非法人112个，个体户195个，民办非企业法人2个，其他1个。1998年12月，历城区的组织机构代码工作上划市技术监督局集中办理。2002年5月，历城区的组织机构代码重新划转区技术监督局办理。截至2007年年底，全区有1.14万个单位办理了组织机构代码。

1997年5月，区技术监督局制定《关于开展“消灭无标准生产县（区）活动”实施办法》，开展消灭无标准生产试点工作，共有197个企业制定了产品标准。1998年9月，通过省技术监督局检查验收，历城区成为全国消灭无标准生产试点区。2000年11月，通过国家技术监督局的复核验收。2001年，历城区技术监督局被评为山东省标准化先进单位。2003年，制定《历城区食品工业企业贯彻实施标签审查制度》，对审查合格的食品标签按品种发放食品标签认可证书，对市场销售的产品标签标示进行监督检查。多次举办《食品通用标签标准》《饮料、酒标签标准》《特殊营养品标签标准》等培训班，培训企业人员，规范标签标示行为。截至2007年年底，共办理企业标准552家，登记企业产品执行标准1988个，标准覆盖率达到98%；对68个企业、300余种产品标签标示进行了审查。

第三节　质量监督管理

1986年6月，县标准计量所委托认可县乡镇企业局建立历城县建材质量监督检验站，承担全县的建材质量监督检测工作。1988年8月，委托认可区粮食局建立历城区食品粮油质量监督检测中心，承担全区的食品质量监督检测工作。1990年12月，委托认可区卫生局建立医用血压计检测站，承担全区医用血压计的监督检测工作。1991年，区标准计量局投资50万元建立化验室、食品室、建材室，承担全区产品质量定期监督检验工作，同时为经济活动中的产（商）品质量纠纷进行仲裁检验和委托检验。1994年，区产品质量监督检验所通过省级计量认证，按照《济南市市场商品质量监督管理办法》，对全区市场商品实行日常监督管理，对农用地膜、棚膜、乐果、敌敌畏、磷肥、复混肥、瓶装罐头、低压电器等实行抽检。截至2005年8月，共抽查产（商）品67种（类）2.8万批次，合格率为98.1%。共完成食品、建材、农用种子、化肥等60种产（商）品、1.5万批次的质量纠纷仲裁检验和委托检验。此后，产品质量检验业务上划市技术监督局。

2003年起，开展名牌产品创建工作。是年，全区创中国名牌1个、山东名牌11个。2004年，创山东名牌4个、济南名牌4个。2005年，创中国名牌1个、山东名牌6个。2006年，创中国名牌2个。2007年年底，全区共有中国名牌产品5个、山东名牌产品28个、济南名牌产品4个。

第四节　行政执法

1986年《中华人民共和国计量法》颁布后，对全县40多家重点企业计量机构进行整顿，对用于贸易结算、安全防护、医疗卫生、环境监测的5000台工作计量器具执行强制检定，对制造、修理计量器具的21家业户进行发证管理，对国家明令禁止的组秤、16两秤进行收缴。1988年5月17日，区政府发布《关于加强计量管理的通告》。6月，区技术监督局制定《制造修理计量器具管理办法》，技术监督管理由行政管理走向法制管理。8月，在《中华人民共和国计量法》实施两周年全国执法大检查活动中，历城区获省执法先进单位称号。1988年《中华人民共和国标准化法》实施后，建立以技术标准为主体，包括工作标准、管理标准在内的标准体系，加强对标准执行的检查。依据《中华人民共和国标准化法》，查处57家无标准生产企业，帮助205家企业制定新标准，指导12家企业采用国际标准。1997年，加强市场商品标签标示的管理，要求全区生产企业在印制产品标签之前到区技术监督局备案，审核合格后方可印制，为企业减少损失百万余元。

1994年《中华人民共和国产品质量法》实施后，区技术监督局组建执法稽查队，建立技术监督行政案件审理规则等执法制度，重点开展“打假”活动。1998年，发放《致全区企业的公开信》，为消费者提供投诉服务。1999年，向社会公布《技术监督工作十不准和五项承诺》，公开投诉电话。2000年，查处的制售假冒“轻骑”

图16-11 区质监局工作人员对农资市场进行执法检查（2005年摄）

牌摩托车案被列入全省大案。2001年，在东风街道西周村查获假冒伪劣农药1000余箱。2002年，在航运路一生资仓库内查获假冒五粮液、剑南春牌白酒80余箱。同年6月，特种设备安全监管工作由区安监局划归区质监局。2003年，治理唐王镇违法炼制地条钢的行为，取缔地条钢生产单位9家。2004年，组织执法下乡活动，向边远地区群众宣传维权知识、讲解识别假冒产品方法，开展执法打假工作。2005年，进行春季农资检查，查获假冒农资产品价值近10万元。2006年，对全区特种设备使用单位进行全面检查，发现违法行为60余起，处罚单位58家，消除安全隐患40起。2007年9月—12月，开展产品质量和食品安全专项整治，共出动人员860人次，检查单位650多家次，取缔违法食品制销窝点48家、无证业户36个。截至2007年年底，共组织较大规模的打假活动113次，检查企业和经营点12690个，涉及食品、农资、眼镜、皮鞋、胶卷、钢材、低压电器等28大类商品，对假冒伪劣商品予以没收、销毁；共受理群众投诉890起；运用宣传手段对假冒伪劣商品曝光5次，举办“打假”成果展览3次；查处特种设备非法生产、使用案件167起。

第七章 安全生产监督管理

第一节 安全生产管理

一、管理机构

1986年，县安全生产委员会办公室设在县劳动局，负责全县工矿商贸企业的安全生产管理工作。1990年5月，区劳动局成立锅炉压力容器监察科，负责全区在用锅炉压力容器的监督检查和检验工作。1995年，区安全生产委员会办公室升格为副局级单位，由区劳动局代管。2001年1月，区安全生产委员会办公室由区劳动和社会保障局移交至区经委管理。2002年1月，组建成立济南市历城区安全生产监督管理局（简称区安监局），隶属区经贸局。区安全生产委员会办公室设在区安监局。2004年7月，区安全生产监察大队成立。2006年1月，经历城区第十五届人大常委会第二十三次会议通过，区安监局被列为区政府序列部门。2007年，全区所有街镇均设置相应的安全生产工作机构，安监系统专（兼）职工作人员67人，区、镇（街道）两级政府三级网络的安全生产管理体系基本形成。

二、日常管理

1986年以来，安全生产工作始终坚持“安全第一，预防为主”的方针，全面落实安全生产责任制，每年进行各种形式的安全生产检查，举办安全生产培训班。1990年起，每年对全区在用锅炉压力容器进行定期检验，检验率达95%以上，合格率为100%。1996年起，按照“企业负责、行业管理、国家监察、群众监督”的安全生产管理体制，进一步加强安全生产监督管理工作。1998年起，全面推行安全生产行政首长负责制，实行“一岗双责”，每年进行目标责任考核，并

图16-12 2006年6月1日，区安监局在全区开展“安全生产咨询日”活动

实施奖惩。2002年始，按照国家、省、市要求，每年组织“安全生产月”活动，利用各种媒体，采取展览、讲座等形式，广泛宣传安全生产的重要性，提高全民安全生产意识。6月，危险化学品安全管理职能划入安全监督管理部门。同年11月《中华人民共和国安全生产法》施行后，执法人员全部取得安全生产监察员证。2003年3月，区政府制定《特大重大生产安全事故应急救援预案》。2004年9月，烟花爆竹安全监管职能划归区安监局。2005年11月，区政府办公室印发《关于济南市历城区重、特大生产安全事故紧急救援预案(试行)的通知》。2006年，按照“专家查隐患、政府搞督查、部门抓监管、企业抓落实”的监督检查方式，区安监大队每个季度进行1次全面的安全检查，对发现的问题，下达限期整改指令，过后逐一不漏进行复查，使企业的安全隐患通过检查得到根本整治。同年5月起，区政府召开食品安全工作会议，传达国家、省、市食品安全工作会议精神，部署“食品安全信用体系建设”试点工作。2007年1月，开展液化气经营企业“规范经营，安全达标”活动。是年，区安监局被省安监局评为“安全生产先进单位”、区安监大队被评为“优秀示范监察大队”。2002—2007年，全区共举办安全生产培训班26期，培训各类人员1668人次；进行安全检查60次，共检查单位3492个（次）。

第二节　专项监督管理

一、非煤矿山安全监管

行政许可　2001—2002年，全区共发放非煤矿山安全生产合格证135个。2003年起，对95个非煤矿山企业进行评估。2004年，全区共有矿山企业149个，其中，煤矿3个、非煤矿山146个。截至6月底，全区非煤矿山安全生产评估工作全面完成，培训企业特种作业人员120余人，培训非煤矿山企业矿长、安全员70余人，基本实现矿山企业矿长、安全员持证上岗的目标。2005年，办理非煤矿山安全生产许可证64个，其中，石料厂51个、砖厂13个。组织有关矿山企业的30余人参加矿长、安全员培训，再培训40余人；举办特种作业人员培训班4期，培训电工、电焊工、厂内机动车司机等工种270余人。2006年，全区已取得安全生产许可证的非煤矿山企业66个，其中，露天采石场52个、砖厂13个、地下铁矿1个。2007年，全区实施金属非金属矿山安全质量标准化企业共15个，全部达到3级标准；有证露天采石场、地下矿山全部参加标准化建设。

监督管理　2001—2002年，查处安全隐患29处，对无证非法开采的23处铁矿、12处黏土矿和17处石料厂进行停电关闭，对个别屡禁不止的将其矿坑填平夯实。2003年，开展煤矿和非煤矿山专项整治工作，共治理整顿验收非煤矿山157家，关闭无证开采煤矿3处、铁矿13处、黏土矿7处、石料场17处；下达限期整改通知书29份，全部按要求整改完毕。6月，区政府组织安监、国土、公安、供电等部门开展联合行动，对无证开采的41处铁矿和黏土矿进行填平夯实。2005年5月，根据群众举报，区安监局对孙村镇非法无证开采的小铁矿进行调查，发现有正在生产的非法地下铁矿10处，分别于5月25日—26日和12月15日组织联合行动组，对非法铁矿予以取缔。2006年1月、6月，对复采非法铁矿采取取缔行动，当场断电拆除线路，填平夯实矿井。2007年7月12日、8月10日和8月13日，对复采非法铁矿再次予以取缔。

二、危险化学品安全监管

行政许可　2003年起，市安监局授权区安监局对历城辖区内申请“危险化学品经营许可证”（乙种）从事无仓储经营危险化学品的单位进行初审。截至2006年9月，区安监局共初审无仓储单位43家。2006年10月，根据市安监局的授权，区安监局作为市危险化学品经营许可证（乙种）发放工作小组成员，负责受理本行政区域内危险化学品无仓储经营单位发证、换证申请的材料审查和现场核查，并对申请“危险化学品经营许可证”（乙种）、从事有仓储经营单位的申请材料进行初审。是年，对无仓储单位换发证审查65家，有仓储单位初审2家。2007年，无仓储单位换发证审查136家，有仓储单位初审4家。同年，根据市安监局的授权，区安监局作为市危险化学品经营许可证（甲种）发放工作小组成员，负责本行政区域内加油站和剧毒品经营单位申请材料的初审工作，初审加油站46家、剧毒品经营单位2家。

2005年，根据市安监局的授权，区安监局作为省发证工作第一小组成员，负责本行政区域内危险化学品生产企业“安全生产许可证”申报材料的初审。2005年初审47家，2006年初审3家，2007年初审1家。

2006年，依据国家《易制毒化学品管理条例》和《非药品类易制毒化学品生产经营许可办法》，区安监局负责本行政区域内第三类非药品类易制毒化学品经营的备案证明颁发工作。2006年备案34家，2007年备案23家。

监督管理　区安监局成立后，以“隐患排查治理”为主线，以日常检查和专项整治相结合的方式，监督检查相关行业的危险化学品重大危险源监控、重大事故隐患治理情况，对企业违反安全生产法规的行为实施行政处罚。2003—2005年，监督管理工作以行政许可工作为主，监督检查为辅。至2005年年底，绝大部分危险化学品生产经营单位已申领安全生产许可证和危险化学品经营许可证，危化品许可工作由阶段性重点工作转化为长期性常规工作，监督检查作为许可工作后的重要管理手段提升至监督管理的重要位置。2006年起，每季度进行一次全面检查。是年，在危险化学品安全生产许可证“回头看”活动中，检查了所有危险化学品生产企业，查出问题和隐患135个，下达整改指令书28份，责令停产整改1家，执行行政处罚7次、罚款2.5万元。对辖区内所有非法经营加油站（点）进行拉网式检查，共查处非法加油站点48家，依法对其进行了取缔。在医药企业检查过程中，查出问题和隐患92个，下达整改指令书14份，企业安全意识普遍得到增强。2007年，按照市安监局的部署，组织开展安全生产隐患排查治理专项行动，对已发证的40家区属危险化学品生产企业进行检查和复查，共检查出安全隐患203条，消除隐患188条，对36家生产企业下达整改指令书。

三、烟花爆竹安全监管

行政许可　2004年，济南市烟花爆竹销售燃放由“禁放”改为“限放”，根据《济南市限制燃放烟花爆竹的管理规定》，区安监局负责辖区烟花爆竹零售单位的审查批准和监督检查，并负责核发“烟花爆竹销售(临时)许可证”(零售)。2005年春节，共审核许可烟花爆竹零售单位564家。2006年1月11日起，执行国家《烟花爆竹安全管理条例》。是年春节，审核《烟花爆竹销售许可证》175家。

监督管理　2007年，在全区进行烟花爆竹安全专项整治。6月15日，区政府印发《历城区烟花爆竹安全专项整治实施方案》。20日，区安监局、区公安分局联合印制通告，采取张贴、历城电视台反复播放等形式，广泛宣传非法生产、经营、储存烟花爆竹给人民群众生命财产带来的安全隐患，动员非法生产经营单位和储存业户，主动将非法生产、购入的烟花爆竹上缴当地公安机关。29日，区政府组织区公安分局、安监局、工商分局、执法局，对仲宫地区开展联合执法行动，共收缴非法经营礼炮30箱、鞭炮10多箱，当场予以销毁。9月19日，区政府组织专门力量对仲宫镇非法销售、储存烟花爆竹的业户、窝点进行严厉打击，查处非法销售网点3个，捣毁非法储存烟花爆竹窝点1个，收缴各类烟花爆竹312箱。

第八章　国土资源管理

第一节　土地使用制度改革

一、国有土地使用制度改革

1992年11月，区政府开始进行土地使用制度改革，变土地的无偿、无限期使用为有偿、有限期使用，变土地使用权的不流动为流动，并实行土地资源、资产并重管理。对新征地、原有国有土地使用权的管理，按不同用地类型，采取有偿出让、有偿划拨和行政划拨三种方式提供土地，并逐步向有偿出让单轨过渡。对乡镇村企业用地，采取有偿使用，并实行“五统一”（统一规划、统一征地、统一开发、统一出让、统一管理）。1996年，确认农村集体经济组织以土地使用权作为经营条件与其他单位或个人举办联营企业，允许集体土地使用者在一定范围内依法转让、出租、抵押所使用的土地使用权。同年12月25日，区政府印发《济南市历城区加强征地补偿费使用和管理的暂行规定》，对农村集体所有土地的征用补偿标准、补偿费所属及管理使用等做出具体规定。2000年7月3日，区政府印发《关于建立土地收购储备制度的通知》，建立土地收购储备制度，进一步加强区政府对土地一级市场的统一管理，将辖区内闲置和低效利用的土地，破产企业、腾笼换业和环保迁建企业等以划拨形式取得使用权的土地，由区土地收购储备中心代表政府有计划、有步骤地收回（收购），予以储存，并通过前期整理开发，变生地为熟地，依据土地利用和城市总体规划配置土地资源。2002年，按照国土资源部颁布的《招标拍卖挂牌出让国有土地使用权规定》，区政府推行“招、拍、挂”土地出让制度，并规定房地产、旅游、娱乐、商业四类用地必须实行“招、拍、挂”方式出让国有土地使用权，初步形成“一个口子进、一个池子蓄、一个龙头放”的土地收购、储备、供应机制，当年国有土地出让成交总额6094.12万元。2007年，区政府规定工业用地必须采取招拍挂方式出让，出让底价和成交价格均不得低于土地等别相对应的最低价标准。

二、农村宅基地使用制度改革

1986—1991年，农村宅基地以无偿使用的方式由乡镇政府管理。1992年6月，在遥墙镇进行农村宅基地有偿使用试点，同年在全区铺开。1993年，根据国务院《关于涉及农民负担项目审核处理意见的通知》精神，区政府批转区物价局、区财政局《关于取消涉农负担行政事业性收费项目的报告》，停止收取农村宅基地有偿使用费。

第二节　地籍管理

一、土地登记

1988—1990年，开展土地申报登记工作，共申报2000宗。1991年10月起，按照“权属合法、界地清楚、面积准确”三项标准，为全区国有土地使用单位、集体土地所有单位、集体土地建设用地单位和国营农、林、牧、渔场的22万宗土地进行登记发证工作。至1995年年底，共发放土地证书210265宗。其中，国有证书846宗，占应发数的74.3%；集体所有证书785宗，占应发数的91%；集体土地建设用地证书208634宗，占应发数的96%。2002年，完成房改房发证工作，发放8000余册。截至2007年，共发放土地使用证6000册。

二、土地调查

1988年4月，区政府成立区土地资源调查领导小组、土地资源调查办公室。同年8月开展土地资源调查，1991年9月中旬结束。调查数据显示：全区土地总面积171064.01公倾。其中，耕地64033.26公顷，占总面积的37.4%；园地10799.61公顷，占总面积的6.3%；林地19217.94公顷，占11.2%；居民点及工矿用地18094.24公顷，占10.6%；交通用地3897.54公顷，占2.3%；水域8643.13公顷，占5.1%；未利用土地46378.29公顷，占27.1%。1998年3月—8月，组织外业地籍调查，调查控制点8065个，界址复位9.72万个，权属调查708宗，实测城区11个街坊、地籍面积11．68平方公里，地物点97215个，共形成地籍图270幅，地图708幅。经验收，历城区地籍调查成果被省土地管理局评为优秀成果。2001年10月，采用卫星遥感监测技术，设66个点对全区土地进行定点检测。检测表明，全区土地总面积13.03万公顷。2003年3月—4月，开展土地“双查”（土地利用现状普查、土地使用情况清查）活动，6月底至8月对“双查”工作进行复核。2006年，完成涉及8个镇、面积409平方公里的城镇地籍调查工作，下发指界通知书1000余份。

三、数字国土

2000年，完成城镇地籍信息建库工作。2002年8月至2003年9月，开展1：10000土地利用数据库建立工作。取得主要成果：78幅1：10000土地利用标准分幅图的扫描影像电子数据；土地利用数据库系统；统计数据；所辖行政村土地利用数字化数据；78幅1：10000土地利用现状图；全区土地边界图幅接合图表；乡镇土地利用现状图。2005年，按照建设“数字国土”的要求，完成土地利用数据库建库工作。5月29日，通过国土资源部检查验收，成为全国第二个通过国家级验收的单位。本次建库工作，准确地掌握了全区土地资源的数量、权属、现状和分布，为新一轮土地利用总体规划修编和土地管理工作奠定了资料基础。

第三节　耕地保护

一、基本农田保护

1995年6月—10月，区政府组织力量，投资100多万元，划定了基本农田保护区，落实1995—2000年的耕地保护面积53111.16公顷。其中，一类农田24416.28公顷，二类农田16406.57公顷，三类农田12288.31公顷。划分基本农田区级保护区21个，镇级保护区215个、2806片。制做区级保护标志牌457块，建档816宗。全区农田实现了划片成方、标牌到位、责任到人的管理目标。11月，区政府发布《济南市历城区基本农田保护暂行办法》，制定《农田保护公约》，要求凡在历城区域内的基本农田进行生产、活动的单位和个人均应遵守该办法。1996年，全区耕地保护面积5.34万公顷；1997年5.92万公顷，保护率95.3%。1998年，济南市下达给历城区的任

图16-13　2001年6月25日，区国土局开展“6·25”土地宣传日活动

务指标为：耕地保护面积4.87万公顷，保护率78.5%。2000年，辖区耕地保有量增加233.7公顷，2001年增加19.6公顷。2003年，基本农田保护面积3.54万公顷，保护率83%。2004年，执行基本农田保护“责任制度、用途管制制度、监督监察制度、严格审批和占补平衡制度、质量保护制度、环境保护制度”六项制度，并实行“实地、标牌（界桩）、图标、制度、责任”五落实；建立健全基本农田保护档案，制定《历城区基本农田保护实施方案》；制作基本农田保护标志牌111块、大型基本农田保护公示牌14块，基本农田保护更加严格和规范。2007年年末，全区基本农田保护面积35998公顷，耕地保护面积37535公顷，保护率89.7%，年度耕地净减少1532.93公顷。

二、土地复垦

1989年起，开展土地复垦工作。截至2007年，全区开发、复垦、整理土地4656.03公顷，新增耕地1747.11公顷，累计投资9776.28万元。

1989—2007年历城区土地开发复垦情况表

表16-10　　单位：公顷

年份（年）	开发复垦面积	年份（年）	开发复垦面积	年份（年）	开发复垦面积	年份（年）	开发复垦面积
1989	1667	1994	254	1999	576	2004	0
1990	213	1995	280	2000	447	2005	293
1991	333	1996	280	2001	138	2006	106
1992	267	1997	213	2002	136	2007	232
1993	300	1998	421	2003	0	合计	4656

第四节　用地管理

一、土地利用规划

20世纪80年代末，首次编制土地利用总体规划，基本形成了区、镇（乡）二级土地利用规划体系。1998年6—11月，区政府组织编制《历城区土地利用总体规划》。该总体规划以1996年为基期年，2000年为近期规划年，2010年为规划目标年。规划主要指标5项：全区耕地面积63080公顷；新增建设用地面积7000公顷，占用耕地面积800公顷；土地开发6871公顷，增加耕地500公顷；林地面积达到24572公顷，园地面积达到10750公顷，林木覆盖率达到21%以上；土地利用率达到78%以上。2000年，《历城区土地利用总体规划》经省政府批准实施。

二、用地审批

根据1986年颁布实施的《中华人民共和国土地管理法》及1989年后执行的《山东省实施〈中华人民共和国土地管理法〉办法》，区土地管理部门本着“合理利用土地、切实保护耕地”的原则，在征地工作中实行“征地须知、征地程序、收费标准”三公开，并做到“四不批”，即征地依据文件不全不批，不经现场勘察定点不批，补偿不符合标准不批，图件不全不批。建设项目用地实行分级限额审批制度：征用、划拨耕地10亩以下，由区人民政府批准；征用耕地10亩以上，其他土地20亩以下，由区政府审查，报市政府批准。1998年《中华人民共和国土地管理法》修改后，以土地用途管制取代了分级限额审批制度。2003年9月，用地审批权收归市国土资源局。

1989—2007年历城区审批供应土地情况表

表16-11 单位：公顷

年份	用地面积	年份	用地面积	年份	用地面积	年份	用地面积
1989	40.96	1994	160.08	1999	377.10	2004	160.80
1990	33.32	1995	70.27	2000	213.20	2005	945.65
1991	53.71	1996	32.37	2001	284.20	2006	212.54
1992	59.56	1997	116.50	2002	508.16	2007	508.96
1993	206.00	1998	39.32	2003	477.61		

三、土地评估

1994年1月，区土地估价所成立，配备国家土地估价师1名，省级估价师2名，当年评估土地9宗，面积1883亩，评估总额2.4亿元，收取评估费23.9万元。1995年，为225个单位进行土地资产评估，计997亩，估价总值16.57亿元，收取估价费42万元。1998年，进行建制镇土地定级估价工作，并通过了省市验收组评审。1999年，完成评估业务98宗，收取估价费50余万元。2000年，评估土地79宗，面积19.52万平方米，总地价86176万元，收取费用76余万元。2001年，设立历城区地产交易物业估价所。当年评估土地140宗，面积330万平方米，总地价15.5亿元。2002年，评估土地140宗，面积618万平方米，评估总额达36亿元，收取评估费200余万元。2003年，土地估价业务市场化，区国土局撤销土地评估机构。

2007年济南市城区国有土地级别基准地价表

表16-12 单位：元／平方米

土地级别	I	II	III	IV	V	VI	VII	VIII	IX	X
商业用地	4500	3245	2230	1850	1560	1270	950	755	510	430
住宅用地	3120	2120	1690	1325	1160	970	740	530	435	—
工业用地	1850	1480	1060	725	525	415	360	215	—	—

说明：2007年历城区执行济南市城区国有土地级别基准地价

第五节 国土资源监察

1988年7月—12月，区政府成立查处违法占地违章建筑领导小组，开展“双违”查处工作。全区共清查占地单位502个，面积305.42公顷，其中，耕地165.77公顷、非耕地139.65公顷；处理452个单位，违法占地211.93公顷，其中，耕地97.78公顷、非耕地114.15公顷，其中拆除61个单位，复耕2.96公顷；罚款391个单位，罚款额2032.8万元；为391个单位补办了用地手续。1992年，对国、省、区道1140宗地的路边店进行清理。1993年3月，区土管局与区建委组成违法用地违章建筑联合清查小组，对20个乡镇进行清查。清查出无用地手续单位339个，违法占地723.06公顷，其中，耕地447.3公顷、非耕地275.75公顷。同年，开展土地市场整顿与清理工作，查出违法交易单位483个。其中，转让出租的216宗，面积14.78公顷，交易额14078.16万元。1994年，整顿土地隐性市场，对违法转让、出租、抵押、划拨土地使用权的单位进行全面清理，共处理37个单位、89宗地，收取土地出让金15.7万元。1995年，对全区各类非农业建设用地进行全面清查，共清查2564宗用地，其中，违法占地1152宗、面积64.53公顷。1997年6月—8月，查出1991—1997年各类非农业建设用地2.06万宗，面积3086公顷。其中，违法占地5425宗、面积1881公顷，处理5358宗、面积1355.6公顷，罚款300万元；清查存量土地26个单位，非法交易额1300万元，罚款50万元。1998年，清理非法转让土地7宗，面积1.5公顷，罚款21万元。1999年，在乡镇设立土地监察专员。9月，区政府印发《关于加强土地管理严禁建设项目未批先用的通知》。全年共查处各类违法用地189宗。2003年初，开展土地“双查”及复核工作，加大工业园区清理整顿力度，发现园区共用地107宗、占地面积410.8公顷。其中，合法用地39宗、占地面积169.2公顷，违法用地68宗、占地面积241.6公顷。同年4月，区委、区政府下发《关于撤销临港经济开发区东区等工业园区的通知》，要求各街道、镇今后不经国务院或省政府批准，一律不得以任何名义擅自设立园区。同时，对违反土地利用总规划、城市总体规划圈占的土地，组织拆除或复耕。共查处圈占用地26宗，拆除院墙4816米；复耕圈占用地26宗，面积129.2公顷，恢复原状38公顷。通过治理整顿，对符合立案的569宗违法占地全部进行了处理。2004—2006年，进行定期巡查和不定期巡查，其中定期巡查426次。通过巡查发现土地违法案件262起，涉及土地面积697.18公顷；依法拆除违章建筑物322处，违法占地6.65公顷。2007年，顺利通过两次国家最高规格的土地执法检查，分别是全国第七次“卫星遥感图片”土地执法检查和以查处“以租代征”为重点的全国土地执法百日行动。

第六节　矿产资源管理

一、采矿登记管理

1990年始，对村办集体和个体采矿企业颁发“山东省临时采矿许可证”，当年发证200多个，发证率近40%。1993年，加强对矿山开采、加工、运销的监管工作，发放经营许可证260余个，准运证400余个。1999年，将“山东省临时采矿许可证”统一换发为“中华人民共和国采矿许可证”，同时对采矿登记档案实行微机化管理。2002年，新发证15个，换证60个，发证率95%。2006年，发证率达到100%。2007年，发证率100%，全区共有持证采矿单位27个。

二、矿产资源开发利用规划编修

2003年6月，区政府编制完成《历城区矿产资源开发利用总体规划》，2004年5月20日被市政府批准。规划基准年为2000年，规划期为2001—2005年，展望到2010年。2006年，按照国土资源部、省国土资源厅第二轮矿产资源规划编制工作要求，对《历城区矿产资源开发利用总体规划》进行了修订。第二轮矿产资源总体规划以2005年为规划基期，规划目标年为2010年，展望到2020年。

三、矿业权使用制度改革

2002年起，全区实行矿业权有偿出让，当年收取采矿权价款50多万元。2005年起，采取招标、拍卖、挂牌方式出让矿业权。是年，以招、拍、挂方式成功出让首个采矿权，成交采矿权价款3万元。2006年，采矿权价款达到102万元。2007年，协议出让采矿权14个。

四、监督管理

1989年，设立区矿产资源管理办公室，隶属区建委，负责辖区内矿产资源开发企业和采矿点的监督管理。1990年11月，成立区矿产资源管理局。1990—1993年，为48个单位办理了开采手续，对7个违法单位进行了处理，制止乱采乱挖的违法户26家，收资源补偿费120万元。1992年2

月1日，区政府发布《济南市历城区矿产资源管理暂行规定》，对辖区内勘察、开发、利用矿产资源做出41条规定。1994年1月，区矿产资源管理局与区土地管理局合并，成立区土地矿产管理局。是年，对350个矿山企业进行年度检查，处理矿界纠纷6起，取缔无证开采20余处。1996年9月，恢复区矿产资源管理局。1999年，区矿产资源管理局设立矿产资源稽查办公室，主要职责是打击违法开采、维护正常的矿产资源开发秩序。2002年，为实施“蓝天”工程、净化城市容貌，关停部分小磕石机、小石料厂和经十东路以北的全部矿产企业，把其中技术设备较好的企业集中到南部山区偏远地带。

2002年后，矿产资源监督管理职能并入区国土分局执法监察大队。2004年，制定《矿产资源集中开采区实施方案》，在全区划定8个建筑用石料集中开采区。同年，本着“谁开发，谁保护；谁破坏，谁治理；谁投资，谁受益”的原则，开展矿山生态地质环境恢复治理活动。活动涉及企业120个，恢复治理面积75公顷，恢复治理率48%；治理退化面积14.64公顷，恢复治理率80%。2005年，将境内自然保护区、风景名胜区、独立景点和城市规划区、主要交通沿线作为重点，进行国土资源保护，设立地质地貌景观保护碑11处。同年底，开展整顿和规范矿产资源开发秩序工作，对无证勘查、无证开采、乱采滥挖、浪费破坏矿产资源和严重污染环境等违法行为进行整顿，发现矿产违法案件10起，对其下达了停工令。2006年，全面启动破损山体治理工作，先后对卧虎山水库南岸、彩石镇围子山、港沟镇有兰峪西山、华山镇卧牛山等8处破损山体进行治理，治理平面面积59.57万平方米、立面面积29.7万平方米，治理率达35%以上；同时，对未治理破损山体进行定期巡查，防止破损程度进一步恶化。同年，制订《整顿和规范矿产资源开发秩序实施方案》，与各镇签订目标责任书；编制《汛期地质灾害防治方案》和《地质灾害应急预案》，建立起全区地质灾害群测群防网络，并争取上级专项资金80万元，对3个灾害点进行了治理。2007年5月，区政府对仲宫镇二仙桥周边非法采石场强制进行关停。2002—2007年年底，通过个别查处和联合执法等形式，依法关停取缔各类违法开采企业70多家，复耕土地33公顷，矿产资源开发秩序有了根本好转。

五、矿产资源勘查

1997—2007年年底，全区共设置探矿权12个（14项），累计勘查面积57.91平方公里。其中，能源矿产探矿权4个，金属矿产权4个，非金属矿产权1个，水气矿产权3个。

1997—2007年历城区探矿权设置情况表

表16-13

序号	项目名称	矿种
1	山东省济南市历城区山头村石英砂岩详查	石英砂
2	山东省济南市历城区武将山地区铁矿详查	铁矿
3	山东省济南市历城林枝地区铅锌矿普查	铅锌矿
4	山东省济南市历城区山张庄地区多金属矿普查	多金属矿
5	山东省济南市历城区冯家地区矿泉水评价	矿泉水
6	山东省济南市华山镇桃园西北地热资源普查	地热
7	山东省济南市历城区嵛口峪地区矿泉水评价	矿泉水
8	山东省济南市桃园地区地热普查	地热

续表16-13-1

序号	项目名称	矿种
9	山东省济南市历城区葫芦套北部地区萤石普查	萤石
10	山东省济南市历城区流海庄铁矿普查	铁矿
11	山东省济南市历城区遥墙机场附近地热普查	地热
12	山东省济南市历城区沙河地区铁矿普查	铁矿
13	山东省济南市历城区遥墙国际机场地区地热普查	地热
14	山东省济南市历城区桃园地区矿泉水评价	矿泉水

第十七编

中共地方组织

2006年12月21日—23日，中国共产党济南市历城区第十二次代表大会召开

1986—2007年，中国共产党济南市历城区委员会共历经7届，每届委员会由全区党员代表大会选举产生。委员会组成人员每届任期，1992年10月前为3年，1992年10月起改为5年。

1986年，全县有基层党委22个、党总支98个、党支部1151个，至2007年，全区有基层党（工）委47个、党总支187个、党支部1544个。

中共济南市历城区委员会坚持邓小平理论和“三个代表”重要思想，认真贯彻执行党中央的路线、方针、政策，全面落实科学发展观，以经济建设为中心，充分发挥区位优势，创造性地开展工作，制定印发了一系列符合区情的重要决策和部署，加强了党员队伍思想政治作风建设、党的基层组织建设和党风廉政建设，宣传、政法、统战、信访等工作得到进一步加强。全区改革开放不断深入推进，城乡面貌发生巨大变化，人民生活不断改善，社会文明程度明显提升，成为历城经济和社会各项事业发展最好最快的时期。

第一章　组织设置

第一节　党员代表大会

中共济南市历城区党员代表大会是中共济南市历城区地方组织的领导机关。1992年10月前，根据中共十二大修改通过的《中国共产党章程》规定，全区党员代表大会每3年举行一次。1992年10月以后，根据中共十四大修改通过的《中国共产党章程》规定，全区党员代表大会每5年举行一次（第九次、第十一次为3年）。区党员代表大会代表由党组织自下而上、自上而下充分酝酿讨论，形成多于代表名额的候选人名单，经党员或党员代表大会选举产生。代表的组成既坚持政治先进性，又体现广泛的党员代表性，主要有各级领导干部代表、各类科技专业人员代表、各条战线的先模人物代表、妇女和少数民族代表等。中共济南市历城区第七次至第十二次历次党代会代表名额分配比例，妇女代表和少数民族代表占代表总数的17%左右，较为稳定；领导干部代表逐渐减少，由区第七次党代会占代表总数的60%，降至区第十二次党代会的58.4%；专业技术人员、各条战线先模人物等基层一线人员代表比例呈上升趋势，区第十次、第十一次、第十二次党代会专业技术人员和各条战线先模人物代表比例分别为：34.5%、37.7%、41.6%。根据《中国共产党章程》有关规定，区党员代表大会主要职权是：听取和审议上届区委的工作报告；审议上届区纪委的工作报告；审查区委对党费的收缴、管理、使用情况报告；讨论全区的重大问题并做出决议；选举新一届区委、区纪委；选举历城区出席中共济南市党员代表大会代表。

一、中国共产党济南市历城区第七次代表大会

1987年6月4日—6日在区招待所礼堂召开，参加会议代表共400名。区委书记姬广文代表六届区委向大会作工作报告。6月6日下午，在第三次全体会议上，选举出中共济南市历城区第七届委员会委员30名，候补委员5名，区纪律检查委员会委员15名。在随即召开的区委七届一次全委会上，选举出由8名常委组成的区委常务委员会，姬广文当选为区委书记，曹维新、谢传仁、胡玉岭为区委副书记。在区纪委一次全委会上，选举出区纪委常务委员会，于正齐当选为区纪委书记。

二、中国共产党济南市历城区第八次代表大会

1990年3月28日—31日在区招待所礼堂召开，参加会议代表共380名。区委书记谢传仁代表七届区委向大会作题为《振奋精神，团结奋斗，努力把我区两个文明建设提高到一个新水平》的工作报告。大会选举出中共济南市历城区第八届委员会委员31名，候补委员5名，区纪委委员15名。3月31日下午，在区委八届一次全委会上，选举出由10名常委组成的区委常务委员会，谢传仁当选为区委书记，孙继鑫、陈学科、于正齐为区委副书记。在区纪委一次全委会上，选举出区纪委常务委员会，贾兆菊当选为区纪委书记。

三、中国共产党济南市历城区第九次代表大会

1995年3月20日—23日在区招待所礼堂召开，参加会议代表共381名。区委书记谢传仁代表八届区委向大会作题为《抓住机遇，加快发展，全面开创历城现代化建设新局面》的工作报告。大会选举出中共济南市历城区第九届委员会委员31名，候补委员4名，区纪委委员15名。3月23日下午，在区委九届一次全委会上，选举出由11名常委组成的区委常务委员会，谢传仁当选为区委书记，李福水、于正齐、潘忠田为区委副书记。在区纪委一次全委会上，选举出区纪委常务委员会，苏传梁当选为区纪委书记。

四、中国共产党济南市历城区第十次代表大会

1998年4月16日—19日在区会议中心召开，参加会议代表共380名。区委书记郭作贵代表九届区委向大会作题为《肩负起跨世纪的历史重任，为开创历城两个文明建设的新局面而努力奋斗》的工作报告。大会选举出中共济南市历城区第十届委员会委员30名，候补委员5名，区纪委委员15名。4月19日，在区委十届一次全委会上，选举出由11名常委组成的区委常务委员会，郭作贵当选为区委书记，冯光文、于正齐、马荣亮、谭延伟为区委副书记。在区纪委一次全委会上，选举出区纪委常务委员会，谭延伟当选为区纪委书记。

五、中国共产党济南市历城区第十一次代表大会

2003年3月4日—6日在区会议中心召开，参加会议代表共310名。区委书记谭延伟代表十届区委向大会作题为《与时俱进，开拓创新，为加快历城全面建设小康社会而奋斗》的工作报告。大会选举出中共济南市历城区第十一届委员会委员25名，候补委员6名，区纪委委员15名。3月6日，在区委十一届一次全委会上，选举出由11名常委组成的区委常务委员会，谭延伟当选为区委书记，许强、马荣亮、黎越、刘传勇为区委副书记。在区纪委一次全委会上，选举出区纪委常务委员会，刘传勇当选为区纪委书记。

六、中国共产党济南市历城区第十二次代表大会

2006年12月21日—23日在区会议中心召开，参加会议代表共310名。区委书记谭延伟代表十一届区委向大会作题为《坚持科学发展，为建设富强民主文明的现代化历城而努力奋斗》的工作报告。大会选举出中共济南市历城区第十二届委员会委员39名，候补委员9名，区纪委委员29名。12月23日，在区委十二届一次全委会上，选举出由11名常委组成的区委常务委员会，谭延伟当选为区委书记，许强、刘传勇为区委副书记。在区纪委一次全委会上，选举出区纪委常务委员会，孔杰当选为区纪委书记。

第二节　区委员会

一、区委组成

中共济南市历城区委员会，是中共济南市历城区地方组织的领导机关。在中共济南市历城区党代会闭会期间，执行上级党组织的指示和区党代会的决议，领导全区的工作。区委由书记、副书记、常务委员、委员、候补委员组成。每届

委员会由全区党员代表大会选举产生。大会闭会期间，可由上级党组织调动、任免区委组成人员。1986—2007年，中共济南市历城区委共历经7届。

1986—2007年，中共济南市历城区第六届至第十二届委员会组成人员：

第六届委员会（1984.5—1987.6）

书　　记　姬广文

副 书 记　侯金水（1986.3离职）　曹维新
谢传仁（1986.3任职）
胡玉岭（1987.5任职）

常务委员　姬广文　侯金水　曹维新
谢传仁（1986.3任职）
胡玉岭（1987.5任职）
王家福（1986.3离职）
高洪勋　孙文成　马荣亮
刘升祥（1987.3离职）
王济辉（1986.8离职）
冯邦尧（1986.7任职）

委　　员（党员代表大会选举产生。按得票多少为序）
郭凤岩　曹维新　王玉泉
王家福　张恒相
党培珍（女）王济辉　刘家森
孙文成　孙继鑫　吴宝成
周传信　胡庆胜　高洪勋
姬广文　姜一民　冯知豪
侯金水　孙福德　李福水
刘英祥　刘升祥　许冠稼
王泉慧（女）马荣亮

代表大会后增添。按任职时间，相同按姓氏笔画为序：
谢传仁　冯邦尧　胡玉岭

候补委员（党员代表大会选举产生。按得票多少为序）
张廷林　张维华　吉全寿
张志恩　胡福宝

第七届委员会（1987.6—1990.3）

书　　记　姬广文（1990.1离职）
谢传仁（1990.1任职）

副 书 记　曹维新（1989离职）
谢传仁（1990.1离职）　胡玉岭
孙继鑫（1990.1任职）
陈学科（1990.1任职）
于正齐（1990.1任职）

常务委员　姬广文（1990.1离职）
曹维新（1989离职）　谢传仁
胡玉岭　孙继鑫（1990.1任职）
陈学科（1990.1任职）
于正齐（1990.1任职）　高洪勋
马荣亮　冯邦尧　张现昌

委　　员（党员代表大会选举产生。按得票多少，相同按姓氏笔画为序）
孙继鑫　辛洪义　郭凤岩
于正齐　张廷林　张恒相
党培珍（女）谢传仁　冯邦尧
吉全寿　刘炳泽　苏传梁
张博临　贾兆菊　张现昌
徐明梅（女）刘在传　杨振刚
吴宝成　姬广文　牛锡江
高洪勋　胡玉岭　王玉泉
王泉慧（女）刘升祥　潘忠田
曹维新　高书嵩　马荣亮

代表大会后增添：　陈学科

候补委员（党员代表大会选举产生。按得票多少为序）
冯光文　胡庆胜　陈云峰
孟庆林　杜方梓

第八届委员会（1990.3—1995.3）

书　　记　谢传仁

副 书 记　孙继鑫（1992.12离职）
李福水（1992.11任职）　陈学科
于正齐　张志宏（1992.4—1993.7）
潘忠田（1992.12任职）

贾兆菊（1994.1—1995.1）
王卓明（1991.12—1993.？挂职）

常务委员　谢传仁　　孙继鑫（1992.12离职）
李福水　　陈学科（1992.12离职）
于正齐
张志宏（1992.4—1993.7）
潘忠田　　贾兆菊（1995.1离职）
刘炳泽　　秦承安（1994.1任职）
于德浩　　张现昌（1993.1离职）
苏传梁（1991.5任职）
翟长庆（1992.12任职）
冯光文（1992.12任职）
马兴云（1994.1任职）

委　　员（党员代表大会选举产生。按得票多少，相同按姓氏笔画为序）

谢传仁	于正齐	孙继鑫
李福水	张立泰	陈学科
郭凤岩	杨振刚	张玉贵
于德浩	张廷林	刘炳泽
杨文华	王志平	孙玉桐
马荣亮	杜方梓	宋会乾
党培珍（女）	李乃润	贾兆菊
林荣伦	杜守义	杨存庆
张现昌	刘升祥	傅光仁
冯光文	潘忠田	苏传梁
邢振清（女）		

代表大会后增添。按任职时间，相同按姓氏笔画为序：

张志宏	翟长庆	马兴云
秦承安		

候补委员（党员代表大会选举产生。按得票多少为序）

田洪斌	王方太	刘连儒
胡庆胜	滕丕祯	

第九届委员会（1995.3—1998.4）

书　　记　谢传仁（1997.12离职）
郭作贵（1997.12任职）

副 书 记　李福水（1998.1离职）
冯光文（1998.1任职）　　于正齐
潘忠田（1998.1离职）
马荣亮（1998.1任职）
谭延伟（1998.1任职）

常务委员　谢传仁（1997.12离职）
郭作贵（1997.12任职）
李福水（1998.1离职）　　冯光文
于正齐　　潘忠田（1998.1离职）
马荣亮（1998.1任职）
谭延伟（1998.1任职）　　刘炳泽
秦承安
张玉贵（1995.11—1998.1）
于德浩（1996.3离职）
苏传梁（1996.1离职）　　翟长庆
马兴云（1996.3离职）
徐明梅（女）
邓良和（1996.11任职）
李建国（1996.3—1997.6）
从培德（1997.6任职）
刘传勇（1998.1任职）

委　　员（党员代表大会选举产生。按得票多少，相同按姓氏笔画为序）

王志平	于德浩	苏传梁
秦承安	刘炳泽	张廷林
张志恩	谢传仁	马荣亮
郑学胜	刘承津	彭玉华
翟长庆	于正齐	杨文华
张玉贵	亓春振	冯光文
王之新	王志刚	赵延新
傅光仁	徐明梅（女）	邓良和
刘在传	林荣伦	王志义
李福水	谭传友	马兴云
潘忠田		

代表大会后增添。按任职时间，相同按姓氏笔画为序：

李建国	从培德	郭作贵
谭延伟		

候补委员（党员代表大会选举产生。按得票多少为序）
牛家娟（女）刘仁法　刘炳武
王殿洪

第十届委员会（1998.4—2003.3）

书　记　郭作贵（2002.12离职）
谭延伟（2002.12任职）

副书记　冯光文（2001.1离职）
谭延伟（2002.12离职）
许　强（2002.12任职）
于正齐（2001.1离职）　马荣亮
刘在传（2001.1—2002.12）
黎　越（女，2001.1任职）
谭传友（2001.1任职）
邓良和（2002.2任职）
刘传勇（2002.12任职）
陈先运（2000.3—2000.9挂职）
佟　凯（2000.5—2000.10挂职）
雷天太（2001.7—2002.12挂职）

常务委员　郭作贵（2002.12离职）
冯光文（2001.1离职）　谭延伟
于正齐（2001.1离职）
许　强（2002.12任职）　马荣亮
刘在传（2001.1—2002.12）
黎　越（女，2001.1任职）
谭传友　秦承安（2001.1离职）
邓良和　彭玉华　刘传勇
何作俊（1998.6—2001.9）
丛培德（1998.6离职）
王　钟（1998.12—2002.12）
马玉星（1999.1任职）
王永和（2001.1任职）
亓学泉（2001.9任职）

委　员（党员代表大会选举产生。按得票多少，相同按姓氏笔画为序）
于正齐　马荣亮　王永和
王志义　王志刚　亓春振
邓良和　田德昌　丛培德
刘承津　杨文华　杨进富
张红齐　张炳甲　郑学胜
郭作贵　徐明梅（女）谭延伟
马玉星　王志平　冯光文
刘仁法　刘连儒　孙积港
秦承安　谭传友　任官东
刘在传　刘传勇　彭玉华

代表大会后增添。按任职时间，相同按姓氏笔画为序：
何作俊　王　钟
黎　越（女）亓学泉　许　强

候补委员（党员代表大会选举产生。按得票多少为序）
宋会乾　刘福田　亓　伟
王富莲（女）崔志清

第十一届委员会（2003.3—2006.12）

书　记　谭延伟

副书记　许　强　马荣亮
黎　越（女）刘传勇
马玉星（2005.9任职）
江　静（女，2003.8—2003.12挂职）
胡夫海（2004.3—2005.3挂职）
马晓华（女，2004.4—2004.9挂职）
吴新亚（2004.11—2005.1挂职）
刘志才（2005.3—2006.3挂职）

常务委员　谭延伟　许　强　马荣亮
黎　越（女）刘传勇　马玉星
丁新力（2006.10离职）
王永和　亓学泉（2004.5离职）
孔　杰　杨玉军
臧建军（2004.5—2006.8）
王　锐（2006.8任职）
程海涛（2006.5任职，挂职）

委　员（党员代表大会选举产生。按得票多少，相同按姓氏笔画为序）
丁新力　马玉星　马荣亮

王长元　　王永和　　王志刚
亓学泉　　孔　杰　　刘升祥
刘传勇　　刘桂祯　　许　强
孙兆远　　孙德顺　　李永智
李庆奎　　李国勋　　李国祥
李季孝　　杨玉军　　宋士奎
袁长奎　　郭绪庭　　谭延伟
黎　越（女）

代表大会后增添。按任职时间为序：

臧建军　　王　锐

候补委员（党员代表大会选举产生。按得票多少为序）

刘忠林　　张国林　　陈　华
段法娥（女）李富刚　　徐建利

第十二届委员会（2006.12—）

书　记　谭延伟

副书记　许　强　　刘传勇

常务委员　谭延伟　　许　强　　刘传勇
马玉星　　孔　杰（2007.4离职）
杨玉军　　王　锐　　孙德顺
阴　波（2007.4任职）　　朱云生
路建玲（女）李国祥
程海涛（2007.5离职，挂职）
龙飞凤（女，2007.4—2007.9挂职）
丁启秀（2007.4任职，挂职）

委　员（党员代表大会选举产生。按得票多少，相同按姓氏笔画为序）

丁新力　　马玉星　　马荣亮
王　锐　　王长元　　王志刚
王秀红（女）王瑞国　　孔　杰
邢介安　　朱云生　　刘传勇
刘桂祯　　关中秋　　许　强
许加民　　孙兆远　　孙德顺
李成华　　李庆奎　　李国祥
李季孝　　李富刚　　杨玉军
时连勇　　张书才　　张培明
陈　华　　陈　君　　袁长奎
徐建利　　高连东　　郭绪庭
黄宝忠　　韩利师
路建玲（女）谭传友　　谭延伟
黎　越（女）

代表大会后增添：　阴　波

候补委员（党员代表大会选举产生。按得票多少为序）

周培成　　张福胜　　田洪文
吴贞煊　　高洪强　　王　平
宋士奎　　张国林　　樊庆德

二、工作机构

1986年，县委设工作部门6个：县委办公室、县委组织部、县委宣传部、县委统战部、县委农村工作部、县委企业政治工作部，按《中国共产党章程》和有关规定设县纪委、县机关党委和县委党校。同年5月，成立县委政法委。1988年3月，撤销区委农村工作部、区委企业政治工作部。1994年1月机构改革，区委设工作部门5个：区委办公室、区委组织部、区委宣传部、区委统战部、区委政法委，按《中国共产党章程》和有关规定设区纪委（区监察局与其合署）、区直机关党委。2001年12月机构改革，区委设工作机构7个：区委办公室、区纪委（区监察局与其合署）、区委组织部、区委宣传部、区委统战部、区委政法委、区直机关工委（区直机关党委更名）。至2007年，区委工作部门仍设上述7个。

三、基层组织

1986年，中共历城县委所属基层党委有22个，其中，乡镇党委14个，县直部门党委8个；有基层党总支98个，党支部1151个，党小组3364个。1987年5月撤县建区，增加洪家楼、华山、王舍人3个镇党委。1989年12月区划调整后，增加靳家、大王、桑梓店3个乡镇党委。同年底，全区共有基层党委28个，其中，乡镇党委20个，区直部门党委8个；有基层党总支140个，党支部1615个，党小组4097个。1993年，区直部门党委增至16个。1996年，成立济南大正乡镇企业示范小区党委，区直部门党委调整为14个。1999年12月区划调整后，减少大桥、桑梓店、靳家、党家庄、十六里河5个乡镇党委，全区共有基层党委40个，其中，乡镇（含大正小区）党委16个，区直部门党委16个，村党委5个，企业党委3个；有基层党总支185个，党支部1794个，党小组3922个。2001年，撤销洪家楼镇，设立山大路、洪家楼、东风、全福4个街道，分别成立了街道党工委。2005年11月，孙村镇（含大正小区）归济南市高新技术开发区代管，12月高而乡、锦绣川乡并入仲宫镇，共减少4个乡镇党委（含大正小区）。2007年年底，中共济南市历城区委所属基层党（工）委共47个，其中，街镇党（工）委15个，区直部门党委16个，村、社区党委4个，企业党委12个；有基层党总支187个，党支部1544个。

第三节　纪律检查委员会

一、区纪委组成

中共济南市历城区纪委由书记、副书记、常务委员、委员组成。在每次中共济南市历城区党员代表大会上选举产生区纪委委员，并在随后召开的区纪委第一次全体会议上，选举区纪委常委和书记、副书记。区纪委每届任期与区委相同。区党员代表大会闭会期间，可由上级党组织决定、任免区纪委组成人员。根据《中国共产党章程》规定，区纪委在区委和上级纪委的双重领导下开展工作。

1986—2007年，中共济南市历城区第六届至第十二届纪律检查委员会组成人员情况（纪委副书记、常委、委员不包括届中调整人员）：

第六届委员会（1984.5—1987.6）

书　　记　周传信

副 书 记　张国武

常务委员　周传信　张国武　王洪水　任学智

委　　员（党员代表大会选举产生。按得票多少为序）

王洪水　田兰英（女）　刘庆云
任学智　谢德穆　方延山
张国武　李长水　周传信
张怀泗

第七届委员会（1987.6—1990.3）

书　　记　于正齐

副 书 记　李贵昌　王洪水　任学智

常务委员　于正齐　李贵昌　王洪水
任学智　段谋祯　杨德银
胥金庆

委　　员（党员代表大会选举产生。按得票多少为序）

李贵昌　李福林　金秉志
任学智　张在荣　王洪水
杨德银　段谋祯　胥金庆
于正齐　方延山
田兰英（女）　张立泰　赵子营
刘庆云

第八届委员会（1990.3—1995.3）

书　　记　贾兆菊

副 书 记　王洪水　任学智

常务委员　贾兆菊　王洪水　任学智
胥金庆　杨德银
田兰英（女）　亓春振

委　　员（党员代表大会选举产生。按姓氏笔画为序）

王化起　王洪水　张在荣
田兰英（女）　任学智　李贵昌
亓春振　杨德银　段谋祯
孙景波　金秉志　杨贵业
胥金庆　贾兆菊　姚发成

第九届委员会（1995.3—1998.4）

书　　记　苏传梁（1996.1病故）
张玉贵（1996.11—1998.1）

谭延伟（1998.3任职）
副书记　单德芳　任学智
常务委员　苏传梁　单德芳　任学智
王思军　孙景波　刘修忠
柴振刚　张立平　范立山
委　员（党员代表大会选举产生。按得票多少为序）
苏传梁　李福林　单德芳
任学智　王思军　柴振刚
杨贵业　刘生英（女）刘修忠
张在荣　范立山　孙景波
张立平　金秉志　段谋祯

第十届委员会（1998.4—2003.3）
书　记　谭延伟（1998.8离职）
邓良和（1998.8—2002.12）
刘传勇（2002.12任职）
副书记　单德芳　侯聚海
常务委员　谭延伟　单德芳　侯聚海
王思军　孙景波　刘修忠
柴振刚　张立平　张宝贤
委　员（党员代表大会选举产生。按姓氏笔画为序）
王思军　刘生英（女）刘修忠
孙景波　李福林　吴兆庆
张立平　张宝贤　季永忠
金秉志　单德芳　侯聚海
姜宏军　柴振刚　谭延伟

第十一届委员会（2003.3—2006.12）
书　记　刘传勇
副书记　范连群　刘修忠
苏　蕊（女）
常务委员　刘传勇　范连群　刘修忠
苏　蕊（女）杨思贵　陈景华
张子平　邢攸轩　季永忠
委　员（党员代表大会选举产生。按姓氏笔画为序）
王春刚　邢攸轩　刘传勇
刘修忠　苏　蕊（女）杨思贵
张子平　陈景华　范连群
季永忠　姜宏军　徐道生
崔志清　程欣田　程绍春

第十二届委员会（2006.12—）
书　记　孔　杰（2007.3离职）
阴　波（2007.3任职）
副书记　范连群　苏　蕊（女）
常务委员　孔　杰　范连群
苏　蕊（女）陈庆宏　张子平
樊庆芝（女）刘世国
委　员（党员代表大会选举产生。按姓氏笔画为序）
王春刚　王桂新　亓学泉
孔　杰　申世平（女）田洪义
毕德冰　刘世国　刘志林
刘冠山　刘晓燕（女）
苏　蕊（女）李恩忠
李静珍（女）张子平　张学才
陈庆宏　范连群　房泽连
胡志强　姜宏军　徐道生
郭建军　黄瑞展　韩士春
程欣田　程绍春
樊庆芝（女）潘庆江

二、工作机构

1986年，县纪委下设办公室、信访科、检查科、审理科。1989年4月，根据中纪委关于县级纪委内部机构应设室的规定，区纪委信访科、检查科、审理科分别更名为信访室、案件检查室、案件审理室。1993年4月，区纪委、区监察局合署办公，区纪委（监察局）对内部机构进行合并和调整，设办公室、信访室、案件审理室、案件检查室、执法监察室、党风廉政建设室、宣传教育室，均为副处级机构。2003年6月，设立区政府发展环境投诉中心，隶属区监察局管理。至

2007年，区纪委（监察局）设办公室、信访室、案件审理室、案件检查室、执法监察室、党风廉政建设室、宣传教育室7个工作室和区政府发展环境投诉中心。

三、基层纪检监察机构

1986年，全县有基层纪检机构21个，其中14个乡镇设纪律检查委员会13个；县直部门设纪律检查机构8个。1987年5月撤县建区，增加洪家楼、王舍人、华山3个镇纪委。1989年12月区划调整后，增加靳家、大王、桑梓店3个乡镇纪委。1993年4月，区纪委与区监察局合署办公，区直部门设纪委（纪检组）15个，监察室10个。1996年，全区有基层纪检监察机构36个。其中，乡镇纪委20个，区直部门设纪委（纪检组）16个。1999年12月区划调整后，减少大桥、桑梓店、靳家、党家庄、十六里河5个乡镇纪委。2001年，设立山大路、洪家楼、东风、全福4个街道纪委。2005年11月，孙村镇划归济南市高新技术开发区代管，12月，高而乡、锦绣川乡并入仲宫镇，减少3个乡镇纪委。2007年，有基层纪检机构34个。其中，街道、镇纪委共15个，区直部门纪委（纪检组）19个。

第二章　区委、区纪委会议

第一节　区委会议

一、区委全委会议

中共济南市历城区委员会全体会议，其议事范围主要是对全区经济建设、社会发展、党的自身建设及其他涉及全局性的重大问题作出决策；制定贯彻执行上级党组织和区党代表大会决议、决定的措施；听取和审议区委常委会的工作报告，对常委会及其成员的工作进行监督和评议；决定召开区党代表大会或党代表会议；选举区委常委会和书记、副书记；对常委会提请决定的问题或必须由全委会决定的其他重要问题作出决策。

全委会议由区委常委会召集并主持，参加人员为区委委员、候补委员，区纪委委员列席全委会议。根据工作需要，区委常委会可确定其他有关人员列席全委会议。全委会议可根据工作需要随时召开，一般以区委全体（扩大）会议形式召开。举行会议必须有三分之二以上区委委员到会。会议议题由区委常委会确定，并严格按照事先确定的会议议题和议程进行。向全委会议报告工作和提交全委会议通过的事项，在会前需经过深入调查研究，广泛征求意见，集中各方智慧，反复推敲修改，形成书面材料。全委会议决定事项，安排足够的讨论时间，使区委委员、候补委员进行充分讨论。全委会议进行表决以赞成票超过应到会区委委员人数的半数为通过。对由全委会议表决的领导干部拟任人选和推荐人选，以无记名投票方式表决，表决结果由会议主持人当场宣布。对区委委员、候补委员作出撤销党内职务、留党察看或开除党籍的处分决定，须经三分之二以上区委委员同意。全委会议通过的事项、作出的决策和决定，会后以区委名义上报和下发。重大事项决定后按职责范围和工作分工组织实施，并视情况及时加以完善，确保决策落到实处。

二、区委常委会议

中共济南市历城区委员会常务委员会是中共济南市历城区委员会的常设机构。区委常委会议一般每月月中、月末各召开一次，如遇重要情况随时召开。常委会议由区委书记召集并主持，必须有半数以上区委常委到会方能举行。推荐、提名干部，决定对干部人事的任免、奖惩，对重大案件作出处理决定时，出席人数必须达到应到会人数的三分之二以上方能举行。除区委常委外，区政协主席、区人大常委会党组书记、区委统战部部长、区政府办公室主任、区委办公室副主任为常委会议的列席人员。区人大、政协相关负责人，区政府副区长，各街镇党（工）委书记，区直有关部门负责人是区委常委扩大会议列席人员。

区委常委会决策遵循民主化、科学化的原则，对重大问题的决策，坚持提出议题、调查研究、部门或专家论证、拟制方案、内部和民主协商、集体讨论、检查督办等决策程序。区纪委、人武部、法院、检察院，区委部门及群团组织需要提请区委常委会讨论的议题，要事先征得分管书记、常委的同意，报区委书记审定；政府有关部门（单位）的议题，须先经区政府常务会议讨论并认为有必要，提交区委书记审定后，方能提交常委会讨论；区人大、区政协、临港开发区的议题分别以各自党组（党工委）的名义向区委常委会报告。区委书记根据工作需要确定区委常委会讨论的议题，由区委办公室负责安排讨论顺序，经书面确定后，印发各常委。常委会作出的决策，由常委按照分工分别负责组织实施，区委书记对组织实施工作负总责。常委会决策，由区委办公室负责综合协调、督促检查，并及时向常委会和区委书记报告决策执行情况，同时在一定范围内通报。

第二节　区纪委会议

一、区纪委全体会议

中共济南市历城区纪律检查委员会全体会议由全体纪委委员参加。其主要议题是传达贯彻上级党委、纪委的有关文件和会议精神，制定贯彻执行措施；听取和审议区纪委常委会的工作报告，对常委会及其成员的工作进行监督和评议；讨论并通过区纪委工作计划、工作总结；选举区纪委常委会委员和书记、副书记等。全体会议一般邀请区委常委，区人大常委会、区政府、区政协党员副区级以上领导干部，区法院院长、检察院检察长，各街道、乡镇、区直各部门党政主要负责人以及未担任区纪委委员的街道、乡镇、区直部门纪委书记（纪检组长）、委局机关室主任等人员列席参加。会议一般每年召开一次，根据工作需要可随时召开。

图17-1　2007年3月19日，中共济南市历城区纪律检查委员会第二次全体会议召开

二、区纪委常委会议

中共济南市历城区纪委常务委员会会议由区纪委常委参加，在区纪委全体会议闭会期间，研究贯彻上级的重要指示和会议精神，听取重要案件情况的汇报，决定重要案件的立案、结案和违纪人员的量纪处分，研究决定日常工作中需要集体决定的问题，总结部署全区的纪检监察工作，讨论决定某些重要事项。会议由区纪委书记召集并主持，书记不能参加会议时，委托副书记召集并主持。必要时区纪委工作室负责人或有关人员可以列席会议。会议一般每月召开一次，如需延期或遇紧急事项临时召开，由会议主持人视情况决定。

第三章 重要决策和部署

第一节 党的建设

1986年3月19日，县委印发《关于切实抓好农村基层党组织建设工作的意见》，要求各乡镇党委一定要在抓经济建设的同时，抓好党的基层组织建设。1988年11月18日，区委、区政府印发《关于党政机关清正廉洁的几项规定》，就严禁用公款吃喝招待，严禁用公款送礼，控制社会集团购买力，制止擅自公费着装等问题做了10条规定。1989年3月25日，区委印发《关于从党政群机关选派年轻干部到基层任职锻炼的意见》。10月12日，区委制定《关于在全区开展社会主义思想教育活动的意见》，对活动内容、需解决的问题、时间安排、把握的原则及组织领导等问题，提出具体要求。11月14日，区委制定《关于整顿党政机关干部思想、作风纪律的意见》，针对党政机关干部中存在的突出问题，提出整顿的任务、要求、方法、步骤。

1991年4月20日，区委印发《关于在区直机关、各部门所属系统、学校、企事业单位开展社会主义思想教育活动的实施意见》，指出重点是进行社会主义道路和党的路线、方针、政策的教育，社会主义民主、法制、纪律教育和倡导文明新风教育，以及党的宗旨教育。1992年5月22日，区委印发《关于开展“解放思想、扩大开放”大讨论的通知》。1993年6月24日，区委、区政府印发《关于全区党政领导干部保持廉洁勤政的规定》。1995年3月31日，区委、区政府作出《关于开展向金钢纂村党支部学习活动的决定》，号召全区深入学习金钢纂村党支部艰苦创业、不畏困难、开山劈岭修筑致富之路的创业精神。4月26日，区委印发《关于在全区广泛开展向孔繁森、王廷江、韩素云同志学习活动的通知》，要求全区党员、干部、群众要通过学习活动的开展，在“发挥优势抓引进，保证经济抓稳定，增强活力抓改革，促进经济抓科技，集中精力抓落实”等方面有新的突破。

1996年7月22日，区委印发《关于加强农村村级党支部书记队伍建设的若干规定（试行）》，共16条。10月9日，区委发出《关于开展向陈登汉同志学习活动的通知》。12月11日，区委制定《关于今冬明春在全区开展社会主义思想教育活动的意见》，对全区深入学习、宣传、贯彻党的十四届六中全会精神提出具体要求。1997年6月28日，区委制定《关于在全区党政机关进行思想、工作、作风整顿的实施意见》，明确整顿的指导思想及目的要求、方法步骤和应解决的主要问题。8月20日，区委印发《关于在全区党政机关开展“察民情、办实事、爱民为民服务”活动的实施意见》，要求各级党政机关通过为民办实事、办好事，树立良好的党风、政风。10月21日，区委九届五次全委（扩大）会议召开。会议主要内容是进一步学习和贯彻落实中共十五大精神，用十五大精神指导各项工作的实践。

1999年9月1日，区委印发《关于贯彻执行中共中央、国务院〈关于实行党风廉政建设责任制的规定〉的实施办法》，共6章20条，进一步明确各级党政领导班子和领导干部在党风廉政建设中的责任。9月7日，区委、区政府制定《关于对领导干部实行任期经济责任审计的意见》，为进一步加强对领导干部的监督和管理，从审计范围、审计内容、审计程序、审计纪律等方面提出具体意见。

2000年2月11日，区委印发《关于在区级领导干部中开展“三讲”教育的实施意见》，部署在区级领导班子、领导干部中开展以“讲学习、讲政治、讲正气”为主要活动内容的党性党风教育活动。3月24日，区委制定《关于在全区深入开展“致富思源、富而思进”教育活动的意见》，主要对全区人民进行改革开放20年来伟大成就和历史经验教育、理想信念教育、艰苦创业教育及新的任务与目标教育。5月19日，区委印发《关于在区直部门领导班子、领导干部中开展“三讲”教育的实施意见》，提出开展“三讲”教育的指导思想和遵循的原则、要解决的突出问题、时间安排及方法步骤。12月28日，区委制定《关于在全区农村开展“三个代表”重要思想学习教育活动的实施意见》，确定学习教育活动的指导思想、基本原则、方法步骤和要解决的主要问题。2001年8月11日，区委十届七次全委（扩大）会议召开。会议主要内容是学习中共中央总书记江泽民在庆祝中国共产党成立八十周年大会上的重要讲话，贯彻省、市委七届六次全会精神，研究党的基层组织建设工作。会议通过区委《关于按照“三个代表”要求加强和改进党的基层组织建设的实施意见》，对做好这项工作提出29条具体意见。10月24日，区委十届八次全委（扩大）会议召开，会议主要内容是传达贯彻中共十五届六中全会和省、市委七届七次全会精神，研究加强和改进党的作风建设问题。25日，区委、区政府印发《关于开展机关作风整顿工作的实施意见》。2002年9月26日，区委印发《关于开展农村基层党组织建设“三级联创”活动的意见》《关于开展争创“六好”街道党工委和“党建工作示范社区”活动的意见》《关于在区直机关、企事业单位开展争创先进党组织活动的意见》。11月22日，区委常委（扩大）会议召开，会议就全区认真学习贯彻中共十六大精神作出部署。会后，下发了《关于认真学习贯彻党的十六大精神的通知》。

2003年10月30日，区委印发《关于加强领导班子思想作风建设的意见》，对加强全区各级领导班子思想作风建设提出具体要求。2004年5月14日，区委印发《关于在全区党员领导干部中开展“为民、务实、清廉”教育活动的实施意见》。11月26日，区委印发《关于深入学习贯彻党的十六届四中全会精神加强党的执政能力建设的决定》。2005年2月2日，全区保持共产党员先进性教育活动动员大会召开，历城区保持共产党员先进性教育活动分三批进行，每批半年左右时间，2006年6月基本结束。会议下发了区委《关于深入开展以实践“三个代表”重要思想为主要内容的保持共产党员先进性教育活动的实施意见》。9月29日，区委印发《关于区直部门党组织建立健全“党员受教育，永葆先进性”的长效机制的意见》。

2007年8月20日—23日，区委理论学习中心组读书会召开，着重研究贯彻落实科学发展观，促进工作指导转变，加强党风廉政建设，推动历城经济社会事业又好又快发展的具体措施，以优异成绩迎接中共十七大召开。11月23日，区委印发《关于贯彻落实市委在全市深入开展“学习实践科学发展观—解放思想大讨论”活动的意见》。11月24日，区委十二届二次全会召开，会议传达学习中共十七届一中全会和省委九届二次全会精神，讨论和审议通过《中共济南市历城区委关于深入学习贯彻党的十七大精神的决议》。

第二节　精神文明建设

1988年12月24日，区委制定《关于在全区农村建立文化活动中心的意见》，就建设文化中心的指导思想、标准要求等提出意见。1989年5月，区委、区政府制定《关于在全区广泛开展“创百”活动的意见》，决定在全区开展“创百”活动，即在10个方面争创百名模范人物。

1990年3月1日，区委印发《关于在全区开展“四学、一奉献”群众性精神文明建设活动的意见》，通过在全区开展学焦裕禄、学雷锋、学赖宁、学王进喜的先进事迹和无私奉献的群众性活动，加强社会公德、职业道德教育和提高干部群众的思想道德素质和科学文化素质。8月24日，区委印发《关于争创精神文明建设工作先进区的实施意见》，明确争创省级精神文明建设工作先进区的标准条件，对主要目标进行分解，提出了4条争创措施。1991年3月25日，区委、区政府印发《关于在全区开展“文明在历城”群众性精神文明建设活动的意见》，决定在开展“四学一奉献”活动的基础上，开展“文明在历城”群众性精神文明建设活动。1993年2月22日，区委印发《关于在全区开展“强素质、兴企业、多奉献”群众性精神文明建设活动的意见》，要求全区紧密配合争创全省“双十佳”(十大先进集体、十大先进个人)活动，把群众性精神文明建设活动提高到一个新水平。4月3日，区委印发《关于在全区开展“讲三德、创三优、塑造历城新形象”群众性精神文明建设活动的意见》，指出开展这一活动要深化思想道德教育，加强科学文化教育，加强“三德”教育和积极开展各种生动活泼的竞赛活动，并对开展这一活动的方法步骤和组织领导提出具体要求。

1996年11月20日，区委九届三次全委（扩大）会议通过《历城区委关于学习贯彻〈中共中央关于加强社会主义精神文明建设若干问题的决议〉的实施意见》《历城区“九五”期间社会主义精神文明建设规划》。1997年3月24日，区委、区政府制定《关于在全区广泛开展创建安全文明乡镇、村（居）和单位活动的实施方案》，对全区开展创建安全文明乡镇、村（居）和单位活动做出部署。2002年1月22日，区委、区政府制定《关于争创全国文明城市的实施意见》。3月4日，全区城市建设管理暨创建文明城市工作会议召开，部署了城市建设管理和创建文明城市工作任务。

2003年9月19日，区委、区政府制定《关于在全区建设农村文明一条街的实施意见》，决定在全区开展农村文明一条街建设工作。2005年3月22日，区委、区政府召开全区农村文明一条街建设工作总结表彰暨“文明生态村镇”创建工作动员大会，会议下发了区委、区政府《关于表彰全区农村文明一条街建设工作先进单位和先进个人的通报》《关于在全区大力开展“文明生态镇”创建工作的实施意见》。2006年3月16日，区委印发《关于2006年度“文明生态村镇”创建工作的实施意见》。3月17日，全区地方道路建设暨“文明生态村镇”创建工作动员大会召开。大会就加快全区地方道路建设，推进“文明生态村”创建工作进行动员和部署。4月14日，区委、区政府印发《关于在全区大力开展“魅力历城”系列文化活动的实施意见》。

第三节 改革开放

1987年3月24日，县委印发《关于深入贯彻中央〔1987〕5号文件的意见》。为进一步深化农村改革，要求各级党委把5号文件的学习引向深入；完善双层经营，把家庭联产承包责任制提高到一个新水平；进一步调整产业结构，促进劳动力转移；搞活农村金融，开拓生产要素市场；大力加强基层组织建设和思想建设。

1992年4月4日，区委、区政府制定《关于深化改革，转换企业经营机制有关问题的意见》，就深化企业改革，在企业干部人事制度、劳动用工制度、分配制度等7个方面作出具体规定。4月30日，区委、区政府制定《关于在乡镇企业中逐步推行股份合作制的意见》，要求以发展社会生产力、壮大农村集体经济为目的，逐步在镇村骨干企业、外向型经济企业、新办企业和高新技术企业中推行股份合作制，对企业的利益分配、管理体制、实施步骤等提出具体要求。5月10日，区委、区政府制定《关于全区综合改革、转变政府职能有关问题的意见》，对政府有关部门成立总公司，行政服务部门兴办实体，区直行政、事业单位精简人员等问题提出具体意见。5月20日，区委、区政府决定设立洪家楼经济技术开发区、王舍人工业开发区、遥墙临港对外经济开发区、仲宫旅游经济开发区。4个开发区由区政府统一领导、统一规划、统一征用土地。5月21日，区委印发《关于进一步扩大对外开放，加快发展外向型经济的决定》。1994年1月3日，区委、区政府制定《关于我区区级党政机关机构改革的实施方案》《关于乡镇党政机构改革的实施意见》，按照政企职责分开和精简、统一、效能的原则，走“小机构、大服务”的路子，就全区党政机关机构设置、人员编制、领导职数、人员分配、改革的方法步骤等提出具体要求。3月28日，区委、区政府制定《关于拍卖荒山使用权的决定(试行)》，阐明了荒山使用权拍卖的意义和原则，要求在实施荒山使用权拍卖时，严格步骤，规范程序，明确政策，加强服务，保证达到预期目的。1995年3月2日，区委、区政府制定《关于在全区继续推行五项综合改革的实施意见》，要求进一步推进和完善股份合作制，加快推行村级企业化管理步伐，全面实行乡镇干部“三分工”(乡镇党委书记分工负责现代农业，包括工、商、建、运、服；乡镇长分工负责传统农业，包括农、林、牧、副、渔；党群书记分工负责党建和精神文明建设)。充分发挥经济发展联谊会的作用，大力搞好供销社体制改革。

2001年12月6日，区委、区政府制定《关于历城区机构改革的实施意见》，对区级机构的调整改革、乡镇党政机构改革以及改革的组织实施提出具体实施意见。2002年3月13日，区委、区政府印发《关于建立历城区政务中心并明确工作职责和管理权限的通知》，确定建立区政务中心，精简审批环节，提高服务质量，改善投资环境。7月22日，区委、区政府印发《关于济南市历城区农村税费改革(试点)实施方案的通知》，对全区农村税费改革工作做出部署。2006年3月22日，区委、区政府印发《济南市历城区人民政府机构改革实施意见》，本次机构改革按照精简、统一、效能和依法行政原则，在市委、市政府规定的机构限额内，调整和完善政府机构设置，规范政府部门职能。9月22日，全区农村综合改革工作会议召开，传达中央、省、市关于农村综合改革的指示精神，部署全区农村综合改革工作，印发了《历城区农村综合改革实施方案》。

第四节　经济发展

1986年7月19日，县委、县政府制定《关于进一步加快乡镇企业发展的试行规定》，为进一步发展乡镇企业，在推行厂长负责制、乡镇企业的利润分配使用和管理、提高科技人员待遇等方面，制定10条规定。1987年10月12日，区委、区政府制定《关于小型企业实行租赁经营的暂行规定》，对企业实行租赁后，在所有制性质、租赁方式、承租人的权利和义务等方面，制定42条规定。

1990年5月16日，区委、区政府制定《关于稳定、完善、提高家庭联产承包责任制，建立健全系列化服务体系的试行意见》。针对推行家庭联产承包责任制后出现的新矛盾、新问题，阐明了稳定、完善、提高联产承包责任制的重大意义，明确稳定、完善、提高家庭联产承包责任制的指导思想和主要内容，确定方法步骤，并提出应抓好的几个具体问题。11月3日，区委、区政府制定《关于发展壮大集体经济的意见》，强调实行联产承包责任制后，大力发展壮大集体经济，是当前农村改革中一项刻不容缓的基本任务。具体要求是：必须因地制宜发展乡镇企业；完善承包合同，实行土地有偿使用；切实搞好对集体山林、鱼塘的管理；加强集体财产的管理；建立健全社会化服务体系；落实扶持集体经济的优惠政策；切实抓好农村基层班子建设等。

1991年4月3日，区委、区政府制定《关于“南北抓开发，中间大发展”战略构想的实施意见》，意见对战略构想的提出、规划目标、主要措施、有关政策及组织领导等作了明确阐述。6月3日，区委、区政府制定《关于开展“农业社会化服务达标升级年”活动的实施意见》，制定了活动的总体目标、考核标准和考核办法。要求通过开展这一活动，逐步建立健全全区农业社区性、专业化、城乡一体化服务体系。10月7日，区委、区政府制定《关于大力搞好农田水利基本建设，努力改善生产条件的意见》，决定用3年时间，以开发治理“四条线”（济王、济微、济新、济滨）、“三大片”（北部中低产田开发、中部平原的高产开发、南部山丘区的小流域治理）为重点，大搞农田水利基本建设，改善农业生产条件。12月5日，区委八届四次（扩大）会议召开，讨论通过了《历城区“八五”末工农业总产值实现60亿元规划纲要》和《关于组织全区人民奔小康的计划及主要措施》。1992年12月10日，区委、区政府制定《关于开展“村办企业年”活动的意见》，要求在“村办企业年”活动中，放宽政策，加强领导，大跨度开展横联活动，以工业为主体，以第三产业和商品农业为重点，大力发展村办企业，加速农村企业化进程。1993年2月26日，区委、区政府印发《关于切实减轻农民负担保护和调动农民生产积极性的决定》，提出加强领导，坚持定项限额管理，发挥对农民负担监督管理部门的职能作用，坚决刹住乱摊派、乱集资、乱收费、乱评比达标之风等8条规定。3月14日，区委、区政府印发《关于转发区工商局〈关于促进我区个体私营经济发展意见的报告〉的通知》，要求各乡镇党委政府、区直各部门解放思想、更新观念、制定措施、搞好服务，为个体私营经济的发展创造良好条件和环境，促进个体私营经济健康、迅速发展。1994年10月15日，区委、区政府制定《关于积极开展争创经济强县(区)、强乡(镇)、强村活动的意见》，要求各级、各部门把争创“三强”工作落到实处，并提出应抓好6个方面的工作。

1995年2月23日，区委、区政府制定《关于1995年在全区积极开展“引进年”活动的意见》，阐明开展“引进年”（国内、国外大中小项目引进，人才、技术、资金、项目、管理经验的引进，一、二、三产业引进等全方位引进）活动的意义，提出要明确目标，突出重点，加强领导，强化措施，有的放矢地搞好引进。1996年9月19日，区委、区政府制定《关于加快农村奔小康步伐的实施意见》，提出在全区加快农村奔小康步伐，全面实现小康的具体措施。9月26日，区委、区政府制定《关于发展壮大集体经济的意见》，要求各乡镇、村（居）要切实加强领导，扎实有效地开展工作，使全区农村集体经济有一个新的更大的发展。1997年8月18日，区委、区政府制定《关于推动乡镇企业二次创业的试行意见》，明确奋斗目标和工作重点，对推动乡镇企业二次创业提出要求。10月30日，区委、区政府制定《关于进一步加快南部山区经济发展的实施意见》，对加快南部山区经济发展步伐，从8个方面做出部署。

1998年4月28日，区委、区政府制定《关于进一步加快个体私营经济发展的决定》，要求大力扶持个体私营经济发展，并在从业人员、经营范围、服务态度等方面，提出明确要求。1999年3月29日，区委、区政府制定《关于开展’99投资环境年活动的实施意见》，要求通过开展这一活动，进一步加快项目、资金、人才等全方位引进引办工作步伐，努力实现由经济大区向经济强区的跨越。8月16日，区委十届三次全委（扩大）会议召开，讨论通过《关于全面推进农业产业化的指导意见》，对全面推进农业产业化提出6个方面具体要求。2000年6月28日，区委、区政府制定《关于提高技术创新能力、加快高新技术产业化的若干规定》，为加快经济增长方式的转变，推动全区经济和社会发展，对提高技术创新能力，加快高新技术产业化作出17条规定。8月14日，区委十届五次全委（扩大）会议通过《关于经济发展环境创新的意见》。12月13日，区委十届六次全委（扩大）会议通过《历城区国民经济和社会发展第十个五年计划纲要（草案）》《区委、区政府关于加快城市化进程的意见》。

2003年2月10日，区委召开全区三级干部大会，要求全区上下按照全面建设小康社会要求，抓住济南实施“西城东带”战略的大好机遇，按照“一带两区”（东部产业带，城市商贸中心区和南部生态经济区）的战略布局，集中精力抓经济，聚精会神搞建设，一心一意谋发展，努力在全年实现六个新突破、三个新进展、一个新提高。6月16日，区委印发《关于在全区开展“东部新区与历城新一轮发展”大讨论的实施意见》。6月18日，召开东部新区与历城新一轮发展大讨论动员大会，动员全区紧密结合历城实际，进一步解放思想，自我加压，干事创业，努力实现历城经济和社会发展的新跨越。2004年7月30日，区委召开十一届三次全委会议，讨论通过《关于树立和落实科学发展观搞好城乡统筹增加农民收入的决定》。2005年5月20日，区委、区政府印发《关于完善科技创新体系加快高新技术产业发展的决定》。2006年1月5日，区委印发《济南市历城区建设社会主义新农村实现全面小康社会规划》。2007年5月28日，区委印发《关于进一步加快济南临港经济开发区建设和发展的若干意见》。

第五节　民主法制

1987年7月8日，区委印发《关于加强政法工作的通知》。围绕实现“经济发展，案件较少，治安稳定”这一目标，对搞好夏季治安，进一步开展严打斗争，抓好普法教育，加强基层政权和“五支队伍”(联防组织、治保会、调委会、帮教组织、普法骨干)建设，落实安全承包岗位责任制和加强党对政法工作的领导提出具体要求。1995年7月18日，区委印发《关于在全区开展创建社会治安综合治理模范区、乡镇、村、单位活动的意见》，提出活动的指导思想、方法步骤和创建标准，并就开展活动的组织领导提出要求。1997年10月8日，区委、区政府制定《关于在全区推行村级民主化、法制化管理的意见》，要求进一步加强全区村级民主化、法制化建设，深化安全文明创建活动，促进社会稳定，保障改革开放和经济建设的顺利进行。1998年4月2日，区委、区政府制定《关于实行村务公开推进民主政治建设的实施意见》，确定了做好此项工作的指导思想和原则目标，对村务公开内容、方法步骤及组织领导等提出要求。1999年11月26日，区委、区政府制定《关于全面推进村级民主政治建设、联户联防和讲案学法三项工程的实施意见》，为确保农村社会稳定，对实施三项工程的主要内容、要求以及方法步骤提出明确要求。

2000年11月15日，区委印发《关于今冬明春在全区农村集中开展社会主义民主法制教育活动的实施意见》。2001年4月27日，区委、区政府制定《关于进一步加强矛盾纠纷排查调处工作的意见》，对认真做好新形势下各类矛盾纠纷排查调处工作，维护全区政治稳定，从5个方面提出具体要求。2002年4月1日，区委、区政府制定《关于进一步加强社会治安群防群治工作的意见》，对全区社会治安群防群治工作提出要求。2003年8月22日，区委、区政府制定《关于在全区开展民主法治示范村创建活动的意见》，对开展民主法治示范村创建活动做出安排部署。2004年2月27日，区委、区政府作出《关于建设“平安历城”的决定》。

第六节　社会事业

1987年11月1日，区委印发《关于计划生育工作的几项具体规定》。1990年5月8日，区委印发《关于加强农村广播电视事业建设的意见》。1994年8月30日，区委、区政府发出《关于将每年9月5日至10日定为“科技兴区活动周”的通知》，决定为加快科技兴区步伐，将每年9月5日(邓小平《科学技术是第一生产力》一文发表纪念日)至9月10日定为“科技兴区活动周”，要求各级各部门大力宣传“科学技术是第一生产力”的观点，引进技术，引进人才，组织实施“产学研工程”，聘请科技军师，开展各种科技活动，促进全区经济的持续、快速、健康发展。1996年

2月8日，区委、区政府召开领导干部会议，部署住房制度改革工作。会议提出房改工作任务是：以出售公有住房为重点，带动其他房改措施的全面落实；全面推行住房公积金制度；推行租金改革，确保第三步提租到位。会上传达了济南市《关于实施提高公有住房租金的具体意见》和《关于做好住房困难户调查登记工作的通知》。

2000年12月30日，区委、区政府制定《关于加强人口与计划生育工作稳定低生育水平的实施意见》，对完善有利于人口与计划生育工作的调控体系和相关社会经济政策，建立健全适应社会主义市场经济体制要求的人口与计划生育工作管理机制，切实加强对人口与计划生育工作领导作出详细规定。2001年11月6日，区委、区政府制定《关于建设省城后花园加快旅游业发展的意见》，对全区旅游工作提出明确要求。

2003年6月11日，区委、区政府制定《关于全面推进社区建设的意见》，对加强社区建设作出安排部署，明确社区建设指导思想、基本原则、总体目标、主要内容和主要措施。2004年12月13日，区委、区政府印发《关于实施人才强区战略进一步加强人才工作的实施意见》。2005年9月26日，区委批转印发区政协《关于进一步建立和完善我区农村社会保障体系的建议案》。2006年3月16日，区委、区政府印发关于《历城区创建“全省科普示范区”实施方案》的通知。3月22日，区委、区政府印发《关于建立完善人口和计划生育工作新机制的实施意见》。7月7日，区委、区政府制定《关于推行为民服务代理制工作的实施意见》。8月11日，区委印发《关于实施科技规划纲要推进创新型城区建设的决定》。2007年5月17日，区委印发《关于贯彻全民科学素质行动计划纲要的实施意见》。

第四章　纪律检查

第一节　党风廉政建设

1986年，县纪委按照县委《今明两年实现党风根本好转的意见》要求，从领导班子和领导干部端正思想作风、查处以权谋私和严重官僚主义、落实党风责任制入手，把开好各级领导班子民主生活会、开展批评和自我批评作为党风廉政建设的主要内容。

1988年，区纪委开展以“查思想、查作风、查纪律、查制度”为主要内容的廉洁勤政活动。对党政机关清正廉洁问题做出十项规定，严格压缩、控制社会集团购买力，纠正内部接待标准过高问题，解决“卡脖子”、“敲竹杠”、以权谋私、乱摊派、利用公款大吃大喝、滥发钱物等问题。1989年8月，区委、区政府制定《关于党政机关副局级以上领导干部发扬艰苦朴素作风，加强廉政建设的暂行规定》，对副局级以上领导干部在用公款吃喝、赠受礼品、使用小汽车、住房等方面，制定7条规定及监督检查措施。

1993年6月，区委、区政府下发《关于全区党政领导干部保持廉洁勤政的规定》，加强对领导班子、领导干部廉洁自律情况监督。1994年，对领导干部贯彻执行中央“两个五条规定”情况进行检查，重点对全区党政机关和领导干部所乘车辆进行清理，涉及66个单位，清理车辆47辆。

1995年，狠刹用公款吃喝玩乐歪风，制定《党政机关领导干部廉洁勤政的具体规定》《关于严禁党政机关干部公车私用的规定》等廉政制度。1997年，在全区副局级以上领导干部中开展以学习贯彻《中国共产党党员领导干部廉洁从政若干准则（试行）》为主要内容的廉洁自律活动，实行廉政谈话、廉政档案、廉政评议等制度，为全区870名副局级以上领导干部建立廉政档案，进一步落实局级以上领导干部收入申报、礼品登记和国有企业业务招待费报告等制度。

1998—2002年，加强和改进作风建设，实行党风廉政建设责任制，围绕群众反映的热点、难点问题，开展专项清理。1998年，贯彻落实《中共中央国务院关于党政机关厉行节约、制止奢侈浪费行为的若干规定》，严格控制新建和装修办公楼，控制各种会议和文件，控制各种庆典活动，控制用公款安装住宅电话或购买移动电话，控制各种检查，禁止形式主义的评比和达标活动，按规定配备和更换小汽车，严格管理公费出国（境）。全区共清理公款安装住宅电话726部，清理公款配置的移动电话533部，全年节约开支85.4万元。1999年，重点开展领导干部多占住房专项清理工作，清理出超标准住房245套，清退住房90套。继续加强和完善廉政档案工作，对提拔任用干部实行廉政鉴定。2001年，设立“581”廉政账户。

2003—2006年，贯彻中央《建立健全教育、制度、监督并重的惩治和预防腐败体系实施纲要》，建立惩治和预防腐败体系联席会议和工作调度制度。制定《党风廉政建设考核意见》《在全方位目标考核中实行党风廉政建设责任制“一票否决”的意见》等制度。坚持领导干部收入申报、礼品登记、个人重大事项报告、述职述廉等制度。2004年，共落实个人重大事项报告3368人次，述职述廉2268人次，开展廉政谈话1144人次。

2007年，制定《关于进一步加强党风廉政建设和反腐败工作的意见》，按照党风廉政建设责任制进行责任分工、责任考核和责任追究，完善领导机制和责任机制。贯彻中央纪委《关于严格禁止利用职务上的便利谋取不正当利益的若干规定》，对领导干部在重点工程项目中领取补贴、奖金、福利等情况进行清理。

第二节　宣传教育

1986—1989年，按照“教育为主、预防为主”的方针，针对党员在开放、搞活和治理整顿、深化改革中存在的思想问题，采取上党课，举办学习班、轮训班，开展“党员大讨论”，观看录像等形式，深入进行党性、党风、党纪教育。1990年，在全区党员中开展“学党章、正党风”和反腐防变等教育活动，举办各类培训班98期，培训党员6200余人，组织观看录像片，举办“先模人物”巡回报告活动，加大反腐败新闻舆论宣传力度，在市级以上新闻媒体发稿320篇，宣传正面典型63个。

图17-2　2006年6月22日，全区学习贯彻中央纪委“规定”工作会议召开

1995年起，在全区开展“廉洁勤政双十模范”评选活动。1996年，开展“党纪政纪教育年”主题教育活动，举办党纪政纪培训班563期，播放录像750场次，观看人数达4.2万人次，组织副局级以上领导干部参加党纪政纪知识考试。1997年，开展“讲政治、正风纪、做表率”主题教育活动，举办培训班78期，上党课760次，观看录像片850场次，发放参考资料1.35万份，领导干部撰写理论文章665篇；评树廉洁勤政模范单位和模范集体各10个。1998年，开

图17-3 全区落实反腐败惩防体系建设工作座谈会（2007年5月摄）

展廉政法规教育，编印了《党风廉政法律法规选编》，组织1100名干部群众参加《中华人民共和国行政监察法》知识竞赛，党政机关副局级以上领导干部参加了党风廉政法律法规知识考试。

2003年起，坚持构建廉政建设大宣教、主题教育、文化促进“三措并举”，每年开展一个主题教育活动，有针对性地进行党性党风党纪教育。开展以社会主义荣辱观教育为核心，推进廉政文化“六进”（进机关、社区、学校、家庭、企业、农村）活动。2005年，开展“警示教育月”活动，召开全区党员干部警示教育大会，安排服刑人员做“忏悔演讲”，组织警示教育宣讲团在18个街、镇巡回宣讲，受教育党员达5000余人。至2006年，购买学习资料2万余册，发放到基层党组织，受教育党员干部达6.3万人次。

2007年，开展“加强作风建设、促进社会和谐”主题教育活动，党员干部受教育面达90%以上。同年，创办《历城党风》工作简报，及时宣传全区反腐倡廉建设取得的新进展、新成效。

第三节 信访举报

1986年，县纪委共受理来信来访285件次，处结283件次，结案率99.3%。1987年，区纪委共受理来信来访573件次，初信初访一次结案率为97%，重信重访率降至3%，越级信访率降至2%，实现无信访积案和无进京上访。

1988—1992年，区纪委共受理来信来访3773件次，处结3772件次；区监察局受理来信来访555件次，处结539件次。1993年，纪检与监察机关合署办公，全区纪检监察系统共受理群众来信来访1515件次，处结率100%。同年，区、乡镇、村三级建立健全纪检监察信访组织网络，共有信访信息员756人。

1994年，开通信访举报电话。1999年，对信访案件实行“有案三处”（见本编第九章第三节“信访工作”）和领导包查信访案件制度，信访案件年内结案率和优质结案率均达100%。2001年起，实行信访监督，主要采取廉政谈话、发信访通知书、建议召开专题民主生活会、集体警示等形式进行。2004年，开通信访网上举报。2006年，与全省信访举报处理系统联网，设立专用举报网站地址，实现信访举报信息化管理。至2007年，全区纪检监察系统共受理群众来信来访10512件次。其中，来信6665件，来访3362次，电话举报430次，网上举报55件，处结10394件次，处结率98.9%。

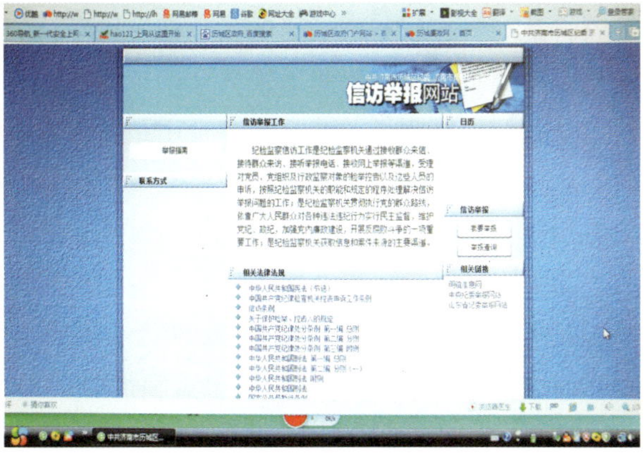

图17-4 信访举报网站（2007年摄）

第四节 查办案件

1986—1987年，全区纪检系统共立案查处党员违纪案件123起，结案率100%。共处分党员123人。1988年，共立案查处案件40起，结案35

起，结案率87.5%。其中，区纪委立查党内违纪案件35起，处分党员31人；区监察局立查行政违纪案件5起，处分违纪人员4人。1989年，共立案查处案件87起。其中，区纪委立查党员违纪案件62起，结案58起，结案率93.5%，共处分党员57人；区监察局共立案查处案件25起，结案20起，结案率80%，共处分25人。

1990—1994年，全区各级纪检监察机关重点查处贪污受贿、以权谋私，严重官僚主义失职渎职案件以及腐化堕落、道德败坏的案件。共查处党内违纪案件346件，其中，大案、要案42起，处分违纪党员272人。1993—1997年，共立查各类违纪违法案件335起，结案273起，处分288人，其中，给予党纪处分227人，政纪处分70人，党纪政纪双重处分9人。

1998—2002年，共立案查处各类违纪违法案件334起，其中大案、要案98起，给予党纪政纪处分326人，其中副局级以上领导干部21人。通过查办案件，为国家挽回经济损失2287.7万元。

2003—2006年，重点查办贪污受贿、挪用公款等经济违纪违法案件，失职、渎职，给国家和集体造成不良影响和重大经济损失的案件，乱收、乱罚、违法行政、影响和破坏发展环境的案件以及严重损害和侵犯人民群众切身利益的案件。全区纪检监察机关共立查各类违纪违法案件242起，结案223起，其中大案、要案62起。共处分党员干部223人，涉及副局级以上领导干部29人，为国家挽回经济损失1376万元。

2007年，共立案53起，涉及56人，其中，万元以上的大案9起，副局级以上领导干部要案5起。结案53起，处分56人，为国家挽回经济损失160余万元。

第五节　纠风投诉

1986—1987年，区纪委对党政干部和党政机关中存在的不正之风进行清理和纠正。清理纠正党政机关经商办企业4家，查处违反物价政策的案件，没收违纪所得45.9万元。

1991年，从与群众关系密切的“七站八所”（农机站、农业技术推广站、水利站、林业站、经管站、文化站、广播站；土管所、财政所、司法所、派出所、工商所、税务所、供电所、粮所）抓起，对乱着装等行业不正之风进行清理。设立清理“三乱”（乱集资、乱收费、乱罚款）办公室，通过对全区30项集资、收费、罚款项目的审核，保留其中11项，废止19项。1993年，组织9个行业部门的183个基层站所进行民主评议，成立评议小组23个，选聘民主评议代表195名，召开座谈会262次，收集意见493条、建议289条，被采纳224条。1994年，会同区教委、区物价局对全区中小学收费情况进行清理，共查出乱收费项目16项，乱收费金额86.9万元。对党政机关无偿占用企业人财物进行清理，共清理出占用单位27个，被占用单位10个，占用资金117.3万元。

1996年，区纪委监察局在全区组织开展以“学交警、赶工行、争创一流业绩”为主要内容的“行风万人评活动”。开展公路“三乱”（乱设卡、乱收费、乱罚款）专项治理。重点对招收择校生、计划外招生、搭车收费和社会对学校乱摊派等问题进行专项检查，纠正存在问题。治理向农民乱收费乱摊派，重点对结婚登记搭车收费进行检查，共清理搭车收费项目18项，清退资金67.9万元。

1998—2002年，落实减轻农民负担政策和制度，清理、废止一批涉及农民负担的项目，减轻农民负担1340万元。对企业“三乱”问题进行专项清理，对重点企业进行挂牌保护。开展纠正医药购销中的不正之风工作，督促建立药品集中招标采购制度，减轻社会负担100余万元。加强行风“示范窗口”建设，全区共有66个单位达到“示范窗口”建设标准。加强对治理公路“三乱”和中小学乱收费工作的监管和检查，巩固成果，防止反弹。

2003—2006年，落实涉农收费“公示制”、农村公费订报“限额制”和涉农负担案件“责任追究制”，维护群众合法权益。落实市纪委《关于严格规范党政机关及其工作人员涉企行为的通知》，督促区发展环境投诉中心、行政审批服务中心进一步规范运作，在综合执法、现场办公、联合审批、“一个窗口”服务等方面走出新路子。督促卫生系统建立健全医德医风考核、激励、约束、惩戒等制度，推行药品招标采购，药价同比下降20%。对落实义务教育公办学校“一费制”、公办高中择校生“三限”（限分数、限人数、限钱数）政策和中小学招生、收费工作进行专项检查。通过督促检查落实“两免一补”政策，减轻学生家庭经济负担702.3万元，受益学生达35821人。

2007年，开展“优化发展环境监督检查年”活动，对重点部门、行业进行优化发展环境民主评议，继续治理教育乱收费，纠正医药购销和医疗服务中的不正之风，集中招标采购药品金额占医院用药总金额的85%。加强对落实支农惠农政策的监督检查。在各街镇成立发展环境投诉分中心，共受理各类投诉54件，处结率达100%。制止个别单位乱收费行为，查处没收违规收费20万元。

第六节 执法监察

1988—1995年，区纪委监察局重点对农业专项资金、乡镇统筹费、计划外生育费管理使用情况和夏秋粮、农副产品收购政策落实情况以及乱着装、行政事业收费等进行专项执法检查，对全区由国家批准的符合法律法规文件规定的收费项目进行清理。共立项监察64项。

1996—2002年，重点对借婚姻登记搭车收费、预算外资金管理、农机系统乱收费、落实“收支两条线”、社保基金和国债资金管理以及建设工程招投标、粮食流通体制改革、政府采购等事项进行执法监察。共执法监察83项，查处违规违纪金额3456万元。

2003—2006年，严格执行建设工程招标投标、经营性土地使用权出让、产权交易进入市场和政府采购四项制度。组建有形建筑市场，建设工程招投标率达到100%；严格落实政府采购制度，共完成政府采购259批次，预算采购资金1.041亿元，实际采购金额8964万元，节省资金1446万元，节约率达13.89%。2003年，对全区38个行政事业单位“收支两条线”执行及其他财政财务收支情况进行检查，查出各类违纪违规问题涉及金额达1.1亿元。

2007年，对城区道路改造、唐冶新区建设、济钢项目等重点工程加强监督，参与建设工程招投标32次，涉及金额4.1亿元；对重点工程的资金拨付程序进行监督，涉及资金近3亿元；严把拆迁安置关，为政府挽回资金90余万元。会同有关部门开展土地执法检查工作，22名责任人受到党纪政纪处分。

图17-5 2007年6月4日，区纪委举办历城区纪检监察业务培训班

第五章　组织工作

第一节　党员队伍和党的基层组织建设

一、党员队伍建设

1986年，县委组织部按照“保证质量、改善结构、积极有计划发展”的方针，重视在知识分子、妇女、“两户”（个体工商户、农村承包经营户）、生产一线和在校中专学生中发展党员，逐步改变党员分布和构成不合理的状况。年底，全县共有党员20198名。1987年2月，始于1985年3月的整党工作结束，共复改历史老案272件，调整党支部220个，处理党员143名，其中，清除不合格党员38名。是年，全区共有党员24226名。此后，按照“坚持标准、保证质量、改善结构、慎重发展”的方针，进一步规范和完善发展党员工作，至1995年，全区党员发展到31645名。2000年，区委组织部下发《关于发展党员工作的十项制度》和《关于实行“两推一公示”办法发展党员的实施意见》，提出做好发展党员工作的“三优先、四倾斜、五不批”思路，即高中以上学历、生产一线和女性入党积极分子优先；向35岁以下优秀人才倾斜，向经济落后村和党员队伍老化、多年不发展党员的基层党组织中的致富能手倾斜，向基层单位中层干部倾斜，向高知识群体、新型经济社会组织中的入党积极分子倾斜；入党材料未审查不批，培养考察时间不满一年不批，政审不清不批，未经培训不批，入党手续不齐全不批。2002年，制定《关于做好不履行党员义务不具备党员条件党员教育转化和不合格党员处置工作的意见》，至2007年，共清除不合格党员78名。2005年，区委制定《关于提高发展党员质量的意见》，完善了入党积极分子“两推”（全体党员和群众代表推荐）、集中培训、票决、公示、政审预审审批、党组织与党员发展对象谈话、预备党员教育管理和发展党员责任追究8项制度。2007年年底，全区共有党员38275名。其中，女性6773人，占17.70%；农村党员25544人、占66.74%；35岁以下党员7282人，占19.03%；60岁以上党员10577人，占27.63%；新中国成立前入党的236人，占0.62%；高中以上学历的23118人，占60.40%；离退休党员6706人，占17.52%。

二、党的基层组织建设

1986年，全县共有基层党委22个、党总支98个、党支部1151个。1986—1990年，先后开展农村党支部班子达标升级、争创红旗党支部、争当模范共产党员和“学党章、正党风”活动。1991年起，区委按照“抓基层、打基础”的思路，坚持“抓选配、强班长，抓培训、促改型，抓典型、促后进，抓后进、促平衡，抓后备、促后劲，抓管理、促提高”，进一步提升村级党组织建设的整体水平。同年，全区实行《党员考核证制度》。1993年，开展创建“118”工程，即创建100个先进党支部、培养选拔100名事迹突出的优秀共产党员、争创8个先进党委。1994年，对党务工作实施全方位目标管理。1995年起，制定《关于加强农村基层组织建设的三年规划》《关于加强乡镇党委建设的意见》《关于在全区深入开展基层组织建设“五好”活动的意见》《关于加强农村党支部书记队伍建设的若干规定》，开展了争创全省农村党建工作先进县、先进乡镇、党支部班子达标升级、“111”工程（10个先进党委、100个先进党支部、1000名优秀共产党员）、“先锋工程”等主题活动，在农村党员中开展学理论、学党章“双学”活动和“学科技、用科技，闯市场、奔小康”活动，全区892个村党支部中先进和一类党支部达80%以上，后进党支部在10%以下，参加“学用科技”的农村党员14815名，占农村党员总数的54.9%。是年，区委印发《关于加强国有企业党建工作的意见》。1998年，开展“六个好”（建设一个好的领导班子、带出一支好的干部队伍、选准一条好的发展路子、健全一套好的管理制度、保持一种好的工作作风、形成一个好的工作格局）党委创建活动，21个乡镇党委中有17个达到创建标准。

2000—2007年，建立落实基层党建巡查制度、村务公开民主管理制度和为民服务代理制，制定《关于实行“两推一审定”的办法推荐党支部班子候选人的实施意见》《关于对村居党组织实施位次管理的意见》《关于村居党支部书记持证上岗的意见》《关于健全完善基层党建工作责任制的意见》《关于加强党员经常性教育管理的意见》等16个保持共产党员先进性长效机制文件，农村基层党建工作更趋规范化、科学化。2000年4月，实施“固垒工程”，在全区深入开展争创“五好党支部”（领导班子好、党员队伍好、管理机制好、工作业绩好、群众反映好）活动。2001年，在新成立的4个街道党工委，完善“街道党工委—社区党组织—网格党支部（党小组）”三级垂直管理系统，开始建立社区党建工作指导委员会、工作协调委员会、工作联席会等共驻共建组织。同年7月，驻区的济南市高新科技市场建立全市第一个民营市场党支部；年底新型经济社会组织有9854个，其中30人以上、注册资金100万元以上的90家企业采取“三式并举”（独立式、联合式、挂靠式）的方式建立党组织。同年，区委建立由15个区直部门参加的新型经济社会组织联席会议制度，加强对“两新”（新经济组织和新社会组织）组织党建工作的领导；制定《加强和改进流动党员管理工作意见》，加强对流动党员的管理服务工作。2002年，在全区启动“三级联创”（区争创农村基层组织建设先进区，乡镇争创“五好”乡镇党委，村争创“五好”村党支部）活动，按照围绕中心、服务大局、拓宽领域、整体推进的原则，在全市率先把农村党的建设“三级联创”活动延伸到城市社区和区直所有部门。全区15个乡镇（大正小区）、221个乡镇站所、646个村，4个街道、49个社区，86个区直部门全部参与创建活动，西营镇黑峪村党支部、锦绣川乡艾家村党支部、全福街道南全福社区党支部创建为“全省先进基层党组织”，郭店镇党委创建为“全市党建工作示范点”。2004年，山东大强实业集团有限公司党支部在全省非公有制企业党建工作经验交流会上作典型发言。同年，历城区被评为“全省农村基层组织建设先进区”。

图17-6　2005年7月16日，王舍人镇组织党员观看教育片

2005年，按照社区党建工作“四化”（网格化覆盖、信息化管理、亲情化服务、制度化保障）要求，38个社区全部建立党组织，组建社区“网格化”党支部112个。2005—2007年，按照全覆盖、求规范、促发展的思路，在全区345家“两新”组织中建立党组织，共有党员1851名。2007年，分别在街镇、村居党组织实施“双强双带”（自身致富能力强，带领群众致富能力强；带头致富，带领群众致富）工程，在区直部门开展“两好一高”（作风好、形象好、效率高）机关创建活动。年内，全区有15个街镇党（工）委，449个村、社区党组织，10个区直

涉农部门（占全区区直涉农部门的71.4%）和67个站所（占全区基层站所的70.5%）达到“五个好”创建标准。按照“两推一选”和“公推直选”的方式，有633个村居党组织进行换届，换届率达99.4%。同年，区委印发《关于加强党员经常性教育管理的意见》，完善以区委党校为龙头、以街镇党校为主体、以基层支部党员活动室为基础的党员教育网络。至年底，全区共有基层党（工）委47个、党总支187个、党支部1544个。

1986—2007年历城区基层党组织和党员队伍基本情况统计表

表17-1

年份（年）	基层党组织数（个）				党员数（人）				发展党员数（人）					入党积极分子数（人）	出党数（人）							
	党（工）委	党总支	党支部	党小组	总计（人）	其中			总计（人）	其中					合计（人）	其中						
						预备党员	女性党员	农村党员		女性党员	35岁以下	高中以上学历	生产工作一线			开除党籍	劝退和劝退不退除名	取消预备党员资格	退党除名	取消党员资格	自行脱党除名	拒绝参加整党不予登记
1986	22	98	1151	3364	20198	910	1985	17541	729	93	464	398	558	2653	25	9	1	11	2	0	2	0
1987	25	125	1360	3758	24226	1106	2551	21191	690	121	437	389	535	2618	47	12	0	12	0	0	4	19
1988	25	137	1423	3923	24720	668	2647	21499	537	76	207	288	410	2790	12	2	0	6	1	2	1	0
1989	28	140	1615	4097	27777	660	2912	24369	493	80	141	257	423	3081	52	17	15	10	6	2	2	0
1990	31	143	1634	4038	28225	635	2975	24675	439	55	263	267	259	3807	34	12	4	17	1	0	0	0
1991	33	145	1646	3984	28794	778	3027	25095	664	91	370	389	465	2549	23	12	2	3	6	0	0	0
1992	33	144	1623	3978	29515	738	3136	25465	607	77	352	392	408	2489	17	10	2	1	3	1	0	0
1993	36	146	1685	4020	30101	760	3854	25842	667	96	396	433	411	2385	12	9	0	3	0	0	0	0
1994	36	162	1703	3950	30714	804	3314	26317	711	131	254	462	431	2550	19	9	1	2	1	6	0	0
1995	35	170	1747	3771	31645	1023	3471	26965	940	147	634	636	634	2770	15	12	2	1	0	0	0	0
1996	35	174	1776	4009	32592	1057	3644	27670	1036	208	678	748	784	3073	21	14	1	3	3	0	0	0
1997	36	178	1808	4013	33669	1254	3865	28495	1118	211	765	801	783	4165	12	8	1	1	2	0	0	0
1998	36	178	1804	3996	34586	955	4007	28997	916	177	598	666	675	4209	17	13	2	2	0	0	0	0
1999	36	185	1794	3922	35431	973	4241	29621	964	212	659	734	520	4455	12	10	2	0	0	0	0	0
2000	40	157	1448	3196	29092	1040	3707	23735	952	187	599	710	595	3134	20	16	1	1	0	2	0	0
2001	43	165	1499	3048	30127	1026	3799	23463	984	230	629	768	642	3257	11	10	0	1	0	0	0	0
2002	42	166	1499	3277	30899	887	4079	23443	965	223	617	764	566	3123	11	9	0	2	0	0	0	0
2003	40	165	1509	2635	32032	985	4428	23932	957	247	650	760	822	4006	7	7	0	0	0	0	0	0
2004	49	166	1523	—	35179	1081	5320	25193	1076	313	672	855	916	3435	8	7	0	1	0	0	0	0
2005	50	167	1492	—	35533	975	5446	24291	960	241	624	719	859	3046	22	20	0	2	0	0	0	0
2006	48	179	1500	—	36762	1027	6303	25155	1035	312	685	817	952	3234	17	16	0	1	0	0	0	0
2007	47	187	1544	—	38275	1001	6773	25544	828	245	517	667	799	3152	13	12	0	1	0	0	0	0

第二节　领导班子和领导干部队伍建设

一、党政机关领导班子和领导干部队伍建设

1986年后，县委按照干部“四化”要求，大力选拔中青年知识分子干部。1990年，从区机关选拔10名30岁左右的年轻干部充实到乡镇任党委副书记。同时，加大对女干部的培养力度。1991年3月，下发《历城区1991—1993年后备干部队伍建设规划》。同年4月，制定《关于选拔、培养和任用党外干部的工作规划》。1992年，安排42名市属大中型企业的优秀工人到各乡镇挂职。1996年3月，制定《关于进一步做好培养选拔党外干部工作的意见》。2000年起，按照“公开、平等、竞争、择优”的原则，采取“一推双考”（推荐、考试、考察）方式，分别于2000年、2003年和2007年，在全区开展了3次公开选拔领导干部工作，共选拔副处级领导干部45人。同年4月，下发《关于加快培养选拔优秀年轻干部的意见》。2001年5月至2003年12月，按照机构改革人员分流的有关政策，正处级干部男年满55岁、女年满50岁，副处级干部男年满54岁、女年满49岁，实行离岗；工作年限满20年的，可以提前退休。2003年1月，制定《历城区关于积极推进干部交流，不断深化人事制度改革试点工作方案》，对党政“一把手”和人事、监察、财政、审计等部门的主要负责人实行定期岗位交流，任职时间一般不超过5年。乡镇党政主要领导一般要异地任职，加强乡镇之间、机关和基层之间的干部交流，加强党政之间、党政不同部门之间的岗位轮换。5月，下发《关于加强和改进后备干部工作的实施意见》。2003年后，选拔任用的领导干部都具有大专以上文化程度，同时注意选拔熟悉城市规划、经济管理、法律、财政、农业知识的干部，在专业性强的部门选拔优秀专业技术人员担任领导干部。合理配备干部，使领导班子成员在年龄、文化专业、性格、气质等方面优势互补，发挥整体效能。坚持女干部、非中共党员干部和少数民族干部在同等条件下优先使用的原则，注意选拔那些年纪较轻、知识层次较高、发展潜力较大的女干部、非中共党员干部和少数民族干部。在少数民族居住集中的乡镇，配齐少数民族干部。区委、人大、政府、政协都配备一名女领导干部，区人大、政府、政协按规定比例配备了非中共党员干部。2004年12月，区委印发《关于继续实行离岗的意见》。干部队伍在年龄结构上基本形成以40岁左右干部为主体，30岁以下干部占一定比例的梯次配备，推进了干部队伍年轻化。2007年，全区有处级女领导干部96人，占全区领导干部总数的13%；全区4个街道、11个镇党政领导班子中，共有女领导干部17人，占街镇领导干部总数的11.2%，女领导干部配备率达到100%；全区83个区直部门领导班子中，有46个配备了女领导干部，配备率达55.4%，共有女领导干部79人，占区直部门领导干部总数的15.4%，其中6名为部门主要负责人；全区非中共党员领导干部11人，占全区领导干部总数的1.6%；少数民族领导干部8人，占全区领导干部的1.2%。

二、企事业单位领导班子和领导干部队伍建设

企事业单位领导班子和领导干部队伍，长期以来参照党政领导班子和领导干部队伍的建设管理方式进行管理，随着社会主义市场经济体制的建立和完善，对区属企业和部分事业单位的领导班子和领导干部采取了不同形式的管理办法。

1998年4月，在历城区第十次党代会上，明确提出“三改一加强”，推行股份制、股份合作制、租赁承包、拍卖转让、挂靠托管、兼并破产等不同形式的改制、改革。此后逐步放开对企业领导班子和领导干部队伍建设的指令行为，将企业干部队伍建设的决定权交还给企业，实行政企分开。2003年4月，印发《关于对区直部分事业单位副职实行聘任的通知》，规定：试行聘任副职的单位是实行企业化管理、自收自支的事业单位，具体是区建筑总公司、区城建综合开发

公司、区商业局、区物资局、区供销社，所聘副职要按机构改革方案的职数聘任，所聘人员既可以是本单位职工，也可以从外单位聘用，聘用期间，享受所聘部门副职待遇，解聘后恢复原职务。2006年8月，区委制定《关于对区委管理的教育系统干部范围进行调整的意见》，将区委管理的教育系统干部范围缩减，调整为：行政单位区教育局、区政府教育督导室的领导班子成员；正县级单位历城一中的领导班子成员；副县级单位历城二中、历城三中、历城第一职业中专、历城教师进修学校的领导班子正职。其他学校领导班子和干部队伍改由区教育局统一管理。

三、思想政治作风建设

1986年，县委组织各级党组织和广大党员，认真学习中共十一届三中全会以来特别是邓小平关于坚持四项基本原则、反对资产阶级自由化的一系列重要论述，进一步统一思想，与党中央保持一致。在1989年春夏之交的北京政治风波中，区委、区政府根据中央、国务院和省、市要求，切实加强领导，统一思想认识，强化舆论宣传，维护了社会稳定。

1992年3月，区委印发《中共中央关于传达学习邓小平同志重要谈话的通知》和《邓小平同志在武昌、深圳、珠海、上海等地的谈话要点》，要求各级党组织将邓小平南方谈话要点传达到全体党员和干部，组织好学习讨论。5月开始，在全区范围内组织开展“解放思想，扩大开放”大讨论，活动历时一年。大讨论围绕深化改革、扩大开放、加快经济建设这一主题，引导全区干部群众认清形势，着重从思想上摆问题、找差距、查原因，进一步解放思想，更新观念，增强整体开放意识，为扩大开放、加快外向型经济发展奠定基础。1997年，在全区开展了以学好两本书（邓小平《建设有中国特色的社会主义》和《坚持四项基本原则，反对资产阶级自由化》），写好一篇理论文章，评树一批廉洁勤政模范为中心内容的“讲政治、正风纪、做表率”主题教育活动。

1998年4月19日，区委全委会通过《关于加强自身建设的决定》，从加强学习、增强团结、转变作风等6个方面对区委领导班子成员提出要求，作出6项决定：认真学习邓小平理论，努力提高思想理论水平；坚持民主集中制原则，不断增强区委“一班人”的团结；坚持群众路线，加强同人民群众的联系；带头廉洁勤政，搞好党风廉政建设；认真搞好调查研究，悉心研究改革和建设中的新情况、新问题；转变作风，真抓实干。使班子领导成员逐步形成团结、高效、务实、进取的工作作风。坚持副区级以上在职领导干部的理论中心组学习制度，每年定期举办读书会。区委中心组总结出的白天“走、看、听”，晚上“读、写、想”的六字学习法，在全省先进县级党委理论学习中心组学习经验交流会上介绍了经验。1999年，区委中心组被省委理论学习委员会评为全省先进理论学习中心组。

2000年2月—7月，区委根据中央和省委、市委部署，分两批在区级和区直部门领导班子中开展以“讲学习，讲政治，讲正气”为主要内容的“三讲”教育。同年，区委制定《关于加强理论学习的意见》《关于进一步加强民主集中制的意见》《关于进一步加强领导干部廉洁自律的意见》《关于进一步转变工作作风解决“三多”问题的意见》等一系列文件。2001年1月至2002年6月，区委分两批在各街道、乡镇（大正小区）领导班子、领导干部和村（居）“两委”班子及区属大中型企业领导班子中开展以学习“三个代表”重要思想为主要内容的集中教育活动。2002年3月，区委、区政府制定《关于开展“作风建设年”活动的意见》。2003年3月，区委印发《关于加强自身建设的决定》。2004年11月24日，区委十一届四次全委会作出《中共济南市历城区委关于深入学习贯彻党的十六届四中全会精神加强执政能力建设的决定》，提出增强“七种本领”（把握政策、创造性开展工作的本领，化解危机、推动科学发展的本领，统筹兼顾、全面协调的本领，依法办事、做好群众工作的本领，集思广益、科学决策的本领，以人为本、凝聚民心的本领，统揽全局、协调各方的本领）的要求，对全区党员干部要分层、分类培训，掀起学习实践“三个代表”重要思想和落实科学发展观的新高潮，形成“党员经常受教育，群众长期得实惠”长效机制。

2005年1月至2006年6月，全区分三批开展保持共产党员先进性教育活动。2006年5月，区委办公室印发《区纪委关于在全区党员领导干部中开展“学党章、守纪律、做表率、树形象”主题教育活动的意见》的通知。2007年4月，区委下发《关于加强领导干部作风建设的实施意见》，要求全面加强新形势下领导干部作风建设，改进完善领导方式，坚持民主集中制，提高领导干部的执政能力和领导水平。同年11月，区委下发《关于贯彻落实市委在全市深入开展“学习实践科学发展观——解放思想大讨论”活动的意见》，要求通过“解放思想大讨论”活动，进一步解放思想，提升境界，以科学发展观为指导，转变作风、弘扬正气，推动历城经济社会又好又快发展。

四、领导班子和领导干部考核

1986年，全区实行机关岗位目标责任制，对领导干部实行考核评价、定性评价。1987年，进一步落实和改进岗位目标责任制，使责任制、考核制、奖惩制“三制”配套。1994年起，全区实施全方位目标管理，区、乡镇、办事处层层签订责任状。1998年起，区委每年制定全方位目标管理考核奖惩实施意见，年终集中对全区各乡镇和区直各部门进行考核评价，考核实行百分制。按照“归口管理，责任到人”的原则，根据区委、区政府的总体部署，对经济指标分级量化分解，对党建、精神文明建设等工作，按内容需要进行指标量化。对区直机关及事业单位、双管单位，从部门业务与自身建设、包村工作和招商项目引进引办、发展个体私营经济3个方面进行考核；对乡镇的考核分经济建设和党的建设、党风廉政建设、精神文明建设、社会治安综合治理两部分进行考核。2001年起，对在党风廉政建设、社会治安综合治理、计划生育、安全生产等工作中出现问题的，实行“一票否决”，不得评为本年度先进单位。2002年，区委对全方位目标考核内容、指标进行调整，增加乡镇经济目标和区直部门招商引资工作的考核分值，增加对双管部门的考核，增加对领导干部的考核。对考核成绩突出的，分别给予集体或个人荣誉称号或嘉奖；对完不成目标任务的，视情况对单位领导班子给予黄牌警告。每年在全区三级干部大会上，对全方位目标管理考核先进单位进行表彰。

实行党政领导班子和领导干部任职前考核、试用期满考核和年度考核制度。试用期满一年后，对其进行民主测评，考核合格的下发任用文件。对领导班子和领导干部实行年度考核，建立领导班子和领导干部政绩考核评价办法，主要考核领导班子的政治业务和履职情况以及领导干部的德、能、勤、绩、廉情况。考核的等级分为优秀、称职、基本称职、不称职四个等次，优秀等次的领导干部比例不得超过被考核人数的15%。考核结果作为对领导干部奖励和晋升工资的依据。对那些实绩突出、群众公认的优秀干部及时提拔任用，对基本称职、不称职的领导干部，按有关规定提出诫勉、降职、免职或责令辞职的处理意见。

五、干部监督管理

1989年3月，区委印发《关于对新提拔的副局级领导干部实行试用制的意见》，试用期为1年。1990年7月，区委印发《关于加强干部管理工作的意见》，对干部选拔、考核和调整、任用作出具体规定。1997年8月，区纪委、区监察局规定对副处级以上领导干部建立廉政档案。1999年起，对提拔任用干部实行廉政鉴定。同年9月，区委、区政府制定《关于对领导干部实行任期经济责任审计的意见》，审计范围：区直党群机关、事业单位及下属机构的主要负责人；各乡镇党委书记、乡镇长，乡镇属行政事业单位、企业、行政村的主要负责人；区属国有、集体企业等法定代表人；因工作需要认为有必要进行审计的有关单位的领导干部。2000年7月，建立由纪检、监察、组织、人事、审计五部门组成的经济责任审计联席会议制度。2001年11月，下发《关于建立领导干部选拔任用工作几项制度的意见》，要求建立推荐责任制，包括组织推荐、领导干部个人推荐、群众推荐和干部个人自我推荐；建立考察预告制，规定了考察预告内容、范围、方式及时间；建立考察责任制，做好考察前的主管工作、民主评议、情况了解、分析和综合考察情况等事项；建立任前公示制，实行任职试用期制。2002年，区委印发《关于深入学习贯彻〈党政领导干部选拔任用工作条例〉的通知》，加强对干部选拔任用工作的监督管理。

2003年4月，全区建立区纪委常委同街道、乡镇、区直部门党政主要负责人谈话制度，围绕加强党风廉政建设和反腐败工作，促进廉洁从政，进行沟通思想，交流情况。同时，下发《关于提拔任用干部进行廉政鉴定工作的实施意见》。2007年，区经济责任审计领导小组制定《关于进一步规范经济责任审计工作的意见》，要求对各单位党政主要领导干部“逢离必审、任期满三年必审”。1999—2007年，共对74名党政主要负责人、直接掌管人财物的领导干部进行经济责任审计。

第三节　党员干部教育和人才工作

一、干部教育培训工作

1986年以来，根据领导班子和干部队伍建设的需要，按照分类施教、按需培训和全员培训的原则，发挥党校“主阵地”作用，开展主体班次培训轮训工作，联合山东大学等高校合作举办专题培训。2001年，制定《2001—2005年历城区干部教育培训规划》。2003年9月，区委成立干部教育培训工作领导小组。2006年1月，落实中共中央《干部教育培训工作条例（试行）》，实施大规模培训干部、大幅度提高干部素质的战略任务。1986—2007年，共培训各级各类干部和专业技术人员4.85万人次，其中，处级以上领导干部2.67万人次、科级以下2.23万人次、专业技术人员2.35万人次。

二、党员电化教育与党员干部现代远程教育工作

站点网络建设与管理　1997年4月，区党员电化教育中心成立。2004年4月，区党员干部现代远程教育中心成立，开展农村党员干部现代远程教育工作。同年6月，全区共选配远程教育站点管理人员711名，教学辅导人员30名；年底，全区总投资近千万元，建成远程教育终端接

图17-7　2006年12月8日，港沟镇有兰峪村党员通过远程教育网络学习

收站点708个，其中，镇、街道站点19个，村接收点649个，社区接收点40个，形成区、镇（街道）、村（居）三级远程教育网络。2006年5月，依托远程教育接收点，在全区普遍建立党员干部现代远程教育网络党校。10月，在具备条件的569个站点接入宽带互联网，拓展远程教育站点服务功能。2007年5月，根据市委组织部关于远程教育网络体系向党政机关延伸的要求，在区委办、政府办、纪委、组织部、区直机关工委5个单位安装远程教育IPTV接收系统。8月，区远程教育中心完成转星调整工作和全省“一体化网

站”历城分站建设工作，建立了一支由40人组成的网站管理员和信息员队伍。至2007年，累计培训站点骨干5000余人次。王舍人镇陈西村站点被省委组织部评为省级规范化站点。

教学资源建设 1997—2007年，区委先后投资80余万元，购置高标准专业电视制作设备，建起专用演播室和编辑机房，在历城广播电视台创办《历城党建》专栏节目。共拍摄电视专题片100多部，其中，在《历城党建》栏目播出100多期，济南电视台《时代风采》栏目播出40多部。2004年12月，开展党员干部现代远程教育课件资源充实整合工作，内容涉及政治理论、典型经验、技术技能、经营管理、文化卫生和戏曲影视共6个大类24个小类，满足了农村党组织学习需要。1997—2007年，区党员干部现代远程教育工作获省、市各种奖项20多项，并连年获组织奖。

图17-8 2007年11月16日，王舍人镇陈西村站点组织党员群众进行远程教育个性化学习

三、人才工作

1987年7月，区委制定《关于做好经常性知识分子工作的意见》。1990年5月，区委成立专业技术拔尖人才评审委员会。同年6月，区委、区政府召开会议，命名表彰历城区首批专业技术拔尖人才11名。此后，1998年6月、2000年10月和2005年11月，又分别命名表彰选拔11名、14名和10名。1998年，区委、区政府印发《关于历城区专业技术拔尖人才管理的试行意见》，对区级专业技术拔尖人才的政治、经济待遇作了规定。2004年12月，区委、区政府印发《关于实施人才强区战略，进一步加强人才工作的实施意见》，成立了区人才工作领导小组。2005年4月，区委组织部、区人事局制定《历城区“十一五”人才规划》，提出逐步建立一支与全区经济发展相适应的数量充足、素质优良、结构优化、布局合理、配置科学的人才队伍工作目标。同年5月，区委、区政府重新修订《济南市历城区专业技术拔尖人才选拔管理暂行办法》。至2007年，区委、区政府共命名表彰区级专业技术拔尖人才4批46人。全区有32人获济南市专业技术拔尖人才、济南市青年学术技术带头人和济南市乡村优秀科技人才称号。

第四节 干部下派包村工作

1989年5月，区委、区政府制定《关于选派中青年干部到基层包村的意见》，成立下派干部包村工作领导小组及办公室。从区直部门中选派干部到农村包村扶贫、实践锻炼。第一批从区直机关58个部门中抽调147名干部（其中副局以上干部38名）到高而、柳埠等13个乡镇包56个村；从17个乡镇机关抽调155名干部包86个村。包村的主要任务是帮助发展生产，搞好两个文明建设，重点是抓好班子建设。

1990年9月，下派办制定《关于对区直机关下派包村干部实行目标责任制百分考核的实施意见》。1990—1991年，选派280名区直机关干部包村，帮助新建和整修各类水利工程260多个，扩大和改善灌溉面积667公顷，打机井11眼，修筑公路70多公里，上工业项目100多个。

1992年2月，区委、区政府制定《关于区、乡镇各部门包经济三类村的意见》，包村工作重点转向帮扶经济三类村（按经济收入水平把全区的村划为一、二、三类，无集体收入的为三类村），主要任务是抓好村级组织建设，帮助建好一个坚强有力的党支部，找准一条发展经济的好路子，壮大集体经济，带领群众脱贫致富。同时，由干部包村转为部门包村，部门成立包村工作组，区直71个部门共包121个村，乡镇直部门共包388个村。是年，上工副业项目257个，实现产值6700万元，利润550万元。1994年，为缩小强弱村间的差距，加快南部山区经济发展，实施“强村带动”战略，即洪家楼、华山、王舍人3个镇的32个经济强村对口帮带锦绣川、高而、彩石3个乡的32个一、二类村。1992—1994年，全区共调整充实经济三类村班子300个，转化经济三类村373个。1994—1995年，共选派1114名区镇机关干部包646个村，支援帮扶资金360万元，投产项目750个，实现产值1.35亿元，利税2525万元。

1996年，部门下派干部工作组改称下派干部奔小康工作队，制定以经济建设为中心，努力实现富民强村奔小康的包村目标。区直部门派出184名干部到97个包村点，乡镇部门派出520名干部到260个包村点，63个强村帮带64个弱村。至1997年年底，共支援资金408万元，上项目716个，实现产值2.52亿元，利税3603万元。

1998年2月，区委、区政府制定《关于进一步做好区直机关下派干部包村工作的意见》，实行区直部门一包三年、包村人员吃住在村的包村制度，把包村工作纳入机关全方位目标管理。包村工作实行分层逐级考核、注重实绩的办法，进行半年初评和年终总评，将包村单位按一、二、三类排名，向全区通报。同年，从区直部门选派副局级干部到包村乡镇挂任乡镇党委副书记，专职负责包村工作。1998—2003年，全区493个单位下派1215名干部，包村431个，支援资金2195.53万元，上项目810个，引进资金8485.4万元，引进人才416人。

图17-9　2005年1月1日，全区包村工作会议召开

2005年11月，区下派办和力诺集团共同召开“建设生态历城‘万户阳光屋顶’太阳能科普大会”，开始为群众安装太阳能热水器、建沼气池、硬化村内街道等改善农村生产、生活环境的帮扶工作。2006年起，区委、区政府将包村工作重点转变到以建设“六新”（新村居、完善新设施、营造新环境、造就新农民、形成新风尚、健全新保障）农村为目标，以创建“文明生态村”为载体，大力发展村集体经济，促进农民持续增收，着力保障和改善民生，加强基层组织建设和精神文明建设，加快社会主义新农村建设步伐。2005—2007年，帮扶创建“文明生态村”205个，培训村干部1710人，设置村务公开栏2240个。2004—2007年，全区383个单位下派干部1022人，包村356个，支援资金2471.34万元，引进项目157个，引进资金2.39亿元。

图17-10　区公路局为彩石镇东泉村修路现场
（2005年摄）

第五节　老干部工作

1986年，全县有离休干部703人，其中，行政机关单位279人，县属事业单位212人，县属企业212人。至2007年，全区有离休干部458人，其中，行政机关单位153人，区属事业单位126人，区属企业179人（含接收的市属企业离休干部），平均年龄80岁。

一、思想政治工作

1986年以来，通过加强老干部党组织建设，健全完善党内各项制度，加强老干部的思想政治工作，充分发挥老干部党员在各方面的积极作用。坚持和完善离休干部学习、阅文制度，乡镇离休干部坚持每月集中学习一次，区直机关离休干部除小组集体学习外，还随原单位参加学习。区委老干部局对中央、省、市下发的有关学习材料和文件及时送往各单位，由各级老干部部门组织离退休干部传阅。各级党委、政府坚持定期通报情况制度，及时向老干部传达重要会议精神，原则上每半年一次向老干部通报本地区、本单位经济及社会发展情况，对重大问题、重大决策随时通报。组织老干部参加有关政治及社会活动，每年建党纪念日、国庆节、春节、重阳节等重要庆典活动都邀请老干部参加。2007年，全区共有老干部党支部36个、党小组50个。

二、生活待遇

1998—2002年，区财政累计投资500多万元，为企业离休干部发放特殊生活补贴和医药费。2003年5月，区委办下发《关于落实离休干部离休费医药费的意见》，建立了全区离休干部离休费保障机制、医疗费保障机制和财政支持保障机制。全区将所有企业离休干部“两费”（离休费、医药费）纳入地方统筹，覆盖率达100%。规定各相关企业单位于每年的6月和12月，按规定数额向区劳动局缴纳应承担的下一个半年的老干部“两费”统筹基金。1998年起，全区筹集资金400多万元，为企业离休干部增发住房补贴、职务岗位补贴、特殊生活补贴、城市开放费、取暖补贴等，建立了企业离休干部正常增资机制。2003年，在区医疗保险定点医院开设老干部门诊部，配备了医疗设备，设立了专门账户，为老干部定期体检并建立病历档案。2006年，在区中医医院开设老干部专用病房。

三、社会公益活动

1986—2007年，引导全区离退休干部利用自己的政治优势、智力优势和经验优势，在不同岗位上继续发挥作用。先后有1000多人参加各类社会公益活动，占离退休干部总数的25%。其中，参加关心教育下一代活动的97人；参加社区服务活动的240人；在各种学会、协会、老年社团等组织中任职的30人。

四、文体活动

1990年10月，成立济南老年人大学历城分校。1993年12月，成立区老干部书画研究会，至2007年，发展会员100多人，每年举办笔会及展览10余次，累计创作新作品1200余幅，展出作品1000余幅。1997年10月，建成区老干部活动中心，活动中心大楼占地0.8公顷，共分4层，总建筑面积2000多平方米。至2007年，累计投资670多万元，老干部活动中心建有健身房、台球室、麻将室、象棋室、音乐室、排练室、阅览室、书画室、老年人大学教室等各类活动室30余处，是老干部娱乐、休闲、学习的综合服务场所，每天来活动的老干部近百人。

图17-11　区老干部书画展在区老干部活动中心举行（2001年摄）

1997年4月，成立区“夕阳红”演唱团。2002年1月，更名为“夕阳红”艺术团。至2007年，团员发展到183人，组建合唱队1个、舞蹈队2个、戏曲队1个、乐队1个，累计演出368场次，创作作品72件，获奖54项。其中，获国家级奖4项，省级奖6项。2004年，市老年人大学历城分校被评为“省级示范老年大学”。2006年，区老干部活动中心被省老干部局评为“示范活动中心”。

第六章 宣传工作

第一节 党员干部理论宣传教育

1986年，组织全县党员干部采取“小集中”、专题讲座、县五大班子领导成员讲课的方式进行理论学习。年内举办3期理论教育学习班，150多名党员领导干部参加学习。1987年，开展为期一年的“坚持四项基本原则，反对资产阶级自由化”教育。中共十三大召开后，区委宣传部制定印发《全区学习和宣传十三大精神的意见》和学习配档表，80%以上的机关党员干部和农村基层支部成员参加脱产学习。1988年3月起，在全区党员干部群众中开展“党的基本路线”教育活动。上半年，17个乡镇共办班51期，受教育党员干部5357人。9月，在全区开展“生产力标准”大讨论。1989年，开展干部正规化理论教育，完成政治经济学、科学社会主义和马克思主义哲学的学习，共500人结业。全区各乡镇召开各种类型宣讲会、座谈会70多场次，党员干部和群众受教育面达80%以上。

1990年，在全区范围内开展六大教育（经济政治形势，基本国情基本路线，爱国主义、集体主义，民主与法制，正确处理国家、集体、个人三者利益关系和国防教育）和“四学一奉献”（学雷锋、学赖宁、学焦裕禄、学王进喜，奉献在历城）活动。1991年，开展以坚定社会主义信念为主题的思想教育活动，举办理论骨干培训班2期，培训70多人。成立由区委、区人大、区政府、区政协、区纪委、区武装部六大班子成员组成的区委理论学习中心组，全年共集中学习40多次。1992年，开展“解放思想、扩大开放”宣传教育活动。8月初，组织党员开展以深化改革开放和无私奉献意识为主题的实践活动。1993年，以学习宣传邓小平建设有中国特色社会主义理论为重点，组织党员干部学习市场经济知识、股份制经济知识等。1994年，开展以学习《邓小平文选》第三卷和社会主义市场经济知识为重点的学习教育活动，并于9月举办了知识竞赛。1995年，对全区副局级以上领导干部，区直部门、乡镇理论骨干，村两委成员进行《邓小平文选》一至三卷，《邓小平建设有中国特色社会主义理论学习纲要》和中共十四届四中、五中全会精神的学习培训，共举办培训班53期，参训党员干部6000人次。开展了向孔繁森、王廷江和韩素云学习活动。1996年，围绕学习邓小平原著、江泽民关于正确处理社会主义现代化建设中若干重大关系的论述、外向型经济知识和反腐倡廉等内容，邀请省委党校、省委讲师团教授和市纪委负责人为区委理论学习中心组作专题辅导，组织收看《首都大反贪》《党的十四届六中全会精神辅导报告》等有关录像。全年区委理论学习中心组集中学习20次，中心组成员参学率达90%以上。1997年，对党员干部进行香港回归形势教育、爱国主义教育和学习中共十五大精神教育。区委选派近千名副局级以上干部进驻全区861个村，宣讲中共十五大精神2000多场，受教育干部群众达

30多万人。

1998年10月20日—28日，对全区副局级以上领导干部分3期进行邓小平理论和中共十五大精神集中学习轮训，共培训600余人。1999年，开展中共十五届三中全会精神集中教育活动，全区抽调1700多名机关干部进驻861个村，宣讲2000多场。2000年，开展“三讲”教育活动，采取看辅导录像、举办报告会等形式进行宣传教育。在全区实施“党员素质工程”，分三个阶段对党员进行党的基本路线教育、改革开放教育和科学知识教育。2001年，围绕开展“学习实践三个代表，推进济南改革发展”主题教育活动，区委理论学习中心组集中学习10次，各基层党委中心组集中学习均在12次以上。举办学习实践“三个代表”重要思想培训班，全区共培训局级领导干部800人次，培训村两委干部、党员2万余人次，村干部受教育面达95%，党员受教育面达90%。

2003年，在全区开展“学习实践‘三个代表’要求，树好党员自身形象”党性实践主题教育活动。成立讲师团，在全区宣讲中共十六届三中全会精神和“三个代表”重要思想，举行报告会百余场，听众达5万人次。举办副局级领导干部学习班4期，村（居）干部培训班5期，共培训干部1500名。2004年，邀请省市专家、教授就“三个代表”重要思想、牢固树立科学发展观、《中国共产党党内监督条例》《中国共产党纪律处分条例》、“三农”问题等举办专题理论报告会。2005年，在全区党员干部中开展党课集中教育活动，成立优秀党员事迹报告团和先进性教育宣讲团，深入乡镇和社区进行宣讲。2006年，举办局级领导干部“三个代表”重要思想、科学发展观培训班6期，举办村党支部书记、村委会主任建设社会主义新农村培训班8期，举办企业党员干部培训班2期。组织全区党员干部参加全省“公民道德建设知识竞赛”和“纪念红军长征胜利70周年知识竞赛”活动。2007年，组织全区党员干部参加《济南日报》学习中共十七大精神百题知识竞赛活动，开展“知荣辱、正作风、和谐社会树形象”党性实践活动。同年11月中旬始，在全区开展为期4个月的“学习实践科学发展观——解放思想大讨论”活动。

第二节 社会宣传教育

1986年春，开展社会主义教育活动，由8名先进人物组成先进事迹报告团，在全县各乡镇作巡回报告。9月—10月，组织全县干部群众收听收看对越自卫反击战将士凯旋的电视录像。1987年，以贯彻中央〔1987〕5号文件，把农村改革引向深入为主要内容，选派上千名干部，深入各村宣讲文件精神。1988年国庆节期间，举办历城十年巨变图片展览，并到17个乡镇巡展。1989年，开展“创百”活动，即在10个方面争创百名模范人物，评出模范共产党员、优秀园丁、服务标兵等110名；开展热爱社会主义、热爱祖国、热爱党“三热爱”活动；举办庆祝新中国成立四十周年文艺晚会。

1990年6月—9月，先后开展第四次人口普查和“三迎一创”（迎亚运、迎国庆、迎全国卫生检查，创建卫生城）社会宣传活动。1992年5月，在全区开展“科技宣传月”活动。1993年，组织开展“村办企业年”“市场效益年”宣传活动和“岗位学雷锋，行业树新风”主题活动。1994年，开展“四个一”建设，即在每个乡镇政府驻地建一处大型政治宣传标语牌或牌坊，在每个行政村建一块黑板报、一个阅报栏、一个党支部生活栏。全区共建成宣传牌坊20个，黑板报1200块，阅报栏900个，支部生活栏1400个。1995年，组织编印《历城走向世界》大型宣传画册1.5万册。是年9月，举办纪念抗日战争胜利50周年歌曲大赛。1997年5月—6月，开展迎香港回归系列活动，组织“香港百年沧桑话回归”大型图片资料展、迎香港回归长跑比赛、书画摄影展等各类庆祝活动90多场次，10万人参加。1998年，围绕庆祝改革开放20周年和济南解放50周年，举办庆“七一”报告会、书画美术摄影展、大型群众歌咏比赛等6项较大规模的社会宣传活动。1999年9月，举办“庆祝建国五十周年，50名书画家在50米长卷上挥毫泼墨颂祖国”活动；在洪楼广场举行以庆祝新中国成立50周年为主题的大型文艺演出。2000年，开展“致富思源，富而思进”和“三个代表”重要思想学习教育活动，全区共举办座谈会30多场次，报告会、演讲会6次，制作镇史、村史展板120多块，展出200多场次。2001年4月—12月，在全区开展“光辉的八十年”党史教育和社会实践活动。同年10月25日，中共历城区委机关报《历城报》创刊。2002年，成立“十六大精神宣讲团”，在各街道、乡镇宣讲1个月，举办报告会40余场次，受教育群众达10万余人。在历城电视台、《历城报》相继开辟《学习贯彻十六大精神》《“三个代表”在历城》《历城五年大变样》等栏目。

2003年，区委宣传部印发《关于进一步加强防治非典型肺炎宣传思想工作的通知》《关于进一步加强农村防治“非典”社会宣传工作的通知》《关于在抗击“非典”斗争中加强党员思想教育充分发挥共产党员先锋模范作用的通知》《关于配合防治“非典”斗争加强文艺宣传工作的通知》等。悬挂、张贴宣传标语1100余幅，制作宣传板等5000余块，设立农村宣传咨询点600多个，开展广场宣传20余场次，举办下乡文艺演出10余场次。6月中旬至9月中旬，开展“东部新区与历城新一轮发展”大讨论，评选出77篇优秀文章，汇编成《“东部新区与历城新一轮发展大讨论”文集》。10月28日，《历城报》改称《历城》。2004年春，在全区组织开展为期3个月的中共十六届三中全会精神、社会主义思想集中教育活动。7月，组建“农民致富报告团”，下乡镇巡回报告18场次。在全区党员干部群众中开展“解放思想、干事创业、加快发展”和“迎亚洲杯、创文明城”宣传教育活动。2005年，开展四个方面的社会宣传活动，即中共十六届四中、五中全会精神的宣传，保持共产党员先进性教育宣传，创建全国文明城市和文明生态村建设宣传，公民道德建设、安全生产月、科技宣传周宣传。承担省市大型宣传活动5次，制作永久性宣传牌6块，宣传栏220块。2006年，结合落实中共十六届四中、五中、六中全会精神，围绕纪念红军长征胜利70周年、迎文博会、构建和谐社会、建设社会主义新农村等内容，开展社会宣传教育活动，张贴各种宣传品3000余份，制作大型室外永久性宣传牌6块，制作宣传栏202块、公益宣传灯箱500余套，悬挂标语3000余条，张贴宣传画1000余套，出动宣传车500台次。2007年，筹划实施历城建区20周年“六个一”（组织一次大型会展、一场大型演出、一个书画摄影展，拍摄一部电视宣传片，开展一次征文活动，出版一套书）系列庆祝活动。是年9月下旬，在舜耕国际会展中心举办建区20周年成就展；在洪楼广场举办中央电视台“激情广场大家唱”大型文艺演出；出版《历城县志正续合编》《历城建区20年大事记》《历城建区20周年全国名家书画邀请展作品集》等纪念书籍；制作建区20周年成就宣传片和形象片；开展建区20周年征文活动，并在《济南日报》和《历城》报上开辟专栏，刊发优秀作品。10月，举办纪念辛弃疾逝世800周年国际研讨会。

第三节　企业思想政治工作

1984年9月，历城县职工思想政治工作研究会成立。1988年3月，区委企业政治工作部撤销，在区委宣传部设企业思想政治工作科（简称企工科），负责区属企业思想政治工作。12月，区委印发《中共济南市历城区委关于加强和改革企业思想政治工作的意见》。是年，区委思想政治工作领导小组成立，区属企业成立22个思想政治工作研究会。1989年4月上旬，全区各乡镇全部建立思想政治工作研究会。7月，全区首次开展企业政工干部职称评定工作，共评定出政工师51人，助理政工师28人，政工员28人。1990年，全区企业政工干部共评出高级政工师2人，政工师54人，助理政工师39人，政工员19人。企工科对全区6200多名35岁以下的青年职工进行历时两年的政治轮训，受训青工全部获山东省青年职工政治轮训结业证书。1991年，区委宣传部、区职工思想政治工作研究会召开区企业思想政治工作研究会第六次年会，表彰优秀思想政治工作者11人，优秀政工企业6个，优秀论文作者4人。区职工思想政治工作研究会获全省优秀职工思想政治工作研究会称号。是年，企工科改为区委企业思想政治工作办公室（简称区委企工办）。1992年6月，区委宣传部、区委企工办召开全区企业思想政治工作会议和全区企业班组建设经验交流会，推动了企业三项制度的改革。区供电局、粮食局和区百货公司分别被评为省、市级“优秀政工企业”。1993年12月，区委宣传部、区委企工办召开全区优秀思想政治工作先进集体和优秀思想政治工作者经验座谈会。1994年，评出高级政工师4人，政工师49人，助理政工师26人。1995年，区委企工办组织全区800多名职工参加省委组织的爱国主义教育知识竞赛。23名企业政工干部参加政工职称评审，评出政工师17人，助理政工师6人。1996年，围绕贯彻落实中宣部和国家经贸委《关于加强和改进企业思想政治工作的若干意见》，区委企工办举办企业政工干部培训班。评出高级政工师1人，政工师8人，助理政工师11人，政工员2人。1997年6月，区委企工办改为企工科。1998年，在区属企业职工中开展以“更新观念，深化改革”为主题的思想教育活动。1999年，在企业职工中开展“我为企业改革做贡献”活动。1997—2007年，共评审出高级政工师14人，政工师41人，助理政工师73人。

第四节 新闻宣传工作

1986年，在省级以上新闻媒体发稿130篇，市级以上新闻媒体发稿1200篇。1987年，围绕深化改革和区委中心工作开展宣传报道。《济南农民》报连续刊登反映历城区推行土地租赁制的报道。1988年，围绕治理经济环境、整顿经济秩序、全面深化改革和开展两个文明建设方面进行宣传。1989年，加强通讯员队伍网络建设，全区通讯员网络基本形成，通讯员队伍达230人。拍摄电视专题片《天主教堂的反思》《山区人民闹元宵》《古镇新姿》。1987—1989年，在市级以上新闻媒体发稿6264篇，其中，省级1132篇，中央级72篇。1990年，围绕全区经济生活、政治生活主流，宣传全区改革开放大好形势。1991年，在市级以上新闻媒体发稿1635篇，其中省级以上311篇。1992年，围绕外经外贸、深化改革开放、高产高效农业、新技术开发等内容编写宣传稿件。1993年，配合全市乡镇企业“1135”工程，对全区的重点乡镇企业进行集中报道。1994年，突出抓全区软硬环境建设、外向型经济发展、双高农业、产业结构调整等方面的宣传。1995年，宣传报道的“九十年代新愚公”锦绣川乡金钢纂村艰苦创业先进典型，在区内外产生巨大反响。1992—1995年，在市级以上新闻媒体发稿7341篇。其中，中央级38篇；刊发头版头条44篇。1996年，《人民日报》《半月谈》《支部生活》杂志分别报道金钢纂村艰苦创业先进事迹。《人民日报》报道了区委书记谢传仁《不去酒店到书店》《历城检察院三年七获一等功》等消息；中央电视台播出陈登汉义务修路和华山镇前王村农民业余剧团专题新闻。全年在市级以上新闻媒体发稿2600余篇，其中头版头条33篇。1997年，加强典型宣传工作，对科技愚公张耀堂、全国十佳少年张寿禄、热心救人先进群体桑梓店镇怀庄村群众、两个文明协调发展的孙村镇辛庄村、依靠科技振兴企业的济南镁碳砖厂等先进典型，在市级以上新闻媒体进行报道。全年在市级以上新闻媒体发稿2800篇，其中中央级50篇，头版头条26篇。1998年，集中宣传“人民的好公仆”区政协副主席杨振刚和“一心为民、忘我奋斗的共产党员”彩石乡离休干部陈登汉两大典型。10月—11月，《光明日报》《大众日报》、山东电视台等媒体对陈登汉的先进事迹连续报道。全年在市级以上发稿2500余篇，其中头版头条30篇。1999—2001年，在市以上新闻媒体发稿8000余篇。其中，中央级50余篇，头版头条64篇。2000年5月，对孙村镇辛庄村开展思想政治工作的典型经验进行集中报道，在《济南日报》刊发头版头条。2002年，在市级以上新闻媒体发稿4500余篇。其中《大众日报》头版头条1篇，《农村大众》头条2篇，《人民日报》合用头版头条1篇。2003年起，围绕全区防治“非典”、东区建设、城市整治、招商引资、重点工程建设等工作，进行跟踪报道，至2004年，在市级以上新闻媒体发稿8000余篇。2005年，大力宣传“魅力历城”“文明历城”“诚信历城”建设成果。2006年，组织开展回顾全区“十五”时期成就，展望“十一五”规划美好前景的集中宣传活动。2005—2006年，在市级以上新闻媒体刊发稿件1万余篇，其中，《大众日报》头版头条1篇，《济南日报》头版头条28篇。2007年，把迎接中共十七大和学习宣传贯彻中共十七大精神作为新闻宣传的主线，全年发稿4000余篇，其中在市级以上媒体刊发头版头条21篇。

第七章　政法工作

第一节　社会治安综合治理

1986年5月，县委政法委成立，设办公室，有工作人员4人。1987年8月，区打击严重经济犯罪斗争领导小组办公室成立（1994年撤销），与区委政法委合署办公。1991年，设研究室。同年10月，区社会治安综合治理办公室成立。2001年，科室调整为办公室、执法督查科、矛盾纠纷排查调处科。新划入矛盾纠纷排查调处指导职能和处置“法轮功”等邪教组织职能，进一步增强协管政法干部队伍职能。2002年，区国家安全领导小组成立。2007年，区委政法委设办公室、执法督查科、矛盾纠纷排查调处科，有工作人员15人。

一、“严打”整治

1986年，县委、县政府坚持“一手抓建设、一手抓法制”方针，全面落实社会治安综合治理各项措施，政法委加强对政法工作的领导，政法部门密切配合，开展严厉打击刑事、经济犯罪行动。在三次严打集中行动中抓捕犯罪嫌疑人57名，立经济案件7起。1987—1990年，坚持“从重从快”方针，开展“抓现行、破案件、挖窝子、打流窜”、扫黄、除“六害”（卖淫嫖娼、吸毒贩毒、拐卖妇女儿童、制售淫秽物品、走私贩私、聚众赌博）等集中整治、破案会战行动。1991—1992年，区委、区政府贯彻落实关于加强社会治安综合治理的两个决定，坚持“稳定压倒一切”方针，开展“打盗、防盗”专项行动17次，召开公开宣判大会68场，处理罪犯380名，摧毁犯罪团伙56个，缴获赃款赃物折计人民币75万元。1992年9月，市委、市政府召开全市

图17-12　2005年4月8日，历城区召开严惩严重刑事犯罪大会

反盗窃促防范经验交流会，推广历城经验。1994年，开展“打团伙、抓逃犯、破大案”百日严打斗争，破获案件175件，摧毁犯罪团伙45个。1998—2003年，开展“除霸惩恶、打击邪恶势力”“打击盗抢三车”“打击撬盗保险柜”“冬季严打整治”“打两抢”等专项斗争。2004—2006年，围绕“平安历城”建设，以“抓现行、追逃犯、打流窜”为主线，以“破命案、治混乱”为重点，开展破案追逃专项行动，铲除一批危害大、影响恶劣的社会邪恶势力。2007年，开展打击非法吸收公众存款、合同诈骗、非法集资等专项斗争，破获经济案件114起，打击处理犯罪嫌疑人52名，挽回经济损失1010.74万元。

二、综合治理

1986年，开展法制教育，加强对失足青少年和刑释解教人员帮教工作。全县有失足青少年209人，经过帮教彻底改好111人，刑释解教人员无一人重新犯罪。1987年，开展“一乡镇一所一站一员”（一个乡镇一个派出所、一个法律服务站、一名司法助理员）基层基础建设工作。1989年，各乡镇完成建设目标。有派出所17个，民警189名；法律服务站17个，司法助理员75名。1993年3月5日，《济南市社会治安综合治理条例》颁布实施，区委、区政府把社会治安综合治理纳入依法治区规划。1994年，区委印发《历城区社会治安综合治理领导责任制实施细则》和《开展历城区整治农村社会治安斗争实施方案》，坚持治安防范重大案件责任查究，实行“一票否决”，对农村社会治安进行综合治理。

1995年，区综治委制定《关于争创一流社会治安综合治理工作成绩的实施意见》，建立健全以基层党组织为核心，以派出所为龙头，群防群治队伍为骨干的治安联防网。同年，历城区被省委、省政府授予“全省社会治安综合治理先进单位”称号。1996年，开展社会治安综合治理规范化建设，企事业单位和乡镇、村建起治保、调解、普法、帮教、巡逻“五位一体”的基层组织。全区“四无”（无重大刑事案件、无群体与越级上访、无治安灾害事故、无民转刑案件）单位达95%，“四无”村达93%。历城区被省委、省政府授予“社会治安综合治理先进区”称号。1997—1998年，开展创建安全文明小区、村镇活动，基层创安达标单位达45%，20个乡镇、大正示范小区建设“普法一条街”，98%的行政村实行村务、政务公开。1998年，历城区被省委、省政府授予“社会治安综合治理模范区”称号。2000年，开展“千村百居创安达标竞赛活动”，历城区构筑人民调解大格局的工作经验在全市推广。2002年，区委制定《关于进一步加强社会治安群防群治工作的实施意见》。建立专职治安巡防网络，有专职巡防队员1035人。大中型企业、大中专院校设专职护厂（校）队，667个行政村成立联户联防小组2万多个。2003年起，围绕平安历城建设，加强社会治安综合治理工作，把综合治理工作纳入年度社会经济发展总体规划。2001—2006年，人民群众对社会治安的满意率达94%，历城区连续6年被省委、省政府授予“全省社会治安综合治理先进单位”“全省信访工作先进单位”称号。2007年，区委、区政府把社会治安综合治理工作作为考核党政领导班子、领导干部实绩和干部奖惩任免的重要依据，调动社会各方面力量，推动社会治安综合治理深入开展。

第二节　“平安历城”建设

2003年，区委制定《关于建设平安历城的实施意见》和考核细则，确定平安历城目标任务，开展平安历城建设活动。2004—2006年，区委印发《历城区政法综治工作要点》《关于深入推进平安历城建设的实施意见》，围绕维护国家安全、社会安全、经济安全和公共安全，采取措施，有效控制到省市越级集体访。完成“三级两会”、亚足赛以及国庆节等重点时期的安全保卫工作。开展平安建设集中宣传月活动，对重点时期、重大活动、劳资关系、土地征用、房屋拆迁中的不稳定因素加强摸排和源头控制，妥善化解各类不稳定因素。开展“平安校园”“平安社区村居”“平安单位”“平安家庭”和“民主法制示范村”创建活动。2007年，贯彻落实中央和省市关于构建和谐社会、深化平安建设的部署，15个街镇及部分驻区企业成立调解委员会、调解中心和信访办公室，各调解中心与市矛盾纠纷调处专用网连接。调处各类矛盾纠纷676起，调处成功率达98%，防止群体性上访事件13起102人次。加强“人防、物防、技防、心防”四防建设，全区形成全覆盖、无缝隙治安防范网络。完成中共十七大会议期间安全保卫工作。历城区被省委、省政府授予“平安山东建设先进区”称号。

第三节　协调督察

一、百案评查

1999年8月—10月，区委政法委首次开展“百案评查”活动。成立分管书记为组长，公检法司分管负责人为成员的活动领导小组，抽调业务骨干组成案件评审小组，对群众关注的重大典型案件、领导批办的重点案件、重复上访的涉法信访案件，分别从区法院经办的民事、刑事、行政、执行等案件，区检察院经办的经济犯罪、渎职犯罪等案件，区公安分局经办的治安处罚、劳动教养等案件中调卷评查。对评查活动中发现的问题，及时反馈政法部门，各部门根据反馈意见，限期纠正，并在规定时间内向政法委写出书面报告。至2007年，共评查案件904件。

二、重大疑难案件协调

1995年，区政法系统实行“三长”(法院院长、检察院检察长、公安局局长)例会制度，视情况吸收有关办案人员参加，每月上旬召开会议，特殊情况随时召开。至2007年，召开案件协调会议97次，协调案件86件，其中重大疑难案件54件。

三、信访工作

1999年10月，区委政法委印发《区直政法部门领导干部公开接访制度》，每周三为政法系统“三长”联合接访日。接访做到“三个公开”（公开时间、公开地点和接访人员）、“三个保证”（保证按时接访、保证有访必接、保证接有结果）、实行“三包”（包受理、包督办、包反馈），大部分涉法信访案件得到妥善处置。2006年9月，政法委印发《关于建立政法机关群众涉法诉求工作站的意见》，各街道、镇依托综治办，成立涉法诉求工作站，每个区直政法机关指派一至数名干警为工作站成员。1999—2007年，共接待来访1864人次，处理来信783件次，督办案件186件，杜绝了因涉法问题产生的集体上访事件。

第八章　统战工作

第一节　统战宣传

1986年9月12日，县委统战部召开各民主党派成员、县政协常委及各界人士会议，座谈讨论中共中央批转的中央统战部《关于新时期党对民主党派工作的方针任务的报告》。1991年，召开各民主党派、工商联座谈会，学习江泽民“七一”讲话精神，畅谈中国共产党建党70周年的光辉历史。同年“七一”前，全区4个民主党派基层组织向中共历城区委赠送其联合创作的大幅壁画《丹心一片迎朝阳》，表达各党派“肝胆相照，荣辱与共”，坚持与中国共产党合作的思想情感。1999年，举办各民主党派、工商联负责人学习邓小平新时期统战理论研讨班。是年，召开各民主党派、工商联负责人座谈会，谴责以美国为首的北约悍然用导弹袭击中国驻南斯拉夫联盟大使馆的野蛮暴行。2000年，组织各民主党派负责人学习“三个代表”重要思想。2001年“七一”前，召开各民主党派负责人座谈会，庆祝中国共产党建党80周年，畅谈改革开放20多年来的巨大变化。民进历城区支部集体创作主题为《逢春》的画作，敬献给区委。2002年，组织各民主党派成员学习“三个代表”重要思想，深入学习贯彻中共十六大精神。2003年3月11日，召开中共济南市历城区第十一次代表大会精神通报会，向民主党派全体成员、工商联负责人传达会议精神。2004年2月5日，召开由各民主党派负责人参加的中共十六届三中全会精神通报会。2007年7月，协助各民主党派开展以“传承和发展优良传统，坚持走中国特色社会主义政治发展道路”为主题的学习教育活动，深入学习中国共产党领导的多党合作和政治协商制度的基本理论和政策，学习领会中共中央〔2005〕5号、〔2006〕5号、15号文件及第20次全国统战工作会议精神。中共十七大召开后，组织各民主党派成员学习十七大精神，为全区经济发展献计献策。

图17-13　2007年11月14日，全区政协换届人事安排工作会议召开

第二节　党外人士参政议政

一、支持党外人士参政议政

1986年后，中共历城区委贯彻落实“长期共存、互相监督、肝胆相照、荣辱与共”16字方针，坚持与党外人士的民主协商和情况通报制度，支持党外人士参政议政，使党外人士在人大、政协中的作用得到充分发挥。2005年5月，落实中共中央关于“加强政府同民主党派的联系”要求，在全区建立与各民主党派、工商联、无党派代表人士联系机制，发挥统一战线人才荟萃、联系广泛的优势，丰富党的执政资源。党外人士在历届区人大、政协中的安排符合上级要求，在考察和遴选党外政协委员、人大代表中按政策规定酝酿协商及民主选举。2007年12月，区人大、政协换届，全区人大代表共306人，其中，党外人士89人，占29%；政协委员255人，其中，党外人士153人，占60%。党外人士中有1人担任区人大常委会副主任，1人担任区政府副区长，3人担任区政协副主席。1986—2007年，共召开各种类型党外人士协商会、座谈会、通报会200余次；党外人大代表、政协委员向各级党委、人大、政府、政协提交建议300余件。

二、拓宽党外人士参政议政渠道

1992年6月，组织召开全区副局级以上党外干部经验交流会，交流任职工作经验。1994年，根据全国统战工作会议精神，区委统战部协助区监察局、审计局在各民主党派和无党派代表人士中选聘特邀监察员6人和特邀审计员4人。1997年，根据审计署、中央统战部《关于聘请民主党派成员和无党派人士特邀审计员的意见》和省、市审计机关的有关规定，区审计局与区委统战部协商，从全区民主党派、工商联、无党派人士中聘请5人为历城区第一届特邀审计员。2007年，在全区党外知识分子中开展“爱泉城、建良言、做贡献”主题活动。建立起由20余人组成的党外知识分子联络员队伍。

第三节 党外和少数民族干部培养选拔任用

一、党外人士培养选拔和任用

1990年，区政府换届，有1名党外干部当选为副区长。1991年，从全区非党知识分子中，筛选出15名中青年干部，列为重点培养对象。1994年，从全区1900多名行政干部中，筛选出145名党外干部作为培养重点。1995年11月，举办党外干部培训班，培训学员27名。1996年，区委统战部、组织部联合印发《关于进一步做好培养选拔党外干部的工作意见》，推荐和安排1名民主党派人士担任区政协副主席，1名党外人士担任副区长，3名党外干部担任副局级领导。1998年年初，区人大、政协换届，选拔一批党外中青年干部为区人大、政协常委。同时，加强党外领导干部和党外新进人大、政协常委的培训工作，先后举办人大政协党外常委培训班、中层以上非中共干部培训班，培训40人。1999年，区委在乡镇政府换届和区直部门领导班子调整时，提拔7名党外后备干部为副局级干部。2000年，对2名非中共干部进行工作调整，有1名副局级党外干部提拔为正局级干部。2001年，在全区筛选出40岁以下、大专以上文化程度、副科级以上党外干部100人，进行重点培养。有4人被提拔为副局级，1人被提拔为副区级。2002年，向区委推荐12名表现突出的科级党外干部。2003年上半年，1名无党派人士被选任副区长。2005年7月，对全区41名优秀中青年党外后备干部进行为期两周的培训。2007年4月，1名无党派人士被提拔为区法院副院长。年底，全区副局级以上党外干部共有17人，其中，区人大常委会副主任1人，区政府副区长1人，区政协副主席3人，正局级干部1人，副局级干部11人。

二、少数民族干部培养选拔和任用

1988年，全区有少数民族干部32人，其中，副局级以上干部6人。1992年，区政府换届，选用1名少数民族干部担任副区长。1995年，全区有市、区两级少数民族人大代表和政协委员22人，其中，市人大代表2人，市政协委员1人；少数民族干部110人，其中副局级以上干部12人。2001年，全区有少数民族干部63人，其中副局级以上干部7人；市党代会代表1人、市人大代表1人、区人大代表2人、区政协委员8人。2007年年底，全区少数民族干部有28人，其中副局级以上干部8人；市、区两级人大代表、政协委员共9人。

第四节 对台工作

一、对台宣传和涉台教育

1986年以来，区委台湾工作办公室每年举办台湾形势报告会，对中共党员干部、台属进行台湾形势教育。1992年，在全区台属中开展“写一封信活动”，并赠送历城投资指南，号召他们联系在台亲友。1994年，向台胞赠送《历城简况》宣传品50多册。1995年11月，完成《台声》杂志社组稿任务，详细介绍历城地理优势、投资环境和自然风光、古迹名胜。1999年，为全区270所中小学购置《推进祖国和平统一》挂图。2000年，区台办与港沟镇文化站合作在泉城广场首演吕剧《故乡情》。2005年，区台办以不同形式向台商、台胞、台属宣传全国人大常委会颁布的《中华人民共和国反分裂国家法》。区台办1996—2001年被省台办评为涉台宣传教育先进单位；2005—2006年被省台办评为涉台宣传工作先进单位。

二、对台经济工作

台湾当局开放台胞赴大陆探亲以来，区台办以接待台胞为中心，以对台贸易为重点，加强对台交往交流。坚持把邀请台商到历城考察作为做好对台经济工作的重要环节，利用电话、信件等多种方式，加强与台商联系，积极吸引台资，为振兴历城经济服务。1990年，组织7次大型对台经贸洽谈活动，建起4家台资企业。1991年7月，区台办与台属李永祯，促成台商胡武吉与洪家楼镇利农庄实业总公司签订独资经营“宝岛大饭店”租赁协议，租期20年，租金每年1200万元，于1992年6月试营业。1992年7月，台属李建章利用其在台湾的叔叔资助的10万元人民币，建起养牛场，1995年有肉食牛和奶牛100余头。1995年8月，台胞刘得志自愿捐献给家乡国产上海大众轿车1辆。是年，全区台资企业达到53家。1997年，区台办录制专题片《殷殷历城情，拳拳台胞心》，介绍历城台资企业、台属企业情况。1999年，在台湾《工商时报》专版介绍历城投资环境。2002年，区台办两次走访全区台资企业，听取他们的意见建议，为企业排忧解难。2006年，促成落地台资项目6个，总投资2550万美元，380万元人民币。2007年，全区有台资企业32家。全年实际利用台资243.3万美元，200万元人民币。

三、对台联络

1986年后，发挥历城台胞台属联谊会的组带桥梁作用，通过寄贺卡、打电话、寄信件、组团考察等多种形式与台湾同胞广交深交朋友。每年中秋、元旦、春节等重大节日，通过召开座谈会、邀请台胞台商来历城考察、游览等形式，加强对台联络。每年开展对定居台胞和困难台属走访慰问、送温暖等活动。至2007年，到历城探亲的台胞210人次，有3名台胞在历城定居，到历城考察、游览的台湾团组66个、1200余人次；组织赴台探亲、旅游、参观交流199人次。

第五节　民族宗教工作

1987—2007年，贯彻执行党和国家关于民族宗教工作的方针政策，关怀少数民族群众生活，扶持促进少数民族经济、教育、文化、卫生事业发展，重视培养选拔使用少数民族干部，积极引导宗教与社会主义相适应，尊重和保护信教群众正常、合法地进行宗教活动，抵制境外宗教势力的渗透与干预，维护了社会稳定，促进了民族团结。（内容详见第三十编第四章“少数民族 宗教”）

第九章　政研 保密 信访

第一节　政策调研

1986—2007年，区委政策研究室先后编辑印发《历城通讯》140期，计90万字。在市级以上报刊发表调查报告、署名文章和典型经验236篇。

一、农村调研

1986—2007年，区委政策研究室共组织农村调研活动124次，撰写调研文章106篇，其中，57篇在市级以上报刊发表。2006年，《一个山村乡镇致富路》一文，被市委《决策参考》刊发，经市委书记姜大明批示，作为典型在全市推广；通过对南部山区发展情况的调研，撰写了《对历城区柳埠镇发展情况的调查报告》，市委书记姜大明作出批示，肯定历城对南部山区的发展之路。2007年，《发挥区位优势放大农业的多重功效》一文，先后被市委《决策参考》和省委《山东通讯》刊发。

二、企业调研

1986—2007年，区委政策研究室共组织企业调研活动39次，撰写调研文章97篇，其中，76篇在市级以上报刊发表。1991年，通过对济南市镁碳砖厂开展企业之间横向联合，促进企业发展的经验总结，撰写《搞好横向联合，发展乡镇企业》一文，提出加强企业之间横向联合，成立合作协会的建议，被区委、区政府采纳。1998年，通过到区镇企业调研，撰写《抓好企业改制，开拓国际市场》调研报告，总结回顾全区企业产权制度改革的成功经验与教训，对全区企业改制，建立健全现代企业制度起到推动作用。

三、综合调研

围绕区委重大决策的制定和重点工作的开展，区委政策研究室先后组织专项调研48次，撰写调研报告143篇，市、区领导批示95篇，下发39篇，在市以上报刊发表103篇。2005年，《生态+文化+旅游促进科学发展和谐发展》，被市委《决策参考》刊发，并作为典型在全市推广。2006年，《关于“两进社区”的调查》一文，市委副书记、副市长杨鲁豫批示后，把“两进社区”作为典型在全市推广；《祝甸社区在社区建设方面的几点做法》一文，分别被省委《调查与研究》、市委《决策参考》刊发。2007年，《服务业托起实力历城》《做好新形势下的群众工作》《整治农村背街小巷》3篇文章被《济南日报》刊登在头版。

第二节　保密工作

一、宣传教育

1990年后，区保密局通过保密知识竞赛、播放保密教育专题片、开展《中华人民共和国保守国家秘密法》宣传一条街等活动，提高公民的保密意识。通过会议、下发文件和宣传资料，对机关干部和涉密工作人员反复宣传保密工作的方针政策、法律法规。1992—2007年，先后印发《中华人民共和国保守国家秘密法》《保密守则》《领导干部保密知识读本》《保密法规选编》《办公室保密守则》等，把保密法规纳入普法宣传内容和保密教育重点，并多次举办机关、企事业单位、街镇涉密人员和分管领导参加的保密法规知识测验、竞赛活动。通过转发外地典型涉密案例、参观窃密泄密案例展览，进行警示教育。

二、业务指导

1990年后，每年举办保密工作培训班，对涉密工作人员进行培训。2003年后，针对联网计算机保密管理这一新课题，进行计算机网络保密管理培训。至2007年，不定期编发《历城保密工作》，刊载有关会议精神、工作要求和保密常识以及典型泄密案例等，指导全区保密工作。

三、制度建设

1990—2007年，坚持每年两次保密工作定期综合性检查与不定期专项检查相结合的制度，反复检查党政机关、要害部门的定密、文件管理、保密法规的贯彻等情况。加强对保密工作的依法管理，区保密局在对以往的保密制度进行归纳的基础上，参照有关保密法规，进一步修订完善关于领导干部、涉密人员、密级文件和资料、计算机信息系统的保密管理制度，印发各部门、街镇执行。

第三节　信访工作

一、接访

1986年以来，逐步建立畅通、有序、务实、高效的信访工作秩序，建立和坚持区级领导轮流接待群众来访制度，并采取重点案件实行领导包案措施，使重点疑难信访事项得到及时妥善处理。1987年起，全区开展争创“三无”（无集体访、无进京访、无信访积案）乡镇活动。1988年，区委、区政府提出“树立群众观念，立足于解决问题，着眼于治本防范，强化基层基础，实行责任追究，建立长效机制”的信访工作思路。1992年，区委、区政府制定信访工作《分级负责、归口办理实施细则》。1994年，区委、区政府制定《引导群众逐级上访实施意见》，实行逐级上访制度。1995年，区委、区政府制定《乡镇信访工作目标考核计分标准》和《信访工作奖惩办法》，实行信访答复意见书制度，全区信访工作逐步纳入制度化、规范化管理轨道。1999年，区委、区政府根据全区信访形势，提出对上访群众反映的问题认真查处，对推诿搪塞、处置上访不力的单位和违反规定参与集体上访的党员干部严肃查处，对以上访为名乘机闹事的不法分子严加惩处，即“有案三处”工作方法。2000年，总结形成“有案三处，无案三抓”（体察民意，满腔热情，对群众反映的实际问题抓调处；严肃纪律，赏罚分明，对党员干部的责任抓查处；依法规范，区别对待，对违法闹事分子抓惩处。抓法制教育，抓矛盾排查调处，抓基层班子建设）工作经验，被省委、省政府信访局以简报形式在全省信访系统推广。2005年，国务院新的《信访条例》颁布实施后，制定完善了领导包案、领导接访、信访考核、责任追究、矛盾纠纷排查、信访代理、信访听证、督查督办、信息调研等信访工作制度。2006年，在完善异常集体上访“有案三处”的基础上，强化以解决问题、法制教育、依法惩处、倒查责任为内容的“跟进四抓”措施，坚持明确领导，强化协调，规范受理三个主体，打造源头预防、矛盾纠纷排查调处、“事要解决”、处置非正常上访4个体系，把解决群众合理诉求与依法规范信访秩序相结合，有效预防和减少了非正常上访问题的发生。中央处理信访突出问题及群体性事件联席会议办公室在专题简报上刊登题为《济南市历城区强化“跟进四抓”措施，妥善处理非正常上访问题》的文章，推广历城做法。

1986—2007年，全区每年有80%以上的街道、乡镇达到“三无”标准；排查各类信访矛盾纠纷诱因29412起；区委、区政府领导接待群众来访1135起，10480人次。领导包案处理信访案件410件，处结率100%；区信访局受理群众来访8106起，30486人次，处结率98.8%。上访人员反映的主要问题是：基层村（居）的干群矛盾、征地拆迁安置补偿、企业改制拖欠工资及养老保险、农村土地承包纠纷等问题。对于上访人员的合理要求，均及时妥善处理和化解。2000—2007年，历城区连续被省委、省政府授予“全省信访工作先进单位”称号。

二、办信

1986年后，全区建立和坚持领导阅批群众来信、包案处理重要来信事项制度。1987—2002年，区委、区政府先后制定办信工作目标考核办法，办信工作“三见面”（在处理每一批群众来信过程中做到同承办单位领导见面，同承办人见面，同写信人见面）和交办督办等制度。2005年，国务院新的《信访条例》颁布实施后，制定和完善处理群众来信程序、畅通群众来信渠道的“绿色邮政”等各项办信制度，进一步规范人民来信登记处理表、人民来信摘报、领导阅批人民来信登记表、人民来信办理情况报告表、信访答复意见书等表单。2007年，开通“网上信访”。在办信工作中坚持领导阅批制度、初信办理制度、来信情况分析制度，不断完善来信分类、登记、转送、交办、督办、结案、答复、回访等规章制度。1986—2007年，共受理群众来信7155件。其中，区委、区政府领导阅批来信2568件，处结率100%；查处重点信1358件，办结率99%。

1986—2007年历城区信访局处理信访情况统计表

表17-2

年份（年）	信访总量				处结件数（件）	处结率（%）
	合计（件次）	来信（件次）	来访			
			起数（起）	人数（人）		
1986	737	386	351	351	723	98
1987	910	498	412	412	901	99
1988	755	368	387	387	748	99
1989	746	370	376	376	732	98

续表17-2-1

年份（年）	信访总量				处结件数（件）	处结率（%）
	合计（件次）	来信(件次)	来访			
			起数（起）	人数（人）		
1990	843	542	301	453	837	98
1991	841	456	385	588	833	99
1992	690	323	367	469	670	97
1993	786	360	426	1066	778	99
1994	510	230	280	1187	500	98
1995	466	200	266	1812	461	99
1996	615	265	350	2007	603	98
1997	534	296	238	1100	529	99
1998	854	385	469	2390	828	97
1999	616	278	338	1525	610	99
2000	456	153	303	949	447	98
2001	547	213	384	1318	591	99
2002	574	181	393	1218	563	98
2003	755	280	475	1708	748	99
2004	709	314	395	3595	702	99
2005	854	311	543	3592	847	98
2006	628	334	294	1678	626	99
2007	785	412	373	2305	777	99

第十章　党史 党校 机关党建

第一节　党史工作

1984年，县委党史委成立，负责历城县新民主主义革命时期和社会主义时期党史资料征集研究工作。先后协助中央文献研究室、省委党史研究室《共和国重大决策》摄制组征集毛泽东三次视察历城的史料，协助市委纪念济南解放50周年、55周年电视专题片摄制组征集济南战役、济南市委所在地等有关资料。对全区的革命遗址及文物进行普查，取得大量文献和图片资料。

1984—2007年，区委党史委先后征集党史资料1000多万字，采访老干部4400多人次，录制磁带150多盘，查阅数以千计的历史文献资料，收集大量历史照片，整理档案300卷，召开不同形式的座谈会600多次。先后编辑出版《历城党史资料》《烈火春秋》《历城党史大事记》《历城革命斗争史》《历城建设与改革》《历城区（县）委书记话改革开放口述史》等党史书籍15本，200多万字。为中央、省、市党史系统征编大量的历城地方史资料，分别编入《任质斌传》《人民英雄大典》《齐鲁共产党人》《泉城儿女下江南》《英模篇》《辉煌二十年》《历史不会忘记》《中共济南市组织史》《中共山东年鉴》等书。先后撰写《关于筹建中共济南市委旧址纪念地的建议》《关于开展红色旅游的建议》等多篇调研报告，为各级、各类书刊提供资料性文章20多篇，被《山东党史》《泰安先驱》《历城名人》等书刊采用。撰写《在抗日斗争中发展壮大的中共历城党组织》《农村改革30年的光辉历程、辉煌成就和伟大意义》等专题理论研讨文章80多篇。征集、制作并播发抗日老战士专访、历城抗日英烈事迹、日本侵略军在历城的暴行、纪念济南解放60周年等一批专题报道、文章。开展“党史进校园”活动，宣传党在历城的功绩，共举行党史报告会100余场次。

第二节 党校工作

一、干部培训

1986年以来，区委党校围绕党的基本路线和区委中心工作，采取长短班结合、校内外结合、脱产与业余结合的办学形式，加强对党的路线、方针、政策和有关理论知识的学习培训。1995年下半年，培训公务员过渡骨干152人，到乡镇、区直机关、厂企、学校等48个单位讲课300余次，听课人数达3万余人次。是年，先后举办全脱产和半脱产干部中专班5期，干部大中专专业证书班4期。举办各类培训班、进修班、研讨班、轮训班51期，累计培训、轮训副局级以上领导干部639人次，轮训村支书、村主任等村两委成员4335人次，培训各级后备干部、青年干部、妇女干部、非党干部316人次，同时培训党员骨干、理论学习骨干2259人次。

1996—2001年，区委党校以“三基本、五当代”（马克思列宁主义基本问题、毛泽东思想基本问题、邓小平理论基本问题，当代世界经济、当代世界科技、当代世界法律和中国法制建设、当代世界军事和中国国防建设、当代世界思潮）为主要教学内容，以党政领导干部和中青年干部为主要培训对象，提升参训干部政治理论素养和领导能力。共举办局级领导干部专题、乡镇党委书记“三个代表”重要思想学习、村居支部书记村主任、（中青年、组织、宣传、计生）干部等各类培训班100余期，培训1.2万余人次。派出教师到乡镇、区直机关、厂企讲课200余次，听课人数达2万余人次。与区委组织部联合，先后在孙村、港沟、华山镇举办学制一年半、由党校颁发毕业证书的农村优秀年轻后备干部学历班。2002—2006年，举办新任副局级领导干部、学习“三个代表”重要思想领导干部、行政管理人才以及村（居）两委干部、社区计生干部、妇女干部、党外干部、中青年后备干部、新聘任事业单位干部、入党积极分子等各类培训班68期，共培训6166人次。2007年，区委党校以中共十七大精神、科学发展观、马克思主义中国化最新成果等为培训内容，共举办副局级领导干部、宣传干部、入党积极分子、新录用事业干

图17-14　2007年11月9日，历城区直机关党组织书记十七大精神培训班在区委党校举办

部、区直机关党务干部、中共十七大精神领导干部等7类主体培训班共11期，培训党员干部1069人次。

二、学历教育

1986年，县委党校举办成人高中班1届，招生31人。1994年起，作为省、市委党校教学点，承办省委党校业余函授班次经济管理、法律和文秘专业本、专科班教育。1995年，承办学历班10个，在校学员1059人。2004年起，承办中央党校业余函授学院经济管理和法律专业的本、专科班教育，当年，举办中央党校业余函授经济管理专业大专班1个、法律专业本科班1个；省委党校业余函授经济管理专业本、专科班各1个，法律专业大专班1个，共有在校生1380人。至2007年，共培养省委党校业余函授本专科学员5578人，中央党校业余函授学院本专科学员339人。

三、理论研究

1986年以来，围绕党校教育和党的重大理论、政策的贯彻落实，开展调研和科研工作，取得一系列科研成果。在业余函授教学方面，通过教学实践，摸索出许多有益的教学方法和教学模式。1993—1999年，在省级刊物发表论文5篇，在市级刊物发表论文3篇，获国家级一等奖3篇，获省党校系统优秀论文二等奖1篇、优秀论文奖5篇，参加市党校农村和农业问题研讨获优秀论文奖4篇。2000年，共撰写论文28篇，其中获国家级一等奖8篇，获省农村经济改革与发展研讨会优秀论文奖5篇，获市委党史研究会优秀论文奖6篇。在《中华科学文选》《理论学刊》《社科论坛》等国家级、省级刊物上分别发表论文2篇、4篇。2001—2007年，共有84篇论文发表或获奖，其中，获国家级一等奖1篇，省级奖13篇，市级奖7篇，论文主要发表在《中华社会文选》《中国民意》《现代教育》等国家级刊物和《领导与决策》《理论学刊》《山东党校通讯》等省级刊物上。

第三节　区直机关党建工作

一、思想政治建设

1986年后，定期组织区直机关党员干部开展理论学习活动，并经常举办各类培训、辅导报告会，增强学习针对性和实效性。1989年，开展国际国内形势教育。1991年，举办“解放思想、扩大开放”大讨论报告会4场，受教育党员干部4126人次。1995年，开展学习邓小平建设有中国特色社会主义理论和学党章活动。1996年，举办学习中共十四届六中全会精神培训班3期，培训400余人。组织机关党员赴聊城参观孔繁森事迹展览。1997年，举办学习中共十五大精神培训班3期，培训3300余人。组织党员观看“九七香港百年沧桑回归展”，举办迎香港回归长跑、庆香港回归爱祖国文艺联欢会和“七一”升国旗仪式活动。1999年，开展歌颂共产党、歌颂社会主义祖国教育。12月10日，组织机关干部参加迎澳门回归形势报告会。2000年，举办小鸭集团党委书记李淑敏先进事迹报告会，组织机关党支部委员参观“崇尚科学文明，反对迷信愚昧”展览。2001年，组织收看优秀共产党员先进事迹电视专题片、观看文艺演出等一系列庆祝建党80周年活动。2002—2005年，组织机关党员干部学习邓小平理论、江泽民“七一”讲话、中共十六大、十六届四中全会精神以及党的基本理论、基本知识；开展党史知识竞赛答题活动；观看《郑培民》《任长霞》等先模人物电教片和《王怀忠的两面人生》等警示片。2005年起，开展保持共产党员先进性教育活动，邀请省委党校教授讲党课，开展参观党史展览、重温入党誓词、写心得等活动。2006年，举办“继承和发扬党的优良传统和作风，永葆党的先进性”和学习胡锦涛“七一”讲话专题辅导报告会及区直机关党组织书记十七大精神培训班。8月，创办《机关党建工作》简报。2007年，集中开展

“学习实践科学发展观——解放思想大讨论”活动。同年10月—12月，开展学习宣传贯彻

图17-15 2007年12月29日，区直机关工委举办学习十七大精神知识竞赛

中共十七大精神“六个一”活动，即召开一个动员会议，下发一个学习贯彻通知，组织举办一场辅导报告会，组织举办一次理论骨干培训班，组织举办一场党章知识竞赛，开展一个创建“两好一高”（作风好、形象好、效率高）机关活动。

二、组织建设

1986年，县直机关党委下属10个总支、104个支部，共有党员1543名。1987年，建立机关业余党校。1992年，区直机关成立电教站。1994年，建立总支、支部电教放映点37个，党员活动室53个。1986—1995年，区直机关党委对所属21个总支、351个支部进行换届选举，调整和充实、新建总支6个、支部39个。举办支部成员培训班4期，培训462人次。1997年，加强和规范区直机关党务工作，编印了《机关党务工作手册》。2001年12月，区直机关党委更名区直机关党工委。1996—2001年，机关党（工）委所属90个总支、支部进行了换届选举，调整和充实总支、支部105个，新建总支、支部12个。2002年3月，举办支部组织、宣传干部培训班，培训200余人。2003年起，以“三级联创”活动为重点，加强基层党组织班子建设，建立健全党务工作责任制，开展争创“五好支部”活动，至2004年，区直机关支部全部达到“五好支部”目标。是年9月，开展以公道正派为主要内容的“树组工干部形象”活动。2006年，对65个基层党组织“三级联创”工作进行全面检查，制定《关于创建基层党建工作示范点的实施方案》，建立和完善党务工作日常考核机制，将各基层党组织党务工作完成情况严格登记并建立台账，实行百分制考核，每季度汇总、通报。2007年3月，建立党组织和党员信息库，将区直机关工委系统160多个党组织和2800多名党员基本情况纳入数据库管理。制定下发《关于建立区直机关党建工作考核评价机制的意见》。2002—2007年，共培训支部成员851人次。总支、支部换届选举136个，调整和充实总支、支部148个，新建机关党委2个，总支、支部39个。

1986—2007年，共发展党员1372名。2007年年底，区直机关工委下属机关党委2个，总支22个，支部139个（其中直属支部43个），党员2863人。

三、党风廉政建设

1990年，举办“学党章、正党风”党员培训班3期，培训党员1055人。1998年，开展党纪廉政法律法规教育活动。2000年，组织党员观看《胡长清案件警示录》和反腐教育片《生死抉择》。2002年，按照区纪委部署，在区直机关党员干部中开展清退挤占、挪用公款工作。2003年5月，组织开展“发扬党的优良传统尤其是艰苦奋斗精神”教育和“新形势下重温两个务必”大讨论。2004年，开展“为民、务实、清廉”教育活动，组织机关党员干部学习《中国共产党党内监督条例（试行）》和《中国共产党纪律处分条例》，开展在职党员进社区活动，做好党员8小时以外的监督。2005年，围绕开展“廉洁奉公，执政为民”活动，组织机关干部参加警示教育大会、知识竞答等活动。2006年，开展“学党章、

守纪律、做表率、树形象”教育活动，与区纪委、区文联联合举办迎接建党85周年廉政书画展览。2007年，开展“作风好、形象好、效率高”机关作风建设活动，组织观看“山东省反腐倡廉书画展”等。1998—2007年，累计发放《领导干部作风建设知识问答》等廉政教育书籍2000余册，组织党员干部观看反腐教育片10余部，组织参加各类较大规模廉政法律法规考试、知识竞赛6次。1986—2007年，共有31名机关党员干部受到党纪处分。

第十八编

地方人民代表大会

2007年12月5日—10日，济南市历城区第十六届人民代表大会第一次会议召开

1986—2007年，历城区人民代表大会共历经7届。历城区人民代表大会常务委员会，由区人民代表大会会议选举产生，其组成人员每届任期，1993年前为3年，1993年起为5年。区人大常委会通过听取审议“一府两院”工作汇报和开展视察、调查、执法检查等方式，实施对“一府两院”工作的法律监督。区人大代表共提出各类议案、建议、批评和意见2563件，发挥了人大代表的监督作用。

第一章 组织设置

第一节 人大代表

一、区人大代表

历城区人民代表大会是历城区最高权力机关。区人民代表大会由区人大代表组成。区人大代表经选民选举产生，依法在区人大会议和闭会期间执行代表职务。根据《中华人民共和国宪法》和有关法律规定，区人大代表主要享有审议各项议案、报告和其他议题，发表意见权；选举权；表决权；提名权；提出议案、质询案、罢免案权；提出对各方面工作的建议、批评、意见权；言论表决免究权；执行代表职务所需信息及各项保障权及法律规定的其他权利。同时承担着相应的义务。

历城区人大代表的选举，依照《中华人民共和国宪法》《中华人民共和国全国人民代表大会和地方各级人民代表大会选举法》《中华人民共和国地方各级人民代表大会和地方各级人民政府组织法》规定进行。区人大代表的人选，由本辖区选民从本辖区年满18周岁、依照法律未被剥夺政治权利的公民中选举产生。区人大代表的每届任期，1993年前为3年，1993年起延长为5年，可连选连任。选举工作一般分三个阶段进行。第一阶段，建立组织、宣传发动、培训骨干。区人大常委会依法建立区人大代表选举委员会，主持全区选举工作。选举委员会下设办公室，承担选举工作的具体事务。各街道、乡镇人大办公室和区直各部门也依法建立选举工作指导小组，作为区选举委员会派出机构。由区人大代表选举委员会制定选举工作方案，召开全区选举工作动员大会，部署选举工作。第二阶段，划分选区和进行选民登记。选区按选民居住状况和工作单位，以每个选区选举1～3名代表来划分。按照程序对每个选区符合条件的选民进行登记，张榜公布。第三阶段，推荐和确定候选人，选举代表。以选区为单位提名推荐选民候选人，经选民小组酝酿、讨论、协商，根据较多数选民的意见，按多于应选代表名额三分之一至一倍的比例确定候选人并张榜公布。全区在法定选举日进行选举。选举采取选民直接差额选举和无记名投票方式进行。选出的人大代表结构具有代表性和广泛性，保证工人、农民、知识分子、党外人士在代表中的适当比例。妇女代表、少数民族代表、归侨代表的比例按照法律的规定予以保证。区、乡镇两级人大

图18-1 选民登记（2007年摄）

代表之间，人大代表与本级党代表，政协委员之间一般不交叉任职。连任的代表在新一届的代表中有适当比例。

1986—2007年，历城区人大代表的换届选举工作先后进行6次。第一次为1986年11月至1987年3月，选举县第十一届人民代表大会代表，参选人数410244人，参选率96.7%，选出县人大代表415名；第二次为1989年11月至1990年1月，选举区第十二届人民代表大会代表，参选人数613957人，参选率95.8%，选出区人大代表360名；第三次为1992年10月至12月，选举区第十三届人民代表大会代表，参选人数690758人，参选率96%，选出区人大代表394名；第四次为1997年10月至12月，选举区第十四届人民代表大会代表，参选人数733617人，参选率98.26%，选出区人大代表311名；第五次为2002年10月至12月，选举区第十五届人民代表大会代表，参选人数618970人，参选率94.6%，选出区人大代表279名；第六次为2007年8月至11月，选举区第十六届人民代表大会代表，参选人数767632人，参选率96.7%，选出区人大代表306名。

图18-2　2007年11月，区人大组织察看选民榜

历城区第十届至十六届人大代表构成情况表

表18-1

代表情况			第十届 (1984.4—1987.5)	第十一届 (1987.5—1990.3)	第十二届 (1990.3—1993.1)	第十三届 (1993.1—1998.1)	第十四届 (1998.1—2003.1)	第十五届 (2003.1—2007.12)	第十六届 (2007.12—)
代表人数（人）			356	415	360	394	311	279	306
代表构成	工人	人数（人）	19	12	工农216	33	69	工农174	工农171
		占代表比例（%）	5.3	2.9	60.0	8.4	22.2	62.4	55.9
	干部	人数（人）	68	111	72	84	66	58	65
		占代表比例（%）	19.1	26.7	20.0	21.3	21.2	20.8	21.2
	农民	人数（人）	189	175	—	204	107	—	—
		占代表比例（%）	53.1	42.2	—	51.8	34.4	—	—
	知识分子	人数（人）	59	95	54	62	58	45	57
		占代表比例（%）	16.6	22.9	15.0	15.7	18.7	16.1	18.6
	解放军	人数（人）	5	3	3	3	2	2	2
		占代表比例（%）	1.4	0.7	0.8	0.8	0.6	0.7	0.7
	其他	人数（人）	16	19	15	8	9	—	11
		占代表比例（%）	4.5	4.6	4.2	2.0	2.9	—	3.6

续表18-1-1

代表情况			第十届(1984.4—1987.5)	第十一届(1987.5—1990.3)	第十二届(1990.3—1993.1)	第十三届(1993.1—1998.1)	第十四届(1998.1—2003.1)	第十五届(2003.1—2007.12)	第十六届(2007.12—)
其中	少数民族	人数（人）	15	12	9	6	3	1	3
		占代表比例（%）	4.2	2.9	2.5	1.5	1.0	0.4	1.0
	妇女	人数（人）	75	85	72	94	80	68	80
		占代表比例（%）	21.1	20.5	20	23.9	25.7	24.4	26.1
	非中共党员	人数（人）	150	191	126	156	89	100	89
		占代表比例（%）	42.1	46.0	35.0	39.6	28.6	35.8	29.1

二、乡镇人大代表

乡镇人民代表大会是乡镇最高权力机关。根据《中华人民共和国地方各级人民代表大会和地方各级人民政府组织法》，乡镇人民代表大会代表由选民直接差额选举产生。其每届任期，2004年前每届为3年，2004年宪法修正案通过后，改为每届5年，可连选连任。其职责是：密切联系选民，依法组成代表小组，反映群众意见和要求，协助本级人民政府推行工作。

历城区乡镇人大代表人数的确定，根据《中华人民共和国全国人民代表大会和地方各级人民代表大会选举法》《山东省县乡两级人民代表大会选举实施细则》规定，1983年12月25日至1986年12月23日，乡镇人民代表大会代表名额：人口2万人以下，选代表30～50人；人口超过2万人不足3万人，选代表50～70人；人口超过3万人，选代表最多不超过90人。1986年12月24日至1989年11月10日，乡镇人民代表大会代表名额：人口2万人以下，选代表30～50人；人口超过2万人不足3万人，选代表50～70人；人口超过3万人不足5万人，选代表70～90人；人口超过5万人不足8万人，选代表90～110人；人口超过8万人，选代表不超过120人。1995年8月16日至2007年，乡镇人民代表大会代表名额基数为40名，每1500人可以增加1名代表；人口超过9万人的镇代表总名额不超过100名。

乡镇人大代表选举产生过程：第一阶段，成立换届选举工作领导小组，进行宣传发动，培训骨干；第二阶段，划分选区和进行选民登记；第三阶段，推荐和确定候选人，选举产生代表。1987—2007年，全区共选出乡镇第十一届至第十七届人民代表大会代表7469名。其中，乡镇第十一届人民代表大会代表1117名，第十二届人民代表大会代表1146名，第十三届人民代表大会代表1206名，第十四届人民代表大会代表1007名，第十五届人民代表大会代表1023名，第十六届人民代表大会代表950名，第十七届人民代表大会代表1020名。

第二节　区人大常务委员会

历城区人民代表大会常务委员会，由历城区人民代表大会选举产生，为区人民代表大会闭会期间的常设机关。依据《中华人民共和国宪法》和有关法律规定，区人大常委会在区人民代表大会闭会期间行使区人民代表大会的最高权力，讨论决定全区政治、经济、文化等重大事项，监督“一府两院”（区人民政府、区人民法院、区人民检察院）的工作，依法进行人事任免等。

区人大常委会由主任、副主任和委员组成，在每届区人民代表大会第一次会议上经区人大代表无记名投票差额选举产生。其每届任期，1993年前为3年，1993年起延长为5年。

1986—2007年，历城区第十至第十六届人大常委会组成人员：

第十届常委会（1984.4—1987.5）

主　　任　于进渭

副 主 任　许淑源　尹承章　田学东　张景培

常务委员　于金龙　朱世金（女）　邢振清（女）　张书太　杨普修　周传信　宫殿森　高莲香（女）　谢传圣　潘庆翱

第十一届常委会（1987.5—1990.3）

主　　任　于进渭

副 主 任　许淑源　周传信　孙文成　田学东　张景培（1988.3任职）

常务委员　于金龙　王力生　王厚基　王桂安　孔宪德　朱世金（女）　买光昕　许冠稼　邢振清（女）　张国林　杨普修　侯庆湘

1988年3月增补：　胡咸勇　徐明梅（女）

第十二届常委会（1990.3—1993.1）

主　　任　高洪勋

副 主 任　孙文成　张景培　吉全寿　王玉泉　由守才

常务委员　于金龙　王力生　孔宪德　邢振清（女）　吕允福　吕传德　刘连儒　李兰欣（女）　张广民　张兴茂　孟庆林　胡咸勇　侯庆湘

1991年3月增补：　杨文华　金正君

第十三届常委会（1993.1—1998.1）

主　　任　高洪勋

副 主 任　王玉泉　张现昌　于德浩（1996.3任职）　马兴云（1996.3任职）　朱世金（女）　王方平　李凤忠

常务委员　于金龙　马玉星　王振鲁　田俊岭　邢振清（女）　刘振广　壮志伟（女）　李兰欣（女）　李信元　杨文华　张广民　张新凤　金正君（回）　侯庆湘　高维星　傅宗香（女）　翟长庆

1994年2月增补：　牛家娟（女）　郭元栋

1996年3月增补：　王居正　赵福利

第十四届常委会（1998.1—2003.1）

主　　任　李福水

副 主 任　刘炳泽　张玉贵（2002.12病故）　张现昌　于德浩（2000.1病故）　翟长庆　马兴云　朱世金（女）　王志义（2001.2任职）　郑学胜（2001.2任职）

常务委员　王武德　王明海　王居正　王富莲（女）　邢介平　杨文华　钊学诗　张继瑞　陈学刚　金正君（回）　赵福利　高维星　崔宝贵　傅宗香（女）　谢光毅

1999年3月增补：　曲士军　孙桂兴　张慎新

第十五届常委会（2003.1—2007.12）

主　　任　于正齐

副 主 任　马荣亮（2007.1任职）　彭玉华　王永和（2007.1任职）　张红齐　孟　涛（2006.2病故）　王志平　王志义　郑学胜　王富莲（女）

常务委员　邢介平　吕素宝　孙桂兴　李宝财　张兴才　张兴盛　陈　华　陈学刚　周同莉（女）　柳克安　徐建利　崔宝贵　韩红卫　程克红

2005年1月增补：　马新辉　许继山

张炳甲
康玉华（女）

第十六届常委会（2007.12—）

主　　任	谭延伟(兼)		
副 主 任	马荣亮	王永和	王志平
	郑学胜	王富莲（女）	
	王连平		
常务委员	于兴华	马广业	马新辉
	王廷芬（女）	王秀红（女）	邢介平
	孙立伟	孙桂兴	李克明
	李松涛	李　莉（女）	何继文
	张文云（女）	张炳甲	陈　华
	赵业坤	徐光晨	
	蒋　灵（女）	韩红卫	程克红

第三节　工作机构

一、区人大工作机构

1986年初，县人大常委会设办公室、组织科、代表联络科、调查研究科等工作机构。同年9月，实行一室四科建制，撤销组织科、调查研究科，新增法制科、教科文卫科、经济科，保留代表联络科、办公室。1990年4月，撤科建处，级别不变（县局级），区人大常委会工作机构设办公室、人事代表工作处、法制工作处、财政经济工作处、教育科学文化卫生工作处、城乡建设工作处。1991年年底，增设农村经济工作处。2007年，区人大常委会设办公室、人事代表工作处、法制工作处、财政经济工作处、教育科学文化卫生工作处、城乡建设工作处、农村经济工作处。

二、乡镇人大工作机构

1987年9月，经区人大常委会研究并报中共历城区委同意，在全区17个乡镇设立乡镇人大工作联络办公室，配备人大工作联络员1名。1988年9月，乡镇人大工作联络办公室更名为乡镇人大工作办公室。人大工作办公室主任由区委任命，每个办公室配备工作人员1～2名。1996年5月，乡镇人大工作办公室更名为乡镇人大主席团办公室；12月，乡镇人民代表大会办事机构挂人大主席办公室牌子。是年，全区设有20个乡镇人大主席办公室。人大主席办公室设主任1人，由各乡镇党委任命，配备工作人员1～2人。1999年，各乡镇设人大主席1人，副主席1人，人数较多的乡镇设副主席2人；建立乡镇人大办公室，由乡镇人大副主席兼任办公室主任或由专人担任，并配备专职或兼职工作人员1～2人。乡镇人大主席、副主席由乡镇人民代表大会选举产生。2001年2月，撤销洪家楼镇，设立山大路、洪家楼、全福、东风4个街道，分别设立街道人大工作室，为区人大常委会派出机构。同年末，全区共设12个镇、2个乡人大办公室，4个街道人大工作室。

2007年，全区设有12个镇（包括孙村镇）人大办公室，4个街道人大工作室。有镇人大主席12名，副主席25名，镇人大办公室专职工作人员9名；街道人大工作室主任4名，工作人员4名。

第二章　人大会议

第一节　区人民代表大会历次会议

历城区人民代表大会会议每年至少举行一次，由区人民代表大会常务委员会召集，依法行使职权。会议进行选举和通过决议，以全体代表的过半数通过，选举通常采用无记名投票方式。1986—2007年，从历城县第十届人民代表大会第三次会议至历城区第十六届人民代表大会第一次会议，共历经7届人民代表大会，召开人民代表大会会议24次。

一、历城县第十届人民代表大会

第三次会议　1986年3月24日—28日在县招待所礼堂召开，应到代表342名，实到316名。会议听取并审议县长侯金水所作的政府工作报告，县人大常委会副主任许淑源所作的县人大常委会工作报告和县计划委、财政局、法院、检察院分别作的国民经济和社会发展计划报告、财政预决算报告、法院工作报告、检察院工作报告，并就“七五”计划纲要和各项报告分别作出决议。会议通过关于接受侯金水辞去县长职务请求的决议，补选谢传仁为县政府县长，孙继鑫、杨振刚为副县长。

二、历城区第十一届人民代表大会

第一次会议　1987年5月14日—18日在区招待所礼堂召开，应到代表415名，实到369名。会议听取并审议区长谢传仁所作的政府工作报告，区人大常委会主任于进渭所作的区人大常委会工作报告和区计划委、财政局、法院、检察院分别作的国民经济和社会发展计划报告、财政预决算报告、法院工作报告、检察院工作报告，并就6项报告分别作出决议，同时作出关于学习贯彻《全国人大常委会关于加强法制教育维护安定团结的决定》的决议。会议选举于进渭为区第十一届人大常委会主任，许淑源、周传信、孙文成、田学东为副主任，选举出区人大常委会委员12人；选举谢传仁为区政府区长，高洪勋、孙继鑫、杨振刚、王泉慧为副区长；吉全寿为区法院院长，郭凤岩为区检察院检察长。

第二次会议　1987年12月8日—12日在区招待所礼堂召开，应到代表411名，实到350名。会议学习中共十三大文件，并通过济南市历城区人大常委会关于认真学习、宣传、贯彻中共十三大精神，为建设富强、民主、文明的社会主义现代化国家而奋斗的决议，听取了区长谢传仁所作的政府工作报告，选出历城区出席济南市第十届人民代表大会代表65名。

第三次会议　1988年3月10日—14日在区招待所礼堂召开，应到代表408名，实到352名。会议听取并审议区长谢传仁所作的政府工作报告，区人大常委会副主任许淑源所作的区人大常委会工作报告和区计划委、财政局、法院、检察院分别作的国民经济和社会发展计划报告、财政预决算报告、法院工作报告、检察院工作报告，并就6项报告分别作出决议。会议补选张景培为区人大常委会副主任，补选区人大常委会委员2人；陈学科为区政府副区长。

第四次会议　1989年3月7日—10日在区招待所礼堂召开，应到代表405名，实到351名。会议听取区长谢传仁所作的政府工作报告，区人大常委会副主任许淑源所作的区人大常委会工作报告和区计划委、财政局、法院、检察院分别作的国民经济和社会发展计划报告、财政预决算报告、法院工作报告、检察院工作报告，并就6项报告分别作出决议，同时作出《关于普法教育情况和开展依法治区工作意见的报告》的决议。

三、历城区第十二届人民代表大会

第一次会议　1990年2月27日—3月4日在区招待所礼堂召开，应到代表359名，实到333名。会议听取副区长孙继鑫所作的政府工作报告，区人大常委会副主任许淑源所作的区人大常委会工作报告和区计划委、财政局、法院、检察院分别作的国民经济和社会发展计划报告、财政预决算报告、法院工作报告、检察院工作报告，并就6项报告分别作出决议。会议选举高洪勋为区第十二届人大常委会主任，孙文成、张景培、吉全寿、王玉泉、由守才为副主任，选举出区人大常委会委员13人；选举孙继鑫为区政府区长，李福水、杨振刚、马荣亮、朱世金、张廷林、杜延林为副区长；选举张玉贵为区法院院长，郭凤岩为区检察院检察长。

第二次会议　1991年3月13日—15日在区招待所礼堂召开，应到代表352名，实到329名。会议听取并审议区长孙继鑫所作的政府工作报告，副区长马荣亮所作的1990年国民经济和社会发展计划执行情况及1991年计划安排意见的报告，区人大常委会主任高洪勋所作的区人大常委会工作报告和区财政局、法院、检察院分别作的财政预决算报告、法院工作报告、检察院工作报告，并就6项报告分别作出决议，审查并批准区国民经济和社会发展十年规划和“八五”计划纲要及全区“二五”普法规划。会议补选区人大常委会委员2人。

第三次会议　1992年2月26日—28日在历城影剧院召开，应到代表349名，实到318名。会议听取区长孙继鑫所作的政府工作报告，区人大常委会主任高洪勋所作的区人大常委会工作报告和区计划委、财政局、法院、检察院分别作的国民经济和社会发展计划报告、财政预决算报告、法院工作报告、检察院工作报告，并就6项报告分别作出决议。会议通过关于动员全区人民团结奋斗奔小康的决议；对区政府所提“坚持不懈地开展农田水利基本建设，不断改善农业生产条件”的议案，进行审议并作出决议，要求区、乡镇两级政府认真贯彻执行及早制定具体可行的规划。

四、历城区第十三届人民代表大会

第一次会议　1993年1月9日—13日在区招待所礼堂召开，应到代表394名，实到378名。会议听取并审议代区长李福水所作的政府工作报告，区人大常委会主任高洪勋所作的区人大常委会工作报告和区计划委、财政局、法院、检察院分别作的国民经济和社会发展计划报告、财政预决算报告、法院工作报告、检察院工作报告，并就6项报告分别作出决议。会议选举高洪勋为区第十三届人大常委会主任，王玉泉、张现昌、朱世金、王方平、李凤忠为副主任，选举出区人大常委会委员17人；选举李福水为区政府区长，刘炳泽、张廷林、刘在传、党培珍为副区长；选举张玉贵为区法院院长，傅光仁为区检察院检察长。会议选出历城区出席济南市第十一届人民代表大会代表72名。

第二次会议　1994年2月27日—3月1日在区招待所礼堂召开，应到代表390名，实到361名。会议听取并审议区长李福水所作的政府工作报告、区人大常委会主任高洪勋所作的区人大常委会工作报告和区计划委、财政局、法院、检察院分别作的国民经济和社会发展计划报告、财政预决算报告、法院工作报告、检察院工作报告，并就6项报告分别作出决议。听取审议了区政府关于解决山丘地区人畜饮水困难三年规划执行情况的报告。会议补选区人大常委会委员2人。

第三次会议　1995年2月20日—22日在区招待所礼堂召开，应到代表391名，实到368名。会议听取区长李福水所作的政府工作报告，区人大常委会主任高洪勋所作的区人大常委会工作报告和区计划委、财政局、法院、检察院分别作的国民经济和社会发展计划报告、财政预决算报告、法院工作报告、检察院工作报告，并就6项报告分别作出决议。

第四次会议　1996年3月13日—16日在历城影剧院召开，应到代表387名，实到352名。会议听取区长李福水所作的政府工作报告，区人大常委会主任高洪勋所作的区人大常委会工作报告和区计划委、财政局、法院、检察院分别作的国民经济和社会发展计划报告、财政预决算报告、法院工作报告、检察院工作报告。会议审查批准《济南市历城区国民经济和社会发展“九五”计划及2010年远景目标纲要》并与“一府两院”等6项报告分别作出决议。会议补选于德浩、马兴云为区人大常委会副主任，补选区人大常委会委员2人；杨进富为区法院院长。

第五次会议　1997年3月15日—17日在区会议中心召开，应到代表390名，实到376名。会议听取并审议区长李福水所作的政府工作报告，区人大常委会主任高洪勋所作的区人大常委会工作报告和区计划委、财政局、法院、检察院分别作的国民经济和社会发展计划报告、财政预决算报告、法院工作报告、检察院工作报告，并就6项报告分别作出决议。

五、历城区第十四届人民代表大会

第一次会议　1998年1月13日—17日在区会议中心召开，应到代表313名，实到301名。会议听取并审议代区长冯光文所作的政府工作报告，区人大常委会主任高洪勋所作的区人大常委会工作报告和区计划委、财政局、法院、检察院分别作的国民经济和社会发展计划报告、财政预决算报告、法院工作报告、检察院工作报告，并就6项报告分别作出决议。会议选举李福水为区第十四届人大常委会主任，刘炳泽、张玉贵、张现昌、于德浩、翟长庆、马兴云、朱世金为副主任，选举出区人大常委会委员15人；选举冯光文为区政府区长，秦承安、徐明梅、刘在传、孟涛、王志平、王志刚为副区长；杨进富为区法院院长，张红齐为区检察院检察长。会议选出历城区出席济南市第十二届人民代表大会代表65名。

第二次会议　1999年3月6日—9日在区会议中心召开，应到代表310名，实到301名。会议听取并审议区长冯光文所作的政府工作报告，区人大常委会主任李福水所作的区人大常委会工作报告和区计划委、财政局、法院、检察院分别作的国民经济和社会发展计划报告、财政预决算报告、法院工作报告、检察院工作报告，并就6项报告分别作出决议。会议补选区人大常委会委员3人。

第三次会议　2000年1月24日—26日在区会议中心召开，应到代表269名，实到259名。会议听取区长冯光文所作的政府工作报告，区人大常委会主任李福水所作的区人大常委会工作报告和区计划委、财政局、法院、检察院分别作的国民经济和社会发展计划报告、财政预决算报告、法院工作报告、检察院工作报告，并就6项报告分别作出决议。会议表决通过区人民代表大会议事规则。

第四次会议　2001年2月18日—21日在区会议中心召开，应到代表272名，实到258名。会议听取并审议区政府代区长谭延伟所作的《济南市历城区国民经济和社会发展第十个五年计划纲要（草案）》的报告和区人大常委会主任李福水所作的区人大常委会工作报告和区计划委、财政局、法院、检察院分别作的国民经济和社会发展计划报告、财政预决算报告、法院工作报告、检察院工作报告，并就6项报告分别作出决议。会议补选王志义、郑学胜为区人大常委会副主任；谭延伟为区政府区长，刘连儒、田德昌为副区长。

第五次会议　2002年3月10日—12日在区会议中心召开，应到代表266名，实到252名。会议听取并审议区长谭延伟所作的政府工作报告，区人大常委会主任李福水所作的区人大常委会工作报告和区发展计划局、财政局、法院、检察院分别作的国民经济和社会发展计划报告、财政预决算报告、法院工作报告、检察院工作报告，并就6项报告分别作出决议。会议补选孙兆远为区法院院长。

图18-3　2002年3月10日—12日，济南市历城区第十四届人民代表大会第五次会议召开

六、历城区第十五届人民代表大会

第一次会议　2003年1月20日—24日在区会议中心召开，应到代表279名，实到274名。会议听取并审议代区长许强所作的政府工作报告，区人大常委会主任李福水所作的区人大常委会

工作报告和区发展计划局、财政局、法院、检察院分别作的国民经济和社会发展计划报告、财政预决算报告、法院工作报告、检察院工作报告，并就六项报告分别作出决议。会议选举于正齐为区第十五届人大常委会主任，彭玉华、张红齐、孟涛、王志平、王志义、郑学胜、王富莲为副主任，选举出区人大常委会委员14人；选举许强为区政府区长，丁新力、王志刚、刘桂祯、李季孝、袁长奎、宫玉玲为副区长；选举孙兆远为区法院院长，郭绪庭为区检察院检察长。会议选出历城区出席济南市第十二届人民代表大会代表60名。

第二次会议 2004年1月9日—12日在区会议中心召开，应到代表279名，实到273名。会议听取并审议区长许强所作的政府工作报告，区人大常委会主任于正齐所作的区人大常委会工作报告和区发展计划局、财政局、法院、检察院分别作的国民经济和社会发展计划报告、财政预决算报告、法院工作报告、检察院工作报告，并就6项报告分别作出决议。

第三次会议 2005年1月20日—22日在区会议中心召开，应到代表279名，实到261名。会议听取并审议区长许强所作的政府工作报告，区人大常委会主任于正齐所作的区人大常委会工作报告和区发展计划局、财政局、法院、检察院分别作的国民经济和社会发展计划报告、财政预决算报告、法院工作报告、检察院工作报告，并就6项报告分别作出决议。会议补选区人大常委会委员4人。

第四次会议 2006年1月11日—13日在区会议中心召开，应到代表277名，实到271名。会议听取并审议区长许强所作的《济南市历城区国民经济和社会发展第十一个五年总体规划纲要（草案）》的报告，区人大常委会主任于正齐所作的区人大常委会工作报告和区发展计划局、财政局、法院、检察院分别作的国民经济和社会发展计划报告、财政预决算报告、法院工作报告、检察院工作报告，并就6项报告分别作出决议。

第五次会议 2007年1月29日—31日在区会议中心召开，应到代表276名，实到266名。会议听取并审议区长许强所作的政府工作报告，区人大常委会主任于正齐所作的区人大常委会工作报告和区发改委、财政局、法院、检察院分别作的国民经济和社会发展计划报告、财政预决算报告、法院工作报告、检察院工作报告，并就6项报告分别作出决议。会议补选马荣亮、王永和为区人大常委会副主任。

七、历城区第十六届人民代表大会

第一次会议 2007年12月5日—10日在区会议中心召开，应到代表306名，实到300名。会议听取并审议区长许强所作的政府工作报告，区人大常委会主任于正齐所作的区人大常委会工作报告和区发改委、财政局、法院、检察院分别作的国民经济和社会发展计划报告、财政预决算报告、法院工作报告、检察院工作报告，并就6项报告分别作出决议。会议选举谭延伟为区第十六届人大常委会主任，马荣亮、王永和、王志平、郑学胜、王富莲、王连平为副主任，选举出区人大常委会委员20人；选举许强为区政府区长，马玉星、杨玉军、李季孝、袁长奎、宫玉玲、黄晓广为副区长；选举郑玉为区法院院长，亓浩为区检察院检察长。会议选举出历城区出席济南市第十三届人民代表大会代表63名。

第二节 区人大常委会会议、人大常委会主任会议

一、区人大常委会会议

历城区人大常委会会议每两个月至少举行一次，如遇特殊情况，经主任会议决定，可临时召集会议。常委会会议由常委会主任召集并主持，或由主任委托副主任主持会议。常委会会议必须有常委会全体组成人员的过半数出席方可举行。举行会议时，常委会组成人员根据会前视察、调查、检查以及平时掌握的情况发表意见，充分反映民意。1986—2007年，共举行

常委会会议184次。

常委会举行会议时，区政府区长或由区长委托副区长、法院院长、检察院检察长、政府办公室主任、人大常委会各处室负责人列席会议。区政协副主席应邀列席会议。乡镇人大主席、街道人大工作室主任、区政府有关部门负责人，经常委会主任会议决定，可以列席会议。必要时，邀请上级人民代表大会代表、区人民代表大会代表或其他有关人员列席会议。

常委会全体会议或分组会议对议案、工作报告进行审议时，有关部门主要负责人到会听取意见，回答询问。对常委会提出的重要意见，会后由常委会办公室整理，由常委会主任审定后，印送区政府、法院、检察院以及有关机关研究办理，有关机关将办理结果于下次常委会会议前报送常委会。

常委会全体会议听取和审议区政府、法院、检察院的工作报告。区政府各工作部门受区政府委托，可以向常委会提出工作报告。必要时，常委会可以要求区政府、法院、检察院作专题报告。在常委会会议期间，常委会组成人员3人以上联名可以向常委会书面提出对区政府及有关部门、区法院、区检察院的质询案。

常委会会议表决议案或作出决议、决定，须由常委会全体组成人员过半数通过。表决结果由会议主持人当场宣布。

二、区人大常委会主任会议

历城区人大常委会主任会议由常委会主任、副主任组成，主任会议按照民主集中制的原则行使职权，并根据工作需要不定期召开。

主任会议由全体成员的过半数出席方可举行。会议由常委会主任或主任委托的副主任主持。会议议题会前由常委会办公室进行综合后提出，由主任或主任委托的副主任确定。常委会办公室主任列席常委会主任会议。根据需要，常委会驻会委员及常委会机关工作处负责人可以列席会议。必要时，也可请区政府、法院、检察院有关负责人列席。

主任会议负责拟定常委会会议议程草案，决定常委会会议召开的会议日程、列席人员。主任会议可以向常委会会议提出属于常委会职权范围内的议案。区政府或常委会组成人员3人以上联名向常委会提出属于常委会职权范围内的议案，由主任会议决定是否提请常委会会议审议。常委会代表资格审查委员会的主任委员、副主任委员和委员的人选，由主任会议在常委会组成人员中提名，提请常委会通过。主任会议可以向常委会提议组织关于特定问题的调查委员会，由常委会会议决定。

主任会议日常主要听取和审议区政府、法院、检察院的专项工作报告，并提出意见和建议；研究处理常委会日常工作的其他重要事项；依法向常委会提出人事任免事项；领导和组织协调常委会机关重要工作。

第三节　乡镇人民代表大会会议

历城区乡镇人民代表大会，2004年前每届任期为3年，2004年后每届任期为5年，每年至少召开一次人民代表大会会议。各乡镇召开人民代表大会会议总体时间由区人大常委会审议决定，具体时间由各乡镇自主安排。会议由乡镇人大主席团主持，主席团在乡镇人民代表大会会议召开前的预备会议上选举产生，任期一年。主席团由乡镇人民代表大会主席、副主席和乡镇人大代表中提名产生的人员组成，一般不超过13人。乡镇人大会议主要议程是听取和审议乡镇政府工作报告、乡镇人大主席团工作报告，选举乡镇人大主席、副主席，选举乡镇政府乡镇长、副乡镇长。2007年起，区、镇两级人民代表大会同步换届。

1986—2007年，历城区各乡镇人民代表大会共历经七届，每个乡镇人民代表大会共召开人民代表大会会议22次。

第三章　人大主要工作

第一节　重大事项审议决定

1986—2007年，历城区人大常委会会议，听取审议“一府两院”工作汇报431项，并对部分汇报作出相应决议决定。

一、经济和社会事业

区人大常委会每年中期听取和审议本年度上一阶段国民经济和社会发展计划以及财政预算执行情况。1986年2月，县十届人大常委会第十五次会议审议通过关于加强土地管理、合理利用土地资源的决定（草案）。9月，人大常委会第十九次会议批准《历城县乡镇财政管理办法》。10月，人大常委会第二十次会议批准县政府《关于保护水利工程设施和水产资源的布告》《关于封山育林和加强林木管护的布告》。1987年11月，区十一届人大常委会第四次会议通过《关于认真学习、宣传、贯彻中共十三大文件，为建设富强、民主、文明的社会主义现代化国家而奋斗的决议》，批准区政府《关于加强农作物种子管理的布告》。1988年11月，人大常委会第十一次会议批准区政府《关于认真做好森林植物检疫工作的布告》。1990年11月，区十二届人大常委会第五次会议审议批准区政府《关于计划生育工作的若干规定》。1991年2月，人大常委会第六次会议审议区政府关于《水资源管理暂行规定(草案)》及其说明的汇报。同年11月，人大常委会第十次会议审议区政府关于解决人畜吃水困难村庄的工作规划情况的汇报，作出《历城区解决农村人畜饮水困难村庄三年规划的决议》。1994年，区十三届人大常委会第十三次会议审议区政府关于预算外资金管理工作情况汇报，作出《关于加强预算外资金管理的决议》。1995年7月，人大常委会第十九次会议审议通过《济南市历城区科技发展“九五”规划及到2010年科技兴区规划纲要》，并作出相应决议。1996年1月，人大常委会第二十四次会议审议区政府关于加强征地补偿费的使用和管理暂行规定及其说明，通过《关于加强征地补偿费的使用和管理暂行规定的决议》。1998年7月，区十四届人大常委会第四次会议作出关于在全区组织开展评选“人民好公仆”活动决议。2001年9月，人大常委会第二十七次会议作出关于加强区级预算审查监督决定，支持审计部门对本级预算执行和其他财政收支情况进行审计监督，要求区政府对审计查出的问题限期整改。2005年12月，区十五届人大常委会第二十六次会议通过《济南市历城区国民经济和社会发展“十一五”总体规划纲要（草案）》。

二、依法治区

1988年5月，区十一届人大常委会第八次会议批准区政府《普法教育规划方案》。同年11月，人大常委会第十一次会议通过《区人大常委会学习贯彻全国人大常委会〈关于加强民主法制，维护安定团结，保障改革和建设顺利进行的决定〉的决定》《关于在全区进行执法大检查的决定》；12月，人大常委会第十三次会议审议区政府关于依法治区实施意见，并通过相应决议。1993年5月，区十三届人大常委会第三次会议审议通过《区人大常委会信访工作暂行办法》。1996年7月，人大常委会第二十八次会议审议通过区政府关于“三五”普法规划情况汇报，作出《关于在全区开展法制宣传教育第三个五年规划的决议》《关于组织区人大代表评议区政府职能部门、区人民法院、区人民检察院工作的决定》。1998年5月，区十四届人大常委会第三次会议审议通过《区人大常委会监督工作暂行办法》和《区政府、区法院、区检察院工作联系办法》《关于加强对法律实施情况检查监督的暂行办法》《关于人民来信来访办理的规定》4项工作制度。同年12月，人大常委会第七次会议通过《关于实行个案监督的意见和部分案件上报备案的暂行办法》。2000年7月，人大常委会第十九次会议审议通过《关于组织区人大代表评议区政府部分职能部门及区法院、区检察院工作的实施方案》。2001年5月，人大常委会第二十五次会议作出《关于贯彻实施历城区“三五”依法治区纲要的决议》。同年9月，人大常委会第二十七次会议作出《关于在全区公民中开展第四个五年法制宣传教育的决议》。2006年9月，区十五届人大常委会第三十一次会议通过《关于贯彻实施历城区2006—2010年“四五”依法治区纲要的决议》和《关于在全区公民中开展第五个五年法制宣传教育的决议》。

第二节 人事任免

1986年以来，区人大常委会依据《中华人民共和国宪法》《中华人民共和国地方各级人民代表大会和地方各级人民政府组织法》和区人大常委会《人事任免和人事监督暂行办法》，坚持对被任命人员进行任前法律知识考试，任免过程中反复酝酿，充分讨论，最后投票表决。至2007年，区人大常委会共任命国家机关工作人员997人，免职287人。其中，任命区人大常委会机关工作人员105人，免职36人；决定任命区政府组成人员238人，免职61人；任命区法院审判人员461人，免职159人；任命区检察院检察人员193人，免职31人。

第三节 法律监督

区人大常委会每年制定工作要点，实施对“一府两院”工作的法律监督。监督方式主要是通过听取工作汇报，组织人大常委会组成人员和区人大代表开展视察、调查和执法检查等。

一、普法监督

1986年，县十届人大常委会召开纪念《中华人民共和国宪法》颁布实施三周年座谈会。1992年11月3日—12月4日，开展《中华人民共和国宪法》宣传月活动，先后主持召开千人动员大会、专题报告会、座谈会，举办宪法征文比赛，组织上至区级领导，下至村两委会成员，共3.5万人参加的宪法会考。1996年，区十三届人大常委会总结验收“二五”普法教育，听取区政府关于“三五”普法规划情况的汇报，并作出相应决议，启动“三五”普法教育工作。先后3次举办区领导和机关干部参加的法制讲座，组织领导干部法律考试。2001年，区十四届人大常委会考核验收“三五”普法教育，作出《关于在全区公民中开展第四个五年法制宣传教育的决议》。2003年后，区人大常委会参与并加强对法制宣传教育及依法治理工作的领导和监督。每年都对普法工作进行检查，听取审议区政府普法工作专题汇报，提出意见和建议，并督促整改。2006年9月，区十五届人大常委会作出实施“四五”依法治区纲要决议和开展第五个五年法制宣传教育决议。

二、执法检查监督

1989年，区十一届人大常委会听取审议区法院、检察院工作情况汇报，强调两院要把反贪污、受贿、投机倒把等犯罪活动作为打击严重经济犯罪的第一位工作来抓。1993年，区十三届人大常委会第九次会议作出《关于在全区国家机关中实行执法责任制的决议》，将300多项法律法规，按照职责分工把执法任务和责任落实到43个单位和部门。1995年，区人大常委会对实行执法责任制情况进行全面检查，并着重从加强对法律的学习与宣传，提高执法人员素质等方面提出建议。1997年，区人大常委会对《中华人民共和国劳动法》《中华人民共和国矿产资源法》的实施情况进行检查，督促企业改善劳动条件，切实落实好劳动法。1998年9月12日，全区召开深化完善行政执法责任制动员大会，对《国家机关执法责任制适用法律法规目录》重新进行修订，将适用法律增加到406项，落实到72个部门和单位。各单位在10月底前全部建立“两错”(错案和执法过错)责任追究制度和内部监督制约机制，报区人大常委会备案。各乡镇也按要求制定实施行政执法责任制办法。1998年12月10日，区十四届人大常委会第七次会议通过《关于实行个案监督的意见》和《关于部分案件上报备案的暂行办法》，要求区政府行政复议的案件、区公安分局起诉案件中另案处理的案件，区法院免予刑事处分的案件、经济犯罪中的大要案、行政案件、发回重审的案件，区人民检察院不批准逮捕的案件、不起诉的案件、自办案件中撤案的案件、抗诉案件、监督公安立案的案件等法律文书的决定书、判决书、裁定书和必要的书面材料，都要及时上报区人大常委会备案。区十四届人大常委会先后对《中华人民共和国全国人民代表大会和地方人民代表大会代表法》《中华人民共和国土地管理法》等29部法律法规的贯彻执行情况进行检查。每年都听取区法院、区检察院上半年工作和区政府公安保卫、严打整治工作情况汇报，监督区法院在解决执行难、区检察院在查办职务犯罪、区公安分局在开展“严打”整治斗争中认真落实常委会的审议意见，维护社会稳定。2003年后，区十五届人大常委会先后对《中华人民共和国义务教育法》《中华人民共和国人口与计划生育法》《中华人民共和国环境保护法》《中华人民共和国安全生产法》《中华人民共和国食品卫生法》《中华人民共和国土地管理法》《中华人民共和国建筑法》等法律、法规贯彻执行情况进行检查，查找法律实施中存在的问题，并督促有关部门限期整改。1986—2007年，区人大常委会共听取审议执法工作汇报130余次，开展执法检查160余次。

三、信访监督

区人大常委会把做好人民群众来信来访工作作为联系群众、体察社情民意的重要渠道，强化措施，畅通信访渠道，做好信访案件转办督办工作。区十一届、十二届人大常委会任期分别受理群众来信来访437件次、672件次。区十三届人大常委会任期共受理群众来信1370件，来访1460次，处结率每年都在90%以上。区十四届人大常委会加大信访工作力度，实行主任、副主任阅批和重大案件责任制度，共受理群众来信来访2125件次，处结率96%。区十五届人大常委会任期共受理群众来信来访754件，1376人次。

第四节 代表工作

一、宣传工作

1992年4月，第七届全国人大第五次会议通过《中华人民共和国全国人民代表大会和地方各级人民代表大会代表法》后，区人大常委会每年组织开展《中华人民共和国全国人民代表大会和地方各级人民代表大会代表法》颁布实施纪念日宣传活动。共召开座谈会18次，印发宣传材料3万余份，同时组织各级人大代表学习《中华人民共和国全国人民代表大会和地方各级人民代表大会代表法》，在区电视台开播《人大代表风采》栏目，宣传人大代表履行代表职务和在本

图18-4 区人大常委会组织代表法宣传活动(2003年摄)

职工作中建功立业的先进事迹，共宣传人大代表50余人次。

二、代表联系及代表小组工作

历届人大常委会都修订完善联系代表工作暂

行办法。区、乡镇人大代表按照便于组织和开展活动的原则组成代表小组。每年区人大常委会的代表工作部门制定《区人大代表小组活动内容安排意见》，提出代表小组活动主题。开展调研、联系选民等活动，对群众关心的热点问题，督促有关部门及时解决。区人大常委会每两年举办一次评选优秀区人大代表小组和优秀区人大代表活动，每年组织评选乡镇人大工作先进单位，评选代表建议办理工作先进单位。1995年后，坚持区人大常委会主任、副主任接待代表日和区人大常委会组成人员固定联系代表制度。至2007年，共联系、接待代表780人次，收集代表建议490余条；表彰优秀人大代表370名，优秀人大代表小组38个，人大工作先进单位73个，代表建议办理工作先进单位47个。

三、代表述职与主题活动

2000年，区十四届人大常委会在柳埠镇进行代表述职工作试点。2001年6月起，在全区组织开展区人大代表向选区选民述职活动。2003年起，区人大常委会在区人大代表中组织开展以“实践‘三个代表’，人大代表做模范”为主题的“四个一”活动，即围绕全区经济建设，至少引进一个项目；围绕环境创新，至少提一条合理化建议；积极参加帮扶活动和社会公益活动，至少办一件实事好事；充分发挥与人民群众联系的桥梁纽带和社会民主主渠道作用，联系一片选民。至2007年，共有336名区人大代表到所在选区向选民述职，选民对区人大代表满意率在97%以上；区人大代表共引进项目895个，提合理化建议1911条，办好事实事3037件，联系选民64.8万人次。

四、工作评议和述职评议

1992年，区十二届人大常委会制定总体评议规划，开始组织区人大代表对政府部门及区法院、区检察院依法行政和执法情况进行评议，至1997年，评议区农业局、区林业局、区水利局、区公安分局等19个区政府部门及区法院、区检察院，共评议29次。1999年7月28日，区十四届人大常委会第十三次会议作出《关于组织区人大代表对区政府有关职能部门工作进行评议的决定》及评议工作实施方案。2000年5月26日，第十八次会议通过《区人大常委会关于对部分被任命人员进行述职评议的实施方案》；7月28日，第十九次会议对评议工作实施方案进行补充完善。2001年7月25日，第二十六次会议通过《关于组织区人大代表评议区政府部分职能部门工作的实施方案》和《关于对部分被任命人员进行述职评议的实施方案》。1999—2007年，对所有区政府组成部门及区法院、区检察院进行了工作评议或对部门主要负责人进行述职评议。

五、“人民好公仆”评选活动

1998年7月22日，区十四届人大常委会第四次会议通过《关于在全区组织开展评选“人民好公仆”活动的决议》。在评选工作中，区人大常委会采取“三上三下”评选方法，先由各乡镇、大正小区、各系统组织评选出本地区、本单位“人民好公仆”，然后推荐一名候选人报区好公仆评选委员会，作为区“人民好公仆”提名候选人。区评选委员会在各系统提名推荐的15名候选人中，通过联评，确定出5名正式候选人；在各乡镇、大正小区提名推荐的21名候选人中，确定出15名正式候选人。1999年2月8日，在区人大代表监督下，组织干部群众在187个投票站投票选举，杨振刚等10人被选为历城区首届“人民好

图18-5　历城区首届人民好公仆表彰大会（1999年摄）

公仆”。1999年5月至2000年2月，开展评选第二届“人民好公仆”活动，田德昌等10人被选为历城区第二届“人民好公仆”。2000年3月15日，区十四届人大常委会第十七次会议对第三届评选“人民好公仆”活动实施意见和评选办法进行修订。当年9月，田德昌等10人被选为历城区第三届“人民好公仆”。全区三届评选活动共评选出“人民好公仆”30名，其中孙兆远、田洪文、王芳德、田德昌、杨继法连续3届被评为历城区“人民好公仆”；在推荐参加济南市“人民好公仆”评选中，田德昌、孙兆远获济南市“人民好公仆”称号。

第五节　议案工作

1986—2007年，在区人代会会议和闭会期间，共收到人大代表各类议案、建议、批评和意见2563件，其中548件代表议案中，作为建议办理547件，作为议案办理1件。

1992年，区十二届人大三次会议对区政府所提《坚持不懈地开展农田水利基本建设，不断改善农业生产条件》议案进行审议，并作出决议，要求区、乡镇两级政府及早制订具体可行规划，认真贯彻执行。2004年1月，全福街道代表团代表针对群众关心的热点难点问题，在区十五届人大二次会议上提出《关于桑园路拓宽改造与排水问题的议案》，该议案经会议审议作为代表建议办理，全福街道与区工程指挥部研究制定《济南市历城区桑园路综合改造实施方案》，对桑园路进行全面整治，于2004年10月投入使用。

办理代表建议、批评和意见主要做法：一是加强领导，明确责任。区人大常委会一名副主任带领区人大常委会人事代表工作处负责代表建议的督办工作。区政府一名副区长抓代表建议的办理工作，并由政府办公室确定专人负责联系督促区政府各承办单位。区政府各承办单位成立由部门主要负责人任组长的领导小组，将办理责任落实到个人；二是规范办理程序，提高办理质量。区人大常委会对代表建议办理时限、办理内容、工作重点以及建议答复等具体环节提出明确要求，并严格按程序督办；三是加强检查指导，及时反馈。各承办单位将代表建议处理意见和结果报告人大常委会，同时以书面形式向相关代表做出答复。区人大代表对代表建议办理结果满意率达到90%以上。

第六节　调查视察

1986—2007年，区人大常委会共组织开展视察、检查、调查活动500余次。

一、农业调查视察

1987年6月，对9个乡镇、16个村庄贯彻执行《中华人民共和国土地管理法》情况进行视察，针对存在的问题，提出整改意见和建议。1991年11月20日，区十二届人大十次会议作出关于解决山区人畜吃水困难决议。区人大常委会先后组织人大代表进行3次视察，5次专题调查，推动决议和人畜吃水三年规划的落实。1991年12月，为解决小清河沿岸污染区人畜饮水问题，组织30名驻区市人大代表，对污染区王舍人、华山、遥墙、唐王4个镇部分村受害情况进行视察，参加视察代表联名向市人大常委会写出报告。同时，区人大常委会以《关于部分市人大代表要求解决小清河污染问题的报告》为题，向市人大常委会作出专题报告，市政府拨款400万元，解决小清河沿岸污染区人畜饮水问题。经过多方论证，制定了解决小清河污染区人畜饮水三年计划并实施，该工程两年后竣工。1992年4月10日至5月15日，区人大常委会为促进国务院《农民承担费用和劳务管理条例》及《山东省农民负担管理条例》实施，组织市、区、乡镇三级人大代表，对全区农民负担状况进行普遍视察，共有410名代表参加视察活动，先后走访238个村，812户。常委会根据视察情况提出3条建议，并将整个活动情况向市人大常委会和中共历城区委作了书面报告。2003年7月，对全区农业产业结构调整工作进行视察，并就提高农业科技水平、培植农牧龙头企业、健全为民服务体系等提出意见。

2004年，区人大常委会先后对《中华人民共和国农业法》《农业机械安全监督管理条例》《无公害农产品管理办法》等涉农法律法规执行情况进行检查，提出针对性意见。常委会对道路村村通、自来水户户通、有线电视户户通、客车村村通工程采取多种形式进行视察、检查和调查，督促和推动“四通”工程实施。2005年上半年，对农民增收工作进行视察，建议进一步加强农业基础设施建设，加快农业产业结构调整步伐，积极促进农村富余劳动力转移等，促进农民增收。2006年，常委会对《中华人民共和国森林法》贯彻执行情况进行视察，要求区政府进一步加大封山育林力度，建立健全森林管护队伍，抓好森林防火和林木病虫害防治等工作。

二、工业调查视察

1989年，区十一届人大常委会对干部群众反映强烈的党政机关、党政干部办企业和公司过多过滥、固定资产投资规模过大、非生产性开支增长过猛等突出问题进行多次调查，听取审议区政府关于清理整顿公司、压缩固定资产投资规模，深化治理整顿工作情况汇报，并要求区政府根据中央继续深入清理整顿和深化改革的一系列重要指示，对重点企业实行倾斜政策，调整投资结构，保证国民经济发展有后劲，使工农业生产保持适当发展速度。1990年，区十二届人大五次会议听取审议区政府关于治理整顿、深化改革情况的汇报，并深入到区直、乡镇、有关部门和厂企调查，了解清理整顿公司、压缩固定资产投资规模、实行租赁承包情况。1997年，常委会通过调查审议，针对部分企业存在的效益不高、改革步子不大等问题，建议进一步解放思想，彻底摆脱旧的条框束缚，加大改革力度，按照国家“抓大放小”方针，对全区国有和集体企业做好“放”字这篇文章，盘活现有存量资产，搞好资产重组，加大措施，放手发展个体私营经济。1997年9月，区人大常委会对《中华人民共和国劳动法》《中华人民共和国矿产资源法》实施情况进行检查，针对有些企业存在用工不签订劳动合同、忽视劳动安全、拖欠职工养老金失业保险金等问题，提出加大《中华人民共和国劳动法》宣传力度，增强职工依法保护自身权益意识的意见；对《中华人民共和国矿产资源法》的贯彻实施，从珍惜矿产资源、进行依法开采、推广先进技术、实施可持续发展等方面提出意见和建议。

1998—2002年，区十四届人大常委会对个体私营经济、预算外资金管理、乡镇企业发展、流通企业改革、投资环境年活动开展情况等进行一系列视察或调查，在工业园区建设、挂包项目、帮助企业解决实际困难等方面做了大量工作。2006年，对《中华人民共和国安全生产法》贯彻执行情况进行视察，针对安全生产中存在的薄弱环节提出要求。

图18-6　2001年12月18日，区人大视察山东将军集团济南卷烟厂

三、城乡建设调查视察

1996年6月，区十三届人大常委会对《中华人民共和国环境保护法》实施情况进行调查，察看了部分重点企事业单位污染防治工作和老污染源治理情况，对一些地方和单位违反环保法律法规行为提出批评，并督促区政府环保部

门依法处理。2002年1月，区人大常委会对区城建“十项重点工程”实施情况进行视察。2003年，对《中华人民共和国建筑法》《村庄和集镇规划建设管理条例》贯彻执行情况进行视察、检查，使部分道路两侧和景区周围乱搭、乱建现象得到有效治理。2005年、2007年先后两次对《中华人民共和国建筑法》实施情况进行检查，提出“全面推行工程监理，提高在建工程质量”等建议，要求进一步加强管理，逐步建立健全严格履行法定程序、强化市场准入的管理机制，规范建筑市场秩序。2006年8月，常委会对《济南市城市绿化管理办法》贯彻执行情况进行检查，要求进一步加强宣传力度，依法治绿护绿，提升全区城市绿化水平，促使城市生态环境和城市景观逐年改善。

四、社会事业调查视察

1987年8月，区直机关驻地和部分乡镇遭受特大暴雨和冰雹袭击，区人大常委会深入村户察看灾情，慰问群众，帮助研究落实救灾措施，组织机关工作人员开展救灾活动。1989年春节前，区十一届人大常委会会同区政府和计量、工商、物价、供销、商业等部门对4个乡镇的100多家农贸市场、副食品商店、个体摊点和职工食堂贯彻《中华人民共和国计量法》，执行物价政策情况进行综合性视察，对视察发现的违法经营者由业务部门当场进行处理。1993年4月中旬，区人大常委会组织对《中华人民共和国义务教育法》实施情况的视察活动，分别到西营、桑梓店、孙村镇及历城三中、历城五中、洪家楼小学进行视察，提出要深入持久地宣传义务教育法，严格依法办事；严格按照义务教育法和国务院有关规定开征教育事业费附加；切实解决师资不足，达标率低，教师队伍不稳定问题；强化素质教育，全面贯彻党的教育方针。1998年10月，针对教育经费紧张、学校乱收费等问题，提出各级政府要继续加强领导，确保教育经费及时拨付到位，保证教学正常需要；要狠抓教学管理，制止各种乱收费行为。1999年春，开展新的《中华人民共和国村民委员会组织法》颁布实施后第一次村委会换届直选工作。5月，组织3个视察组，到6个乡镇的18个村，对《中华人民共和国村民委员会组织法》贯彻执行情况进行视察。6月，在区十四届人大十二次会议上，听取并审议区政府关于村民委员会换届选举工作专题汇报，着重在加强新一届村委会、村民代表会等组织建设，搞好建章立制，培训村委会成员等方面提出意见。2000年9月，对《中华人民共和国消防法》执行情况进行检查，对存在火灾隐患重点单位提出具体要求。2001年4月，对《中华人民共和国产品质量法》贯彻实施情况进行检查。2003年上半年，常委会多次听取区政府防治非典型性肺炎疫情工作汇报，并深入农村对《中华人民共和国药品管理法》《中华人民共和国传染病防治法》实施情况进行检查，建议区政府要高度重视农村“防非”工作，确保农民就医用药安全。历届人大常委会每年都对《中华人民共和国人口和计划生育法》贯彻执行情况进行视察，对加强法律宣传、落实工作责任、健全服务网络、加强综合执法、强化技术服务、稳定低生育水平、完善社会保障机制等方面提出审议意见。

第十九编

地方人民政府

历城区行政审批服务中心（2006年摄）

1986—2007年，历城区人民政府共历经7届，每届区长、副区长由区人民代表大会选举产生。每届任期，1993年前为3年，1993年起改为5年。

1986年，历城县人民政府设工作部门28个，乡镇人民政府14个。经过三次党政机关机构改革和多次区划调整，至2007年，区人民政府设工作部门25个，镇人民政府12个，街道办事处4个。

历城区人民政府贯彻落实国家各项改革、发展政策，实行依法治区、依法行政、科学施政，坚持以经济建设为中心，全面深化各项改革，把招商引资与开放兴区、科技兴区相结合，使全区综合经济实力和可持续发展能力不断增强，促进了全区社会各项事业的大发展，尤其在城乡建设、社会保障、人口控制和教育、医疗等领域发生了巨大而深刻地变化，人民安居乐业，社会和谐稳定。

第一章　组织设置

第一节　区人民政府组成人员

历城区人民政府是历城区最高行政机关，由区人民代表大会选举产生，向区人民代表大会和济南市人民政府负责并报告工作。区人民政府由区长、副区长、政府各工作部门主要行政负责人组成。区长、副区长在区人民代表大会会议上由人大代表选举产生，政府各工作部门主要行政负责人经区长提名，由区人大常委会批准任命。区人民政府每届任期，1993年前为3年，1993年起为5年。1986—2007年，历城区人民政府共历经7届。

1986—2007年，历城区人民政府第十届至第十六届区长、副区长组成人员：

第十届县政府（1984.4—1987.5）

县　长　侯金水（1986.3离职）
　　　　谢传仁（1986.3任职）

副县长　王家福（1986.3离职）
　　　　高洪勋（1985.3任职）
　　　　孙继鑫（1986.3任职）
　　　　杨振刚（1986.3任职）
　　　　王泉慧（女）
　　　　岳金志（1985.12—1986.4挂职）
　　　　孙赤一（1986.10任职，挂职）

第十一届区政府（1987.5—1990.3）

区　长　谢传仁

副区长　高洪勋　孙继鑫　杨振刚
　　　　王泉慧（女）陈学科（1988.3任职）
　　　　孙赤一（1988.1离职）
　　　　冯书文（女，1988.6任职，科技）
　　　　杜延林（1989.4任职，挂职）

第十二届区政府（1990.3—1993.1）

区　长　孙继鑫（1992.12离职）

代区长　李福水（1992.12任职）

副区长　李福水　杨振刚　马荣亮
　　　　朱世金（女）　张廷林
　　　　冯书文（女，1991.3离职）
　　　　杜延林（1992.4离职）
　　　　肖国栋（1990.12—1992.4挂职）
　　　　柴建国（1990.12任职，科技）
　　　　鲁开宏（1990.12任职，科技）
　　　　刘承智（1991.7—1992.5挂职）
　　　　吕荣昌（1992.4任职，挂职）

第十三届区政府（1993.1—1998.1）

区　长　李福水

代区长　冯光文（1998.1任职）

副区长　冯光文（1998.1任职）

刘炳泽　　　秦承安（1994.1任职）

张廷林　　　刘在传

党培珍（女，1994.9离职）

马荣亮（1994.1任职）

孟　涛（1995.12任职）

王志平（1996.12任职）

柴建国（1996.4离职）

鲁开宏（1993.3离职）

吕荣昌（1993.10离职）

刘宝珉（1995.5—1996.5挂职）

陈晓鸽（女，1995.7—1995.12挂职）

第十四届区政府（1998.1—2003.1）

区　长　冯光文（2001.1离职）

谭延伟（2001.2任职）

代区长　谭延伟（2001.1—2001.2）

副区长　谭延伟（2001.1任职）

秦承安（2001.1离职）

徐明梅（女，2001.1离职）

刘在传　　　孟　涛

王志平　　　丁新力（1999.1任职）

王志刚　　　刘连儒（2001.2任职）

田德昌（2001.2任职）

刘桂祯（2001.12任职）

隗广安（1999.1任职，科技）

雷天太（2000.7—2001.7挂职）

马　兰（女，2001.5—2001.12挂职）

第十五届区政府（2003.1—2007.12）

区　长　许　强

代区长　许　强（2003.1任职）

副区长　许　强（2003.1任职）

丁新力（2006.11离职）

马玉星（2006.12任职）

杨玉军（2006.12任职）　　王志刚

刘桂祯（2007.10离职）　　李季孝

袁长奎　　　宫玉玲（女）

孙佩华（女，2003.8—2006.7挂职）

张玉明（2003.6任职，科技）

孔祥君（2004.3—2005.3挂职）

赵联冠（2005.3—2006.5挂职）

柴正民（2006.5—2007.4挂职）

李　芳（女，2006.5—2007.4挂职）

魏延顺（2007.4任职，挂职）

第十六届区政府（2007.12—）

区　长　许　强

副区长　马玉星　　　杨玉军　　　李季孝

袁长奎　　　宫玉玲（女）

黄晓广

第二节　区人民政府工作机构

1986年，历城县人民政府设工作部门28个：县人民政府办公室、县计划委员会、县经济委员会、县科学技术委员会、县城乡建设环境保护委员会、县计划生育委员会、县体育运动委员会、县民政局、县公安局、县司法局、县人事局（含编委办公室）、县劳动局、县财政局、县税务局、县审计局、县工商行政管理局、县统计局、县物价局、县商业局、县交通局、县农牧渔业局、县林业局、县水利局、县粮食局、县文化局、县教育局、县卫生局、县物资局；设县乡镇企业局、县标准计量所、县农机管理总站、县财政贸易办公室、县能源办公室、县广播电视局等政府管理部门。

1987年3月，撤销县教育局，成立县教育委员会；成立县民族宗教办公室，与统战部合署办公。同年5月，撤县建区；成立区环境卫生管理所、区绿化管理所；县公安局更名为济南市公安局历城区分局。9月，成立区土地管理局；原郊区市政工程养护管理所划入历城区，更名为历城区市政工程管理养护所。1988年3月，成立区监察局；5月，成立区对外经济贸易委员会；6月，成立区蔬菜局；11月，成立区环境保护局、区房产管理局；12月，区农机管理总站改为区农业机械管理局。

1990年8月，成立区旅游局；11月，成立区矿产资源管理局、区标准计量所更名区标准计量局。1991年1月，成立区畜牧局；2月，区房产管理局更名为区房地产管理局；8月，区环境卫生管理所更名为区环境卫生管理局；9月，区民族宗教办公室机构单列。同年，区农牧渔业局更名为区农业局。1992年4月，区粮食局改建为区粮油总公司，保留区粮食局牌子；8月，区市政工程管理养护所更名为区市政工程养护管理处。1993年2月，区标准计量局更名为区技术监督局；4月，区纪委与区监察局合署办公；11月，成立济南临港经济开发区管委会。

1994年1月机构改革，区人民政府设工作部门27个：区人民政府办公室、区工业经济委员会（由区经济委员会更名）、区对外经济贸易委员会、区商业委员会（撤销区商业局，组建区商业委员会）、区农业委员会（保留区水利局牌子）、区计划委员会、区城乡建设委员会（由区城乡建设环境保护委员会更名）、区科学技术委员会、区教育委员会（保留体育运动委员会牌子）、区经济体制改革委员会、区计划生育委员会、区公安分局、区司法局、区民政局、区人事局（区机构编制委员会办公室与其合署）、区劳动局、区财政局、区税务局、区交通局、区卫生局、区审计局、区工商行政管理局、区土地矿产管理局（撤销土管局、矿管局成立）、区统计局、区环境保护局、区乡镇企业管理局（由区乡镇企业局更名）、区监察局（与区纪委合署）；设派出机构1个：济南临港经济开发区管委会；撤销区民族宗教办公室、区商业局、区粮食局、区物资局、区农业局、区林业局、区文化局、区物价局、区旅游局、区技术监督局、区房地产管理局、区畜牧局、区蔬菜局、区农业机械管理局、区能源局、环卫局。同年5月，区工商行政管理局更名为济南市工商行政管理局历城分局，实行垂直管理；8月，区税务局机构分设，分别成立济南市历城区国家税务局和济南市地方税务局历城分局，实行垂直管理。

1996年9月调整部分机构，增设农业局、林业局、水利局、体育运动委员会、文化局为政府工作部门；增设区粮食局、区技术监督局、区房地产管理局、区旅游局、区民族宗教办公室为政府管理部门；撤销土地矿产管理局，成立区土地管理局为区政府工作部门，成立区矿产资源管理局为政府管理部门；增设区广播电视局、区畜牧局、区蔬菜局、区农业机械管理局、区能源局、区环境卫生管理局为区直属事业单位；成立区物价局，为区计委管理部门。

1997年9月，区市政工程养护管理处更名为区市政管理局。同年，区绿化管理所更名为区园林绿化管理局。1999年4月，区劳动局更名为区劳动和社会保障局。2000年5月，成立区四门塔风景区管理委员会；7月，成立济南临港经济开发区南区管理委员会，成立区华山景区管理委员会。

2001年2月，成立区招商局。同年12月机构改革，区人民政府设工作机构24个：区人民政府办公室、区发展计划局（由区计划委员会更名）、区经济贸易局（撤销区经济委员会、区乡镇企业管理局组建）、区教育局（由区教育委员会更名）、区科学技术局（由区科学技术委员会更名）、区民政局、区司法局、区财政局、区人事局（区机构编制委员会办公室与其合署）、区劳动和社会保障局、区国土资源局（撤销区矿产资源管理局、区土地管理局组建）、区建设管理局（由区城乡建设委员会更名）、区环境保护局、区交通局、区水务局（撤销区水利局组建）、区农业局、区林业局、区对外贸易经济合作局（由区对外经济贸易委员会更名）、区文化局、区卫生局、区计划生育局（由区计划生育委员会更名）、区审计局、区统计局、区旅游局、区公安分局（列政府工作部门序列，不计政府机构个数）、区监察局（与区纪委合署，列政府工作部门序列，不计政府机构个数）；设派出机构4个：济南临港经济开发区北区管理委员会（由济南临港经济开发区管理委员会更名）、济南临港经济开发区南区管理委员会、济南临港经济开发区东区管理委员会（新组建，为区政府直属事业单位）、济南临港经济开发区西区管理委员会（新组建，为区政府直属事业单位）；组建区人民政府政务中心，为区政府直属事业单位；区体育运动委员会更名为区体育局；撤销区经济体制改革委员会、区农业委员会；组建区新闻出版办公室，由区委宣传部管理；组建区安全生产监督管理局，由区经济贸易局管理。2002年，区技术监督局更名为市质量技术监督局历城分局，实行垂直管理。

2006年3月机构改革，区人民政府设工作部门25个：区人民政府办公室、区发展和改革委员会（由区发展计划局更名）、区经济贸易局、区教育局、区科学技术局、区民政局、区司法局、区财政局、区人事局（区机构编制委员会办公室与其合署）、区劳动和社会保障局、区建设委员会（由区建设管理局更名）、区城市管理行政执法局（新组建，挂区城市管理行政执法大队牌子）、区环境保护局、区交通局、区水务局、区农业局、区林业局、区对外贸易经济合作局、区文化局（挂区文物事业管理局牌子）、区卫生局、区人口和计划生育局（由区计划生育局更名）、区审计局、区统计局、区旅游局、区安全生产监督管理局（改为区政府工作部门，不再由区经济贸易局管理）、区公安分局（列政府工作部门序列，不计政府机构个数）、区监察局（与区纪委合署，列政府工作部门序列，不计政府机构个数）；区政府管理部门4个：区贸易服务局（由区政府财政贸易办公室更名）、区民族宗教事务局（由区民族宗教事务办公室更名）、区体育局、区房地产管理局；区政府派出机构2个：济南临港经济开发区北区管理委员会、济南临港经济开发区南区管理委员会；区政府直属事业单位12个：区园林绿化管理局、区环境卫生管理局、区市政管理局、区畜牧局、区广播电视局（区广播电视台）、区新闻出版局（由区新闻出版办公室更名，改为区政府直属事业单位，不再由区委宣传部管理）、区行政审批服务中心（由区人民政府政务中心更名）、区粮食局、区招商局、区红十字会（新组建）、区四门塔风景区管理委员会、区华山景区管理委员会；区蔬菜局、区农业机械管理局由区政府管理改为由区农业局管理。撤销济南临港经济开发区东区管理委员会、济南临港经济开发区西区管理委员会。同年10月，成立济南东环科技城发展服务中心；济南临港经济开发区管理委员会（原济南临港经济开发区北区管理委员会）升格为正区级，为区政府派出机构。

2007年4月，区国土资源局更名为济南市国土资源局历城分局；成立唐冶新区管理委员会。

第三节　乡镇人民政府

历城区各乡镇设有乡镇人民政府。乡镇人民政府是乡镇的国家行政机关，由乡镇人民代表大会选举产生，向乡镇人民代表大会和区人民政府负责并报告工作。乡镇人民政府设乡（镇）长、副乡（镇）长，在乡镇人民代表大会上由人大代表选举产生。其每届任期，2004年前为3年，2004年起改为5年。

1986年，全县设遥墙、唐王、董家、郭店、孙村、党家庄、十六里河、港沟、仲宫、柳埠、西营11个镇人民政府和锦绣川、彩石、高而3个乡人民政府。1987年5月撤县设区，增加洪家楼、华山、王舍人3个镇人民政府；1989年12月区划调整，划入靳家乡、大王乡和桑梓店镇3个乡镇人民政府；1995年3月，撤销大王乡人民政府，设立大桥镇人民政府；1999年12月区划调整，划出桑梓店镇、大桥镇、靳家乡、党家庄镇和十六里河镇5个乡镇人民政府。2001年2月，撤销洪家楼镇人民政府，设立洪家楼、山大路、全福、东风4个街道办事处，为区政府派出机构，向区政府负责并报告工作。同年12月20日，撤销彩石乡人民政府，设立彩石镇人民政府。2005年11月，孙村镇由济南市高新技术开发区管委会代管。同年12月，撤销高而乡、锦绣川乡2个乡人民政府并入仲宫镇人民政府。至2007年，全区设12个镇人民政府（含孙村）、4个街道办事处。

1986—1993年，乡镇人民政府工作机构设政府办公室（与乡镇党委办公室合署，称党政办公室）、计划生育委员会、农业委员会、经济委员会、建设委员会、教育委员会。1994年机构改革，乡镇人民政府设“两办四委”6个工作机构，即政府办公室（与乡镇党委办公室合署，称党政办公室）、计划生育办公室、农业委员会、经济委员会、建设环保土地委员会、社会事务委员会。2006年机构改革，各镇人民政府统一设置4个行政办公室，即综合办公室、经济发展办公室、社会事务办公室（挂人口和计划生育办公室牌子）、社会稳定办公室（挂社会治安综合治理办公室牌子）。各镇人民政府的事业机构统一设置5个财政拨款事业单位，即财政所（挂劳动保障事务所牌子）、司法所、计划生育服务中心、农业综合服务中心、文化服务中心。洪家楼、山大路、全福、东风4个街道办事处设立后，分别设有党政办公室、政工科、社会事务科、城市管理科、经济发展科、政法科、计划生育科7个科室。

第二章　施政方式

第一节　工作制度

一、分工原则

区政府实行区长负责制和副区长分工负责制。区长主持区政府全面工作；副区长按照工作分工协助区长工作，并在自己职权范围内独立负责地行使职责，对区长负责。常务副区长协助区长主持区政府日常工作。区长外出期间，委托常务副区长主持区政府全面工作。

区政府工作部门和区政府派出机构在区政府统一领导下，实行行政首长负责制和个人分工负责制。行政首长负责本部门、本单位工作，对区政府负责。

二、汇报制度

区政府工作部门遇到有关事项需向区政府汇报。需要向区政府汇报的事项，首先向分管副区长汇报；确需向区长汇报的，必须事前征求分管副区长意见；副区长对分管工作中的重要情况和重大事项，及时向区长请示报告；分管副区长对涉及面广、政策性强的问题进行认真调查研究和分析，并向区长提出解决问题建议。区政府工作部门向区政府汇报工作，必须由主要负责人汇报；主要负责人因特殊情况不能汇报的，可以授权主持工作的副职汇报。

三、科学民主依法执政

区政府及各工作部门完善群众参与、专家咨询和政府决策相结合的决策机制，健全重大决策的规则和程序，实行科学决策、民主决策、依法决策。各部门提请区政府讨论决定的重要事项，必须经过深入调查研究，并经过专家或研究、咨询机构等进行必要性、可行性和合法性论证；涉及有关部门的，要充分协商；涉及街道、乡镇的，要事先征求意见；涉及重大公共利益和人民群众切身利益的，要向社会公开征求意见，必要时举行听证会。

区政府及各工作部门按照法定权限和程序行使行政权力，强化法律意识和责任意识，加强依法行政统筹规划和组织领导，严格实行行政执法责任制和执法过错追究制，有法必依、违法必究，公正执法，文明执法，不断提高依法行政的能力和水平。

区政府接受区人民代表大会及其常委会的监督，执行区人民代表大会及其常委会的各项决议，定期向区人民代表大会报告工作，自觉接受区政协、各民主党派和各群众团体的民主监督，及时办理人民代表建议、批评、意见和政协委员提案。区政府及各工作部门接受新闻舆论和群众监督。区政府及各部门受理人民群众来信、来访，确保信访渠道畅通。

第二节　会议制度

一、区政府全体会议

区政府全体会议由区长、副区长、办公室主任和区政府序列部门主要负责人组成。必要时召开扩大会议，吸收区政府办公室副主任，区政府直属部门、派出机构主要负责人列席会议；视情况邀请区委办公室、区人大常委会办公室、区政协办公室、区法院、区检察院、区人武部、驻区有关单位以及民主党派、群众团体负责人列席会议。会议议题由区长确定，由区长或由区长委托常务副区长召集和主持。区政府全体会议一般每半年召开一次，必要时由区长决定随时召开。

图19-1　2007年11月30日，区政府全体（扩大）会议召开

二、区长办公会议

区长办公会议由区长、副区长组成，临港开发区管委会主任、区政府办公室主任、区监察局局长、区政府综合调研室主任、区政府法制办公室主任并邀请区人武部部长、区委宣传部副部长固定列席；区政府办公室有关副主任及区政府有关部门主要负责人列席相关议题。区长办公会议由区长或区长委托常务副区长召集和主持。会议组成人员超过半数时方能召开，一般每月召开一次，必要时由区长决定随时召开。

三、区政府专题会议

区政府专题会议由区长、副区长或区长、副区长委托区政府办公室主任、副主任召集，区政府有关工作部门、有关单位或派出机构负责人出席。涉及两位以上副区长分管的工作，可共同召集会议。专题会议根据需要随时召开。

第三节　公文制度

各街道办事处、各乡镇人民政府、区政府各工作部门报区政府审批的公文，由区政府办公室审核后根据区政府领导分工呈送审批。向区政府报送需要审批的公文，除区政府领导直接交办事项和必须直接报送的绝密事项外，不得直接报送区政府领导个人，更不得多头报送、越级行文。区政府领导收到直接报送要求审批的公文，一般不先作批示，由区政府办公室按规定程序审核、运转。区政府领导批示的公文，由区政府办公室统一转办、处理。

各街道办事处、各乡镇人民政府、区政府各部门报送区政府的请示性公文，实行一事一报并由其主要负责人签发。

区政府部门报送区政府审批的请示事项，凡涉及其他部门职能的，主办部门要事先征求有关部门的意见，主动做好协商。区政府部门内设机构工作中需要请示的事项，一般向主管部门请示；确需向区政府请示的事项，由主管部门向区政府呈文。

以区政府或区政府办公室名义制发的公文，其内容应属于关系全区经济和社会发展的重大改革方案、重要决定、政策措施、政府规章以及需要全区各级国家行政机关、企事业单位执行和周知的重要事项。

凡以区政府或区政府办公室名义制发的公文，均由区政府办公室负责审理和送审、送签。区政府领导不直接签批未经区政府办公室审理的公文文稿。

以区政府和区政府办公室名义制发的公文，一般由主管部门代拟文稿，其主要负责人应对代拟文稿认真审核把关。内容涉及其他部门职权范围的事项，主办部门应当主动与有关部门协商会签，协办部门须积极配合。规范性文件应送区政府法制办公室进行合法性审查。

第四节　政务信息与督查制度

各街道办事处、各乡镇人民政府和区政府各部门开展政务信息工作，及时向区政府反映政府工作及经济社会发展中的重要情况，为区政府领导科学、民主决策提供依据。

区政府办公室对全区政府系统政务信息工作进行指导，确保网络健全完善、高效运转。同时建立政务信息工作报送通报和考核机制，对信息报送工作先进单位和个人进行表彰，对迟报、漏报信息并造成严重后果的进行通报批评。

区政府办公室对区委、区政府重要决策和领导批示件实行督查办理制度。重要决策督查工作按照立项通知、检查催办、及时办结、汇总报告程序进行。

各街道办事处、各乡镇人民政府和区政府各部门主要负责人对督查件办理落实负责。督查件涉及两个或两个以上承办单位的，由主办单位牵头办理，协办单位配合。办理结果报告由主办单位负责报送。

第三章　施政纪要

第一节　经济建设

1986年6月14日，县政府办公室印发《关于鼓励出口商品生产扩大出口创汇的若干规定》，就调动生产企业增加出口商品积极性，增加出口商品货源作了10项规定。1988年3月7日，区政府印发《关于“开发历城，振兴经济”若干试行优惠政策的意见》，向社会公布到历城开发的优惠政策及有关奖励政策。主要内容是：经营方式由来方选择；开办手续由历城区办理；电力配套实行研究、勘察、施工、材料、供电“五优先”；土地征用办法；配套服务措施；设立“优惠合资、联营项目”审批制；有关税收政策；奖励政策及应聘人员待遇等。3月29日，区政府发布《关于发展外向型经济和“三来一补”项目的具体意见》，对发展外向型经济作出14条规定。重点是：对出口企业及出口商品的补贴和减免税政策；出口商品价格制度；发展“三来一补”（来料加工、来件装配、来样定货、补偿贸易）企业；对引进项目个人奖励政策等。

1991年9月2日，区政府印发《关于商业实行“四放开”改革试点有关问题的意见报告的通知》，就放开商业经营范围、内部分配、开展流动销售等6个问题作了规定。1992年2月1日，区政府以第1号令发布《济南市历城区矿产资源管理暂行规定》，对区内勘察、开发、利用矿产资源作出41条规定。1993年3月25日，区政府印发《关于加强农业承包合同管理的通知》，要求建立健全农业承包合同管理机构，统一合同样本，实现农业承包合同法制化、规范化、制度化和科学化。7月28日，区政府印发《关于切实加强矿产资源管理工作的通知》，对强化矿产品运销环节的监督管理和矿产资源补偿费征收工作作出具体安排。12月13日，区政府印发《村合作经济组织财务管理暂行规定》，共30条，具体对村合作经济组织的财务计划管理、会计凭证和账簿设置、制度管理及会计核算要求、财会机构以及财会人员设置、财会人员交接、民主理财、会计档案、财务监督与审计等作出规定。1994年1月1日，区政府发布《济南市历城区行政事业单位国有资产管理暂行办法》，共16条，对固定资产标准、分类、计价、变动及清查工作作了明确规定。5月27日，区政府印发《关于选择部分区属企业进行建立现代企业制度改革试点的通知》，确定在13个区属企业进行试点。主要政策措施：还经营自主权于企业；合理调整资产负债结构，解除试点企业部分债务负担；增强企业自我积累、自我发展能力。1995年3月28日，区政府发布《济南市历城区水土保持管理办法》，对加强历城行政区域内水土保持工作作出30条规定。5月17日，区政府印发《关于认真贯彻执行〈山东省关于稳定和完善农村集体土地经营制度的若干规定〉的通知》，并就贯彻执行作出具体部署。9月26日，区政府印发《关于将行政性事业性收费收入全部纳入预算管理的通知》，目的是彻底解决部分财政资金体外循环问题，要求从1995年10月1日起对全区行政性、事业性收费收入全部实行财政预算管理。10月20日，区政府发布《济南市历城区固定资产投资管理暂行办法》，共59条，适用于历城区行政区域内并属历城区管理权限范围，利用自有资金和国家拨款、各项专项资金、批准发行的股票、债券、银行贷款、外资等方式筹措的资金，进行固定资产投资的单位和个人。11月17日，区政府发布《济南市历城区基本农田保护管理暂行办法》共23条。

1996年4月17日，区政府印发《关于加强环境保护工作的通知》，对加强全区环境保护工作，全面提高环境质量作了具体安排。12月25日，区政府印发《济南市历城区加强征地补偿费使用和管理的暂行规定》，共11条，对农村集体所有土地的征用补偿标准、补偿费所属及管理使用等作了具体规定。1997年7月24日，区政府发布《济南市历城区预算外资金管理暂行规定》，要求凡有预算外资金收入的单位，必须将预算外资金全额缴存同级财政专户管理，由财政部门按同级人民政府批准的收支计划统筹安排使用。12月28日，区政府印发《济南市历城区建设工程招标投标管理办法》，共32条。1998年6月5日，区政府印发《关于进一步完善乡镇财政管理体制的决定》，按照分税制财政体制要求，根据各乡镇实际情况合理确定收支基数、上缴递增幅度及补贴逐年减少比例，实行“超收全留，短收不补，自求平衡，一定五年不变”的管理体制。1999年6月8日，区政府印发《济南市历城区引进外资、促进出口创汇及兴办海外企业鼓励政策》，对外商投资企业在用地、纳税、供水、供电、劳动用工、子女上学等方面所享受的优惠政策，对外资项目引进人、完成外贸出口任务及到海外办企业的单位奖励政策等方面作出具体规定。8月28日，区政府发布《济南市历城区预算外资金管理规定》，对1997年7月24日发布的《济南市历城区预算外资金管理暂行规定》作了修改，取消对实行预算管理的行政性、事业性收费征收奖惩制度，对预算外资金统筹比例作了调整。9月17日，区政府办公室印发《关于加强土地管理严禁建设项目未批先用土地的通知》，对不同时期未批先用土地建设项目如何处理作出具体规定。

2000年1月18日，区政府办公室转发区土管局关于《济南市历城区耕地占补平衡及耕地开垦费收缴使用管理暂行办法》，共17条，对耕地补偿和耕地占补平衡的有关规定、耕地占补平衡及耕地开垦费收缴等工作作出具体规定。2月20日，区政府公布《济南市历城区国有土地基准地价及政府出让土地纯收益标准》，对全区国有土地级别划分、土地级别基准地价、土地级别出让金等作出具体规定。7月3日，区政府印发《关于建立土地收购储备制度的通知》，对土地收购储备制度、收购储备范围、收购申请程序、收购补偿方式等作出明确规定。

2001年4月17日，区政府印发《济南市历城区街道办事处财政管理体制试行办法》，就原洪家楼镇镇属所有税收归属、各街道办事处财政支出内容及相关政策、新引进企业激励政策等问题作出具体规定。6月26日，区政府办公室转发区财政局、区国税局、区地税分局《关于区对街道办事处财政管理体制的补充意见》的通知，对零散税源的范围、清缴、核定和督促、激励政策提出补充意见。8月29日，区政府印发《济南市历城区城市绿化管理暂行办法》，共13条，要求城市规划区内的单位和男11岁～60岁、女11岁～55岁公民（丧失劳动能力者除外），每人每年义务植树3～5株或承担相应绿化任务，同时明确城市绿化维护管理责任。2002年3月13日，区政府印发《关于公布首批进驻历城区政务中心实行集中办理的行政审批和收费项目的通知》。区委、区政府决定：历城区政务中心自2002年2月28日正式对外办公，首批实行集中办公的区直25个部门（单位）在政务中心设立窗口。3月26日，区政府印发《关于2002年区对街道办事处财政管理意见》，提出2002年区对街道办事处财政实行“确定收支基数，以收定支，超收全留”的办法。5月30日，区政府印发《关于切实加强土地资源管理的通知》，对加大国土资源保护力度，深化国有土地使用制度改革，加强土地依法监察工作提出具体意见。2003年5月29日，区政府印发《关于加快实施农业标准化工程的意见》，确定自2003年开始在全区范围内实施农业标准化生产，实行农产品准入制度。2004年2月17日，区政府印发《济南市历城区农村承包土地流转暂行办法》，对全区农村承包土地流转工作提出31条具体规定。3月17日，区政府印发《关于历城区财政体制改革工作方案的通知》，提出按照国家分税制财政体制改革总体要求，配合制定好市、区财政体制改革工作方案。9月15日，区政府印发《关于扶持农业龙头企业发展促进产业化经营的若干意见》，提出建设农业产业化经营体系、农业产业化基地，培育扶持农业龙头企业具体措施。2005年12月14日，区政府发布《关于加快发展农民专业合作经济组织的意见》，提出全区建设农民专业合作经济组织的指导思想、基本原则、目标要求，工作程序、工作重点。

2006年8月7日，区政府印发《济南市历城区建设创新型城区若干政策》，提出加大自主创新投入，支持企业提高科技自主创新能力，支持科技创新基地和平台建设，认真落实激励自主创新的金融政策，加强人才队伍建设等25条具体措施。9月27日，区政府印发《关于调整街道办事处财政体制的意见》，自2006年1月1日起，对各街道办事处实行“收入按属地协助征管，收支按增幅比例挂钩”财政管理体制。2007年3月6日，区政府印发《关于“三川增绿”生态建设工程的实施意见》，提出到2010年，完成荒山绿化5602公顷，退耕还果2668公顷。6月28日，区政府办公室下发《关于“百村万户”生态富民建设项目实施方案的通知》，提出新建农村新能源利用示范村131个，示范户7900户。7月12日，区政府印发《关于依法整治违法违章建设的意见》，提出依法整治违法违章建筑工作原则、相关任务、职责分工、长效管理等具体意见，决定用2年时间在第十一届全运会召开前基本解决违法违章建设遗留问题。

第二节　社会事业

1987年3月7日，县政府办公室印发《历城县关于发展旅游事业的初步规划》，对发展旅游事业指导思想、具体意见、旅游路线及景点开发作了规划。1989年4月15日，区政府发布《关于加强法制建设，实施依法治区的实施方案》，依法治区长远目标是落实中央确定的“依法治国”任务要求，逐步把历城区建设成为民主与法制健全，“两个文明”共同繁荣的现代化市区。近期目标是用5年左右时间，使全区公民法律意识明显提高；完善执法监督检查机制，实现行政管理科学化、规范化、法律化。1990年12月5日，区政府印发《关于计划生育工作的若干规定》（以下简称为《规定》），共有15条。规定：大力提倡晚婚晚育，签订晚育合同并缴纳晚育保证金；实行生育证制度；严格收养孩子的条件和程序。另外，《规定》还提出若干奖惩措施。12月20日，区政府印发《关于分步依法实施九年义务教育的通知》（以下简称为《通知》），规定全区实施义务教育总体安排、管理体制、法律程序及有关法律责任。《通知》要求全区各乡镇自1990年9月1日起至1996年分批实施九年义务教育，并根据《中华人民共和国义务教育法》和有关文件规定，明确了政府、学校、家长、用工部门等几个方面的法律责任。

1992年3月23日，区政府印发《济南市历城区开展创建国家卫生城市活动的实施方案》《济南市历城区创建灭蝇先进区实施方案》，要求围绕组织管理等8项目标任务，制定措施开展创建国家卫生城市活动。对灭蝇先进区创建的实施步骤等提出要求。12月29日，区政府印发《关于在全区开展农村社会养老保险工作的通知》，规定全区农村（含乡镇企业）社会养老保险工作由区民政部门负责，养老保险金实行专户储存、专账管理、专款专用。1993年7月14日，区政府制定《济南市历城区关于切实减轻农民负担的若干规定》，共30条。规定：村集体提留和乡镇统筹费人均负担比例，以乡镇为单位控制在上年农民人均纯收入的5%以内，人均收入悬殊较大的乡镇可划分几个档次执行。农村义务工按标准工日计算，每个劳动力每年负担5～10个，农村劳动积累工每人每年负担10～20个。12月30日，区政府印发《济南市历城区科学技术进步奖励暂行办法》，对在全区科技进步中做出贡献的集体和个人制定奖励办法，共13条。此后，区政府分别于2000年、2004年对科学技术进步奖励办法进行了调整公布。1994年1月9日，区政府印发《关于搞好乡镇卫生院改貌工作的决定》，要求筹资1500万元，三年完成乡镇卫生院改貌，达到无危房和房屋、设备、人员配套的标准。7月29日，区政府印发《关于区公费医疗制度改革试行办法的补充规定》，规定：享受公费医疗的人员，门诊就医一律缴纳现金，提高公费医疗定额标准，提高特殊检查和特殊治疗费用个人负担比例，每人每月所开处方平均值不得超过20元。1995年9月15日，区政府印发《历城区科技发展“九五”规划及到2010年科技兴区规划纲要》，提出“九五”期间及到2010年科技兴区规划指导思想、总体目标、发展重点及主要措施，要使科技进步对经济贡献率提高到60%以上。此后，于2001年、2006年分别印发关于科技兴区“十五”“十一五”规划纲要。

1996年5月22日，区政府印发《济南市历城区儿童少年事业发展规划（1996—2000年）》和《济南市历城区妇女发展纲要（1996—2000年）》。全区儿童事业发展的主要目标任务是：优生、优育、科学育儿知识普及率达到96%以上，儿童计划免疫率以乡镇为单位达到100%，5岁以下儿童严重和中度营养不良患病率以1995年为基数下降30%，死亡率以1995年为基数下降15%，婴儿死亡率下降到2‰；3周岁以上儿童入园率达95%以上，农村学前一年儿童入园率达100%等。全区妇女发展纲要主要目标任务是：大力促进各类妇女人才成长，提高妇女参与国家和社会事务管理程度及层次；改善妇女就业结构，提高妇女就业率，实现男女同工同酬；增强妇女卫生保健服务能力，提高妇女健康水平；重视扶持贫困地区妇女进步与发展，加速家务劳动社会化进程，不断改善妇女生活与发展环境，提高妇女生活质量。8月26日，区政府印发《关于加强农村社会保障工作的通知》，要求到年底全区农村养老保险投保工作要在100%的乡镇、95%的行政村、80%的乡镇企业开展，适龄农民投保率达到75%以上。1997年7月21日，区政府印发《关于农村教育费附加实行乡（镇）征区管乡（镇）用的实施意见》，要求农村教育费附加上缴区管的比率，原则上为乡（镇）上年人均纯收入的1.5%，由乡（镇）财政所征收，并上交区财政。区财政局专户储存，根据区教委所编预算报告，按月拨付乡镇，主要用于民办教师工资和中小学公用经费。7月31日，区政府印发《济南市历城区农村最低生活保障暂行规定》，对因家庭主要劳动力死亡、残废或常年患病丧失劳动能力，导致家庭经济收入低于最低生活保障线的，实行定期定量救济，每人每年补助救济金120元，粮食250公斤；对因意外事故或当年灾害造成严重经济损失，以致家庭经济收入低于最低生活保障线的，实行临时救济。

2000年3月8日，区政府办公室转发区土管局《济南市历城区农村居民宅基地审批管理暂行办法》，规定农村居民建房用地应遵循的原则、宅基地审批程序、宅基地使用和监督。12月25日，区政府印发《关于加强秸秆禁烧和综合利用工作的通知》，对加大秸秆禁烧力度，提高秸秆综合利用率，减轻环境污染制定措施。2001年3月13日，区政府办公室印发《关于鼓励机关、事业单位工作人员辞职或离职从事个体私营经济的通知》，提出积极鼓励和大力提倡机关、事业单位人员辞职、离职从事个体私营经济，有关问题按上级有关规定执行。8月14日，区政府办公室转发区教委等部门《关于实施中小学危房改造工程的意见》，要求根据全区中小学危房普查和鉴定结果，按照改造工程分级管理、分级负责体制要求，结合中小学布局调整方案，进行限期拆除、维护和撤并，力争两年基本消除2000年年底以前危房，确保新建校舍安全使用50年，意见对资金筹措、工程监管作出规定。9月5日，区政府印发《关于给予三峡库区移民优惠政策的通知》，从2001年起，3年内免收三峡库区移民“三提五统”。在移民子女入托、上学及移民从事个体私营等方面制定一系列优惠政策。12月26日，区政府印发《关于乡镇中小学教师工资由区统一发放的通知》，规定自2002年1月起，建立以区为主教师工资统一发放机制，并对唐王镇等10个工资发放困难乡镇实行工资转移性支付。2002年8月29日，区政府印发《历城区妇女发展纲要（2001—2010年）和历城区儿童发展纲要（2001—2010年）》，提出到2010年历城区妇女和儿童发展主要目标、策略措施、组织实施与监测评估。

2003年5月21日，区政府下发《济南市历城区2003—2005年城乡环境卫生综合整治工作方案》，对全区2003—2005年城乡环境卫生综合整治工作总体要求和工作目标、整治重点、工作机制和保证措施等作出具体规定。10月13日，区政府办公室印发《关于加强村级卫生服务网络建设完善社区卫生服务管理的意见的通知》，提出建立以区级医疗机构为龙头，乡镇卫生院为枢纽，村级医疗机构为网底，层次清楚、结构合理、功能到位的医疗卫生服务体系。12月29日，区政府印发《关于加强农村义务教育的意见》，进一步明确区、镇、村三级发展农村教育责任，提出建立乡镇政府教育目标管理考核制度，完善教育督导制度。2004年5月31日，区政府印发《关于加快实施村村通客车工程的意见》，提出到2004年年底，除个别不具备通车条件的行政村外，全区基本实现行政村村村通客车。2005年12月14日，区政府印发《关于进一步加强旧村（居）改造的实施意见》，提出全区旧村居改造工作要坚持高起点规划，高标准建设，高效能管理。

2006年6月28日，区政府印发《关于建立区镇村三级为民服务运行管理机制的意见》，决定建立以区行政审批服务中心为龙头，街办（镇）为民服务大厅为主体，村居为民服务代理室为基础的三级为民服务代理体系。

2007年7月23日，区政府印发《关于济南公交与历城客运整合的意见》，提出为推进城乡统筹发展，将历城辖区公交运营纳入城区公交，由市公交总公司统一运营，实行统一规划、统一管理。9月28日，区政府办公室印发《关于免除城市义务教育阶段学校和农村民办义务教育学校学生杂费的通知》，决定从2007年秋季开学起，全部免除城市义务教育阶段和农村民办义务教育学校学生杂费。

第四章 政务综合协调

第一节 综合调研

1986—2007年，区政府办公室围绕完善农村双层经营承包责任制，深化农村改革，减轻农民负担为重点，撰写《农业社会化服务体系建设情况、经验与建议》等调查报告20多篇；围绕深化企业改革、推进企业技术改造、加强企业管理、提高企业经济效益等问题开展调查，撰写《乡镇企业发展中遇到的新问题新矛盾》等调查报告19篇；围绕第三产业、三资企业、财政金融、改革开放、城区建设、科教文卫、群众反映较强烈的问题进行深入调查，撰写调查报告53篇；围绕农民增收、农业增效，撰写《全区农民负担状况》等调查报告15篇；围绕深化企业改革、推进工业强区，撰写《全区工业企业效益分析》等调查报告15篇；围绕贯彻落实科学发展观、推进社会主义新农村建设、构建社会主义和谐社会、环境创新、园区建设、招商引资等主题进行深入调查，撰写调查报告和汇报材料100余篇。22年间，有120多篇调查报告被区领导签批，40余篇调查成果被市级以上刊物转载。

第二节 政务督查与建议提案办理

一、政务督查

1993年7月，区政府办公室设立区长公开电话值班室，对市长、区长公开电话所反映的重大问题，及时召开区长办公会议解决。紧急事项，由区长亲自批办；较为复杂、涉及几个部门的问题，由区政府办公室牵头召集有关部门协调处理。对于区级无权办理或不属于辖区内的事项，向来电话反映问题的人说明理由，取得谅解。1994年，区政府办公室设立政务办理科。1995年，创办《历城政务督查》，先后对重要会议贯彻情况、立项督办事项落实情况等进行通报。同时，政务督查工作还注重发挥上情下达、下情上传作用，及时将基层在具体工作中遇到的问题、建议和意见向领导机关反映。2002年3月，政务办理科改为督查科，专门负责区政府决策事项、各级领导批示事项、区政府工作部署和办理人大代表建议、政协委员提案的督查落实。主要对上级来文、领导批示件等工作事项按办理要求、批示意见及时向有关部门转办催办，按期反馈办理结果；对事关全区发展的重大决策分解立项，落实责任，进行专题督办；对区委、区政府重大会议和区长办公会、政府专题会议确定的各项工作执行情况和落实情况进行督查，并承办上级领导机关交办的督查事项。至2007年，共印发《历城政务督查》180期。

二、议案建议提案办理

每年两会（区人民代表大会和区人民政治协商会议）后，区政府都及时召开区长办公会，对两会议案、建议、提案进行专题研究，确定分管领导和办理原则，落实办理单位，明确工作责任。各承办单位把办理工作纳入年度任期目标责任制。办理任务较重的部门成立由部门主要领导任组长的办理小组。为提高人大代表、政协委员满意率，做好建议提案办理工作，区政府办公室每年都对办理工作进行督查和复查，对复查出的问题，限期整改，在建议和提案办理结束后，区政府办公室对人大代表和政协委员进行回访，当面答复有关问题。1990年，区委、人大、政府、政协联合下发《关于办理人大代表建议和政协委员提案暂行办法》，从建议提案登记、办理、审阅到发送、反馈等，建立一套比较完善的制度。

1993年，建立办理工作制度：一是审查把关制度，对一些重要提案要报区政府办公室进行审核；二是催办制度，加强对办理工作督促检查。由于工作方法不断改进，两会议案、建议、提案办理质量逐年提高。2005年起，每年两会后，区政府都召开人大代表议案、建议和政协委员提案办理工作培训协调会，下发文件落实责任，严格办理程序，确定交办程序、办理期限、分办会办程序、书面答复要求、面复要求、续复规定、统计和总结要求等。2006年，设立人大建议、政协提案集中办理周制度，对关系群众切身利益，反映普遍的建议提案进行集中办理，强化跟踪落实。1993—2007年，在人大代表和政协委员书面反馈意见中，满意率和基本满意率均为100%，面复率100%。

第三节　行政审批

2001年年底，区人民政府政务中心成立。2002年2月28日，区政务中心正式挂牌对外办公。2002年3月，区委、区政府公布首批进驻区政务中心实行集中办理审批和收费项目，明确区发展计划局等25个单位的156项事项纳入政务中心集中办理。同时，区政府制定《关于行政审批责任及其追究制度》《中心工作考核暂行办法》《收退件管理暂行办法》和《各类事项审批暂行办法》四项制度。区政务中心对行政审批行为按照“五件”（办件、承诺件、补办件、退回件、联办件）办理要求，对各类收退件和各类事项审批办理情况作出规定，统一印制办理事项通知书，制定首问负责制、一次性告知、AB角工作制度等，规范行政审批行为。

2004年3月，政务中心对进入行政审批大厅的行政审批事项、审批主体、收费项目进行全面清理。对国家明令取消审批事项坚决予以取消；对确需保留审批事项，能简化程序的尽量简化；对由审批事项改为登记备案的尽快加以落实，形成新的、更加高效的工作流程。并根据清理结果编印《审批事项办理服务指南》，免费向申办者发放。2004年10月，区政务中心安装行政审批网络管理系统，与市政务中心联网。政务中心聘请区政协、区委宣传部、力诺集团、仲宫镇政府等8个单位有关负责人为社会监督员，对中心每个窗口工作人员服务质量、服务态度、办事效率、廉洁自律等方面情况实施有效监督。

2005年5月，落实市纪委《关于严格规范党政机关及其工作人员涉企行为的通知》，区政务中心组织各窗口展开自查，重点对行政许可项目清理落实情况、行政许可实施主体清理情况、设计行政许可规范性文件清理情况、行政许可配套制度建立和执行情况、违反《中华人民共和国行政许可法》行为纠正和处理情况、行政许可实施后监管及清理款项工作、《中华人民共和国行政许可法》实施后执法人员管理情况、行政事业收费等进行自查，由政务中心汇总整理后，对全区48个行政执法单位进行综合执法检查。共检查清理行政许可项目177项，其中保留163项、取消14项。2005年10月，区政务中心制定《大项目跟踪服务制度》，根据区政府要求将全区集中签约的大项目和其他项目实行提速快办、主动协办、延时帮办、跟踪督办等“绿色通道”服务。

2006年3月，区政府政务中心更名为区行政审批服务中心。7月，编印《为民行政许可服务工作指南》，内容包括企业登记注册审批操作流程图，投资产业审批流程图，以及全区43个部门主要职能和267项（审批事项172项、审核事项53项、核准事项8项、备案事项28项、征收事项6项）具体事项名称、依据、申请材料、办事程序、办理承诺时限、收费标准及依据、办事地点、经办人及联系电话等。区委、区政府在洪家楼街道、港沟镇进行为民服务代理制工作试点，并先后下发《关于建立区、镇、村三级为民服务运行管理机制的意见》和《关于推行为民服务代理制工作的实施意见》，成立区为民服务代理制工作领导小组，领导小组办公室设在区审批中心。全区相继建立17个街镇为民服务中心和644

个村居为民服务代理室，近1000名代理人为基层群众提供代理服务。同时，没有在区审批服务中心设立窗口的区直部门在本部门设立区行政审批服务中心分中心，接受区审批服务中心指导、管理和考核。10月，区审批中心聘请10名社会监督员，加大对为民服务代理制工作的监督力度。

2007年，区审批服务中心大厅共有地税、发改委、质监、国税、外经贸、建委、经贸、畜牧、文化、国土、财政、房管、工商、环保、新闻出版、卫生、交通17个窗口单位，56名窗口工作人员。主要办理税务登记、组织机构代码、企业注册登记等131项许可、非许可及其他事项。

图19-2　交通局工作人员办理业务（2006年摄）

2002—2007年，审批中心累计受理各类证照及事项116.96万件，办结116.35万件（其中为民服务事项35.87万件），按期办结率保持100%；批办建设类项目1013个，总投资额231.05亿元；批办各类企业3314家，注册资金36.8亿元；批办外资项目122个，注册资金折合4.15亿美元；地税局窗口税收收入23.35亿元；财政局窗口房产契税收入1.18亿元；经贸局窗口散装水泥基金收入229.8万元。

第四节　外事侨务

一、外事工作

1990年，外事侨务科主要负责申报区领导因公出国事项，协调对外经贸、科技、文化、教育等方面对外合作及交流事项。1992年后，加强对外合作交流，积极为发展外向型经济服务，至2007年，共接待到历城区进行友好访问、经贸考察和文化交流的美国、韩国、日本、德国等国客人950余人次。1997年，区政府下发《关于加强审批出国管理的通知》。2004年，区委办、区政府办下发《关于进一步加强因公出国管理工作的通知》。2007年7月，历城区与韩国首尔市江南区在韩国签订建立友好合作关系协议。两区领导多次率团互访，探讨经济、文化、教育等领域合作。

1990—2007年，共为200余批、500余人次因公出国团组进行审核报批。

二、侨务工作

辖区归侨、侨眷主要集中在山东大学、山东省农科院、济南钢铁集团总公司等驻区院校、企业。1997年，在全区范围内开展侨情调查，共为300余名归侨、侨眷制发身份证件，凭此证可以享受相关政策优惠。2004年起，为16名早期归侨发放困难生活补贴，每人每年600元，2007年调整为每人每年1800元。每年春节期间，走访慰问归侨侨眷。协调有关部门帮助归侨、侨眷解决住房、子女上学、就业等问题。重视侨务信访工作，对归侨侨眷来信来访逐人逐事进行调查研究，认真解决，妥善处理。至2007年，全区有430名归侨侨眷办理了归侨侨眷身份证；为三侨学生（归侨学生、归侨子女、华侨在国内子女）出具身份证明，帮助30余名侨眷子女上学；共接待前来探亲旅游及洽谈贸易的海外华侨、华人400余人次；共组织辖区130余家企业参加上级侨务部门举办的“海外华侨华人专业人士回国创业研习班”“中国济南海外创新项目交流会”等活动。

第五节　政务公开

20世纪末，区政府加强全区政务信息工作。1997年5月，区信息中心成立。1999年，建立全区党政办公服务系统网络，提高信息传输效率。2000年8月7日，历城区乡镇政务公开领导小组成立。10月17日，区政府印发《关于全区乡镇实行政务公开的意见》。2001年8月31日，区政府印发《关于在区政府机关实行政务公开的意见》。2002年4月11日，区政府印发《关于进一步深化政务公开工作的意见》。2003年5月9日，调整区政务公开领导小组，对全区政务公开工作进行整体部署、指导、协调。领导小组下设办公室，负责政务公开工作的具体开展和实施。

至2007年，采取“一网、二刊、一栏、一线、一册、一中心”方式，面向社会公开政务事项。“一网”，即历城区政府公众信息网，1999

图19-3　历城区政府公众信息网（2007年摄）

年7月建立，注册域名www.licheng.gov.cn。网站设置历城概况、机构设置、领导讲话、综合信息、发展规划、审计专栏、招商引资、旅游资源、社会文化、服务指南等20余个栏目，及时公开重大决策、重大工程或重点项目信息。还针对群众关注的社会热点、难点、焦点问题，利用新闻发布会、网上公布等手段进行及时通报。2004年10月，公众信息网改版后，网站设立栏目50余个，各类子栏目400余个，新增图片专题、视频播报、经济发展、百件实事网上办等特色栏目。“二刊”，即编印下发《综合与信息》《历城政务督查》，分别编发1800余期、180期，全区信息员达150余名。“一栏”，即建立政务公开栏，政府各部门、各单位均设立政务公开栏。“一线”，即设立区长公开电话热线，共接听电话5万余次。“一册”，即印制政务公开宣传册，使之成为了解历城的指南。“一中心”，即建立区政府政务中心，缩短行政审批时间，提高办事效率。领导小组建立政务信息公开联席会议制度，联席会议单位由区政府办公室、监察局、法制办、信息中心组成。区政府办公室负责会议召集和组织协调工作，区监察局负责监督检查和投诉处理，区法制办负责政务信息公开内容的合法性审查，区信息中心负责提供计算机网络信息技术支持和区政府网站政务公开栏目内容的采集和发布。建立网上信息公开制度和新闻发言人制度，借助互联网快捷的信息传递渠道，实现网上信息共享。

第五章　法治政府建设

第一节　规范性文件管理

1990年6月，区政府法制办公室成立。同年，区法制办对1983年以来区政府颁发的有关收费、罚款等方面的文件进行清理，共清理规范性文件18件，其中废止5件、修改5件。1992年，对1990年以来区政府、乡镇政府以及区政府各部门下发的文件进行清理。2001年，为适应加入世界贸易组织（WTO）新形势，对全区规范性文件清理2364件，废止不符合要求文件4件。2006年9月，区政府制定下发《历城区规范性文件管理规定》，对全区规范性文件的起草、审查、发布、备案和监督作出具体规定，并增加规范性文件有效期、乡镇政府规范性文件公布张贴到村、对行政管理相对人提出的建议或意见采纳情况进行反馈、对行政管理相对人提出异议的规范性文件进行审查并答复等内容。2007年，对新中国成立以来主要是中共十一届三中全会后仍在执行的政府及部门规范性文件进行清理，共清理规范性文件74件，其中，继续有效的57件，建议修改1件，建议废止16件。1991—2007年，累计审查规范性文件169件。

第二节　执法监督

1993年起，区政府加强对行政执法人员的管理，对行政执法人员实行上岗培训，开始建立行政处罚案件请示报告和备案等各项制度。1994年，区政府制定下发《关于实施行政执法责任制方案》。组织行政执法大检查，共组织各类执法监督检查10次。加强法律知识学习培训，举办各类专业法律、法规培训班200多期，培训近万人次。1998年，区政府制定《关于深化完善行政执法责任制的实施方案》。2000年起，开展行政审批行为清理和执法依据梳理工作，当年，审查登记41个部门行政审批行为276项。2001年，清理60个部门行政审批项目275项。2006年，以梳理行政执法依据、界定具体行政行为为主要内容，对全区44个部门、1905项行政执法行为进行审查认定。至2007年，建立和完善行政处罚案件请示报告和备案制度、行政处罚统计制度、罚缴款分离制度和行政处罚听证主持人资格认证制度等，全区30人取得行政处罚听证主持人资格证书。举办培训班26期，培训近1万人次，申办行政执法证件2672个，审验执法证件3000余个。

第三节　行政复议

2000年7月14日，区政府法制办加挂区政府行政复议办公室牌子。2000—2007年，开展宣传《中华人民共和国行政复议法》和《山东省行政复议条例》，共举办大型宣传活动5次、出动宣传车辆20台次，举办各种形式培训班10次，培训人员3000人次，印发宣传材料3万份，张贴、悬挂宣传标语300余幅，接待来访咨询431人次。区政府组成人员集体学法32次，协调处理案件26件次，解决重大问题6件。1991—2007年，共审理行政复议案件111件，其中，涉及行政处罚案件39件，行政收费案件10件，土地纠纷案件51件，行政不作为案件3件，其他案件8件；案件处结率100%，其中维持原具体行政行为案件87件，撤销原具体行政行为案件1件，因申请人撤回行政复议申请而终止案件11件，驳回申请人复议申请案件1件，其他处理方式案件11件。

第四节　法律事务

1995年，区政府法制办开始办理涉及区政府行政、民事诉讼案件。2003年5月，区政府办公室下发《关于有关合同审查备案制度的通知》。2005年6月，在全市各区县（市）中率先成立区人民政府法制咨询委员会，聘请法律、经济方面专家、学者、资深律师8人，担任法制咨询委员会委员。2006年2月，区政府印发《关于对外签订政府投资类合同的管理规定》。同年7月，设立区政府法制办公室法律事务科，负责全区政府投资类合同的审查和管理工作。2006年8月，聘任3名律师为区政府法律顾问，为区政府依法、科学、民主决策和行政提供法律服务。1995—2007年，共办理涉及区政府行政、民事诉讼案件199件。2003—2007年，审查涉及唐冶新区、区体育中心、济钢村庄整合等方面合同150余件，标的额近15亿元。

2005年5月，成立济南仲裁委员会驻历城办事处。同年6月，组织开展仲裁宣传活动，发放宣传册300余本、宣传彩页1000份，解答法律咨询60余件。2006年12月，成立济南仲裁委员会历城分会。

第二十编

政协地方组织

2007年12月5日—9日，中国人民政治协商会议第七届济南市历城区委员会第一次会议召开

1986—2007年，中国人民政治协商会议济南市历城区委员会共历经7届。区政协常务委员会由区政协全体会议选举产生，其组成人员每届任期，1993年前为3年，1993年起为5年。历城区政协认真履行政治协商、民主监督、参政议政职责。在坚持四项基本原则的基础上，通过多种会议形式和提出意见、批评、建议等方式进行政治协商和民主监督。共立案委员提案2838件，开展调研视察活动350余次。1994—2007年，先后向区委提出12件建议案，为全区经济建设和社会事业发展献计出力。

第一章 组织设置

第一节 政协委员

中国人民政治协商会议济南市历城区委员会，是全国政协的地方组织，是中国共产党领导的历城区多党合作和政治协商的重要机构。

区政协由来自全区各界、各个领域的具有广泛代表性的政协委员组成，以履行政治协商、民主监督、参政议政为职责。依据《中国人民政治协商会议章程》有关规定，每届区政协的参加单位、委员名额和人选及界别设置，经上届区政协主席会议审议同意后，由区政协常务委员会协商确定。产生具体步骤一般为：(一)酝酿准备。在中共历城区委领导下，区委组织部、统战部会同政协党组做好换届调研工作，并建立相应协调机制。(二)制定方案。区委组织部、统战部会同政协党组，根据上级有关文件精神和政协章程规定，结合历城实际，研究提出政协换届委员人事安排工作方案，报区委审定。(三)推荐人选。根据区委确定的方案，各推荐单位经充分酝酿，提出拟推荐人选，并进行严格考察。(四)民主协商。区委组织部、统战部就推荐名单听取政协党组意见，并与各单位沟通协商后，综合考虑民族、地域、界别、年龄、性别及历史等情况，分别提出党内、党外初步人选名单，由区委统战部汇总。区委统战部受区委委托，召开各民主党派、工商联组织负责人和无党派代表人士等参加的民主协商会，就初步人选名单进行协商，并进一步征求区委组织部、政协党组意见，形成委员人选建议名单草案，报区委审定。(五)审议通过。将委员建议名单提交区政协主席会议审议同意后，由区政协常务委员会协商决定，经全体常务委员会组成人员过半数同意予以通过。通过的委员名单组成下届区政协委员会。(六)公布。经区政协常务委员会会议通过的委员，由区政协办公室分别通知推荐单位和本人，向委员发委员证书，并通过新闻媒体向社会公布。政协委员增补程序参照政协换届时委员产生程序。

1993年前区政协委员每届任期为3年，1993年起每届任期为5年。政协委员（不含常务委员会组成人员）中的中共党员领导干部任期不超过两届，党外人士和党内专家、学者任期一般不超过三届，个别代表性强、表现突出、确实需要安排的委员可适当放宽任期期限。委员按照政协章程和区政协有关制度规定参加活动，区政协全体会议期间，听取并审议区政协常委会工作报告、提案工作报告，通过小组讨论、书写提案、大会发言和列席区人代会等进行全面协商；闭会期间，通过参加常委会议、专门委员会会议、座谈会以及调研、视察、民主评议等活动方式履职。

为充分体现政协工作的特点，民主党派成员和无党派人士等非中共人士在政协委员中占较大比例，一般不少于60%，其委员来自社会各界，代表面广；保证妇女委员、少数民族委员在政协委员中占一定比例。一些综合素质好、代表性强、符合条件的一线产业工人、工会干部和农民，也适当安排为政协委员。

为能让更多的、各方面代表人士参加政协工作，坚持不交叉任职原则。除工作需要外，区政协委员人选原则上与中共区委委员、候补委员、纪委委员不交叉安排，与区人大代表不交叉安排。上、下级政协委员尽量减少交叉安排。

1986—2007年，历城区政协委员人数及构成情况：

第一届县政协（1984.4—1987.5） 共有委员124名。其中，中国共产党7名，中国民主建国会1名，中国农工民主党1名，九三学社1名，无党派爱国人士2名，共青团4名，总工会3名，妇联5名，文化界1名，科学技术界11名，农民18名，教育界10名，体育界2名，新闻广播界1名，医药卫生界4名，少数民族4名，侨联小组3名，宗教界2名，特邀界25名，1985年3月增补委员7名，1986年3月增补委员12名；妇女委员13名，占委员总数的10.5%。

第二届区政协（1987.5—1990.3） 共有委员236名。其中，中国共产党9名，中国国民党革命委员会1名，中国民主同盟1名，中国民主建国会1名，中国民主促进会1名，中国农工民主党1名，九三学社3名，共青团6名，总工会5名，妇联7名，文化艺术界9名，科学技术界15名，农民49名，教育界17名，体育界6名，新闻广播界1名，医药卫生界13名，少数民族2名，归侨、侨眷界3名，宗教界5名，特邀界78名，1987年9月增补委员2名，1988年3月增补委员1名；妇女委员36名，占委员总数的15.3%。

第三届区政协（1990.3—1993.1） 共有委员208名。其中，中国共产党7名，中国民主建国会1名，中国民主促进会2名，中国农工民主党2名，九三学社2名，无党派爱国人士3名，共青团6名，总工会6名，妇联6名，工商联2名，台联2名，文化艺术界3名，科学技术界21名，农林界43名，教育界15名，体育界2名，新闻广播界1名，医药卫生界9名，少数民族4名，侨联3名，宗教界3名，特邀界53名，1990年12月增补委员1名，1991年6月增补委员11名；妇女委员26名，占委员总数的12.5%。

第四届区政协（1993.1—1998.1） 共有委员222名。其中，中国共产党9名，中国民主建国会2名，中国民主促进会1名，中国农工民主党2名，九三学社2名，无党派爱国人士2名，共青团6名，总工会6名，妇联6名，工商联3名，科学技术协会3名，台联2名，文化艺术界2名，科学技术界15名，经济界3名，农林界44名，教育界14名，体育界2名，新闻出版界1名，医药卫生界9名，少数民族4名，侨联2名，宗教界3名，特邀界56名，1993年3月增补委员1名，1995年1月增补委员4名，1996年2月增补委员7名，1997年1月增补委员11名；妇女委员25名，占委员总数的11.3%。

第五届区政协（1998.1—2003.1） 共有委员288名。其中，中国共产党17名，中国民主同盟3名，中国民主建国会3名，中国民主促进会3名，中国农工民主党3名，九三学社3名，无党派爱国人士4名，共青团5名，总工会6名，妇联6名，工商联5名，科学技术协会3名，台联2名，文化艺术界6名，科学技术界10名，经济界10名，农业界51名，教育界9名，体育界3名，新闻出版界2名，医药卫生界7名，少数民族7名，归侨、侨眷界5名，宗教界2名，特邀界43名，1999年1月离任委员25名，2月增补委员36名，12月因济南市区划调整，驻桑梓店镇、靳家乡、大桥镇的14名委员归属天桥区政协，驻党家庄镇、十六里河镇的13名委员归属市中区政协，2000年1月增补委员4名，2001年1月增补委员18名，离任委员3名，撤销委员资格1名，同年4月增补委员12名；妇女委员34名，占委员总数的11.8%。

第六届区政协（2003.1—2007.12） 共有委员235名。其中，中国共产党14名，中国民主同盟3名，中国民主建国会4名，中国民主促进会3名，中国农工民主党4名，九三学社3名，中国致公党3名，无党派爱国人士5名，共青团5名，总工会6名，妇联4名，工商联8名，科学技术协会3名，台联3名，文化艺术界5名，科学技术界8名，经济界9名，农业界50名，教育界9名，体育界3名，新闻出版界3名，医药卫生界8名，少数民族界3名，归侨、侨眷界2名，宗教界3名，社会福利与社会保障界2名，特邀界38名，2003年12月增补委员14名，2004年12月增补委员7名，撤销委员资格1名，2005年12月撤销委员资格1名，2007年1月增补委员3名；妇女委员42名，非中共人士134名，分别占委员总数的17.9%、57.0%。

第七届区政协第一次会议（2007.12） 共有委员255名。其中，中国共产党15名，中国民主同盟3名，中国民主建国会4名，中国民主促进会4名，中国农工民主党5名，九三学社3名，中国致公党3名，无党派爱国人士5名，共青团5名，总工会6名，妇联5名，工商联19名，科学技术协会4名，台联2名，文化艺术界5名，科学技术界10名，经济界25名，农业界44名，教育界11名，体育界2名，新闻出版界4名，医药卫生界13名，少数民族界3名，归侨、侨眷界2名，宗教界5名，社会福利与社会保障界3名，特邀界45名；妇女委员66名，非中共人士153名，分别占委员总数的25.9%、60%。

第二节 政协常务委员会

历城区政协设立常务委员会，其职权是：执行上级政协和区政协全委会的决议，组织委员开展调研视察等活动；协商决定下届区政协的参加单位、委员名额、委员人选和界别设置以及本届区政协增加或者变更的参加单位、委员名额及人选；召集并主持区政协全体会议；在区政协全体会议闭会期间，审议提交区委、区政府的重要建议案；决定区政协工作机构设置和变动并任免其领导成员；指导本区各街道、乡镇政协工作机构的工作等。依据《中国人民政治协商会议章程》和上级有关文件规定，区政协常委会由主席、副主席、秘书长和常务委员组成。主席主持常委会的工作，副主席、秘书长协助主席工作。1993年前常委会每届任期3年，1993年后每届任期5年。区政协常委会组成人员一般占委员总数的15%左右，最高不超过20%。其中，中共党员常委不超过35%，非中共人士常委不少于65%；非中共人士副主席不少于50%。

区政协常委会组成人员，经协商提名，在区政协全体会议上由政协委员选举产生。其产生具体步骤一般是：在区政协委员产生的基础上，中共历城区委组织部、统战部充分酝酿协商，征求政协党组意见后，提出区政协常委会组成人员建议名单（草案），报区委常委会研究审定。选举工作，由新一届区政协第一次全体会议大会主席团主持。常委会组成人员建议名单经大会主席团审议通过后，作为候选人协商名单，提交各位委员酝酿协商。大会主席团根据多数委员意见确定候选人名单，提交全体委员会议进行选举。会议一般采取等额选举办法，采取举手表决或无记名投票等选举方式。区政协常委会组成人员增补程序，参照政协换届时常委会组成人员产生程序。

1986—2007年，政协济南市历城区第一届至第七届常务委员会组成人员：

第一届委员会（1984.4—1987.5）

主　　席 亓刚文（1986.2病故）
侯金水（1986.3任职）

副 主 席 李焜祥　卫敏行　赵绪昌　董毓鑫

常务委员 王　尉　王树廷　吕　琦　孙文成　刘秀河　李介梓　李心华（女）　林言顺　赵衍印　胡广芹（女）　聂晓寒　唐增生　商希良　程继周

1985年3月增补：张　克

第二届委员会（1987.5—1990.3）

主　　席 侯金水

副主席　李焜祥　穆荣璋　卫敏行
郭　锐　赵绪昌　董毓鑫
常务委员　王化起　王　尉　王树廷
牛家娟（女）马宝生　刘秀河
吕　琦　李兆彩
李桂芹（女）李洪昌　邢国栋
宋昭桢　林言顺　张延钊
张　克　张淑珍（女）侯朝民
徐延武　唐增生　程继周

第三届委员会（1990.3—1993.1）

主　席　侯金水
副主席　张延钊　卫敏行　赵绪昌
董毓鑫　牛锡江
常务委员　马宝生　王庆山
牛家娟（女）王　尉　刘秀河
吕　琦　邢国栋　李兆彩
严　和　宋昭桢　李恭临
李鸿昌　单廷骅　张　克
林言顺　金秉恒
张淑珍（女）高佩仁　徐延武
1992年2月增补：王兆文　刘庆宝
郑凤玲（女）

第四届委员会（1993.1—1998.1）

主　席　孙继鑫
副主席　贾兆菊（1995.2任职）
杨振刚　张立泰
冯邦尧（1996.3任职）
卫敏行（1996.3离职）　赵绪昌
董毓鑫　张淑珍（女）
王兆文（1996.3任职）
秘书长　郑凤玲（女，1995.2任职）
常务委员　刁廷利　马宝生　王兆文
牛家娟（女）朱振东　刘庆宝
刘景林　关　涛　李兆彩
李光溪　李树清　李洪禄
李福林　宋昭桢　张振武
陈学亮　林言顺　金秉恒
郑凤玲（女）单廷骅　胡济生
郭永顺　曾昭芳　韩景明
1995年2月增补：刘宜栋　沈　铠
孟　涛
1996年3月增补：王际荣　刘　鹏
邢介平　陈述明
侯龙飞

第五届委员会（1998.1—2003.1）

主　席　潘忠田
副主席　贾兆菊（2001.2离职）
于正齐（2001.2任职）
杨振刚（2001.2离职）
秦承安（2001.2任职）　冯邦尧
邢介安（2000.1任职）
陈茂棠（2001.2任职）
董毓鑫（2001.2离职）
张淑珍（女）王兆文　单廷骅
贺光幸（2001.2任职）
秘书长　郑凤玲（女，1999.3离职）
党延志（1999.3任职）
常务委员　马宝生　王　义　王三元
王子荣（女）王月峰　王钢城
孙积刚　衣光军　李福林
李德福　吴　静（女）张绍九
陈学亮　杨士钧　房泽连
郑凤玲（女）郑宝明　侯龙飞
赵中平　赵堂亮　袁长奎
党延志　郭廷良
郭晓燕（女）路洪珍（女）
1999年3月增补：邢介安

第六届委员会（2003.1—2007.12）

主　席　谭传友
副主席　邓良和
黎　越（女，2007.1任职）
张淑珍（女）王兆文　邢介安

陈茂棠　　贺光幸

秘书长　康和祯（2006.1离职）

安德祯（2006.1任职）

常务委员　王三元　　王之新

王子荣（女）王连平　　王钢城

王荣芹（女）吕大海　　仲跻峰

刘兆秀（女）孙　弋　　孙积刚

孙建广　　衣光军　　杨士钧

吴乃华　　张　健　　张继勇

张景芝（女）郑宝明　　房泽连

范连群　　赵　彤（女）赵堂亮

赵德田　　徐道生　　郭廷良

郭晓燕（女）

2005年1月增补：　王　霞（女）杨文平

路名良　　窦明水（女）

第七届委员会（2007.12—）

主　　席　谭传友

副主席　黎　越（女）王志刚　　王兆文

邢介安　　贺光幸　　王钢城

秘书长　安德祯

常务委员　王　瑞　　王　琴（女）

王　霞（女）王三元　　王坤明

亓学泉　　付修琍（女）冯承强

吕大海　　刘庆福

刘秀珍（女）刘克胜　　刘怀勇

许志华（女）衣光军　　杨国春

李　滨　　李在六　　李庆奎

李守明　　李绪功　　李越中

张　健　　张卫兵　　张东耀

张志刚　　张延岭　　张其泉

张林华　　张桂芝（女）陈　君

岳凤丽（女）房泽连　　范连群

金兆坤　　金德政　　郑永和

郑宝明　　孟令谦　　界　空

赵　军　　赵　彤（女）赵德田

宫承义　　祝桂合　　徐书才

徐道生　　郭建军

曹　捷（女）彭　敏（女）韩东海

第三节　工作机构

一、区政协工作机构

1986年，县政协工作机构设办公室、文史资料委员会、提案工作委员会、组织宣传科、调查研究科。1990年，区政协工作机构撤销组织宣传科和调查研究科，增设学习提案委员会、工作组工作委员会。1996年，撤销工作组工作委员会，增设3个专门委员会：经济科技委员会、社教文卫体委员会、台港澳侨联络委员会。2002年，增设人口资源环境委员会。2007年年底，区政协工作机构设办公室、提案委员会、经济科技委员会、人口资源环境委员会、社教文卫体委员会、台港澳侨联络委员会、文史资料委员会。

二、基层政协工作机构

1987年6月，根据《中国人民政治协商会议章程》规定和开展政协工作需要，经区政协二届一次常委会议决定，在全区17个乡镇建立政协委员联络组，组长由各乡镇党委副书记兼任。其职能是组织驻乡镇的区政协委员履行政协职能，在区政协常委会和乡镇党委领导下开展工作。

1989年12月区划调整，划入桑梓店镇、大王乡、靳家乡。1990年3月，区政协三届一次常委会议决定，在桑梓店、大王、靳家3个乡镇，建立政协委员联络组，同时任命了联络组组长。1991年6月，为加强政协统战工作，区委决定，分别由区委和区政协下发文件，撤销各乡镇政协委员联络组，成立乡镇政协统战办公室，为正乡镇级机构。原各乡镇政协委员联络组的工作职能，交乡镇政协统战办公室。随后，任命了全区20个乡镇政协统战办公室主任、副主任。同时，在各政协统战办公室配备1～2名工作人员。1995年12月，建立济南大正小区，随之设立大正小区政协统战办公室。1999年12月区划调整，划出桑梓店镇、靳家乡、大桥镇、党家庄镇、十六里河镇5个乡镇后，全区有乡镇(含大正小区)政协统战办公室16个。2001年2月，设立山大路、洪家楼、全福、东风4个街道后，分别设立了街道政协统战办公室。2002年1月，因机构改革，各街道、乡镇不再设政协统战办公室。为有利于区政协委员开展活动，更好地履行政协职能，经区政协党组研究决定，在全区各街道、乡镇(大正小区)设置政协委员联络组，并任命了组长。组长由各街道党工委、乡镇党委一名副书记兼任。2005年12月，因高而乡、锦绣川乡并入仲宫镇，随之撤销高而乡、锦绣川乡政协委员联络组。

2007年，全区共有王舍人镇、华山镇、遥墙镇、唐王镇、董家镇、郭店镇、孙村镇、大正小区、港沟镇、彩石镇、西营镇、柳埠镇、仲宫镇、山大路街道、洪家楼街道、全福街道、东风街道17个政协委员联络组。

第二章　政协会议

第一节　政协全体会议

全体会议是人民政协围绕团结和民主两大主题，履行政治协商、民主监督、参政议政职能的最高形式。根据政协章程规定，区政协全体会议，由区政协常务委员会召集并主持，每届第一次全体会议由预备会议选举产生的主席团主持。全体会议每年举行一次。会议主要内容有：听取和审议常务委员会工作报告及提案工作情况报告；列席区人大全体会议，听取区政府工作报告、计划和预算报告，区人大常委会工作报告，法、检两院工作报告，组织委员讨论，提出建议和意见；审议通过政治决议、常务委员会工作报告和提案工作情况报告的决议及提案审查情况的报告；每届第一次全体会议选举区政协主席、副主席、秘书长和常务委员，其他各次会议根据情况有时安排选举事项。会议日程安排主要有：开幕会、列席区人代会、大会发言与表彰、分组讨论、书写提案、闭幕会等。每届第一次全体会议安排选举会、主席团会。每次全体会议，邀请区几大班子主要领导出席会议，通过参加大会开幕式、闭幕式、听取大会发言、参加讨论等方式，同委员面对面协商交流，共谋全区发展大计。邀请区政协离退休主席、副主席和有关部门、街镇负责人列席会议。1986—2007年，历城区政协共举行全体会议23次。

一、政协历城县第一届委员会

第三次全体会议　1986年3月24日—28日在县工人文化宫召开，出席委员124名。县委副书记曹维新代表县委讲话。会议听取并审议县政协副主席李焜祥作的县政协常委会工作报告。全体委员列席县十届人大三次会议，听取并讨论县政府工作报告及其他报告，协商县政府领导班子成员候选人。会议补选侯金水为县政协主席，听取了提案审查报告，通过会议决议。

二、政协济南市历城区第二届委员会

第一次全体会议　1987年5月13日—18日在区工人文化宫召开，出席委员233名。区委副书记曹维新代表区委讲话。会议听取并审议区政协主席侯金水作的区政协第一届委员会常务委员会工作报告。全体委员列席区十一届人大一次会议，听取并讨论区政府工作报告及其他报告。会议选举侯金水为区政协主席，李焜祥、穆荣璋、卫敏行、郭锐、赵绪昌、董毓鑫为副主席，选举出区政协常委会委员20人，听取了提案审查报告，通过会议决议。

第二次全体会议　1988年3月9日—12日在区工人文化宫召开，出席委员236名。区委副书记曹维新代表区委讲话。会议听取并审议区政协

主席侯金水作的区政协常委会工作报告和提案工作委员会关于区政协二届一次会议以来提案工作情况的报告。全体委员列席区十一届人大三次会议，听取并讨论区政府工作报告及其他报告。会议听取了提案审查报告，通过会议决议。

第三次全体会议　1989年3月7日—10日在区工人文化宫召开，出席委员236名。区委副书记曹维新代表区委讲话。会议听取并审议区政协主席侯金水作的区政协常委会工作报告和提案工作委员会关于区政协二届二次会议以来提案工作情况的报告。全体委员列席区十一届人大四次会议，听取并讨论区政府工作报告及其他报告。会议听取了提案审查报告，通过会议决议。

三、政协济南市历城区第三届委员会

第一次全体会议　1990年2月27日—3月3日在区工人文化宫召开，出席委员196名。区委书记谢传仁代表区委讲话。会议听取并审议区政协主席侯金水作的区政协第二届委员会常委会工作报告和提案工作委员会关于区政协二届三次会议以来提案工作情况的报告。全体委员列席区十二届人大一次会议，听取并讨论区政府工作报告及其他报告。会议选举侯金水为区政协主席，张延钊、卫敏行、赵绪昌、董毓鑫、牛锡江为副主席，选举出区政协常委会委员19人，听取了提案审查报告，通过会议决议。

第二次全体会议　1991年3月12日—14日在区工人文化宫召开，出席委员197名。会议听取并审议区政协主席侯金水作的区政协常委会工作报告和学习提案委员会关于区政协三届一次会议以来提案工作情况的报告。全体委员列席区十二届人大二次会议，听取并讨论区政府工作报告及其他报告。会议听取了提案审查报告，通过会议决议。

第三次全体会议　1992年2月25日—28日在区工人文化宫召开，出席委员208名。区委书记谢传仁代表区委讲话。听取并审议区政协主席侯金水作的区政协常委会工作报告和副主席赵绪昌作的学习提案委员会关于区政协三届二次会议以来提案工作情况的报告。全体委员列席区十二届人大三次会议，听取并讨论区政府工作报告及其他报告。会议增选区政协常委会委员3人，听取了提案审查报告，通过会议决议。

四、政协济南市历城区第四届委员会

第一次全体会议　1993年1月8日—12日在区供电局会议室召开，出席委员199名。区委书记谢传仁代表区委讲话。会议听取并审议区政协副主席卫敏行作的区政协第三届委员会常委会工作报告和副主席赵绪昌作的学习提案委员会关于区政协三届三次会议以来提案工作情况的报告。全体委员列席区十三届人大一次会议，听取并讨论区政府工作报告及其他报告。会议选举孙继鑫为区政协主席，杨振刚、张立泰、卫敏行、赵绪昌、董毓鑫、张淑珍为副主席，选举出区政协常委会委员24人。会议听取了提案审查报告，通过会议决议。

第二次全体会议　1994年2月26日—3月1日在历城区供电局会议室召开，出席委员200名。区委书记谢传仁代表区委讲话。会议听取并审议区政协主席孙继鑫作的区政协常委会工作报告和副主席赵绪昌作的学习提案委员会关于区政协四届一次会议以来提案工作情况的报告。全体委员列席区十三届人大二次会议，听取并讨论区政府工作报告及其他报告。会议听取了委员大会发言和提案审查报告，表彰了先进集体和个人，通过会议决议。

第三次全体会议　1995年2月19日—22日在区供电局会议室召开，出席委员204名。区委书记谢传仁代表区委讲话。会议听取并审议区政协主席孙继鑫作的区政协常委会工作报告和副主席赵绪昌作的学习提案委员会关于区政协四届二次会议以来提案工作情况的报告。全体委员列席区十三届人大三次会议，听取并讨论区政府工作报告及其他报告。会议听取了提案审查报告和委员大会发言，表彰了先进集体和个人，增选贾兆菊为区政协副主席，郑凤玲为秘书长，增选区政协常委会委员3人。通过会议决议。

第四次全体会议　1996年3月12日—16日在区供电局会议室召开，出席委员211名。区委书记谢传仁代表区委讲话。会议听取并审议区政协主席孙继鑫作的区政协常委会工作报告和副主席贾兆菊作的学习提案委员会关于区政协四届三次会议以来提案工作情况的报告。全体委员列席区十三届人大四次会议，听取并讨论区政府工作报告及其他报告。会议听取了提案审查报告和委员大会发言，表彰了先进集体和个人。增选冯邦尧、王兆文为区政协副主席，增选区政协常委会委员5人。根据政协章程有关规定，卫敏行不再担任区政协第四届委员会副主席。通过会议决议。

第五次全体会议　1997年3月14日—17日在区交通局会议室召开，出席委员222名。区委书记谢传仁代表区委讲话。会议听取并审议区政协主席孙继鑫作的区政协常委会工作报告和副主席贾兆菊作的学习提案委员会关于区政协四届四次会议以来提案工作情况的报告。全体委员列席区十三届人大五次会议，听取并讨论区政府工作报告及其他报告。会议听取提案审查报告和委员大会发言，表彰了先进集体和个人，通过会议决议。

图20-1　政协济南市历城区第四届委员会第五次会议委员讨论（1997年摄）

五、政协济南市历城区第五届委员会

第一次全体会议　1998年1月12日—16日在区会议中心召开，出席委员215名，列席会议33名。区委书记郭作贵代表区委讲话。会议听取并审议区政协主席孙继鑫作的区政协第四届委员会常委会工作报告和副主席贾兆菊作的学习提案委员会关于区政协四届五次会议以来提案工作情况的报告。全体委员列席区十四届人大一次会议，听取并讨论区政府工作报告及其他报告。会议选举潘忠田为区政协主席，贾兆菊、杨振刚、冯邦尧、董毓鑫、张淑珍、王兆文、单廷骅为副主席，郑凤玲为秘书长，选举出区政协常委会委员25人。会议表彰了先进集体和个人，听取了提案审查报告，通过会议决议。

第二次全体会议　1999年3月5日—8日在区会议中心召开，出席委员227名，列席会议40名。区委书记郭作贵代表区委讲话。会议听取并审议区政协主席潘忠田作的区政协常委会工作报告和副主席贾兆菊作的学习提案委员会关于区政协五届一次会议以来提案工作情况的报告。全体委员列席区十四届人大二次会议，听取并讨论区政府工作报告及其他报告。会议听取委员大会发言，表彰了先进集体和个人，补选党延志为秘书长，增选区政协常委会委员1人，通过会议决议。

第三次全体会议　2000年1月23日—25日在农丰宾馆召开，出席委员200名，列席会议19名。区委书记郭作贵代表区委讲话。会议听取并审议区政协主席潘忠田作的区政协常委会工作报告和副主席贾兆菊作的常委会关于区政协五届二次会议以来提案工作情况的报告。全体委员列席区十四届人大三次会议，听取并讨论区政府工作报告及其他报告。会议听取委员大会发言，表彰了先进集体和个人，增选邢介安为副主席，通过会议决议。

第四次全体会议　2001年2月17日—20日在农丰宾馆召开，出席委员216名，列席会议19

名。市委常委、区委书记郭作贵代表区委讲话。会议听取并审议区政协主席潘忠田作的区政协常委会工作报告和副主席单廷骅作的常委会关于区政协五届三次会议以来提案工作情况的报告。全体委员列席区十四届人大四次会议，听取并讨论区政府工作报告及其他报告。会议听取委员大会发言，表彰了先进集体和个人。区政府代区长谭延伟到会讲话。会议增选于正齐、秦承安、陈茂棠、贺光幸为副主席。根据政协章程有关规定，贾兆菊、杨振刚、董毓鑫不再担任区政协五届委员会副主席。通过会议决议。

第五次全体会议　2002年3月9日—12日在农丰宾馆召开，出席委员227名，列席会议29名。市委常委、区委书记郭作贵代表区委讲话。会议听取并审议区政协主席潘忠田作的区政协常委会工作报告和副主席秦承安作的常委会关于五届四次会议以来提案工作情况的报告。全体委员列席区十四届人大五次会议，听取并讨论区政府工作报告及其他报告。会议听取委员大会发言，表彰了先进集体和个人，通过会议决议。

图20-2　2002年3月9日—12日，中国人民政治协商会议济南市历城区第五届委员会第五次会议召开

六、政协济南市历城区第六届委员会

第一次全体会议　2003年1月19日—23日在农丰宾馆召开，出席委员211名，列席会议21名。区委书记谭延伟代表区委讲话。会议听取并审议区政协主席潘忠田作的第五届常委会工作报告和副主席秦承安作的常委会关于区政协五届五次会议及换届以来提案工作情况的报告。全体委员列席了区十五届人大一次会议，听取并讨论区政府工作报告及其他报告。会议选举谭传友为区政协主席，邓良和、张淑珍、王兆文、邢介安、陈茂棠、贺光幸为副主席，康和祯为秘书长，选举出区政协常委会委员27人，听取了提案审查报告，通过会议决议。

第二次全体会议　2004年1月9日—12日在农丰宾馆召开，出席委员225名，列席会议22名。区委书记谭延伟代表区委讲话。会议听取并审议区政协主席谭传友作的区政协常委会工作报告和副主席陈茂棠作的常委会关于区政协六届一次会议以来提案工作情况的报告。全体委员列席区十五届人大二次会议，听取并讨论区政府工作报告及其他报告。会议听取委员大会发言，表彰了先进集体和个人，通过会议决议。

第三次全体会议　2005年1月19日—22日在区机关北三楼会议室召开，出席委员230名，列席会议27名。区委书记谭延伟代表区委讲话。会议听取并审议区政协主席谭传友作的区政协常委会工作报告和副主席陈茂棠作的常委会关于区政协六届二次会议以来提案工作情况的报告。全体委员列席区十五届人大三次会议，听取并讨论区政府工作报告及其他报告。会议听取委员大会发言，表彰了先进集体和个人，增选区政协常委会委员2人，通过会议决议。

第四次全体会议　2006年1月10日—13日在区机关北三楼会议室召开，出席委员229名，列席会议35名。会议听取并审议区政协主席谭传友作的区政协常委会工作报告和副主席陈茂棠作的常委会关于六届三次会议以来提案工作情况的报告。全体委员列席区十五届人大四次会议，听取并讨论区政府关于历城区国民经济和社会发展第十一个五年总体规划纲要的报告及其他报告。会议听取委员大会发言，表彰了先进集体和个人，补选安德祯为秘书长，通过会议决议。

第五次全体会议　2007年1月28日—31日在区机关北三楼会议室召开，出席委员229名，列席会议36名。会议听取并审议区政协主席谭传友作的区政协常委会工作报告和副主席陈茂棠作的常委会关于六届四次会议以来提案工作情况的报告。全体委员列席区十五届人大五次会议，听取并讨论区政府工作报告及其他报告。会议听取委员大会发言，表彰了先进集体和个人，增选黎越为副主席，通过会议决议。

七、政协济南市历城区第七届委员会

第一次全体会议　2007年12月5日—9日在区机关北三楼会议室召开，出席委员255名，列席会议23名。会议听取并审议区政协主席谭传友作的区政协第六届委员会常委会工作报告和副主席邢介安作的常委会关于五年提案工作情况的报告。全体委员列席区十六届人大一次会议，听取并讨论区政府工作报告及其他报告。会议选举谭传友为区政协主席，黎越、王志刚、王兆文、邢介安、贺光幸、王钢城为副主席，安德祯为秘书长，选举出区政协常委会委员40人。会议听取了提案审查报告，通过会议决议。

第二节　政协常务委员会会议

政协济南市历城区委员会常务委员会会议，是区人民政协全体会议闭会期间履行政治协商、民主监督、参政议政职能的主要形式。依据政协章程规定，区政协常委会会议一般每季度举行一次，必要时可临时举行。常委会举行会议时，不是常务委员的区政协各委办主任、副主任和各街道、乡镇政协工作机构主要负责人列席会议，并视情况邀请有关区政协委员、区有关党政部门负责人和其他有代表性的人士参加。区政协常委会会议主要任务是：审议政协会务和工作中的重大事项；协商讨论区委、区政府重要决策、政策和社会生活中重大问题，听取区委、区政府及有关部门负责人对有关重要问题的报告或说明，提出建议和意见；审议提交全体会议文件和重要建议案、提案、视察报告、调查报告和其他报告。1986—2007年，共举行常委会会议111次。

第三节　政协主席会议

政协济南市历城区委员会主席会议，是区政协常务委员会闭会期间处理常务委员会重要日常工作的主要形式。根据政协章程和区政协主席会议规则有关规定，区政协主席会议由主席、副主席、秘书长组成。区政协各委办主任、副主任可列席会议，协商讨论重大议题时，可邀请有关部门负责人到会介绍情况、听取意见。主席会议受常务委员会委托，主持下一届第一次全体会议预备会议。主席会议由区政协主席或主席委托的副主席召集并主持，会议议题由主席或副主席、秘书长提出。主席会议一般每月举行一次，必要时可临时召集。主席会议主要任务是：加强自身学习，研究部署政协学习工作；审议本届区政协增加或者变更参加单位、委员名额和人选，下届区政协参加单位、委员名额和人选及界别设置，提交常委会协商决定；对区委、区政府重要决策及全区社会生活中的重大问题进行讨论，提出建议、意见或建议案；审议提交常委会议有关文件等。1986—2007年，共举行主席会议260余次。

第三章　政协主要工作

第一节　政治协商

围绕事关全区经济社会发展全局的重大问题开展政治协商，是区政协履行职能的重要方面。区政协依据《中国人民政治协商会议章程》以及区委、区政府有关要求，坚持重大问题协商在区委决策之前、人大通过之前、政府实施之前。

通过主席会、常委会、全委会等多种形式，对全区重要决策进行全面协商、重点协商、专题协商。区政协坚持每月一次主席会议，每季一次常委会议，每年一次全委会议。（1）每年政协全体会议，区几大班子主要领导和有关方面负责人通过参加大会开幕式、闭幕式、听取大会发言、参加讨论，同委员面对面协商交流，共谋全区发展大计。全体会议期间，委员列席区人代会，就区政府工作报告、财政预决算报告、法院和检察院工作报告、重要人事安排等进行协商。（2）召开常委会议，就全区“八五”“九五”“十五”计划，2010年远景目标纲要，“十一五”经济社会发展规划，每半年经济社会发展情况，政协委员提案落实情况，法检两院工作等重点工作进行协商，并提出意见建议，有效地推动相关问题的解决。在每年二季度召开的常委会议上，由区政府主要领导通报全区经济社会发展情况。（3）召开主席会议，就提交常委会审议的议题、全区重要决策部署等进行协商讨论。

通过列席相关会议，参加全区政协工作会议、各种座谈会、情况通报会等时机，协商相关问题。通过政协主席列席区委常委会议、副主席分别列席区人大常委会议和区长办公会议，及时了解掌握党委工作意图和人大、政府工作进程，直接参与党委政府决策。1988年7月，区政协主席、副主席、常委，驻区市政协委员，各民主党派负责人和部分无党派知名人士20余人，参加了区委举行的民主协商对话会。1991年、2001年、2006年，区委先后召开3次全区政协工作会议，就加强和改进区政协工作进行协商，并制定印发支持人民政协工作相关文件，协商程序不断完善。参加政协的各党派、各界别委员积极参与协商座谈会，提出的许多意见建议被采纳。

第二节　民主监督

人民政协的民主监督，是在坚持四项基本原则基础上通过提出意见、批评、建议方式进行的政治监督。1986—2007年，区政协发挥视察、提案、建议案等主要监督形式作用，围绕重点工程推进、教育及文化卫生、个体私营经济发展、生态建设与保护、农村社会保障、构建平安历城和新农村建设等热点、焦点问题开展民主监督活动。同时，不断拓宽民主监督渠道。五届区政协为促进环境创新活动深入开展，研究制定了《关于加强民主监督的实施意见》，作出《关于围绕环境创新对部分职能部门进行民主评议的决定》。2001年、2002年分别对10个、15个职能部门进行民主评议，委员们共提出问题163条、意见和建议243条。对被评议部门进行了意见反馈和跟踪监督。六届区政协二次、三次、四次全体会议上，分别组织委员对部分职能部门进行民主评议。2004年，召开20个部门民主评议座谈会，区交通局、区环保局主要负责人汇报整改情况，其余18个部门提交书面材料。2005年，同市政协联动，对区民政局、区工商分局年度工作情况进行民主评议。另外，被聘为特邀监督员、监察员的政协委员，积极参与对部门的监督工作。

第三节　参政议政

参政议政是区政协履行职能的重要形式之一。历届区政协通过调研视察、反映社情民意、大会发言等形式，积极参政议政，为全区发展献计出力。1994—2007年，区政协向区委提出实施科教兴区、加快省城后花园建设、失地农民基本生活保障、新农村文化建设等12件建议案，被区委以文件形式转发，成为全区工作的指导性文件。自区政协四届二次会议以来，在政协全委会上作大会发言的委员129人次，共提出意见和建议600余条，区委主要领导对《如何应对东区建设给我区带来的发展机遇》《关于洪楼商贸中心区发展有关问题的探讨》等发言作出批示，大部分建议被纳入党政领导决策或中长期发展规划中，对全区经济社会发展产生重要影响。建立完善《区政协反映社情民意信息办法》，制定特邀信息员制度。区政协办公室和各专门委员会在组织会议、委员视察、专题调研、委员提案等工作中，积极收集整理政协委员反映的重要情况和意见、建议，通过《社情民意摘报》《政协信息》等形式，不定期报送上级政协和区委，为党政决策提供科学依据。

第四节　提案工作

提案工作是政协履行民主监督、参政议政职能的一个重要方面。每次政协全体会议听取审议常委会提案工作报告和提案审查委员会或提案委员会关于提案审查情况的报告。

一、提案征集

1985年，县政协一届二次全委会后，制定《关于做好提案工作的意见》。1993年，学习提案委员会制定《关于评选优秀提案和提案办理先进单位试行条件及评选办法》。1996年，区政协制定《关于贯彻全国、省、市政协〈提案工作条例〉的实施意见》，提案工作进一步规范化。另外，通过举办培训班、编发《优秀提案选编》《提案征集通知》等方式，提高提案质量。《关于加强土地管理》《关于严厉打击制销假冒伪劣商品行为的建议》《关于实施新型农村合作医疗制度的建议》等众多优秀提案，对推动历城全面协调可持续发展发挥了重要作用。1986—2007年，在区政协一届至七届一次会议期间共立案委员提案2838件，评出优秀提案186件。

二、提案办理

1985年，县政协一届二次全委会后，县政协与县政府办公室联合召开提案交办会。1987年9月，区政府召开提案办理工作经验交流会，区交通局、区教委等单位介绍了经验。1990年，区委、区人大、区政府、区政协四大班子办公室联合制定《历城区办理人大代表建议和政协委员提案暂行办法》。承办部门普遍建立单位“一把手”、分管领导、处室负责人和具体承办人员办理政协提案的四级责任制。2000年起，由学习提案委员会向区政协全委会报告提案工作，改为由常委会报告提案工作。2005年起，开展政协提案“区长集中办理周”活动，到2007年，由每年1次扩展为3次，在已开展的7次集中办理周活动中，区长、副区长参与46人次，督促办理提案38件，落实率达到79%。区政协通过采取主席、副主席督办重点提案、提案办理“回头看”、现场督办等方式，推进提案办理工作。1993—2007年，共评出提案办理先进单位182个（次）。

第五节　调研视察

围绕事关全区经济社会发展的综合性、前瞻性、有针对性问题开展调研视察，是区政协围绕中心履行职能的重要途径。二届区政协重点对经济建设、农村文化大院建设、供销社改革、小城镇开发建设等进行了调研视察。三届区政协重点对乡镇企业发展、吨粮田开发建设、林果生产、旅游业开发、食品卫生等进行调研视察。四届区政协重点对“三资”企业发展、农业产业结构调整、个体私营经济发展、教育事业发展等进行调研视察。五届区政协重点对畜牧业生产、旅游业发展、农民增收、大棚林果业发展、工业园区建设、重点工程建设等进行调研视察。六届区政协重点对农村社会保障、新农村文化建设、农村劳动力转移、“平安历城”建设、唐冶新区建设、教育文化卫生事业等进行调研视察。调研视察中，发挥委员的主体作用，积极吸收各民主党派、工商联和无党派人士参加。1994年后，关于实施科教兴区、加快省城后花园建设、失地农民基本生活保障、新农村文化建设等12件建议案，被区委以文件形式转发。1986—2007年，区政协开展调研视察活动350多次，形成调研视察报告160余份，提出合理化建议近千条。

图20-3　2007年7月，区政协视察城建工作

第六节　文史资料征编

1987年12月，区政协文史资料委员会印发《文史资料征集意见》，内容包括政治、军事、工商经济、科教文体、医药卫生、民族宗教、侨务、社会生活等方面。此后，在每年年初，召开文史委员、各街镇政协工作机构负责人和有关单位人员参加的文史工作会议，动员大家积极提供有价值的史料线索。1988年1月，印发《建立文史资料撰稿员的通知》，开始建立文史工作队伍。每年组织文史委员实地考察，开阔视野，不断挖掘新史料。至2007年，共出版发行《历城文史资料》18辑、19册，近293万字；向《联合日报》《春秋》《济南文史》《济南名胜古迹词典》《历城》等省、市、区报刊、书籍供稿80余篇。另外，与200余家外地市、县、区政协交流文史资料，弘扬和宣传地方优秀传统文化。《历城名胜古迹》《历城名人（一、二集）》均获省政协文史委和省社会科学院颁发的“优秀文史书刊”三等奖。

第七节　联谊交流

加强与海内外和社会各界人士的联谊交流，为促进祖国和平统一和现代化建设服务，是区政协的一项重要任务。1986年以来，通过召开“三胞”眷属中秋座谈会、迎春茶话会、考察驻区外资企业，深入走访“三胞”眷属，发动“三胞”眷属向海外亲人写信等活动，宣传党和国家“和平统一、一国两制”的政策主张。1990—1993年，通过区政协组织及委员、“三胞”眷属牵线搭桥，与“三胞”达成投资意向或签订合同项目16个，引进资金1964万美元。1996年3月，为加强与社会各界人士联系，通过对在外有政绩、有突出贡献的历城籍人士调查了解，编印《志在四方的历城人》，共计4万余字。1997年6月，与区委统战部共同组织各民主党派、工商联、民族宗教、无党派人士和港澳台侨眷、侨属60余人，参加迎香港回归座谈会。1999年12月，区政协召开迎澳门回归座谈会，“三胞”委员及眷属共30余人参加会议。至2007年，区政协共接待港澳台同胞和海外侨胞到历城探亲访友、观光旅游、经贸洽谈活动1000余人次。

加强与省内外友好区县的交流，定期与天津市武清区等10余个友好区县政协开展信息交流，互通有无。与临淄区、平阴县、商河县等政协多次开展书画联谊交流活动。2004年4月，成立区政协委员民营企业家联谊会。至2007年，先后赴北京、苏州、上海等先进地区考察学习80余次，接待外地政协到历城参观考察100余次，600余人次。

第二十一编

民主党派　工商联　群众团体

2007年3月28日，历城区团员青年举行“学习雷锋精神、做光荣志愿者”宣誓仪式

1987年，历城区第一个民主党派基层组织——九三学社历城支社成立。2007年，全区有6个民主党派基层组织，民主党派成员193名。各民主党派贯彻执行《中共中央关于坚持和完善中国共产党领导的多党合作和政治协商制度的意见》，积极参与政治协商，认真履行参政议政、民主监督职能，围绕区委、区政府中心工作，在政治、经济、文化、教育、科技等方面建言献策。

1986年，历城县群众团体主要有工会、共产主义青年团、妇女联合会、科学技术协会、文学艺术界联合会、红十字会等。1988年4月，区工商业联合会成立。1990年11月，区残疾人联合会成立。2007年，群众团体主要有上述8个。各群众团体发挥党和政府联系群众的桥梁纽带作用，积极推进历城各项事业发展。

第一章 民主党派和工商联

第一节 中国民主同盟地方组织

一、组织建设

1994年12月26日，中国民主同盟历城区支部委员会成立，有盟员7名，设主委1名。此前，7名盟员在民盟济南市委综合支部参加活动。1997年11月10日，选举产生第二届支部委员会，有盟员10名，设主委1名、副主委2名。1999年，民盟历城支部被民盟山东省委表彰为“民盟山东省先进基层单位”。2000年11月10日，选举产生第三届支部委员会，有盟员23名，设主委1名、副主委2名。2004年9月24日，选举产生第四届民盟济南市历城区总支委员会，有盟员29名，设主委1名、副主委2名，下设教育支部、机关支部。同年，民盟历城总支被民盟山东省委表彰为“民盟山东省先进基层组织”“民盟山东省参政议政先进单位”。2007年7月9日，选举产生第五届民盟历城总支委员会，设主委1名、副主委2名。民盟历城总支共有盟员33名，大学本科以上学历30人，占盟员总数的91%。盟员主要来自教育界，也有政府部门、法律界人士。

图21-1 2007年7月9日，民盟济南市历城区总支委员会换届大会召开

二、参政议政

民盟历城支部围绕全区经济、文化、教育、科技等方面问题开展调研，积极提交提案、建议。1995—2002年，提交的《建议我区各级各类学校认真加强对学生的德育工作》《控制噪音污染，净化社会环境》《加大行政干预力度，加快蔬菜基地建设》等8件提案，被区政协评为优秀提案。在区政协历次会议上作的《整合乡镇招商引资，举全区之力建设临港开发区》《开发“高科企”资源，在建设和谐历城中共创共赢》等大会发言，得到中共历城区委、区政府重视，促进了相关问题解决。在《济

南市教育社会化服务目标与对策选择研究》市长基金项目中（1998年），提交的《整合资源，建设面向21世纪代表济南水平的现代化寄宿制高中》建议被采纳。盟员参与的《分层次区域创新教育教学改革》研究项目（1999年），“自探共研，当堂训练”教学模式，在30多所学校推广。2003年起，提交的《关于加大力度，综合治理焚烧秸秆问题的建议》《关于推进东区农民失地培训的建议》《坚持“科学、民主、切实”的理念，建设社会主义新农村》《关于农村教师队伍建设的建议》被区政协评为优秀提案。《关于由县级政府统一发放中小学教师工资的建议》被市政协评为优秀提案。《建立农村义务教育保障体制的建议》在济南市民主党派、工商联参政议政优秀调研成果评选活动中，获一等奖。1995—2007年，提交党派团体提案22件，党派联合提案10件，各级人大代表、政协委员提交建议、提案42件。

三、社会服务活动

1998—2000年，赵堂亮援藏工作期间，把先进的蔬菜种植技术带进西藏，为当地培养一大批蔬菜种植技术人才，《联合日报》《济南盟讯》作了报道。2001年，民盟历城支部组织捐款，帮助锦绣川乡3名贫困儿童解决小学阶段的全部学费。

第二节　中国民主建国会地方组织

一、组织建设

1985年，中国民主建国会历城小组成立，有会员3名。1988年4月，民建历城支部委员会成立，有会员12名，设主委1名。1991年，选举产生民建历城支部第二届委员会，设主委1名。1992年7月，增补副主委1名。1994年，选举产生民建历城支部第三届委员会，设主委1名、副主委1名。1997年7月30日，选举产生民建历城支部第四届委员会，设主委1名、副主委1名。1999年6月，增补副主委1名。11月26日，民建历城区总支委员会成立，设主委1名、副主委2名。2000年，民建历城总支被民建山东省委表彰为“先进集体”。2002年4月12日，选举产生民建历城总支第二届委员会，设主委1名、副主委1名。2003年7月，总支划分三个支部。10月18日，增选副主委1名。2004年2月，被民建济南市委表彰为“2002—2003年度先进集体”。2005年，民建历城总支一支部被民建山东省委表彰为“先进支部”。2006年1月，民建历城总支被民建济南市委表彰为“2005年度参政议政先进集体”。6月23日，选举产生民建历城总支第三届委员会，设主委1名、副主委2名。2007年，民建历城总支有会员41名，本科以上学历24人，占会员总数的58.5%。会员主要来自民营企业、政府部门、教育、法律界人士。

二、参政议政

民建历城总支围绕经济、农业、城建、环保等热点问题开展调研，积极提交提案、建议。《加快市场建设促进经济发展》（2001年）、《进一步优化投资环境，促进经济发展》《关于建好省城后花园的几点建议》（2002年）、《关于加快民营科技企业发展》（2003年）、《加强“无公害产品基地”的建设，确保农产品食用安全》（2004年）、《坚持打整斗争，强化社会综合治理的建议》（2005年）、《把小康建设的重点放在农村》（2006年）、《关于加快信息化建设，促进我区经济发展的建议》（2007年），先后被区政协评为优秀提案。在市政协会议上提交的《关于开通洛口至柳埠的公交车》提案得到落实。论文《以制度创新推动工作创新，提高参政议政能力》，获民建中央理论调研成果二等奖。《加强“无公害农产品生产基地”建设，确保农产品食用安全》的提案，在济南市民主党派、工商联参政议政优秀调研成果评选活动中，获“优秀调研成果奖”，民建历城总支获“先进集体奖”。1986—2007年，共提交党派团体提案28件，党派联合提案12件，各级人大代表、政协委员提交建议、提案46件。

三、社会服务活动

2003年，会员李洪禄为抗击“非典”捐款5万元，被民建中央授予“抗击‘非典’全国先进个人”称号。会员企业参与社会公益事业，回馈社会资金300余万元。至2007年，民建历城总支多次组织为贫困山区学生捐书，价值5万余元；为仲宫镇、柳埠镇贫困农民捐赠电视机，价值3.5万元；为西营镇敬老院捐赠面粉，价值5000余元；会员单位安置农村劳动力和下岗职工近万人就业。

图21-2 2007年10月，民建历城总支委员会向西营学校捐赠图书

第三节 中国民主促进会地方组织

一、组织建设

1988年7月8日，中国民主促进会济南市历城区支部委员会成立，有会员5名，设主委1名。1992年，民进历城支部换届，选举主委1名。1997年10月，民进历城支部换届，选举主委1名、副主委1名。1999年，民进历城支部被民进济南市委表彰为“先进支部”。2000年10月，民进历城支部换届，选举主委1名、副主委1名。2003年，被民进济南市委表彰为“提案工作先进集体”。2004年，被民进山东省委表彰为“先进基层组织”。2005年7月，中国民主促进会济南市历城区总支委员会成立，有会员24名，设主委1名、副主委2名。下设综合支部、文化支部、教育支部。2007年，民进历城总支有会员28名，大专以上学历22人，占会员总数的79%。会员主要来自文化艺术界，也有政府部门、教育、经济界人士。民进历城总支连续三年被民进济南市委表彰为“先进基层组织”。

二、参政议政

2000—2007年，民进历城总支（支部）在区政协会议上提交党派团体提案14件，党派联合提案7件，作大会发言4次；各级人大代表、政协委员提交建议、提案46件。其中，《应建立历城在海外创业、求学人员信息库与联络系统》的提案引起中共济南市委统战部重视；《加大措施，切实解决行政执法难点》《关于政府在旅游业发挥主导作用的建议》《关于科学健身进社区的建议》等9件提案被区政协评为优秀提案。

三、社会服务活动

1998年、2003年，民进历城支部组织会员为长江流域抗洪救灾和抗击“非典”捐款捐物，价值1万余元。每年，综合支部均开展维护消费者权益进社区、进校园活动；文化支部开展民进创作基地挂牌活动，组织作家、书画家、摄影家到历城景区采风；教育支部开展义务支教和送教下乡帮扶活动。2006年，民进历城总支在彩石镇中学开展捐书与“快乐读书”活动。2007年，民进历城总支围绕服务“三农”，宣传农家乐示范

图21-3 2005年12月，民进历城总支到洪家楼第二小学送书画

户，印制“农家大姐”年历1.2万份。

第四节　中国农工民主党地方组织

一、组织建设

1988年12月，中国农工民主党历城支部成立，有党员6名，设主委1名。1991年12月，农工党历城支部换届，有党员9名，设主委1名。1994年12月，农工党历城支部换届，有党员10名，设主委1名。1997年12月，农工党历城支部换届，有党员13名，设主委1名、副主委2名。2001年1月，农工党历城支部换届，有党员17名，设主委1名、副主委2名。9月21日，辖区的山东省柳子剧团农工党支部成立，归农工党济南市委领导。2005年10月26日，农工党历城总支成立，设主委1名、副主委2名，下设历城支部、济钢支部、省柳子剧团支部。2006年11月15日，农工党历城支部进行改选，选举主委1名、副主委1名。2007年，农工党历城总支有党员39名，大专以上学历33人，占党员总数的85%。党员主要来自医药卫生界，也有科学技术界、文化教育界的中高级知识分子加入。

二、参政议政

1988—2001年，农工党历城支部提交的《对在偏僻山区工作的医务人员满5年上浮一级工资并固定为一级工资的建议》，被有关部门采纳。《关于历城区公费医疗改革》《关于区中医医院增加医疗设备、建设门头楼》等提案均得到落实。在区政协五届三次会议上作的《落实妇女、儿童发展纲要，发展我区母婴保健事业的建议》大会发言，引起关注，母婴保健专项事业经费得到落实。至2007年，在区人大、区政协历次会议上提交建议、提案70余件，其中，《开展“诚信历城”创建活动》《关于建立和完善农村医疗保障体系的建议》《关于推进新型农村合作医疗的建议》被区政协评为优秀提案。在济南市民主党派、工商联参政议政优秀调研成果评选活动中，农工党历城总支获“先进集体奖”。

三、社会服务活动

2001年，农工党历城支部组织党员到高而乡参观农业产业结构调整工作，调研退耕还果、整修土地、兴修水利、山水林田路综合治理情况。2007年，在“建设社会主义新农村，文化、科技、卫生三下乡活动”中，组织医务人员到西营镇、港沟镇开展义诊活动。杨国春主持的《聚丙烯单丝平片在腹股沟疝修补术中的临床应用研究》课题，获区科技进步三等奖。

图21-4　2005年4月，农工党历城支部组织党员到冀鲁豫边区革命纪念馆参观学习

第五节　中国致公党地方组织

一、组织建设

2002年7月，中国致公党历城区支部成立，有党员10名，设主委1名。2003年，致公党历城区支部被致公党山东省委表彰为“基层组织建设年活动先进支部”。2004年，被致公党济南市委表彰为“先进支部”。2006年10月，致公党历城区支部换届，选举出主委1名，副主委1名。2007年，有党员22名。大专以上学历21人，占党员总数的95%，有中高级职称20人。党员主要来自政府部门、教育、科研、文化艺术、医药卫生、民营高科技企业等行业。

二、参政议政

2002年始，围绕历城区地处城乡结合部的特点，支部成员中来自省农科院、省农干院的专家就“三农”问题进行调研。《关于加快发展我区观光旅游农业的建议》被区政协评为优秀提案；在区政协六届二次会议上《加快农业产业化及农村城市化进程，不断拓宽农村劳动力转移渠道》的大会发言，引起中共历城区委、区政府重视。2007年，开展“一人一建议”和反映社情民意活动，有10条建议被致公党中央、省委采用。省政府参事高华新，牵头组织关于省气象局如何在社会主义新农村建设中发挥作用的调研，得到省领导重视并批示。市监察局特邀监察员、支部主委吕大海多次到市监察局接待群众来访。在济南市民主党派、工商联参政议政优秀调研成果评选活动中，致公党历城支部获“先进集体奖”。截至2007年，各级人大代表、政协委员提交建议、提案60余件，其中4件提案被致公党济南市委评为优秀提案；支部党员发表论文50余篇，出版专著7部。

三、社会服务活动

2004年4月，致公党历城支部联系省立医院支部党员到区中医医院开展义诊活动。2004年9月至2005年1月，党员于保法倡议发起“中国青年志愿者医疗扶贫万里长征”活动，历时3个多月，行程2万多公里，在老少边穷农村接诊4.5万余人次，作B超、化验、心电图等各类检查2836人次，免费发放数十万元的药品及健康知识宣传资料，并设立“保法奖学金”，每年资助高考学生3万元。2005年，于保法被共青团中央授予

图21-5　2007年6月，致公党历城支部联络医疗卫生专家讲师团到区人民医院举办基层卫生技术骨干培训班

“青年志愿者杰出贡献奖”，并获全国首届华侨华人专业人士“杰出创业奖”。至2007年，致公党历城支部联系致公党市委妇女委员会资助仲宫镇仲南中学10名贫困学生。

第六节　九三学社地方组织

一、组织建设

1984年，九三学社历城直属小组成立，有社员5名，设组长1名。1987年7月，九三学社历城支社成立，有社员16名，设主委1名、副主委2名。1991年，九三学社历城支社被九三学社济南市委表彰为“先进支社”。1992年10月，九三

图21-6　1987年7月，九三学社历城支社成立

学社历城支社换届，选举主委1名、副主委2名。1997年9月，九三学社历城支社换届，有社员17名，设主委1名、副主委2名。2006年4月，九三学社历城基层委员会成立，设主委1名、副主委2名。2007年，有社员30名。社员主要以科学技术界中高级知识分子为主，也有政府部门、经济界人士加入。

二、参政议政

1986—2007年，围绕全区工业、农业、水利、交通等工作进行调研，在历次政协会议上提出质量较高的提案。《请区政府管好预算外资金》《保护名胜古迹，发展旅游经济》等提案，被区政协评为优秀提案。社员发挥自身优势，通过通信、叙旧等方式，宣传中国共产党对台政

策，介绍中国大陆政治、经济形势，推动和加强海峡两岸联系与交流。社员徐延武与台湾原建筑公会会长张学敏系同窗好友，多次邀其到中国大陆访问，共叙旧谊，切磋建筑技艺。社员林言顺是蒋纬国的学生，与蒋家有世交关系，他写信邀请蒋纬国及其家属到中国大陆探亲访友，多次通信，交流情况。2007年，在济南市民主党派、工商联参政议政优秀调研成果评选活动中，九三学社历城基层委员会获“先进集体奖”。

三、社会服务活动

20世纪80年代中期开始，九三学社历城支社发挥人才、技术、联系面广的优势，积极为企业、单位解决疑难问题。至2007年，支社与区供电局举办电工培训班23期，培训学员1700多人次。社员潘韵生为企业设计安装变电站13个，节约资金170多万元；郭廷良主持设计唐王、潘庄等地11万伏配变电站，节约大量资金；林言顺把从废墟中抢救出来及自费购买的数十件珍贵文物无偿献给国家，被市政府授予“文物保护积极分子”称号；胡济生在水土普查、区划规划、小流域综合治理、水土监督管理等方面深入研究，发表论文10余篇；谢有相、段青英在水利建设中参与的《迷宫堰研究》课题，获省科委一等奖。社员集资5000元，购买小尾寒羊和良种兔，赠送给柳埠镇5户特困家庭。支社参与九三学社济南市委牵头组织的《关于水资源利用与管理》调查研究，取得阶段性成果。

第七节　工商业联合会

一、代表大会

1989年10月10日，历城区工商业联合会第二届会员代表大会在区工人文化宫三楼会议室召开，出席会议的代表125名。会议审议通过区工商联第一届执行委员会工作报告，选举产生区工商联第二届执行委员会，选举出执委会委员17人。在区工商联二届一次执委会上，选举出执委会主任1人，副主任4人。

1992年5月26日，区工商联第三届会员代表大会在区工人文化宫三楼会议室召开，出席会议的代表161名。会议审议通过区工商联第二届执行委员会工作报告，选举产生区工商联第三届执行委员会，选举出执委会委员36人。在区工商联三届一次执委会上，选举出执委会主任1人，副主任4人。

1997年1月22日，区工商联第四届会员代表大会在区招待所礼堂召开，出席会议的代表218名。会议审议通过区工商联第三届执行委员会工作报告，选举产生区工商联第四届执行委员会，选举出执委会委员39人。在区工商联四届一次执委会上，选举出执委会会长1人，副会长9人。

2002年1月24日，区工商联第五届会员代表大会在区会议中心召开，出席会议的代表175名。会议审议通过区工商联第四届执行委员会工作报告，选举产生区工商联第五届执行委员会，选举出执委会委员54人。在区工商联五届一次执委会上，选举出执委会会长1人，副会长11人。

2007年7月5日，区工商联第六届会员代表大会在区政府北三楼会议室召开，出席会议的代表170名。会议审议通过区工商联第五届执行委员会工作报告，选举产生区工商联第六届执行委员会，选举出执委会委员74人。区工商联第六届会员代表大会设执委会常委。在区工商联六届一次执委会上，选举出执委会常委45人，会长1人，副会长16人。

二、组织建设

1963年，县工商业联合会成立，“文化大革命”期间停止活动。1987年10月，区委决定恢复工商联。1988年4月，区工商业联合会成立，有工作人员9人。有团体和企业会员56个。1992年，调整工商联会员结构，注重私营企业、“三胞”投资企业、个体工商户会员所占会员构成比例，发展会员398名。在20个乡镇成立工商联分会。1995年，区工商联与东城律师事务所联合成立非公有制企业法律服务部。1999年，对各乡镇工商联分会（商会）进行整顿和换届工作，对已歇业、失去代表性及离开工商联工作岗位的396名会员停止会籍。至2001年，区工商联多次被省工商联表彰为先进单位。2004年6月，区民营企业家联谊会成立。2005年5月，区餐饮业协会成立。2007年，工商联会员企业近千家。

三、主要工作和活动

思想政治工作　1988年，区工商联采取学习与开展活动相结合的方式，有计划地组织会员政治学习。1997—2001年，先后召开座谈会、举行报告会、开展“致富思源、富而思进”教育活动加强思想政治工作；举办法律、管理、WTO知识培训班26期，培训人员1600人次，推出先进典型31个。2002年以来，组织开展“争创文明单位”“诚信会员认定”“争当合格社会主义建设者”“员工关爱企业、老板关爱员工，争创和谐企业”等活动。至2007年，有10余家会员企业被评为区级文明单位，40余家企业被认定为区诚信会员企业，58人次被评为区社会主义合格建设者，1人被评为市劳动模范，2人被评为市社会主义合格建设者，2人被评为省劳动模范，1人获省劳动奖章，18名会员担任村党支部书记。

服务会员　1988—2001年，先后组织24家企业到南京、杭州参加华东“六省一市”工商联举办的二、三、四届商品交易会，成交额190万元；组织会员单位和130家重点企业人员到新加坡、马来西亚、泰国以及国内海南、泉州、石狮、青岛、温州、宁波等地学习考察；组织85家企业参加省工商联在济南举办的科技新成果洽谈会，引进新技术7项。2002年，在会员企业中开展引进引办扩大企业规模活动，建起企业与企业、企业与政府间交流的平台。至2007年，为企业协调解决困难和问题120余件，协调贷款6000余万元。

光彩事业　1997年，发动工商联会员开展以项目、技术、务工、信息、资金帮带为主要内容、体现光彩事业精神的“帮带致富”活动。1998年，区工商联、区委统战部联合制定《关于在工商联会员中广泛开展帮带致富工程的实施意见》。组织会员开展奉献社会、捐资助学、安置下岗职工、道路公益事业捐款等活动。1999年，召开“帮带致富工程”活动总结表彰会，对10名帮带致富标兵、100名帮带致富先进个人进行表彰。2003年，在抗击“非典”工作中，27家会员企业一次捐款58.7万元，非公有制企业通过各种渠道捐款近百万元。区工商联被市委、市政府表彰为“防‘非典’工作先进单位”。同年，12家民营企业资助彩石镇潘河崖小学17名贫困学生3万元；济南信和家具有限公司为当地学校捐助桌椅100余套；济南华滨环联实业有限公司向山东大学科研基地等捐款26万元。2006年，有4家企业响应省委、省政府支持菏泽的号召，投资2000多万元在成武县建起济南工业园历城项目区。1997—2007年，会员企业有关项目扶贫和捐款捐物近3000万元，安置下岗职工、富余劳动力就业近5万人。

图21-7　2007年1月，区工商联到王舍人镇走访困难职工

参政议政　1988年，发挥工商联会员中政协委员、人大代表、特邀监察员作用，围绕社会难点热点问题建言献策。1995年，撰写的《全区个体私营经济发展情况的调查报告》，在《济南

统战》等刊物发表。1996年，围绕改善历城投资环境提交的意见和建议，得到采纳和落实。2003年1月，在省政协会议上提交的《关于取消私营企业用电管理费的建议》，引起关注，9月，建议得到落实；在市政协会议上提交的《关于开通南部山区公交车的建议》，促成有关部门开通88路、65路、67路公交车。1988—2007年，区工商联提交有关国民经济和社会发展的建议、提案170件。

第二章　群众团体

第一节　工　会

一、代表大会

1985年12月17日—19日，历城县工会第七次代表大会在县招待所礼堂召开，出席会议的代表154名。大会审议通过县总工会第六届委员会题为《团结奋斗改革创新，充分发挥工人阶级主力军作用》的工作报告。选举出县总工会第七届委员会委员23名。12月19日，召开县总工会七届一次全委会，选举出第七届委员会常委9名，总工会主席1名，副主席2名。

1990年11月13日—15日，历城区工会第八次代表大会在区工人文化宫三楼会议室召开，出席会议的代表185名。大会审议通过区总工会第七届委员会题为《团结全区职工，发扬工人阶级光荣传统，在发展经济振兴历城中发挥主力作用》的工作报告。选举出区总工会第八届委员会委员21名。11月15日，召开区总工会八届一次全委会，选举出第八届委员会常委9名，总工会主席1名，副主席2名。

1996年4月16日—18日，历城区工会第九次代表大会在市委原机关招待所会议室（山大北路77号）召开，出席会议的代表210名。大会审议通过区总工会第八届委员会题为《强化维护职能，发挥主力军作用，为实现全区“九五”计划建功立业》的工作报告。选举出区总工会第九届委员会委员21名。4月18日，召开区总工会九届一次全委会，选举出区总工会第九届委员会常委9名，总工会主席1名，副主席3名。

二、组织建设

1986年，县总工会设办公室、基层部，有工作人员10人，辖历城工人文化宫。下属基层工会99个，会员1.18万人。在工会组织中开展争创“先进职工之家”“模范职工之家”活动。基层工会主席按同级党政副职级别配备的占85%。1988年，在10个局（委）系统建立工会，并开展“怎样把工会建成职工群众自己的组织”大讨论。1989年5月，区总工会女职工委员会成立。1994年10月，全区首家乡镇工会工作委员会在洪家楼镇成立，全市首家私营企业工会在济南哈勒汽车制造有限公司成立。同年，历城工人文化宫被省总工会授予“先进文化宫”称号。1995年，开展在基层工会建“职工之家”和在分会、工会小组建“职工小家”活动。区总工会被全国总工会表彰为“工会系统职工文化先进单位”。区总工会女职工委员会连续五年被省总工会表彰为“全省先进女职工委员会”。1996年，新经济组织中建有工会57个，会员6619人。1997年，区总工会在全市工会工作会议上，作了题为《积极稳妥地推进新经济组织组建工会工作》的经验介绍。1999年，在有条件的乡镇建立乡镇工会委员会和乡镇机关工会委员会。2000年，全区外商投资企业工会、私营企业工会第一次代表大会召开，选举产生区外商投资企业工会联合会和区私营企业工会联合会。2001年，以纳税大户企业为重点，在新经济组织中建立工会，入会职工2.3万人。2007年，在“三级联创”活动中，落实《关于加强非公有制经济组织“党建带工建、党工共建”工作的意见》，制定《历城区关于加强基层工会组织建设的考核奖励办法》《关于在外商投资企业开展“建会突击月”活动的实施意见》，在新建企业及外商投资企业中集中建会，发展新会员3.61万人，其中农民工会员2.1万人；新建独立工会554个，其中外企工会24个。全区有基层工会组织1985个，会员16.14万人。

三、主要工作和活动

职工素质工程 1986年，围绕培育“四有”（有理想、有道德、有文化、有纪律）新人和企业精神，在职工中开展坚持四项基本原则、工人阶级历史使命和主人翁精神、艰苦奋斗、爱国主义、社会主义、理想纪律、民主法制、职业道德等教育。1989年，区总工会牵头八部门成立技术学习、技术练兵、技术比武“三技”领导小组。开展以“增产节约、增收节支”为主要内容的社会主义劳动竞赛，开展创优、创新、创先、创最佳效益和降消耗、降成本、降亏损、降积压的“四创、四降”竞赛活动。举办技术比武57项（次），107人被授予“技术能人”称号。1992年，举办基层工会干部培训班、《中华人民共和国工会法》学习班、知识竞赛、知识答卷等活动，有1万多人参加。1994年，培训工会主席160余名。30余名工会主席参加市劳动争议调解委员会主任培训班。2003年，各级工会开展经济技术创新，争创文明行业、文明企业、文明班组，争当文明职工和“十百千”活动，在济南市职业道德建设十佳单位和十佳标兵评选活动中，历城区获1个先进单位和1个十佳标兵称号。2006年，开展“创建学习型组织，争做知识型职工”活动。2007年，围绕节能降耗、环境保护、发展循环经济，倡导职工增强节约环保能力，养成节约环保习惯。

选树劳动模范 劳动模范评选工作严格按照民主评议、推荐、审核、公示等程序进行。1986—2007年，区总工会组织推荐、评选全国劳模3名、省劳模15名；全国五一劳动奖章获得者2名、省富民兴鲁劳动奖章获得者19名。每年“五一”节期间，组织劳动模范（先进工作者）座谈或外出参观学习。

职工民主管理 1986年，执行国务院《职代会条例》，加强职工民主管理。1988年后，各工会组织贯彻《中华人民共和国全民所有制工业企业法》《山东省实施〈企业法〉加强职工民主管理办法》，坚持和完善职工代表大会制度。企业工会发挥监督、保证作用，全程参与企业实施租赁承包，召开职代会讨论审议承包方案，参与选择企业承租人和清产核资工作，及时协调承租人和职工的关系。1989年，区总工会与区政府举行首次联席会，部分局（委）工会和基层工会与同级行政单位举行民主协商联席会、座谈会，并形成制度定期召开。国有企业建立厂长接待日、职工代表检查工作制度。1994年起，实行企业行政负责人向职代会报告制度。1995年，区总工会与区纪委、区监察局、区经委联合下发《关于充分发挥职工民主监督作用、促进企业廉洁经营的意见》，企业实行招待费使用情况向职代会报告制度，并纳入职代会议程。与区体改委联合下发《关于股份制企业加强职工民主管理的意见》，对工会参与公司章程制定和工会负责人依法进入董事会、监事会作出明确规定。有28家“三资”企业工会主席依法进入（或列席）董事会。1997年，36个国有企业、27个区属集体企业在职代会上评议领导干部260余人。通过评议有8人得到提拔，6人被免职，1人被降职，10个领导班子被调整。1998年，区委制定《关于全心全意依靠职工群众办企业的意见》，区总工会与区纪委、区经委、区人事局联合制定《关于在全区推行厂务公开制度的实施意见》。2007年，开展“万家企业创和谐”活动，济南趵突泉酿酒有限公司等4家企业被市总工会评为“劳动关系和谐企业”。

维护职工合法权益 1986年，县总工会配合有关部门进行安全检查，参与事故调查处理，督

促消除事故隐患和对职业危害作业点的整治。同年，调解各类争议纠纷4件。1987年，区总工会选择国有、股份合作制、“三资”、乡镇等7个不同类型的企业进行建立平等协商，签订集体劳动合同制度试点工作。各企业工会普遍建立劳动争议调解委员会。1988年以来，区总工会分别在仲宫、孙村、董家、王舍人、洪家楼镇召开34个单位工会干部参加的座谈会，对区直厂企临时工口粮问题、粮食系统职工洗理费等问题，及时向区政府及有关部门反映，大部分问题得到解决。区总工会与区劳动局、区司法局联合制定《关于学习宣传贯彻〈劳动法〉的意见》，对企业主管局、企业分管负责人、工会主席、劳资科长进行培训。发放《中华人民共和国劳动法》读本5000余册。加强集体福利设施建设，在区直企业开展职工生活后勤达标活动，较小的单位兴建和完善小食堂、小托儿所、小浴室、小更衣室、小厕所等福利设施。每年与区劳动局安全生产办公室一起，对劳动安全、职业卫生情况进行检查。2007年，区总工会调解各种争议纠纷7件。

女职工工作　1990年，有25名以上女职工的工会，组建女职工委员会。落实《中华人民共和国妇女权益保障法》和《女职工劳动保护特定规定》，组织已婚女职工查体，开展女职工“岗位多奉献、本职立新功”活动。1996年，在“三八”妇女节召开女职工事迹报告会，对成绩突出的女职工进行表彰。开展“节约10元钱，捐助献爱心”活动，200多个单位的1.18万名女职工参加活动，救助困难女职工100余人，救助款物价值5.6万元。2002年，开展“面向新世纪，争做新女性”女职工素质自我达标、创建文明职工家庭和女职工双文明建功立业竞赛活动。2003年，对商业、粮食等系统困难企业部分女职工免费查体。2006年，92个企业签订女职工特殊权益专项集体合同。女职工妇科普查率在97%以上。2007年，根据《中华人民共和国工会法》《企业工会工作条例》《工会女职工委员会工作条例》和市总工会《关于规范工会女职工组织与工会组织同步组建工作的意见》，按照“哪里有工会，哪里就要建立女职工组织”的要求，加强工会女职工组织的组建和规范化建设指导工作。2007年，有女职工组织485个，组建率100%，会员2.3万人。165家企业签订女职工特殊权益专项集体合同。

送温暖工程　1986年，各级工会积极开展“送温暖工程”活动，走访慰问离退休和困难职工，对特困职工进行救助。1989年，组织18.48万人参加市职工互助互济会，为146名职工发放救济款1.06万元，为42名职工办理缓交住房新增租金手续。1995年元旦、春节期间，救济困难职工2447人，发放救济款40.4万元。2003—2006年，救助困难职工1.23万人，为599名职工申办特困职工证，为5867户特困家庭申办水费补贴，为1500名职工办理职工补充保险，创建“工字号”创业基地245个。2007年，“7·18”水灾发生后，区总工会拨出专款2万元，救助重灾职工家庭10余户。组织30个用工单位、200余名下岗失业职工，参加再就业洽谈会。为下岗失业人员办理小额担保贷款22人次，贷款36万元。元旦、春节期间，救助困难职工4000余人，发放慰问金85万元。

第二节　共青团

一、代表大会

1986年2月26日—28日，共青团历城县第九次代表大会在县招待所礼堂召开，出席会议的代表300名。大会审议通过第八届团县委题为《举改革旗帜，做四有新人，为我县两大文明建设建功立业积极探索、奋力开拓，为改革建设振兴历城建功立业》的工作报告。会议选举出第九届共青团历城县委员会委员33人。2月28日，召开团县委九届一次全委会，选举出团县委书记1人，副书记2人。

1989年4月11日—13日，共青团历城区第十次代表大会在区招待所礼堂召开，出席会议的代

表348名。大会审议通过第九届团区委题为《积极探索、奋力开拓，为改革建设振兴历城建功立业》的工作报告，通过《关于在治理整顿和深化改革中进一步发挥共青团作用的决议》。会议选举出第十届团区委委员31人。同年12月，召开团区委十届一次全委会，选举出团区委书记1人。

1992年11月15日—17日，共青团历城区第十一次代表大会在区招待所礼堂召开，出席会议的代表350名。大会审议通过第十届团区委题为《改革进取、乘势而上，在振兴历城的伟大实践中锻炼成才，建功立业》的工作报告，通过《关于团结带领青年积极投身改革和经济建设，为振兴历城建功立业的决议》。会议选举出第十一届团区委委员35人。11月17日，召开团区委十一届一次全委会，选举出团区委书记1人，副书记2人。

1996年11月29日—12月1日，共青团历城区第十二次代表大会在历城影剧院召开，出席会议的代表350名。大会审议通过第十一届团区委题为《抓住机遇，乘势而上，团结带领全区团员为振兴历城建功立业》的工作报告，通过《关于团结带领全区团员青年在历城两个文明建设中青春立功的决议》。会议选举出第十二届团区委委员35人。12月1日，召开团区委十二届一次全委会，选举出团区委常委9人，团区委书记1人，副书记2人。

1999年12月23日—25日，共青团历城区第十三次代表大会在区会议中心召开，出席会议的代表220名。大会审议通过第十二届团区委题为《把握机遇，理清思路，团结带领全区团员青年在新世纪中再创辉煌》的工作报告，通过《关于团结带领全区团员青年以崭新的姿态跨入二十一世纪的决议》。会议选举出第十三届团区委委员35人。12月25日，召开团区委十三届一次全委会，选举出团区委常委9人，团区委书记1人，副书记1人。

二、组织建设

1986年，团县委设办公室、组宣部、青工部、青农部、学校部。有基层团委35个，团支部1102个，团员2.85万名。1988年，实行团员证制度，发放团员证3万余个。1991年，区交通局、区建委等9个局（委）成立团委。1992年，团区委按照“组织随人走，团在实体建”原则，探索在新经济组织和新社会组织（“两新”组织）中成立团组织。同年，港沟镇安家村成立全区第一个村级团委。1995年，制定《关于加强农村基层团组织建设的决定》。1996年起，开展创建“五好”（致富路子好、团员队伍好、支部班子好、实用技术好、活动阵地好）团支部活动，推行“三位一体”（村团支部书记、村委会科技副主任、村青年星火带头人）农村团干部配置。2004年、2006年，团区委分别以开展团员先进性教育和社会主义荣辱观主题教育活动为重点，培训团干部160余人。至2007年，在5个规模较大的新经济组织和民办学校中建立直属团委（有2个随所在单位解散而撤销）。开展“团的基层建设年”“服务新农村团建基础工程”“增强团员意识”主题教育活动；开展“团支部建设示范村”主题帮扶活动；开展党建带团建调研活动。2007年，有基层团委65个，团支部1552个，团员4.34万名。

三、主要工作和活动

青少年思想政治教育工作　20世纪80年代初，开展“文明礼貌月”“五讲四美三热爱”活动。1990年，开展“四学一奉献”教育活动。1992年，对青少年进行“两史一情”（中国近代史、中国现代史和国情）教育。1994年，组织团员青年学习邓小平建设有中国特色社会主义理论，举办学习班5期，培训人员260人次。20世纪末21世纪初，以“两大工程”（跨世纪青年人才工程和青年文明工程）为统领，以“爱国、立志、成才、奉献”为主题，开展“迎接世纪挑战，塑造崭新形象”主题教育活动和“跨世纪青年形象大讨论”活动。2001年，在团员青年中开展“三个代表”重要思想宣教活动和“爱我锦绣历城”主题教育活动。2006年，开展“知荣辱，树新风，促和谐”教育活动，用社会主义核心价值观武装青少年头脑。编辑出版《青少年先模事迹教育读本》，组织开展维和英模表彰暨先进事迹报告会、百名优秀青年风采展示报告会等活动。至2007年，团区委联合相关部门先后7次开展“历城区十佳（十大杰出）青年”评选活动。

图21-8　第七届历城区十大杰出青年合影（2007年摄）

涌现出全国十佳少先队员张寿禄，身残志坚的好少年颜峰，“感动中国”年度候选人物张宝娣等一大批优秀青少年模范典型。

“一争一创”活动　1996年，在区直机关、企事业单位中，开展“一争一创”（争当青年岗位能手、创建青年文明号）活动。1997年，制定《历城区“青年文明号”管理办法》《历城区青年岗位能手奖励暂行规定》。1998年3月，成立“争当青年岗位能手”活动领导小组。4月，印发《关于在全区机关企事业教育系统青年职工中普遍开展“争当青年岗位能手”活动的报告》。1999年6月，召开青年岗位能手表彰会，20名青年岗位能手受到区政府表彰，30名岗位能手受到团区委等5部门联合表彰。同年，在“青年文明号”中推行“青年文明号服务卡”制度，此后，每年5月开展“青年文明号优质服务月”活动。2001年起，对“青年文明号”实行动态管理，每年对青年文明号单位进行复查。2003年，区总工会与区教育局、区工商分局、区农村信用社联合制定相应行业的“一争一创”标准，并进行联合表彰。2005年，区法院东郊法庭在全国法院系统“青年文明号”表彰会上作了经验介绍。至2007年，团区委命名表彰“青年文明号”150余个，推出市级以上“青年文明号”60余个，其中国家级5个。

服务农村青年增收成才　1986年，团县委、县科委开展农村实用技术培训活动。1988年，以培养青年星火带头人，开展“科技兴农，青年当先”活动。1989年，开展实用技术推广应用活动，培养青年科技星火带头人170人，成立专业技术协会158个。1993年起，在团组织中开展跨世纪青年人才工程，实施青年致富工程，兴建青年科技示范基地。党家庄镇葡萄良种场被评为省十大青年科技培训基地。至1998年，有区级以上星火带头人近1000名，其中全国青年科技星火带头人1名。1999年，开展“五个一”工程，加大农村青年科技人才培养，推动青年科技示范基地向规模化发展，同时进行科技图书站建设。至2004年，有3人获“全国农村青年科技致富带头人”称号。2005年，与区劳动和社会保障局、区成人教育办公室等单位联合开展“青春创业行动”，在乡镇成立青春创业服务中心，在3个职业中专建立职业教育培训基地。开展农村青年劳动力培训转移工作，基本形成由青年农民技能培训、农村青年劳动力培训转移、科技支农三大工程为主体的青农工作体系。2007年，团区委被团省委命名为“服务农村青年增收成才先进集体”。

志愿者行动　20世纪80年代起，组织青少年参加绿化植树、建设黄河防护林、采集树种支援西北林区建设等志愿奉献活动。1995年3月1日，历城区青年志愿者服务总队成立。同年，成立青年志愿者服务大队67个。1997年，历城区志愿者协会成立。各级团组织开展公益劳动、植树造林、环境绿化、扶贫助困等青年志愿者服务活动。1998年，开展“交通助学岗”、为下岗职工子女义务家教、助残家教等活动，在34所中小学附近交通路口设立交通助学岗，结成义务家教对子68对。2001年，开展“回收废旧电池”“寻找污染源”活动，在景区开展志愿者导游活动。2003年，开展以“投身节水保泉，建设美好泉城”为主题的大型周六志愿者活动。2004年，开展“迎亚足赛，创文明城”主题志愿者活动。2005年，结合“创城”活动，注册志愿者的范围从团员青年扩大到各个年龄阶段，逐步建起覆盖全区各系统、行业和社区、乡村的志愿服务组织体系。同时，建立完善志愿服务管理制度。2006年，开展社区志愿服务和谐行动。2007年，开展“迎和谐全运，建文明历城”志愿服务活动，成立以法律服务、科技下乡、就业帮扶等为内容的十几支专业志愿服务队伍，策划实施“保护水源，三川护绿”大型环保活动，推动和谐社会和生态文明建设。全区注册志愿者4万余人，涌现出山东省八大青年志愿者标兵田勇等一批优秀志愿者典型。

图21-9 2007年5月，历城一中团员青年开展“保护水源、三川护绿”志愿者活动

希望工程 1993年5月，团区委印发《关于实施“希望工程”的意见》，在团员青年中开展“团员青年一元钱，救助失学好少年”活动。组织近郊学校与贫困乡村学校开展“手拉手，心连心”活动，有38所学校结成对子学校，定期进行交流和互助活动。1994年4月，历城区希望工程助学基金会成立。6月，与区委宣传部、机关党委联合开展“党团支部献爱心，失学孩子返校园”活动。1995年8月，区希望工程助学基金会撤销，团区委只负责贫困生推荐、结对、救助金发放和希望小学建设管理工作。全区30余名机关干部参加“1（家）+1”救助活动，救助中小学生80余人次。10月，由团市委、团区委共同投资，建成全区第一所希望小学——高而希望小学。1996年，团区委为208名学生联系到“1（家）+1”救助。1997年，团区委联系68名民营企业家、工商联会员与107名贫困少年儿童结成对子，发放救助金4.3万元。同年，开展“希望工程”爱心储蓄活动，储蓄金额50余万元。1998年，区委办转发“希望工程”最后一轮劝募工作意见，共筹集资金8.6万元。2000年，团区委被团省委授予“‘希望工程’攻坚奖”。2001年，团区委印发《关于在全区开展捐资助学活动的通知》，筹资8.4万元，救助南部山区6个乡镇的贫困学生300名。2002年，拓宽“希望工程”筹资渠道，历城区成为全省首个利用网络进行“希望工程”募捐的县区。2005年，通过济南搜房网联系富翔天地社区居民采取周末自驾游形式，与柳埠镇黄巢小学31名学生结成帮扶对子，定期开展资金救助和关爱活动。2006年，团区委被评为全省“希望工程圆梦

图21-10 2007年5月，济南律师希望小学捐建仪式在柳埠镇举行

大学”行动先进单位。2007年，组织开展专职团干部救助贫困生活动，救助贫困学生160多人，救助金额5万余元。1995—2007年，为20多所小学建成多媒体教室、新世纪书屋、爱心电脑室和希望电脑室。建有希望小学9所。

1995—2007年历城区希望小学建设情况表

表21-1

名称	地址	捐方名称	建成时间（年 月）	捐资额（万元）	总投资（万元）	备注
高而希望小学	高而乡花坦村	团市委、团区委	1995.10	16	50	—
济空文明希望小学	彩石乡讲书院村	济南空军、区土管局	1997.9	9	—	1997年合并到南泉小学，2004年合并到宅科小学
济南蓝天希望小学	锦绣川乡石门村	济南空军	1997.10	35	51	—
西彩石希望小学	彩石乡西彩石村	三联集团	1999.10	4	—	2004年与东彩石小学、大龙小学合并为西彩石小学
邢家希望小学	董家镇邢家洼村	山东省检验检疫局	2000.6	20	83	—
崔家希望小学	唐王镇崔家庄	金家园食品厂	2003	10	125	—
枣林希望小学	西营镇枣林村	济南万泰装饰建筑有限公司	2003	10	10	2007年进行二期工程建设
冠军慈善希望小学	西营镇枣林村	冠军建材集团	2005	10	10	—
济南律师希望小学	柳埠镇东坡村	济南市司法局	2007	36.6	41.6	2007年5月奠基

关心下一代工作　1992年，历城区关心下一代工作委员会成立，是区委领导下以离退休人员为主体、在职人员参加的群众性工作组织。1997年4月，制定《历城区关心下一代工作委员会章程》。2003年，各街道、乡镇成立关工委组织。2005年7月，区关工委办公室为正科级事业单位，隶属团区委。同年，关工委组织建设延伸至村居。2007年，区关工委有顾问3人、主任1人、常务主任3人、副主任20人、委员47人。下设思想道德教育组、革命传统教育组、法制教育组、科技教育组。“五老”（老教师、老战士、老干部、老专家、老模范）报告团成员1.5万人。

1992年起，在青少年中广泛开展革命传统教育、科技教育、法制教育和艺术教育。1997年，到省少管所对历城籍少年犯进行帮教活动。1998年，组织革命传统报告团在全区作巡回报告。1999年，区关工委与区科委在遥墙镇马官寨村建立“秸秆种菇”科技示范基地；与区科协、区财政局在董家镇谢家屯村建立科技教育基地；协调相关部门开展农村青年劳动力培训转移工程和农业实用技术培训。2000年，组织“童叟书画笔会”，邀请省内专家举办“家庭教育报告会”，与区法院、华山镇政府创办全市第一家青

图21-11　2005年10月，老战士到王舍人镇中心小学向少先队员作革命传统教育报告

少年法制教育基地。2001年，各级关工委筹集资金50余万元，修缮校舍300余间，救助贫困学生200余名。2002年，区关工委在全国基层关心下一代工作座谈会上做了经验介绍。同年起，每年筹资20万元以上，用于救助贫困学生、改善偏远学校办学条件，为3所小学建起爱心电脑教室。2006年，在洪家楼第二小学开展“养成好习惯、奠基好人生”主题活动；在洪家楼第三小学开展“营造书香校园”活动；联合相关部门编辑出版《青少年教育读本》，免费向青少年发放。

学校团队工作　1986年，各级少先队组织对少先队员进行爱国主义、集体主义教育，帮助他们树立正确的人生观和价值观。1996年，全面推进“跨世纪中国少年雏鹰行动”，开展“雏鹰争章”“雏鹰假日小队”活动，建立362支假日小队，开展“五自”（自学、自理、自护、自强、自律）学习实践活动。开展手拉手情系贫困小伙伴、手拉手红领巾助残、手拉手读书交友、手拉手拉回一个希望、还母亲河一片绿色活动，建立手拉手对子2000余对。1997年，南全福小学红领巾助残小队被全国少工委、全国妇联、全国残联授予“助残先进集体”称号。2004年，团区委、区教育局、文化局等联合举办全区首届少年儿童七项技能大赛暨百名“历城小名士”评选活动。2005年，开展首届“十佳”少年评选活动。至2007年，共评选出“历城小名士”400名、“十佳”少年30名。

第三节　妇女联合会

一、代表大会

1988年9月21日—22日，历城区妇女联合会第八届代表大会在区招待所礼堂召开，出席会议的代表230名。大会讨论通过区妇联第七届执行委员会题为《改革创新，勇于实践，为振兴历城全面开创妇女工作的新局面而奋斗》的工作报告。大会选举出区妇联第八届执行委员会委员39人。9月22日，召开区妇联第八届执委会第一次全体会议，选举出执委会常委13人，主任1人，副主任2人。

1993年12月8日—9日，区妇联第九届代表大会在区招待所礼堂召开，出席会议的代表129名。大会讨论通过区妇联第八届执行委员会题为《全区妇女团结起来为振兴历城，推进社会进步再立新功》的工作报告，选举出区妇联第九届执行委员会委员37人。12月9日，召开区妇联第九届执委会第一次全体会议，选举出执委会常委11人，主任1人，副主任2人。

2003年8月19日，区妇联第十届代表大会在区会议中心召开，出席会议的代表189名。大会讨论通过区妇联第九届执行委员会题为《解放思想，干事创业，团结带领全区妇女为建设新历城而奋斗》的工作报告，选举出区妇联第十届执行委员会委员38人。会后召开区妇联第十届执委会第一次全体会议，选举出执委会常委9人，主席1人，副主席3人。

二、组织建设

1986年，县妇联设宣传部、组联部、权益部、少儿部、办公室，有工作人员9人。有乡镇妇联14个，村妇代会724个，乡镇企业妇代会56个，厂矿企业妇代会1个。在加强基层妇女组织网络建设的同时，不断提高妇女参政议政水平和村妇代会主任进“两委”比例。1991年，全区859个村全部建立妇代会，有妇代会主任859名，委员2502名。妇代会主任进“两委”比例为57.9%。2001年，区妇联制定《关于在民营经济组织中建立妇女组织的意见》和《关于做好新型经济社会组织妇女组织建设工作的实施意见》。有10家民营企业建立妇联组织。2002年，区妇联与区委组织部、区民政局联合下发《关于积极做好村级换届选举中女性进“两委”工作的通知》，通过直选和招聘，村妇代会主任、社区妇联主任进“两委”比例为100%。2007年，全区有街道妇联4个，乡镇妇联11个，村妇代会635个，区直妇委会20个。村妇代会主任、社区妇联主任全部进入村（居）“两委”。

三、主要工作和活动

“双学双比”竞赛活动　1990年，区妇联与7个部门联合制定《在全区农村妇女中深入开展“学文化、学技术、比成绩、比贡献”竞赛活动的意见》，成立区“双学双比”活动领导小组，开展科技培训，提高农村妇女文化科技素质。1992年，号召农村妇女做好庭院综合开发。1993年，区妇联协同有关部门建立农技、林果、畜禽、金融、购销等服务组织，定期下乡为农村妇女送技术、送资金、送物资、送信息。1996年，开展“科技女状元”竞赛活动，采取“一联二结三互助”方法，重点抓好“巾帼扶贫”和扫盲工作。1997—1999年，先后开展“增百创千争万元”“争创妇女科技专业大户”和“姐妹手拉手共走致富路”等活动。2000年，实施“巾帼科技致富工程”，开展“创女科技专业大户、抓龙头项目、建妇字号基地”活动。至2007年，有25.82万名农村妇女接受实用技术培训；8000余名妇女参加农函大、农广校学习。有巾帼科技致富特色专业村50个，三八示范基地60个，以妇女为主体的科技示范户4000多个，各类妇女科技协会、专业协会会员1.03万人。

“巾帼建功”竞赛活动　1991年，区妇联响应全国妇联等13个部委在全国城镇发起“巾帼建功”活动号召，在城镇妇女中开展以教育为主线，以学习为基础，培养“四有”“四自”（自尊、自信、自立、自强）新女性为目标的“巾帼建功”竞赛活动。1996年，总结“巾帼建功”竞赛活动经验，开展以“爱岗敬业、无私奉献、岗位建功、立志成才”为主题的巾帼建功创岗活动，培养树立巾帼文明示范岗标兵，并将“巾帼建功”活动由个体向群体发展。先后开展“岗位做贡献，行业树标兵”“树立跨世纪职业女性新形象”“争创巾帼文明示范岗明星”活动。2007年，有国家级巾帼文明岗2个，省级巾帼文明岗4个，市、区级巾帼文明岗64个，区级巾帼建功标兵160人。

“五好”文明家庭创建和“美在家庭”活动　1996年，开展以倡导“尊老爱幼、男女平等、夫妻和睦、勤俭持家、邻里团结”为主要内容的“五好”文明家庭创建活动。1998年，开展以“美化生活环境，创造富裕生活，弘扬家庭美德，建设家庭文化”为内容的“美在家庭”活动，重点抓好“三化”（美化、净化、绿化）、“四改”（改水、改厕、改灶、改圈），实施“美在家庭”三年规划。活动中，与开展群众性文化活动相结合，成立健身舞、秧歌等健身队伍，开展寓教于乐的巾帼文明健身活动。开展“好儿女、好媳妇、好女婿、好婆婆”评选和群众性读书活动。2007年，有“五好”文明家庭17万户，其中市级以上文明家庭1800户。

图21-12　2005年9月，在幸福柳广场开展争创魅力家庭文体活动

维护妇女儿童合法权益　1986年以来，开展《中华人民共和国婚姻法》《中华人民共和国妇女权益保障法》等法律、法规宣传和学习培训。“三五”普法期间，举办保护妇女儿童权益法律知识培训班1372期，开展咨询活动1500余场次。2000年，区妇联与区法院联合成立区家庭暴力鉴定中心，与区司法局联合开设“12348”维权热线。2001年，邀请省妇联权益部有关负责人作了《中华人民共和国婚姻法》专题报告。2003年，在洪家楼派出所成立全区第一处维护妇女儿童的

家庭暴力报警站。2005年，区妇联参与妇女儿童案件审理，有2名妇联干部成为区法院人民陪审员。2006年起，与区司法局法律援助中心联合，为贫困妇女提供无偿法律援助。1986—2007年，共受理来信来访1880件，处结1853件，为52名妇女提供无偿法律援助，参与审理案件18件。

救助活动 1996年，历城区启动“春蕾计划”（在全国妇联领导下，由中国儿童少年基金会发起并组织实施的一项社会公益事业，其目的是帮助失、辍学女童重返校园）。发动区直单位开展“1+1结对帮扶”、各级领导和爱心人士个人结对帮扶、企业赞助集中帮扶、争取上级资助帮扶活动，全方位、多层面地帮助贫困失、辍学女童和贫困高考女生上学。1999年9月，在锦绣川乡大水井小学建起全市第一所春蕾小学。2000年，在仲宫镇北道沟小学建起全市第一所慈善读者小学。2006年，开展单亲特困母亲救助活动，将其纳入社会救助体系。同年，区阳光大姐家政服务中心成立，面向下岗女工和农村贫困妇女开展职业技能培训，提供就业岗位。2007年，落实省妇联《关于开展“信贷助推百万农村妇女创业行动”工作的实施意见》，利用市政府设立的政策性小额贷款专项资金，为特困家庭、单亲母亲申报小额贷款和创业资金。至2007年，“春蕾计划”惠及“春蕾女童”、贫困儿童4万多人次，救助金额106万元，为孤儿办理保险70多人次；为2200余名单亲特困母亲发放救助款物金额55万元；培训下岗女工和农村贫困妇女2000余人，提供就业岗位1500余个；为12名下岗职工、贫困妇女提供创业扶持资金60余万元。

实施“两纲”工作 1996年5月，实施《济南市历城区妇女发展纲要》《济南市历城区儿童少年事业发展纲要》，区妇女儿童工作委员会办公室协同27个成员单位，坚持“一手抓发展，一手抓维权”的工作方针，主要开展计划生育、妇幼保健、妇女参政议政、妇女儿童教育事业、贫困地区妇女儿童救助、妇女维权及协调服务6项工作。1998年10月、2000年11月，在市委、市政府组织的中期和终期监测评估检查中，《历城区妇女发展纲要》确定的十大项目、241项可量化指标，有239项达标；《历城区儿童发展规划》确定的五大项目、104项可量化指标，全部达标。2002年，区政府印发《历城区妇女发展纲要（2001—2010）和历城区儿童发展纲要（2001—2010）》，提出历城区妇女儿童十年发展目标。2007年，区政府拨款30万元，对新结婚登记的夫妇实行免费婚检。历城区基本实现“两纲”指标。

第四节 科学技术协会

一、代表大会

1987年9月15日—16日，历城区科学技术协会第一次代表大会召开，出席会议的代表301名。会议审议通过题为《团结奋斗，投身改革，为实现“七五”计划振兴历城经济贡献才智》的工作报告和《历城区科学技术协会章程》。大会选举出区科协第一届委员会委员23人。在区科协一届一次全委会上，选举出委员会常委6人，主席1人，副主席2人。

1994年6月23日—24日，区科协第二次代表大会召开，出席会议的代表301名。会议通过一届区科协题为《发挥科协优势，推进科技进步，为振兴历城再立新功》的工作报告，修改通过《历城区科学技术协会章程》。大会选举出区科协第二届委员会委员27人。在区科协二届一次全委会上，选举出委员会常委9人，主席1人，副主席2人。

1999年11月15日，区科协第三次代表大会召开，出席会议的代表165名。会议通过二届区科协题为《奉献求实，争先创新，为实现科教兴区战略目标再创辉煌》的工作报告，修改通过《历城区科学技术协会章程》，作出聘请科协顾问的决定。大会选举出区科协第三届委员会委员24人。在区科协三届一次全委会上，选举出委员会常委11人，主席1人，副主席2人。

二、组织建设

1985年4月，县科协从县科委独立，有工作人员5人。1986年，建立县、乡镇、村三级科协机构，在农村开始组建农村专业技术研究（协）会。同年，有县直学（协）会8个，农技协会10个，乡镇科协14个，村科协312个。2007年，区科协有工作人员9人；区直学（协）会11个，会员1939名；11个镇、4个街道均建有科协组织，有专兼职工作人员21人，村（居）科协644个；有镇级科普活动站11个，村级科普活动室480个，镇村科普宣传员700人，科普志愿者1500人；有镇村农技协84个，会员1.68万名；专业科普示范基地13个。

三、主要工作和活动

科普宣传教育工作　1986年以来，常年开展科普讲座、放映科教电影、举办科技展览、科技推广、学术交流、科技下乡、科普赶集等科普宣教活动。1995年，区科协被评为“全国农村科普工作先进集体”。2000年，开展全国科普日、科普宣传周宣传活动。2006年，历城区被省科协评为“全省科普示范区”。1986—2007年，共举办各类培训班5402期，培训61.24万人次；举办科技报告会240余场，参加人数70万人次；放映科教电影4150场次，观众203万人次；举办展览235次，展出展板400余块，观众6.23万人；科普赶集911次，咨询人数19.8万人；发放科技资料、“明白纸”102万份。

农村“五个一”建设工作　2005年，为进一步整合社会资源，提升科普能力，服务经济建设，开展农村“五个一”建设工作。1.科普活动站建设。区科协制定《关于“一站、一栏、一员”建设工作的意见》，每个乡镇建1处科普活动站，每个行政村建1处科普宣传栏，每个村有1名科普宣传员。2.科普宣传栏村村通建设。区科协印发《关于在全区农村开展“科普村村通”工程的实施意见》，制作科普宣传栏701块，与各村签订管理协议，建立长效管理机制，在全市率先实现科普宣传栏村村通。3.科普宣传员队伍建设。组建700名科普宣传员队伍，壮大农村科普网络组织，科普工作普及到村。4.科普志愿者队伍建设。组建农村专家讲师团、科普志愿者、科普员3支农村科普讲师团队伍，队员1500名。5.农技协建设。健全镇、村农技协组织。2006年，港沟镇冶河村核桃协会被中国科协、财政部表彰为“全国科普惠农先进单位”，被中国农技协表彰为“全国先进农技协”；区科协被省科协、省财政厅表彰为“全省科普村村通工程建设先进单位”。至2007年，各农技协引进推广新品种、新技术81项，增加经济效益过亿元。区科协被省科协表彰为“一站、一栏、一员建设工作先进单位”。仲宫镇农业标准化产业协会等4家农技协被省科协、省财政厅表彰为“全省先进农技协”“全省先进科普示范基地”。

科普大学　2005年，济南科普大学祝甸社区分校成立。社区科普大学立足社区、服务社区，开展各类科技教育培训、科技论文征集、心理健康进社区活动，推进科普知识走进社区，传播健康科学的文化知识，提高居民整体素质。2007年，有社区科普大学11所。

青少年科普活动　1987年以来，每年组织一次全区青少年“四小”（小发明、小创造、小制作、小论文）、“三模一电”（航模、海模、车模、无线电测向）科技竞赛活动。在航海、航空模型比赛中，多次获省团体总分第二名和全国航模普及奖。2000年，区科协与区教委联合印发《关于开展青少年科技系列活动的意见》和《关

图21-13　2007年5月，工北小学举行科普成果展示活动

于在中小学校中进一步开展创建科普示范学校的意见》。在青少年中开展“大手拉小手”“科技夏令营”“评选推荐科普小博士”“计算机知识竞赛”等活动。共征集小发明、小创造作品156件。2005年，高而办事处邢家小学学生刘娟设计的“仿真月相仪”获山东省青少年科技创新大赛金奖、全国第17届青少年创新大赛银奖。至2007年，共收集青少年“四小”“三模一电”作品456件，建有省级科普示范学校3所，2名学生被市科协、市教育局授予“济南市十佳科普小博士”称号。

科技奖和科技论文评选　1996年以来，每年组织参加全市优秀青年科技奖评选活动和组织一次全区学术交流活动。2000年，区科协与区委组织部、区人事局联合印发《关于评选第一届济南市历城区优秀科技工作者暨青年科技奖的通知》，同年，评出青年科技奖13个、优秀科技工作者55名。至2007年，有5人获市青年科技奖；有11人被评为市优秀科技工作者；开展优秀论文征集活动6次，征集论文387篇，评出优秀论文201篇，编印论文集3册。

实施全民科学素质行动计划纲要　2007年，贯彻落实国务院《全民科学素质行动计划纲要（2006—2010—2020）》，区委、区政府印发《关于贯彻全民科学素质行动计划纲要的实施意见》。主要是实施“四大行动”（未成年人科学素质行动、农民科学素质行动、城镇劳动人口科学素质行动、领导干部和公务员科学素质行动）、“四大工程”（科学教育与培训基础工程、科普资源开发与共享工程、大众传媒科技传播能力建设工程、科普基础设施工程），推进全民科学素质的整体提高。

图21-14　区科协在仲宫镇举行“科学素质纲要”宣传活动（2007年摄）

第五节　文学艺术界联合会

一、代表大会

1986年5月，历城县文学艺术界联合会第一届代表大会在县招待所礼堂召开，会议审议通过《历城县文学艺术界联合会章程》，选举产生县文联第一届委员会，有委员25人。在县文联一届一次全委会上，选举出文联主席1人，副主席3人。

1989年5月，区文联第二届代表大会在区工人文化宫召开，会议审议通过区文联第一届委员会工作报告，修改通过《历城区文学艺术界联合会章程》，选举产生区文联第二届委员会，有委员27人。在区文联二届一次全委会上，选举出文联主席1人，副主席2人。

1994年5月，区文联第三届代表大会在区招待所礼堂召开，会议审议通过区文联第二届委员会工作报告，修改通过《历城区文学艺术界联合会章程》，选举产生区文联第三届委员会，有委员25人。在区文联三届一次全委会上，选举出文联主席1人，副主席1人。

二、组织建设

1986年5月，县文联成立，设文协、书美影协、音舞戏协3个工作者协会，有文联委员25人，会员60余人。其中，文学创作方面有各级协会会员不足10人，各级书法协会会员10余人，各级美术协会会员10余人，各级摄影协会会员20余人，音乐舞蹈戏剧协会会员不足10人。1997年12月，区文联由3个协会增加到文学、美术、书法、摄影、音舞戏5个协会，有文联委员25人，会员300余人。1999年3月，音舞戏协会分为音乐、舞蹈、戏剧3个协会，增设民间文艺和曲艺协会，有文联委员27人，会员400余人。2007

年，区文联有文学、美术、书法、摄影、音乐、舞蹈、戏剧、民间文艺和曲艺8个协会，有文联委员31人，会员600余人，其中，有国家级会员13人，省级会员60余人，市级会员100余人。文学创作方面有各级协会会员50余人（省级会员2人，市级会员7人）；各级书法协会会员200余人（国家级会员4人，省级会员20余人，市级会员30余人）；各级美术协会会员100余人（国家级会员1人，省级会员10余人，市级会员20余人）；各级摄影协会会员200余人（国家级会员3人，省级会员20余人，市级会员50余人）；音乐舞蹈戏剧协会会员30余人（国家级会员4人，省级会员10余人，市级会员10余人）；各级民间文艺和曲艺协会会员20余人（国家级会员1人，省级会员1人，市级会员2人）。

三、主要工作和活动

文艺创作　1986年，县文联创办《历城文苑》，组织编印《绿叶集》（文学）和《历城新歌》。1995年，编印《红花集》(文学)，录选作品98篇。1997年，编印《历城区先模人物报告文学专集》。区文联及各协会坚持以创作为中心，创造条件组织文艺工作者开展文艺采风和创作。2000年，分别在仲宫、唐王、遥墙、柳埠等镇建立文艺家创作基地。至2007年，区文学协会组织征文比赛20余次，举办培训班15期，培训600余人次，在国家、省、市级报刊发表文学作品600余件，30余人100余件作品获市级以上奖励，出版个人文学专著20余部。区书协举办主题展览40余次，组织文艺采风10余次，举办培训班10余期，有20余人举办个人书法展，100人的300多件作品在全国、省、市报刊发表，800余件作品在全国、省、市比赛展览中获奖、入展、入选。区美协举办主题展览40余次，组织文艺采风10余次，举办培训班10余期，有10余人举办个展，100余人的500多件作品在全国、省、市比赛展览中获奖、入展、入选。区摄影协会举办主题展览、比赛40余次，组织文艺采风20余次，举办培训班20余期，100余人的1000多件作品在全国、省、市比赛展览中获奖、入展。音乐、舞蹈、戏曲协会有20余人的200多件作品在市级以上报刊发表或在比赛中获奖。民间文艺和曲艺家协会会员的400余件作品获市级以上奖励。

文艺活动　1986年，举办“唱历城赞家乡”音乐会。1988年，组织举办“历城十年巨变展览”。1989年，举办“历城区文艺创作演出晚会”。1999年，举办历城区庆祝新中国成立50周年书画长卷创作笔会，50名书画家创作了50米书画长卷。同年，举办“国庆一日”摄影抓拍大赛。2000年，举办“致富思源，富而思进”征文活动。2001年，举办纪念中国共产党成立80周年摄影展。2002年起，每年举办“历城区新春联大赛”。2003年，与省、市摄协联合举办济南“省城后花园之春”摄影艺术大奖赛。2004年，与市美协联合举办“纪念邓小平一百周年诞辰书画笔会”。与省文联、《艺术收藏》杂志社联合举办“水墨动向”中国画名家作品提名展。2005年，由中国作家协会《诗刊》社主办，区文联与区教育局、济南稼轩诗书画研究院联合举办“春天送你一首诗”暨“庆‘六一’诗意历城，诗意校园”大型诗歌朗诵会。2006年，与市文联联合组

图21-15　2001年6月，在洪楼广场举行庆祝建党80周年文艺演出

织“送年画、迎新春、倡文明”市文艺家走进新祝甸文艺采风活动，与市音协联合组织到柳埠镇文艺采风活动，与省摄协、省青年摄协联合举办山东省首届“农家乐”杯锦绣三川摄影艺术大赛及获奖作品展，与市文联、海东文化公司联合举办“荷之韵——全国名家书画作品邀请展”，与收藏与鉴赏艺术交流中心联合举办“传统与现代——2006年中国画名家提名展”。2007年，举办“历城建区20周年书画摄影展”，与济南华阳艺术中心联合举办“南北对话——中国画名家邀请展”。

文化产业发展　1999年以来，区文联对驻区文化企业在地方政策对接、文艺项目选择及加强与各部门联系等方面给予引导和帮助，让企业迅速融入历城文化产业布局中来，带出了济南海东文化发展有限公司等有示范带头作用的文化产业典型。2003年，省文联下发文件推广区文联的工作经验。2004年，由区文联协调，海东文化公司出资成立济南稼轩诗书画研究院。2005年，海东文化公司与市文联《当代小说》联合办刊，协助出版《当代小说》诗文版。2006年，该公司被市文联列为文化产业示范单位。2007年，区文联支持创办济南华阳书画院，利用华山、华阳宫文化品牌，运用市场手段策划展览、代理书画家推广艺术作品，成为较有影响的艺术品营销机构。至2007年，文化公司协助区文联先后策划出版《历城当代优秀文学作品选》《颂历城百家诗歌选》，编辑出版《稼轩故里书画家》丛书，为区书画家出版专著20余册。

第六节　残疾人联合会

一、代表大会

1990年11月27日，历城区残疾人联合会第一次代表大会在区工人文化宫召开，出席会议的代表125名。大会审议通过题为《振奋精神，团结奋斗，努力开创历城区残疾人事业新局面》的工作报告，讨论通过区残联实施《中国残疾人联合会章程》细则，选举产生区残联第一届主席团。在区残联一届一次主席团会议上，选举出主席团主席1人，副主席7人；聘请主席团名誉主席、副主席；选举产生主席团执行理事会，选举出理事长1人，聘任副理事长1人。

1994年8月9日，区残联第二次代表大会在区招待所礼堂召开，出席会议的代表153名。大会审议通过区残联第一届主席团题为《振奋精神，真抓实干，努力把我区残疾人事业推向前进》的工作报告，选举产生区残联第二届主席团。在区残联二届一次主席团会议上，选举出主席团主席1人，副主席6人；聘请名誉主席1人，副主席2人；选举出主席团执行理事会理事长1人，聘任副理事长1人，理事2人。

1998年5月21日，区残联第三次代表大会在区会议中心召开，出席会议的代表157名。大会审议通过区残联第二届主席团题为《抓住机遇，开拓进取，把我区残疾人事业推向依法管理新阶段》的工作报告，选举产生区残联第三届主席团。在区残联三届一次主席团会议上，选举出主席团主席1人，副主席6人；聘请名誉主席1人，副主席2人；选举出主席团执行理事会理事长1人，聘任副理事长1人，理事1人。

2003年4月29日，区残联第四次代表大会在区会议中心召开，出席会议的代表159名。大会审议通过区残联第三届主席团题为《与时俱进，求实创新，努力开创我区残疾人工作的新局面》的工作报告，选举产生区残联第四届主席团。在区残联四届一次主席团会议上，选举出主席团主席1人，副主席5人；聘请名誉主席1人，名誉副主席2人；选举出主席团执行理事会理事长1人，聘任副理事长2人，理事1人。

二、组织建设

1990年11月，区残疾人联合会成立。1991年，区政府成立由区委常委、常务副区长为主任、各相关部门负责人为成员的残疾人工作委员会。乡镇成立残疾人联合会，村（居）成立残疾人协会。各乡镇残联除设专职理事长外，招聘残疾人专职干事及就业扶贫服务员、康复服务员36名。1993年，全区残疾人组织体系基本建立，区残联有专职工作人员3人，兼职人员1人；乡镇残联有兼职人员104人。同年，制定残疾人事业宗旨方针、职能与任务、职业守则。1994年5月，区政府成立残疾人工作协调委员会。10月，区残疾人劳动服务部和区残疾人福利基金会成立。1995年，各乡镇成立残疾人工作协调委员会、残疾人福利基金会或残疾人劳动服务站。1999年12月，区残疾人康复服务指导站成立。2003年8月，区残疾人劳动就业管理服务中心成立。2006年，成立区助残志愿者总站—镇(街道)分站—村（居）联络点三级志愿者服务网络，助残志愿者达2000多名。对残疾人状况建立电子档案，实现残疾人信息网络化服务与管理。

三、主要工作和活动

残疾人康复　1994年以来，开展残疾人康复服务工作。2002年，组织开展“入户下乡康复年”“康复进社区、服务到家庭”等活动。2004年，分别在区人民医院、区中医医院、区精神卫生防治中心和区聋童学校挂牌成立专项康复中心。各街道、乡镇依托卫生机构，成立康复指导站13个，村（居）康复站45个，城区康复机构覆盖率90%。2006年，建成区残疾人综合服务中心、用品用具供应站和能容纳150人的市级精神康复庇护所、工疗站、农疗站各1个。1994—2007年，举办各类康复培训班20期，培训588人次，完成白内障复明手术763例，小儿麻痹矫正手术16例，聋儿语训82名，为60名聋哑患者配发助听器，为100名精神病患者免费发放常规药物，为34名肢残人配发轮椅或安装假肢，为60名残疾人配备矫形器，为28名智力低下、脑瘫和孤独症儿童提供康复救助卡，为13个康复指导站、17个康复站配发简易康复器材，训练残疾人1600余名。

图21-16　2007年11月，区残联为残疾人安装假肢

帮扶就业　1991年，贯彻执行《中华人民共和国残疾人保障法》和省政府《关于分散按比例安置残疾人就业的规定》。至2002年，安置残疾人就业1800多人。2003年，组织实施“我的兄弟姐妹——百户安居工程”，解决残疾人无房户和危房户住房困难。2004年，区残联等七部门联合印发《关于在全区各级党员干部中开展“情系

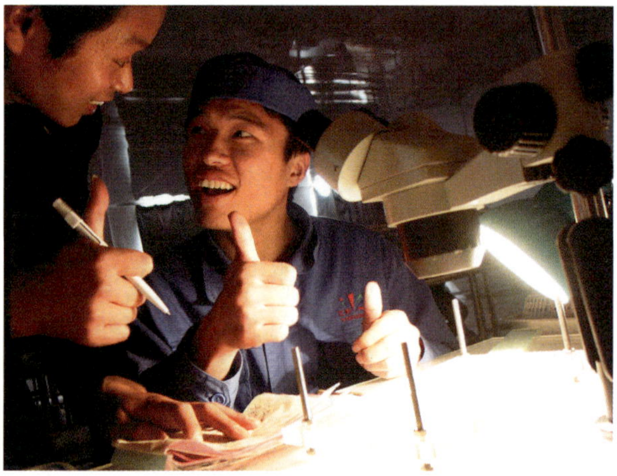

图21-17　区残联安置残疾人在福利企业就业（2007年摄）

我的兄弟姐妹，帮扶贫困残疾人”脱贫致富奔小康活动的意见》。至2007年，筹集资金350多万元，协调组织义务工3000多人次，资助248户残疾人家庭建起新居，建筑面积1.5万平方米；投资117万元，建成14个集培训、种植养殖和就业于一体的综合性“残疾人扶贫开发基地”；投资125万元，救助贫困残疾学生及残疾人子女1600多名、大病残疾人21名，帮扶残疾人种养大户5个，个体经营户18个；成立捐助便利店4个，发放物资、慰问款70万元；200户残疾人家庭与志愿者结对，160户贫困家庭脱贫；举办各类实用技术培训班36期，培训残疾人2600多名，安置、

推荐就业2300多人。投资35.75万元，帮助143户残疾人实施“一建三改”（建沼气池，改圈、改厨、改厕）。

文体活动　1993年10月，在济南市第十届残疾学生田径运动会上，历城区运动员获聋哑组第一名。在济南市残疾儿童运动会上，两次获总分成绩第一名和第二名。2000年，遥墙镇肢体残疾人赵茂栋的作品在中国文联组联部等单位主办的“中华世纪之光”书法展上获金奖。华山镇聋人青年画家郑相君的蜡染作品《舞》在北京美术馆展出。2006年，区残疾人体育训练基地和游泳训练基地成立。在济南市残运会上，历城区代表团获金牌榜、奖牌榜第二名，6名运动员获“体育道德风尚奖”；在第七届山东省残运会上，历城区组建的盲人足球队获第二名。2007年，4名运动员参加第七届全国残运会，获“一金四银”的好成绩。

维护残疾人合法权益　1996年，区政府印发《关于做好分散按比例安置残疾人就业工作的通知》。1997年，区政府印发《关于对农村残疾人实行减免义务工、劳动积累工和公益事业费优待政策的通知》。2001年，在全区税费改革有关法规中对优惠残疾人政策作出相应规定，提高优待残疾人份额比例，各街道、镇相继制定有关优待残疾人政策。2003年，区残联制定《关于开展残疾人分散按比例就业及收取残疾人就业保障金工作的意见》和《关于救助贫困残疾学生暂行办法的通知》。2006年11月18日，区残联在洪楼广场首次为7对残疾人免费办理集体婚礼，并为每对新人提供价值3000元的嫁妆。结合“全国残疾人生活状况普查”工作，将1205名贫困残疾人纳入低保范畴，其中城镇残疾人家庭纳入低保率100%。1996—2007年，共受理残疾人来信来访500余件，处结率100%。

办证工作　1990年起，根据《中国残疾人评残标准》，核发残疾人证。1993年，区民政局、区残联联合对20个乡镇的残疾人调查登记、建卡归档，核发济南市残疾人证8600份。1996—1998年，对1.2万名残疾人重新进行残疾等级评定并核发中国残疾人证。2006年，开展持证残疾人普查工作。全区有持证残疾人10970名，其中，肢体残疾人5696名、视力残疾人1030名、听力残疾人1304名、智力残疾人2000名、精神残疾人799名、多重残疾人141名。

第七节　红十字会

一、组织建设

1981年7月，县红十字会恢复工作，办公室设在县卫生局。1986年，县红十字会有会员单位20个。2006年6月，区红十字会机构单列，编制5人，列入群众团体机关序列。区政府分管领导兼任会长，1名常务副会长主持工作。2007年，区红十字会有工作人员5人，团体会员单位25个，个人会员800名。

二、主要工作和活动

救援捐赠扶贫　1992—1993年，开展驾驶员急救培训，培训驾驶员9200人。区红十字会接受国际红十字会支援面粉17吨、棉衣棉被800件及部分药品，救助残疾、孤寡老人和受灾群众万余户。1994年，区红十字会向遭受水灾的西营镇、高而乡募捐救助款4.3万元，衣物2500件。1996—1997年，接受荷兰红十字会、中国香港红十字会捐献棉被600床，价值4.1万元，全部捐给受灾乡镇。1998年，因洪涝灾害，救助西营、柳埠、高而、彩石4个乡镇各5000元。捐助贫困家庭因中毒、烧伤住院治疗费2.2万元。2001年，市、区红十字会联合为区聋童学校捐款1.6万元，捐赠衣物及学习用品价值2万元。2002年，依托区人民医院急救中心，成立急救小分队。2004年，印度洋地区发生强烈地震和海啸，区红十字会接受社会各界捐款408.33万元。区红十字会办公室被省红十字会授予“向印度洋募捐工作先进集体”称号。同年，联合山东大学学生会，开展为南部山区贫困家庭捐衣捐物和为贫困家庭儿童捐献学习用品活动。2005年，开展特困家庭

图21-18　2007年5月，区红十字会为农村小学捐款捐书

妇女重大疾病住院救助和白内障手术救助活动，免费做白内障手术13例。“六一”儿童节期间，开展对单亲、无亲、特困家庭助学活动。2006年，走访慰问困难家庭219户，送去食用油和面粉，价值1.53万元。2007年4月，组织10名医务人员，成立区红十字救助大队。“7·18”特大暴雨发生后，区红十字会启动自然灾害和突发事件应急预案，实行24小时值班，并将90箱消毒粉发到受灾严重区域。

无偿献血和遗体捐献　1993年，区红十字会组织开展无偿献血活动，146人无偿献血29200毫升。1998年，组织各单位职工无偿献血4500人次。2000年，组织献血2500人次。2001年，国家提倡自愿义务献血，区红十字会开展无偿献血宣传活动。2007年，开展遗体和造血干细胞捐献宣传工作，遗体捐献登记15人，造血干细胞登记26人。

第二十二编

公安　司法　军事

2007年3月15日，历城区"平安历城"建设暨政法工作会议召开

1986—2005年，全区实施四个全民普法五年规划；2006年起，实施第五个全民普法五年规划，推进了依法治区和法治创建活动深入开展。公安、检察、法院、司法等政法机关严厉打击各类违法犯罪活动，在维护社会稳定和保障经济发展中发挥保驾护航作用。至2007年，区公安分局被公安部表彰为“全国优秀公安局”；区法院被最高人民法院表彰为“全国人民满意的好法院”；区检察院被高检院表彰为“模范检察院”。

1986年6月，部队精简整编，县人武部改归地方建制。人武部坚持党管武装工作制度，不断加强国防建设，民兵预备役人员在生产建设、抢险救灾、维护社会治安等工作中发挥突击手和先锋队作用。1994年，区人武部被省政府、省军区表彰为“基层正规化建设先进单位”。1996年4月，区人武部由地方建制改归部队建制。区人武部开展民兵组织整顿，推进民兵正规化建设，组织基干民兵加强军事训练，提升技能水平，在黄河抢险演练、军事训练比武中取得优异成绩。2007年，区人武部被省军区表彰为“全面建设达标先进单位”。

第一章　公　安

第一节　公安机关

1986年，县公安局设秘书、政工、治安、户籍、消防、政保、经文保、预审、法制、刑警队、看守所等科（队、所），辖郭店、董家、唐王、遥墙、孙村、彩石、港沟、十六里河、仲宫、柳埠、西营、锦绣川、高而、党家庄和卧虎山水库、黄河修防段、柳埠林场17个派出所，有公安干警151人。1987年5月，县公安局整建制改为市公安局历城区分局，原市公安局郊区分局的洪家楼、工业北路、王舍人、济钢、华山、黄河公路大桥派出所划归历城分局。1990年，因行政区划调整，齐河县公安局大王、靳家、桑梓店3个派出所划归历城区公安分局。1991年，市防暴支队历城区大队成立。1993年，设工会、外事科。1994年，设宣传科，成立巡警大队、“110”指挥中心。1995年3月，大王派出所更名为大桥派出所。1997年，警务督察队成立。1999年，跑马岭派出所成立。2000年，政保科更名为国内安全保卫大队，外事科更名为出入境管理科；十六里河、党家庄派出所划归市中区公安分局，大桥、桑梓店、靳家派出所划归天桥区公安分局。2001年，设反邪教侦察科，山大路派出所、东风派出所成立，工业北路派出所更名为全福派出所。2002年，经文保科和刑警经济中队合并，成立经济犯罪侦查大队；治安科更名为治安警察大队；反邪教侦察科更名为反邪教侦察大队；大正小区派出所成立。2003年9月，城市管理警察大队成立。2005年8月，区防暴大队更名为特警大队。11月，大正小区派出所、孙村派出所划归高新分局。2006年7月，撤销刑警大队案审中队，成立预审大队。2007年，区公安分局设办公室、政治处、国内安全保卫大队、反邪教侦察大队、经济犯罪侦查大队、治安警察大队、刑事警察大队、巡警大队、监所管理大队、特警大队、城市管理警察大队、财务装备科、户政管理科、出入境管理科、法制科、警务督察科、信访科、宣传科、保安管理科、消防大队等43个机构，辖洪家楼、山大路、东风、全福、王舍人庄、济钢新村、华山、遥墙、唐王、董家、郭店、彩石、港沟、仲宫、柳埠、高而、西营、绣川、跑马岭19个派出所，有干警728人。

1988年4月，区交警大队成立，有干警62人，隶属市公安局交通警察支队。1995年，设政工科、秘书科、交通科、宣传科、事故处理科、车管分所和大桥中队、洪楼中队、潘庄中队、机场路中队、工北中队、济钢中队、仲宫中队、十六里河中队8个勤务中队。2001年，撤销机场路中队、十六里河中队。2002年，增设跑马岭中队、柳埠中队。2007年，设政工科、秘书科、交通科、宣传科、车管分所以及事故中队、大桥中队、洪楼中队、潘庄中队、工北中队、济钢中队、柳埠中队，有干警171人。

图22-1　2007年12月27日，全区严打整治总结表彰大会召开

第二节　维护社会稳定

1989年，区公安分局查清“济南市各界自治联合会”“山东大学自治会筹委会”“济南高校学生自治联合会”等非法组织在济南拦截军车，冲击铁路，堵塞交通，冲击省委、省政府机关等重大事件的事实真相，在黄河公路大桥设卡堵截，查获北京市公安局通缉人员3名。1991年，破获西营镇夏某某为首的反动“斋功道”复辟案。1994年，依法取缔非法宗教组织“圣灵重建荣耀教会（或称全备福音教会）”。1999年，依法取缔“观音法门”“灵灵教”等邪教组织。同年，依法处置党家庄镇殷家林村部分村民聚众闹事、冲击国家机关、妨碍执行公务和鹊山调蓄水库建设中发生的群体性殴斗事件，提请批准逮捕犯罪嫌疑人4名，刑事拘留3名，取保候审2名，治安处罚7名。2001年，妥善处置济南第二纺织机械厂职工因企业破产欲到省两会上访事件。同年，区公安分局被省政府授予“山东省社会治安综合治理创安先进单位”称号。2002年，妥善处置力诺集团、济南遥墙国际机场二期工程、经十东路拓宽工程占地拆迁及三峡移民等群体性事件28起。抓获公安部督办、省公安厅列为第一大案的“东方闪电”骨干成员郑某某、刘某某。2003年，妥善处置王舍人镇大辛庄村民集体上访等群体性事件16起。2004年，妥善处置因占地拆迁、干群矛盾、土地合同等引发的群体性事件44起。2005—2006年，加强综治维稳信息收集研判，加快情报信息网络体系建设，上报情报信息1176条。2007年，妥善处置山东协和职业学院、历城职业中专等单位发生的群体性事件8起。

第三节　来信来访

1986年以来，县公安局组织开展“涉法信访案件专项整治工作大会战”“结案不息访和非正常上访专项治理”“厅局长接访交办事项专项清理”及“信访突击月活动”等信访专项治理工作。至2004年，受理群众信访案件6366起，办结率100%。2005年，开展“集中处理群众信访问题大接访”活动，制定《局长接访制度》《局长接访工作规程》，设立信访登记处、候访室、局长接待室，建立领导接访工作长效机制。区公安分局被省公安厅授予“全省集中处理信访问题先进集体”称号，并立集体三等功。2005—2007年，受理群众信访案件585起，办结率100%，结服率95.9%。解决3～10年信访问题42件，10年以上信访问题28件，解决邻里纠纷等一批“老大难”问题引发的矛盾37起。

第四节 打击犯罪

1986—1988年，针对辖区刑事案件上升、治安问题增多的势头，组织开展“抓现行、破案件、挖窝子、打流窜”“两拦一滋”等专项斗争6次，摧毁犯罪团伙116个，打击处理犯罪嫌疑人328名。1990—1991年，在破案会战中，刑警、法制、预审、看守所等部门各司其职，对黄河大桥以北3条国道及济王、济微、济青、济新公路沿线出现的拦截外地车辆、结伙抢劫、敲诈钱财及卖淫嫖娼违法行为，进行专项整治，摧毁犯罪团伙7个、卖淫窝点10个，抓获犯罪嫌疑人197名。1992年，区公安系统逐步建立以刑警队为主体，以派出所为作战单位，多警种配合，以动制动的“大刑侦”格局。1994年，刑事案件破案率达86%，破案率、破案绝对数、打击犯罪数连续三年位居市区分局之首。区公安分局被公安部授予“全国优秀公安局”称号，刑警大队被公安部记集体一等功。1995年，刑警大队被公安部、人事部授予“全国公安系统先进集体”称号，被公安部授予“全国模范刑警队”称号。1997年，改革刑侦体制，刑警大队下设9个中队，实现立案、侦查、预审、拘留、提请批准逮捕、移送审查起诉执法办案“一条龙”。1998—2000年，开展“除霸惩恶、打击邪恶势力”“打击盗抢三车”“冬季严打整治”等专项斗争13次，打击处理犯罪嫌疑人100余名。2001年，刑警三中队被公安部授予“模范刑警中队”称号，并立集体一等功。2002年，开展以“打两抢、破大案、挖团伙、追逃犯”为重点的专项斗争，侦破案件213起，打击处理犯罪嫌疑人197名。

2002年前，打击经济犯罪由刑警大队负责，经文保科负责重点单位内部安全保卫。2002年5月，经文保科、刑警经济中队合并，成立经济犯罪侦查大队。2003年，经侦大队破获经某某、黄某某等4人以集资办学为由，非法吸收公众存款案，涉案金额2800万元。2004年，区公安分局加强刑侦基础业务建设，发挥痕检等技术手段在侦查破案中的作用。同年，破获案件2169起，通过技术手段直接认定1142起。2007年，区公安分局创新以命案必破为重点的严打工作机制，命案破获率连续三年保持100%。

1986—2007年历城区立案破案情况表

表22-1

年份（年）	立案（件）	破案（件）	追回损失（万元）	打击处理（人）	年份（年）	立案（件）	破案（件）	追回损失（万元）	打击处理（人）
1986	63	54	3.30	96	1998	761	553	400	402
1987	99	77	17.83	217	1999	737	652	10	402
1988	300	227	30.58	232	2000	1456	1256	1100	550
1989	404	289	55.40	419	2001	1887	1439	300	468
1990	814	595	9.70	488	2002	2099	1730	390	501
1991	515	407	5.60	418	2003	2802	1855	467.20	514
1992	464	377	2.50	379	2004	3476	2169	900	397
1993	382	324	47.90	323	2005	4380	2013	151.62	716
1994	423	364	500	282	2006	4251	2126	4800	535
1995	833	531	120	305	2007	4799	3113	1010.74	649
1996	944	690	400	424	合计	32982	21558	10852.37	9099
1997	1093	717	130	382					

重大案件

“4·29”特大杀人案　1996年4月29日下午，分局指挥中心接到新家派出所报告，104国道靳家乡路段一饭店店主及2名女服务员在店内被杀。接报后，干警勘验现场，调查走访，顺线追踪，5月3日下午在南京市将3名案犯抓获。经究审查明，案犯与店主有矛盾，于4月29日凌晨3时许，持刀窜至店主住处，将店主杀害，抢走现金120元。逃离现场时，将发现其行迹的2名女店员砍死，并胁迫另一名女店员潜逃至南京。

“12·12”雇凶伤害案　2004年12月12日20时30分，分局指挥中心接群众报警称：当日20时许，一伙蒙面歹徒持猎枪、砍刀、铁棍等凶器，闯入工业北路黄台电厂附近的某饭店，将某村党支部书记及另外2人砍伤，砸坏饭店玻璃门、桌椅等物品，鸣枪后乘出租车逃窜。分局成立专案组展开侦查。历经5天奋战，抓获主犯在内的犯罪嫌疑人7名，收缴五连发猎枪、单管猎枪各1支，子弹179发等凶器一宗，同时挖出其他犯罪嫌疑人23名及一批类似案件的重要线索。

“2·25”持枪绑架抢劫案　2005年2月25日21时许，分局指挥中心接华山镇卧西村村民刘某某报警称：当日14时许，一伙歹徒持短枪、砍刀等凶器窜至其开办的工厂内，采取捆绑、殴打、恐吓等手段，将其及妻子绑架至市中区十六里河镇柏石峪村一废弃民房内，勒索现金11.1万元、抢夺手机2部、金银首饰一宗。经分局专案组侦查，2月28日，将主犯杜某某等7名犯罪嫌疑人抓获，在杜某某暂住处搜出自制手枪2支，砍刀、匕首等作案工具一宗。

“10·11”盗窃珠宝案　2007年10月11日清晨，宝意珠宝公司经理张某某报案称：10月10日夜，位于富翔天地15号楼的办公室被盗珠宝50余件，总价值700余万元。刑警大队三中队、技术中队、东风派出所参战干警经过1个月侦查布控，侦破“10·11”盗窃珠宝案，抓获犯罪嫌疑人李某某。

第五节　治安行政管理

一、公共场所管理

1986年，在影剧院、车站、集市、农贸市场等公共场所落实治保联防人员安全岗位责任制。1987—1993年，区公安分局配合相关部门对298个公共场所进行清理整顿，培训经营业主和从业人员1888人，实行持证上岗。开展打击“卖淫嫖娼”“打霸除恶”等专项斗争，打击处理犯罪嫌疑人403名，摧毁卖淫窝点43处。1994年，区公安分局制定《路边店治安管理暂行办法》，对862家路边店和从业人员登记造册，签订《治安责任书》。1997—2007年，对1874家公共复杂场所，以查禁“黄赌毒”等丑恶现象为重点，开展治安清查和安全检查专项行动。打击处理犯罪嫌疑人917名，查处非法经营业户379家，取缔“黄赌毒”窝点417处，查缴淫秽物品3.4万余件、赌博游戏机846台。

二、特种行业管理

1986年，县公安局集中清理整顿废品收购业，抓获犯罪嫌疑人14名。在党家庄镇党东村召开处理大会，拍卖非法收购的废旧金属200余吨，追缴赃物折款2500余元。1988年，成立特种行业治保会132个，有治保人员483名。1989年，对156家印刷、刻字业户清理备案，核发备案证书110个。对161家旅馆、招待所和95家旧货经营业户进行检查，停业整顿24家，抓获犯罪嫌疑人66名。1993年，对690家特种行业业户和从业人员进行培训，实行持证上岗。1994—2007年，加强特种行业管理控制，坚持“露头就打”方针，开展治安清查和安全检查专项行动17次，打击处理犯罪嫌疑人950名，消除安全隐患4123起。

三、枪支弹药、爆炸物品管理

1986年以来，全面加强爆炸物品管理服务措施，对公安系统内部枪支反复开展安全检查，逐一签订安全责任状，有效遏制涉枪涉爆案件发生。为保障公共安全，维护社会治安秩序，保障人民群众生命财产安全，至2007年，开展“治爆缉枪”专项行动37次，打击处理犯罪嫌疑人417名，收缴违法枪支2218支，子弹3822发，炸药18388公斤，雷管41046枚，导火索17704米，废旧炮弹1778枚，破获私藏爆炸物品案件217起，查处非法经营业户108家。

四、治安防范

1986年，县公安局落实“四防”（防火、防盗、防破坏、防治安灾害事故）方针，720个村治保会与村委会签订安全合同。21个单位，无案件、无事故安全单位有19个。1988—1989年，区公安分局采取加强巡逻、隐蔽蹲点守候等防范措施，打击滋扰破坏社会治安不法分子。协同有关部门对9个影剧院、3个旱冰场、17个农贸市场、3个舞厅、30个闭路电视放映点、2个公园、13个台球游乐室进行治安检查。1990年，开展厂企、学校、内部单位安全保卫整顿工作，有32个单位

图22-2　公安民警在大桥路检查点执行治安警务检查（2006年摄）

设置保卫科和专职保卫人员，50个单位在经济要害部位安装报警器、防盗门。1992年，厂企单位组建经济民警队。1999年，242个重点单位安装“110”微机自动报警系统，电视监控安装率达77%。2001年，全区旅馆业治安信息管理系统建设率达70%。2005年，七里河、辛甸、祝甸等居民小区安装电视监控系统，其中，七里河社区电视监控系统成为全市旧村改造工程治安防范系统建设样板。2006—2007年，推进区域报警服务系统和城市治安动态监控系统建设，建成山大北路电视监控一条街，在山大路、洪家楼、东风、全福、华山、王舍人、港沟、彩石8个派出所、22个社区安装电视监控系统，有监控探头3167个。

五、群防群治队伍建设

1990年，初步建起5支群防群治队伍：1.组建乡镇、办事处、村三级治安巡逻队。有治安巡逻队359支1631人。2.组建厂企内保队伍。358个厂企单位有专兼职保卫人员1812人。3.组建治保队伍。有各类联防治保会48个455人。4.组建居民楼自管自治队伍。有队伍375支，楼管员839人。5.组建村级自管自治队伍。1999年，创新联户联防工作机制，有群防群治队伍1270支18995人，在易发案地段，实行昼夜巡逻。2007年，群防群治队伍实行规范化管理，在开展“治安双保”“警治联勤”“治安防范承包”“联户联保”工作的同时，加强队伍纪律作风整顿，提升队伍整体素质。1990—2007年，群防群治队伍协助公安机关破获案件9704起，协助开展安全检查、治安清查24050次，调解纠纷11890起。

1986—2007年历城区治安案件查处情况表

表22-2

年份（年）	查处治安案件（件）	治安处罚（人）	治安拘留（人）	治安罚款（人）	治安警告（人）
1986	122	196	168	19	9
1987	240	397	313	65	19
1988	1620	725	339	233	153
1989	1450	477	372	89	16
1990	1645	834	289	348	197

续表22-2-1

年份（年）	查处治安案件（件）	治安处罚（人）	治安拘留（人）	治安罚款（人）	治安警告（人）
1991	1112	663	234	213	216
1992	822	633	207	200	226
1993	849	820	224	287	309
1994	1006	1195	252	294	649
1995	1072	1566	239	413	914
1996	1366	2146	571	459	1116
1997	1211	1583	274	257	1052
1998	887	1056	406	138	512
1999	795	1031	666	200	165
2000	582	892	551	242	99
2001	639	935	662	244	29
2002	564	904	618	256	30
2003	3106	1276	644	275	357
2004	4755	1693	571	588	534
2005	5825	1728	539	545	644
2006	6265	1539	571	490	478
2007	5298	1660	548	422	690

第六节　安全保卫

1988年，完成首届全国城市运动会在历城辖区3个比赛场馆的安全保卫工作。1991年，完成全国农村经济工作经验交流会、世界旅游日、朝鲜国家主席金日成来访等大型活动和重要外事警卫任务。1992年，完成济南遥墙国际机场通航、朝鲜议会代表团来访等重要警卫任务。1994年，完成泉城金秋经贸洽谈会等安全保卫工作。1997年，完成中共十五大会议、香港回归、悼念邓小平逝世等重大活动期间辖区安全保卫工作。2004年，完成“亚足赛”历城赛区安全保卫工作。2007年，落实《企事业单位内部安全保卫条例》，消除安全隐患182处。完成春节、元宵节花灯会、洪楼广场文艺汇演等保卫工作80多次。1986—2007年，完成重大警卫任务421项，大型活动安全保卫工作2100余项，出动警力18万余人次。

图22-3　民警执行第五届中国国际农产品交易会安保任务（2007年摄）

第七节 户政管理

一、常住人口管理

1987年，全区人口管理工作实现由县级公安机关管理模式到市辖区区级管理模式的转变。1987—1993年，实行严格的农业、非农业分类管理，农转非户口实行严格指标控制。1994年，省政府实行地方城镇居民户口管理制度，区公安分局先后在仲宫镇、彩石乡、柳埠镇、大桥镇、桑梓店镇等乡镇办理济南市地方城镇居民户口。2002年，洪家楼镇、华山镇、王舍人镇人口取消户口性质划分，统一登记为济南市居民户口。同年，港沟镇南胡、北胡、小汉峪、大汉峪4个村及2005年孙村镇、大正小区划归高新区代管。2006年1月，全区取消农业、非农业户口性质划分，统一登记为济南市居民户口，实现公民身份法律意义上的平等。

1986—2006年历城区农转非情况表

表22-3　　单位：人

年份（年）	农转非人数	年份（年）	农转非人数	年份（年）	农转非人数
1986	2457	1993	8664	2000	8373
1987	2896	1994	10399	2001	10643
1988	4373	1995	11669	2002	97529
1989	6313	1996	10122	2003	16048
1990	3098	1997	4719	2004	17646
1991	3073	1998	7567	2005	85324
1992	2887	1999	4225	2006	12984

1993年前，户口管理为传统的手工管理。1993年4月，董家派出所实行人口信息计算机管理试点。1994年，各派出所完成人口信息计算机管理系统建设和近100万人口信息、80万个人像的录入及纠错工作，结束手工管理户口的历史。1997年7月，市、区公安分局、派出所三级人口信息计算机联网，实现联网查询和部分数据共享。1999年10月，完成人口信息管理系统升级转换。2004年，人口信息计算机管理系统由数据分层管理，转为全市数据中心库管理，实现全市人口信息共享和户口业务一站式办结。

二、暂住、流动人口管理

1986年，随着市场经济发展，外来人口增多，管理范围由最初租用私房人口和劳务团体暂住人口，延伸到所有外来务工经商人员。1993年，区公安分局在全市率先建立暂住人口管理电子网络系统。1994年，各派出所设立暂住人口管理站，在暂住人口集中的居委会成立分站。1995年，各乡镇成立暂住人口管理委员会，下设办公室、管理站、管理小组，有专管员451人；在劳务团体中成立治保会和治保小组。对暂住人口办理暂住户口证，每年两次验证。1996年，各派出所设立流动人口管理站。建立完善查验身份证、签订安全合同、出租房屋、证卡管理、检查评比、奖罚等管理制度，推行治安清查、安全检查、流动稽查、日常管理相结合的工作方法。1997年，制定《加强暂住流动人口管理的意见》，全市暂住人口微机管理试点现场会在历城区召开。1998年，《济南市暂住人口管理办法》实施，全区暂住人口办证率达96%以上。1998—2007年，通过暂住人口管理抓获犯罪嫌疑人1113名。

1986—2007年历城区暂住人口情况表

表22-4

年份（年）	暂住人口数（人）	年份（年）	暂住人口数（人）
1986	850	1997	35237
1987	1305	1998	39114
1988	3580	1999	41236
1989	5608	2000	43595
1990	7215	2001	50085
1991	8104	2002	58231
1992	9835	2003	73867
1993	11006	2004	69057
1994	12357	2005	83597
1995	28755	2006	93760
1996	31534	2007	118347

三、居民身份证管理

1986年3月起，县公安局为16周岁以上公民制发居民身份证。1996年1月1日，采用防伪新工艺制发居民身份证。2000年6月，完成居民身份证号码升位工作，身份证号码由15位升为18位。2005年7月1日，区公安分局办理第二代居民身份证换证工作。至2007年，共办理“二代证”630328个。

第八节　出入境管理

1993年7月，外事科正式办理出入境业务。在全市率先建成基层出入境管理工作信息系统。2000年9月，外事科更名为出入境管理科。业务内容主要有辖区境外人员管理、法定不准出境人员通报备案、涉外事件查处、公民出国境受理工作。2006年，在全市各区分局中第一个建立公民出国境受理服务大厅。2007年，出入境管理科被省公安厅授予“全国公安机关出入境管理部门省级文明窗口”称号。1993—2007年，受理公民出国境10369人次，依法查处涉外事件179起，查处率100%。

图22-4　民警为出入境人员办理业务（2006年摄）

第九节　“110”报警服务

1994年，区“110”指挥中心成立。1996年，建成“110”报警服务系统。1998年，制定《历城区“110”报警服务社会联动工作规范》，启动“110”社会联动工作。1999年，“110”与社会公益部门联动范围扩大到11个，各治安检查站、治安巡逻队、社区保安队、治安岗亭纳入“110”报警服务体系。2004年，按照“有利于提高快速反应能力，有利于实战指挥”要求，建成与市局、分局各巡逻车、治安检查站及各实战单位无线通信网络，形成一呼百应、一警多处的快速反应体系。2005年，投资200余万元，对指挥中心升级改造，建成金融系统微机自动报警、电视监控、信息上报处理、网吧管理监控、有线无线指挥系统。1994—2007年，“110”报警服务台共接处警50余万次，抓获犯罪嫌疑人2800余名，排除重大险情500余起。通过“110”社会联动，处置群众求助2.37万人次。

第十节　看守所管理

1986年，县看守所对在押人员开展法制教育、政策攻心和“假如我是受害者”思想教育，挖出各类线索材料85份。1987年，开展“百日安全”活动，与武警部队配合，对在押人员加强看守警戒，开展政治教育，组织生产劳动，消除安全隐患，在深挖犯罪、突破重大案件方面发挥第二战场的作用。1996年6月，区看守所由洪家楼迁至世纪大道北首，设办公区和监区两部分，总投资1000万元，占地面积3.3万平方米，属中型看守所。1998年，实行执法责任制和错案责任追究制度，推进勤务模式改革，规范在押人员管理。至2007年，区看守所挖出犯罪线索7000余个，通过线索破获案件3000余起，抓获犯罪嫌疑人314名。连续八年被公安部评为“全国一级看守所”，被列为全国看守所勤务改革试点单位。

第十一节　交通管理

一、交通秩序管理

1988年，区交警大队负责辖区4条国道、4条省道、23条县道，通车里程424公里道路的交通秩序管理。1995年，设洪楼岗、外环岗、十六里河岗3个定点岗，聘请社会义务监督员59名。本着“压事故、保畅通”原则，开展交通秩序整顿。1996年，建立道路巡查机制，配备巡查车和

图22-5　区交警大队开展机动车道路行驶专项整治行动（2007年摄）

通信工具，由定点值勤改为流动巡逻值勤。对十几个危险路口、20余个路段进行交通规律调查，安装交通标志110多个，增设隔离墩3000余米。1998年，实行定人员、定路段、定时间、定标准、定责任、包安全畅通“五定一包”责任制，对国、省道及其他主干道实行全方位管控。开展“平安大道”“畅通工程”“平安畅通县区”创建活动，建起指挥中心、违法信息查询台、警务工作站、多功能车、警务通、电子警察等互为补充、点线面结合的交通违法查处模式，实行24小时治安交通巡逻。1999—2000年，开展交通违法行为集中整治、无牌无证机动车专项整治、道路运输危险化学品专项整治、打击盗抢机动车、预防群死群伤特大交通事故专项整治行动。2002年，制定《雨雪雾恶劣天气下的道路交通管理工作预案》。2003年，“非典”期间，成立紧急突击队，配合卫生部门对进出市区车辆和人员进行查验。2004年，开展集中整治大货车违章行动，暂扣违章大货车360辆次，联合其他部门处理暴力抗法人员18人次。2005年，成立静态交通秩序整治小组，多功能巡逻车在主干道进行拉网式巡逻，抓拍违章停车947辆次。2006年，落实公安部、教育部颁布的《关于加强校园周边秩序管理八条措施》，投资30余万元，在学校和幼儿园周边道路增设交通信号灯4个、黄闪信号灯11个、车辆慢行警告标志牌38个，画人行横道线35组。同时，合理规划停车场和临时停车泊位，2007年，设有各类停车场182个，面积162852平方米，停车位6870个。靠近交通主干道的中、小学校和幼儿园周边交通安全设施全部配齐。区交警大队负责辖区1条国道、3条省道、200余条县乡道路和“村村通道路”，通车里程1500余公里道路的交通秩序管理。

二、驾驶员、车辆管理

1988年，市车管所历城分所负责辖区驾驶员安全管理、驾驶员年审，机动车车辆年检、轻便摩托车和农用车的注册、变更、转移、抵押、注销、补牌证业务，轻便摩托车和农用车驾驶证申请、考试、发证、补换证、转入、转出和注销业务等。同年起，对机动车驾驶员加强安全教育和管理，与有车单位签订交通安全责任书，定期组织驾驶员学习培训，采取宣传典型与打击处理并举的方式表彰先进单位和个人，从严教育处理发

生事故的单位和驾驶员，利用驾协会刊、交通安全专业报刊对驾驶员进行安全教育。

1989—1993年，实行自行车分区管理登记，换发自行车牌证，对机动车、非机动车同步管理。1994年，换发92式机动车牌证。1995年，车管分所办理大型车、挂车、普通摩托车注册、变更、转移、抵押、注销、补牌证业务。1998年，开展车管服务下乡活动，增设便民服务车，深入乡镇农村上门服务。2003年，对辖区185辆客运车辆、230辆危险化学品运输车辆（含29辆铁水车）和63辆接送学生车辆建立基础台账，对从业人员进行资格审查，落实户籍化管理。同年，办理国产小型汽车注册业务。2005年，制定《学生专用车管理办法》，8月30日，市交警支队与历城区政府联合举行规范化校车正式运营启动仪式，历城区校车管理经验在全省交警系统推广。2006年，加强对客运公司、客运场站日常监管，督促安装行驶记录仪。2007年2月，历城区馨禾缘机动车检测线投入使用。6月，小型机动车注册在“5选1”选号模式基础上，开通自编预选号牌模式。11月，历城区正元机动车检测线投入使用。

1988—2007年历城区机动车与机动车驾驶员情况表

表22-5

年份（年）	机动车（辆）	机动车驾驶员（人）	年份（年）	机动车（辆）	机动车驾驶员（人）
1988	1791	5476	1998	37883	56487
1989	2012	7128	1999	42751	63925
1990	2263	10046	2000	56955	70473
1991	2436	13317	2001	64654	79026
1992	2726	17502	2002	87271	88579
1993	4272	20139	2003	99658	100245
1994	7772	24685	2004	108721	115094
1995	12723	31708	2005	118560	126565
1996	19504	40259	2006	129647	137821
1997	28102	48314	2007	142857	150395

三、交通安全宣传

1991年，区交警大队组织交通安全宣讲员到城乡巡回宣讲。1995年，设交通岗亭有线宣传站。1999年，贯彻交通安全从娃娃抓起的方针，开展交通安全示范学校创建活动。2004—2006年，开展交通安全宣传进农村、进社区、进企业、进学校、进家庭“五进”活动，实施“保护生命，平安出行”交通安全宣传教育工程。举办宣讲350场次，发放《道路出行随身读》《交通安全新童谣》1.5万册，制作宣传牌匾1200个。有条件的中小学校实行法制辅导员

图22-6　2006年2月，区交警大队在洪楼广场开展道路交通安全宣传“五进”活动

制度和交通安全护导员制度。2007年，深入厂矿企业、农村社区调查摸底，联系重点驾驶人300名，聘请交通安全员81名、信息员150名，开展“送法进万家”活动1562人次。组织山东大学交通安全志愿者，在洪楼广场开展万人签名活动。制作交通安全宣传多媒体课件和交通事故展台、展板，在街道、村庄、车站、市场、景点等设置宣传咨询点，发放宣传材料10余万份。有全省优秀交通安全社区2个，市优秀交通安全村5个，市优秀交通安全示范学校6所，市文明交通示范单位（车队）28个，市文明交通标兵市民（驾驶员）35人。

四、事故处理

1990年，区交警大队成立交通肇事逃逸事故专案小组。1996年，实行“五快、四要、三禁止、一大办”事故处理机制，即赶赴现场快、抢救伤员快、现场勘查取证快、撤出现场恢复交通快、处理结案快，认定证据要确凿、责任认定要妥当、利用法律条文要准确、事故处理要公开，禁止强行修车、禁止乱要乱报、禁止办人情案，大办便民利民好事实事。1998年，实行事故处理预约制度和延时服务制度，成立事故伤员伤情鉴定中心和车辆物品价值认定中心。2000年，探索“122”接处警新机制，实行划区管理、分片接处警制度，在全市率先建成事故处理计算机网络系统。2002年，交警大队、区卫生局和辖区医疗机构协作联动，开通救治伤员“绿色通道”。2005年，制定《执勤民警处置道路交通事故现场规范》，按照就近接警原则，划定勤务中队接警区域，实行勤务民警与事故科民警交叉处警工作模式。肇事处理科与区法院、区检察院和区公安分局建立联席会议制度，保证交通事故中刑事和民事诉讼顺利进行。至2007年，区交警大队以“清积案，破大案，追逃犯”为重点，查获交通肇事逃逸案143起。每年交通事故结案率100%。

第十二节　消防安全

1986年，消防科负责辖区消防工作。1998年6月，消防科更名为区公安消防大队，隶属区公安分局和市公安消防分局双重领导。同年，公安民警充实到消防大队，与现役消防警官一起担负监督检查工作。区公安消防大队下属济钢消防中队、济南消防六中队和盖家沟消防中队。2001年，加强居民小区基础消防设施建设，5个“119”安全小区更趋规范。2002年，在济青高速公路零点北侧建起全国首家由农民投资建设的志愿者消防站，消防工作走向社会化。2003年，全市推广历城区消防监督规范化建设和全福派出所消防管理的经验做法。1986—2007年，消防大队以重点单位、山区农村、大中专院校为防火安全重点，开展消防安全专项治理117次，整改火险隐患1.8万余处，扑救火灾2215起，挽回经济损失2370万元，营救人员2652人。

图22-7　济南消防六中队战士为小学生上消防安全课（2007年摄）

1986—2007年历城区消防情况表

表22-6

年份（年）	扑救火灾起数（起）	火灾损失（万元）	营救人员（人）	挽回经济损失（万元）	年份（年）	扑救火灾起数（起）	火灾损失（万元）	营救人员（人）	挽回经济损失（万元）
1986	78	18.2	172	8.2	1997	71	15.00	120	9.2
1987	64	15.3	162	12.3	1998	70	17.00	133	13.5
1988	82	16.9	145	10.2	1999	72	13.20	136	11.3
1989	71	15.0	148	11.3	2000	60	15.30	158	12.5
1990	65	15.5	189	9.9	2001	199	46.09	45	290.0
1991	65	20.0	123	7.5	2002	220	25.17	51	270.0
1992	78	14.5	186	6.4	2003	169	60.41	40	300.0
1993	60	13.2	180	13.4	2004	142	33.91	49	320.0
1994	63	14.1	138	8.6	2005	130	25.19	43	310.0
1995	62	16.0	150	7.1	2006	115	21.19	59	370.0
1996	59	15.8	160	8.6	2007	220	18.94	65	360.0

第十三节　保安服务

1992年10月，区保安服务公司成立，主要为社会提供专业化有偿安全防范服务，协助公安机关维护社会治安秩序，防范和打击违法犯罪活动。同年，招聘保安队员50名，经过集中培训，向13个厂企单位派驻执勤。1998年，加强保安队员教育培训，保安队员整体素质明显提高。2000年，区保安服务公司被公安部、全国总工会、共青团中央授予“首届全国十佳保安服务公司”称号。2003—2005年，保安队员提供破案线索105条，协助公安机关参与大型安全保卫行动98场次。2005年，区保安服务公司被省公安厅评为“第二届全省先进保安公司”。2007年，保安公司有队员1503名，服务客户139家，实现营业收入1001万元，上缴利税60万元。

第二章　检　察

第一节　检察机关

1986年，县人民检察院设批捕科、公诉科、经济检察科、法纪检察科、监所检察科、控告申诉科、办公室、政工科，有检察干警47人。1991年8月，设民事行政检察科，批捕科更名为刑事检察一科，公诉科更名为刑事检察二科。1993年7月，设检察技术科、调研室，派驻乡镇、企业检察室。1994年5月，反贪污贿赂工作局成立。1996年9月，设监察科。1997年，区检察院被高检院授予“模范检察院”称号，检察长傅光仁被评为第二届中国十大杰出检察官。1999年3月，渎职犯罪侦查局成立。同年，法警队成立。2002年，渎职犯罪侦查局更名为渎职侵权检察局。区检察院设办公室、政治处、侦查监督科、公诉科、反贪污贿赂局、渎职侵权检察局、民事行政检察科、控告申诉检察科、检察技术科、法律政策研究室、监所检察科、法警大队，撤销派驻检察室，监察科与纪检合署办公。2006年2月，渎职侵权检察局更名为反渎职侵权局。2007年，区检察院有检察干警110人。

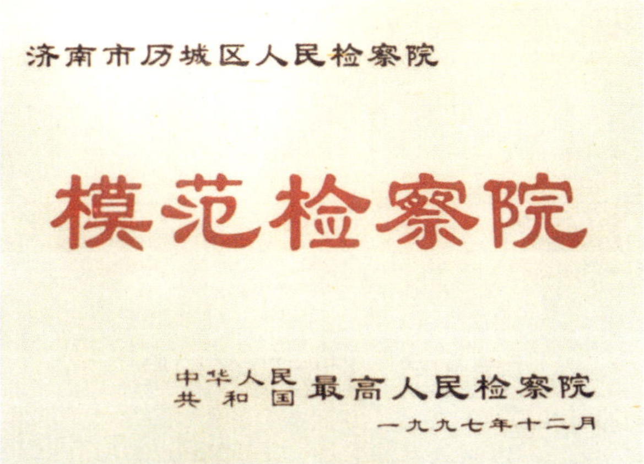

图22-8 荣获荣誉

第二节 贪污贿赂犯罪检察

1986年，县检察院不断完善案件质量考评机制，以制度规范办案，实行全过程动态监控。案件立案数、起诉率和判决数均位于全市基层院前列。1988年，根据《全国人大常委会关于惩治贪污罪、贿赂罪的补充规定》，开展以惩治贪污、贿赂犯罪为重点的专项斗争，立案侦查经济案件90件，其中贪污、贿赂案件44件，挽回经济损失102万元。1999年，围绕建立现代企业制度、深化经济体制改革，查处发生在企业改革和金融信贷、证券、期货等领域的贪污、贿赂、挪用公款等犯罪案件。查处济南钢铁集团17人贪污案；华山镇某村书记受贿、挪用公款特大案件；历城农行某储蓄所负责人受贿9000元、挪用公款180万元特大案件。2004年起，查处济南市某景区管委会主任、副镇长贪污、受贿案，某房地产开发公司总经理贪污案，一审分别被判处无期徒刑；查处某厂长面对受贿160万元指控，在“零口供”情况下，一审被判处无期徒刑；立查某区委副书记特大受贿、巨额财产来源不明案，起诉后被判处有期徒刑16年。至2007年，共查办贪污贿赂职务犯罪案件1136件，查办处级以上干部115人，挽回直接经济损失近亿元。

1986—2007年历城区人民检察院立案查办经济案件情况表

表22-7　　单位：件、件/人

年份（年）	案件合计	贪污	受贿	行贿	挪用公款	偷税抗税	假冒商标	投机倒把	侵占	介绍贿赂	私分国有资产	销赃	诈骗	其他
1986	35	19	—	5	—	1	—	3	—	—	—	—	5	2
1987	81/88	20/23	8/9	—	—	29/29	—	4/5	—	—	—	—	20/22	—
1988	90/100	44/50	—	—	—	26/26	—	—	—	—	—	—	15/19	5/5
1989	116/120	24/25	52/54	—	11/11	16/16	—	—	—	—	—	—	10/10	3/4
1990	55/56	12/13	25/25	—	7/7	10/10	—	1/1	—	—	—	—	—	—
1991	45/52	10/12	26/26	—	6/6	3/8	—	—	—	—	—	—	—	—
1992	20/22	7/9	7/7	—	3/3	2/2	—	—	—	—	—	—	1/1	—
1993	44/46	20/20	3/3	1/1	6/6	4/6	10/10	—	—	—	—	—	—	—
1994	78/79	13/14	29/29	9/9	12/12	5/5	5/5	5/5	—	—	—	—	—	—
1995	99/99	16/16	43/43	6/6	12/12	18/18	4/4	—	—	—	—	—	—	—
1996	76/77	23/24	29/29	—	5/5	18/18	—	—	—	—	—	—	—	1/1
1997	76/76	19/19	25/25	—	19/19	8/8	3/3	—	2/2	—	—	—	—	—
1998	70/86	9/16	38/38	—	23/32	—	—	—	—	—	—	—	—	—

续表22-7-1

年份(年)	案件合计	贪污	受贿	行贿	挪用公款	偷税抗税	假冒商标	投机倒把	侵占	介绍贿赂	私分国有资产	销赃	诈骗	其他
1999	43/43	10/10	15/15	1/1	17/17	—	—	—	—	—	—	—	—	—
2000	57/85	29/55	5/5	—	22/24	—	—	—	—	—	—	1/1	—	—
2001	36/36	13/13	9/9	4/4	10/10	—	—	—	—	—	—	—	—	—
2002	39/39	6/6	19/19	9/9	3/3	—	—	—	—	2/2	—	—	—	—
2003	32/35	2/5	23/23	7/7	—	—	—	—	—	—	—	—	—	—
2004	27/35	5/9	19/21	—	3/5	—	—	—	—	—	—	—	—	—
2005	24/32	4/10	13/14	5/5	2/3	—	—	—	—	—	—	—	—	—
2006	26/33	7/10	11/12	5/5	3/6	—	—	—	—	—	—	—	—	—
2007	23/36	9/16	8/9	3/3	2/5	—	—	—	—	—	1/3	—	—	—

第三节　渎职侵权检察

1986年，县检察院坚持把破坏发展环境、阻碍经济发展、影响社会稳定、损害民生民权等群众反映强烈的职务犯罪案件作为办案工作重点，集中精力查处有影响、有震动的大案要案。当年立案查处法纪案件2件。1996年，立案查处济钢公安处干警刑讯逼供致人死亡特大案件，为济南市查办的首件此类案件。当年立案查处法纪案件32件。1997年，查处济南重型集团某公司经理不履行职责，给国家造成190余万元重大经济损失案件；济南国际机场某工作人员工作失职，给国家造成直接经济损失2200余万元案件；四门塔文管所工作人员擅离职守，导致国家一级文物被盗特大玩忽职守案件。1997年新《中华人民共和国刑法》实施后，犯罪主体变更，许多新罪名首次确立，当年依法查办徇私舞弊违法办理企业注册登记罪案件1件，立案查处法纪案件16件。1998年，济南商检局某工作人员在一公司进口设备过程中，草率出具境外检验报告，设备入境后未检验，给国家造成经济损失1170万元，被依法判处拘役6个月，该案成为全国首例商检失职罪案件。1986—2007年，共立案查处渎职侵权案件289件，其中，滥用职权22件、玩忽职守34件、徇私舞弊滥用职权9件、重大责任事故80件。

第四节　预防职务犯罪

2001年12月，区检察院设职务犯罪预防科。结合办案，全方位、多层次开展预防职务犯罪工作。建立完善行贿犯罪档案查询系统，举办警示教育座谈会、报告会，引导广大干部群众自觉学法守法用法。2002年，区检察院与省电力一公司、中铁十四局、区建管局等单位建立“预防犯罪、共建文明单位”联系点。2003年，与山东黄台火力发电厂、济南鲍德汽运公司等16个单位建立预防职务犯罪联系制度。2004年，开展“工程优质、干部优秀”同创活动，实行工程合同与廉政合同同签；参与监督济南遥墙国际机场扩建、区重点工程招标等活动23次。2005年，对投资4亿元以上的6个重点工程43次招投标进行现场监督；对省农科院投资1亿多元的工程项目进行全程监督；对历城区行政、金融、土管、国企等13个部门、企业进行针对性监督。2006年，设立专门检察室，对唐冶新城建设工程招投标活动进行全程监督。针对新农合工作中存在的犯罪问题，与市检察院联合调研，写出调查报告，向政府提出检察建议，得到市委、市政府、省检察院重视。2001—2007年，在机关、企事业单位上法制课120余次，举办警示教育座谈会、报告会75场次，受教育人数3.41万人。

第五节　刑事检察

一、侦查监督

1986年，县检察院发挥批捕、起诉职能，坚持提前介入、引导侦查工作制度，依法从重从快严厉打击各类刑事犯罪。同年，受理公安机关提请逮捕案件50件，经审查决定批准逮捕犯罪嫌疑人59人，不批捕2人，公安机关撤回提请2人，退回公安机关补充侦查1人。1988年，区检察院坚持案件复核制度，复核查证材料1040份，查出余罪、漏罪7条，追捕3人，改变案件性质7件。1991年，开展“反盗窃”“摧团伙”“严惩卖淫嫖娼”等专项斗争，受理公安机关提请逮捕犯罪嫌疑人352人。1997年，突出打击严重暴力犯罪、流氓犯罪、涉枪犯罪、带有“黑社会”性质的犯罪集团和流氓恶势力，批捕重特大案件犯罪嫌疑人184人。同年，以纠正有案不立、以罚代刑为重点的立案监督，监督立案3件。加强刑事审判监督。以监督超期羁押、刑讯逼供、暴力取证、有罪不究、以教代刑为重点，对不构成犯罪的案件建议撤案，对应当起诉而未移送起诉的，积极追诉漏罪漏犯；对审查程序、庭审方式违法、审判文书制作不完善等方面提出检察建议。1998—2000年，监督立案84件。2001—2007年，监督立案182件，向公安机关发出“说明不立案理由通知书”259份，通知公安机关立案50件，追捕55人，追诉180人。

1986—2007年历城区人民检察院批捕案件情况表

表22-8　　单位：人、件/人

年份(年)	受理	批捕	杀人	放火	强奸	抢劫	盗窃	伤害	流氓	爆炸	诈骗	销赃	交通肇事	毁坏公私财物	扰乱社会秩序	拐卖人口	妨碍公务	招摇撞骗	破坏电力设备	贪污	受贿	挪用公款	其他
1986	50/64	59	5	2	9	7	21	5	5	—	—	—	—	—	—	—	—	—	—	—	—	—	5
1987	118	110	2	1	15	11	57	7	2	—	1	3	2	—	4	1	2	2	—	—	—	—	—
1988	106/170	158	8	1	20	12	83	9	9	—	3	4	2	—	—	—	2	2	—	—	—	—	3
1989	177/337	170/324	7/10	2/2	18/20	12/27	108/231	10/12	—	—	—	—	—	—	—	—	—	—	—	—	—	—	13/22
1990	212/370	206/360	4/4	1/1	34/36	18/35	107/221	10/10	—	—	4/5	—	—	—	—	—	—	—	5/8	—	—	—	12/22
1991	352	338	11	—	34	40	184	17	10	—	—	—	—	—	—	—	—	—	—	—	—	—	42
1992	181/278	169/270	7/7	2/2	40/40	23/53	65/111	15/15	1/1	1/1	2/2	—	—	—	—	—	—	—	4/4	—	—	—	9/34
1993	185/321	173/300	11/12	—	23/28	26/51	70/134	19/19	—	1/2	7/9	3/6	3/3	—	—	1/2	—	—	—	—	—	—	9/34
1994	214/332	189/280	8/8	—	9/9	38/49	60/78	39/76	—	—	—	—	—	—	—	—	—	—	—	—	—	—	35/60
1995	218/325	190/274	7/7	1/1	8/8	35/46	59/89	42/76	—	—	—	—	—	—	—	—	—	—	—	—	—	—	38/47
1996	212/327	197/307	11/11	—	12/12	40/56	64/106	36/58	—	—	—	—	—	—	—	—	—	—	—	—	—	—	34/64
1997	214/317	188/304	10/10	—	9/9	39/75	59/78	40/56	—	—	—	—	—	—	—	—	—	—	—	—	—	—	31/76
1998	209/296	178/243	8/8	—	8/8	40/67	59/74	39/60	—	—	3/3	—	—	—	—	—	—	—	—	—	—	—	21/23
1999	247/351	208/323	9/9	—	7/7	39/66	60/78	42/56	—	—	—	—	8/8	—	—	—	—	—	—	—	—	—	43/99
2000	238/374	176/337	11/11	—	12/12	39/56	64/112	36/58	—	—	—	—	14/14	—	—	—	—	—	—	—	—	—	74
2001	227/298	178/266	12/12	—	11/12	41/72	68/102	35/57	—	—	—	—	11/11	—	—	—	—	—	—	—	—	—	—
2002	217/277	191/260	13/14	1/1	7/7	34/69	57/82	29/36	—	—	—	—	10/10	—	—	—	—	—	—	—	—	—	40/41
2003	251/325	163/292	9/9	—	8/8	37/64	59/76	40/57	—	—	—	—	8/8	—	—	—	—	—	2/3	—	—	—	67

续表22-8-1

年份(年)	受理	批捕	杀人	放火	强奸	抢劫	盗窃	伤害	流氓	爆炸	诈骗	销赃	交通肇事	毁坏公私财物	扰乱社会秩序	拐卖人口	妨碍公务	招摇撞骗	破坏电力设备	贪污	受贿	挪用公款	其他
2004	250/318	231/294	11/11	—	7/7	35/59	67/74	40/53	—	—	—	—	12/12	—	—	—	—	—	6/9	—	—	—	53/69
2005	273/433	231/386	9/10	—	10/10	34/75	68/98	36/45	—	—	3/7	—	16/16	—	—	—	1/1	—	5/6	—	—	—	49/118
2006	265/424	256/412	12/15	2/2	13/16	37/100	76/125	35/42	—	1/1	4/5	4/8	15/15	2/3	1/3	—	—	—	2/2	—	—	—	52/75
2007	246/388	208/324	9/11	—	7/7	34/64	52/78	44/61	—	—	6/6	2/10	14/14	2/4	3/6	—	—	—	3/3	—	—	—	32/60

二、公诉

1986年，县检察院受理公安机关移送起诉案件62件96人，提起公诉案件55件79人，免诉案件3件10人，报送市检察院受理案件1件1人。1999年，建立专家咨询制度，在办理专业性、知识性强的案件时，及时咨询专家，防止错诉案件发生。2002年，积极办理适用普通程序简化审案件，查办此类案件占案件总数的30%。注重监督关口前移，依法实行量刑建议，法院采纳率为70%。推行审结报告综合制度，节约庭审时间，提高诉讼效率。试行求刑权，在6件案件中行使求刑权，均被法院采纳。2007年，受理公安机关移送起诉案件453件769人，提起公诉案件382件596人。

图22-9　区检察院对犯罪案件提起公诉（2007年摄）

1986—2007年历城区人民检察院起诉案件情况表

表22-9　　单位：人、件/人

年份(年)	受理	起诉	免诉	不起诉	起诉案件按性质分类													
					杀人	强奸	抢劫	盗窃	伤害	流氓	爆炸	诈骗	销赃	交通肇事	毁坏公私财物	贪污受贿	挪用公款	其他
1986	62/96	55/79	3/10	—	—	—	—	—	—	—	—	—	—	—	—	—	—	—
1987	77/143	66/107	1/6	—	—	—	—	—	—	—	—	—	—	—	—	—	—	—
1988	101/199	91/164	3/18	—	8	20	12	89	—	—	—	3	4	—	—	—	—	4
1989	157/365	147/331	3/20	1	—	—	—	—	—	—	—	—	—	—	—	—	—	—
1990	209/478	190/402	3/54	—	—	—	—	—	—	—	—	—	—	—	—	—	—	—
1991	380	309	47	—	—	—	—	—	—	—	—	—	—	—	—	—	—	—
1992	186/354	166/283	9/26	1	—	—	—	—	—	—	—	—	—	—	—	—	—	—
1993	360	271	37/67	1	—	—	—	—	—	—	—	—	—	—	—	—	—	—
1994	267/443	209/330	—	—	—	—	—	—	—	—	—	—	—	—	—	—	—	—
1995	299/440	228/324	—	1	—	—	—	—	—	—	—	—	—	—	—	—	—	—
1996	296/437	220/314	52/61	—	3/4	23/33	17/31	89/144	44/47	0	0	3/8	0/4	7/7	1/1	—	33/35	—
1997	248/400	179/295	—	—	2/2	18/22	22/63	75/131	24/27	3/9	0	5/6	0/5	12/12	0	18/18	0	—

续表22-9-1

年份(年)	受理	起诉	免诉	不起诉	起诉案件按性质分类													
					杀人	强奸	抢劫	盗窃	伤害	流氓	爆炸	诈骗	销赃	交通肇事	毁坏公私财物	贪污受贿	挪用公款	其他
1998	226/326	180/261	—	2/7	1/1	19/21	63/124	13/19	28/29	0	0	4/4	0/4	5/5	1/1	28/28	18/18	—
1999	236/361	234/333	—	—	7/7	24/28	18/43	81/136	50/62	0	0	3/3	0/3	10/10	0	28/28	13/13	—
2000	293/467	218/349	—	—	3/3	17/17	26/50	64/121	43/58	0	3/3	5/5	0/5	10/10	0	27/56	20/21	—
2001	211/285	262	—	—	—	—	—	—	—	—	—	—	—	—	—	31/43	11/13	—
2002	291/386	257/335	—	—	1/1	4/4	5/8	12/15	4/4	0	2/3	0	0	10/10	0	2/2	4/4	—
2003	248/418	242/290	—	—	6/6	10/10	20/40	54/67	54/67	0	3/3	3/5	1/1	63/63	1/1	24/24	3/3	—
2004	364/488	319/382	—	5/7	8/8	15/27	22/41	86/93	80/93	0	0	8/11	6/8	59/59	6/8	21/23	3/4	—
2005	438/695	341/536	—	—	10/13	7/7	28/67	104/207	71/102	0	0	0	8/15	82/82	8/15	20/24	3/4	—
2006	457/792	375/607	—	—	12/17	10/13	32/108	104/219	75/96	0	0	10/14	4/5	106/106	4/5	15/18	3/6	—
2007	453/769	382/596	—	—	9/9	8/8	42/88	98/190	93/144	0	0	10/17	6/9	89/89	6/9	16/25	5/8	—

第六节 民事行政检察

1991年，设民事行政检察科。以纠正已经生效但确有错误的民事、行政判决、裁定为重点，按照审判监督程序提请或建议提请抗诉，不断提高办案质量和效率。1999年，受理案件52件，立案33件，提请或建议提请抗诉案件27件，抗诉成功2件，区检察院首次行政申诉案件成功抗诉。2000年，受理案件70件，立案64件，提请或建议提请抗诉案件36件，法院纠正或改判22件，挽回经济损失200万元。彩石乡某村村民与村委会土地行政分配行政补偿纠纷案，涉及农村未成年学生征地补偿费问题，经检察机关抗诉，法院再审判决，16起类案均获改判，保护了未成年人合法权益。1991—2007年，共建议提请抗诉和提请抗诉案件287件，法院再审改判121件，支持国有企业起诉261件，涉案金额1.14亿元。

第七节 控告申诉检察

1986年以来，县检察院加强检察信访和控告申诉工作，集中开展涉法上访专项治理活动，认真解决群众告状难、申诉难和投诉案件久拖不决的问题，努力为群众排忧解难。1988年，区检察院受理来信来访377件次，其中构成犯罪立案侦查16件。1992—1999年，健全文明接待制度，以争创全国“文明接待室”为目标，通过制作“便民联系卡”“监督服务卡”，为来访群众发放“历城客运汽车时刻表”等措施，营造文明接待环境。2004年，区检察院获全国检察机关“文明接待室”称号。1986—2007年，受理来信来访6100件次，妥善处理告急访37件、集体访75件。

第八节 监所检察

1986年，县检察院以纠正违法保外就医、减刑、假释为重点进行刑罚执行监督，对42名“外执犯”执行监督。1987年，区检察院对重新犯罪的劳改犯依法进行打击，经审查起诉后加刑案件4件4人，对52名缓刑、管制、保外就医等“外执犯”执行监督。1988—1992年，对626名“外执犯”进行全面考察，办理“两劳”人员重新犯罪案件2件2人；对失去监外就医条件的3名监外罪犯，及时建议收监。1993年，做到“四把关”，即严把侦查时限关、起诉时限关、审判时限关、退补时限关，纠正久押未决和超期羁押案件37件64人。1999年，开展“青少年维权岗”活动，坚持“教育为主，惩罚为辅”和“教育、感化、挽救”的原则，使10余名犯罪青少年悔过自新，成为遵纪守法的公民。区检察院监所检察科维权岗被团省委、省检察院、省综治办命名为省级“优秀青少年维权岗”。1986—2007年，对1918名监外执行犯进行考察教育。

第九节 司法警务

2002年2月，司法警察大队成立。坚持把办案安全作为法警工作的首要任务，及时做好对犯罪嫌疑人的看管，做到依法、文明办案。2003年，执行拘留、逮捕、传唤等任务88次，出警344人次，初查贪污贿赂线索30个，立案侦查贿赂案件5件，大要案比例100%。2004年，执行传唤60次，参与搜查5次，协助执行拘留、逮捕38次，提解38次，押送50次，看管70次，送达法律文书16次，出警540人次。2005—2007年，执行传唤592次，搜查81次，协助执行拘留、逮捕116次，提解、押送1061次，看管724次，追逃74次，保护犯罪现场130次。

第三章 审 判

第一节 审判机关

1986年，县人民法院设办公室、刑事审判庭、民事审判庭、经济审判庭、仲宫法庭、董家法庭、孙村法庭、港沟法庭、遥墙法庭、邵而法庭、柳埠法庭、唐王法庭、锦绣川法庭，有干警35人。同年4月，邵而法庭更名为党家法庭。1987年5月，因区划变动，原历城县人民法院改为济南市历城区人民法院，原郊区人民法院所属洪家楼法庭、华山法庭、东郊法庭因区划调整划归区法院，并增设研究室。1988年5月，增设济钢法庭、郭店法庭、十六里河法庭；12月，增设行政审判庭、告诉申诉审判庭、执行庭。1990年1月，因区划变动，齐河县大王法庭、靳家法庭、桑梓法庭划归区法院；4月，增设政工科；8月，增设彩石法庭，锦绣川法庭更名为西营法庭。1994年5月，经济审判庭分为经济审判一庭和经济审判二庭。1995年，大王法庭更名为大桥法庭。同年10月，增设法警大队。1998年，靳家法庭并入大桥法庭。1999年3月，增设未成年人刑事审判庭，撤销告诉申诉审判庭，设立案庭和审判监督庭。2000年1月，因区划变动，十六里河法庭划归市中区，大桥法庭划归天桥区；撤销唐王法庭、董家法庭、郭店法庭、彩石法庭、港沟法庭、柳埠法庭、西营法庭，保留东郊法庭、华山法庭、遥墙法庭、仲宫法庭、孙村法庭5个法庭。原民事审判庭更名为民事审判一庭，洪家楼法庭更名为民事审判二庭，济钢法庭更名为执行二庭。6月，撤销执行庭，设执行工作局（正处级），下设执行一庭和执行二庭。同年，区法院被最高人民法院授予全国“人民满意的好法院”称号。2001年，被团中央和最高人民法院授予“优秀青少年维权岗”称号。2002年2月，院机关机构改革，内设办公室、政治处、立案庭（挂书记员管理办公室牌子）、刑事审判庭、民事审判第一庭、民事审判第二庭、民事审判第三庭、行政审判庭、审判监督庭、执行局（内设执行一庭、执行二庭）、研究室（挂审判委员会办公室牌子）、技术室、法警大队、监察室（与院纪检机构合署办公）。2004

年7月，增设司法技术鉴定中心。2005年，东郊法庭被最高人民法院、共青团中央授予“青年文明号”称号。2006年10月，撤销司法技术鉴定中心，其职能并入技术室。2007年，区法院设办公室、政治处、立案庭（挂书记员管理办公室牌子）、刑事审判庭、民事审判第一庭、民事审判第二庭、民事审判第三庭、行政审判庭、审判监督庭、执行局（内设执行一庭、执行二庭）、研究室（挂审判委员会办公室牌子）、技术室、法警大队、监察室（与院纪检机构合署办公）、财务科、东郊法庭、华山法庭、遥墙法庭、孙村法庭、仲宫法庭22个机构，共有干警159人。

第二节　立　案

1986年，立案工作由各审判业务庭负责。1988年12月，告诉申诉审判庭主要负责接待上访群众，处理信访案件，复查处理申诉。至1999年2月，受理群众来信3265起，接待群众来访11966人次，处理申诉291案。1999年3月，撤销告诉申诉庭，成立立案庭和审判监督庭后，实行立审、审执、审监三项分立制度。立案庭统一管理各业务庭立案工作和全院申诉、信访工作，派出法庭立案仍由法庭完成。立案庭加强与各庭室的联系，在每年重要会议和重大活动期间，配合有关部门接待上访当事人，妥善解决重点上访老户、有激化苗头案件及集团诉讼案件。2001年1月1日起，执行“大立案”制度，法庭立案统一由立案庭负责。实行立案庭与派出法庭双轨立案机制，即住在乡镇的当事人可就近到法庭递交起诉材料，由法庭转交立案庭办理立案手续，并开通立案庭与各法庭的远程传输，实现“网上立案”。在法院机关建立立案大厅，实行柜台式“一条龙”服务。坚持院长接待日制度，每月第一个周六定为院领导集体接访日并向社会公示，各业务庭庭长按照分工分组接访。1986—2007年，共受理案件120381件。

第三节　刑事审判

1986年以来，县法院在刑事审判工作中重点审判严重危害社会治安案件。1989年，对经济犯罪分子适用罚金和没收财产的附加刑，实行主附刑并用。1990年，把惩治经济犯罪作为刑事审判的工作重点之一。至1996年，审结严重危害社会治安的杀人，强奸，抢劫，伤害，盗窃，破坏电力、通信、交通、生产设施等犯罪案件847件1612人；经济领域贪污、受贿、挪用公款、偷税抗税、贩运伪造国家货币、诈骗公共财产等犯罪案件458件856人；在改革开放和发展市场经济新形势下违反公司法犯罪、发票犯罪、伪劣商品犯罪和一些带有“黑社会”性质的绑架勒索等新型犯罪案件12件18人。1997年，执行新《中华人民共和国刑法》，至2007年，审结危害公共安全犯罪案件542件596人；破坏社会主义市场经济秩序犯罪案件114件187人；侵犯公民人身权利、民主权利犯罪案件856件1072人；侵犯财产犯罪案件915件1188人；妨害社会管理秩序犯罪案件129件247人；贪污贿赂犯罪案件262件346人；渎职犯罪案件40件47人。1986—2007年，审结各类刑事案件5157件，刑事处罚7507人，其中，判处10年以上有期徒刑838人，5年以上不满10年有期徒刑1324人，5年以下有期徒刑2334人，拘役61人，单独或并处财产刑2107人，其他刑事处罚843人。

图22-10　2006年6月，区法院对济南南洋学校司法清算案进行庭审

1986—2007年历城区人民法院刑事案件收结案情况表

表22-10　　单位：件/人

年份（年）	受理	结案	年份（年）	受理	结案
1986	91/129	82/119	1997	209/312	219/322
1987	112/179	114/170	1998	210/364	208/360
1988	128/247	123/238	1999	213/303	213/305
1989	189/348	194/357	2000	227/333	227/332
1990	244/496	227/458	2001	221/335	217/335
1991	209/372	191/343	2002	261/355	253/337
1992	243/410	222/370	2003	268/369	272/367
1993	212/342	211/346	2004	349/482	337/467
1994	234/371	246/384	2005	357/530	363/528
1995	248/371	248/383	2006	362/640	362/649
1996	269/380	269/381	2007	359/600	359/596

第四节　民事审判

1987年1月1日，《中华人民共和国民法通则》施行，改变了主要依靠民事政策调判案件的状况。1989年，举证方式由法院依职权调查取证变为当事人举证为主、人民法院调查取证为辅。1991年4月，《中华人民共和国民事诉讼法》施行，审理和执行程序更加规范，运用新增的督促程序解决债权债务关系明确的财产案件，对提高诉讼效率、节约诉讼成本起到积极作用。至2007年，法定审限内结案率由不足90%提高到99%；个案办案周期缩短，三个月内结案率由70%提高到90%以上；判决结案率由不足10%上升到50%以上。

一、民事关系调节

1986年以来，县法院发挥民事审判工作定纷止争、化解矛盾、维护稳定的职能作用，合法、及时、妥善地解决各类民事纠纷，坚持“能调则调、当判则判、调判结合、案结事了”办案原则，加强诉讼调解工作。2000年起，随着东部新区建设和城市化进程加快，涉及土地征用的土地调整、补偿、拆迁等纠纷大量上升，民事审判法官立足稳定，耐心做当事人思想工作，使数百起争议纠纷诉外解决。并撰写《关于全区农村集体土地收益分配纠纷情况的调查报告》，向区委提出解决群体性矛盾的建议和防范对策，避免群众集体诉讼发生。1986—2007年，依法审理婚姻、家庭、继

图22-11　2001年11月，区法院开展巡回审判，到村设临时法庭公开审理纠纷案件

承、赡养和抚养等各类纠纷案件1.6万余件；审理交通事故、人身伤害赔偿、医疗事故赔偿、消费者权益等侵权案件1.5万件。案件调解率达70%。

二、军人军属维权

1999年，区法院在民事审判三庭成立审理涉军纠纷案件合议庭，开展保障军人军属权益工作。审理涉军案件15件，其中，婚姻家庭纠纷6件，财产纠纷6件，合同纠纷3件。执结涉军执行案件5件。接待军人军属法律咨询30多人次，处理军属申诉4件，开展涉军法律宣传活动4次。2001年起，各法庭受理涉军案件。至2007年，审理涉军案件43件，接待军人、军属法律咨询200多人次，开展涉军法律宣传活动14次。

三、司法救助

2000年，区法院对社会弱势群体开展司法救助工作。救助对象主要包括赡养、抚养、伤害赔偿以及追索劳动报酬案件的当事人，因经济困难无法交纳或交齐诉讼费用的自然人、社会公共福利事业单位、社会福利企业以及特困企业、破产企业等。对符合司法救助条件的当事人依法实施救助，每年缓、减、免交诉讼费用30万元～80万元。对涉及民生案件设立“绿色通道”，对追索赡养费、抚养费，农民工“讨薪”和老弱病残等特殊群体诉讼案件即时立案、限期结案，积极维护特殊群体的合法权益。至2007年，共审结司法救助案件190余件。

1986—2001年历城区人民法院民事案件收结案情况表

表22-11　　单位：件

年份（年）	案件总数		审结案件主要类型						结案方式			
	受理	审结	婚姻家庭		债务	赔偿	不动产	其他	判决	调解	撤诉	其他
			小计	离婚								
1986	2418	2360	220	159	35	70	57	1978	27	2137	193	3
1987	790	704	325	218	241	63	55	20	62	564	71	7
1988	1032	756	439	351	195	60	47	15	54	659	39	4
1989	1117	1218	653	457	362	108	38	57	271	856	91	
1990	1106	1006	528	353	295	89	64	30	217	699	86	4
1991	1146	1188	663	570	284	126	0	115	334	734	104	16
1992	1352	1308	622	581	407	173	106	0	363	715	137	92
1993	1712	1711	773	653	605	202	88	43	—	—	—	—
1994	1765	1818	705	—	692	208	213	0	518	1275	23	2
1995	1848	1791	805	—	640	217	92	37	—	—	—	—
1996	2166	2244	911	—	826	354	100	53	—	—	—	—
1997	2765	2585	965	819	1068	387	93	72	909	—	411	31
1998	3001	2928	932	782	1396	341	22	237	806	1502	500	60
1999	3362	3365	965	801	1674	473	169	84	1362	1220	750	65
2000	3339	3299	894	730	1587	561	197	60	1598	922	644	228
2001	2882	2742	865	711	1242	428	146	61	1350	761	595	107

2002—2007年历城区人民法院民事案件收结案情况表

表22-12　　　　　　　　　　　　　　　　　　　　　　单位：件

年份（年）	案件总数		审结案件主要类型								结案方式			
	受理	审结	婚姻家庭		所有权	人身权	特殊侵权	不当得利	特别程序	其他	判决	调解	撤诉	其他
			小计	离婚										
2002	1477	1454	817	666	156	388	3	3	40	45	713	441	269	31
2003	1483	1423	753	613	173	411	31	4	45	6	687	446	252	38
2004	1935	2006	802	671	471	517	23	3	47	130	976	592	397	41
2005	2174	2063	838	694	352	680	25	0	87	80	406	1116	507	34
2006	1990	2036	759	629	495	576	34	11	44	114	351	1088	579	18
2007	1993	1986	810	653	216	599	24	7	35	294	468	955	550	13

第五节　商事审判

1986年，随着市场经济发展，以诉讼手段调节经济关系的案件越来越多，县法院围绕农村和国企改革与发展，主要受理经济合同纠纷、经济损害赔偿纠纷、不服行政机关处分经济纠纷三类案件。1990年，根据国务院提出清理“三角债”工作部署，区法院把为企业清理拖欠款作为经济审判工作重点。1991年，经济纠纷受案范围增加融资租赁合同、企业承包和租赁合同、居间和信托合同、股票债券票据纠纷等新型合同类型。1993年，经济审判配合全市“营销清欠大会战”，为100多家企业审结购销、建筑工程承包、加工承揽等合同纠纷和拖欠货款案件621件，解决财产争议金额4100余万元。1994年，审结经济案件1713件，诉讼标的额1.39亿元，在全市基层法院中诉讼标的额率先突破亿元。1999年，全国法院进行大民事审判改革，将经济审判统一改为商事审判。至2003年，区法院收结案数量及标的额上升，年均结案2000件以上，涉案标的额在2亿元～4亿元之间。2004—2007年，年均审结商事案件3000件、诉讼标的额4亿元。

1986—2001年历城区人民法院商事案件收结案情况表

表22-13　　　　　　　　　　　　　　　　　　　　　　单位：件

年份（年）	案件总数		审结案件主要类型								结案方式			
	受理	审结	购销合同	借款合同	农村承包	加工承揽	建筑工程	运输合同	财产租赁	其他	判决	调解	撤诉	其他
1986	727	697	331	25	276	1	13	9	2	40	6	647	42	2
1987	462	410	166	65	140	2	8	7	5	17	4	374	2	7
1988	599	461	188	80	96	11	8	8	9	61	8	416	28	9
1989	490	509	224	25	115	11	15	10	7	102	61	400	48	
1990	809	762	281	216	126	0	0	0	0	139	—	—	—	—
1991	919	911	362	276	135	0	0	0	0	138	—	—	—	—
1992	1027	966	340	359	110	7	56	4	5	86	—	—	—	—
1993	1424	1431	621	229	196	—	—	—	—	63	—	—	—	—

续表22-13-1

年份（年）	案件总数		审结案件主要类型								结案方式			
	受理	审结	购销合同	借款合同	农村承包	加工承揽	建筑工程	运输合同	财产租赁	其他	判决	调解	撤诉	其他
1994	1688	1713	1004	204	213	—	—	—	—	83	—	—	—	—
1995	1779	1749	1718			—	—	31	—	—	—	—	—	—
1996	2054	2081	1144	357	67	—	120	—	—	393	—	—	—	—
1997	1995	1768	971	240	79	—	111	—	—	9	492	806	401	69
1998	2032	1996	1008	210	218	516		—	—	34	552	1380	—	64
1999	2112	2122	930	311	195	61	178	16	94	—	662	689	697	74
2000	2264	2112	550	630	126	123	560	13	80	30	838	827	563	75
2001	2193	2032	755	570	64	87	133	11	66	346	851	587	567	78

2002—2007年历城区人民法院商事案件收结案情况表

表22-14　　单位：件

年份（年）	案件总数		审结案件主要类型								结案方式			
	受理	审结	买卖合同	借款合同	租赁合同	建设工程	承揽合同	运输合同	农村承包	劳动争议	判决	调解	撤诉	其他
2002	2585	2480	945	498	104	114	90	13	99	216	1153	562	688	77
2003	3087	2938	946	636	129	209	101	18	87	241	1282	645	891	120
2004	3485	3579	1055	974	176	192	84	23	79	509	1568	834	1051	126
2005	2996	3129	996	952	156	236	105	15	85	289	612	1365	1053	99
2006	2753	2730	873	772	156	94	87	20	77	212	407	1229	989	105
2007	2597	2632	1081	602	132	208	85	19	5	199	494	1207	878	53

第六节　行政审判

1988年，行政审判庭成立，主要办理不服行政机关作出的处理或处罚的行政案件。1989年起，开展行政非诉审查与执行工作。1990年10月1日《中华人民共和国行政诉讼法》施行，区法院对不服行政处理或处罚的“民告官”案件依法收案。同时，行政非诉审查与执行工作步入正轨。1999年11月24日，《最高人民法院关于执行〈中华人民共和国行政诉讼法〉若干问题的解释》公布。区法院在行政审判工作中，严格执行被告举证制度，坚持“大胆受理、慎重裁判、注重效果、维护大局”的整体办案原则，体现维护与监督并重的执法思想，依法公正裁判。2004年，区法院被最高人民法院授予“人民法院行政审判工作先进集体”称号。1988—2007年，共受理治安、土地、城建、计划生育、行政赔偿等行政案件1112件，审结1098件。其中，审结治安案件159件、土地案件486件、城建案件173件、其他案件280件。受理乡镇农业征收、卫生处罚、环保处罚、计生管理等各种非诉行政申请执行案件3986件，收回税费、罚没款9637.6万元。

1988—2007年历城区人民法院行政案件收结案情况表

表22-15 单位：件

年份（年）	1988	1989	1990	1991	1992	1993	1994	1995	1996	1997
受理	16	8	6	6	12	19	15	46	70	95
审结	6	17	4	6	13	16	14	30	72	100
年份（年）	1998	1999	2000	2001	2002	2003	2004	2005	2006	2007
受理	93	78	105	93	67	70	77	85	84	67
审结	89	78	105	90	70	70	77	85	89	67

第七节 审判监督

1986年，县法院申诉、再审案件由各审判业务庭受理和审理。同年，受理、审结案件5件。1988年，申诉再审案件由告诉申诉审判庭和相关审判业务庭审理。1999年3月，成立审判监督庭后主要负责再审案件的审理和案件评查工作。通过启动审判监督程序，对当事人申请再审、本院院长指定再审、上级法院指定再审和检察院抗诉案件进行再审，纠正个别定案不准和执法不严的案件。对全院审结的各类案件进行逐件评查，对发现的问题及时纠正。1999—2007年，审监庭共审结再审案件349件，依法改判193件，评查各类案件6万余件。

第八节 案件执行

1988年12月，执行庭成立，主要负责院机关审理案件执行工作。法庭审结的案件由法庭执行，对执行有困难的案件，移送执行庭执行。1992年起，针对积压案件，调整充实力量，加大执行措施，每年组织执行会战。1996年，建立大执行格局，形成执行庭—中心法庭执行员—法庭兼职执行员三级执行工作体系。1999年起，根据最高法院要求，法院审结具有执行内容的判决书交执行庭执行，各法庭负责执行法庭有执行内容的调解书。2000年，执行工作局成立，下设两个执行庭，形成执行庭与各法庭、行政庭、法警队相互配合的执行体制。2004年，实行审判与执行工作分离，法庭审结的案件全部由执行局负责统一执行。1989—2007年，受理执行案件30774件，执结30639件，执行财产标的额15.7亿元。

1989—2007年历城区人民法院执行案件收结案情况表

表22-16 单位：件

年份（年）	1989	1990	1991	1992	1993	1994	1995	1996	1997	1998
受理	133	170	251	825	1135	1234	1296	1368	1239	914
执结	133	170	241	779	1089	1234	1296	1368	891	914
年份（年）	1999	2000	2001	2002	2003	2004	2005	2006	2007	
受理	1951	3376	3609	2698	2073	2242	2040	1960	2260	
执结	1953	3874	3416	2498	2158	2235	2040	2042	2308	

第九节　司法警务

1995年10月，法警大队成立，有法警19人，主要担负警卫法庭、押解、参与案件执行、维护机关秩序的责任。1997年，试行法警聘任制被最高人民法院主管部门誉为“历城模式”，该制度在全国法院系统推广。2000年，派出法庭配备司法警察。2003年，法警大队设直属一、二、三中队，对已授衔的司法警察实行编队管理。1995—2007年，法警大队完成法院机关安保、法庭安保、突发事件处置、押解刑事被告人、值庭等工作任务6万余次，未发生被告人脱逃、行凶、自杀、自伤等事件。

图22-12　法警队伍（2005年摄）

第十节　司法技术工作

1987年，设法医室，配备法医技术人员，对刑事、民事案件活体（人身）和其他法医学检材进行检查鉴定；对案卷中有关物证、书证、痕迹进行检验鉴定和复核鉴定。20世纪80年代案件类型比较单一，法官承担依职权搜集证据的责任，法医鉴定业务基本是当时司法技术工作的类型，年均结案50件左右。20世纪90年代后，随着案件类型、数量、范围等情况变化，单一的法医鉴定工作难以满足法官查明案件事实和当事人举证需要，司法技术工作扩大到检验、鉴定、审计、评估、拍卖、破产清算等类型，法医室更名为技术室。2004年7月，增设司法技术鉴定中心，主要受理本院及有关单位委托的法医学鉴定；文字检验、痕迹检验鉴定；司法会计鉴定；建筑工程质量鉴定；资产价值评估鉴定；委托拍卖；司法鉴定业务咨询等工作。2005年9月，全国人大常委会通过《关于司法技术鉴定管理的决定》，第七条规定人民法院不得设立鉴定机构。2006年，撤销司法技术鉴定中心。技术室负责统一对外委托各种司法鉴定，负责各类财产尤其是执行案件财产的处置等有关工作。至2007年，技术室收案664件，结案543件。

典型案例

济南第八棉纺织厂破产案　济南第八棉纺织厂为区直属企业，有干部职工634人。1993年11月26日，该厂向区法院提出破产申请。破产前，企业累计亏损869万元，负债总额2919万元，资不抵债额1366万元。12月2日，区法院依照《中华人民共和国企业破产法（试行）》有关规定，依法裁定宣告该厂破产还债。这是济南市首例国有企业申请破产案件。3日，经区法院指定，由区经委、财政局、税务局、工商局、审计局、房管局、土管局等单位组成破产清算组，对土地、房产、固定资产、流动资产、无形财产及债权评估定价，召开债权人会议，制定破产财产分配方案，清偿企业所欠职工工资、福利和劳动保险费用9.76万元，所欠税款184.46万元，各债权人分配剩余财产878.78万元。该案的妥善审理维护了经济发展和社会稳定。

山东新南洋教育发展有限公司等非法吸收公众存款案及济南南洋学校财务清算案　2002年4月，北京南洋教育投资有限公司与三联集团公司出资成立山东新南洋教育发展有限公司，后该公司成立济南南洋学校，吕某、韩某某先后任该校校长，袁某某为财务负责人。2002年6月至2005

年9月，该校招生中违规收取教育储备金，向458名学生家长变相吸收存款1.0991亿元。2005年，因储备金到期无法返还，引发学生家长群体性上访。

2006年1月14日，区法院依法受理济南南洋学校司法清算案。4月24日，区检察院以非法吸收公众存款罪提起公诉。6月19日，区法院依法判处山东新南洋教育发展有限公司犯非法吸收公众存款罪，判处罚金50万元；吕某、袁某某犯非法吸收公众存款罪，分别判处有期徒刑3年，并处罚金5万元；韩某某犯非法吸收公众存款罪，判处拘役6个月，并处罚金2万元。该案扣押被告单位位于港沟镇经十东路以北的教育用地7.6369公顷、济南南洋学校地上物及财物，并依法予以拍卖，所得款项发还被害人及相关民事债权人。2007年1月18日，区法院依法向债权人兑现各种款项。该案是全省首例对民办学校进行的司法清算案件。

第四章　司法行政

第一节　普法宣传

1986年，县委成立普及法律常识教育领导小组，设普法办公室，负责组织、协调、指导全县普法工作。县司法局设办公室、基层调解管理股、宣传教育股，下辖公证处、法律顾问处，归口管理县普法办。2007年，区司法局设办公室、政宣科、公证律师管理科、基层帮教科和社区矫正科，下辖区普法办、区法律援助中心、公证处。

1986—2005年，在全区实施四个全民普法五年工作规划，2006年，启动实施第五个全民普法五年工作规划。至2007年，全区90余万名普法对象，有79万余人基本学完《中华人民共和国宪法》《中华人民共和国刑法》《中华人民共和国刑事诉讼法》《中华人民共和国民法通则》《中华人民共和国民事诉讼法》《中华人民共和国婚姻法》《中华人民共和国继承法》《中华人民共和国合同法》《中华人民共和国兵役法》等法律、法规。发放《公民法律知识读本》《农民常用法律法规选编》《“五五”普法青少年读本》等普法教材和辅导资料共计22种、6万余册，各类法制宣传挂图、宣传单页50余万张，制作法制宣传栏近10万平方米。

一、“一五”普法宣传与治理（1986—1990年）

1986年，全县有普法对象626351人，占人口总数的75.8%。其中，县直机关、企事业干部11244人，职工10071人；乡镇机关、企事业干部3423人，职工35941人；学生97452人；省市驻历城厂企干部、职工74226人；农民393994人。1988年，区委、区政府印发《关于加强法制建设，实施依法治区的意见》。95%的村制定依法治村村规民约。至1990年，开展以干部和青少年为重点的普法教育，以宪法为核心的基本法律普及教育。发放《干部法律知识读本》《职工法律常识读本》《农民法律常识读本》等学习资料4.6万册。

二、“二五”普法宣传与治理（1991—1995年）

1991—1995年，主要开展专业法律法规的宣传学习教育，进行与群众生产、生活密切相关的法律、法规的再学习、再教育。举办领导干部参加的法制讲座126场次，组织6万余名干部参加普法考试，75万人接受普法教育，法制宣教普及率95%。全区90%的行政村，98%的学校、85%的厂企、70%的乡镇达到市级“二五”普法考核验收标准。

三、“三五”普法宣传与治理（1996—2000年）

1996年，在区直部门及乡镇举办法制知识讲座20余场次，参加学习人数1万余人。至2000年，每年开展“送法下乡”“送法赶大集”活动，组织法律、法规宣传活动19次。各乡镇普法讲师团定期到村，开展讲案学法活动2400余场次。针对农村社会矛盾以及青少年和在校学生法制观念薄弱的特点，印发《讲案学法》宣传册5万册。

四、“四五”普法宣传与治理（2001—2005年）

2001年，全区有普法对象974872人，占人口总数的83.5%。其中，区直机关、事业单位干部36823人，职工28238人；乡镇机关、企事业干部7856人，职工94267人；学生186456人；省市驻区及历城区厂企干部、职工146825人；农民474407人。全区80%的中学聘请法制副校长。2004年，港沟镇大官村、仲宫镇仲北村、王舍人镇沙三村被评为“全省民主法治示范村”。至2005年，推行依法治村的行政村达90%，依法治企、依法治校的企业、学校在80%以上；政府机关和企事业干部职工受教育面为98%，农民、城镇居民受教育面为95%，在校学生受教育面100%。王舍人镇沙三村被评为“全国民主法治示范村”，锦绣川乡艾家村被评为“全省民主法治示范村”。历城区被评为山东省“四五”普法依法治理先进区。

五、“五五”普法初期宣传与治理(2006—2007年)

2006年，“五五”普法工作启动。以领导干部、公务员、司法和行政执法人员、企业经营管理人员、青少年和村（居）干部学法用法为重点，集中开展普法宣传。印发宣传提纲3万余份，发放普法资料1.2万册。区普法宣讲团到街道、镇进行宣讲30余场次。举办法律法规培训班10余期，集中轮训执法人员2346名，执法人员持证上岗率100%。各中小学聘请法制副校长或法制辅导员，讲授法制课300余场次。80%的行政村达到“民主法治示范村”标准。区司法局制定《开展“民主法治示范和谐社区”创建活动实施方案》，各社区制定居民自治章程，社区管理工作逐步走向法制化、规范化。

图22-13　2006年8月25日，全区“五五”普法依法治理工作动员大会召开

2007年，制定《2007年度全区领导干部法制教育工作要点》，开展“干部学法年”活动。组织副区级以上领导干部重点学习《中华人民共和国物权法》《中华人民共和国企业所得税法》等法律、法规，科级以上干部参加年度普法考试。举办专题法制讲座35场，培训5000余人次。开展“送法进学校”“送法进军营”“法律进企业”等系列活动。组织律师、法学专家为青少年学生做法制报告54场次，受教育学生达2.7万人次。中小学校法制教育基本实现计划、教材、课时、师资、考试“五落实”。举办企业管理人员法律法规培训班20场，培训人员1000余人次。彩石镇南宅科村被评为“全省民主法治示范村”，全省“法律五进”现场经验交流会在王舍人镇陈西村召开。

第二节　公证 律师

一、公证

1986年，县公证处有工作人员5人，主要办理经济类、民事类公证。1993年，区公证处由全额拨款事业单位变更为自收自支事业单位。2004

年，办理公证6282件，收入139万元。2007年5月8日，区公证处更名为历城公证处，有工作人员15人。同年，办理公证9755件，收入105万元。1986—2007年，共办理各类公证69274件。

二、律师

1986年，县法律顾问处有工作人员10人。1988年，区法律顾问处被司法部授予“担任政府法律顾问先进单位”称号。1993年，法律顾问处撤销，历城律师事务所成立。1996年，区司法局提出“为政府及区直机关聘用律师担任法律顾问”的建议被区政府采纳。2000年2月，在区信访局设立信访法律顾问室，有一名律师常年在信访局接待室，依法分流上访案件，减少越级上访和重复上访。5月，区司法局与区政府签订聘用律师顾问合同，颁发聘用证书。2007年，有律师事务所13家，律师176名。186个政府部门、企事业单位聘请律师担任常年法律顾问，办理法律服务事务1791件，解答法律咨询6930人次。

1986—2007年历城区法律服务机构及律师情况表

表22-17

年份（年）	律师事务所	律师（名）
1986—1993	法律顾问处	4～16
1993	历城律师事务所	20
1994—1995	济南东城律师事务所、济南地区律师事务所	20
1996—1998	济南东城、昌平（1996年，济南地区律师事务所更名为济南民信律师事务所；1998年更名为山东昌平律师事务所）、天航律师事务所	38
1999	山东东城（1999年，济南东城律师事务所更名为山东东城律师事务所）、昌平、天航、海中洲律师事务所	43
2000	山东东城、昌平、天航、海中洲律师事务所	45
2001	山东东城、昌平、天航、海中洲律师事务所	58
2002	山东东城、昌平、天航、海中洲律师事务所	69
2003	山东东城、昌平、天航、海中洲律师事务所	85
2004	山东东城、昌平、天航、海中洲律师事务所	113
2005	山东东城、昌平、天航、海中洲、嘉孚、德孚、北京市惠诚（济南）、山东法冠律师事务所	141
2006	山东东城、昌平、天航、海中洲、嘉孚、德孚、北京市惠诚（济南）、山东法冠、瀛创、舜通律师事务所	166
2007	山东东城、昌平、天航、海中洲、嘉孚、德孚、北京市惠诚（济南）、山东法冠、瀛创、舜通、安纪太、京鲁、森信律师事务所	176

第三节　基层司法行政

一、人民调解

1986年，乡镇建立调解领导小组，村、厂企建有调解委员会，设立调解员。1986—2007年，建起区人民调解指导中心、街镇司法调解中心、乡镇属办事处纠纷调解站、村居调解委员会四级调解网络。调处各类民间纠纷26800件，调处成功率97%，防止民事转刑事案件146件。举办区级调解干部培训班30余期，培训调解干部5000余人次；乡镇举办各类培训班300余期，基层调解干部培训率99%。2007年，有村（居）人民调解委员会759个，厂企人民调解委员会81个，人民调解员2518名。

二、“148”法律服务

1999年，区“148”法律服务电话开通，设在司法局基层科。2007年，街道、镇有“148”

法律服务电话17部，微机11台，专兼职工作人员22人，村“148”法律服务信息员1013名。1999—2007年，“148”法律服务电话专线接听咨询9875个，当场解答9253个，出警1684人次，防止民间纠纷激化事件413人次，避免和挽回经济损失470余万元。

三、帮教安置

1999年，依照《关于进一步做好服刑、在教人员刑满释放、解除劳教时衔接工作的意见》，加强帮教安置工作组织网络建设，健全帮教安置组织，执行定期排查、重点对象管控、跟踪或委托帮教、情况信息报告等制度。各街镇司法所建立完善“一表两书”，实行分类帮教。至2007年，全区接收刑释解教人员1152名，其中，解除劳教人员329名，刑释人员823名。刑释解教人员重新违法犯罪率控制在2%以内，帮扶教育率95%，安置就业率85%。

四、社区矫正

2007年3月，社区矫正工作正式启动，洪家楼街道、仲宫镇、郭店镇被列为试点单位。接收社区矫正人员71名，其中，洪家楼街道3名、郭店镇27名、仲宫镇41名。各试点单位建立工作台账和矫正档案，按照矫正工作流程，加强对矫正对象的日常管理，严格落实电话汇报、一周一次思想汇报、定期谈话、重大节假日签订保证书等工作制度。71名矫正对象未发生重新违法犯罪，无脱管漏管现象。

五、基层法律服务

1986年，全县有14个乡镇司法所和法律服务站，司法所、法律服务站实行“一个机构、两块牌子”的管理方式，配备司法助理员1名。司法所和法律服务站主要开展法律咨询、法制宣教，担任基层单位法律顾问，办理法律事务，提出司法建议，审查修正民间协议、经济合同，协助办理公证，见证合同等服务项目。1996年4月，法律服务站更名为法律服务所，为自收自支事业单位。2001年4月，乡镇法律服务所实行改制，工作人员退出事业编制，成立历城区君桥等8家合伙制法律服务所和花园路有限责任制法律服务所，由区司法局管理。2007年，有街道、镇司法所15个，工作人员49名。法律服务所10家，法律服务工作者93名。办理法律事务1770件，解答法律咨询4409人次，避免和挽回经济损失1060万元。

第四节　法律援助

1998年，区法律援助中心成立，主要组织法律服务机构及法律服务人员为经济困难或者特殊案件当事人提供法律援助，并减免服务费。同年，办理援助案件136件。2003年，区法律援助中心等8个部门联合下发《关于进一步做好法律援助工作的意见》。2005年，区委、区政府调整法律援助领导小组，建成法律援助“两支队伍”和“两个网络”。“两支队伍”，即以专职律师、基层法律服务工作者、公证处人员为主体组成的法律援助队伍；以山东大学、山东政法学院法律专业大学生为主体组成的法律援助志愿者队伍。“两个网络”，即横向协作网络，区司法局与团区委、妇联、老龄委、残联、法院等部门横向协调，定期分析法律援助对象的变化及特点，制定法律援助工作意见；纵向援助网络，以街道、镇司法所为依托，完善法律援助联络室制度和工作程序，设立、培训村（居）法律援助联络员。先后制定《济南市历城区法律援

图22-14　2001年6月，区法律援助中心律师到西营镇解答群众法律咨询

助管理办法（试行）》《法律援助工作八项承诺》《济南市历城区法律援助投诉规定》等一系列规章制度。2006年，区法律援助中心被省司法厅授予“全省司法行政系统法律援助工作先进集体”称号。1998—2007年，受理援助案件1891件，结案1774件。

第五章　军　事

第一节　人民武装部

1986年，部队精简整编，县人武部改归地方建制，全县设14个乡镇人武部。1987年5月，区人武部设军事科、政工科、后勤科、办公室等，有人武干部24人，其他工作人员12人；设17个乡镇人民武装部。1996年4月，区人武部改归部队建制，更名为中国人民解放军山东省济南市历城区人民武装部，设军事科、政工科、后勤科、民兵装备仓库、民兵训练基地；设20个乡镇及大正示范小区人武部。2007年，区人武部设街道、镇和企事业单位人武部27个，其中，街道4个、镇11个及山东大学、黄台电厂等企事业单位人武部12个。有人武干部8人，其他工作人员12人。

第二节　义务兵征集

1986年，实行地方送兵制度。1989年起，实行部队接兵制度。1993年，区人武部被省政府、省军区表彰为“征兵工作先进单位”。1998年，省政府、省军区联合印发《关于对进藏服役的义务兵实行优惠待遇的通知》，全区征集进西藏服役新兵55名。1999年，区人武部被济南军区表彰为“为部队输送合格兵员先进单位”。2001年，山东大学被省军区列为从全省高校在校学生中征集新兵试点学校，是全省唯一征集女兵的高校。2007年，全区共征集义务兵444名。

图22-15　2004年12月，区政府征兵办欢送新兵入伍

第三节　民兵工作

一、组织建设

民兵组织整顿　1986年以来，县人武部按照“减少数量、提高质量、抓好重点、打好基础”的工作方针，落实基干民兵调整规划，每年利用冬季农闲进行一次民兵组织整顿，使民兵组织更加适应国家经济建设和战备工作需要。1996年，民兵组织整顿以民兵连大会、出入转队、民兵干部选配、民兵应急分队建设及基干民兵集合点验为重点进行。1997—2001年，按照布局合理、突出重点原则，合理调整组织布局，城市民兵编组坚持国有制企业为主，有计划地扩大到“三资”企业、股份制企业、集体企业、乡镇企业等其他所有制企业；应急分队编组人员从基干民兵中择优选编，退伍军人和中共党员优先编入。2002—2005年，民兵组织整顿以适应“两场”（市场、战场）、提高“两力”（战斗力、生产力）为重点，突出城镇重点，合理调整编组，优化组织结构。2006—2007年，民兵组织整顿以反“台独”军事斗争准备为主，根据《山东省后备力量建设

发展“十一五”规划》，加强民兵专业分队建设，将编组范围扩大到卫生、交通、电力等行业系统和部分大中专院校。

正规化建设　1986年，开展以基干民兵队伍、民兵干部队伍、民兵活动阵地、基层武装部建设为主要内容的民兵正规化建设。1988年，济南军分区在历城区进行民兵正规化建设试点。1990年，开展民兵基层正规化建设达标活动，各基层单位建立民兵活动之家和民兵执勤室。1991年，市政府、济南军分区在华山镇召开基层正规化建设现场会，推广历城工作经验。1993年，历城基层民兵正规化建设通过济南军分区验收，基层武装部全部达标，符合要求的民兵连占民兵连总数的92.3%。1994年，区人武部被省政府、省军区表彰为“基层正规化建设先进单位”。1997年，区人武部被省军区表彰为“文化活动室建设先进单位”。2005年，区人武部按照《关于县（市）区人民武装部和基层武装部正规化建设达标要求》，制定机关和基层民兵正规化建设达标细则及达标建设三年规划。2007年，区人武部被省军区表彰为“全面建设达标先进单位”。

带建共建　1986年12月，组织民兵参加全县开展的“战岁尾、迎新春、夺头功”活动。

图22-16　组织民兵实施人工增雨作业（2006年摄）

1987年，组织民兵开展“增产节约、增收节支”竞赛活动。1988年，开展争当“十手”（急难险重任务突击手、精神建设红旗手、军事训练技术能手、国防教育宣传能手、科学致富勤劳致富能手、租赁承包经营能手、增产节约增收节支能手、技术革新能手、以劳养武能手、维护社会治安能手）活动。1992年，开展“五队一号”（民兵生产突击队、抢险救灾突击队、治安执勤队、国防宣传队、为民服务队、民兵号）、“兴企业、奔小康，民兵建功立业”竞赛活动。1993年起，开展创建“民兵富民工程”活动。1995年，彩石乡武装部创建的“八一雪桃”基地被省政府、省军区表彰为“民兵富民工程先进单位”。2002年4月，省委常委、省军区政委赵承凤，市委常委、济南军分区政委傅振宽到王舍人镇检查武装部帮扶后进村工作。2004年7月，组织民兵参加雨季造林活动。2006年，组织柳埠、彩石、仲宫、西营4个镇的民兵与市气象局联合开展大规模人工增雨作业，出动民兵360人次，发射增雨火箭弹近千枚。2007年，历城南部新建人工增雨固定作业点10个，培训增雨作业民兵56名。

二、政治教育

1986年7月，县人武部组织“祖国在我心中”演讲活动。1987年，开展国防常识、民兵基础知识百题竞赛活动。1994年，济南军分区对全区基干民兵政治、国防教育落实情况进行考核验收，3000多名基干民兵获国防教育合格证书。开展爱国奉献、革命人生观、尊干爱兵、艰苦奋斗“四个教育”活动。2001年，基干民兵政治、国防教育到课率在98%以上。在冬季征兵工作中，对即将入伍新兵进行德育教育，发放“军人道德规范卡”，提高入伍新兵的政治思想素质。至2007年，每年清明节、“八一”建军节、全民国防教育日及民兵训练、学生军训活动中，组织机关干部、驻区部队、民兵预备役人员及学生到烈士陵园、教育基地，接受爱国主义、革命传统政治教育。

三、军事训练

图22-18 2001年6月，历城区民兵八二迫击炮分队开展实弹射击演练

1986年，基干民兵训练主要以乡镇（厂企）采取小型分散式群众性练武活动为主。1989年起，依托市民兵训练中心，按照《民兵军事训练大纲》，采取分期分批、集中驻训的办法，每年进行一次军事训练。1990年3月，100名民兵防暴队员参加山东省应对突发事件现场会表演；10月，在济南军区军械岗位练兵大比武活动中，历城民兵八二迫击炮排代表全省民兵参加比武，取得优异成绩，受到中国人民解放军总参谋长迟浩田接见。1991年，区人武部编写的《八二迫击炮教程》在全省人武系统推广。在全市军事教练员教学成果大比武活动中，历城区获第一名。1992—1995年，组织民兵连长进行轮训。在济南重机集团公司、济南铸材实业总公司、历城水泥厂等企业，培训新职工1090人。1999年6月23日，中共中央总书记、中央军委主席江泽民视察黄河济南历城段盖家沟险工，观看历城民兵黄河抢险训练汇报表演。2005年，组织民兵参加应对突发事件、建设“平安”山东民兵应急分队演练。2006年，在潍北靶场举行的全省高炮实弹射击考核中，历城区获省军区民兵系统第一名。2007年，组织125名民兵应急分队队员，进行反恐维稳课目训练。全区基干民兵军事训练合格率在98%以上。

四、武器装备管理

1986年前，民兵武器装备以乡镇、厂企武装部管理为主。同年6月，武器装备统一上缴县人武部装备仓库集中存放管理。1989年，区人武部建成标准化民兵武器装备仓库。1995年，贯彻落实《民兵装备管理工作条例》《民兵装备仓库正规化达标细则》，加强武器装备仓库软件、硬件建设和各项管理制度落实。1996年4月，完成区人武部改归部队建制及民兵装备仓库交接任务。1997年，在民兵装备仓库安装高压脉冲电网。2001年，区民兵武器装备仓库只留用部分武器装备，其余装备由济南军分区装备仓库代管。

图22-17 1999年6月，历城民兵进行黄河抢险演练

五、以劳养武

1986年，建立县人武部、乡镇（厂企）人武部、民兵连三级以劳养武体系。1990年，区人武部设以劳养武办公室。1995年，全区有以劳养武项目830个，实现利税655.3万元。1998年10月，按照济南警备区注销以劳养武企业的通知要求，全区以劳养武企业全部注销。

第四节　国防工程维护管理

1986年，县人武部定期对国防工程进行维护管理。1990年，完成国防坑道安全线划定和界桩设置；有维管任务的乡镇与当地派出所、矿管部门联合成立保护国防工程巡逻队。1991年起，以开发旅游、仓库储备、种植养殖等项目为主，开展国防工程综合开发利用工作。1996年，按照《国防工程军民共管质量评定标准》《指挥工程维护管理质量评定标准》《中国人民解放军国防工程档案工作规定》，加强工程维护部（分）队训练，落实定期巡查、维护制度。2007年，所有坑道口封闭、伪装良好。

第五节　国防教育

1986年，县委、县政府成立县国防教育小组。各社会团体、驻地军事机关，积极协助开展国防教育，各学校、企事业单位在本行业系统开展国防教育，县人武部及各基层武装部结合民兵组织整顿、军事训练、征兵等时机对民兵预备役人员开展国防教育。2000年，区国防教育小组改称区国防教育委员会。2003年，区国防教育委员会并入新成立的区国防动员委员会。8月，区人武部与区教育局组织百所中、小学校长进行军训。《中国国防报》以题为《学生放假去，校长军训来》的文章作了报道。2005年，在洪家楼

图22-19　2005年3月，区人武部组织民兵在洪家楼街道开展《反分裂国家法》签名活动

街道组织开展《反分裂国家法》宣传活动。2007年，各区直、镇中心小学建立少年军校，聘请校外军方辅导员，利用假期进行军训，开展国防教育。

第六节　驻　军

1986年以来，驻地部队官兵利用节假日，开展修理电器、义诊、义务劳动等便民服务活动。1991年8月28日晚，狼猫山水库大坝出现险情，驻区部队500多名官兵参加抢险。1995年，驻地某部和洪家楼镇被中宣部和解放军总政治部授予“全国军民共建社会主义精神文明先进单位”称号。至2007年，部队官兵积极参加防汛抗旱、修路植树、援建“八一希望小学”、支持重点工程建设，建起新型军政军民关系。2007年，驻区部队有24个。

第六章　人民防空

第一节　宣传教育

1986年10月，制定《历城县防空训练计划》和训练大纲，开展人民防空知识教育和防空技能训练。1988年7月，区“三防”（防核武器、防化学武器、防生物武器）知识教育领导小组成立。在城区初级中学开设人防教育课。1990年9月，区“三防”教育学会成立。1998年，与区教委联合下发《历城初中“人防”知识教育工作全方位

评估试行方案》。规定每年召开人防知识教育工作会议以及开展一系列人防知识教育活动。2000年起，区人防办利用“五三”防空警报试鸣日，在报纸、电视台发布试鸣公告，印发宣传材料、在繁华地段悬挂横幅标语，宣传《中华人民共和国人民防空法》《山东省实施〈人民防空法〉办法》。2004年，区人防办被评为山东省人防教育先进单位。2005年，在洪苑、葡萄园和七里河社区开展“人防知识宣传进社区”活动。2006年10月，在泉城广场参加纪念《中华人民共和国人民防空法》实施10周年活动。至2007年，对9所初级中学、653个教学班、5万余名学生进行系统的“三防”知识教育，每年开课率、考试合格率均为100%。

第二节　通信警报

1987年，在区委机关大院、黄台电厂、济南钢铁总厂安装防空警报器3台。按照1平方公里1台警报器的设置要求，逐步在辖区设置警报器，警报设备逐年更新。1999年，安装新式无线

图22-20　人防工作人员监测防空警报控制设备（2007年摄）

遥控防空警报信号接收设备。10月18日，配合市人防办进行首次防空警报试鸣。2000年，市政府把5月3日“济南惨案”纪念日定为防空警报试鸣日。2001年，配合市人防办对10个防空警报设施拍照、录像予以存档。2004年，全部安装两相电电声警报器，保证特殊情况下警报器正常使用。2005年，区人防办被省人防办表彰为“山东省防空警报维护管理先进单位”。2007年，辖区设置防空警报器35个，形成城区防空警报覆盖率100%，济钢、电厂、机场等重点目标都有警报器的人防警报网络。

第三节　人防工程

1987年，区人民防空办公室完成人防工程技术档案建档工作，使省、市、区三级档案相统一。1988年，投资37.5万元整修部分地下室、沿街门头房，使地下室与门头房连通。1992年，改建原人防指挥所，建起2层办公楼。1995年，制定《历城区人防办消防安全制度》，与各平战结合单位签订消防安全责任书，消防工作保持省乙级达标水平。1996—2003年，对人防工程进行管理维护，疏通排水管道1500米，清理干道6000平方米，清淤50立方米，疏通通气孔45个，新建干道出入口2个，维护改造出入口12个。对人防工程重新普查建档，协助市人防办对高层建筑地下室建立人防档案。2006年，对人防干道进行疏通清理，确保干道排水通畅。2007年，普查结建地下室14个，对一处重点工程悬挂重点国防设施标志牌，对14个结建地下室悬挂防空地下室标志牌，对197个普通地下室进行普查。依法对占压、破坏人防工程的房地产公司等进行查处。

第二十三编

民　政

历城区民政局婚姻登记处（2007年摄）

1986年后，每年在元旦、春节、“八一”建军节期间，各级领导都走访慰问驻地部队，慰问烈军属、现役军人家属等优抚对象，落实优扶政策。同年，各乡镇普遍设有扶贫基金会。1987年，区民政局被民政部授予“全国双扶工作先进集体”称号。1992年起，全区开展村民自治示范活动。同年，历城区被省委、省政府评为“双拥模范区”，此后，于1999年、2004年、2007年连续三届被省委、省政府、省军区表彰为“全省双拥模范区”。1996年10月、1997年7月分别开始建立城镇居民和农村居民最低生活保障制度。1997年，全区建立大灾预备金制度。1998年3月起，实行村务公开，推进民主政治建设。自1999年第六届村委会换届选举起，村委会通过直选方式产生。2001年4月、2004年8月，分别安置三峡库区重庆市忠县外迁移民65户、260人和开县外迁移民23户、115人。2002年起，每年开展“慈心一日捐”活动。2006年，在全市率先实施对城乡困难群众医疗救助制度，建立大病救助基金。至2007年，全区通过落实救灾救济、优抚安置政策、五保供养、发展慈善事业等工作，逐步建立了覆盖城乡的社会救助体系。婚姻登记管理、社团和民办非企业单位登记管理、收养登记管理、殡葬管理、地名管理等专项社会事务管理工作逐步规范化、法制化。

第一章　优　抚

第一节　拥军优属

1986年后，每年在元旦、春节、“八一”建军节期间，各级领导都走访慰问驻地部队，慰问烈军属、现役军人家属等优抚对象。同年，根据国务院、中央军委指示精神，对全县517名参加对越自卫还击作战的现役军人家属进行了春节走访、慰问，为生活困难家庭解决救济款5万元、宅基地210处，帮助建房185间；进行各种慰问活动1540次，发慰问品5000多件，并向参战军人寄发慰问信。1987年，为108名二等伤残军人子女安排了工作。1988—1993年，全区坚持常年活动的拥军优属服务小组有1200余个，每年为驻地部队及优抚对象做好事3万余件。1990年，为纪念中国人民志愿军赴朝作战40周年，全区各级工会、共青团、妇联、学校组织工人、民兵、学生为参加抗美援朝烈属、复员军人做好事5000余件。同年12月，开展“拥军优属活动月”活动，召开座谈会50多次，放映电影20多场，组织“军民同乐”文艺晚会10场。1991年，成立区双拥工作领导小组。同年，启动开展争创双拥模范城活动和驻区部队与地方单位开展双拥共建结对子活动。1994年，拥军优属、拥政爱民工作由区文明办移交区民政局。1995年，洪

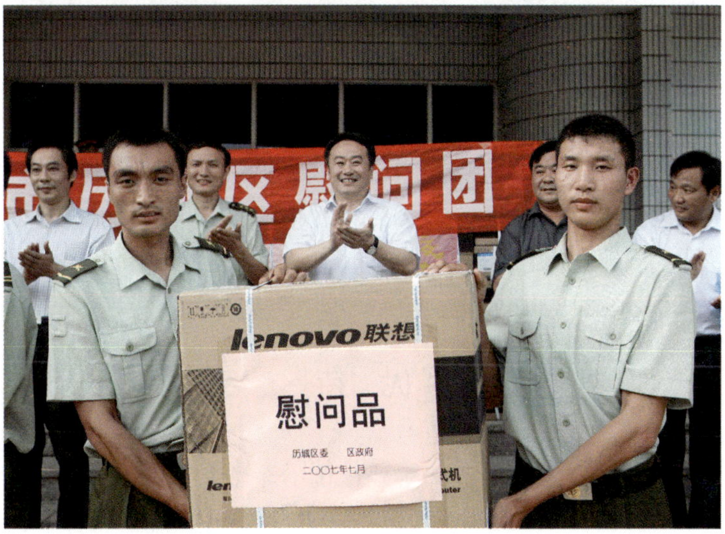

图23-1　2007年7月27日，区委、区政府慰问驻地部队

家楼镇与驻军55178部队被评为全国军民共建对子先进单位，区供电局被评为省级双拥模范单位。2003年，区公路局投资46万元为72870部队铺设一条5000余平方米的国防路。2004年，七里河社区出资300多万元为71777部队修建了4000多平方米的公寓楼。2005年，全区开展“援建军营图书室、共建学习型军营”“法律进军营”等活动。2007年，为11个驻区团级以上部队送去微机56台。历城区在拥军方面坚持每年为部队办一件实事，部队驻训演练到哪里，区委、区政府就走访慰问到哪里。2003—2007年，共为部队送去慰问品价值近300万元；安置军人家属53人。

至2007年，全区80个地方单位与24个驻区部队单位（其中团级以上部队单位11个）结成双拥共建对子，其中20个村与19个部队单位结为共建对子；建立国防教育基地17个；随军家属安置率达到90%。

图23-2　2006年7月13日，驻地部队支持王舍人镇孙家卫村文明生态村建设

第二节　优　待

1986年，农村义务兵家属优待以乡镇为单位实行统筹，优待金标准为户均265元/年；城镇义务兵家属优待金，义务兵入伍前有工作单位的，由义务兵所在单位发给原工资，无工作单位的由其父母所在单位于每年春节前一次性发给200元。1987年，义务兵家属优待金标准提高到户均403元/年。1989年，落实《山东省优待烈军属暂行规定》，提高军属优待标准，义务兵家属优待金户均450元/年。1990年，义务兵家属优待金标准提高到户均470元/年，洪家楼镇最高，户均达1100元/年。1993年11月，区政府办公室转发区财政局、区民政局、区税务局、区工商局联合制定的《关于城镇非农业人口义务兵家属优待金筹集办法的意见》，规定：城镇非农业户口义务兵家属的优待金，按照分别筹集、集中管理的原则进行筹集，由区税务局、区工商局、区民政局、区财政局分别从区属企业单位、个体私营户、中央及省驻区的行政事业单位、区属行政事业单位中筹集，由区民政局负责发放。是年，城镇义务兵家属优待金标准为600元/年。1995年，义务兵家属优待金标准提高到农村户均600元/年，城镇户均900元/年。1998年11月，区政府、区人民武装部印发《关于对进藏服现役的义务兵实行优惠待遇的通知》，对55名入藏新兵除乡镇按规定优待外，区民政局还按城镇义务兵优待金的2倍给予增加补贴。2005年，落实市政府《关于济南市义务兵家庭优待金发放有关问题的通知》，义务兵家庭优待金筹集渠道及发放标准由按义务兵入伍前的户口性质划分，改为按有无承包地划分。无承包地的义务兵家庭优待金自2005年起由市、区两级财政按4:6的比例分担，优待金标准为市政府确定的每户2000元/年。有承包地的义务兵家庭优待金由区和街道、乡镇财政予以保障，优待金标准由区政府按不低于当地居民平均生活水平确定。至2007年仍按此标准执行。

1986—2007年历城区义务兵家庭优待情况表

表23-1

年份（年）	优待户数（户）	总金额（万元）	年份（年）	优待户数（户）	总金额（万元）
1986	2132	56.50	1997	2200	198.00
1987	2182	87.97	1998	2010	221.10
1988	2232	89.95	1999	2015	221.65
1989	2332	104.94	2000	2015	221.65
1990	2332	109.60	2001	2100	231.00
1991	2252	112.60	2002	2100	231.00
1992	2252	112.60	2003	2050	225.50
1993	2150	129.00	2004	2050	225.50
1994	2150	129.00	2005	1955	391.00
1995	2250	202.50	2006	1865	373.00
1996	2200	198.00	2007	1665	333.00

第三节 抚 恤

1986年，县民政局对全县14个乡镇的16145户优抚对象进行普查、核定，共评定出应享受抚恤定补的优抚对象5713户，抚恤标准为户均265元/年。在乡复员军人定期补助标准为人均13.80元/月。1987年，在乡复员军人定期补助标准提高至15.60元/月（孤老20元/月）。1989年，按照《山东省优待烈军属暂行规定》，提高烈属抚恤标准，国家抚恤和群众优待相加，比现役军人家属优待标准户均450元/年高出30%。1990年，提高复员军人定补标准，增发4种类型伤残军人补贴，在乡复员军人定补标准提高到人均30元～35元/月；200多名带病回乡退伍军人享受人均10元/月的补助。

1996年，按照上级规定的抚恤定补标准，在乡复员军人的定期定量补助标准调整为每人50元/月（孤老55元/月）；烈属抚恤金，农村调整为每人70元/月（孤老75元/月），城镇每人85元/月（孤老90元/月）。1998年9月，区政府印发《关于加强优抚工作的通知》，对各类优抚对象的优抚及医疗费用等问题作出明确规定。烈属定期抚恤金，农村提高到每人83元/月，城镇提高到98元。2000年、2001年，两次调整在乡复员军人的定期定量补助标准，达到每人90元/月（孤老95元/月）。2000年，将城镇“三属”的定期抚恤金提高到每人208元/月。全区三等甲级、三等乙级伤残军人的伤残抚恤金在全国统一标准的基础上每年提高360元。

2001年，对全区重点优抚对象进行普查，共登记重点优抚对象5582人。其中，在乡复员军人3901人，伤残军人864人，“三属”604人，带病回乡退伍军人213人。全区总抚恤户为5019户，每户年均抚恤1340元，总支付抚恤定补金673.18万元。2002年，区政府印发《济南市历城区优抚对象优抚办法》，自2003年起，在乡复员军人定期定量补助标准达到每人120元/月（孤老125元/月），城镇“三属”的定期抚恤金达到城镇最低生活保障线水平，在乡伤残军人（三等）的伤残抚恤金超过了全国规定的抚恤标准。2005年，根据上级规定，提高了部分优抚对象的抚恤定补标准。从2006年1月1日起，在乡老复员军人生活补助标准，在现行补助标准的基础上，每人每年增加240元。2006年5月，区政府印发《建立重点优抚对象抚恤补助标准自然增长机制的意见》，规定重点优抚对象抚恤补助标准，在国家规定标准的基础上，区财政每年提高5%，将自然增长经费列入区镇财政预算。是年，区政府印发《关于调整一至四级革命残疾人员护理费标准的通知》，护理费标准调整为：因战、因公一级和二级残疾的每人1056元/月；因战、因公三级和四级残疾的每人845元/月；因病一至四级残疾的每人633元/月。2007年，确认参战退役和参加核试验退役享受生活补助人员566人，审核认定带病回乡退伍军人享受生活补助人员682人，是年8月1日起，对以上人员每月补助100元。

1986—2007年历城区优抚对象抚恤定补情况表

表23-2

年份（年）	总人数（人）	烈属、因公牺牲军人家属		病故军人家属		复员军人		带病回乡退伍军人	
		人数（人）	人均月抚恤（元）	人数（人）	人均月抚恤（元）	人数（人）	人均月抚恤（元）	人数（人）	人均月抚恤（元）
1986	4657	458	21	151	16	3910	13.8	138	7
1987	4675	458	21	151	16	3910	15.6	156	8
1988	4705	468	21	149	16	3908	20	180	10
1989	4705	468	37	149	32	3908	20	180	10
1990	4704	467	37	149	32	3908	20	180	10
1991	4705	467	37	150	32	3908	20	180	10
1992	4699	459	37	150	32	3905	30	185	10
1993	4697	459	47	148	42	3905	30	185	15
1994	4695	457	57	148	52	3905	30	185	15
1995	4696	458	57	148	52	3905	35	185	18
1996	4715	460	70	147	75	3905	50	203	26
1997	4713	460	85	147	85	3903	75	203	44
1998	4712	457	95	149	85	3903	83	203	44
1999	4722	457	98	149	102	3903	83	213	44
2000	4719	456	208	149	122	3901	95	213	50
2001	4718	456	147	148	142	3901	95	213	50
2002	4740	456	172	148	167	3901	120	235	62
2003	4734	456	263	146	180	3897	120	235	62
2004	4733	455	263	146	180	3897	120	235	78
2005	4733	455	350	145	260	3895	120	238	78
2006	4740	454	415	145	355	3895	240	246	90
2007	5176	454	415	145	355	3895	240	682	100

1986—2007年历城区伤残军人抚恤金发放情况表

表23-3

年份（年）	人数（人）	人均抚恤金（元/年）	发放总额（万元）	年份（年）	人数（人）	人均抚恤金（元/年）	发放总额（万元）
1986	1056	540	57.02	1997	962	1860	178.93
1987	1056	540	57.02	1998	962	2760	265.51
1988	977	660	64.48	1999	959	2760	264.68
1989	970	840	81.48	2000	958	4200	402.36
1990	970	840	81.48	2001	864	4200	362.88
1991	967	840	81.23	2002	864	4830	417.31
1992	967	1440	139.25	2003	866	4830	418.28
1993	965	1440	138.96	2004	866	5554	480.98
1994	963	1740	167.56	2005	870	5554	483.20
1995	963	1740	167.56	2006	870	6387	555.67
1996	962	1860	178.93	2007	875	6387	558.86

第四节 烈士褒扬

1986—2007年，全区有2人被省政府批准为烈士：陈登汉，西营镇鸭子泉村人，曾任彩石乡党委副书记、乡长等职，1998年6月，在修公路时，为保护周围群众的生命安全和国家财产以身殉职，1999年4月被批准为烈士；张善旺，仲宫镇人，2003年7月13日下午，因救落水人员不幸英勇牺牲，2006年10月被批准为烈士。

2007年，全区有革命烈士陵园1个，安葬较集中的烈士墓地2个，即孙村镇西徐马墓地、彩石镇西彩石烈士墓地。另外，还有坐落在遥墙镇鸭旺口村村南，曾任中共中央交通员、山东省委委员、济南特支书记等职的著名烈士李敬铨之墓；坐落在郭店镇武家村村西，曾任中共章历齐工委委员、历城县委委员、济王工委书记等职的著名烈士尹天佑之墓等散落烈士墓。全区各单位每年在清明节期间组织开展悼念革命烈士和抚慰烈士遗属活动，群众自发祭扫烈士英灵，纪念革命先烈。

历城革命烈士陵园　位于王舍人镇大王山，占地面积300余亩，是济南市第二大烈士陵园。1954年始建，1955年建成，称大王山革命烈士陵园。1983年，被县政府列为重点文物保护单位。1988年，对大王山革命烈士陵园进行整修。1990年，选派2名专职管理人员。1995年，对大王山烈士陵园的200多座烈士墓、800块墓碑及常青林、纪念塔等进行整修、粉饰，共投资5万元。2002年，通过市场化运作，社会力量筹资2000多万元，对大王山革命烈士陵园实施改造，改

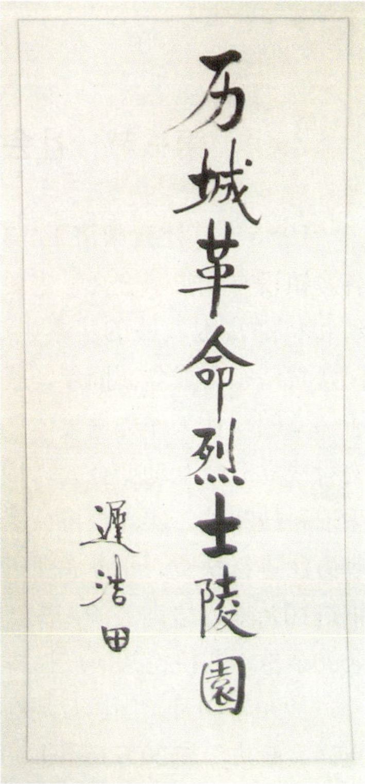

图23-3　迟浩田给历城革命烈士陵园题词（2003年摄）

建为集烈士褒扬、传统教育、园林游览、健身休闲等多功能于一体的精神文明建设和爱国主义教育基地。2003年10月12日，中央军委原副主席、国务委员、国防部部长迟浩田到陵园视察，亲笔题写了“历城革命烈士陵园”园名，并题词“先烈伟名垂青史，英雄遗志化宏图”。2004年，区政府投资在陵园建设了历城革命烈士纪念馆。是年7月，成立历城革命烈士陵园管理处。2006年，陵园被市文明委命名为“未成年人思想道德建设优秀校外教育阵地”。至2007年，园内共安葬烈士1338名，其中，有名烈士621名，无名烈士717名；有1302名烈士是济南战役中英勇牺牲的华野九纵解放军指战员。

历城革命烈士陵园自改建以来，每年接待各级干部、群众、青年学生、驻区部队官兵6.8万余人次，在这里接受以爱国主义为核心的国防和双拥宣传教育。

图23-4　历城革命烈士陵园大门（2006年6月摄）

第二章　救灾救济

第一节　社会救济

1986年，社会救济工作以农村扶贫为主，各乡镇设有扶贫基金会，主要保障和维护孤老残幼和特殊贫困农民的基本生活权益。1987年，区扶贫基金会成立。同年，区民政局被民政部授予“全国双扶工作先进集体”称号。1988年，在农村成立32个互助储金会。1991—1993年，主要采取科技扶持、实体扶持、重点扶持、互助扶持等方法进行扶贫，举办农业、畜牧业科学养殖培训班10余期，培训2100人次，发放各类宣传材料4000余份，共扶持2000户脱贫。

1996年10月，区民政局在高而乡进行扶贫试点，乡政府筹资20万元引进50只亚洲黄羊，建起养殖扶贫基地。区委、区政府针对全区仍有部分群众没有解决温饱问题，研究制定了扶贫措施，将民政联户活动拓宽延伸，与区领导包乡镇、区直部门包村、党员干部联户等措施有机结合起来，形成“领导关注、部门联动、社会参与”的扶贫救助格局。年底，开展走访慰问送温暖救济活动，共走访慰问困难户125户，发放救济资金2.5万元。此后，每年春节前夕，区政府都拨专款对部分特困家庭、低保对象等给予一次性救助，救助范围、救助标准、投入资金总额逐年递增。

1997年，全区开始建立农村最低生活保障制度，社会救济工作由农村扶贫工作为主逐步转向建立健全农村低保制度。2003—2005年，开展“扶千户、奔小康”活动，扶持南部山区8个乡镇的1000户贫困户，通过养殖小尾寒羊脱贫致富。

2006年9月，在全市率先建立并实施城乡困难群众医疗救助制度，在医疗费减免和大病医

图23-5 2006年11月22日，全区城乡困难群众医疗救助工作会议召开

疗两方面对困难群众给予救助。同年，建立了100万元的城乡医疗大病救助基金。2006—2007年，共对全区1300多名城乡困难群众实施了500元～20000元不等的医疗救助，救助总金额达到80.35万元。

对符合条件的20世纪60年代精简退职老职工的救济标准，按照2006年市民政局、市财政局联合下发的《关于确定精简退职老职工生活救济补助费的通知》规定，从2005年10月起，对精简退职老职工生活救济补助费标准，以当地城市居民最低生活保障标准为基础，对救济补助费标准高于当地城市居民最低生活保障标准的，仍按照现行标准执行；救济补助费标准低于当地城市居民最低生活保障标准的，调整到不低于当地城市居民最低生活保障标准，并随城市居民最低生活保障标准的调整而调整。

2007年春节，走访慰问救助各类困难群众10885户、28388人。

1986—2007年历城区社会救济资金统计表

表23-4　　单位：万元

年份（年）	总金额	年份（年）	总金额	年份（年）	总金额	年份（年）	总金额
1986	160.00	1992	40.00	1998	63	2004	241.00
1987	153.69	1993	41.50	1999	87	2005	258.00
1988	44.50	1994	65.00	2000	78	2006	317.80
1989	9.00	1995	87.20	2001	105	2007	358.34
1990	4.00	1996	42.50	2002	195		
1991	4.00	1997	52.00	2003	199		

第二节 救灾捐助

1986—2007年，全区经历了干旱、洪涝、病虫害、冰雹、冻灾、雪灾、龙卷风等几十次较大规模的自然灾害，每年都有部分人口因灾缺粮、缺衣生活困难。区政府每年都拨发救灾救济款、粮，帮助灾民战胜灾荒，渡过难关。

1987年8月，发生特大暴雨灾害，共有13个乡镇、582个村受灾，直接经济损失1938万元。同年9月1日16时，西营、彩石、锦绣川、港沟、孙村5个乡镇的58个村遭受严重雹灾，直接经济损失386.5万元。灾情发生后，区委、区政府立即采取措施，组织抢险救灾。是年，20余万人因灾缺粮，共发放救灾款125万元。

1990年春，由于连续几年遭受自然灾害，特别是持久干旱给群众的生产生活造成严重困难，涉及全区11个乡镇的335个行政村，南部山区部分乡镇出现严重缺粮、缺水。区民政局拨款40万元，拨统销粮423.5万公斤，救济5.13万户、19.36万人。同时，区委、区政府在全区组织开展互助互济活动，发动区直机关和条件较好的乡镇捐款13.3万元，捐粮50.9万公斤，保证灾区群众春季的生产生活。同年，发生春旱、秋涝和风、雹、虫等自然灾害，使夏、秋两季作物减产2300万公斤。民政部门又陆续拨款49.2万元，救济5.12万户、20.03万人。

1997年，全区先后发生特大干旱、暴风雨袭击和蝗虫灾害，农作物总成灾面积35.9万亩，成灾人口38.8万人。区民政局共拨出救济款39万元，发放省级储备粮1万公斤，下发衣物2000余件。为增强救灾能力，全区建立大灾预备金制度，区财政大灾预备金为30万元，各乡镇分别设大灾预备金4万元和每个农民1公斤～1.5公斤的储备粮制度，多数乡镇、村居还设立了救灾扶贫储金会等基层群众自救互助组织。2002年，区民政局设立了经常性社会捐助站，各街镇设立了经常性的社会捐助点，具体负责救灾物资的收集、管理和发放。当年接受募集善款1.9万元，衣物4000余件，粮食1.5万公斤。是年9月23日，区政府办公室转发区民政局《关于在全区开展“救灾慈心一日捐”活动的实施意见》，在全区范围内开展为期20天的“救灾慈心一日捐”活动。共接收捐款106.6万元，衣被1万多件，小麦1785公斤，面粉1500公斤，全部用于抗旱救灾、社会救助活动，共救助困难群众1.2万人。从此，每年5月12日定为“慈心一日捐”活动日。

2003年，先后发生春旱、夏涝及夏秋季节的龙卷风、冰雹、暴雨等特大自然灾害，全区受灾面积50.14万亩，成灾面积30.22万亩，绝产面积6.3万亩。为保证麦收前缺粮户有粮吃，对全区困难群众4498户、2.02万人，按照每人每月20公斤以内的标准，实施了“困难群众借粮卡”救助制度，共发放粮食64.2万公斤，价值75万元。全年发放救灾救济款211万元，大米1.5万公斤，衣物1800件。同年，为抗击“非典”疫情，募集捐款125.84万元。2004年，“慈心一日捐”活动募集捐款33万余元，2005年起，募集捐款及善款管理使用由慈善总会负责（见社会生活篇第三章慈善事业）。

2007年7月18日，全区遭受特大暴雨灾害，经济损失达1.2亿元。灾情发生后，迅速启动灾害救助应急预案，开展抢险救灾。发放救灾棉被2000床，救灾资金338万元。7月20日、23日，民政部救灾专员宋继华、部长李学举先后到历城区视察指导救灾工作。全年共下拨救灾资金590万元，救助受灾群众1.6万户、4.3万人。

图23-6　为受灾群众新建安居工程住房（2005年摄）

在做好本辖区救灾救助工作的同时，积极支援其他省、市灾区的抗灾救灾工作，其中较大规模的捐助有：1998年，为长江、松花江、嫩江流域特大洪涝灾区捐款2365万元，捐衣被5.87万件；2001年10月，为支援新疆灾区，向社会募捐资金52.55万元，衣被1.8万件；2003年下半年，为支援菏泽东明灾区，发动全区捐款9万元，捐棉衣被5.39万件。

1986—2007年历城区救灾款物拨放情况表

表23-5

年份（年）	救灾款数（万元）	粮、衣物等实物救济	备注	年份（年）	救灾款数（万元）	粮、衣物等实物救济	备注
1986	30.00	—	—	1997	39	粮1万公斤，衣物2000件	—
1987	125.00	—	—	1998	42	—	—
1988	124.00	—	—	1999	54	粮14万公斤	—
1989	115.00	—	—	2000	83	衣被等1.8万余件	—
1990	102.50	粮474.8万公斤	包括社会捐献	2001	98	衣被等1.8万余件	—
1991	54.70	统销粮99万公斤，衣被1.17万件	包括社会捐献	2002	312	粮1.83万公斤，衣被1.4万余件	—
1992	37.00	粮20万公斤，衣被90万件	—	2003	211	粮1.5万公斤，衣被1800余件	—
1993	54.55	—	—	2004	130	—	—
1994	14.00	粮1万公斤，衣被4000件	—	2005	105	—	—
1995	70.50	—	—	2006	132	—	—
1996	85.50	粮20万公斤，衣物1.5万件	—	2007	590	—	—

第三节 五保供养

一、集中供养

1986年，全县有乡镇敬老院14家，供养五保老人70户、95人；村办敬老院26家，供养五保老人130户、150人。1987年区划调整后，全区乡镇敬老院增至17家，供养五保老人84户、112人；村办敬老院30家，供养五保老人158户、198人。1988年，全区敬老院发展到49家，其中，乡镇级18家，村级31家。同年，全区推行五保统筹，当年实现五保统筹的有洪家楼、遥墙等12个乡镇，占乡镇总数的70%。1994年，贯彻国务院《中华人民共和国五保供养条例》，对全区57家敬老院进行整顿，大部分达到了生活、文化、娱乐设施齐全，以副补院项目（种植蔬菜、瓜果等）形式多样化，管理人员素质高的要求。1998年，孙村镇敬老院被评为“山东省模范敬老院”。1999年，区政府印发《关于加强敬老院建设和五保供养工作的意见》，决定从区财政拨出30万元专款，用于乡镇敬老院建设。当年新建遥墙镇敬老院，改建了高而乡敬老院。2000年，全区共投资1200多万元，新建乡镇中心敬老院6家，改建扩建敬老院21家。2002年，对全区五保对象进行普查，按敬老院等级标准，对港沟镇、孙村镇、唐王镇等6处敬老院进行改扩建。2003—2005年，争取省、市“农村敬老院改造项目”支持资金200多万元，落实配套资金2000余万元，对全区13家农村敬老院进行改造。2006年3月起，按照国务院新的《农村五保供养工作条例》规定，将符合新政策的五保老人纳入乡镇敬老院供养。同年，按照省一级敬老院建设配套标准和五保对象100%集中供养的规模，对全区敬老院实施新一轮提升改造。2007年，全区有敬老院13家（含仲宫镇高而办事处、锦绣川办事处各1家），总占地面积11.73公顷，建筑面积20300平方米，供养床位1600个，供养五保对象854人。是年，华山镇敬老院被评为“省级农村养老机构模范单位”。

图23-7　2007年8月，扩建后的华山镇敬老院

二、分散供养

1986年，全县有分散供养五保老人850户、968人。1987年，全区对分散供养的五保老人落实了每年125公斤细粮、55公斤粗粮，每月5元零花钱的供养标准。1995年，按新供养标准对全区分散供养五保户进行普查，共分散供养五保老人1601人。五保老人凭供养手册，领取每年180公斤统筹粮和每月10元～20元不等的零花钱。2006年开始，实行财政供养机制，规定供养经费由市、区、镇按照3：4：3的比例承担，当年标准为每人每年1400元。2007年，有分散供养五保老人559人，供养经费增长到每人每年1600元。

1986—2007年历城区五保供养情况表

表23-6

年份（年）	五保对象总数（人）	集中供养数（人）	集中供养率（%）	年份（年）	五保对象总数（人）	集中供养数（人）	集中供养率（%）
1986	1213	245	20.2	1997	2184	1049	48.0
1987	1295	310	23.9	1998	2184	1049	48.0
1988	1283	340	26.5	1999	1561	593	38.0
1989	1109	566	51.0	2000	1560	796	51.0
1990	1023	520	50.8	2001	1015	518	51.0
1991	1052	566	53.8	2002	1015	302	29.8
1992	1056	580	55.0	2003	984	365	37.1
1993	1114	566	50.8	2004	840	378	45.0
1994	1150	747	65.0	2005	914	398	43.5
1995	2184	583	26.7	2006	1424	292	20.5
1996	2184	1009	46.2	2007	1413	854	60.4

第四节　最低生活保障

一、城镇居民最低生活保障

1996年10月，区政府制定《历城区城镇居民最低生活保障实施办法》，规定居住在洪家楼地区的城镇居民家庭月人均收入低于120元，其他乡镇低于100元的为保障对象。1997年，洪家楼地区的城镇最低生活保障标准提高到每人每月130元。1998年，执行济南市城市居民最低生活保障标准140元。1999年7月1日起，城市居民最低生活保障标准提高到每人每月208元。2001年7月，根据市政府《济南市城镇居民最低生活保障实施办法》，实行城镇居民最低生活保障属地管理，全区执行济南市城市居民低保标准，每人每月208元。2002年8月，执行市政府《济南市最低生活保障对象救助暂行规定》，在医疗、教育、就业、用水、用气等方面对低保对象实行全方位社会救助。2005年，城镇居民最低生活保障标准提高到每人每月230元。2007年1月1日、5月1日又先后提高到每人每月260元、280元。同年8—12月，针对猪肉等副食品的价格上涨情况，为城镇低保对象增发每人每月15元的临时补助，共发放31.49万元。

1996—2007年历城区城镇居民最低生活保障情况表

表23-7

年份（年）	保障户数（户次）	保障人数（人次）	发放保障金总额（万元）	年份（年）	保障户数（户次）	保障人数（人次）	发放保障金总额（万元）
1996	11	28	0.70	2002	13891	33720	220.70
1997	42	58	2.00	2003	14482	39016	287.10
1998	37	65	1.90	2004	15543	45130	298.36
1999	60	91	3.00	2005	15456	46179	377.61
2000	67	110	6.50	2006	15607	45638	362.00
2001	732	1759	105.90	2007	17256	49383	562.22

二、农村居民最低生活保障

1997年7月31日，区政府印发《济南市历城区农村最低生活保障暂行规定》，规定本区农村居民家庭年人均收入低于600元（含粮食收入）的为保障对象，保障标准是每人每年补足600元，保障办法是定期定量救助和临时救济相结合，经费来源由区、乡镇、村三级分担。1997—2005年上半年，主要是由区财政拨款20万元～60万元不等，对南部山区7个乡镇实施低标准的救济式保障。2005年4月，区委、区政府印发《关于建立和完善农村最低生活保障制度的实施意见》，规定自2005年7月起，农村低保标准由每人每年720元提高到每人每年840元，2006年提高到每人每年1080元，此后在“十一五”期间按每年120元的标准自然增长。另外，规定10类重点保障对象和7种不能享受农村低保补助的情况，明确了收入计算方法；低保金在运作管理上，同城镇低保一样，实行分级分类按比例承担的办法，在申请、审批程序上，实行个人申请、民主评议、逐级审核、两榜公布、社会化发放等系列化公开透明运作程序，基本实现动态管理下的应保尽保。2006年5月29日，全市农村最低生活保障会议召开后，历城区的做法在全市推广。

图23-8　2005年6月15日，历城区农村最低生活保障金发放仪式

1998—2007年历城区农村居民最低生活保障情况表

表23-8

年份（年）	保障户数（户次）	保障人数（人次）	发放保障金总额（万元）	年份（年）	保障户数（户次）	保障人数（人次）	发放保障金总额（万元）
1998	1195	2711	13	2003	2566	6709	53.0
1999	1305	3071	16	2004	2624	6841	57.0
2000	4500	10000	60	2005	3217	5481	261.4
2001	732	1759	60	2006	46596	82161	443.0
2002	2350	6571	63	2007	54219	103710	534.9

第三章　安　置

第一节　退伍军人安置

1986年，全县接收退伍军人，按政策规定，为入伍前有工作单位的72人办理了复工复职手续，其余回农村安置。1987年，为1979年以来参加对越自卫还击作战荣立三等功的86名退伍军人办理农转非手续。同年，区民政局和各乡镇分别成立了军地两用人才介绍所（村设联络员）。1988—1995年，发挥国家、社会、群众相结合的安置体制作用，通过军地两用人才介绍所安置退伍军人，其中，安排固定工776人，其余人回农村安置。对安置到农村，在住房、生活、生产方面特别困难的，在划宅基地、生活救济等方面给予了适当照顾。1996年6月起，城镇退役义务兵安置工作交由市政府退伍军人安置办公室统一管理，区民政局仅负责农村籍退伍士兵的接收和落户工作。

2004年，根据区政府有关文件规定，对全区2003年冬季退役及以后每年退役的农村籍士兵和城镇自谋职业退役士兵进行职业技能培训，政府给予50%的培训费补助，最高补助500元。

1986—2007年，全区安置退伍士兵，其中，城镇安置955人，其余人回农村安置。对历年来接收的退役义务兵中的精神病患者，都按在乡复员军人的定期补助标准发放定期定量补助，需要住院治疗的及时安排，对其他带病回乡退役义务兵，按有关规定办理了定期补助。

第二节　军队离退休干部安置

1986—2007年，区民政局共接收安置退休志愿兵4人，军队无军籍退休职工8人。至2007年年底，全区共有军队离退休干部、退休志愿兵15人，无军籍退休职工13人。各街道、乡镇积极配合接收军休人员，并按照有关政策规定及时为其落实了工资医疗等待遇。2003年起，每年组织全区军队离退休干部和退休志愿兵开展钓鱼比赛等文体活动，对军队离退休干部、退休志愿兵进行走访慰问，军休干部待遇全部落实。

第三节　三峡库区移民安置

2001年4月，历城区被省、市确定为三峡工程重庆市忠县库区农村外迁移民安置区。2002年8月10日，第一批重庆忠县甘井镇农村外迁移民

到达历城，共65户、260人，随迁2人。移民集中安置在遥墙、唐王、董家、郭店、孙村5个镇及

图23-9 三峡移民入住新房（2002年摄）

大正小区的17个村（小杜家、遥墙、大陈家、梁家码头、韩家庄西、老僧口南、南柴东、周家村、柿子园、全节河、袁家庄、耿家庄、东方家庄、卢家寨、许家庄、东顿邱、西卢）。共为移民划定宅基地1.43万平方米，户均220平方米；建房65套，其中，楼房14套、平房51套，总建筑面积8222平方米，人均31.75平方米；调整承包土地336.37亩，人均1.3亩；为53名移民子女办理了转、入学手续；投入政策外资金162万元，为移民配套“三通一平”（通电、通水、通路，土地平整）等基础设施；投资38万元，在移民入住前为移民统一购置了生活必需品。2002年，为65户移民购置了彩电。

2003年5月29日，全区部署了第二批移民安置任务。2004年8月5日，三峡库区重庆开县外迁移民23户、115人迁入历城区，安置在唐王、董家、孙村、郭店、遥墙5个镇的7个村（老僧口、温家庄、甄家庄、鸡山村、王官庄、南河套、大杜家）。共为移民划定宅基地5060平方米，户均220平方米；建房23套，其中楼房6套，平房17套，主要建筑面积2826平方米，人均25.8平方米；为移民调整承包土地156亩，人均1.36亩。2006年，开展提高移民种养殖技术和生产就业能力等“三项帮扶”活动。2007年，对302名三峡移民每人发放扶持资金600元。

历城区接收安置三峡移民情况统计表

表23-9

安置单位		安置人员合计			第一批			第二批		
镇	村	户数（户）	人数（人）	随迁人数（人）	户数（户）	人数（人）	随迁人数（人）	户数（户）	人数（人）	随迁人数（人）
郭店镇	耿家庄	6	21	0	6	21	0	0	0	0
	东方家庄	5	20	0	5	20	0	0	0	0
	王官庄	4	20	1	0	0	0	4	20	1
小计		15	61	1	11	41	0	4	20	1
董家镇	柿子园	4	12	0	4	12	0	0	0	0
	全节河	4	15	0	4	15	0	0	0	0
	袁家庄	4	20	0	4	20	0	0	0	0
	甄家庄	3	12	0	0	0	0	3	12	0
	温家庄	2	10	0	0	0	0	2	10	0
小计		17	69	0	12	47	0	5	22	0
唐王镇	韩家庄西	3	13	0	3	13	0	0	0	0
	老僧口南	8	46	0	3	13	0	5	33	0
	南柴东	3	16	0	3	16	0	0	0	0
	周家村	3	9	0	3	9	0	0	0	0

续表23-9-1

安置单位		安置人员合计			第一批			第二批		
镇	村	户数（户）	人数（人）	随迁人数（人）	户数（户）	人数（人）	随迁人数（人）	户数（户）	人数（人）	随迁人数（人）
小计		17	84	0	12	51	0	5	33	0
遥墙镇	小杜家	4	12	0	4	12	0	0	0	0
	遥墙	6	27	1	6	27	1	0	0	0
	大陈家	3	14	0	3	14	0	0	0	0
	梁家码头	2	9	0	2	9	0	0	0	0
	大杜家	2	11	0	0	0	0	2	11	0
	南河套	3	12	1	0	0	0	3	12	1
小计		20	85	2	15	62	1	5	23	1
合计		69	299	3	50	201	1	19	98	2

说明：此表为2007年统计情况，不包括孙村镇、大正小区

第四章　村（居）民自治和社区建设

第一节　村（居）民自治

一、换届选举

村民委员会换届选举　1983年10月，贯彻执行中共中央、国务院《关于政社分开，建立乡政府的通知》，全县实行政社分开，建立乡政府，同时建立了第一届村民委员会。村民委员会由主任、副主任和委员3～7人组成。村民委员会下设民政、调解、治安保卫、文教卫生体育等委员会，成员一般由村民委员会成员兼任。1985年3月，贯彻执行省政府《村民委员会工作简则》，明确规定村民委员会及下属各工作委员会成员、村民小组组长，每三年改选一次，可以连选连任。1987年，举行第二届村民委员会换届选举。同年7月，对全区17个乡镇的732个村委会进行换届，成功率99.3%。此后，于1990年、1993年、1996年分别进行第三届、第四届、第五届村委会换届选举。村民委员会成员的选举，先由村民小组民主推选候选人，然后在村选举领导小组主持召开的村民选举大会上选举产生。有三分之二以上选民参加的选举大会选举有效。自1999年第六届村委会换届选举开始，贯彻实施全国人大常委会1998年11月颁布的《中华人民共和国村民委员会组织法》，村民委员会由主任、副主任、

图23-10　2007年11月12日，王舍人镇小张马庄村委会换届选举现场

委员共3～7人组成，每届任期三年，由村民直接选举产生，即村民委员会成员候选人由村民直接提名，按得票多少确定。选举过程中，按照《中华人民共和国村民委员会组织法》和《山东省村民委员会选举办法》，严格选举程序。2002年、2004年、2007年分别进行了第七届、第八届和第九届村委会换届选举。

社区居民委员会换届选举 2001年2月，设立山大路、洪家楼、东风、全福4个街道后，共建立51个社区居民委员会，并完成第一届社区居民委员会选举工作。居民委员会由主任、副主任和委员共5～9人组成。根据需要设人民调解、治安保卫、公共卫生等委员会。居民委员会主任、副主任和委员由本居住地区全体有选举权的居民或者由每户派代表选举产生，300户以上的居民委员会根据居民意见，也可以由每个居民小组选举代表2～3人选举产生。每届任期三年，可连选连任。2004年，全区46个社区居委会进行了第二届换届选举。2007年年底，举行第三届社区居委会换届选举，42个社区居委会有41个成功换届，换届率97.6%。

二、制度建设

1988年，开展贯彻实施《中华人民共和国村民委员会组织法》的宣传活动。1989年，制定《乡镇人民政府指导村委会做好工作的规则》《村委会协助乡镇政府做好工作的规则》《村民议事规则》，分类对村委会进行指导，全区一、二类（当年，全区农村开展党支部班子转化升级活动，将农村党支部班子分为先进党支部和一类、二类、三类共4个类别，按照经济建设、党务工作和精神文明建设3项标准内容考评后，确定类别）村委会班子达到677个，占总数的90%。1992年起，开展村民自治示范村活动。当年，洪家楼、孙村、党家庄3个试点镇的30个行政村通过检查验收。1993年村委会换届选举后，全区各村开始逐步建立健全各项规章制度，1994年后，全区学习推广章丘市村民自治经验，重点在洪家楼、孙村、党家庄、华山、港沟、郭店6个镇的80个行政村开展“村民自治示范村”活动。至1995年，全区866个行政村，90%以上的村建立健全了各项规章制度，750个村建立了村民会议和村民代表会议制度，760个村制定了《村民自治章程》，80%以上的村制定了干部任期责任目标，302个村建立了村民档案。1997年，将王舍人镇、遥墙镇的20个行政村纳入“村民自治示范村”建设范围。同年，在全区范围内开展以民主法制建设为主要内容的村级“两化”建设，推进全区基层民主化、法制化进程。1998年后，全区推行村务公开制度、推进民主政治建设，成为基层政权建设工作的重点。

2001年，全区4个街道设立社区居委会后，各社区居民委员会制定完善了社区民主自治制度、社区居委会工作制度及成员职责分工、社区居民自治章程或社区居民公约、社区居民自治组织及工作运行网络图、社区民主理财制度、公章使用管理制度和档案资料管理制度，并统一上墙公示。

三、村务公开

1998年3月，区委、区政府制定《关于实行村务公开，推进民主政治建设的实施意见》，决

图23-11 王舍人镇东沙河村村务公开栏（2006年摄）

定在全区农村实行村务公开，推进民主政治建设。主要内容：确定村务公开的五项内容为财务管理、计划生育、宅基地审批、农民负担状况特别是村级集资情况、经济项目承包内容和投标情况；确定村务公开的程序，先由村干部列出清单交监督会审核，然后交村民议事会审议，审议后通过村“公开栏”公布；建立村民代表议事会和政务监督会两个群众性议政和监督组织，议事会成员的产生以村民居住区域或村民小组为单位，每8～15户产生一名，由村民自愿提名推举，监督会成员在村民代表中选举产生，一般由5～10人组成；完善村务公开制度，包括民主议事制度、民主监督制度和各项工作依法管理制度，要求财务情况一季度公布一次，计划生育情况一月公开一次。10月，全区村务公开和民主政治建设村达到行政村总数的90%。2004年5月9日，全区村务公开民主管理工作会议召开，下发了《关于进一步加强村务公开民主管理工作实施意见》，要求村务公开，民主管理工作做到决策、财务收支、法规政策、村务、农民减负、党务6项内容公开，凡是涉及农民群众切身利益的事情，特别是群众关心的热点问题，都要公开。要求每季度至少公开村务一次，其中财务收支情况每月公开一次；以乡镇为单位统一确定公开日。2005年8月，历城区和西营镇黑峪村在全省村务公开民主管理工作经验交流会上作了典型发言。2006年起，在全区开展为期三年的村务公开民主管理示范创建活动。2007年，有4个镇（华山、王舍人、西营、港沟）、300个村达到市级村务公开民主管理示范镇、示范村标准。

第二节　社区建设

一、社区经费

2001年、2002年、2003年、2006年区政府分别下发文件对街道办事处财政体制进行调整，规定社区居委会办公经费按照每居每年5000元的标准进行补助。2005年，社区居委会专职干部补贴由每月500元提高到每月800元，资金按4∶3∶3的比例由市、区、街道三级负担。2007年9月，区委印发《关于开展农村社区建设试点工作的实施意见》《关于进一步加强城市社区建设的意见》，确定社区居委会干部专职补贴不低于上年度全市在岗职工平均工资水平。当年，补贴标准提高到每月1586元，资金按5∶5的比例由市、区两级负担，社区居委会办公经费按每年每千户1万元划拨。

二、社区服务

1998—2004年，共登记各类社区服务组织110多家，其中较有特色的有洪家楼街道的小兵饭桌、爱心求助门铃，全福街道的裕辛苑托老站的托老服务，东风街道七里河社区的双拥共建服务等。2001年，在全市开展的争创社区建设示范街道办事处和示范社区居民委员会活动中，山大路街道和全福街道黄台电厂社区分别被评为“全省社区建设示范街道”“全省社区建设示范社区”。2002—2004年，区民政局争取市民政局“星光计划”项目资金扶持，各街道投入部分资金，配套建设“星光老年之家”活动场所19处。2002年，区文明委、区文化局、区教育局、区体育局、区司法局等部门在社区开展了科教、文体、卫生、法律“四进社区”活动。2004年，4个街道分别成立社区服务中心（挂劳动保障中心的牌子）。2005—2007年，对上争取资金200万元，建成社区服务用房20处，建筑面积近万平方米。通过整合社区资源，发展社区服务组织，由社区专、兼职人员和志愿者组成的社区服务工作者队伍逐渐壮大，全区社区服务业得到较大发展。2006年，在全市率先开展了城管执法进社区、环卫服务进社区活动。同年，历城区被全国社区工作协会评为“全国社区服务示范区”，洪家楼街道和利农社区、祝甸社区分别被评为“全省和谐社区建设示范街道”“全省和谐社区建设示范社区”。2005—2007年，洪家楼街道、全福街道、东风街道、山大路街道先后被评为“全国社区服务示范街道”，七里河社区、南全福社区、利农社区、七里堡社区先后被评为“全国社区服务先进社区”。

三、农村社区建设

2007年，历城区被民政部确定为全国农村社区建设实验区。9月27日，全区城乡社区建设会议召开，正式启动农村社区建设，当年确定20个村进行农村社区建设试点。

第五章 社会事务

第一节 婚姻登记

1986年，全县各乡镇均设有婚姻登记处，并有专职婚姻登记员。同年3月15日起，执行民政部新发布的《婚姻登记办法》，结婚年龄男22周岁、女20周岁。全区提倡晚婚，晚婚年龄男25周岁、女23周岁。男女双方自愿结婚的，需持居民身份证或户籍证明、所在单位或村（居）民委员会出具的本人出生年月、婚姻状况（未婚、离婚、丧偶）证明办理登记，发给结婚证；自愿离婚的，并对子女抚养和财产处理达成协议的，必须双方当事人持居民身份证或户籍证明和结婚证到一方户口所在地婚姻登记机关申请离婚登记。离婚后，双方自愿恢复夫妻关系的，必须双方当事人到一方户口所在地的婚姻登记机关申请复婚登记，发给结婚证，收回离婚证。丢失结婚证、离婚证的，可根据登记档案出具《夫妻关系证明书》或《解除夫妻关系证明书》。全年办理结婚登记9750对，离婚登记13对。1994年2月1日起，执行民政部发布的《婚姻登记管理条例》，要求必须到指定的医疗保健机构进行婚前健康检查，向婚姻登记处提交婚前健康检查证明。1997年，按照《山东省婚姻登记管理办法》规定，全区撤销各乡镇婚姻登记处，在孙村、郭店、仲宫、十六里河、大桥5个镇，分别设立1个巡回登记点，采取区民政局集中办理和定点巡回办理相结合的方式，实行全日制婚姻登记。实行婚姻登记管理员持证（由省民政厅统一颁发）上岗。1999年，全区婚姻登记点与省民政厅微机联网，通过微机审查婚姻登记，打印证件。同年12月，因区划调整，婚姻登记巡回点减至孙村镇、郭店镇、仲宫镇3个。2001年4月起，执行新修正的《中华人民共和国婚姻法》。2002年4月起，实行节假日预约登记。2003年10月1日起，执行国务院颁布的《婚姻登记条例》，办理婚姻登记由单位、村民委员会或居民委员会出具婚姻状况证明，改为由当事人书面声明婚姻状况；婚前医学检查，由强制改为自愿。男女双方自愿结婚的，由双方当事人持户口簿、居民身份证、本人无配偶以及与对方当事人没有直系血亲和三代以内旁系血亲关系的签字声明，到登记机关办理结婚登记；自愿离婚的，当事人双方持户口簿、居民身份证、结婚证、离婚协议书，到登记机关办理离婚登记。结婚证、离婚证丢失或损毁的，可到原登记机关或一方户口所在地的婚姻登记机关申请补领结婚证、离婚证。是年10月，撤销婚姻登记巡回点，婚姻登记全部由区民政局婚姻登记办公室办理。2004年7月，撤销区民政局婚姻登记办公室，设立历城区婚姻登记处，仍属区民政局管理。2006年，区婚姻登记处被省民政厅命名为“全省婚姻登记规范化建设达标单位”。至2007年，全区累计办理结婚登记184091对，离婚登记5534对，合格率均达100%。

1986—2007年历城区婚姻登记情况表

表23-10 单位：对

年份（年）	结婚登记数	离婚登记数	年份（年）	结婚登记数	离婚登记数
1986	9750	13	1998	9022	117
1987	9200	16	1999	9318	139
1988	5900	31	2000	6302	164
1989	5850	30	2001	6697	209
1990	7250	39	2002	6513	207
1991	7100	47	2003	10891	348
1992	7650	45	2004	9526	634
1993	8002	70	2005	7760	825
1994	9350	68	2006	9750	1021
1995	9300	121	2007	7860	1122
1996	10100	139	合计	184091	5534
1997	11000	129			

第二节　收养登记

1992年，《中华人民共和国收养法》颁布实施，历城区境内的内地居民收养登记手续由市民政局统一办理。1999年8月，区民政局开始办理收养登记工作，办理收养登记前必须报纸公告两个月，并公布咨询电话。2004年，《济南市弃婴弃儿管理暂行办法》颁布后，历城区进一步规范收养登记程序，规定任何单位和个人不得将捡拾的弃婴弃儿转送他人或私自收养，捡拾到弃婴弃儿须送交市社会福利院，同时鼓励社会各界有抚养能力且年满30周岁无子女的人士收养福利院抚养的弃婴弃儿。2004—2005年，按照市民政局、市公安局《关于解决事实收养子女未落户问题的通知》，对全区事实收养家庭进行普查，为46名无法办理收养登记手续的“事实收养”当事人办理落户手续。1999年8月至2007年12月，共办理收养登记177件，其中，女135人，男42人；建立收养登记档案28卷，登记合格率100%；解答收养咨询5000余次。

第三节　殡葬管理

1987年，全区结合村委会换届选举，在各村建立红白理事会，把殡葬改革作为村民自治的重要内容写进《村规民约》和《红白理事会章程》。1988年，全区遗体火化率提高到87%。1990—1992年，区政府连续3年印发《关于搞好殡葬改革工作的意见》。区民政局每年下发《关于搞好殡葬管理工作的通知》，层层签订《殡改协议》，实行责任制管理，全区70%的乡镇制定了《殡葬管理办法》。洪家楼镇各村均建立骨灰堂或公益性公墓。至1995年，全区80%的村委会建立红白理事会。各乡镇都配有专兼职殡葬管理人员，有18个乡镇配备了殡葬专用车。全区回汉杂居村的汉民遗体全部实行火化，实现无火化空白村。全区火化率保持在97%以上。1998年达到99%以上。2007年，全区火化率99.9%，设立骨灰堂或公益性公墓270个。

1991年5月，《济南市殡葬管理办法》颁布后，每年对丧葬用品市场进行清理整顿，加强对殡葬用品的生产、销售管理。至1995年，共为40个守法经营、服从管理的业户颁发殡葬用品销售牌，取缔制售迷信用品及非法刻制墓碑的业户15个。1992—1995年，按照殡葬管理办法和殡葬改革要求，组织开展平坟还田工作，累计平掉坟头7500多个，还田33公顷。1998年4月—5月，区民政局与区文明委联合对区内济青高速公路两侧坟头进行整治。2001年，区民政局对殡葬服务网点进行年检，根据全区人口、地域等条件，重新制定网点分配布局方案，整顿非法殡葬服务网点。2003—2004年，区民政局连续两年下发《关于进一步加强殡葬管理工作的通知》，加强对全区殡葬工作的宣传和规范化管理。为发展旅游业，对柳埠镇公路沿线可视坟头进行整平，共平坟头130座，落去墓碑27块。

2004年，落实国务院《殡葬管理条例》和上级精神，取消殡葬服务网点行政许可。是年9月，成立区殡葬服务协会，将各殡葬服务网点、运尸车、公墓、墓碑石刻等与殡葬有关的业户纳入协会管理。10月，筹资20余万元，分别为南部山区5个乡镇购置高标准运尸车。2005年，在历城劳动人民安息园（2004年1月经省民政厅批准建设，位于王舍人镇大王山）内建设了历城区老干部陵园，并制定了《历城区老干部陵园管理办法》。

济南市莲花山殡仪馆　位于港沟镇莲花山西侧，占地1.34公顷。始建于1976年，称历城县殡仪馆。1989年，征用港沟镇莲花山西侧南、北胡村土地6.96公顷进行殡仪馆扩建。1998年，划归济南市民政局，并更名为济南市莲花山殡仪馆。

第四节　社会福利企业

1986年，全县共有集中安置残疾人就业的福利企业37家，职工总数956人，其中，残疾职工381人，占生产人员的50.5%。为福利企业落实了减免税金等各项国家优惠政策。1987年后，全区城乡出现集体、个人多层次、多形式举办社会福利企业的局面。至1995年年底，全区有福利企业52家，安置残疾人661人。1996年11月，对全区社会福利企业进行年检、认证，取消长期处于停产状态的福利企业资格17家。随着社会主义市场经济体制的确立，残疾人的就业安置办法由政府包揽向自谋职业、政府帮扶转变，社会福利企业规模逐渐缩小。2007年，全区有福利企业16家，职工851人，其中残疾职工469人。

第五节　福利彩票发行

1992年，区民政局开展社会福利有奖募捐活动，销售奖券30万元。1997年，组织社会福利彩票600万元大奖组销售活动，销售彩票160万元。1998年9月，组织开展大奖组即开型福利彩票销售活动，共销售彩票900余万元。2003年11月，在洪楼广场举办大奖组即开型福利彩票销售活动，共销售彩票215万元，募集福利基金40.15万元。2006年，两次在洪楼广场组织开展即开型福利彩票销售活动，销售福利彩票65万元，募集公益金13万元。2000年5月1日，“齐鲁风采”电脑福利彩票正式发行，并在历城区设点销售。至2007年，全区共设有福利彩票销售站点126个，由市福彩中心统一管理。

第六章　民间组织管理

第一节　社会团体登记管理

1991年起，贯彻落实《社会团体登记管理条例》，区民政局设专人负责社会团体登记管理工作，至1992年3月，按照《济南市社会团体清理整顿复查登记实施方案》要求，对区级社团进行清理整顿和复查登记，共为33个区级社团办理登记发证。同年5月，对52个乡镇级社团进行清理整顿。1994年起，每年对社团进行年检，当年年检33个区级、9个乡镇级社团。1998—2002年，先后两次对全区社团进行清理整顿，依法进行年检并办理变更登记手续，共清理整顿社团31个，新注册7个。2002年，全区共有法人社团18个。2004年起，本着“边登记、边规范”的原则，大力发展农村经济协会，加强指导，对暂时达不到条件的实行“备案”制。高而乡核桃园村核桃协会、董家镇张而村草莓协会等9个农民专业组织拥有自主农产品品牌，董家镇张而村草莓协会被农业部评为“全国100个农民专业合作经济组织试点单位”之一。

至2007年，全区登记社团110个。其中，行业协会79个（含农村经济协会68个），学术类社团5个，管理服务类社团26个。社会团体基本覆盖全区各个行业与领域，形成了门类齐全、布局合理、结构优化、覆盖广泛的组织体系。

第二节　民办非企业单位登记管理

1998年10月25日，国务院发布《民办非企业单位登记管理暂行条例》，民办非企业单位登记管理工作由民政部门负责，对民办非企业单位实行业务主管单位和登记管理机关双重负责的管理体制。2000年，全区民办非企业单位管理工作正式启动。2001年，全区登记复查民办非企业单位14个。2002年，共年检民办非企业单位33个，取缔不合格民办非企业单位2个。2004年以来，组织民办非企业单位开展诚信建设活动，有4个民办非企业单位被市民政局评为市级诚信建设先进单位。至2007年，全区民办非企业单位达到100个。

第七章　勘界与地名管理

第一节　勘　界

1998年5月，成立历城区勘界工作领导小组年，全区行政区域界线勘界工作全面展开，2000年年底结束。经勘定，历城区与历下区、市中区、天桥区、长清区、章丘市、济阳县、泰安市岱岳区及泰山区8个县（市）区的行政区域界线总长达344.4666公里，埋设界桩计34处；有插花地5处，共计63.47公顷，飞地42处，共计101.02公顷。2001年，经国务院批准，历城区的行政区域界线成为法定线。2003年，历城章丘线勘界成果获山东省区（县）级行政区域界线勘界优秀成果二等奖。自2003年起，工作重点从全面勘界转向依法管界，全区有157个村与周边区、县（市）边界相邻，每年抽调专人与周边区、县

（市）的镇民政办责任人、村委会负责人、边界村界管员组成联合检查组，共同检查双方边界线及界桩。2007年，区民政局制定《历城区创建平安边界实施方案》，在全区各街道、镇全部建立“两图一责”界线管理模式（“两图”：历城区及街道、镇行政区域界线管理示意图，历城区及街道、镇行政区域界线管理网络图；“一责”：历城区行政区域界线管理责任书），实现了对行政区划界线的长效动态管理。

第二节　地名管理

一、地名普查

1980年4月，全县地名普查工作正式开始，历时两年，是中华人民共和国成立后历城县第一次地名普查。1990年1月—10月，对全区进行第二次“地名补调、资料更新”工作，更新充实了历城各类地名资料，规范了地名名称。两次普查共普查行政区划和居民点、各类专业部门、人工建筑物、自然地理实体、名胜古迹和纪念地名称3290余条。

二、地名命名、更名

1986—2001年，全区经市政府正式命名的道路61条，小区17个。2002年，区民政局会同区公安分局对全区居民区使用非标准名称进行集中清理整顿，对应命名而未正式命名的小区、道路进行命名。2003年，对全区范围内的道路、桥梁、居民区、广场等名称进行普查登记，对擅自命名、更名和设立地名标志的违法行为，进行了查处。至2007年，共审核并报区政府批准命名、更名地名185个。其中，命名道路名称105个，居民区名称61个，广场名称2个，建筑物名称4个；更名地名4个，调整地名2个，注销地名7个。

图23-12　花园路地名标志（2007年摄）

三、地名标志设置与管理

1987年10月，区政府下发《关于设置地名标志的通知》，在全区各乡镇村庄开展设置地名标志工作。1991年，区政府印发《关于进一步加快农村设置地名标志工作的意见》《关于公布全区各乡镇村民委员会和自然村标准名称的通知》。

图23-13　王舍人镇东周家庄地名标志（1992年摄）

同年，在靠近公路、铁路沿线和交通要道的232个自然村设置地名标志。至1992年，全区村村设置了地名标志。1995年，区政府制定发布《历城区地名及地名标志管理暂行规定》。2000年，按照国家发布实施的“GB177331.1-1999《地名标牌城乡》”的标准，在区政府驻地洪家楼镇的33条主要道路设置不锈钢灯箱式标准地名街牌169块。2001年，区政府下发《关于在全区设置标准地名标志的通知》，要求用5年时间完成对全区街、巷、桥梁、广场、居民区等标准地名标志的设置。至2007年，全区共设置街道牌587块。

四、地名档案管理

1986年，历城县开始建立地名档案，并建有专用档案室。地名档案按行政编码、原始普查资料、行政区划三结合的方式进行建档、管理，查找方便，管理规范。1986—1987年，地名办公室连续两年被评为全省地名档案管理工作先进单位。1990年8月—10月，在全区第二次“地名补调、资料更新”工作后，20个乡镇相继完成地名建档工作，共建各类地名档案257盒，2561卷（袋），全区形成了比较完整的地名档案管理体系。1994年9月，在全国地名档案工作经验交流会上作了专题发言。2004年，对地名普查中的文稿、照片、表格、卡片等地名资料进行整理归档，整理文档186盒1708卷（册），达到省级档案管理水平。

五、地名图书编纂

1991年、2001年因区划调整，两次编绘出版《历城区地图》。1991年版《历城区地图》被山东省地名研究会评为地名优秀成果三等奖。1992—2007年，先后编辑《历城区地名录》《历城区地图册》，其中，1992年10月编辑的《历城区地名录》，经省地名办推荐，参加了全国地名成果展，该书内容包括历城区建制沿革、自然条件、经济状况、人民生活、文教卫生、名胜古迹和纪念地，及全区行政村、自然村名称等。2007年，与区政协文史委共同编写《历城地名溯源》一书，近27万字，内容包括历城区沿革、辖区变动、858个村名探源、村名简况表、地名普查概述及地名故事，另外收录反映街道、镇、村风貌特征的随文图片226幅，地图18幅。

第二十四编

劳动 人事

2007年3月1日，区政府在王舍人镇举办历城区“春风行动”启动仪式暨农村劳动力专场招聘会

1986年，历城县改革企业固定工用工制度，对新招用职工实行劳动合同制度，1993年，推行全员劳动合同制。同时，事业单位逐步推行了以聘用制为基础内容的人事制度改革。全区分别于1994年、2001年和2006年进行党政机构改革，调整机构设置，精简人员编制。1995年，推行国家公务员制度，11月，全区机关人员进行了过渡考试。此后，党政机关新进人员实行“凡进必考”。2002年起，每年面向社会招录一定数量的国家公务员和机关工作者。拓宽各类人才就业渠道，2004年3月起，组织星期日人才招聘会，2006年为大中专毕业生就业开辟网络招聘服务。2005年起，事业单位公开招考工作人员。2007年，全区城镇新增就业人员13025人，城镇登记失业率为3.9%。养老保险、医疗保险等社会保障机制日趋健全完善。

2004—2006年，区劳动和社会保障局被省劳动保障厅评为全省就业服务工作先进单位，2005年，被评为全省劳动保障监察工作先进单位。2007年，区政府被省政府评为促进农村劳动力转移先进单位，区人事局被省委、省政府授予省级文明机关称号。

第一章 劳 动

第一节 劳动就业

一、就业管理

1986年前，全县用工制度主要采用固定工形式，每年的劳动力基本上得到安置。同年10月，贯彻国务院国有企业劳动制度改革的“四项规定”（《国营企业实行劳动合同制暂行规定》《国营企业招用工人暂行规定》《国营企业辞退违纪职工暂行规定》《国营企业职工待业保险暂行规定》）和省政府颁发的实施细则，改革企业用工制度，规定国有企业招工要面向社会，公开招收，全面考核，择优录用，全部实行合同制。1987年起，对劳动用工制度实行重大改革，除技校学生分配和少数工种招收部分固定工外，其余全部招收合同制工人，并有计划内临时工、计划外用工等形式。进入20世纪90年代，由于全民所有制工业企业转换经营机制，企业实行合同化管理或者全员劳动合同制，国家不再下达用工计划，企业拥有用工自主权，并通过市场进行招工，实行企业与就业人员双向选择。1990年，区劳动局创办劳服企业和待业青年服务网点。同年，安置城镇合同制工人1039人，农民合同制工人110人，安置临时工1260人。1991年4月，区劳动局成立职业介绍所，设立对外服务窗口和劳动力供求信息发布栏，制定了求职登记和职业介绍工作程序及制度。1993年后，针对城市化进程加快及企业改制等因素导致城镇下岗失业人员快速增加的情况，全区建立就业工作部门联系会议制度。把就业工作情况纳入全区各级领导班子、领导干部经常性考察的重要内容，签订《就业再就业目标责任书》。

2001年12月，历城区劳动服务公司更名为历城区劳动就业办公室，负责全区就业再就业、城乡劳动力技能培训、创业培训、职业技能鉴定、社区基层平台的就业政策宣传、农村劳动力的输出转移等工作。2002年，区劳动和社会保障局分别在商业、粮食、物资、供销、经贸系统建立再就业服务中心，建立街道、乡镇劳动保障机构15家，通过这些机构安置下岗职工、失业人员和农村富余劳动力就业，安置率80%。实施生活困难群体就业“绿色通道”工程，下岗失业职工、特困职工及其他有生活困难或需特别照顾的人员，可持相关证件通过劳动部门开辟的就业“绿色通道”，免费办理求职登记和职业介绍，对下岗失业职工实行培训申请、鉴定申报、档案管理、接续保险“一条龙”服务。进一步规范下岗失业人员再就业优惠证的申领程序和审核办法。同年11月，历城区落实市委、市政府《关于进一步促进就业再就业工作的通知》，把就业再就业工作纳入国民经济和社会发展的总体规划，确立经济发展与扩大就业并举的战略，实施积极的就业政策，建立政府促进就业的目标责任体系。2003年后，采取建立劳务输出网络、劳务输出合作基地和分解任务目标、年终考核评比等措施，继续加强劳务输出，做好劳务派遣，扩大就业。同时，建立起“考察工作单位、洽谈用工意向、签订用工协议、组织求职报名、开展就业前教育和专业技术培训、严格考核录用、专人护送、搞好跟踪服务”的劳务派遣流程，劳务派遣形成一定规模。柳埠、仲宫、西营等镇与济钢、重汽、力诺等企业建立长期的劳务派遣合作关系，每年向企业输送劳务派遣工2600余人次。2005年12月，建立区人力资源市场，采取“一站式”“全方位”亲情化服务方式，方便群众就业，提高工作效率。2007年，实施城乡“双零”家庭就业援助工程，将农村“零转移”贫困家庭也纳入就业援助范围，开展了“零就业家庭援助活动”“春风行动”等专题活动。当年，全区城镇就业安置

图24-1　2007年3月1日，求职者在区政府举办的“春风行动”专场招聘会上登记

13025人，其中，安置下岗失业人员7184人，困难群体就业1260人。2003—2007年，全区共发放再就业优惠证4164个，为下岗失业人员减免税费1945.56万元；输出劳动力16万余人次。

2005—2007年，区就业办连续三年被省劳动就业办评为省劳动保障系统“就业服务工作先进单位”；2006—2007年，区就业办被省劳动保障厅评为全省劳动和社会保障系统“优质服务窗口”；2007年，区政府被省政府授予“促进农村劳动力转移先进单位”称号。

1987—2007年历城区就业情况表

表24-1

年份（年）	城镇新增就业人数（人）	登记失业率（%）	年份（年）	城镇新增就业人数（人）	登记失业率（%）
1987	1071	—	1998	2509	—
1988	1265	—	1999	2612	—
1989	1574	—	2000	2818	—
1990	1715	—	2001	2958	—
1991	1769	—	2002	3926	—
1992	1827	—	2003	5623	—
1993	1995	—	2004	8045	3.9
1994	2255	—	2005	9967	4.0
1995	2316	—	2006	11762	3.9
1996	2397	—	2007	13025	3.9
1997	2416	—			

二、就业培训

1997年，历城区就业训练中心成立。1998年起，贯彻落实“先培训，后就业；先培训，后上岗”的劳动就业方针，实行职业资格证、上岗证“两证”就业准入制度，逐步实现“素质就业、稳定就业、崇尚创业、创业带动就业”的目标。针对城乡劳动力就业培训的不同需求，合理开设培训专业和课程，培训内容包括：计算机操作、餐厅服务、育婴、物业管理、保健按摩、化妆、纺织操作、玻璃工艺、造纸技术、服装制作、轧钢、电气焊、插花、粘花、面点等21个科目。2006年起，全区统筹城乡就业工作，落实就业培训补贴政策，推动技能培训和创业培训工作，实行创业培训跟踪服务卡制度，为学员成功就业、创业提供全方位支持，逐步形成培训促进就业，创业带动就业的良性互动。各个劳动保障中心（所）举办了创业者联谊会、企业家联谊会、农村劳动力专场招聘会、城镇失业人员招聘会、企业用工洽谈会等宣传交流活动。至2007年，累计组织创业培训1500余人，培训创业者成功率达到45%以上；技能培训6万余人，鉴定合格率达到90%以上，就业率达到50%以上。

2003—2004年，区就业训练中心先后被省劳动和社会保障厅评为省级优秀就业训练中心、省再就业培训先进单位。

1998—2007年历城区就业培训情况表

表24-2　　　　单位：人

年份（年）	培训失业职工	培训社会人员	年份（年）	培训失业职工	培训社会人员
1998	220	1005	2004	1700	4100
1999	180	1230	2005	1750	11500
2000	540	1330	2006	2100	12400
2001	320	1450	2007	2200	13000
2002	450	1780	合计	11260	50005
2003	1800	2210			

第二节　劳动关系

一、劳动合同

1986年，全县改革企业劳动用工制度，对新招用职工实行劳动合同制度，建立企业新型劳动关系。1989年11月，对计划外用工进行全面清理。全区共有计划外用工3392人，其中，清退1300人，转为固定工540人，转为城镇合同制工人49人，转为农民合同制工人757人，纳入计划内管理的临时工494人，其他情况252人。1993年，推行全员劳动合同制。1995年，贯彻实施《中华人民共和国劳动法》，进一步规定劳动者与用人单位之间的劳动关系，全面实行集体劳动合同制度。2001年，落实《山东省劳动合同条例》，规范辖区内企业劳动关系及劳动合同的订立和履行，全区各类企业共签订劳动合同6.67万份，占企业总数的70%。2006年，落实市劳动保障部门制定的《劳动合同备案办法》，加强对用人单位劳动合同的管理，依法保护劳动合同双方当事人的合法权益。2007年，全区用工单位与职工劳动合同签订率达99%。

二、劳动争议仲裁

1987年3月，历城县劳动争议仲裁委员会成立，下设办公室。1990年11月，举行首期劳动争议仲裁干部研讨班，培训干部20多名。1994年6月，举行第二期劳动争议仲裁干部研讨班，为企业培训劳动争议调解工作者80多名。1999年10月，贯彻《中华人民共和国企业劳动争议处理条例》及《中华人民共和国劳动法》，重新调整区劳动争议仲裁委员会组成人员，成员由区劳动行政部门代表、同级工会代表、用人单位代表组成。劳动争议仲裁委员会主任由区劳动行政部门代表担任。2001年起，随着社会经济的发展、经济体制的多样化，劳动争议案件大幅攀升，案件涉及主体多元化，当事人诉求日趋复杂化，至2007年，共处理劳动争议案件1389件，是2000年前案件总数的6.2倍。全区每年组织劳动仲裁员参加省、市组织的各项培训。至2007年，累计受理劳动争议案件1612件，其中，裁决432件，调解254件，其他决定、案前调解926件。

图24-2 区劳动仲裁庭开庭审理劳动争议案件（2006年摄）

三、劳动监察

1995年12月，历城区劳动监察办公室成立。1997年1月，落实《济南市劳动用工年检工作制度》，劳动年检工作全面展开。1999年9月，区劳动和社会保障局劳动监察大队成立。是年，年检企业198个。2000年10月起，贯彻落实国务院《劳动保障监察条例》和《山东省劳动和社会保障监察条例》，制定劳动保障监察办案规程，对辖区内用人单位落实劳动保障法律、法规情况进行监督检查，依法维护用人单位和劳动者双方的合法权益。组织开展了农民工工资支付、清理整顿人力资源市场、社会保险费征缴、整治非法用工打击违法犯罪、禁止使用童工等相关专项监察活动。至2007年，累计受理投诉举报案件1545件，案件到期处结率100%。是年，年检企业1800个。

1999—2007年历城区劳动监察受理案件情况表

表24-3

年份（年）	受理投诉举报案件数（件）	年份（年）	受理投诉举报案件数（件）
1999	30	2004	322
2000	40	2005	286
2001	34	2006	296
2002	82	2007	157
2003	298	合计	1545

第三节　劳动工资

一、工资制度改革

1986—1987年，对辖区内区属国营、集体企业实行工资计划控制，每个季度下达一次工资计划，企业根据工资计划发放工资。职工工资基本执行8级工资制。建立企业工资基金使用手册，对企业工资基金实行劳动部门审核、签章、报批制度。1988年，进行工资制度改革，推行工资总额同经济效益挂钩，开始在国营企业中试点。1988—1992年，全区下达全民所有制企业工资计划6780万元，集体所有制企业工资计划2350万元。为5700人次调整工资。至1992年年底，全区国有、集体企业实行工资分配与产量、质量、效益挂钩的企业达到90%。1992年后，区劳动局加强对企业工资总额的宏观管理，全面落实企业内部分配自主权机制。把工资、奖金分配权下放给企业，取消等级工资制，使职工工资同岗位技能、贡献大小直接挂钩，实现分配向生产一线和苦、脏、累、险及高技术岗位倾斜。1994年起，在全区企业中实行岗位技能工资制，以岗定薪，岗变薪变，职工工资晋升与工效挂钩，形成重实绩、重贡献的分配激励机制。1999年起，省政府对城镇各类企业实行工资指导线制度，指导线增加的工资总额，经劳动部门审核后，用以调整职工岗位工资标准。此后，全区各企业按照市政府每年公布的工资指导线来调整职工岗位工资。是年，执行济南市工资指导线基数7881元，增长上线26.3%，基准线为22.3%，增长下线不低于18.3%。2000年，按照“市场机制调节、企业自主分配、职工民主参与、国家监控指导”的要求，在部分区属企业推行经营者年薪制试点。2006年9月，执行《山东省企业工资支付规定》，对企业执行工资分配、工资支付制度，最低工资标准支付制度和落实工资指导线实施方案三项制度，实行向劳动保障行政部门备案制度。围绕建立现代企业工资收入分配制度的总体目标，按照建立社会主义市场经济条件下，企业工资决定机制的要求，逐步推行工资集体协商制度。2007年，执行济南市工资指导线基数19031元，职工平均工资增长16%，上线（预警线）为职工平均工资增长24%，下线为职工平均工资增长8%。

二、职工工资

1986年，全县企业职工工资总额979.7万元，年人均工资1062元，其中，全民企业职工工资总额650.2万元，年人均工资1129元；集体企业职工工资总额329.5万元，年人均工资950元。1989年，实行浮动升级转固定升级，为全区40个企业的2441名职工审批增加工资，月增资总额1.8万元。对专业技术人员实行聘任职务工资，为65个企业的328名专业技术人员工资升级，月增资总额3642元。1991年，按省劳动局文件规定，为17318名职工每人每月增加6元粮价补贴。1994年起，在全区企业中实行岗位技能工资制。1995年，审批效益升级指标6315人，按技能工资标准为72个企业的6600名职工晋升工资，为660名职工办理技能工资套改手续。1996—2001年，审批效益升级工资指标17727人，为新录用的职工审批转正定级工资5585人，为8407人晋升岗位技能工资标准。2002—2007年，各企业根据每年政府发布的工资指导线进行职工固定升级。

1986—2007年历城区从业人员及劳动报酬情况表

表24-4

年份（年）	从业人员年末人数（人）				从业人员平均人数（人）				从业人员劳动报酬							
									工资总额（千元）				人均劳动报酬（元）			
	企业	事业	机关	其他	企业	事业	机关	其他	企业	事业	机关	其他	企业	事业	机关	其他
1986	9362	5251	2372	—	9225	5142	2286	—	9797	6060	2747	—	1062	1179	1202	—
1987	10410	6980	3012	—	10115	6513	2698	—	11020	8399	3503	—	1089	1290	1298	—
1988	11587	7054	3081	—	11295	6801	3014	—	15249	11313	4567	—	1350	1663	1515	—
1989	11286	6870	3008	—	11239	6809	2955	—	19196	12485	5097	—	1708	1834	1725	—
1990	11449	8070	3567	—	11393	8085	3536	—	20856	16623	6907	—	1831	2056	1953	—

续表24-4-1

年份（年）	从业人员年末人数（人）				从业人员平均人数（人）				从业人员劳动报酬							
									工资总额（千元）				人均劳动报酬（元）			
	企业	事业	机关	其他	企业	事业	机关	其他	企业	事业	机关	其他	企业	事业	机关	其他
1991	12251	8015	3713	—	12192	7990	3663	—	24079	18186	8191	—	1975	2276	2236	—
1992	12405	9200	4430	—	12329	9094	4397	—	26275	19883	12903	—	2131	2189	2935	—
1993	11892	9213	4461	—	11708	9163	4429	—	31806	21019	14423	—	2717	2294	3256	—
1994	12139	11067	4109	—	12001	10959	4072	—	44340	53437	23371	—	3695	4876	5739	—
1995	13512	11484	4362	—	13024	11237	4291	—	62201	53825	24700	—	4776	4790	5756	—
1996	13562	12230	4746	—	13433	11978	4713	—	67223	75075	33879	—	5004	6268	7189	—
1997	12084	12245	5259	—	12038	11979	5184	—	63446	91147	38973	—	5262	7609	7518	—
1998	9978	13010	5059	—	10173	12846	5026	—	53927	105289	44002	—	5301	8196	8755	—
1999	9148	13324	4916	—	9363	13097	4867	—	55898	123671	48997	—	5970	9442	10067	—
2000	9535	11369	4133	—	9542	11210	4101	—	77672	128572	51179	—	8140	11469	12479	—
2001	8340	11442	4456	—	8261	11369	4409	—	76961	150157	62089	—	9316	13207	14082	—
2002	7973	11365	4337	—	7922	11320	4246	—	86568	184077	69034	—	10927	16261	16258	—
2003	15918	11097	4715	—	15259	11027	4639	—	196939	198917	89329	—	12906	18039	19256	—
2004	15393	11216	5173	—	14391	11164	5051	—	195883	214551	109052	—	13611	19218	21590	—
2005	115379	28382	6316	52	114450	28110	6281	55	2663613	926295	164858	1155	23273	32953	26247	2100
2006	123681	26542	7235	4081	126260	26419	6498	4133	3052428	946527	201360	49436	24176	35828	30988	11961
2007	138193	27143	6938	3832	135676	27104	6867	3853	3706356	1136107	232756	44547	27318	41917	33895	11562

第四节　社会保险

一、企业基本养老保险

1986年，历城县社会劳动保险事业分处成立，在企事业单位中实行合同制工人养老保险和退休费用社会统筹制度。同年8月，启动国营企业固定职工退休费用社会统筹。10月，启动国营、集体企业劳动合同制职工养老保险社会统筹。合同制工人养老金的缴纳比例为：用工单位自合同制工人发放工资之月起，按本人工资额的18%缴纳，本人按月工资标准的3%缴纳。是年年底，有155个企业的2555名劳动合同制职工养老保险纳入社会统筹，有844名离退休人员离退休费纳入社会统筹。1990年，全区共有244个单位、1.34万人参加养老保险，年缴养老保险金额547万元。1995年7月，全区分别建立企业职工和企业离退休人员参加社会保险基本情况数据库，企业社会养老保险开始实行计算机管理。1996年8月，208个企业的549名离退休人员养老金由所在企业发放改为区社会劳动保险事业分处直接发放。

1996年1月起，企业职工养老保险实行社会统筹与个人账户相结合的办法，为参保职工建立个人账户，国有企业职工养老保险费按在职职工工资总额的25%的比例缴纳，县以上集体企业职工养老保险费按在职职工工资总额加退休费用之和的25%的比例缴纳（企业负担22%，职工个人负担3%），其中14%的比例部分进入社会统筹，11%的比例部分进入职工个人账户。

1997年1月，养老保险覆盖面扩大到私营企业和外资企业。1999年5月，13368名企业退休（职）人员养老金由所在企业发放改为区社会劳动保险事业分处直接发放。2000年11月，缴纳基本养老保险费的比例调整为28%，其中，企业缴费比例为20%，企业职工本人缴费比例为8%。

2001年1月起，实行新的退休人员养老金计发办法：1997年12月31日前参加工作，缴费（含视同）年限满10年，达到国家法定退休年龄的参保职工，退休时的养老金由基础性养老金、个人账户养老金、过渡性养老金、过渡性调节4个部分组成。5月，养老保险覆盖面扩大到城镇个体工商户及其雇工。6月起，提高养老金的缴费比例，国有企业和县以上集体企业提高到按29%缴纳，其中，企业缴纳23%，个人缴纳比例由5%提高到6%；私营企业和个体劳动者的缴纳比例为29%，其中，单位缴纳21%，个人缴纳8%。年底，参保企业421个，参保职工46124人，离退休职工14108人，征缴社会保险费8937万元，支付退休费9254万元。是年，省属驻区企业职工养老保险移交市劳动和社会保障局管理。2002年1月1日，区社会劳动保险事业分处划归市劳动和社会保障局垂直管理，更名为济南市社会劳动保险事业办公室历城办事处。2003年5月，对符合条件的乡镇企业，私营企业及其职工，城镇个体工商户及其雇工，自由职业者，实行20%的养老保险费缴纳比例。同年，市社保办历城办事处设立社会养老保险征缴大厅，方便了企业与职工缴纳养老保险金。

至2007年，全区参加养老保险的企业发展到4321户，参保职工105862人，征缴养老保险费27754万元。按月领取养老金的离退休人员共30487人，其中，离休人员782人，退休人员29705人，月支付养老金358.11万元。

二、机关事业单位养老保险

1993年3月，历城区机关事业单位社会保险事业办公室成立，隶属于区人事局，负责全区机关事业单位合同制工人和聘用制干部的养老金征缴及发放工作。机关事业单位养老保险为市级统筹，缴费比例为26%。1994年12月，按照上级部署，参加统筹的人员扩展到全区机关事业单位的全体人员。

1999年5月，区机关事业单位社会保险事业办公室整建制移交区劳动和社会保障局管理。2002年1月1日起，区机关事业单位养老保险由市级统筹改为市、区两级统筹。2006年1月1日起，根据区政府《关于调整全区机关事业单位基本养老保险缴费比例的通知》规定，机关事业单位养老保险缴费比例由26%调整为34%。

2007年起，对离退休人员养老金全部实现社会化发放。当年底，全区机关事业单位养老保险在职参保人员16152人，离退休人员4775人；全年社会保险基金收付额12804.76万元，支出养老金12094.58万元，累计养老金滚存结余基金7081.37万元。

1993—2007年历城区机关事业单位养老保险基金收支情况表

表24-5

年份（年）	在职投保人数（人）	当年征缴金额（万元）	离退休人员数（人）	当年支出金额（万元）	累计滚存结余金额（万元）
1993	—	201.46	—	—	79.06
1994	1406	140.12	—	—	213.26
1995	14313	1834.56	2920	1481.21	492.05

续表24-5-1

年份（年）	在职投保人数（人）	当年征缴金额（万元）	离退休人员数（人）	当年支出金额（万元）	累计滚存结余金额（万元）
1996	14602	2483.15	2869	2051.97	832.64
1997	16010	2897.99	3066	2350.48	1201.64
1998	16793	3327.03	3326	2735.46	1715.48
1999	18269	4643.98	3482	3540.16	2678.96
2000	16088	4332.11	3119	3559.20	3379.23
2001	16232	5079.43	3498	4469.61	4026.26
2002	16563	6423.95	3745	5783.87	4760.91
2003	16428	6448.75	3924	6100.64	5210.74
2004	16553	6777.23	4141	6876.88	5236.63
2005	16106	7977.85	4255	8604.96	4787.42
2006	16136	10278.22	4565	9016.56	6198.29
2007	16152	12804.76	4775	12094.58	7081.37

三、农村社会养老保险

1995年4月，历城区农村社会养老保险处成立，隶属区民政局。1996年起，开展农村社会养老保险工作，制定了办理农村社会养老保险领保、退保、转保办法。随着形势的发展，适时开展乡村医生、农电工、外出外来务工人员、农村基层干部等各类人员加入农村养老保险业务。1999年5月，区农村社会养老保险处整建制移交区劳动和社会保障局管理。2000年，开展保费收缴清查核对工作。2001年9月，全区各乡镇全部建立财务台账，及时做好保费收缴和管理费的提取使用。当年参保人数573人，收缴金额212万元；领取人数349人，支出养老保险金17.3万元。2002年3月，率先在全市实现农村社会养老保险社会化发放，由银行代发养老金，发放率达到100%。2003年和2004年，全区参保人数分别达到1314人、1416人，收缴保费分别为267万元、325万元，保费收缴均列全市首位。2005年6月，实现由银行代收保险金。基层工作人员可直接在当地农行网点缴存农保基金，农村保险的社会化管理服务水平得到全面提升。至2007年，全区各街、镇均开展了农村养老保险工作。投保人数1.8万人，占全区农业人口的3%，共收缴保费2466.06万元，支出保费501.82万元，年收缴保费200余万元。全区有1356人享受农保养老金待遇，年发放养老

图24-3　2007年8月10日，参保职工在定点医院用医保卡结算医疗费用

金71.15万元。

四、医疗保险

2001年4月，成立历城区医疗保险办公室，启动实施城镇职工基本医疗保险制度改革工作。实施基本医疗保险的范围是：辖区内的城镇所有用人单位，包括企业（国有企业、集体企业、外商投资企业和私营企业等）、党政机关、事业单位、社会团体、民办非企业单位及职工。2002年1月，区医疗保险办公室划归市劳动和社会保障局垂直管理。2005年1月，将以非全日制、临时性和弹性工作等灵活形式就业的人员和社会退休人员纳入医保范围，灵活就业人员参加医保缴费比例，按上年度社会在岗人员工资的10%或5.5%缴纳，社会退休人员不需缴纳基本医疗保险费。2006年9月起，根据市劳动和社会保障局《关于农民工参加医疗保险的意见》和《关于农民工参加工伤保险有关问题的通知》，辖区内的各类企业为招用的农民工缴纳工伤医疗保险费20元/月。同年12月起，将自收自支和差额事业单位纳入医保，缴费比例按职工工资总额的10%缴纳，其中，单位缴纳职工工资额的8%，个人缴纳工资额的2%，退休人员本人不需缴纳基本医疗保险费，大额救助金每人每月缴纳4元（含退休人员）。至2007年，有7800名灵活就业人员、1472名社会退休人员和76家单位的6644名农民工参加医疗保险。

五、失业保险

1986年10月，贯彻落实国务院《国营企业职工待业保险暂行规定》，全县失业保险工作正式启动，由县劳动服务公司负责失业保险金的征收与管理。失业保险金按职工工资总额的1%缴费，全部由企业承担。1999年1月，贯彻落实国务院《失业保险条例》，调整缴费标准，失业保险金缴纳比例为职工工资总额的3%，其中，单位缴纳2%，个人缴纳1%。2007年，参加失业保险单位4294家，参保职工75103人，征缴保险金3334万元；有3417人领取失业救济金，共发放1436万元。

2000—2007年历城区失业保险金收缴与发放情况表

表24-6

年份（年）	征缴金额（万元）	参保人数（人）	发放金额（万元）	发放人数（人）	年份（年）	征缴金额（万元）	参保人数（人）	发放金额（万元）	发放人数（人）
2000	832	101093	692	3387	2004	1675	57315	1012	2821
2001	1310	55523	976	4149	2005	2217	62411	1021	3304
2002	1376	52570	1103	5091	2006	2617	68351	1353	3603
2003	1492	54696	899	2791	2007	3334	75103	1436	3417

六、工伤保险

1998年1月起，落实《济南市企业职工工伤保险办法》，推行企业职工工伤保险。工伤保险基金由企业按照上年度全部职工工资总额的一定比例按月缴纳，职工个人不缴纳工伤保险费。工伤保险缴费比率按照行业性质不同分为四类，一类为0.6%，二类为0.8%，三类为1.0%，四类为1.2%，行业内施行浮动费率。2004年1月1日起，依据《济南市〈工伤保险条例〉实施办法》，对申请工伤认定的期限等方面进行调整。工伤保险缴纳费率由原来的四类行业调整为三类，分别为一类0.5%，二类1.0%，三类1.6%，行业内施行浮动费率。

2006年9月起，农民工纳入工伤保险，保险费按费率乘以企业上年度全部农民工月工资总额缴纳，农民工个人不缴费。至2007年，全区工伤保险参保企业4484家，参保职工8.21万人；参保农民工5841人；累计征缴工伤保险金707.50万元，拨付各项工伤保险金470.82万元。

第二章　人　事

第一节　事业单位改革

一、管理体制改革

1986年后，针对事业单位机构增加过多、人员增加过快的状况，全区严格了事业单位机构审批制度。1987年7月，贯彻市委、市政府《关于制止机构编制和干部队伍膨胀的意见》，依据上级定编标准，对部分事业单位人员编制进行重新审定。

1994年，落实市编委、市财政局转发的省编委、省财政厅《关于推进事业单位分类管理的通知》，结合本区实际，按照“脱钩、分类、放权、搞活”的总体思路，实施经费渠道分类管理，将事业单位划分为企业化经营、自收自支、差额预算管理、全额预算管理四种类型。事业单位实行分类管理后，进行了定编定岗、竞争上岗、人员聘用、工资分配等各个方面的改革。此后，对事业单位重新分类，划分为四种类型：行政型事业单位、社会公益型事业单位、公益兼经营型事业单位、经营型事业单位，针对不同类型事业单位特点，采取撤销、合并、改企、脱钩、规范等不同的改革方法，促进政事分开及事业单位的社会化进程。

1997年，设立历城区事业单位登记管理办公室。1999年年初，对全区登记事业单位进行首次年度检验。2002年8月起，全区事业单位进行全国统一的事业法人登记，对符合法人条件的事业单位颁发中华人民共和国事业法人证书。至2007年，登记事业法人单位156个。

二、人事制度改革

20世纪80年代后，在全县事业单位逐步推行以聘用制为基础内容的人事制度改革。其中，教育系统的改革最为成功。1986年4月，县委、县政府下发《关于改革教育体制，振兴教育事业的决定》，教育系统体制改革开始推行。1994年7月，区委、区政府批转区教委《关于深化教育内部管理体制改革的报告》，以人事制度和分配制度为改革重点，进行了以校长负责制、教职工聘任制、岗位目标责任制和结构工资制为基本内容的“四制”改革。1997年8月、1999年8月，又相继进行两轮内部改革，以1994年“四制”改革为基础，加以补充和修订，并形成制度坚持下来。2005年起，深化事业单位用人制度改革，采取公开招考方式，为部分事业单位公开招考工作人员。

第二节　公务员制度改革

一、推行国家公务员制度

1994年，历城区根据《国家公务员暂行条例》，开始向国家公务员过渡的准备工作。1995年11月26日，组织参加市委组织部、市人事局统一组织的国家公务员过渡考试。全区首批应参加考试的有46个部门、20个乡镇的机关工作人员，共1900人，参加考试的1894人。1996年下半年，对恢复行政序列部门的机关干部和行使行政职能的事业单位人员，分3批参加济南市过渡培训考试，共806人参加考试，其中，补考人员79人。

1997年，成立区推行国家公务员制度领导小组及办公室。同年6月，根据《济南市国家公务员制度实施方案》，区委、区政府制定印发《关于推行和参照试行国家公务员制度实施方案及实施意见》，并转发了《济南市实施国家公务员制度人员过渡办法》等相关文件。9月20日，区委、区政府制定下发《关于推行国家公务员制度和参照管理工作中几个问题的处理意见》并转发

《山东省国家公务员职位分类工作实施意见》。11月，印发《关于确定区直党政群机关科级以下公务员职务级别的意见》。公务员过渡实施工作分6个步骤：进行职位分类；对拟参加过渡人员进行资格审查；对参加过渡人员进行培训、考试、考核和综合评定；选配人员，并确定职务；确定人员级别；完成过渡并确定职位的人员，经检查验收合格，按有关规定履行国家公务员登记手续。公务员过渡考试涉及党群部门19个，区政府序列部门、职能部门38个，乡镇机关20个，共2829人。

2006年11月，落实《济南市实施〈中华人民共和国公务员法〉工作方案》和全市公务员登记工作要求，成立区实施公务员法领导小组。11月20日，区委下发《关于实施〈中华人民共和国公务员法〉工作方案的通知》。全区共对58个单位进行公务员登记工作，共登记在职公务员1653人，其中，区直政府部门28个910人，6类（区委、人大、政协、纪委、法院、检察院）15个部门365人，11个镇机关336人，4个街道机关42人；离岗人员259人。另有68人因试用期等原因暂缓登记。

推行国家公务员制度后，党政机关新进人员实行“凡进必考”。至2007年，全区党政机关共招考公务员126人。

二、事业单位参照执行国家公务员制度

1997年，全区在推行国家公务员制度的同时，对部分具有行政管理职能的事业单位进行参照执行国家公务员制度管理的过渡。根据《济南市国家公务员制度实施方案》，区委印发区委组织部、区人事局关于《济南市历城区事业单位参照执行国家公务员制度实施方案》，有168个事业单位参照执行国家公务员制度。

第三节 机构编制管理

1986年，全县机构设置：县委工作部门6个，政府工作部门中，序列以内的局级单位28个，序列外的局级单位13个。干部总人数7621人，总编制数1556人。1988年，区编委与区委组织部、区人事局、区劳动局、区财政局、区人民银行联合下发《关于实行历城区机关、事业单位人员编制、工资基金管理登记簿的意见》，规定4月1日起，全区246个机关、事业单位的人员编制和工资基金由编办统一管理。1989年，区编委下发《区直机关和区直事业单位人员编制分配方案》，对区直机关和区直事业单位人员控编总数进行明确规定。1990年开始，加强对基层教育、卫生、农林水等单位人员编制管理和对机构设置、更名、升格的管理。

1994年，进行党政机关机构改革，改革后全区机构设置为：区委工作部门5个，区政府工作部门27个及派出机构1个（济南临港经济开发区管委会）。全区区级党政机关行政编制750人（不含单列编制的政法部门、武装部）。按上级有关规定，编制分配比例为：区委各部门占15%、区政府各部门占78%、区人大占2.5%、区政协占1.5%、工青妇占3%。1998—2001年，区编委先后下发《进一步加强机构编制管理工作的意见》《关于加强机关事业单位人员调配工作意见》和《关于暂停新增机构编制的通知》，对机构设立程序、人员调配等工作提出要求。区编委办、区委组织部、区人事局、区财政局联合下发《关于启用机关事业单位人员编制管理簿的通知》，全区党政群机关、乡镇和区直属事业单位共763个单位，全部使用人员编制管理簿，使机构编制管理制度化、规范化。全区共清理清退临时人员、借调人员1561人，其中，党政群机关390人，事业单位1171人；依法登记各类事业单位674个，其中，事业法人单位120个，非法人事业单位554个。对依法登记的事业单位发放山东省事业法人登记证和山东省事业单位登记证，并对两证使用事项作出明确规定；对注册登记的事业单位进行年度检验，注销事业单位13个，变更登记事业单位240个。

2001年12月，进行党政机关机构改革，改革

后全区机构设置为：区委工作机构7个，区政府工作机构24个（区监察局、区公安分局列区政府工作部门，不计入区政府机构个数），人大、政协、法院、检察院机构各1个，街道4个，乡镇14个，准乡镇级示范区（大正示范区）1个。核定行政编制463人，精减行政编制131人。其中，区委机关行政编制135人，精简比例为12%，核定行政编制119人，精减行政编制16人；区政府行政编制459人，精简比例为25%，核定行政编制344人，精减行政编制115人。

2006年，进行区政府机构改革，改革后全区机构设置为：区委工作部门7个，区政府工作部门25个（区监察局、区公安分局列政府工作部门，不计入区政府机构个数），群众团体7个，人大机关1个，政协机关1个，法院机关1个，检察院机关1个，街道4个，镇11个。全区党政群机关行政编制1047人，实有行政人员1075人。政法机关专项编制601人，实有行政人员992人。全区共有事业单位机构474个，编制总数为9438人，实有人员13630人，其中，全额拨款事业单位编制6444人，实有人员9999人；差额补贴事业单位编制1659人，实有人员1515人；经费自理事业单位编制1335人，实有人员2116人。

2007年，全区党政群机关行政编制1147人，实有行政人员1102人；政法机关专项编制612人，实有人员998人。全区有事业单位机构468个，其中，全额拨款事业单位354个，差额补贴事业单位26个，经费自理事业单位88个。全区事业编制总数为9244人，实有人员13408人，其中，全额拨款事业单位编制6407人，实有人员9874人；差额补贴事业单位编制1659人，实有人员1572人；经费自理事业单位编制1178人，实有人员1962人。

第四节　干部管理

一、干部队伍

1986年，全县有干部6243人，其中，政府工作部门机关人员1298人（县直814人，乡镇484人），人大、政协、法院、检察院、人民团体143人，事业单位3896人（含中小学3104人），企业906人。按学历层次划分，高校毕业684人，中专2903人，高中824人，初中及以下1832人。1987年撤县建区，共接收原济南市郊区干部、职工2434人，其中，乡镇197人，区机关265人，教育、卫生、工商、税务、供销、农林水等单位1972人（不包括追加的供电局、种子公司、市政养护所等有关人员）。同年，全区干部人数增长较快，共增加干部3877人，其中，政府工作部门机关人员1505人（区直844人，乡镇661人），人大、政协、法院、检察院、人民团体206人（含乡镇14人），事业单位1164人，企业1002人。1997年，推行国家公务员制度，全区进行公务员过渡工作。1998年，全区有干部13538人，其中，政府工作部门1754人（区直1432人，乡镇322人），人大、政协、法院、检察院、人民团体256人，事业单位10637人（区直2738人，乡镇7899人），企业891人。按学历层次划分，研究生6人，大学1544人，大专4233人，中专6436人，高中613人，初中及以下706人。至2007年，全区有干部14194人，其中，政府工作部门1322人（区直969人，乡镇353人），人大、政协、法院、检察院、人民团体370人，事业单位11819人（区直5926人，乡镇5893人），企业683人（国有140人，集体543人）。按学历层次划分，研究生84人，大学5711人，大专5113人，中专2592人，高中及以下694人。

二、干部录用

吸收录用　1986年，吸收录用干部39人。1987年，为工商、税务、银行等部门选调干部29人，民警改干14人。1988年，为乡镇财政所选调农税干部13人。1991年，聘用制干部转干部6人。1992年，吸收录用农民企业家和省级乡镇企业优秀厂长为国家干部，共5人；“以工代干”转干47人。1993年，从乡镇达到科级职务的聘用制干部中吸收转干10人；录用国家不包分配的

“三大生”（电大、夜大、自学考试毕业生）5人；“以工代干”转干人员3人。1994年，录用副乡镇长级聘用制干部和“三大生”各9人。1995年，为检察院、法院吸收办理转干35人。1996年，录用副乡镇长级聘用制干部16人，省级乡镇企业优秀厂长2人。1997年，吸收录用干部39人。1998年，录用省级乡镇企业优秀厂长10人。1998—2001年，录用副乡镇长级聘用制干部29人，“三大生”转干89人。2002年，录用乡镇聘用制干部18人。同年4月，区委组织部、区人事局联合下发《关于国家公务员（机关工作者）补充录用及中层职位竞争上岗的意见》，共录用补充到公务员岗位工作人员40人。

社会招录　1988年，面向社会为公、检、法、司、工商、税务、审计、人行、农行、建行等系统公开招干38人，为农税系统招干5人。同年11月，为政法、税务、审计、工商、银行系统招干51人。1989年，为农税系统招干13人。1994年，为公安、法院、检察院招干、补充工作人员185人。2002年，招考录用国家公务员和机关工作者15人（区直机关10人，乡镇机关5人）。2003年，招考录用国家公务员和机关工作者25人（区直机关11人，乡镇机关14人）。2004年，招考录用国家公务员和机关工作者39人（乡镇机关），事业单位工作人员9人（执法局）。2005年，招考录用国家公务员10人（区直机关），事业单位工作人员38人（广播系统8人，区直事业30人）。2006年，招考录用国家公务员21人（区直机关10人，乡镇机关11人），事业单位工作人员41人（卫生系统10人，区直事业31人）。2007年，招考录用国家公务员26名（街道机关6人，乡镇机关20人），事业单位工作人员64人（卫生系统24人，区直事业40人）。

教师“民转公”　1987年，民办教师转公办教师174人。1988年，教师“民转公”207人。1992年，教师“民转公”133人。1994年，教师“民转公”217人。1996年，教师“民转公”474人。1998年，全区最后一批教师“民转公”，共1084人。

聘用制干部　1989年，根据中组部、人事部《关于国家机关补充工作人员试行考试办法的通知》和省政府关于《山东省全民所有制企业事业单位补充干部实行聘用制暂行规定的通知》，为全区企事业单位办理补充录用聘用制干部。当年，为全区农、林、农机、农税等事业单位合同聘用、录用干部28人。至2007年，全区企事业单位共补充聘用制干部1764人。

三、干部调配

1986—2007年，全区调动干部2095人。其中，调入432人，调出310人，区内调动1201人，跨省调动13人，省内调动81人，事业单位调整58人。

1986—2007年历城区干部调配情况表

表24-7　　单位：人

年份（年）	调动干部总计	调入	调出	区内调整	跨省调动	省内调动	事业单位调整
1986	167	46	43	78	0	0	0
1987	185	57	32	96	0	0	0
1988	146	52	43	51	0	0	0
1989	182	35	43	104	0	0	0
1990	128	16	31	81	0	0	0
1991	178	24	32	122	0	0	0
1993	162	0	0	68	13	81	0
1994	28	8	20	0	0	0	0

续表24-7-1

年份（年）	调动干部总计	调入	调出	区内调整	跨省调动	省内调动	事业单位调整
1995	53	5	1	47	0	0	0
1996	89	8	1	80	0	0	0
1997	47	5	1	41	0	0	0
1998	39	21	0	18	0	0	0
1999	37	17	0	20	0	0	0
2000	74	19	7	48	0	0	0
2001	254	21	20	213	0	0	0
2002	89	26	16	47	0	0	0
2003	43	2	5	36	0	0	0
2004	38	13	5	20	0	0	0
2005	28	9	6	13	0	0	0
2006	42	20	4	18	0	0	0
2007	86	28	0	0	0	0	58

四、干部培训

1986年后，举办了各种形式的岗位培训、学历培训和专业技术培训。1995年，举办公务员过渡骨干培训班，培训机关工作人员179人，主要培训内容是《新编国家公务员制度教程》。1997年，开展《国家公务员暂行条例》培训，培训1113人。1999年，组织《山东省国家公务员行为规范》培训及考试，全区参加考试的国家公务员有773人，及格率达100%。2000年，开展全区人事干部培训班，培训人事干部132人。2001年，组织全区807名47岁以下公务员进行普通话培训及测试。2002年，对全区10222名工作人员进行世界贸易组织（WTO）知识培训、考试。2003年，对全区45岁以下的国家公务员、机关工作者进行电子政务培训。同年，对88个部门的2281名国家公务员、机关工作者进行依法行政培训。2004年，对党政机关事业单位工作人员进行《中华人民共和国行政许可法》培训，培训2459人，并进行考试考核。2005年，在全区党政机关和参照执行国家公务员的事业单位中集中开展《中华人民共和国公务员法》培训，培训党政机关国家公务员434人，事业单位工作人员2233人。

2002—2007年，对每年招考录用的国家公务员进行初任培训。组织2002年、2005年、2006年及2007年录用的72名国家公务员，参加全市统一培训；对2003年、2004年录用的65名国家公务员进行培训。同时，分别对2005—2007年面向社会招考录用的101名事业单位工作人员，进行岗前培训。至2007年，共举办各类干部培训班40余期，培训机关、事业单位工作人员2.3万多人次（专业技术培训除外）。

五、人事考试

1986—2007年，全区人事考试类型主要有：岗位培训考试，职称评审、晋升考试，公务员过渡、录用考试，公务员初任培训、更新知识培训考试，提拔副处级干部“一推双考”，事业单位人员招考以及其他各类社会化考试等。大规模考试主要有：1997年公务员过渡考试，有2621人参加；2002—2007年，每年组织公务员录用考试，累计报名参加考试人员1万余人；2003年，对全区45岁以下国家公务员、机关工作者进行电子政务培训考试，有2187人参加；2005—2007年，每年组织公开招考事业单位人员，累计参加考试人员2000余人。

六、干部任免

1986—1993年，中层干部的任免由主管部门负责，报区人事局备案。1994年后，下放行政任免权限，简化行政任免程序，中层干部由主管部门决定任免，不再向区人事局备案。1996年12月，国家公务员制度实施后，根据《国家公务员职务升降暂行规定》，对列入国家公务员制度过渡范围的政府30个序列部门和乡镇、事业单位参照执行等工作人员，由主管部门按规定程序提出申请，区人事局审批、任免。此后，公务员和事业单位参照执行公务员职务岗位变化的，按以上程序进行任免。1999年，在全区开展区直部门和具有行政管理职能事业单位的科级职位竞争上岗和职位轮换工作，有79个单位参加。经审核，符合竞争上岗条件的1103人参加竞争435个科级职位。通过笔试、演讲答辩、民主测评、组织考察、职位轮换、双向选择等程序，有157人晋升职务，其中，晋升科长83人（含越级晋升8人），晋升副科长74人；219人继续担任原职务，其中科长159人，副科长60人；42人进行职位轮换；50名原科级人员落选，其中，科长21人，副科长29人。1996—2007年，共审批任免2089人次。

七、干部考核

1986年，规范了机关岗位目标责任制。1987年，进一步落实和完善岗位责任制，使责任制、考核制、奖惩制“三制”配套，同时健全与“三制”相关联的会议、学习制度，做到岗位有责任、工作有考核、成绩有评比，奖惩公正分明，转变了机关工作作风，提高了机关工作效率。1992年，在机构改革中，机关岗位目标责任制为机关“三定”（定职能、定编制、定内设机构）方案的制定提供了必要依据。1994年起，按照人事部《国家公务员考核暂行规定》和市委、市政府《济南市机关工作人员考核实施意见》，对机关工作人员德、能、勤、绩等实施全面考核。1995年，区委、区政府印发区委组织部、区人事局《关于对历城区党政群机关工作人员考核的实施意见》，进一步规范考核标准，对机关工作人员重点实施“德、能、勤、绩”四个方面的考核，考核结果与工作人员工资挂钩，建立年度考核备案制度。是年，对1994年度进行考核，区直68个部门和20个乡镇的3515名机关工作人员中，考核为优秀等次536人，不称职等次2人；167个事业单位的9863人中，考核为优秀等次1376人，不合格等次2人。此后，按照国家公务员制度，每年均进行年度考核。2007年度考核13507人，其中，考核为优秀等次1806人，称职等次11417人，未定等次284人。

八、干部奖惩

1986年以来，贯彻执行《山东省国家行政机关工作人员奖惩（试行）办法》，干部奖惩工作逐步规范。1991年，区人事局印发《关于加强国家行政机关奖励表彰管理工作有关问题的通知》，进一步规范奖励表彰工作。至2007年，在全区岗位目标责任制评比工作中，审定各系统申报先进集体410个；表彰各类先进人员5099人次，其中，授予区劳动模范5人，通令嘉奖9人。全区接受组织处理或行政惩戒98人，其中，开除公职15人，开除留用察看3人，撤职1人，降职1人，其他行政惩戒78人。

九、军转干部安置

1986年以来，军转干部安置工作，根据单位人才需求、编制余缺和转业干部职务层次、技术专长、立功受奖情况及转业安置要求，按照专业对口、学以致用的原则拟定安置方案。2001年，根据中共中央、国务院、中央军委关于《军队转业干部安置暂行办法》的规定，部分军队转业干部选择自主择业的方式安置。区委、区政府制定并转发了中央、省、市自主择业军队转业干部管理服务意见，并确定由区人事局具体承担相应的管理服务工作。2007年起，对军转干部实行“双考”（考核与考试相结合）选岗，根据单位编制、人才余缺情况，按党政机关、事业单位各占一定比例确定安置计划，再根据转业干部职务、受奖励情况进行量化考核，最后按考试考核成绩排出名次，由个人按名次依次公开挑选岗位。当年，全区共接收军转干部410人。其中，接收自主择业军转干部44人。

1986—2007年历城区军转干部安置情况表

表24-8　　　　单位：人

年份（年）	合计	级别							技术级							分配去向		
		团职		营职		连职		排职	技术8级	技术9级	技术10级	技术11级	技术12级	技术13级	技术14级	机关	事业	企业
		正团	副团	正营	副营	正连	副连											
1986	50	1	0	9	6	26	0	0	0	0	8	0	0	0	0	0	33	17
1987	35	2	0	9	0	16	0	0	0	0	8	0	0	0	0	11	12	12
1988	27	—	—	—	—	—	—	—	—	—	—	—	—	—	—	19	4	4
1989	9	—	—	—	—	—	—	—	—	—	—	—	—	—	—	4	1	4
1990	—	—	—	—	—	—	—	—	—	—	—	—	—	—	—	—	—	—
1991	2	0	0	0	0	2	0	0	0	0	0	0	0	0	0	2	0	0
1992	2	—	—	—	—	—	—	—	—	—	—	—	—	—	—	—	—	—
1993	15	—	—	—	—	—	—	—	—	—	—	—	—	—	—	11	4	0
1994	10	0	1	3	1	1	0	0	0	1	2	1	0	0	0	10	0	0
1995	10	0	1	0	2	3	0	0	0	2	1	1	0	0	0	4	6	0
1996	12	0	2	0	4	1	1	0	1	2	1	0	0	0	0	0	12	0
1997	17	0	4	1	3	5	1	0	0	0	2	1	0	0	0	0	17	0
1998	17	0	0	3	5	5	1	1	0	0	1	1	0	0	0	1	16	0
1999	38	0	2	5	10	7	3	0	0	0	4	3	3	0	1	5	33	0
2000	26	2	0	2	4	7	2	2	0	1	1	2	3	0	0	5	21	0
2001	18	1	1	1	4	5	3	0	0	0	1	0	2	0	0		18	0
2002	3	0	0	0	2	0	0	1	0	0	0	0	0	0	0	0	3	0
2003	8	1	0	1	2	2	0	0	0	0	0	0	2	0	0	5	—	—
2004	20	1	2	2	4	3	3	0	0	1	0	3	0	1	0	13	7	0
2005	33	2	4	1	7	5	4	1	0	2	3	1	3	0	0	32	1	0
2006	32	1	1	3	9	8	5	1	0	0	1	1	1	1	0	31	1	0
2007	26	0	0	0	5	2	5	5	0	1	0	1	1	4	2	8	18	0

十、职称评定

1986年2月，国务院决定恢复职称评定，实行专业技术职务聘任制度。1987年4月，成立县职称改革领导小组，领导小组办公室设在县科委。1988年，全区实行首次职称评聘。此后，每年进行职称评定工作。

1990年10月，职称改革工作由区科委移交区人事局，区职称改革领导小组办公室改设在区人事局。1991年，市职称改革领导小组对历城区首次进行专业技术岗位设置。是年，经济员职务任职资格实行以考代评。同时，落实省职称改革领导小组《关于做好1990年企事业单位专业技术人员考核的通知》，对全区专业技术人员进行年度考核。1993年，全区企事业单位实行职称评聘分开，重新组建历城区统计、卫生、工程、农技、农工、会计、中等专业学校教师、中学教师、小学教师等专业技术职务初级评审委员会。1994年，经市职称改革领导小组批准，历城区专业技术岗位设中级以上岗位3413个，其中，高级537个，中级2876个。同年，成立区农民技术人员职称改革小组，首次对农民技术人员进行职称评定，鼓励农业技术人员进一步发挥专长。1995年，在涉及国家和人民财产生命安全的专业技术工作领域（药剂师、注册资产评估师等），实行专业技术人员职业资格制度。

1997年起，对全区申报高中级专业技术人员实行综合评价，量化赋分。1999年，把专业技术人员专业考试和计算机应用能力考试列为评审条件。2006年，取消区卫生系统专业技术职务初级评审委员会，卫生专业技术人员初、中级职务任职资格实行以考代评。

2007年，全区职称按专业分工，设有15个系列，每个系列分高、中、初级职务。设有4个系列的初级评审委员会，分别是：区中学教师专业技术职务初级评审委员会、小学教师专业技术职务初级评审委员会、农业工程技术职务初级评审委员会、工程技术职务初级评审委员会。

1988—2007年历城区专业技术职务评定一览表

表24-9　单位：人

年份（年）	总数	高级	中级	初级	年份（年）	总数	高级	中级	初级
1988	4682	105	974	3603	1998	8578	398	3963	4217
1989	5651	43	404	5204	1999	8889	272	3669	4948
1990	5771	104	986	4681	2000	6810	201	2761	3848
1991	5653	103	1070	4480	2001	6809	209	2755	3845
1992	5767	98	1022	4647	2002	6367	143	2442	3782
1993	6201	94	1025	5082	2003	7474	381	3102	3991
1994	6893	301	3127	3465	2004	8117	497	3304	4316
1995	6778	290	3118	3370	2005	4714	952	3762	4116
1996	7193	268	3402	3523	2006	8046	885	3356	3805
1997	7673	382	3558	3733	2007	8035	863	3243	3929

第五节　工资福利

一、工资

1986年，全县国家机关、事业单位执行五类区工资标准。1988年5月1日起，全区国家机关、事业单位工资标准改按六类区工资标准执行。1989年，根据国务院批转人事部、国家计委、财政部《一九八九年调整国家机关、事业单位工作人员工资实施方案的通知》，自10月1日起，对全区机关、事业单位的11068名国家正式职工在本人现行职务工资标准的基础上增加一级工资。

1994年，根据国务院《关于机关和事业单位工作人员工资制度改革问题的通知》和省人事厅《关于印发机关事业单位工作人员工资制度改革实施意见的通知》，从1993年10月1日起，对机关和事业单位工作人员现行工资制度进行改革。将机关与事业单位工资脱钩，规定机关工作人员实行职级工资制，分为职务工资、级别工资、基础工资和工龄工资4个部分；技术工人实行岗位技术等级工资制，工资由岗位工资、技术等级工资和奖金3个部分构成；普通工人实行岗位工资制，工资由岗位工资和奖金2个部分构成。事业单位对全额拨款、差额拨款、自收自支3种不同类型的单位实行分类管理，专业技术人员的工资与职称挂钩；事业单位的管理人员，实行职员职务等级工资制；事业单位的技术工人实行技术等级工资制，普通工人实行等级工资制。全区机关、事业单位列入工资制度改革范围的有12070人。

1995年10月，执行省人事厅、省财政厅、省计委下发的《山东省机关事业单位工作人员正常晋升工资档次的实施办法》，对实行机关、事业单位工资制度的工作人员，凡1993年10月1日工资制度改革后两年考核成绩均为称职（合格）以上的，从同年10月1日起在本职务（技术等级）所对应的职务工资标准内晋升一个工资档次；考核不称职（不合格）以及两年中只有一年考核称职（合格）的，不得晋升工资档次。共为全区机关事业单位的13489名工作人员正常晋升工资档次，为2805名离退休退职人员增发离退休退职费。此后，于1997年7月、1999年7月、2001年1月和2003年7月，分别为机关、事业单位的工作人员调整工资标准，为离退休退职人员增发离退休退职费；于1997年10月、1999年10月、2001年10月、2003年10月、2005年10月，分别为两年考核称职的工作人员正常晋升职务工资档次，为离退休退职人员增发离退休退职费。1998年，根据省《关于执行职级工资制工作人员晋升级别工资有关问题的处理意见》，为全区4340名执行行政职级工资制的人员调整级别工资。此后，每5年为全区执行行政职级工资制的人员调整级别工资。

2006年7月，落实市政府办公厅《关于印发〈济南市公务员工资制度改革实施意见〉〈济南市事业单位工作人员收入分配制度改革实施意见〉〈济南市机关事业单位离退休人员计发离退休费等问题的实施意见〉的通知》，对全区机关事业单位15233名工作人员现行工资制度进行改革，改革后公务员工资由职务工资和级别工资构成，机关工勤工资由技术等级工资和岗位工资构成，事业单位工作人员工资由岗位工资和薪级工资构成，并为4249名离退休退职人员增发离退休退职费。

二、福利待遇

津贴补贴　1993年工资改革后，改变了自1956年以来一直实行的工资区类别制度和津贴制度，建立地区津贴制度。执行的津贴补贴有：职务补贴，按工作人员所任职务和工作年限来确定，1993年工改后至2001年，相继调整了三次职务补贴标准；独生子女保健费，夫妇双方每人每月5元，到孩子14周岁停发；防暑降温费，每人每月1元；取暖补贴每人每月2元。1994年，全区国家机关事业单位工作人员福利费标准改按每人每月8元提取。1998年，将机关事业单位在职人员执行的交通补贴、洗理费、粮价补贴、房租补贴、粮油补贴、开放城市补贴、误餐补贴等7种津贴、补贴进行简化归并，合并后统称地方福利补贴，标准为每人每月125元。归并后剩余部分称保留津贴，机关每人每月40元，事业单位每人每月20元。1998年1月起，驻济南的机关事业单位工作人员增发驻济补贴，每人每月36元。2000年1月起，全区机关事业单位工作人员每月发放100元考勤补贴，离退休人员每月发放100元生活补贴。2001年12月起，全区机关事业单位工作人员每月发放50元交通补贴，同时调整了机关事业单位工作人员和离退休人员职务补贴。2004年12月，全区机关事业单位工作人员和离退休人员调整驻济补贴，由36元调整为56元。

岗位津贴补贴　1986年后，新设立的岗位津贴补贴有：教育系统的特级教师津贴、特殊教育津贴、班主任津贴等；卫生系统的精神病院、传染病院工作人员浮动工资等；民政系统的殡葬职工特殊行业津贴、优抚社会福利事业单位岗位津贴等；政法系统的警衔津贴，人民法院、人民检察院干警岗位津贴，交警防毒防尘津贴等；纪检、计生、交通、体育、城建等系统的特殊岗位津贴、补贴等。2004年12月起，全区机关事业单位工作人员发放岗位津贴。

伤亡待遇　（1）丧葬费。1989年执行省财政厅规定，国家机关、民主党派、人民团体、事业单位的干部职工（包括离、退休职工）去世后，不分职务级别，每人发放丧葬费500元。2004年调整为每人1000元。（2）死亡一次性抚恤金。1986—1993年，抚恤金发放标准：因公牺牲的，按其牺牲时的20个月基本工资计发；病故的，按其病故时的10个月基本工资计发。1994年起，发放标准调整为：批准为革命烈士的，为本人生前40个月基本工资；因公死亡的，为本人生前20个月基本工资；病故的，为本人生前10个月基本工资。（3）遗属生活困难补助。职工去世后，对生活困难的遗属（包括父母、配偶和子女）发放补助。

1990—2007年历城区职工遗属生活困难补助标准变动情况表

表24-10　　单位：元

<table>
<tr><th rowspan="2">去世职工参加工作时间</th><th colspan="2">1990年</th><th colspan="2">1993年</th><th colspan="2">1996年</th><th colspan="2">1999年</th><th colspan="2">2005年</th><th rowspan="2">2006年</th><th rowspan="2">2007年1月</th><th rowspan="2">2007年5月</th></tr>
<tr><th>非农业</th><th>农业</th><th>非农业</th><th>农业</th><th>非农业</th><th>农业</th><th>非农业</th><th>农业</th><th>非农业</th><th>农业</th></tr>
<tr><td>1937年7月6日之前</td><td>55</td><td>45</td><td>75</td><td>60</td><td rowspan="4">90</td><td rowspan="4">70</td><td rowspan="4">208</td><td rowspan="4">90</td><td rowspan="4">230</td><td rowspan="4">105</td><td rowspan="4">230</td><td rowspan="4">260</td><td rowspan="4">280</td></tr>
<tr><td>抗日战争时期</td><td>53</td><td>43</td><td>73</td><td>58</td></tr>
<tr><td>解放战争时期</td><td>50</td><td>40</td><td>70</td><td>55</td></tr>
<tr><td>新中国成立后</td><td>45</td><td>35</td><td>65</td><td>50</td></tr>
</table>

退（离）休待遇　1991年，按照省委组织部、省人事厅《关于进一步做好干部退（离）休工作有关问题的通知》，为退（离）休干部落实政治、生活待遇，解决他们看病就医、用车、住房、子女就业等实际困难。1993年，《国家公务员暂行条例》颁布实施，公务员退休制度进一步完善。1994年，落实国务院《关于机关事业单位工作人员工资制度改革问题的通知》，对离退休退职人员离退休退职费的计算方法进行重新明确，并为全区离退休退职人员增加离退休退职费。1999—2000年，对全区机关事业单位1993年工改前离退休人员的补助补贴项目进行简化归并；同时，对机关事业单位离退休人员的待遇项目实行归类管理。

第六节　人才工作

一、人才交流

1984年12月，历城县人才交流服务中心成立。1986—1995年，为全区引进各类人才69人，充实了全区专业技术人才队伍。1996年后，人才交流力度逐步加大，实现了人才总量的较快增长和人才结构的进一步完善。1996—2001年，为全区区直企业、乡镇企业、“三资”企业和民办科研机构等单位引进各类人才1047人。其中，正式调入136人，聘用911人；具有大学本科以上学历的19人，大学专科学历的383人，中专学历的613人；具有高级专业技术职务的5人，中级专业技术职务的26人，初级专业技术职务的1人。2000年后，国家取消大中专毕业生统一分配，企业人才交流主要通过市场实行用人单位和应聘者双向选择，区直部门人才交流主要通过公务员招考和事业单位招考的形式进行。

二、人才市场

1994年，历城区人才市场成立。逐步建立起包括人才信息发布、人才推荐、职业介绍、人才培训、职称评审、档案管理、外国专家的智力引进以及为各类单位和社会流动人员提供人事关系、人事档案、党团关系代理等综合人才服务体系。每年为区直业务部门和国有、集体及个体私营企业召开十余次专场招聘会；多次组织企业参加省、市人事部门召开的人才招聘会，至2007

年，达成招、应聘意向1.5万余人次。

2004年3月起，组织星期日人才招聘会，至2007年，共组织190余场，每场进会参加招聘单位有50余家，参加招聘人员达600余人。同时，搜集整理各类信息资源，建立全区毕业生求职信息库、毕业生档案库和留学人员信息库，至2007年7月，毕业生求职信息库登记毕业生4178人，其中已就业3026人；毕业生档案库记录、保管毕业生档案12147份；出国留学人员信息库录入68人。

2005年3月，举办春季人才交流大会暨济南

图24-4　2005年3月20日，济南2005年毕业生就业双选历城会场暨春季大型人才交流会

2005年第八场毕业生就业双选人才交流会，国美电器有限公司、金德管业集团、净雅集团、良友富临大酒店、海信集团、中国联通公司、柔婷化妆品公司等知名企业和山东大学、山东经济学院、山东轻工业学院、山东农业科学院等驻济科研院校，共317家单位参加，提供招聘岗位7200余个，有2万余人前来洽谈，达成就业意向3000个。2006年，开辟网络招聘方式，通过山东高校毕业生就业信息网，有2500余家次用人单位通过网络发布招聘信息，有3.25万余人次毕业生通过网站进行人才推荐。至2007年，共有3700余名毕业生通过网络招聘方式实现就业。

三、人事代理

1997年，区人才交流服务中心正式开展人事代理业务。全区实行集体代理的对象主要是转企改制单位和中介服务机构；实行个人代理的对象主要是到外地、民营企业就业，出国或到国内大专院校继续深造，以及从企事业单位辞职、辞退干部身份的人员。区人才服务中心为代理单位和个人提供工资套改、工龄审核、大中专毕业生转正定级、出国及报考研究生政审、推荐评审职称、代缴养老保险、组织年度考核、查阅人事档案、出据各种以档案为依据的证明材料等服务。1996—2001年，为全区知识分子、专业技术人员和党政管理干部家属及其子女办理农转非户口386人，为出国及报考研究生进行政审47人，为205人办理职称评聘手续。至2007年，全区有集体代理单位129家、集体代理人员1700多人，个人委托代理500余人，代缴养老保险255人。2000—2007年，每年为代理单位和个人进行工资套改、推荐评审职称、转正定级、组织年度考核、代缴养老保险、查阅人事档案、出据人事证明等2500余次。

四、引进国外智力

1995年起，历城区引进国外智力工作逐步

图24-5　日本专家到王舍人镇奶牛小区传授奶牛养殖技术（2005年摄）

展开。主要是通过聘请国外专家的形式将国外先进的生产技术引进到历城区。同年5月，日本专家简井宫应邀到历城传授苹果管理和生产技术。此后连续12年，先后从日本、俄罗斯、德国、韩国、以色列、美国聘请专家，来历城区指导苹果、板栗、柿树、蔬菜、奶牛、鱼类养殖、自动化焊接工艺等工农业生产项目。至2007年，全区引进国外专家项目21个，聘请专家44人次，解决技术难题18个，创造直接经济效益5000多万元。

第七节 大中专毕业生就业安置

1986—1996年，师范类毕业生由区教育委员会负责分配，非师范类毕业生由区计划委员会分配。1986—1993年，历城籍回区就业的非师范类毕业生共计2000余人。1994年后，毕业生数量大幅度增加，1994年报到毕业生500余人，1995年580余人，1996年增至600余人。对每年接收的毕业生，按照专业对口、学以致用原则，下达指令性计划，安置到机关事业单位、辖区内国有或集体企业。对分配到党政机关、事业单位的毕业生，区计划委员会与区人事局根据机关事业单位人才需求情况，拟订就业意见，报区政府审定后统一派遣。

1997年，非师范类大、中专毕业生就业分配工作由区计划委员会划归区人事局，成立区人事局毕业生分配办公室。1997—1998年，按照“行业包专业、地区包生源”的分配原则，全区接收的国家统招生全部按区政府指令性计划派遣安置。1999年，大专以上学历毕业生仍按指令性计划派遣安置，中专生实行自主择业的就业政策。1997—1999年，全区指令性派遣毕业生共计1325人。2000年，非师范类大、中专毕业生就业分配工作职能划归区人才交流服务中心。同年起，历城区根据全省毕业生不再实行指令性派遣的就业政策，除对历城籍本科生仍实行统一分配外，对其他大中专毕业生一律通过人才市场，与用人单位实行双向选择就业，至2004年，共安置99名本科生。对于正式就业的学生，区人才交流服务中心负责办理正式派遣手续和档案转递。2003年，为引进高层次人才，历城区从市人事局毕业生就业指导处提供的高校毕业研究生名单中，筛选7名专业对口、条件适合的硕士研究生充实到机关事业单位。2005年起，对历城籍本科毕业生的就业安置，由统一分配改为招考录取，至2007年，共招考录取历城籍本科毕业生100名。同年，为缓解就业压力，补充基层人才，选派大学毕业生到农村基层参加志愿服务活动，共安排大学生志愿者3名。2006—2007年，贯彻中央、省、市“三支一扶”计划，引导和鼓励高校毕业生面向基层就业，共招募60名高校应届毕业生到农村从事教育、卫生、农技、扶贫等工作。同时，按照省人事厅要求，实行毕业生网上签约，共办理网上签约手续410人、解约手续87人。

2001—2007年，全区共接收报到历城籍大、中专毕业生4695人，其中，研究生18人，本科生908人，专科生1919人，中专生1850人。

第二十五编

教　育

济南市历城第一中学（2005年摄）

1986年，历城县有高中5所，初中77所，小学539所。1986—1992年，投资5726万元，完成农村中小学校舍、课桌凳、操场、院墙、大门、厕所“六配套”建设和城镇中小学学校规模、校舍、操场、课桌凳、校园环境“五达标”工作。自1993年起，全区分三批普及九年义务教育，1996年，被国家教委列为全国第二批实现基本普及九年义务教育和基本扫除青壮年文盲县区。2005—2007年，相继解决城镇、农村学校取暖问题，免除农村、城市义务教育阶段学生学杂费。2007年，全区有高中5所，初中20所，小学128所。

第一章　教育行政

第一节　管理体制改革

一、行政管理体制改革

1986年，县教育局下设遥墙镇、唐王镇、董家镇、郭店镇、孙村镇、党家庄镇、十六里河镇、港沟镇、仲宫镇、柳埠镇、西营镇、锦绣川乡、彩石乡、高而乡14个教育组。1987年3月，撤县教育局，设县教育委员会。5月，县教委更名为区教委，乡镇教育组改为乡镇教委，区教委下设17个乡镇教委。2001年12月，区教委改名为区教育局，区职工教育办公室更名为区成人教育办公室，由区经委划归区教育局管理；区政府教育督导室改由区教育局管理。2006年9月，撤销街、镇教委，设立街、镇教育办公室，区教育局下设15个街、镇教育办公室。2007年2月，成立区教育财务管理核算中心，负责全区农村中小学财务集中核算工作，指导和检查农村中小学财务管理工作。10月，成立区学生资助管理中心，负责全区义务教育阶段贫困学生资助工作、落实普通高中和中等职业学校各项资助政策、历城户籍的高校学生助学贷款办理及贷后管理工作。

二、学校管理体制改革

幼儿园　1986年，托幼工作由县妇联主管。1992年5月，区托幼工作领导小组成立，负责全区学前教育的宏观管理；托幼工作由区妇联移交区教委主管，各乡镇托幼工作由妇联移交乡镇教委主管。区教委设学前教育科，并配备专职幼教辅导员，对幼儿园、学前班登记注册、督导评估、分类管理；对园长、教师考核、培训，指导幼儿园开展教研、科研活动。

小学　1986年实行校部管理。1998—2000年由于生源减少，各乡镇小学先后实行合班并校，管理由原来的校部统管改为“以完小为中心，中小学分别管理”。2000年，各乡镇小学逐步由乡镇教委统一管理。2006年，小学全部由区教育局统管、街镇教育办公室协助管理。

初中　1986—1989年，各乡镇每个管理区都设有1所联办初中（个别管理区有2所），由管理区管理。自1989年起，各乡镇合并联中，新建镇办中学（人口3万～5万人建1所，5万人以上建2所），由乡镇教委管理。学生学籍由区教育局管理，乡镇教委协助管理。2006年6月，初中学校由区教育局管理，各街镇教育办公室协助管理。

第二节　教育经费

一、政策性教育投入

1986年，县直属学校教育经费主要由县财政拨付、县教育局统一管理、各学校独立核算，实行定额包干；乡镇办初中和村办小学，其教育经费国拨部分以1985年正常经费为基数，按省定编制实行定额包干到乡镇，缺额部分主要由乡镇负责筹集。1985年，开征农村教育费附加，主要用于农村中小学校舍维护、危房改造、布局调整和补充公用经费。1986年，开征城市教育费附加，主要用于改善公办中、小学和职业中学的办学条件。

1995年起，实行教育经费预算单列，设立扶持贫困地区实施义务教育专项经费，实施对教育倾斜的一系列优惠政策，大力支持发展校办产业和勤工俭学，继续鼓励捐资助学、集资办学。同年，征收“四项教育费”（对城镇就业职工按年工资总额的2%征收义务教育费，对辖区内宾馆等按住宿费标准加收3%的教育发展费，对从事矿产资源开发利用和生产经营的单位及个人按产值的2‰征收教育发展费，按建筑工程投资额的1%征收中小学修建附加费）。2002年，取消“四项教育费”和农村教育费附加。

2004年，全区义务教育阶段实行“一费制”（在严格核定杂费、课本和作业本费标准的基础上统一向学生收取的费用）。2005年，开征地方教育费附加，主要用于改善中小学、职业学校办学条件和弥补农村学校公用经费不足。从2006年新学年起，全部免除农村义务教育阶段学生杂费，并继续对贫困学生进行补助，所需资金纳入区级预算；按照初中生年均72元、小学生年均54元的标准建立农村校舍维修改造专项资金。上述教育投入所需资金，由中央、省、市三级财政与区财政按6∶4分担，即中央、省、市三级财政承担六成，区财政承担四成。

2007年新学年起，全部免除农村义务教育阶段学生的书本费，所需资金由市级以上财政承担；全部免除城市义务教育阶段（含民办学校）学生杂费，所需资金由市以上财政与区财政按4∶6分担；职业学校的一、二年级学生按照每生1500元/年的标准、高中学生按8%的比例和平均每生1000元/年的标准发放国家助学金，所需资金由市以上财政与区财政按4∶6分担；特殊教育学校学生实行免费教育，所需资金由区财政承担；将农村义务教育学校生均公用经费标准由初中370元/年提高到470元/年、小学210元/年提高到310元/年，所需资金由市以上财政与区财政按6∶4分担。是年，全区义务教育阶段经费总收入27141.2万元，其中，预算内教育事业费占76.6%、城市教育费附加占12.3%、地方教育费附加占3%、事业收入等占8.1%。

二、捐资助学

1986年起，历城区领导干部、群众及历城籍在外工作的干部职工以及港澳同胞、海外侨胞踊跃集资捐款。1990年起，历城区干部职工按年收入的2%捐款，交区财政；中央、省、市驻区单位干部职工根据市委、市政府文件规定按年收入的2%捐款。1986—2007年，全区教育集资捐款累计达2.59亿元。

三、勤工俭学

1984年，县教育局成立勤工俭学办公室，后成立学校生产管理科、校办工业公司，负责学校勤工俭学工作。1986—1996年，创办校办企业113家，创收利润2890万元。1996年以后，随着政府对教育投入的加大，校办企业先后停办。2006年6月，撤销区校办工业公司、学校生产管理科。

1986—2007年历城区教育经费收入情况表

表25-1　　单位：万元

年份（年）	总计	财政补助收入			城市教育费附加	农村教育事业费附加	地方教育附加费	事业收入		校办产业、勤工俭学和社会服务收入	捐、集资收入	其他收入	基本建设拨款
		合计	教育事业费拨款	其他经费拨款				合计	其中：学杂费				
1986	734.9	734.9	734.9	0	—	—	—	—	—	—	—	—	—
1987	937.4	937.4	937.4	0	—	—	—	—	—	—	—	—	—

续表25-1-1

年份(年)	总计	财政补助收入			城市教育费附加	农村教育事业费附加	地方教育附加费	事业收入		校办产业、勤工俭学和社会服务收入	捐、集资收入	其他收入	基本建设拨款
		合计	教育事业费拨款	其他经费拨款				合计	其中:学杂费				
1988	1197.3	1197.3	1197.3	0	—	—	—	—	—	—	—	—	—
1989	1357.0	1357.0	1357.0	0	—	—	—	—	—	—	—	—	—
1990	1692.9	1670.6	1670.6	0	22.3	—	—	—	—	—	—	—	—
1991	1915.0	1854.0	1854.0	0	61.0	—	—	—	—	—	—	—	—
1992	3564.0	2338.0	2338.0	0	73.0	1153.0	—	—	—	—	—	—	—
1993	4172.0	2883.0	2883.0	0	82.0	1207.0	—	—	—	—	—	—	—
1994	5767.0	4281.0	4281.0	0	80.0	1406.0	—	—	—	—	—	—	—
1995	8073.4	4452.8	4452.8	0	84.2	1642.2	69.8	360.6	360.6	317.1	967.1	179.6	0
1996	9610.1	6295.0	6295.0	0	349.0	1414.0	73.9	616.3	616.3	271.3	191.5	399.1	0
1997	11200.0	7880.0	7880.0	0	378.4	1414.9	66.3	552.7	552.7	180.9	271.6	455.2	0
1998	12758.6	8471.7	8361.7	110.0	409.3	1135.9	72.4	1150.1	765.0	144.0	332.4	1032.8	10
1999	18708.9	11557.4	9626.1	1931.3	817.0	2526.0	79.6	1599.3	1189.9	97.6	1830.5	151.5	50
2000	16693.8	9713.2	7868.2	1845.0	859.0	2222.4	0.6	2120.3	1678.4	94.1	1551.4	132.8	0
2001	21882.2	12605.4	10829.7	1775.7	700.0	2472.0	0	3514.3	2461.2	64.6	1419.0	1101.9	5
2002	25244.9	15335.7	12001.0	3334.7	1454.0	—	0	3834.3	2713.1	103.3	2603.5	1809.1	105
2003	28891.2	17052.7	13614.0	3438.7	2197.2	—	8.8	7314.7	2943.5	92.6	1958.9	256.3	10
2004	33255.0	15624.0	15432.3	191.7	4212.0	—	0	10732.9	4426.2	28.3	699.9	1957.9	0
2005	35963.7	18234.3	18127.7	106.6	4304.3	—	513.2	11342.5	4701.3	86.5	204.0	1078.9	200
2006	38675.2	20671.3	20587.0	84.3	3213.9	—	1983.0	9577.4	4052.5	10.8	276.2	2942.7	0
2007	46262.6	27698.8	27343.8	355.0	5128.0	—	1497.0	10769.4	5739.8	0	47.7	1121.7	0

说明：1986—1994年部分资料缺失

第三节 教育督导

一、督政

1993年，区政府教育督导室分三批对乡镇“两基”（基本普及九年义务教育，基本扫除青壮年文盲）工作进行督导检查。1995年11月，全区“两基”工作通过省政府的评估验收。

2001年起，全区开展争创“济南市教育工作示范乡镇”活动。2002年12月，遥墙、董家、郭店、仲宫4镇通过市政府教育督导室评估认定，成为首批“济南市教育工作示范乡镇”。至2007年9月，全区17个街、镇全部通过验收，成为“济南市教育工作示范乡镇”。

2003年5月，全区启动争创“山东省教育工作示范区”工作。2007年12月，省政府教育督导室对全区“教育示范区”工作进行初评，抽查31所学校，初审合格。2004年，启动创建“全国区域教育发展特色示范区”工作。2006年，制定历城区《农村教育城市化战略实施标准》。2007年9月，历城区创建“全国区域教育发展特色示范区”工作通过专家评估团评估验收，历城区农村教育城市化特色成为全国有影响的课题之一。

二、督学

1993年5月，对全区幼儿园进行评估验收。区机关第一、第二、第三幼儿园被评为二类幼儿园。2000—2002年，对9所幼儿园办园水平进行督导评估。省农干院幼儿园获优秀等级，遥墙中心幼儿园、港沟中心幼儿园、华山中心幼儿园等获良好等级。

1993年，区督导室对全区65所中小学进行规范化管理复评，共评出优秀学校11所、良好学校44所、一般学校10所。1993—1995年，对全区38所乡镇中学和400所小学办学条件和管理水平进行督导。2002年6月，分别对遥墙镇中心中学、董家镇中心中学、郭店镇中学、孙村镇中心中学的办学水平进行评估。2006年12月至2007年5月，对全区13个镇（街道）中心小学及历城双语实验学校和全福、小辛小学进行督导评估，评估结束后下发了对各单位督评反馈报告及《关于对全区十三个镇（街道）中心小学及历城双语实验学校、全福小辛小学督导评估情况的公告》。

2002年8月，依据《济南市乡镇成教中心学校评估标准》，对全区乡镇成教中心学校进行专项督导检查。2002年10月—11月，区督导室组成21人的评估组，对历城一中等5所高中的办学水平进行评估。经评估，历城二中达示范等级，历城一中、历城四中、历城五中达优秀等级，洪家楼高中达良好等级。

第四节　校舍改造

1986年，全县农村中小学实施校舍、课桌凳、操场、院墙、大门、厕所“六配套”建设工程。到1987年，全区累计投资2126万元，新建、大修教室9620间，购置课桌凳38432套，新建院墙59643米、校门447座、厕所2407间，开辟操场51万平方米，使全区3个教学班以上规模的学校实现“六配套”，其余实现“一无两有”（无危房、有教室、有课桌凳）。是年，通过省政府验收，历城区被评为山东省校舍改造先进单位。1988年，各乡镇中心中学开始学校标准化建设。1990—1992年，按照城镇中小学学校规模、校舍、操场、课桌凳和校园环境“五达标”的要求，全区累计投资3600万元，新征土地6.47万平方米，新建校舍7.72万平方米，维修校舍3.47万平方米，新建校门6座、操场10个，购置课桌凳5369单人套，维修课桌凳2497单人套，完善装配阶梯电化教室8个，新建礼堂餐厅8个，硬化干道2.64万平方米，绿化面积2.49万平方米。1992年，区政府被评为全省校舍改造先进单位。2001年，区政府成立中小学危房改造领导小组，制定《历城区中小学危房改造工程方案》。至2004年，全区累计投资3168.13万元，共维修危房1间，面积685平方米；新建楼房31幢、平房4间，面积54708平方米。同年，全区中小学危房改造项目全部通过省、市验收。到2007年，全区学校占地面积285.7万平方米，校舍建筑面积91.7万平方米，其中，教学辅助用房41.7万平方

图25-1　王舍人实验中学前身——冷水中学（2005年摄）

图25-2　王舍人实验中学新教学楼（2005年摄）

米、行政办公用房10.5万平方米、生活用房28万平方米，其他用房11.5万平方米。

第五节　实验室 微机室 图书馆

一、实验室

1986年，全县中小学全部建有仪器室，共投入仪器购置款25.5万元。区直中学、乡镇联中都建有实验室，70%的小学有实验室。全县有仪器室457间，实验室495间，仪器管理员372名。1991年，全区有实验室763个，仪器室674个，配备专兼职实验教师479人，实验室设备投资105.2万元。有86所中小学分别达到国家教委规定的实验室一类、二类标准。同年5月，洪家楼镇成为全市第一个教育装备达标乡镇。1999年4月，启动“山东省中小学实验教学普及县（区）”工程（以下简称为“普实”工程）。至2001年年底，全区共投资4308.6万元用于实验室建设和仪器设备配套。2002年1月，通过省“普实”督导评估小组验收。

二、微机室

1994年，洪家楼小学配备20台计算机，建立全区第一个微机教室。至1998年，全区有19所学校建立微机教室，有计算机245台，总价值132.4万元。2003年3月，全区中小学校共有计算机6906台，计算机教室204个，多媒体教室51个，上网学校57所。2007年，全区中小学有计算机15015台，微机室191个，多媒体功能室171个，多媒体教室1143个，107所学校建有校园网。

三、图书馆

1988年8月，区教委成立图书代办站，负责开展学校图书馆配建工作。到1999年，全区中学有图书馆（室）33个，阅览室49个，资料室16个，图书管理人员53人，其中专职37人、兼职16人，图书馆（室）面积6063.62平方米，馆藏图书50.87万册，电子图书1006盘。全区小学有图书馆（室）144个，阅览室128个，资料室13个，管理人员171人，其中专职24人、兼职147人，图书馆（室）面积9810平方米，馆藏图书56.98万册，电子图书166盘。2003年，根据教育部下发的关于学校图书馆工作的新规程，区教育局制定相应的学校图书馆（室）考核指标。2005年，全区中心学校图书馆和区直学校图书馆管理逐步信息化。2007年，全区有学校图书馆（室）137个，图书馆（室）馆藏图书213万册，图书馆（室）面积12420.85平方米，教师阅览室面积6607.62平方米，学生阅览室面积9800.62平方米。

第二章　学前教育

第一节　办学规模

1986年，全县有幼儿园291所、700个班，学前班251个，在园幼儿19797人，学前一年入园率80%，学前三年入园率45%，有教职工745人。1987年，历城撤县建区，济南市原郊区机关幼儿园划入历城区，更名为历城区机关第二幼儿园，原郊区洪家楼、王舍人、华山3镇划入历城，全区幼儿园增至323所，有幼儿班855个，在园幼儿25252人，教职工984人。1997年后，学前教育工作由“普及”向“提升办园水平”转移。历城区机关幼儿园、省农干院幼儿园先后于1997年、1998年晋升为济南市一类幼儿园，洪楼一居幼儿园、还乡店幼儿园升为济南市二类幼儿园，另有27所幼儿园被评估验收为济南市三类幼儿园。1998年，党家庄镇、柳埠镇、郭店镇和孙村镇4所中心幼儿园升为“济南市首批达标乡镇中心幼儿园”。2000年，区划调整后，全区有幼儿园257所、772个班，学前班372个，在园幼儿16450人，教职工987人。2007年，全区有省示范幼儿园7所，市一类幼儿园22所，市二类幼儿园12所。全区有幼儿园200所（登记注册幼儿园155所），其中，区政府办幼儿园1所，镇中心幼儿园11所，单位办幼儿园1所，村办幼儿园109所，民办幼儿园33所，学前一年入园率100%，学前三年入园率94.2%。

第二节　保育与教育

一、保育

1986年，全区托幼园所工作人员每年进行岗前健康查体，所有工作人员均持证上岗。幼儿入园前，按照卫生部门制定的卫生保健制度进行体格检查。幼儿园贯彻保教结合制度，规定幼儿一日生活作息制度，每年组织幼儿体检，并对幼儿身体健康状况定期进行分析、评价，建立卫生消毒、病儿隔离、计划免疫和疾病防治工作制度。各幼儿园设立保健室、隔离室并配备专兼职保健医生和保育员，负责幼儿的卫生保健和日常的保育工作，市卫生部门定期对保健人员进行培训，并为其发放上岗证书。1994年12月，卫生部、国家教委联合下发《关于颁布〈托儿所幼儿园卫生保健管理办法〉的通知》，各托儿所、幼儿园加强了幼儿生理和心理卫生保健工作。2004年，对全区登记注册的幼儿园颁发“卫生保健合格证”。

二、教育

1986年，全县使用《全国幼儿园教材》，采用分科教学的形式，利用游戏的方式，培养幼儿的观察、注意、记忆、想象、思维和语言表达6种能力。1999年，开始推行幼儿素质教育。全区使用《山东省幼儿园教材》把课程划分为健康、科学、社会、艺术、语言5个领域，强调各领域之间的相互渗透，从不同角度促进幼儿情感、态度、能力、知识、技能等方面的发展。2004年新学年起，使用《山东省幼儿园教育活动教材》，以主题教育形式开展日常教育教学活动，注重开发和利用环境的教育作用，进一步促进幼儿情感、态度、能力、知识、技能等方面的发展。2006年9月起，使用南京师范大学出版社出版的《幼儿园渗透式领域课程》，按照幼儿身心发展的规律，各领域之间的内容相互渗透，分为健康、科学、社会、艺术、语言5个领域，采用游戏的形式进行教学。

图25-3　区机关幼儿园对孩子进行环保教育（2007年摄）

1986—2007年历城区幼儿教育基本情况表

表25-2

学年度（年）	幼儿园（所）	班级（个）	其中学前班（个）	在园幼儿（人）	教职工（人）	学前一年入园率（%）	学前三年入园率（%）
1986	291	700	251	19797	745	80	45
1987	323	855	334	25252	984	—	—
1988	350	877	362	25806	999	—	—
1989	345	902	365	23625	1027	—	—
1990	314	986	465	24831	1199	93	60

续表25-2-1

学年度（年）	幼儿园（所）	班级（个）	其中学前班（个）	在园幼儿（人）	教职工（人）	学前一年入园率（%）	学前三年入园率（%）
1991	185	1029	537	25511	1321	—	—
1992	268	1076	533	27810	1341	—	—
1993	299	1012	511	26314	1315	—	—
1994	337	1077	644	24768	1429	—	—
1995	275	1059	669	21329	1351	98	67.8
1996	256	1041	618	19821	1354	—	—
1997	331	993	586	15891	1343	—	—
1998	379	962	482	16151	1285	—	—
1999	371	955	479	18066	1239	—	—
2000	257	772	372	16450	987	100	87.5
2001	247	622	318	14791	988	—	—
2002	234	621	334	14710	999	—	—
2003	355	992	275	18092	1004	—	—
2004	319	745	244	16978	1137	—	—
2005	240	695	218	16679	1137	—	—
2006	227	694	153	16597	1233	—	—
2007	200	672	170	16112	1313	100	94.2

三、幼儿园选介

历城区机关幼儿园　1956年建园，原名县机关幼儿园，园址在王舍人庄历城火车站南侧，有大、小班各1个，幼儿50名，教职员工9名。1958年，随同县政府机关迁至洪家楼（现洪家楼南路3号），有平房7间。1985年，新教学楼投入使用，建筑面积800平方米，有幼儿120人，按年龄分为4个班，教职工21人。1987年，改名为区机关幼儿园。2001年，区机关幼儿园与区机关第二幼儿园合并为新的区机关幼儿园。2002年，区政府投资新建幼儿园教学楼3407平方米。2003年，通过省示范幼儿园达标验收。2007年，占地面积2959平方米，有教学班12个、在园幼儿480人、教职工52人。

第三章　义务教育

第一节　小学教育

一、办学规模

1986年，全县有小学539所（完全小学509所，教学点30个），教学班1850个，在校生53491人。入学率98.73%、毕业率97.34%、巩固率98.07%、普及率99%。1987年5月，撤县建区，原郊区洪家楼、王舍人、华山3个镇划入历城区，全区增加小学40所，教学班411个，在校生13481人。1990年，洪家楼第二小学成立；1993年，洪家楼第三小学成立。2000年，因区划调整，大桥、桑梓店、靳家和十六里河、党家庄等乡镇学校分别划归天桥区、市中区管理。2005年，孙村镇、大正小区学校划归高新区管理；历城区双语实验学校成立；企业办的济南维尔康食品有限公司子弟小学、济南化肥厂有限责任公司职工子弟小学、中国济南化纤厂总公司子弟小学同时移交历城区管理，并先后改名为历城区工业北路第二小学、历城区工业北路小学、历城区文苑小学。2006年9月，历城区外来务工子女定点学校小辛小学落成。2007年，全区有小学128所（完全小学100所，教学点28个），教学班1207个，在校生47139人，入学率、巩固率均为100%。

二、招生与考试

1990年前，入学年龄为7周岁，1990年后为6周岁。按户口所在地就近走读划片招生，以行政村为单位，组织适龄儿童入学。

考试根据教学大纲要求和区教研室的部署进行，每学期分期中、期末两次考试，2001年以前，小学考试按百分制评定，2001年以后按等级制评定。

图25-4　张马屯小学学生学京剧（2007年摄）

1986—2007年历城区小学基本情况表

表25-3

学年度（年）	学校（所）			班级（个）	在校学生（人）	教职工（人）	
	总数	完小	教学点（个）			总数	专任教师
1986	539	509	30	1850	53491	2988	2663
1987	579	545	34	2261	66972	3694	3329
1988	610	544	66	2231	68657	3784	3437
1989	624	410	214	2295	72547	3815	3401
1990	642	258	384	2661	84487	4325	3883
1991	705	305	400	2706	86742	4222	3799
1992	662	305	357	2693	87056	4252	3846
1993	656	305	351	2695	87615	4173	3793
1994	680	308	372	2697	87470	4167	3822
1995	612	261	351	2567	85814	4187	3828
1996	629	261	368	2536	83747	4242	3892
1997	581	288	293	2489	80513	4293	3972
1998	544	259	285	2296	74037	4480	4232
1999	502	252	250	2117	65616	4557	4349
2000	348	174	174	1514	44774	3584	3370

续表25-3-1

学年度（年）	学校（所）			班级（个）	在校学生（人）	教职工（人）	
	总数	完小	教学点（个）			总数	专任教师
2001	235	178	57	1448	46738	3541	3327
2002	195	144	51	1440	49602	3514	3234
2003	120	120	60	1300	48903	3511	3209
2004	143	105	38	1249	49011	3424	3102
2005	145	111	34	1250	49820	3405	3141
2006	129	103	26	1190	47524	3316	3069
2007	128	100	28	1207	47139	3192	2901

三、小学选介

历城区实验小学　始建于1984年9月，位于山大北路61号，原名历城县实验小学。1986年，有教学班12个，在校生700人，教师43人。1987年更名为历城区实验小学。1999年，有教学班24个，在校生1500人，教职工82人。2007年，有教学班32个，在校生1910人，教职工101人。学校占地面积5300平方米，建筑面积6300平方米。

历城区洪家楼小学　始建于1953年，位于花洪路385号，原名山东农学院附属小学。后更名为山东大学附属小学、济南市鲁迅小学、山东大学附属小学（随山东大学复名而复名）、历城县洪家楼学校、济南市郊区洪家楼学校。1987年，学校划归历城，更名为济南市历城区洪家楼小学。2007年，学校占地面积10710平方米，建筑面积7182平方米，有教学班32个，在校生1950人，教职工104人。

第二节　初中教育

一、办学规模

1986年，全县有初中77所，3所完全中学（一中、二中、历城中学）有初中部，有初中教学班451个，在校生23525人，教职工1876人。学生入学率79%、巩固率98.7%、毕业率98.6%。1987年5月，华山、王舍人、洪家楼3个镇所属学校及济南郊区七中（现历城三中）由济南市郊区划归历城区管理。1989年，原属齐河县的大桥、桑梓店、大王3个乡镇初中及齐河六中（完全中学）划归历城区管理，齐河六中更名为历城六中。1999年，教育布局调整，全区初中合并为33所，有教学班723个，在校生44266人，教职工2952人。2000年，大桥、桑梓店、靳家、党家庄、十六里河5个乡镇的学校及历城六中、历城七中，因济南市行政区划调整分别划归天桥区、市中区。同年，济南客车厂职工子弟学校划归历城，2003年12月更名为历城六中。2005年，孙村镇、大正小区所属初中划归济南市高新区管理。2007年，全区有初中学校20所，在校生21647人，教学班416个，教职工1867人，学生入学率100%、巩固率99.56%、毕业率99.56%。

图25-5　稼轩中学学生在晨读（2007年摄）

二、招生与考试

1993年前，初中招生实行考试择优入学的招生办法。1993年，区教委下发《关于1993年小学初中招生的工作意见》，规定应届小学毕业生实行就近走读，划片直升初中。至2007年，仍实行此招生办法。

1988年起，初中毕业实行会考。1999年起，中考增加体育考试。2001年，中考实行卷面考试与等级考核相结合、闭卷与开卷相结合等多样化的评价方法与形式。2002年，中考增加信息技术考试，考试科目为语文、数学、英语、政治、历史、物理、化学、体育和信息技术共九科。其中政治实行开卷考试，数学考试可以使用计算器。2004年，调整中考考试科目，改为基础学科（语文、数学、英语）加理科综合（物理、化学、生物）、文科综合（政治、历史、地理）的形式。2005、2006年文科综合开卷考试，不计入总分，2007年改回闭卷考试，实行等级制，等级为D者不允许报考普通高中，信息技术实行等级制，等级为D者不允许报考普通高中。

1986—2007年历城区初中基本情况表

表25-4

学年度（年）	学校（所）	班级（个）	在校学生（人）	教职工（人）		学年度（年）	学校（所）	班级（个）	在校学生（人）	教职工（人）	
				总数	专任教师					总数	专任教师
1986	77	451	23252	1876	1500	1997	34	749	46193	2773	2424
1987	73	500	26456	2087	1671	1998	34	724	44263	2929	2474
1988	74	498	26314	2151	1693	1999	33	723	44266	2952	2598
1989	64	490	26599	2193	1668	2000	28	565	32375	2325	2095
1990	65	534	29579	2248	1851	2001	27	473	27547	2254	1926
1991	61	560	31654	2419	1868	2002	22	416	23387	2164	1849
1992	55	582	33526	2394	1862	2003	24	383	20762	2032	1689
1993	54	604	35725	2303	1952	2004	23	415	21561	2023	1724
1994	53	639	38868	2650	2096	2005	24	437	23384	2081	1704
1995	34	702	43015	2847	2252	2006	20	390	20758	2012	1744
1996	35	746	46244	2904	2403	2007	20	416	21647	1867	1656

三、初中选介

历城第三中学　建于1978年，位于洪西路16号（后名鸿翔路256号）。原名济南市历城第二十中学，建校初占地面积15667平方米，建筑面积6126平方米，有2个高中班。1980年改名为济南市郊区第七中学，同年7月，开始招收4个初中班。1987年，更名为历城第三中学。2000年7月，不再招生高中班，改为全日制初中，每年招收10个初中班。2007年，有教学班29个，在校生1458人，教职工141人。

历城第六中学　建于1960年，位于全福立交桥东南侧，由济南农具厂、济南卷烟厂、济南肉联厂、黄台发电厂、济南酒精总厂、省电力一公司6家企业联合创办，校名为济南工业二路小学。1962年6月，济南农具厂从工业二路小学分离，独立创办农具厂小学。1965年，山东机床维修站和济南齿轮厂的职工子弟也到校就读，学校扩大到12个教学班，在校生400人。1971年3月，学校扩建了初中部，更名为济南农具厂职工子弟学校。1978年，更名为济南拖拉机厂职工子弟学校。1984年，更名为济南客车厂职工子弟学校。到1998年，学校扩大到24个教学班，在校生

1400人。2000年12月，学校移交历城区。2003年12月，更名为历城第六中学。2007年，学校占地面积6098.7平方米，有24个教学班，在校生1695人，教职工108人。

第三节 特殊教育

一、辅读班及随班就读

1986年，仲宫镇西郭小学附设弱智儿童辅读班，招生10人，有教师2人。1989年，全区弱智儿童教育有教学班13个，在校生142人，专任教师25人；弱智儿童随班就读点212个，就读生455人。1990年1月，历城区被国家教委确定为弱智儿童随班就读试点区。至1991年，全区12个镇都办起弱智儿童辅读班或随班就读点，弱智儿童入学人数达633人。中重度弱智儿童入辅读班，轻度弱智儿童随班就读。弱智儿童辅读班，每班人数6人～10人，配备专任教师1人～2人，执行省弱智学校（班、点）教学计划，使用省统编教材。教学上突出心理缺陷补偿及行为纠正训练，肢体矫正练习，统一档案管理，实施个别教学计划，周备课实行“病例教案”，采取针对措施，保证做到个别训练与整体训练目标的统一。弱智儿童随班就读，每班随班就读的学生1人～3人，在普通小学教学班学习。使用普通教材，适当删减，降低要求，在教学上突出情景教学、愉快学习、面对面教学、因材施教。1993年，全区弱智儿童辅读班有14个，在校生142人，专任教师28名；随班就读的学生有601人。历城区被评为全国特殊教育先进区。1995年，全区有弱智儿童589人，入学578人，弱智儿童入学率达到98%。2000年，区聋童学校开始招收弱智儿童，形成轻度弱智儿童到就近小学随班就读、中重度弱智儿童到区聋童学校就读、盲童到市特教中心就读的新格局。至2007年，全区轻度弱智儿童在普通小学随班就读，聋童32人和中重度弱智儿童41人在区特殊教育学校就读，残疾儿童入学率达到100%。

二、历城区特殊教育学校

1988年，历城区聋童学校成立，位于王舍人镇郭家村。有教学班1个，学生12人，教职工4人。1989年12月，学校迁至郭店镇新校址，占地8660平方米，有平房30间，设2个教学班，有学生24名，教职工12人。1990年9月，招收第一个学前语训班，学生6人。1992年，建成600平方米的2层综合教学办公楼。1995年，建起语训室、缝纫室，开设语训课和职业教育课，有在校学生82人。其中，小学6个班，58人；初中2个班，24人。1997年7月，首届13名初中毕业生踏上工作岗位，其中1名学生以优异成绩和绘画特长考入山东省特殊教育中等专业学校。1998年12月，区聋童学校由郭店镇迁至王舍人镇郭家村新校址，新校占地面积16709平方米，建筑面积3167平方米。1999年，在原有缝纫课的基础上，增设刻瓷、装裱2个专业。2000年9月，学校招收5名弱智学生，发展为集聋教育、弱智教育为一体的综合性特殊教育学校。2002年，学校开设信息技术课，开展信息技术与学科教学整合的研究。2004年6月，通过省级规范化学校验收。2006年开始创建“生存教育”特色学校，“中重度弱智儿童生存教育的研究”被列为济南市“十一五”重点教育课题。2007年5月，历城区聋童学校更名为历城区特殊教育学校。在免除学生住宿费、课本费、杂费的基础上，免除学生的餐费，在全市率

图25-6 区特殊教育学校学生在进行交通安全演练（2007年摄）

先实现全免费教育。2007年，有教学班9个，在校学生73人（其中，6个弱智班有学生41人，3个聋班有学生32人），教职工32人。1988—2007年，共有48名毕业生考入康复中专或职业高中，68名毕业生全部安排就业。

第四章　普通高中

第一节　办学规模

1986年，全县有历城一中、历城二中、历城四中、历城七中、历城中学5所高中，在校生2118人，除一中、二中外，其余学校办学规模较小。1987年，济南市郊区七中划归历城，更名为历城三中。是年，历城中学更名为历城五中。1989年，齐河六中划归历城区，更名为历城六中。1995年，唐王镇中心中学开始招收高中生。1998年，洪家楼高级中学成立。1999年12月，历城区党家庄镇划归市中区，驻地中学历城七中划归市中区。2000年，历城三中改为初中。2001年，王舍人镇梁王工农中学、唐王中心中学停招高中生。2007年，全区有历城一中、历城二中、历城四中、历城五中、洪家楼高中5所高中，教学班214个，在校生13357人，教职工1060人，5所学校均为省级规范化学校。

图25-7　2006年7月6日，芬兰万达学生到历城二中进行友好交流

1986—2007年历城区普通高中教育基本情况表

表25-5

学年度（年）	学校（所）	班级（个）	在校学生（人）	教职工（人）		学年度（年）	学校（所）	班级（个）	在校学生（人）	教职工（人）	
				总数	专任教师					总数	专任教师
1986	5	68	2118	164	130	1997	9	76	4521	470	327
1987	8	50	2734	220	176	1998	10	91	5622	515	361
1988	6	48	2623	240	189	1999	10	120	7529	647	453
1989	7	49	2522	270	207	2000	7	127	7989	625	435
1990	8	59	2934	495	245	2001	7	135	8719	621	435
1991	8	58	3103	305	243	2002	7	143	9518	704	474
1992	8	56	3048	340	267	2003	5	156	10779	814	569
1993	8	57	3083	499	269	2004	5	182	12354	946	688
1994	8	59	3223	330	264	2005	5	196	12385	928	750
1995	9	65	3520	335	268	2006	5	208	13272	951	785
1996	9	67	3980	430	273	2007	5	214	13357	1060	807

第二节 招生与升学

一、招生

1986年，高中招生由县教育局统一组织考试命题，各高中学校组织考试阅卷，择优录取。自1987年起，由市教委统一组织命题、考试、阅卷和录取工作。录取新生分计划内和计划外两部分。计划内是按照考生的考试成绩，由高分到低分择优录取；计划外是在录取分数线下一定范围内，对学校协作单位考生的照顾录取。2001年开始，市教育局确定录取新生分为统招生和择校生，规定择校生收费标准（省级规范化学校每生3年收费1.8万元，其他学校每生3年收费1.5万元）。2002年起，历城二中每年从市区招收高中生300人。2004年起，历城一中每年从市区招收高中生300人。2007年招生录取采用“按校划线，错时录取”的办法，取消原普通高中学校的批次设置，所有普通高中学校均为同一批次录取学校。

二、升学

1977年恢复高考，高考由省命题。1978年起，高考由全国统一命题。自20世纪80年代初开始，实行高考预选（1988年停止）。1983年从高二年级，开始文、理分科教学。至1994年，高考文科考语文、数学（文）、外语、政治、历史、地理6科，理科考语文、数学（理）、外语、政治、物理、化学、生物（按70分算）7科。1995—1998年，文科考语文、数学（文）、外语、政治、历史5科，理科考语文、数学（理）、外语、物理、化学5科。1999—2006年，实行“3+X”的方式，文科考语文、数学（文）、外语、文科综合，理科考语文、数学（理）、外语、理科综合。2006年后，高考由山东省命题。2007年，实行“3+X+1”的方式，文科考语文、数学（文）、外语、文科综合、基本能力，理科考语文、数学（理）、外语、理科综合、基本能力。

1986—2007年历城区普通高中毕业生升学情况表

表25-6　　　　单位：人

年度（年）	毕业生	升入本科	升入专科	升入高中中专	升学合计	录取率（%）
1986	897	50	78	130	258	28.76
1987	749	77	165	53	295	39.39
1988	1377	84	167	120	371	26.94
1989	1097	79	201	66	346	31.54
1990	1152	111	161	86	358	31.08
1991	1407	114	124	81	319	22.67
1992	1329	111	188	98	397	29.87
1993	1446	164	410	182	756	52.28
1994	1179	146	296	146	588	49.87
1995	1176	163	431	131	725	61.65
1996	1245	144	382	97	623	50.04
1997	1383	128	383	182	693	50.11
1998	1564	154	480	191	825	52.75
1999	1550	289	714	246	1249	80.58
2000	1508	432	811	62	1305	86.54

续表25-6-1

年度（年）	毕业生	升入本科	升入专科	升入高中中专	升学合计	录取率（%）
2001	2085	711	1016	—	1727	82.83
2002	2865	898	1498	—	2396	83.63
2003	3067	1155	1449	—	2604	84.90
2004	3429	1135	1834	—	2969	86.59
2005	4471	1573	2328	—	3901	87.25
2006	4549	1414	2242	—	3656	80.37
2007	4677	1667	2287	—	3954	84.54

第三节　区属高中学校选介

历城第一中学　建于1956年，原名山东省历城第二中学，位于仲宫镇，校园面积2.03万平方米，有18名教职工，首招初一4个班，224名学生。1961年更名为山东省历城第一中学。1964年发展为有6个高中班、12个初中班的完全中学。1987年更名为济南市历城第一中学。1999年取消初中，成为一所高级中学。2007年，学校占地18.7万平方米，有教学班66个，在校生4235人，教职工293人。

历城第二中学　建于1958年，原名山东省历城第三中学，位于董家镇董家村南，占地6.5万平方米。建校初，招收8个初中班，有在校生432人，教职工31人。1961年开始招收高中生，1962年更名为山东省历城第二中学，1964年发展为有6个高中班、12个初中班的完全中学。1970年改名为历城县董家中学。1978年复名山东省历城第二中学，1987年更名为济南市历城第二中学。2007年，学校占地28.1万平方米，有教学班112个，在校生7100人，教职工425人。

第四节　驻区市属高中

1996年之前，历城区无驻区市属高中。1996年，济南外国语学校与山东三箭置业集团总公司实行校企联合办学，在机场路中段创办济南外国语学校三箭分校。1997年，山东省济钢高级中学在桑园路46号成立。2001年5月，位于郭店镇的原山东省济南第二师范学校改建为山东省实验中学东校。2002年，位于王舍人镇大辛庄的山东师范大学附属中学幸福柳分校正式招生。2007年，济南第一中学由历下区迁到二环东路999号。至2007年，全区有驻区市属高中5所。

第五章　中等专业教育

第一节　中等职业教育

一、办学规模

1986年，全县中等职业学校有历城职业中等专业学校（以下简称为历城职专）、历城第二农业职业中学、历城遥墙第三农业技术中学和中央农业广播电视学校历城县分校（以下简称为区农广校）。1987年，历城撤县设区。济南市原郊区农业技术中学划归历城区，更名为济南市历城区第一职业高级中学。是年6月，撤销历城遥墙第三农业技术中学。1995年，历城一职高升格为职业中专，更名为历城第二职业中专，1997年，历城二职高升格为职业中专，更名为历城第三职业中专。2005年12月，经教育部批准，历城第二职业中专学校晋升为国家级重点职业学校。2007年，全区有历城职专、历城第二职专、历城第三职专、区农广校4所中等职业学校。

图25-8 历城职专学生参加技能大赛（2007年摄）

二、专业与教学

专业设置 1986—1999年，历城职专特色专业是农学类专业、财会专业；历城二职专特色专业是畜牧类专业、建筑专业；历城三职专特色专业是林果专业、幼师专业。1993年起，区农广校与山东农业大学、山东大学等院校联合招生，招收专科、本科学员，先后开设农学、畜牧、园艺、会计、经济管理、计算机应用、农村经济管理等十几个专业。1997年，在全市职业教育骨干示范专业建设中，历城职专财会专业被评为优秀一星级、机电专业被评为优秀二星级，为市级骨干示范专业。2000年，历城职专特色专业是机电类专业、计算机类专业；历城二职专特色专业是机电类专业，汽修类专业；历城三职专特色专业是机电类专业和区青少年素质教育基地。2003年6月，全区3所职业学校的专业进行结构调整，规范专业名称，优化专业设置。2007年，3所职专共开设七大类，14个专业。历城职专的机电技术应用、计算机应用、电子技术应用为省级骨干示范专业，数控技术、计算机网络、财会为市级骨干示范专业；二职专的汽修专业、服装专业、数控技术专业为市级骨干示范专业；历城职专数控实训基地为市级示范实训基地，电子实训室与二职专汽修实训室为市级实训室。

教学实践 1995年以前，全区强化“三教统筹”，实现职教与成教、普教的密切结合。1997年，推行毕业证书、劳动职业资格证书“双证书”制度。2004年，实施职业教育教学整体改革工程，建立新的课程体系，改革课时比例，将文化课、专业理论课、专业实训课课时比例调整为2∶2∶6。推行实施“学分制”，实行弹性学制，允许学生半工半读、工学交替、分阶段完成学业。组织职业学校师生到全市的170家企业进行调研，实行职业学校干部教师企业实践制度、技能证书制度、外聘教师制度。2005年，改革办学模式、办学形式，职业学校与21家年销售过亿元企业达成合作办学协议。2007年4月，全市首家职教集团——现代制造业职教集团在历城职专成立，成员包括济南市10家职业学校和69家大中型企业，职教集团的成立使学校和企业零距离对接，成为解决中职人才供需脱节问题的新途径。

三、招生与就业

招生 1986年，全县中等职业教育学校招生实行全区统一考试录取。1993年，取消统一考试录取方式，各校灵活设置专业，进行自主招生。1997年，各职业学校开始成立招生就业办公室，专门负责职教招生和就业工作。1999年开始，区教委以行政干预的方式强化对初中毕业生的合理分流，职业学校试行免试入学制度，降低入学门槛、简化招生手续，各校推行“订单教育”（根据用人单位所需人才设置专业招收学生）。2003—2004年，实行职教招生“一把手”负责制，校长全权负责招生工作，春季、秋季二次招生。

2007年，将招生工作纳入全区教育综合督导。

就业　2003年以前，全区职业学校开展创业教育，如历城职专“三三三”创业教育（3年学习+3年就业+3年创业）；开展“订单”培养，根据用人单位所需人才设置专业招收学生；建立办学信息反馈系统，为毕业生提供就业指导，加强部门联合，构建面向济南市区（浪潮集团、元首针织、轻骑集团、润华集团等）、长江三角洲地区（上海、苏州、杭州等地）及环渤海湾地区（青岛、威海等地）的就业服务网络。2004年，建立“以就业为导向、以能力为本位”的教学模式培养学生。学校走访用人单位，对人才市场、企业进行调研，确立每名毕业生必须掌握的基本技能，要求学生毕业时，必须考取英语、计算机等级证书及所学专业职业资格证书后才能获取学历证书。至2007年，全区职业学校有效就业率始终保持在95%以上。

第二节　师范教育

一、历城师范学校

1972年5月，历城师范学校在历城县工读师范学校校址（原孙村公社西顿丘西北处）建立。6月2日，第一届工农兵学员182人入校开学。1986年1月，学校迁至郭店镇，占地面积5.8万平方米，房屋276间。1986—1990年，新建总面积7017.3平方米的办公教学楼、学生宿舍和辅助用房、实验楼、阶梯教室、300米环形跑道的运动场。1992年，新建音乐楼、职工宿舍楼、操场、图书楼、学生宿舍楼、食堂餐厅。1994年7月，历城师范学校整建制由历城区划归市管，更名为济南第二师范学校。是年，学校有24个班，招生329人，在校生890人，教职工148人。1986—1994年，共培养师范毕业生2036人。1998年开始招收5年制大专生。2001年5月，济南第二师范学校并入济南师范学校，在校大专班学生转入济南师范学校继续学习。

二、历城教师进修学校

历城教师进修学校前身为历城县函授师范学校。1956年3月，历城县函授师范学校成立，附设在历城县政府附近的赵家庄小学。1958年，迁至全福庄小学，开办初师和中师班。1971年，开展现代汉语、古典文学、代数、几何、化学等学科的高师函授。1981年，更名为历城教师进修学校，校址在洪家楼东原东风铁矿旧址（现华信路6号）。1986年，学校建筑面积2639平方米，有教职工39人。1985—1998年，举办函授中师班3期、1073人，脱产中师班2期、153人，高师班一期656人，小学教师中师班一期54人。1985—2005年，先后组织山东省音像高师、卫星电视师专、三沟通、中学教师助学自考、小学教育大专班以及山东省中小学教师自学考试等专科学历培训，并开展小学校长培训、新课程培训、信息技术培训、英语培训、艺术教师培训，培训小学校长1106人、幼儿教师及中小学教师49688人。2005年，学校成为国家“示范性县级教师培训机构”。2007年，学校占地1.09万平方米，建筑面积8120平方米，有教职工47人，其中，中高级职称教师31人；在校学生共234人，为成人中专幼儿艺术教育专业。

图25-9　历城教师进修学校（2003年摄）

第六章　高等教育

第一节　电视大学

1986年，济南广播电视大学普通专科校外师资班在历城教师进修学校开办。1999年4月，济南广播电视大学历城分校建立。学生经全国普通高考招生，师范类专科学历，学制两年。2000年以后为非师范类，学制两年。教师实行专兼职结合，从山东大学、山东师范大学、山东广播电视大学等高校聘请兼职教师。1986—2002年，招收10届电大学生，有汉语言文学、数学、英语、计算机应用、法律、财会、国际贸易7个专业，毕业学生416人。2003年，历城分校停止招生。

2000年4月，济南广播电视大学在历城职业中专（校址位于郭店）设立济南广播电视大学历城第二分校。是年，开设计算机专业1个班，学生45人。至2003年，共开设计算机应用专业5个班，学生246人。2003年，举办国际贸易专业1个班，学生26人。2005年，举办机械制造等专业1个班，学生27人。后因生源不足停办。

2003年3月，山东广播电视大学在历城职业中专设立教学点。是年，举办"三二连读"（三年中专、二年大专连读）信息技术管理专业班2个，学生73人。2004年，举办"三二连读"信息技术管理专业班1个，学生30人。后因生源不足停办。

第二节　山东建设学院

1994年12月，山东建设学院成立，位于荷花路37-1号。为省政府批准、历城区政府与中国民主促进会山东省委联合主办的一所民办高等院校。教师以聘用为主，学校管理人员、教学辅助人员以历城第二职业中专教师为主，办学基础设施与历城第二职业中专共享。1995年，首招会审电算化专业50人。1996年后，陆续设市场营销、公共关系、机电、法律、计算机应用、政法、机械加工等22个专业，学制三年。建成汽车修理、服装工艺、机械加工、电气焊、计算机、电子家电6个实训车间，将课堂放在车间，实现教学与实践的统一。至2000年，在校生264人。

图25-10　山东建设学院（2003年摄）

2001年，学校以自主招生为主要形式，面向全省招收初、高中毕业生。招收高中毕业的三年制普通大专生、高级技工大专生和技师生，初中毕业的四年制普通大专生、高级技工大专生和技师生，以及高级技工和职业中专生。学生毕业后以向企事业单位推荐就业为主要形式。2007年，有在校生3351人，教职工197人。

第三节 驻区高等院校

1987年，辖区内有山东大学、山东省工会管理干部学校、山东冶金技术学院等驻区高等院校。1991年，山东省农业管理干部学院由齐河县迁回济南，学院济南校区位于农干院路866号。1998年，山东英才学院在孙村镇创建。2000年1月，山东法官培训学院成立，位于山大南路5号。2004年7月，济南职业学院在济南教育学院、济南机械职工大学、济南职工科技大学合并基础上成立，其新校区位于蟠龙山国家森林公园北邻。至2007年，驻区高等院校有山东大学、山东建筑大学、山东省农业管理干部学院、山东商业职业技术学院、山东省工会管理干部学院、济南职业学院、山东法官培训学院、山东省青年管理干部学院、山东协和职业技术学院、山东冶金技术学院等。

山东大学　建于1901年，历经山东大学堂、国立青岛大学、国立山东大学、山东大学等几个历史发展时期，是教育部直属全国重点综合性大学。2000年7月，隶属于不同管理体制的山东大学、山东医科大学、山东工业大学合并组建为新的山东大学。有中心校区、洪家楼校区、趵突泉校区、千佛山校区、软件园校区和兴隆山校区6个校园，并在威海设有分校。其中，中心校区、洪家楼校区位于历城区。学校总占地面积357万平方米，有42个教学学院（含分校11个院系），6所附属医院（含3所非隶属附属医院），12所教学、实习医院，并设有研究生院，本科生和研究生层次教育涵盖了文学、史学、哲学、经济学、管理学、法学、理学、工学、医学、教育学、军事学共11个大学科门类。

山东英才学院　1998年，山东英才职业技术学院在孙村镇埠东村创建，占地40.29万平方米，校舍建筑面积29.1万平方米。2008年4月，经教育部批准，成为全日制民办普通本科高校，更名为山东英才学院。学院设有机械制造及自动化工程学院、计算机电子信息工程学院、外国语学院、经济管理学院、商学院、文法学院、学前教育学院、艺术学院、建筑工程学院、农林学院、医学技术学院、前卫艺术学院共12个二级学院。

第七章 成人教育

第一节 农民教育

一、扫除青壮年文盲

经过历次扫盲，1987年全区文盲人口比例低于7%。1988年2月，国务院发布《扫除文盲工作条例》，全区20个乡镇成教中心开展扫盲工作。1990年，完成3710人的指令性扫盲任务，洪家楼镇率先成为“无盲镇”。1991年11月，全区脱盲学员1761人参加全市文化统考，参考率97.5%，及格率100%，高分率89%。1993年3月，全区共配备1348名教师、选拔2113名中小学生作为扫盲指导教师和包教“小先生”。7月，区教委、区委宣传部等12个部门对全区20个乡镇进行扫盲工作验收，经验收，全区共扫除青壮年文盲2466人，剩余文盲、半文盲801人，除失能人员735人，青壮年文盲剩余66人。8月，国务院修改《扫除文盲工作条例》，扫盲范围由原来的15周岁～40周岁人口扩大至所有15周岁以上人口，农村和城镇扫盲标准由原来非文盲人数占85%、90%分别提高到95%、98%，要求复盲率低于5%。至1995年年底，全区扫除文盲26080人，剩余1298人，青壮年非文盲率达到99.8%。1996年1月，历城区被国家教委列为全国第二批实现“两基”（基本普及九年义务教育、基本扫除青壮年文盲）县（市、区）。

二、农民专业技术培训

1989年，全区农科教结合（一体化）试点工作启动，遥墙镇为首批试点镇。1991年，遥墙镇成教中心开设财经、农业经营技术两个历城职业中专校外班，招生98人。1992年，市人大常委会把历城区作为农科教结合试点联系区。1992—1995年，先后增加唐王、王舍人、董家、党家庄、郭店、孙村、港沟等镇成教中心职业中专校外班，开设11个专业。1993年，全区85%的行政村办有农民业校，到2001年，行政村级办学面达100%。2003年，实施“十百千万”科教示范培训计划，创建遥墙、郭店、仲宫3个市级农村成教实习示范基地，培训科技示范户50户、专业户250户、致富能手2500人。2004—2007年，开展农村实用技术培训22.5万人次、农村劳动力转移培训2.6万人。

图25-11　董家镇农民接受技能培训（2006年摄）

2004—2007年历城区农民教育培训统计表

表25-7　　单位：人

乡镇	2004年		2005年		2006年		2007年	
	实用技术	劳动力转移	实用技术	劳动力转移	实用技术	劳动力转移	实用技术	劳动力转移
王舍人镇	939	482	2197	1157	1850	1005	1914	1675
华山镇	4834	263	3142	230	3108	384	1760	764
遥墙镇	11025	475	2520	682	5005	647	5470	482
唐王镇	2909	332	3528	280	3663	190	14800	514
董家镇	10925	503	4926	331	4719	300	3575	650
郭店镇	2407	512	4600	525	5680	1403	4911	998
彩石镇	7748	310	2783	454	3215	940	5568	717
港沟镇	3947	370	2762	219	6940	674	3544	375
仲宫镇	9686	654	11163	319	3965	415	3059	588
锦绣川乡（办事处）	820	199	925	249	3810	253	403	95
高而乡（办事处）	865	248	603	325	1050	31	1226	228
西营镇	5079	164	2712	142	4750	223	4051	304
柳埠镇	2122	248	9997	326	518	411	6848	529
孙村镇	1160	698	2642	438	—	—	—	—
大正小区	405	268	286	174	—	—	—	—

第二节　职工教育

1986年，历城县职工教育办公室隶属县总工会。1989年隶属区经委。2001年12月，更名为区成人教育办公室，划归区教育局管理。

1986年，有32个县直企事业单位建立职工教育科，其他单位职教工作均由工会或宣教科兼管。乡镇职教工作由区乡镇企业局教育科代管。全区有6所职工教育学校和1个职工教育培训中心，均配备专、兼职管理干部和教师。1994—2000年，职教工作开展多工种专业技能培训、岗前培训、适应性培训、应急培训，并广泛开展“万人学外语”“产品效益年”等活动，受教育者达14.6万人次。其中，3462名厂长（经理）、车间主任、班组长、营销人员、财务会计取得专业培训证书，4386名专业技术人员接受系统的专业技能培训，97336名职工接受岗前培训，23264人次接受“应急培训”和“适应性培训”，1376名职工先后获高中、中专、大专毕（结）业证书，1名企业经理获南开大学MBA结业证书。2001年后，因企业改制、职能转变等原因，职工培训业务取消。

第三节　成人中等专业教育

1998年7月，历城成人中等专业学校开始招生，属全日制中等专业学校，生源为当地城乡劳动者和高初中毕业生，学生毕业合格后颁发国家承认的中专学历证书。校址设在华信路6号，与历城教师进修学校合署办学。是年，开设酒店管理专业。1999年，开设家电维修专业。2001年，开设电子技术与家电维修专业。自2002年开始，主要开设幼儿艺术教育专业。酒店管理、家电维修、电子技术与家电维修、计算机网络技术、幼儿艺术教育专业为两年制。2004级幼儿艺术教育专业有3个班为两年制，有1个班为三年制。2005—2007年，幼儿艺术教育专业均为三年制。

第八章　社会教育

第一节　青少年校外教育

2001年6月，历城区青少年宫成立，是全区第一家校外教育单位。区青少年宫位于东外环路洪苑小区，占地面积6646平方米，建筑面积2643平方米。2004年，被评为市社会力量办学一类学校，被确定为全国、山东省书画考级指定报考单位，济南电视台少儿频道小记者站。2006年，在全国、山东省第二届中小学生艺术展演活动中，区青少年宫被教育部、省教育厅评为优秀组织单位。2007年，区青少年宫有教职工27人，其中本科艺术院校毕业的15人，外聘62位省、市、区级学校的骨干教师为兼职教师。

2007年，历城区校外素质教育基地在柳埠镇建成，建筑面积2万平方米。其中实验培训大楼面积8400平方米，设有24个素质教育功能室、17个实训室，共设计研究性学习项目36大类、1000个具体研究项目，可容纳2000人同时开展各种科学探究活动。基地还设置了素质教育林、拓展训练区、地理园。素质教育林栽植各种树木80种，名贵树木有银杏、水杉、芭蕉树等60种，果树有核桃树、山楂树、樱桃树等20种，学生在基地可以进行树木认识、种植、嫁接、病虫害防治、果树修剪等内容的学习。拓展训练区设有缅甸桥、爬网海、走断木、攀岩、云梯、背摔、军事五项等综合实践类训练器材，可对学生进行手脑并用训练，心理素质训练，身体协调性能训练。地理园内设置22种常见的冰川地貌、丹霞地貌、喀斯特地貌和太古代、远古代、古生代、中生代、新生代地层模型，具有沉积岩（石灰岩）、花岗岩（济南青）、变质岩（泰山片麻岩）等代表性的岩石，为全市面积最大、种类最全的地理教育园。

第二节　社区教育

2002年，历城区社区教育委员会成立，负责对全区的社区教育工作进行统筹规划、协调管理和督促指导。各街道、乡镇及其所属村、居分别成立社区教育领导小组，组织开展本社区的教育工作。2003年，以历城教师进修学校为依托，建立历城区社区教育学院，各街道、居委会成立社区教育学校（站、点）；各镇以镇成教中心校为依托，成立乡镇社区教育学校（中心）；行政村以村文化业余学校及村办小学为依托，成立村社区教育站、点。各居（村）委员会以社区教育学校为平台，做到长短班结合、集中培训与分散培训结合、学文化与学技术结合、科技教育与普法教育结合、职业培训与转岗再就业培训结合、文化生活教育与卫生保健教育结合。开发利用老年大学、老年活动中心、文化广场、科技报栏等教育资源，开展丰富多彩的群众性文化、科技、普法、体育、娱乐活动。2002—2007年，共完成在职人员岗位培训15.77万人，下岗职工再就业培训1.68万人，老年人群社会文化教育、弱势人群提高技能培训7.59万人，特殊人群培训2100人，青少年培训10.63万人以上。2007年，全区共有社区教育专职工作人员82名、兼职人员625名，专职教师107名、兼职教师669名，志愿者385名；社区教育学校17所，社区教育教学站573个；100%的街（镇）、居（村）成立了社区教育学校（站、点）。

第九章　教　师

第一节　教师队伍

1986年，全县有教职工5258人，其中专任教师4420人（含民办教师2225人）。1987年，撤县建区后，全区有教职工6286人，专任教师5330人，其中，小学3329人、初中1671人、高中176人、职专154人。2000年，区划调整后，全区有教职工7101人，专任教师6143人。其中，小学3370人、初中2095人、高中435人、职专243人。2007年，全区有教职工6691人，专任教师5627人。其中，小学2901人、初中1656人、高中807人、职专263人。全区小学任课教师中专学历达标率100%，专科及以上学历占77.8%；初中任课教师专科学历达标率99%，本科以上学历占74.3%；高中任课教师本科学历达标率99%，研究生以上学历占1.6%；职业学校任课教师本科学历达标率79%，研究生以上学历占0.5%。

1986—2007年历城区专任教师情况表

表25-8　　单位：人

学年度（年）	专任教师	小学	初中	高中	职专	特教	其他
1986	4420	2663	1500	130	127	0	0
1987	5330	3329	1671	176	154	0	0
1988	5479	3437	1693	189	160	12	255
1989	5419	3401	1668	207	143	28	340
1990	6128	3883	1851	245	149	30	354
1991	6053	3799	1868	243	143	33	389
1992	6121	3846	1862	267	146	49	367
1993	6160	3793	1952	269	146	36	365
1994	6339	3822	2096	264	157	35	365
1995	6502	3828	2252	268	154	33	384
1996	6742	3892	2403	273	174	32	367
1997	6910	3972	2424	327	187	35	343
1998	7328	4232	2474	361	261	38	339
1999	7669	4349	2598	453	269	40	395
2000	6143	3370	2095	435	243	40	213
2001	5896	3327	1926	435	208	40	232
2002	5762	3234	1849	474	205	38	260
2003	5705	3209	1689	569	238	36	348
2004	5757	3102	1724	688	243	35	349
2005	5838	3141	1704	750	243	34	366
2006	5815	3069	1744	785	217	33	209
2007	5627	2901	1656	807	263	32	208

说明：“特教”“其他”为教职工，不计入专任教师总数

第二节　教师待遇

一、民办教师转公办

20世纪50年代末，乡镇中小学配备了一定数量的民办教师，60—70年代，民办老师数量增多。1985年前经过两次整顿，民办教师减员1375人。1986年，全县有民办教师2225人。1987年2月，经过考试考核，174名民办教师转为公办。1990年，全区有民办教师2300人，其中中学民办教师421人、小学民办教师1847人，当年，民办教师报考师范录取32人。1992年7月，133名民办教师转为公办；1994年6月，217名民办教师转为公办；1996年12月，474名民办教师转为公办；1998年7月，1084名民办教师转为公办。此外，1986—1998年民办教师参加大中专考试被录取374人，自动离职6人，其他原因离开教师队伍14人。经过几次调整和转正，1998年后，民办教师不再存在。

二、工资

1988年，在全体教师中开展首次专业技术聘任工作，并自1987年1月进入相应的职务工资等

级，人均月增工资额为17元。1988年9月，劳动人事部、国家教育委员会下发《提高中小学教师工资标准的实施办法》，规定从1987年10月起，可以将中小学和幼儿园教师现行的各级工资标准（基础工资和职务工资之和）提高10%。

1995年10月起，全区教育系统5683人晋升工资档次。1999年7月起，9064名教职工调高工资标准。2001年4月起，7252名教职工调高工资标准。2006年7月起，实施绩效工资制度，全区6742名教职工每月增加工资1972645元，人均月增300元。2007年1月起，全区6590名教职工晋升薪级工资，每月增加工资176940元，人均月增27元。

2005年年底前，全区乡镇教师工资由乡镇政府财政发放。从2006年起，各乡镇教师工资改为由区政府财政统筹，统一标准、统一时间发放。

三、安居

1986—1987年，历城三中建设教师住宅楼房两栋70套，4480平方米。1991—1996年，历城一中、历城五中等学校为教师建设住宅楼房280套，31980平方米。1996年，十六里河镇为教师建设住宅楼3栋108套，86400平方米。1998年取消福利分房后，历城区把教师安居工程列为全区重点工程之一，先后6次召开调度会，研究解决教师住房问题。到2003年年底，全区投资25868.39万元，新建教师住房3062套，建筑面积345669平方米，实现了教师达到户均1套住房的目标。

第三节 职称评聘

一、职称评审

1988年以前，全区的教师均没有专业技术职称。1988年，开始进行教师专业技术职称评定工作。至1999年，共进行7次职称评审，评审通过1146名副高级专业技术人员、7060名中级专业技术人员、13255名初级专业技术人员。

2000—2005年，评审通过633名副高级专业技术人员、1353名中级专业技术人员、2178名初级专业技术人员。2006—2007年，实行各单位（学校）中、高级教师专业技术职务资格推荐并实行岗位限额控制办法，全区进行2次职称评审，评审通过84名副高级专业技术人员、257名中级专业技术人员、231名初级专业技术人员。

二、职称聘任

1988—1995年，对专业技术人员职务实行全员聘任；1996年起，对新评审的中、高级专业技术人员实行竞争上岗、择优聘任。

2001年12月、2005年3月，进行了2次竞聘工作。在竞聘过程中，按照“四公开、六定榜”的聘任程序，即参加竞聘人员的范围、条件和聘任原则公开，专业技术岗位设置情况公开，赋分标准公开，聘任结果公开，依次确定申请竞聘人员名单榜、经资格审查合格的竞聘人员名单榜、竞聘人员的民主评议分成绩榜、竞聘人员的量化赋分成绩榜、竞聘人员的总成绩榜、聘任人员名单榜的程序，共聘任高级专业技术人员744人、中级专业技术人员2119人、初级专业技术人员2740人。

第四节 教师招聘

2001年之前，教师来源主要是国家统一分配的师范类大中专毕业生，少量教师从外地调入。

2002年，本科毕业生由区教育局面向高中学校统筹安排选聘，历城籍济南大学英语专业毕业生、济南师范等小学教育大专班专科毕业生及省级优秀毕业生由区教育局统筹安排选聘，其他毕业生回生源地待聘或自谋职业。是年，有94名本科毕业生安置在高中学校，27名专科毕业生安置在区直中小学任教。自2003年起，通过说课、考试招聘教师，至2007年，共招聘教师467人。

第五节 教师培训

1986—1998年，全区举办中小学教师提高学历层次中师班，共培训1695人。1986—2005年，举办中小学教师提高学历层次专科班，共培训1846人。1994—2007年，举办中小学教师全员计算机高级培训、师德培训、教师新课程学科培训、菜单式培训和新课程远程培训136期，共培训49688人次。

2002年秋季，区教育局发动城区学校35岁以下在职在岗的教师到农村薄弱学校支教。所有下派支教人员，原则上在基层工作不少于1年。至2007年，全区有108名城区教师到农村支教，35名农村教师到城区学校学习。

2006年，从全区教育系统中选拔出33位“三名”建设工程人选，其中，6位名校长人选、8位名班主任人选、19位名教师人选。2007年1月，以名师名字命名成立了名师工作室，区教育局将4名“济南名师人选”和33名“三名”建设工程人选纳入名师梯队培训工程。2007年9月起，先后有18位名师人选到上海、杭州、苏州等地，跟随导师挂职学习培训1周。

图25-12　2007年1月26日，历城区首批“三名”建设工程人选授牌仪式

第十章　教育科研

第一节　教学研究

自1984年起，历城县注重加强教学常规的管理和研究，建立县、乡（镇）、校三级教研网络，分别建立中学语文、数学、外语、政治、物理、化学和小学语文、数学、常识等9个学科的县教学研究会或分会，在各乡镇建立中小学16个学科的中心教研组，镇以下的各学片建立学段、学科教研组，区直中小学建立学科教研组。研究实施素质教育的课堂模式，课堂教学以学生为主体、教师为主导、联系为主线，实行启发式教学、因材施教，优化教学过程。抓好规范课、优质课、观摩课三类课，实现全区30%的教师上好优质课，80%的教师能上规范课的要求。

1986—1989年，区教育局教研室组织全区中小学及幼儿教师学习和运用教学大纲。采用集体备课、举办假期教师培训班、请省市专家举办专题讲座等形式提高教师教学能力。1990—1995年，加强初中教学研究，在学制、教材、教法、考试等方面进行改革，总结推广教改实验。开展群众性的教研活动，部分学科集体备课，举行各种类型的公开课、观摩课等。从1998年起，研究实施素质教育的课堂模式，改“经验型”教学为“科研型”教学。2001年，分层次区域创新教育，小学由案例为重点向以教学设计为重点过渡，初中进行“自探共研、当堂训练”为主要内容的课堂教学改革，高中围绕研究性学习、新课程标准和高考“3+X”模式进行课改探讨。2003年，初中学校采取科学、灵活多样的方式进行新课程培训，高中学校按照“分层推进、循序渐进”的策略，全面提升教学质量。从2004年秋季开始，高一进行新课改实验。2007年，面向学校推出19项重点课题和31项“金点子”课题。

图25-13 2002年11月2日，小学课程改革教学研讨会

第二节 科研课题

1987年，历城区中学教学进行“分化点教学实验”“中学生音乐能力培养实验”“初中物理目标教学实验”课题研究，在小学学段启动“全国新教材实验”，相关“实验情况分析”被人教社编入《教学经验选编》。1988年，论文《乘法、除法简单应用题教学浅见》在全国教学实验工作会议上进行了交流。1990年后，开展中学数学“自学指导教学法研究”“难点教与学实验”，小学语文“中高年级阅读教学模式与操作”，小学数学“优化教学目标，提高教学效率”“调整教材结构”，幼儿园的“优化幼儿园一日活动”“家园配合对幼儿进行学前教育”等科研课题。“九五”期间，历城区共承担全国级课题4项，省重点课题2项，市级重点课题7项，区级重点课题31项。1999年，历城区启动分层次区域创新教育，并编写《分层次推进创造思维与个性教学实践研究》一书。

2001年，全区上报“十五”教育科研课题300项，其中“区域创新教育整体改革策略研究”“小学生开展小专题研究实验”2项课题被省教育厅批准立项为省重点课题，“提高中小学教师科研素质实施策略研究”“新时期小学生品德发展特点及提高德育实效的策略”“开放式教学实验与研究”3项课题被确立为省规划课题，“利用ABC理论对中学生进行挫折心理教育”等8项课题被确立为市级重点课题，有19项课题被确立为市级规划课题，有53项课题被确立为区重点课题。“十五”期间，全区共承担91项省、市、区课题的实验研究，其中，省重点课题3项、省规划课题3项、市重点课题12项、市规划课题20项。2007年，在全省教科研成果评选中，全区有127项成果参评，19项获一等奖，78项获二等奖。

1986—2007年历城区获市以上教育科研成果一览表

表25-9

鉴定时间	成果名称	级别	鉴定结果	主持人
1989年5月	“自学法”教学实验	全国	三等奖	陈国范
1991年	自学指导教学法研究	全国	三等奖	陈国范
1994年10月	优化教学目标，提高教学效率	市	一等奖	陈嘉潭、苏纯仁
1995年3月	课堂教学结构实验研究	市	一等奖	彭延敦
1998年3月	九年义务教育教材难点教与学实验	省	二等奖	陈国范
2000年6月	小学社会课教学模式研究	省	通过鉴定	戴耳刍
2004年10月	分层次区域创新教育教学改革	省	优秀科研成果一等奖	李国勋、吕芳红
2004年10月	自探共研、当堂训练教学模式构建与探索	省	优秀科研成果一等奖	王钢城、张军

续表25-9-1

鉴定时间	成果名称	级别	鉴定结果	主持人
2004年10月	小学英语形成性评价的研究与应用	省	优秀科研成果二等奖	韩惠芬
2004年10月	开放性作业设计与实践研究	省	优秀科研成果三等奖	谢兆水、刘建华
2004年10月	现代科技课程实验与研究	省	优秀科研成果三等奖	李师民
2004年12月	小学英语形成性评价的研究与应用	省	通过鉴定	韩惠芬
2004年12月	开放性作业设计与实践研究	市	通过鉴定	谢兆水、刘建华
2007年7月	洪家楼高级中学“131教学模式”	市	全国推广	陈学祥
2007年12月	历城区城乡结合部教育均衡发展经验	市	“十五”优秀教育科研成果、全国推广	郭建军

第二十六编

科学技术

山东省科学院高新技术产业（中试）基地（2000年摄）

1986年起，历城区发挥驻区高等院校、科研院所众多的优势，重点抓好科技人才的引进、培养、使用、开发工作，逐步建立起科技管理、示范、服务网络。1988年，采取聘用科技副区长、选配科技副乡镇长、配备科技副村主任形式，健全区、乡镇、村、企业科技研究管理服务体系。1991年起，开展高新技术产业认定工作，高新技术产业所占比重逐年提高。实施“科技兴区”战略，加强科技人才队伍建设。1998年，全省首家民营科技市场——中国济南高科技市场挂牌成立。2000年起，实施“十、百、千”科技富民安康工程，加快了农业向专业化、规模化、产业化、集团化发展。2007年，区域人才资源总量达到10.19万人；共有科研机构97家，省、市高新技术企业62家，省、市高新技术产品达83个；全年实现高新技术产值122.18亿元。1986—2007年，全区累计完成科技投入17.3亿元；共开发、引进新技术、新工艺5100多项，取得科技成果263项；实施各类科技计划1060项；累计申请专利8200余件。历城区于2003、2005、2007年连续被评为全国科技进步先进区。

第一章　科研机构与科技队伍

第一节　科研机构

一、科研机构发展

1985年6月，全县第一家民办科研机构历城新工艺研究所成立。1987年，区划调整后，省农业科学院、省医药工业研究所等多个省市科研机构成为驻区单位。1988年年底，全区民办科研机构发展到18家。1989年10月，区科技局印发《历城区民办科技实业机构管理暂行办法》，当年，引进科技实体30多家，78个科研站所实行承包责任制。1990年，开展民办科技实业机构整顿工作，撤销民办科技实业机构8家，新发展4家。1993年，深化科研机构改革，实行技术合同制、课题承包制和承包经营制，开始对外输出技术。10月，执行《济南市民办科技机构管理办法》，当年，民办科研机构发展到45家，科研人员达500余名，产值达4000余万元。1994年，全区民营科技机构发展到60多家，从业人员700多人，开发产品80多个，8家民营研究所加入济南市民营科技机构联合会，2家民营科技机构入选1994年济南市民营科技15强。1995年，民办科研机构从业人员900余人，其中，中级专业技术职称以上的技术人员占30%。1996年，成立历城区发展民营科技企业工作领导小组，民营科技企业发展中的人才交流、档案管理、专业技术职务晋升、养老保险等相关政策得到落实。1998年，区政府制定《历城区科技第三产业发展规划》，新增民营科技机构3家，总数达到71家。2007年，全区共有科研机构97家，从业人员2389人，其中，中级专业技术职务以上的技术人员448人；驻区市级以上科研院所22家（省级以上9家），拥有专业技术人员1487人，其中，高级技术职务147人。

二、科研机构选介

山东省农业科学院　1978年成立，位于工业北路202号，占地面积144公顷，是山东省内唯一的省级综合性、公益性农业科研机构。2007年，全院拥有12个处室、20个研究试验单位、1754名在职职工（分布全省），有专业技术人员1142人，其中，具有高级专业技术职务人员513人，百千万人才工程国家级人选3人，泰山学者特聘专家3人，国家和省突出贡献专家18人，博士112人，硕士262人。主要研究领域涵盖粮经作物、果树、蔬菜、畜禽等43个学科。累计研发各类科技成果1210项，获省部级以上奖励516项，其中国家发明一等奖1项、二等奖3项、四等奖1项，国家科技进步特等奖1项、一等奖1项、二等奖21项，省科技进步一等奖18项，共有273个品种通

图26-1　山东省农业科学院（2007年摄）

过国家或省审（认）定；科技成果转化率达到90%以上，年均新增社会经济效益50多亿元。

山东省医药工业研究所　1979年成立，位于山大北路52号，建设面积7000平方米，在天桥区水屯路建有占地1.26公顷的中试基地。2007年有职工120人，各类专业技术人员占职工总数的90%。主要从事化学药物、中药及天然药物等医药高新技术产品的研究开发，是山东省重要的新药研发中心，省科技厅重点扶持的省级科研机构。实验室配备多台高效液相色谱仪，以及气相色谱仪、薄层扫描仪、红外、紫外、全自动血球计数仪、冷冻干燥机、球型微丸造粒机等多种先进的仪器设备。2007年年底，累计获得新药证书130个，承担国家级和省级重点科研项目100多个，申请专利20余件，获国家及省部级科技进步奖和其他奖项76项，其中，获国家科技进步二等奖1项，省科技进步一等奖3项、二等奖5项、三等奖2项。

济南市历丰春夏大白菜研究所　1993年1月成立，位于工业北路198号。2007年，有专业技术人员25人。该所建立8个试验示范推广基地，推广大白菜新品种种植面积73万公顷，销往20多个省、市、自治区，新增经济效益27亿元。选育出春、夏、秋三季栽培，早中晚熟配套，生态类型齐全的系列大白菜新品种，特别是春、夏大白菜新品种的选育，填补了国内空白。

第二节　科技队伍

1986年，全县共有专业技术人员5229人。其中，有专业技术职称的1054人，包括高级职称2人，中级94人，初级578人，技术员380人。1987年，以区人民医院及历城水泥厂为试点单位，恢复停止4年的技术职称评定工作。10月底，组织全区33个单位5396名专业技术干部，按照高级、中级、初级职务填写呈报表，上报济南市科委。同时，将评定技术职称改为评聘技术职务。1988年，聘任4682名专业技术人员，其中，高级职务105人，中级974人，初级3603人。制定“双放”政策（放活科研机构、放活科技人员），吸引人才，全年引进各类技术人才109人，通过技术承包、业余兼职等形式聘用各类科技人才630余人。1989年5月，区委、区政府制定《引进、放活科技人员的暂行规定》，全区引进各类技术人才420人，聘用372人，与23家大专院校、科研单位建立技术、信息和生产合作关系，聘请山东大学10名教授为经济技术顾问；聘任专业技术人员5651人，其中，高级职务43人，中级404人，初级5204人。1990年，全区引进各类技术人员450余人，聘用380人。当年，加强农村科技队伍建设，农村科技人员达到3753人。1993年2月，举办全区第一届人才交流与经济技术洽谈会，驻济80多个大专院校、科研单位参会，引进人才860名，提供技术项目1500多个，洽谈项目90多项，达成意向31个，签订协议11项。1994年，全区20个乡镇聘请“科技军师”76名。10月，全区1408名农民评定了专业技术职务。1995年，“科技军师”发展到102名。1996年，区委、区政府印发

《关于命名表彰历城区首批专业技术拔尖人才的决定》，命名专业技术拔尖人才11名。1998年6月26日—27日，区招商引资暨人才交流洽谈会召开，140余家大中型企业、9所高等院校科研院所参加，与会人员3000多人。1999—2005年，共命名三批区专业技术拔尖人才，39名科技人员被授予历城区专业技术拔尖人才称号。至2007年，共聘请美国、日本、德国等国的专家、学者45人次，举办人才交流大会180多场次，进场求职人员18.2万人，达成就业意向3.6万余人。年末，辖区内共有各类科技人才10.19万人，其中，区属47173人（企事业专业技术人才28362人，企业经营管理人才4490人，职业技能人才7896人，“三农”技术人才6425人），高、中、初级职称分别占4.5%、24.5%、71%。

第二章 科技成果

第一节 研发引进

1986年，县政府聘请11名大专院校、科研单位专家成立科技顾问团，与辖区内20多家大专院校、科研院所建立合作关系。从安徽引进“地下式自然通风窖”、从上海农科院引进西瓜素推广应用新技术，与省葡萄研究所联合在柳埠镇建立优质葡萄开发中心。1988年，引进科研项目和解决技术难题40多项，其中济南镁碳砖厂研发的优质镁碳砖由国家科委鉴定为科研成果。1989年，区政府修订《济南市历城区科学技术进步奖奖励办法》，当年评出获奖项目16个。同年，开展实验研究项目3项、开发项目5项、引进示范项目5项，其中“芦笋茎枯病的发病规律及防治研究”项目在省级鉴定会上被认定为国内先进水平。1990年，全区取得科技成果13项，其中，达到国际水平1项，填补国内空白2项，达到国内先进水平3项，填补省内空白3项，省内先进水平4项。引进推广卡塔尔良种牛、小尾寒羊、红富士苹果等优良品种，试种山东农业大学小麦新品种，推广小麦联合固氮菌技术。9月，经省科委、省体改委批准，在华山镇成立全省第一家星火集团——山东省济南青花岗石材星火技术开发集团。1991年，全区有17项科技成果获得各级奖励，其中，国家星火三等奖2项，省级星火二等奖1项，市科技进步奖2项，区科技进步奖12项，有2项填补国内空白，2项达到国际先进水平，6项达到省先进水平。5月，区政府在北京举办科技合作暨难题招标恳谈会，中国科学院、清华大学、北京大学等62个大专院校、科研院所的74名专家参加会议，64项难题接标，引进技术成果47个，签订“产、学、研”合作意向16项。6月7日—14日，组织乡镇和企业参加省科技成果转让与企业难题招标洽谈会，正式签约17项。1992年4月，第二次在北京举办科技恳谈会，14个乡镇及25个单位参加洽谈会，谈成项目30个。1993年，区政府再次修订《济南市历城区科学技术进步奖励办法》，科技进步奖的奖金由400元、200元、120元、80元四等提高为2500元、1500元、800元三等。同年，召开全区科技进步奖励大会。1994年10月18日，区节能研究所生产的“黑化液”在成都全国星火科技精品展示会上，获全国星火科技精品金奖。

1995年，区委、区政府印发《关于加速科学技术进步的实施意见》。民办科研机构研发各类项目110多项，获奖成果24项。1996年，获市级星火成果奖8项，市科技进步奖1项，评选区科技进步奖8项。引进EM生物制剂应用技术、微滴灌技术等科技成果10项。1997年3月，锦绣川

图26-2 2003年2月17日，济南镁碳砖厂与日本东京贸易株式会社、日本川崎炉材株式会社合资成立济南鲁东耐火材料有限公司三方签字仪式

乡石门村建立全省第一家“引进国外智力果品食用技术推广示范园”。2000年5月，区政府再次大幅提高科学技术进步奖奖金，一、二、三等奖奖金提高到6000元、4000元、2000元。2002年8月，举办高等院校与民营企业科技成果洽谈会，驻区山东大学、山东轻工业学院等高等院校与区内60多家民营企业进行科技成果洽谈，28项研究成果达成合作意向。2003年，济南市立通达实业有限公司研发的立式无烟囱医疗垃圾焚烧炉获昆明“中国国际博览会金奖”。同年，济南镁碳砖厂以与日本企业合资的形式引进耐火材料先进生产技术，研发的大结晶镁碳砖被列为2003年度国家级火炬计划项目。2004年，区政府制定新的《济南市历城区科学技术进步奖励办法》，评出历城区科技进步奖10项。2006年1月，在全国科技大会上，驻区单位的5项科研成果获得国家表彰奖励，其中济钢集团的“热能资源高效梯级综合利用技术开发”项目获得国家科学技术进步奖二等奖。2007年3月，区政府科学技术进步奖励一、二、三等奖奖金提高为3万元、2万元、1万元。至当年年底，全区累计共开发、引进新技术、新工艺5100多项。其中，自主研发新技术获国家级成果4项、省级成果14项、市级成果82项、区级成果163项。

1989—2007年历城区获市以上星火奖、科技进步奖情况表

表26-1

成果名称	主要完成单位	奖励级别	奖励年度	奖励等级	首位人员
花岗石精加工技术开发	济南青花岗石开发公司	省星火奖	1989	二等	翟恒泰
HYA全塑纵包通信电缆	济南通讯电缆厂	省星火奖	1989	二等	于锡俊
实施星火计划振兴区域经济	区科委、农行	省星火奖	1989	三等	李国栋
甘薯茎线虫病综合防治技术研究及应用	区植保站仲宫农技站	市科技进步奖	1989	三等	翟家仁
芦笋茎枯病发生规律及防治技术研究	区植保站	市科技进步奖	1989	三等	刘　哲
玉龙雪桃丰产栽培技术扩大试验	区林业局果树站彩石乡政府	省科技进步奖	1990	三等	臧海云
DZG95/75AII型汽水两用锅炉	济南市历城区热水锅炉厂	市科技进步奖	1990	三等	张梦珠
小麦良种提纯复壮高纯度原种大面积繁殖	区种子站	市科技进步奖	1990	三等	于金龙
优质镁碳砖技术开发	济南市镁碳砖厂	市星火奖	1990	一等	曹心芝
HYA市内通讯电缆生产技术开发	济南通讯电缆厂	国家级星火奖	1991	三等	柳新华
花岗石精加工技术开发	济南青花岗石开发公司	国家级星火奖	1991	三等	翟恒泰
优质镁碳砖技术开发	济南市镁碳砖厂鞍山热能研究所	省星火奖	1991	二等	曹心芝
自然通风窖改良及应用技术开发试验	锦绣川乡农技站	市科技进步奖	1991	二等	王可敏
硅69及R-氯丙基三乙氧基硅烷	济南市洪楼辛甸化工厂	市科技进步奖	1991	三等	李连福

续表26-1-1

成果名称	主要完成单位	奖励级别	奖励年度	奖励等级	首位人员
合成香料乙酸苄脂新工艺的研究	济南合成香料厂	市科技进步奖	1991	三等	王学伟
大白菜抗病品种和高产栽培技术开发	区蔬菜技术推广站	市星火奖	1991	二等	刘省
大面积推广立体种植技术	区农技站	市星火奖	1991	二等	刘光楚
利用废纸生产中高档卫生纸技术开发	济南市卫生纸厂	市星火奖	1991	三等	黄觉怀
济南青薄板技术开发	济南华新石材有限公司	市星火奖	1991	三等	程庆国
科学施肥应用技术开发	区土肥站	市星火奖	1991	三等	邓启煌
优质镁碳砖制造技术	济南镁碳砖厂冶金部鞍山热能研究所钢铁研究总院	市科技进步奖	1992	一等	周惠兴
通讯光缆生产技术	济南通讯电缆厂	市科技进步奖	1992	二等	于锡俊
康利生菌饲料添加剂	历城区生化厂	市科技进步奖	1992	三等	商和明
多效灭腐灵防治苹果腐烂病	区果树服务站	市科技进步奖	1992	三等	张广友
塑料棚菜生产配套技术推广	区蔬菜技术推广站	市科技进步奖	1992	三等	黄梦贤
自行车防盗锁	济南第二制锁厂	市星火奖	1992	二等	章戈力
历城区十万亩种放剂、喷施宝等五种产品综合应用技术	区土肥站	市星火奖	1992	三等	王长水
高锌蔬菜栽培技术应用	区蔬菜局	市星火奖	1992	三等	王芳德
历城区十万亩地瓜综合增产技术推广	区农技站	市星火奖	1992	三等	宫秀兰
优质镁碳砖制造技术及推广	济南镁碳砖厂冶金部鞍山热能研究所钢铁研究总院	省科技进步奖	1993	二等	曹心芝
自行车防盗锁	济南第二制锁厂	省星火奖	1993	三等	郭光泉
LCJ-3型常温快速黑化液	济南市历城区节能技术研究所	市科技进步奖	1993	二等	王中超
新牌号YL3、YL6硬质合金刀具	历城区硬质合金厂	市科技进步奖	1993	三等	刘文生
高强度低膨胀QF-101型特种酚醛树脂	济南市潜力化工实业总公司	市科技进步奖	1993	三等	观学道
窝铺山区生态农业建设研究	历城区政府、山东农业大学	市科技进步奖	1993	三等	鲁开宏
GD光缆技术开发	济南通讯电缆厂邮电部第五研究所	市星火奖	1993	一等	于锡俊
光合微肥在果树上应用技术推广	锦绣川农技站、林业站市农业局	市星火奖	1993	二等	王可敏
山丘地区玉米高产配套技术开发	仲宫农技站	市星火奖	1993	二等	张耀堂
芦笋糖浆技术开发	济南锦绣川保健食品厂	市星火奖	1993	二等	周逢春
肌醇生产技术开发	济南市华新生物化学研究所	市星火奖	1993	三等	商和明
池塘养鱼模式养殖增产技术	历城区水产技术推广站济南市水产技术推广站	市星火奖	1993	三等	王林波
窝铺山区生态农业建设研究	历城区政府、山东农业大学	省科技进步奖	1994	三等	冷寿慈
山丘地区玉米高产栽培技术推广	区仲宫农技站区农业局	省星火奖	1994	二等	张耀堂
GD光缆技术开发	济南通讯电缆厂邮电部第五研究所	省星火奖	1994	二等	于锡俊
富养系列小麦粉技术开发	历城区粮油总公司	市科技进步奖	1994	二等	孙积刚
淡水鱼鱼丸的研究	济南市白云实业总公司	市科技进步奖	1994	三等	李茂芝
低压管道输水灌溉技术推广	区水利局	市科技进步奖	1994	三等	张忠炎

续表26-1-2

成果名称	主要完成单位	奖励级别	奖励年度	奖励等级	首位人员
名优特水产畜禽产品生产基地综合开发	济南市白云实业总公司	市星火奖	1994	二等	李茂芝
冬季茄果豆类蔬菜高效节能栽培技术开发	区蔬菜局唐王、王舍人蔬菜站	市星火奖	1994	二等	黄梦贤
苹果幼树丰产综合技术推广	区果树服务站	市星火奖	1994	二等	张　波
历城区五万亩水稻旱育稀植高产栽培技术推广	区农技站	市星火奖	1994	三等	孙善文
排水用柔性接口铸铁管件	济南市历城南郊铸造厂	市星火奖	1994	三等	于立功
唐王渔场生态农业系统建设与研究	济南市白云实业总公司	市星火奖	1995	二等	谢连庆
奶业开发	济南斯达乳品厂	市星火奖	1995	二等	陈传刚
烟草薄片粘合剂添加剂	济南华阳实业总公司	市星火奖	1995	二等	李长水
甘薯切块栽培技术开发	历城土肥站	市星火奖	1995	三等	张长华
苹果、梨改劣换优技术推广	区果树站	市星火奖	1995	三等	李克明
YLD系列电动激振器	济南洪楼振动电机厂	市星火奖	1995	三等	于　强
黑色低密度聚乙稀电缆护套料	济南东方塑胶制品公司	市星火奖	1995	三等	杨景春
LNXHG全自动给水设备	济南市利农自动给水设备厂	市星火奖	1995	三等	郝敬东
历城区三鲜基地规范化栽培技术	区农技站	市星火奖	1996	一等	宫秀兰
早熟大白菜新品种选育	区蔬菜局	市科技进步奖	1996	二等	赵新坤
JG5170GHY化工液罐车	济南哈勒汽车制造有限公司	市星火奖	1996	二等	孙兆喜
苯共沸差压蒸馏节能生产无水乙醇	历城全福无水酒精厂	市星火奖	1996	三等	刘国平
JG5170GHY化工液罐车	济南哈勒汽车制造有限公司	省星火奖	1997	二等	孙兆喜
历城区三鲜基地规范化栽培技术	区农技站	省星火奖	1997	三等	宫秀兰
五（硫代乙醇酸脂）锑稳定剂	济南丰泉化工有限公司	省星火奖	1997	三等	李广泉
五（硫代乙醇酸脂）锑稳定剂	济南丰泉化工有限公司	市科技进步奖	1997	三等	李广泉
农电信息资料微机管理系统	区供电局	市科技进步奖	1997	三等	柴宗禧
物资供销微机管理系统	区供电局	市科技进步奖	1997	三等	张军先
鱼鳖禽蛋规模开发深加工	济南白云集团有限公司	市科技进步奖	1997	三等	卢建新
后装压缩式垃圾车	济南哈勒汽车制造有限公司	国家级新产品	1998	—	—
覆膜砂	济南铸材集团有限公司	国家级新产品	1998	—	—
极早熟大白菜新品种选育	区蔬菜局	省科技进步奖	1998	三等	赵新坤
大白菜周年生产供应技术研究及开发	区蔬菜局	市科技进步奖	1998	一等	刘　省
红玉杏、红荷包杏优质丰产综合	区林业局	市科技进步奖	1998	二等	董兆昌
蔬菜双万元高值田技术开发	区蔬菜局	市星火奖	1998	二等	王芳德
10万亩粮菜果FA旱地龙推广	区水利局	市科技进步奖	1998	三等	郭忠水
养殖产业化综合配套技术开发	济南白云集团实业有限公司	市科技进步奖	1998	三等	卢建新
奶牛综合技术开发	区畜牧局	市星火奖	1998	三等	张振坤
山丘地区三高农业综合开发技术研究	仲宫镇政府	市科技进步奖	1999	二等	董希文
马铃薯良种引进及双季生产示范与推广	济南市历城、平阴、长清、商河、章丘、槐荫蔬菜局	市科技进步奖	1999	三等	王芳德

续表26-1-3

成果名称	主要完成单位	奖励级别	奖励年度	奖励等级	首位人员
100万亩小麦亩产千斤高产技术开发	济南市农业技术推广站 区农业技术推广站	市科技进步奖	1999	三等	—
济南市小麦良种繁供种体系建设	济南市种子管理站区种子管理站	市科技进步奖	1999	三等	—
济南市教育社会化服务目标与对策选择研究	区教学研究室	市科技进步奖	1999	三等	王钢城
社区人群高血压病综合防治微机管理系统研究	区卫生防疫站	市科技进步奖	2000	三等	李兆民
晚发性佝偻病早期诊断和中药治疗研究	历城区中医医院	市科技进步奖	2000	三等	刘亚玲
蔬菜工厂化育苗技术研究与示范	济南市蔬菜技术推广服务中心 济南历丰春夏大白菜研究所 济南泉星种业集团	市科技进步奖	2001	二等	赵新坤
秀丰梨选育及丰产栽培技术	锦绣川乡农委	市科技进步奖	2001	三等	吴春晓
电脑彩票印制	济南东港安全印务有限公司	市科技进步奖	2001	三等	史建中
舒肝健脾易气活血（清脂片）治疗脂肪肝的临床实验及应用肺静脉血流图评估左室舒张功能的研究	历城区中医医院 济南市第四人民医院	市科技进步奖	2001	三等	刘桂英
低碳微膨胀镁碳砖的研究与开发	济南市镁碳砖厂有限公司	市科学技术奖	2005	二等	方元德
创新增效组合农业技术与海洋生物药肥	济南市历丰春夏大白菜研究所	市科学技术奖	2006	三等	赵新坤
济南市农业信息化工程网控中心与数据库建设研究和农业质量检测信息溯源体系研究	区农业局	市科学技术奖	2006	三等	李　纲
粉用甘薯新品种“孙薯一号”的选育与示范	区农业技术推广中心孙村分站	市科学技术奖	2006	三等	张广载
春用大白菜新品种选育及示范	济南市历丰春夏大白菜研究所	市科学技术奖	2007	一等	赵新坤
380系列磨煤机	济南重工股份有限公司	市科学技术奖	2007	二等	杨家芳
CPC、“U”型全玻璃真空管集热器	山东力诺瑞特新能源有限公司	市科学技术奖	2007	二等	郝　波
核桃深加工及副产品综合利用研究	济南华鲁食品有限公司	市科学技术奖	2007	三等	李金国
历城区居民疾病负担与卫生服务利用状况研究	区卫生防疫站	市科学技术奖	2007	三等	李兆民

第二节　成果转化

1986年，全县推广应用科技项目21项，其中，工业类7项、农业类14项，增加收入近2000万元。1990年，组织成果研发推广30多项，直接经济效益8500多万元人民币，创汇182万美元。1991年，开展农业科技成果推广年活动，应用优良品种、立体种植等30多项科技成果，全区农作物大面积增产。1993年，区科技局成立区技术市场办公室，与中科院、山东大学、山工大、山农大、省农科院合作，转化科技成果100多项。2004年起，开展市科技成果转化项目申报工作。2006年，锦绣源食品有限公司的“农产品贮存与保鲜中心建设项目”等5个项目被列为市产业化专项扶持项目。

2007年，有198项科技成果落户历城。全区24项科技成果列入济南市科技成果转化项目，并实现产业化。其中，山东农业大学研制的“禽网状内皮增生病活疫苗”被齐鲁动物保健品有限公司成功转化，每年为企业新增产值2400万元，实现利税720万元；由山东省农药研究所研制的“高效氟吡甲禾灵”打破国外公司的垄断地位，被济南绿霸化学品有限公司转化生产，新增产值1.08亿元，实现利税2376万元。

2004—2007年历城区列入济南市科技成果转化项目一览表

表26-2

项目名称	承担单位
高效氟吡甲禾灵	济南绿霸化学品有限责任公司
新型碳纤维电热管	济南帝隆碳纤维应用技术开发有限公司
钢板防腐蚀涂料树脂原料的生产	济南钢铁集团新事业有限公司
复合型屋面保温隔热板	济南黄河鼎立实业有限责任公司
自动减速器控制用气动电磁阀	济南高新华能气动液压有限公司
百草枯新工艺	山东科信生物化学有限公司
轴承钢冷挤压模具	济南华德润通金属材料有限公司
综合财务信息管理平台	济南纪元技术开发有限公司
30千瓦太阳能光伏并网发电系统研制及示范应用	山东力诺光伏高科技有限公司
全自动精准数控大棚设备研究与制造	济南盛世益百科技有限公司
山楂病综合防治试验研究	济南市历城区柳埠镇人民政府
一种香味酱油及其生产方法	济南德馨斋食品有限公司
杜泊羊胚胎移植技术	唐王镇畜牧兽医站
互动式协同CRM系统	济南艾思维软件有限公司
烟道热能回收器	济南安科机械制造有限公司
禽网状内皮增生病活疫苗的研究与开发	齐鲁动物保健品有限公司
因特摩转炉炼钢实时管理系统	济南钢铁股份有限公司
对羟基苯腈生产新工艺	济南宇东科技发展有限公司
微胶囊生物有机肥的中试生产及推广	济南久利圣源生物工程有限公司
高品质聚甘油的制备	济南东润精化科技有限公司
螺旋藻保鲜及综合深加工关键技术	山东博然螺旋藻生物股份有限公司
氟啶脲原药创新工艺开发	山东东方农药科技实业公司
酒精连续自动取油器的生产推广	山东中德设备有限公司
特殊分离膜用于铜箔漂洗水零排放处理系统及设备的研究与开发	山东欧玛环保科技有限公司

第三章　科技管理

第一节　科技管理体系

1986年，县科学技术委员会负责全县科技管理工作，县科学技术协会负责开展群众科普工作，县经委、农委、建委、供电局、乡镇企业局等经济管理部门设有技术科或科技开发办公室等科技管理机构，乡镇配有科技助理员。1988年起，开始聘用科技副区长，任期2～3年。1989年，在乡镇配置科技副乡镇长，当年14个乡镇选聘科技副乡镇长16名。1990年，全区20个乡镇全部配备专职科技管理员。1991年，区政府印发《关于建立健全农村科技推广服务体系的实施意见》，农村科技管理和推广服务体系初步形成。1993年，全区20个乡镇全部成立科普协会。1995年年底，区直部门中有科技管理机构28个，工作人员167人；全区20个乡镇全部选配科技副乡镇长，建立乡镇科委；全区861个行政村全部配齐科技副村主任。2001年，区、乡镇、村、企业科技研究管理服务体系建成。2004年4月，科技副乡镇长不再在企业兼职。2007年12月，区、镇政府不再聘用科技副区长、副镇长。

第二节　科技计划管理

一、计划编制

1986年，区政府制定《历城县科学技术计划管理办法》，开始每年向上级主管部门申报科技计划项目，结合全县国民经济和社会发展五年计划制订科技发展规划。至2005年，编制了《历城县“七五”科技发展规划》《历城区“八五”科技兴区规划纲要》《历城区科技发展“八五”规划》《历城区科技发展“九五”规划及到2010年科教兴区规划纲要》《历城区科技发展“十五”计划》《历城区科技发展“十一五”计划》。

二、计划实施

1986年，区政府印发《历城县科学技术成果管理办法》，实行科技成果立项制度，当年，确立县科学技术发展计划项目30项，其中，填补国内空白2项。1988年，组织实施星火计划项目12项，其中，国家级1项，省级1项，市级9项，区级1项。在国家科委主办的全国星火计划产品展交会上，历城区送展的4个产品全部获奖，其中，金奖1项，银奖2项，铜奖1项。同年，历城区根据国家《深化科技体制改革若干问题的决定》，成立济南市新技术产业实验区。1989年，实施星火计划6项，其中，省级1项，市级5项。1992年，全区组织实施各类科技计划55项，其中，国家级4项、省级15项，直接经济效益近9000万元。1998年，区政府印发《济南市历城区五年大变样科技产业发展规划》《济南市历城区科技第三产业发展规划》《济南市历城区发展高新技术产业和应用高新技术提升传统产业规划》《济南市历城区山大路科技市场建设规划》，实施市级以上项目21项。2004年，实施区级科技计划26项。2006年，争取省市应用技术研究与开发经费775万元，实施各类计划47个。同年，区政府制定《历城区科技计划项目验收及管理办法》，对科技计划项目实行定性与定量相结合的百分制量化考核。至2007年，共实施各类科技计划项目1060项，其中，国家级23项、省级73项、市级230项；累计投入支持资金3.6亿元，新增产值80亿元，实现利税近20亿元。

第三节　高新技术企业及产品认定

一、企业认定

1991年，历城区高新技术企业认定纳入济南高新技术产业开发区管辖，全区认定高新技术

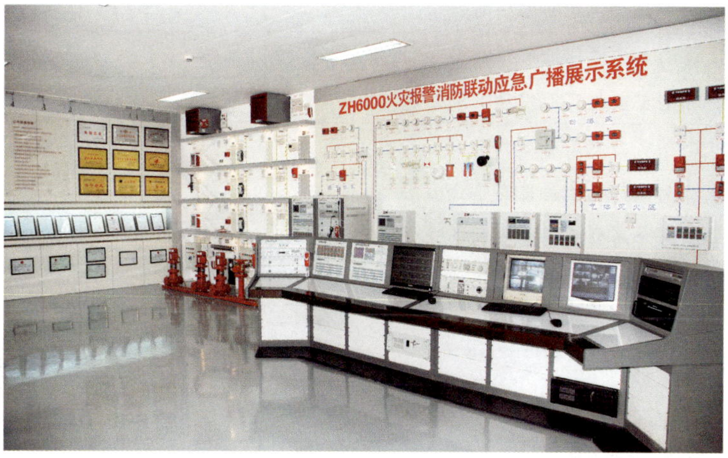

图26-3　省级高新技术企业山东众海公共安全器材有限公司研发的ZH6000火灾报警消防联动应急广播展示系统（2007年摄）

企业10家。1998年11月，山东省首家民营科技市场——中国济南高科技市场在历城区挂牌成立，是集经营、软件开发、人才培训等多功能为一体的现代技术市场。2001年，全区开始受理省级高新技术企业认定申请。山东大正致威技术有限公司、东港安全印务有限公司被认定为省级高新技术企业。2003年，7家企业被认定为省级高新技术企业，全区省级高新企业达10家。济南飞洋水设备有限公司被认定为济南市2003年度首批科技型中小企业。2004年，山东众海公共安全器材有限公司等4家企业被认定为省级高新技术企业。同年，全区开始受理市级高新技术企业认定申请。济南历城路远生化研究所和济南帝隆碳纤维应用技术开发有限公司等5家企业被认定为市级高新技术企业。2005年，区委、区政府印发《关于完善科技创新体系，加快高新技术产业发展的决定》和《关于完善科技创新体系，加强高新技术产业发展工作目标考核的意见（暂行）》。全区获批省、市高新技术企业17家、济南制造业信息化工程示范企业3家。至2007年年底，全区累计认定省级高新技术企业30家，市级高新技术企业32家；实现高新技术产值122.18亿元，占全区规模以上工业总产值的11%。

二、产品认定

2001年起，历城区开始受理市级高新技术产品认定申请，认定市级高新技术产品5个。2006年，省科技厅首次进行省级高新技术产品的认定，认定历城区高新技术产品10个。至2007年年底，全区累计认定省级高新技术产品10个，市级高新技术产品73个。

2001—2007年历城区高新技术企业认定情况表

表26-3

企业名称	级别	认定年度（年）	单位地址	法人
山东大正致威技术有限公司	省级	2001	花园路4号	张元笃
东港安全印务有限公司	省级	2001	山大北路23号	史建中
山东中税实业有限公司	省级	2002	洪楼西路	王家强
山东兰桥医学科技有限公司	省级	2003	机场路7166号	韩作湘
济南飞洋水设备有限公司	省级	2003	凤歧路8号	孙建敏
济南鲁东耐火材料有限公司	省级	2003	郭店镇北首	方元德
山东天业恒防伪科技有限公司	省级	2003	解放路22号燕山大厦	赵恩平
山东九开实业有限公司	省级	2003	孙村镇	孙九开
济南立达通实业有限公司	省级	2003	遥墙镇张越家村工业路9号	吴凤元
济南宝世达实业发展有限公司	省级	2003	开源路8号	孙福学
山东潜力化工有限公司	省级	2004	董家镇谢家村	观学道
济南铟锊电子器件有限公司	省级	2004	临港开发区	董志强
山东众海公共安全器材有限公司	省级	2004	工业北路81号	张学刚
济南鲁新新型建材有限公司	省级	2004	郭店镇东200米	陈启祥
齐鲁安替比奥制药有限公司	省级	2005	董家镇849号	马同禧
齐鲁动物保健品有限公司	省级	2005	工业北路243号	禚宝山
山东润天环保科技发展有限公司	省级	2005	花园路146号	秘如泉
山东思源水业工程有限公司	省级	2005	山大路	庞鹏远
山东鲁能瑞华电器有限公司	省级	2005	工业北路97号	高洪德

续表26-3-1

企业名称	级别	认定年度（年）	单位地址	法人
山东力诺瑞特新能源有限公司	省级	2005	经十东路8168号	高元坤
济南巨业精细化工有限公司	省级	2006	工业北路路家村	高　鑫
山东博奥斯电源有限公司	省级	2006	工业北路147-2	耿传勇
山东力诺光伏高科技有限公司	省级	2006	经十东路8168号	高元坤
济南维尔康生化制药有限公司	省级	2006	工业北路303号	刘盛儒
山东力诺科峰制药有限公司	省级	2006	经十东路8169 号	张兰英
山东中德设备有限公司	省级	2007	开源路11号	王金忠
山东奥克斯生物技术有限公司	省级	2007	工业北路	仲跻峰
济南先河科技开发有限公司	省级	2007	华山镇坝子村	刘阜东
济南中维世纪科技有限公司	省级	2007	临港开发区南区	邢新志
山东和华中税信息技术有限公司	省级	2007	华龙路嘉恒大厦	朱　洪
济南历城路远生化研究所	市级	2004	辛祝路44号	刘月明
济南帝隆碳纤维应用技术开发有限公司	市级	2004	工业北路182号	王连君
济南化肥厂有限责任公司	市级	2005	工业北路23号	孔凡亭
山东中德设备有限公司	市级	2005	清河北路18号	王金忠
济南大三惠实业有限公司	市级	2005	历城区辛甸工业园9-9号	季保成
济南泉华包装制品有限公司	市级	2005	仲宫镇龙山路北首	邢介平
济南市历城区华丽真空镀膜厂	市级	2005	济南市白云湖渔场	娄源华
济南银星纸业有限公司	市级	2005	荷花路67号	刘士辛
蓝星石油有限公司济南分公司	市级	2005	历城区路家庄东	张荣杰
济南庚辰钢铁有限公司	市级	2005	郭店街道办事处三区70号	张国林
济南华鲁食品有限公司	市级	2005	柳埠镇	刘克胜
济南重工股份有限公司	市级	2005	济南市机场路	王伯之
山东泰恒电子科技有限公司	市级	2005	王舍人镇	吴乃水
济南高新华能气动液压有限公司	市级	2006	开源路9号	周连进
山东博奥斯电源有限公司	市级	2006	工业北路147-2号	耿传勇
济南永昌利化工有限公司	市级	2006	华山路6号	孔凡元
山东顺风网络信息有限公司	市级	2006	—	—
济南珍珠造型材料有限公司	市级	2006	郭店街道办事处三区64号	张国林
山东瑞拓球团工程技术有限公司	市级	2006	经十路89号	秦长孝
济南磨料磨具工业公司	市级	2006	彩石镇东小龙村4号	段昆山
济南先河科技开发有限公司	市级	2006	华山镇坝子	刘埠东
山东寿山特殊材料有限公司	市级	2006	华山镇坝子	李寿山
济南优力邦高分子科技有限公司	市级	2006	机场路6875号	马海楠
采埃孚商务车转向机山东有限公司	市级	2006	机场路4647号	Detlef Plegge
济南东信日用化工有限公司	市级	2006	临港西路39号	臧十月

续表26-3-2

企业名称	级别	认定年度（年）	单位地址	法人
济南德洋电气有限公司	市级	2007	胜利街66号	魏春河
济南三艾实业有限公司	市级	2007	花园路146号	宋忠义
济南新龙化工有限公司	市级	2007	郭店镇工业园	李唯喜
齐鲁天和惠世制药有限公司	市级	2007	董家镇849号	李保勇
济南泰立电子产品有限公司	市级	2007	华能路7号	李　森
济南鸿喜食品有限公司	市级	2007	历城区辛甸工业园6号	黄瑞泉
济南宝胜鲁能电缆有限公司	市级	2007	工业北路	翟立锋

2001—2007年历城区市级高新技术产品认定情况表

表26-4

高新技术产品名称	认定年度（年）	企业名称
数码电话防伪系统	2001	山东天业恒防伪科技有限公司
防伪电脑票据	2001	东港安全印务有限公司
膨胀式旋塞阀	2001	济南市公明新技术开发有限公司
管道带压连接器	2001	
SII-M.R系列卷铁心变压器	2001	山东鲁能瑞华变压器有限公司
SHII系列非晶体态合金变压器	2002	山东鲁能瑞华电气有限公司
ZES-2016智能交换机	2002	山东大正致威技术有限公司
柔性线碳纤维电热元件	2003	济南帝隆碳纤维应用技术开发有限公司
碳纤维油田加热电缆	2003	
碳纤维石英玻璃管	2003	
农业羊皮纸	2003	济南晨光纸业有限公司
抗菌聚酯切片及纤维	2003	
耐磨表层纸	2003	济南银星纸业有限公司
绿力胶囊	2004	济南历城路远生化研究所
反折边新型屋顶包装	2004	济南泉华包装制品有限公司
ZDY-2000中低压用电管理综合自动化系统	2004	山东万方科技有限公司
太阳能电池组件	2004	山东力诺光伏高科技有限公司
电磁波屏蔽织物系列	2004	山东天诺光电材料有限公司
反玻璃丝包铜电线	2004	济南宝世达实业发展有限公司
120度潜油泵电力电缆	2004	
微电脑控制智能型稳压器	2004	济南市蓄电池厂
小鸭纳米天然肥皂	2004	山东华光日化集团有限公司
无磷系列洗涤用品	2004	
DMK布袋除尘器	2005	山东润天环保科技发展有限公司
DBC静电除尘器	2005	

续表26-4-1

高新技术产品名称	认定年度（年）	企业名称
头孢克肟原料药	2005	齐鲁安替比奥制药有限公司
头孢匹胺原料药	2005	
头孢呋辛钠原料药	2005	
头孢哌酮钠原料药	2005	
头孢他啶原料药	2005	
20%猪浓缩饲料	2005	齐鲁动物保健品有限公司
10.5%蛋鸡浓缩料	2005	
硫酸阿米卡星原料及制剂	2005	
鸡新城疫系列疫苗	2005	
5%蛋鸡预混料	2005	齐鲁动物保健品有限公司
硫酸粘杆菌素制剂	2005	
氟苯尼考制剂	2005	
鸡传染性法氏囊病中等毒力活疫苗	2005	
禽流感灭活疫苗	2005	
猪瘟系列疫苗	2005	
注射用头孢噻呋钠	2005	
粒化高炉矿渣粉	2005	济南鲁新新型建材有限公司
秸杆气化炉	2006	济南三农新能源科技设备有限公司
压差式全自动过滤机	2006	山东飞洋水设备有限公司
催化加氧除氧器	2006	
稳压膨胀器	2006	
血液分析仪	2006	山东兰桥医学科技有限公司
双氧水稳定剂	2006	济南巨业精细化工有限公司
整体RS芒刺电晕级	2006	山东润天环保科技发展有限公司
480C型阳极吸尘板	2006	
头孢他啶	2006	齐鲁安替制药有限公司
头孢丙烯原料药	2006	
软质抗炮崩风筒	2006	济南惠尔达科技发展有限公司
兔病毒性出血症	2006	齐鲁动物保健品有限公司
4%猪用复合预混料	2006	
猪传染性胃肠炎、流行性腹泻二联灭活疫苗	2006	
鸡痘活疫苗（I）	2006	
5%肉鸡复合预混料	2006	
增蛋灵	2006	
速补康	2006	
紫锥菊可溶性粉	2006	
氯前列醇注射液	2006	

续表26-4-2

高新技术产品名称	认定年度（年）	企业名称
荷斯坦牛冷冻精液	2007	山东奥克斯生物技术有限公司
增强超高分子量聚已烯管材	2007	济南先河科技开发有限公司
中频静变电源	2007	山东博奥斯电源有限公司
应急电源	2007	
变频电源	2007	
太阳能发电控制逆变器	2007	
猪繁殖与呼吸综合征灭活疫苗	2007	齐鲁动物保健品有限公司
水貂病毒性肠炎灭活疫苗	2007	
小啤酒板换制冷系统	2007	山东中德设备有限公司
教学用啤酒试验设备	2007	
膨胀聚苯板薄抹灰外保温系统	2007	济南三艾实业有限公司

2006年历城区省级高新技术产品认定情况表

表26-5

高新技术产品名称	认定时间（年）	企业名称
BDC-静电除尘器	2006	山东润天环保科技发展有限公司
头孢匹胺	2006	齐鲁安替比奥制药有限公司
氟苯尼考制剂	2006	齐鲁动物保健品有限公司
鸡传染性法氏囊病中等毒力活疫苗	2006	
禽流感灭活疫苗	2006	
猪瘟系列疫苗	2006	
注射用头孢噻呋钠	2006	
100℃电动潜油泵电力电缆	2006	济南宝世达实业发展有限公司
120℃电动潜油泵电力电缆	2006	
测井电缆	2006	

第四节　知识产权管理

1985年，全县贯彻实施《中华人民共和国专利法》，举办专利法培训班5期，培训300多人，其中，87人取得济南市工程技术人员专利法培训结业证书，确定济南铸造材料实业总公司、济南金菱造锁有限公司、济南华山煤制品厂为专利试点企业。1992年，举办工程技术人员专利培训班，113人参加，其中90人取得结业证书。1993年起，国家知识产权局开始统计各县市（区）专利申请授权数量，当年，全区申请总数144件。1997年，区政府下发《关于进一步加强全区专利工作的通知》，在全区开展商品流通领域清理冒充专利商品活动，抽样统计调查专利商品44种，重点调查销售单位25家，未发现假冒行为。1998

年，济南市历丰春夏大白菜研究所选育的“夏珍白一号”大白菜荣获第七届中国专利技术及新产品博览会金奖。1999年，济南市镁碳砖厂被省专利局授予山东省专利示范企业称号。2001年，全区累计举办专利法规知识培训班、专题报告会12期，有1200余人参加，济南趵突泉酿酒有限公司等16个企业的厂长、经理取得了《山东省企业领导干部知识产权基础知识函授培训结业证书》。2005年，全区15项专利技术项目参加第三届中国济南高校科研院所科研成果、专利技术展示交易会及在大连市举办的2005年中国国际专利技术与产品交易会，有6项技术达成合作协议。当年，全区专利申请量突破千件，申请总数达到1440件，通过授权总数为354件。2006年，成立历城区知识产权局（副处级）。8月，区政府制定《济南市历城区建设创新型城区若干政策》，加大对自主创新科技项目的投入，设立科技型中小企业技术创新发展专项基金、专利奖等多项奖励奖项。同年11月，全国首条拥有自主知识产权的冶金成套技术输出项目——济钢1700连铸连轧生产线建成投产，结束热连轧生产线长期依赖进口的历史。至2007年，全区专利申请量累计达8200余件，当年，全区申请总数1633件，授权总数1000件。

第四章　科技服务

第一节　科技咨询与宣传

1986年，县科委编印《科技信息参考》12期，提供科技信息120余条。1987年，印发技术资料11种，科技明白纸5000多份。同年，成立由区、镇、村三级组成的“农村科技信息交流网”，用于跟踪国内外先进技术和最新信息。1988年，农村科技信息交流网发展信息员1100余人；印发《科技信息参考》《历城星火信息》提供各类技术信息360余条。1989年，印发《历城星火信息》8期。1992年，印发《历城经济信息》10期。1993年，发放技术资料读本500余册。1994年8月，区委、区政府将每年的9月5日—10日定为科技兴区活动周，其间举办各类专题报告会、科技展览、科普宣传等活动，对上年度优秀科技成果和科技先模人物进行表彰。1996年，历城广播电视台开播《助您致富》栏目，《历城报》设立《科技园地》。1997年6月，区科委创办发行《历城科技信息》期刊，设《科技纵横》《科技政策》《技术市场》《技术信息》《乡镇长谈科技》等10多个栏目，每期发行200余份，2001年停刊，共发行55期。2001年起，每年5月的第三周定为科技活动周。5月13日—18日，举办第一届历城区科技活动周，其间开展“大手拉小手，科技专家与青少年共话未来”“崇尚文明、反对愚昧迷信展览”等科普活动。8月，区科委编印16万字的《科技法规选编》，选录法律、法规20种。全年举办各类科技讲座和科技下乡活动30多期（次），有3万余人次参加，制作永久性科技宣传栏35个、永久性科

图26-4　2003年5月，科技局工作人员在洪楼广场发放科技宣传资料

技宣传标语114条。2002年8月30日，历城区科技信息网开通，全面介绍全区专利申请、防震减灾、技术市场、孵化器、科技计划、园区建设、科技政策等内容。至2007年，全区共举办以“依靠科学、战胜非典”“科技服务三农”“携手共建创新型国家”等为主题的科技活动周7期，累计现场接受群众咨询3万余人次，发放资料5万余份，培训群众50000万余人次。

第二节　科技推广

1986—1995年，在全区开展科技推广服务体系建设工作。1986年，建立区科技交流中心，疏通先进技术和科技成果流向广大农民的渠道。1987年，开展科技扶贫活动，实施“扶之以技”（培训当地群众种植养殖等技术）战略，在彩石乡进行玉龙雪桃及抗旱西红柿项目推广。1988年，区科委与新疆八一农学院签订早熟西瓜良种繁育合同。1989年，在遥墙镇、华山镇、锦绣川乡分别建立水稻、小麦、西瓜三大良种基地，推广农作物良种化。1990年，区科技局制定《科技兴农实施方案》《农村科技推广服务体系的实施意见》《开展乡镇科技工作达标活动的实施意见》，推进农村科技推广服务体系建设，全区建成区级科技服务机构24个，乡镇科技服务机构100个，两级科技推广服务人员达930人。90个办事处建立科技服务站，750个村建立科技服务组，发展科技示范户5500余户，形成站—网—村—户四位一体的科技推广网络。1992年，洪家楼镇、华山镇纳入济南市星火密集环，王舍人镇、郭店镇、孙村镇星火密集带建设初见成效。1993年，区、乡镇两级科技推广服务机构达到164个，建立科技示范企业10家，农村科技示范户发展到6000多户。1995年，区属科技服务机构23个，有技术人员187人；乡镇技术服务机构140个，从事推广服务工作的技术人员近千名；全区861个行政村全部建成科技服务组织。有区级科研学会(协会、研究会)20个，农村专业技术研究会281个，会员8000多人。区属和乡镇骨干企业全部建立技术开发机构或技术服务站。1996年，仲宫镇建立科技兴农基地1处，探索以良种推广为基础的近郊型商品农业。2000年，实施“十、百、千”科技富民安康工程，即选择10项在农村经济中能够增加农民收入、提高其生活质量的共性技术，安排100个外向型农副产品加工企业、农民联合体、农村中介服务组织、科技示范户等开发示范点，动员吸引1000名技术人员进村入户，加快全区农业向专业化、规模化、产业化、集团化发展。2001年11月，王舍人镇奶牛规模化养殖示范园、董家镇设施农业精品科技示范园被市科技局命名为市级科技示范园。2003年，王舍人镇沙三村、董家镇张而村、孙村镇白谷堆村、郭店镇十里堡村成为省科技厅星火科技服务基地。同年，成立区生产力促进中心，推动全区中小企业，特别是科技型中小企业发展。2004年，省星火服务基地发展到8处，历城第一职业中专被省科技厅列入山东省星火科技培训学校。2005年，区科技局根据《关于在全市实施“十、百、千”科技示范工程意见》，确定示范园2个、示范村13个、示范户125个作为科技示范试点单位，实施了大棚草莓套种

图26-5　王舍人镇奶牛科技服务中心(2004年9月摄)

辣椒技术、富硒草莓生产技术研究、玉米全地上青贮技术、奶牛过瘤胃蛋白转白技术等科技推广项目30多项，扶持资金90多万元，带动镇村户投入1亿多元。同时，日光温室、高垄栽培、有色膜覆盖、以色列微滴灌、微机控制恒压节水灌溉、日本EM生物、秸秆反应堆等87项新技术得到推广应用。至2007年，通过“十、百、千”农业科技示范工程的实施，建成农业产业化示范村63个，带动全区建成标准化生产基地3.3万公顷。

第三节 科技培训

1986年，全县建有成教中心、农广校、农函大、职工电大及职业中专，进行科技技能培训。1987年，区科委在彩石乡、锦绣川乡举办果树种植、食用菌培育等8项技术的培训班39期，培训农民3390人次。1988年，举办各类培训班19期，培训人员4500多人次。1989年8月，区委印发《关于在全区农村开展培养“青年科技星火带头人”活动的意见》，鼓励农村青年学习科技知识，推动农村科技工作。当年，举办星火培训班4期，培训人员450人，面向农业培训3000余人。1990年，全区20个乡镇全部建立农业科学教育培训基地。全年举办各种培训班187期，培训2.8万人次。1995年，全区有实验基地9.45公顷，专职、专业科技培训教师160人，聘任教师185人。1997年，在创建全省精神文明建设工作先进区活动中举办各类专业技术培训，共培训8万余人次，其中，3万余人掌握了1～2门实用技术。2003年，省星火科技服务基地的王舍人镇沙三村、董家镇张而村、孙村镇白谷堆村、郭店镇十里堡村4个村共培训农民1200人次。2004年，全区举办各类科技培训班、科技展览及专家咨询等活动22期（次），放映科技录像120余场次，参观学习、培训咨询的群众2万余人次。2006年，区科技局与山东大学联合举办“创新发明”等各类培训班50余期，培训人员2000余人次，专家咨询1000余人次；组织大型科普宣传10次，参加人员10000余人；累计发放各种科技宣传材料20000余份。至2007年，全区建成省星火科技服务机构13个。农业科技专职教师达到266人，职业教育培养技术人员6.13万人。区科技局联合区农广校开展培训198期，培训近万人次。

第五章 地震监测防御

第一节 地震监测

1986年，境内有地震观测点5处。1996年，维修杜庙村水井观测点。2000年1月，杜庙村水井观测点移交市中区科委管理。2004年5月，在郭店镇断裂带上的郭店镇李东村建成郭店地震监测站，该站占地0.33公顷，建有建筑面积500平方米的办公楼，100平方米的监测平房及生活区，配备专职监测员2名，是全区第一个24小时数字化地震前兆观测站。同年，在唐王渔场设立动物宏观异常观测站。2007年，孙村镇农机站水

图26-6 郭店地震监测站（2005年摄）

井观测点移交济南市高新技术开发区投资服务局管理。同年，在港沟镇筹建神武地震综合站。

第二节　震灾防御

1986年9月，举办地震知识培训班、地震知识有奖竞猜活动。1991年11月，区政府印发《关于历城区防震减灾工作大纲的通知》，成立区地震工作领导小组。1993年4月15日，区政府成立历城区防震减灾领导小组，制定《济南市历城区破坏性地震应急反应预案》。1996年，区委、区政府印发《关于在全区开展唐山地震20周年防震减灾宣传活动的通知》，期间举行防震减灾宣传活动。4月，区科委、区教育局联合下发《关于在全区中小学开展防震减灾知识教育的通知》，在中小学生中普及防震减灾知识。1997年，区政府制定《历城区破坏性地震应急预案》，建立宏观异常观测网、地震信息通信网。1998年，在全区宣传《中华人民共和国防震减灾法》。1999年12月，党家庄镇杜庙村水井观测点移交市中区科委管理。2001年，全区各街道办事处，乡镇及大正科技工业示范区都建成地震知识宣传站和宏观异常反馈网，实现各观测点定时观测，上报数据的地震信息通信网。2003年，区政府修订《历城区地震应急工作预案》。同年，区地震局参加了省市地震系统的联合演练。2005年1月，在洪家楼街道建立全省第一支城市社区地震应急救援志愿者队伍。同年，历城一中投入120万元，建起地震天文科普馆，购置地震观测仪、地震地质实物标本，添置60多块地震知识展板，被确定为省级防震减灾科普教育基地。2006年5月，区政府印发《历城区地质灾害应急预案》《历城区2006年地震灾害防治方案》。同年，选取仲宫镇锦绣川办事处车川村为全区地震安全农居示范点，开展地震安全农居示范工程。

第二十七编

文化 体育

2005年9月，历城区举办庆祝中华人民共和国建国56周年文艺演出

历城历史悠久，文化资源丰富，名胜古迹众多。1986—2007年，历城区文化事业投入逐步加大，基础设施网络日趋完善，群众性文化活动蓬勃开展，公共文化产品成果丰硕，传统文化得到有效保护和挖掘，文化产业发展呈现出勃勃生机。随着体育设施建设、体育器材配备，历城体育运动得到较大发展。自1986年以来，举办各类体育比赛400余次，组织全区运动员参加全国、省、市体育竞赛，培养出王博青、陈恩芝、魏青、王利雅等优秀运动员。

第一章　文学 艺术

第一节　文学创作

1986年，县文化局与县文联编辑出版《绿叶集》，收集改革开放以来全县业余作者创作的文学作品42件。1987年，区民间文学集成办公室、区文化局对全区民间文学进行普查、采录、整理，并先后编辑出版《历城民间文学集成（一）》《历城民间文学集成（二）》和《少数民族民间故事专辑》，共收录民间故事170个、民间歌谣123首、民间谚语181条。该资料被省文化厅评为全省范本，参加全国展出。1989年，区第二文化馆李全仁创作的民间故事《阴阳桥》，在济南市首届泉城文艺创作评奖活动中获民间文学奖。1995年，区文化局与区文联编辑出版《红花集》，汇集1986—1994年全区群众业余文艺创作获奖作品56件。1998年，李全仁的散文《妻的辉煌》获首届明星杯全国文学大奖赛金奖。2000年，党玉英的诗歌《又梦西藏》《绿色的神鹰》分别在《人民日报》和《青少年》杂志上发表。2006年，何宁、王德福主编的《颂历城百家诗歌选》由中国广播电视出版社出版。2006年、2007年，区文化馆编辑《历城区艺术作品集（一）》《历城区艺术作品集（二）》，共收录散文、小说、诗歌、音乐、曲艺等不同门类的文艺作品162件，刻录成光盘发放给全区各业余艺术团队。

1986—2007年历城区文艺作品出版情况表

表27-1

作品名称	作者 / 编者	出版 / 印刷日期	出版社 / 印刷单位
《绿叶集》	县文化局、县文联	1986年12月	县机关印刷所
《红花集》	县文化局、县文联	1986年12月	—
《历城民间文学集成（一）》	区民间文学集成办公室、区文化局	1988年2月	区机关印刷所
《历城民间文学集成（二）》	区民间文学集成办公室、区文化局	1989年5月	区机关印刷所
《少数民族民间故事专辑》	区民间文学集成办公室、区文化局	1990年4月	区机关印刷所
《锦绣川，我心中的河——历城创作歌曲选》	历城文联、音舞戏曲协会	1990年5月	—
《我的地平线》	李圣元	1995年	山东文化音像出版社
《沉默或者歌唱》	刘克锋	1995年	山东文化音像出版社
《悄然升起的新星》	刘希贞	1995年	白花文艺出版社
《感悟集》	白梅	1995年10月	山东文化音像出版社

续表27-1-1

作品名称	作者 / 编者	出版 / 印刷日期	出版社 / 印刷单位
《阴阳桥》	李全仁	1995年10月	山东文化音像出版社
《回民武侠常四把》	李全仁	1995年10月	山东文化音像出版社
《历城诗刊》（一）	历城稼轩诗社	1997年12月	区机关印刷所
《历城诗刊》（二）	历城稼轩诗社	1998年12月	区机关印刷所
《岁月风铃》	李全仁	1999年10月	远方出版社
《滥觞情》	王其学	1999年11月	远方出版社
《故园集》	郭永顺	1999年1月	远方出版社
《我们编织未来》	孙继舜、何宁	2000年4月	山东文化音像出版社
《历城法官》	祁云奎	2000年	作家出版社
《心语集》	王功梅	2000年	作家出版社
《黑云彩》	牛维均、牛维城	2001年	中国戏剧出版社
《情海孤岛》	李圣元	2001年7月	济南出版社
《华不注史珍文粹》	关涛、赵延君	2001年9月	山东省供销合作社印刷厂
《怀虚道人诗集》	陈启业	2004年11月	中国文史出版社
《历城当代优秀文学作品选》	何宁	2004年9月	时代文艺出版社出版
《打油诗草》	桑田	2005年4月	中国戏剧出版社
《历城民俗与民间故事》	区档案局（馆）	2005年8月	山东省农业厅印刷所
《历城艺术作品集（一）》	区文化馆	2006年	—
《灯下走笔》	郭永顺、李秉楹、亓丕荣、赵彤	2006年11月	青海人民出版社
《济南七十二名泉词集》	牛维均、牛维城	2006年4月	中国文史出版社
《颂历城百家诗歌选》	何宁、王德福	2006年9月	中国广播电视出版社
《历城艺术作品集（二）》	区文化馆	2007年	—

第二节　戏剧 曲艺

戏剧　京剧、吕剧、豫剧等剧种在历城均有流传，业余爱好者颇多。20世纪80年代，受影视业发展及群众文化消费观念变化等因素影响，剧团演出市场日趋萎缩。1988年，区文化馆封玉斗创作的戏剧小品《二百五》获“南开杯”全国戏曲小品大赛创作奖和山东省戏剧小品电视大奖赛一等奖。1992年，封玉斗创作的小品《豆腐脑，热的》获华东六省一市话剧小品大赛二等奖。1996年，区文化馆郭晓燕在全国第三届“和平杯”中国京剧票友邀请赛中获“中国京剧十大名票”称号。2000年，封玉斗创作的小品《卖报的小哥哥》，在文化部主办的全国首届“蒲公英”奖暨全国新苗奖第四届少儿京剧邀请赛中获

图27-1　小品《二百五》剧照（1988年摄）

创作金奖和表演银奖。同年，郭元金创作的戏曲剧本《姑嫂情》获全国首届戏剧文学学会奖创新奖。2001年，由封玉斗创作、于洪新导演的古装小品《垒庙墙》在华东六省一市话剧小品大赛中获二等奖，在第十一届群星奖山东赛区选拔中获二等奖。2003年，在山东省首届吕剧戏迷大赛中，康玉茂获金奖，吕淑洁获蓓蕾金奖，另有4人获1银奖、3铜奖。2007年，华山镇庄户剧团的吕剧《娶婆婆》在首届山东省农村文化艺术节中获银奖；在山东省群众文化学会年度评比中，于洪新、李宗斌创作的小品《一根花椒木》获一等奖，刘炎玲的小品《淘月楼轶事》获三等奖。

图27-2　郭晓燕参加“中国京剧十大名票”评选比赛（1996年摄）

曲艺　在历城流传的曲艺形式有山东快书、快板书、评书、山东琴书、木板大鼓等，其中最活跃的是山东快书和快板书。1999年，在山东省“天坤杯”快书邀请赛上，李文山创作、孙家振表演的《娘改嫁》获一等奖，戚爱民表演的《历城新貌》和苏兴表演的《张大娘借锅》获二等奖。2007年，西营镇选送的快板书《多的多》在首届山东省农村文化艺术节中获优秀奖；于洪新、李宗斌创作的山东快书《山村夜曲》获山东省群众文化学会年度评比三等奖；木板大鼓传承人王伯起在历城区纪念辛弃疾逝世800周年演出中演唱《辛弃疾智闯金营》受到好评。1986—2007年，历城区共有20余件曲艺作品获得省市奖项。

第三节　音乐 舞蹈

音乐　1987年，县文化局在全县普查采录、整理民间乐曲218首，编辑《历城民间乐曲选集》4集，并录制录音带30余盘。1990年，历城文联音舞戏曲协会编辑印刷《锦绣川，我心中的河——历城创作歌曲选》，收录作品50件。1992年，在文化部和中国音协组织的“农民之歌”创作比赛中，韩映红的歌曲《山河格外美》获优秀创作奖，李钦英的歌曲《请到俺家乡看一看》获创作奖。1993年，韩映红的歌词《改大门》获文化部创作奖。1997年，李钦英创作的歌曲《报答——写给妈妈的信》，在山东省首届职工文艺汇演中获戏曲创作精品工程奖。1999年，在全国第九届群星奖山东省选拔赛中，封玉斗的歌词《农家小院》获一等奖，李钦英的歌曲《报答——写给妈妈的信》和陈希木的歌词《山路》获三等奖。2001年，区夕阳红艺术团参加文化部举办的中国（威海）第三届“永远的辉煌”老年合唱节比赛获“冬梅金质奖”“新作品演出奖”和“演唱新作品奖”；韩映红创作的歌词《永恒的爱恋》《泉城哪里最最美》入选由市委宣传部和市文联面向全国举办的“歌唱泉城”征歌活动。2003年，区文化局组织专业人员，抢救整理全区自春秋时期起至“五四”运动时期的诗词歌赋、民歌、民谣等，共整理《小板机》《我送哥哥去当兵》等历城民歌、民谣500余首。2004年，刘炎玲的歌词《永恒的车辙》获第十三届群星奖山东地区选拔赛一等奖。2005年，于洪新的歌曲《鸭绿江》《山里人的风采》分别获“文化之春·中国民俗歌曲演创大奖赛”精品金奖和精品银奖。农民青年歌手贾堂霞、侯庆香等先后在中央电视台及省、市青年歌手大赛中获奖。2007年，于洪新创作的打击乐《欢腾锣鼓》在山东省首届农村文化艺术节中获银奖，张马屯小学艺术团表演的打击乐《牛斗虎》和二胡齐奏《新农村》获优秀奖；在2007年山东省群众文化学会年度评比中，韩祥的歌曲《自己的日子自己过》获一等奖，张晓琴的歌词《家啊》和刘炎玲的歌词《乡村的秋天》获三等奖；于洪新、李宗斌创作的歌曲《乐得小鸭叫嘎嘎》获山东省少儿歌曲创作评选三等奖。1986—2007年，历城区有30余件音乐作品在省级以上比赛中获奖或在省级刊物上发表。

舞蹈　1986年，对全县民间舞蹈进行挖掘、整理，其中，蛾子灯、竹马灯、高跷、龙灯、梆鼓秧歌5个民间舞蹈被收入《济南市民间舞蹈资料集》《齐鲁民间艺术通览》《灯彩与秧歌》《梆鼓秧歌》等民舞资料。1988年，历城区部分文艺爱好者集体创作的大型舞蹈《龙腾虎跃》在山东省首届农民田径运动会开幕式上演出并受到好评，被山东电视台制作成专题片播出。1990年，由耿惠君创作、执导的少儿舞蹈《带银铃的小马驹》在全国少儿舞蹈比赛上获创作、表演双一等奖。1991年，耿惠君创作的《带银铃的小马

图27-3　舞蹈《带银铃的小马驹》演职人员在人民大会堂合影（1991年摄）

驹》《山楂红了》在人民大会堂、中南海等处演出，并由中央电视台录制播出。2000年，耿惠君、李钦英创作的《绿了母亲河》获全国第十届“群星奖”舞蹈比赛铜奖。2001年，《绿了母亲河》和耿惠君创作的《热瓦甫的故事》在全国大学生舞蹈大赛中分获一、二等奖。耿惠君和郭元金编导的《梆鼓秧歌》在2000年全国首届广场民间歌舞大赛中获“桂花金奖”，在2002年全国新秧歌大赛上获编导大奖，2004年获第十三届全国群星奖纪念奖。2007年，华山镇选送的舞蹈《喜获丰收》、港沟镇选送的舞蹈《秧歌》在首届山东省农村文化艺术节中获优秀奖。1986—2007年，历城区舞蹈创作表演获21项省级奖，8项市级奖。

第四节　书法 美术 摄影

书法　1989年，朱振东与李恭临在省美术馆举办二人书法联展。1995年，桑田的作品在日本第56回国际文化交流书道展中获金奖；《李恭临书法选》由湖北人民出版社出版，并在日本参加第三届国际书法艺术展获银奖；遥墙镇农民书法家李长福的10米唐诗正楷长卷在中国美术馆展出。2004年，王瑞的篆刻、李明的书法作品入展全国八届书法、篆刻展，赵连安的书法作品获“全国第二届青年书法美术大赛”优秀奖。2005年，李明的草书获全国第二届扇面书法艺术大展提名奖；王瑞的书法、篆刻作品入展全国第五届篆刻展，入围全国第二届电视书法大赛，获山东省第四届书法篆刻展优秀奖、二等奖；戴月的书法获中国国学研究会“杰出贡献奖”金奖。2006年，李明的行书与草书分别入选由中国书协主办的全国首届行书和草书展，其草书作品获《书法导报》创刊18周年全国书法精品展精品奖；王瑞的篆刻作品在中国书协主办的“纪念长征胜利75周年”“建党85周年”全国书法展中分获三等奖和2006年书法导报国际书法年铜奖。2007年，王瑞的书法、篆刻作品入选全国当代篆刻艺术大展、全国九届书法篆刻展；江钜智、李思德的书法作品入选中国书协主办的全国首届老年书法展。

美术　1993年，高爽创作的国画《华夏河山万里行》长卷获省体育艺术展特等奖。1996年，毛延德的国画《鹰》获全国首届扇面精品展优秀奖，并入选全国扇面精品画册。1997年，李兆彩、吴毅民创作的国画《东风吹来满眼春》在省文化厅、省美协举办的展览中获一等奖。2000

年，刘怀勇创作的国画《野山云响》在文化部、中国美协主办的中国沈阳艺术节中获优秀奖。2004年，李明的国画《秋思》入选中国美协主办的全国中国画展，国画《秋思长长》入选由中国美协和中央电视台主办的全国首届电视中国画大赛。2005年，刘怀勇的国画获中国美协主办的“菜乡情”全国第二届中国画作品提名展优秀奖；吴毅民的国画获全国第六届体育美展山东展区二等奖，获省美协“纪念曾子诞辰2510年全国书画大奖赛”优秀奖；张振武的国画获第十二届中国花鸟画邀请展铜奖及“七里河杯”全省书画摄影展一等奖。2006年，刘怀勇的国画作品入选中国美协主办的“2006纪念中国美术大师李苦禅艺术馆开馆暨全国中国画作品提名展”；蔡洪范的国画作品在中国艺术家协会举办的首届“中华杯”全国书画艺术大赛活动中获银奖；在山东省文化厅举办的“相约文博会·建设银行杯”书画大赛中，张振武的国画作品获铜奖，郭元金的书法作品获佳作奖；吴毅民的国画作品获省美协、省总工会举办的山东省职工优秀作品展二等奖；蔡洪范的国画获中国艺术家协会举办的首届“中华杯”全国书画艺术大赛银奖。2007年，李明的国画作品入选中国美协主办的全国第二届“齐白石奖”中国画展，书法作品入选中国书协主办的“纪念老子诞生2578周年全国书法展”，获《书法导报》创刊18周年全国书法精品展“十佳精品奖”；在由省美协、省书协等举办的“在希望的田野上——走进社会主义新农村全省诗书画作品巡回展”中，蔡洪范的作品获中国画山水类优秀奖，田在武的作品获书法篆刻类优秀奖。

摄影　1987年，于相吉的摄影作品《翠玲珑》在卫生部举办的“祝你幸福”摄影展中获二等奖。1994年，刘继文的摄影作品《夏日》发表在国家级刊物《大众摄影》上并获优秀奖。1997年，王淮桂的摄影作品《最开心的一天》在中国艺术摄影学会举办的庆香港回归“华夏一日”摄影比赛中获金奖。1999年，吴凤生的摄影作品《梨乡》在省摄影家协会主办的“佳能杯”现场摄影作品评比中获优秀奖。2003年，周建华的摄影作品《寨门拦路敬远客》入选由中国摄协、中国青年摄协主办的贵州黔东南摄影大赛。2004年，周建华的摄影作品《布衣女》获山东省八届影展铜奖；桑林的摄影作品《泉水入亭来》获“鲁能康桥杯”泉水、泉韵、泉情摄影活动三等奖；尹承峰的《金色年华》在《中国画报》《山东画报》、山东“鲁能杯”全国摄影大赛中获二等奖；王淮桂、刘继文的摄影作品在《中国摄影》《中国摄影报》《大众摄影》和山东省摄

图27-4　王淮桂摄影获奖作品——《最开心的一天》（1997年摄）

影家协会共同举办的摄影比赛中获优秀奖。2005年，周建华的摄影作品获全国摄协主办的“走进聊斋”全国旅游摄影大赛二等奖；在山东省首届旅游风光摄影大赛中，刘继文的《柳埠新貌》获一等奖，陈学东的《山光水色》获优秀奖；陈克勤的《佛光》获《齐鲁晚报》“灵岩摄影大赛”二等奖；生文君的摄影作品《黄河口》获“新之航杯”全国月赛三等奖。2006年，在省文化厅、省文联、省委宣传部举办的“社会主义新农村”美术书法摄影展中，王青兰的摄影作品获一等奖，江岩、周建华获二等奖，商时平获三等奖；李长德的摄影作品获省摄协主办的山东电力“庆十一”摄影比赛二等奖。2007年，在山东省文化厅、省摄协、省艺术馆等单位举办的“红色丰碑”革命老区摄影艺术展中，周建华的摄影作品获一等奖，江岩获二等奖，商时平获三等奖，巩韧获优秀奖。

第二章 群众文化

第一节 节庆文化

历城节庆文化活动形式多样、内容丰富，有民间艺术调演、中老年秧歌大赛、新春书画展、春联展、卡拉OK歌手大赛等。每年的元旦、“三八”妇女节、“五一”劳动节、“七一”建党节、“八一”建军节、“十一”国庆节等，都会举行全区性的庆祝活动。

图27-5 1990年2月，历城区迎春花灯会

1990年2月，区委、区政府举办首届迎春花灯会。此后每年元宵节前后，区直各部门、各街道、乡镇和企事业单位、学校等参与的迎春花灯会都如期举行，灯会规模逐年扩大，花灯样式、参与单位逐年增多。市民在欣赏花灯的同时，可以品尝特色小吃，选购农副产品、工艺品。1991年，历城区举办首届民间艺术调演，至2007年，共举办17届。1997年、1999年，分别举办庆祝香港和澳门回归的大型庆典。自2006年开始，组织群众参加济南市一年一度的新春文艺博览会，两年一度的济南市农村文化艺术节和济南市社区文艺会演。

第二节 广场文化

1998年10月，将军广场建成开放；1999年9月，洪楼广场建成开放。历城区广场文化开始兴起。2000年，区委宣传部、区文化局举办“新的世纪·新的历城”系列广场文化活动。洪楼广场被济南市委宣传部、市文化局评为“济南市十佳文化广场”。2001年，洪楼广场被省委宣传部、省文化厅评选为“山东省十佳文化广场”，华山镇中心广场、王舍人镇文化广场被济南市文化局评为优秀文化广场。2004年，区委、区政府以“魅力历城”为主题，打造历城文化品牌。同年，区委宣传部、区文化局印发《关于开展“迎亚足赛、创文明城”暨“魅力历城”广场系列文化活动的通知》，历城区广场文化被纳入“魅力历城”系列文化活动中。2006年，区委宣传部、区文化局印发《关于开展“相约文博会·魅力历城”广场文化活动的通知》。同年，南全福文化广场被市文化局评为“优秀广场文化活动场

图27-6 2007年7月，“魅力历城”董家镇消夏文艺晚会

地”。2007年，为庆祝建区20周年，中央电视台《激情广场》走进历城在洪楼广场演出；山东电视台、济南广播电台和济南电视台的多个频道与历城区联合举办“主持人走进历城”文艺演出、历城区第三届“农家乐之夜”消夏晚会暨暑期旅游推介会等活动，在洪楼广场、祝甸文化广场、南全福文化广场举行。祝甸文化广场、仲宫镇杨而村文化广场被市文化局评为“优秀广场文化活动场地”。至2007年，全区有广场17个，平均每年举办广场文化活动100余场，观众20万人次。

图27-7 2007年2月，“夕阳红”艺术团在演出

第三节 群众艺术团队

20世纪90年代，群众业余艺术团队开始向有名称、有组织发展。1997年4月，区“夕阳红”演唱团成立，后更名为区“夕阳红”艺术团，是设置有合唱队、舞蹈队、戏曲队、乐队的综合艺术团体，至2007年共演出368场次，获奖54项，其中国家级4项。2005年，华山镇王家闸村庄户剧团被中宣部、文化部评为“全国服务基层、服务农民工作先进单位”。《中国文化报》分别于2005年4月26日、2006年10月12日两次刊登专题，介绍历城庄户剧团和农村文化发展情况。业余艺术团队由群众自发组织而成，有专职团长、演出场地、演出设备，除了排演群众喜闻乐见的《李二嫂改嫁》《墙头记》等传统剧目外，还从现实生活中挖掘素材、自编自演了《娶婆婆》《说说俺村八大变》《夸夸咱们的农家乐》《历城处处好风光》《魅力历城》《历城美》等贴近生活、寓教于乐的作品，歌颂新人新事、好人好事，批判丑风陋俗。至2007年，全区共有业余艺术团队200余支，演员人数达6000余人，以中老年人为主。其中，庄户剧团55支，秧歌队100余支，各种婚庆表演队50余支。

第三章 文化场馆

第一节 文化馆

1982年，恢复历城县第一文化馆和历城县第二文化馆，一馆设在郊区东郊公社，二馆设在仲宫公社。1987年，历城撤县建区，原郊区文化馆改为历城区洪家楼文化馆，驻地洪家楼镇。1990年12月，区政府将第一文化馆改为历城区图书馆，第二文化馆改为历城区博物馆，洪家楼文化馆改为历城区文化馆。2002年6月，因城建开发，位于洪家楼西路41号的区文化馆被拆除，先后租用二环东路2277号大舜文化市场、区工人文化宫、山大北路25号3处房舍作为文化馆办公地点。2004年4月，区政府将位于闵子骞路4号的三层楼房划拨给历城区文化馆作为馆舍。2007年8月，区政府租赁东风街道祝甸社区房屋作为区文化馆的新场馆，地址位于祝舜路600号。新馆建筑面积3114平方米，有多功能厅、舞厅、老年活动室、少儿活动室、电子阅览室、美术培训室、书法培训室、音乐培训室、舞蹈培训室以及少儿文化课培训室等各类功能厅室。

第二节　图书馆

1986年，历城县有第一、二文化馆图书室。1987年5月，原济南市郊区文化馆图书室划归历城区更名为历城区洪家楼文化馆图书室。1990年12月，第一、第二文化馆图书室合并，设为历城区图书馆，以原第一文化馆为馆址。1994年、1998年在全国公共图书馆评估定级中，历城区图书馆被文化部评定为三级图书馆；在2005年评估定级中，被文化部评定为二级图书馆。2002年10月，山东省图书馆迁入历城区辖区。2007年，全区建成以区图书馆为中心、镇（街道）文化站图书室为基础、村（居）图书室为纽带的三级图书服务网络。区图书馆馆舍面积1800平方米，有少儿阅览室、成人阅览室、文献资料室、读者活动室、读者自修室、电子阅览室、多媒体室等10个服务窗口。全区有400余个村文化大院设立了图书室，每村藏书量500册～1000册。

山东省图书馆　建于清宣统元年（1909），馆址在大明湖遐园，是全国十大图书馆之一。1994年开始动工兴建新馆，2002年10月建成并正式对外开放。新馆位于二环东路2912号，占地面积4.3万平方米、建筑总面积５万平方米。建有内容丰富、精确高效的馆藏书目数据库、二次文献数据库和全文数据库。对图书报刊文献的借阅全面实行开架管理，开架图书150万册以上。读者阅览室座达2000个以上。有对外服务窗口44个，每周开放73.5个小时，日平均接待读者近5000人次。

第三节　博物馆

历城区博物馆前身为历城县第二文化馆，建于1964年。1990年12月改为历城区博物馆，主要负责文物保管、陈列展览、文物征集、文物修复、文物法宣传等工作，位于仲宫镇龙山路51号，占地面积1472平方米。1997年，历城区文化局和四门塔文馆所保管的文物藏品陆续移交该馆。2002年，投资70万元扩建办公楼，建筑总面积2160平方米，设有办公室、展览室、接待室、文物仓库、文物值班监控室、党员职工活动室等。至2007年，区博物馆馆藏登记文物共计313件，其中，一级文物1件，二级文物12件，三级文物113件，一般文物187件。共筹办历城出土文物精品展、终军纪念展、周恩来生平事迹展、书画展、昆虫标本展、皮影展、陶艺展、摄影展、大辛庄考古挖掘出土文物展等展览230余场次，累计接待观众100余万人次。

第四节　辛弃疾纪念馆

1996年5月，辛弃疾故居工程奠基仪式在遥墙镇四风闸村举行。1998年10月16日，一期工程建成并对外开放，建成石坊、六角碑亭、辛弃疾塑像、辛弃疾纪念祠、稼轩词书法艺术刻石碑廊等景观。2001年，增设文物、书画、民俗、图片、“一代词宗”“义胆忠魂”6个展室，修建稼轩故里碑，由书法名家欧阳中石题写碑名。同年8月，实施二期工程，修建议事厅、藏书楼、瓢泉、蛤蟆塘等景点，完善放映厅、茶社、招待所、餐厅等服务设施。一期、二期工程累计投资900多万元。由纪念馆和辛家坟两部分组成，占地面积2万平方米，总建筑面积4000多平方米。2001年，辛弃疾故居成为区爱国主义教育基地。2006年6月8日，辛弃疾少年传说被评为非物质文化遗产。2007年8月，区政府投资30多万元对故居院落进行维修。9月，辛弃疾国际学术研讨会召开，与会学者参观考察辛弃疾纪念馆并出版《纪念辛弃疾逝世800周年国际学术研讨会论文集》。

第四章 文化市场管理

第一节 经营业户审批

1988年7月，历城区社会文化管理委员会成立，下设办公室，负责卡拉OK、音像制品零售、图书期刊发行、印刷、营业性健身娱乐场所（包括保龄球、台球、高尔夫球、录像放映厅、室内滑冰、棋牌室、激光打靶等）审批工作。1996年3月，音像市场管理工作移交区广播局；6月，印刷、书刊发行的管理审批工作移交区新闻出版管理办公室。2001年12月，音像市场管理工作移交区文化局。2002年2月，区文化局在区审批中心设立窗口，办理网吧、音像制品初审和演出场所经营单位、个体演员、个体演出经纪人及餐饮附设卡拉OK等经营项目备案。2003年9月，市文化局将音像制品零售许可和网络文化经营许可2项审批权下放到区县，同时取消营业性健身娱乐场所（包括保龄球、台球、高尔夫球、综合性游乐、室内滑冰、激光打靶等）审批，将美术品经营单位的审批改为备案。2005年11月，市文化局将艺术表演团体、营业性演出的审批权下放到区县。2006年3月，市文化局将娱乐场所经营许可审批管理权下放到区县。2007年，区文化局政务大厅窗口主要办理网络文化经营许可证、娱乐经营许可证、音像制品经营许可证、营业性演出许可证4项独立审批和营业性演出场所经营单位、个体演员、个体演出经纪人、餐饮附设卡拉OK、美术品经营单位5项备案。至2007年，区文化局政务大厅窗口共受理1117件审批业务，其中，受理承诺件369件，即办件748件，全部办结。

第二节 文化市场稽查

1995年10月，区文化市场稽查队成立，负责全区文化市场的管理稽查工作。1999年，对电子游戏经营场所进行综合治理，不符合要求的予以取缔，经营场所由90家减为4家。2000年，清理整顿歌舞娱乐场所，重新审核歌舞厅（夜总会）17家，取缔3家。2004年，为杜绝未成年人进入网吧，历城区实行学校、网吧、文化局“三位一体”的管理模式，区文化局、区公安局、区工商局、区教育局等九部门联合开展网吧专项整治活动。2006年，区文化局与公安、教育、工商管理部门联合，在全区文化经营场所开展“百日整治”行动。2007年2月，关闭所有非法音像制品放映单位。至2007年年底，共出动检查人员13800余人次，检查文化经营业户11200余家次。

第五章 新闻出版

第一节 经营审批

1996年，区新闻出版管理办公室成立，负责“印刷经营许可证”（打字复印证）和“出版物经营许可证”（零售证）的审批等工作。2002年2月，区新闻出版管理办公室在区行政审批中心设立审批窗口，对审批事项进行集中审批。

出版物印刷经营许可、包装装潢印刷经营许可、其他印刷品印刷经营许可由区新闻出版管理办公室审核，报市新闻出版局审批；打字复印经营许可由区新闻出版管理部门审批。2001—2007年，审批数量每年以10%左右的速度增加，共审批出版物经营单位70家。到2007年年底，全区有各类印刷经营单位315家，各类出版物经营单位140家。

第二节　行业管理

一、出版物市场管理

1996年后，区新闻出版管理办公室加强对出版物市场的管理，对行政区划结合部、城乡结合部、流动人口密集区、出版物集散场所四类区域进行重点监察，对校园周边、旅游景点、繁华地段等进行不间断检查；对影响青少年身心健康的渲染凶杀暴力、封建迷信、淫秽色情等非法出版物及格调低下的“口袋本”图书、有害卡通画册及游戏软件产品坚决予以查缴；对无证摊点，兜售非法出版物的游商摊贩，非法设立的书报刊、电子出版物经营摊点坚决予以取缔。1998年3月，历城区扫黄打非工作领导小组成立。2002年3月，在全市率先成立街、镇“扫黄打非”办公室，逐步形成区、街（镇）、村（居）三位一体，新闻出版、工商、公安、文化、城管等有关部门职责明确，配套联动的“扫黄打非”组织体系。区扫黄打非工作领导小组及办公室将管理工作渗透到出版、印刷、发行各个环节，使出版物市场逐步走上标本兼治，预防为主的路子。2002—2007年，每年4月份开展“4·26”知识产权宣传周活动，开展打击侵权盗版专项行动，宣传树立版权保护的典型。每年收缴各类非法出版物1万余盘（册），取缔经营各类出版物的游商摊贩200余个。2007年，辖区内的山东爱书人音像图书有限公司、历城区新华书店被省版权局评为“山东省正版经营示范单位”。

二、印刷行业管理

20世纪90年代是印刷业的快速发展期，由于准入门槛低、多头管理，印刷市场秩序混乱。2002—2004年，区新闻出版管理部门在全区新闻出版系统相继开展“规范管理年”“管理创新年”“管理发展年”等活动，探索新形势下加强新闻出版市场管理工作的思路、方法。2002—2007年，利用培训班、现场会、明白纸等形式，对全区出版市场从业人员进行有关法律法规的宣传教育，每年培训人员500余人次。

第六章　地方史志

第一节　志书编纂

1982年2月，历城县志编纂委员会成立，下设办公室，开始编修《历城县志（1840—1985）》。1990年11月，由济南出版社出版。全1册，16开精装，国内外公开发行。记事上限1840年，下限1985年，共28篇、142章、301节，约74万字。志书篇目依次为：序、概述、大事记、政区、自然地理、人口、农牧渔业、林果业、水利、工业、交通运输、邮电、商业、粮油、经济管理、城乡建设、财税、金融、科技、党派团体、政权政协、司法、民政、劳动人事、军事、文化、文物、教育、体育、卫生、社情民俗、人物、附录。是新中国成立后历城第一部志书。1993年，《历城县志（1840—1985）》被中国地方志指导小组、中国革命博物馆、山东省地方史志编纂委员会评为“全国新编地方志成果展览会”山东优秀成果奖。1983年，《历城区教育志（1840—1985）》开始编修，1989年印刷，全书约20万字，对各个不同时期的教育情况、办学形式做了较为翔实的记述。1986年3月，《历城区水利志（1840—1990）》开始编修，1994年印刷，重点记述新中国成立后历城水利事业发展情况，是有史以来第一部全面反映历城水利史实的专业志书。1994年5月，《祝甸村志（1948—1994）》开始编修，1995年10月印刷发行，记述祝甸村政治、经济、文化等方面的发展变化。2002年4月，《历城政协志（1984.4—2002.12）》开始编修，2002年12月印刷发行，共21万字，主要记载了第一至第五届历城区（县）政协的组织机构沿革、重要工作和活动。2006年3月，《祝甸史志（1948—2007.1）》开始编修，2007年1月印刷，全书共18.6万字。2007年7月，《历城县志正续合编》出版发行，该书是区委、区政府在市委宣传部的支持下，聘请省市知名专家、学者，将社会影响较大、地方志书中学术地位较高的乾隆《历城县志》与民国《续修历城县志》（简称正志、续志）编纂、整合而成，对正志和续志进行了点校整编，全书共分5册，170万字。至2007年，全区共出版县志1部，出版旧志整理1部，出版部门志、村志5部。

图27-8　2007年7月，《历城县志正续合编》首发式

第二节　年鉴编纂

1991年，区教委编辑印刷《历城教育年鉴（1986—1989）》。全书设概况、教育行政、党群组织、基础教育、职业技术教育、师范教育和教师进修、成人教育、教师、教育经费、大事记、文献11个栏目。

1995年11月，《历城年鉴(1986—1995)》编纂工作启动。1997年4月，由泰山出版社出版发行，印数3000册。正文设22个栏目：特载，大事记，历城区概况，政治，法制，综合经济管理，工业，农村经济，国内贸易，对外经济贸易与旅游，财政，税务，金融、保险，交通、邮电，城乡建设，教育、科技，文化，卫生、体育，社会生活，乡镇，人物，统计资料，附录。全书约70万字。1997年，该书在“裕隆杯”全省年鉴评奖活动中获“年鉴综合奖一等奖”“框架设计特等奖”“美术装帧一等奖”“出版发行一等奖”“条目编写二等奖”。2002年3月，《历城年鉴（1996—2001）》编纂工作启动。2003年12月，由中央文献出版社出版发行，印数3000册。正文设25个栏目：特载，大事记，历城区概况，党政群团，政法，体制改革与经济管理，工业，工业园区建设，农业，商贸服务业，招商引资，对外经济贸易，旅游，财政、税务，金融、保险、证券，交通，邮政、电信，城乡建设，教育、科技，文化，卫生、体育，民政社保，街区乡镇，人物，附录。共81.9万字。该书2004年获中国地方志指导小组和中国地方志协会颁发的“首届中国地方志年鉴奖版式装帧优秀奖”，2005年，在全省优秀年鉴评奖活动中获省政府办公厅颁发的“山东省年鉴奖综合奖特等奖”“框架设计特等奖”“装帧印刷特等奖”“条目编写特等奖”。

自1999年起，区统计局编辑印刷《历城统计年鉴》，一年一册。主要内容为综合、农业、工业、电力、交通、邮政、固定资产投资、建筑业、批零贸易、餐饮、外经外贸、财政、科技、教育、文化、卫生、广播、市政、环卫、环保、绿化、劳动工资、计划生育等方面的统计数字资料。

第三节　志类资料编纂

1986年起，区史志办逐年征集编辑《历城区大事记》，至2000年，共编辑出版《历城区

图27-9　部分史志资料（2001年摄）

大事记》11册。1995年8月，编印《历城先模人物》，收录1949年10月至1992年期间，历城受到省部级以上表彰的48名先模人物事迹，全书5万余字。2007年，编辑出版《历城建区20年大事记（1987—2007）》，记载了撤县建区20年来区委区政府制定的重要决策，区党政群团及其他部门和单位的重要活动，全区经济和社会各项事业取得的重大成就和重要成果，区级领导人及区党政领导机构变动、行政区域变化，中央、省、市领导人在历城区的重要活动等内容，共77.6万字。至2007年，编辑出版有《历城县志地名资料》《济南市历城区村庄名考略》《锦绣历城》《历城简况》《新世纪、新发展、新视点、新历城》（画册）、《济南市历城区地图册》等地情资料。

第四节　区情网站建设

2006年8月22日，历城区情网站（www.lcqq.gov.cn）开通试运行，由区史志办公室主办，设立有区情概况、史志动态、政务信息、大事记、古今名人、名胜古迹、地名考略、历城新貌、旅游景区、历城交通旅游地图等十余个栏目板块，成为宣传历城、服务百姓、方便社会各界读志用志的平台。其中区情资料库录有《历城县志（1840—1985）》《历城年鉴（1986—1995）》《历城年鉴（1996—2001）》《历城建区20年大事记（1987—2007）》，并与省情资料库联网，可查阅历城及全省各地的史志文献资料。

第七章　档　案

第一节　档案馆

一、设施

1984年，县政府投资兴建专用档案馆，1987年投入使用。馆舍为古典方型悬挂式框架结构，建筑面积1350平方米，有办公室、查档室、阅览室、会议室和消毒室，库房面积占四分之三，主要为木质和铁质档案橱柜。保管条件达到防火、防潮、防蛀、防盗、防光、防高温“六防”标准，并配有照相机、复印机、四通打字机、誊印机、吸尘器、空调、去湿机等设备。2003年，区政府新建档案楼，总建筑面积1700平方米，库房面积700平方米。档案橱由铁质、木质、柜式，

改为铁质手摇控制式密集架，总容量具备30年发展空间。楼区内安装取暖、通风、空调和消防设施，配备自动化监控、消毒、温湿度自控和消防报警系统，配有微机、光盘刻录机、扫描仪、文件消毒柜、传真机、数码照相机、防磁柜、电视机等设施，达到防火，防盗，防潮、高温，防虫鼠害，防有害气体，防光，防紫外线，防磁辐射，防尘“九防”要求。

二、馆藏

1986年，县档案馆有馆藏档案57个全宗，各类档案28205卷，资料15033册。主要包括：新中国成立前革命历史档案94卷，新中国成立后至1980年年底，接收档案主要为县委、县政府以及县直机关、区、人民公社形成的文书档案；撤销的历城化工厂、东风铁矿移交的基建、设备、水文、地质图纸等，当时定名为科技档案；20世纪60年代至80年代形成的专业档案，有人口普查、工业普查、审定阶级成分、土改土地房产证、林木确权证、死亡干部、声像照片档案等，撤销单位的印鉴、清末民国时期的契约等实物档案；另外有明崇祯九年（1636）《历乘》，清乾隆三十六年（1771）和民国15年（1926）的《历城县志》，“二十四史”（部分）等图书资料。

1987年，建立以全宗为单位整理编目的打印目录体系，重新按行业职能及社会分工编排各自独立的档案全宗，主要按区委机关、区政府职能部门、乡镇办事处以及改撤的企业和事业单位先后顺序排列。1994年，加强新兴产业、社会组织的档案建设，包括民营企业、重点工程、劳动保障与医疗保障、合同公证、公司、事务所、协会组织等。2002年，开展社会实践活动、经济工作中心以及关系民生的专业门类档案的建设与接收进馆工作。2005年，将20世纪50年代以来各类劳动就业、招工安置、工作调动分配、知青下乡、回城分配形成的档案全部进馆，成为社会职工群体广泛利用的热门档案；接收和开放20世纪70年代以来形成的土地批划，土地租赁、出让、转让、买卖合同，土地承包合同，四荒承包、租赁、转让合同，林木确权证等专业档案；将1986年以来的婚姻档案全部接收进馆并开放；将区公证处形成的经济、民事类的合同公证书档案逐年接收进馆并有条件限制的开放，将撤销单位的会计档案，审计部门形成的审计档案接收进馆。2007年年底，馆藏专业门类的档案有堪界档案、地名档案、名人资料、图片、实物、声像档案、印鉴、报刊等20余种，馆藏档案设102个全宗，76332卷（盒），图书资料18805册（件），总计96769卷（件、盒）。

图27-10 馆藏精品档案（2001年摄）

第二节 档案业务

1986年，县档案局开展春季立卷活动，探索录音、录像、照片档案的收集、整理、分类管理工作。城建档案工作取得较快进展，地名档案规范化管理，按新区划编码整理。1990年，立卷活动完成并通过检查验收，全区有17个单位档案室被评为省三级档案室、2个单位档案室被评为省二级档案室，晋级数量居全市各县区之首。1991年，开展区直机关档案工作标准化、规范化建设；推进企业档案管理升级工作；普及村级建档工作。至1995年，全区省级档案管理先进达标率近60%；全区700多个村开展建档工作，村级建档率50%。1996年，开展“有专业档案室、有专职档案管理员、有具体管理条例细则、有规范档案橱具、有档案借用记录，争创市级、省级先进档案室”的“五有二争创”活动，至2000年，全区有60%的行政村达到“五有二争创”标准。1997年，制定《关于建立农村第二轮土地延包合同档案的意见》，统一建档的归档范围、整理标准、期限；对全区20个乡镇、18所学校进行档案建设工作检查。2001年，在全区14个乡镇开展小城镇档案建设工作；指导最低生活保障、劳动力教育培训和就业转移、农村新型合作医疗保障等档案建设工作；指导街道和社区档案规范化建设工作；在奶牛基地、草莓协会、蔬菜果品协会等特色农业企业和协会组织开展农业科技示范建档工作。至2007年，各街镇全部建立城镇档案室（馆），档案管理达到规范化、标准化要求。全区有2个单位档案室被评为省特级档案室，33个单位档案室被评为省一级档案室，25个单位档案室被评为省二级档案室，32个单位档案室被评为合格。

第三节　信息资源开发利用

1986—1995年，涉及土地房产、知青上山下乡、招工介绍信、工作调动等个人查阅所占比例较高，其中土地房产档案利用率达95%。1996年，区档案馆被命名为区爱国主义教育基地。1999年，区档案馆提供的反映历城人民抗战、支前、土地改革以及毛主席视察历城时的照片等珍贵历史资料，被中央电视台为庆祝新中国成立50周年所拍摄的16集电视纪录片《新中国》采用。2003年、2004年，区档案馆利用丰富的档案资料，展示毛泽东主席1958年、1959年视察历城时的珍贵照片及反映全区先模人物，全区“两个文明”建设成果的文字和图片资料。2002—2007年，查档内容主要为婚姻、房产、公证等，占查档人数的69%，出具的证明用于补办结婚证，办理二胎手续，城镇与农业户口迁移，农转非，离婚、再婚以及办理上学、居住、移民、就业等各种手续。1986—2007年，区档案局共接待查档人员2.3万余人次，提供档案4.6万卷（册），出具证明2.1万份。利用馆藏档案整理汇编《济南市历城区专业技术人员优秀论文集》《历城民风民俗与民间故事》《17省市馆藏结婚证式样汇集》等资料60余种，共330万字。

第八章　广播 电影 电视

第一节　广　播

1986年，历城县广播电视局下设14个乡镇广播站，自办节目有《历城新闻》《理论学习》《科技知识》《为听众服务》《文娱演唱》等。广播时间为日播3次8个小时。1987年5月，县广播电视局更名为历城区广播电视局。1990—1991年，为19个乡镇广播站更新扩音机、播音控制桌、电源柜、输出柜等设备，共投资近40万元。到1992年年底，全区村通播率60%，喇叭入户率4%。1993年，全区共有孙村、仲宫、唐王、港沟、郭店、董家、王舍人、华山、高而、西营、柳埠、彩石、遥墙、锦绣川14个乡镇广播站。1993年，因修建东外环路、拓宽济王公路，通往各乡镇的有线广播信号线路被拆除。1994年2月，历城有线广播停办。

第二节　电　影

1986年，全县有电影放映单位50余个。1986—1993年，区电影公司直属队、社办队、村办队、厂矿、学校、俱乐部、集镇影院各类性质的放映单位，年均放映场次在万场左右，《中国革命之歌》《开国大典》《毛泽东和他的儿子》《风雨下钟山》等革命传统题材的优秀影片在这一时期上映。年人均看电影10场以上，达到国家提出的“镇镇有电影队、村村挂银幕、人人看电影”的要求。20世纪90年代中期，随着电视、录像等多种娱乐形式的迅速发展，历城区电影事业进入衰退期。1999年、2000年，历城影剧院、黄台影剧院先后停止日常放映活动，全区仅剩7个乡镇电影队保持放映活动。2003年，历城区开展“魅力历城送电影下乡活动”，区电影公司在港沟、华山、柳埠组建3支电影放映热心人队伍，常年在各镇、村免费放映电影。至2007年，放映3000余场次。

图27-11　1990年7月，区电影公司直属放映队到高而乡南高村放映电影

历城影剧院　位于花园路93号。1975年始建，1979年建成开业。设1349个坐席，配有东风型号座机、环绕立体声设备及冷暖设备。开业后日均放映6场。1999年以前为历城文化娱乐中心，区委、区政府各种大型会议及文化活动多在这里举行。1999年，因修建洪楼广场，历城影剧院被拆除，拆迁面积6000余平方米。2003年区电影公司投资50余万元，在洪楼广场东边成立历城影视娱乐城，经营电影放映、网吧、商务办公等，其中放映厅面积为200平方米，设124个坐席。

黄台影剧院　建于1985年，位于黄台北路6号，由省、市、区拨款和驻地单位赞助修建。1987年1月对外正式营业。1995年以前日均放映电影6场，年放映及演出收入40余万元。其后逐年下降，2000年停止放映及各类演出，另作他用。

1986—2007年历城区电影放映场次情况表

表27-2

年份（年）	放映场次（场）	观众（万人次）	总收入（万元）	年份（年）	放映场次（场）	观众（万人次）	总收入（万元）
1986	8035	527	40	1997	4900	256	64
1987	9690	538	59	1998	4840	26	63
1988	12249	638	73	1999	3960	21	52
1989	14256	830	87	2000	2560	16	41
1990	14756	951	107	2001	2480	15	38
1991	16646	1100	89	2002	1610	12	25
1992	13296	906	82	2003	1040	8	16
1993	9693	301	81	2004	380	2	8
1994	5720	205	54	2005	560	4	10
1995	6503	329	78	2006	508	4	10
1996	5100	298	65	2007	680	5	12

第三节 电 视

一、无线电视

1985年2月1日，历城第一座电视差转台在西营镇政府驻地建成。1987—1990年，在仲宫镇娘子山建卫星地面接收站，设35米自立塔，发射功率50瓦，收转中央电视台第二套、差转济南电视台节目，覆盖160平方公里。1988年6月，在柳埠镇金牛山顶建成卫星地面接收站，设30米拉线塔，2台50瓦发射机，分别收转中央电视台一、二套节目。1988年9月，建成彩石电视差转台。1989年3月，因信号受干扰且本身干扰周围用户，彩石电视差转台停播。1991年，在港沟镇莲花山顶建电视差转台，设25米自立塔，50瓦电视差转机，收转中央电视台第三套节目。1992年7月，西营镇建卫星地面接收站，设2台20瓦电视发射机，分别收转中央一、二套电视节目。同年11月，在柳埠镇黄巢安装小功率电视差转机，发射功率10瓦，覆盖全镇面积的90%。1994年1月，港沟差转台收归历城区广播电视局，定名为历城电视转播台，在转播上级台节目的同时，插播历城区的新闻和专题节目。1996年，投资50万元，购置电视发射机1台，对历城电视转播台（原港沟差转台）进行更新改造，发射功率由50瓦扩增到300瓦。1997年，投资30万元，购置50瓦电视发射机2台，建成锦绣川乡电视发射差转台；投资100多万元，对各差转台发射设备进行改造，全区形成有线电视混合覆盖相互补充，多功能的农村广播电视网，广播电视有线、无线覆盖率达到80%和85%。同年，历城电视转播台转为历城电视发展对象台。1999年，投资100万元，对该台进行技术升级改造，由原来微波传输电视信源改为光缆传输。2006年，对该台无线发射机进行升级，改为1000瓦固态电视发射机，在前端机房、无线发射机房和分前端机房安装了监控系统，对机房运行状态及时监控。

二、有线电视

1992年，全市有线电视共缆系统论证会在王舍人镇召开，筹建区域性有线电视网。1993年3月，历城区筹建历城有线电视台。历城有线电视共缆系统采用邻频前端中频处理，300兆赫双向传输技术。1994年1月，历城有线电视台正式开播，全天24小时播放14套电视节目。1995年，投资200万元，将建台时300兆赫传输系统更换成550兆赫，将网络干线放大器更换为全国最先进的双导频放大器，直接收看19套电视节目。1997年，投资750万元，实施城区、王舍人、华山、遥墙、郭店光纤网工程，建成市级台标准的光缆发射前端，使城区3.5万户居民、乡镇3万户居民看上了清晰的有线电视节目。1998—2003年，共投资9030万元，建成市级标准的有线电视发射前端机房，建成1550纳米光缆有线广播电视系统，共架设光缆主干线1383杆公里、电缆主干线3000杆公里，设立光接收点532个，接收有线电视节目达35套。2000年，全区有646个村通了有线电视，在全市率先实现“村村通”有线广播电视。2001年，区广播电视局被国家广播电影电视总局、国家发展计划委员会评为“全国村村通广播电视工程先进集体”。2006—2007年，投资1456万元，恢复启用模拟信号前端；新建立工业北路分前端机房、将军路分前端机房和牛旺广播电视站，缓解局内前端机房的光分路压力；建成80

图27-12 历城电视台监控机房（2007年摄）

公里长的南北两个自愈式主干光纤环网和工业北路、华山、柳埠、高而、董家、遥墙小环网，保证了信号的不间断，实现现有网络由单向树模型传输升级为环网型传输；投资43万元改造机房，新增10台机柜，增设历城影视频道播出设备1套，播出设备均采用盘带结合的硬盘播出系统；投资20万元，在前端机房、无线发射机房和分前端机房安装监播报警系统设备，对机房运行状态实时监控；在全区5个区域共加装1500户模拟解扰器。到2007年年底，历城区有线电视传输节目达到60套，全区共发展有线电视用户28万户（城区13万户、乡镇15万户），在线用户24.7万户，城市、农村入户率分别为95%、86%。

三、历城有线电视台

1993年11月，历城广播电视台新闻频道开通，呼号为济南市历城区有线电视台，1994年1月28日正式开播。1995年，历城有线电视台投资68万元，购买摄录编设备、自动播出设备等。1996年，实现节目播出自动化。1998年，投资30万元，建成达到省级标准的冷光源演播厅。2000年年初，投资110万元购置4台数字摄像机，2条数字编辑机，2条非线性编辑线，节目图像更加清晰、信号更加稳定。2006—2007年，投资55万元，购置非线性编辑线5条、摄像机3台、上载工作站6套、提示器1台，购记者用微机18台，全部采用稳定的EDIUS3.6高质量软件编辑系统。

图27-13 历城电视台演播室（2007年摄）

《历城新闻》为历城有线电视台的龙头节目，于1994年1月开播。1996年1月，由每周两期改为每周三期；1997年3月，改版为每周六期；2000年6月1日起，每天中午增加一次重播；2007年5月20日，改为每周七期，同时在节目中增添《一周要闻回顾》《周末读报》等小专栏。1995年后陆续开播《下周荧屏》《点播台》《大众话题》《轻松时刻》《助您致富》《科普大篷车》《律师视点》《动物星球》等节目。

2006年11月28日，增设历城影视频道，每天播出16小时的电视剧和电影。

四、乡镇广播电视站

1992年10月1日，王舍人镇建立历城区第一个有线广播电视站。到1995年年底，有王舍人、仲宫、柳埠、董家、郭店、孙村、遥墙、彩石、港沟、高而、华山11个乡镇在广播站的基础上建立有线广播电视站。共建卫星地面接收站25座，架设电缆121杆公里，全区实现有线广播、无线广播、有线电视、无线电视混合覆盖，广播覆盖率80%，电视覆盖率75%。1998—1999年，唐王、西营、锦绣川建立有线广播电视站。1999年，全区共有14个乡镇广播电视站。各乡镇广播电视站为事业单位，业务上接受区广播电视行政主管部门的指导，负责转播上级台的广播电视节目，负责架设维护广播电视网络和设备，承办乡村广播电视的建设与管理。2001年，大正小区广播电视站建成。同年，郭店镇广播电视站、仲宫镇广播电视站被评为“全省先进乡镇广播电视站”；华山镇广播电视站、彩石乡广播电视站、董家镇广播电视站被评为“济南市先进广播电视站”。2003年9月，区广播电视局对全区15个广播电视站实行垂直管理。2007年，全区共有孙村、仲宫、唐王、港沟、郭店、董家、王舍人、华山、高而、西营、柳埠、彩石、遥墙、锦绣川、大正15个广播电视站。

第九章　文化遗产

第一节　文物保护单位

1986年，全县有文物保护单位111处。其中，国家级1处，为四门塔；省级4处，分别为毛主席视察省农科院纪念地、大佛寺石刻造像、大辛庄遗址、房彦谦墓；市级4处，分别为济南战役山东兵团指挥所旧址、黄花山石刻造像、闵子骞墓、清河太夫人墓。1988年1月，千佛崖(含龙虎塔、九顶塔)被公布为全国重点文物保护单位。1995年12月，鲍叔牙墓、太甲山石刻造像被公布为市级文物保护单位。2001年6月，齐长城遗址被公布为全国重点文物保护单位。2006年5月，洪家楼天主教堂被公布为全国重点文物保护单位。2006年12月，华阳宫古建筑群被公布为省级文物保护单位。2007年3月，宁海恭和王墓、李敬铨烈士墓、娄家祠堂、山东大学老校区1号楼被公布为市级文物保护单位。2007年，全区有文物保护单位98处，其中，国家级4处、省级5处、市级10处、区级23处。

四门塔　四门塔位于柳埠镇神通寺遗址东南方向的青龙山南麓，为一单层方形亭阁式石塔，四面各有一半圆形拱门，故称四门塔。是全国现存唯一的隋代石塔，也是全国现存最早的单层亭阁式石塔，被誉为“华夏第一石塔”。四门塔平面作正方形，塔通高15.04米，塔身高6.6米，每边宽7.4米。檐部挑出叠涩五层，塔顶用二十三行石板层层迭筑，形成四角攒尖锥形塔顶。刹部由露盘、山华蕉叶、项轮宝珠构成。塔内平台四面各有高约1.4米石佛一尊。1973年维修四门塔时，在塔心柱的内部上方，发现一舍利石函，石函内置彩绘铜函。舍利全部放在铜函之中，计有水晶珠四颗、黄琉璃珠七颗、绿琉璃珠九颗，珠子皆有一穿孔。微带绿色的胆形小瓶一个，小瓶已碎，其颈间套有骨环、银环、铜环和隋文帝“五铢”铜钱各一枚。1961年，被国务院公布为第一批全国重点文物保护单位。

千佛崖　千佛崖位于神通寺遗址的西侧，白虎山东麓半山腰处。现存摩崖造像230余尊，造像题记44则。造像区南北长60余米，摩崖高20余米，有大小石窟100多个，造像从十几厘米到近三米不等。千佛崖造像始凿于唐初武德年间，经贞观、显庆、永淳至文明年间，时间长达60余年。1988年，被国务院公布为第三批全国重点文物保护单位。

图27-14　千佛崖（2005年摄）

龙虎塔　龙虎塔位于白虎山东麓神通寺塔林南面，与四门塔隔谷相望，因塔身雕有龙虎而得名。龙虎塔平面作正方形，底座每边长6.6米，塔高10.8米，砖石结构。该塔自底座上有三层束腰，三层石板挑檐，每层束腰处雕有伎乐人物、狮、力士，下枋和挑檐雕有覆莲和仰莲。塔的中部用四块大石板外筑，并雕有精美龙虎等，室内有雕饰华美的心柱，用以承托塔刹重量。浮雕之上由青砖磨成斗拱外挑筑两层，上又两层仿木椽、檐外挑，形成扩式，构成每边宽3.12米的平

图27-15 龙虎塔（2005年摄）

台，平台之上又起砖筑蕉叶挑角两层，刹部为瓷制项轮、宝顶收势，形成优美的刹部结构。1988年，与千佛崖一同被国务院公布为第三批全国重点文物保护单位。

九顶塔　九顶塔位于柳埠镇东南2.5公里灵鹫山下，九塔寺遗址内。塔高13.36米，全部砖筑，平面作等边八角形，塔基粗砌，缝宽约1厘米，塔身至檐顶，全为水磨对缝筑法，檐叠涩向外排出十七层，收十六层，其基、身、檐均呈凹形曲线，非常独特。他的刹部结构处理奇异，在塔檐上端各隅角处，筑有方形三层小塔八座，高2.84米，八座小塔中央（面南）筑有中心小塔，高5.33米，形成塔林之势。塔身南面距地面高约3.16米，辟一拱门，内为佛室，雕石佛一尊及二僧（均残）。佛室四壁有残存壁画，尚可认出的有天王、佛等，多采用黑绿颜料。上有天花藻井（已残），在塔身东壁上有宋人刻字四则。1988年，与千佛崖一同被国务院公布为第三批全国重点文物保护单位。

图27-16 九顶塔（2005年摄）

神通寺遗址　神通寺位于柳埠镇境内，原称朗公寺，由高僧朗公于前秦皇始元年（351）创建，隋开皇三年（583）由文帝杨坚敕赐改名为神通寺。神通寺遗址主要位于青龙、白虎两山夹峙的谷地中，由于年代久远，寺院的殿堂房舍已荡然无存。发现的建筑遗址有两处，一为神通寺殿堂遗址，1984年进行清理发掘时探明东西宽19.75米，南北长12.43米，面阔5间，进深3间；一为塔林北端的唐代建筑台基，1964年清理墓塔时发现，台基呈长方形，东西（长）12.65米，南北（宽）10.77米，高0.75米，在台基束腰处刻有18龛高浮雕伎乐人物。神通寺遗存的地上文物众多，其中有全国重点文物保护单位二批次共三处，分别是四门塔、千佛崖、龙虎塔，其他还有全国第四大塔林——神通寺墓塔林、元明清碑刻、小宋塔、讲经堂、神异井、石狮、油碾等。

齐长城遗址　位于历城区南部与泰安交界处。经历城区境内的长城，西起柳埠镇西南端岭上清凉台，东至西营镇东南岭四界首，现存有高50厘米左右的遗迹。建筑在可通行的各山之中，蜿蜒起伏，横贯35公里多。因年久失修，不少地段遗址有坍塌。西营地界有建筑形迹的城墙7段，西起柳埠，东至章丘四角城，累计长803米，系土石结构，墙高3米～4米不等，城墙之阳垒砌整齐。1984年，被定为县级文物保护单位。2006年，被定为全国重点文物保护单位。

洪家楼天主教堂　位于洪楼广场，北邻山东大学老校区。建于1905年，是一座典型的“哥

图27-17　洪家楼天主教堂（2005年摄）

特”式建筑。教堂坐东面西，前窄后宽，多角多棱，多门多窗，建筑面积2600平方米。1985年4月间，历城区政府拨专款，对6个十字架、96处石花雕塔和教堂内的壁画、圣像、地面、跪凳、祭台、灯具等设施进行全面修缮。1995年，被定为省级文物保护单位。2006年，被公布为全国重点文物保护单位。

大佛寺石刻造像　建造时间有隋、唐二说，

图27-18　大佛寺石刻造像（2005年摄）

位于锦绣川办事处老庄村村北的青铜山南麓的悬崖上。石窟坐北朝南，窟高约9.5米，深4.5米，宽4.7米。窟门为料石砌造的拱形。窟内佛座高1.5米，佛像高达8米。佛像左右有菩萨和比丘雕像，菩萨雕像高2米多，肩宽0.70米，手持枝条和净水瓶，额冠上有坐像菩萨，面容丰满，体态轻盈，具有唐代妇女画像风格。比丘雕像高1.8米。在大佛的右壁上有9尊小佛，为宋、元雕刻。窟中大佛高居全省雕凿佛像之首，号称“齐鲁第一大佛”。1977年被公布为省级文物保护单位。

房彦谦墓　唐代墓葬。位于彩石镇西彩石村北1公里赵山之阳，济王公路南侧。房彦谦，字孝冲，本清河人，七世祖迁临淄（今济南，时称临淄）。彦谦通“五经”，工草隶，雅有词辩。

图27-19　房彦谦墓（2007年摄）

仕北齐为齐州主簿，清简守法。北齐亡，隋开皇中荐起，擢授承奉郎，迁监察御史、长葛令，甚有惠政，察天下能吏第一，超授鄀州司马。隋炀帝继位，去官隐居，后征授司隶刺史，出为泾阳令。大业十一年（615）卒于官。因系唐太宗宰相房玄龄之父，追赠徐州都督、临淄郡公。墓地南北长120米，东西宽约50米。墓封土高5米，直径17米，墓前有《唐故徐州都督房公碑》一通，由碑首、碑身、碑趺三部分组成。碑首和碑身用一块巨石雕成，高3.90米，宽1.35米、厚0.40米。碑首呈拱形顶，两侧各有三螭龙，碑额篆书“唐故徐州都督房公碑”9字，碑趺方形，现已湮埋地下。碑文阴刻楷书34行，满行75字，共计

2500余字，刻于唐贞观五年（631）三月二日，为李百药撰文，欧阳询书。书法谨严浑古，苍劲秀丽，是省内仅有的初唐书法石刻珍品。另有唐刻石虎、石羊各一尊，及清同治年间章丘知县蒋庆第书《记事碑》一通。1977年，被公布为山东省第一批文物保护单位。

大辛庄遗址　商代中晚期遗址。位于王舍人镇大辛庄东南500米处。地势由西南向北逐渐下倾，中间有一条东南斜向西北的自然沟壑，俗称“蝎子沟”，将遗址分作两部分，长600米，宽500米，总面积约30万平方米。探得文化层厚约2米，最深处4米。自1935年遗址被发现至20世纪80年代，经多次调查、勘探和试掘发现房址12座、水井8眼、墓葬42座。出土陶、石、骨、蚌、铜器等700余件。陶器有高裆锥足鬲、矮足鬲、圜底尊、大口尊、假腹豆等，还发现彩釉和刻纹白陶；石器有斧、锛、刀、镰等；骨器有镞、笄、匕等，还有卜骨和卜甲；铜器有镞、针、锯等小件器物。有的墓葬有殉狗，这种葬俗同郑州二里岗、安阳的商代墓葬相同。2003年3月至6月，山东大学考古系、省市考古所及历城区文化局、博物馆联合对大辛庄商代遗址进行学术性考古发掘，获得了重大突破，因发现商代甲骨文而引起海内外学术界的广泛重视。这是在商都殷墟以外首次于原生地层中发现甲骨卜辞，被誉为甲骨学史上具有界标意义的重大考古发现。这次发掘所发现的青铜器族徽，不见于以往著录，是研究商代历史和社会的重要资料。1977年，被公布为山东省第一批文物保护单位。

图27-20　2003年，大辛庄遗址挖掘现场

毛主席视察山东省农科院纪念地　纪念地位于辖区内山东省农科院科研发展核心区南区，占地面积14933平方米。纪念地辟建的院史陈列馆原为20世纪50年代院部办公场所，是山东省农科院现存最早的建筑之一，也是毛主席两次莅临视察的历史见证。毛主席视察省农科院塑像，由五人组成，圆雕工艺，黄铜质地，青铜着色。毛主席塑像高4.5米，形体伟岸，神态亲切，重现了毛主席第二次视察省农科院棉花试验田时的情境，展示了一代伟人心系民生的博大胸怀和深入基层的生动场景。1977年12月，纪念地被列为省级文物保护单位。

华阳宫　位于华山镇华山南麓。金兴定四年（1220），由全真教宗师丘处机的弟子陈志渊所建，后被誉为“历下胜景”“济南巨观”。华阳宫依山傍湖，参差错落，昔有10余个院落组成，常年香烟缭堂，四季香客不绝，是济南最大、最古老的道教宫观。2000年3月—2011年9月，由济南市考古研究所对华阳宫建筑群进行了全面维修。华阳宫的主体建筑四季殿由卷棚、正殿、高台组成，台绕以石栏，13级台阶的中心斜铺石为云朵深浮雕；卷棚3间，连为一体的正殿为硬山式，面阔5间，进深3间，内供春（句芒）、夏（祝融）、秋（蓐收）、冬（玄冥）四季神像，前中内柱上各塑一条盘龙浮雕，为龙雕珍品。四季殿两庑东配塑逢丑父，西配塑闵子骞，二配合

图27-21　华阳宫正门（2006年摄）

为忠孝祠。四季殿西院为净土庵，此殿有雕像数尊。净土庵下配观音地藏王殿。再西为三教堂，其前为泰山行宫，即碧霞元君娘娘庙。四季殿东是龙宫故址，故址东为三皇殿，下配十大名医。三皇殿西北角还有座棉神小庙。出四季殿北门拾级而上为玉皇宫，玉皇宫西上为三元宫，天、地、水神各占殿3楹，两边尚有地宫5间，三元宫西南为关帝庙。华阳宫院落内有数十株虬枝蟠曲苍劲葱郁的参天古柏，其中一株名为“落凤柏”，紧挨四季殿台阶，两搂之粗，传说植于隋代。在四季殿后还有株“茶柏”，旧时道人多用其叶泡茶招待达官贵客。在西门内还有株3搂多粗的老杨树，虽躯空干老，但却枝繁叶茂一派生机。2006年12月，华阳宫古建筑群被公布为省级文物保护单位。

2007年历城区各级文物保护单位一览表

表27-3

保护单位名称	类别	形成年代	保护级别	公布时间（年）	地 址
四门塔	古建筑	隋	国家	1961	柳埠镇东北4公里处
千佛崖	石窟造像	唐	国家	1988	柳埠镇白虎山东麓
龙虎塔	古建筑	唐	国家	1988	柳埠镇白虎山下
九顶塔	古建筑	唐	国家	1988	柳埠镇秦家庄灵鹫山下
齐长城	古遗址	春秋战国	国家	2006	柳埠镇、西营镇
洪家楼天主教堂	古建筑	1906	国家	2006	洪家楼街道
大佛寺石刻造像	石窟造像	隋、唐	省	1977	锦绣川办事处老庄村北
房彦谦墓	古墓葬	唐	省	1977	彩石镇西彩石村北
大辛庄古文化遗址	古遗址	商	省	1977	王舍人镇大辛庄南
毛主席视察省农科院纪念地	纪念地	1959	省	1977	全福街道省农科院
华阳宫	古建筑	金	省	2006	华山镇郅家庄
清河太夫人墓	古墓葬	唐	市	1979	彩石镇小龙堂西村
闵子骞墓	古墓葬	宋	市	1979	山大路街道闵子骞路东
山大老校1号楼	古建筑	清	市	2007	山东大学老校内
济南战役山东兵团指挥所	革命纪念地	1948	市	1979	仲宫镇尹家店村
宁海恭和王墓	古墓葬	明	市	2007	仲宫镇大门牙村北
南泉寺及太甲山石刻造像	石刻造像	唐	市	1995	仲宫镇东郭而村
黄花山石窟造像	石窟造像	金	市	1979	仲宫镇朱家村南
李敬铨烈士墓	烈士墓	现	市	2007	遥墙镇鸭旺口村
鲍叔牙墓	古墓葬	春秋	市	1995	王舍人镇济钢新村
娄家祠堂	古建筑	清	市	2007	唐王镇娄家村
天齐庙	古建筑	明	区	1985	柳埠镇柳东村
张良墓	古墓藏	宋	区	1985	柳埠镇石匣村
黄巢起义纪念地	古遗址	唐	区	1985	柳埠镇黄巢村
白云洞	古洞窟	元	区	1985	西营镇丁家峪村
算盘村革命遗址	革命遗址	1942—1945	区	1985	西营镇算盘村

续表27-3-1

保护单位名称	类别	形成年代	保护级别	公布时间（年）	地　址
佛峪革命遗址	革命遗址	1942	区	1985	西营镇佛峪村
葫芦峪革命遗址	革命遗址	1941—1942	区	1985	西营镇葫芦峪村
朱老庵兴教寺	古建筑	待考	区	1988	锦绣川办事处红叶谷内
三官庙	古建筑	清重修	区	1985	仲宫镇邱家村
普门寺遗址	石窟造像	待考	区	1984	仲宫镇北道沟村
子房洞	古洞窟	待考	区	1985	高而办事处东沟村
子房庙	古建筑	明清	区	1985	高而办事处东沟村
张公塔	石刻	明	区	1988	港沟镇有兰峪村
云台寺	古建筑	元	区	1985	港沟镇芦南村南
乡义寺	古建筑	南北朝	区	1985	港沟镇郭家村
东龙洞佛隐寺	古洞窟	金	区	1984	港沟镇蟠龙村东
灵鹫寺	古建筑	明重修	区	1985	港沟镇西邢村
大王山革命烈士陵园	现代建筑	1950	区	1985	王舍人镇赵家庄南大王山
龙泉寺	古建筑	明重修	区	1985	唐王镇韩西村
西彩石烈士墓	烈士墓	解放战争	区	1985	彩石镇西彩石村东棉花山上
辛弃疾故里	纪念地	宋	区	1989	遥墙镇四风闸村
西徐马烈士陵园	烈士墓	解放战争	区	1985	孙村镇西徐马村
讲书院	古建筑	元	区	1985	孙村镇辛庄村

第二节　文物发掘与保护

一、文物发掘

1987年，济南市文化局文物处和历城区文化局联合发掘清理港沟镇大官庄元代砖雕壁画墓。1988年，济南市文化局文物处和历城区文化局联合发掘清理位于洪家楼1路汽车终点站西北侧花园路快车道拓宽中发现的宋代砖雕壁画墓。1989年，济南市文化局文物处和历城区文化局联合发掘清理位于郭店镇的山东省第一地质大队1工区招待所发现的元代砖雕壁画墓。1990年，济南市文化局文物处、历城区文化局和历城区博物馆联合发掘清理华山镇还乡店村明代家族墓地。同年，发掘清理王舍人镇梁一村砖厂、梁三村窑厂、东郊养猪厂内的汉代墓葬。1991年，济南市博物馆和历城区文化局联合发掘清理十六里河镇分水岭村的战国墓。1991年，历城区文化局和历城区博物馆发掘位于仲宫镇历城第二修造厂内的汉代墓。1992年，历城区文化局和历城区博物馆发掘仲宫镇郑家庄西南卧虎山水库库尾北岸滩地的元代砖雕墓。1995年，济南市文化局文物处和历城区文化局联合发掘清理港沟镇东邢村元代砖雕壁画墓。2001年7月，济南市文化局文物处和历城区博物馆联合发掘孙村镇大正小区英才学院校建施工中发现的元代中期彩绘壁画石室墓。2003年3月至6月，由山东大学考古系、山东省考古研究所、济南市考古研究所以及历城区文化局、历城区博物馆联合组成的考古队伍，对历城区大辛庄商代文化遗址进行考古发掘，出土一大批高品质的陶器、骨器、青铜器及甲骨，尤以商代刻辞甲骨最为珍贵。根据出土层位、文字特征和其他资料综合分析，大辛庄甲骨文的年代应不晚于殷墟文化三期，距今约3200年。这次甲骨文的出土在山东尚属首次，填补了山东无出土甲骨文的考古空白。此次考古发现被评为当年中国社科院的六大考古新发现之一。2005年10月，济南市文物处和历城区博物馆联合发掘孙村镇卢家寨村的西周窑址，清理出50余件陶鬲；济南市考古所和历城区博物馆联合发掘七里河华能路居民小区施工工地发现的汉代古墓6座，出土彩绘圆盘1件、耳杯1个、陶器10余件和陶井模型残件数块。2006年6月，济南市考古所和历城区博物馆对唐冶遗址进行部分发掘，出土鹿角、陶器、骨器、铜器等百余件。

二、文物保护

随着历城区经济建设的发展，文物保护与经济建设尤其是旅游开发之间的矛盾日益突出。区文物保护部门采取扩大文物保护宣传、加强对文物保护单位的日常巡查、加强对大型基本建设工地的巡查、查处违法行为等措施，加大文物执法力度。每年3月至7月，区文物保护工作人员赴全区所有乡镇中心大集和大型施工工地，设置文物法规咨询台、广播宣传、散发宣传品。为保护文物资源，建立区、镇（街）、村三级文物保护网络，区文化局每三年与各街镇签订文物保护责任状，街镇与办事处、村签订责任书，由街镇文化站具体负责文物保护工作。历城区文物局每年春、秋两季组织文物工作人员对辖区内的所有文物景点进行定期检查。对未经文物主管部门审批、未办理合法手续的单位进行查处，并责令整改。1986—2007年，区文物保护部门累计发放文物保护宣传品10余万份，收缴、征集古钱币700余枚，青铜剑、青铜戈、陶器数十件。

专记

四门塔阿閦佛佛首回归

1997年3月7日夜，历城区柳埠镇境内的国家级重点文物保护单位——四门塔内，发生了一起震惊全国的文物大案，石雕“阿閦佛”佛首被盗。济南警方立即成立专案组，全力侦破。1999年9月，该案侦破，案犯相继落网，但丢失佛首一直未能追回。2002年2月，台湾法鼓山文教基金会接到信徒赠送的佛头。3月，台湾法鼓山圣严法师有意将佛头送回原处，委托台北艺术大学林保尧教授对佛头像进行初步鉴定。林保尧根据佛头像造型等分析是山东河北一带的，便向其美术考古同道兼好友、山东大学美术考古研究所所长刘凤君教授致电询问山东有无丢失佛头的情况。通过特征描述及照片核对，刘凤君初步认定该佛首为历城区四门塔内丢失的“阿閦佛”佛首。随后圣严法师邀请刘凤君赴台做进一步的确定，同时表示若真是“阿閦佛”佛首，愿做一功德善事，将佛首无偿归还。7月16日，刘凤君会同四门塔文物保管所所长刘继文飞赴台湾开始鉴定工作。7月19日，以刘凤君为主，林保尧和吴文成组成的鉴定小组在台湾中山精舍内，从整体观察、佛头石质、雕刻技法、风化程度、头像尺寸及锯痕共六个方面进行了综合考证，确定其为1997年四门塔丢失的佛头，并做了鉴定总结报告。

2002年9月19日，台湾有关部门同意将四门塔佛头归还。10月，台湾法鼓山有关工作人员到四门塔拍摄影像资料以做展示之用。12月中旬，题为“流转·聚首——祈愿山东四门塔阿閦佛重生”的展览在台北举行。12月12日，四门塔内，济南考古研究所的专业人员将后来复制的佛首取下，做好了回归佛首复位安装的准备工作。12月13日，山东省部分文物考古专家组成的四门塔佛头迎请团飞赴台湾。16日，在专家对佛头进行了重新鉴定，确认无误后，双方举行了佛头交接仪式。17日14时50分，由圣严法师带领的护送团25人，加上济南迎请团7人，护送佛头抵济。17时5分，护送佛头的车队到达四门塔景区，交接仪式在四门塔下的神通寺举行，历经颠沛流离的千年古佛首终于回到了故里。

12月18日，佛头复位黏合工作正式开始，至20日顺利完工。佛头安装在封闭保密的情况下进行，文物专家按照文物修复“修旧如旧”的原则，对黏接处进行表面修旧，使佛头与佛身看上去浑然天成，恢复原貌。2002年12月21日9时整，“济南四门塔阿閦佛古石雕头像回归修复揭幕式”举行。济南市副市长陈国栋和台湾法鼓山圣严法师一同为修复后的阿閦佛石雕造像揭幕。济南市政府将此事始末刻一纪事铭，镶于阿閦佛佛座下部，并将纪事铭拓片和佛头复制证书赠送给法鼓山作为纪念。邮政部门特别发行以四门塔及阿閦佛为封面的纪念封邮册，台湾和祖国大陆为此事做出贡献的人们共同在纪念封上签字留念，台湾民众的祈福资料也在四门塔永久保存。揭幕仪式后，台湾圣严法师、苏州灵岩寺明学法师、青岛湛山寺明哲法师共同为佛像开光。至此，阿閦佛佛首顺利回归，海峡两岸共同谱写了一曲保护祖国文化遗产的赞歌。

图27-22 2002年12月21日，四门塔阿閦佛佛头回归仪式

第三节 非物质文化遗产

2006年6月，区文化局成立非物质文化遗产普查小组。6月至9月，普查小组在全区共开展调研180余次，摸底100余项，涉及国家规定划分的非物质文化遗产18个类别中的11个类别。11月6日，历城区申报的8个项目被市政府公布为第一批非物质文化遗产，分别是：“闵子骞传说”“华山、华阳宫传说”“梆鼓秧歌”“抬芯子”“五音戏”“仲宫白酒传统配制技艺”“历城板栗栽培技艺”“五月十三祭天习俗”（区级）。12月9日，“闵子骞传说”被省政府公布为首批非物质文化遗产。2007年5月17日，历城区公布第一批非物质文化遗产名录，共7个类别20项。同年，历城区确定整理11个项目申报济南市第二批非物质文化遗产名录。

2007年历城区各级非物质文化遗产名录一览表

表27-4

项目名称	类别	级别	申报单位
闵子骞传说	民间文学	省级、市级、区级	山大路街道办事处
华山、华阳宫传说	民间文学	市级、区级	华山镇政府
女娲补天的传说	民间文学	区级	彩石镇政府
五月十三祭天习俗	民间文学	区级	柳埠镇政府
神通寺的传说	民间文学	区级	柳埠镇政府
逼婚记传说	民间文学	区级	洪家楼街道办事处
辛弃疾童年故事	民间文学	区级	遥墙镇政府
“明后七子之首”——李攀龙故事	民间文学	区级	郭店镇政府
终军故里的传说	民间文学	区级	仲宫镇政府
历城民歌	民间音乐	区级	区文化局
梆鼓秧歌	民间舞蹈	市级、区级	港沟镇政府
抬芯子	民间舞蹈	市级、区级	唐王镇政府
五音戏	传统戏剧	市级、区级	华山镇政府、区文化馆

续表27-4-1

项目名称	类别	级别	申报单位
仲宫白酒传统酿制技艺	传统手工技艺	市级、区级	济南趵突泉酿酒有限公司
历城板栗栽培技艺	传统手工技艺	市级、区级	西营镇政府
“福顺酱园”的酱菜制作技艺	传统手工技艺	区级	董家镇政府
媳妇宴制作技艺	传统手工技艺	区级	柳埠镇政府
“老君”圣堂及祭祀活动	民间信仰	区级	仲宫镇锦绣川办事处
大舜祭祀典礼	民间信仰	区级	东风街道办事处
石子游戏	游艺、传统体育与竞技	区级	仲宫镇高而办事处

第十章　体　育

第一节　体育设施

1986年，历城县体育场馆有历城县体育馆、东风体育场、王舍人文体中心。其他体育场地多为村庄自费修建和学校体育场地。1996—2001年，历城区先后投资860万元，对东风体育场进行改造，修缮看台、主席台、院墙，维修体育馆。2000年，投资250万元修建区体校综合训练楼。2005年，在洪家楼街道建成全市第一家社区室内健身活动中心并成立全市第一家县（区）级国民体质检测中心（至2007年，检测人数达3500余人）。2006年，区政府投资20万元，修建东风街道全民健身特色工程项目——历城区祝甸社区健身广场，在广场、企事业单位、居民小区、行政村修建健身路径308条。2007年11月，区政府在唐冶片区开工建设历城区体育中心。

历城区体育馆　始建于1982年，位于洪家

图27-23　1988年4月27日，第一届山东省农民运动会在王舍人文体中心举行

楼西路，总占地面积1800平方米，赛场500平方米，可容纳2056名观众。备有全套训练器械，可供球类、武术、柔道训练及比赛，馆前建有1500平方米轮滑场1个。先后承办市“农家乐杯”篮球赛、省武术比赛、排球赛、羽毛球赛、健美比赛、拳击比赛及全国城运会项目。2002年，因城区改造拆除。

东风体育场　位于花园路12号。1983年，由县政府批准组织填矿坑造地修建，1987年5月投入使用，占地面积5.35万平方米。经过多次整修，到2002年，有400米塑胶跑道田径场、足球场各1个，篮球场2个，观众坐席6000个。东风体育场是历城区历史上第一个体育场，先后承办区第二、三届全民运动会等体育运动比赛。

王舍人文体中心　1984年，王舍人村党支部、村委会发动村民筹集资金350万元修建，占地10万平方米。田径运动场建有400米（8条）标准跑道，有足球场及各种田径比赛设施，周边设可容纳8000名观众的看台；健身娱乐区建有波浪式轮滑场、游泳池、灯光球场、儿童乐园、老年人活动园地；服务区建有宾馆、停车场、商店等辅助设施，建筑面积7000平方米。文体中心先后承办省首届农民田径运动会、全国首届农民田径运动会、省第二届残疾人运动会等赛事。

历城区体育中心　位于唐冶片区的中心区域。2007年11月17日开工建设，2009年5月竣工投入使用。设有体育馆、健身馆、体育场，总占地面积27万平方米。体育馆为4000个坐席、建筑面积约15515平方米，可举办专业体育比赛及群众性体育活动。健身馆建筑面积约19963平方米。体育场有1万个坐席、建筑面积约6971平方米，可举办足球、田径比赛及群众性运动会、全民健身活动等。

第二节　群众体育

自1986年起，区（县）体育局每年安排举办大型体育活动20多次。1988年10月，历城区首届全民运动会在山东大学田径场举行，全区机关、厂企、乡镇等49个代表队880名运动员参赛。此后，全民运动会一般五年举行一届，规模逐步扩大，比赛项目逐渐增多。1989年5月，历城区气功科学研究会成立，此后每年举办一次气功健身经验交流会。1991年3月，历城区体育总会成立，下设老年人、农民、象棋、足球、田径、篮球、武术、钓鱼、射击9个单项体育运动协会。至2006年，区体育总会发展有棋类、乒乓球、信鸽、健身健美、游泳、钓鱼、田径、羽毛球、篮球、乡镇体育运动、山大路体育运动、厂企体育运动、机关体育运动、老年体育运动14个单项协会。开展争创体育先进乡镇活动，建立相应辅导站培训社会体育指导员。至2007年，全区有健身辅导站近200个，培训国家级社会体育指导员4人、一级指导员35人、二级指导员13人、三级指导员559人。

学校体育　1987年，历城区开展争创体育传统项目学校活动，历城三中篮球，历城五中田径、篮球，梁王中学田径，大辛小学田径，历城实验小学田径，祝甸中心小学足球被评为市级学校体育传统项目；15所学校被评为区级体育传统项目学校。各乡镇、区直中小学按照《学校体育工作条例》《国家体育锻炼标准》进行体育课教学和课外体育活动，举办体育竞赛、配备场地器材，并建有篮球、足球、乒乓球等训练队。全区每年举办一届中小学田径运动会、中小学乒乓球赛、中小学篮球赛。按《国家体育锻炼标准》，区体育局、教育局每年对全区中小学进行检查验收。1986—1996年，参加达标检查学校269所，经达标抽测，适龄学生平均及格率85.3%、良好率51.7%、优秀率17.3%。1997—2007年，参加达标验收学校190所，经达标抽测，适龄学生平均及格率95.2%、良好率50.5%、优秀率21.9%。

农民体育　1986年后，随着经济发展、体育设施增加，越来越多的农民开始参与体育活动，篮球、羽毛球、乒乓球、武术、象棋等体育赛事在农民体育活动中得到较大发展。每天早、晚，群众自发组织的太极剑、太极扇、柔力球等各种体育活动在各乡镇广场兴起。1986年10月，孙村镇谢家村村民赵殿卿自费在镇政府驻地举办“殿卿杯”中国式摔跤邀请赛，济南、烟台、泰安、惠民等7个地市代表队51名运动员参赛，比赛分为6个等级，历时3天。《人民日报》《中国体育报》对此做了专题报道。1988年4月，山东省首届农民武术比赛在历城区体育馆举办，辖区居民金彪、何琳彬在比赛中获得朴刀进枪冠军。2002年，王舍人镇获全国“亿万农民健身活动先进乡镇”称号。2005年，孙村镇举办群众运动会，并在全国群众体育先进单位评比中获“全国群众体育先进单位”称号。

职工体育　1992—1993年，历城区组织全区各部门职工5万余人开展“迎奥运盼奥运”群众性体育活动60余次。2005年，举行纪念毛主席

图27-24　彩石镇冬季长跑比赛（2007年摄）

“发展体育运动，增强人民体质”题词发表50周年全民健身大展示活动，在全区广泛开展职工广播体操活动。至2007年，共组织全区职工参加篮球、羽毛球、乒乓球、登山等运动比赛50余次，参与人数达2.3万余人。

社区体育　1990年，历城区组织10万人参加迎亚运群众性体育活动并参加由济南市组织的“迎亚运万人火炬接力长跑”活动。2003年，在洪楼广场举行“万众一心、抗击非典”全民健身宣传活动，展示健身方法，宣传科学健身理论。2005年10月，举办历城区首届社区运动会，来自各社区的2500余名群众参加公路越野赛、中国象棋、拔河等10个大项目17个小项目的竞赛。到2007年，群众健身活动形式多样、内容多彩，晨（晚）练点遍布公园广场、小区院落、乡村广场。

老年体育　1984年，市老年人体育协会历城县分会成立后，每年举办一届老年人康乐运动会，有太极拳、太极剑、太极扇、柔力球、健身操（球）、冬泳、登山、门球、乒乓球、篮球、网球等运动项目，在全区形成区、乡镇、村居三级老年体育组织网络。1991年元旦，历城青松长跑队成立。之后，长跑队参加了全国老年田径锦标赛运动会、华东地区老年人国际万米长跑比赛、全国第六届“红叶杯”全国马拉松邀请赛等多项运动会。1998年，历城区老年人代表团参加济南市康乐运动会，获“团体优胜奖”。2004年，历城区老年运动员参加第六届“金象大药房杯”全国老将田径运动会暨首届北京田径运动会，获2枚金牌、3枚银牌。

第三节　竞技体育

1988年，全市五区业余体校田径对抗赛举行，历城区获女子团体亚军、男子团体第五名。1991年，王博青在第11届亚洲运动会上获皮划艇男子五百米双人第一名。1996年，历城区组织280名运动员参加济南市首届青少年运动会，获金牌11枚、银牌25枚、铜牌11枚。2000年，济南市第二届青少年运动会举行，以区竞技体校学生为主组成的历城区体育代表团获金牌40枚。2002年，历城区竞技体校举办“第二届森信建工杯”中小学足球比赛，并与洪楼森信建筑有限公司联合成立洪楼森信青少年足球俱乐部。2007年4月，历城区代表团参加济南市第四届青少年运动会，在11个大项

的比赛中，共获金牌12枚、银牌6牌、铜牌5枚。

图27-25 全区中小学春季运动会（2007年摄）

历城区竞技体校 始建于1996年，以读训并重的办学原则和从难从严从实战、大运动量的训练方针，培养体育人才。2000年，区政府投资200余万元修建体校综合楼、武术馆、举重馆、摔跤馆等教学设施。同年，该校被确定为全国青少年体育俱乐部试点单位、山东省县级优秀体育后备人才基地，被省体委评选为全国青少年体育工作先进集体。2001年，被省体育局推荐为全国体育工作先进单位。2004年4月1日，历城区竞技体校由区体育局划归区教育局管理。

1986—2007年历城区省级以上体育竞技成绩一览表

表27-5

项目	成绩	创造者	赛事名称	赛事时间（年、月）	地点
国家级及以上赛事					
柔道	61公斤级女子亚军	陈恩芝	“泰山杯”国际女子柔道邀请赛	1988	—
皮划艇	男子500米双人第一名	王博青	第11届亚洲运动会	1991.10	—
举重	60公斤级第一名	吕海生	全国青少年举重比赛	1992.8	—
举重	第一名	孙明亮	全国青少年举重比赛	1996.8	长春
太极推手	冠军	葛学军	全国武术竞标赛	1996	济南
航海模型	二等奖	陈　猛	第三届全国青少年航海模型竞赛	1998.8	青岛
航海模型	二等奖	李优慧	第三届全国青少年航海模型竞赛	1998.8	青岛
建筑模型	二等奖	刘　菲	首届全国青少年建筑模型竞赛	1999.6	北京
柔道	100公斤级第三名	王　超	全国少年男子柔道锦标赛	2000.7	开封
航海模型	第六名	郑　天	第四届全国青少年航海模型竞赛	2000.8	三亚
举重	60公斤级第二名	王利雅	全国青少年女子举重锦标赛	2001.7	宜春
拳击	60公斤级第二名	魏　青	第1届亚洲女子拳击锦标赛	2001.8	泰国
柔道	100公斤级第三名	王　超	全国青年男子柔道锦标赛	2002	吉安
举重	69公斤级第三名	王利雅	亚洲举重锦标赛	2004.12	天津
皮划艇	双人1000米第三名	黄志鹏	第十届全运会	2005	—
皮划艇	双人1000米第一名	黄志鹏	全国锦标赛	2006	—
皮划艇	双人1000米第一名	黄志鹏	全国锦标赛	2007	—

续表27-5-1

项目	成绩	创造者	赛事名称	赛事时间（年、月）	地点
省级赛事					
足球	团体亚军	农民足球队	山东省农民足球选拔赛	1987.7	青岛
航海模型	团体第三名	历城中学组	山东省“振兴杯”航模比赛	1987.8	莱西
武术	朴刀进枪冠军	金彪 何琳彬	山东省首届农民武术比赛	1988.4	历城区体育馆
摔跤	57公斤级冠军 62公斤级季军 68公斤级第四名	文宝国 法金盛 马国兴	山东省首届农民运动会	1988.4	历下区体育馆
柔道	女子48公斤级冠军	颜秉芳	第十四届省运会	1988.5	—
柔道	61公斤级女子亚军	陈恩芝	第十四届省运会	1988.5	—
拳击	51公斤级银牌 81公斤级银牌 54公斤级铜牌 67公斤级铜牌 76公斤级铜牌	叶　翼 朱永超 陈培玉 刘宪平 刘　伟	山东省首届拳击比赛	1989	淄博
武术	团体第三名	历城代表队	山东省“牡丹杯”武术邀请赛	1989	菏泽
田径	团体第十一名	历城代表队	山东省首届百强县田径运动会	1995.9	潍坊
柔道	女子44公斤级第一名	赵丽娜	山东省希望杯柔道比赛	1996	济南
柔道	女子44公斤级第一名	赵丽娜	山东省希望杯柔道比赛	1997	济南
航海模型	团体第二名	历城代表队	山东省航海模型比赛	1998.7	青岛
柔道	女子44公斤级第一名	赵丽娜	山东省第十九届运动会	1998.8	济南
柔道	女子44公斤级第一名	赵丽娜	山东省希望杯柔道比赛	1998	济南
举重	105公斤级第一名	孙明亮	山东省第十九届运动会	1998	德州
篮球	冠军	历城代表队	山东省全国体育先进县三人制篮球比赛	1999.6	济南
建筑模型	小学组一等奖	李　浩	山东省希望杯青少年建筑模型竞赛	1999.10	济南
建筑模型	中学组一等奖	王　震	山东省希望杯青少年建筑模型竞赛	1999.11	济南
航海模型	团体第一名	历城代表队	山东省航海模型比赛	1999.11	济南
航海模型	小学组团体第一名	历城代表队	山东省航海模型比赛	1999.11	青岛
柔道	44公斤级第一名	赵丽娜	山东省希望杯柔道比赛	1999	济南
航海模型	中学组团体第一名	历城代表队	山东省航海模型比赛	2000.7	青岛
建筑模型	小学组团体冠军	历城代表队	山东省希望杯青少年建筑模型竞赛	2000.12	青岛
柔道	44公斤级第一名	赵丽娜	山东省希望杯柔道比赛	2000	济南
举重	94公斤级第二名	袁帅帅	全国青少年男子举重比赛	2001.7	四川
建筑模型	小学组团体冠军	历城代表队	山东省希望杯青少年建筑模型竞赛	2001.12	青岛
建筑模型	中学组团体冠军	历城代表队	山东省希望杯青少年建筑模型竞赛	2001.12	青岛
柔道	无差别级第一名	赵丽娜	山东省希望杯柔道比赛	2001	济南
田径	4×400米第二名	李兆杰	山东省第二十届运动会	2002	—

第四节　体育彩票发行与管理

2001年，辖区内有体育彩票销售站点2个。2004年4月，中国体育即开型彩票历城区发行活动在洪楼广场进行，在为期6天的销售活动中，体育彩票销售额达320万元。2005年8月，区体育彩票管理中心成立，主要负责全区体育彩票销售管理和服务工作。2007年，全区有体育彩票销售站点96个。自区体育彩票管理中心成立至2007年年底，体育彩票公益金（从体育彩票销售额中按规定比例提取的专项用于发展体育事业的资金）返还金额160.44万元，用于扶植贫困地区、向受灾地区捐款、为社区安装健身路径、开展以“体彩杯”为冠名的健身比赛、培训社会体育指导员等。

2001—2007年历城区体育彩票销售情况表

表27-6

年份（年）	销售金额（万元）	站点数量（个）	年份（年）	销售金额（万元）	站点数量（个）
2001	27	2	2005	2480	40
2002	53	5	2006	2765	67
2003	311	10	2007	4634	96
2004	732	20			

第二十八编

卫　生

2003年4月，历城区疫情处置分队抗击“非典”宣誓仪式

1986年，全县有医疗卫生机构22个，其中，县属单位8个、乡镇卫生院14个，共有职工972人；有行政村卫生室372所，有个体医疗点90个。县、乡镇两级医疗单位有病床603张。1988年，乡镇卫生院由区卫生局划归乡镇政府管理。1990年后，全区医疗卫生工作进行了几次改革和调整，对医疗机构和从业人员实行准入管理，对区、镇、村医疗机构实行一体化管理，实行药品统一招标采购，推行新型农村合作医疗试点工作，实行政府买单免费婚检等。2007年年底，全区有医疗卫生机构23个，其中，区属单位10个、镇卫生院13所，共有职工1228人；有行政村卫生室545所，社会和个体医疗机构143家；区、镇两级医疗单位有床位971张；农民参合率93.54%。全区疾病预防控制和医疗救治体系不断健全完善，医疗技术水平不断提高；大力开展爱国卫生运动，先后达到全国爱卫会无鼠害、灭蝇和灭蟑螂先进区标准。

第一章　医疗卫生体制改革

第一节　管理体制改革

1986年，乡镇卫生院由县卫生局管理。1988年，将乡镇卫生院划归乡镇政府管理，人事工作仍由区卫生局和区人事局管理，区卫生局对乡镇卫生院实施业务指导。1991年，区卫生局成立药品统一采购办公室，对全区各医疗单位常用目录药品由自行采购改革为统一代购分发。2000年年底，撤销药品统一采购办公室，成立药品统一招标采购办公室（以下简称为统采办），负责卫生系统内医疗机构所需药品的招标采购工作，每月由各医疗机构上报用药计划，统采办汇总后统一招标采购。2003年，区卫生局、区人事局联合制定《关于乡镇卫生院人事制度改革的试行意见》，分别从乡镇卫生院院长的管理、考核、绩效工资制等五个方面，提出了改革与管理意见，确定乡镇卫生院“管理人员和工勤人员以及非临床医疗专业人员，实行男55周岁、女50周岁离岗的规定”。2005年，调整药品统一采购方式，区卫生局统采办不再具体负责药品的招标采购，实行药品供应机构准入制度，医疗机构根据工作需要在准入的29家药品供应商中自行招标采购。区药品统采办负责药品供应商的资质审查，监督医疗机构药品采购工作。2006年起，改革卫生系统人员录用制度，每年公开招考录用具有大学本科学历以上的毕业生，至2007年，共录用34名。

第二节　公费医疗制度改革

1985年6月起，除离休干部及二等以上残疾军人全部报销医药费外，职工公费医疗实行每人每月报销门诊固定医疗费2.50元，超出部分报销70%，住院费在300元内者自负20%，超出300元部分全部报销的制度。1993年2月，区政府印发《济南市历城区公费医疗制度改革试行办法》，区卫生局和区财政局联合制定《关于实施〈济南市历城区公费医疗制度改革试行办法〉的办法》，规定公费医疗由区卫生局综合管理，区卫生局所属定点医院负责医疗服务和结算报销，区财政局负责资金预算、拨付及监管。公费医疗定点医院为：在洪家楼地区工作的机关、事业单位人员在区中医医院就医；设在镇、街道的单位工作人员在区人民医院和镇卫生院就医。同时规定公费医疗定额标准为在职、退休人员年人均240元，离休人员年人均480元。在职、退休人员个人负担门诊医疗费的10%，住院医疗费的5%；年度内个人累计负担最高不超过200元，超过部分经审核实报实销。

1994年7月，区政府印发《济南市历城区公费医疗制度改革试行办法的补充规定》。离休人员的年定额标准提高到1000元；退休与在职人员的年定额标准分别提高到350元和320元。医药费报销，在职及退休人员按年龄和住院、门诊的不同，确定个人负担比例：住院，年龄45岁以上的个人负担5%，45岁（含45岁）以下的个人负担10%；门诊，45岁以上的个人负担10%，45岁（含45岁）以下的个人负担20%。离休人员不论住院或门诊仍一律据实报销。对医药费定额超支部分，在职、退休人员按4∶4∶2比例负担（财政40%，医院40%，单位20%）；离休人员按6∶2∶2比例负担（财政60%，医院20%，单位20%）；无收入的行政单位，其应负担的比例，由区财政负担。转诊医药费：行政单位财政负担70%，定点医院负担25%，个人负担5%；事业单位财政负担50%，单位负担20%，定点医院负担25%，个人负担5%。取消个人负担超过200元后全额报销的规定。公费医疗费用超出定额部分的20%，由享受公费医疗的人员所在单位承担，可在结成联盟算（享受公费医疗的单位与医院结算）时由定点医院扣留。

1996年10月，区政府印发《关于印发区长办公会会议议定事项的通知》，提高在职人员和退休人员年公费医疗费定额，由年人均320元和350元均提高到年人均400元。

2001年4月，全区公费医疗管理工作由区卫生局划归区劳动和社会保障局，撤销区公费医疗办公室。2002年，全区企事业单位职工开始实行基本医疗保险。至2007年，公费医疗制度仍按1994年文件规定的报销比例和1996年文件规定的医疗费定额执行。

第三节　农村合作医疗制度改革

1969—1970年，历城县农村陆续实行了合作医疗，是农村社员自愿互助互济的集体集资医疗形式。1974年，各公社先后实行社、队两级管理的合作医疗。1981—1982年，社队合作医疗相继停止，队办合作医疗演变为合医不合药等多种形式。1985年后，全县多数乡村医生对农村卫生室进行医疗预防承包，少数成为个体行医者。1987年，在洪家楼镇、华山镇少数村建立村办村管的合作医疗制度，参加合作医疗的农民有2万多人。1995年，全区已有50%的乡镇建立起合作医疗制度，参加合作医疗的农民20.74万人，占全区农业总人口的27.6%。

2004年1月，区政府制定《历城区新型农村合作医疗工作管理办法》，在遥墙、西营、董家3个镇启动新型农村合作医疗试点工作。“新农合”医疗资金由农民和市、区、镇三级政府共同筹集，筹集标准为年人均20元，其中，农民缴费10元、区财政补助4元、市及乡镇财政补助各3元，资金全部由专门账户存储，专账管理，专款专用，区镇新合办负责报销等工作。参合农民住院医疗费用的报销均设有起始报销线，其中，乡镇卫生院200元、区级医院300元、省市级医院500元。各级医疗机构医药费用的报销比例为：乡镇卫生院门诊医药费报销15%，乡镇卫生院、区级医院、省市级医院住院医药费分别报销30%、20%、10%，省市级医院门诊医疗费报销15%，每年每人医药费报销金额最高2万元。当年，参合农民10.36万人，参合率90.51%，报销1.84万人次，报销金额133.73万元。

2005年，增加港沟镇、锦绣川乡2个“新农合”试点乡镇，对参合农民实行市、区、镇三级财政每人每年共补助10元，农民每人每年缴纳10元的筹资政策。

2006年，历城区被确定为“新农合”医疗省级试点单位。参合农民实行省、市、区、镇四级财政补助，省、市级财政补助各8元，区镇两级财政补助14元，农民个人缴纳10元，人均总筹资额40元。各级医疗机构医药费用报销比例为：村卫生室报销药费的20%，本镇卫生院门诊医药费报销25%，镇、区、省市级医院住院医药费报销比例分别为40%、25%、15%；每次住院费用起付报销线1000元；每年每人报销金额累计最高2万元。当年，全区参合农民46.26万人，参合率94.19%，筹资总额1850.51万元，报销10.48万人次，报销金额931.76万元。2007年3月，区新合办对2006年度住院医药费分别在1万元～2万元、2万元～5万元、5万元～10万元和10万元以上的982名参合农民，分别按当年住院医药费的5%、10%、20%、30%的比例进行再次补偿，报销额212.47万元。

图28-1　新型农村合作医疗受益群众（2006年摄）

2007年，“新农合”医疗资金的筹集标准为：年人均50元，其中，参合农民每人每年缴费10元（五保户、低保户、特困户人均10元的费用由区财政列支），各级政府筹资40元。各级医疗机构医药费用报销比例为：村卫生室报销药费的20%，本镇卫生院门诊医药费报销35%，镇、区、省市级医院住院医药费报销比例分别为50%、30%、15%，每年每人报销金额累计最高3万元。当年，全区共筹集资金2372.21万元，其中，农民个人筹资465.05万元，各级财政补助1907.16万元。参合农民46.51万人，参合率93.54%。全年共报销27.22万人次，报销金额2565.73万元。

第二章　医　疗

第一节　医疗机构

一、区级医疗卫生机构

区人民医院　1950年4月，山东省实验卫生院在济南东郊冷水沟村设立，是全省第一所县办医院。1952年更名为历城县人民医院。1961年8月迁至仲宫。1986年，医院有正式职工190人，年门诊量6.48万人次，入院病人4271人次。1987年5月，区人民医院有卫生技术人员129人，其中，医师31人、医士48人、护士50人；设立临床、医技科室16个，行政科室4个；开放床位158张，床位使用率80%；年业务收入84.07万元。1989年，建成设施齐全的四层综合病房楼，建筑面积3300平方米。1994年，筹资30万元，改建病理室、供应室，增添医疗设备。同年，被市卫生局评定为二级丙等医院。1998年，医院创建为国家级“爱婴医院”。1999年，检验科设立储血室，解决了手术病人的血源问题。2004年，医院病房楼续建一期工程完工启用，新建病房楼面积2600平方米，职工、病员食堂700平方米，供应室、洗衣房400平方米。同年，成立济南市急救中心历城120分中心、历城交通事故伤情鉴定中心，开设高血压、糖尿病门诊。2007年，医院占地面积3万平方米，总建筑面积4.1万平方米，业务用房面积1.3万平方米。设有医疗医技科室20个。在职职工215人，其中，专业技术人员182人；正高级职称3人，副高级职称41人，中级职称81人。设床位150张。年门诊量5.99万人次，住院病人5876人次，床位使用率82.5%，治愈率95%；年业务收入2480万元；固定资产3600万元。

图28-2　区人民医院（2007年摄）

区中医医院　1986年9月，历城县中医医院在历城县机关门诊部的基础上成立，位于洪家楼南路26号。医院占地面积2386.8平方米，业务用房5000平方米，有病床15张，职工37人，年门诊量6.2万人次，收治住院病人452人次；固定资产20万元。2001年4月，设立区中医医院第一门诊部（原洪家楼镇卫生院）。2002年11月，建立糖尿病防治中心和高血压防治中心。2003年，成立查体中心。2004年11月，经市中医管理局批准成立“心脑血管病”专科。2007年，区中医院第一门诊部改建为东风街道社区卫生服务中心，同时建立七里堡社区卫生服务站。2007年，医院占地面积5080.3平方米，建筑面积1.4万平方米，医疗办公用房1.31万平方米，有病床151张；有职工186人，其中，卫生技术人员143人、其他技术人员17人；设临床、医技科室19个，行政管理科室8个，社区卫生服务中心1个，社区卫生服务站2个；年门诊量17.1万人次，住院病人2400人次；业务收入3721万元。固定资产4159万元。

区精神卫生防治中心　1976年6月，锦绣川乡卫生院成立，位于锦绣川乡车川村。1985年10月，改建为历城县精神卫生防治中心，成为山东省精神卫生中心医疗联合体成员。有职工30人，其中专业技术人员19人，床位55张，固定资产20万元。1991年，投资50万元，建设1200平方米门诊办公大楼。1993年，经市卫生局批准，挂牌“济南市老年人医院”。1994年，被市卫生局评为“一级甲等医院”，同时被市劳动局批准为城镇职工医疗保险定点医院。2005年，投资1000万元，征地1.2万平方米，建设新病房大楼、食堂、洗衣房和锅炉房等配套工程，建设农疗康复基地。2007年，医院占地面积2.6万平方米，建筑面积9300平方米；有职工150人，其中副高级职称11人、中级职称8人；设置26个职能科室，5个病区；有床位300张，收住病人287人次；年业务收入517万元；固定资产1100万元。

区卫生防疫站　1956年，历城县卫生防疫站成立。1986年，县卫生防疫站有职工36人，设7个科室。2007年年初，区卫生防疫站有职工73人，其中专业技术人员56人；副高级职称16人，中级职称23人，初级职称16人。设卫生监督、计划免疫与流行病、卫生检验等10个业务科室和2个职能科室。2007年4月，撤销区卫生防疫站，组建区疾病预防控制中心和区卫生监督所。区疾控中心负责辖区内疾病预防控制具体工作的管理和落实；疫情和公共卫生健康危害因素监测、报告；辖区内突发公共卫生事件的监测调查、报告与控制措施的落实；开展病原微生物常规检验、常见污染物的检验及其他卫生学检验；开展卫生宣传教育与健康促进活动。区卫生监督所负责承办食品生产经营单位、餐饮业（含集体食堂）、公共场所、供水单位的卫生行政许可；负责公共卫生监督及医疗卫生监督，并查处监督权限内的违法行为。年底，区疾控中心有职工38人，区卫生监督所有职工31人。

区妇幼保健所　1951年，历城县妇幼保健所在山东省实验卫生院妇幼组的基础上成立，有工作人员5名，10平方米的平房1间，负责推广新法接生。1986年，有工作人员20名，业务用房70平方米，设妇保组和儿保组，并定期开放妇科门诊、妇幼保健和计划生育技术指导门诊及儿童保健门诊。1990年12月，被省卫生厅命名为甲级妇幼保健所。同年，建成800多平方米的妇幼保健楼。2007年，有在职人员37人，其中，高级职称8人、中级职称6人；业务用房1100余平方米，设有办公室、社会保健科、婚检科、妇产科门诊、妇产科专家门诊、门诊手术室等13个科室；全年门诊1.92万人次；年业务收入174万元。

区结核病防治所　1978年9月，历城县结核病防治所成立，有职工4人，主要开展结核病流行病学调查和治疗。1986年，县结核病防治所有职工8人，其中，中级职称2人、初级职称5人；业务用房面积52平方米；固定资产3万元。1993年9月底，沿街门诊楼竣工，建筑面积456平方米，开设结核病门诊。1996年5月，与区皮肤病性病防治所合署办公，有职工10人，其中，高级职称1人、中级职称7人、初级职称1人。2007年年底，有职工10人，其中，高级职称3人、中级职称2人、初级职称4人。2007年，全区有结核病人291人，其中，涂阳191人、涂阴99人、胸膜炎1人，涂阳病人治愈169人，治愈率达88%。

区皮肤病性病防治所　1956年2月，历城县麻风病防治站成立，位于西营镇刘家门前村。1971年12月，改为历城县皮肤病防治站，迁至县卫生局院内。1984年3月，设立皮肤病性病门诊。1987年5月，改称历城区皮肤病性病防治所。1992年，全区麻风病发病率降至0.01‰以下，达到卫生部规定的基本消灭麻风病的标准。1987—1993年，诊治麻风病人17名，全部治愈，至2007年年底，未发现新病例。1996年5月，与区结核病防治所合署办公。2007年年底，有职工7人，其中，高级职称3人、中级职称3人、初级职称1人。年门诊2万人次。

二、乡镇卫生院

1986年，全县有遥墙、唐王、董家、郭店、孙村、党家庄、十六里河、港沟、仲宫、柳埠、西营、锦绣川、彩石、高而14所乡镇卫生院，共有工作人员675名，床位430张。1987年，新增洪家楼、华山、王舍人3所镇卫生院。1990年，增加靳家乡、大王乡、桑梓店镇3所卫生院。1998年，西营镇卫生院新建3层病房楼和2层办公楼投入使用，面积1733平方米。1999年10月，港沟卫生院投资156万元，建成2056平方米的综合门诊楼。同年，柳埠卫生院自筹资金150万元，建成5层门诊综合楼和附属房屋，建筑面积2780平方米。1999年，大桥镇卫生院、桑梓店镇卫生院、靳家乡卫生院划归天桥区，党家庄镇卫生院、十六里河镇卫生院划归市中区。2001年，撤销洪家楼镇卫生院，成立区中医医院第一门诊部。2005年10月，孙村镇卫生院划归济南市高新区管理。2006年，彩石镇卫生院投资240万元，新建3020平方米的门诊病房楼；华山镇卫生院投资200万元，新建3000平方米的综合楼；高而卫生院由孙家崖村搬迁到高而村，占地面积2593平方米，业务用房面积738.3平方米。同年，济南市

图28-3　柳埠医院门诊综合楼（2006年摄）

启动新一轮镇卫生院改貌建设，唐王镇卫生院、历城区人民医院董家分院、遥墙镇卫生院、郭店镇卫生院、西营镇卫生院、历城区人民医院柳埠分院被列入全市乡镇卫生院改建任务，市财政投入基建经费312万元，区财政投入500．8万元，各镇财政和镇卫生院投入1236.4万元。同时，市财政投入设备配套经费126.4万元。2007年，王舍人镇政府投资兴建1万平方米的卫生院综合大楼。至2007年年底，全区有镇卫生院13所，共有职工701人。其中，高级职称61人，中级职称203人，初级职称436人；业务用房面积5.43万平方米，床位370张，床位使用率79.5%；年门诊40.40万人次；年业务收入2153万元。

三、社区卫生服务机构

2003年，历城区成立社区卫生服务机构3所：洪家楼街道办事处社区卫生服务中心、全福街道办事处社区卫生服务中心、山大路街道办事处社区卫生服务中心。服务覆盖7.5万人，覆盖率46.9%。有职工124人，其中，高级职称29人、中级职称33人、初级职称51人；有业务用房6440平方米，病床125张。2006年8月，洪家楼街道办事处社区卫生服务中心撤销。2007年1月，新成立社区卫生服务机构4所，分别为东风街道办事处社区卫生服务中心、锦绣川办事处社区卫生服务中心、东风街道办事处祝甸社区卫生服务站和七里堡社区卫生服务站。

2007年年底，全区有社区卫生服务中心4所，社区卫生服务站2个。主要开展预防、保健、基本医疗、健康教育、康复、计划生育等“六位一体”工作。服务覆盖16.8万人，覆盖率84%。共有职工182人，其中，高级职称45人、中级职称61人、初级职称73人；业务用房8934平方米，病床70张，万元以上设备27台；年门诊总数18.12万人次，出诊服务998人次；建居民健康档案10.94万份，建档率41.96%；60岁以上老人建档1.8万份，保健管理率82%；法定传染病报告91例，上报率100%；孕产妇保健1654人次；免疫接种2.41万人次，全区适龄儿童计划免疫接种率达95%以上；儿童保健2579人次；高血压病人规范管理3465人，其中病情有效控制人数2113人；糖尿病病人规范管理1371人，其中病情有效控制人数1028人；开展社区健康教育讲座32次，听讲居民9976人次；发放健康教育宣传材料2.08万份；计划生育咨询2548人次，免费发放避孕药具1.44万人次；残疾人康复医疗142人次。通过抽查，居民社区卫生服务知晓率为93%，居民社区卫生服务满意率为88%。

四、农村卫生室

1986年，全县有行政村卫生室372个，乡村医生731名。1990年，有行政村卫生室562个，乡村医生1155名。1995年，有行政村卫生室800个，其中甲级卫生室570个，乡村医生1332名。2007年，有行政村卫生室545个，平均业务用房面积73.88平方米，执业人员1027人，其中执业医师14名、执业助理医师15名、乡村医生970名。是年，区卫生局先后组织541名乡村医生参加协和医专培训，有57名通过中医专业中专学历入学考

图28-4　廒而村卫生室（2007年摄）

试。2007年起，对全区村卫生室进行改造，按照服务半径、服务人口合理适度的原则，确定产权归集体所有，房屋面积不低于60平方米，统一账目管理，统一配备基本诊疗设备等6项建设标准，当年年底，完成13个村卫生室的改造。

五、驻区医疗机构

2007年，省、市驻区单位主要医疗机构有42个，其中医院13个，门诊部、医务室29个。共有床位1454张，医务人员1377人。

2007年驻区主要医疗机构情况表

表28-1

机构名称	地址	所有制形式	类别	诊疗科目	服务对象	床位（张）	医务人员（人）
济南市第三人民医院	工业北路东首王舍人北街1号	国有全资	综合医院	预防保健科、内科、外科、肿瘤科、传染科、妇产科、儿科、眼科、耳鼻咽喉科、口腔科、皮肤科、中医科、麻醉科、病理科、中西医结合科、精神科、急诊医学科、特种医学与军事医学科、医学检验科、医学影像科	社会	660	659
济南钢铁集团总公司职工总医院	工业北路21号	国有全资	综合医院	医学影像科、中医科、中西医结合科、临终关怀科、职业病科、急诊医学科、康复科、预防保健科、内科、外科、妇产科、儿科、口腔科、传染病科、眼科、皮肤科、耳鼻咽喉科、医学检验科、麻醉科、病理科	社会	320	306
济南电力医院	工业北路172号	全民	医院	内科、外科、妇科儿科、中医科、口腔科、医学检验科、医学影像科、预防保健科	内部	40	20
山东电力建设第一工程公司职工医院	工业北路236号	全民	医院	内科、中医科、儿科、口腔科、医学检验科	内部	20	29
济南重工股份有限公司职工医院	机场路	全民	医院	内科、外科、妇科、儿科、预防保健科、医学检验科	内部	20	14
济南化肥厂有限责任公司职工医院	工业北路23号	全民	医院	内科、外科、妇科、口腔科、中医科、医学检验科、预防保健科	内部	20	21
济南钢铁集团总公司总医院郭矿分院	铁路南	全民	医院	内科、外科、中医科、精神康复科、医学影像科、医学检验科、预防保健科	内部	62	24
齐鲁制药有限公司职工医院	工业北路243号	股份制	医院	内科、外科、妇科儿科、中医科、口腔科、医学检验科、预防保健科	内部	50	15
济南石化集团股份有限公司职工医院	工业北路路家村东首	全民	医院	内科、中医科、预防保健科、医学检验科	内部	20	20
济钢集团总公司总医院三区分院	铁骑路19号	全民	医院	内科、儿科、外科、中医科、口腔科、预防保健科、医学影像科	内部	50	52
济南市高新技术产业开发建设总公司医院	洪楼北区	全民	医院	内科、外科、妇科中医科、口腔科、医学检验科、预防保健科	内部	62	21
三株医院	山大北路77号	集体	医院	内科、外科、中医科、妇科、预防保健科、医学检验科、医学影像科	内部	30	19
济南烟草职工医院	桑园路7号	全民	医院	内科、外科、妇科、中医科、口腔科、医学检验科、	内部	20	26

济南市第三人民医院　位于王舍人镇，1951年建立，原名中国人民解放军山东省军区第二陆军医院。1952年7月，改为山东省第五康复医院。20世纪50年代末，由山东省移交济南市，改名为济南市立三院。1972年，更名为济南市第三人民医院。1986年，医院占地13.43万平方米，有床位310张；有职工523人，其中，高级职称5人、中级职称35人、初级职称333人；年门诊量13.63万人次，收治住院病人5465人次。2007年，医院占地面积14.52万平方米，总建筑面积7万平方米；有医务人员659人。设临床科室17个，医技科室22个，辅助科室7个，各类专业44个，床位660张；年接收门诊病人20.59万人次，收治住院病人10887人次。拥有西门子制

造NOVUS0.35TMRI核磁共振扫描仪、医用直线加速器、大型双层螺旋电子计算机X射线断层扫描系统和德国西门子电子计算机X射线断层扫描系统机各1台，美国ATL彩色多普勒超声诊断仪、X线胃肠机、DR数字X射线成像系统、全自动生化分析仪、进口显微镜、CO60放疗机、多功能体外碎石机、高压氧舱等100万元以上先进医疗设备10余台，10万元以上医疗设备207台。

济南钢铁集团总公司职工总医院　位于济南市工业北路21号。1958年6月，在冶金部第七冶金建设总公司第二工程公司职工医院的基础上组建成立，名称历经济南钢铁厂职工医院、济南钢铁总厂职工总医院、济南钢铁集团总公司职工总医院。1986年，医院占地13485平方米，医疗用房8241平方米；在职职工175人；设16个科室，实际开放床位145张；年门诊量150280人次，收治住院病人977人次。1991年，成为山东医科大学附属医院协作医院。1994年，被省卫生厅确定为二级甲等综合性医院。1996年，成立血液透析科，为当时济南东部唯一一家血透科室。2007年，医院占地28050平方米，建筑面积21100平方米，开放床位320张；设临床科室18个，医技科室5个；有医务人员306人；年门诊量30.57万人次，收治住院病人4447人次。年业务收入7980万元。全院设备净资产6000万元，拥有各类设备1600多台（件）。主要有电子计算机X射线断层扫描系统、彩色多普勒超声诊断仪、血液透析机、高压氧舱、数字X线胃肠机、全自动生化分析仪、动态心电监护仪、烤瓷高频铸造机、超声乳化仪、全自动麻醉机、碎石机等。

第二节　医疗队伍

1986年，全县卫生系统有工作人员972人，其中，县直医院、站所297人，乡镇卫生院675人。有卫生专业技术人员438人，其中，医疗人员306人，医技人员69人，药剂人员29人。有中医药人员203人，西医人员615人。

1987年，撤县建区后，全区卫系统有工作人员1369人，其中，区直医院、站所299人，乡镇卫生院1070人；有卫生专业技术人员1235人，有中医药人员217人。1990年，区划调整后，全区卫生系统有工作人员1516人，其中，区直医院、站所321人，乡镇卫生院1195人；有生卫专业技术人员963人，有中医药人员229人。2000年，区划调整后，全区卫生系统有工作人员1279人，其中，区直医院、站所365人，乡镇卫生院914人；有卫生专业技术人员1153人，有中医药人员226人。

2007年，全区卫生系统有工作人员1228人，其中，区直医疗、预防保健机构527人，乡镇卫生院701人。有卫生技术人员1106人，其中，高级职称135人、中级职称308人、初级职称568人。有中医药人员216人。

第三节　医疗技术

一、西医技术

1986年，县人民医院内科主要对一些多发病、常见病及一些传染病进行诊治；外科主要开展普外手术即胃大部及胆囊切除术以及肠梗阻手术等。1990年，内科购置彩色多普勒超声诊断仪、心电监护仪投入临床使用后，心血管病诊治技术水平有了新的提高；外科通过到上级医院进修学习以及邀请专家到院临床指导，新开展食管癌切除手术等开胸手术。1994年，内科开展高频喷射呼吸机的应用，颅内出血引流术和心脑梗塞溶栓术；外科新开展颅脑、心、胸手术，妇产科达到二级甲等医院开展的全部手术项目；眼科成功开展鼻腔泪囊吻合术和斜视矫正术等新项目。1995年，儿科开展的骨髓穿刺术。2000年，普外和骨科达到省内同级医院的先进水平。2003—2007年，区人民医院增加的业务项目有：内科开展溶栓术及脑出血微创治疗；眼科与残联联合开展白内障复明工程；外科开展颅内血肿、脑膜肿瘤手术等颅脑手术，食管癌、肺肿瘤等胸外手术，腰椎骨折内固定、腰椎间盘切除、颈椎病前路和后路手术等脊柱手术，乳腺癌、直肠癌手术等普外科手术；骨科开展四肢干骨折、交锁髓内针技术、骨盆骨折、髋臼骨折手术治疗，全髋关节置换、人工股骨头置换等。

区镇两级医疗机构常年与省、市级医疗单位合作，如区中医医院与省千佛山医院合作病理诊断，与省立医院合作远程心电监护，与艾迪康合作检验项目等，遥墙卫生院与济南市立二院建立联合体，开展部分眼科手术。

二、中医技术

区中医医院内科以心脑血管、内分泌、呼吸、消化专业见长，心血管专业注重危重症病人的抢救及一般患者、恢复期患者的治疗和康复调理。1994年，区人民医院利用中医药治疗肾结石取得较好效果。2004年11月，区中医医院经市中医管理局批准成立心脑血管病专科，2006年年底，完成“祛瘀化痰法治疗缺血性脑血管病的临床实验与研究”“补气活血（益气活血汤）治疗冠脉综合症的临床与实验研究”科研课题。在呼吸康复医学中用先进技术对重症肺心病、肺性脑病、哮喘持续状态、张力性气胸、休克型肺炎、大咯血等呼吸系统重症进行有效救治，对于一般及恢复期患者施以中医辨证论治，在对慢阻肺、支气管扩张、肺癌等疑难杂症的治疗上，发挥中医优势，注重提高治疗效果及生存质量。消化疾病专业发挥中医优势，辨证施治，利用中医药治疗脂肪肝、慢性肝炎、慢性结肠炎获得良好效果，“舒肝健脾、益气活血法（清脂片）治疗脂肪肝的临床与实验研究”获市级科技成果三等奖。外科开展各种普外、胸外、肿瘤手术，在外科周围血管病的治疗中，应用中药辨证施治同样取得满意疗效。针灸科开展了针灸、推拿、小针刀、微波治疗、远红外按摩理、灸疗等疗法。开展耳穴贴压针灸治疗慢性过敏性鼻炎，治愈率达81.7%。“晚发性佝偻病早期诊断和中药治疗研究”获市级科研成果三等奖。

区、镇、村三级医疗机构运用中医传统方法或中西医结合的方法开展了针灸、拔火罐、中医中药等医疗服务。

三、中西医结合医疗技术

2000—2005年，区中医医院心内科逐渐形成了中西医结合治疗冠心病的技术特色，尤其是对急性心肌梗死伴有心衰、低血压、心率缓慢等严重情况应用中医辨证施治取得良好效果，抢救急性心肌梗死成功率达98%，有效率达99%。脑血管专业专病专治，走药物治疗、针灸推拿、康复锻炼和预防保健“一条龙”服务的专科建设之路，中西医结合治疗逐渐形成特色。中医院成立高血压、糖尿病门诊，采用中西医结合治疗技术，实行中西医双重诊断与疗效判断，有效控制了并发症的发生。骨伤科以传统中医正骨与现代手术相结合治疗各种骨伤，运用手法牵引加中药治疗颈椎病、肩周炎、椎间盘突出，开展复杂的膝肘关节手术、人工关节置换、全髋关节修复等，突出中医传统手法与现代疗法相结合的系列治疗，保守治疗与手术治疗并重。2005—2007年，眼科开展中西医结合治疗眼底病，如视神经萎缩、眼底血管痉挛等；外科开展中西医结合治疗肛肠病，取得显著疗效。儿科中西医结合治疗小儿肺炎、支气管炎、心肌炎等疾病取得成功。

第四节 医疗设备

1986年，全县卫生系统医疗设备有万能手术床2台，黑白普通X光机11台，另有血压计、听诊器、温度计以及普通显微镜等简单诊疗设备。随着国家对卫生事业投入的不断增加，各医疗单位逐步购置和更新医疗器械。1995年，全区乡镇卫生院新添置电子计算机X射线断层扫描系统机、X光机、手术显微镜、手术床各1台，多普勒超声诊断仪2台。区人民医院新购置B型多普勒超声仪、光亮子治疗仪、脑电图、300毫安X光机、尿分析仪、血球计数仪、血生化分析仪、麻醉机、尿液分析仪、红外线治疗仪、血流变分析仪、暖箱、空调机等医疗设备，区中医院新购置心电图、普通X光机摄片机、摇篮X线胃肠机、血分析仪、尿分析仪等设备。

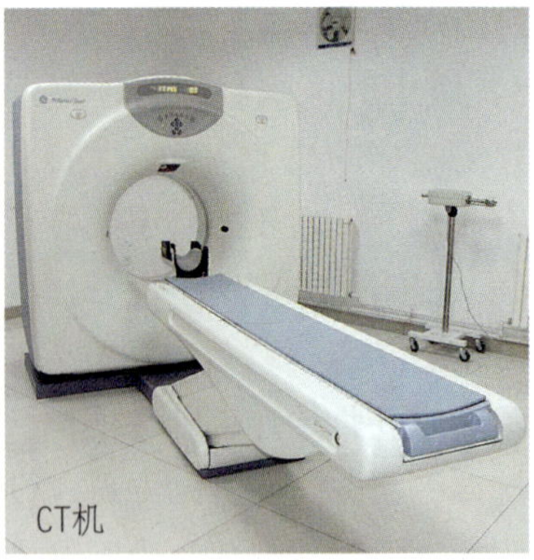

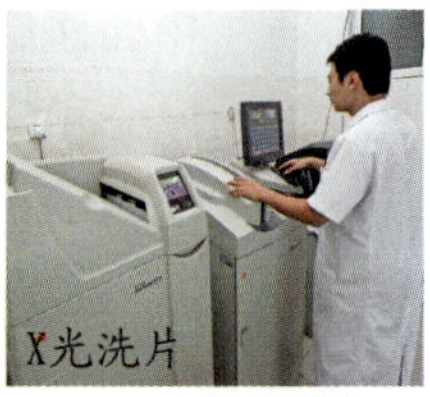

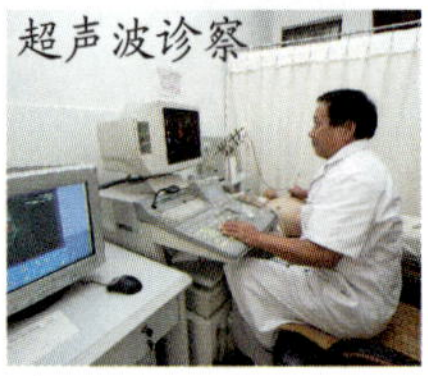

图28-5 区中医医院先进医疗设备（2007年摄）

1996—2000年，乡镇卫生院新添置心电图机2台、多功能半自动生化仪3台、血球分析仪1台、黑白多普勒超声仪5台、X光机5台；区人民医院购置了彩色多普勒超声诊断仪、双床位胎儿监护仪、500毫安X光机、手术室监护仪等医疗器械、仪器，其中1997年投资200万元首次安装电子计算机X射线断层扫描系统1台，提高了医院诊断水平；区中医医院新增多导心电图机、动态心电图系统、多孔无影灯、乳房透视仪、全自动生化仪、骨矿仪、摄影架、裂隙灯、牙科治疗仪、无影灯、监护仪、X光机、X线胃肠机、耳鼻喉治疗仪等设备。

2000年后，全区卫生系统医疗设备更新速度加快。至2007年，先后添置X光机5台，高频手术刀6套，洗片机3台，电动手术床2台，煎药包装机3台，彩色多普勒超声诊断仪6台，计算机X线摄影系统2台，X线胃肠机3台以及电脑多功能治疗仪、骨强度检测仪等医疗设备。

第三章　疾病预防控制

第一节　计划免疫

1986年，继续贯彻卫生部1978年《关于加强计划免疫的通知》，实施儿童计划免疫，开展“四苗防六病”（“四苗”：卡介苗、脊髓灰质炎疫苗、百白破疫苗、麻疹疫苗；“六病”：结核、脊髓灰质炎、百日咳、白喉、破伤风、麻疹）。实施计划免疫冷链系统。每年4月25日开展儿童预防接种宣传活动。1989年，“四苗”基础免疫接种率都在85%以上，实现第一个85%的目标。1992年4月，世界卫生组织、联合国儿童基金会、卫生部联合组织评审团，对全区计划免疫“第二个85%”实施情况进行检查，各项指标均达到85%以上，实现“第二个85%”目标。1995年12月，经省计划免疫“第三个85%”达标检查评审团评审，全区0岁～12岁儿童计划免疫建卡率100%，卡介苗接种率97%，麻疹疫苗接种率98%，百白破(百日咳、白喉、破伤风三联疫苗)接种率99%，脊灰疫苗接种率99%，实现“第三个85%”目标。2002年，将乙肝疫苗纳入儿童计划免疫程序，防止乙肝病发生，成为“五苗防七病”。2003年5月1日起，贯彻卫生部将乙肝疫苗纳入计划免疫管理的规定，对乙肝疫苗实施计划免费接种。2004年，全区开始建立启用儿童计划免疫信息系统，提高预防接种工作的规范化和准确性。至2007年，全区共有省级示范化疫苗接种门诊15个，市级规范化疫苗接种门诊5个。

第二节　传染病防治

1986年，全县发生传染病3445例，发病率573.54／10万；全县现症麻风病人10例，患病率为0.016‰。1989年《中华人民共和国传染病防治法》颁布实施后，传染病防治工作走上了法制化管理轨道，疫情报告、传染病调查处理日趋规范和程序化，各种传染病的发病明显下降。1992年，麻风病发病率降至0.01‰以下，达到卫生部规定的基本消灭麻风病的标准。1997—1999年，协同省寄生虫病防治研究所，完成《山东省绦、囊虫病流行病学调查及社区防治试点研究》。通过对全区30万人进行流行性病学调查，摸清了绦、囊虫病在全区的流行因素及规律，并探索制订出一套可行的综合性防治方案。2005年1月1日，全区开始启用疾病监测信息报告管理系统，对法定传染病实行网络直报。至2007年，全区传染病发病率逐年下降，无重大疫情暴发和流行。

图28-6　2005年11月，历城区疫情处置分队演练

一、肝炎

肝炎是全区重点防治的传染病。1986年，肝炎发病1480例，发病率246.40/10万。1992年，肝炎发病737例，发病率77.52/10万。2003年5月，正式将乙肝疫苗纳入儿童计划免疫，对新生儿免费注射乙肝疫苗。一周岁接种甲肝疫苗，减少感染肝炎的机会。是年肝炎发病484例，发病率58.08/10万。肝炎防治工作除搞好疫源地处理外，重点开展肝炎疫苗接种，加强宣传教育，使群众认识到肝炎的危害和防治方法，主动接受疫苗接种。2007年，发病722例，发病率78.2/10万。

二、结核病

1986—1990年，区结核病防治所调查2万余人，发现结核病人22人，对确诊的家境困难病人实行部分药费减免政策。1993年9月，开始实施“世界银行贷款结核病控制项目”，所有一线抗痨药物由该项目提供。2004年11月至2005年12月，承接卫生部“结防机构与综合医院合作，提高肺结核病人发现的试点工作”项目，世界卫生组织官员及卫生部、省市领导及专家3次到区结核病防治所考察考核，并将历城经验在全国推广。2007年10月1日起，承接“第五轮中国全球基金结核病控制”项目。1993年9月至2007年，共诊断和免费治疗活动性肺结核病人3110人，治愈率达91%以上。

三、霍乱

霍乱属于甲类传染病。1994年，全区发病1例，1999年发病1例。通过保护水源，改善饮用水卫生条件；搞好环境卫生，加强人畜粪便无害化处理，组织专业队伍处理苍蝇孳生地，查灭扑杀蟑螂；加强卫生宣传教育，防止“病从口入”，提高群众防病意识，改变不良卫生习惯等措施，至2007年，无霍乱病例发生。

四、狂犬病

1988年，全区发病15例，1989年发病14例，1990年发病7例，2007年发病2例，所有病例全部死亡。1988—1990年，区政府成立区狂犬病防治办公室，协调全区狂犬病防治工作，组织由卫生、畜牧、公安等部门派员参加的狂犬捕杀队，开展对狂犬捕杀活动，并通过宣传教育及狂犬病疫苗接种，有效扼制了狂犬病的发生。2007年，采取对医疗机构有关人员开展狂犬病防治培训，向群众发放防治知识宣传单，对相关人群进行狂犬疫苗及免疫球蛋白的接种等一系列综合性措施，预防和控制狂犬病的发生。

五、艾滋病

1998年，历城区发现济南市首例艾滋病病例。2005年起，通过对外来妇女、在押人员的筛查及自愿咨询检测等多种方式，检出艾滋病感染者。截至2007年，共发现艾滋病感染者及病人17人，管理本地病例10人。其间，积极宣传艾滋病防治知识，开展防治知识“进农村、进社区、进课堂、进家庭、进公共场所”活动，提高群众艾滋病防治知识知晓率。2007年，开展高危人群干预工作。

六、传染性非典型肺炎

2002年11月在广东省发现全国首例传染性非典型肺炎病例。2003年4月，济南市发现一例现症病人。同年4月，历城区成立传染性非典型肺炎防治工作领导小组和指挥部，层层签订责任状，建立完备的疫情信息网络和以疫情监控系统及发热门诊为标志的医疗救治体系，组建了19支疫情小分队、设立31个发热门诊，确定区人民医院为防“非典”定点医院。共培训1500人次，小分队紧急出动578次，调查1142人次，其中隔离89人；建立3个公路留验站，检测车辆1.8万辆，监测4.6万人；发热门诊接诊8329人，筛查高热病人3427人，有效地预防了疫情发生。

1986—2007年历城区传染病发病情况表（一）

表28-2　　发病数：例　发病率：/10万

年份（年）	总传染病		流脑		百日咳		猩红热		麻疹		痢疾		伤寒		肝炎		乙脑	
	发病数	发病率	发病数	发病率	发病数	发病率	发病数	发病率	发病数	发病率	发病数	发病率	发病数	发病率	发病数	发病率	发病数	发病率
1986	3445	573.50	29	4.83	43	7.16	14	2.33	1	0.166	930	154.83	1	0.166	1480	246.40	2	0.33
1987	4145	495.80	6	0.72	13	1.56	23	2.75	—	—	1817	217.40	8	0.96	2137	255.60	5	0.59
1988	2891	342.30	5	0.59	6	0.71	26	3.08	—	—	1617	191.50	3	0.36	1070	126.70	6	0.71
1989	2364	279.93	11	1.30	10	1.18	31	3.67	13	1.54	1106	130.96	4	0.47	979	115.93	1	0.12
1990	2358	253.37	4	0.42	2	0.21	16	1.72	4	0.42	759	81.56	19	2.04	1476	158.60	3	0.32
1991	1988	210.78	1	0.17	—	—	12	1.27	14	1.48	795	84.29	1	0.17	1054	111.75	3	0.32
1992	1490	156.73	2	0.21	1	0.11	7	0.74	21	2.21	474	49.86	—	—	737	77.52	5	0.53
1993	1470	155.45	1	0.11	1	0.11	6	0.63	33	3.49	459	48.54	—	—	778	82.27	—	—
1994	1354	141.40	1	0.10	6	0.63	9	0.94	18	1.88	510	53.26	1	0.10	576	60.15	3	0.31
1995	1734	177.97	—	—	5	0.51	26	2.67	7	0.72	828	84.98	3	0.31	513	52.65	4	0.41
1996	1682	172.93	—	—	—	—	30	3.08	3	0.31	841	86.47	—	—	529	54.39	—	—
1997	1518	157.21	—	—	1	0.10	15	1.55	5	0.82	539	55.82	—	—	602	62.34	1	0.10
1998	1724	178.54	—	—	—	—	3	0.31	5	0.51	711	73.63	—	—	672	69.59	1	0.10
1999	1414	143.65	—	—	—	—	11	1.12	4	0.41	472	47.95	—	—	705	71.62	—	—
2000	997	124.61	—	—	3	0.37	4	0.50	—	—	361	45.12	1	0.12	494	61.74	—	—
2001	1129	139.67	—	—	4	0.49	3	0.37	2	0.25	391	48.37	—	—	637	78.80	1	0.12
2002	1147	141.89	1	0.12	1	0.12	6	0.74	9	1.11	461	57.03	1	0.12	526	65.07	—	—
2003	1083	129.97	2	0.24	—	—	4	0.48	4	0.48	280	33.60	—	—	484	58.08	—	—
2004	1550	182.36	1	0.12	1	0.12	21	2.47	3	0.35	380	44.71	—	—	562	66.12	—	—
2005	1901	210.03	—	—	—	—	13	1.44	25	2.76	426	47.07	1	0.11	725	80.10	1	0.11
2006	1845	201.50	—	—	—	—	35	3.82	18	1.97	338	36.91	1	0.11	837	91.41	—	—
2007	1746	189.12	—	—	—	—	40	4.33	67	7.26	276	29.90	1	0.11	722	78.20	2	0.22

1986—2007年历城区传染病发病情况表（二）

表28-3　　　　　　　　　　　　　　　　　　　　　　　　　　　发病数：例　发病率：/10万

年份（年）	出血热		疟疾		斑疹伤寒		狂犬病		炭疽		恙虫病		性病		肺结核		新破	
	发病数	发病率	发病数	发病率	发病数	发病率	发病数	发病率	发病数	发病率	发病数	发病率	发病数	发病率	发病数	发病率	发病数	发病率
1986	943	156.90	—	—	—	—	—	—	—	—	—	—	—	—	—	—	—	—
1987	134	16.03	2	0.34	—	—	—	—	—	—	—	—	—	—	—	—	—	—
1988	109	12.79	1	0.11	30	3.55	15	1.78	2	0.24	2	0.24	—	—	—	—	—	—
1989	157	18.59	—	—	2	0.23	14	1.66	—	—	36	4.26	—	—	—	—	—	—
1990	57	6.12	—	—	3	0.32	7	0.75	—	—	—	—	7	0.75	—	—	—	—
1991	104	11.03	—	—	2	0.21	—	—	—	—	—	—	2	0.21	—	—	—	—
1992	233	24.51	2	0.21	2	0.21	—	—	—	—	—	—	2	0.21	—	—	—	—
1993	187	19.77	—	—	5	0.53	—	—	—	—	—	—	—	—	—	—	—	—
1994	214	22.35	—	—	8	0.84	—	—	—	—	—	—	7	0.73	—	—	—	—
1995	321	32.95	—	—	3	0.31	—	—	—	—	—	—	24	2.46	—	—	—	—
1996	260	26.73	—	—	—	—	—	—	—	—	—	—	—	—	—	—	—	—
1997	200	20.71	—	—	3	0.31	—	—	—	—	—	—	19	1.97	131	13.57	2	0.21
1998	215	22.26	—	—	1	0.10	—	—	—	—	—	—	15	1.55	101	10.46	—	—
1999	108	10.97	1	0.10	8	0.81	—	—	—	—	—	—	47	4.77	39	3.96	1	0.10
2000	82	10.25	—	—	2	0.25	—	—	—	—	—	—	7	0.87	43	5.37	—	—
2001	47	5.81	—	—	1	0.12	—	—	—	—	—	—	13	1.61	30	3.71	—	—
2002	74	9.15	—	—	—	—	—	—	—	—	—	—	16	1.97	52	6.43	—	—
2003	35	4.20	3	0.36	—	—	—	—	—	—	—	—	20	2.40	250	30.00	1	0.12
2004	40	4.71	2	0.24	—	—	—	—	—	—	—	—	74	8.71	466	54.83	—	—
2005	23	2.54	—	—	—	—	—	—	—	—	—	—	109	12.04	574	63.42	—	—
2006	17	1.86	1	0.11	—	—	—	—	—	—	—	—	94	10.27	504	55.04	—	—
2007	17	1.84	—	—	—	—	2	0.22	—	—	—	—	105	11.38	513	55.57	1	0.11

第三节　地方病防治

一、流行性出血热

1986年后，每年开展2次鼠类监测工作，监测鼠类带毒率。加强宣传工作，有针对性地开展灭鼠和疫苗接种工作，使流行性出血热发病数由1986年的943例，下降到2007年的17例。

二、碘缺乏病

历城区是碘缺乏病病区，多年来坚持以食盐加碘为主进行综合防治。1986年，碘缺乏病患病率2.16%，肿大率4.93%。1987年，碘缺乏病患病率0.96%，肿大率5.76%。1989年，经山东省地方病领导小组考核验收，达到基本控制标准。1997年患病率为0，肿大率4.11%，达到国家控制标准。为保证食盐加碘的防治效果，对市场销售的碘盐和小学生甲状腺肿大率进行常年监测。2007年，检测碘盐288份，碘盐覆盖率90%。

三、丝虫病

历城区属丝虫病中、低流行区。1979年，通过省基本消灭丝虫病考核验收。1982年，开展丝虫病横向监测工作，1983年，通过卫生部基本消灭丝虫病考核验收。1995年，通过市级消灭丝虫病预审评。2003年，通过县级消灭丝虫病审评。

第四节　卫生监督监测

1986年，全区有专职卫生执法监督员6人。1991年，区法院在区防疫站设立强制执行办公室，加大卫生监督执法力度。1995年，有专职卫生执法监督员48人，配备乡镇兼职检查员40人。1996年，根据1995年10月颁布的《中华人民共和国食品卫生法》，全区公共卫生监督体系的执法主体由区卫生防疫站转变为区卫生局。同年，实行卫生行政处罚合议制度，增加卫生监督执法透明度。1998年，区卫生局制定《历城区乡镇卫生监督员管理办法》，全区新增乡镇级卫生监督员45名，形成区、乡镇两级卫生监督网络，并建立和完善了卫生许可证发放程序、饮食业从业人员培训和健康查体制度。2000年，卫生监督工作实行“一站式”服务、“一条龙”办公，将办理卫生许可证业务放在区卫生局办公大厅，2002年，转到区政务中心办理相关业务，方便了业户。2003年，从社会各界聘请22名社会监督员，将卫生监督工作置于社会监督之下。

一、食品卫生

1986年，县防疫站依据《中华人民共和国食品卫生法（试行）》对全县20个饭店进行卫生监督管理。1995年10月，《中华人民共和国食品卫生法》施行。2001年，完成卫生部“中国居民营养与健康状况调查”在历城的调查工作。2002年，开展食品打假和专项整治，重点对集贸市场、禽肉屠宰加工、食品加工、食品超市、企事业单位食堂进行专项监督检查，对230户存在食品安全隐患的单位提出整改意见，清理学校周边露天摊点61家。2004年，对食品卫生实行量化分级管理，加大了卫生监督执法力度和监测覆盖面。加强对“农家乐”餐饮点的规范管理，制定《历城区农家乐基本卫生要求》。至2007年，区防疫站累计出动卫生监督员4519人次，监督检查宾馆、饭店、公共场所、医疗机构等11200户次。受理各类举报、投诉案件25件，处理率100%。发放卫生许可证3940个，其中食品卫生许可证3616个，公共场所卫生许可证324个；审验卫生许可证2142个。立案查处违法单位131家，罚款46.75万元，其中食品卫生处罚103家，罚款39.34万元；医疗机构、公共场所卫生、职业卫生、学校卫生共处罚28家，罚款7.41万元。2007年，申请法院强制执行处罚25家。

图28-7　区防疫站工作人员进行食品卫生检查（2007年摄）

二、公共场所卫生

1987年4月，贯彻国务院《公共场所卫生管理条例》，当年，区防疫站开展对旅店业、理发美容业、商场娱乐业等公共场所的卫生监督检测。监测项目有：风速、温度、湿度、噪音、一氧化碳、二氧化碳、空气中的细菌总数等。1998年，全区新办公共场所卫生许可证127个，审验公共场所卫生许可证259个，监测公共场所1194个，理发工具采样监测791个，生活饮用水监测142份，末梢水监测20份。2005年，对公共场所从业人员体检2542人，体检率100%；查出职业禁忌症33例，全部调离；新办公共场所卫生许可证496个，发证率100%；审验卫生许可证290个，验证率100%；完成水质监测98份；各类公共场所消毒后公用物品监测991份，室内空气监测1360份。2007年，开展旅店业、游泳场所卫生监督量化分级管理。其中，旅店业A级3家，B级17家。组织监督人员对10个乡镇的集中式供水情况进行监督检查，为1家二次供水单位办理卫生许可证。对城区11家二次供水单位进行采样检测，共采样13份，合格率81%。“7·18”特大暴雨后对辖区内544口水井进行水质监测。

三、学校卫生

1987年，针对学生常见病中的龋齿预防，区卫生防疫站联合区教委组织了以区实验小学为试点单位的小学生健康教育问卷调查，小学生的牙齿保健卫生知识知晓率达到90%。1990年6月，国务院《学校卫生工作条例》颁布实施后，全区学校卫生工作得到进一步重视，对国办中学及20个乡镇的中心中小学建筑设施新、改、扩建项目变动情况，学生常见病防治情况，教室采光照明和课桌椅卫生情况进行监督检测。1996年起，全区建立《学校卫生档案》，当年建档30余册。1998年，对辖区学校教室人均面积、采光照明、课桌椅、黑板、微小气候、厕所、生活饮用水、食品卫生等项目进行监督检测，各项指标基本符合经常性卫生监督监测评价标准。1995—2001年，每年对辖区15个乡镇297处学校的在校学生进行健康查体。全区学生常见病患病率同1995年相比有明显下降，蛔虫感染率城市由1995年的10%下降到2001年的2%，农村由20%下降到6%；沙眼患病率城市由1995年的13%下降到2001年的8%，农村由17%下降到12%；贫血患病率城市由1995年的26%下降到2001年的13%，农村由34%下降到17%；营养不良城市由1995年的19%下降到2001年的6%，农村由21%下降到8%。2002年，对全区各学校重新建立《学校卫生监督档案》，对29所学校集体食堂进行全面的监督检查，换发卫生许可证。2004年起，贯彻卫生部《食品卫生监督量化分级管理》规定，对学校集体食堂进行量化分级管理，至2006年，学校食堂有4个被省卫生厅评为食品卫生监督量化管理A级单位，13个被区卫生局评为B级单位，其余为C级单位。2006年，开展学校自备水井和二次供水的监督检测工作，检测各类水质12份，对卫生设施及水质检测合格的8家学校发放卫生许可证。

四、职业卫生

自20世纪80年代起，全区的职业卫生工作逐渐步入正轨，从单纯的尘肺防治逐步发展到重点工业企业粉尘测定和矽肺防治工作以及农药、三苯浓度测定和工人职业健康体检工作，使全区工业企业粉尘危害和农药、三苯危害逐步得到遏制。1998年，区卫生防疫站成立综合卫生科，负责职业卫生工作。2000年，区防疫站开展全区职业危害摸底调查，共检测粉尘点55个，合格10个；化学因素点9个，合格8个；物理有害因素点85个，合格27个。对接触人员体检828人，其中，粉尘作业人员384人，化学类有害因素接触人员16人，物理因素接触人员428人，检出物理因素接触人员疑似职业病10例。2002年，先后有济南市历城区益发石棉垫加工厂、济南市历城区华通橡塑制品厂等17家产生职业有害因素的企业递交职业病危害项目申请表，区防疫站及时对这些企业进行实地考察和检测，并建立企业职业危害档案和职业接触人员健康体检档案。2003年起，全区建立使用职业卫生管理电子系统，并取得职业健康体检资质，开始独立开展职业健康体检工作。2004年，对全区29家企业安全生产负责人进行职业病危害警示标识培训，并统一制作警示标识牌，警示标志达标率92%。2005年，落实省卫生厅《职业卫生监督执法专项行动通知》，对全区90个职业病危害单位进行检查，岗前体检190名，体检率95%；定期体检1447名，体检率92%；有42个单位建立健全职业健康监护档案。检查职业有害单位20个，共检测粉尘点80个，合格43个点；噪声点90个，合格44个点；毒物点20个，合格14个点；三项合计检测190个点，合格101个点。

五、放射卫生

1999年，区防疫站按照国家《放射性同位素与放射装置放射防护条例》规定，对18家乡镇医院进行放射装置监督检查、检测，发放“射线装置工作许可证”，并建立放射卫生档案。2000年，对5家放射防护不合格单位提出改进措施。是年，全区对郭店、董家、孙村等乡镇的35家建材企业51个品种进行检测，向检测合格的30家建材企业发放“建筑材料放射卫生防护检测合格证”。2002年，区防疫站规范对放射源的管理，对历城水泥厂、济南市立三院等放射卫生接触机构和企业进行登记建档。同年，联合山东省医学科学院放射医学研究所，开展放射职业健康监护查体工作，对济南卷烟厂等接触放射岗位人员进行个人剂量检测，共检测127人。2004年，对6家放射诊疗单位进行监督抽查，抽查表明：放射诊疗许可证持有率100%；设置警示标志的5家，占83.3%；使用防护用品的6家，占100%；放射工作人员持证上岗的15人，占94%。2006年，为全区放射诊疗单位换发放射诊疗许可证。2007年，对20家放射诊疗单位进行监督检查，主要进行机器状态检测、从业人员健康查体、个人剂量检测等，合格率达100%。

1986—2007年历城区公共场所卫生监督监测情况表

表28-4

年份（年）	查体人数（人）	培训人数（人）	“五病”检查		卫生许可证监督		卫生监测		水质监测	
			查出“五病”人数（人）	“五病”人员调离率（%）	办卫生许可证（个）	验卫生许可证（个）	监测户数（户）	监测合格率（%）	水质检测（份）	合格率（%）
1986	261	261	3	100	—	—	—	—	12	90.3
1987	272	272	3	100	21	—	21	88.9	21	91.2
1988	285	285	4	100	31	—	42	93.2	36	93.4
1989	367	367	5	100	11	20	58	94.3	31	91.5
1990	415	415	7	100	22	29	72	95.1	42	95.3
1991	762	762	9	100	51	17	83	93.6	49	93.7
1992	853	853	10	100	66	22	102	92.9	53	94.1
1993	902	902	10	100	47	49	111	93.1	54	95.1
1994	1020	1020	9	100	75	55	120	93.5	63	94.5
1995	1210	1210	11	100	102	43	135	94.7	79	93.2
1996	1350	1350	14	100	143	72	201	91.2	87	94.5
1997	1412	1412	14	100	145	98	221	90.7	106	95.9
1998	1725	1725	16	100	171	131	284	93.4	102	95.1
1999	1850	1850	18	100	236	139	360	95.7	109	93.2
2000	1910	1910	21	100	315	162	450	93.2	112	94.7
2001	2089	2089	21	100	423	210	580	94.3	123	93.2
2002	2100	2100	22	100	467	260	690	96.7	131	95.6
2003	2400	2400	28	100	476	312	689	92.3	134	93.8
2004	2669	2669	30	100	462	323	711	95.1	139	94.3
2005	2542	2542	33	100	496	310	786	93.6	141	92.6
2006	2768	2768	28	100	442	401	710	92.1	148	95.4
2007	2818	2818	33	100	493	440	762	97.6	156	96.3

说明：表中“五病”指：细菌性痢疾、伤寒、病毒性肝炎、活动性肺结核、化脓性或者渗出性皮肤病以及其他有碍公共卫生的疾病

第四章　妇幼保健

第一节　妇女保健

一、孕产妇保健

1986年起，全县推行孕产妇系统化管理，妇幼保健人员深入到村镇，宣传优生优育知识，提高群众对孕产妇保健的认识。对孕妇从怀孕开始即进行孕期保健，在产前检查中对存在高危因素的孕妇进行筛选，实行专案追踪管理，定期了解高危孕妇的健康状况，及时采取有效的干预措施。是年，孕产妇系统化管理率为70.7%，住院分娩率为37.1%，孕产妇死亡率为127.6/10万。1995年，《中华人民共和国母婴保健法》和《中国妇女发展纲要（1995—2000）》《中国儿童发展纲要》先后颁布实施，新法接生得到全面普及，孕产妇死亡率不断下降。1996年，孕产妇系统化管理率提高到92.2%，住院分娩率提高到94.9%；1997年，孕产妇死亡率下降为95.4/10万；1999年后，住院分娩率一直保持在99.5%以上。1999年7月，在董家卫生院召开全区妇幼保健工作现场会，统一制定了孕产妇系统化管理、高危妊娠筛查、产科病历规范等几十种规章制度，严格执行催产素应用、难产处理等妇产科手术操作常规；同时印发《历城区母婴保健保偿管理实施方案》及配套文件，在全区实行母婴保健保偿责任制，保健保偿服务费实行统一管理使用，使孕产妇、儿童花最少的钱，得到最大的健康收益，保健保偿率超过90%。2001年，区卫生局印发《关于加强高危妊娠专案管理，有效降低孕产妇死亡的实施意见》，要求各乡镇妇幼保健工作人员对孕产妇实行“三包”（包片、包村、包孕产妇）。全区妇幼保健工作人员每月2/3的时间进村入户对孕产妇进行保健保偿、优生优育、孕期相关知识的宣传服务，使孕妇在怀孕早期即建立母子保健手册，得到系统的孕期保健指导。产科门诊每次产前检查都要筛查高危因素，对筛出的高危孕产妇实行专案追踪管理，建立起一套科学、规范、完整的妇幼保健管理体系。2002年后，全区孕产妇死亡率大幅下降，是年，孕产妇死亡率为12.8/10万，2003年为零，2004—2007年，全区区级、驻区医疗单位及乡镇卫生院，无孕产妇死亡。历城区户口的孕产妇在市级及以上医院死亡8人。

二、妇女病防治

1986年，组织县妇保所人员到各乡镇免费进行妇女病查体，主要检查防治尿屡、子宫脱垂、宫颈癌、乳腺癌。当年，普查15624人，查出患妇科病的7323人，疾病矫治率100%。1997年，区妇保所为女职工查体2615人，妇女病普查9867人。2000年，区妇保所开设妇科专家门诊，对妇科疑难病及不孕不育症进行诊疗和研究。2002年，区卫生局与区妇联、区总工会、区人事局、区劳动和社会保障局联合印发《关于进一步落实妇女职工保健工作的规定》。2005年，区卫生局与区总工会、区妇联联合印发《进一步加强妇女病防治工作的通知》。区妇保所每年组织指导全区妇女病普查普治，并为各企事业单位女职工查体，建立健康档案。针对生殖道炎症、性传播疾病增多和妇科肿瘤发病率增高的趋势，区妇保所在原有阴道分泌物涂片、宫颈细胞学巴氏分级等检查的基础上，增加乳腺红外线扫描、阴道彩色超声、薄层液基（TCT）细胞涂片检查，提高对相关疾病的诊疗水平。2007年，全区各级医疗机构进行妇女病查体70196人次，患病率为53%，对患者均给予相应治疗，为驻区各单位的4566名女职工建立了健康查体电子档案。

三、医院产科建设与妇幼人员培训

1986年，全县有县人民医院及董家、党家庄、港沟、柳埠分院5家医院建有产科，开展新生儿接生工作，住院分娩率为37.1%。1991—2000年，因家庭接生造成孕产妇死亡45例，其中产后感染及难产死亡15例。1995年起，贯彻《中华人民共和国母婴保健法》，在乡镇卫生院普遍设立产科，推广住院分娩，并实行凭“出生医学证明”报新生儿户口的制度。2000年起，每年举办2期妇产妇幼人员技术培训班，请省市著名妇产科专家对一些疑难病症及诊疗技术进行培训。2001年，区卫生局制定《历城区乡镇卫生院产科建设标准》，对产科建设提出量化指标，要求区及乡镇卫生院必须配齐B超、胎心监护仪、新生儿抢救仪器等医疗设备，建立符合标准的分娩室、宣教室，并对人员技术、规章制度、操作常规提出技术标准及考核办法。对从事助产、终止妊娠和结扎手术等母婴保健专项技术服务的医疗机构实行许可制度，对从事相关技术服务的人员实行合格证制度，对接生量少、技术要求不达标的，不发或停发母婴保健执业许可证。成立危重孕产妇抢救小组，建立抢救“绿色通道”。2002年起，实行妇产科主任季度例会制度，进行学术、高危孕产妇管理的交流。至2007年，保持了低孕产妇死亡率水平。

四、婚前保健

1992年，开始在洪家楼、王舍人、华山三个镇开展婚前医学检查试点。1999年，贯彻《中华人民共和国母婴保健法》在全区开展婚前医学检查。为方便群众就近婚检，除区妇保所外，在区医院、郭店镇、大桥镇、孙村镇、十六里河镇设立婚检点。婚检率逐年上升，2002年婚检率达到86.8%。对查出的疾病均给予治疗，对当事人不宜结婚或需暂缓结婚的给予耐心解释。2003年10月，新的《婚姻登记条例》颁布后，实行自愿婚检，婚检率几乎降到零，出生缺陷率逐渐升高。2007年3月18日起，历城区在全市率先开展“政府买单免费婚检”工作。当年婚前查体964人，婚检率为11.8%，患病率为19%。在婚检的同时，为婚检对象提供婚前咨询、婚前健康教育等优质服务。

图28-8　区妇幼保健所（2007年摄）

1986—2007年历城区妇女保健情况表

表28-5

年份（年）	产妇数（人）	活产数（人）	孕产妇管理				高危妊娠管理			孕产妇死亡	
			早孕建册（册）	产后访视（人次）	系统管理数（人）	系统管理率（%）	高危产妇数（人）	高危住院数（人）	高危管理率（%）	死亡人数（人）	死亡率（/10万）
1986	8627	8622	6101	7572	6100	70.7	246	201	81.7	11	127.6
1987	12314	12346	8862	12307	8860	71.8	371	317	85.4	7	56.7
1989	—	—	—	—	—	—	—	—	—	—	—
1988	9109	9130	6823	9109	6815	74.6	327	272	83.1	4	43.8

续表28-5-1

年份（年）	产妇数（人）	活产数（人）	孕产妇管理				高危妊娠管理			孕产妇死亡	
			早孕建册（册）	产后访视（人次）	系统管理数（人）	系统管理率（%）	高危产妇数（人）	高危住院数（人）	高危管理率（%）	死亡人数（人）	死亡率（/10万）
1990	9020	9039	6951	8888	6849	75.8	289	236	81.7	4	44.3
1991	8161	8177	7946	6557	6529	80.0	230	207	90.0	4	48.9
1992	6421	6431	5773	4728	4559	71.0	181	155	85.6	4	62.2
1993	6744	6749	6649	5246	5125	76.0	231	191	82.7	3	44.5
1994	7874	7880	7959	6671	6575	83.5	322	250	77.6	6	76.1
1995	9215	9242	8853	8841	8662	94.0	432	426	98.6	6	64.9
1996	9231	9256	8726	8725	8507	92.2	574	573	99.8	2	21.6
1997	10444	10482	9518	9518	9181	88.0	1075	1073	99.8	10	95.4
1998	8701	8722	7403	8021	6508	74.8	671	670	99.9	3	34.5
1999	9218	9231	8006	7823	7070	76.7	871	870	99.9	5	54.2
2000	8087	8102	7242	7205	6428	79.5	1017	1015	99.8	2	24.7
2001	7043	7052	6844	6830	6349	90.1	1172	1172	100.0	6	85.1
2002	7762	7790	7616	7587	7346	94.6	1411	1411	100.0	1	12.8
2003	6147	6162	6033	6007	5846	95.1	1284	1284	100.0	0	0
2004	9870	9884	9764	9666	9419	95.4	2228	2228	100.0	2	20.2
2005	9021	9020	8994	8925	8779	97.3	1962	1962	100.0	2	22.2
2006	8547	8543	8514	8451	8325	97.4	1742	1742	100.0	2	23.4
2007	9119	9138	9096	9005	8854	97.1	1622	1622	100.0	2	21.9

第二节　儿童保健

一、爱婴区达标创建

1986年后，区妇保所利用社区广场、农村集市等场合推广宣传母乳喂养。1992年5月，区妇保所利用“全国母乳喂养宣传日”组织开展“母乳喂养宣传月”活动。1996年起，开展“爱婴医院、爱婴区”达标创建工作，对各医院产科进行全员培训。同年，区妇保所在有100名以上女职工的32家企业开展了母乳喂养情况调查。至1998年，区人民医院、区中医院及10所乡镇卫生院被卫生部评为“爱婴医院”。1998—2006年，全区4个月以内婴儿母乳喂养率保持在85%以上。1999年，历城区被省卫生厅命名为“爱婴区”。2007年，4个月婴儿母乳喂养率达到93%。

二、儿童系统化管理

1986年，儿童系统化管理开始起步，工作重点是0岁～3岁儿童生长发育监测以及佝偻病和贫血的防治。1993年起，在全区逐步开展小儿呼吸道感染防治监测，推广儿童4∶2∶1健康查体，重点防治儿童佝偻病、贫血、肺炎、腹泻病。1996年，0岁～3岁儿童系统化管理率为47.7%。1998年，开展计划免疫与儿童查体一体化试点，2000年，在全区各乡镇推广。同时，不断增加儿童保健服务内容，提高儿童保健质量，逐步开展了生长发育监测、呼吸监测、五官保健、儿童智能社区干预等儿保适宜技术。2000年9月，区妇保所成立儿童保健中心，开展儿童智能发育筛查、儿童智能开发及微量元素检测等工作。2002年6月，区妇保所设立儿科专家门诊，引进免煎中药颗粒，疗效好、副作用少。2007年，儿童保健中心年门诊量5059人次。儿童生长发育监测率100%，呼吸监测覆盖率100%，高危儿智能干预率90%，口腔保健率83%，眼保健率83%。3岁以下儿童系统化管理率91.4%，7岁以下儿童保健率90.1%。

三、新生儿疾病筛查

历城区新生儿疾病筛查工作始于1997年，主要开展防治可造成儿童终身残疾的先天性甲状腺功能减低症和苯丙酮尿症（以下简称为两病）。1997年4月，辖区内区人民医院和济南市第三人民医院成为全国新生儿两病筛查监测点。2000年，全区各医院产科全面开展新生儿两病筛查，新生儿两病筛查率均在99.5%以上。2004年3月起，为减少残疾儿的发生，不断增加新生儿疾病筛查种类。加强了新生儿听力障碍的预防和康复，区妇保所引进新生儿听力筛查设备，组织专人专车到各乡镇医院为新生儿进行听力筛查，对筛查出的有疾病障碍的新生儿，及时进行指导治疗。新生儿疾病筛查率和筛查质量逐年提高，2004年筛查率76%；2007年筛查率99.6%，新生儿听力筛查率92.6%。

四、托幼机构卫生保健管理

1986年起，区妇保所对区直机关幼儿园在园儿童每年进行1～2次健康查体，对检出的疾病进行治疗。1991年开始，区妇保所对托幼机构工作人员及儿童进行健康查体，并对托幼机构进行卫生保健指导，内容包括各项卫生制度的实施、传染病防治、幼儿膳食管理与体格锻炼等。2004年起，实行托幼机构卫生保健合格证制度，举办托幼机构须达到《济南市托幼机构卫生保健验收标准》，取得“卫生保健合格证”，托幼机构中保育员、卫生保健员、炊事员每年须接受专业知识培训，经考核合格后持任职资格证上岗。2005年6月，按照区政府办公室关于加强幼儿园管理的要求，规范了幼儿园审批流程，对幼儿园实行严格的准入制度，对托幼园所卫生保健工作实行规范化管理。针对农村幼儿园卫生保健工作良莠不齐的状况，加强对卫生保健教师的培训，培训合格后发给保健员证书。区卫生局与区教育局教研室托幼办多次联合对全区各乡镇中心幼儿园、区直及驻区幼儿园的卫生保健工作进行现场督导，对托幼园所的安全工作进行全面检查。截至2007年，有38所托幼园所通过市级达标验收，91所通过区级达标验收，儿童入托查体率99%，在园儿童查体率99%，保教人员健康查体率100%。

1986—2007年历城区儿童保健情况表

表28-6

年份（年）	母婴保健保偿率（%）	7岁以下儿童总数（人）	7岁以下儿童保健服务				5岁以下儿童死亡				5岁以下儿童营养评价		3岁以下儿童系统管理人数（人）
			保健管理人数（人）	患病人数（人）	佝偻病患病率（%）	贫血患病率（%）	1岁以下婴儿死亡人数（人）	1岁～4岁儿童死亡数（人）	1岁以下婴儿死亡率（‰）	1岁～4岁以下儿童死亡率（‰）	实查人数（人）	体重-2SD人数（人）	
1986	—	64420	5073	2556	—	—	151	—	17.50	—	—	—	—
1987	—	74429	12329	5523	—	—	112	—	9.07	—	—	—	—
1988	—	73999	14197	5655	—	—	97	—	10.60	—	—	—	—
1989	—	—	—	—	—	—	—	—	—	—	—	—	—
1990	—	83070	13874	4907	—	—	109	—	12.10	—	—	—	—

续表28-6-1

年份（年）	母婴保健保偿率（%）	7岁以下儿童总数（人）	7岁以下儿童保健服务				5岁以下儿童死亡				5岁以下儿童营养评价		3岁以下儿童系统管理人数（人）
			保健管理人数（人）	患病人数（人）	佝偻病患病率（%）	贫血患病率（%）	1岁以下婴儿死亡人数（人）	1岁～4岁儿童死亡数（人）	1岁以下婴儿死亡率（‰）	1岁～4岁以下儿童死亡率（‰）	实查人数（人）	体重-2SD人数（人）	
1991	—	82258	33993	8834	12.07	15.70	104	—	12.70	—	—	—	—
1992	—	75603	33466	8607	10.60	17.10	58	—	9.00	—	—	—	—
1993	—	71062	30446	7493	10.40	16.30	70	—	10.40	—	—	—	—
1994	—	65393	31171	6634	9.10	12.90	114	—	14.50	—	—	—	—
1995	—	61616	49528	11234	9.60	17.20	89	9	9.60	10.6	—	—	15951
1996	—	57818	23179	4821	14.50	12.00	97	6	10.50	11.5	14798	110	8912
1997	—	55712	26518	4171	8.90	9.00	114	7	10.90	11.5	17725	509	24627
1998	—	53498	31730	4695	12.50	10.60	83	8	9.50	10.4	25759	553	19054
1999	—	61618	42761	3390	4.20	5.70	79	17	8.60	10.4	31615	173	19346
2000	66.5	44649	37663	3157	4.00	6.00	77	10	9.50	10.7	27050	197	15856
2001	93.0	45292	35047	2908	9.87	4.79	68	12	9.60	11.3	24899	173	15160
2002	93.5	46489	42271	2801	5.58	4.67	76	12	9.80	11.3	29183	204	18358
2003	93.3	46133	41649	2525	3.00	3.20	61	7	9.90	11.0	28438	136	16310
2004	91.2	48917	44302	2634	3.00	3.40	72	15	7.30	8.8	33879	141	22145
2005	91.6	49729	47244	2211	2.30	2.60	84	13	9.30	10.8	34113	238	22401
2006	93.1	45950	42651	1858	1.90	3.00	70	23	8.20	10.9	30814	161	20681
2007	92.0	46333	41746	2371	2.80	3.40	46	7	5.0	5.8	31694	178	19738

第五章　爱国卫生

第一节　健康教育

1986年，全县有专(兼)职健康教育人员1210人，健康教育普及率85%。1989年，全国爱卫会确定每年4月为爱国卫生月，区政府组织开展第一个爱国卫生月宣传活动。此后每年在爱国卫生月期间，组织驻区医疗卫生机构开展宣传活动，同时在世界卫生日、计划免疫日、世界无烟日、结核病日、《中华人民共和国食品卫生法》宣传日等各种宣传日开展健康宣传教育。1998年，在第十个爱国卫生活动月，开展以创建国家卫生城市为主要内容的宣传、义诊等系列活动。2003年，在第十五个爱国卫生活动月，开展以“全市动员，全民齐动手，集中清除垃圾死角，为全市人民创造一个清洁卫生的工作和生活环境”为主要内容的卫生清洁日活动。2007年起，开展健康教育六进（进学校、进工厂、进机关、进社区、进农村、进家庭）活动，在中小学校开设健康教育课，每周一节，中小学健康教育知识普及率达100%。是年，在泉城广场开展以“庆祝全国爱国卫生运动55周年”为主题的宣传活动。各医疗机构普遍设立健康教育咨询台，向病人发放健康处方，提供咨询服务，以举办讲座、培训班、宣传栏、黑板报等形式，开展高血压、糖尿病等常见病的防治及日常生活等方面的健康教育，在全区形成了区、镇、村三级健康教育宣传网络。至2007年，全区有健康教育专（兼）职人员1875人，卫生宣传阵地815个，健康科普一条街8条，全民健康教育普及率达100%，居民健康教育知识知晓率达95%。

第二节　改水改厕

一、改水

1986年，全县自来水普及率为38%。1990年，全区实施初级卫生保健，制定农村改水改厕规划，在全区范围内开展改水、改厕工作。1991—1995年，全区共投资330万元，对379个行政村实施自来水设施建设，有47.25万人吃上了自来水，行政村自来水普及率达到60%；对173个行政村的大口井进行改造，卫生防疫部门定期对水源监测，1995年，定点监测39个水样，合格率100%。2000—2007年，累计新打深井123眼、浅井800眼，新开挖大口井、地下截流350处，新建水池480座、容积4.1万立方米，村村通自来水率达到100%，自来水入户率达到90%，基本实现“农村供水城市化，城乡供水一体化”目标。

二、改厕

1991—1995年，全区投资500多万元，新建改建公厕790座，居民厕所14.05万座，公共卫生厕所普及率95%，居民户卫生厕所普及率73%，粪便无害化处理率40%。1996—2001年，全区改水改厕投资700万元，新建改建公厕294座，居民厕所4.08万座，居民户卫生厕所普及率达到86.16%，粪便无害化处理率达到65.78%。1998年7月，历城区通过省级初级卫生保健工作达标验收，成为全国初级卫生保健合格区。2006年，全区进行“一池三改”工作试点，选择郭店镇东风村和西营镇阁老村、李家庄村作为改厕试点村。2007年，全区为村民购进高压节水厕具2700余套，是年年底，农村卫生厕所普及率为86%。

第三节　创建卫生城市

1990年，全区开展创建国家卫生城市活动，成立区创建国家卫生城市领导小组，设立办公室，制定环境保护、垃圾清运及公厕管理、“除四害”（除苍蝇、除蚊子、除老鼠、除蟑螂）、餐饮单位、公共场所等创建细则和方案，并按照实施方案要求，分别组织区卫生、工商、建委、环卫等部门对驻区单位开展拉网式检查。1992年8月，全国城市环境卫生综合整治检查团第五团到济南市检查，历城区通过市容环境、窗口单位、公共场所与饮水卫生、食品卫生与传染病防治、城区灭鼠与爱国卫生组织管理、环境保护6个方面的综合评价。1986—2007年，大力开展“除四害”工作，每年集中培训“除四害”专（兼）职人员，共举办“除四害”培训班30余期，培训2000余人。区爱卫会消杀管理站按照国家“除四害”的有关规定，对蚊蝇、蟑螂开展消杀活动，在冬春季开展两次集中灭鼠活动，使四害密度控制在国家规定范围之内。1996年，历城区成为灭蟑螂先进城区。1998年，通过全国爱卫会无鼠害城市的复核验收。2001年，历城区通过全国爱卫会组织的灭蝇工作达标验收。至2007年，全区有省级卫生镇2个；省级卫生村4个；驻区单位和区直机关被命名为省级卫生先进单位30个，市级卫生小区2个。

第六章　医学教育与科研

第一节　医学教育

1986年起，区卫生局建立护士管理体系，制定人才培养计划，统一操作规程，进行“三基三严”(基本理论、基本知识、基本技能，严格要求、严谨态度、严肃作风)训练，建立夜间查房和护理质量检查考核制度，每年定期举办新业务、新技术培训班，多次举办护理技术大比武以及医疗、护理病历文书评查。是年，全县参加脱产进修学习58人，到医学院校脱产接受本科学历教育2人；县卫生进修学校招收社会待业青年40名，进行中专学历教育，学制三年，毕业后充实到各医疗机构。1996—1998年，先后举办全区卫生系统六项（生命体征、导尿、灌肠、铺麻醉床、鼻饲、口腔护理）、五项（导尿、灌肠、铺麻醉床、鼻饲、口腔护理）护理技术操作比赛，厂矿企业医院医护人员三项技术操作比赛，全区各医疗卫生单位专业技术人员统考；开展病历、交班报告及医嘱本评查工作；举办医疗机构业务骨干培训班，培训人员40名。1998年，区卫校迁至区人民医院董家分院，更名为济南市历城区卫生学校。主要负责全区在职卫生技术人员的医学教育和乡村医生的培训。1999年，举办乡村医生培训班，培训乡医900名。2000年，举办由护士长及护理骨干参加的护理管理、护理科研培训班。2001年，举办全区护理人员技术操作比赛。2002年，举办卫生法律法规培训，培训800余人；举办医疗事故防范培训班，培训1200人次。2003年，举办非典型性肺炎防治培训班，培训1700余人次；举办全区医疗机构在职人员医院感染管理知识全员考试。2004年，举办防治人禽流感培训班，培训850人；举办心肺复苏术培训班；举办由护士长及护理骨干参加的治疗室达标、护理文书书写规范、产妇及新生儿护理培训班；为贯彻国务院乡村医生从业管理条例，培训乡村医生1170名。2005—2006年，在全区医务人员中开展全科医学培训，培训1900人。2007年，举办“三基三严”岗位技能训练、护理知识及技能比赛、重症新生儿的抢救和护理培训，培训530人。1986—2007年，全区各医疗卫生单位参加继续医学教育进修7800人次，取得专科以上学历410人，其中，脱产学习730人次，参加自学考试152人，函授学习288人。

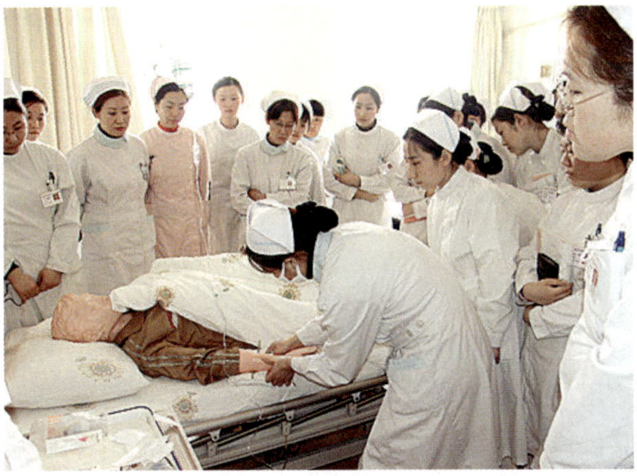

图28-9　区中医医院护士进行护理技术培训（2007年摄）

图28-10　区中医医院进行医学学术交流（2006年摄）

第二节　医学科研

1986年后，全区卫生系统大力开展医疗卫生技术科研创新，科研成果不断应用于医疗卫生行业。1998年，区中医医院探索“以病人为中心，以人为本”的整体护理，成立“中医整体和辨证施护与系统化整体护理相应关系的研究”课题小组，制定标准化护理病历病种，2000年，该研究课题获市级科技进步三等奖、区级科技创新一等奖。2001年，区中医院儿科开展“晚发性佝偻病早期诊断和中药治疗研究”，2005年获市级科研成果三等奖；是年，该院在药物临床应用方面研制的宁心单、清脂片，经市食品药品监督管理局批准，在临床开发应用，效果良好。区中医院内科开展的“舒肝健脾、益气活血法（清脂片）治疗脂肪肝的临床与实验研究”，获市级科技成果三等奖。2002年，针灸科开展的“耳穴贴压针灸治疗慢性过敏性鼻炎研究”，获省科委立项；区卫生防疫站完成“社区人群高血压病综合防治微机化管理系统研究”，获市科技进步三等奖。2005年，区中医院妇产科“穴位按摩促乳汁分泌”的研究课题在市科委立项。2006年，区卫生防疫站完成“历城区居民疾病负担与卫生服务利用状况研究”，获济南市科技进步三等奖。2007年，区中医院心脑专科开展对“祛瘀化痰法治疗缺血性脑血管病的临床实验与研究”“补气活血（益气活血汤）治疗冠脉综合征的临床与实验研究”；开展的“耳穴贴压针灸治疗慢性过敏性鼻炎”专题研究，治愈率达81.7%。1986—2007年，全区卫生系统完成科研项目14项，其中获济南市科技进步三等奖5项，在省科委立项的科研项目2项，在省级以上刊物发表论文900余篇，有18篇获市优秀科技论文奖。

第七章　食品药品监督管理

第一节　药品监督管理

2002年5月，济南市药品监督管理局历城区分局成立，2004年12月更名为济南市食品药品监管局历城区分局。2002—2003年，重点开展打击无证经营药品行为，共惩处无证经营60余家次。2003年4月，全区首次药品监督管理工作会议召开。在开展预防非典型性肺炎工作期间，对全区所有涉药单位进行了药品、医疗器械的全面检查。当年，区药监分局被评为全省药监系统防治非典型性肺炎工作先进集体。2004年4月，对全区药品零售企业开展GSP认证工作。5月，区药监分局开发的用于日常执法工作的“药监e点通”（掌上电脑假药查询系统）正式启用。开展农村药品“两网”（药品监督网、药品供应网）建设工作，成立区农村药品配送服务站，逐步形成农村药品由乡镇卫生院代购分发和

图28-11　区药监局执法人员检查整顿医疗服务市场秩序（2005年摄）

商业配送有机结合的“历城模式”。11月，举办全区麻醉药品、一类精神药品法律法规培训班。12月，全区药品安全社会监督员座谈会召开，新聘8名社会监督员。2005年6月，开展医药行业诚信建设工作，为企业建立“诚信手册”，并纳入动态日常监管。7月，全区开展“文明诚信药店”创建活动。9月，开展“清理家庭小药箱，定点回收过期失效药品”活动。2006年5月，“齐二药”事件（齐齐哈尔第二制药有限公司生产假药案）发生后，对辖区内流通的齐齐哈尔第二制药有限公司所有产品进行清查。5月—6月，根据《山东省药品使用条例》，对全区200余家医疗机构使用药品实行备案。8月，对全区医疗机构药房从业人员进行上岗资格培训。9月，区食品药品安全监督协管站西营镇站点成立。12月，在《中华人民共和国药品管理法》颁布实施五周年之际，开展“药品安全进农村”活动，在济阳县垃圾处理场对没收的假劣药品公开销毁。2007年3月，对全区卫生院及村居卫生室负责人进行有关法律法规培训，共培训800余人。2002—2007年，区食品药品监管分局出动执法人员9452人次，检查单位3624个；办理案件615件，其中，一般程序案件483件，简易程序案件132件；抽验药品782批次，快检1240批次；从药人员健康查体9758人次；受理上级交办及举报258起，组织专项检查69次。2007年底底，辖区内共有在案医疗机构720家，药品生产企业3家，药品批发企业48家，药品零售企业（药店）234家。药品行业总产值、企业数量位居全市各县（市、区）首位。

第二节 医疗器械监督管理

2000年4月1日，国务院《医疗器械监督管理条例》实施。2002年8月，按照国家药监局《一次性使用医疗器械监督管理办法》规定，加强对全区各医疗机构、企事业单位卫生室一次性无菌医疗器械的管理，建立采购验收、使用、用后销毁等管理制度。2006年4月起，辖区内17家医疗器械生产企业和342家医疗器械经营企业实行属地管理。8月，开展医疗器械生产企业信用评级工作，当年年底评出A级企业2家，B级企业13家，C级企业2家。9月—12月，先后开展义齿、隐形眼镜及护理液、橡胶避孕套产品等专项监督检查，立案处理37起。2007年，落实《山东省医疗器械生产企业日常监督管理办法》，加强对医疗器械生产经营企业及医疗机构购进、使用医疗器械行为的监管，采取专项整治和日常监管相结合的方式，开展体外诊断试剂、骨科植入医疗器械等专项检查。全年医疗器械立案85起，占医疗器械和药品立案总数的44.9%；罚没收入3.85万元，占全年医疗器械和药品案件罚没总收入的35.10%。

第三节 食品安全监督管理

一、组织协调机制

2005年4月，区政府印发《关于成立区食品安全协调委员会的通知》和《关于明确区食品安全协调委员会及成员单位工作职责的通知》，区食品安全协调委员会印发《关于进一步加强食品安全工作的意见》。7月4日，区食品安全协调委员会制定《历城区食品安全协调委员会工作制度》。11月22日，区政府印发《关于成立街办、乡镇级食品安全协调机构的通知》，全区各街道、乡镇成立由街道、乡镇分管主任、乡镇长任组长，农业、工商、卫生、畜牧、财政、粮食、公安等基层监管部门组成的食品安全协调领导小组。2006年8月31日，历城区食品安全协调委员会更名为历城区食品药品安全协调委员会。2007年5月10日，区食品药品安全协调委员会印发《历城区重大食品安全事故应急预案》。27日，召开全区抗震救灾及奥运食品安全保障暨兴奋剂治理工作会议，区政府与各街道办事处、镇政府签订工作责任书，同时印发《历城区奥运食品安全保障工作实施方案》。

二、实施食品放心工程

2005年12月，历城区有13个单位和2人分别被市食品安全协调委员会评为“食品放心工程”标兵单位、先进单位和先进个人。2006年11月7日—8日，市食品放心工程检查组对区食品放心工程实施情况进行检查，与企业代表进行座谈，并实地查看唐王镇蔬菜标准化示范基地、济南趵突泉酿酒有限公司等企业。是年，历城区被市食品药品安全协调委员会评为“实施食品放心工程优秀单位”。2007年1月14日—15日，在国家八部、委（局）联合检查组对济南市食品放心工程综合评价检查中，董家镇作为全市必查的两个乡镇之一，实现“零”扣分目标，通过国家检查组检查。是年4月24日，在全市食品药品安全工作会议上，历城区政府被评为“标兵单位”，董家镇政府等13个单位被评为先进单位，1人被评为先进个人。

三、食品安全专项整治

2005—2007年，在元旦、春节等重大节日期间，由区食品安全协调委员会统一领导，区食品药品监管局牵头，组织农业、工商、卫生、质监、贸易服务及畜牧等职能部门，开展食品安全专项整治行动10余次。对面粉、食用油、肉制品、调料、糕点、水产品、酒类、乳制品、蔬菜、果品和儿童食品、散装食品等节日需求量大的重点产品，学校幼儿园食堂、集贸市场、超市、酒店、宾馆、旅游景区、“农家乐”餐饮点等重点区域，食品进、销、调、存等重点环节，市场上存在的一些具有突出性、代表性、苗头性等特点的重点问题，有不良行为记录、信誉程度差的食品加工经销等重点业户，加强监督检查，及时消除食品安全隐患，净化食品市场。2007年5月，针对食品安全易发高发的夏季来临，对王舍人镇大辛庄及其周边地区的凉皮、豆制品、肉制品、馒头作坊等84家生产小作坊进行突击检查，共没收硼砂150公斤，工业盐20公斤，取缔无证照业户50多家，责令改正20多家。

四、食品安全信息收集与宣传活动

2005年9月10日，“全区食品安全宣传周”活动在洪楼广场举行。区食品安全协调委员会相关成员单位及部分企业设立展台或展板，向社会宣传食品安全知识。2006年3月28日，区食品安全协调委员会办公室召开由区工商、卫生、质监、农业、畜牧、粮食、蔬菜局和财贸办参加的首次食品安全工作联络员会议，提出加强食品安全信息的收集、传递、整理与发布工作。2007年12月21日，区食品药品监管局在王舍人镇农贸市场开展“食品安全知识进农村”宣传活动，通过发放宣传资料、设立咨询台、展示食品安全知识展板等形式，向农民群众宣传食品安全知识，引导他们树立正确的饮食习惯。此外，通过不定期下发《食品安全核查通知》和《食品安全预警信息》，相关监管部门对苏丹红、硼砂、“东方”牌奶粉等产品市场状况及时核查、上报，对多宝鱼、福寿螺等存在问题食品发布食品安全预警信息。

第八章　医政管理

第一节　等级管理

1988年，医院管理改革进一步深化，乡镇卫生院办医模式由“医疗型”改为“预防型”。1992年，成立历城区医院分级管理评审委员会。根据医院的功能、任务、设施条件、技术建设、医疗服务质量和科学管理的综合水平，对医院实行分级管理，以实现对医院的标准化管理和目标管理。根据卫生部《综合医院分级管理标准（试行）》《中医院分级管理标准》和《山东省一级医院评审细则要求》，对全区2家区级医院、20家乡镇卫生院进行评审。1993年，董家镇卫生院被市医院分级管理评审委员会评为“一级甲等医院”。1994年，遥墙、孙村、郭店、锦绣川4家乡镇卫生院被济南市卫生局评定为“一级甲等医院”；港沟、彩石、王舍人、靳家、唐王、桑梓店、西营、柳埠、党家庄、华山10家乡镇卫生院被评定为“一级乙等医院”；区人民医院被评定为二级丙等医院。1995年，区中医医院被评定为二级乙等医院。1998年，区人民医院和区中医医院建成国家级爱婴医院。一级医院由区卫生局按照相关标准，每3年进行一次复审；二级以上医院由区卫生局配合市卫生局医院评审委员会，每五年进行一次复审。复审达不到等级评审要求的，予以暂缓一年定级或降级管理。

第二节　资质管理

1991年，随着卫生改革的推进，医政管理工作重点由传统的医疗活动管理转入对医疗机构和从业人员的准入管理。1999年起，依据《中华人民共和国执业医师法》，对从事医疗工作的人员进行执业医师资格认定，并实行资格考试。对不符合规定的非法执业行医者，依法进行查处、取缔。对驻区医疗机构每5年进行一次换证，每年对验收合格的医疗单位进行验证。2003年12月，区中医院被中国中医研究院特色医药合作中心确定为“中医治疗疑难病名医名院”。2005年，区卫生防疫站成立医疗机构管理科，依法对医疗机构进行管理，建立健全医疗机构档案420份，依法打击非法行医者，重点查处无证行医、医疗机构聘用非卫生技术人员、医疗机构出租承包科室、非法从事性病诊疗、利用B超鉴定胎儿性别和选择性终止妊娠手术等非法行医活动。至2007年年底，共检查各级各类医疗机构、单位、个人630户次，查处无证行医28户次，取缔28户，查处聘用非卫生技术人员32人次，超诊疗范围12户，罚款4.77万元，没收药品器械价值5.4万元。

第二十九编

精神文明建设

历城区军民共建社会主义新农村启动仪式（2007年摄）

1986—2007年，历城紧跟时代步伐，结合实际，创新思路、创新方法、创新载体，不断提高公民文明素质和社会文明程度。大力加强思想道德建设，全面推进社会主义核心价值体系建设，牢固树立正确的世界观、人生观、价值观，社会公德、职业道德、家庭美德、个人品德和民族精神得到进一步弘扬，全区人民的精神世界不断丰富，精神面貌焕然一新；深入开展群众性精神文明创建活动，拓宽活动领域、充实活动内容、创新活动形式，先后组织开展创建学习型行业（机关）、学习型社区、学习型村镇、建设农村文明一条街、创建文明生态村、创建山东省精神文明建设工作先进区等一系列群众性精神文明创建活动，城乡文明程度和村居民文明素质显著提高；人们追求崇高人生境界和道德理想的自觉性不断增强，时代精神和理想信念得到广泛传播；加强未成年人思想道德教育阵地建设，创造优秀精神文化产品，整合教育资源，建立健全关爱和帮助未成年人弱势群体工作机制，全面优化未成年人健康成长的社会环境，未成年人思想道德建设成果丰硕；精神文明建设队伍不断发展，精神文明创建领域不断拓宽。

第一章　思想道德建设

第一节　公民思想道德建设

20世纪80年代中期至90年代初，全区加强社会主义道德建设，重点进行城市职业道德教育、城乡移风易俗教育，开展“友爱在泉城”“忆十年、话改革”“四学一奉献”（学雷锋、学赖宁、学焦裕禄、学王进喜，奉献在历城）、“文明在历城”“强素质、兴企业、多奉献”等道德实践活动，发动城乡广大干部群众自觉抵制封建主义思想残余及资本主义腐朽思想的侵蚀，破旧俗、树新风、大刹各种恶风邪气，在全社会尤其是党政机关、企事业单位、“窗口行业”等大力推行职业道德建设，纠正行业不正之风。

1992—2000年，全区加强以树立正确的理想信念为核心的思想教育，加强科学精神、科学知识教育，开展“讲三德(讲社会公德、讲职业道德、讲家庭美德)、创三优（创优质服务、创优良秩序、创优美环境），塑造历城新形象”道德实践活动，“崇尚科学、反对迷信、倡导文明、移风易俗”思想道德教育活动等，制定历城区村（居）民行为规范，加强思想道德教育阵地建设，各村普遍成立红白理事会；以“窗口行业”为突破口，以香港回归为主题，大力开展“爱国、建乡、敬岗”教育，继续强化全社会的职业道德建设；开展学习孔繁森、王廷江、韩素云活动；对非法乱建庙宇进行清理。

2001年，落实《公民道德建设实施纲要》，区精神文明建设委员会在全区倡导爱国、敬业、诚信、友善等道德规范，开展社会公德、职业道

图29-1　沙三村村民传唱自编的“道德村歌”（2002年摄）

德、家庭美德、个人品德教育，推进公民道德建设。同年，洪家楼、山大路、全福、东风四个街道成立社区精神文明共建委员会，启动文明社区创建活动。中共十六大、十七大召开以后，全区上下广泛开展贯彻落实科学发展观、构建社会主义和谐社会等重大战略思想的宣传教育活动，各级各单位组织开展“解放思想、干事创业、加快发展”大讨论活动。深入开展学习实践社会主义荣辱观活动，广泛开展以“知荣辱、讲文明、树新风、促和谐”为主题的道德实践活动，推动社会主义荣辱观进机关、进企事业单位、进社区、进农村、进校园、进家庭。按照“八荣八耻”的

图29-2　2006年3月，张马屯小学学唱自编的“八荣八耻”歌谣

基本要求，进一步充实和完善市民公约、乡规民约、职业规范、学生守则等行为规范，组织动员广大干部群众积极参与社会主义荣辱观学习宣传和实践活动。

第二节　未成年人思想道德建设

2004年8月，区文明委制定下发《关于切实加强和改进未成年人思想道德建设工作的任务分工》，开展未成年人思想道德实践活动，构建学校、社会、家庭“三位一体”的未成年人思想道德教育网络，营造有利于未成年人思想道德建设的社会环境。把加强学校德育工作摆在首位，成立中小学生德育工作领导小组；进一步发挥家长学校的作用，通过家长会、家长接待日、家访等形式，加强家庭与学校、社会的联系，充分发挥家庭教育在未成年人思想道德建设中的重要作用；通过开展“新世纪我能行”“雏鹰争章”“手拉手”“文明新童谣”“争做五好小公民”等系列活动，促进学生良好行为习惯的养成；通过开展“国防教育”“弘扬和培育民族精神教育”“法制教育”“科普教育”“诚信教育”等活动，激发学生的爱国热情，提升学生精神境界。

2005—2007年，区文明办、团区委、区妇联、区教育局联合组织开展优秀思想品德课、优秀团课队会、优秀德育工作者、优秀校外辅导员、优秀家庭、优秀社区、优秀创新案例、优秀社会实践活动、优秀学校、优秀家长学校“十优秀”创建评选活动，印发未成年人思想道德建设“十优秀”创建评选活动方案，并选出“十优秀”先进单位和个人。全区获市、区级先进集体称号38个，先进个人称号205人。

第二章　创建活动

第一节　创建学习型社会

2002年，区文明委印发《关于在全区开展创建学习型行业（机关）、社区、村镇活动的实施意见》，启动创建学习型社会活动。采取岗位培训、知识问答、智力测验、读书演讲比赛、请专家学者作报告等方式，开展学习活动。各街道

图29-3 全福街道南全福社区百米科普长廊（2007年摄）

以《文明公民读本》《公民道德建设实施纲要》为基本教材，开展公民素质教育、法律知识、家政服务等学习培训活动，建立就业再就业培训中心，请专业技术人员传授专业技能，为实现二次创业创造条件。各村镇以学习科技致富、移风易俗、民主法制为重点学习内容，提高干部群众的思想道德文化素质和勤劳致富本领。行业单位和各机关部门，以学习邓小平理论和“三个代表”重要思想、党的路线方针政策等方面的知识为重点，促进广大干部职工爱岗敬业、务实守信、廉洁勤政，进一步提高理论水平和业务能力，更好地为经济建设服务，为基层人民群众服务。为保证学习活动不走过场、达到预期效果，各单位成立活动考评小组，坚持一季度一次自查，半年一次检查总结，每年评比出活动标兵单位和先进个人进行表彰。各行业各单位鼓励职工参加成人高考、自学考试、函授业余学习和接受继续学历教育，全面提高广大职工的学历层次。每个职工的读书学习情况如实存入学习档案，作为考核学习成果和对职工实施表彰奖励的重要依据。至2007年，干部群众学政治、学业务、学经济、学科技、学文化的自觉性不断增强，思想道德水平和科技文化素质显著提高。

第二节 创建文明城区

1990年起，全区开展争创全省精神文明建设工作先进区活动，加强思想道德建设，培育文明市（村）民，创优美环境、优良秩序、优质服务。1991—1994年，历城区连续被评为全省精神文明建设先进区。

1995年4月，区文明委印发《济南市历城区精神文明建设委员会成员单位责任制》，与区直各相关部门签订《争创全省精神文明建设工作先进区责任书》。围绕创建目标，加强社会治安综合治理，检查、督导、落实计划生育工作等精神文明建设硬指标的完成情况，配合全国文明城市建设竞赛活动，完成样板片区、“三优示范路”、各层次文明单位建设。同年，历城区被评为全省精神文明建设工作先进区。

1996—2001年，区委、区政府提出“围绕一个中心，狠抓两个优化，建设三大工程，完善四个网络，全面提高公民思想道德和科技文化素质”的工作目标，即围绕经济建设这个中心，狠抓城乡环境、治安秩序的优化，深入搞好以正党风为主要内容的“先锋工程”、以正行风为主要内容的“窗口工程”、以正民风为主要内容的“细胞工程”建设，积极完善党员干部思想理论教育、全民道德教育、科技文化教育、法制教育四个阵地网络，加大“扫黄打非”和文化环境治理力度，进一步提高城乡文明程度和村（居）民文明素质，广泛开展“讲文明、树新风、争创省级文明区”活动。从2002年开始，坚持以人为本，围绕人民群众最关心、最现实、最直接的问

图29-4 全区“创建文明城市、构建和谐社区”文艺演出活动（2005年摄）

题，配合全市广泛开展创建全国文明城市活动。2004年，区文明城市创建委员会成立，制定创城执行计划，组织“迎亚足赛·创文明城”行动、“创建文明城市、构建和谐历城”主题行动等活动，开展城区环境、农村环境、交通秩序、窗口行业等综合整治行动，积极解决群众关心的热点、难点问题，全区各级各部门向社会公开承诺办理实事达300余件，并全部得到落实。2005年7月，历城区被评为全省创建文明城市工作先进区。

第三节　创建文明村镇

1986年，全县开展文明村镇创建活动。1988年，区精神文明建设协调委员会印发《关于文明村庄、文明单位评比、表彰、管理工作的意见》。1989年，区精神文明建设协调委员会在洪家楼镇召开精神文明建设现场会，对各级文明村镇进行检查整顿，对标准不高或存在问题的252个村撤销其文明先进村称号。

1990年后，按照省、市文明委关于文明单位管理要求，区文明委不断完善文明单位创建工作的考评制度，先后制定《历城区文明单位管理办法》《文明单位考评细则》《小康文明村评比标准》等制度。1996年8月30日，区委、区政府下发《关于颁布实施〈济南市历城区文明单位建设管理暂行办法〉的通知》，重新修订了文明单位考评管理办法，对评比标准、评选范围、奖惩等作了修改。1996年，撤销23个不符合标准的文明村。2001年，区文明委印发《关于开展“城乡共建文明村镇”活动的实施方案》，实行省、市级文明单位包建文明村制度。2002年，进一步健全社区（村居）共建制度，完善社区（村居）服务、文化、治安和教育网络。2003—2007年，以城带乡、城乡共建，以“三化一建”（街巷硬化、村庄净化、环境绿化、建设文化大院）为重点，开展“文明一条街”“文明生态村”“文明小康村”“创绿色家园建富裕新村”“文明信用户”等创建活动，整治村容村貌，改善群众的生产生活条件，农民群众的文明素质得到提高。至2007年，文明村镇创建活动已走上规范化、制度化、科学化轨道，农村村民文明素质和社会文明程度显著提高。

1986—2007年历城区全国、省级文明村镇（创建文明村镇工作先进村镇）一览表

表29-1

文明单位	命名年度（年）	命名单位
王舍人镇	2005—2007	中央文明委
仲宫镇艾家村（创建文明村镇工作先进村镇）	2005—2007	中央文明委
洪家楼镇	1987—1994	省委、省政府
	1995—1999	省文明委
洪家楼镇利农居委会（山大路街道利农社区）	1986—1994	省委、省政府
	2007	省文明委
仲宫镇	1990—1994	省委、省政府
	2005—2007	省文明委
王舍人镇	1996—2007	省文明委
孙村镇辛庄村	2001—2004	省文明委
全福街道	2006—2007	省文明委
东风街道祝甸社区	2006—2007	省文明委

续表29-1-1

文明单位	命名年度（年）	命名单位
全福街道南全福社区	2006—2007	省文明委
东风街道辛甸社区	2007	省文明委
仲宫镇艾家村	2005—2007	省文明委
唐王镇老南村	2005—2007	省文明委
西营镇黑峪村	2005—2007	省文明委
董家镇全节河村	2006—2007	省文明委
王舍人镇陈西村	2007	省文明委

第四节　创建文明生态村镇

2003年8月，市文明委制定下发《关于加强农村文明一条街建设的实施方案》。区委、区政府按照“因地制宜，分类实施”的原则，把创建任务按乡镇分类分解。一类是王舍人、华山、郭店、孙村、遥墙、港沟、董家7个镇，确保80%的村达标；二类是唐王镇、仲宫镇、大正小区，确保65%的村达标；三类是彩石、柳埠、西营、锦绣川、高而5个乡镇，确保55%的村达标。到2004年6月，全区农村文明一条街建设总投入5438万元。全区分两批共验收农村文明一条街460条，其中，一类街397条、二类街61条、三类街2条，完成省、市部署的建设任务。同年7月起，区委研究筹划文明生态村创建工作，组织有关部门到外地参观学习，对全区农村环境现状进行调查，在全区开展以“环境育人”为主题，以街巷硬化、村庄净化、环境绿化、建设文化大院为主要内容的文明生态村创建工作，制定“三步走”的奋斗目标：2005年，抓好试点工作，完成100个村的创建任务；到2006年，全区近一半的村完成文明生态村建设；到2010年，实现全区农村全部建成文明生态村。2005年起，文明一条街创建活动纳入文明生态村镇创建活动中。至2007年，全区共投入2.68亿元，建成331个文明生态村，硬化街巷1518公里，栽植各类树木1425万株，建设垃圾池1023个、公厕380

图29-5　2005年，艾家村被评为全国争创文明村镇先进单位

座，新建改建文化大院331个，新建沼气池2460个，安装太阳能热水器3728个。

第五节　创建文明行业（单位）

1986—2007年，围绕历城区经济社会发展这一中心任务，区文明委在全区开展创建文明行业（单位）活动，突出抓党员干部的模范带头作用、执法管理部门和服务行业的带动作用、村居民个人和家庭的基础作用三个重点环节，配套开展正党风的“先锋工程”、正行风的“窗口工程”、正民风的“细胞工程”三大工程建设。按照思想教育深入、道德风尚良好、治安秩序稳定、文化生活活跃、环境整洁美观、工作效益显著的文明单位标准，组织各行业、各单位开展国家、省、市、区级文明单位争创活动。组织执法管理部门和各服务行业完善规范化服务制度，实施承诺服务、“一条龙”服务、首问负责制，公开办事程序、办事标准和办事结果，把群众满意不满意作为工作合格、不合格的标准。在22年中，每年组织全区各街镇、区直各部门和人大代表、政协委员，对全区46个行业（单位）的行风建设进行投票评议，按得票多少排列名次，向社会公开。区交通局001号稽查站、黄台市场、历城工商分局、供电局、建委等单位成为行风建设标兵单位。

1988—2007年历城区省级文明单位一览表

表29-2

文明单位	命名年度（年）	命名单位
济南铸造材料实业总公司	1988—1994	省委、省政府
区交通局	1989—1994	省委、省政府
	1995—2007	省文明委
区供电局	1990—1994	省委、省政府
	1995—2007	省文明委
历城区职业中等专业学校	1991—1994	省委、省政府
	1995—2002	省文明委
历城区百货公司	1991—1994	省委、省政府
区城乡建设环境保护委员会	1992—1994	省委、省政府
	1995	省文明委
历城区精神卫生防治中心（历城区锦绣川卫生院）	1992—1994	省委、省政府
	1995—2007	省文明委
历城区水泥厂	1993—1994	省委、省政府
历城税务局	1993—1994	省委、省政府
济南市工商行政管理局历城分局	1995—2007	省文明委
区建设委员会	1995—2007	省文明委
区人民法院	1998—2007	省文明委
济南市地方税务局历城分局	2001—2007	省文明委
区黄河河务局	2003—2007	省文明委
区房管局	2006—2007	省文明委
济南市公安局历城分局	2005—2007	省文明委

续表29-2-1

文明单位	命名年度（年）	命名单位
区公路管理局	2004—2007	省文明委
区环卫局	2005—2007	省文明委
济南市历城第二中学	2005—2007	省文明委
济南市历城区国家税务局	2005—2007	省文明委
区城市管理行政执法局	2007	省文明委
区财政局	2003—2007	省文明委
区计生局	2005—2007	省文明委
区农业局	2006—2007	省文明委
区统计局	2007	省文明委
区人事局	2007	省文明委

第六节　创建文明家庭

1994年，全区评出文明家庭9.8万户。1996年，区文明委制定文明家庭建设条例，总结推广洪家楼镇开展“五育进家家家美”、争创“五育文明家庭”活动的经验，推行建立家庭档案的做法，实行家庭精神文明建设成果与家庭成员入党、参军、招工、提干和享受村（居）福利相联系的制度。同年，区委命名、表彰在精神文明建设中表现突出的100户文明家庭标兵。从1996年起，区文明委在全区开展“五好文明家庭”评选活动。在评选活动中，不断丰富活动内容，拓宽活动领域，“美在家庭”“科技兴家”“星级文明户”“红旗文明户”等富有特色的群众性创建活动蓬勃开展。2000年，全区农村精神文明建设现场会在王舍人镇沙三村召开，总结推广该村十星级文明户评选经验。此后，每年年底各村镇都组织开展十星级文明户评选活动。至2007年年底，全区十星级文明户达1万户。

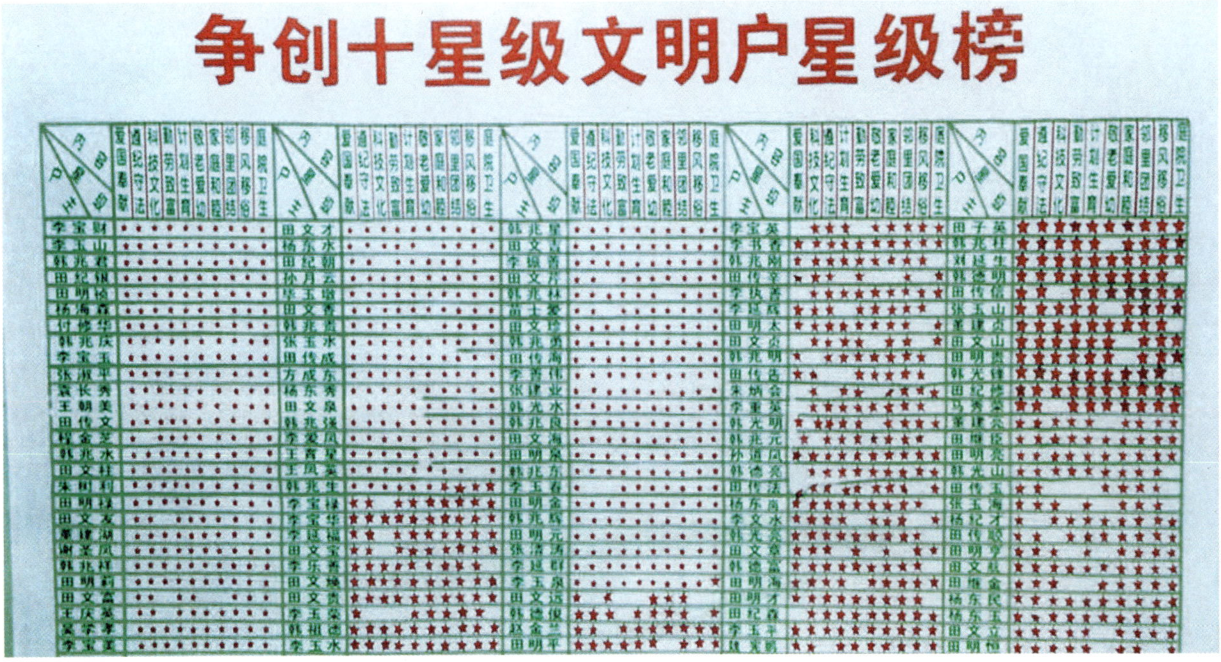

图29-6　2005年，农村开展“十星级文明户”评选活动

第三十编

社会生活

东风街道七里河居民小区（2005年摄）

随着新《中华人民共和国婚姻法》的公布，人们的婚育观念发生了明显变化，通过自由恋爱实现婚姻的数量越来越多，晚婚晚育、计划生育逐渐被人们接受，夫妻间的关系趋于平等。因感情不和、家庭暴力、婚外恋等因素导致的离婚增多，再婚率呈增长趋势。全区街镇及区直部门先后建立了老龄工作委员会，各行政村（居）建立了老年组织，老年人享受优待政策，五保供养标准、居住条件逐年改善。2005年，全区建立起区、街镇、村居三级慈善工作机构，募集善款的渠道和救助范围逐渐拓宽。随着民族政策的落实和政府制定相关优惠政策，辖区内少数民族经济、文化、教育等事业有了很大发展。全区人民的文化水平、健康状况、消费观念均发生显著变化。

第一章 婚姻 家庭

第一节 婚 姻

1986年后，人们择偶时，逐渐将政治标准淡化，对职业、收入等经济因素及容貌、身材等生理因素的考虑不断增多，对文化素质的要求越来越高。除自由恋爱外，择偶途径多为由熟人介绍相识，出现通过婚介所、传媒（报纸、互联网、电视等）相识的新途径。夫妻双方的独立性增强，夫妻关系趋向平等。因感情基础差、家庭暴力、婚外恋等导致的离婚数量增多，丧偶、离婚后再婚数量增多。1990年第四次全国人口普查时，全区有15岁及以上人口737841人（男377313人，女360528人），其中，未婚者172570人（男104690人，女67880人），占总数的23.4%；有配偶的516502人（男257997人，女258505人），占总数的70.0%；丧偶的46045人（男12688人，女33357人），占总数的6.2%；离婚的2724人（男1938人，女786人），占总数的0.4%。2000年第五次全国人口普查时，全区有15岁及以上人口729078人（男373415人，女355663人），其中，未婚者157083人（男93524人，女63559人），占总数的21.6%；有配偶的527896人（男263145人，女264751人），占总数的72.4%；丧偶的40348人（男11004人，女29344人），占总数的5.5%；离婚的3751人（男2342人，女1409人），占总数的0.5%。

图30-1 婚姻介绍所举办的相亲大会（2007年摄）

第二节 家 庭

1986年后，二代户家庭增长较快，三口或四口之家（一对夫妇与未婚子女组成的核心家庭）增多。1990年，全区有94.62万人，24.64万户，平均每个家庭3.8人。2000年，全区有80.83万人，24.36万户，平均每个家庭3.32人。2007年，全区93.5万人，27.1万户，平均每个家庭3.45人。父母与子女的相互独立性明显增强，父母与成年子女大多愿意分开居住。随着独生子女家庭的增多，男女平等观念逐渐被人们所接受，儿、女对家庭承担同等义务，享有同等权利。

第二章　老龄事业

第一节　老年人供养

1986年，全县有五保老人1601人，其中集中供养583人。同年10月起，对百岁以上老人每人发放养老补贴20元／月。1988年起，对百岁以上老人增加养老补贴，生活在城镇的每人补贴30元／月，生活在农村的每人补贴25元／月。2001年，全区有镇敬老院13家、床位1672张，有街道社区托老站1个、床位50张；有五保老人1422人，其中集中供养854人，供养标准每人2400元／年，分散供养568人，供养标准每人1400元／年；部分经济条件好的村居为60岁以上老年人发放养老补贴，标准为每人10元／月～70元／月不等。2007年，全区有60岁以上老年人10.5万人，占全区总人口的12.2%。其中，90岁～99岁的老年人1308人；百岁以上老人25人，每人享受300元／月生活补贴。

第二节　老年人优待

1995年，全区有39558名70岁以上的老年人办理了优待证，持优待证可免除村级三项提留和五项乡镇统筹、免除国办公园门票。当年，免除五项统筹共计256.9万元。1999年起，每年为全区90岁以上老年人免费查体一次。2000年起，每年开展青少年爱老义工活动，发动全区中小学学生在“敬老月”期间走访慰问孤寡老人和贫困老人；每年组织“庆国庆·迎九九”老年人文体汇演、历城区老年人康乐运动会。2002年，各街镇、社区建立爱老敬老志愿者队伍，对特困、孤寡老年人帮扶助养。2005年起，65岁以上的老年人乘坐市内公交享受半价优惠，70岁以上的老年人乘坐市内公交车免费。2007年，为孤寡贫困老人办理“爱心救助卡”1800个，全区90%以上的老年人办理了老年优待证。

第三节　老年人权益维护

2000年，区司法局为老年人设立“148”法律服务专线，健全老年法律援助制度，使老年人能够就地、就近、及时地得到优质法律服务；区法院对涉老案件优先立案、优先审理、优先执行，经济困难的老年人可享受缓交、减交或免交诉讼费的优待。同年起，全区开展以老年人赡养为主的民事纠纷排查，及时化解矛盾，每年排查两次。至2007年，共受理老年人投诉案件1000余件，占民事案件的8%，减免诉讼费70%；处理老年人来信来访200次，处结率在95%以上；受法律援助的老年人1000余人，满意率达90%以上；虐待、不赡养老年人的案件发生率低于每万户1.5起。

图30-2　老年人权益保障法宣传活动（2007年摄）

第四节 老年公寓建设

2006年，全区建立和完善5家老年公寓，建筑面积达7356平方米，有床位200张，配备康复器械120件，建立老年人棋牌室5间。2007年，全区老年公寓达到10家，共入住194人。老年公寓总投资3095万元，配备图书杂志室、健身器材室、老年活动室等设施。

图30-3 位于仲宫镇的阿里山老年公寓（2007年摄）

第三章 慈善事业

第一节 慈善组织

2005年5月，区慈善总会及17个街道、乡镇慈善分会成立。2007年6月，各村居建立村居慈善工作联络站。至同年年底，全区共建慈善工作联络站641个；建立慈善超市7家，分别为区慈善总会中心超市、山大路分会慈善超市、洪家楼分会超市、全福分会慈善超市、东风分会慈善超市、彩石分会慈善超市、唐王分会慈善超市，所得利润用于慈善救助。在全区建成区、街镇、村居三级慈善工作机构，形成以区慈善总会为主体，以街镇慈善分会为依托，以村居慈善工作联络站为延伸，上下贯通，左右相连的慈善组织体系。

第二节 资金募集与管理

一、资金募集

“慈心一日捐”活动 2002年，“救灾慈心一日捐”在全区开展。2005年起，活动名称定为“慈心一日捐”，每年5月份面向全区各级党政机关，企事业单位，驻区部队，国营、民营企业，个体工商户，社会团体干部职工等，开展个人捐赠一日工资、企业捐赠一日利润捐款活动，由区慈善总会负责。2005年，募集善款1411.34万元；2006年，募集善款891.45万元；2007年，募集善款1454.5万元。

项目捐助 为慈善捐助的重要途径，其主要形式有：专项募捐，定向、非定向、冠名捐助，向上级、向外界争取资金和项目，开展专项救助。

经常性捐助 为慈善捐助的重要补充，主要形式有：区、街镇、村居等各级慈善机构、慈善超市随时随地接受单位和个人的捐赠，在商店等公共场所设置募捐箱，组织各种形式的慈善义画、义拍、义演、义诊等慈善捐助活动。

二、资金管理

区慈善总会按照《济南历城慈善总会资金管理办法》管理、使用慈善资金，受区审计机关审计，同时接受社会各界监督。

第三节 慈善救助

2005年，全区共投入1756.66万元慈善救助资金，20多个公益项目得到扶持，1365户困难群众得到救助。其中，900余万元支持全区村村通硬化路面工程，100万元实施“三联家电”扶老济困工程，29万元资助西营镇、仲宫镇打“慈善井”4眼。2006年，投入资金800余万元，实施“烛光”工程、夕阳扶老工程、助学工程等，救助贫困优秀教师，资助街镇、村居建设“爱心书屋”；投入资金10万元，分别在柳埠镇、彩石镇打井2眼；投入资金30万元，支持西营镇、彩石镇建设2所慈善小学。2007年，投入救助款1365.86万元，实施救助项目30余个，救助困难群众9700余户、3万余人；投入40万元，解决800户困难群众看病难问题；投入资金200余万元，用于敬老院建设；对上争取资金15万元，在彩石镇、西营镇打井3眼；美国LDS慈善协会向历城区捐助残疾人轮椅30辆，价值2.1万元；北京大学中国经济研究中心、北大朗润希望小学基金组织向彩石中学捐款10万元。

图30-4　2006年12月29日，彩石镇宅科爱心慈善小学揭牌

第四章　少数民族 宗教

第一节　少数民族分布

1990年第四次人口普查时，全区有回、满、朝鲜、蒙古、壮、高山、苗、藏等24个少数民族，共13638人，占全区总人口的1.4%。其中，回族有13024人，绝大部分居住在6个回族聚居村和12个回汉杂居村。回族聚居村有党家庄镇的党家庄西村、党家庄东村、刘家林村，仲宫镇的并渡口东村，桑梓店镇的老寨村、小寨村。杂散居村有党家庄镇的杜家庙、马家庄、黄山店、吉而屯、东渴马、殷家林村，仲宫镇的仲宫北村、东许庄、东郭而庄、西罗园村、十六里河镇的涝坡庄、矿村，柳埠镇的亓城村、柳东村。1999年12月，大桥镇、桑梓店镇、靳家乡划归天桥区，党家庄镇、十六里河镇划归市中区。2001年年底，全区有回、哈尼、满、蒙古、朝鲜、壮、苗、藏等39个少数民族，共6343人，占全区总人口的0.72%。其中，回族人口3794人，占少数民族人口的59.81%。有1个回族聚居村：仲宫镇并渡口东村；6个回汉杂居村：仲宫镇的仲宫北村、东许庄、东郭而庄、西罗园，柳埠镇的柳埠东村、亓城村。随着回族村民的流动和迁徙，仲宫镇西罗园和柳埠镇柳埠东村回族人口不足50人，不再上报为回汉杂居村。2007年年底，全区有回、满、朝鲜、哈尼等39个少数民族，共6345人，占全区总人数的0.72%。其中，回族3994人，占少数民族人口的62.95%。有一个回族聚居村即仲宫镇并渡口东村；4个回汉杂居村，即仲宫镇仲宫北村、东许庄、东郭而庄，柳埠镇亓城村。

第二节　少数民族事务

1986年，18个回民聚居和杂散居村基本上以农业为主。1987—1995年，区政府贴息贷款390余万元，扶持少数民族企业发展。1995年，制定历城区少数民族经济发展“九五”规划，并纳入到全区国民经济和社会发展九五计划及2010

年远景目标纲要。1996年年初，全区有少数民族集体企业60余家，个体工商户2000多户，从业人员近5000人。6个少数民族聚居村社会总产值达2.11亿元，人均收入1862元（其中有两个村超过2000元）。党家庄西村、刘家林村、仲宫北村、殷家林村经区政府验收确定为小康村。到2001年年底，辖区内少数民族年人均收入3082元。2007年，回族聚居村即仲宫镇并渡口东村，有少数民族人口500余人，农民人均收入达6950元；村内基础设施较完备，大街小巷全部硬化，实现自来水“户户通”；建有林果基地1个，有养殖专业户5户。是年，全区有民族企业9家，大部分是中小饭店。

1982年后，县政府先后在回族居住集中地命名和恢复党家庄镇回民中学，党家庄西村、党家庄东村、刘家林村、老寨村、小寨村5所回民小学。1994—1995年，党东村、党西村分别投资80

图30-5　仲宫镇并渡口民族小学（2007年摄）

万元、136万元建起高标准的教学楼和幼儿园，各民族村都建有卫生室，并配备专业的医务人员。1996年5月，在全区伊斯兰教代表会议上，与会代表向全区13000多名穆斯林群众发出“移风易俗，树立新风尚”的倡议。同年，各民族村成立红白理事会。1999年12月，在全区民族团结进步表彰大会上，有27个先进集体、44名先进个人受到区委、区政府表彰。在同年举办的“将军杯”济南市第三届少数民族文艺调演中，历城区代表队获组织奖，参演节目《武场英姿》《羊肉串故乡在新疆》分别获表演一等奖和创作一等奖，《群狮争雄》等3个节目获表演和创作三等奖。2007年，区政府先后投资240余万元，改善民族小学办学条件。

第三节　少数民族风俗习惯

辖区内少数民族成分，除回族外，更多的是因为个人的工作或生活迁徙到历城，数量少、不集中，因此很难将本民族的风俗习惯规模性的带到现今居住生活的地区，有的民族习俗仅限于保留在个人或家庭当中。相比于其他少数民族，回族数量较多，有聚居村和杂居村，有两座清真寺，占全区少数民族人口比例超过一半以上。回族群众现今仍保留并延续着本民族特有的民风风俗和生活习惯。

回族群众信仰伊斯兰教，在居住较集中的地方建有清真寺，由阿訇主持宗教活动，经典是《古兰经》，信徒称“穆斯林”。生活习俗固守传统，遵循教规教义。清真寺是回族穆斯林举行礼拜和宗教活动的场所，有的还负有传播宗教知识、培养宗教职业者的使命。穆斯林礼拜分“大礼拜”“小礼拜”。“大礼拜”是每周的周五下午，全体穆斯林沐浴更衣后到寺里和阿訇一起听经、诵经；“小礼拜”是一周当中每一天都要到殿里礼拜诵经，参与的主要是阿訇等教职人员。

回族传统节日较多，在历城回族聚居区，

图30-6　2007年10月13日，开斋节上穆斯林群众在清真寺听阿訇传经

主要将开斋节、古尔邦节作为传统节日来庆祝。伊斯兰教规定，每年教历9月为当年斋月。在斋月里，要求每个穆斯林在黎明后至落日前的时间里，戒饮、戒食、戒房事，每天要诵经，这称作“把斋”或“封斋”。生活条件较好的穆斯林村民拿出自家的钱物救助困难的穆斯林家庭，其目的是让人们在斋月里认真地反省自己的罪过，使经济条件充裕的富人，体验一下饥饿和干渴的痛苦心态，怜悯贫困的人们，真心去救助他们。到教历10月1日即斋戒期满，举行庆祝斋功完成的盛会，这一天就是“开斋节”，是穆斯林的“大节”。开斋节这天，人们早早起床、沐浴、燃香，衣冠整齐地到清真寺作礼拜，聆听教长讲经布道。请村里有威望人到清真寺里，制作传统的回族食品，炸油香、炸馓子和糖馅炸糕等，用肉末麦仁儿做出香喷喷的糁，供礼拜的穆斯林群众享用。穆斯林群众可不计数量自愿地向寺里捐油、面粉或做好的饭菜，也可以拿钱，回族称“拿乜贴”。礼拜后，穆斯林群众一起吃“油香”，享用食物，即是开斋。之后的一个月内，穆斯林每家每户都先后请阿訇去墓地念经“走坟”，缅怀“亡人”，以示不忘祖先。按伊斯兰教历，每年12月10日为古尔邦节，也称“小节”。每年的这一天，宰牲献祭的习俗沿袭至今。较富裕的穆斯林村民到寺里捐羊，条件一般的穆斯林凭自愿捐粮、油、肉或钱物，并邀约若干人采购东西、炸油香、煮肉、做菜等。勤杂活都是回族群众自愿来干，并将此视为行善做好事，因此争先恐后。到寺里礼拜后的穆斯林聚在一起吃捐来的羊做成的“杂儿”和做好的食物。对于节前散了“乜贴”、捐散了东西、而没有来进餐的，要托亲友、邻居给带一份“油香”、菜等品尝，并相互登门贺节。

回族擅经商，尤以经营饮食业为多。回族的殡葬习俗是土葬，各级政府非常尊重回族的民族习俗，为穆斯林群众专门划出回民墓地。一般在举办婚丧礼仪活动中，7天之内都要请阿訇到家里念经，做“油香”，摆宴席招待客人及亲属，并将“油香”挨户分送给穆斯林群众。

第四节　宗教构成

1986年，全县有伊斯兰教清真寺9座，分布在党家庄西村、党家庄东村、刘家林村、杜家庙村、马家庄村、仲宫北村、大并渡口东村、老寨村、小寨村，穆斯林群众1.3万余人，有受聘阿訇9人，散班阿訇8人、海里凡5人；有天主教信仰者1500余人；有基督教信仰者4000余人，慕道友3000余人，有牧师1人、长老6人。1991年，区天主教爱国会、区基督教“三自”爱委会、区伊斯兰教协会成立，各个宗教场所陆续开放。2001年，全区有合法的宗教活动场所56个，信教群众2万余人。其中，基督教活动点51个，信教群众5767人；伊斯兰教清真寺2个，信教群众4015人；天主教堂3所，信教群众1206人；有佛、道教信教群众6000余人。2006年，开放明贞观道教活动场所1个，神通寺佛教活动场所1个，成立历城区道教协会筹备委员会和历城区佛教协会筹备委员会。2007年，全区有开放的佛教活动场所1个，为柳埠镇的神通寺，信教群众2000余人；有开放的道教活动场所1个，即锦绣川办事处的明贞观，信教群众897人；有开放的伊斯兰教活动场所2个，即仲宫镇仲北清真寺和并渡口东村清真寺，信教群众4018人；有开放的天主教教堂和宗教活动场所5个，为洪家楼教堂、辛甸教堂、

图30-7　2006年8月26日，神通寺开放仪式上的法式

前王教堂、梁王教堂、龙湾教堂，信教群众1266人；有开放的基督教教堂1所，为苌庄教堂，宗教活动场所52个，信教群众6100人。

第五节 宗教事务

1986—1991年，全区宗教管理部门是区委统战部的内设科室。1991年，成立历城区民族宗教办公室。同年3月，成立历城区基督教“三自”爱国运动委员会，办公地点设在华山镇苌庄教堂；4月，成立历城区天主教爱委会，办公地点设在洪家楼天主教堂；5月，成立历城区伊斯兰教协会，办公地点设在党西村清真寺。1993年11月，省人大通过《山东省宗教活动场所管理办法》，历城区依法开展管理各个宗教活动场所的各项工作。1994年1月31日，中华人民共和国国务院令第145号，发布《宗教活动场所管理条例》，规定保护正常的宗教活动，维护宗教活动场所的合法权益，对宗教活动场所依法管理。1995年7月，国务院宗教事务局印发《宗教活动场所年度检查办法》。1996年，开展对宗教活动场所年度检查工作。1997年，在全区宗教工作中开展法制宣传教育，依法加强对宗教事务的管理，对乱建庙宇、乱塑佛（神）像进行专项治理。1998年1月，区民族宗教办公室被国务院宗教事务局授予“全国宗教活动场所登记工作”先进集体称号。2000年，区天主教爱国会、区基督教三自爱国会、区伊斯兰教协会分别进行换届选举。2001年，区委、区政府召开全区民族宗教工作会议，对宗教事务管理工作的先进集体、个人进行表彰。区民宗办被山东省宗教事务局授予“全省宗教活动场所年检工作”先进单位称号。仲北清真寺和苌庄基督教堂被省宗教事务局授予“全省文明宗教活动场所”称号。2004年，中华人民共和国国务院令（第426号）颁布，公布《宗教事务条例》，并于2005年3月施行。2006年，区天主教爱国会、区基督教“三自”爱委会、区伊斯兰教协会分别进行换届选举；同年，成立区道教协会筹备委员会，办公地点设在明真观；成立区佛教协会筹备委员会，办公地点设在神通寺。

第五章 民 俗

第一节 人生习俗

婚嫁 20世纪80年代以来，男女双方自由恋爱或经介绍相识，经过一段时间交往，双方同意即进行订婚。一般订婚由双方家长和亲戚聚在一起，商量后将亲事定下。农村中尚流行举办订婚仪式，男方携礼金、礼品到女方协商结婚事宜。随着经济条件的改善，礼金数额不断增长。举行婚礼当天，男方车辆迎娶，俗称娶媳妇，多用拖拉机、吉普车迎娶新娘。1990年后，定亲礼金多为10001元，寓意万里挑一。订婚、登记后，流

图30-8 迎亲车队（2007年摄）

行拍摄婚纱照，制作成影集或影框。迎娶新娘多用轿车，一般为6辆、8辆，多的达10余辆，渐兴请婚庆公司筹办婚礼，并聘请专业司仪主持。婚后，新人外出旅行成为时尚，称为“度蜜月”。结婚时，拍摄婚纱照极为普遍，除制作成影集外，还有的制作成挂历或台历，有的刻成光盘作为永恒纪念；迎亲车队一般款式、颜色一致，讲究车辆档次。

生育　20世纪80年代后，一对夫妻大多生育一个孩子，人们对孕育过程更加重视。怀孕期间，注重孕妇营养、定期查体。90年代后，夫妻更加注重优生优育，多提前半年甚至一年戒烟戒酒、加强体育锻炼、保持健康有规律的生活，戏称为开展“希望工程”；胎教兴起，多采用放音乐、讲故事、同胎儿对话、抚摸等方式给予胎儿适当合理的信息刺激，以最大限度地发掘胎儿的智力潜能。2000年后，孕妇生产后多聘请月嫂护理产妇、护理婴儿、传授科学的育婴知识。受过专业训练、经验丰富的月嫂十分抢手，甚至出现“一嫂难求”的现象。孕妇生产后要“坐月子”，随着生活水平不断提高和卫生保健知识普及，“坐月子”期间更注重产妇饮食的营养搭配。婴儿降生一个月，称满月，亲朋携带礼物、礼金前往祝贺，主人则置办酒席款待。部分地区有在婴儿出生十二日时聚会庆祝的习俗。婴儿出生百日，亲朋前来祝贺看望，父母会为婴儿拍照留念。孩子满周岁要提前庆贺，称为“抢生日”，这天亲朋好友前来祝贺，主人设宴招待。很多家庭保留“抓周”的习俗，大人预先在桌上摆放书、笔、算盘、首饰、玩具、食物等生活用品，然后把孩子抱过来随意抓取物品，以拿到的东西来预测孩子未来的志向、命运。

祝寿　俗称过生日、做寿。旧时有“四十不做寿，做九不做十”的习俗，因为忌讳与“四、十”谐音的“死”字。过了50岁的生日称寿诞之日，满59虚岁即做六十大寿。每到老人诞辰之日，晚辈要携带礼物给老人祝寿，喝喜酒，吃寿面、寿糕，设宴庆祝。旧时年轻人不兴做寿，有的人过生日也是为了取悦老人，称“儿的生日，娘的苦日”。儿女过生日要给父母行叩头礼，感谢父母的养育之恩，多是全家吃顿面条而已。后来，随着物质条件的改善、生活水平的提高，年轻人及孩童过生日渐多，常设宴庆祝，成为亲朋欢聚的日子。

丧葬　从20世纪70年代开始丧葬改革，历城建火化场，悼念仪式随之变革。人死后火化，家属臂缠黑纱，亲朋送花圈，在殡仪馆举行向遗体告别仪式，有的开追悼会，骨灰盒存放骨灰堂或土埋。农村大多仍沿袭守灵、出殡、祭祀等习俗，但随着思想观念转变，丧葬程序简化。人死先浴身，穿寿衣，立灵位，摆祭品，扎灵棚，设灵堂，子女披麻戴孝，亲友前来举哀吊丧、送祭挽幛、挽联或奠仪。去村头烧纸(纸扎轿子或马)，名曰“指路”(回阴间)，主丧人卜定入殓殡葬之期，为亲朋好友送讣闻，称“报丧”。死者一般在家停灵一至三日，其间全家举哀。子女一日三时去土地庙送浆水。悼祭至出殡之日将死者火化入土。葬后分“赴三”“三七”“五七”“百日”等，孝子、孝眷都要到墓地祭奠举哀。

第二节　节日习俗

一、农历节日

春节　农历元旦，俗称“过年”，是最隆重的传统节日。节前家家张贴对联，腊月最后一天晚上称“除夕”，家中供祭天地祖先，全家守岁，夜半燃放鞭炮。除夕夜，合家团聚看“春晚”已经成为过年的一种新习俗。正月初一早餐吃水饺，邻里间互相拜年。随着固定电话、移动电话的普及，春节用电话拜年者日渐增多，既节约时间、提高效率，又达到互相问候、增进友情亲情的目的，短信拜年尤受青睐。正月初二是回门的日子，嫁出去的女儿们便纷纷带着丈夫、儿女回娘家拜年。正月初五，俗称破五，有吃饺子的习俗，寓意招财进宝。节日期间，一般农活停止，机关学校放假3天。1999年，改为放假7天。

元宵节　农历正月十五，也叫“灯节”。家家吃元宵，亦称汤圆；燃放鞭炮和烟花，常举办灯会，组织杂耍、舞龙灯、踩高跷等娱乐节目。1990—2007年，每年元宵节前后历城区都举行“花灯展评”活动，成为济南东部元宵节期间一大盛景。

青龙节　农历二月初二，俗称“龙抬头”，相传从这天起龙开始活动。这天农家用大豆加糖炒之，名为“蝎豆”，全家分食。旧时有“正月不剃头，剃头死舅舅”的说法，故“二月二”理发、剃头成为风俗，至今每逢“二月二”理发店生意非常红火。

清明节　是传统扫墓祭祖之日，有扫墓祭祖，为祖坟填土的习俗，也有踏青、放风筝等活动。机关、企事业单位、学校等团体多在这天组织干部职工、学生给烈士扫墓，缅怀先烈，进行革命传统教育。2007年12月，国务院修订《全国年节及纪念日放假办法》，将清明节定为法定公休日。

端午节　农历五月初五，端午节起源说法众多，其中以纪念屈原说影响最为广泛。这天习惯吃鸡蛋、粽子、粟米糕等。早晨门旁插艾，意为驱除灾害、邪恶或不祥之兆。2007年12月，国务院修订《全国年节及纪念日放假办法》，将端午节定为法定公休日。

六月六　农历六月初六，俗称“晒衣节”。这天，民间晒衣服，农家晒粮食，士人晒书籍，僧人晒经卷，有“晒晒不生虫”之说。这天还有吃炒面的习俗，据说食炒面可防暑防痢疾。

七月七　农历七月初七，为“乞巧节”。是夜称“七夕”，传说是牛郎与织女相会的日子。旧时，青年女子于是夜集一处，设瓜果香案，拜织女乞巧，穿七孔针，先穿完者为得巧。此俗建国后渐无。近年来，因为西方“情人节”的传入和商家出于营销目的大力宣传，七月七作为中国的“情人节”逐渐被重视。

中元节　农历七月十五，俗称“鬼”节，是日祭祖上坟。

中秋节　农历八月十五日，俗称“八月十五”，为民间重大传统节日之一。这天家人团聚，设家宴，故又称“团圆节”。节前购置月饼及其他食品，亲友之间互相馈赠。2007年12月，国务院修订《全国年节及纪念日放假办法》，将中秋节定为法定公休日。

重阳节　农历九月初九，称“重阳节”。旧时，济南多有食菊糕、饮菊花酒，携酒馔登千佛山的习俗。1988年，国家将重阳节定为老人节，九月九成为尊老、敬老、爱老、助老的老年人节日。各机关、团体、街道组织老人们秋游赏景，或临水玩乐，或登山健体；不少家庭的晚辈也会搀扶着年老的长辈到郊外活动或为老人设宴庆祝。

十月一　农历十月初一，时属初冬却常温暖如春，有“十月里小阳春”之称，故称“小阳节”，是上坟祭祖之日。新中国成立后此习俗渐少，20世纪90年代后此习俗渐兴。

腊八　农历腊月初八，传说是佛祖释迦牟尼成道之日。这天各家用米、豆、枣等煮粥，称“腊八粥”，食之期望避灾去病；多有于这天泡制“腊八蒜”者，将去皮蒜瓣放入醋中浸泡，味酸辣鲜美，供春节时食用。

辞灶　农历十二月二十三日为辞（祭）灶日，民间俗称过小年。据说这一天诸神上天，百无禁忌，民间有扫舍习惯。

二、公历节日

新年　1月1日，又称“元旦”，民间称“阳历年”。多有各种文艺演出、联欢活动等。为法定公休日，放假1天。

国际劳动妇女节　3月8日，简称“三八”节或“三八妇女节”，多举行各种文艺活动进行庆祝，女职工于此日放假半天。

植树节　3月12日，为中国的植树节。节日前后，开展义务植树活动。

国际劳动节　5月1日，简称“五一”节或“劳动节”。单位多装饰彩门、悬挂国旗，举办游园、文艺晚会等活动庆祝。1988年，“五一”节定为法定公休日。1999年9月，国务院修订《全国年节日及纪念日放假办法》，将“五一”节法定公休日调整为3天，即5月1日—3日，一般与前后两个周六、周日调休、相连，连续放假7天，人们大多利用“五一长假”探亲、旅游，由于刺激了消费，拉动了经济增长，故被称为“五一黄金周”。2007年12月，国务院修订《全国年节及纪念日放假办法》，将“五一”节法定公休日重新调整为1天，一般与相邻最近的周六、周日调休、相连，连续放假3天。

青年节　5月4日，为中国青年节，简称“五四”或“五四青年节”。是日，大学、中学多举行传统教育、科学报告会、艺术节、展览会、文体竞赛等纪念活动。

国际儿童节　6月1日，简称“六一”或“六一儿童节”。小学、幼儿园多于这天举行文艺活动和各种竞赛活动。按照《全国年节日及纪念日放假办法》规定，不满14岁的少年儿童放假1天。

中国共产党成立纪念日　7月1日，俗称“党的生日”或“七一”。此日，各级中共组织多举行纪念活动。

建军节　8月1日，为中国人民解放军建军日，俗称“八一建军节”“八一”。是日，部队举行各种庆祝活动，民间有拥军活动、部队有爱民活动，俗称“拥军爱民”。

教师节　9月10日，为中国教师节。1985年1月21日，第六届全国人大常委会第九次会议作出决议，将每年的9月10日定为教师节。此日，学校举行庆祝、表彰先进、师生联欢等活动。社会各单位，多向学校捐赠物品，慰问教师。

国庆节　10月1日，为中华人民共和国成立纪念日，简称“国庆节”。是重大节日，举行各种庆祝活动。1988年，国庆节定为法定公休日。1999年，国务院修订《全国年节及纪念日放假办法》，将国庆节法定公休日调整为3天，即10月1日—3日，一般与前后两个周六、周日调休、相连，连续放假7天。此时正值中秋，事宜外出旅游，刺激了消费，拉动了经济增长，故被称为“十一黄金周”。

舶来节日　20世纪90年代，一些外国节日开始流行，青少年以过洋节为时尚。2月14日情人节、4月1日愚人节、5月第二个星期日母亲节、6月第三个星期日父亲节、12月25日圣诞节等逐渐流行起来。

第六章　方　言

第一节　语　音

历城方言属华北官话系统，具有山东西区方言的基本特征，也有自己明显的特点。东部彩石、唐王等镇邻近章丘，具有章丘方言的特征；中部王舍人、洪家楼、华山等镇毗邻济南旧城区，具有济南旧城区方言特征；南部仲宫、柳埠等镇近泰安，某些方言和泰安方言相近。随着广播电视的普及、教育事业的发展和普通话的推广，方言里的普通话因素不断增加。

第二节　词　语

一、词法

（一）人称代词复数表达法

历城方言有两套，一套与普通话相同，在单数人称后加“们”，如：我们、你们、他们。

另一套说法与普通话不同，是在第一人称后加“这伙”。举例如：俺这伙、咱这伙、你这伙、他这伙。

（二）形容词生动形式

历城方言表达程度加重，除用“冷”“乔”“稀”“杠”“挺”等副词外，还有“挺AA”和“精BB”两种格式。这两种形式主要用于成对的单音节反义形容词。一般来说，“挺AA”用于积极意义，“精BB”用于消极意义。举例比较如：

挺宽宽的　精窄窄的　挺厚厚的　精薄薄的
挺深深的　精浅浅的　挺长长的　精短短的
挺粗粗的　精细细的　挺胖胖的　精瘦瘦的

也有例外。如：与“挺高高”相对的不是“精矮矮”，而是“挺矮矮”的。

(三)语气词

1、历城方言的“咧”，大致相当于普通话的“了”，表示陈述等语气。如：①又哭咧。②又急眼咧。③割破咧。

2、“可”与普通话的对应比较复杂，根据句子的不同，大体相当于普通话的“吧”“的时候”。例如：①等明儿可（等明天吧）。②吃了饭可（吃完饭再说吧）。③我完不成可，你来帮忙（我完不成的时候，你来帮忙）。

二、句法

（一）把字句

利用介词“把”字将动词所支配、涉及的对象放在动词之前的句型叫“把字句”。普通话一些带有趋向补语或处所补语的动词谓语句常常用这种句式。历城方言不习惯如此，常把“代词宾语”放在动词之后或复合趋向动词（如出来、起来）之间。例如：①抓他起来，抓起他来（把他抓起来）。②推他地下（把他推到地下）。③锁你屋里(把你锁到屋里）。

（二）比较句

对两件或几件事物进行差别的比较句子叫比较句。如：他比你高。历城方言比较句与普通话相比有两点不同：

一是，句式与普通话相当，但“比”字常说成“般”字。例如：①他长得不般你高。②这个屋般那个屋干净。③他般你学习好吗？

二是，结构方式与普通话不同，为：A+比较语+起+B。例如：

历城方言	普通话
①一天热起一天。	①一天比一天热。
②一天高起一天。	②一天比一天高。
③我不差起你。	③我不比你差。
④今年不热闹起去年。	④今年不比去年热闹。
⑤全班没有聪明起他的。	⑤全班没有比他聪明的。
⑥这些树没有高起这棵的。	⑥这些树没有比这棵再高的。
⑦我还不知道起你吗？	⑦我还不比你知道吗？

（三）反复问句

普通话这类说法如：好不好、来不来。历城方言常用“啊吧”来表示反复问，例如：①热啊吧（热不热）？②行啊吧（行不行）？③去啊吧（去不去）？④热得难受啊吧（热得难受不难受）？⑤你自己走害怕啊吧（你自己走害怕不害怕）？

三、词汇

这里收集的词汇仅是历城方言常用词语的一小部分。前面为言词，后面为释义。遇到写不出的字用同音字代替，用 [ ] 表示。

（一）自然、时间

老爷爷儿	太阳
老爷地儿	太阳地儿
贼星	流星
扫帚星	彗星
[饭]巴拉子	霰
呱啦	霹雳
拔子	冰雹
冻冻	冰
坷垃	土块儿
土谷堆	土堆
[不]土	灰尘
炭	煤

炭末子	煤末子
头年、年时	去年
过年	明年
今儿	今天
明儿	明天
后儿	后天
前儿	前天
夜儿	昨天
头午	上午
晌午	中午
过午	下午
白夜	白天
黑夜	晚上
年五更	除夕午夜

（二）植物、动物

谷	谷子
长果	花生
棒子	玉米
地蛋	马铃薯
秫秸	高粱秸、玉米秸
葚子	桑葚
朝阳花	向日葵
婆婆丁	蒲公英
指甲桃子	凤仙花
[檐瓢]虎儿	蝙蝠
恶螂珠子	蜘蛛
蚁蛘	蚂蚁
头牯	牲口
儿马	公马
骒马	母马
犍子	公种牛
[石]牛	母牛
叫驴	公驴
草驴	母驴
牙狗	公狗
女猫	母猫
牙猪	公种猪
马虎	狼
黑瞎子	狗熊
貔子、野狸	狐狸
黄鼬	黄鼠狼
老鸹	乌鸦
家雀	麻雀
春谷谷、光棍儿捣锄	布谷鸟
[餐]打木子	啄木鸟
曲蟮	蚯蚓
蛤拉蚰子	蜗牛
蝎虎[蠊子]	壁虎
马蛇子	蜥蜴
蜜虫	蚜虫
白碴	苍蝇卵
[乖子]	蝈蝈
刀螂	螳螂
蛸前儿	蝉
伏了儿	秋后的一种小蝉
神仙、神仙狗	蝉的幼虫
官蜓、蜓蜓	蜻蜓
蛤蟆	统称青蛙、蟾虫
青歪子	青蛙
疥蛤蟆	癞蛤蟆
蛤蟆[咳态儿]	蝌蚪
虼蚤	跳蚤
夜猫子	猫头鹰
结鳃	鱼鳃

（三）房屋、用品

屋、宅子	房子
当天井	院子
仰[陈]、天棚	纸扎顶棚
虚棚	可放置东西的顶棚
栏、茅房儿	厕所
饭屋	厨房
囤子	棉背心
褯子	尿布
围脖儿	围巾
洋火	火柴
糨子	浆糊

锅头	锅灶
被窝	被子
[豆]枕	枕头
抽斗	抽屉
担杖	有钩的扁担
担子	无钩的扁担
黄香	松香
木合鱼子	木鱼
瓶子锥儿	瓶塞儿
胶鞋、水靴子	雨鞋
麻包	麻袋

（四）名称、疾病

小厮儿、小小儿	男孩儿
小妮儿	女孩儿
双巴儿	双胞胎
离巴	①办事不精明 ②手艺不精通的人
老娘婆	旧称接生员
带犊子	随母改嫁者
背生子	遗腹子
庄户人家	庄稼人
新妈	亲叔母
婶子	远房叔母
大爹、大爸爸	亲伯父
大爷	远的、亲的伯父
小(二、三……)爸爸	亲叔叔
叔叔	称远房叔叔
妗子	舅母
儿	儿子
两乔儿	连襟
后[奔]髅	后脑勺
页拉盖	额头
耳碎	耳屎
鼻子、斜斜	鼻涕
扯冽、痴拉	口水
胳破	胳臂
手心	手掌
手掌	手背
妈妈	乳房
胳拉瓣儿	膝盖
黑星星子	雀斑
干哕	恶心
羊羔子风	羊角风
发疟子	发疟疾
拉薄儿	大便稀
心口疼	胃疼
冻着了	感冒
拔头顶	谢顶
不熨帖	身体不舒服
拐子	瘸子
喀巴	结巴

（五）饮食

晌午饭	午饭
后晌饭	晚饭
包子	饺子
蒸包子	包子
油炸子、香油子	油条
粥	玉米面做成的稀粥
面汤	下锅后的面条
馍馍	圆形馒头
卷子	刀切方形馒头
果子油	花生油
大油	猪油
酸蘸儿	冰糖葫芦

（六）动作、行为

娶	①男方娶媳妇 ②女方出嫁
扎裹	打扮
掐腰	叉腰
擨	撕
孤堆下	蹲下
[母]量	估摸，估量
潲色	退色
干么	干什么
[乖]	碰，触
知不道	不知道

不靠[勺]	不可靠	索	好动，调皮
不[棱]个	没空儿，没时间	二糊	犹豫
舔腚	巴结	迁磨	磨蹭，拖拉
溜沟子	学舌	骚气	骚
崩木根儿	说毫无根据的话	赛	好
揍势	装腔作势	么、啥	什么
打夜作	熬夜	多咱	什么时候
揞揞	(衣料等)缩小，缩水	这户儿	这种，这类
不耳他	不理睬	不孬	不错，挺好
招压迫虎子	梦魇	红白喜事	指喜事、丧事
拾漏帽儿	①拣到，拾到	盘缠	路费
	②幸运地碰上机会、名额等	饥困	饿
不许顾	没看见，没注意	冷、乔、杠、稀	副词，很
戳骨轮儿、戳头子	玩木偶	尽着	本来就
（七）其他		没价	没有
窝囊	脏	一共，拢总	统共
腼片	腼腆	[浪]闲的	……之类的
二咯	不聪慧，痴呆	从	在（～他家里玩）

第七章　居民生活

第一节　城镇居民生活

一、收入

城区居民的主要收入来源是职工工资。1986年，全县职工年人均工资1159元，其中全民所有制职工年人均工资1210元，集体所有制职工年人均工资1042元。之后，职工工资逐年增长。自1993年10月起，实行工资改革，机关、事业单位工作人员实行职级工资制，国家连续几次提高工作人员工资标准和档次；企业实行岗位技能工资制度，全区职工工资收入出现较快增长趋势。1994年，全区职工年人均工资4702元，比上年增长47.8%。1996年，全区职工年人均工资达6045元；2000年，达10348元；2007年，达29403元。

20世纪90年代，第三产业迅猛发展，大多数无固定工作的城镇居民投入到第三产业中。2000年，全区第三产业从业人员达15.74万人，增加了城镇居民的实际收入。同时，不同从业群体及同一群体中不同层次的从业人员收入差距有所拉大。

1986—2007年历城区城镇在岗职工平均工资情况表

表30-1 单位：元

年份（年）	职工年平均工资	年份（年）	职工年平均工资	年份（年）	职工年平均工资	年份（年）	职工年平均工资
1986	1159	1992	2358	1998	7261	2004	22896
1987	1229	1993	2786	1999	8364	2005	24394
1988	1397	1994	4702	2000	10348	2006	26004
1989	1802	1995	5090	2001	12020	2007	29403
1990	2010	1996	6045	2002	13817		
1991	2160	1997	6759	2003	15695		

二、消费

衣　衣着消费大幅度增加，改变了服饰颜色单调、款式单一、质地差的状况，衣着冠履多姿多彩。收入较高的人群大都穿着名牌服装，追求高档次，中青年绝大多数人讲究穿出特点和品位，为数不少的人佩戴项链、戒指等饰品（物），化妆品、美容店受到青睐。20世纪80年代，衣料多以涤纶、的确良、弹力尼为主，棉布为辅，毛料逐渐增多，款式有夹克、西服、两用衫、拉链衫、驳头西装、连衣裙、西服裙等。90年代，西装、风衣、夹克、T恤、牛仔裤、旅游鞋、喇叭裤流行一时，羽绒服、皮大衣、羊毛衫、保暖内衣等出现。90年代前期，面料向合成纤维演变。90年代后期，人们日渐崇尚天然纤维面料。进入21世纪，西装领带、休闲服、牛仔裤、针织衫、T恤等成为服饰主流，连衣裙、套裙、迷你裙、短裤为女性所喜爱。

食　20世纪80年代，居民食品消费以细粮为主，辅以粗粮和副食品，肉、禽、鱼、蛋的消费量逐年增加。20世纪末21世纪初，居民食品消费中副食品消费量增加，花色品种繁多，鸡鸭鱼肉奶和各类新鲜蔬菜一年四季占据餐桌，膳食结构日趋合理，人们开始讲究吃喝美味、营养保健。粗粮细作、粗细搭配的食品受到青睐，水果消费量逐年增加。定亲宴、婚嫁宴、生日宴、聚会宴等大多在酒店举行，除夕夜全家老少到酒店订餐吃“年夜饭”成为时尚。

住　1990年前后，城镇职工一般居住单位的公房，面积较小，设施简陋，部分职工因无公房而租赁民房居住。1995年前后，随着国家住房制度改革和建筑业的发展，全区住房面积每年递增10万平方米以上，大批职工购买了私房（商品房），居住条件得到改善。进入21世纪，绝大多数居民拥有了自己的住房，部分居民有了两处或两处以上的住房，居住面积扩大，建筑质量提高，多为钢筋混凝土结构，自来水、暖气、网线等设备齐全，室内装修向着高档次、豪华型发展。

图30-9　城镇居民生活（2007年摄）

行　1986年前后，城镇居民出行一般乘公共汽车或自行车，部分人乘摩托车；2000年前后，出行工具多为各类汽车、摩托车、电动自行车和自行车；到2007年，居民出行的主要交通工具为轿车、面包车、摩托车和电动自行车，普通自行车已不多见，大量中青年男女学驾驶、拿驾照，全区拥有汽车2.71万辆。

其他消费品　1985年前，居民家庭“现代化”高档日用品主要是手表、挂钟、液化气炉具、收录机、黑白电视机等，彩色电视机、电冰箱、洗衣机等尚不普遍。1986年之后，家庭高档日用耐用消费品逐步增加。到2007年，彩色电视机、电冰箱、洗衣机、空调机、固定电话、手机、电磁炉、微波炉、太阳能热水器等已十分普遍。液晶彩色电视机、微型计算机、因特网也已进入普通家庭。

第二节　农村居民生活

一、收入

1986年，全县农民人均纯收入为566元。1986—1996年，稳定家庭联产承包责任制，调整农业产业结构，发展个体私营企业，鼓励农民进城务工，使农民收入大幅度增长。1996年，全区农民人均纯收入为2281元。1997—2007年，以全面建设小康社会为目标，深化农业结构的战略性调整，加大农村剩余劳动力的转移力度，大力发展农村个体私营企业，农民收入稳步增长。2007年，农民人均纯收入6950元，同1986年相比增长11.3倍。

1986—2007年历城区农民人均纯收入情况表

表30-2　　单位：元

年份（年）	人均纯收入	年份（年）	人均纯收入	年份（年）	人均纯收入	年份（年）	人均纯收入
1986	566	1992	940	1998	2848	2004	4248
1987	633	1993	1093	1999	2972	2005	5186
1988	726	1994	1414	2000	3130	2006	6040
1989	738	1995	1865	2001	3273	2007	6950
1990	783	1996	2281	2002	3451		
1991	852	1997	2618	2003	3728		

二、消费

1986年，农村居民人均家庭经营支出185元；人均生活消费支出508元，其中，食品支出206元，衣着支出43元，居住支出169元。1996年，农村居民人均生活消费支出1846元，其中，食品支出890元，衣着支出110元，居住支出224元。2007年，农村居民人均家庭经营支出1205元；人均生活消费支出4160元，其中，食品支出1610元，衣着支出263元，居住支出962元。

衣　1986年以来，城乡居民服饰差别越来越小，西装、裙服、休闲装、文化衫、夹克衫、运动装、皮鞋、运动鞋在群众中普遍流行。2007年，区统计部门抽样调查，每个中年农民一般都有一身以上西装，冬天有棉大衣或防寒服。

食　随着收入的增加，农民膳食结构发生了变化，由过去的以粗粮为主改为以细粮为主，馒头、米饭、面条、油饼、火烧成为家常便饭，新鲜蔬菜及猪、牛、鸡、鸭、鱼等肉类、海鲜进入百姓餐桌。饮食水平逐渐提高。

住　20世纪80年代，农村住房多以平房为主。1990年后，翻建新房不断，土坯房、石头房大都变为了砖房或楼房，住房结构变为单元式，客厅、卧室、厨房、卫生间配套，功能齐全，住宅面积多在100平方米以上。房屋用水泥钢筋打地圈梁、前出厦，使用铝合金或钢塑门窗及高级地板砖铺地者日渐增多。有的富裕户将平房翻建为楼房，仿城市楼房样式设计建造，一般为二至三层。大门换为花瓷砖贴墙，大多书写着“幸福人家”“吉祥如意”等永久性门联，大门换为铁制大门，显得豪华气派。2007年，全区农村居民人均住宅面积45.8平方米。

行　20世纪80年代，自行车普及，公共汽车遍布城乡，人们出行方便快捷。90年代，农村家庭内普遍有了自行车，有的户达到2辆～3辆，多数家庭购买了摩托车、电动车，个别家庭购买了小轿车。城乡之间有了定时定班的公交车。21世纪初，电动自行车以其轻便、节能、环保的优势在城乡流行。至2007年年底，全区农民家庭每百户拥有自行车142辆、电动自行车24.6辆、摩托车9.3辆，汽车逐步进入农民家庭。城市与乡镇之间、街镇之间、村之间，全部修通了柏油路或水泥路；村内道路进行硬化，结束了“雨天一身泥，晴天一身土”的状况。外出远行，坐火车十分便捷。

耐用消费品　20世纪80年代开始，居民已转向拥有电视机、录音机、洗衣机、录像机、电冰箱、高级音响以及摩托车等高档耐用消费品。从2000年始，电脑、轿车等开始步入中等收入家庭。2007年，全区农村居民每百户耐用消费品拥有量为：洗衣机74台、电冰箱73台、空调26台、抽油烟机15台、微波炉19台、自行车142辆、摩托车95辆、电话机86部、移动电话120部、彩色电视机118台、影碟机70台、照相机10架、家用计算机16.7台。

图30-10　农村居民生活（2007年摄）

1986—2007年历城区农民人均消费支出情况表

表30-3　　单位：元

年份（年）	人均生活消费	年份（年）	人均生活消费	年份（年）	人均生活消费	年份（年）	人均生活消费
1986	508	1992	772	1998	1752	2004	2558
1987	499	1993	862	1999	1626	2005	3199
1988	608	1994	1289	2000	2087	2006	3682
1989	700	1995	1242	2001	2249	2007	4160
1990	680	1996	1846	2002	2419		
1991	734	1997	1968	2003	2523		

1986—2007年历城区农民人均住宅面积情况表

表30-4　　单位：平方米

年份（年）	农民人均住宅面积	年份（年）	农民人均住宅面积	年份（年）	农民人均住宅面积	年份（年）	农民人均住宅面积
1986	18.0	1992	20.7	1998	23.4	2004	39.8
1987	17.5	1993	21.1	1999	23.8	2005	48.5
1988	18.9	1994	21.3	2000	23.9	2006	45.0
1989	19.6	1995	22.0	2001	30.3	2007	45.8
1990	19.6	1996	22.2	2002	31.0		
1991	20.2	1997	23.0	2003	39.5		

第三十一编

街道 镇

港沟镇唐官小区（2007年摄）

1986年，历城县辖11个镇3个乡。1987年，历城撤县建区后经过多次区划调整，至2007年，全区辖4个街道、12个镇。1986—2007年，城乡面貌发生深刻变化。广大农村实现道路硬化“村村通”、公交车“村村通”、自来水“户户通”和有线电视“户户通”，社会主义新农村建设步伐加快。洪家楼、全福、东风、山大路4个街道和近郊地区的32个村实施旧城（村）改造。王舍人、华山、港沟、郭店4个镇进入全国千强乡镇行列，仲宫镇被评为全国小城镇建设试点镇。经济的快速发展带动了全区人民生活水平的显著提高，社会各项事业繁荣发展。

第一章 街 道

第一节 山大路街道

概况　位于历城中心城区西部，东至二环东路与东风街道为邻，北至花园路与洪家楼街道相连，西至山大路、南至益寿路与历下区建筑新村街道相接，辖区面积2.91平方公里。街道机关驻地山大路140号。是区政府所在地。2001年前，辖区为洪家楼镇一部分。2001年2月，设山大路街道，辖12个社区和山东大学山大路家属委员会，有1.27万户，4.83万人。完成地区生产总值2.65亿元，实现地方财政收入1577万元，居民人均可支配收入9920元。2007年，辖10个社区，有1.52万户，6.08万人。完成地区生产总值9.41亿元，实现地方财政收入1.05亿元，居民人均可支配收入18540.23元。辖区有文物遗产闵子骞墓。

工业　2001年，有济南骏达木制品有限公司、济南鲁昌装饰材料有限公司等工业企业170多家，建有利农工业园。完成工业增加值1.26亿元。有济南市洪楼房地产开发有限责任公司、济南忠诚建筑安装有限公司2家建筑企业，从业人员1230人，完成建筑业总产值3.66亿元。2002年起，城区企业实施“腾笼换业”，辖区企业相继外迁。甸柳社区先后在王舍人镇建起甸柳冷水沟工业园，在临港开发区东区建成甸柳工业园。2006年，利农社区对港沟工业园进行改造，引进山东豪特太阳能有限公司。街居引进浙江双环塑胶阀门有限公司济南分公司、济南正华木业有限公司等企业6家。2007年，有工业企业36家，从业人员1089人，完成工业生产总值1.27亿元。有建筑装饰安装企业84家，从业人员4115人，完成总产值5.2亿元。辖区有山东济南烟草有限公司、济南群康食品有限公司、济南东港安全印刷有限公司等知名企业。

商贸服务业　2001年，有商贸服务业户397家，有济南高科技市场、甸柳小商品市场、环联小商品市场、山大路成大汽配城、济南大舜文化市场等大中型商贸批发专业市场9个，从业人员1089人，完成第三产业增加值1.39亿元。同年，利农社区对山大路东侧汽车配件市场进行改造，实施产业置换。2003年，甸柳社区与山东奥润特绿色食品有限公司合作，建设绿博士绿色食品购物广场，后更名为东方润丰购物广场。2005年8月，利农社区投资6800万元建设的科苑大厦竣工，引进台湾百脑汇电子信息（济南）有限公司、三联家电等公司，有业户110个。同年，利农社区投资600万元对环联小商品市场进行扩建改造，设有标准摊位870个，建筑面积6700平方米。2006年8月，殷家小庄社区投资4000万元建设东环商场，建筑面积2.4万平方米。此外，辖区的历城商场、智慧大厦、群康大厦、林华大厦、融基大厦、鲁能科技大厦等楼宇经济带动和促进了街居商贸、金融、信息等产业发展。2007年，有商贸服务业户1801家，从业人员1.1万人，完成第三产业产值8.14亿元。

街居建设　2001年，街道把实施街居基础设施建设和“背街小巷”环境综合治理列入城建重点。投资22万元对区政府北门道路、殷家小庄南路街道进行整治。殷家小庄社区实施旧村改造，建成住宅楼6幢，建筑面积3.6万平方米。利农、永大社区被省建设厅评为“省级花园小区”。2002—2003年，完成山大路北端综合改造、洪家楼西路道路改造工程，拆除各类建筑物9万平方米，完善了路灯、排污管道等配套设施。2003年，引进山东隆生旺源置业有限公司，开工建设汇科旺源住宅区，一期工程建筑面积12.7万平方米。2004—2006年，街道投资640多万元，整治背街小巷38条，整修街巷路面积6.43万平方米，更换井盖、井箅21个，安装路灯192盏。2007年，对山大南路、山大北路等4条道路进行整治及景观改造，铺设人行道花砖1095平方米，铺设雨污管道86米，更换沿街牌匾霓虹灯308个，增设楼梯轮廓灯45个，粉刷清洗临街建筑物2.6万平方米，栽植各种乔灌木4300株，草皮2400平方米。

教育　2001年，有利农、甸柳2所幼儿园，在园幼儿530人，教职工64人。2007年，有居办幼儿园4所，在园幼儿1000人，教职工105人。辖区有山东大学中心校区、山东省法官培训学院、山东省粮食干部学校、历城区实验小学、省农干院幼儿园、历城区机关幼儿园。

图31-1　2003年10月，改造后的洪家楼西路

文化　卫生　2001年，有自发组织的各类文体队伍10多支，常年参加组织各项活动。同年，街道组织辖区13个单位围绕庆祝建党80周年，举办“将军杯”歌咏比赛、广场文艺演出、“振华杯”书画笔会等系列活动，各社区组织象棋、拔河、康乐运动会等体育活动12次。2004年，在洪楼广场举办“魅力历城”广场文化演出和庆祝新中国成立55周年戏曲票友大赛。2007年9月，组建文体联谊会，有夕阳红艺术团、秧歌队、八段锦训练队、姊妹花腰鼓队、老年门球队等16支文体队伍参与其中。2007年，有社区党校、居民活动室、科普大学等教育阵地11个，举办各类文化知识讲座100期，参训人数1.8万人次；社区有健身广场、健身路径20条，常年举办歌舞、演讲、象棋、书画笔会等比赛活动。引进益高、银座、黑骏马等健身俱乐部5家。

2001年，有利农居、甸柳居社区卫生服务站2个，医务人员10名，床位9张，面积190平方米。至2007年，为社区居民服务1500人次，举办健康教育讲座5000余人参加。2007年，有居办社区卫生服务站2个，医务人员10人，面积190平方米。辖区有区中医医院、山东大学东校区校医院、济南市高新技术建总医院、泉城医院、时珍堂医院等。

人民生活　2001年，居民年人均消费支出7276元。其中，食品支出2175.23元，衣着支出752.2元，家庭设备用品及服务支出684.3元，医疗保健支出801.33元，交通和通信支出681.69元，教育文化娱乐服务支出1381.65元，居住支出799.6元。居民人均住房面积23平方米。享受城市居民最低生活保障26人，私家车拥有率4.1%，宽带入户率22%。2007年，居民年人均消费支出12020.12元。其中，食品支出

3896.56元，衣着支出1257.9元，家庭设备用品及服务支出946.92元，医疗保健支出1000.8元，交通和通信支出1896.36元，教育文化娱乐服务支出1656.19元，居住支出1365.39元。居民人均住房面积27.7平方米。享受城市居民最低生活保障150人，私家车拥有率43.57%，宽带入户率77.77%。

第二节 洪家楼街道

概况 位于历城中心城区，东至二环东路与东风街道相连，北至胶济铁路与全福街道接壤，西至山大路与历下区东关街道毗邻，南至花园路与山大路街道交界，面积2.44平方公里。街道机关驻地洪兴路1号。2001年前，辖区为洪家楼镇一部分。2001年2月，设洪家楼街道，辖8个社区，有1.09万户，2.77万人。完成地区生产总值2.9亿元，实现地方财政收入290万元，居民人均可支配收入9892元。2007年，辖8个社区，有9361户，2.65万人。完成地区生产总值5.98亿元，实现地方财政收入4927万元，居民人均可支配收入16733.26元。辖区有国家级重点文物保护单位洪家楼天主教堂、市级优秀文化广场洪楼广场。

工业 2001年，街道、居办企业有洪楼福利纸箱厂、洪楼加工厂、洪楼煤店、洪楼模具厂和台岛冶炼厂等230家，从业人员2760人，完成工业增加值8937万元。同年，对洪楼模具厂、台岛冶炼厂进行改制。2002年4月，洪家楼社区居委会在孙村镇建立工业园，占地面积7.2公顷，总投资3000万元；11月，居委会建成洪楼工业园，占地面积9.13公顷，2007年，洪楼工业园引进山东桑乐太阳能有限公司，年租金收入200万元。期间，街道、居属企业相继转产、外迁。2007年，有规模以上工业企业1家，从业人员40人，完成工业生产总值6980万元。

商贸服务业 2001年，有商贸服务业户2308家，从业人员6924人，完成第三产业增加值1.19亿元。辖区有七里堡蔬菜综合批发市场、大润发超市、历城百货公司、鑫都大厦等商业网点100余个。2005年10月，七里堡蔬菜综合批发市场改造工程动工，总投资约6亿元。改造后的七里堡市场分为四区、三大主题：A区为七里堡茶城，B区为七里堡易购市场，C、D区为七里堡综合批发市场。2006年8月，七里堡市场C区工程竣工投入使用，建筑面积3.08万平方米。七里堡蔬菜综合批发市场是农业部命名的定点批发市场，是商务部评定的“双百市场工程”单位。同年底，慧都大厦建成，苏宁电器、贵和购物中心洪楼店相继开业，带动了洪家楼地区商贸业发展。2007年12月，由山东海蔚置业有限公司开发的海蔚广场建成使用，总投资6亿元，占地面积4.8公顷。同年，辖区有商贸服务业户780家，从业人员2340人，完成第三产业产值5.27亿元。

图31-2 海蔚商业步行街广场（2007年摄）

街居建设 2001年年底，洪家楼社区、七里堡社区旧居改造工程完成，共建楼房21幢，住房1286套，建筑面积16.8万平方米。同年，街道筹资42万元对花洪路人行道铺设花砖4000平方米，砌垒石边2000米，新建路两侧花坛8个，栽种乔灌木2万余株；投资10万元，在花园小区建垃圾中转站，生活垃圾实现袋装化管理。2002年，开展“退路进厅”工作，辖区环境秩序逐步好转。

2004—2005年，开展背街小巷综合整治，筹资200万元，对洪兴路和花园小区多条背街小巷进行整治，对多处无名路进行命名。2006年，完成洪家楼第二小学西路、洪家楼高级中学北路、花园中区西路和花园中区南路4条道路整治，对花洪路、海蔚路和学府路进行拓宽、改造，对路两侧景观设施统一整治。2007年，以花洪路、洪兴路、洪家楼西路、黄台南路等主干道周边作为治理重点，整治违章广告牌匾23块，清除视觉污染119处，制止违法建设3处，拆除乱搭乱建33处，治理面积630平方米。

2001年5月，街道开展共创文明社区、文明单位、文明楼院、争当文明家庭、文明市民和道德自律进社区“三创、两争、一进”活动。同年，洪家楼社区居委会被评为省级“美在家庭”先进示范单位。2002年，街道投资70万元，建成社区老年服务中心，为老人提供图书、健身器材等多种文体娱乐设施和老年卫生保健、托老服务等。同时，辖区10个居委会开办社区服务站，服务项目达40多个，在各社区打造“求助门铃”社区服务品牌，为居民安装求助门铃300个。2004年，筹资1500万元，建起洪兴大厦，设置全区首家社区服务中心，面向居民提供“一站式”服务。借助实施“星光计划”，街道筹资90万元，为每个社区居委会建起面积在200平方米以上的办公用房。同年，组建起全省首家地震救援志愿者队伍，自发为印度洋海啸灾难受灾国捐款2.3万元，中央电视台、山东卫视等多家媒体作了报道。2005年，成立全区首家慈善超市，建立爱心市民捐赠平台和困难群众救助平台。同年，街道荣获“全国社区服务工作示范街道”称号。各居委会实行“一区一警、群防联制”的治安防范制度，保障了辖区治安秩序。在每个社区建立法律咨询点、每季度开展法律宣传活动，街道开设了科普大学，邀请高校老师，为社区居民讲解科普知识。2006年，以社区服务大厅为依托，开展为民服务代理制工作，共开设七大类50余项代理服务项目，街道被评为“全省和谐社区建设示范街道”，七里堡社区被评为“全国社区服务先进社区”。2007年，引进“爱彤家政”和“援通呼叫器”，提升了社区服务的规模、质量和档次，各社区与辖区单位签订共建协议，每个社区均达到“一社区一个绿地广场、一条健身路径、一个宣传橱窗、一条服务热线”的标准。

教育 2001年，有洪楼幼儿园1所，在园幼儿276人，教职工18人。2005年，街道成立金钥匙幼儿园、葡萄树幼儿园、向天歌幼儿园、甜蜜蜜幼儿园，在园幼儿457人，教职工70人。2007年，有幼儿园5所，在园幼儿1084人，教职工137人。辖区内有洪家楼第一小学、洪家楼第二小学、洪家楼高级中学、历城第三中学、山东大学（洪家楼校区）、山东大学附属中学、济南艺术学校等7所学校。

文化 卫生 2001年8月，成立山东老年大学洪家楼分校，开设书法、国画、音乐、舞蹈、电子琴和老年卫生保健等10个专业，20个学科。街道有丹枫艺术团、夕阳红文艺演出队，投资15万元在花园小区洪花路建立科普一条街、健身路径和一个标准门球场。2003年，各居成立有老年健身秧歌队、威风锣鼓队、民族器乐队和门球队等文体队伍15支，活动点38个。2007年，街道共组织开展文艺晚会、运动会、演讲比赛、知识竞赛等活动196次，参加各类文体活动的居民达2万余人。

2001年，有七里堡社区卫生服务站1个，医务人员5人，面积900平方米。2007年，有社区卫生服务站2个，医务人员15人，面积1760平方米。

人民生活 2001年，居民年人均消费支出7880.13元。其中，食品支出2498.57元，衣着支出803.55元，家庭设备用品及服务支出873.23元，医疗保健支出650.55元，交通和通信支出873.51元，教育文化娱乐服务支出1410.72元，居住支出690元。居民人均住房面积21平方米。享受城市居民最低生活保障30人，私家车拥有率4%，宽带入户率20.6%。2007年，居民年人均消费支出12354.36元。其中，食品支出3950元，衣着支出1272.5元，家庭设备用品及服务支出956.29元，医疗保健支出988.98元，交通和通信支出2161.51元，教育文化娱乐服务支出1654.71元，居住支出1370.37元。居民人均住房面积29平方米。享受城市居民最低生活保障200人，私家车拥有率41%，宽带入户率75%。

第三节 全福街道

概况 位于历城中心城区东北部，东跨大辛河与王舍人镇相连，北起小清河与华山镇接壤，西与天桥区北园街道、历下区东关街道毗邻，南至胶济铁路与洪家楼街道、东风街道及天桥区北园街道、历下区东关街道交界，面积5.07平方公里。街道机关驻地北园大街43号。2001年前，辖区为洪家楼镇一部分。2001年2月，设全福街道，辖13个社区，有1.27万户，4.46万人。完成地区生产总值2.4亿元，实现地方财政收入1982.2万元，居民人均可支配收入8981元。2007年，辖12个社区，有1.43万户，4.59万人。完成地区生产总值6.31亿元，实现地方财政收入4011万元，居民人均可支配收入16330.34元。

工业 2001年，辖区有山东黄台火力发电厂、济南九州纸业有限公司、济南第二酿造厂等大中型企业61家。有历城区第二建筑工程公司1家建筑企业。同年，小辛居委会投资1100万元建成小辛社区鲁新工业园，占地面积12公顷。至2006年，小辛工业园实施二、三期扩建，共投资2300万元，建筑面积2.1万平方米。其间，历城区无水酒精厂、历城区黄台供热设备厂进行民营化改制。济南气动元件厂、济南飞龙食品有限公司相继外迁。济南泉永印务有限公司、济南九州纸业有限公司及部分小工业企业，因北园路和全福立交桥改造施工迁出。2007年，有工业企业100家，完成工业生产总值1.5亿元。辖区有山东省电力建设第一工程公司和山东省德益工程总公司。

商贸服务业 2001年，有商贸服务业户154家，从业人员1600人，完成第三产业增加值1.3亿元。同年，各居委会共投资2930万元，建起济南花园庄花卉市场、南全福社区综合市场、北全福日用农副产品市场和山东汽车城二期工程项目，年底，小辛农副产品市场开工。2002年，辖区引进了济南TCL电器销售有限公司、山东新一佳商贸有限公司及济南开源汽车贸易有限公司、济南奇瑞汽车贸易有限公司等3家汽车销售4S店。2005年，济南市国有苗圃投资350万元，在工业北路建设1400平方米的花木展示大厅。2006年，南全福居委会投资1000万元购买黄台百货大楼。2007年，因北园路及全福立交桥改造工程，山东新一佳商贸有限公司、济南TCL电器销售有限公司、泰夏轮胎等50余家企业迁出。同年，辖区有商贸服务业户395家，从业人员4000人，完成第三产业产值4.8亿元。

街居建设 2001年，辖区各居委会实施旧居改造及楼房开发工程。同年10月，南全福旧居改造工程竣工，建设居民楼32幢、住房1200套，600户居民实现一次性回迁。2002—2007年，小辛居委会完成幸福苑小区一期工程，启动了小区二期工程和旧居改造项目；由山东高新置业有限公司开发的北全福经济适用房项目开工，总投资1.48亿元，面积5.9万平方米，同时，北全福旧居改造五期工程启动。各居委会开发的怡和家园、金色港湾、龙岱华厦商住楼项目完成。辖区内由历城区村镇建设服务中心开发的辛新花园项目，省农资公司板桥职工住宅楼项目、黄台渔场商住楼项目、山东省农业科技创新中心项目、东兴寓城花园项目、济南一中改建项目、省直机关住宅开发有限公司建设桑园住宅小区项目、大强房地产开发有限公司建时代新城商品楼项目相继开工建设。

2001年，街道对桑园路、全福路进行综合治理，铺设花砖4400平方米，维修路面200平方米，安装路灯16盏，设置果皮箱20个，新建绿地7000平方米。对北园路、二环东路、工业北路清理整治，完成工业北路1万平方米的二次拆迁。2002年，投资1350万元对桑园路实施拓宽改造，修筑泄洪沟1500米。2004年，投资27万元对北全福西路、福鑫苑路、黄台北路西段、三粮东路、南全福西路5条道路进行硬化改造。2005年，对三粮西路、黄台北路、九里山路、桑园中路、农科院农技路等14条道路进行硬化、亮化改造。2006年，投资220万元对桑园路东段、华山路、华山路排水沟实施“两路一沟”改造。2007年，投资1920万元完成辖区自来水一户一表改造。

教育　2001年，有南全福、北全福、小辛幼儿园3所，在园幼儿389人；小学3所，在校学生521人；教职工100人。2002年，南全福社区投资280万元建成省级标准的昇辉双语幼儿园。2003—2005年，辖区新建起小辛、蓝精灵、一休、金色未来幼儿园4所。2005年，山东轻工业学院迁出，济南市第一中学迁入。2006年，小辛社区投资500万元重建小辛小学，南全福社区投资380万元对小学校舍、场地进行全面改造。2007年，有幼儿园5所，在园幼儿434人；小学3所，在校小学生1210人；教职工116人。辖区有济钢高级中学、历城第六中学、济南市第一中学、济南第三十四中学和山东轻工业学院金融职业学院、山东省工会管理干部学院。

文化　卫生　2001年，街道各社区文体设施齐全，均成立有文体活动队伍。北全福社区投资5万元建起健身娱乐广场，烟厂社区建成集保龄球室、健美室、乒乓球室、台球室、篮球场、健身广场为一体的3000平方米的文体活动中心。2002年，历城区首届“全福杯”航模比赛在南全福举行。南全福社区成立社区老年秧歌队。2003年，烟厂社区成立70人的综合性老年艺术团。2004年，南全福社区戏曲宣传队成立。2005年，航运路社区成立群艺文化工作队，福鑫苑社区成立老年合唱团，南全福社区新建广场文化活动室。2006年，南全福文化广场被市文化局评为优秀广场文化活动基地。同年，烟厂社区被省体育局评为全省优秀健身活动站。2007年，航运路社区表演的舞蹈《好运来》在济南市老年协会文艺汇演中获优等奖，电厂社区的威风锣鼓队及烟厂社区的秧歌队参加奥运圣火济南传递活动的现场表演。同年，南全福社区举办了第一届“南全福杯”济南市棋王总决赛。

2002年2月，成立南全福社区卫生服务站，有医务人员14人，面积248平方米。2006年6月，成立济南中德骨科医院，医务人员170人。2007年3月，成立山大二院北全福社区卫生服务站，有医务人员23人，房屋面积1300平方米。11月，成立福鑫苑社区卫生服务站，医务人员11人。成立全福街道社区卫生服务中心，医务人员38人，下设4个卫生服务点，分别是山大二院北全福社区卫生服务站、南全福社区卫生服务站、福鑫苑社区卫生服务站、济南中德骨科医院（小辛社区），有医务人员256人。

图31-3　2007年6月，南全福杯象棋比赛

人民生活　2001年，居民年人均消费支出7561.14元。其中，食品支出2574.87元，衣着支出806.51元，家庭设备用品及服务支出585.24元，医疗保健支出613.74元，交通和通信支出875.92元，教育文化娱乐服务支出1413.73元，居住支出691.13元。居民人均住房面积19.8平方米。享受城市居

民最低生活保障20人，私家车拥有率3.2%，宽带入户率15.4%。2007年，居民年人均消费支出12011.45元。其中，食品支出3900.91元，衣着支出1222.9元，家庭设备用品及服务支出916.29元，医疗保健支出934.98元，交通和通信支出2111.21元，教育文化娱乐服务支出1604.69元，居住支出1320.47元。居民人均住房面积25平方米。享受城市居民最低生活保障100人，私家车拥有率39.8%，宽带入户率71.7%。

第四节 东风街道

概况 位于历城中心城区东部，东至大辛河与王舍人镇相连，北至胶济铁路与全福街道相接，西至二环东路与洪家楼街道毗邻，南至工业南路与历下区姚家街道、智远街道交界，面积5.90平方公里。街道机关驻地花园路25号。2001年前，辖区为洪家楼镇一部分。2001年2月，设东风街道，辖14个社区，有1.01万户，3.01万人。完成地区生产总值2.49亿元，实现地方财政收入320万元，居民人均可支配收入9032.86元。2007年，辖12个社区，有1.64万户，4.91万人。完成地区生产总值12.8亿元，实现地方财政收入1.21亿元，居民人均可支配收入17450元。

工业 2001年，有工业企业344家，从业人员1.7万人，完成工业增加值1.34亿元。辖区有济南绿霸化学品有限公司和大港油墨2家危化企业和辛甸、西周工业园。2003年，历城区洪楼物资回收公司由集体所有制改制为个体企业。2005年，辖区的济南佳宝乳业有限公司迁至长清区明发路佳宝工业园。2007年，有工业企业149家，完成工业生产总值6.25亿元。

商贸服务业 2001年，有商贸服务业户1032家，从业人员8200人，完成第三产业增加值1.13亿元。同年5月，辛甸居委会投资260万元完成辛甸陶瓷批发市场二期扩建工程。2002年年底，祝甸鞋城竣工。2006年，祝甸农贸市场建成使用，银座商城华信店开业。同年，东方商贸大厦、祝甸粮油批发市场、辛甸金地商城、辛甸花园农家超菜市场相继开工建设。2007年12月，三威大厦竣工，祝甸路商业楼建成，辖区形成陶瓷、建材、种子、农贸等专业市场7个，建成辛祝路、花园路、华龙路3条商业街和祝甸、辛甸市场区。2007年，有商贸服务业户1419家，从业人员1.1万人，完成第三产业产值6.56亿元。辖区有倪氏海泰大酒店、蓝海金港大酒店等大型三产项目48个。

街居建设 2001年5月，东风建设组团被确定为全区十大重点工程，街道以组团形式对辛甸、祝甸、西周3个村（居）实施旧村改造。2003年起，祝甸社区东方花园旧村改造一期、二期工程完成，1509户居民分得住房。2003—2008年，西周3个村（居）实施旧村改造，建成居民楼10幢，建筑面积8万平方米，安置居民260户。2004年12月，辛甸社区旧村改造一期工程，建成居民楼25幢，建筑面积17万平方米。同年，七里河社区举行旧居改造暨华龙路竣工典礼，建成居民楼30幢、建筑面积15万平方米，安置居民1800人。2001—2007年，辖区相继开发建设了富翔天地小区，一、二期建成多层高层建筑33幢，入住居民1600余户。2003年，泉印兰亭小区建成多层住宅7幢，399套。2004年年底，上海花园小区竣

图31-4 富翔天地小区（2005年摄）

工，共建居民楼47幢，有住房2300多套，占地面积17公顷。2007年年底，锦绣泉城小区竣工，建有高层6幢、小高层20幢，有住房2370套。

2002年7月，街道投资600万元实施的祝舜路一期工程竣工通车。2004年，街道投资4000万元，对华龙路、华能路、农干院路、工商所路等17条道路进行整修，总长8700米，栽植乔灌木11.67万株，新铺草地1200平方米。2006年，修建洪苑小区、七里堡南北区主干道1.1万平方米，更换两侧路沿石2200米，硬化5条楼前甬道共计1500平方米，粉刷街巷道路两侧墙面4500平方米，粉刷楼道6000平方米，栽植乔灌木3600株，新建绿地1500平方米。2007年，对东晨大街、农干院路、祝舜路等5条道路更换路沿石和人行道花砖。辖区先后开通30路、80路、113路、118路、201路公交车。

教育　2001年，有祝甸、辛甸、西周、七里河幼儿园4所，在园幼儿890人；有祝甸、七里河、西周小学3所，在校学生871人；教职工137人。同年9月，七里河社区居委会投资600万元，在七里河小区新建起七里河小学。2004年年初，祝甸社区筹资4700万元在上海花园东邻兴建九年一贯制的济南市历城双语实验学校。2005年9月，西周小学与祝甸小学并入济南市历城双语实验学校，设有教学班12个，在校学生715人，完成合班并校。2007年，有幼儿园10所，在园幼儿1348人；有历城双语实验学校和七里河小学2所学校，在校学生1145人；教职工303人。辖区有历城五中、山东省农业管理干部学院和山东省商业职业技术学院。

文化　卫生　2001年，各社区居委会均建有活动场所和文艺队伍。七里河社区建成中心公园和社区文化活动中心，总面积1.1万平方米，投资20万元组建起电声乐队、民乐队和腰鼓队，举办了1200人参加的首届全民运动会和“康乐杯”老年人运动会。春节期间，七里河、祝甸、辛甸、西周等社区邀请市京剧院、吕剧院、曲艺团等文艺团体演出10多场次。2004年，各社区加强文艺演出队伍阵地建设，七里河社区成立威风锣鼓队，化纤社区成立歌舞表演队。2005年，街道在各社区开展“五星级和谐社区”创建活动，社区文明程度不断提升。同年，台湾省台北市曲艺团到祝甸社区举行“两岸同曲”文艺大联欢，祝甸社区被中央文明委、文化部评为“全国文化先进社区”。2006年，祝甸社区、辛甸社区、七里河社区相继建成高标准的社区服务中心及文体活动中心，2007年，祝甸社区、辛甸社区被评为“省级文明社区”。

2001年，祝甸社区卫生服务站成立，有医务人员10人，面积600平方米。2002年，七里堡南北社区卫生服务站成立，医务人员10人，面积300平方米。2004年，济南市中心医院森特医院在祝甸社区落成使用。2006年9月，街道社区服务中心建成，为民服务大厅正式启用。2007年，街道辖社区卫生服务中心1个，有医务人员17人，建筑面积1100平方米，辖区有祝甸、七里堡南北、洪苑3个社区卫生服务服务站和森特医院，医务人员130人。

人民生活　2001年，居民年人均消费支出7499.35元。其中，食品支出2473.69元，衣着支出795.67元，家庭设备用品及服务支出595.98元，医疗保健支出652.49元，交通和通信支出897.56元，教育文化娱乐服务支出1369.78元，居住支出514.18元。居民人均住房面积22.8平方米。享受城市居民最低生活保障32人，私家车拥有率4.3%，宽带入户率16.8%。2007年，居民年人均消费支出11280.89元。其中，食品支出2788.23元，衣着支出1187.91元，家庭设备用品及服务支出1106.29元，医疗保健支出912.98元，交通和通信支出2178.21元，教育文化娱乐服务支出1704.89元，居住支出1402.38元。居民人均住房面积31平方米。享受城市居民最低生活保障368人，私家车拥有率43.7%，宽带入户率75.8%。

第二章 镇

第一节 王舍人镇

概况 位于历城区东部，东与郭店镇、董家镇接壤，北与华山镇、遥墙镇相连，西与全福街道毗邻，南与港沟镇和历下区智远街道交界，辖区面积59.62平方公里。镇机关驻地王舍人庄。1986年属济南市郊区，1987年5月划入历城区。辖5个办事处，38个行政村（33个自然村），有2.38万户，9.09万人，其中农业人口5.50万人。1987年，完成工农业总产值6252万元，实现财政收入213万元，农民人均纯收入792元。2005年10月，被中央文明委评为“全国文明村镇”。2006年，被国家统计局评为全国综合实力千强乡镇。2007年，辖5个办事处，38个行政村（33个自然村），有3.69万户，11.28万人。完成地区生产总值28.33亿元，实现地方财政收入1.91亿元，农民人均纯收入8200元。济青高速、胶济铁路穿境而过。辖区有省级文物保护单位大辛庄文化遗址、市级重点文物保护单位鲍叔牙墓和历城革命烈士陵园。

农业 1987年，有耕地面积3044公顷，农作物总播种面积5442公顷，完成农业总产值1952万元；农业机械总动力34304千瓦。20世纪80年代末，注重调整农业内部结构，扩大蔬菜种植面积，增加奶牛、生猪饲养数量，张马屯村、水坡村、东郊养猪场成为济南市的蔬菜、奶牛、猪肉三大农副产品供应基地。1999年始，深化调整农业产业结构，把奶牛业、花卉苗木业和大棚经济作为农业发展的三大主导产业。2000年，在冷水沟村建成王舍人镇奶牛养殖科技示范小区，小区占地面积50公顷，奶牛存栏数3000余头，是蒙牛、佳宝等奶业集团、公司的奶源基地之一，被中国奶业协会评为全国奶牛养殖示范小区。2001—2002年，建成济南市高科技农业示范园，新建大棚750个，占地面积40公顷，发展花卉苗木种植面积70公顷。2007年，全镇有耕地面积2027公顷，农作物总播种面积4229公顷，奶牛存栏1.37万头，完成农业总产值2.4亿元；农业机械总动力83953千瓦。

工业 1987年，辖区有济南钢铁集团总公司、济南炼油厂等大中型国有企业，各大中型企业带动和促进了该镇经济发展。同年，全镇有镇、村、户办工业企业、建筑业79家，从业人员5685人，完成工业总产值4300万元。1987—1994年，乡镇企业快速发展，开展了“管理效益年”“村办企业年”活动，全镇有济南电力开关厂、济南斯达乳品厂等镇、村办企业100余家，从业人员1万余人，有138个产品销往国内外。2000年起，对10余家镇属企业实行改制、破产和转产。2003年，建成占地面积113.3公顷的幸福柳工业园。2007年，全镇有各类工业企业、建筑业757家，从业人员1.85万人，固定资产7.1亿元，完成工业总产值13.2亿元，规模以上工业利税4.84亿元。

商贸服务业 1987年，有商贸服务业户650家，从业人员2500余人，完成社会商品零售额700余万元。1988年，镇政府投资400万元建成憩园宾馆。1990年，全镇5个办事处均建有集市。1993年5月8日，第一届全国种子交易会在王舍人种子交易市场举办。1995—2001年，建成永君钢材批发市场、齐鲁建材博览中心、鸿腾酒水批发市场、苏家综合贸易市场等10大综合及专业贸易市场，形成朝山街、坝王路等4条商业街，有供销商城等3处开放型购物中心。2004—2007年，引进并新建环联商务酒店、济南华联超市、苏宁电器、山东太平石材市场、济南茗茶批发市场等大中型商业企业、市场10多家。2007年，有商贸服务业户989家，从业人员5000余人，完成第三产业产值12.73亿元。

村镇建设　1988年，市环保局投资148万元，打深水井2眼，建起滩头水厂，解决了滩头地区10个村1.5万人吃水问题。1993年始，投资近亿元，先后拓宽改造铁骑路、钢化路、坝王路、朝山街等道路10余公里。1998年起，投资1亿多元，先后实施工业北路拓宽改造工程、幸福柳广场建设、教师安居工程等重点工程项目。拓宽白菜路、稻香路、开源路、水厂路、沙河路等7条道路。1999年始，张马屯、王舍人、宿家张马、苏家等10个村实施旧村改造。2006年2月，田园新城安置房项目开工奠基，总投资40亿元，占地面积360公顷。2007年，居民楼建筑面积达100万平方米。在全市率先实施“环卫进农村”工程，开展环境综合整治。

图31-5　幸福柳广场（2002年摄）

教育　科技　1987年，有幼儿园38所，在园幼儿1568人；小学25所，中学5所，在校学生9748人；教职工632人。同年，进行中小学校舍改造，实现校舍、课桌凳、院墙、校门、厕所、操场“六配套”。1989—1991年，投资320万元完成实验室、图书室、仪器室、阅览室“四室”建设。1993年、1995年，全镇基本普及九年义务教育和基本扫除青壮年文盲工作通过市政府、省政府达标评估验收。1998—2007年，完成中小学合班并校，总投资6000余万元新建王舍人实验小学、王舍人实验中学和滩头小学。2007年，有幼儿园16所，在园幼儿2020人；小学14所，中学1所，成人教育中心1所，在校学生6184人；教职工612人。辖区有济南市第十八中学。

1987年，有农民技术协会5个，农民技术员35人。1997—2000年，共获各类科技成果30多项。2000年，被评为山东省科普工作先进乡镇。2007年，有科技机构9个，专业协会8个，农民技术员680人。

文化　卫生　1987年，有镇文化站1个。辖区有济钢等单位的影剧院3座，书店2个。1992年，建成镇有线电视台。1995年，实现有线电视村村通。2000年，镇政府投资1200万元建设幸福柳广场，全镇有各类体育活动场所70多个，群众体育组织86个。同年，被评为第六批全国“亿万农民健身活动”先进乡镇。2007年，有村文化大院38个，庄户剧团15个，图书馆（室）藏书8万余册。

1987年，镇卫生院有医务人员63人，床位20张；有村卫生室38所，乡村医生88人。1994年，与济南市儿童医院联合成立济南市儿童医院东郊分院。2007年，镇卫生院有医务人员71人，年诊疗5万余人次；有村中心卫生室22所，乡村医生103人。辖区有济南市第三人民医院、济钢职工总医院、中铁十四局集团中心医院。

人民生活　1987年，全镇农村住房多为砖木混合结构，农民人均住房面积约30平方米。每百户拥有自行车123辆，缝纫机60台，电视机50台，摩托车10辆。20世纪90年代初，农村住房翻新率90%，房屋翻建为砖石结构或钢筋混凝土结构。2007年，农村居民人均住房面积40平方米，部分居民搬进楼房。户户通上自来水，互联网入户率20%，移动电话普及率超过50%，彩电、冰箱、摩托车普及家庭，私家车进入家庭。参加新型农村合作医疗5万余人，参合率95%以上；参加农村社会养老保险5600人，享受居民最低生活保障1109人。

第二节 华山镇

概况 位于历城区北部，东与遥墙镇接壤，北临黄河与天桥区大桥镇、济阳县崔寨镇相望，西与天桥区北园街道为邻，南与全福街道、王舍人镇相连，面积60.81平方公里。镇机关驻地洪家园村。1986年属济南市郊区，1987年5月划入历城区。辖5个办事处，46个行政村（65个自然村），有1.38万户，5.21万人，其中农业人口3.77万人。1987年，完成工农业总产值4059万元，实现财政收入229万元，农民人均纯收入792元。2006年，被国家统计局评为全国综合实力千强乡镇。2007年，辖6个办事处，46个行政村（62个自然村），有1.72万户，6.00万人。完成地区生产总值20.3亿元，实现地方财政收入7419万元，农民人均纯收入8450元。济青高速公路零点立交、济南绕城高速公路于此交汇，104国道、东外环路、北外环路从境内穿过。辖区有济南黄河公路大桥、“齐烟九点”之首的华山和72名泉的华泉。

农业 1987年，有耕地面积2623.18公顷，农作物总播种面积4308.82公顷，完成农业总产值1429万元；农业机械总动力22223千瓦。该镇北部为小清河与黄河间的平原洼地，灌溉便利，盛产黄河大米和莲藕。1987—1995年，镇政府投资1700万元，实施“济青公路两侧治理”“黄淮海开发”“沿黄荒滩开发”“良种基地开发”“吨粮田开发”等工程，打机井138眼，建防渗渠15公里，铺设地下节水管道2.5公里。1995年，建成三大特色基地，分别为：沿黄河的渔业养殖基地，沿荷花路的稻麦两作吨粮田基地，沿小清河的莲藕种植基地，总面积2137公顷。1997—1999年，实施小清河干流治理工程，新建、修复提水站28座；实施霍家溜引黄闸配套工程，沿黄万亩粮田全部实现自流灌溉，总投资1026万元。2001年，有蔬菜大棚3782个。2007年，围绕农业结构调整，发展旅游观光农业和农产品加工销售产业。全镇有耕地面积1930公顷，农作物总播种面积2577公顷，完成农业总产值9524万元；农业机械总动力60319千瓦。

工业 1987年，有镇村户工业企业256家，从业人员1280人，完成工业总产值2630万元。1988年5月，济南华山精密量仪厂生产的00级、000级工业平板、平台和三座标，获全国星火计划展销会银质奖。1989年，华山焊机厂生产的二氧化碳全自动节能电焊机被评为省级优秀产品。1993年，华山实业总公司生产的化工产品——溴化锂溶液，填补国内空白。该镇花岗石资源丰富，济南青花岗石享有盛名。1994年，山东省济南青花岗石集团总公司被评为全国1000家最佳经济效益乡镇企业。1987—2000年，对镇直14家、村办140家企业进行改组改制。2000年，成立镇矿山管理稽查队，对花岗石资源实行“统一规划、统一开采、统一运输、统一销售、统一结算”，当年完成开采量2.8万立方米。2007年，有工业企业817家，从业人员6536人，完成工业总产值9.3亿元。

商贸服务业 1987年，有商贸服务业户600

图31-6 盖家沟货运市场（2003年摄）

家，从业人员2400人，完成社会商品零售额450万元。1994—1995年，结合大桥路改造和荷花路拓宽，新建改建大桥路、洪园、坝子3条商业街，建成洪园、堰头等5个集贸市场。1996年始，在大桥路、将军路、荷花路、工业北路沿线，规划建设了山东黄河巨龙工程机械、济南佳园装饰材料、工业北路五金建材批发等市场8个。2002年，成立山东盖家沟国际物流有限公司。2003年10月，成立以物流业为核心的综合性企业集团。2006年，位于济南零点物流港园区内的华北区大润发物流中心二期项目开工建设，至2007年，零点物流港园区完成建筑面积20万平方米，有200家物流企业入驻，成为覆盖华北、华东、华南等地区的重要物流节点。至2007年，盖家沟物流基地吸引海尔、海信、美的、三联物流、安利、雅芳等500多家国内外知名企业入驻，该基地成为山东省规模最大、线路最多，集运输、仓储、配送、交易、商展、信息服务为一体的综合性物流园区。2007年，全镇有商贸服务业户300家，从业人员5600人，完成第三产业产值9.7亿元。

村镇建设　1987—1993年，按照济南市总体规划，实施镇驻地商品房开发，建设下店上宅式商品房。对前王庄十几个村庄进行统一规划，实施小康屋建设。1994—1995年，荷花路、胜利路等10条道路全部硬化、绿化。1997年，实施将军广场工程、绕城高速公路拆迁工程建设。1997—1998年，镇政府投资100万元，对荷花路重点路段、华山小公路西段和治黄路进行改造。2000年，投资280万元，实施“一环九射”工程，完成拆迁面积4.7万平方米。投资226万元，建起华山广场，占地面积2万平方米。2001年，投资600多万元，实施荷花路拓宽工程，铺筑、整修混凝土路面5.6万平方米。建设华山东路、北路及临港经济开发区内2条主要道路，全长12公里。2004年，投资1500万元实施自来水户户通工程。至2007年累计投资4500万元，完成“村村通公路”、村内主要街道“户户通”工程，建成镇村公路总里程183公里。投资2200万元，完成21个村的文明生态村创建任务，对镇驻地商业街进行了环境综合整治。至2007年，镇建委开发住宅楼15幢，盖家沟、高墙王、宋刘、西杨、姬家等11个村进行旧村改造，完成楼房建筑面积120万平方米。

教育　科技　1987年，有幼儿园37所，在园幼儿1869人；小学27所，中学6所，在校学生5667人；教职工399人。至1993年，镇政府累计投资1346万元，改扩建镇办中小学23所。1999—2003年，先后建成华山三中、北辛中心小学、镇中心中学，总投资3314万元。2007年，全镇完成合班并校后，全镇有幼儿园13所，在园幼儿1825人；小学9所，初中2所，在校学生5672人；教职工452人。至2007年，镇成教中心共开设培训班352期，培训人员3.19万人次，每年转移富余劳动力350人。辖区有历城第二职业中专。

1987年，有12个农研会，8个农业服务站，有科技人员23人。村村有科普组织，有科技示范户630户，形成镇、办事处、村、户四级科普网络。2007年，有科技机构3个，科技人员78人，农民技术员26人。推广的超高茬麦田套种水稻、无公害栽培、水稻富硒生物技术，取得良好的经济效益和社会效益。

文化　卫生　1987年，镇广播电视服务部有工作人员2人。1991—1993年，有7个村实现有线广播自动播出。全镇多个庄户剧团常年活跃在城镇农村。1994年，前王村庄户剧团的节目在中央电视台播出。2005年，王家闸庄户剧团被中宣部、文化部评为“服务基层服务农民”先进集体。2007年，有线电视村村通，实现市、区、镇联网。有村文化大院46个，藏书2.7万册。

1987年，镇卫生院有床位25张，医务人员53人；有村级卫生室46所，乡村医生72人。2001年，在坝子村、大桥路中段、卧西村、还乡店村、东杨村、王闸村设立院属门诊部。2006年，投资360万元对华山镇卫生院门诊楼实施改造。2007年，卫生院有医务人员72人，床位25张，年诊疗4.42万人次；有村级卫生室30所，医务人员93人。

人民生活　1987年，农村住房多为砖木混合结构，农民人均住房面积35平方米。2007年，住房多为砖石混合结构，人均住房面积75平方米。固定电话入户率85%，摩托车、拖拉机、农用三轮车、私家车拥有量占农户的78%，有线电视用户、互联网入户率分别为72.3%、36.7%。参加新型农村合作医疗4.02万人，参合率95%，全年为群众报销医疗费160余万元。参加农村社会养老保险25人。

第三节　遥墙镇

概况　位于历城区东北部，东与唐王镇相连，北与章丘市高官寨镇毗邻，西隔黄河与济阳县回河镇、崔寨镇相望，南与华山镇、王舍人镇、董家镇接壤，面积91.28平方公里。镇机关驻地遥墙村。1986年，辖56个行政村（74个自然村），有1.06万户，4.94万人，其中农业人口4.72万人。完成工农业总产值4057万元，实现财政收入114万元，农民人均纯收入599元。2007年，辖5个办事处，59个行政村（74个自然村），有1.56万户，5.13万人。完成地区生产总值15.52亿元，实现地方财政收入5598万元，农民人均纯收入7540元。辖区有济南遥墙国际机场。绕城高速、青银高速穿境而过。四风闸村是南宋抗金英雄、著名词人辛弃疾故里。济南市早期共产党员，开展农民、工人运动的领导人李敬铨籍属鸭旺口村。

农业　1986年，有耕地面积4302公顷，农作物总播种面积8153公顷，完成农业总产值3232万元；农业机械总动力15690千瓦。该镇以盛产遥墙莲藕、黄河大米而闻名，珍稀食用菌生产已形成规模。1988年，推进农业产业化结构调整，优化种植、养殖模式，形成“中藕、西粮、北菌、东菜”四大产业框架。2000年，随着黄淮海农业开发项目的推动，农业产业结构日趋合理，种植果树面积133公顷，大棚蔬菜266公顷。2006年，建起千亩万头奶牛基地，奶牛存栏数1.11万头。粮食生产推行夏秋双高产机械化播种技术，推广“四作四收”“五作五收”的立体种植模式，提高了粮食产量和经济效益。2007年，有耕地面积3521公顷，农作物总播种面积7993公顷，蔬菜播种面积1408公顷，食用菌养殖面积266公顷，大牲畜存栏1.45万头，完成农业总产值2.16亿元；农业机械总动力56822千瓦。

工业　1986年，有镇村户办工业企业39家，从业人员1150人，固定资产573万元，完成工业总产值825万元。1987—1995年，乡镇企业快速发展，建起历城区第二食品罐头厂、济南市遥墙

图31-7　济南荷柳风情园（2007年摄）

建委预制构件厂、历城锻造厂和张越家砖厂、云家村印刷厂等80多家镇办、村办企业。其中，历城区第二食品罐头厂生产的芦笋清汁、雪菜罐头远销日本，1993年，芦笋清汁获新加坡国际饮料博览会优质产品金奖。期间，通过外引内联，建起济南铸造材料实业总公司精细化工厂、济南宏利新型建材厂等6家“三资”企业，利用外资345万美元。1997年，引进日本希森美康生物制剂厂。此后4年间，以济南遥墙国际机场、济南临港经济开发区为依托，实施全方位招商引资，全镇逐步形成建材、铸造、制药、卫生、汽车配件制造业的产业格局。2005年，引进德国独资企业采埃孚转向机厂。2007年，引进台商独资企业台橡塑胶有限公司。同年，全镇有各类工业企业93家，从业人员2.22万人，完成工业总产值10.09亿元，规模以上工业利税6.06亿元。

商贸服务业　1986年，有商贸服务业户200家，从业人员500人，完成社会商品零售额600万元。20世纪90年代末，辖区相继建起遥墙、大陈家、张越家3条商业街和遥墙、王家2个农贸市场。2007年，有商贸服务业户321家，从业人员7216人，完成第三产业产值3.27亿元。

村镇建设　1988年，成立镇建委及区建筑安装公司第五分公司。1994年，确定并实施小城镇建设的“三个一”工程，即一条商业街，一处农贸市场，一处工业小区。至1995年，镇政府累计投资2500万元，铺设沥青路里程39.7公里。1995—1999年，辖区建起上宅下店式二层商品楼、住宅楼、办公楼、教学楼、商厦共186幢，总建筑面积12.3万平方米。2003年起，实施旧村改造和商品房开发，陆续建成安居工程小区、景秀苑、荷花苑、粮所宿舍等居民小区。2004年，该镇被省政府确定为小城镇建设中心镇，2005年，被国家发改委、建设部等六部委列为全国重点镇。2006年，投资1900万元，完成集中供水工程，解决了群众和驻地单位的吃水问题。同年，临港经济开发区控制性详规通过专家评审验收，该镇被省政府授予“环境优美乡镇”称号。2007年，开展“十村千户生态家园富民工程”，帮助609户村民建起沼气池，1000户村民安装上太阳能，打造出赵何、范家、西大郭3个市级样板示范村。至2007年，全镇投资近5亿元，修筑荷花路、稼轩路、临唐路、临港经济开发区A区路网及B区“两横一纵”路网20余条道路，架设园区路桥、朝阳桥和巨野桥桥梁3座，镇级公路里程达100余公里，并与青银高速路、济南绕城高速路、102省道联网。境内开通有97路、310路、316路公交车。

教育　科技　1986年，有幼儿园37所，在园幼儿713人；小学17所，联中6所，在校学生5278人；教职工577人。同年8月，历城三中归遥墙镇管理，更名为遥墙中学，在校学生324人，教职工46人。1991年，河套联中、杨史联中并入遥墙中学，完成合班并校。2002年起，镇成教中心注重结合实际开展短期培训，先后组织劳动力转移培训、阳光工程培训44期，培训人员5084人。1992年、2007年，两次被评为全国农村成人教育先进单位。2007年，有幼儿园15所，在园幼儿1385人；小学7所，中学1所，镇成教中心1所，在校学生5326人；教职工422人。

1986年，有科技机构1个，科技人员3人，农民技术员10人。1989年，成立镇农科教中心。至1995年，逐步形成科技推广站、农科教培训中心、科技示范户为主的科技网络。2007年，有科技机构10个，科技人员307人，农民技术员165人。

文化　卫生　1986年，成立镇文化站、广播站各1个，工作人员5人。该镇文化底蕴深厚，书法绘画爱好者众多，遥墙籍的书画名家有陈玉圃、康庄、张宝珠等。群众性文化活动有广泛的基础，1997年始，每年举办民间艺术调演活动，丰富群众文化生活。2001年，镇广播电视站与区广播电视局联网，能收看38个频道的电视节目。2002年、2003年，农民康玉茂先后获全省吕剧戏迷大赛金奖、“山东省戏曲票友大奖赛”三等奖。2006—2007年，遥墙庄户剧团连续4次参加泉城广场文艺调演。2007年，有42个文化大院，藏书1.5万册。

1986年，遥墙卫生院有医务人员47人，床位30张；有村级卫生室42所，医务人员63人。1987年，卫生院由遥墙村里迁至村西，新建病房楼1栋，建筑面积2100平方米。1994年，经市验收评审镇卫生院达到一级甲等医院标准。2007年，卫生院有医务人员71人，床位20张，年诊疗27858人次；村级卫生室36所，医务人员87人。

人民生活　1986年，农村住房多为土坯房，砖瓦房占23%，农民人均住房面积13平方米。2007年，95%以上的农户建起砖石混合结构的平房住宅，18%以上农户盖起楼房，人均住房面积35平方米。全镇实现水、电、路、电话、有线电视“五通”，有线电视用户1.34万户、互联网用户840户，入户率分别为96%、6%。581人享受居民最低生活保障，发放低保金59.4万元，为5户残疾人家庭建起新房。居民缴纳农村社会养老保险费4.5万元。参加新型农村合作医疗人员4.38万人，参合率94%。

第四节　唐王镇

概况　位于历城区东北部，东与章丘市龙山街道相连，北与章丘市高官寨镇交界，西与遥墙镇接壤，南与董家镇毗邻，面积72.74平方公里。镇机关驻地韩东村。1986年，辖46个行政村（43个自然村），有1.31万户，5.81万人，其中农业人口5.75万人。完成工农业总产值6211万元，实现财政收入124万元，农民人均纯收入568元。2007年，辖6个办事处，46个行政村（43个自然村），有1.72万户，5.97万人。完成地区生产总值10.08亿元，实现地方财政收入393万元，农民人均纯收入6856元。

农业　该镇是传统农业大镇，是济南市重要的农副产品生产供应基地，以盛产“唐王大白菜”闻名遐迩。1986年，有耕地面积4842公顷，农作物总播种面积9546.6公顷，完成农业总产值4905万元；农业机械总动力26421千瓦。1986—1995年，打配套机井2030眼，铺设防渗渠道5公里，有效灌溉面积4780公顷。1996年始，把蔬菜生产作为农业的主导产业，建起镇绿色农业发展中心、放心菜生产基地、蔬菜配送中心。1998—2000年，争取世界银行项目资金与自筹资金180万元，完成卢家、井家、康家节水灌溉一、二、三期项目。2000年始，坚持“南抓设施北拓面积”的蔬菜生产战略，形成南北两片万亩无公害蔬菜基地。2001年，推行农业标准化生产，采用杀虫灯、防虫网等虫害防治技术，在全市率先引进频振式杀虫灯，灯控面积666.6公顷。2002年10月，注册“唐王”牌放心菜商标，购置无公害

图31-8　唐王大白菜节（2007年摄）

蔬菜检测仪器设备，全镇有无公害农产品、绿色食品7个种类。2005年，全镇累计培育发展农业龙头企业7家，先后引进华达园林、济钢园林等企业，带动发展苗木专业户40余个，全镇苗木种植面积866.6公顷。2005年8月，被命名为山东省花木强镇。2007年，有耕地面积4778公顷，完成农业总产值3.47亿元；农业机械总动力51262千瓦。

工业　1986年，有镇村户办工业企业54家，从业人员2233人，固定资产738万元，完成工业总产值1306万元，实现利税94万元。1986—1995

年，加快发展乡镇企业和个体私营经济，建起电力辅机厂、真空镀膜厂、周佳实业总公司、济南市卫生纸厂、唐王家具厂等10多家企业。1996年，对唐王家具厂、唐王塑料厂实施租赁承包，镇电力辅机厂、真空镀膜厂改制为私营企业。1997年，全镇形成陶瓷、纸业、加工业为支柱的综合产业。2001年，建立招商引资工作机制，促进民营经济发展，引进了绿霸化学品公司、博扬塑料制品公司，建起合成塑料厂、华丽真空镀膜厂等多家民营企业。2007年，有规模以上工业企业19家，个体私营企业230家，从业人员5000人，完成工业总产值3.67亿元。

商贸服务业　1986年，有商贸服务业户45家，从业人员200人，完成社会商品零售额500万元。1990年，唐王供销社建成建筑面积1500平方米的综合营业楼，老僧口村建起商业街。2001年，投资600万元，在镇驻地建起以龙泉大厦、供销商城、玉龙商厦为主的商贸中心，韩东、韩西两村建成商业综合楼。2005年，供销社投资160万元扩建新合超市。全镇建成东张、崔家、娄家、南北殷等9条商业街，发展起韩西隆泰鑫家具商城和东张鑫特鑫综合商城。2007年，有商贸服务业户945个，从业人员3200人，完成第三产业产值2.9亿元。

村镇建设　1986年，镇政府投资26万元建起3层办公楼。1990年，投资300万元拓宽韩家庄大街，建成北至韩辛村的龙泉大街。1992年，该镇被省建委评为山东省新型乡镇。1999年起，投资200多万元，完成镇驻地商住街一、二期工程。同年，对唐王集市加强整治，对占道经营摊点实施退路进厅，使龙泉大街、临唐路边的摊位全部进入东张商贸区。2001年，周家村实施旧村改造，建起住宅楼4幢，安置村民120户，总投资1000万元。同年，教师安居工程宿舍楼竣工，投资600万元。2002—2003年，完成唐王至临港路、唐王渔场至荷花路、龙泉路至小清河的道路建设，完成孙—唐路跨济青高速立交桥延长2公里建设工程，总投资2500万元。2003年，完成村村通公路工程，共修筑道路73条，公路里程110公里。全镇成立38人的专职保洁队伍，负责镇域内主要干道的全天保洁。2006—2007年，开展文明生态村镇建设，实施“三化一建”（道路硬化、绿化、净化、建文化大院）工程，共完成“户户通”硬化道路29条、面积23.57万平方米。

教育　科技　1986年，有幼儿园36所，在园幼儿742人；小学32所，初中6所，在校学生6596人；教职工376人。1992年，筹资60万元，建起24间中心小学教室，并配齐“四室”。1993—1994年，筹资500万元建成娄家中学、唐王中学和中心中学教学楼。1995年，通过省“两基”工作评估小组达标镇验收。1996年起，投资280万元，新建和改建校舍9所。2001年3月，唐王镇中心小学、娄家中学、唐王中学更名为唐王第一中学、唐王第二中学、唐王第三中学，同年，唐王三中与唐王一中合并，成立唐王一中，完成合班并校。同年12月，通过市教育示范乡镇达标验收。2007年，有幼儿园13所，在园幼儿1642人；小学7所，中学2所，在校学生4851人；教职工356人。有镇成人教育中心1所，学员165人，教师23人。

1986年，有科技机构7个，科技人员10人，农民技术员164人。1991—1992年，建起镇农业科技楼和农科教培训中心。1996—1999年，大白菜周年栽培及供应技术开发项目，获1999年济南市科技进步一等奖。2003年，建立唐王镇蔬菜科普示范基地。2005年，全镇建有高标准科普宣传栏50个，实现科普“村村通”。2007年，有科技机构10个，农民技术研究会12个。科技人员16人，农民技术员330人。

文化　卫生　1986年，有镇文化站、广播站各1处，工作人员5人，文化专业户87个。每年春节、元宵节期间，各村都自发组织玩龙灯、踩高跷等民间扮玩活动，10多支庄户剧团活跃在城镇乡村。全镇有书画社3个，书画爱好者100余人。1996年，颜家村庄户剧团表演的“抬芯子”“舞龙灯”获省、市民间艺术调演一等奖。2006年，唐王“抬芯子”被列为济南市首批非物质文化遗产名录。2007年，全镇有文化大院5个，藏书0.7万册。同年，娄家村娄家祠堂被命名为市级文物保护单位，区级文物保护单位龙泉寺位于镇中心小学。

1986—1987年，镇卫生院建成二层门诊楼，建筑面积1500平方米，有医务人员46人；有村级卫生室86所，乡村医生86人。2007年，卫生院于唐东村征地1.76公顷，投资600万元，建起建筑面积6400平方米的门诊病房综合大楼，有医务人员49人，床位60张，全年诊疗42343人次；有村级卫生室37所，乡村医生111人。

人民生活　1986年，农村住房大部分是土坯房，砖瓦房占房屋总数的20%，农民人均住房面积30平方米。全镇有手摇电话112部，家庭电话空白。1996—2002年，部分村建起2层楼房。2006年，完成集中供水工程，实现户户通自来水。2007年，多数村民对房屋进行修建，多以2层楼房为主，人均住房面积45平方米。96%的农户用上煤球、液化气、电磁炉等，150户用上沼气，20%的户用上太阳能。有线电视用户6219户，入户率43%，互联网用户1000余户，入户率4%。全镇有轿车1500辆，程控电话1.1万部，移动电话1.5万部，有10%的农民外出旅游。参加新型农村合作医疗5万余人，参合率为83%。

第五节　董家镇

概况　位于历城区东北部，东与章丘市龙山镇接壤，北与唐王镇、遥墙镇相连，西与王舍人镇毗邻，南与郭店镇、孙村镇交界，面积64.45平方公里。镇机关驻地董家村。济青高速公路横穿东西，南靠省道102线、胶济铁路，济南绕城高速、机场路纵贯南北。1986年，辖49个行政村（51个自然村），有1.02万户，4.54万人，其中农业人口4.13万人。完成工农业总产值5078万元，实现财政收入203万元，农民人均纯收入486元。2007年，辖4个办事处，49个行政村（52个自然村），有1.32万户，4.71万人。完成地区生产总值13.28亿元，实现地方财政收入3213万元，农民人均纯收入7280元。

农业　1986年，有耕地面积4067公顷，农作物总播种面积7006公顷，完成农业总产值3204万元；农业机械总动力19062千瓦。1986—1995年，实施农田水利基本建设，集中开发“黄淮海”平原农业项目，全镇投资370万元进行水、田、林、路综合治理，形成水利设施配套、农田保护网渠健全的格局。注重发展以大棚设施生产为主的高效优质农业，引进资金、良种和先进技术，着力发展名、优、新、特、稀农副产品。张而庄、张安村的冬暖棚草莓经省市专家鉴定为国内先进水平，张而庄“优夏王”夏季白菜，被农业部种子课题组鉴定为国内领先水平。1996年起，全镇农业逐步实现专业化生产，规模化经营、社会化服务和企业化管理，特别是在瓜果、花卉生产上，运用生物工程原理，推广应用国内外高新农业技术，发展精细农业生产。先后推广应用日本EM生物技术，以色列微滴灌技术，有色膜覆盖技术和脱毒苗木、高垄密植、阳

图31-9　草莓采摘（2007年摄）

光温室、立体种植等技术，实施大棚草莓、大棚油桃、大棚无籽西瓜、洋香瓜、大棚花卉等特色主导产品开发。2000年，投资100万元建成张而草莓专业批发市场。2001年、2003年，张而特色品牌基地先后被命名为济南市科技兴农示范园和山东省星火科技示范基地。2005年，该基地通过国家级万亩无公害草莓生产基地认证。2007年，全镇草莓大棚种植面积1333公顷，辐射带动十几个村庄近5000户农民从事草莓种植，草莓年产量达3.7万吨、产值4亿元，为董家镇赢得“草莓之乡”“亿元草莓镇”和济南市“农业结构调整第一镇”的美誉。全镇有冬暖式大棚2万个。同年，全镇有耕地面积3431公顷，农作物总播种面积6488公顷，完成农业总产值2.52亿元；农业机械总动力33726千瓦。

工业　1986年，有镇村户办工业企业35家，从业人员1521人，完成工业总产值1974万元。至1995年，全镇形成造锁、铜材、化工、电器、机械加工、食品酿造和建筑建材等10多个门类的主导产业。1998年，通过拍卖、租赁、兼并等形式，对镇直企业进行改制，改制后各企业加大科技投入和技术改造，取得多项科技成果。2002年，济南潜力化工厂研制的QF-111耐高温、高强度铸造用酚醛树脂获中国铸协科技成果奖、农业部科技进步一等奖。先后引进济南华美电光源有限公司、北京万发炉业制造中心、济南杨柳木制品有限公司等30家企业。辖区规划建设了以钢材物流、建材炉具等为主的东部工业园区；以生物制药、废钢加工为主的中部工业园和以机械制造、钢材加工为主的西部工业片区。片区有济南永泰工贸中心、天合惠世、济南重工、鲍德永君翼板等企业，全镇形成较为齐全的工业体系。2007年，有工业企业185家，从业人员5120人，完成工业总产值9.67亿元。

商贸服务业　1986年，有商贸服务业户125个，从业人员290人，完成社会商品零售额1000万元。1994年，董家村、谢家屯村、柿子园村、张而村建成商业街，经营业户不断聚集，带动起辖区的商业发展。2006年，山东德润源物资经营有限公司、济钢新事业钢材贸易有限公司、济南钢铁集团总公司钢材超市在五里堂周边形成以钢材批零贸易为主的特色市场。同时，通过组织参加历城旅游暨特色农产品展示招商会、举办草莓、油桃采摘节等多种活动，带动了该镇农业观光旅游业发展。2007年，农业观光采摘实现综合收入80万元。同年，全镇有商贸服务业户1330家，从业人员4500人，完成第三产业产值1.08亿元。

村镇建设　1986年，辖区基础设施较为落后，道路多为泥石混合路面。1995年，投资500万元，完成郭唐公路董家路段拓宽工程。1999年，投资160万元在镇驻地安装高标准路灯150盏，对道路实施了美化、绿化。2000年10月，建成镇中心广场。2002—2005年，拓宽改造温梁路、郭唐路（董家段）、机场路，总投资8100万元。2005年，实施文明生态村镇和环境综合整治，有20个村被评为区级文明生态村。全镇实现公路、公交车、自来水“村村通”。2006年，荣获“省级环境优美乡镇”称号。至2007年，全镇先后建成教职工宿舍楼、办公楼，建筑面积6100平方米；张而村、甄家村、柿子园村分别建起小康居民楼480余幢。

教育　科技　1986年，有幼儿园27所，在园幼儿1905人；小学30所，初中5所，在校学生5730人；教职工446人。1992年建成镇成教中心，有教职工11人。2004—2006年，完成合班并校，累计投入1000万元，加大学校软硬件建设，学校办学条件明显改善，幼儿园、中小学均达到省级规范化学校标准。2007年，有幼儿园9所，在园幼儿1015人；小学9所，初中2所，在校学生4001人；教职工334人。镇成教中心有学员501人，专职教师4人。辖区有省重点学校历城二中和济南稼轩初级中学。

1986年，有科技机构8个，村级科普组织65个，农业技术人员1534人。1995年起，全镇初步健全以农技部门、农业龙头企业、科技示范户、专业大户、农业科技示范园区、村级农民技术员等组成的农业科技推广体系。至2002年，先后引进小麦、玉米、西瓜、蔬菜、草莓等新品种40多个。2007年，建成核心面积333公顷，辐射面积1333公顷的农业科技示范园，建立各类示范点51个，发展示范户1500个，成立协会合作社组织20余个。有各类科技机构4个，科技人员110人。

文化 卫生 1986年，成立镇文化站、广播站、有线电视转播站各1个，工作人员12人，有村文化大院30个。2004年始，连续举办三届“魅力历城董家镇万人品桃暨油桃王评比大赛”。对庄户剧团加大扶持和管理，赵家桥、姚家、江家、邢家等村成立庄户剧团。2006年、2007年开展非物质文化遗产调查工作，搜集、整理了“福顺酱菜制作技艺”“历城明式传统家具制作技艺”2个项目。2007年，全镇有文化大院40个，藏书5万册。

1986年，董家卫生院有床位50张，医务人员83人；有村卫生室78所，乡村医生99人。1993年，经市验收评审达到一级甲等医院标准。1999年始，实行农村卫生组织一体化管理，统一建立16个中心卫生室和5个分室。2007年，卫生院有医务人员77人，床位30张。全年诊疗29500人次；有村卫生室22所，乡村医生69人。

人民生活 1986年，农村房屋多为土坯房，砖瓦房约占31%，农民人均住房面积18.2平方米。至2000年，85%以上的农户建起砖石混合结构的平房，部分村民建起新楼房。2007年，摩托车、三轮车等机动车辆入户率达到80%以上，彩电、冰箱，电话、手机普及率为96%。有线电视用户7880户，入户率67.35%，互联网用户2100户，入户率17.9%。参加新型农村合作医疗3.7万人，参合率99%。

第六节 郭店镇

概况 位于历城区东部，东、北与董家镇接壤，西与王舍人镇相连，南与港沟镇、孙村镇毗邻，面积59.78平方公里。镇机关驻地郭西村。胶济铁路、省道102线、济南绕城高速、机场路穿境而过。1986年，辖29个行政村（24个自然村），有7073户，3.51万人，其中农业人口2.84万人。完成工农业总产值3211万元，实现财政收入106万元，农民人均纯收入647元。2006年，被国家统计局评为全国综合实力千强乡镇。2007年，辖5个办事处，31个行政村（24个自然村），有1.38万户，4.43万人。完成地区生产总值14.25亿元，实现地方财政收入6118万元，农民人均纯收入8150元。

农业 1986年，有耕地面积2451公顷，农作物总播种面积1765公顷，完成农业总产值1902万元；农业机械总动力15019千瓦。1990—1992年，完成武家群井工程，对山水林田路综合治理。1996年始，农业结构调整步伐加快，在济青公路、胶济铁路两侧，建设了大棚经济精品园。精品园包括山前甜油桃示范基地、武家红提葡萄示范基地和耿家草莓生产基地。还建设了花卉苗木和经济作物种植基地，扩建养殖小区8个。2002年，注册“东诚”牌无公害农产品商标。至2007年，有市级农业龙头企业3个，粮食协会1个，设施农业666公顷，花卉苗木400公顷，全镇形成优质粮食、特色林果、花卉苗木、畜禽养殖都市农业发展格局。2007年，有耕地面积1711公顷，农作物总播种面积1365公顷，完成农业总产值9849万元；农业机械总动力37260千瓦。

工业 1986年，有镇村户办工业企业90家，从业人员2889人，完成社会商品零售额1309万元。1990年起，乡镇企业迅速发展，推动了镇域经济发展。1999年，对5家镇直企业实施改制。至2001年，先后引进鲍德炉料公司、济南中大瑞源有限公司等投资1000万元以上项目15个。依托济钢集团等驻地大企业，发挥交通优势和区位优势，优化投资环境，吸引一大批钢铁上下游生产企业落户该镇，使冶金钢铁产业成为全镇经济发展的主导产业。济南镁碳砖厂有限公司、天拓建设、中大瑞源等民营企业发展规模和生产效益不断提升。2007年，有工业企业196家，从业人员6000人，完成工业总产值9.8亿元，利税4.9亿元。

商贸服务业　1986年，有商贸服务业户100家，从业人员200人，完成社会商品零售额200万元。1995年，抓住济南城区向外拓展的机遇，在镇驻地建起商业楼和50多个商业网点。1996—2001年，建起郭东装饰建材市场、供销社商业楼、郭店和合二农贸市场。引进三联家电、济铸商场、洪楼百货超市等12家商场超市，全镇初步形成镇驻地商业街为中心、沿省道102线向周边村居延伸的商贸发展格局，服务范围辐射周边5个乡镇。2002年，发挥镇域交通便利的优势，大型专业市场、交通物流业形成较大规模。全镇形成“西部钢铁物流区、中部商贸服务区、东部生产资料仓储区”的发展布局。2007年，园区内聚集了中大瑞源、东华德信、旭升物资等10余家钢材销售企业，年销售额30亿元。带动了安丰汽运、顺兴汽运、伟士达汽运等运输企业10多家，年配送额35亿元，利税2000万元。2007年，有商贸服务业企业135家，从业人员2400人，完成第三产业产值3.46亿元。

村镇建设　1986年，制定城镇规划，建设镇内道路，至1995年，先后完成济青公路韩仓段、郭店至十里堡、郭店至唐冶、郭店至唐王和机场路拓宽改造工程，公路里程170公里。新建铁路立交桥1座。2001年，完成十里堡至唐王、济青公路郭店段和锦平段、程家庄至彭家庄道路拓宽改造工程。同年，济南绕城高速公路东线建成通车，建成互通式郭店立交桥。投资300万元实施容貌工程、绿化工程、小城镇综合治理工程等，硬化进村路及村内道路80余公里。2002—2007年，完成省道102线拓宽改造，建成机场路、郭唐路、虞山东路、孙唐路和5条进村道路，道路里程55公里，完成境内主干线的美化绿化，安装路灯1000盏。

1986年前，镇驻地仅有供销社二层楼房1座，镇机关租用村房办公。1986—1995年，镇内建起办公楼、电信楼、商业楼，实施商品楼开发，楼房建筑面积7.54万平方米。2000年，被济南市规划为省会东辅城。同年起，抓住建设唐冶新区和规划郭店片区的发展机遇，规划实施村庄整合，将28个行政村规划为郭店小区、钢城新区、唐冶新区、高新片区、虞山小区5个整合点。至2001年，胥家村完成旧村改造。2002—2007年，建成第二行政办公区，以郭店小区为中心，相继完成郭西、刘家、郭东、相公4个村整合，总投资6亿元，完成住宅楼建筑面积50万平方米；济钢周边4村整合工程开工建设；唐冶新区7村整合工程完成户型选择。2007年10月，高新片区3村安置点1号、2号安置楼开工。同年，虞山小区8村村庄整合工程开工；山前村旧村改造工程，建起住宅楼10幢，建筑面积5万平方米；曹家馆村开工建设安置楼8幢；十里堡新农村建设示范点工程，建设生态型新农村住宅80多套，2008年6月建成。

图31-10　相公庄吉祥苑小区（2007年摄）

教育　科技　1986年，有幼儿园23所，在园幼儿1141人；小学23所，初中3所，在校学生4320人；教职工305人。1987—1995年，镇政府投资1800万元，实施校舍改造、合班并校，先后建成镇中心小学、镇中学实验楼和餐厅、中心幼儿园与小学餐厅综合楼。2000年，全镇校舍基本实现楼房化。镇成人教育中心、镇中学、镇中心小学通过省级规范化学校达标验收。2007年，有幼儿园13所，在园幼儿1313人；小学7所，中学1所，在校学生3918人；教职工328人。有镇成教中心1所，教职工8人。辖区有省冶金技校、省竞技体校、济南第二师范学校（2001年改为省实验中学东校）、历城职业中专。

1986年，有科技机构10个，科技人员580人，其中农民技术员380人。1986—1995年，围绕发展“两高一优”农业，推广新技术50项。济南镁碳砖厂研制开发的优质镁碳砖获省科技进步奖。1995年，举办科技培训班14期，培训2122人次。有219人获中央、省农业广播学校毕业证书。2007年，有科技机构16个，科技人员763人，其中农民技术员526人。

文化 卫生　1986年，有镇文化站、广播放大站各1处，工作人员4人。每年春节元宵节期间，镇村都开展踩高跷、舞龙灯、玩旱船、抬芯子等群众文化活动。组织参加“魅力历城”文化旅游年活动，举办“魅力历城”郭店专场文艺演出。至2007年全镇共举办书画、摄影展17次，展出作品1250件。全镇有村文化大院31个，藏书2万册，有文化专业户50个，群众业余文化团体12个。

1987年，镇卫生所有10间平房，医务人员12人；有村卫生室29所，乡村医生45人。1994年，镇卫生院经市验收评审达到一级甲等医院标准。2007年，投资1500万元移址虞山大道北侧新建镇卫生院，2008年6月建成使用。有科室16个，医务人员54人，年诊疗14307人次。

人民生活　1986年，农村住房多为土木混合结构，农民人均住房面积20平方米。2002—2007年，镇劳保所与镇成教中心、历城职业中专，组织失地农民就业培训4500人次，劳务输出3543人。2007年，全镇30%的村民搬进楼房，人均住房面积25平方米，每百户拥有汽车10辆，有线电视、手机、彩电、冰箱基本普及，宽带入户率为40%。投资200万元完成虞山集中供水工程，实现自来水“户户通”。参加新型农村合作医疗2.98万人，参合率95%。参加农村社会养老保险780人。

第七节　港沟镇

概况　位于历城区东南部，东与彩石镇相接，北与孙村镇、郭店镇、王舍人镇相连，西与历下区智远街道、龙洞街道毗邻，南与西营镇、仲宫镇锦绣川办事处、市中区十六里河街道交界，面积127.85平方公里。镇机关驻地潘庄村。济南绕城高速、经十东路贯穿境内。1986年，辖40个行政村（45个自然村），有1.25万户，5.44万人，其中农业人口5.26万人。完成工农业总产值4863万元，实现财政收入111万元，农民人均纯收入512元。2002年始，南胡、北胡、小汉峪、大汉峪4个行政村由济南高新区代管；章灵丘一、章灵丘二、章灵丘三、安家庄4个行政村由三联集团代管。2006年，被国家统计局评为全国综合实力千强乡镇。2007年，辖6个办事处，40个行政村（45个自然村），有1.77万户，8.17

图31-11　蟠龙山龙洞（2005年摄）

万人。完成地区生产总值9.95亿元，实现地方财政收入6088万元，农民人均纯收入7389元。镇内有“江北第一洞”之称的蟠龙山龙洞，位于芦南村南云台寺中的摩崖石刻佛像保存完好，并载入《中国石刻佛像》一书，位于西邢村的灵鹫寺为全国四大灵鹫寺之一。

农业　1986年，有耕地面积4963.6公顷，农作物总播种面积5138.6公顷，果树种植面积175公顷，完成农业总产值3578万元；农业机械总动力12514千瓦。1986年始，调整种植结构，推广“两高一优”作物，实施南抓林果北抓粮的工作措施，至1995年，投资2000万元进行农田水利基本建设，完成狼猫山水库神武灌区配套工程、东北洼千亩果园、济王公路两侧改貌建设，改善灌溉面积201公顷。同时，进行荒山大户承包，开展全民义务植树活动，完成绿化保泉一期工程和配套设施建设，基本完成灭荒任务。2000—2001年，绿化荒山166.7公顷，退林还果546公顷，荒山绿化率为70%。2001年，全镇确定“南抓干果生产，北抓花卉苗木，大力发展畜牧养殖业”的农业发展思路，成立冶河村优质薄皮核桃协会、大官村花卉苗木协会和马家村红芽香椿专业合作社，红芽香椿、大红袍花椒、香玲薄皮核桃三大特色农产品逐步走向产业化经营。2007年，有耕地面积2655.9公顷，农作物总播种面积5294公顷，猪、牛、羊存栏量分别为2.28万头、7413头、2.16万只，干鲜果品总产量777吨，完成农业总产值1.26亿元；农业机械总动力2.59万千瓦。

工业　1986年，有镇村户办工业企业34家，从业人员680人，完成工业总产值1285万元。至1995年，港沟村、安家庄村分别建起年产能力4.4万吨的水泥厂，全镇有采石场300个，石灰厂、石料厂200个，季节性从业人员达万人。2002年，为保护空气质量，治理环境污染，水泥厂、石料厂相继关停。至2007年，先后引进过亿元的项目，有力诺光伏电池项目、力诺物流中心等10个项目。2007年，有规模以上工业企业16个，完成工业总产值4.98亿元，实现利税1.6亿元。

商贸服务业　1986年，有商贸服务业户41家，从业人员200人，完成社会商品零售额120万元。20世纪90年代，个体运输业发展迅速。港沟商业街和专业批发市场基本形成。1996年，制定《关于鼓励招商引资加快个体私营经济发展的优惠政策》，倡导农民经商，发展第三产业。引进资金4500万元，对蟠龙山、朱凤山、云台寺、迪瑞华生态旅游观光园4个旅游景点进行开发。2006年，投资250万元潘庄商住街进行综合整治。借助唐冶新城区、第十一届全运会比赛场馆等重点工程建设，引导农民发展交通运输业和服务业。依托驻地大专院校、大企业，带动促进了全镇餐饮业发展。2007年，有商贸服务企业89个，个体商户684家，完成第三产业产值3.7亿元，其中旅游收入7272万元。

村镇建设　1986年，镇基础设施比较薄弱。1997年，抓住济南绕城高速公路、经十东路拓宽改造等有利时机，加快小城镇规划建设。2000年，镇驻地相继建起办公楼、住宅楼、健身广场，总投资1.06亿元。2001年，潘庄、田庄建成居民楼6幢。济莱高速公路、世纪大道、旅游路、唐冶新城、第十一届全运会比赛场馆等省市区重点工程相继动工。先后引进三联凤凰城、永大颐和园、保利花园、山东火炬等房地产项目。2005年始，开展文明生态村镇创建，硬化道路61万平方米，完成硬化路面“户户通”工程，镇村总投资2135万元。2007年，全镇道路绿化面积1148万平方米，粉刷墙壁28万平方米，修建卫生公厕31座、垃圾池115个。

教育　科技　1986年，有幼儿园40所，在园幼儿529人；小学40所，中学9所，在校学生5708人；教职工542人。20世纪90年代，共投资5000万元，完成合班并校和改建扩建校舍。2004年，港沟镇中学通过省级达标验收。2005年，投资220万元对全镇小学图书室、实验室仪器设备等进行充实，全部达到省级一类标准。2007年，有幼儿园24所，在园幼儿1238人；小学9所，中学1所，在校学生4036人；教职工412人。有镇成人教育中心1个，专任教师5人，在职进修大专、本科学生124人。

1986年，有科技机构2个，科技人员75人，其中农民技术员40人。2000年，在章锦村进行鲜食地瓜品种试验取得成功，选育出94464和川山紫黑地瓜并进行推广。建成高科技农业示范园1个，引进小麦、玉米、地瓜以及生猪、波尔羊等新品种32个。2007年，有科技机构8个，科技人员310人，其中农民技术员267人，农民技术研究会16个。

文化 卫生　1986年，有镇文化站1处。1992年，投资30万元建起镇文化中心楼，成立农民业余说唱团，说唱节目《选地基》被省艺术中心拍成电视舞台剧。1997年，镇文化站被省文化厅、人事厅评为全省农村文化节工作先进集体。1999年，挖掘港沟民间舞蹈——梆鼓秧歌，有兰峪村秧歌队排练的梆鼓秧歌在杭州市举办的全国民间舞蹈大赛中获“山花奖”。2000—2007年，组织各类演出102场次。2007年，有村文化大院32个，藏书4万册，有业余剧团7个。

1986年，镇卫生院有医务人员23人，床位30个；有村卫生室11所，医务人员24人。1986始，投资250万元，加强村卫生室建设，至1995年，村村设有卫生室，医务人员128人。1996—1999年，投资156万元，改建港沟卫生院。2007年，卫生院有医务人员27人，床位30个，年诊疗3.82万人次；有村级卫生室40所，医务人员217人。

人民生活　1986年，农村住房以土坯房为主，砖瓦房占35%，农民人均住房面积10平方米。每百户有自行车47辆、钟表72只。2007年，农民住房以砖石混合结构为主，人均住房面积20.18平方米，每百户拥有摩托车80余辆、电话92部、手机130部，彩电120台。有线电视入户率93.7%，互联网入户率6%。参加新型农村合作医疗4.2万人，参合率97%。参加养老保险1105人。

第八节　彩石镇

概况　位于历城区东南部，东与章丘市曹范镇相连，北与孙村镇交界，西与港沟镇接壤，南与西营镇毗邻，面积109.14平方公里。镇机关驻地东彩石村。309国道横贯东西。1986年为彩石乡，辖44个行政村（52个自然村），有7897户，3.11万人，其中农业人口3.01万人。完成工农业总产值2461万元，实现财政收入93万元，农民人均纯收入492元。2001年12月，经省政府批准撤销彩石乡成立彩石镇。2007年，辖5个办事处，44个行政村（52个自然村），有8778户，4.13万人。完成地区生产总值6.42亿元，实现地方财政收入2916万元，农民人均纯收入5326元。镇内有唐代清河太夫人墓、房彦谦墓等文物古迹。

农业　1986年，有耕地面积2538公顷，农作物总播种面积3713公顷，干鲜果品种植面积430公顷，完成农业总产值1650万元；农业机械总动力8188千瓦。至1989年，新打、维修机井44眼，建大型蓄水池3个、旱池170个、提水站2个，修筑水渠7200米。1991年，实施“南抓林果、北抓粮”，发展“两高一优”的农业结构调整思。至1995年，初步建成干果、鲜果、畜牧、蔬菜、食用菌、淡水鱼养殖6大基地。1999年，省林业局在万粮峪村建立万亩绿化植被恢复基地。玉龙雪桃被列入山东名优特产。2006年，在市林业局的扶持下，玉龙村建立标准化生产基地，对玉龙雪桃进行复壮、选优，果品质量产量明显提高。2007年，实施退耕还林、还果200公顷，绿化荒山320公顷。发展农业产业化经营品牌战略，优化果树品种结构，提升“玉龙雪桃”“青龙峪大久保桃”“万粮峪小杂粮”等农特产品的知名度和市场占有率。同年，全镇有耕地面积1692公顷，农作物总播种面积2797公顷，干鲜果品种植面积667公顷，完成农业总产值7278万元；农业机械总动力42190千瓦。

工业　1986年，有乡村办工业企业7家，从业人员1006人，固定资产447.3万元，完成工业总产值811万元。依托便利的交通优势，吸引众多企业、科研单位前来建基地园区。1992年，山东三联集团在济王路租赁160公顷土地建设虎山开发区。1993年，省科学院在济王路彩石路段征地34公顷建立高新技术产业中试基地。1995年，全镇形成以皮件加工为龙头，磨料、磨具、锻压、矿产开采等10多个产业体系。1993年始，济南鸿图裘革制品有限公司生产的双彩牌皮衣先后获“乌兰巴托世界博览会金奖”“中国科技新产品名优产品银奖”“中国乡镇企业出口商品金桥奖”。1994年5月，在乌克兰基辅市成立洪都小型企业公司。2007年该企业转产为三龙制衣，专门生产床上用品，对外出口。2001年，在309国道南侧、彩龙路东侧开发建设占地8.67公顷，集加工、经贸、服务为一体的经济园区。园区建设以309国道为轴线，南区以三联集团、省科学院为主体，以三联建材、三联刺绣、三联印务为主；北区以力诺太阳能、资源回收市场、省科学院中试基地为主体。2007年，全镇有镇村办工业企业15家，从业人员1400人，完成工业总产值2.74亿元，实现利税2783万元。

商贸服务业　1986年，有商贸服务业户17个，从业人员290人，完成社会商品零售额185万元。1990年起，利用丰富的自然资源，建设历城区国有黑峪林场、蟠龙山森林公园、仙人堂、虎门空心山四大景区，发展旅游产业。至2001年，投资2220万元，在镇驻地建起商业街、综合贸易大楼。2004年，发掘旅游资源，确立了旅游业四大景区的发展格局。2007年，捎近石泉山庄开工建设，东彩石村建起大型农贸市场。全镇有农家乐53家，旅游人数150万人次，旅游收入超过3000万元。同年，全镇有商贸服务业户103家，从业人员1560人，完成第三产业产值2.94亿元。

村镇建设　1986—1989年，先后完成虎门至西营、玉龙至章丘、大龙至虎门、大龙至玉龙、两岔河至南泉道路工程。2001年，投资440万元，建设教师安居工程宿舍楼，建筑面积7800平方米。同年，投资140万元，建成彩石广场。2002—2005年，随着旅游路的贯通，打通了环绕济南的便捷通道，引进4个办学主体进驻辖区。2007年，整修石泉路，全镇进村道路全部硬化，户户通上自来水。先后有鲁信房地产开发公司、鲁建集团、泰山房地产开发公司等企业落户园区。精心打造彩石片区，在镇域北部形成一个环境优美、功能齐全的新型园林式小城镇。

教育　科技　1986年，有幼儿园41所，在园幼儿821人；小学35所，中学5所，在校生5307人；教职工329人。1987年，王家、大龙、宅科、彩石4所联中合并到原历城十中，成立彩石中学。1989年，对原大龙联中进行扩建，成立大龙中学。至1995年，投资174.68万元，新建、改建校舍29间，新建幼儿园10所，完成合班并校。2006年被评为市教育工作示范乡镇。2007年，有幼儿园8所，在园幼儿674人；小学6所，中学1所，在校学生2554人；教职工215人，有镇成教中心1个，教师5人，年均培训500人次。

图31-12　彩石大学城园区（2007年摄）

1986年，有科技机构5个，科技人员290人，其中，农民技术员156人，农民技术研究会4个。至1995年，组织实施各类科技计划10项，新产品开发30个，举办科技培训班31期，培训8300人次，169人获中央、省农业广播学校毕业（结业）证书。2001年，成立玉龙雪桃研究会、食用菌研究会、中泉冬枣协会、旱作西红柿及中药材生产协会等农民技术研究会13个。2007年，有科技机构8个，科技人员390人，其中农民技术员283人，农民技术研究会7个。

文化 卫生　1985年，成立乡文化站，工作人员3人。1988年9月，建成电视差转台。1994年10月，建成彩石广播电视台。1995年，有村文化大院24个，文化专业户30个。1999年，乡政府组建第一个庄户剧团，有创作演职人员20人。2001年，在乡政府驻地建起文化娱乐广场。2006年，实现有线电视村村通。2007年，有村级文化大院40个，庄户剧团8个，群众性健身队伍53支，6400人常年参加文体娱乐活动。全镇藏书20万册。

1986年，乡卫生院有床位40张，医务人员72人；有村卫生室35所，医务人员48人。1990年，建起面积270平方米的预防接种门诊。2007年，卫生院有医务人员48人，年诊疗8022人次；有村卫生室42所，医务人员55人。

人民生活　1986年，农村住房多为土坯房，农民人均住房面积12平方米。随着农村经济的发展，农民膳食结构不断改善，禽蛋鱼肉份量有所增加，居住环境相应改善。2007年，60%以上的农户建起砖石混合结构的平房，农村居民人均住房面积30平方米。固定电话入户率56.5%，摩托车、拖拉机、农用三轮车的拥有量占农户的22%，有线电视入户率86%，互联网入户率8%。实现水、电、路、电话、有线电视“五通”。全镇有家庭轿车、面包车1500辆，家电设备基本普及。参加新型农村合作医疗2.75万人，参合率为96%。参加农村社会养老保险900人。

第九节　西营镇

概况　位于历城区东南部，东与章丘市垛庄镇交界，北与港沟镇、彩石镇接壤，西与仲宫镇绵绣川办事处相连，南与柳埠镇、泰安市岱岳区下港乡毗邻，面积126.72平方公里。镇机关驻地西营村。327省道贯穿东西。1986年，辖38个行政村（99个自然村），有7319户，3.15万人，其中农业人口3.07万人。完成工农业总产值1979万元，实现财政收入112万元，农民人均纯收入334元。2007年，辖4个办事处，38个行政村（99个自然村），有1.05万户，3.13万人。完成地区生产总值2.56亿元，实现地方财政收入1025.3万元，农民人均纯收入4390元。

农业　1986年，有耕地面积1724公顷，森林面积6678公顷，果树面积4853公顷，农作物总播种面积2633.3公顷，干鲜果品总产量2567吨，完成农业总产值1023万元；农业机械总动力4730千瓦。1986—1995年，利用山高沟多、自然隔离的有利条件，繁育玉米、大白菜良种，推广立体种植，农业种植结构形成“五成果、三成粮、二成菜”的格局。1996—2001年，总投资1000万元实施水利项目729个，完成“四库汇流”（枣林水库、白炭窑水库、葫芦峪水库、积

图31-13　罗伽高光效苹果（2007年摄）

米峪水库）工程和6座水库的除险加固、维修配套工程。2004—2007年，实施藕池、葫芦峪、螃蟹峪三大流域的综合治理工程，枣林片区万亩土地开发整理工程，西营至汪家场河道整治与土地整理工程，红岭等12个村的农业产业扶贫开发项目，藕池国家级生态农业示范区建设工程等大型生态建设工程和农业基础设施工程，全镇水源、水利设施基本实现配套利用。推广高光效苹果管理、苹果套袋、皿罐栽培等新技术，种植面积1867公顷。至2007年，建成罗伽高光效苹果、藕池板栗、积米峪核桃、王家晚熟甜杏、降甘樱桃等省、市优质干鲜果品生产基地12个，高光效苹果、“西营红”晚熟甜杏、华丰板栗、大红袍花椒、薄壳核桃、磨盘柿被列为省优产品。实施宜林荒山绿化4568公顷，林木覆盖率68%，比1986年提高25个百分点。2007年，有耕地面积1790公顷，农作物总播种面积2305公顷，干鲜果品总产量3万吨，完成农业总产值6777万元；农业机械总动力12636千瓦。

工业　1986年，有镇村户办工业企业35家，从业人员924人，完成工业总产值956万元。1988年，济南绵绣川制药厂成为中国癌症研究基金会会员单位。1995年，济南锦绣川制药厂经省卫生厅、省医药管理局批准更名为济南锦绣川保健药品厂，其产品芦笋糖浆先后获“中国保健品工业10年新成就奖”“全国星火科技精品奖”“全国第三届专利技术博览会金奖”。2002年，济南锦绣川保健药品厂改制为股份合作制企业。同年，济南鹿泉天然矿泉水有限公司成立；11月，济南玉宁杰实业有限公司正式投产，生产各种塑料包装袋，产品出口到德国、法国、澳大利亚、俄罗斯。2003年，济南市鲁星锅炉厂改制为济南金信达特种设备有限公司。2005年，济南信和家具有限公司被山东省政府采购中心评定为“省直行政事业单位公用家具定点单位”。2007年10月，济泉黄岩蜂产品加工厂投产。同年，全镇有工业企业59家，从业人员1961人，完成工业总产值6644万元，利税1146万元。

商贸服务业　1986年，有商贸服务业户9家，从业人员40人，完成社会商品零售额19万元。1993年始，开发西营至南营商业街。2000年，投资200万元，在商业街建起干鲜果品批发市场。每逢农历初一、初六设为小集。2003年，投资450万元建设西营晾米台欧式商业街，引进商业户32个。期间，以抢抓“南部山区大开发”和“建设省城后花园”的机遇，加快旅游业发展。2003年，在镇域内重点规划开发建设生态风景区14处，总面积51平方公里。组织实施“十村百户”农家乐示范工程，形成阁老、藕池、枣林、云梯山、葫芦峪等一批农家乐专业村，有农家乐专业户180个。2004年，东风街道七里河居委会在秦口峪村开发建设七里河度假村，年接待游客10万人次。2005—2007年，山东天建集团投资8000万元开发建设济南天建南苑旅游分时度假中心，山东平惠装饰有限公司投资8000万元开发建设九如山生态瀑布群风景区。各景区、农家乐年接待游客50万人次，实现纯收入1200万元。2007年，有商贸服务业户267家，从业人员4530人，完成第三产业产值1.2亿元。

村镇建设　1986年，镇政府投资140万元，拓宽西营村西至大南营村北路段。1988年，市建委与镇政府联合在西营村东开发商品房，建筑面积1111平方米。2000—2001年，镇驻地建起街心花园，投资360万元建设教师安居工程，建筑面积6000平方米，兴建南花园，面积1万平方米。2003年，投资120万元完成小城镇概念性规划和沿河旅游路等重点片区的控制性详规、修建性详规。2003—2007年，投资2700万元完成西商业街、港府路和南商业街综合整治工程。投资1800万元完成省道327线、港西公路、彩西公路、西营至柳埠公路、西营旅游路的拓宽改造和西营大桥建设任务。完成38个行政村和部分自然村的“村村通”道路建设，34个村道路硬化“户户通”，2.5万名群众受益。完成藕池至泰安、王家庄至泰安、林枝至章丘、道沟至拔槊泉道路建设，公路通车里程突破180公里。

教育 科技 1986年，有幼儿园40所，在园幼儿1059人；小学39所，中学6所，在校学生4371人；教职工328人。1989年，实现小学五年义务教育。2002年，西营中心中学、西营二中并入西营中学，小学由五年制转为六年制。2004年，筹资1200万元，新建西营中学和中心小学，成为九年一贯制学校。2004—2007年，投资2200万元改扩建学校6所，实现合班并校。完成教育"两创"任务，通过济南市教育工作示范乡镇达标验收。2007年，有幼儿园6所，在园幼儿568人；小学11所，中学1所，在校学生2349人；教职工189人。镇成教中心1处，有专职教师9人，建有实习示范基地。

1986年，有科技机构1个，科技人员2人，农民技术员38人，农民技术研究会15个。1989年，成立镇农学研究会、果树协会和果树技术培训中心。至2007年，共举办科技培训班256期，培训人员6万人次，有450人获中央、省农业广播学校、函大和夜大毕业证书，360人获农业绿色证书。围绕发展"两高一优"农业，推广科技成果75项，组织实施科技计划15项，推广新技术12项，开发新产品16个。2007年，有科技机构1个，科技人员11人，农民技术员520人，农民技术研究会40个。

文化 卫生 1986年，成立镇文化站，有工作人员2人。1992年，建成电视差转台，在汪家场、西岭角、葫芦峪、石岭、藕池、老峪等偏远村安装13部3—30瓦小型差转机，电视覆盖面达85%。1998年，组建红叶艺术团，由20名文艺骨干组成，先后有8个节目被省文联、市文化局评为一等奖7个，二等奖4个。2006年，实现有线电视"村村通"。2007年，有镇文化站、广播站各1个，村文化大院38个，群众艺术团体1个。全镇藏书6万册。

1986年，镇卫生院有床位20张，医务人员43人；村卫生室34所，医务人员53人。1997年12月，卫生院由西营村港西路东侧迁到西营村老街南。2004年，在全区率先实施新型农村合作医疗试点工作。至2007年，累计报销各类医药费310万元，受益群众3.3万人次。2007年，投资320万元实施镇卫生院改貌工程和村级中心卫生室改造提升工程。卫生院设有床位20张，医务人员52人，年诊疗28427人次；有村卫生室36所，医务人员72人。

人民生活 1986年，农村住房多为土坯房，砖瓦房占15%，农民人均住房面积32.5平方米。每百户有自行车29辆、钟表58只。2007年，多数农户建起砖石混合结构的平房，人均住房面积40.15平方米，每百户居民拥有摩托车75.2辆、电话74.2部、手机83.4部、彩电90.3台。有线电视用户6906户，有线电视、互联网入户率为98%、2%。参加新型农村合作医疗2.98万人，参合率100%。参加养老保险1203人。

第十节 柳埠镇

概况 位于历城区南部，东与西营镇、泰安市下港乡为邻，北、西与仲宫镇接壤，南与泰安市泰山区大津口乡、岱岳区黄前镇交界，面积172.61平方公里。镇机关驻地柳埠西村。省道103线贯穿境内。1986年，辖87个行政村（158个自然村），有1.32万户，5.6万人，其中农业人口5.43万人。完成工农业总产值3556万元，实现财政收入114万元，农民人均纯收入396元。2007年，辖5个办事处，87个行政村（158个自然村），有1.67万户，5.59万人。完成地区生产总值8.16亿元，实现地方财政收入1319万元，农民人均纯收入5614元。镇内有全国重点文物保护单位四门塔、龙虎塔、九顶塔、千佛崖、齐长城遗址。

农业 1986年，有耕地面积2973公顷，农作物总播种面积4093.3公顷，完成农业总产值2211万元；农业机械总动力8340千瓦。同年，实施山区小流域综合治理，发展果树种植。1990年，与山东农业大学合作实施生态农业建设项目，建成"分层、综合、循环利用"三种生态农业模式，经省科委鉴定，达到国内同类项目先进水平。1996年起，实施水库治漏、大坝加厚、锦阳川、闫家河道综合治理工程，水利设施不断完善。1998—2001年，通过退耕还果，重点发展优质林果、设施农业、花卉苗木业，逐步形成柳埠鸡爪绵核桃、柳埠大樱桃、板栗、苹果等林果基地。2005年，利用世行三期农业灌溉项目，实施柳埠槲疃土地整理、无公害基地建设、生态工程造林、水库除险加固等项目。同时，发展济南华鲁食品有限公司、济南野风酥食品有限公司等农业龙头企业7个，建成标准化生产基地1333公顷，成立农民专业合作组织13个，认证省级无公害农产品4个，绿色、有机食品16个。2007年5月，举办首届济南市王家峪大樱桃采摘节。同年，全镇有耕地面积2512公顷，农作物总播种面积4156公顷，干鲜果品种植面积667公顷，完成农业总产值13091万元；农业机械总动力31827千瓦。

工业　1986年，有镇村户办工业企业58家，从业人员1236人，完成工业总产值1345万元。该镇矿产资源丰富，其中柳埠红花岗石与印度红、四川红并称世界三红。1992年，开展村办企业年活动，立足花岗石资源优势，引进资金建起花岗石加工企业20家。1996年，开展企业“三改一加强”工作（改制、改组、改造，加强对国有企业的管理），调整产业结构，企业改制率达100%，全镇形成兽药生产、食品加工、旅游服务、印刷为主的产业格局。该镇的华鲁牌烟熏香味料，1998年获国家科委科技进步二等奖、全国食品添加剂飞天奖；野风酥牌糖酥煎饼被中国食品协会评为“优秀民族食品”，荣获“中华名吃”称号。2002年，泓泰制衣有限公司和济南贞茂石材有限公司取得对外自营进出口权。2004年，建成凤凰工业园区。2007年，有规模以上企业14家，从业人员2800人，完成工业总产值3.38亿元，税收5971万元。

商贸服务业　1986年，有商贸服务业户12家，从业人员55人，完成社会商品零售额22万元。1998年后，抓住“南部山区大开发”“建设省城后花园”的有利时机，加快发展旅游业。同年6月，市政府在柳埠林场建成四季村宾馆。1999年，该镇对天齐庙进行整修，神通寺博物馆、山东影视城、济南野生动物世界相继建成。2000—2005年，先后建成千禧乐园、九顶塔民族风情园、槲树湾度假风景区、山青世界青少年活动中心、水帘峡风景区等景点；在全市率先开办“农家客栈”民俗旅游项目，建成龙门山庄、水生源民俗园等一批农家乐景点，发展农家乐经营户100个。2005年9月，被省旅游协会命名为“山东生态旅游第一镇”。2007年，全年接待游客300万人次，旅游综合收入2亿元。全镇有商贸服务业户300家，从业人员5000人，完成第三产业产值3.46亿元。

图31-14　锦阳川容貌（2005年摄）

村镇建设　1987年，对镇驻地通往闫家河、桃科庄、李家庄公路进行拓宽改造，道路里程33公里。1990—1992年，与济南市村镇建设服务中心联合开发，完成镇驻地商业街路面硬化。1999—2002年，拓宽锦槐路、府前路，建起步行街。2003年始，抓住“村村通”公路工程建设机遇，投资6253.7万元，完成李家塘至簸箕掌、窝铺至长峪、摩天岭至苇沟等公路拓宽改造及村村通工程，道路里程219.4公里，行政村基本实现村村通公路，16个村完成文明一条街创建任务，57个村完成“三化一建”任务，并通过区级文明生态村验收。2005年，开通67路、88路公交线路，客车通村率97%。2006—2007年，开展环境综合整治，严控商品房开发，镇村环境持续改善，省城后花园形象不断提升。

教育　科技　1986年，有幼儿园66所，在园幼儿2322人；完小14所，初小65所，中学7所，在校学生6467人；教职工630人。镇成教中心有教师3人。1989年，实现小学五年义务教育。1999年，建成镇成人教育中心大楼。同年，中小学全部达到省二类标准。2002年始，实施合班并校和校舍改造，共完成10所中小学校舍建设，建筑面积5200平方米，共投资4500万元。2005年，通过济南市义务教育示范乡镇争创，柳埠一中被评为省级规范化学校。2007年，有幼儿园16所，在园幼儿1108人；小学8所，中学1所，在校学生4949人；教职工461人。镇成教中心有教职工15人，年培训3000人次。辖区有历城第三职业中等专业学校。

1986年，有科技机构6个，协会、研究会20个，科技人员120人，农民技术员650人，村村有科普服务组织。1996—2001年，推广新技术、新成果24个，开发新产品29个，取得科技成果10个。2001年，王家峪村被评为全国绿化“千佳村”。2007年，有科技机构12个，协会45个，各类科技人员2700人。

文化　卫生　1986年，有镇文化站1个，工作人员3人。1986—1987年，架设广播线路170杆公里，实现村村通广播。1988年6月，投资60万元建成镇电视差转台。1995年，有镇有线电视台1个，农民业余剧团1个，演职人员26人。2007年，全镇有村文化大院57处，藏书1万册。

1986年，镇卫生院有医务人员72名，床位40张；有村卫生室60所，医务人员98人。1999年，投资200万元，在柳埠西村新建门诊病房综合楼，建筑面积2050平方米。2001年，卫生院在省卫生乡镇达标验收中，被授予“省级卫生乡镇”称号。2007年，卫生院有医务人员46人，床位28张，设有17个科室，年诊疗52348人次；有村级卫生室86所，医务人员136人。

人民生活　1986年，农村住房多为土坯房，农民人均住房面积12平方米。农民膳食结构开始由地瓜干、玉米为主食向小麦为主食的细粮转变。2003—2006年，投资1500万元，实施自来水解困及户户通工程，自来水入户率95%。2007年，60%以上的农户建起砖石混合结构的平房，农村居民人均住房面积30平方米。固定电话入户率57%，有线电视入户率61.6%，摩托车、拖拉机、农用三轮车的拥有量占农户的22%，有家庭轿车、面包车1500辆。参加新型农村合作医疗4.6万人，参合率95%。

第十一节　仲宫镇※

概况　位于历城区西南部，东与西营镇相连，北与市中区兴隆街道毗邻，西与市中区党家庄街道交界，南与长清区万德镇、泰安市泰山区大津口乡接壤，面积256.01平方公里。镇机关驻地西郭村。省道327线、103线、518线穿境而过，卧虎山水库位于镇西南。1986年，辖

※　仲宫镇2007年面积、行政村、自然村个数、户数、人口数包括锦绣川办事处、高而办事处，本节中其他内容及数据均不包括锦绣川办事处、高而办事处。

图31-15　终军塑像

69个行政村（71个自然村），有1.46万户，6.35万人，其中农业人口6.06万人。完成工农业总产值6418万元，实现财政收入135万元，农民人均纯收入606元。1992年，经济南市政府批准，仲宫镇在市国民经济和社会发展计划中实行单列。2005年，经山东省政府批准，撤销锦绣川乡、高而乡，其行政区域并入仲宫镇。2007年，辖129个行政村（158个自然村），有3.41万户，10.78万人。完成地区生产总值9.78亿元，实现地方财政收入1595万元，农民人均纯收入6010元。

农业　1986年，有耕地面积3076公顷，农作物播种面积2733公顷，完成农业总产值3501万元；农业机械总动力1.5万千瓦。境内特产——仲宫泰山小白梨种植面积666公顷，仲宫鸡爪绵核桃、红荷包杏、磨盘柿等运销日本、东南亚等地。1986—1995年，农田水利完成卧虎山小流域治理、黄淮海农业开发、二仙北侯千亩示范区节水灌溉和四道沟小流域治理工程。1998年，注册“红荷包杏”商标，该镇被省政府命名为“红荷包杏”之乡。2000年，被省农业厅定为济南市首家无公害农产品基地，4个产品被认定为山东省无公害农产品。2001年，济南市仲宫无公害农产品展销配送中心揭牌，产品销往北京、上海、黑龙江、河北等17个省、市。2003年始，利用世行三期农业贷款项目，实施旱作农业、土地整理、节水灌溉项目，农作物标准化生产基地发展到2400公顷。2005年，刘家村成立济南首家以土地入股的农业合作社——八里峪生态观光农业合作社，被农业部列为重点扶持示范社。2007年，有耕地面积2116公顷，农作物总播种面积5295公顷，完成农业总产值1.85亿元；农业机械总动力7.43万千瓦。

工业　1986年，有镇村户办工业企业227家，从业人员2578人，完成工业总产值2917万元。1987—1995年，建起2个砖厂、16个石料厂，辖区主要有加工、制药、生物化学、矿泉水生产等产业企业10多家。1996—1997年，对镇直企业进行转让、拍卖和股份制改制。1998年始，民营经济快速发展，山东恩惠花饰有限公司填补该镇利用外资和出口创汇的空白；同年，建成塑料制造、酒水生产、包装制品等产业的独资、合资、合作企业10多家。2002年4月，仲宫高科技产业园区管理委员会成立，山东吉鲁服装鞋业有限公司、济南嘉兴园食品有限公司、山东格至花饰有限公司等23家企业入驻园区。2007年，有规模以上工业企业10家，从业人员453人，完成工业总产值3.66亿元，实现利税1.13亿元。

商贸服务业　1986年，有商贸服务业户80家，从业人员1000人，完成社会商品零售额500万元。该镇是南部山区重要的商品集散地。同年，修建、扩建宏福商场及宅店合一的商业楼16座，竣工面积4万平方米。1991—1995年，兴建农副产品批发市场、建材批发市场一期工程和娘子山度假村。依托黄花山石窟造像、普门寺遗址、汉代石板街、济南战役指挥所旧址等多处名胜古迹，发展旅游业。1992年，被列为市旅游度假开发区，围绕卧虎山水库，规划旅游区面积3平方公里。2000年始，集观光、休闲、采摘、餐饮为一体的“农家乐”旅游蓬勃发展，其中门牙景区最为集中。2003年，仲宫国际风情街开盘。2006年，建成波罗峪、卧虎山滑雪场等景点。至2007年，共举办17届历城区春季赏花会，吸引中外游客360万人次，实现旅游收入2500万元。同年，全镇有商贸服务业户230家，从业人员810人，“农家乐”经营业户300家，完成第三产业产值4.27亿元。

村镇建设　1986年，村镇硬化道路不足60公里。1987年，加强小城镇建设，不断完善城镇基础设施功能。1989年，被评为全国集镇建设文明镇。1990年，被建设部确定为全国小城镇建设试点镇。1995年，被省政府授予村镇建设新型乡镇称号，列入全省小城镇建设“百新工程”试点。至1995年，共修筑公路8条，里程42公里，建成能容纳1000人的电影院、面积3000平方米的医院病房楼、电信楼和2个农副产品、建材批发市场，城镇框架基本形成。2000年9月，终军广场落成；12月，仲宫至市区的88路公交车通车。同年，被省政府命名为小城镇建设中心镇。至2001年，完成省道103线、327线、县道518线仲宫段的拓宽改建，配合完成济南绕成高速公路建设任务。2005年始，商业北街、高科技工业园路和43条通村公路全部建成通车。同年，开展文明生态村镇建设，实施三川增绿工程，关停采石场19家。2007年，镇驻地建成区面积4.2平方公里，标准公路里程150公里，实现村村通公路。

教育　科技　1986年，有幼儿园31所，在园幼儿1860人；小学53所，中学8所，在校学生17640人；教师754人。1987年，实施合班并校和校舍改造。1989年，启动“普九”工程。1995—2000年，8所联中合并为2所中学，小学合并为8所，校舍全部实现楼房化。2003年该镇被评为济南市教育示范乡镇。2005年，民族小学被省政府教育督导室评为山东省规范化学校。2007年，有幼儿园17所，在园幼儿1468人；小学8所，中学2所，在校学生6880人；教职工527人。中心中学被省教科所授予“学校文化与特色建设重点研究基地”称号。镇成教中心有教职工8人，培训学员460人。辖区有区属中学历城一中。

1986年，有科技机构4个，科技业校5所，各级技术人员1540人，各类研究协会会员2400人，67个村设立农民科普业校。至1992年，引进推广新品种27个，完成“山丘地区‘三高’农业综合开发”等科技项目11项，获省、市、区科研成果奖29个。1993年，联合国粮油开发署梁学礼博士到该镇考察，对制种质量给予很高评价。同年，镇农技站被农业部评为“全国振兴农业先进单位”。1999年，“先行”牌“鲁单50”玉米种获中国国际农业博览会名牌产品称号，镇农技站被农业部评为全国农业技术推广先进单位。2001年，位于门牙村东的科技农业示范园，冬暖大棚展区和玉米良种基地投入使用。2007年，有科技机构8个，科技协会60个，各类技术人员1万人。

文化　卫生　1986年，有镇文化站1个。1988年，仲宫电视转播台开播，覆盖面积160平方公里。1992年，有线电视台投入使用，输送10套节目。至1995年，共建起32个村文化活动中心，成立文艺演唱队、龙灯高跷队等9支文体队伍。2000年始，开展远程教育网站建设。2007年，双

图31-16　仲宫镇驻地全貌（2007年摄）

天、四道沟接入有线电视电缆，有线电视信号实现全覆盖。同年，有村文化大院60个，藏书12万册。

1986年，镇卫生院有医务人员25人，病床15张；村级卫生室69所，医务人员119人。1998年5月，建起卫生院综合门诊楼，开设规范化接种门诊，2000年，预防接种门诊改建为一苗一室。2003年，启动新型农村合作医疗，当年参合率超过90%。2007年，卫生院有床位3张，医务人员6人，年诊疗2000人次；有村级卫生室80个，医务人员100人，有中心卫生室20所，医务人员110人。辖区有区人民医院。

人民生活　1986年，农村住房大多数是土坯房，农民人均住房面积12平方米。20世纪90年代末，60%以上的农户翻建为砖石混合结构房屋，部分富裕农户开始建设二层楼房，农民人均住房面积30平方米。“村村通”工程实施后，摩托车、汽车保有量逐年增多。2007年，有线电视、互联网入户率分别为90%、10%。农民参加农村合作医疗5.67万人，参合率为98%。

锦绣川办事处

概况　位于历城区仲宫镇东南部，东接西营镇，北与港沟镇、市中区兴隆街道交界，南与柳埠镇相连，总面积65.65平方公里。办事处机关驻地车川村。省道327线穿境而过，辖区有山东第一石坝水库锦绣川水库、省级重点保护文物——大佛寺石刻造像、国家AAAA级旅游景区——红叶谷风景区。1986年为锦绣川乡，辖36个行政村（64个自然村），有4518户，1.99万人，其中农业人口1.94万人。完成工农业总产值875万元，实现财政收入12万元，农民人均纯收入385元。2005年12月，撤销锦绣川乡，其行政区域并入仲宫镇，成立仲宫镇锦绣川办事处。2007年，办事处辖3个管理区，36个行政村（65个自然村），有6948户，2.05万人。完成地区生产总值3.13亿元，实现地方财政收入632万元，农民人均纯收入5087元。

农业　1986年，有耕地面积945公顷，农作物总播种面积1506.6公顷，完成农业总产值731万元；农业机械总动力4025千瓦。同年，乡党委、政府制定农业发展五年规划，利用先进农业技术，发展多种经营，为省农科院原子能育种研究所、历城种子公司代繁玉米良种面积200公顷，每亩增产200公斤。全乡实施退耕还果，提出人均1亩果树的目标。1999年，实施农业标准化管理，成立乡果树服务中心，建设锦绣川果品标准化生产基地1666公顷，有13个果品和蔬菜通过农业部绿色食品认证。2002年，实施“生态富民”工程，以艾家村为示范实施“一建三改”（建沼气池，改厨、改厕、改圈）工程，投资12万元修建强回流式沼气池86个，该村沼气用户率为80%，形成“豆—猪—沼—果”循环型生态农业模式，每户每年可增收2000元。2003年，济南锦秀源食品有限公司在艾家村建起集花卉、林果、畜牧、观光为一体的精品生态示范园，果品生产形成“公司＋基地+协会＋农户”的经营模式，该公司被评为省级重点农业龙头企业，实现销售收入过亿元。至2007年，辖区注册成立农业合作组织5家，推行“一村一品、多村一品”种植模式，全办事处形成商家片区苹果、艾家樱桃、大水井核桃、金钢纂茶树菇、杨家洼甜柿子、大泉红玉杏等8个优质高效特色片区，注册的“锦绣川”牌红富士、秀丰梨、黄梨、红荷包杏，被北京奥运会指定为运动员专用果品。2007年，有耕地面积807公顷，农作物总播种面积638公顷，完成农业总产值5932万元；农业机械总动力14365千瓦。

工业　1986年，有乡村户办工业企业24家，从业人员560人，完成工业总产值144万元，实现利税12.8万元。1987年，建起刺绣厂。1993年，成立济南锦绣集团总公司，形成年加工出口布绒玩具60万打、生产刺绣工艺品6万件（套）、服装40万件的生产规模。2001年，济南昌源工艺品有限公司成立，产品销往日本、美国、韩国等国家，填补了全乡无出口创汇企业的空白。2007年，辖区的山东伏安电气、维真食品、济南市循环农业研究院等企事业单位，带动了当地经济发展。同年，全办事处有规模以上工业企业8家，从业人员350人，完成工业总产值1.03亿元，实现利税2810万元。

商贸服务业　1986年，有商贸服务业户216家，从业人员340人，完成社会商品零售额260万元。1992年6月，建起商家果品交易市场，1999年，扩建商家果品批发市场，投资30万元，竣工面积1.5万平方米。2000年，建起锦绣川第一条商业街，投资1000万元。同时，发挥资源优势，加快旅游业发展，开展“赏花游”“苹果王”大赛和“樱桃采摘”“苹果采摘”等果品采鲜节活动。2007年，建成艾家文明生态村、槐家峪观光度假村、黄金石屋农家乐专业村。有农家乐业户100个，从业人员500人。有商贸服务业户428个，从业人员1206人，完成第三产业产值1.5亿元。

村镇建设　1986年，辖区房屋低矮、交通不畅。1987年，投资55万元，修建港沟至大水井县乡公路5.5公里。1988—1995年，投资205万元，铺设通往27个行政村的沥青、水泥路面，总长20.5公里；修建环山路、生产路，里程20公里。2000年，市规划设计院完成全乡5—15年小城镇建设开发规划和旅游总体规划。2004年，对文明商住街实施硬化、绿化、美化、亮化工程，加大环境卫生综合治理。2006年，全市文明生态村创建工作现场会在艾家村、小佛村召开，涌现出艾家、金钢纂、仁里、小佛、后沟、黄钱等文明生态先进村。2006年，开展环境综合整治，对“八乱”集中整治、依法整治违法违章建设。至2007年，办事处投资800万元改造提升道路8条、村文化大院12个、文化广场6个，村民在建房屋楼房化达40%，实现沥青、混凝土路面村村通，硬化道路里程89.5公里。大水井、大佛、潘家、金钢纂等偏远地段通上公交车。

图31-17　金钢纂村健身广场（2007年摄）

教育　科技　1986年，有幼儿园28所，在园幼儿469人；完小9所，村小13所，在校学生2746人；教职工129人，小学校舍和教学设备简陋。1990年，绣川中学建成教学实验楼，投资35万元，增添实验仪器。1994年11月，该乡通过“两基”达标验收。2001年4月，投资200万元新建教职工宿舍楼。2003年完成合班并校。2005年，被评为济南市义务教育示范乡镇。2006—2007年，投资530万元，对绣川中心小学进行校舍改造，为教师、学生配备电脑和多媒体教学系统。2007年，有幼儿园15所，在园幼儿302人；有完小5所，中学1所，在校学生1516人；教职工155人；镇成教中心有教职工6人。

1986年，有科技机构9个，科技人员470人，其中农民技术员438人，农业技术研究会2个。1998年，在石门村建立山东省第一家引进“国外智力”高科技林果示范园。2001年，选育栽植早熟优质梨品种“秀丰梨”，7月通过省级鉴定，获市科技进步三等奖。2004年，推广新技术40个，组织实施各类科技计划53个，获市科技进步奖3个。2007年，有科技机构1个，科技人员36人，农民技术员60人。

文化　卫生　1986年，有乡文化站、广播站各1个，村文化大院8个。1995年7月，成立乡有线电视站。2001年，投资30万元完成光缆入村工程，与全区有线电视并网，实现有线电视村村通。2007年，有文化站、广播站各1个，村文化大院30个，藏书50万册。常年举办民间剪纸艺术展、烟花晚会、文艺汇演、红叶谷红叶节、金象山滑雪文化节等文化活动。

1985年10月，乡卫生院与省精神卫生中心建立医疗联合体——锦绣川康复医院。1986年，乡卫生院有床位64张，医务人员43人；有村卫生室11所，医务人员25人。1992年被省委、省政府授予“文明单位”称号。1994年，被评为一级甲等医院。1997年3月，成立区精神卫生防治中心，与乡卫生院合署办公，负责全区精神卫生知识普及和精神疾病防治工作。1998年，完成全区精神疾病的流行性调查，同年，被省政府授予农村卫生工作先进集体称号。2004年，被评为二级医院，被列为历城区首家城镇职工医疗保险定点医院。2007年，建立历城区唯一的社区卫生服务中心，对办事处2610名60岁以上的老人每年进行一次免费查体，建立老年人健康档案。2007年，区精神卫生防治中心，拥有床位300张，医务人员150名，门诊2个，职能科室22个，专科病房5个；有村卫生室26所，医务人员47人。

人民生活　1986年，农村住房大多数是土坯房，农民人均住房面积14平方米。1995年，85%以上的农户修盖、翻建砖石混合结构的房屋，15%的农民建起楼房。2007年，办事处农村居民人均住房面积38平方米。固定电话入户率70%，有线电视入户率72%。摩托车、拖拉机、农用三轮车拥有量占农户的19%，实现水、电、路、电话、有线电视“五通”，艾家、金钢纂、牛家等10个村太阳能入户率80%。农民参加新型农村合作医疗1.82万人，参合率97%，参加农村社会养老保险133人。

高而办事处

概况　位于历城区仲宫镇南部，东接柳埠镇，西至长清区张夏镇，南与长清区万德镇、泰安市泰山区大津口乡交界，总面积47.44平方公里。办事处机关驻地南高而村。县道518线穿境而过。1986年为高而乡，辖19个行政村（23个自然村），有3661户，1.42万人，其中农业人口1.39万人。完成工农业总产值557万元，实现财政收入12万元，农民人均纯收入340元。2005年12月，撤销高而乡，其行政区域并入仲宫镇，设仲宫镇高而办事处。2007年，辖3个管理区，19个行政村（23个自然村），有4945户，1.46万人。完成地区生产总值1.35亿元，实现地方财政收入634万元，农民人均纯收入3227元。

农业　1986年，有耕地面积816.7公顷，农作物总播种面积1206公顷，完成农业总产值288万元；农业机械总动力3641千瓦。1986—1995年，乡党委政府改善修复水利设施，投资230万元，新打维修机井385眼，建蓄水池102个，修建桥涵53座，提水站10个，有效灌溉面积190公顷。利用山草资源丰富的优势，大力发展食草畜禽，至2001年，全乡蛋鸡、肉食鸡年存养量138万只，形成汤家、北高而、孙家崖、北邱等养鸡专业村，并扶持建起养殖基地6个。全乡完成退耕还果1940公顷，实现人均2亩果的目标。2004年，引进推广香玲薄皮核桃、红光板栗等名优农产品10个，建成板栗基地200公顷。实施“一村一品”“多村一品”的区域化、规模化、产业化经营，形成北高而、邢家庄、北邱等苹果专业村；花坦、陈家等板栗专业村；核桃园、东沟等核桃专业村；邢家、汤家等杏专业村。同年，成立高而果品合作社，推行“协会+基地+农户”的经营模式，实现经济效益明显增长。2004年，完成出泉沟、核桃园村土地开发整理；利用扶持资金修建蓄水截留坝、打机井、修建生产路、水池等水利设施。2005年，实施小流域治理工程，对流域内河道进行拓宽、清淤，对两岸河堤加固、增高。2007年，实施锦云川河道综合治理工程，重修八大岭水库东干渠。同年，办事处有耕地面积720公顷，农作物总播种面积1034公顷，完成农业总产值2769万元；农业机械总动力8765

千瓦。

工业　1986年，有乡村户办工业企业17家，从业人员710人，完成工业总产值269万元，实现利税18.7万元。1993年由区工商银行、华山镇桃园实业公司、高而乡三家合办的历城选矿厂投产。利用当地资源，建成济南市振达木鱼石厂。乡政府投资50万元办起云川机械加工厂，完成年产值450万元。华山镇还乡店村帮结对村邢家庄建起花岗石厂。1994年，历城选矿厂产权转让华山镇桃园实业公司。1996始，调整所有制结构，加大招商引资力度，全乡形成石材加工、金属铆焊、钢塑门窗等五大主导产业。2007年，有工业企业59家，从业人员320人，完成工业总产值5387万元，实现规模以上工业销售收入5335万元，利税717万元。

商贸服务业　1986年，有商贸服务业户5家，从业人员21人，完成社会商品零售额12万元。同年，在邢家庄设立果品蔬菜批发市场。1999年，抓住建设省城后花园机遇，利用子房洞、子房庙、千年黄连树、八达岭等名胜景点，开展民俗旅游活动。2000年6月，东沟、陈家、莱峪沟村被确定为民俗旅游活动示范村。2001—2006年，驻地建成商业街、集市大棚、商业楼各1处；锦云川乐园、子房洞风景区相继建成开放。2007年，有商贸服务业户67家，从业人员330人，完成第三产业产值5378万元。

村镇建设　1986年，辖区房屋低矮，交通不畅。1994年，建起高而乡电信支局，实现村村电话程控化。1994—1996年，北起石灰沟村，南至泰安的历泰路竣工通车，道路总长6.7公里；高家庄至陈家庄生产旅游观光路建成，道路总长12.5公里。1998—2001年，相继完成县道518线拓宽，修建药乡林场公路，“四邱”至长清区武家庄乡、“四邱”至长清区张夏镇公路，陈家、花坦至长清武家庄公路，总投资1410万元。2001年起，先后完成教师安居工程，河道整治和绿化、美化，县道518线绿化，19个行政村街道硬化，道路“灯亮”工程，总投资235万元，其中汤家至出泉沟近10公里的路段全部安装路灯。2004年，乡行政服务中心建成使用，投资450万元。2005年，对县道518线实施改造，公路全长7.6公里，连通8个行政村。同年，以邢家和核桃园村为试点开展文明生态村镇创建。2006年，开发东山大片山地，开工建设子房路，建设白云桥、北大桥、葛老桥、岳秀桥，修建“村村通”道路13条。同年，开展环境综合整治，对“八乱”集中整治、依法整治违法违章建设。2007年，对南高、邢家2个集市进行集中整治，杜绝了占道经营行为。

图31-18　花坦村盘山公路（2002年摄）

教育　科技　1986年，有幼儿园14所，在园幼儿300人；小学19所，中学1所，在校学生1608人；教职工162人。1986—2000年，建成中小学教学楼5栋，改扩建小学5所，建成希望小学1所，总投资632万元，完成合班并校。2001年，完善中小学教学设施，使中小学“普实”（普及实验室）工程达到省级标准，并通过省、市验收。2007年，筹资200万元，各中小学建起微机室、多媒体教室，修缮了校舍。同年，办事处有幼儿园3所，在园幼儿136人；小学6所，中学1所，在校学生1141人；教职工105人。有成教中心1个，教职工5人。

1986年，有科技机构9个，科技人员30人，农民技术员60人，农民技术业校19所。至1995

年，有27人获中央、省农业广播学校毕业（结业）证书。推广新技术6项，开发新产品7个。1996—2001年，举办各类科技培训班80期，培训2万人次，引进农作物良种80个。2007年，有科技机构7个，科技人员102人，农民技术员26人，村村有科普服务组织。

文化 卫生 1986年，有乡文化站、广播站各1个，工作人员6人。1995年7月成立有线电视广播站。2001年，各村均建起文化大院。出泉沟庄户剧团有村民演员50人。乡政府投资20万元完成光缆入村工程，与区有线电视实现并网。2007年，有村文化大院15个，藏书2万册。有庄户剧团、健身队伍各1个（支），健身广场15个，常年参加文体活动的有200余人。

1986年，乡卫生院有医务人员17人，床位6张；村卫生室11所，医务人员33人。2007年，卫生院有医务人员12人，床位6张，设10个科室；有中心卫生室8所，分室11个，乡医42名。

人民生活 1986年，农村住房大多数是土坯房，农民人均住房面积不足2平方米。全乡有电视机1373台，电冰箱3台，洗衣机7台，摩托车77辆，自行车3113辆，分别占农户的42.5%、0.1%、0.2%、1%、90%。2007年，60%以上的农户建起砖石混合结构的平房，农村居民人均住房面积35平方米。固定电话入户率57%，摩托车、拖拉机、农用三轮车的拥有量占农户的46%，实现水、电、路、电话、有线电视“五通”。每百户村民拥有摩托车50辆、电话55部、手机65部、彩电70.8台。有线电视入户率70%，互联网入户率2%。参加新型农村合作医疗1.1万人。

第十二节 孙村镇

概况 位于历城区东部，东与章丘市圣井街道交界，北与董家镇毗邻，西与港沟镇、郭店镇接壤，南与彩石镇相连，总面积81.24平方公里。镇机关驻地孙村。省道309线横穿境内，北靠省道102线、胶济铁路。1986年，辖47个行政村（57个自然村），有1.05万户，5.05万人，其中农业人口4.59万人。完成工农业总产值6436万元，实现财政收入204万元，农民人均纯收入583元。2005年11月，孙村镇及大正科技工业示范区划归济南高新技术产业开发区代管。2007年9月，撤销济南大正科技工业示范区，设孙村镇大正办事处，其所辖11个行政村并入孙村镇。2007年，辖7个办事处，48个行政村（57个自然村），有1.37万户，5.95万人。完成地区生产总值7.7亿元，实现地方财政收入1744万元，农民人均纯收入6580元。

农业 1986年，有耕地面积4153.2公顷，农作物总播种面积6200公顷，完成农业总产值3411万元；农业机械总动力28168千瓦。1987年始，以修路治水为重点，大搞农田水利基本建设，继续修建“文化大革命”期间损毁、停建的水利设施。1998年，成功繁育甘薯新品种“孙薯一号”。2001年，全镇发展冬暖式大棚825个，建起以西沙沟奶牛养殖场为代表的畜牧养殖小区4个，奶牛、肉食牛存栏量2500头，被列为济南市奶牛、肉食牛改良重点乡镇之一。至2001年，对狼猫山水库至庄科、孙村、顿邱、谢家一带的39.5公里灌溉渠道进行修复配套；完善大洋海地下、地上灌溉系统，在巨野河东铺设地下防渗渠道2万米，建成谢家、许家万亩节水灌溉工程。2002年7月，镇农技推广站示范基地被评为全国农业科普示范基地。2003年5月，该镇作为济南市东部产业带的中心，开发建设全面启动。2007年，左家洼、方家、李家、许家等村整建制拆迁，高新区对土地实行“一次征用，长期补偿”政策。同年，全镇有耕地面积3710公顷，完成农业总产值12690万元；农业机械总动力69442千瓦。

工业 1986年，有镇村户办工业企业127家，从业人员1688人，完成工业总产值3025万元，镇办企业实现利税79万元。1992年起乡镇企业进行股份制改制。1994—1995年，济南玻璃制品业有限公司改制为股份合作制企业，济南双林

图31-19 济南吉利汽车有限公司生产线（2007年摄）

木制品有限公司改制为民营企业，济南历城标志服厂改制后更名为济南兴财实业有限责任公司。1986—1996年，先后与省市7家科研单位、大专院校建立合作关系，对43家企业进行技术改造，开发新产品400个。2001年6月济南雪松冷冻设备厂破产。2003年，济南东部产业带建设全面启动，孙村镇成为高新产业聚集区。在总面积41.16平方公里的产业区内，主要发展以电子信息设备、交通装备、食品药品、生物制药、发电输电产业、数控设备、环保设备等为主的十几个高新技术产业集群。至2007年，吸引中车集团济南车辆有限公司、中烟集团济南卷烟厂、浪潮集团有限公司、上海新华传媒股份有限公司、青岛啤酒（济南）股份有限公司、青年汽车集团有限公司、济南吉利汽车有限公司、山东法因数控机械股份有限公司、中国重型汽车集团有限公司、山东明仁福瑞达制药有限公司等重点高新科技产业项目先后在境内落地。2007年年底，所有镇属企业均改制为民营企业，全镇有工业企业30家，从业人员9080人，上缴税金9534万元。

商贸服务业　1986年，有商贸服务业户890家，从业人员3900人，完成社会商品零售额1.5亿元。20世纪80年代中后期，随着小城镇建设的不断发展，镇驻地逐步成为第三产业聚集区。1989—1990年，建起永兴商贸区，孙村、埠东、西顿邱、鸡山、白谷堆商业街构成全镇商业网络的主体。2002年，将供销社原百货店、生资店改建成百货营业楼。2006年，建立“社兴农家店”6家。2007年，将供销社百货营业楼重新装修，以股份制形式建成嘉和购物超市，建起农村集市5处。同年，全镇有商贸服务业户2100家，从业人员7800人，完成第三产业产值3.23亿元。

村镇建设　1986年，除了镇政府办公楼外，孙村中心街两侧，只有几座零星平房，街道狭窄。1986年始，各村掀起建房热，土坯房建成砖瓦房，房型出现前出厦、锁皮厅等式样，不

图31-20 孙村彩虹湖公园（2007年摄）

少家庭建起二至三层楼房，农民居住条件大为改观。1986—1995年，全镇先后投资5000万元，实施小城镇基础建设和公共设施建设，完成孙村至济王、济青公路和孙村至高二庄路段拓宽改造工程；各村都进行水、电、路改造。1998年，对镇驻地南北2条商业街进行修缮整理，投资10万元，安装灯箱广告牌60块，硬化路面800平方米。2003年，镇驻地街道全部安装路灯，镇政府门前建起街心公园。建成首期路网工程主副干道8条，全长30公里。第一期安居工程在升官庄村南破土动工。2004年8月，升官庄居民安置小区交付使用，287户居民搬进新居。2005年，被确定为济南高新技术产业开发区东部新区。新区路网建设中，原大正示范区辖区，共拆迁民居296户，于2006年12月在埠东居民安置小区得到安置，共分配楼房480套。至2007年，共修路11条，建设安置楼69栋，左家洼、李家、方家、许家、侯家等5个村庄完成整体拆迁整合，拆迁户全部乔迁新居。全镇累计投资4000万元，实现村村通公路，80%的村实现街道硬化。48个行政村通车、通电、通邮、通电话、通有线电视、通宽带网。截至2008年6月，共安置居民7414人，分配楼房2554套。为解决整体拆迁村庄墓地问题，在山圈村南、孙家鹊山村西分别建设安息园，并修路与之配套。2007年，建成占地26.66公顷，水面10.66公顷的生态景观湖——彩虹湖。

教育　科技　1986年，有幼儿园47所，在园幼儿1650人；小学45所，中学5所，在校学生6552人；教职工456人。同年起，按照镇办初中、村办小学的原则，联办中学收归镇统一管理，小学改为村办。1995年，孙村镇“两基”达标工作通过省政府验收。完成合班并校。2004年，被市政府命名为济南市教育工作示范乡镇。2006年6月，孙村镇中小学由高新区管委会垂直管理。2007年9月，撤销大正示范区（教育办公室），大正小学及其他各类教育划入孙村镇教委管理。有幼儿园22所，在园幼儿1459人；小学7所，中学1所，在校学生4632人；教职工409人。辖区有区属中学历城四中、山东英才职业技术学院。

1986年，有科技机构12个，科技人员580人，农民技术员280人，各类技术协会、研究会23个。2000年，被市委评为科普先进乡镇。2007年，全镇有科技机构2个，科技人员20人，农民技术员15人。

文化　卫生　1986年，有镇文化站、广播站、影剧院各1个。1996年，村村建起文化大院，有庄户剧团4个，文化专业户63个。2000年，投资100万元建立有线电视网络，实现有线电视村村通，入户率为20%。2001年，投资100万元建立有线电视机房，购进回传设备。同年，被省体委评为全省体育先进乡镇。2007年，有村文化大院35个，藏书3.5万册。

1986年，镇卫生院有床位20张，医务人员20人；有村卫生室48所，医务人员75人。1998年10月，被评定为一级甲等医院。2005年11月，更名为济南高新技术产业开发区孙村镇中心卫生院。2007年，卫生院有床位30张，医务人员52人，年诊疗3万人次；有村卫生室48所，医务人员92人。

人民生活　1986年，农村住房多为土坯房，砖瓦房占23%，农民人均住房面积45平方米。每百户有自行车72辆、钟表70只。2007年，土坯房逐渐被砖瓦、水泥结构新房、楼房所取代，人均住房面积66平方米。每百户居民拥有轿车12辆、摩托车95辆、电话96部，手机98部，彩电100台。有线电视、互联网入户率均为98%。全镇农民参加养老保险5000余人，参加新型农村合作医疗5.1万人，参合率100%。

附

大正小区

概况　位于历城区东部，东与章丘市龙山街道接壤，北与董家镇交界，西、南与孙村镇相连，总面积15平方公里，管委会驻地埠东村。

1995年12月，经市政府批准，成立济南大正乡镇企业示范小区（以下简称为大正小区）。以济南通讯电缆厂（由东郑生产大队第一生产队集体企业发展而来）为依托，辖孙村镇原西卢办事处的西卢、东卢、东郑、牛王、北徐马、界沟河、东枣园、埠东、湖中坡、李家寨及孙村办事处的抬头河11个行政村。1996年4月正式挂牌对外办公。实现财政收入770万元，农民人均纯收入2152元。2000年12月，大正小区更名为济南大正科技工业示范区。2004年，有2582户，1.46万人。完成地区生产总值2.81亿元，实现地方财政收入58万元，农民人均纯收入4550元。2005年11月，由济南市高新区代管。2007年9月，撤销济南大正科技工业示范区，其行政区域并入孙村镇，成立孙村镇大正办事处，辖11个行政村。

机构　大正小区设立党委、管委会，具体管理小区党的建设、经济发展和社会事务。管委会下设党政（含组织、宣传）办公室、经济管理办公室、农村事务（含民政、计划生育、老龄）办公室、招商办公室、教育办公室、财政所、司法所、土管所、武装部、工会、广播站等机构。

农业　1996年，有耕地面积732公顷，粮食总产量6201吨，完成农业总产值980万元。以修路治水为重点，大搞农田水利基本建设，累计投资500余万元，修筑道路20公里，铺设地下管灌、水渠20公里，打机井50眼，完成界沟河水库工程，扩大水浇地面积60公顷。2005年，有耕地面积697公顷，农作物总播种面积1029公顷；农业机械总动力8789千瓦。

工业　1996年，有工业企业22家，完成工业总产值5.51亿元，实现利税4300万元。1998年，经市政府批准成立济南外商科技投资工业园，建设高标准厂房，达到“四通一平”，引进12家企业入驻园区。投资8000余万元进行技术改造，开发新产品200余个。2001年，受市场因素影响，济南通讯电缆厂企业效益下滑。2004年，有规模以上企业5个，完成规模以上工业总产值4.1亿元，实现销售收入2.6亿元，利税1141万元。2005年，青岛啤酒（济南）有限公司在埠东村开工建设。

村镇建设　商贸服务　1996年，着力抓好小城镇基础设施和公共设施建设。先后投资6000余万元，修建大正路，实现村村通公路，通讯、供电、供水等基础设施不断完善；建设机关办公楼、埠东商城、商业街和西卢商业街。工业园、英才学院的建设带动了小城镇建设和第三产业发展。2001年，有商贸服务业户120个，完成第三产业增加值1.15亿元。2004年，完成第三产业增加值4980万元。

教育　科技　1996年，有幼儿园11所，在园幼儿220人；小学3所，在校学生560人；教职工58人。同年，投资50万元，为学校配备微机等现代化教学设施。2003年，投资200余万元，扩建大正小学校舍，购置教育设施，同年，北徐马小学、埠东小学并入大正小学。2007年9月，大正示范区各类教育并入孙村镇，建制仍然属历城区。

1996年，举办各种科技培训班15期，培训1500人次，推广应用先进技术、完成科技攻关项目10个，获国家、省、市、区科技进步奖6个，其中96芯、144芯光缆获国家科技进步奖，填补省内空白。2001年，有科技机构8个，科技人员320人，其中农民技术员200人。

文化　1996年，成立文化站。1999年，成立广播电视站。辖区有村文化大院5个。广泛开展群众性体育活动，利用春节、“五一劳动节”“六一儿童节”等节日，常年开展篮球、乒乓球、拔河、象棋等比赛。

人　物

辛弃疾（2007年摄）

本志收录人物共分为人物传略、人物简介、人物表、人物名录四个部分。人物传略收录去世人物10人，其中本籍人物6人，长期在历城区工作的客籍人物4人。人物简介收录历任中共历城区委书记、区人大常委会主任、区长、区政协主席13人；历城籍任实职正厅级（部队正师级）以上领导干部17人；历城籍文艺体育界名人8人。人物表收录受省部级以上表彰奖励的各级各类人物219人。人物名录收录历城区出席全国、省、市历次党代会、人代会、政协会议的代表、委员。因单位和个人未提供资料或资料难以征集的人物未予以收录。

人物传略

亓刚文（1927.12—1986.2）　山东省莱芜市辛庄镇大观庄人。高小文化。1946年1月，加入中国共产党。1949年4月至1950年3月，任中共历城县委工作组组长兼王舍人镇镇长。1954年6月至1955年1月，任中共历城县委第五区区委书记。1955年2月至1956年1月，任中共历城县委纪委副书记。1956年2月至1966年5月，任中共历城县委常委、监察委员会书记。1966年7月至1972年8月，先后任中共历城县委常委、仲宫区委书记，仲宫公社革委会主任。1973年1月至1975年12月，任中共历城县委常委。1975年12月至1978年6月，任中共历城县委常委、县革委会副主任。1978年6月至1980年9月，历任中共历城县委常委、组织部部长、纪委副书记。1980年9月至1984年1月，任中共历城县委副书记兼纪委书记、党校校长。在担任县革委会副主任、副书记期间，围绕县委、县政府中心工作，深入基层，调查研究，认真对待人民来信来访，加强党的建设，扎实做好老干部工作，分管的各项工作卓有成效。1984年1月，任政协历城县第一届委员会主席、党组书记。团结带领县政协各参加单位和广大委员，贯彻落实县委的决策部署，牢牢把握团结和民生两大主题，认真履行政协职能，为历城经济社会的发展做出了贡献。1986年2月22日逝世。

李明刚（1917.4—1991.2）　原名李德恒。历城区郭店镇程庄人。17岁考入平原乡师。在学校参加了抗日民族解放先锋队。受中共地下党组织的启蒙教育，动员、组织广大群众进行抗日，反对国民党政府的不抵抗主义和“攘外必先安内”的反动政策。1937年12月参军。1938年4月，加入中国共产党。1938年，从抗日军政大学毕业后到八路军山东纵队工作，曾获学习模范、突击队员、模范共产党员称号。1940年，任山东纵队二旅组织科副科长。1943年，任滨海军区组织科科长。1944年任莒南县独立营副政委，指挥了攻打莒南县城和甲子山战斗。1945年，任19团政治处主任、政委，参加了解放薛家岛和泊儿战役。1946年1月，任滨海三军分区政治部主任，参加孟良崮战役外围阻击战、峄东战斗和泰安、济宁、洛阳、开封、睢杞等战役。1948年11月起，先后任华东野战军第22军64师、66师政委。1949年4月率部渡江作战，直抵浙江宁波，解放了大榭岛、金塘岛、舟山本岛。1950年12月，任华东野战军某师在浙江萧山县组建的空12师政委。1952年3月，奉命率部入朝作战。不久，师长回国学习，李明

刚带领全师，经过1年零12天战斗，取得击落敌机57架，击伤11架的战绩。1953年，获朝鲜二级国旗勋章、立三等功。1955年6月，被授予二级独立自由勋章、二级解放勋章，同年9月，被授予大校军衔。抗美援朝回国后，曾任空军政治部组织部部长、北京军区空军政治部主任等职。1965年，被调空军第三高级专科学校任副校长。该校改为空军气象学院后，任第一副院长。坚持以教学为中心，亲手创办《空军气象学报》和《教学与研究》两个刊物，对促进院内外学术交流起了积极推动作用。1983年3月，正军级离职休养。1988年7月，被授予独立功勋荣誉章。1991年2月27日在南京逝世。程庄村建立了“明刚史馆”，使广大群众特别是青少年接受革命传统教育。

景晓村（1917.10—1994.8） 原名景慕达。历城区彩石镇宅科村人。

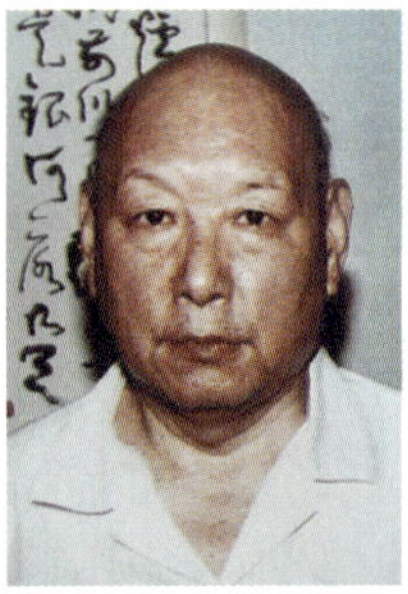

1933年夏考入山东省立第一乡村师范学校（以下简称为济南乡师）。他与同学编辑出版了《求生》和《齐鲁先修》刊物。1935年10月经济南乡师地下党支部书记赵健民介绍，加入中国共产党。同年冬，参加了“一二·九”学生救国运动。1936年5月，任中共济南乡师地下党支部书记。1937年7月，任中共山东省委秘书长，在济南、泰安等地宣传党的抗日主张。1938年1月，任八路军山东人民抗日游击队第四支队政治部副主任兼第一团政治委员。同年5月，中共山东省委改称为中共苏鲁豫皖边区省委，景晓村任省委秘书长兼青年部部长。1938年8月，建立鲁东南特委，景晓村任特委书记，同时任八路军山东人民抗日游击第二支队政治委员。1939年3月，中共中央山东分局调景晓村到清河地区任清河特委书记。同年9月，中共清河特委改称中共清河地委，景晓村任地委书记。12月，成立清河区军政委员会，景晓村任书记，统一领导全区的党政军工作。1940年5月清河区参议会召开，景晓村当选为参议长。同年10月，中共清河区第一次代表大会在博兴纯化镇召开，撤销中共清河地委，成立中共清河区党委，景晓村任书记。11月，清河军区成立，景晓村任政治委员。1944年1月中共中央北方局决定，将冀鲁边区与清河区合并，建立渤海区，景晓村任渤海区党委书记、渤海军区政治委员。1947年在全区土改会议期间，遭康生指责，渤海区党政主要负责人受到错误批判，12月，景晓村被免去渤海区党委书记兼渤海军区政委职务（1984年3月中共中央同意，对此错误处理予以纠正）。1948年6月，景晓村调任中共中央华东局政策研究室研究员。1950年2月，调任中共上海市委副秘书长兼政策研究室主任。1951年8月，任华东工业部副部长。1952年11月，任国务院第一机械工业部第四局局长。1956年6月，任第一机械工业部部长助理。1958年7月，任第二重型机器厂筹备组组长、党委书记、厂长。1963年年初到中共中央党校学习。1965年5月至1968年8月，任国家一机部技术司司长。1979年3月，任农业机械部常务副部长、党组成员。1982年6月退居二线，任机械工业部老干部工作委员会主任。第六、七届全国政协委员，山东省人民政府顾问。1994年8月9日，因病在北京逝世。景晓村的夫人王梦林根据其遗愿，将他多年的积蓄5万元捐赠给宅科村小学，作为奖学基金支持家乡教育事业。

于进渭（1928.9—1995.1） 山东省文登县葛家公社窑南坡村人。

初中文化。1946年6月，加入中国共产党。1947年参加工作。同年9月，任昆嵛县公安局干事。1948年9月以来，历任济南市公安局分局干事、大观园派出所所长、市中分局副局长、济南市公安局政保处协理员、历下区人民法院院长、章丘县人民法院院长、章丘县

公安局局长、章丘县刁镇公社党委书记等职。1966年5月，任中共平阴县委副书记。1971年3月，任长清县革委生产指挥部副指挥、马山公社党委书记。1973年5月起，任莱芜县公安局局长、中共章丘县委副书记。1980年1月，任历城县革委会主任。1980年12月，任中共历城县委副书记、县长、县政府党组书记。任职期间围绕县委、县政府中心工作，在推行家庭联产承包责任制、调整农业内部结构、发展工副业、开展多种经营、搞好计划生育等方面工作做出了贡献。1984年4月起先后任历城县(区)第十届、十一届人大常委会主任、党组书记。1988年当选为济南市第十届人民代表大会代表。1990年1月离休。1995年1月10日逝世。

邓洪山（1905—1996.12） 历城区华山镇坝子村人。五音戏表演艺术家。艺名“鲜樱桃”。其家庭是梨园世家，从祖父到儿子四代从艺。邓洪山从小随着父亲跟班学艺，8岁就与父亲合演《挡马》，以后拜靳成章、靳成花为师，学唱青衣、花旦。9岁已小有名气，乡亲们称他“七岁红”。邓洪山凭着一股韧劲，向前辈老艺人虚心学习，日常生活中，注意观察不同人物的心理变化，学习他们各具特色的形体动作，为艺术创作储备素材。30年代初，邓洪山和明洪钧（工生）搭档，组成了五音戏班——邓明社，经常活动于济南的风顺、游艺园、艺乐等戏院。1935年10月，邓洪山带领马兰亭（司鼓）、李祥（打锣）和两个侄子到上海百代公司录制了6张唱片（七出戏），百代公司赠送一面“五音泰斗”的锦旗。此后共录制唱片10余张，不少剧目被中央、省、市电台、电视台录音录像播放。1954年邓洪山获华东戏曲观摩汇演一等奖。邓洪山的五音戏剧社常年在淄博一带演出，1956年戏剧社改称为淄博市五音剧团，邓洪山任团长。他广交艺友，和京剧表演艺术家梅兰芳、程砚秋、尚小云、荀慧生等结为良师益友，多次在一起切磋技艺，互相借鉴，在戏曲界传为佳话。邓洪山先后三次率领五音剧团进京演出，并应邀到中南海演出，得到中央领导和首都文艺界的高度评价。1985年7月由山东省戏协、淄博市文化局、淄博市文联共同举办的“邓洪山舞台生活75周年座谈会”上，邓洪山当选为五音戏研究会会长。曾先后担任山东省政协委员、淄博市人大代表，是中国戏剧家协会会员。1996年12月7日因病逝世。

陈登汉（1922—1998.6） 历城区西营镇鸭子泉村人。1947年，参加革命工作。1948年，加入中国共产党。历任中共历城县西营区委副书记、港沟公社党委副书记、孙村区区长、彩石乡党委副书记、乡长等职。1983年离职休养。离休后放弃进城安享晚年的条件，在当地党委、政府的支持下，带领群众绿化荒山8000亩，修筑公路120多公里，使彩石乡44个山区行政村中的43个村铺设沥青路，全乡人均收入由300元增加到2300元，为帮助群众致富做出了贡献。陈登汉生活简朴，他把全月的工资和口粮救助贫困的村民，把家中办年货的钱为村民垫付买树苗的欠账，还把乡政府奖励的2000元奖金买成树苗送给村民。他经手筹集的修路资金达500多万元，但从未向组织要过一分钱的报酬，每月900多元的离休金，还经常拿去买修路材料。1998年6月27日，在彩石乡石瓮峪村修路工地上，为保护周围群众的生命安全和国家财产，用身躯阻挡突然失去控制急速向山坡下滑去的油罐车而被油罐车重重地挤到山坡石壁上，以身殉职，享年76岁。中共济南市委1998年10月10日作出《关于授予陈登汉同志“一心为民、忘我奋斗的共产党员”称号和开展向陈登汉同志学习活动的决定》。1999年3月，山东省人民政府批准陈登汉为革命烈士。

孙思白（1913—2002.2） 原名孙兴诗，字思白，在革命工作中曾化名孙放。历城区孙村镇东顿邱村人。1938年，加入中国共产党。当代知名的中国现代史和中华民国史专家。1935年“一二·九运动”爆发，参加中华民族解放先锋队，任北平队部总交通。平津沦陷后，回山东参加抗战，先后在山东聊城第六专区政治部及第十一军团政治部系统工作，历任政治服务员、支队科长、县政府秘书、团级政治部主任等职，并曾任范筑先将军机要秘书。1940年春，南下昆明进西南联大复学。翌年毕业后，先后在云南省呈贡、泸西等县任教。1946年初，到青岛任临时大学历史讲师，同年转入山东大学任中国通史讲师，直至青岛解放。此后，历任山东大学历史系副教授、校长办公室副主任、校工会副主席兼宣传部长、政治大课委员会秘书、青岛市教育工会委员等职。1956年，任山东大学历史系副主任。1956至1960年，与他人共同主编《新民主主义革命时期通史》。1964—1966年，当选济南市人大代表。所写论文多在《文史哲》《历史研究》《光明日报》等报刊、杂志发表。1971年，借调到北京历史博物馆。1976年调入中国社会科学院近代史研究所，先后任副研究员、研究员、民国史研究室主任、近代史研究所学术委员等职。2002年2月22日在北京逝世。

孟　涛（1947.6—2006.2） 山东省章丘市山后寨子乡孟家坞村人。在职大学学历。1964年9月，参加工作。1997年2月，加入中国民主促进会。1964年9月至1975年8月，为历城县北园公社张庄下乡知青。1975年8月至1976年7月，任北园公社药山管理区技术员。1976年7月至1979年10月，任历城县建筑安装公司四队技术员。1979年10月至1987年1月，任历城县建筑安装公司副经理(其间，1980年9月至1985年12月在同济大学函授本科班结构工程系工业与民用建筑专业学习)。在负责建筑公司技术期间，主持建设了卧虎山水上酒家、齐鲁药厂特大跨度厂房等一批标志性建设项目，整体提升了历城建筑工程建设水平。1987年1月至1989年3月，任济南市工程质量监督站历城分站站长兼历城区建委基建管理科科长，首次在历城区建立工程质量监督机制，并对相关的制度进行补充和规范。1989年3月至1991年6月，任历城区城建开发公司副经理。1990年被评为山东省劳动模范。1991年6月至1993年2月，任历城区建委总工程师、城建开发公司副经理。1993年2月至1995年11月，任历城区建委副主任、总工程师。1995年11月至1997年1月，任历城区副区长。1997年1月至5月，任历城区副区长、民进济南市委副主委。1997年5月至2003年1月任，历城区副区长，民进中央委员、山东省委副主委、济南市委主委。在区政府工作期间，主持指导临港开发区的整治规范工作。1996年任小清河综合治理指挥部副总指挥，对流经历城境内的小清河干流进行全面整治。2003年1月至2月，任历城区人大常委会副主任，民进中央委员、山东省委副主委、济南市委主委。2003年2月，任济南市政协副主席，历城区人大常委会副主任，民进中央委员、山东省委副主委、济南市委主委。围绕市委、市政府和区委、区政府的中心工作目标，深入基层、调查研究，联系群众、指导工作，为省、市民主促进会组织的建设发展和为党的统一战线事业做了大量的工作。曾当选为山东省第九届、十届人大代表，济南市第十一届人大代表，济南市九届政协委员、十届政协常委。2006年2月5日在济南逝世。

武中奇（1907.9—2006.3） 济南市长清区崮山镇人。少年时跟随父母到济南谋生，在一家印刷厂当童工。20世纪30年代初，应聘为泰安武

训学校书法金石教员，任教两年余回济南。1936年初遭敌破坏重建不久的中共山东省委机关设在其家。同年，由中共山东省委书记黎玉介绍，加入中国共产党。1937年“七七事变”后，随山东省委撤至泰安。1938年1月，参加徂徕山抗日武装起义。历任八路军山东纵队四支队排长、中队长、营长、特务大队长、九支队团长，曾指挥部队用步枪击落日军飞机一架。1941年在中共山东分局党校第二期培训班学习。1943年6月，中共山东分局决定重建中共济南工委并建立济南市抗日民主政府办事处，武中奇担任济南工委委员、济南市抗日民主政府办事处主任。1944年9月，泰山地委重建了历城县委和历城县抗日民主政府，武中奇兼任县长。县委、县政府在全县各地建立了抗日群众团体，为抗日反攻奠定了基础。1945年8月，济南市抗日民主政府办事处撤销，成立济南市民主政府，武中奇任市政府秘书长。同年11月，调至联合国救济署山东解放区救济分会，负责分会的日常工作。1949年，任第三野战军南下干部纵队参谋长，参加接管上海的工作，任上海市人民政府秘书科科长。20世纪50年代初，先后任上海提篮桥监狱典狱长、治淮劳动纵队司令员。“三反”运动中遭诬陷受到错误处分。1954年，秋被派至南京江苏省劳改局工作。1959年，任南京钟表厂厂长。1963年，调任南京市文物保管委员会主任。“文化大革命”开始后受到冲击，1970年被诬为“五一六反革命分子”，身陷囹圄。1973年春，平反结束关押。1979年，任江苏省国画院副院长。1980年，担任江苏省人大常委会委员、中国书法家协会理事、江苏省书法家协会主席。

武中奇自幼嗜好书法，一生研习书法不辍。其书法上追秦汉，兼攻金石，取唐碑风骨、魏晋风韵，形成既凝重、雄浑、苍劲，又灵韵飞动的独特艺术风格，被誉为“武体”。1980年后，曾在济南、南京、北京等地举办“武中奇书法展览”，两次率中国书法家代表团出访日本。作品被国内外数百家博物馆、美术馆、陈列馆收藏、展出。出版有《武中奇书法选集》《武中奇书法选萃》等多种书法作品集。2006年3月29日在南京逝世。

朱孝铭（1923.7—2006.6） 历城区仲宫镇南高而村人。

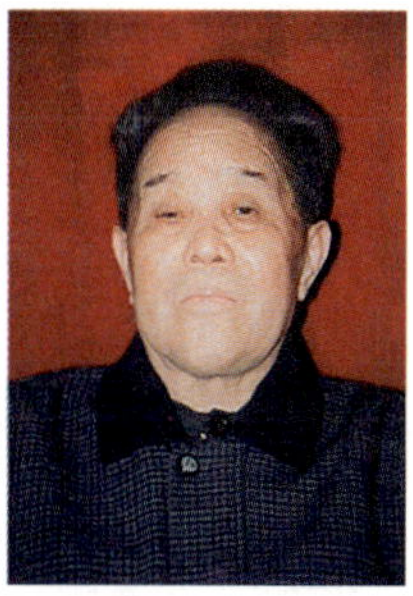

1941年，参加抗日游击队小组。1944年7月，加入中国共产党，不久当选为南高而村抗日村长。1946年，任中共历城县卧龙区委干事。1947年2月调到泰安地委工作队，带领担架队到莱芜战场口镇一带支前。1947年夏至1950年，担任柳埠区区委宣传员、副指导员、指导员兼区长。1951年，调任中共历城县委组织部副部长兼县监委书记。1952年，任组织部部长。1953年9月到1955年5月，在中共中央山东分局党校学习。1955年，任中共历城县仲宫区委书记，组织实施锦云川倒虹吸工程。1956年10月，当选为历城县县长。1957年，带领山区工委先后勘察与实施了八达岭水库、孙家崖水库、大会水库、三龙潭水库、桃科水库、泉泸水库、枣林水库等水利工程。1958年，任卧虎山水库工地党委书记兼总指挥，负责修建卧虎山大型水库。1961年到沿黄生产救灾指挥部，组织领导救灾工作。1962年，赴京参加中央七千人大会。1964年负责历城县沿黄稻改工程。1966年6月，“文化大革命”中历城县委、县政府受到冲击，朱孝铭和其他领导都被免职。1969年，被送到西郊农场劳动改造，接受再教育。1971年，朱孝铭被安排到董家公社任党的核心领导小组组长兼革委会主任。1972年，调入章灵铁矿任党的核心领导小组组长。1974年，任历城铁厂党委书记。同年底任中共历城县委副书记。1975年，任中共历城县委副书记、县革委副主任。1977年，指挥完成了新中国成立后历城规模最大的黄河春修工程。1978年，兼任县体委主

任。1979年6月，任中共历城县委副书记兼县纪委书记。1984年2月离休。2006年6月1日在济南逝世。

人物简介

历任区委书记、区人大常委会主任、区政府区长、区政协主席

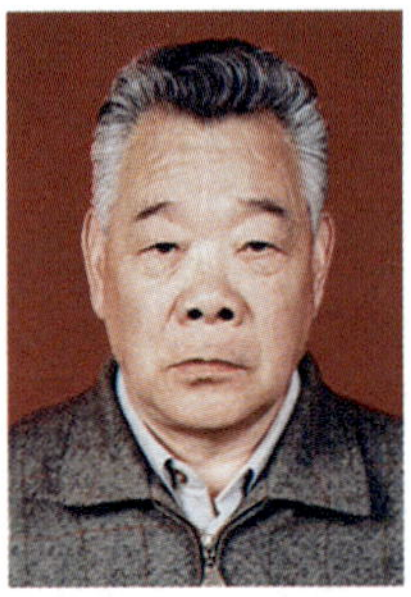

姬广文 山东省肥城市孙伯乡东程村人。1933年11月出生，初中文化。1948年12月，参加工作。1953年7月，加入中国共产党。1948年12月至1958年6月，先后任民办教师、区助征员，泰安地委土改队队员，宁阳县保险公司农保员、股长，县工商科科员、副科长，县商业局副局长，石竭乡党委副书记，县农业局副局长，县委办公室副主任。1958年6月，任中共济南市委农委干事。1961年5月起，任中共泰安地委农村工作部干事、中共长清县委办公室副主任。1964年秋至1966年，在泰安、海阳参加“四清”工作队。1966年6月起，在中共长清县委办公室主持工作。1969年4月，任长清县革委会办公室干部。1972年1月，任中共长清县委常委、县委办公室主任。1975年5月，任中共长清县委副书记。1978年6月，任中共长清县委副书记、县革委会副主任。1979年12月，任中共济南市委委员、长清县委书记。1984年1月，任中共济南市委委员、中共历城县委书记。1987年6月，任中共济南市委委员、历城区委书记。1990年1月，任山东省农业科学院副院长、党委委员。1979年12月以来，当选为山东省第五届人民代表大会代表，中共山东省第四、五次代表大会代表，济南市第八届人民代表大会代表，中共济南市第四、五次代表大会代表。1994年11月离休。

谢传仁 历城区董家镇谢家屯村人。1945年9月出生。1966年2月参加工作，1971年3月，加入中国共产党。中央党校大学学历。1966年2月至1971年10月，先后任华山公社前张小学、董家公社谢家屯小学、温家联中任代课教师。1971年10月至1973年3月，任中共历城县委整党办公室干事。1973年3月至1978年12月，任中共历城县委政治部宣传组干事。1978年12月至1980年11月，任中共历城县委宣传部副部长、部长。1980年11月至1981年7月，任中共历城县委常委、宣传部部长。1981年7月至1983年11月，任中共历城县委常委、宣传部部长兼唐王公社党委书记。1983年11月至1985年6月，任中共历城县委常委、唐王公社党委书记（其间1983年9月至1985年6月，在山东大学干部专修科科社系学习）。1985年6月至1986年2月任中共历城县委常委、组织部部长。1986年2月至1987年5月，任中共历城县委副书记、县长。1987年5月至1990年1月，任中共历城区委副书记、区长。1990年1月至1994年2月，任中共历城区委书记。1994年2月至1995年6月，任中共历城区委书记(其间1994年8月至1996年12月，在中央党校函授学院本科班经济管理专业学习)。1995年6月至1997年12月，任中共历城区委书记兼区委党校校长。1997年12月至1998年2月任，中共济南市委常委。1998年2月至2003年2月，任中共济南市委常委、政法委书记。2003年2月至2003

年4月，任中共济南市委常委，市人大常委会副主任、党组副书记。2003年4月至2008年2月，任济南市人大常委会副主任、党组副书记。是中共山东省第六次代表大会代表，中共济南市第五、六次代表大会代表，中共济南市第九、十、十二届人民代表大会代表。

郭作贵 山东省济阳县曲堤镇郭家村人。1954年10月出生。中央党校研究生学历。1972年2月，参加工作。1976年3月，加入中国共产党。参加工作后任济阳县玻璃厂（变压器厂）工人、团支部书记。1976年6月始，历任济阳县仁风公社武装部干事、副部长，中共仁风公社党委常委、人武部部长，仁风公社管委会副主任。1981年9月，在山东农学院干部专修科农学专业学习。1983年6月，毕业后任济阳县仁风公社管委会副主任。1984年3月起，历任济阳县崔寨公社党委副书记、书记。1987年4月任济阳县副县长。1992年11月，任济南市政府副秘书长、办公厅党组成员。1993年12月，任中共平阴县委书记兼县委党校校长（其间，1993年9月至1996年7月，在山东农业大学本科班经济管理专业学习）。1997年12月起，任中共历城区委书记、区委书记兼区委党校校长。2000年9月，任中共济南市委常委、历城区委书记兼区委党校校长。2002年12月，任中共济南市委常委、市政府党组副书记。2003年2月，任中共济南市委常委、副市长、市政府党组副书记。2007年12月市十三届人大常委会第四十一次会议决定免去其济南市人民政府副市长职务。

谭延伟 山东省淄博市人。1961年5月出生。大学学历，高级管理人员工商管理硕士。1982年7月，参加工作。1990年11月，加入中国共产党。1978年10月至1982年7月，在山东工学院第一机械系机械设备与制造专业学习。1982年7月至1987年5月，任济南纺织机械厂技术干部、车间副主任。1987年5月至1997年3月，先后任济南市委办公厅秘书、主任科员、副处级秘书、正处级秘书。1997年3月至1998年1月，任济南市政府办公厅副主任。1998年1月至1998年8月，任中共历城区委副书记、区纪委书记。1998年8月至2001年2月，任中共历城区委副书记。2001年2月至2002年12月，任中共历城区委副书记、区长（1999年5月至2001年5月，在山东大学研究生课程进修班政治经济学专业学习）。2002年12月至2007年12月，任中共历城区委书记兼区委党校校长（其间，2004年9月至2007年1月，在大连理工大学获得高级管理人员工商管理硕士学位）。2007年12月至2008年11月，任中共历城区委书记、区人大常委会主任、区委党校校长。是中共山东省第九次代表大会代表，中共济南市第七、八、九次代表大会代表，济南市第十三届人民代表大会代表。

高洪勋 历城区孙村镇高二村人。1936年7月出生。1960年5月，加入中国共产党。1962年10月，毕业于山东师范学院。1962—1973年，任山东师范学院政治系政治辅导员。1973—1975年，任山东师范学院政治部落实政策办公室副主任。1975—1978年任，山东师范学院聊城分院化学系党总支书记。1978年4月起，历任中共历城县委党校教员、副校长、校长。1980年9月，任中共历城县委常委、县委办公室主任、县档案局局长(兼)。1985年3月起，任中共历城县委常委、副县长、县政府党组副书记。1987年5月至1990年2月任，中共历城区委常委、副区长、区政府党组副书记。1990年3月至1998年1月，历任历城区第十二、十三届人大常委会主任、党组书记。是济南市第十、十一、十二届人民代表大会代表。1999年3月退休。

李福水 历城区孙村镇东顿丘村人。1945年5月出生。大专文化。1963年7月，参加工作。1971年2月，加入中国共产党。历任历城县西顿丘公社话务员、历城团县委干事、遥墙公社团委书记。1971年7月任，中共遥墙公社党委委员、常委。1976年4月以来，历任中共遥墙公社党委副书记、书记。1980年9月，任中共历城县委常委、遥墙公社党委书记。1982年3月，任中共历城县委副书记。1984年9月在中央农业管理干部学院学习。1986年3月，任济南市水产公司党委书记。1988年7月，任中共孙村镇党委书记。1990年3月，任中共历城区委常委、副区长、区政府党组副书记。1992年11月，任中共历城区委副书记、代区长。1993年1月，任中共历城区委副书记、区长、区政府党组书记。1998年1月至2003年1月，任济南市历城区第十四届人大常委会主任、党组书记。2003年1月，被历城区委聘为经济发展战略顾问。是中共济南市第四、六次代表大会代表，济南市第十一、十二、十三届人民代表大会代表。2008年2月退休。

于正齐 山东省荣成市人和镇南下河村人。1947年4月出生。大专文化。1972年7月，加入中国共产党。1973年8月，在历城师范学校任教。1980年11月起，先后任历城师范学校教导处副主任、党支部委员、副校长。1984年10月，任历城县教育局党委副书记。1985年3月，任中共历城县纪律检查委员会副书记。1987年6月，任中共历城区委常委、区纪律检查委员会书记。1988年9月，当选为市纪委委员。1990年1月，任中共历城区委副书记。1995年1月，任中共历城区委副书记（正区级）。2001年1月，任政协济南市历城区第五届委员会党组书记、副主席。2003年1月至2007年12月，任济南市历城区第十五届人大常委会主任、党组书记。是中共济南市第五、七次代表大会代表，济南市第十一、十二、十三届人民代表大会代表。

侯金水 济南市槐荫区段店镇于家庄人。1935年1月出生。大专文化。1950年11月，参加工作。1955年4月，加入中国共产党。1956年10月至1958年3月，任济南市郊区睦里乡乡长。1961年6月至12月，任共青团历城县委副书记。1961年12月至1962年6月任，中共历城县西营区委副书记。1962年6月至1965年7月，在中共山东省委党校学习。1965年7月至1971年5月，任中共历城县委宣传部副部长。1971年6月至1984年1月，任历城县英雄山公社党委书记、管委会主任，县农林办公室主任。1984年1月至1986年2月任中共历城县委副书记、县长、县政府党组书记。1986年2月至1993年1月，任政协济南市历城区(县)第一、二、三届委员会主席、党组书记。1993年1月任区政协调研员。1995年3月退休。

孙继鑫 历城区华山镇朱家庄人。1938年1月出生。初中文化。1953年7月，参加工作。1960年5月，加入中国共产党。1971年5月至1976年6月，历任历城县向阳公社(后改为姚家公社)党委副书记、革委会副主任，党委书记、革委会主任。1976年6月起，先后任济南市计委副主任、党组成员，市农业办公室副主任、党组成员。1980年4月，任历城县港沟公社党委书记。1981年12月至1984年3月，任中共历城县委常委。1984年3月，任中共历城县委农村工作部部长。1986年2月起，

任历城县副县长、历城区副区长。1990年1月至3月，主持区政府工作。1990年3月，任中共历城区委副书记、区长、区政府党组书记。1993年1月至1998年1月，任政协济南市历城区第四届委员会主席、党组书记。1993年当选为政协第九届济南市委员会委员。1999年4月退休。

冯光文 历城区遥墙镇朝阳村人。1956年11月出生。大学文化。1975年12月，加入中国共产党。1975年8月，任历城县遥墙公社朝阳村生产队队长、党支部书记。1977年10月，任历城县遥墙公社鸭旺口管区党总支副书记、朝阳村党支部书记。1978年3月，任历城县遥墙公社鸭旺口管区党总支副书记。1978年6月，任历城县遥墙公社鸭旺口管区党总支副书记、副主任。1978年12月，任历城县遥墙公社党委组织干事。1980年6月，任历城县遥墙公社党委组织委员。1983年9月，在山东农业大学干部专修科农学专业学习。1985年7月以来，历任历城县（区）遥墙镇党委副书记、镇长、书记。1990年2月，任中共历城区洪家楼镇党委书记。1992年12月，任中共历城区委常委、洪家楼镇党委书记。1993年1月，任中共历城区委常委、区委办公室主任（1993年8月至1995年12月，在中央党校函授学院本科班经济管理专业学习）。1998年1月至1998年1月，任中共历城区委副书记、代区长，1998年1月至2001年1月，任中共历城区委副书记、区长、区政府党组书记（1999年3月至1999年6月，在国家行政学院第五期“社会主义市场经济”进修班学习）。2001年1月，任济南市科委副主任、党组副书记（1999年5月至2001年5月，在山东大学经济学院政治经济学专业研究生课程进修班学习）。2001年5月，任济南市科技局局长、党组书记（2003年9月至2005年7月，在南开大学现代远程教育学院本科班工商管理网络教育专业学习，2005年12月，获高级管理人员工商管理硕士学位）。2006年10月，任济南市科技局局长、党组书记兼市创新型城市建设推进委员会办公室主任。是中共济南市第五、七次代表大会代表，济南市第十二届人民代表大会代表。

许　强 山东省济南市长清区人。1959年10月出生。1983年5月，加入中国共产党。省委党校研究生学历。高级管理人员工商管理硕士。1975年12月至1978年2月，任历城县吴家堡公社刘七沟联中教员。1978年2月至1981年9月，任历城县吴家堡公社西堡联中教员。1981年9月至1982年1月，在山东省团校学习。1982年1月至1984年10月，任历城县吴家堡公社团委副书记(其间1981年9月至1984年9月，在山东师范大学夜大专科班英语专业学习)。1984年10月至1987年2月，任济南市郊区团委副书记。1987年2月至1987年6月，任济南市郊区团委书记。1987年6月至1992年12月，任济南市天桥区团委书记(其间1990年8月至1992年12月，在中央党校函授学院本科班党政专业学习）。1992年12月至1995年2月，任中共天桥区委常委、办公室主任。1995年2月至1996年7月，任中共天桥区委常委、北园镇党委书记兼区农工委书记。1996年7月至1998年1月，任中共天桥区委常委、北园镇党委书记(其间，1994年9月至1997年1月，在省委党校在职研究生班政治经济学专业学习)。1998年1月至2001年6月，任济南市天桥区委副书记、北园镇党委书记(其间1999年3月至1999年6月，在省委党校干部进修培训班学习)。2001年6月至2002年12月，任中共天桥区委副书记。2002年12月至2003年1月，任中共历城区委副书记。2003年1月至2003年1月，任中共历城区委副书记、代区长，2003年1月至2007年12月，任中共历城区委副书记、区长、区政府党组书记(其间，2004年9月至2006年6月，在大连

理工大学EMBA专业学习，2007年1月，获高级管理人员工商管理硕士学位)。是中共济南市第八、九次代表大会代表，山东省第十届人民代表大会代表，济南市第十三届人民代表大会代表。

潘忠田 历城区仲宫镇王府村人。1944年9月出生。大专文化。1966年4月，加入中国共产党。1971年7月，参加工作。先后任中共历城县仲宫公社王府村党支部书记，平坊管区书记、公社党委常委、党委副书记。1978年5月起，先后任中共仲宫公社党委副书记、革委会主任、仲宫公社党委书记。1983年12月，任中共历城县仲宫区委书记、仲宫镇党委书记。1990年3月，任中共历城区委常委、仲宫镇党委书记。1992年12月，任中共历城区委副书记、仲宫镇党委书记。1995年5月，任中共历城区委副书记。1998年1月至2003年1月，任政协第五届济南市历城区委员会主席、党组书记。2003年1月，被历城区委聘为经济发展战略顾问。是中共济南市第五、六次代表大会代表，政协第十届济南市委员会委员。2008年2月退休。

谭传友 历城区柳埠镇闫家村人。1951年6月出生。大学学历。中央党校函授学院经济管理专业。1968年10月，参加工作。1971年11月，加入中国共产党。1969年12月至1976年3月，任中国人民解放军9711部队13分队班长、团支部副书记。1976年3月至1976年7月，退伍在家务农。1976年8月至1978年3月，任济南市农业学大寨工作团孙村分团副队长。1978年3月至1982年9月，任中共历城县委、县革委办公室秘书。1982年9月至1983年7月，在济南师专中文干训班学习。1983年7月至1984年9月，任历城县政府办公室秘书。1984年9月至1986年7月，在曲阜师范大学干部专修科中文专业大专学习。1986年7月至1990年4月，任历城县(区)政府办公室副主任。1990年4月至1992年5月，任中共历城区委办公室副主任兼研究室主任。1992年5月至1998年1月，任中共历城区华山镇党委书记。1998年1月至2001年1月，任中共历城区委常委、办公室主任。2001年1月至2003年1月，任中共历城区委副书记。2003年1月至2007年12月，任政协第六届济南市历城区委员会主席、党组书记。2007年12月至2012年1月，任政协第七届济南市历城区委员会主席、党组书记。是中共济南市第六次代表大会代表，政协第十一、十二届济南市委员会委员。

历城籍地方正厅级以上干部

郭长才 历城区郭店镇十里堡村人。1933年3月出生。1956年3月，加入中国共产党。1951年3月，在中央税务学校华东分校学习。1951年7月至1979年4月，在山东省财政厅工作，先后任办事员、科长、处长等职。1979年5月，任山东省财政厅副厅长兼党组副书记。1983年3月，任山东省财政厅厅长兼党组书记，期间参加世界银行中国高级官员研究班、中央党校财政研究班学习，担任山东经济学院、山东财政学院兼职教授。1990年5月，任山东省政府秘书长。1991年3月，任山东省副省长。1993年3月任山东省人大常委会副主任。是第七届全国人大代表，山东省第六、七、八、九届人大代表。1982—1992年，任中共山东省委委员。著作有《经济写作系统技法》。2004年6月退休。

张福山 历城区遥墙镇南河套村人。1935年11月出生。1956年2月，加入中国共产党。1952

年8月至1958年7月，先后任济南市劳动局办事员、科员。1958年7月至1962年3月，任济南市劳动局技工学校教导主任、党支部副书记、副校长。1962年3月至1970年10月，历任济南市劳动局秘书科副科长，济南市劳动工资委员会副主任、党组成员。1970年10月至1977年7月，先后任济南市劳动局革命领导小组副组长，劳动局革委会主任、党的核心领导小组组长。1977年7月至1978年4月，任济南市计划委员会副主任、党组副书记兼济南市劳动局局长、党组书记。1978年4月至1986年2月，任济南市计划委员会主任、党组书记。1986年2月至1987年4月，任济南市人民政府秘书长、党组成员，市政府办公厅党组书记，市计划委员会主任、党组书记。1987年4月至1992年6月，任济南市副市长、市政府党组成员、党组副书记，山东半岛经济开放区协调指导小组副组长。1992年6月至12月，任中共济南市委常委、济南市常务副市长、市政府党组副书记。1992年12月至1994年2月，任中共济南市委副书记、济南市常务副市长、市政府党组副书记。1994年2月至1996年3月，任中共济南市委副书记、济南市常务副市长(正地市级)、市政府党组副书记。1996年3月至1998年2月，任市人大常委会副主任、市人大常委会党组书记。2005年6月退休。

亓凤海　历城区华山镇亓家村人。1943年2月出生。1970年12月，加入中国共产党。大专文化。1959年12月至1969年12月，为济南市农具厂工人。1969年12月至1971年4月，任济南市革委会委员。1971年4月至1972年12月，任济南市委常委、济南市农具厂党委副书记。1972年12月至1973年1月，任济南市革委会政治部核心小组成员。1973年1月至1980年5月，任济南市委常委，共青团济南市委书记、党组书记。1980年5月至1983年8月，任济南市委常委、中共历下区委书记。1983年8月至1983年10月，任中共历下区委书记。1983年10月至1986年6月，在省委党校党政管理干部专修科学习。1986年7月至1988年8月，任中共槐荫区委书记。1988年8月至1992年12月，任济南市委常委、组织部部长。1992年12月至1997年6月，任山东省民政厅副厅长、党组成员。1997年6月至1998年6月，任山东省民政厅副厅长、党组副书记。1998年6月至2002年12月，任山东省民政厅厅长、党组书记。2002年12月至2003年4月，任山东省民政厅厅长。2003年4月至2008年3月，任山东省人大常委、城乡建设与环境保护委员会副主任委员。2008年3月退休。

李念东　历城区董家镇谢家屯村人。1946年2月出生。1964年7月，参加工作，1966年8月，加入中国共产党，大专文化，研究员。1964年7月至1965年6月，为中央办公厅机要干校学员。1965年6月至1966年10月，任中共四川石渠县委机要实习译电员。1966年10至1968年12月，任中央办公厅机要干校科员。1968年12月至1973年8月，任中央办公厅五七干校副连长。1973年8月至1979年12月，任中央办公厅信访局科员。1979年12月至1996年12月，历任中共山东省委组织部科员、科长、副处长、处长（其间1984年9月至1986年7月在山东大学经济系经济管理专业学习）。1996年12月至2001年1月，任中共德州市委常委、组织部长。2001年1月至2002年2月任山东行政学院、山东省经济管理干部学院党委副书记、副院长。2002年2月至2004年6月，任山东行政学院常务副院长、山东省经济管理干部学院院长。2006年7月退休。

王启信　历城区董家镇季家村人。1946年4月出生。1965年10月，加入中国共产党。大专文化。1968年10月至1974年10月，任济南齿轮厂秘书。1974年10月至1976年3月，任济南市机械局秘书。1976年3月至1987年12月，任中共山东省委宣传部处长。1988年1月至1989年8月，任山东省社科规划办主任。1989年8月至2008年3月，任山东省人大常委会副秘书长兼研究室主任。2008年3月退休。

孙培森　历城区孙村镇东郑村人。1948年12月出生。1975年6月，加入中国共产党。大学学历。1970年12月至1972年5月，在济南市自来水公司工程公司任工人。1972年5月至1975年8月在同济大学水暖系给排水专业学习。1975年8月至1978年10月，任济南市自来水公司工程公司技术员。1978年10月至1984年9月，任济南市自来水公司安装队副主任。1984年9月至1989年3月，先后任济南市自来水公司党委副书记、党委书记兼副经理。1989年3月至1994年6月，任济南市公用事业总公司副经理、党委委员。1994年6月至1996年6月，任济南市公用事业局副局长、党委委员兼自来水公司党委书记、经理。1996年6月至1997年7月，任济南市建委副主任、党组成员。1997年7月至2004年8月，任济南市建委副主任、党组成员，市园林管理局局长、党委书记。2004年8月至2006年2月，任济南市建委副主任、党委副书记，市园林管理局局长、党委书记。2006年2月至2008年1月，任济南市人大常委会副主任、党组成员，市园林管理局党委书记。

历城籍部队正师级以上干部

赵兴元　历城区王舍人镇梁一村人。1925年出生。1940年6月，加入中国共产党。1939年7月，参加八路军，历任战士、班长、排长、指导员、营长、团长、师长、副军长、黑龙江省军区政委、旅大警备区副司令、政委。1988年，被中央军委授予中将军衔。1990年4月退役。1998年10月，被中央军委授予中国人民解放军独立功勋荣誉章。同月离休。是中共第九届、十届、十一届中央候补委员，第十二届中央委员，中共十三大当选为中央纪律检查委员会委员，第二、三届全国人大代表，政协第八届全国委员会委员。

邢吉祥　历城区郭店镇相公庄人。1932年9月出生。1952年9月，加入中国共产党。1949年6月，加入中国新民主主义青年团。9月，参加地方工作，任虞山西乡副乡长。1951年2月，参加中国人民志愿军，历任通信连战士、团通信参谋，参加了抗美援朝第四次、第五次战役。1964年，到沈阳通信学院学习。1965年7月，任中国人民解放军师通信科参谋。1966年任通信营副营长。1967年8月，历任师通信科副科长、科长。1971年9月，任团副政治委员。1973年1月至1974年，任南京军区司令员许世友的秘书。1974年7月，任团政治委员。1978年4月，任师政治部主任。1980年8月任师副政治委员。1983年，任军后勤部政治委员（正师职）。1988年10月离休。

高　培　原名高培三。历城区孙村镇杨家庄人。1932年10月出生。1950年1月，加入中国

新民主主义青年团。1955年1月，加入中国共产党。1951年7月至1953年4月，任中国人民解放军东北军区司令部二处训练队学员、班长。1953年4月至1957年4月，在中央军委外国语学校一队（日文队）学习。1957年4月，调南京军事学院外军教授会任职。1966年6月，组织翻译和校订《日本对华战争指导史》。1969年9月，担任训练部外军研究处第四行政组副组长。1969年11月至1970年11月，调任天津边防检查站检查科检查员、调研科调研员。1970年11月至1973年12月，在天津电信管理局二分局支左，任军代表。1974年12月，任军事科学院外国军事研究部日军研究室研究员。1980年，任《外国军事学术》杂志编委会会员。1982年1月，担任外军研究部学术委员会委员。1985年编写《日本侵略军在中国的暴行》专著。1987年11月，晋升正师职。1988年7月退休。

胡朝栋 原名胡朝桐。历城区王舍人镇裴家营村人。1936年3月出生。1956年10月，加入中国共产党。1949年6月，任裴家营乡治安委员兼做民兵工作。1951年2月，参加中国人民志愿军，3月入朝作战，在团政治处当公务员，参加了第五次战役。1951年6月，调团卫生队学习并留队当卫生员。1952—1953年，在东线防御反击作战中，担负突击连抢救工作，荣立三等功。回国后，历任班长、指导员、团防化股参谋、团作训股参谋、团作训股长。1967年10月后，历任军司令部作训处参谋、作训处副处长、团参谋长、副团长、团长。1978年，任南京步校一大队大队长、大队党委书记。1980年6月，任南京步校校务部副部长。1983年5月，任安徽省宿县军分区司令员。大校军衔。1987年12月，当选为安徽省第七届人代会代表。1991年7月退休。

李大同 历城区王舍人镇王舍人庄人。1937年9月出生。1961年2月，加入中国共产党。1953年3月，参加工作。1956年3月入伍。1957—1958年，任南海舰队混合舰一支队战士，被榆林基地评为二级技术能手。1959—1960年，海军榆林基地司令部通讯科战士。1960—1973年，任基地司令部侦察处侦查参谋、西沙情报组组长。1974—1982年，任海军海口水警区侦查科科长、榆林基地司令部侦察处副处长。1983—1985年，任海军西沙水警区副司令员。1985—1987年，任南海舰队司令部军务处处长。1987—1990年，任海军广州基地副参谋长（其间，1987—1988年，在海军指挥学院学习，1990年在中央党校学习）。1990—1993年，任汕头水警区司令员。1993—1995年，任榆林基地参谋长、副司令员（1994年在国防大学进修）。海军少将军衔。1995年12月退休。

邢世忠 历城区郭店镇相公庄人。1938年9月出生。1957年1月，加入中国共产党。大专文化。1953年8月至1956年3月，在解放军南京工程兵学校工程兵专业学习。1956年3月至1959年8月，任工兵营排长。1959年8月后，历任师工兵科参谋、作训科参谋、军直属工兵营营长、军作训处副处长。1975年7月后，历任团长、师参谋长、师长。1983年5月至1985年6月，任军长。1985年6月至1988年2月，任兰州军区参谋长。1988年2月至1994年12月，任兰州军区副司令员。1994年12月至1995年7月，任济南军区副司令员。1995年7月至2003年1月，任国防大学校长（1998年3月晋

升为上将军衔）。是中共第十五届中央委员，第七届、第八届、第十届全国人大代表，第十届全国人大常委会委员。2003年退休。

彭学芳 历城区遥墙镇遥墙村人。1940年7月出生。1960年12月，加入中国共产党。大专文化。1959年1月入伍，历任战士、班长、连司务长、师军需科助理员、师医院干事、师军需科副科长、师后勤部部长。1978年2月至1979年7月，在后勤学院学习。1980年12月后，历任军后勤部处长、军后勤部副部长。1985年1月，任军后勤部部长。1985年1月至1986年8月，到云南省前线作战。1986—1991年，任集团军后勤部部长。1988年8月，被授予大校军衔。1991年6月，任山东省军区后勤部部长。1995年10月退休。

张志祥 历城区王舍人镇宿家张马村人。1942年2月出生。中国共产党党员。1964年，毕业于山东师范大学中文系。同年8月参加工作。1986年，毕业于北京经济函授大学经济新闻和现代经济管理专业。1992年，毕业于中共中央党校进修班。历任中国人民解放军总后勤部生产管理部学员、干事、秘书、助理员、处长、局长、主任、副部长，军事医学科学院副院长。1994年8月，被授予少将军衔。兼任中国质量管理协会、中国饭店协会、中国旅游饭店协会、中国食品工业协会、中国保健食品协会、中国建筑装饰协会、中国孙子兵法研究会等社团组织副会长；中国保健协会、孙子兵法咨询中心、《军地英才》杂志、《中国保健营养》杂志等单位高级顾问；重庆大学顾问、教授；北京兵法经营管理学校名誉校长。2000年5月退休。

李而炳 历城区遥墙镇向阳村人。1945年8月出生。中国共产党党员。1963年，从济南第十八中学毕业考入解放军通讯工程学院。1967年，毕业后到福州军区海防某师当兵锻炼，后分配到福州军区通讯团无线电连任无线电机师。1970年，调任通讯兵部秘书。1992年，任总参谋部陆航局政治部主任（副军职）。1993年，任总参谋部某部政治部主任。1994年，被授予少将军衔。1996年，任解放军国际关系学院政委（正军职）。曾参与著述《徐向前传》《历史的回顾》（徐向前回忆录），主编了《新编党支部书记培训教材》《党委书记读本》《军队科研单位和院校基层建设研究》《世纪之交的中国与世界》《二十一世纪前期中国战略选择》《信息战中的瓦解战研究》等。多篇论文收入《今日辉煌》《中国社会科学文库》《中国时代战略文库》《江泽民关于社会主义改革开放和现代化建设重要论述研究》等大型丛书。2004年8月退休。

马振祥 历城区郭店镇相公庄人。1952年5月出生。1971年1月，加入中国共产党。1970年，任村民兵连长。1972年12月，参加中国人民解放军。先后在空降兵某部侦察连任战士、班长、排长、副连长、连长。1978年5月，当选为空军第五届党代表。1982年，在信阳陆军学院学习。1984年后，历任空降兵某师司令部副营职侦查参谋、师侦查科长、侦查大队中队长。他研究发明的“捕俘专用兵器”获全军科技进步三等奖。1990年8月，调武警湖北省总队，历任指挥学校训练处处长、机动支队支队长、总队副总队长。大校军衔。2007年退休。

陈忠文 历城区孙村镇山圈东隗村人。1952年9月出生。1970年12月，参加中国人民解放军。1972年7月，加入中国共产党。大学本科学历，专业技术5级、副教授，空军大校军衔。先后在空降兵某部任战士、卫生员、医助、医师、卫生所长、军卫生处助理员。1984年4月，调空军某医院任助理员、医务处主任。1993年，任空军某疗养院院长。1996年11月，受到军委主席江泽民接见。1998年9月，当选为军区空军第九届党代表。2001年3月，调广州军区空军机关，负责干部医疗保健工作。任空军保健委员会第一届保健专业委员会委员，广州军区空军某部专业职称委员会专家组成员，广州军区空军某部保健委员会办公室主任。

历城籍文艺、体育界名人

田　遨 原名谢天璈，历城区董家镇谢家屯村人。1918年12月出生，10岁左右接触唐诗、《三国演义》《水浒传》《聊斋志异》等书，15岁时参加鲍青文社，开始写诗和文章。二十岁外出谋生，做过机关职员、银行职员，后走向新闻界。先后在济南《新生日报》《诚报》《大华日报》《山东新报》做过编辑、记者。后参加革命，1949年年初随军南下，参加上海《解放日报》创刊号的编辑工作，后担任国际版主编。1960年，调上海美术电影制片厂任编剧。出版有长篇小说《杨度外传》，中篇小说《宝船与神灯》《鹊华秋色》，古典文艺研究论著《清词精选评注》及童话、剧本、杂著等作品20余种。现为中国作家协会会员，中国诗词研究院副院长，“台北故宫书画院”名誉院长、客座教授，上海文史研究馆馆员，上海诗词学会顾问，中日俳句交流协会理事等职务。

景慕逵 历城区彩石镇宅科村人。1931年1月出生。1947年9月，加入中国共产党。1944年在村担任儿童团长。1945年8月起，先后在鲁中一军分区宣传队、鲁中南纵队文工团、华东野战军35军文工团、华东海军文工团、军委海政文工团等单位，担任宣传员、分队长、区队长、戏剧队队长等职。1953年，由军委海政文工团借调到“八一”电影制片厂。1954年，借调到长春电影制片厂。此后，正式调入“八一”厂。1958年，到故事片室当副导演，参加过《海鹰》《哥俩好》《野火春风斗古城》《奇袭》《红珊瑚》《红色娘子军》《平原作战》等十多部故事片和戏剧艺术片的拍摄工作。1980年，导演的《花枝俏》获得文化部颁发的优秀影片奖。1983年，与赵继烈联合导演的故事片《骆驼草》，1985年，导演的故事片《索伦河谷的枪声》，先后获得“八一”厂优秀影片奖、政府优秀影片奖、解放军文艺奖、人民大学影评学会“奋飞杯”等。1986年，参加《巍巍昆仑》导演工作。1990—1991年，任《大决战·淮海战役（上下）》导演之一，该片获电影金鸡、百花奖最佳故事片奖。

康　庄 字梦周，历城区遥墙镇王家村人。1945年6月出生。1983年9月，调入济南画院任创作室主任、艺委会主任。1987年5月，赴北京为全国人大常委会、中南海作画。1989年3月在新加坡、马来西亚举办“水系列——康庄作品巡回展”。1990年，应邀为中央电视台艺术部作画，创作《泰山》专题。1993年3月，在美国旧金山举办《康

庄现代画展》。1995年6月，为中南海创作《泰岱松云》。1997年7月，为外交部驻香港办事处大厦创作《屹立东方》。2002年9月，为京西宾馆中央会堂创作《清江》。12月，为中南海创作《蓬莱春潮》《峡江流云》。同年，获人事部中国书画人才专门委员会颁发的“当代中国画杰出人才奖”。任济南画院名誉院长，山东省政协委员，济南市政协常委，市政协社会文教委员会副主任，民进济南市委副主委，山东民进书画院院长，济南市美术家协会副主席，山东画院高级画师。国家一级美术师。中国美术家协会会员。

张宝珠　字还浦，号苍斋主人。历城区遥墙镇冯家村人。1945年9月出生。20世纪60年代，师从黑伯龙、陈维信学画，又受许麟庐、宋文治、何海霞、董寿平等名家指点。擅长山水、花鸟、书法，尤以松柏为长，在画坛有“张松柏”之美誉。1995年起，分别应中南海邀请制作12×2米的《雄峙天东》和6×2米的《晕鳌松瀑图》等巨幅山水，并多次应文化部的邀请赴美国、日本、韩国、保加利亚和中国台湾等国家和地区展出并举办个人画展。中央电视台、《人民日报》，香港《文汇报》《大公报》等媒体多次对其做专题介绍。其作品多收藏于中国文化部、中国美术馆、国家博物馆、国家纪念馆。为国家一级美术师、济南画院专业画家、山东画院高级画师、山东泰山国画院院长、山东省文史馆馆员、山东美术家协会顾问、中国美术家协会会员、中央国家机关美术协会顾问。

陈玉圃　又名陈玉璞。历城区遥墙镇陈家岭村人。1946年3月出生。1961年，中学毕业在本村当民办教师。1962年，先后拜国画家黑伯龙、陈维信为师。“文化大革命”期间，从青年画家李兆彩、吴泽浩、朱学达学画人物

速写。1976年，到曲阜师范学院艺术系任教。1980年，考入广西艺术学院，为岭南派大师黄独峰教授研究生。1982年，秋毕业留校任教。1986年，当选为广西美术家协会理事、常务理事。1987年，被收入《中国国画家大辞典》。1989年，获中国书协、中国书画报举办的“全国墨海荟萃书画大赛”美术作品一等奖。山水画作品被人民大会堂收藏。1992年，《唐人诗意图》为北京中南海紫光阁收藏。1997年12月，调天津南开大学东方艺术系任教，硕士生导师。擅长山水、花鸟、人物。出版有《陈玉圃画集》《山水画画理》《陈玉圃山水画集》《解析唐寅》等，并入集《现代山水画库》等。中国美术家协会会员。

曾　毅　历城区华山镇卧牛村人。1949年1月出生。1985年，加入中国共产党。1968年，从山东商业学校毕业后，先后在山东省单县烟酒公司、县文化馆工作。1979年，被借调到山东省美术馆的省影展办公室。1980年，调入济南市文联。1983年，《滚煎饼》获得首届全国青年摄影艺术展铜牌奖，《钢铁·汗水》在全国影展获银牌奖。1985年，作品《条条致富路》获联合国教科文组织亚太地区摄影比赛“亚洲文化中心奖”。同年，当选为省青联委员和济南市青年摄影家协会主席。1986年，当选为济南市青联副主席、山东省青年摄影家协会主席和省青联常委。1987年，当选为济南市摄影家协会主席。1988年，当选为省文联委员和中国摄影家协会山东分会理事。1993年，当选为第八届省人大代表、省对外文化交流协会理事、省海外联谊会理事、中华孔子学会理事。曾荣获中国摄影家协会授予的“为

摄影事业做出突出贡献的摄影工作者”、山东省政府授予的“山东省专业技术拔尖人才”等荣誉称号，并被评为“影响济南十大文化人物”。是中国摄影家协会策展委员会委员；山东省摄影家协会副主席；山东工艺美术学院美术馆馆长、教授、研究生导师；东方国际摄影艺术促进会主席；齐鲁摄影学会执行主席兼秘书长。享受国务院政府特殊津贴专家。

王博青 历城区董家镇王辛村人。1962年2月出生。1978年，入选历城区少儿业余体校，参加篮球、田径训练。1981年毕业于历城二中。1982年，进入山东省皮划艇队。1986年，荣获全国皮划艇锦标赛第三名。1987年，被评为“国家级运动健将”。1988年10月，入选国家皮划艇队。1989年11月至1995年4月，在全国、亚洲锦标赛和第十一、十二届亚运会皮划艇比赛中获多项冠军。1990年11月，任山东省皮划艇队教练。1993年，任国家皮划艇队主教练。1995年，被评为皮划艇高级教练。1990—2002年，王博青4次被省政府记一等功，5次获团省委“新长征突击手”称号，多次被省体委记大功、记功。2005年，被评为全国体育先进工作者。1998—2006年，任山东省水上运动技术学校副校长。2006年起，任山东省水上运动技术学校校长、书记。被国家体育总局、中国奥委会授予2008年北京奥运会突出贡献个人称号。

韩　鹏 历城区东风街道祝甸村人。1983年9月出生。1989—1995年，任祝甸小学足球队队员。1995—1997年，在历城五中就读。1999年6月，加入鲁能泰山三队，同年调入一队。2001年，获得全国青年联赛冠军。2002年，参加全国甲A联赛。2004年，获得中超杯、足协杯双料冠军。2006年，入选国家队，并随队征战2007亚洲杯，以及2008世界杯预选赛，司职前锋。2006年，获得中超杯、足协杯双料冠军。2008年，入选中国国家奥林匹克足球队，参加北京奥运会。

人物表

全国劳动模范、全国五一劳动奖章、山东省劳动模范人物一览表

表人物-1

姓名	性别	工作单位	职务	表彰时间及名称
胡咸勇	男	十六里河镇大涧沟东村	党支部书记	1989年被国务院授予全国劳动模范称号
马广业	男	仲宫镇金钢纂村	党支部书记	2000年4月被国务院授予全国劳动模范称号
赵业坤	男	东风街道祝甸社区居委会	党支部书记 主任	2005年4月被国务院授予全国劳动模范称号
赵业坤	男	东风街道祝甸社区居委会	党支部书记 主任	2004年被全国总工会授予全国五一劳动奖章
邢宪卿	男	济南泉华包装制品有限公司	副总经理	2007年4月被全国总工会授予全国五一劳动奖章
高书嵩	男	济南酿酒厂	厂长	1986年被省政府授予劳动模范称号
于锡海	男	济南通讯电缆厂	书记	1986年被省政府授予农业劳动模范称号

续表人物-1-1

姓名	性别	工作单位	职务	表彰时间及名称
楚广海	男	区教委	工会主席	1989年被省政府授予劳动模范称号
贺国华	男	济南第二纺织机械厂	车间主任	1989年被省政府授予劳动模范称号
李茂芝	男	唐王渔场	场长	1990年被省政府授予农业劳动模范称号
张耀堂	男	仲宫农技站	站长	1990年被省政府授予农业劳动模范称号
郭文英	女	仲宫镇南杨家庄	党支部书记	1991年被省政府授予劳动模范称号
刘其军	男	历城二中	教导处主任	1992年被省政府授予劳动模范称号
秦长孝	男	济南铸造材料实业总公司	总经理	1995年被省政府授予劳动模范称号
王克华	女	西营镇下罗伽小学	教师	1995年被省政府授予劳动模范称号
王明海	男	华山镇前王村	党支部书记	1995年被省政府授予劳动模范称号
邢介平	男	济南趵突泉酿酒有限责任公司	董事长	1998年被省政府授予劳动模范称号
马广业	男	锦绣川乡金钢纂村	党支部书记	1998年4月被省政府授予劳动模范称号
赵业坤	男	东风街道祝甸社区居委会	党支部书记 主任	2003年4月被省政府授予劳动模范称号
赵顺桂	男	董家镇张而村	党支部书记	2003年4月被省政府授予劳动模范称号

山东省总工会、共青团山东省委、山东省妇联表彰人物一览表

表人物-2

姓名	性别	工作单位	职务	授奖名称
韩秀霞	女	王舍人镇	办事处主任	1986年被省妇联授予“三八”红旗手称号
陈来英	女	唐王镇妇联	主任	1986年被省妇联授予“三八”红旗手称号
王德福	男	洪家楼镇团委	书记	1986年被团省委授予新长征突击手称号
楚广海	男	区教委	工会主席	1987年被省总工会授予富民兴鲁劳动奖章
陈庆祥	男	历城水泥厂	车间主任	1988年被省总工会授予富民兴鲁劳动奖章
王庆山	男	区工商行政管理局	局长	1988年被省总工会授予富民兴鲁劳动奖章
李春芳	女	港沟镇幼儿园	教师	1988年被省妇联授予“三八”红旗手称号
王加兰	女	孙村镇白谷堆村	农民	1988年被省妇联授予“三八”红旗手称号
张荣芳	女	济南兽药厂	副厂长	1988年被省妇联授予“三八”红旗手称号
李淑云	女	大王乡妇联	主任	1988年被省妇联授予“三八”红旗手称号
段法娥	女	洪家楼镇妇联	主任	1988年被省妇联授予“三八”红旗手称号
潘秀华	男	历城铁厂劳服公司	副经理	1990年被省总工会授予富民兴鲁劳动奖章
刘善义	男	区教委	团委书记	1990年被团省委授予新长征突击手称号
郭来玉	男	历城造纸厂二车间	班长	1991年被省总工会授予富民兴鲁劳动奖章
刁玉英	女	唐王镇妇联	主任	1991、1992年连续两年被省妇联授予“三八”红旗手称号
井远香	女	遥墙镇妇联	主任	1991年被省妇联授予“三八”红旗手称号
于丽君	女	区建委工会	副主席	1991年被省妇联授予“三八”红旗手称号
程　模	男	历城水泥厂	厂长	1993年被省总工会授予富民兴鲁劳动奖章
张月梅	女	桑梓店镇计生委	主任	1993年被省妇联授予“三八”红旗手称号

续表人物-2-1

姓名	性别	工作单位	职务	授奖名称
王芳英	女	港沟镇西邢村	妇女主任	1993年被省妇联授予“三八”红旗手称号
吕兴臣	男	济南酿酒厂科研所	调酒员	1994年被省总工会授予富民兴鲁劳动奖章
李思德	男	历城五中团委	书记	1994年被团省委授予新长征突击手称号
潘庆江	男	区教委团委	书记	1994年被团省委授予新长征突击手称号
李春红	女	孙村镇团委	副书记	1994年被团省委授予新长征突击手称号
仇中木	男	区粮食局	办公室主任	1994年被团省委授予新长征突击手称号
孙秀宝	男	区统计局	科员	1994年被团省委授予新长征突击手称号
王秀凤	女	济南大华服装厂	厂长	1994年被省妇联授予“三八”红旗手称号
张建中	男	港沟镇团委	书记	1995年被团省委授予新长征突击手称号
吴兆庆	男	区公安分局	局长	1996年4月被省总工会授予富民兴鲁劳动奖章
李广华	男	锦绣川乡团委	书记	1996年12月被团省委授予新长征突击手称号
乔秀珍	女	区百货公司	主任	1999年被省总工会授予富民兴鲁劳动奖章
韩兆胜	男	济南市公安局巡警支队历城大队110中队	副教导员	1999年被团省委授予山东省五四青年奖章
林　松	男	区交警大队	民警	1999年被团省委授予优秀共青团员、新长征突击手称号
王廷芬	女	历城二中	教师	2000年被省总工会授予富民兴鲁劳动奖章
郭忠水	男	区水利局区防办	主任	2001年被省总工会授予富民兴鲁劳动奖章
刘升祥	男	区建设管理局	工程师	2002年被省总工会授予富民兴鲁劳动奖章
王富莲	女	区妇联	主席	2002年被省妇联授予“三八”红旗手称号
李新生	男	历城二中	校长	2004年4月被省总工会授予富民兴鲁劳动奖章
杨绍福	男	济南趵突泉酿酒有限公司	副厂长	2004年4月被省总工会授予富民兴鲁劳动奖章
郭　杰	男	山大路街道利农社区	书记　主任	2005年4月被省总工会授予富民兴鲁劳动奖章
杨德庆	男	济南庚辰钢铁有限公司	车间主任	2005年4月被省总工会授予富民兴鲁劳动奖章
常维华	男	区供电公司	总经理	2006年4月被省总工会授予富民兴鲁劳动奖章
江英茂	男	全福街道南全福社区	书记　主任	2006年4月被省总工会授予富民兴鲁劳动奖章
盖守群	男	华山镇盖家沟村	党支部书记	2007年被省总工会授予富民兴鲁劳动奖章

国家部委表彰人物一览表

表人物-3

姓名	性别	工作单位	职务	表彰时间及名称
王长玉	男	历城县公安局	侦查员	1986年被公安部授予全国公安战线二级英模荣誉称号
郭会兰	女	孙村镇庄科办事处	统计员	1986年被国家计生委授予全国计划生育先进个人称号
李德福	男	港沟镇兽医站	站长	1986年被农牧渔业部授予先进个人称号
牛锡江	男	区计委	主任	1987年被国务院全国工业普查小组授予先进工作者称号
王庆山	男	区工商局	局长	1987年被国家工商行政管理局授予全国工商系统先进工作者称号
马怀玉	男	区乡镇企业局	会计	1987年被农牧渔业部授予先进工作者称号
唐增生	男	蔬菜种苗试验场	场长	1987年被中国科协授予全国科技致富能手称号

续表人物-3-1

姓名	性别	工作单位	职务	表彰时间及名称
王长国	男	遥墙镇电影队	队长	1987年被农牧渔业部、文化部等6部委授予全国农村科教电影汇映先进个人称号
陈宝兴	男	大王乡电影队	队长	1987年被农牧渔业部、文化部等6部委授予全国农村科教电影汇映先进个人称号
张兴茂	男	区卫生局	局长	1987年被卫生部授予全国卫生文明建设先进工作者称号
王振鲁	男	洪家楼镇西周村	党支部书记	1988年被民政部、中国人民解放军总政治部授予全国军地两用人才先进个人称号
李正安	男	区计生委	主任	1988年被国家计生委、人事部授予全国优秀计划生育工作者称号
李心英	女	区计生委	科长	1989年被国家计生委授予国家级优秀调查指导员称号
吕仁忠	男	区农机局	局长	1989年被农业部授予农机推广先进个人称号
孙桂田	男	区农机局	高级工程师	1989年被农业部授予农机推广先进个人称号
刘洪业	男	区农机局	工程师	1989年被农业部授予农机推广先进个人称号
李克忠	男	区农机局	工程师	1989年被农业部授予农机推广先进个人称号
陈兆宝	男	区农机局	工程师	1989年被农业部授予农机推广先进个人称号
吴书宝	男	区农机局	高级工程师	1989年被农业部授予农机推广先进个人称号
李洪君	男	区农机局	助理工程师	1989年被农业部授予农机推广先进个人称号
王希福	男	区农机局	高级工程师	1989年被农业部授予农机推广先进个人称号
王德成	男	山东甸柳集团总公司	总经理	1990年被团中央、国家科委授予全国农村青年星火带头人称号
朱世金	女	区科协	副主席	1990年被中国科协授予全国农村科普先进工作者称号
江应水	男	区监察局	主任科员	1990年被监察部、人事部授予全国监察系统先进个人称号
周培利	男	高而乡	团委书记	1990年被国务院人口普查领导小组授予先进个人称号
徐明先	男	区物价局	局长	1990年被国家物价局授予全国物价系统先进工作者称号
党玉玺	男	区工商局	副局长	1991年被国家工商行政管理局授予全国工商系统优秀管理员称号
宋昭桢	男	区卫生局	副局长	1991年被卫生部授予全国药品落实法药品监督先进个人称号
盛建华	女	区科委	科长	1991年被国家科委授予星火计划管理先进个人称号
关　涛	男	区文化局	科长	1991年被国家艺术科学规划领导小组授予中国民间文学集成先进工作者称号
孙玉桐	男	区政府办公室	主任	1991年被公安部授予颁发居民身份证先进工作者称号
刘延强	男	区物价局	科长	1992年被国家物价局授予全国物价系统成本调查先进个人称号
孙兆明	男	区农业银行	主任	1992年被全国金融工会授予金融先进工作者称号
高存文	男	西营镇林业站	站长	1992年被林业部授予全国林业工作站建设先进个人称号
王启文	男	区电影公司	科长	1992年被农业部等6部委授予第二届农村科教电影汇映先进个人称号
蒋国君	男	区物资再生综合利用公司	经理	1992年被全国物资系统授予再生资源回收能手称号
康文明	男	区供电局	职工	1992年被能源部授予全国电力系统电力营业先进工作者称号
李宝俊	男	仲宫镇能源办	主任	1993年被国家计委、农业部授予省柴节煤先进工作者称号
王明茂	男	区武装部	副部长	1993年被解放军总参谋部授予全国民兵优秀四会教练员称号
于锡俊	男	济南通讯电缆厂	厂长	1994年被农业部授予全国乡镇企业家称号

续表人物-3-2

姓名	性别	工作单位	职务	表彰时间及名称
何明进	男	区统计局	农调队队长	1994年荣获全国第三产业普查先进个人称号
李桂珍	女	洪家楼镇统计站	站长	1994年荣获全国第三产业普查先进个人称号
刘宜栋	男	区财政局	副局长	1994年被财政部授予税收、财务、物价大检查先进个人称号
梁文泉	男	农业银行历城支行	工会副主席	1994年被中国农业银行总行授予全国金融系统后勤先进工作者称号
于洪涛	男	王舍人镇张马屯村	个体	1994年被国家工商行政管理局、共青团中央、中国个体劳动者协会授予全国先进青年个体劳动者称号
赵圣春	男	锦绣川乡卫生院	院长	1994年被卫生部授予全国卫生系统先进工作者称号
周　亮	男	党家庄镇陡沟村		1994年被团中央、国家科委授予全国青年星火带头人称号
李钦英	男	区工人文化宫	主任	1994年被全国总工会授予工会职工文化先进工作者称号
万宝亮	男	王舍人镇经管站	站长	1994年3月被国务院全国第三产业普查协调小组授予国家级第三产业普查先进工作者称号；1997年7月，在全国第一次农业普查工作中被评为国家级先进个人
刘英丽	女	区总工会	副主席	1994年被全国总工会授予全国先进女职工称号
吕仁亮	男	区统计局	副局长	1995年荣获全国第三产业普查先进个人称号
张德俊	女	区百货公司	经理	1995年被中国社会主义女企业家协会授予全国优秀女企业家称号
李万星	男	区技术监督局	局长	1995年被国家技术监督局授予先进工作者称号
田洪俊	女	区计生委	副主任	1995年被中国计划生育协会授予全国计划生育先进个人称号
王连珂	男	济南市雪松冷冻设备厂	厂长	1995年被农业部授予“八五”全国乡镇企业科技进步先进工作者称号
刘　哲	男	区科协	主席	1995年被中国科协授予全国农村科普先进工作者称号
李兴华	男	区农业局	助理农艺师	1995年被农业部等部门授予农业基点先进调查员称号
李景春	男	小并渡口村	党支部书记	1995年被司法部授予人民调解员先进个人称号
笪建敏	女	区公安分局	主任科员	1995年被国家档案局、中央档案馆颁发荣誉证书
孙丽萍	女	区交通局	征收员	1995年被交通部授予公路建设贡献奖
韩学杰	男	柳埠镇	站长	1996年3月被广电部、人事部授予全国广播电视系统先进工作者称号
崔建福	男	唐王镇	护林员	1996年3月被团中央、林业部、水利部授予黄河防护林二期工程建设先进个人称号
刘继林	男	区粮食局	党委书记	1996年6月被国家粮食储备局授予全国粮食收购先进个人称号
张庆芬	女	郭店镇东方村	务农	1996年8月被全国人口抽样调查办公室授予先进个人称号
郭存安	男	洪家楼镇	副镇长	1996年8月被全国人口抽样调查办公室授予先进个人称号
李修海	男	区统计局	科长	1996年8月被全国人口抽样调查办公室授予先进个人称号
郑兆栋	男	区黄河河务局	水政大队长	1996年10月被水利部、黄河水利委员会、中国水力电力工会授予劳动模范称号
康建利	男	王舍人镇水利站	站长	1996年10月被水利部授予全国水利系统劳动模范称号
鞠　彪	男	区司法局	局长	1996年11月被司法部荣记三等功
朱玉胜	男	区公安分局	纪委书记	1996年12月被公安部授予全国公安机关纪检监察先进个人称号
王增发	男	区物价局	办公室主任	1996年12月被国家计划委员会授予1995年物价系统农产品成本调查先进个人称号

续表人物-3-3

姓名	性别	工作单位	职务	表彰时间及名称
赵传友	男	区爱卫会	站长	1996年被中国红十字会授予先进个人称号
傅光仁	男	区检察院	检察长	1996年12月被评为第二届中国十大杰出检察官
史培文	男	区统计局	科长	1997年2月被全国基本单位普查办公室授予全国先进个人称号
刘玉红	女	区统计局	科员	1997年2月被全国基本单位普查办公室授予全国先进个人称号
姜玉芹	女	区统计局	科员	1997年2月被全国基本单位普查办公室授予全国先进个人称号
陈学亮	男	区总工会	副主席	1997年2月被全国总工会授予先进工作者称号
王玉华	女	王舍人供销社	主任	1997年5月被人事部、全国供销合作总社授予劳动模范称号
尹东亮	男	郭店镇农广校	校长	1997年10月被中国科协、中国农函大授予科技培训工作先进个人；1998年6月被中央农业广播学校授予科教兴农先进个人称号
张寿禄	男	唐王镇娄家中学	学生	1997年10月被团中央、全国少工委授予第五届全国十佳少先队员称号
张　健	男	唐王镇娄家中学	学生	1997年10月被团中央、全国少工委授予全国手拉手好少年称号
张　鹏	男	唐王镇娄家中学	学生	1997年10月被团中央、全国少工委授予全国手拉手好少年称号
刘福田	男	区工商分局	局长	1997年被国家工商行政管理局评为全国工商行政管理系统优秀管理员
吕仁祥	男	济南镁碳砖厂	技术科长	1998年被团中央、科技部授予全国农村青年星火带头人标兵
窦庆福	男	洪家楼派出所	所长	1998年1月被人事部、公安部授予全国特级优秀人民警察称号
葛平春	男	区林业局	副局长	1998年3月被全国绿化委员会授予全国绿化奖章
荆忠宝	男	洪家楼派出所	民警	1998年12月被公安部等八部委授予全国外来务工青年良师益友先进个人称号
赵锡良	男	郭店镇农技站	副站长	1999年2月被农业部授予农经宣传先进个人称号
曹传荣	男	区能源办公室	主任	1999年12月被农业部授予全国农业技术推广先进工作者称号
李兴华	男	区农业局	副主任	1999年12月被农业部、财政部授予全国农村集体资产清产核资先进工作者称号
苏洪滨	男	区劳动保险事业处	办公室主任	1999年12月被劳动和社会保障部授予社会保险宣传发行先进个人称号
李立东	男	区交警大队	科长	1999年、2000年分别被公安部授予全国优秀人民警察称号
张　娟	女	区农业局	科员	2000年3月被农业部授予农业基点先进调查员称号
方元德	男	济南市镁碳砖厂	厂长	2000年7月被农业部授予全国乡镇企业质量管理先进工作者；2001年被授予第四届全国乡镇企业家称号
李修香	女	郭店镇胥家村	妇女主任	2000年9月被国家计生委授予村（居）委员会优秀计划生育工作者称号
张广友	男	区林业局	副局长	1995年被农业部授予农业技术推广先进个人称号；2000年被林业部评为全国造林先进工作者
王连平	男	区物价局	主任科员	2001年9月被国家计划委员会授予全国农产品成本调查工作优秀个人称号
孙继舜	男	区计划生育委员会	主任	2001年10月被中宣部、国家计划生育委员会授予“双进”先进个人称号
江英茂	男	南全福社区居委会	党支部书记主任	2001年12月被农业部授予第四届全国乡镇企业家称号
王富莲	女	区妇联	主席	2002年6月被全国各族妇女“双学双比”竞赛活动领导小组授予全国“三八绿色奖章”

续表人物-3-4

姓名	性别	工作单位	职务	表彰时间及名称
亓庆红	女	区文化局	办公室主任兼稽查队长	2002年8月被文化部授予全国文化市场管理先进个人称号
李耀光	男	区法院	庭长	2002年9月被最高人民法院授予全国法院系统指导人民调解先进个人称号
范　芸	女	区劳动和社会保障局	局长	2002年12月被劳动和社会保障部评为先进个人并记一等功
邵永祥	男	华山二中	教师	2003年2月被教育部、中组部、人事部、财政部、国家计委、国家民族事务委员会、国务院扶贫开发领导小组办公室评为全国学校对口支援工作先进个人
李秀安	男	遥墙镇农技站	站长	2003年3月被团中央、农业部授予2002年度全国农村青年创业致富带头人称号
王　辉	男	区公安分局	副局长	1995年被公安部授予全国优秀人民警察称号；2003年4月被中央政法委员会、中央社会治安综合治理委员会评为全国“严打”整治斗争工作先进工作者
张祝禄	男	区公安分局全福派出所	所长	2003年6月被公安部授予2001—2002年度全国优秀人民警察称号
张继勇	男	区计生局	副局长	2003年9月被国家人口和计划生育委员会评为全国人口与计划生育科技工作先进个人
赵新坤	男	济南世珍花卉种业有限公司	总经理	1989年被中国科协授予全国科技致富能手称号
刘桂祯	男	区政府	副区长	2004年3月被科技部评为2001—2002年度全国市（县）科技进步先进个人
李广华	男	区科技局	局长	2004年3月被科技部评为2001—2002年度全国市（县）科技进步先进个人
刘秉湖	男	区统计局	副局长	2005年7月被国务院第一次全国经济普查领导小组评为先进个人
田洪涛	男	区统计局	科长	1998年12月被全国农业普查办公室授予先进个人称号；2005年7月被国务院第一次全国经济普查领导小组评为先进个人
董希文	男	仲宫镇	副镇长	2005年10月被中国科协评为全国农村科普工作先进个人
周培成	男	区计划生育局	局长	2005年12月被中宣部、国家人口计生委、教育部、民政部、文化部等十部委联合表彰为全国婚育新风进万家活动先进个人
高洪忠	男	区工商分局全福工商所	所长	2005年被国家工商行政管理总局授予全国工商行政管理系统“2005红盾护农”行动先进个人称号
吴贞煊	男	区科技局	局长	2006年1月被科技部授予2003—2004年度全国市（县、区）科技进步工作先进个人称号
杜　杰	男	区公安分局	防暴大队二中队中队长	2006年5月被联合国授予“和平勋章”（赴海地维和）
徐　军	男	区公安分局	副主任科员	2006年5月被联合国授予“和平勋章”（赴海地维和）
张其泉	男	区司法局	局长	2006年5月被中宣部、司法部授予2001—2005年全国法制宣传教育先进工作者称号
亓学泉	男	区卫生局	局长	2006年6月被卫生部授予全国结核病防治工作先进个人称号
刘延高	男	区计生服务站	站长	2006年6月被国家计生委授予全国人口和计划生育科技工作先进个人称号
胡桂兰	女	区科技局	副局长	2006年10月被科技部授予星火科技管理先进工作者
陈公和	男	区统计局	局长	2005年7月被国务院第一次全国经济普查领导小组评为先进个人；2006年10月被国务院全国1%人口抽样调查领导小组办公室评为2005年全国1%人口抽样调查先进个人
刘明利	女	济南华鲁食品有限公司	副总经理	2006年12月被团中央、农业部授予2006年度全国农村青年创业致富带头人称号

续表人物-3-5

姓名	性别	工作单位	职务	表彰时间及名称
张　勇	男	区安监局	办公室副主任	2007年1月被国家安全生产监督管理总局授予安全生产监管、煤矿安全监察生产先进个人称号
陈培敏	女	区工商分局东风工商所	副所长	2007年被国家工商行政管理总局授予全国流通环节产品质量和食品安全专项整治工作先进个人称号

教育系统受省部级表彰人物一览表

表人物-4

姓名	性别	工作单位	职务	表彰时间及名称
王新强	男	历城五中	教师	1987年被国家教委、国家体委授予全国体育传统项目学校优秀工作者称号
张金岭	男	遥墙镇教委	成教干部	1989年被国家教委、人事部授予全国教育系统劳动模范称号
李文新	男	王舍人镇教委	主任	1989年被国家教委、人事部授予全国优秀教育工作者称号
高洪英	女	港沟镇中心小学	教师	1989年被国家教委、人事部授予全国优秀教师称号
赵延忠	男	柳埠中学	教师	1989年被国家教委、人事部授予全国优秀教师称号
胡朝芹	女	西营镇教委	团委书记	1989年被国家教委、人事部授予全国优秀教师称号
金圣雪	女	仲宫镇仲北小学	教师	1989年被国家教委、人事部授予全国优秀教师称号
赵林娜	女	洪家楼小学	教师	1989年被国家教委、人事部授予全国优秀教师称号
赵志泉	男	历城第二职业高中	校长	1989年被国家教委、人事部授予全国优秀教师称号
渠敬朋	男	历城三中	教师	1989年被国家教委、人事部授予全国优秀教师称号
刘景林	男	历城教研室	教研员	1989年9月被国家教委、人事部、中国教育工会授予全国优秀教师称号
徐明清	男	董家镇教委	教师	1989年被省委、省政府授予优秀教师称号
徐新明	男	历城职业中专学校	校长	1991年被国家教委、人事部授予全国教育系统劳动模范称号
李章亭	男	东坞联中	教师	1991年被省委、省政府授予优秀教师称号
李焕英	女	王舍人镇教委	教师	1992年被国家教委、全国妇联授予巾帼扫盲先进个人称号
刘传顺	男	刘家峪小学	教师	1993年被国家教委、人事部授予全国优秀教师称号
吕素宝	男	历城区教委	副主任	1993年被国家教委、人事部授予全国优秀教师称号
刘承津	男	历城区教委	书记主任	1995年被国家教委、人事部授予全国优秀教育工作者称号
段德元	男	历城二中	教师	1995年被国家教委、人事部授予全国优秀教师称号
李殿杰	男	历城一中	校长	1995年被国家教委、人事部授予全国优秀教师称号
王锡智	男	董家镇教委	主任	1995年被省委、省政府授予优秀教育工作者称号
李新生	男	历城二中	校长	1998年被教育部授予全国优秀教师称号
王廷芬	女	洪家楼高级中学	教师	2001年被教育部授予全国优秀教师称号
谢兆水	男	区教育局教研室	副主任	2006年被省政府授予特级教师称号
朱晓刚	男	历城二中	教师	2006年被省政府授予特级教师称号
商锡河	男	历城五中	教师	2006年被省政府授予特级教师称号
马悦辉	男	历城二中	副校长	2007年被教育部授予全国优秀教师、全国中小学优秀德育课教师称号
刘卫东	男	历城职专	校长	2007年被教育部、人事部授予全国教育先进工作者称号

人物名录

一、中国共产党山东省、济南市代表大会历城区代表名录

（一）中国共产党山东省代表大会代表名录(按姓氏笔画排列)

1.中共山东省第五次代表大会历城区代表（1名）（1988年12月至1993年11月）

姬广文

2.中共山东省第六次代表大会历城区代表（1名）（1993年11月至1998年11月）

谢传仁

3.中共山东省第七次代表大会历城区代表（1名）（1998年11月至2002年6月）

郭作贵

4.中共山东省第八次代表大会历城区代表（1名）（2002年6月至2007年6月）

郭作贵

5.中共山东省第九次代表大会历城区代表（2名）（2007年6月—）

赵业坤　谭延伟

（二）中国共产党济南市代表大会历城区代表名录(按姓氏笔画排列)

1.中共济南市第五次代表大会历城区代表（31名）（1988年9月至1993年10月）

于正齐　王玉泉　王志平　田延荣　冯邦尧　冯光文　邢振清（女）
朱孝铭　刘在传　刘振广　许砚琦　许淑源　苏传梁　苏德孝
李　祥　吴俊芝（女）　张现昌　张国林　张恒相　欧季元　赵林恩
贾兆菊　党培珍（女，回族）　倪士崇　徐明梅（女）　高书嵩　郭凤岩
诸葛士廉　姬广文　谢传仁　潘忠田

2.中共济南市第六次代表大会历城区代表（33名）（1993年10月至1998年10月）

于德浩　马玉星　马兴云　王之新　王志义　王志平　邓良和
朱孝铭　刘仁发　刘克诚　刘承津　孙继舜　孙慈芳（女）　李福水
沈功珍（女）　张玉贵　张志恩　林荣伦　金盛滔(回族)　法秀华（女，回族）
段秀兰（女）　贾兆菊　钱天行（女）　徐明梅（女）　崔希忠　盖廷秀　彭玉华
程　模　谢传仁　褚丽华（女）　谭传友　翟长庆　潘忠田

3.中共济南市第七次代表大会历城区代表（33名）（1998年10月至2003年4月）

于正齐　于锡俊　王玉华（女）　王永和　亓春振　邓良和　田洪文
田德昌　付宗香（女）　冯光文　邢介平　毕德娥（女）　乔秀珍（女）　任官东
刘仁发　刘连儒　刘福田　孙积港　李绪功　杨进富　张乐庆
张志恩　张国才　张炳甲　金圣成(回族)　法秀华（女，回族）　宫秀兰（女）
宫承义　郭作贵　崔志清　彭玉华　韩剑侠　谭延伟

4.中共济南市第八次代表大会历城区代表（30名）（2003年4月至2007年4月）

马广业	马荣亮	王长元	王延娥（女）	方元德	尹兆虎	孔　杰
田洪文	田崇银	吕芳红（女）	乔秀珍（女）	刘传勇	刘忠林	许　强
孙泉盛	李庆奎	李宝财	李富勇	宋士奎	张金龙	张培明
陈　君	赵书华（女）	赵福蕊（女）	徐家民	高士兰（女）	高洪强	黄宝忠
谭延伟	黎　越（女）					

5.中共济南市第九次代表大会历城区代表（33名）（2007年4月—）

丁新力	马玉星	王文芳（女）	王玉华	王瑞国	方元德	孔　杰
艾传民	付贞溪	白永玲（女）	朱云生	刘传勇	刘淑英（女）	关中秋
许　强	孙立华（女）	李成华	杨松梅（女）	杨学芳（女）	时连勇	张书才
张务平	张金柱	张培明	陈　君	金　巍(回族)	周培成	赵顺桂
高连东	高洪强	黄宝忠	韩利师	谭延伟		

二、全国、山东省、济南市人民代表大会历城区代表名录

（一）全国人民代表大会历城区代表名录

1.全国第九届人民代表大会历城区代表（1名）（1998年3月至2003年3月）

李长顺

2.全国第十届人民代表大会历城区代表（1名）（2003年3月至2008年3月）

李长顺

（二）山东省人民代表大会历城区代表名录（按姓氏笔画排列）

1.山东省第七届人民代表大会历城区代表（8名）（1988年1月至1993年4月）

于进渭	马俊才	马惠唐	李德强	陈其藻	姚　德（女）	顾倚龙
阎长泰						

2.山东省第八届人民代表大会历城区代表（8名）（1993年4月至1998年4月）

马俊才	白有芬（女）	刘积和	李蔼芳（女）	汪德营	陈其藻	赵恒山
贾延芬（女）						

3.山东省第九届人民代表大会历城区代表（9名）（1998年4月至2003年3月）

王世敦	王明海	邢介平	李福水	李德强	岳书元	宗德英（女）
孟　涛	赵恒山					

4.山东省第十届人民代表大会历城区代表（5名）（2003年3月至2008年1月）

包　怡（女）	邢介平	许　强	孟　涛	温燕明

（三）济南市人民代表大会历城区代表名录(按姓氏笔画排列)

1.济南市第九届人民代表大会历城区代表（56名）（1983年4月至1988年1月）

刁明堂	于进渭	于希海	马芸生	卫敏行	王志义	王克和
王金义(回族)	王衍振	尹玉堂	叶世准	田立杰	田延泉	田秀石
田学东	冯长敬	司冬云	朱孝铭	刘卫国	刘长俭	刘玉英（女）
刘汉东	刘延荣	庄庆臣	刘克成	刘桂荣（女）	孙文成	李　克

李汝东 杨普修 宋 琪（女）张书太 张守贞（女）张春太 张洪振
张裕德 陈 琪 陈登汉 金正君(回族)赵克香（女）赵跃山 赵德文
侯德功 姚爱英（女）高立美（女）董毓鑫 韩化新 韩庆香（女）韩秀珍（女）
韩其芳 程心美（女）程永宝 谢传仁 雷 杰 蔡可英（女）谭庆琏

2.济南市第十届人民代表大会历城区代表（71名）（1988年1月至1993年3月）

于进渭 于锡海 马芸生 马殿凤（女）王 纲 王 慧（女）王长玉
王传森 亓庆彦 王寿春 王宝玲（女）牛锡江 田洪福 冯 义
冯世甲 邢介平 吕桂元 刘 鑫 刘正宗 庄庆臣 刘泽生
江钜资 孙学金 苏传成 杜长春 李连增(回族)李奇瑞 李培芳（女）
李绪功 辛兆喜 宋会乾 宋秀云（女）张云森 张玉贵 张在华
张廷林 张廷葵（女）张庆芳 张军从 张相云（女）张洪泉 张宣良
张景培 陈允芳（女）范书恒 林荣伦 周文之 周书和 周吉勇
周传新 郑元东 郑荣凤（女）赵书元 赵洪渐 胡玉岭 胡咸勇
侯同柱 娄炳玉 倪士崇 徐美芝（女）高臣鲁 高洪勋 姬广文
曹秀真（女）龚吉明 商景义 蒋本杲（女）韩化新 谢允忠 谢有相
谢传仁

3.济南市第十一届人民代表大会历城区代表（73名）（1993年3月至1998年2月）

于正齐 于锡海 马明淮 王 蕙（女）王长欣 王世敦 亓圣平
王兴宏（女）王志刚 王明海 王宝玲（女）王家美 冯 义 冯士豪
曲玉珍（女）朱广祁 朱世金（女）刘正宗 刘怀柱 汤海东 许克华
孙学金 苏士杰 李长水 杜长春 杨文成 杜文祥 李成平
李连增(回族)杨希平 李现广 李信元 李健民 李福水 汪德营
宋秀云（女）张木铎 张在华 张延葵（女）张军从 张秀俊 张国林
张宣良 张素玲（女）陈 莉（女）周吉勇 周传新 周树林(回族)房 立
孟 涛 赵书元 赵延新 赵林娜（女）胡广芹（女）胡咸勇 姚怀德
姚爱英（女）党玉玺 倪士崇 徐 欣 徐莉萍（女）徐爱英（女）郭光泉
高传达 高洪勋 黄纯懿（女）曹心芝 龚维范 商希美（女）彭元栋
谢玉琴（女）谢有相 路长德

4.济南市第十二届人民代表大会历城区代表（65名）（1998年2月至2003年2月）

于正齐 于华梅（女）于锡海 马广明 马广业 马兆勇(回族)马俊堂
王志义 王志奎 王国才 王洪和 王振鲁 王家美 石守恭
冯光文 曲玉珍（女）伊淑源 刘 伟 刘友美（女）刘长利 刘正宗
刘承津 刘善友 刘福华（女）安 民（女）孙兆远 孙其泽 孙学金
孙继舜 孙增山 李 忠 李伯涛 李现广 李宝财 李鸿儒
李福水 吴贞煊 吴兆庆 吴寿昌 宋会乾 张方华（女）张立祥
张在华 张建农 张春鸣 张润清 张富林 周吉勇 赵小凡（女）
柳克安 姚爱英（女）姚德光 党培珍（女，回族） 倪士崇 郭作贵
高洪勋 曹心芝 彭元栋 董建青（女）董经燕（女）韩加明 韩会来

韩德芳（女）温燕明　谢传仁

5.济南市第十三届人民代表大会历城区代表（61名）（2003年2月至2008年1月）

丁　伟（女）于正齐　于锡海　马士福(回族) 马广明　马荣亮　王　玉
王仁卿　王玉庆　王兆乾　王兆德　王振生　王爱平　尹卓容（女）
左同年(回族) 史建中　曲玉珍（女）朱文兴　刘　伟　刘升祥　刘承杰
刘承爱（女）刘善鹏　许　强　牟陆阳　李　忠　李玉荣　李玉泰
李光平　李伯涛　李国勋　李国祥　李金忠　李爱华　李富刚
李福水　张大本　张正方　张立明　张立祥　张继勇　张继燕（女）
张基民　张福山　张福廷　张福胜　陈　雨　陈京温　赵小凡（女）
赵柏田　荣　义（女）徐云侠（女）郭长兴　郭忠水　盖守群　彭万生
韩加明　韩克胜　程绍春　路建玲（女）谭延伟

三、政协山东省、济南市委员会历城区委员名录

（一）政协山东省委员会历城区委员名录(按姓氏笔画排列)

1.政协第六届山东省委员会历城区委员（2名）（1988年1月至1993年4月）

张书太　张景培

2.政协第七届山东省委员会历城区委员（1名）（1993年4月至1998年4月）

胡咸勇

3.政协第八届山东省委员会历城区委员（2名）（1998年4月至2003年3月）

于锡俊　刘　鹏

4.政协第九届山东省委员会历城区委员（2名）（2003年3月至2008年1月）

于锡俊　王兆文

（二）政协济南市委员会历城区委员名录(按姓氏笔画排列)

1.政协第八届济南市委员会历城区委员（12名）（1988年1月至1993年3月）

于锡俊　卫敏行　邢国栋　张文江　张延钊　陈　弥（女）范文绰
金希华　赵爱民　侯金水　唐增生　潘韵生

2.政协第九届济南市委员会历城区委员（13名）（1993年3月至1998年2月）

于锡俊　卫敏行　王兆文　王啟谓　牛洪义　卢绍文　刘大庆
孙继鑫　张文江　张立泰　陈　弥（女）金希华　臧海云（女）

3.政协第十届济南市委员会历城区委员（12名）（1998年2月至2003年2月）

亓　伟　王兆文　王钢城　卢绍文　孙兆喜　孙积刚　孙善文
金希华　孟　涛　段青英（女）郭廷良　潘忠田

4.政协第十一届济南市委员会历城区委员（14名）（2003年2月至2008年1月）

王钢城　付修琍（女）冯钦柱　邢介安　吕兴臣　张振武　张海雁
金德政　孟　涛　侯秀峰　郭廷良　程克红　谭传友　戴　月

附　录

黄河　华山　小清河（2010年摄）

前志提要

1982年2月，历城县委、县政府启动《历城县志（1840—1985）》编修工作。全县各承编单位共140余人参加修志，搜集资料1000多万字，经编审人员多次修改，于1989年12月定稿，1990年11月由济南出版社出版。《历城县志（1840—1985）》为16开精装本，共设28篇，142章，301节，计74万字，配有地图、照片50余幅。1993年，《历城县志（1840—1985）》被中国地方志指导小组、中国革命博物馆、山东省地方志编纂委员会评为《全国新编地方志成果展览会》山东优秀成果奖。

图附录-1

《历城县志（1840—1985）》上限起自1840年，下限止于1985年（大事记延至1987年）。全书采用志、记、传、图、表、录的体裁，以志体为主，分篇、章、节、目四个层次，由概述、大事记、专志、人物、附录五部分组成。概述篇概述全县，纵观古今；大事记，全面记述历城县1840年至1987年所发生的大事；专志，分类记述记叙辖区内自然、政治、经济、文化等方面的发展过程；人物，设人物传、革命烈士简介和英明录三部分；附录，选录了部分较有影响的诗词碑文、重要文献等资料。

历城县位于齐鲁腹地，北纬36°20′~36°53′，东经116°49′~117°22′，山东省中部略偏北，省会近郊，南倚泰山，北濒黄河，西临长清，东接章丘，从东南两面拱卫省会济南。总面积1381.8平方公里，其中，山丘占82.1%，平原占11.3%，涝洼占6.6%，地势南高北低，属暖温带季风型大陆性气候，四季分明，常年平均气温13.4℃，平均降水量698.6毫米，平均累计日照为2640.2个小时，无霜期186天。

历城历史悠久，距今6500—7400年间，已有先民繁居。周朝初年属谭国、齐国，称泺邑。秦属齐郡，称历下城。西汉景帝四年（前153）建历城县，属青州济南郡。隋、唐属齐州、齐郡。宋、元、明、清均属济南府。明洪武元年（1368），于此设山东行省。1948年9月历城解放，中共历城县委、县政府归泰安专区管辖。1958年1月划属济南市。1985年，全县有11个镇3个乡，144014户，632999人；有汉、回、满、壮、藏、蒙古、苗7个民族，汉族人口占98%；全县农业人口594034人，占93.84%；非农业人口38965人，占6.16%。县政府驻济南市郊区洪家楼镇。

历城自古是粮食、蔬菜和果品集中产区，畜牧、水产、养殖业比较发达，南部山区盛产干鲜果品，中部丘陵平原宜种五谷杂粮和各种蔬菜，北部沿黄洼地不仅出产稻米和莲藕，又适宜水产养殖。春秋时期就使用铁质农具，东汉时已有水稻生产，明代重视兴修水利，开始种植棉花，推广荆稻、糯稻良种。唐王镇的“两粮一菜”间作套种已有300多年历史，100多年前北园菜农开始使用苇毛苫片覆盖阳畦，生产冬春细菜。清朝历城人马国翰的《农谚》一书，总结了当地农业生产经验。1949年粮食平均亩产96.5公斤，总产10893.5万公斤，果品总产量239.5万公斤，猪、牛、羊等大牲畜8万余头（只），农业总产值2906万元。1985年，粮食亩产445.5公斤，总产25609万公斤，林地84265亩，果品总产量21322.5万公斤，农业总产值32124万元，是1949年的10.05倍，农业总收入13217万元，林、牧、副、渔总收入17856万元，第一次超过农业总收入，是历城县农业发展史上的重要转折。

历城境内地形复杂，山区、丘陵、平原、涝洼各具特色，新中国成立前，人民深受洪涝旱灾之苦。民国年间，虽然在旱区打过深井，修过塘，搞过黄河虹吸工程，但因管理不善，配套不全，收效甚微。新中国成立后，党和政府十分重视水利建设，培修堤防、治理河道、封山造林、兴建水库、打井、引黄，建机电排灌站，耕作条件和生活条件大大改善，至1985年，全县共有大、中、小型水库37座，总库容18851.1万立方米；塘坝79座，总面积611.63亩，打井3360眼；造林22.67万亩，累计治理水土流失面积473.8平方公里；共对黄河大堤进行了4次整修，完成土方391.67万立方米，平均加高6.2米；实现农田灌溉面积54.7万亩，农田灌溉率达50%，农业人口人均水浇地0.62亩。

新中国成立前，历城县工业基础十分薄弱，除少量半机械化小型工厂外，只有一些家庭手工作坊。1949年，工业产值为15.86万元，仅占工农业总产值的1%左右。中共十一届三中全会后，推行经济体制改革，大力发展乡镇企业，工业内部结构逐步改善，工业发展起以建材为主体，包括食品、机械、煤炭、钢铁、医药、造纸、服装、印刷等行业的工业体系。覆膜砂、玻璃器皿、芦笋罐头、糖酥煎饼、锦绣川特酿、“济南青”和“柳埠红”花岗石、“盘龙山牌”水泥等产品在省内外市场享有盛誉。1985年，全县完成工业总产值17411万元，是1949年的1098倍、1978年的1.72倍，其中，乡镇企业完成总产值7175万元，占全县工业总产值的41.21%。

历城自古地处冲要，交通发达。清末，境内津浦铁路纵贯南北，胶济铁路横跨东西；北部黄河、小清河两条航道，小划船、木帆船来往行驶；运输以人力、畜力为主，民国时公路建设有所发展。1949年，县内有通车路线3条，里程55.5公里。1978年前，客货运输全部由国营集体单位承担，改革开放后，个体专业运输逐渐发展。1984年，县内出现首个个体客运户。1985年，济青、济王、济临、济新等公路及32条通车线路使全县形成四通八达的公路网络，通车里程404.7公里，所有乡镇皆通有公交车。县境内有客运线路19条，有汽车车站13个，停车点194个，日班次212次，年客流量308万余人次；有汽车416辆，拖拉机1855辆，年货运量601万吨，周转量7512万吨公里；铁路年客流量22万人次，年装车外运量27万吨；有机动船舶114艘，12638吨位，年货运量28.5万吨，周转量3457万吨。

清末，历城商业绝大部分属私营，商业资本多集中在商人、地主、官宦手中，光绪三十年（1904），开辟商埠，商业资本逐渐向商埠转移。民国时期，商业一度繁荣，商业网点多集中在县城，其他分布于龙山、老僧口、郭店等集镇，商品大多由济南采购、贩运。新中国成立后，私营商业经历社会主义改造后基本稳定，“文化大革命”期间私营和合作商店一律被取销，改革开放后迅速恢复发展。1985年，全县社会商品零售额达16020万元，比1960年增长了2.64倍。全县零售网点总数4361个，从业人员9895人，其中，供销社系统有各类商店527家，农副产品采购站25处，从业人员1592人；商业局系统有各类商店9处，从业人员236人；工商局系统有各类个体有证商业和商店3814家，从业人员7971人。全县有集市53个，其中有“天天市”的为唐王、郭店、仲宫和遥墙镇。

历城自古是人文荟萃之地，文物古迹众多。有汉朝为国请缨的民族英雄终军，宋代词人文学巨匠辛弃疾，明清诗人殷士儋、边贡、李攀龙，为民族解放抛头颅洒热血的李敬铨、尹天佑、苏勋卿、赵正阳、王长林等革命烈士。有“上下诸院十有余所，长廊延袤千有余间”的神通寺遗址、大辛庄商代文化遗址、齐长城遗址；国内现存最早的单层石塔四门塔和“构缔诡巧”的九顶塔、龙虎塔；房玄龄之父，隋代名臣房彦谦墓；唐代石窟艺术的遗存千佛崖造像和大佛寺石窟造像等，共有文物保护单位44处，出土大量鼎、俑、币、碗等珍贵文物。

清末，历城县教育为山东省首善之区。省立教育机关多设于历城，府学、县学、书院、义学、私塾等各级各类学校之多，为其他县所不及。民国政府时期，历城是全省成人教育和国民教育试验区之一。新中国成立后，党和政府接管学校并进行改造，“大跃进”热潮中，大办学校之风盛行，“文化大革命”期间学校教育受到严重影响，中共十一届三中全会后，教育事业开始繁荣发展。1985年，县境内驻有山东大学、山东轻工学院、山东农科院等大专院校、科研单位20多所，各类研究所、研究室89个，集中了中级以上职称的专业人才4200多人，其中专家、教授高职人才900多人。全县有小学521所，中学82所，师范1所，教师进修学校1所，职业学校15所，幼儿园473班，有教师5413人，全县已基本普及了小学教育。全县对教育投资672.8万元，是1949年的93.4倍。

新中国成立前，历城曾设有民众教育馆、通俗讲演所、图书室，无科研机构，民间传统体育活动武术、摔跤比较盛行，清末医病主要靠中医，医者多系个体挂牌行医，比较分散，民国35年在王舍人庄设立历城县卫生院，有工作人员7名，病床50张，民国37年该院撤销。

新中国成立后，特别是改革开放以来，全县科技、文化、卫生、体育等各项社会事业都有了很大发展。1985年，全县有农、工、医科技人员1181人，14个乡（镇）建立科协组织，有会员4123人；全县累计获奖科技成果有121项。有医疗卫生事业机构55个，医护人员1067人，病床603张；个体开业的医务人员48人。县文化馆、图书馆、电影院、广播站、工人文化宫等文化设施比较齐备，各乡镇普遍设有文化站、广播站和电影队。县政府驻地建有体育馆和体育场。有业余体育队伍83250人，其中，达到县级代表队水平的3668人，达到国家等级裁判水平的116人，达到等级运动员水平的134人。

新中国成立前，农民生活普遍贫困，逢自然灾害庄稼往往颗粒无收，加之社会动荡不安，农户外出逃荒、卖儿卖女时有发生。新中国成立后，党和政府积极组织生产，努力改善人民生活。50年代中期，多数农民能够吃粗吃饱，后遇三年自然灾害和受“文化大革命”影响，农民生活再次出现吃糠咽菜的现象。1978年中共十一届三中全会后，农村推行家庭联产承包责任制，粮食产量逐年上升，随着工农业的发展促进了各业繁荣，人民物质、文化生活水平迅速提高。1985年全县财政收入2376.5万元，为1949年的20.8倍；农民人均口粮426公斤，人均收入495元，分别为1976年的2.1倍和6.6倍；人均储蓄109元，干部、职工人均工资972元；居民人均住房面积10.1平方米；家庭耐用消费品除手表、缝纫机、自行车“三大件”外，电风扇、收录机、电视机、洗衣机、电冰箱、摩托车等进入了普通人家。

前志勘误表

表附录-1

页	行	误	正	备 注
照片4	1	一九五九年二月	一九五九年六月	
17	3～4	“6月7日”条	删去此条	
19	倒8	8月25日	8月20日	
20	倒8	12月12日	8月23日-25日	
21	1	5月29日	12月12日	移至20页倒6行上
21	4	11月22日	5月29日	
21	14	8月10日	7月28日	
24	6	“11月”条	移至倒5行上	
24	倒9	第二届	第三届	
36	13	1984	删去此条	
36	14～16	“4月3日”条	移至倒5行上	
40	倒11	去拿大	去加拿大	
57	倒1		驴山庄	添加此庄名
61	倒1	南温带	暖温带	
65	表1	62	6.2	
81	1	郭家寨	郭冢寨	
101表	倒4	3193	31930	
101表	倒1	738753	767490	
104后表	倒5	10115	15815	
111后表	3	897000	987000	
112	倒4	207公斤	214公斤	
112	倒3	15841万公斤	21121.5万公斤	
122	10	6.5倍	7.5倍	
132	倒2	防冶	防治	
143	13	尘窝	垄窝	
148	4	泼水	拔水	

续表附录-1-1

页	行	误	正	备 注
148	倒15	1.8米	2.8米	
152	倒1	1160倍	1098倍	
155	14	2960人	3282人	
192表	倒1	5350	4350	
196	10	2320万元	2302万元	
204表	倒3	8745	874.5	
223	倒1	澎胀	膨胀	
233	8	监运司	盐运司	
239	1	25000名	5000名	
243后表	倒1	47101	471011	
245表	2	合计	总收入	
246上表	3	1309.2	1504	
246上表	4	1562	1764.3	
246上表	5	2406.5	2326.5	
297	倒5	227名	277名	
301	10	1951年	1953年	
303	倒3-2	人民法院、人民检察院	删去	
304	12	检察院、法院	删去	
318	2	1950年	1951年	
327表	2	237	249	
327表	2	工人5，青年12	工人5，民兵12，青年12	
327表	5	293	287	
341	10	1978年5月……人事局。	删去	
355	12	17011人	1701人	
357	倒6	2月	7月	
362	倒12	7月27日	12月27日	
386	倒2	齐鲁长城	齐长城	

重要文件辑存

山东省人民政府
关于调整济南市行政区划的通知

〔87〕鲁政函41号

济南市人民政府：

国务院以国函〔1987〕59号文批准，撤销你市郊区和历城县，设立历城区。以历城县和郊区的洪家楼镇、华山镇、王舍人镇的行政区域为历城区的行政区域。将郊区的北园镇划归天桥区管辖；七贤镇划归市中区管辖；段店镇、吴家堡划归槐荫区管辖；姚家镇划归历下区管辖。希望你们按照国务院批复的要求，抓紧做好区划调整工作，并教育干部、群众坚守工作岗位，保证工作、生产正常进行，避免市郊人口向市中心集中。在今后工作中，要搞好城市统一规划建设，促进经济和各项事业的发展，充分发挥省会城市的中心作用。

一九八七年四月十五日

中共济南市历城区委
济南市历城区人民政府
关于稳定、完善、提高家庭联产承包责任制
建立健全系列化服务体系的试行意见

济历城发〔1990〕39号

各乡镇党委、政府、区直各部门：

根据党的十三届四中全会以来，中央有关稳定、完善农村政策的一系列指示和省、市委的要求，最近，区委结合学习外地经验，对我区十年来推行家庭联产承包责任制的现状进行了调查和分析，在此基础上，提出了我区稳定、完善、提高家庭联产承包责任制，以及建立健全系列化服务体系的意见，请根据各单位的实际情况贯彻执行。

一、联系实际，统一思想，充分认识稳定、完善、提高联产承包责任制的重大意义

自贯彻一九七九年中共中央《关于加强农业

发展若干问题的决定》，推行家庭联产承包责任制以来，极大地调动了农民群众的积极性，农业生产持续稳定增长，农民生活得到不断改善，农村面貌发生了深刻变化。但随着农村生产力的不断发展，由于我们完善工作没有跟上，家庭联产承包责任制出现的新矛盾、新问题，不断暴露出来，主要表现在：

一是农业内部分配不合理，集体经济薄弱。实行大包干后，多数在承包合同中只是明确了留下个人和上交国家的，而忽视集体这一头，形成了先留下个人的，再上交国家的，就是没有集体的不合理状况。大大削弱了集体经济的实力，使集体没有能力增加农业投入，农业基础地位受到削弱，农村经济的发展受到制约。

二是土地过于零散，阻碍了生产力的发展。在刚开始实行联产承包责任制时，由于缺乏经验，不少村庄只是考虑土地分配均匀，而没有考虑如何有利于机械耕作，只是土地分得过于零散，地树交叉严重，严重影响了农业生产的管理和科学技术的推广应用，阻碍了生产力的发展。

三是服务工作没有跟上，服务体系不健全。由于村集体原有财产在刚推行责任制时大部分被分掉，加之实行责任制后集体经济薄弱，使大部分集体单位丧失了服务能力，而多数农户势单力薄，急需集体为他们提供服务，建立健全服务体系的工作迫在眉睫。

四是农村干群关系紧张，影响了党在群众中的威信。一方面集体经济薄弱，而另一方面，又有许多项目需要集体开支，集体没有钱，就要下去敛，使得党群、干群关系疏远，影响了党在群众中的威信。

综上所述，遵循稳定、完善、提高的原则，进一步完善家庭联产承包责任制，推行土地有偿承包，是进一步解决农业内部分配不合理，发展壮大集体经济的需要，是农村生产力发展的客观要求，也是加强党同广大群众血肉联系的需要。我们必须在毫不动摇地坚持家庭联产承包责任制的同时，正视和解决目前存在的这些新矛盾、新问题，紧密联系十年来农村实行家庭联产承包责任制的实际，统一思想，提高认识，增强做好稳定、完善、提高联产承包责任制工作的紧迫感和自觉性。

二、明确稳定、完善、提高家庭联产承包责任制的指导思想和主要内容

根据省市委关于深化农村改革的一系列指示，结合当前我区家庭联产承包责任制的现状，对这次完善家庭联产承包责任制总的指导思想是：以党的十一届三中全会以来党中央有关农村的政策为指针，以稳定、完善、提高双层经营体制和经济运行机制，调动集体和农民两个积极性为目标，以强化农民的土地公有观念，推广土地有偿承包，正确处理三者关系，发展壮大集体经济，建立健全服务体系为重点，实施“突出重点，典型示范，全面推进，系统配套”的方法步骤，在全区进一步建立健全起“土地公有，农户承包，社会服务，双层经营”的新体制，为农业生产攀上一个新的台阶提供新的动力。根据这一指导思想，结合我区农村改革的实际情况，应着重抓好以下几个方面的工作：

1.进一步完善承包合同，实行土地有偿使用

实行家庭承包经营后，缴纳土地承包费是每个承包户应尽的义务，也是实现农业自身积累，增强农业发展后劲的重要措施，在全区必须全面推行土地有偿承包。

一是土地承包费的收取数额无论采取何种承包方式，都要根据土地级别合理确定。一般应以常年产量为基数定产，控制在全部土地产出的百分之十以内提取实物，按当年国家平均收购价格折款上缴，也可按每亩纯收入计算承包费。

二是在全面实行土地有偿承包的工作中，要改变把各种社会性统筹与土地承包费混淆的做法。除按人头收取社会性集资（主要是计划生育、交通、民兵、优抚、办学等五项集资）外，今后农民要按照承包土地的数量、等级缴纳国家税金、粮棉任务和土地承包费。作为集体提留和土地承包费，主要用于小型水利建设、兴办集体

事业、困难户的照顾，以及干部的报酬等开支。克服目前农民对承包的土地只是缴纳税金，剩下的全是个人的，就是没有集体的这种不合理状况（若已将规定按人头上缴的社会性集资统算在土地承包费中、只要群众意见不大，可维持不变）。从群众手里收取的各种费用，必须严格按照国务院的有关规定，不得超过人均收入的百分之五，条件好的经区政府批准，也可高一些，不论收取的土地承包费或按人头收取的五项集资，都要签定在合同上，履行合同的时间，一般在三年以上。今后除中央、省、市政府有明文规定外，各单位、各部门一律不准额外增加农民负担。对收取的款项，年初各行政村要根据实际情况编制方案和使用预算，由村民大会或村民代表大会讨论通过，资金的收支情况要张榜公布，接受群众监督，如发现使用不当，及时予以纠正。

三是承包费收取的时间，各乡镇可视本乡镇情况而定，分夏秋两次或秋季一次收齐，逾期不缴者，除限期追缴外，并从滞纳之日起，按日加收百分之五的滞纳金，除不抗拒的天灾人祸等特殊情况，由村委会决定视情况给予减免或缓缴外，当年不缴者报乡镇政府批准，从第二年起由集体收回其承包土地或其他承包项目。

在收取好土地承包费的同时，对原已承包的果园、坑塘水面、经济作物等，要仍按原来的合同兑现。确属承包基数过低，同承包土地利益分配悬殊、群众反映强烈的，可以尊重大多数群众意愿的基础上，可作适当调整。

2.逐步完善农业服务机制

为适应家庭联产承包经营管理体制的需要，更好的为农民群众提供产前、产中和产后服务，促进农业的持续、稳定发展，结合我区实际，对农业服务机制提出以下完善内容：

一是各乡镇村要逐步健全并不断完善农业服务组织，由区农委牵头，组织各有关部门进一步加强乡镇农口八站及各有关站所的建设，不断强化服务功能，各单位可根据情况逐步建立健全农业综合服务站或农业服务组，有条件的村可建立农业服务大院，成立农业专业服务队。

乡（镇）村的服务组织的人员，原则上乡（镇）由现任农、林、水、电、兽医等方面的人员中选配，各村的服务组织，要从有一定技术专长，热心为群众服务的村民中聘用。

二是各级服务组织要切实加强基础建设，不断增强服务实力和后劲，要积极创造条件，逐步做到有专职人员，有办公场所，有服务设施，有流动资金，有规章制度，有奖惩措施。

三是服务范围和服务内容，可依据不同乡镇，不同村庄，不同生产力水平，不同经营重点而确定（要考虑到农民的要求是否迫切，集体经济是否有实力；服务的形式是否适应当地生产习惯等）。各单位可以从基础服务做起，一般可提供层次较低，简单易行的农田服务，后转向养殖业，林果业及多种经营服务，先提供生产环节中的服务，后转向加工、销售、信息等方面的服务，先开展专业化服务，后实行系列化服务，使服务内容和服务水平不断向高层次发展。

目前，根据我区种、养、加等方面的实际情况，逐步做到统一选购、调剂和供应良种，统一购进分配、供应化肥、农药、柴油等农用物资，统一推广采用先进农用技术，统一防治作物病虫害，统一进行农田排灌，统一进行机耕、机播和机械打轧、脱粒，对畜牧业生产，逐步做到统一选配，引进良种，统一进行疫病预防和诊治，积极做好饲草、饲料的加工、购进和畜产品销售等方面的服务。

四是服务组织、服务形式要因地制宜，灵活多样，可官办、民办，实行集体、个体、联合体一起上，可开展单项服务，也可实行综合性服务，可以坚持长年性服务，也可进行季节性服务，服务要坚持低偿、优质、高效原则，制定合理的收费标准，对生产性的服务，可实行保本微利或只收成本费，对经营性的服务可实行低偿收费。要本着“围绕服务办实体，办好实体促服务”的原则，积极开展多种经营服务项目，随着农业服务组织实力的不断增强，有条件的可以向农、工、商一体化，产、供、销一条龙方向发展。

五是要建立相应的约束机制，使各项服务工作扎扎实实开展起来。乡镇对村级服务要签订责任合同，村级服务组织内容要明确分工，明确责任，明确奖罚，对农户发展生产提供的各项服务，要双方签订合同，可签单项服务合同、季节性合同等，合同一年一定，也可一定几年，合同要经过公证或依法签证，保证合同的监督实施。

3.有条件的村积极稳妥地试行适度规模经营

凡是基本具备以下条件的村，可积极稳妥地试行适度规模经营，以促进生产力发展：一是转移劳动力有出路，工副业能把农业剩余劳动力吸收进去。二是统一的服务组织比较健全；三是集体经济实力比较强，以工补农的措施有力；四是村支部班子比较强；五是绝大多数群众要求迫切。适度规模经营的模式不求一律，根据情况而定。

凡是前段已搞了适度规模经营的，要注意总结这些村的经验，对现在条件比较好的乡镇，因基础条件不同，可在条件较好的村搞试点，成熟一个搞一个，不要大呼隆，一轰而起。

三、稳定、完善、提高联产承包责任制的方法步骤

推广土地有偿承包，建立健全服务化体系，工作面广量大，情况比较复杂，必须有计划、有步骤，分批分期组织实施，全区总的安排是，麦前在充分做好宣传发动、统一思想认识的基础上，以乡镇为单位搞好试点，取得经验，麦后全面铺开，年底基本完成。

第一，搞好宣传发动，统一思想认识。区、乡镇、村要层层召开会议，组织广大干部群众认真学习中央关于加强农业的《决定》、《土地管理法》，广泛宣传稳定、完善、提高联产承包责任制，推广土地有偿承包的意义。针对目前的思想实际，在宣传发动中，要突出解决好以下四个问题：一是牢固树立农业是国民经济基础的观念，进一步克服轻农、轻粮思想；二是明确完善土地承包经营是进一步理顺土地承包关系，教育农民牢固树立土地所有权归集体的观念，从而正确地处理好所有权和使用权的关系，正确处理好国家、集体和个人三者利益关系；三是增强法制观念，自觉把土地承包经营纳入法律化轨道；四是充分认识到土地承包是一种经营政策，随着生产的发展需要，不断完善和提高，完善这项政策并不是改变政策。

第二，搞好试点，摸索经验，制定方案。麦前这段时间，各乡镇要选择领导班子比较强的不同类型的村庄，分别进行试点。

第三，抓点带面，全面铺开。各乡镇要搞好试点，取得经验的基础上，对本乡镇各村的情况，进行分析排队，根据领导班子的强弱，因地制宜，分批分期地推行土地有偿承包。

第四，搞好合同签订和检查验收。对集体与农户签订的承包合同，乡镇、村有关部门要建档立卡，加强管理。各乡镇要签订承包合同的基础上，组成由一名负责同志参加，有土管、林业、司法等有关部门参加的抽查验收小组，进行检查验收。检查合同是否合格，群众是否满意，制定出巩固完善的具体措施。

四、完善家庭联产承包责任制应注意的几个问题

完善家庭联产承包责任制，必须严格执行政策，因地制宜，精心指导，切忌一刀切。根据中央和省市关于稳定完善家庭联产承包责任制的一系列指示精神，结合我区实际，这次完善工作必须遵循以下四个前提：一是有利于稳定农村形势。稳定是大局，完善家庭联产承包责任制，必须有利于农村形势的稳定。对完善中所出现和可能出现的各种问题，各乡镇、村要加以引导，做好深入细致的思想工作，特别是对土地的调整要慎重，原则上是大稳定，小调整，多数地方采取完善合同，不动地块的方法。二是有利于调动集体和农民个人两个积极性。这次完善家庭联产承包责任制，既要着眼侧重解决好壮大集体经济的问题，同时还要注意合理确定农民的负担程度，建立健全农村服务体系，防止顾此失彼，挫伤农民的积极性。三是有利于健全投入机制。各乡镇在完善工作中，要本着农业投入靠地方、集体、农民个人三方合力，以农民个人投入为主体的要求，把逐年增加农业投入作为突出问题抓好。今后，除集体要逐年增加农田水利基本建设的资金以外，对农民个人要通过建立健全土地等级升降、奖罚等制度，促使农民培肥地力，杜绝土地荒芜现象，提高土地产出率。四是有利于不断扩大规模经营和提高集约化水平。在完善工作中，各乡镇村既要着眼于由目前分散的小规模经营向适度规模经营，由粗放经营向集约化经营方向发展，更要立足当前，因地制宜，切忌人为的“拔高”。

在上述前提下，完善承包责任制的工作要注意掌握抓好以下三个问题。

第一，要本着稳定的原则，注意解决好以下三个问题。一是前段已搞了土地有偿承包的（包括两田制）只要符合这次区委、区政府要求，就不必再做大的变动，继续坚持抓好；二是凡是因为各种原因调整土地的，一定要稳妥，即使是对因人口增减去留，以及承包土地过于零散，地树交叉所做的必要调整，也要在多数群众自愿的基础上进行；三是对承包合同尚未到期（主要指果园、经济田等）只要大多数群众没有大的意见、分配又不过分悬殊，这次完善也不再做变动，到合同期满再作调整。

第二，在完善土地承包责任制中，要对烈军属、五保户予以适当照顾，对特困户根据情况要予以减免，但要取得大多数村民的谅解和同意，照顾的对象要从严掌握。另外，对公办教师家属农转非的，在没有固定收入之前，暂不收回他们原来的承包田，但必须要按要求上交任务和提留。

第三，在这次完善联产承包责任制中，对每个农村劳动力所承担的义务工要明确下来，并建立管理使用制度。

进一步稳定、完善、提高家庭联产承包责任制，对于深化农村改革，进一步发展农村生产力，促进农村经济的持续稳定发展具有十分重要的意义。同时，由于这次完善家庭联产承包责任制所要解决的是，自农村实行责任制十年来，一直延续下来的一些问题，牵扯到每个农民的切身利益，工作面广、量大。为此，对这项工作，态度要坚决，步子要稳妥，各级党组织要高度重视，把这项工作纳入各级党委、政府工作的重要议程，切实下大气力抓好。

从组织发动到全面铺开，从抓试点到面上指导，以至整个工作的全过程，各乡镇党委、政府都要拿出切实可行的计划和工作措施。并以乡镇为单位成立制定实施方案领导小组，专门抓好方案的制定实施。要进一步建立健全合同管理机构，做好监督合同以及收取、管理土地使用费等工作，这一工作要充分发挥经管站和村民委员会的作用。各乡镇可结合试点，抓好骨干培训，办好由村主任、村会计参加的学习班。要强调时间服从质量，抓一批完善一批，以确保这次稳定、完善、提高家庭联产承包责任制工作卓有成效地开展起来。

一九九〇年五月十六日

中共济南市历城区委
济南市历城区人民政府
印发《关于“南北抓开发、中间大发展”战略构想的实施意见》的通知

济历城发〔1991〕12号

各乡镇党委、政府，区直各部门：

现将关于《“南北抓开发、中间大发展”战略构想的实施意见》印发给你们，望认真贯彻执行。

“南北抓开发、中间大发展”战略构想的实施意见，是在区委、区政府的直接领导下制定的，经过了广泛的调查研究和各乡镇、各有关部门的充分酝酿讨论，并且征求了离退休老干部和党外人士的意见。区委、区政府对实施好这个意见非常重视，主要领导亲自担任指挥，区六大班子都参与指挥这项工作。要求各乡镇、各部门要以贯彻党的十三届七中全会精神为动力，结合十年规划和“八五”计划的实施，调动各方面的人力、物力、财力，认真抓好这项工作，促进全区经济更加持续、稳定、协调的向前发展。

一九九一年三月二十八日

关于“南北抓开发 中间大发展”战略构想的实施意见

（一九九一年三月）

为全面振兴历城经济，区委、区政府从我区实际出发，提出了“南北抓开发、中间大发展”战略构想。现就这个构想的实施提出如下意见：

一、“南北抓开发、中间大发展”战略构想的提出

党的十一届三中全会以来，全区认真贯彻党的路线、方针、政策，坚持以经济建设为中心，不断深化改革，扩大对外开放，促进了国民经济和社会事业的协调发展。一九九〇年全区工农业总产值达十五点七八亿元，经济实力明显增强。但是与先进地区比，与我区优越的地理条件比，我区的经济发展步子还不够大，优越条件的发挥还不够充分。区委、区政府通过认真分析、总结我区经济发展的经验教训，认为，我区地处城郊，但南北跨度大，地形复杂，有山区、丘陵，也有平原、沿黄，这种地理上的复杂性，决定了经济发展方针上的多样性。南部山区和北部沿黄工业基础薄弱，交通相对不便，发展工业受一定限制，而农业开发的潜力却很大；近郊平原，经济基础比较雄厚，又紧靠市区，大中型企业、大专院校、科研单位较多，电力、通信、交通方便，具备了大力发展乡镇工业的有利条件，因此各乡镇都应立足本地条件，发挥各自经济和地理

位置上的优势，因地制宜，扬长避短，各有侧重，确定各自的发展战略和发展重点。基于以上分析，区委在九〇年七月召开的全区农村工作座谈会上提出了“南北抓开发、中间大发展”战略构想。这一战略构想不仅是本届区委、区政府指导全区经济发展的基本思路，而且是我区经济发展的长远指导方针。认真实施这一方针，必将使我区优势得以充分发挥，经济走上更加持续、稳定、协调发展的道路。

二、规划目标

（一）南北抓开发的主要目标。

南部山区要着眼于建立生态农业，坚持以农业为基础，以林果为突破，实行山、水、田、林、路综合治理，农林牧副渔工贸全面发展。大力发展林果生产，搞好荒山绿化，用三、五年时间将宜林山滩全部绿化。同时，搞好五个基地建设：一是扩建一千五百亩核桃基地，提纯复壮“鸡爪绵”核桃；二是扩建泰山小白梨基地，到九二年形成年产六百万公斤，出口一百五十万公斤的规模；三是巩固山楂生产基地，发展山楂制品的出口；四是建设六千亩红荷包杏基地，以仲宫、十六里河为主，补植现有三千亩，新建三千亩；五是以港沟、彩石为主，新建三千亩玉龙雪桃基地。到九二年，南部山区达到户均一百棵果树，果品总产量达到三千五百万公斤。还要毫不放松地抓好粮食生产，到九二年开发中低产田二十五万亩，地瓜定向高产开发十万亩，旱作农业二十万亩，改土十五万亩。发展畜牧业也是南北开发的重要内容，要大力发展适宜圈养的牛羊品种，到九二年末，羊存养量十六万只，奶牛存栏三千二百头，奶山羊存栏五千五百只。北部沿黄要充分挖掘荒滩、荒水的潜力，大搞荒地的开发和坑塘水面利用，大力推行稻改，发展多种经营，到九二年，开垦荒地一万亩，推行稻改一点五万亩，发展坑塘养殖一万亩。同时，南部山区要积极发挥资源优势，加强矿产资源、水资源的开发利用，并抓好宜山区条件的小型工副业生产，为开发山区增加后劲。

（二）中间大发展的主要目标。

中间十二个乡镇要在进一步加强农业现代化建设、不断增加粮食及副食品生产的同时，积极发挥近郊优势，大力发展乡镇工业。到九二年，王舍人、孙村两个镇各实现工业产值二个亿或接近二亿元，洪家楼、华山、党家庄、仲宫四个镇，分别完成或接近完成一点五亿元，唐王、董家、郭店、港沟、十六里河、遥墙六个镇分别完成或接近完成一个亿。其他乡镇也要因地制宜的积极发展。要注重扶持发展一批产值过千万元的村和一批重点企业，三年内重点对大龙皮件厂、孙村灯泡厂、唐王卫生纸厂、芦笋罐头厂、甸柳香料厂、京鲁生物化工厂、花岗石厂、第二水泥厂等进行技术改造，使其上规模、上档次、上水平。全区工业总产值实现十八亿元，争取二十亿元，经济效益也要有较大提高。

三、主要措施

（一）农业开发要抓好四项工作

1.发动山区群众，大搞治山会战。要坚持山、水、田、林、路综合治理，把山区建设与水土保持、小流域综合治理结合起来，做到一治一片山，一治一个流域。要大力推广全民义务治山与大户承包同时并举的经验，加速荒山绿化。对于土质条件较好，群众愿意承包的荒山，采取适度规模、大户承包的方法，承包给专业户或专业队开发。对于土质条件较差，土壤贫瘠，群众不愿意承包的，特别是一家一户难以治理的“骨头”山，则采取全民义务治山，组织劳动力集中上山造林。

要加强对果树的管理，搞好对果园承包人的技术培训和指导，尽快使现有果园的承包人都成为懂技术、会管理的专门人才。要重点抓好低产果园的开发，有计划地建设果树良种基地，建立健全果树生产服务体系，积极开发名、优、稀、特果品资源。

2.以黄河大米高产优质开发等农业科技项目为龙头，以治碱改稻为目标，大力开发低洼盐碱荒地，搞好荒滩、荒水的综合利用，利用广阔的滩涂，大力发展食草畜禽，同时进一步搞好棉花生产，推广麦棉间作，努力建设成稻、棉和水产品生产加工基地。

3.进一步稳定完善家庭联产承包责任制，建立健全农村系列化服务体系。主要抓好社区性服务体系、专业化服务体系、城乡一体化服务体系，尽快建立起以村级服务为基础、乡镇服务为骨干、区级服务为中心、群众相互服务和城乡服务为补充的多层次、多形式、多功能的纵横交错的农村社会化服务体系。在社区性服务体系上，逐步建立和形成农业技术、农业机械、水利管理、农用生产资料、供用电、林果、畜牧防疫、蔬菜等八个服务体系；在专业化服务体系上，主要围绕实现产供销一体化作文章，解决流通领域对生产领域的服务，产后的服务与产前、产中的服务衔接等问题。

4.发展壮大集体经济。一是进一步完善承包合同，切实收好、管好、用好土地承包费，搞好劳务积累、资金积累和资产积累。二是大力发展多种经营和乡村工业，尤其是乡镇企业起步较晚的地方，要发挥自己的优势，走一种二养三加工的路子，循序渐进，积极而有计划地发展。发展壮大集体经济，要防止只在提留上做文章，急于求成，增加农民负担；应该主要依靠生产的发展和集体自身的积累，特别要注意开发新的资源和开辟新的生产途径。

（二）发展乡镇工业要突出抓好十项措施

1.抓思想解放，促观念更新。全区特别是近郊各乡镇要大力强化工业生产意识，在思想上要克服自满自足思想和小农经济意识，增强大发展的紧迫感。

2.抓横联，找靠山，形成规模。要放下架子，灵活地开展工作，多“攀亲”，努力发展同大中型企业、科研单位、大专院校的经济联合或技术联合。

3.抓引进，促合资，创外汇。要充分抓住济南划入沿海开放区的有利时机，发展外向型经济，兴办“三资”企业和“三来一补”项目，引进人才，引进技术，加快对外开放的步伐。还要积极发展出口创汇企业，提高出口创汇水平。

4.抓管理，促进企业整体素质的提高。要从管理上要效益，以企业升级为动力，加强企业的基础管理工作，使乡镇企业的管理上一个新水平。

5.抓重点，带一般，全面发展。各乡镇要排出自己的重点企业，对重点企业和重点产品要真正抓在手上。同时各乡镇还要注意培植有前途、有潜力、产品适销对路的企业。

6.抓领导，促服务，为企业排忧解难。区委确定，实行领导包企业责任制。各乡镇要确定领导包企业责任制，明确责任目标。特别是对困难大的企业，要有得力干部靠上抓。区、乡镇各部门要全心全意做好服务工作，为企业发展当好后勤。

7.抓技改，增后劲，上水平。要把技术改造、技术引进当做一项战略措施来抓。今后两年技术改造应当立足于经济发展的全局，突出结构调整这个主题：一是大力发展资源优势行业，抓好冶金、铸造、建材、造纸、食品加工等行业的技术改造；二是积极发展高新技术产业；三是加快出口创汇工业的发展。当前技术改造要突出两个重点：一是技术改造已经花了大钱，目前产品又畅销，在少花点钱，就能见大效的项目；另一个是产品已经没有销路，企业陷入困境，急需通过技术开发和改造调整产品方向的项目，体现技改与调整的紧密结合。

8.抓改革，促完善，增强企业活力。要以提高经济效益为中心，抓好企业联合与专业化分工，形成一批企业集团，发展规模经济。对区属国营小企业、集体企业和乡镇企业，要实行灵活多样的改革，采取承包、租赁、兼并、联合等方式，提高其经济素质和运行效率，规范企业行为。

9.抓政策用足用好。要认真贯彻落实上级优惠政策，充分调动各方面的积极性。各乡镇、各企业要积极落实好国家和省市的有关政策和规定，区委、区政府也将从实际出发，制定有关支持乡镇企业发展的政策，进一步调动各方面的积极性，增强企业活力。

10.抓资金，增加投入。充分挖掘资金潜力，多渠道聚集资金，增加收入，促进产业结构和产品结构的调整。

四、有关政策问题

按照省市关于鼓励和促进乡镇企业发展和向农业倾斜的政策，在人、财、物等方面特制定本区范围内的政策规定如下：

（一）组织人事政策

1.把乡镇干部的组织建设、思想建设放在首要的位置，采取长期而有力的措施，提高乡镇干部的素质，对那些长期扎根乡镇，工作上卓有成效的典型，大力宣传表彰；2.在干部的任用上侧重从乡镇干部中选拔。今后未经乡镇基层锻炼的干部，除特殊情况外，一般不直接提拔任用副局级干部；已经提拔的年轻干部，没有基层锻炼的，也要逐步选派到乡镇基层锻炼；3.凡在乡镇机关编制内的党政事业干部（包括招聘干部）在工资待遇上普遍上浮动一级，在高而、西营、绣川、彩石四个贫困乡镇和桑梓店、鄄家、大王工作的干部，浮动二级；副乡镇级以上的干部在单列补贴的基础上浮动；技术干部在浮动的基础上浮动，但都不作为档案工资，调离乡镇随之取消。浮动工资，经区人事局审批后，由乡镇负责解决（此条从一九九一年七月一日起执行）；4.对山区副乡镇级以上干部和工作年限长、成绩突出的干部家属子女符合“农转非”条件的，要适当照顾；5.在人员干部调配上，南部山区和北部沿黄要加强农技站、林业站、兽医站的技术力量；近郊平原要加强乡镇计经委的力量，制定优惠政策，大力引进人才。北部沿黄围绕滩涂开发和水产养殖，着重加强农技部门的力量，配备农业和水产技术人员，享受所在乡镇的浮动标准。

（二）税收政策

1.对农民个人自产的粮食、林果、蔬菜等需要到外地销售的，税务部门要为其开绿灯，并开具自产证明；2.对乡镇、村利用池塘、水库从事水产养殖的，报经市税务局批准，对新办的自销应税部分，免征产品税三年；3.对乡镇、村从事饲养业、养殖业以及经营孵坊的，免征集体企业所得税；4.对经营农机具修理的乡镇企业中排灌、耕作以及为农业生产和农民生活打井所得的收入，给予免征营业税和集体企业所得税照顾；5.对乡镇企业生产的农机具（包括零用配件）、兽药、肥料、农药，报经税务机关审查批准，可给予免征增值税和集体企业所得税照顾；6.对乡镇企业生产销售饲料以及从事饲料加工的，经税务机关审查同意，给予免征增值税和营业税照顾，对新办的生产销售饲料及饲料加工的企业，可免征所得税三年；7.对新办的乡镇、村企业，在开办初期按规定纳税确有困难的，报经区税务局批准，可给予一年的减免产品税、增值税、营业税的照顾；8.对企业试制生产的符合新产品规定、并列入国家级新产品试制计划的，在试制期间自第一笔销售收入之日起，给予减征或免征产品税或增值税一至三年的照顾；9.列入省级（省科委或省经委）新产品试制计划的，在试制期间自第一笔销售收入之日起，给予减征或免征产品税或增值一至二年的照顾；10.对列入“星火”或“火炬”计划属新产品的，亦按上述规定办理，同时可给予定期减免所得税的照顾；11.对企业按规定进行技术转让、技术咨询、技术服务、技术培训所得净收入每年在三十万元以下的，免征所得税，超过三十万元的部分依法缴纳所得税；12.对乡镇企业改变产品产业结构，进行技术改造，挖掘内部潜力，扭亏为盈所实现的利润，可报经批准先用来弥补亏损，抵补余额计征所得税；13.“三资”企业税收算乡镇收入；14.为鼓励企业生产出口创汇产品，对企业直接出口、代理出口的，在产品出口报关后，可把产品已征的税款退还企业；15.生产适销对路产品，并符合国家产品、产业政策的，如生产经营中遇到暂时困难而造成纳税困难的，税务机关本着择优扶持的原则，报经上级批准，可给予定期减免税照顾。对上述给予减免税照顾的企业，凡生产属于国务院办公厅国办发（1989）1号通知列举的三十种不准免税产品和八小企业的，一律不得给予减免税照顾；16.凡新上乡镇企业和列入市新产品开发计划的项目，都按市有关政策给予优惠。

（三）财政安排

一是在预算安排上，要充分体现向农业倾斜的政策，在压缩行政经费和其他费用的同时，保证我区支农专项经费的持续增长，并积极主动地多渠道筹集资金。其一，每年要拨付一定专款搞好水土保持，修建水利设施，提高山区的抗旱能力；其二，通过财政资金的划拨，将农业经费和农技推广经费主要用于近郊平原和沿黄乡镇，保持粮食生产的稳定增长，其三，把农发基金，重点扶持山区建设。另外，视财力情况对南北开发拨付一定的扶持资金。

二是实事求是地贯彻好运用好农业税、农林特产税及耕地占用税政策。其一，在山区乡镇为激发农民种植果树的积极性，合理核定农林特产税负担，有重点地确定奖励对象。其二，在近郊沿黄乡镇，充分调动农民种粮和开荒种粮的积极性，对在新开发的土地和新利用的滩涂上种植农作物的，可在一定时间内减征或免征农业税。其三，在采取优惠政策的同时，严肃耕地占用税的征收，对乱占耕地尤其是占用良田的，要配合《土地法》的实施，按耕地占用税政策予以制裁。

三是每年安排一定数额的支农周转金，用于我区乡镇村办企业的发展；投放一定数额的长、中期周转金，扶持山区乡镇、村发展生态农业，发展畜牧业，养殖业及农副产品加工，向林（牧）工商一体化发展。近郊平原实行长中短期周转金并举的办法，大力扶持各种形式的乡镇村办企业。对讲求信誉、效益好的项目，不论是投资方式和投资数额还是扶持时间，都给予特殊优惠。北部沿黄水资源丰富，荒滩面积大，要重点扶持水产养殖、种藕，发展多种经营。

五、切实加强对这项工作的领导

“南北抓开发、中间大发展”，是一项全局性工作，牵扯到方方面面，需要全区大发动，各部门密切配合。为了切实加强对这项工作的领导和指导，区委、区政府成立指挥部，谢传仁、孙继鑫同志任指挥，杨振刚、马荣亮、由守才、董玉鑫、王玉泉、牛锡江同志任副指挥。指挥部下设两个领导小组：一是南北抓开发领导小组，组长：杨振刚，副组长：李乃润、阴法庭、田俊岭，成员：许砚琦、陈定中、刘克勤、郭振生、吕仁忠、高传友、田延荣、曲玉斗、王化起、郭风翥。二是中间大发展领导小组，组长：马荣亮，副组长：陈家福、郭长海，成员：王庆山、罗风朝、杨盛掌、王居正、刘在传、李风忠、王方平。“南北抓开发、中间大发展”是我区一项全局性工作，区委研究，区六大班子要积极参战，指挥好这项工作。要求全区各部门、各单位、各企业要服从指挥，积极参与这项工作的规划和实施。

一九九一年四月三日

中共济南市历城区委
济南市历城区人民政府
关于深化改革，转换企业经营机制有关问题的意见

济历城发〔1992〕22号

为深入贯彻中央工作会议和中央领导同志最近关于深化改革的一系列指示精神，学习推广徐州市破“三铁”的经验，按照全市深化改革，转换企业经营机制会议要求，动员全区上下进一步解放思想，统一认识，加大措施，形成合力，不断探索改革的新思路、新办法、新措施，把我区企业改革扎实稳妥地推向一个新的阶段，现结合我区实际提出《关于深化改革，转换企业经营机制有关问题的意见》，望各单位、部门认真贯彻执行。

一、统一思想认识，进一步增强破“三铁”，转换企业经营机制的责任感和自觉性。

（一）必须充分认识破“三铁”，转换企业经营机制，是深化改革、搞好企业、推动经济发展和振兴的必由之路。企业改革的实践证明，转换企业经营机制的突破口就是要打破长期以来影响干部、职工积极性的“一大三铁”。这既是深化改革，从根本上解决企业活力问题、动力问题的核心，也是调整生产关系，以更好适应生产力发展，把企业推向市场的迫切要求。各级领导同志都要从理论与实践的结合上，充分认识深化企业改革、打破“一大三铁”、转换经营机制对促进生产力发展、推动我区经济持续稳定协调发展的巨大作用。

（二）必须充分认识破“三铁”、转换企业经营机制，是社会主义制度的自我完善。科学社会主义理论告诉我们，按劳分配原则是社会主义制度的本质特征。他的基本点就是多劳多得、少劳少得，有劳动能力的人不劳动不得食。这同干好干坏一个样的平均主义“大锅饭”是不相容的。因此“破三铁”、转换企业经营机制，实行按劳分配，是从根本上维护职工群众的民主权力、主人翁地位和利益，是社会主义制度的自我完善。

（三）必须正确认识和处理破“三铁”、转换企业经营机制与社会稳定的关系。改革开放与社会稳定是互为条件、互相促进的辨证统一关系。稳定是压倒一切的，没有稳定的政治、社会环境，改革开放和经济建设都无法顺利进行。同样，没有改革开放和经济持续稳定协调发展，保持政治、社会局势的稳定也是一句空话。各级领导在“破三铁”、转换企业经营机制实践中，既要看到企业内部新的利益关系调整，可能出现的一些波动，又要看到广大干部、职工对“破三铁”的支持和理解，只要我们全心全意依靠工人阶级，坚持“稳中求进、量力而行、先立后破、积极稳妥”的原则，切实把工作做细做好，将进一步增强企业活力，提高效益，促进职工、企业及至整个社会的稳定。

（四）解放思想，统一认识，以“破三铁”，转换企业经营机制为中心，促进全区经济体制改革。思想解放的程度，决定改革开放的力度。实践无止境，认识无穷尽。各级各部门，都必须适应改革开放新形势的要求，坚持实践是检

验真理的唯一标准，进一步解放思想，更新观念，增强责任感和使命感，改革的胆子再大一点，步子再快一点，形成合力，明确重点，以“铁”破“铁”，动真的，来实的，碰硬的，不失时机地推进我区企业改革和各项改革。区直国营、集体企业的企业主管部门要按照区委、区政府深化企业改革，转换企业经营机制的部署和要求制定方案，认真组织实施；国合商业要结合“四放开”做好与破“一大三铁”结合这篇文章；乡镇企业干部不坐“铁交椅”，如何解决短期行为问题，工人不捧“铁饭碗”，如何解决好向心力问题；有了灵活的生产经营自主权，如何解决盲目决策问题等，继续深化乡镇企业改革，使其机制更加完善、有效。在“八五”期间，要进一步促进乡镇企业的“四上三提高”（即上质量、上档次、上水平、上规模，提高企业素质，提高竞争能力，提高经济效益），确保乡镇企业持续稳定发展。以企业“破三铁”转换经营机制为契机，深化行政、事业单位改革。事业单位企业化管理的单位和区直服务实体单位，要进一步深化改革，按照“小政府，大服务”要求，转变职能，围绕服务办实体，办好实体促服务。坚持农工商、贸工农、产供销一体化的原则，搞好管理、强化服务、经营职能。

二、深化企业改革，以破“三铁”为突破口、转换企业经营机制有关问题的暂行规定。

为深入贯彻《企业法》和《中华人民共和国乡村集体所有制企业条例》，落实中央、省、市制定的搞好企业的各项政策措施，全面深化以破除“三铁”、转换机制为重点的企业改革，从根本上增强企业活力，提高经济效益，区委、区政府决定，除继续贯彻落实过去区里制定的一系列搞好企业的政策措施外，再就企业改革的有关内部、外部政策问题作如下规定：

（一）深入贯彻《企业法》和《中华人民共和国乡村集体所有制企业条例》，全面落实企业自主权。《企业法》赋予企业的各项经营管理自主权，要完全落实到位。区有关部门制定的各项规定，凡不符合《企业法》及中央、省、市有关规定的内容，应予修订和废止。要按照“稳定政策，兴利除弊，分类指导，多做贡献”的原则，坚持和完善企业承包经营责任制。坚决制止“三乱”，切实减轻企业负担。要对涉及企业的法规、政策进行一次全面检查，在此基础上制定我区贯彻落实《企业法》和《中华人民共和国乡村集体所有制企业条例》的具体实施意见。

（二）深化企业干部人事制度改革。落实企业干部管理自主权，打破“铁交椅”，建立能上能下的干部聘任机制。

1.认真考察和调整、充实企业领导班子。要按照干部管理权限，分工负责对全区企业领导班子进行全面考察，坚持以经济效益定升迁、定去留的原则，根据考察结果进行调整、充实。对政治上坚强、完成任务好、群众拥护的领导班子，要保持相对稳定，对班子结构不合理、缺职的，要抓紧调整配齐；对那些事业心不强，内耗严重、生产经营搞不上去的领导班子，可不受承包期限的限制，及时、果断地进行调整、充实。

2.对亏损企业实行干部冻结，从现在起，经营性亏损企业的主要领导干部在本企业扭亏为盈之前不准平职调动，易地做官。企业主管部门要根据企业的亏损程度确定扭亏期限，对到期不能扭亏的企业，其主要负责人要降职使用或就地免职，留在原企业不利于新班子开展工作的降、免职人员，应予调离。

3.对不称职干部要按照有关程序进行调整，降职或免职。对那些有技术专长，但不能胜任领导工作的可改做技术工作，缺少领导能力，不会带班子或者对分管工作统不起来的，降到下一级领导岗位；闹不团结、拉帮结派、贻误工作的，要调出单位降职安排或改做一般性工作；事业心不强、贪图安逸、不求进取、决策水平低、失误多、造成损失的，就地免职；弄虚作假、以权谋私、违法乱纪情节严重的，由有关部门严肃处理。

4.积极推行干部聘任制，严格按照党的干

部路线和政策，坚持德才兼备标准，贯彻公开、平等、竞争、择优的原则，打破干部终身制和干部、工人界限，聘用企业各级干部和管理人员。对不胜任领导、管理、技术工作的干部，调整到其他岗位和工人岗位去工作。聘任期限一般为1～3年或与承包期一致。厂长由主管局（部门）聘任，中层干部按党政领导集体讨论厂长聘任的程序办理。对在聘任期内不称职的，可不受聘期的限制，随时解聘。期满未被重新聘任及解聘的，职务自行解除，根据工作需要安排适当工作。

5.不拘一格选拔优秀人才治理企业。对那些经营不善，长期亏损的企业，要打破行业、所有制性质及干部、工人身份界限，严格按照中共中央组织部、人事部人法发（1991）5号文件的规定，运用公开招聘的形式，择优选聘企业经营者。另外，每年要从党政机关抽调一批优秀干部到企业主要到亏损企业任职，充实和加强企业干部队伍。

（三）深化企业劳动用工制度改革，落实企业的劳动用工自主权，打破“铁饭碗”，建立职工能进能出，合理劳动组合机制。

1.积极推行全员劳动合同制。

区直国营、集体工业企业和“四开放”的商业企业以及其他有条件的企业，要推行全员劳动合同制，实现合理劳动组合。要本着“条件公开、平等竞争、严格考核、择优录用、双向选择、最佳配置”的原则。在企业与职工双方自愿、协商一致的基础上，签订劳动合同。打破干部、工人界限，通称企业职工。现有干部、固定工的身份作为档案保留。企业要搞好岗位测评，制定岗位规范，把目标任务分解落实到岗位和个人，层层与工人签订岗位合同，与干部签订聘任合同，使企业与职工的责权利关系有机地统一起来。

2.推行“三岗制”，实行“厂内退养”、“转岗培训”等制度。

“三岗”即：上岗、试岗、待岗（待业），并使“三岗”与职工收入挂钩。对待岗人员，可实行厂内待业培训，待业期间停发奖金并减发工资，一年内经培训考核仍不能上岗的，企业有权辞退。对企业和行业难以安置的，全民企业可在职工总数1%的比例内，按规定解除劳动关系，转社会待业，到待业保险机构登记领取待业救济金，并分别到人才交流中心或职业介绍所求职登记。分配到全区合同制企业的大中专毕业生和转复军人，先安排适当工作，经过一段时间的熟练过程，再参加竞争上岗。实行“厂内退养”制度。对女职工年龄45岁以上，工龄满15年，男职工50岁以上、工龄满20年的，合同期限可签到退休年龄。对体弱病残通过竞争不能上岗者，安排力所能及的工作。丧失工作能力的，可实行“厂内退养”，由企业发给退养金，到法定年龄办理退休手续。

3.多渠道妥善安置富余人员。

对企业富余人员的安置，原则上由企业内部消化。企业可实行一业为主，多种经营，积极为富余职工开辟新的工作和生活出路。企业按规定解聘、辞退、开除的违纪职工，各有关部门要准予落户、接受、不得向企业乱收费。

（四）深化企业内部分配制度改革，落实企业的分配自主权，打破“铁工资”。建立职工工资与企业经济效益和本人贡献挂钩的机制。

1.企业在核定的工资总额内，根据生产经营特点，自主确定分配形式。职工的标准工资可作为档案工资管理，实际收入与标准工资脱钩。要根据按劳分配的原则，建立职工工资与企业经济效益和本人贡献挂钩的机制。具体分配按本企业奖惩办法实施。可把标准工资、奖金、津贴捆在一起使用，合理拉开分配档次，向一线苦、脏、累、险和高技术岗位职工倾斜，易岗同时易薪。职工收入能升能降。有条件的企业要积极试行岗位技能工资制。

2.对经营性亏损企业扭亏期间实行工资下浮。连续亏损三个月的，厂级领导干部下浮一级浮动工资；连续亏损六个月的，全体职工下浮一级浮动工资（未实行浮动工资的降低一级固定工资），直至扭亏为盈或完成区政府下达的扭亏指标之日起恢复原工资；到九二年三季度末未能扭亏的企业，厂级领导干部降低一级固定工资；停产整顿企业的职工只发相当于原标准工资60%的生活费。对到期完不成扭亏考核指标的主管局或主管部门，局级领导干部下浮一级工资，科（室）负责人下浮半级工资。

3.对企业销售人员可实行工资、差旅费及业务活动经费与货款回收金额挂钩的办法，多回收多提，少回收少提，上不封顶，下不保底。

（五）深化企业内部机构改革，落实企业机构设置自主权，破“上下对口”，建立企业根据生产经营需要决定机构设置的机制。

各企业要从实际出发，合理设置机构，不能要求上下对口，要精减企业内部机构，克服人浮于事的现象，压缩管理人员，充实生产第一线。

（六）严格执行国家法律、法规和政策，建立企业约束机制。

企业要认真执行国家的法律、法规和政策，自觉接受计划、财政、税务、审计、劳动、物价、工商等部门的依法监督检查和宏观指导。企业在转换经营机制中，要进一步发挥党组织的政治核心作用，坚持和完善厂长负责制，全心全意依靠工人阶级。加强企业民主管理和监督，充分发挥职代会的作用，加强思想政治工作和两个文明建设，建立和完善企业投资和分配等约束机制。

（七）改善政府管理企业方式，强化间接管理、强化监督、强化服务，增强企业活力，促进企业经营机制转换。

1.政府及其职能部门对企业主要管好领导班子、承包合同、工资总额、产业政策和依法监督检查。让企业成为自主经营、自负盈亏、自我发展、自我约束的经济实体和独立法人。

2.对国营工业企业，只要效益有提高，税利有增长，就可按销售收入的1%提取技术开发费，并免交“两金”；还可提取销售收入的1%补充流动资金。对应提不提的由区收交统一调剂使用。

3.集体工业企业必须按照销售收入的1%提取技术改造基金，承担省和国家重大技术开发项目的企业及省技术进步先进企业，按2%提取，税前列支。除按规定上交10%的技改基金外，其余全部留给企业用于技术改造。对工效挂钩的集体工业企业，因按规定提取技改基金则影响当年实现利税的，经税务部门批准，可视同实现利税计提效益工资。对于只提取不使用技改基金的，凡连续三年不进行技术改造或其他生产性投资的，其留用的技改基金全部收归区统一调剂使用。区税务部门今后每年筹集一定数额技改资金支持重点集体和乡镇企业进行技术改造。

4.实行差别利率。对企业技术改造贷款严格执行国家规定的基准利率，一律不得上浮；完成补资计划的企业，其基金贷款均按基准利率执行；对因人民币汇率调整而造成企业贷款增加，原贷不能按期归还的，银行给予日期；人民银行对专业银行办理的再贴现贷款，其利率可在基准利率的基础上下浮5%～10%。

5.对我区铁厂、水泥厂、纺机厂，在“八五”期间折旧率提高1.5个百分点；新增提的折旧基金免交“两金”；应提不提的全部由区收交统一调剂使用。有条件的企业固定资产折旧率也可在现有的基础上增提一个百分点。

6.为确保扭亏增盈指标的完成，对市财政局、市经委济财企〔1991〕52号文件规定的有关政策，今年再延长一年，各主管部门、各企业认真执行。建立区财政扭亏增盈基金和技术改造基金，并用低息贷款扶持企业扭亏增盈和上投入少、见效快的“短、平、快”项目。原规定预算内国营企业上交30%折旧基金，如企业当年技术改造项目自筹部分大于当年上交折旧基金的，经主管部门核实后，可免交当年折旧基金。无技改项目的按规定如数上交。

7.为鼓励企业出口创汇和引进外资，对出口产品价格低于内销价格的部分，经财税部门批准可视同实现利税计提效益工资；承包企业因划出部分厂房组建中外资企业而影响原承包利润的，经财税部门批准可适当调整承包基数。

8.集体企业因处理合并、兼并（承担债权债务式）企业的财产损失影响实现利税的，经税务部门批准，对处理流动资产损失的数额，可视同实现利税计提效益工资。亏损企业比上年减亏的部分，经劳动、税务部门批准，每减亏一万元，增提效益工资三千元。企业减亏部分应单独计算新增效益工资，连同按下达的挂钩基数提取的效益工资合并计算，最高不得超过核定工资基数的15%。

9.实行信贷倾斜政策。集中资金重点支持转换经营机制成效突出的企业和“四开放”商业企业。全年80%以上的新流动资金贷款要投入这方面的需要；专业银行资金不足的，人民银行可发放短期贷款予以优先支持；经上级人民银行批准，可优先为这些企业发行短期融金债券和重点建设债券；对扩大出口创汇企业所需外汇额度，人民银行予以优先调剂解决；集中技术改造贷款、科技开发贷款、商业网点贷款和外汇贷款，重点支持企业的技术改造；对收回再贷部分，在确保全年收回计划的前提下，可先贷后收；对当年贷款当年见效、确保当年还贷的“短、平、快”项目，可优先积极支持，不受技改规模限制；对按规定提取技改开发费和扭亏增盈基金的企业，其经济效益好的项目和产品所需技术改造贷款，可实行“存一贷二”的办法，并配套供应所需流动资金贷款。

10.进一步办好保险业务。充分利用保险手段，为企业转换内部经营机制服务，积极开办职工待业保险，保障待业职工的生活水准。扩大企业财险承包面，并争取行业性统保，对统保企业实行优惠，费率从低；对资金确有困难的企业，可分期分批交纳保险费。积极开办名优地产品质量保险、责任保险和商品售后保险；完善和发展厂长（经理）、财会、保卫人员的人身意外伤害保险；试办住院医疗保险，完善社会保障体系。

11.下放管理权限，进一步落实企业定价自主权。在原来已放开的1300多种商品价格基础上，再放开218种（类）商品价格；将中央管理的啤酒、棉纺织品等7种（类）商品由国家定价改为国家指导价。除中央管价和省及省以下管价的农膜、农药、化肥和西药外，其余省、市管价商品，一律由企业根据生产成本和市场供求情况自行定价，在执行时报物价及业务主管局备案。同时对未列入国家和省政府第86次常务会议规定的行政事业收费项目，对无收费许可证的单位和个人，企业有权拒付，并可向物价部门举报。

12.进一步贯彻落实搞活企业的价格政策。对采用国际标准生产的工业产品和获得国家、部、省质量奖的产品，凡取得国家认证管理机构发给合格证书的，在执行国际标准和获奖有效期内，生产企业可按国家规定的加价幅度自行加价销售。对列入省及省以上新产品试制计划的产品，在规定的试销期内，价格由企业自定。经省批准的在高新技术开发区生产高新技术产品，企业有权自定销售价格。放开工业企业集团内部调拨供应产品的价格，不论半成品或产成品，其结算价格由企业集团内部自行确定。

三、加强领导，搞好服务，为破“三铁”、转换企业经营机制创造良好的外部环境。

（一）切实加强组织领导，上下左右形成合力。

区委、区政府决定，成立企业改革领导小组，谢传仁同志任组长，孙继鑫、李福水、马荣亮同志任副组长，区人大、政协及区直有关部门负责同志参加，领导小组办公室设在区经委。各企业主管部门要成立相应的机构。区委、区政府既要当好指挥，又要做后盾，区各大班子及各有关部门的负责同志，要根据统一安排，带领机关人员，分别包系统、帮企业。围绕企业转换经营机制，深入实际调查研究，解决影响企业改革的关键问题，加强和改善宏观调控，转变职能搞好服务。政法、监督部门和各群众团体，也要围绕经济建设这个中心，适应企业改革的需要，为打破“一大三铁”保驾护航。要深入扎实地做好宣传和政治思想工作，要紧密联系干部职工和企业改革实际，旗帜鲜明地为改革创造良好的舆论环境，及时回答改革所反映热点、难点问题，提高思想政治工作的针对性和有效性。增强干部职工对改革的心理承受能力和参与意识。企业要相对集中力量，明确任务，建立责任制，制定方案狠抓落实，尽快抓出成效。

（二）层层落实领导目标责任制，制定具体实施方案。

破“三铁”、转换企业经营机制，既是深化企业改革的内在要求，又是一项涉及内容广泛、政策性很强、难度较大的系统工程，各级领导和企业主管部门要精心组织、指挥，明确领导责任，组织好各企业实施方案的制定，定期检查考核。根据我区实际，区委、区政府总的安排是：三月份为宣传发动、贯彻省、市、区深化企业改革会议精神，落实领导目标责任制，制定论证实施方案阶段。四月份以后为具体实施阶段。各企业的具体实施方案由主管局审定后，在实施前5天，报区企业改革领导小组办公室。

在具体实施工作中，要注意处理好以下三个方面的问题：一是要坚持从实际出发的原则，决心要大，步子要稳，工作要细，因厂制宜的制定切实可行的方案，有计划、有步骤地进行，切忌照抄照搬。各企业主管部门和经济杠杆部门，在工作指导上要区别对待，不搞一刀切。二是要全心全意依靠工人阶级。破“三铁”是企业内部机制的重大变革，是关系广大职工切身利益的大事，只有全心全意依靠工人阶级，才能把这件事办好。要落实职代会对企业重大决策的审议权，统一思想，形成共识，使企业决策成为广大干部职工的自觉行动。同时要求各级工会，要在党委的领导下，坚定的支持和推进改革。三是要把破“三铁”与坚持和完善承包经营责任制结合起来。企业承包经营本身就是一项重要改革。破“三铁”是进一步调动职工积极性，建立和形成企业激励机制，提高劳动效率，完成承包指标的强大推动力。因此在破“三铁”过程中，一定要坚持和完善承包经营责任制，严格履行合同，有关部门对合同的执行情况要严格考核、审计。坚持先审计后兑现的原则，坚持干部离任审计制。对今年合同到期的企业，要搞好承包衔接，签订新一轮承包合同。

当前我区政治稳定，社会安定，经济稳步发展，形势很好。这为我们深化企业改革提供了十分有利的条件。我们要按中央和省、市指示精神，借鉴徐州经验，解放思想，加快步伐，大胆探索，深化企业改革，转换企业经营机制，扩大对外开放，促进我区经济和社会各项事业的发展，以优异成绩迎接党的十四大召开。

一九九二年四月四日

中共济南市历城区委
济南市历城区人民政府
关于进一步加快济南临港经济开发区建设和发展的若干意见

(2007年5月28日)

济历城发〔2007〕16号

济南临港经济开发区是1993年经山东省人民政府批准的省级经济开发区。作为济南市“一城、两区、四组群”总体规划布局的重要组群之一，建设目标定位于“环渤海第一空港开发区”重点打造济南先进的生产制造业基地、航空物流园区、临空产业聚集区、新型工业化的先导区。为更好地发挥开发区的区位优势，实现区委、区政府“突破临港”的任务目标，使济南临港经济开发区迅速成长为全区工业经济发展的隆起带和增长极，成为体制改革、科技创新、发展循环经济的示范区，促进全区科学发展、和谐发展、率先发展，根据省、市有关文件精神，结合我区实际，区委、区政府明确一下意见：

一、关于机构设置问题

济南临港经济开发区是省级开发区，其管理机构名称为“济南临港经济开发区管委会”。管委会为区政府独立设置的派出机构。区委在开发区设立党的工作委员会，对管委会实行政治领导。

开发区管委会建制级别为正区级，设主任1人，副主任3人。内设办公室、财政局、经济发展局和规划建设局等四个部门，均为正处级，分别设正副职各一人。管委会编制40人。内设机构的职能，由管委会根据工作需要自行确定。

二、关于管理体制问题

按照省市政府对开发区管理的有关要求，济南临港经济开发区管委会负责25平方公里规划范围及济南国际机场规划范围内的城乡建设、经济事务的管理，决策各项经济活动。遥墙镇作为一个建制镇，其行政区划、工作范围、工作性质均保持不变。在管委会的领导下，遥墙等有关镇负责做好该范围内除经济、建设之外的其他各项工作。

为加强领导和协调，提高工作效率，遥墙镇需接受区委、区政府和开发区党工委、管委会的双重领导。其下属的各经济、建设部门，需接受镇政府、管委会相关业务部门的双重领导。区直有关部门在遥墙镇设立的机构，采取“一个机构、两块牌子”的办法，加挂济南临港开发区的牌匾，并逐步充实力量。

三、关于干部人事问题

为有利于开发区的管理和发展，开发区管委会处级干部由党工委研究，报区委考察、审批、任免；科级干部由党工委负责研究任免，区组织人事部门备案；一般人员调入调出，由管委会研究同意后，区人事部门办理相关手续；聘用人员及职务，由管委会自主决定，仅限在开发区工作期间享受所聘职位的相关待遇，区组织、人事部门备案。

遥墙镇副镇级以上干部的任免，由遥墙镇党委研究，报经开发区党工委同意，区委再进行考察、研究，并按照法定程序任免；镇中层干部的任免，由遥墙镇党委研究并提出初步意见，报开发区党工委批准后，再按干部管理权限报批、任免。

区直部门在此设立机构的主要负责人调整，须征得管委会同意。

四、关于财政体制问题

开发区管委会负责组织开发区规划及济南国际机场规划范围内规模以上工业企业，以及投资1000万元（或注册资金500万元）以上各类项目的工商税收征管工作。区政府对开发区管委会实行“核定收入基数，增收全留，超支不补，自求平衡，一定五年不变”的财政体制，即以2006年上述范围内的工商税收作为开发区管委会地方财政一般预算收入基数，今后五年，基数和增量全部作为开发区管委会的固定收入。遥墙镇负责除开发区征收范围以外的收入征管工作，其财力不足部分由临港开发区负责解决，遥墙镇财政收入不再上解区财政，区政府对遥墙镇的财政体制，今后五年内不再调整。2006年年底以前开发区的各项债务，属区财政投入部分由区政府承担，其余部分由开发区管委会和遥墙镇共同承担。对开发区管委会和遥墙镇的具体考核办法，另行研究制定。

五、关于扶持政策问题

1.开发区范围内的土地收益、建设配套费等，凡区级留用或上级返还区级部分，全额返还开发区，用于开发区配套设施建设和环境保护等方面。

2.区政府每年筹集一定数额的资金，专项用于开发区引进具有较大规模的高新技术项目或外向型工业类项目的政策性扶持。

3.区直部门在开发区范围内的各项收费和罚没收入，除依法上缴市以上部分外，其余的由区财政统一结算，按政策规定返还开发区。

六、关于环境创新问题

区直部门要切实增强忧患意识、责任意识、公仆意识和服务意识，不断推进环境创新，积极主动地服务于临港开发区的建设和发展。任何部门和个人不得随意到开发区检查企业，不得随意设立收费项目，更不准乱收费、乱罚款、乱摊派。凡需依法对企业进行必要检查的，也需事先通知管委会，由管委会进行协调和登记备案，并派专人带领进入企业。对违反规定并造成不良影响的，由纪检、监察部门追究相关部门和当事人责任。

为提高效率，开发区管委会建立联席会议制度，根据工作需要，召集区直各有关部门参加会议，研究解决建设、发展、项目落地等有关问题。

本意见自2007年1月1日起执行。

2007年5月28日

通　知

开发区党工委、管委会：

根据区委研究的意见，区委区政府《关于进一步加快济南临港经济开发区建设和发展的若干意见》（济历城发〔2007〕16号）第六部分“关于环境创新问题”中，如下表述的文字予以废止，停止使用。即：“任何部门和个人不得随意到开发区检查企业，不得随意设立收费项目，更不准乱收费、乱罚款、乱摊派。凡需依法对企业进行必要检查的，也需事先通知管委会，由管委会进行协调和登记备案，并派专人带领进入企业。”

特此通知。

2007年9月26日

新闻报道辑存

甲骨文惊现济南大辛庄

这是一百多年前从安阳殷墟发现商代甲骨文后的又一重大发现

DAZHONG DAILY
大众日报
在省十届人大常委会第一次会议上的讲话
省十届人大常委会召开第一次会议
25名省政府组成人员通过任命
张高丽主持会议并讲话
韩寓群在全省安全生产电视会议上强调
抓好安全生产是"责任政府"担负责任的具体体现
山东省人民代表大会常务委员会公告
（第1号）
甲骨文惊现济南大辛庄
这是一百多年前从安阳殷墟发现商代甲骨文后的又一重大发现
梨花开了
土地价格 中介评估

图附录-2

本报济南4月8日讯　济南市东郊的大辛庄一商代古文化遗址发现了甲骨文。今天，山东大学与山东省文物考古研究所联合举行新闻发布会，主持考古活动的山东大学考古系教授方辉宣布了这一消息。应邀而来的国内近30位知名专家得出一致的结论，并声称“这是我国自一百多年前从安阳殷墟首次发现商代甲骨文举世震惊后的又一重大发现”。

大辛庄遗址是一处以商代文化为主要内涵的古文化遗址。该遗址发现于20世纪30年代。此后，山东省文物管理部门和山东大学等多次对该遗址进行调查和勘探，初步探明遗址面积为30多万平方米，是山东已知面积最大的一处商代遗址。从3月17日开始，山东大学考古系再次进行考古发掘，目前仍在进行中。

记者：吴洪斌

摘自2003年4月9日《大众日报》第一版

“这是具有界标意义的发现！”

1899年，位于河南安阳小屯村一带的殷墟遗址首次发现甲骨文，一时震惊全世界。此后，考古界一直苦苦寻找殷墟主体区域外的甲骨文，却一直没有收获。今年3月下旬，考古人员在济南大辛庄遗址再一次发现了甲骨文。

“今天是我国考古界非常重要的一个日子。这是自殷墟首次发现甲骨文104年后的第二次发现，也是中国考古学史上具有界标意义的重大发现，必将对中国古代历史和甲骨文的研究产生深

大众日报
2003年4月9日 星期三
新闻纵深
1899年，位于河南安阳小屯村一带的殷墟遗址首次发现甲骨文，一时震惊全世界。此后，考古界一直苦苦寻找殷墟主体区域外的甲骨文，却一直没有收获。今年3月下旬，考古人员在济南大辛庄遗址再一次发现了甲骨文——
“这是具有界标意义的发现！”
今日关注·追踪
大辛庄将影响世界
甲骨文是如何出土的
遗址保护刻不容缓
甲骨文

图附录-3

远影响。”4月8日，在大辛庄遗址重大考古发现新闻发布会上，中国夏商周断代工程首席科学家李学勤教授激动地说。

大辛庄遗址发掘引起了社会各界的广泛关注，近30名国内知名专家亲自前来考察。

甲骨文是如何出土的

据介绍，1935年，济南东郊大辛庄农民在村东挖土时偶得一批青铜器，首次发现了该遗址。自1953年起，我省相关部门先后6次至此调查和发掘。1958年11月，省文物管理处组织全省文物干部培训班学员89人，对该遗址进行了试掘，揭露面积50平方米，出土文物38件，有陶器、石器、骨器和铜器，以及卜骨和卜甲。卜骨有钻、灼而无凿痕，未见刻辞。1970年以后，遗址考古人员在此又陆续收集到一批青铜器，有觚、爵、戈、镞、斧、锛、刀、车具等。1984年秋，山东大学历史系、省文物考古研究所、济南市博物馆联合进行了较大规模的发掘，揭露面积880平方米，出土文物众多，发现房址、窑穴、水井、墓葬等遗址，初步探明了遗址的文化内涵和年代序列，为进一步发掘打下了良好的基础。

从今年3月17日始，山东大学考古系、山东省文物考古研究所、济南市考古研究所和历城区博物馆再次组成大辛庄遗址考古队，对大辛庄遗址展开了考古发掘。18日，在T2302探方距离地面45厘米的深度，考古人员惊喜地发现了一片刻有符号的甲片，上面有两个编号，还有一个残缺的文字样刻痕；19日，又发现了一片刻有三个文字的甲片，但从这孤立的甲片上，考古人员还判断不出文字的内容；20日，发现了一个刻有残缺文字的小骨片；24日，在T2302探方内又出土了十多片甲片，这些甲片都出土在同一个距地面50厘米的“活动面”上，其中有5片上面都有清晰的文字痕迹；25日，经过清洗缀合，在8片有文字的甲片中，有7片甲片构成了一个几乎完整的龟腹甲，上面有25个清晰的甲骨文字，由兆辞、兆数和前辞组成。据专家初步研究，其内容是对某位“母”进行祭祀占卜的记录，不论是甲骨修整、钻凿形态，还是字形、文法，都应与安阳殷墟卜辞属于同一系统。根据出土层次、文字特征和其他资料的综合分析，大辛庄甲骨文的年代应不晚于殷墟文化三期，距今约3200年。

大辛庄将影响世界

“过去对甲骨文里的‘天’字有些不明白，‘大’字上面一横为何意，今天看到大辛庄的甲骨文就明白了，一横就代表‘人头’，在文字学上给了重大启示。这次发现将打开一个甲骨文挖掘研究的新局面，进入一个新阶段，很有可能将大辛庄的甲骨文作为研究甲骨文和商文化的一个重要分支。”李学勤兴奋地说。

他还认为，大辛庄遗址早在1935年就被发现，堪称殷墟之外发现甲骨文的第二处商代遗址，他从20世纪50年代就提出大辛庄可能存在甲骨文。甲骨文的发现证明这一商代遗址是非常特殊的。早在龙山文化，就出现用兽骨来占卜的现象，只有占卜活动发展到高峰时期，才会出现在卜甲上刻字。

山东大学考古系教授方辉说，商代甲骨文过去只出土于安阳殷墟和郑州商代都城遗址，其中后者属于习刻（练习刻字）。因此，大辛庄遗址出土的甲骨文是殷墟以外首次发现的商代卜辞。这说明，大辛庄遗址是商王朝在东方的一处中心性的聚落，很可能是一处方国都邑。这一发现对于重新审视大辛庄遗址的性质，认识商王朝与周

图附录-4　出土的甲骨文（2003年摄）

边地区特别是东方地区的关系，探索商代的政治制度和社会组织，提供了极其重要的资料。

专家们一致认为，甲骨文是中国最早的成熟文字，其与埃及的纸草文、巴比伦的泥版文书等同为人类社会最珍贵的文化遗产。纸草文字和泥板文书都已失传，而中国的甲骨文几经变异，一脉相承，终于成为现在中国通行的文字。从甲骨文到现代汉字，他凝聚了整个中华民族，记录了中华民族灿烂的五千年文明史。“中国第二”的大辛庄遗址将载入世界考古史册，将影响全世界。

遗址保护刻不容缓

国家文物局文保司副司长宋新潮说：“此次出土的甲骨文对于丰富、完善商文化体系具有重大的价值，大辛庄遗址可以申请‘国家级文物保护单位’。”朱学勤则认为，目前的发现还仅仅是一部分，这里很可能还有更多的甲骨文，因此，保护好遗址是头等大事。

据有关专家介绍，陕西省文物遗存丰富，尤其是大遗址分布广、数量多、面积大、等级高，他们的经验是在完善地方法规的基础上，调整保护范围，落实各级保护责任。如秦始皇陵遗址公园项目一期工程总投资就达到5.35亿元，一次性征用陵园外城以内土地2902亩，搬迁3个行政村、24个企事业单位，遗址环境得到了全面整治。河南安阳在殷墟遗址内外的环境整治中，大规模地拆迁、拆除了21万平方米的房屋。为保护殷墟，安阳城市新区将整体东移，市党政机关也将随迁。

有关专家呼吁，应加强对大辛庄遗址的保护，并制定出系统的保护与研究规划，为济南历史文化名城和齐鲁文化增加新的内涵。

作者:杨润勤　雍坚

摘自2003年4月9日《大众日报》

索　　引

遥墙黄河湿地（2007年摄）

本索引为编、章、节索引，均按首字拼音字母升序排列，首字相同者，按第二字，依次类推。

D

E

F

G

K

L

M

N

P

Q

R

S

T

W

X

Y

Z

编 后 记

《济南市历城区志（1986—2007）》是1990版《历城县志》的续志。编纂工作始于2008年4月，历时六年多时间。编纂过程大致经历了五个阶段。

一、筹备启动阶段　2008年初，史志办开始制定区志篇目。根据省、市专家的意见，借鉴外地已出版的第二轮优秀志书，结合历城实际，对篇目设置进行了反复修订完善。4月23日，召开《济南市历城区志（1986—2007）》编修工作动员大会，各街镇、区直各部门分管领导、撰稿人参加了会议，区委副书记、代区长李胜利作动员讲话，副区长宫玉玲安排部署区志编修工作，市史志办党组书记王历历、主任袁淑玲，区人大副主任王永和，区政协副主席王志刚出席会议。会上下发了关于《济南市历城区志（1986—2007）编纂工作方案》及篇目设置、供稿分工。

二、培训供稿阶段　《济南市历城区志（1986—2007）》编修工作动员大会召开后，邀请省史志办专家对全区120个区志撰稿单位的撰稿人进行了培训，重点对区志篇目的设计，区志的文风、体例，区志资料的搜集整理，随文图片的使用及区志编纂过程中需要注意的问题进行了培训。印发了《济南市历城区志（1986—2007）》撰稿培训材料及编纂行文规范，为做好区志初稿撰写奠定了基础。2008年6月—7月，区史志办对区志撰稿单位分行业、分部门、分组召开调度会议，听取撰稿单位撰稿人情况汇报，了解各撰稿单位工作进展情况及存在的问题，推广好的做法，表扬先进，督促后进，解答提出的有关问题。至2009年6月，除金融管理部分因区人民银行撤销未落实外，所有单位均完成了初稿，共130余份、近400万字。

三、分工编纂阶段　2009年7月起，志稿转入初稿编纂阶段。史志办编辑人员按照分工对初稿开始进行编纂。在编纂工作中，主要采取抓学习、抓指导、抓质量三项措施。一是深入扎实开展了学习优秀志书活动。先后认真学习了《宁阳县志》《高青县志》《章丘市志》等全省优秀志书，学习了《中国地方志》《山东史志》有关优秀文章和志书编纂质量标准等。二是加强与各供稿单位的联系和业务指导，克服各单位修志人员调整快、时间跨度大、资料搜集难等困难，通过典型示范、电话联系、上门指导、定期调度、专题培训、召开座谈会等形式，对各单位志稿反复进行了修改。在此基础上，请市史志办专家对志稿逐篇进行点评，根据专家指导意见，对志稿再次进行查缺补漏和丰富完善。三是严把志稿质量和进度，把质量意识和精品意识贯穿在区志编修工作的始终。特别是对有关数字和资料进行反复核查。至2013年6月底，完成初稿编纂工作。

四、统编总纂阶段　2013年7月开始，志稿进入统编总纂阶段。通过排版设计校对后总纂合成，将《济南市历城区志（1986—2007）》打印成册，作为征求意见稿，送发到市史志办、区四大班子领导、区老领导、区史志办老主任、区直有关部门等，广泛征求意见，共征集意见200余条。在广泛征求意见的基础上，史志办全体人员利用近3个多月时间进行集体逐篇通稿，定期召开会议进行讨论，大家就志稿的篇章结构、内容、语句、文风等方面分别提出修改意见和建议，每位编辑人员根据集体讨论意见进行再核实、再修改。经过数遍通稿，多次增删，12月上旬，《济南市历城区志（1986—2007）》评议稿印制完成。

五、志书评审、精修阶段　2014年1月，《济南市历城区志（1986—2007）》志稿评议会在历城区召开。省史志办副主任翟世林，市县指导处处长李刚，济南市史志办主任翟旭东，副主任綦延辉，副巡视员郭建群，市志编审处处长丁爱军，历城区副区长付修琍，省修志业务专家咨询组成员吕福堂、王笃银、郭能勇、李德辉，济南市修志业务专家咨询组部分成员及区史志办全体人员等30余人参加评议会。省市领导和专家一致认为《济南市历城区志（1986—2007）》在全省二轮县区志中，是一部时代和地域特色鲜明、内容资料翔实、体例完备、记述规范、结构严谨、文风端正的志稿，具备了一部优秀志书的雏形。同时，各位专家从篇目框架、内容记述、文字校对等方面提出了修改意见和建议。区史志办一班人根据评议会专家意见，重新对志稿进行了集体通稿和认真修改并添加了随文图片，使志书图文并茂，更具可读性。9月上旬，省史志办再次组织省修志业务专家吕福堂、王笃银、郭能勇、李德辉、邵鸿志、李其常对修改后的志稿进行了评审，区委书记李胜利到会并讲话，各位领导和专家对志稿修改工作给予充分肯定，认为修改后的志稿框架得到优化，结构更加合理，记述更为精准，特色更加鲜明。评审会后，区史志办对专家的意见再次进行了认真梳理，精心打磨，报方志出版社审核修改后，交付印刷出版。

《济南市历城区志（1986—2007）》已被列为全省优秀志书，得益于区委、区政府的正确领导，得益于省市史志办的大力支持，得益于各撰稿单位的密切协作，得益于社会各界人士的关注厚爱，特别是在志书编纂过程中，省修志业务专家咨询组成员、市史志办巡视员朱佩峰倾注了大量心血，多次给予精心指导。全体编修人员始终以高昂的工作热情和精益求精的工作态度，持之以恒，淡泊名利，笔耕不辍，潜心编修，确保了《济南市历城区志（1986—2007）》编修工作圆满完成。值《济南市历城区志（1986—2007）》付梓之际，谨向所有关心支持历城修志工作的领导、专家、同仁和同志们及黄氏印务有限公司表示衷心的感谢！

编史修志是一项庞大的系统工程，涉及面广，工作量大，专业性强，修志人员六度寒暑，数易其稿，主观上力求打造精品佳志，但由于各单位供稿内容和质量参差不齐，资料搜集渠道不一，信息来源不畅，还有许多该记未记之人、事，在此深表歉意，恳请给予谅解，加之编者水平所限，书中纰漏在所难免，敬请各位读者指正。

编　者

2014年12月